The New Testament

신약성서

초기 그리스도교 문헌 역사 서설

바트 어만 지음

오세원 옮김

A Historical Introduction to
the Early Christian Writings

서커스

차례

추천사

명료함과 통찰, 균형 잡힌 시각으로 쓰여진
21세기 최고의 신약성서 개론서

바트 어만의 〈신약성서〉의 깊이 있는 학문과 방대한 내용은 인상적이다. 역사적, 주석적 관점에서 신약성서 문서를 탐구하는 것은 매우 귀중한 일이다. 어만의 서술 방식은 매력적이고 대화적이며 따라가기 쉽다. 그가 책을 쓰면서 학생들과 대화하는 모습을 상상할 수 있다.   - 윌리엄 로드리게스, 베쑨 쿡맨 대학

훌륭하다. 이 책의 주요 강점은 흠잡을 데 없는 학문적 수준과 명료한 설명이다. 내가 모든 수업에서 사용하는 유일한 교재이다.   - 코리 노먼, 위스콘신-매디슨 대학

이 책은 신약성서 입문 과정의 표준 교재가 될 정도로 훌륭하다. 어만의 산문은 유려하고 정교하며 매력적이다. 그는 자료를 정확하게 제시하는 동시에 불필요하게 전문적인 어휘를 피하고 학부 독자들의 관심을 끌 수 있는 방식으로 글을 쓴다.   - 제레미 쇼트, 노스캐롤라이나 대학

바트 어만의 〈신약성서〉는 수많은 자료를 적절히 배분한 풍부한 참고 문헌을 바탕으로 모든 뉘앙스와 관점에 고개를 끄덕이게 한다. 어만의 산문 스타일은 실질적이고 접근하기 쉬우며, 신학적 플랫폼을 다루는 방식은 정중하게 인정받고 있다. 이 책의 가장 큰 장점은 21세기 학생들에게 어필할 수 있다는 점이다.   - 도리스 플랜터스, 오클랜드 대학

뛰어난 입문서. 현대의 학문, 초기 그리스도교 세계, 그리고 학생들의 필요에 대한 관심을 가장 능숙하게 혼합한다. 신약성서에 대한 현존하는 최고의 입문서다.   - 프랜시스 J. 몰로니, 미국 가톨릭 대학

바트 어만의 신약성서에 대한 역사적 입문서는 내가 사용해 본 그 어떤 책보다 명확하게 쓰여 있으며, 고대 그리스-로마 세계에서 그리스도교를 보다 정직하게 자리매김하고 있다. 그리스도교에 대한 그림을 신약성서에 국한하지 않고 다른 초기 그리스도교 저술을 바탕으로 하며 설명이 풍부하다.   - 존 L. 화이트, 로욜라 대학

대학생을 위한 신약성서 입문서 중 단연 최고다.   - 윤더 모이니한 길리한, 보스턴 칼리지

어만은 역사적, 종교적, 사회적, 문학적 배경을 제공하고 학생들을 위한 다양한 방법론을 제시하는 데 탁월한 능력을 보여준다.   - 팀 비비언, 캘리포니아 주립대학

바트 어만의 〈신약성서〉는 진정으로 놀라운 학문의 축적물이다. 모든 수준의 학생들에게 메시지를 전달하는 어만의 능력은 다른 어떤 보조 자료나 교과서와도 비교할 수 없다.

— 랜달 W. 홀스트, 웨이크 테크니컬 커뮤니티 칼리지

이 텍스트의 전반적인 수준은 현재 시중에 나와 있는 같은 장르의 다른 텍스트보다 훨씬 뛰어나다. 가장 큰 장점은 가독성이다. 바트 어만은 초기 그리스도교 텍스트 연구에서 가장 난해할 수 있는 주제를 매우 매력적이고 명료한 방식으로 전개하여 학생들의 흥미를 유발할 뿐만 아니라 명확하고 간결하며 매우 논리적인 방식으로 논거를 제시하는 데 탁월한 능력을 발휘하고 있다. 특히 흥미로운 것은 학생들에게 최고의 토론거리를 제공하는 박스들이다.

— 조지 헤이먼, 세인트 버나드 신학대학 및 목회대학원

탁월하다. 이 책은 학생들이 마음에 든다고 말한 유일한 책이다.

— 케네스 앳킨슨, 노던 아이오와 대학

이 책은 학생들에게 신약성서학의 최근 발전을 알리기 위해 특별한 노력을 기울이고 있으며, 학자들의 의견에 대한 책임감 있는 평가를 제공한다. '이 장의 과제'와 '한눈에 보기' 기능이 매우 마음에 드는데, 이는 학생들이 주요 요점을 파악하는 데 큰 도움이 될 것이다.

— 브래들리 니스트롬, 캘리포니아 주립대학

처음 이 책을 접했을 때, 수업에 꼭 필요한 책이라고 느꼈다. 어만은 청중에게 적합한 명료하고 직설적인 문체로 글을 쓴다. 그는 분명히 좋은 교사이며 그의 수업 경험은 그의 글쓰기와 일반적인 프레젠테이션에서 끊임없이 분명하게 드러난다.

— 마이클 오코넬, 캘리포니아 대학

책의 전반적인 수준이 탁월하다. 제목에 '역사적'이라는 단어가 등장하는 것만으로도 문제의 핵심을 파악할 수 있으며, 텍스트는 변명의 여지 없이 역사적이고 비평적인 면에 초점을 맞추고 있다. 이것은 대학에서 사용될 수 있는 교과서의 주요 강점이다. 이 책은 또한 매우 독자 친화적이다. 교육적인 고안이 훌륭하고 전체적인 디자인과 레이아웃이 뛰어나다.

— 마크 D. 기븐, 미주리 주립대학

이 책은 처음부터 끝까지 풍부한 정보로 가득 차 있다. 학자들이 텍스트를 읽을 수 있는 다양한 방법을 보여주기 위해 각 복음서에 대해 서로 다른 방법론적 접근 방식을 택한 것도 강점이다. 나는 이 책을 오랫동안 사용해 왔고 앞으로도 계속 사용할 것이다.

— 제바 A. 크룩, 칼튼 대학

프레젠테이션, 특히 많은 박스와 용어집은 학생들이 신약성경 개론에 수반되는 방대한 프로젝트를 파악하는 데 매우 유용하다. 이 책의 교육적 장치는 전반적으로 뛰어나며 학생들에게 매우 유용하다.

— 로버트 A. 러드윅, 시카고 로욜라 대학

성경을 읽는 데 있어 다양한 방법을 시연하고, 여러 장에서 몇 가지 방법으로 돌아가서 강화 및 복습함으로써 성경을 읽는 중요한 방법을 소개하는 접근 방식이 특히 마음에 든다.

— 재닛 에버하트, 심슨 대학

신약성서

초기 그리스도교 문헌 역사 서설

역자 서문

위로부터 오는 메시지는 인간의 층위를 입을 수밖에 없다. 아브라함은 세상과 바꿀 수 없을 외동아들을 나귀에 싣고 가늠할 수도 없는 신의 명령을 따르러 모리아 산으로 향했다. 테레사 수녀를 비롯한 많은 이들이 후에 처절하게 겪었던, 그리고 겪고 있는 외로운 영혼의 어두운 밤을 지나는 욥이 있다. 그것은 역사로, 설화로, 교훈으로 우리에게 전해진다.

그것은 세상에게, 인간에게 던져진 모퉁이 돌이다. 앞을 향한 명령일 수도 있고 뒤를 돌아보며 설명하고 합리화하는 변증의 대상, 도구일 수도 있다. 어떤 이들은 그 위에 떨어져 깨질 것이고 어떤 이들은 필경 그 위에 견고한 존재의 집을 지을 것이다.

사람들은 그것을 들여다보기 위해 과학적이고 역사적인 방법을 동원하기도 하고 결국은 자신들의 실존에 끌어들이기도 했다. 오늘 우리는 전자의, 어쩌면 가장 쉬운 방법으로 그것을 천착하는 길에 들어서기로 한다. 이것이 시작인 여정도 있을 것이고 여기에서 필요한 모든 것을 다 얻는 여정도 있을 것이다. 어느 쪽이든 이 작은 출발점이 약간의 도움이라도 되기를 소망한다.

오세원

제7판 서문

이 일곱 번째 개정판까지 포함해서 나는 1994년부터 이 책을 써왔다. 긴 시간이다. 초판을 가지고 있는 사람이라면 지금 이 책이 얼마나 많은 변화를 겪었는지 확인할 수 있을 것이다.

책의 주조는 계속 유지되고 있다. 마르코의 복음서, 바울로가 로마인들에게 보낸 편지, 신약 정경의 형성에 대한 나의 생각은 예나 지금이나 변함이 없다. 처음에 내가 취했던 접근 방식을 나는 지금도 전적으로 신뢰한다. 나는 항상 이 책이 신학적이거나 주석적이기보다는 초기 그리스도교 문헌에 대한 역사적인 서론이되기를 원해왔다. 그리고 그러기 위해서는 비교 방법이 특히 유용하다고 생각했다.(요한에 비추어 본 마르코, 마르코에 비추어 본 루카, 바울로에 비추어 본 예수, 다른 목회 지도자들에 비추어 본 바울로 등등) 나는 항상 학생들이 비평적 기술을 개발하기를 원했고(비판하기 위한 것이 아니라 생각하기 위해서), 그들이 공부하는 책이 지루하고 따분하기보다는(우리 모두가 알고 있듯이, 많은 분야 교과서의 현실이다) 흥미롭고 자극적이기를 바랐다. 그래서 지난 세월 동안 내가 이룬 개선점들이 있다면 나는 그것들에 대해 이러한 독창적인 특징들을 향상시키려 노력했다.

하지만, 대대적인 변화—주로 프레젠테이션 형태에서—가 있었다. 레이아웃, 교육적 유용성, 전반적인 외형 면에서 이 책은 탄생 당시보다 훨씬 원숙한 모습을 보인다.

책의 점진적인 개선은 나에게도 문제가 되었다. 매번 개정 요청을 받을 때마다 나는 이 책에서 더 이상 개선할 여지가 있을까(책이 완벽해서 그렇다는 얘기가 아니라 나의 창의성이 한계에 도달했다는 뜻이다) 의아해하곤 했다. 하지만 책을 다시 읽으면, 맙소사, 여지없이 개선될 가능성이 남아 있음을 깨닫곤 했다.

나는 이 새로운 판에서 몇 가지 중요한 변화를 주었다. 즉, 여러 곳에서 뜻을 좀 더 명료하게 만들었고, 구조를 개선했으며, 몇 장들은 새로 고쳐 썼고, 몇 부분을 추가하고, 삭제했다. 그리고 나는 나그함마디 문서의 발견, 신약시대 (그리고 그 이후의) 그리스도교 교회의 규모, 그 당시 종교의 확산에서 기적에 관한 이야기들의 역할, 지옥에 대한 예수의 견해 등과 같은 흥미로운 문제들을 다루면서 책 전체에 걸쳐 십여 개의 'Box'들을 추가했다.

이 'Box'들, 특히 "과거 엿보기"나 "당신의 생각은?"이라는 제목이 붙은 것들에 대해 한마디 하겠다. 나는 일부 학생들이 각 장의 주 내용들보다 덜 중요해 보인다는 이유로 이 항목들을 건너뛴다는 것을 알고 있다. 하지만 항목들을 직접 만든 사람으로서 나는 그것들이 이 책의 가장 흥미로운 부분이라고 생각한다.

이 항목들은 항상 흥미롭고 중요한 주제들(적어도 나에게는)을 다루고 있으며 독자가 (아직 대학생이라면) 질문할 생각을 떠올리지 못할 것들에 관한 내용들이 많다. 만약 당신이 교사라면 학생들에게 이 항목들을 읽어보라고 권해주었으면 한다.

여록도 마찬가지다. 이번 판에서 나는 이 부분을 재구성했고 중요한 내용을 추가했다. 아니, 더 정확히 얘기하자면 다른 사람에게 추가해달라고 부탁했다. 로욜라 메리마운트 대학교에서 신약성서를 가르치다 은퇴한 나의 오랜 친구 제프리 시커는 최근 디지털 시대의 성서에 관한 중요한 책을 썼다.(Jeffrey S. Siker, *Liquid Scripture; The Bible in the Digital World*. Minneapolis, MN; Fortress Press, 2017) 성서 연구를 위한 디지털 기술의 중요성에 대한 짧은 소회를 써달라는 나의 부탁에 그는 친절하게 응해주었다. 나의 제자 셰일리 파텔이 쓴 비평의 현대적 형태들(페미니스트, 퀴어, 탈식민주의 등)에 대한 여록과 함께 이 책에 나오는, 내가 쓰지 않은 두 편의 글들이다. 이 글들이 이 책의 내용을 더욱 풍부하게 만들었다는 데에 누구나 동의할 수 있을 것이다.

많은 성서학자들이 이 책의 6판을 읽고 몇 가지 개선점들을 제안했다. 나는 그들의 말을 주의 깊게 듣고 그들의 충고에 귀를 기울였다. 그들 각자가 아무런 보상도 따르지 않는 일을 하게 된 이유는 자신들의 분야 그리고 그것을 가르치는 강사들에 대한 애정이 있기 때문이었다. 그들의 도움에 정말 감사드린다. 이 자리를 빌려 다음 분들께도 진심으로 감사를 표한다.

파이크빌 대학의 제임스 C. 브라우닝
캘리포니아 버클리 대학의 수잔나 엘름
위스콘신 매디슨 대학의 코리 노먼
오클랜드 대학의 도리스 플랜터스
베쑨 쿡맨 대학의 윌리엄 로드리게스
위치타 주립대학의 란프리드 I. 텔레
버지니아 대학 와이즈 컬리지의 위톨드 울니

나는 특히 오랜 시간 동안 내 편집자이자 좋은 친구인 로버트 밀러 옥스퍼드 대학 출판부 선임편집장에게도 감사하고 싶다. 그는 첫 책이 나온 후 지금까지 오랫동안 내가 이 일을 계속할 수 있도록 나를 북돋워주었다. 또한 항상 명랑하게 편집 보조를 맡아준 알리사 팔라초의 모든 노고에 감사를 표한다.

이 7판도 나의 여전히 위대한 스승이자 멘토, 친구인 데이비드 애덤스에게 헌정되었다. 그는 35년 전 나에게 공관복음서를 처음 가르쳤으며, 그의 교육적 기술과 사고의 명료함은 나와 그의 모든 학생들이 항상 달성하고자 하는 목표들을 설정케 해주었다.

사진 출처

22.1: Erich Lessing/Art Resource, NY; Fig. 23.1: ©The British Library Board. Add 43725 f.280v Or f.334; Fig. 23.2: Rome/Roma (Italy), Peter and Marcellinus Catacomb – Catacomba dei Ss. Pietro e Marcellino, crypt, lunette of an ar- cosolium; Fig. 23.3: Alinari/Art Resource, NY; Fig. 24.1: Scala/ Art Resource, NY; Fig. 24.2: Scala/Art Resource, NY; Fig. 24.3: Robert Miller; Fig. 25.1: Scala/ Art Resource, NY; Fig. 25.2: © Copyright The Trustees of the British Museum; Fig. 26.2: Gilles Mermet/Art Resource, NY; Fig. 26.3: Muenzen & Medaillen AG, Switzerland; Fig. 27.1: © The British Library Board. Or. 9271; Fig. 28.2: Rome – Roma (Italy), Commodilla Catacombs – Catacombe di Commo- dilla ceiling; Fig. 28.3: Reproduced with permission from Hirmer Fotoarchiv 2009.088 R; Fig. 28.4: Reproduced with permission from Hirmer Fotoarchiv 2009.641 b V.

Photo Essay 1: Ancient Manuscripts of the New Testament

Fig. 1: Reproduced by courtesy of the University Librarian and Director, The John Rylands University Library, The University of Manchester; Fig. 2: Papyrus P. Mich. Inv. 6238.41. Image digi- tally reproduced with the permission of the Papyrology Collec- tion, University of Michigan Library, http://www.lib.umich.edu/ papyrus-collection; Fig. 3: © The British Library Board. Add 43725 f246v; Fig. 4: © 2015 Biblioteca Apostolica Vaticana. Gr. 1209, f.1602v; Fig. 5: University of Cambridge, University Library; Fig. 6: Stiftsbibliotheck St. Gallen; Fig. 7: Courtesy Department of Manuscripts, National Library of Russia. Greac.219, folio 100; Fig. 8: © 2015 Biblioteca Apostolica Vaticana. Gr. 2138.

Photo Essay 2: The Material World of Jesus and the Gospels

Fig. 1: Scala/Art Resource, NY; Fig. 2: Erich Lessing/Art Resource, NY; Fig. 3: Erich Lessing/Art Resource, NY; Fig. 4: Archaeologi- cal Exploration of Sardis/Harvard University; Fig. 5: SEF/Art Resource, NY; Fig. 6: Bart Ehrman; Fig. 7: Bart Ehrman; Fig. 8a: © The Israel Museum, Jerusalem; Fig. 8b: Courtesy of the Israel Antiquities Authority; Fig. 9: Bart Ehrman; Fig. 10: Erich Less- ing/Art Resource, NY; Fig. 11: Israel Antiquities Authority; Fig. 12: israelimages.com; Fig. 13: © The Israel Museum, Jerusa- lem; Fig. 14: © The Israel Museum, Jerusalem; Fig. 15: © The Israel Museum, Jerusalem.

Photo Essay 3: The Cities and Roads of Paul

Fig.1: LefterisPapaulakis/Shutterstock;Fig.2: meunierd/Shutterstock; Fig. 3: Sonia Halliday Photos; Fig. 4: Nick Pavlakis/Shutterstock; Fig. 5: © Ancient Art & Architecture/DanitaDelimont. com; Fig. 6: Dimitrios/Shutterstock; Fig. 7: Michael Avory/Shutterstock; Fig. 8: Bart Ehrman; Fig. 9: Todd Bolen/BiblePlaces.com; Fig. 10: S.Borisov/ Shutterstock; Fig. 11: Matteo Gabrieli/Shutterstock; Fig. 12: Asier Villafranca/Shutterstock; Fig. 13: Image courtesy of www.HolyLand Photos.org; Fig. 14: vlas2000/Shutterstock; Fig. 15: LianeM/ Shutterstock.

주요 연대기

	헬레니즘과 로마 시대 역사	팔레스티나의 역사	그리스도교의 역사
기원전 800	기원전 753년 전설상의 로마 건국의 해		
기원전 700			
기원전 600		기원전 587–586년 바빌로니아의 예루살렘 최종 정복, 신전 파괴, 유대인 지도자들의 유배 기원전 559–332년 페르시아가 팔레스티나를 지배	
	기원전 510년 왕정이 폐지되고 공화정이 시작됨		
기원전 500			
기원전 400	기원전 332–323년 알렉산드로스 대왕의 정복	기원전 333–332년 알렉산드로스 대왕이 팔레스티나를 정복	
기원전 300	기원전 264–241, 218–201, 기원전 149–146년 지중해 지배를 두고 로마와 카르타고의 포에니 전쟁	기원전 300–198년 프톨레마이오스 왕조(이집트)의 팔레스티나 지배	
기원전 200		기원전 198–142년 셀레우코스 왕조(시리아)의 팔레스티나 지배 기원전 167–142년 마카베오 반란 기원전 142–63년 하스몬 왕조 통치하의 팔레스티나; 바리사이파, 사두가이파, 에세네파 등 유대 종파의 형성	

	헬레니즘과 로마 시대 역사	팔레스티나의 역사	그리스도교의 역사
기원전 100	기원전 44년 율리우스 카이사르 암살 기원전 27년 옥타비아누스 (카이사르 아우구스투스)가 추대됨; 로마 제정의 시작	기원전 63년 로마 장군 폼페이우스에 의한 팔레스티나 정복 기원전 40–4년 로마가 헤로데를 유대인의 왕으로 책봉	
		기원전 4년 예수의 탄생	기원전 4년 예수의 탄생 기원전 4년–서기30년 예수의 일생
서기 1	14–37년 티베리우스 황제 37–41년 칼리굴라 황제	4–6년 헤로데의 아들 아르켈라오스가 유대를 지배 4–39년 헤로데의 아들 안티파스가 갈릴래아를 지배 6–41년 로마 총독들이 유대를 지배 폰티우스 필라투스 26–30년 유대 총독으로 재임	27–30년? 예수의 공적 사역 30년? 예수의 십자가 처형 30–120년 예수의 구전 전승과 제국 전체에 걸친 그리스도교의 초기 확산 31–32년? 바울로의 회심
	41–54년 클라우디우스 황제 54–68년 네로 황제 68–69년 네 명의 황제의 해	41–44년 아그리파 1세가 대부분의 팔레스티나를 지배 46–66년 로마 행정관들이 대부분의 팔레스티나를 지배 66–70년 제1차 유대–로마 전쟁	34–64년 바울로의 선교 활동

49년
바울로의 가장 초기 편지이자 현존
하는 최초의 그리스도교 저술인
테살로니카인들에게 보낸 편지

49–62년
바울로의 편지들

헬레니즘과 로마 시대 역사	팔레스티나의 역사	그리스도교의 역사

69–79년
베스파시아누스 황제

70년
예루살렘과 신전의 파괴

64년
바울로와 베드로의 순교

79–81년
티투스 황제

65–70년
마르코의 복음서

80–85년
마태오의 복음서, 루카의 복음서

81–96년
도미티아누스 황제

80–110년
제2바울로 서신과, 목회 서신,
일반 서신들

90–95년
요한의 복음서

96–98년
네르바 황제

95년
클레멘스의 첫째 편지

98–117년
트라야누스 황제

95–100년
묵시록

서기 **100**

117–138년
하드리아누스 황제

132–135년
(바르 코크바가 이끈)
제2차 유대–로마 전쟁

100년
디다케

100–130년
영지주의의 발흥

110년
이그나티우스의 서신

110–120년
토마의 복음서와
베드로의 복음서

120–140년
헤르마스의 목자와
베드로 묵시록

130년
바르나바의 편지

130–150년
마르키온주의자들의 발흥;
유다의 복음서

155년
폴뤼카르포스의 순교

로마 제국: 중부지방과 동부지방

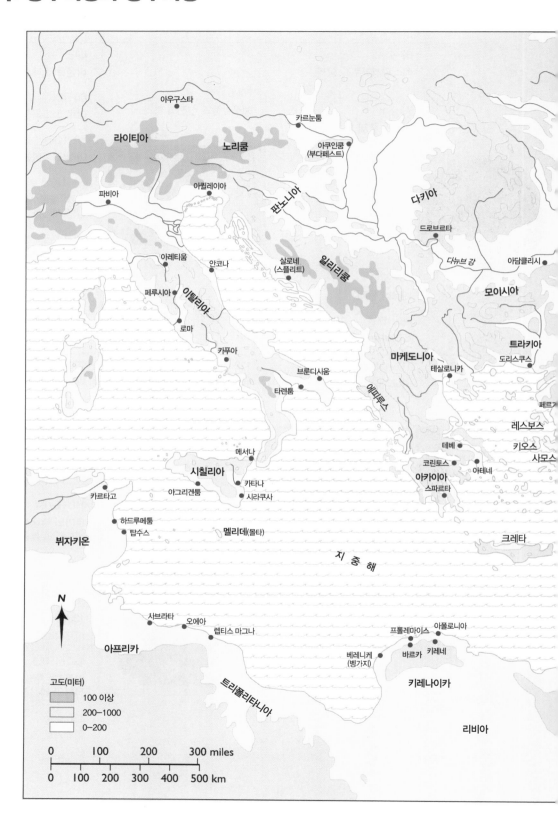

아우구스타

카르눈툼

라이티아

노리쿰

아쿠인쿰
(부다페스트)

다키아

파비아

아퀼레이아

판노니아

드로브르타

다뉴브 강

아담클리시

아레티움

안코나

살로네
(스플리트)

일리리쿰

모이시아

페루시아

이탈리아

트라키아

로마

도리스쿠스

카푸아

마케도니아

테살로니카

브룬디시움

에피루스

타렌툼

페르ㄱ

레스보스

테베

키오스

메사나

코린토스

아테네

사모스

시칠리아

카타나

아카이아

스파르타

야그리겐툼

시라쿠사

카르타고

하드루메툼

크레타

탑수스

멜리데(몰타)

지 중 해

뷔자키온

N

사브라타

오에아

아폴로니아

프톨레마이스

아프리카

렙티스 마그나

베레니케
(벵가지)

바르카

키레네

키레나이카

트리폴리타니아

리비아

고도(미터)

100 이상

200–1000

0–200

0		100		200		300 miles

0	100	200	300	400	500 km

18

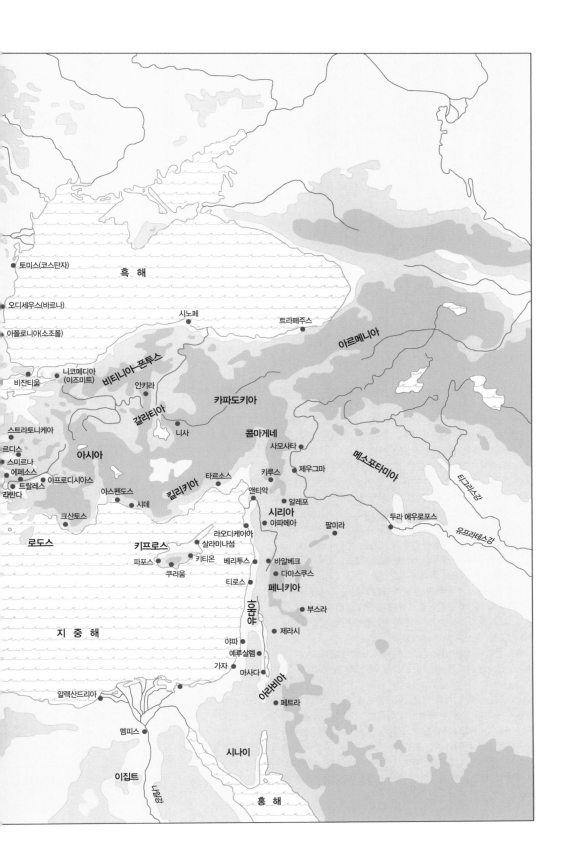

토미스(코스탄자)
흑 해
오디세우스(바르나)
아폴로니아(소조폴)
시노페
트라페주스
아르메니아
니코메디아
(이즈미트)
비티니아 폰투스
비잔티움
안키라
카파도키아
갈라티아
니사
콤마게네
스트라토니케아
르디스
사모사타
메소포타미아
스미르나
에페소스
키루스
제우그마
아프로디시아스
아시아
타르소스
티그리스강
트랄레스
라반데
킬리키아
아스펜도스
앤티악
시데
알레포
크산토스
시리아
두라 에우로포스
아파메아
팔미라
유프라테스강
로도스
라오디케이아
키프로스
살라미나섬
파포스
키티온
베리투스
바알베크
쿠리움
다마스쿠스
티로스
페니키아
부스라
유대야
지 중 해
제라시
야파
예루살렘
가자
마사다
아라비아
알렉산드리아
페트라
멤피스
시나이
이집트
나일강
홍 해

일러두기

1. 이 책은 Bart D. Ehrman, *The New Testament:A Historical Introduction to the Early Christian Writings 7th Edition*, Oxford University Press, 2020을 완역한 것이다.

2. 이 책은 종교 경전으로서의 신약성서가 아니라 인류 역사상 가장 중요한 책이라고 할 수 있는 신약성서라는 텍스트 자체의 역사적 형성 과정을 다룬 책이고 그쪽에 관심이 있는 독자를 염두에 두고 편집했다. 따라서 인명과 지명에서 성서와의 불일치는 곳곳에 있을 것이다.

3. 이 책의 인명은 대략적으로 성서의 표기에 준했다. 중요한 인물의 경우는 관용적으로 인정되는 표기를 사용했으나 유대인이 아닌 경우나 당시 헬라어 이름을 갖고 있는 비중이 낮은 인물의 경우는 예외의 최소화 원칙에 따라 국립국어원의 외국어표기법을 따랐다. 신약성서 성립 당시의 지리적 역사적 배경이 지중해 연안 지역의 그리스-로마 문화권이었으므로 지명은 고대 그리스어 표기법을 기준으로 했다.

4. 구약성서의 인명은 천주교 성경의 표기를 참고했다. 다만 이 책이 언어학 책이 아니고 외국어 표기 원칙에서 장음과 된소리를 인정하지 않으므로 장음과 된소리 표기는 살리지 않았다.

5. 성서의 구절은 공동번역성서와 천주교 성경을 참고했으나 반드시 그에 따르지는 않았다. 특히 저자가 강조한 특정 뉘앙스의 단어는 원문의 의미를 최대한 살렸다.

6. 사이시옷은 넣지 않아도 감각적으로 이상하지 않은 것들은 사전에 등재된 단어라도 가급적 채택하지 않았다. '첫값'이 '죄값'으로 '태곳적'이 '태고적'으로 표현된 경우가 그런 예들이다.

7. 요한 묵시록Book of Revelation은 '묵시록'으로 번역해야 하지만 번역어로 일반명사 '묵시록'을 쓸 경우 혼란을 피할 수 없어 편의상 '요한 묵시록'으로 표시했다.

8. 저자가 원문에서 볼드체로 강조한 것들이나 내용의 이해에 도움이 된다고 생각되는 경우 알파벳을 병기했다. 중복되는 경우가 다소 있지만 저자가 강조하고자 한 '배경'과 '문맥'을 되새긴다는 의미로 받아들여졌으면 한다.

9. 이 책에 관심이 있는 독자들은 성서에 대한 배경 지식이 어느 정도 있다고 가정해 가독성을 위해 성서를 이루는 책들에는 약물을 사용하지 않았다. 외경이나 위서로 여겨지는 책들이나 기타 초기 그리스도교 저작물은 익숙하지 않다는 점을 감안해 알파벳을 병기했다.

10. 국내 성서는 'faith'를 '믿음'으로 번역하지만 원문에는 'belief'와 'faith'가 혼용되어 있다. '신앙'은 명백히 예수의 부활과 그가 메시아임을 믿고 그에 맞게 헌신하는 삶을 가리키므로(본문 21장 '바울로의 복음서' 참고) '믿음'과는 개념이 다르다. 이 책에서는 영어 성서와 저자의 구분에 따라 각각 '믿음belife'과 '신앙faith'으로 표기했다.

서론

왜 신약성서를 연구해야 하는가?

신약성서는 서양 문명사에서 가장 빈번하게 구입되고, 널리 읽히고, 소중히 간직되었던 책이다. 또한 그것은 가장 널리 오해받고, 잘못 해석되고, 잘못 사용되고 있기도 하다. 이러한 사실들만으로도 우리가 그것을 연구하는 데 시간을 들일 가치가 있을 것이다. 하지만 종교적 이유, 역사적 이유 그리고 문학적 이유 등 다른 이유들도 있다.

종교적 이유

물론 신약성서를 공부하는 대부분의 사람들은 종교적인 이유를 가지고 있다. 많은 사람들이 성서를 하느님의 말씀으로 경외하며 무엇을 믿고 어떻게 살아야 하는지에 대해 성서가 어떤 답을 주는지 알고 싶어 한다. 만약 여러분이 신약성서를 그런 이유로 연구하고 싶다면 여러분은 분명히 신약에 대해 가능한 한 많은 것을 알고 싶어 할 것이다.

하지만 종교가 없거나 종교를 갖는 것에 관심이 없는 사람들에게도 신약성서를 공부해야 할 다른 이유들이 있다. 무엇보다 20억 명의 그리스도교 신자가 있는 우리들 세상을 이해하기 위해서는 그리스도교 신앙의 핵심에 위치해 있는 책을 확고히 파악할 필요가 있다. 그래서 신약에 대한 이 연구는 신자, 비신자 여부와 상관없이 모든 사람들을 위한 것이다. 그러므로 우리는 침례교, 루터교, 카톨릭, 유대교, 불가지론자, 무신론자, 또는 다른 어떤 특정한 종교적 관점이나 신학을 장려하기 위해 신약성서를 연구하지는 않을 것이다. 그보다는 우리는 신약성서를 역사적 관점에서 접근할 것이다.

역사적 이유

신약성서를 연구하는 가장 중요한 이유 중 하나는 특히 역사적인 관점에서 그것이 서양 문명의 역사에서 지니는 중요성 때문이다. 지난 2천 년 동안 유럽과 신대륙의 지배적인 종교는 그리스도교였다. 이 종교는 계속해서 우리의 문화 형태에 큰 영향을 미치고 있다. 이 종교의 가르침은 사람들의 생각, 신앙, 행동을 이끌지만 이것은 개인적인 차원에만 국한되지 않는다. 그것은 또한 상상할 수 있는 가장 광범위한 역사적 범위에서도 사실이다. 문화, 사회, 정치, 경제, 어느 면에서 보든 그리스도교는 서양 문명에 모든 종교, 이데올로기 또는 세계관 중에서도 가장 큰 영향을 끼쳤다. 그에 필적할 만한 것은 존재하지 않는다. 그런 그리스도교의 근간에, 혹은 그 중심에, 신약성서가 있다. 신약성서를 이해하지 못하면 우리가 살고 있는 세계사의 과정을 온전히 이해할 수 없다.

게다가 신약성서가 수많은 사람들의 삶에 영향을 미쳐왔고, 계속해서 영향을 미치고 있다는 것에는 의심의 여지가 없다. 성서(히브리어 성서—즉, 그리스도교 구약과 신약 모두를 포함하는)가 세상에서 가장 많이 팔린 책이라는 것은 널리 알려져 있다. 사람들이 잘 알지 못하는 사실은 성서가 매년 가장 많이 팔리는 책이기도 하다는 것이다. 매년 너무 많은 성서가 팔려서 아무도 그 합계를 낼 수 없었다. 최근 통계에 따르면, 매년 약 1억 부의 성서들이 판매되거나 배포되고 있으며, 미국에서만 2,000만-2,500만 권이 거래된다. 이것은 새로운 성서가 매일 약 274,000부, 매시간 11,000부 배포된다는 것을 의미한다. 하지만 가장 놀라운 것은, 특히 미국에서, 이 성서들의 대부분이 이미 성서를 가지고 있는 사람들에게 팔렸다는 것이다. 미국의 열 가정 중 아홉 가정 이상이 최소한 한 권의 성서를 가지고 있고, 보통은 네 권씩 가지고 있다. 2006년 12월 18일자 《뉴요커》에 실린 기사에 따르면, "성서 출판사들은 거의 모든 사람이 이미 가지고 있는 책을 1년에 2,500만 부씩이나 판매한다".

미국인들은 성서를 소유하고 구입하는 것만 좋아하는 것이 아니다. 성서 읽기도 좋아한다. 갤럽 여론조사에 따르면 미국인들 중 16퍼센트가 매일 성서를 읽으며 21퍼센트는 적어도 일주일에 한 번, 12퍼센트는 적어도 한 달에 한 번 성서를 읽는다고 응답했다. 이는 미국 인구의 절반이 매달 성서를 읽는다는 것을 의미한다. 다른 어떤 책이 이와 대등한 위치에 있을 수 있을까?

더욱 인상적인 것은 실제로 신약성서를 믿는 사람들의 숫자다. 최근의 갤럽 여론조사에 의하면, 24퍼센트의 미국인들이 성서는 절대적인 하느님의 말씀이며 문자 그대로 해석되어야 한다고 생각한다. 47퍼센트는 그것을 문자 그대로 믿지는 않지만 그럼에도 불구하고 여전히 하느님의 말씀이라고 생각한다. 이것은 미국인 열 명 중 일곱 명—71퍼센트—이 성서는 영감에 의해 쓰인 하느님의 말씀이라고 믿는다는 것을 의미한다.

신약성서가 미국인들에게 미치는 방대한 영향은 성서를 연구해야 하는 긍정적인 이유들로 보일 수 있다. 우리들 자신이 신앙인이든 혹은 신약성서의 연구에 몰두해 있든 아니든 간에, 많은 우리의 동료 시민들에게 영향을 미치고 있는 이 책에 대해 더 많이 알 필요가 있다. 게다가 자신들이 신약성서의 핵심 가르침으로 이해한 것을 따르는 성실한 신자들이, 역사를 통해 때로는 그들 자신의 엄청난 희생을 감수하면서 세상에 많은 유익을 끼쳐왔다는 점은 아무도 부인할 수 없다. 신약성서는 "네 이웃을 너 자신처럼 사랑하라", "다른 사람에게 대접하고 싶은 대로 남에게 행하라" 등 많은 이타적인 윤리적 원칙들을 가르친다. 그러한 가르침을 따르는 사람은 분명 인류에게 진정한 봉사를 하고 인간 사회를 더 좋게 만들기 위해 일할 것이다.

하지만 신약성서는 사람들에게 긍정적인 영향만 끼친 것이 아니라 모두가 알고 있는 것처럼 매우 심각하고 부정적인 영향도 끼쳤다. 신약성서는 오랫동안 매우 해롭고 악의적인 목적으로 이용되어왔다. 예를 들어, 중세의 십자군 전쟁과 종교재판 동안 전쟁, 살인, 고문을 정당화하는 데 동원되었다. 미국 남부에서 신약성서는 노예제도와 백인우월주의를 정당화하기 위해 이용되었다. 신약성서는 전쟁, 무고한 생명들의 학살 그리고 여성, 동성애자, 기타 사회의 다른 사람들이 혐오하거나 찬성하지 않는 거의 모든 사람들에 대한 억압을 정당화하기 위해 계속 이용되고 있다. 부분적으로 이것은 성서 자체가 구약성서뿐만 아니라(예컨대 여호수아기에서 이스라엘 자손이 가나안 사람을 하느님이 명한 대로 학살한 것) 신약성서에서도(요한 묵시록에서 그려지는 하느님에 의한 인류 파괴를 보라) 매우 폭력적인 장면들이 있는 책이기 때문이다. 많은 이들의 의견에 따르면 사람들은 성서를 이용할 뿐만 아니라 오용하기도 하는 것이다. 이는 우리가 성서를 공부하고 싶은 이유를 더욱더 많이 제공해준다.

문학적 이유

종교적, 역사적 이유 외에도 성서를 연구해야 할 문학적인 이유가 있다. 위대한 문학에 관심이 있는 사람이라면 신약성서에 나오는 글들을 이해하는 것이 필수적이다. 이것은 두 가지 이유에서다. 우선 신약성서는 세계문학의 위대한 보석들을 포함하고 있다. 다음은 몇 가지 예들이다.

- 마태오의 복음서: 신약성서에 나오는 첫 번째 책으로 유명한 '산상수훈'을 포함하고 있으며 황금률, 주기도문과 함께 가장 감동적이고 중요한 예수의 윤리적, 종교적 가르침들의 모음집이다.
- 요한의 복음서: 그리스도교 독자들 사이에서 오랫동안 사랑받았던, 예수의 삶에 대한 이 설명은 그를 믿는 모든 사람들의 구원을 위해 이 땅에 온 신성한 존재를 묘사한다.
- 신약의 가장 저명한 저자인 사도 바울로는 로마인들에게 보낸 편지에서 예수의 죽음과 부활을 통해 어떻게 한 사람이 신 앞에서 의롭게 될 수 있는지를 설명하고 있다.
- 요한 묵시록: 신약성서의 마지막 책으로 인류의 모든 역사가 우리가 알고 있는 세상의 파괴와 함께 어떻게 절정에 이르게 될 것인지를 보여준다.

성서를 연구하는 두 번째 문학적인 이유는 그것에 대한 지식 없이는 서양 문학을 이해하는 것이 불가능하기 때문이다—성서의 많은 이야기와 주제와 구절들이 초서, 셰익스피어, 밀턴, 디킨스, 톨스토이, T. S. 엘리엇 등등, 우리 문명의 위대한 작가들에 의해 인용되고, 언급되고, 달리 표현되고, 수정되고, 탐구되었다.

간단히 말해서 당신이 그리스도교인이든 유대인이든, 무슬림이든, 불가지론자든, 무신론자든, 또는 다른 어떤 존재이든, 신약성서를 연구해야 할 수많은 설득력 있는 이유들이 있다. 성서는 우리 문명사에서 가장 중요한 책이다. 그리고 성서 연구를 통해 여러분은 성서와 그 가르침에 대해 깊고 친밀한 이해력을 갖게 될 것이다.

01장

신약성서란 무엇인가?

초기 그리스도교인들과 그들의 문학

이 장에서는 많은 사람들이 신약성서에 대해 질문할 생각을 하지 못했던 어렵지만 흥미로운 질문들을 다룬다. 이 책, 아니 이 책들은 어떻게 생긴 것일까? 신약성서의 스물일곱 권 책들은 권위 있는 책들의 모음집인 '정경Canon' 으로 어떻게 편찬된 것일까? 왜 이 책들은 성서에 포함되어 있지만, 다른 그리스도교 서적들 — 그것들 중 일부는 정경 포함된 책들과 같은 시기에 쓰였음에도 — 은 성서에 포함되지 않았을까? 누가 그런 결정을 내린 것일까? 어떤 근거로? 언제?

우리는 연구 기간 내내 반복될 초기 그리스도교의 기본적인 특징, 그것의 주목할 만한 다양성을 고려하는 것으로 연구를 시작할 것이다. '초기 그리스도교'보다는 '초기 그리스도교들'이라고 말하는 학자들이 있을 정도로 초기 그리스도교는 매우 다양한 형태들을 지니고 있었다. 앞으로 살펴보게 되겠지만, 한 그룹의 그리스도교인들이 성서 가운데 어떤 책이 포함되어야 하는지를 결정한 것은 '올바른' 믿음과 관행을 결정하기 위한 초기 그리스도교인들의 투쟁의 맥락에서 이해되어야 한다. 다소 놀랍겠지만, 최종 결정은 몇 년 또는 수십 년 만에 내려진 것이 아니라, 300년 이상의 시간이 걸렸다.

현대 세계의 그리스도교는 매우 다양한 현상으로 나타난다. 로마 카톨릭 미사에 참석한 오순절파 전도사, 우연히 침례교 천막 부흥회에 참석한 그리스 정교 수도사, 여호와의 증인 기도회에 참석한 성공회 수녀에게 물어보면 알 수 있는 일이다. 확실히 많은 그리스도교 교단들 사이에는 공통점이 있지만, 애팔래치아 스네이크 핸들러(1920-1940년 무렵 미국 남부 애팔래치아 산간 지방을 중심으로 오순절 교회 안에 형성된 무리. 마르 16:17-18에 근거하여 집회 중에 독사를 집어 들고 방언을 하며 독약[주로 스트리크닌]을 마시는 예배를 드린다. 이들이 만든 교회에는 '표징이 따르는 하느님의 교회the Church of God with Signs Following'라는 이름이 붙는다 - 역자 주)의 믿음과 관행을 뉴잉글랜드 장로교인들과 비교해보면 비슷한 점보다는 차이점들에 더 큰 충격을 받을 것이다.

이런 종류의 풍부한 다양성은 현대에 들어서 생긴 것일까? 많은 사람들이 그렇게 생각하는 것 같다. 그들에게 그리스도교는 원래 견고한 단일체였으나 (특히 개신교 개혁 이후) 시간이 흐르면서 이러한 통일성이 갈라지고 분열되었다. 그러나 역사가들은 어떤 면에서는 오늘날의 그리스도교 내의 차이는 먼 옛날 존재했던 차이들과는 비교도 되지 않는다는 것을 인정한다. 시계를 1,850년 전 2세기 중엽으로 되돌리면, 우리로서는 들도 보도 못했던 믿음에 동의하는 그리스도교

인들, 즉 다른 두 종류의 신, 아니 30, 혹은 365가지 신들이 존재한다고 믿는 그리스도교인들, 구약성서는 악한 신의 영감으로 만들어졌다고 주장하거나 하느님이 세상을 창조하지 않았고 그런 것과는 아무 관련도 없다고 주장하는 그리스도교인들, 예수가 인간의 육체나 영혼을 가지고 있지 않았고 태어나지도, 죽지도 않았다고 주장하는 그리스도교인들을 발견할 수 있다.

물론 오늘날 많은 사람들은 그러한 견해는 그리스도교적이 아니라고 주장할 것이다. 그러나 놀랍게도 이런 것들을 믿는 사람들은 자신들을 그리스도교인이라고 주장했다. 더구나 이들은 한결같이 자신들의 생각이 예수가 직접 가르친 것이라고 주장했다. 많은 경우 그들은 예수의 사도들이 쓴 것으로 알려진 문서를 가지고 있었기 때문에 서면 증거에 호소할 수 있었다.

신약성서에도 예수의 사도들apostles이 직접 쓴 것으로 생각되는 책들이 포함돼 있다. 그러나 이 책들은 여러 신이 존재한다거나, 세상을 창조한 신이 악하다거나, 예수가 실체를 가지고 있지 않다는 것을 가르치지 않는다. 하지만 신약성서의 책들을 실제로 예수의 사도들이 썼고 반대의 견해를 지지하는 책들은 위조품이라고 생각할 역사적 근거가 있을까? 사도들이 저술했다고 주장하는 책들 중 일부는 신약성서에 포함되었지만 왜 다른 책들은 그러지 못했을까? 신약성서에 들어온 책들은 어떤 근본적 주장들(예를 들어, 신은 하나

뿐이라는 것)에 대해서는 의견을 같이한다고 해도, 다른 것(예수는 누구인가 등)에 대해서는 의견을 달리할 가능성이 있을까? 예수가 세상에 온 지 150여 년이 지난 후인 2세기 그리스도교인들이 이처럼 다양한 신앙들을 가지고 있었다면 1세기(신약성서의 책들이 쓰이고 있을 때) 그리스도교인들도 마찬가지 아니었을까? 초기 그리스도교인들은 모두 그들 종교의 근본적 주장에 동의했을까?

이것들은 우리가 초기 그리스도교 저술들을 검토하기 시작하면서 고려할 몇 가지 문제들이다. 물론 그것들만이 유일한 문제는 아니다. 독자들이 신약성서 연구에 제기하는 중요하고 흥미로운 질문들은 아주 광범위하다. 신약성서의 출처, 저자들이 누구였는지, 그들의 메시지가 무엇이었는지 등등의 질문들이 앞으로 상당히 긴 지면에 걸쳐 우리를 사로잡을 것이다. 그중에서도 그리스도교의 다양성 문제는 우리가 연구를 시작하기에 좋은 지점이다. 예수의 가르침에서 출발하여 그리스도교 초기 단계에 관한 중요한 질문들을 적절히 대비하게 해줄 뿐만 아니라, 신약성서 자체의 본질, 특히 이러한 다양한 책들이 어떻게, 왜 한 권으로 묶여 그리스도교인들에게 신성한 경전으로 받아들여지게 되었는지에 대해서도 우리에게 깨우쳐줄 수 있다.(Box 1.1 참고)

초기 그리스도교의 다양성

앞서 잠깐 언급했듯이 그리스도교의 다양성은 1세기보다는 신약성서의 책들이 쓰인 후인 2세기에 그 증거를 찾아보기가 좀 더 쉽다. 그 이유는, 아주 간단히 이야기하자면, 2세기에 만들어진 문서들이 더 많기 때문이다. 다른 그리스도교 서적들도 이 시기에 제작된 것으로 알려져 있지만 사실상 1세기에 쓰였다고 확실하게 믿을 수 있는 유일한 그리스도교 저술들은 신약성서에 들어 있을 뿐이다. 우리는 먼저 그리스도교의 후기 형태에 대한 몇 가지 예를 찾아보고 이것들이 신약성서의 연구와 어떻게 관련이 있는지 살펴보는 것으로써 연구를 시작하고자 한다.

유대-그리스도교 양자론자들

먼저 요르단 강 동쪽의 팔레스티나에 살고 있던 것으로 알려진 2세기 유대인 그리스도교인들이 받아들인 종교의 형태를 생각해보자. 이들 신자들은 예수가 다른 어떤 사람보다도 유대 율법Law의 신봉자라는 면에서 의로운 사람, 하느님이 그의 아들로 선택한 사람이라고 주장했다. 이들의 주장에 의하면 예수는 세례 때에 아들로 택함을 받았다. 요르단 강에서 몸을 일으킨 그는 하늘이 열리고 "너는 내 아들, 나 오늘 너를 낳았노라"라는 음성이 선포될 때 하느님의 영이 비둘기로 그에게 내려오는 것을 보았다.

에비온파Ebonites라고도 불린 이들 그리스도교인들에 따르면 예수는 하느님의 영으로 말미암아 놀라운 기적을 행하고 하느님의 진리를 가르칠 수 있는 능력을 부여받았다. 그러다가 말년에 세상의 죄악을 위해 십자가에서 기꺼이 모든 희생을 종식시키는 제물이 됨으로써 신성한 임무를 완수했다. 그 후 하느님이 그를 죽음에서 살렸고 천국으로 올라간 예수는 그곳에서 현재 다스리고 있다.

이러한 믿음들에는 주목할 만한 것이 거의 없어 보일지도 모른다—조금 더 깊이 세부 사항들을 살펴보

Box 1.1 경전의 정경

영어 '캐논'은 원래 '자' 또는 '막대자'를 의미하는 그리스어에서 유래했다. 캐논은 직선을 만들거나 거리를 측정할 때 사용된다. 책에 적용시킬 때, 그것은 인정된 문헌 일체를 가리킨다. 예를 들어 셰익스피어의 캐논은

셰익스피어 자신이 쓴 모든 작품들을 가리킨다.

성서에 관해 말하자면, 캐논(정경)이라는 용어는 교단에 의해 권위를 인정받는 책들을 의미한다. 따라서 유대 성경 정경이나 신약 정경이라는 말이 그 예이다.

기 전까지는 말이다. 이 그리스도교도들에 따르면 하느님의 선택을 받았음에도 불구하고 예수는 신성한 존재가 아니었다. 그는 의로운 사람이었을 뿐 그 이상은 아니었다. 그들에 따르면 예수는 처녀에게서 태어나지도 않았고, 태어나기 전에 존재하지도 않았으며, 그 자신이 하느님도 아니었다. 그는 하느님한테 입양되어 세상의 구원자인 그의 아들이 되었다. 이런 주장을 하는 사람들은 "양자론자"라고 불렸다. 그들에게 예수를 신이라고 주장하는 것은 불경스러운 거짓말이었다. 예수가 하느님이고, 그의 아버지 또한 하느님이라면, 하느님이 두 분 있을 것이기 때문이다. 유대교 성서는 다음과 같이 강하게 선언하고 있다. "너, 이스라엘아 들어라. 우리의 하느님은 야훼시다. 야훼 한 분뿐이시다."(신명 6:4)

이 그리스도교인들에 따르면, 이 유일한 하느님이 이스라엘을 선택해서 그의 법(유대 경전들의 형태로)을 주었다. 게다가 예수는 그의 추종자들에게 십계명뿐만 아니라(동물의 희생을 요구하는 법을 제외한—왜냐하면 예수가 완전한 희생물이 되었으므로) 모든 법을 세세하게 따라야 한다고 가르치기도 했다. 예수를 따르려면 유대인으로 태어나지 않은 사람들은 먼저 유대인이 되어야 한다. 즉, 남성은 할례를 받아야 하고 남성과 여성 모두 안식일을 지키고 음식의 정결례를 지켜야 한다.

이 그리스도교인들은 어떤 근거로 이런 신앙을 가지게 된 것일까? 그들에게는 예수의 가르침이 담겨 있다는 히브리어로 쓰인 신성한 책 한 권이 있었는데, (첫 두 장이 없을 뿐) 오늘날의 마태오의 복음서와 비슷했다. 이 유대인 그리스도교인들은 신약성서의 다른 책들, 즉 다른 복음서들과 사도행전, 편지들, 요한 묵시록들 중 몇 권에 대해서는 들어본 적도 없었고, 다른 책들은 노골적으로 거부했다. 특히 그들은 신약성서의 대표적인 저자로 꼽히는 바울로가 사도라기보다는 철저한 이단arch-heretic이라고 여겼다. 그들의 의견으로는 그리스도가 유대 율법을 종식시켰다는 바울로의 가르침은 신성모독이었기 때문에 그의 글은 이단으로 거부될 수밖에 없었다. 요컨대 이 2세기 그리스도교인들은 우리가 지금 가지고 있는 신약성서 정경을 가지고 있지 않았다.(Box 1.1 참고)

마르키온주의 그리스도교도들

신약성서를 가지고 있지 않았던 것은 유대교-그리스도교 양자론자들만이 아니었다. 2세기 중후반, 지중해의 여러 지역과, 특히 소아시아(지금의 튀르키예)에 많은 교인들을 거느리고 있던 또 다른 그리스도교 집단도 마찬가지였다. 그들은 바울로의 글에서 그리스도교의 참된 가르침을 밝혀냈다고 스스로 주장하는 2세기 학자, 전도자 마르키온Marcion의 주장을 따르고 있었기에 그들의 반대자들에 의해 "마르키온주의자"라고 불렸다. 요르단 동쪽에 있는 유대교 그리스도교인들과는 극명하게 대조적으로 마르키온은 바울로가 진정한 사도였으며 복음의 진실을 전하기 위해 부활한 예수가 특별히 바울로에게 나타났다고 주장했다. 마르키온에 따르면 바울로는 율법에 최대한 순종하려는 철저한 유대인이었지만 그리스도의 계시를 통해 유대 율법이 신성한 구원의 계획과는 전혀 관련이 없다는 것을 분명히 알게 되었다고 한다. 바울로에게는 그리스도만이 구원의 길이었다. 마르키온은 바울로의 글이 사실상 그리스도의 복음을 유대인의 율법에 반하여 우선하는 것으로 만들었으며, 그는 그리스도교인들에게 유대 율법을 완전히 버리도록 촉구했다고 주장했다.

마르키온과 그의 추종자들에게는 예수(그리고 그의 사도 바울로)가 설교한 종교와 유대교 경전에서 발견되는 종교의 차이점이 뚜렷하게 보였다. 유대인의 하느님은 불복종하는 자를 벌하지만, 예수의 하느님은 자비와 용서를 베풀고, 유대인의 하느님은 "눈에는 눈, 이에는 이"라고 말하는 반면, 예수의 하느님은 "다른 쪽 뺨도 돌려 대라"라고 말하며, 구약성서의 하느님은 이스라엘 백성들에게 예리코를 정복하고 남자, 여자, 아이들 등 그곳의 모든 사람들을 학살하라고 말하지만 예수의 하느님은 너희의 원수를 사랑하라고 말한다. 마르키온주의자들에 따르면 이 두 하느님의 공통점은 아무것도 없다. 그들에게는 유대인의 하느님과 예수의 하느님은 아무 관계가 없는 별개의 신들이다.

마르키온주의자들은 세상을 창조하고 이스라엘을 그의 특별한 민족으로 선택한 유대인의 분노에 찬 하느님, 공의의 하느님과 예수는 상관이 없다고 주장했다. 사실 예수는 이 하느님으로부터 사람들을 구하러 왔다. 더구나 예수는 창조주와는 관계가 없으므로 창

Box 1.2 히브리어 성서과 그리스도교 구약성서

"유대 정경"과 "히브리어 성서"라는 용어는 모두 유대교에서 신성하다고 여겨지는, 히브리어로 쓰인 책들을 가리킨다. 이들 중 많은 책들은 예수의 등장 이전에도 이미 거룩하게 여겨졌는데, 특히 토라, 즉 율법서로 알려진 모세 오경이 그런 책들이었다.

예수 사후, 1세기쯤이 지났을 때 유대 정경은 거의 스물네 권의 형태를 갖추었다. 세는 방식의 차이 때문에 영어 번역서에는 서른아홉 권이 들어 있다.(예를 들어, 영어 성서에 들어 있는 열두 권의 소선지서들이 히브리어 성서에서는 오직 한 권으로 계산된다.)

그리스도교인들은 위 책들을 신약성서(하느님의 뜻을 그의 백성들에게 드러내는 새로운 책들)의 책들과 구별하기 위해 "구약성서"라고 불러왔다. 본서는 그리스도교인들의 견해를 명시적으로 언급할 때만 "구약성서"라는 용어를 사용할 것이다. 그 외에는 나는 이 책들을 "유대 정경" 또는 "히브리어 성서"라고 부를 것이다.

심지어 그리스도교 내부에서도 "구약성서"에 포함된 책들이 다르다. 예를 들어 로마 카톨릭 교회는 제2경전(Deuterocanonical, 정경으로 나중에 들어왔다는 의미에서)이라고 불리는 토빗기, 유딧기, 마카베오기 상하 등 열두 권의 책을 구약성서에 추가로 받아들였다. 개신교 그리스도교인들은 보통 이 책들을 "외경 apocrypha"이라고 부른다. "외경"은 히브리어 성서에 포함되어 있지 않기 때문에, 나는 그것들을 이 표에 포함시키지 않았고 앞으로도 자세히 다루지 않을 것이다.

히브리어 성서

토라(5권)
창세기
출애굽기
레위기
민수기
신명기

예언서(8권)

전기 예언서:
여호수아
사사기
사무엘상하(1권)
열왕기상하(1권)

후기 예언서:
이사야
예레미야
에제키엘
12소선지서
(1권으로 계산)
호세아
요엘
아모스
오바드야
요나
미가
나훔
하바쿡
스바니야
하가이서
즈카르야
말라키

성문서(11권)
욥기
시편
잠언
룻기
아가
전도서
애가
에스테르
다니엘
에즈라-느헤미야(1권)
역대기상하(1권)

그리스도교 구약성서

모세 오경(5권)
창세기
출애굽기
레위기
민수기
신명기

역사(12권)
여호수아
사사기
룻기
사무엘상하
열왕기상하
역대기상하
에즈라
느헤미야
에스테르

시가서와 지혜서(5권)
욥기
시편
잠언
전도서
아가

예언서(17권)

대예언자:
이사야
예레미야
애가
에제키엘
다니엘

소예언자:
호세아
요엘
아모스
오바드야
요나
미가
나훔
하바쿡
스바니야
하가이서
즈카르야
말라키

조주 하느님이 만든 물질세계와 아무 연관이 없었다. 그러므로 예수는 실제로 태어나지 않았고 진짜 육체도 가지고 있지 않았다. 그런 예수가 어떻게 배가 고프고 목이 말랐으며, 어떻게 피를 흘리며 죽을 수 있단 말인가? 마르키온주의자들에 따르면, 그것은 모두 겉모습일 뿐이었다. 예수는 단지 인간인 것처럼 보였을 뿐이다. 하나뿐인 진정한 하느님 자신으로서 복수심에 불타는 유대인의 신으로부터 사람들을 구하러 이 땅에 온 예수는 태어나지도, 배고프지도, 목마르지도, 피 흘리거나 죽지도 않았다. 예수의 몸은 환상이었다.

유대교 그리스도교인들과 마르키온주의자들의 대조는 극명하다. 한쪽은 예수가 온전히 인간일 뿐 신이 아니라고 주장했고, 다른 쪽은 예수가 인간이 아닌, 완전한 신이라고 말했다. 한쪽은 신은 한 분뿐이라고 주장했고, 다른 쪽은 사실 두 신이 존재한다고 주장했다. 유대인은 진정한 하느님이 세상을 창조하시고 이스라엘을 자기 백성으로 부르고 율법을 주었다고 말했고, 마르키온주의자들은 진정한 하느님은 세상이나 이스라엘과 어떤 거래도 한 적이 없다고 주장했다. 유대인들은 율법을 따라야 한다고 촉구했고, 마르키온주의자들은 그것을 전적으로 거부해야 한다고 주장했다. 하지만 두 집단 모두 자신들을 진정한 그리스도교인으로 여겼다.

가장 중요한 것은 이들이 자신들의 주장의 정당성을 옹호하기 위해 같은 권위에 호소하지 않았다는 점이다. 유대 그리스도교인들은 바울로를 이단자로 배척한 반면 마르키온주의자들은 바울로를 사도들 중 가장 위대한 사람으로 추종했다. 게다가 마르키온주의자들은 마태오의 복음서 대신 바울로의 편지 열 편(티모테오에게 보낸 첫째, 둘째 편지를 제외한 신약성서의 모든 편지들)과 함께 현재의 루카의 복음서를 조금 줄인 것 같은 책을 경전으로 사용했다. 그러나 이 책들조차도 오늘날 우리가 가지고 있는 것과 꼭 같지는 않았다. 마르키온은 이전의 이단자들이 유대인의 신, 그의 창조 그리고 그의 성서에 관한 내용들을 삽입함으로써 이러한 책들을 의도적으로 수정했다고 믿었다. 따라서, 그는 이러한 구절을 모두 줄인 후 오늘날 그리스도교인들이 사용하는 것과는 현저하게 다른, 모두 축약된 형태의 열한 권의 성서를 그의 추종자들에게 제시

했다.

영지주의 그리스도교도들

2세기의 양자론자들과 마르키온주의자들만이 그리스도교로의 개종자들을 얻기 위해 경쟁했던 것은 아니다. 사실 다른 많은 교파들도 다양한 권위에 기초하여 다양한 주장을 하고 있었다. 가장 잘 알려진 것 중에는 그리스도교 영지주의의 여러 종파가 있는데, 영지주의란 이름은 구원을 받기 위해서는 특별한 "그노시스"('지식'을 뜻하는 그리스어)가 필요하다는 그들의 주장 때문에 붙여진 이름이다.

영지주의적 그리스도교인들은 2세기와 3세기 동안, 이집트, 시리아, 소아시아, 로마, 갈리아 등 지중해 전역의 주요 도시들에 산재해 있었다. 영지주의 자체도 매우 다양했으며 많은 집단들이 근본적으로 다른 믿음들을 지니고 있었다.(12장 참고) 어떤 영지주의자들은 예수는 이 세상을 창조한 신과 구분되는 완전한 신이었다는 마르키온의 주장에 동의했다. 그러나 다른 이들은 예수 그리스도가 인간 예수와 신적인 그리스도라는 두 가지 구별되는 존재를 모두 지니고 있다고 주장했다. 이들은 예수가 세상에서 가장 의로운 사람이며 그의 세례 때 특별한 일이 일어났다는 양자론자들의 주장에 동의했지만 하느님이 그를 자신의 아들로 삼았다고는 생각하지 않았다. 대신에 그들은 그가 세례를 받을 때 신적인 존재인 그리스도가 인간 예수에게로 들어와 그에게 치유의 능력, 특히 가르치는 사역의 능력을 부여했다고 주장했다. 예수의 생이 끝날 무렵, 그가 죽기 직전, 그리스도는 다시 예수를 떠나 하늘로 돌아갔다. 예수가 십자가 위에서 고통스럽게 "나의 하느님, 나의 하느님, 어찌하여 나를 버리셨나이까?"(마르 15:34)라고 외쳤던 것은 그런 이유에서였다.

그렇다면 이 신적인 그리스도는 과연 누구였을까? 많은 영지주의자들에게 그는 신의 영역을 구성하는 신들 중의 하나였다. 엄격한 일신론자였던 유대인 그리스도교인들이나 엄격한 이신론자二神論者였던 마르키온주의자들과는 달리, 영지주의자들은 다신론자였다. 우리가 알고 있는 어떤 영지주의자들은 30가지 신들을 믿었고, 365가지의 신들을 믿는 종파도 있었다. 그

들이 생각하는 진정한 신은 구약성서의 신도 아니었다. 그러나 마르키온주의자들과 달리 영지주의자들은 구약성서의 신이 그저 복수심에 불타는 정의로운 존재가 아니라 그들에게 많은 것을 기대하며(율법) 그것들을 지키지 못하는 자들에 대해 인내심이 없는 존재라고 생각했다. 많은 영지주의자들에게 구약성서의 창조주로서의 신은 그가 창조한 이 물질적 세계와 마찬가지로 흉하고 무지한 신이었다.

영지주의자들은 자신들이 다른 영역으로부터 이 세상에 왔다고 느꼈고 이곳에 속하지 않는다고 생각했다. 자신들은 원래 신성한 영역에 속한 영적인 존재들이지만 열등한 신과 그 부하들에 의해 물질의 영역에 갇혀 있다고 생각했다. 그런 그들에게 구원은 영적인 고향으로 돌아가는 것을 의미했다. 그래서 신성한 영역에서 나온 신이 인간 예수 안에 들어갔고, 죽기 전에 그를 떠남으로써 감옥에 갇힌 영혼들에게 탈출에 필요한 지식(영지!)을 전할 수 있었다.

이것은 대중에게, 심지어 그리스도교인들에게도 누설되지 않은 비밀 지식이었다. 그것은 오직 선택받은 자, 택함을 받은 자, 영지주의자들만을 위한 것이었다. 그들은 예수가 군중에게 공개적으로 가르침을 베풀었다는 것을 부정하지는 않았지만 구원으로 이끄는 은밀한 가르침은 오직 그것을 실천에 옮길 수 있는 선택받은 자들만을 위해 예수가 유보했다고 믿었다. 영지주의자들은 이 가르침을 구전으로 전했으며 이런 영지는 사도들의 글을 주의 깊게 읽음으로써 발견할 수 있다고 주장했다. 그것은 수면 아래에 숨겨져 있었다. 그러므로 영지주의자들에게 있어서 이러한 텍스트들의 문자적 의미는 중요한 것이 아니었다. 구원에 필요한 진실은 오직 영지를 해석할 수 있는 사람들만이 알아볼 수 있는 은밀한 의미에서만 발견될 수 있었다.

다양한 영지주의자 그룹들에는 각각 권위 있고 영지가 담겨 있다고 생각하는 책들이 있었다. 그들 중 많은 이들이 특히 요한의 복음서에 끌렸고, 다른 이들은 대부분의 현대인들이 들어보지 못한 복음서, 즉 마리아의 복음서, 필립보의 복음서, 진리의 복음서, 유다의 복음서 등을 소중히 여겼다. 이 책들 중 일부는 고고학자들에 의해 최근에야 발견되었는데, 그 책들 모두 예수와 그의 사도들의 참된 가르침을 담고 있는 것으로 생각되었다.

어떻게 이런 책들의 대부분이 우리의 신약성서에는 누락되어 있는 것일까? 아니, 그 문제에 관해 말하자면, 유대계 그리스도교인 입양론자와 마르키온주의자들이 읽었던 마르코, 루카, 바울로 편지들의 버전은 왜 우리의 신약성서에 포함되어 있지 않은 것일까? 왜 이들의 견해는 다른 집단들의 견해들과 동등하게 성서에 실려 있지 않은 것일까? 그에 대한 해답은 2세기의 다른 하나의 그리스도교 집단 이야기를 살펴봄으로써 찾을 수 있다.

원정통파 그리스도교인들

"원정통파" 그리스도교인들 "proto-orthodox" Christians은 후세에 그리스도교의 지배적 형태가 된 집단의 선구자("원proto"이라는 접두사가 붙는 이유다)들이다. 나중에 이 집단이 다른 어느 집단보다 많은 개종자들을 얻어 반대파들을 억압할 수 있게 되었을 때(4세기 초쯤에 벌어진 일이다) 그들은 자신들의 견해가 항상 다수자의 입장이었으며 경쟁자들은 고의로 "참된 믿음"("orthodoxy"의 문자적 의미)을 거부하기로 "선택"("heresy"의 그리스어 어원의 의미)한 "이단자들"이라고 주장했다.

우리는 "원정통파"라는 용어를 과거를 돌이켜 볼 때만 사용할 수 있다. 이런 견해를 추종하던 사람들은 자신들의 견해가 지배적이 되리라는 것을 알지 못했고, 자신들이 후세 그리스도교인들의 선구자가 되리라고 생각하지도 않았으며 동시대 다른 모든 집단들과 마찬가지로 그저 자신들이야말로 진정한 그리스도교인이라고 생각했다. 그들이 다른 파들에게 승리를 거둔 것은 매혹적인 이야기거리지만 그에 관한 많은 측면들은 현대 학자들 사이에 열띤 논쟁의 소재가 되고 있다. 어떤 역사학자들은 원정통파 신앙이 그리스도교 내에 본래 존재했던 것이라고 생각하지만 다른 역사학자들은 시간이 지나면서 형성된 것이라고 주장한다. 어떤 학자들은 원정통파가 항상 그리스도교계 전체에 걸쳐 주류였다고 주장하지만 다른 학자들은 지중해의 많은 지역에서는 다른 형태의 그리스도교들이 우세했었다고 생각한다.(예: 팔레스티나의 일부에 존재하던 유대계 그리스도교인들, 이집트와 시리아 일부 지역의 영지주의자들, 소아시아의 마르키온주의자들) 다행히도, 우리는 여기서 이러한 골치 아픈 문제들을 다룰 필요가 없다.

그러나 주류가 되기 위한 원정통파의 투쟁에는 우리의 신약 연구와 직접적이고 밀접한 관계가 있는 측면이 있다. 우선, 우리가 논의해온 다른 집단들과는 달리 특별히 이 그리스도교인들만 믿었던 것을 고려해볼 수 있다.

원정통파 그리스도교인들은 예수가 완전한 인간이라고 말한 유대계 그리스도교인들에 동의했지만 그의 신성을 부정하는 그들의 주장에는 동의하지 않았다. 그들은 예수가 완전한 신이라고 말한 마르키온주의자들의 주장에는 동의했으나 예수가 인간임을 부정하는 그들과는 의견을 달리했다. 그들은 예수 그리스도가 구원의 길을 가르쳐주었다는 영지주의자들의 주장에는 동의했지만, 예수 그리스도가 하나가 아닌 두 가지 존재였다는 주장과 그의 진정한 가르침은 선택된 소수만이 알 수 있는 비밀이라는 주장에는 동의하지 않았다. 요컨대 원정통파 그리스도교인들은 예수 그리스도가 신적이면서도 인간적인 동시에 둘이 아닌 하나의 존재이며, 제자들에게 진리를 가르쳤다고 주장했다. 이들은 사도들이 예수의 가르침을 받아 적었고, 사도들로부터 신도들에게 전해진 책들이 문자적으로 그대로 해석될 때 구원에 필요한 진리를 드러낸다고 주장했다.

이러한 견해는 그리스도교와 관련이 있는 독자들에게는 친숙하게 들릴 것이다. 이런 견해를 가지고 있던 쪽이 논쟁에서 승리하여 지금의 그리스도교의 형태를 이루었기 때문이다.

원정통파는 그들이 반대했던 종파들의 주장에 반박하려 했다. 사도들이 썼다고 주장되었지만 자신들의 주장과 모순되는 내용들을 담고 있는 문서들, 예를 들어 베드로의 복음서, 필립보의 복음서, 토마의 복음서 등 영지주의적 관점을 지지하는 것으로 보이는 일부 문서들을 원정통파는 거부해야 했다. 반대파들이 사용하는 일부 글들 중에서 원정통파 사이에서도 꽤 인기가 있었던 것들이 있는데, 예를 들어 마태오의 복음서는 유대계 그리스도교인들에게 사랑받았고, 요한의 복음서는 많은 영지주의자들이 좋아한 책이었다. 실제

로 이 두 복음서 모두에 대해 권위를 인정하고 추인함으로써, 원정통파 신자들은 그들 중 하나만 받아들였을 때 생길 수 있을 '이단적' 주장들을 막을 수 있었다. 즉, 예수가 한 복음에서는 완전한 인간이고 다른 복음에서는 완전히 신성한 존재처럼 보인다면, 원정통파는 두 권위를 모두 정경으로 받아들임으로써 예수를 오직 인간으로서, 또는 순수하게 신성한 존재로만 주장하는 것을 진리의 왜곡이라고 주장할 수 있었다. 원정통파 내에서 정경의 형성이 이루어진 것은 다른 집단들의 견해를 제거하거나 타협하여 받아들임으로써 진정한 그리스도교도라면 무엇을 믿어야 할지를 정의하려 한 시도였다.

원정통파가 결국(늦어도 4세기까지) 그리스도교에서 지배적인 입장이 되었기 때문에 후대의 모든 그리스도교인들은 다른 종파들이 아닌 원정통파의 성서를 정경으로 물려받았다.

정경으로서의 신약성서

앞서 간단하게 묘사한 글의 목적은 2세기 그리스도교에 대한 완전한 설명을 하고자 하는 것이 아니라 그리스도교가 초기에 얼마나 다양했는지, 어떻게 이러한 다양성으로부터 정경이 형성될 수 있었는지를 보여주기 위해서였다. 그리스도교 성서는 예수가 죽은 7월의 어느 날 하늘에서 뚝 떨어지지 않았다. 그것들은 서로 다른 시점에, 다른 지역들에서, 서로 다른 공동체를 대상으로, 다른 관심을 가지고 쓰였다. 그것들은 나중에 훨씬 더 광범위한 그리스도교인들에게 읽혔고 결국 우리가 신약성서라고 부르는 것으로 집성되었다. 다양한 책들에 대한 연구를 시작하기 전에, 어떤 책들이(다른 책들이 아니라) 어떻게 그리고 언제 정경에 들어오게 되었는지를 더 깊이 살펴보아야 한다. 우선 지금의 정경의 형태에 관하여 몇 가지 예비적으로 알아두어야 할 것들이 있다.

신약성서: 몇 가지 기본적인 정보

신약성서에는 그리스어로 15-16명의 저자들이 쓴 스물일곱 권의 책이 수록되어 있는데, 이들은 50년에

서 120년 사이에 개인들이나 공동체에 의해 집필되었다.(Box 1.3 참고) 곧 살펴보게 되겠지만, 이 책들 중 실제로 예수의 제자들이 쓴 것이 있는지는 알기 어렵다.

첫 네 권은 "복음서들Gospels"로서, 말 그대로 "좋은 소식good news"을 뜻한다. 신약성서의 4대 복음서는 예수의 탄생, 삶과 죽음, 목회, 기적, 가르침, 마지막 날들, 십자가 처형, 부활 등에 대한 이야기를 전함으로써 복음, 좋은 소식을 선포한다. 이 책들은 전통적으로 마태오, 마르코, 루카, 요한이 쓴 것으로 여겨진다. 2세기 원정통파 그리스도교인들은 첫 번째 복음서(마태 9:9)에 언급된 세리 마태오와 네 번째 복음서(요한 19:26)에 등장하는 사랑하는 제자 요한, 두 저자가 예수의 제자였다고 주장했다. 나머지 두 권은 베드로의 비서인 마르코와 바울로의 여행 동반자인 루카 등 유명한 사도들의 동료들이 쓴 것으로 알려졌다. 이 2세기의 전승을 복음서들 자체에서 확인할 수는 없다. 우리가 사용하는 성서 속 제목들(예: "마태오의 복음서 The Gospel according to Matthew")은 이 책들의 원문에서 찾아볼 수 없다. 오히려 그 책들의 저자들은 익명으로 남기를 선택했다.

신약성서에 나오는 다음 책은, 세 번째 복음서인 루카의 복음서를 쓴 저자(비록 우리는 그의 정체를 확신하지 못하지만 현대 학자들은 그를 계속 루카라 부른다)가 집필한 사도행전이다. 이 책은 예수가 죽은 직후의 사건들로 시작되는 초기 그리스도교의 역사를 기술

한다는 점에서 루카의 복음서의 속편이다. 주로 사도 바울로의 선교 활동을 통해 이 종교가 어떻게 유대인뿐만 아니라 로마 제국 전역으로 전파되었는지를 보여주는 것이 글의 주된 관심사다. 그러므로 복음서들은 (예수의 삶과 죽음을 통해) 그리스도교의 시작을 묘사하는 반면, 사도행전은 (그의 사도들의 활동을 통해) 그리스도교가 펴져 나가는 것을 묘사한다.

신약성서의 다음 부분은 스물한 개의 "편지들", 즉 그리스도교 지도자들이 다양한 공동체와 개인들에게 쓴 편지들로 구성되어 있다. 엄밀히 말하면 이 서간들이 모두 개인적인 편지에 속하지는 않는다. 예를 들어 히브리인들에게 보낸 편지의 경우 초기 그리스도교의 설교처럼 보이며 요한의 첫째 편지는 그리스도교 논문의 일종이다. 그럼에도 불구하고 이들 스물한 권은 모두 전통적으로 편지들이라고 불린다. 그중 열세 권은 사도 바울로가 쓴 것이라고 주장되고 있는데 일부 학자들은 그 주장에 동의하지 않는다. 어쨌든, 바울로나 다른 사람들, 저자가 누구이든 간에, 이 편지들의 대부분은 특정한 그리스도교 공동체에서 발생한 신학적이거나 실제적인 문제들을 다룬다. 그러므로 복음서에는 그리스도교의 시작과 확산이 기술되고 있는 반면에 편지들은 그리스도교 신앙, 실천, 윤리에 더 초점을 맞추고 있다.

마지막으로, 신약성서는 그리스도교 종말론 apocalypse인 요한 묵시록으로 끝을 맺는다. 이 책은 요한이라는 예언자가 쓴 것인데, 그는 이 세상의 파멸

Box 1.3 공통기원과 공통기원 이전

대부분의 학생들은 A.D.("사후 After Death"가 아니라 "우리 주님의 해year of our Lord"를 뜻하는 라틴어 "Anno Domini"를 뜻함), 또는 B.C.(Before Christ)로 고대 사건들의 연대를 표현하는 것에 익숙할 것이다. 이 용어는 "A.D. 1996"을 "우리 주님이 오신 후 1996년"이라고 받아들이는 그리스도교인들에게는 의미가 있을지 모르지만 예수를 '주'나 '그리스도'로 받아들이지 않는 유대인, 이슬람교도, 그 밖의 다른 사람들에게는 별 의

미가 없다. 따라서 학자들은 그리스도교 전통 밖의 다른 사람들도 사용할 수 있는 다른 약어를 사용하기 시작했다. 이 책에서 나는 전통적인 서양 달력을 이용하는 모든 신앙인들에게 공통된다는 의미인 C.E.("공통기원the Common Era")와 B.C.E.("공통기원 이전 Before the Common Era")를 사용할 것이다. 이전의 지칭을 사용하자면, C.E.는 A.D.에 그리고 B.C.E.는 B.C.에 해당한다.

Box 1.4 신약성서의 배열

복음서: 그리스도교의 시작(4권)

마태오의 복음서
마르코의 복음서
루카의 복음서
요한의 복음서

행전 : 그리스도교의 전파(1권)

사도행전

서신들: 그리스도교의 믿음, 관행 및 윤리(21권)

바울로의 편지:

로마인들에게 보낸 편지
코린토스인들에게 보낸 첫째 편지, 둘째 편지
갈라티아인들에게 보낸 편지
에페소스인들에게 보낸 편지
필리피인들에게 보낸 편지

콜로사이인들에게 보낸 편지
테살로니카인들에게 보낸 첫째 편지, 둘째 편지
티모테오에게 보낸 첫째 편지, 둘째 편지
티투스에게 보낸 편지
필레몬에게 보낸 편지

일반 서신들:

히브리인들에게 보낸 편지
야고보의 편지
베드로의 첫째 편지, 둘째 편지
요한의 첫째 편지, 둘째 편지, 셋째 편지
유다의 편지

묵시록: 그리스도교의 정점(1권)

요한 묵시록

이 개략적인 배열은 다소 단순화되어 있다. 예를 들어, (서신들만이 아니라) 모든 신약성서 책들은 그리스도교의 믿음, 관행 그리고 윤리에 관한 것이고 바울로의 편지는 어떤 면에서 복음서보다 그리스도교의 시작을 더 잘 보여주고 있다. 그럼에도 불구하고 신약성서 저술들에 대한 이러한 기본적인 방향 설정은 적어도 초기 그리스도교 문헌을 이해하려는 우리들에게 충분할 것이다.

과 다가올 세상의 출현으로 이어지는 미래의 사건들을 묘사함으로써 그리스도교의 정점을 다루고 있다.

기타 초기 그리스도교 문서들

방금 서술된 책들은 초기 그리스도교인들의 저술들 전부거나 원래부터 "신약성서"라 불리는 책으로 모아진 것도 아니었다. 고대에 존재했었지만 전해지지 않은 그리스도교 저술들이 있다. 예를 들어 사도 바울로는 코린토스인에게 보낸 첫째 편지에서 이전에 그들에게 보낸 글(1코린 5:9)을 언급하며, 그들이 그에게 보낸 편지도 있었다는 것을(7:1) 암시한다. 불행히도 이 편지들은 전해지지 않는다.

그러나 정경에 포함되지는 않았지만 전해지는 고대 저술들도 있다. 이들 중 가장 유명한 책들은 "사도 교부教父들Apostolic Fathers"이라고 불리는 2세기 초의 저자들에 의해 쓰였는데, 이들의 글은 일부 원정통파 그리스도교인들 사이에서는 복음서나 바울로의 글과 비슷한 수준의 권위를 지니고 있었다. 사실 우리 신약성서의 고대 필사본들manuscripts 중에는 사도 교부들의 글들이 마치 정경에 속하는 것처럼 포함되어 있다.

이전에 알려지지 않았던 그리스도교 저술들이 금세기에 들어서 발견되기도 했다. 이 글들 중 일부는 신약성서 안에 있는 글들과 분명히 모순을 보이고 있는데 그중 일부는 그리스도교의 특정 집단에 의해 신성한 경전으로 사용되었던 것으로 보인다. 그들 중 다수가 사도들이 쓴 것이라고 주장되고 있는데, 가장 놀라운 발견은 1945년, 이집트 나그함마디Nag Hammadi 마을 근처에서 땅을 파던 베두인족에 의해 우연히 발견된 항아리 속에 들어 있던, 가죽 표지에 싸인 열세 권의 책들이었다.(Box 11.6 참고) 그 책들에는 콥트어라는 고대 이집트 언어로 쓰인 52편의 문서들이 수록되어 있었다. 책들 자체는 4세기 중엽에 제작된 반면(일부 책들의 제본이 날짜가 표시된 파지 조각으로 보강되어 있어 제작 시기를 추정할 수 있었다), 이 책들이 담고 있는 문서들은 훨씬 더 오래된 것이었다. 그중 일부는 2세기에 살았던 작가들의 이름으로 불리고 있었다. 이 발견 이전에 우리는 이 책들이 존재한다는 것은 알고 있었지만 그 안에 무엇이 들어 있는지 알 수 없었다.

앞서 아마도 사도들이 썼지만 신약성서에 들어가지 못한 권위 있는 문서들을 영지주의 그리스도교도들이 사용했다고 말했는데, 항아리에서 발견된 책들 중 일부는 그런 책들이었다. 이곳에는 편지들, 묵시록들, 비밀스러운 가르침의 모음 등이 포함되어 있다. 그러나 더 흥미로운 것은 필리피 사도가 쓴 것으로 알려진 복음서와 일부 초기 그리스도교인들이 예수의 쌍둥이 형제라고 생각한 디디모스 유다 토마Didymos Judas Thomas가 쓴 것으로 추정하는 복음서들을 포함한 몇 권의 복음서들이 발견된 것이다.(Box 12.2 참고)

이 책들은 2세기에서 4세기 사이, 그리스도교의 주도권을 잡기 위한 투쟁 동안 그리스도교 영지주의자들이 사용했지만 원정통파들에게는 이단시되었다. 그들은 왜 그 문서들을 이단시한 것일까? 이 질문은 그리스도교인들이 어떤 기준으로 신약성서에 포함될 책들을 선정했는지 그리고 그런 결정이 언제 적용되었는지에 대한 질문들로 우리를 다시 돌아가게 한다.

그리스도교 정경의 형성

권위 있는 글을 함께 모아 신성한 정경을 만들려는 생각을 원정통파 그리스도교인들이 처음 한 것은 아니다. 이에 관한 한 선례가 있었다. 로마 제국의 대부분의 다른 종교들은 그들의 종교적 믿음과 종교 생활을 위한 권위로서 문서를 사용하지 않았지만 유대교는 예외였다.

예수와 그를 따르던 이들은 그들 스스로가 히브리어 성서 정경에 포함된 고대 문헌들에 정통한 유대인들이었다. 현재 대부분의 학자들은 예수 당시에는 아직 확립된 유대교 정경이 존재하지 않았다고 생각하지만, 대부분의 유대인들은 토라Torah(히브리어 성서의 첫 다섯 권, Box 1.2 참고)의 특별한 권위를 인정하고 있던 것으로 보인다. 또한 많은 유대인들은 예언서들의 권위를 받아들이고 있었다. 현재 영어 성서의 여호수아부터 열왕기하까지의 책들과 예언자 이사야, 예레미야, 에스겔 그리고 12 소예언서들처럼 보다 친숙한 예언자들의 책들이 이에 해당한다. 예수도 직접 이 책들 중에서 인용을 했는데, 그가 그 책들의 권위를 인정했다고 볼 수 있는 대목이다.

그렇게 그리스도교는 기록된 문서의 권위를 인정했던 한 유대인 교사의 선언에서 출발했다. 그에 더해, 예수의 추종자들은 그의 가르침에 권위가 있다고 여겼다. 1세기 말 무렵 그리스도교인들은 예수의 말을 인용하면서 그것들을 "성서"(예: 1티모 5:18)라고 부르고 있었다. 일부 초기 그리스도교인들 사이에서는 예수의 가르침에 대한 올바른 해석이 영생의 열쇠로 생각되었다는 점을 주목할 만하다.(요한 6:68과 토마 1 참고) 나아가 사도 바울로와 같은 예수의 추종자들 중 일부는 진리를 위한 권위 있는 대변자로 자신들을 이해했고 다른 그리스도교인들은 그들의 이런 주장을 용인했다. 예를 들어 베드로의 둘째 편지는 바울로가 직접 쓴 편지를 "성서들"(2베드 3:16)에 포함시키고 있다.

그렇게 2세기 초까지 일부 그리스도교인들은 예수의 말과 그의 사도들의 글에 권위를 부여하고 있었지만 그럼에도 불구하고 어떤 사도들이 예수의 가르침에 더 충실한지에 대해(마르키온과 유대교 그리스도교인들이 바울로를 두고 벌인 논쟁을 참고하라) 열띤 논쟁이 있었고 일부 그리스도교인들은 사도들이 썼다고 주장되던 많은 글들을 위작이라고 생각했다. 이런 갈등들 가운데에 현재 신약성서가 어떻게 나오게 된 것인지 되돌아보는 일은 흥미로운데, 사실 정경을 처음으로 확립한 사람이 다름 아닌 마르키온 자신이었던 것처럼 보이기 때문이다. 그의 신성한 책들(일종의 루카의 복음서와 줄여진 바울로의 편지들)이 그리스도교 성서가 되어야 한다는 마르키온의 주장은 다른 그리스도교인들로 하여금 더 큰 정경을 추인하게 만들었는

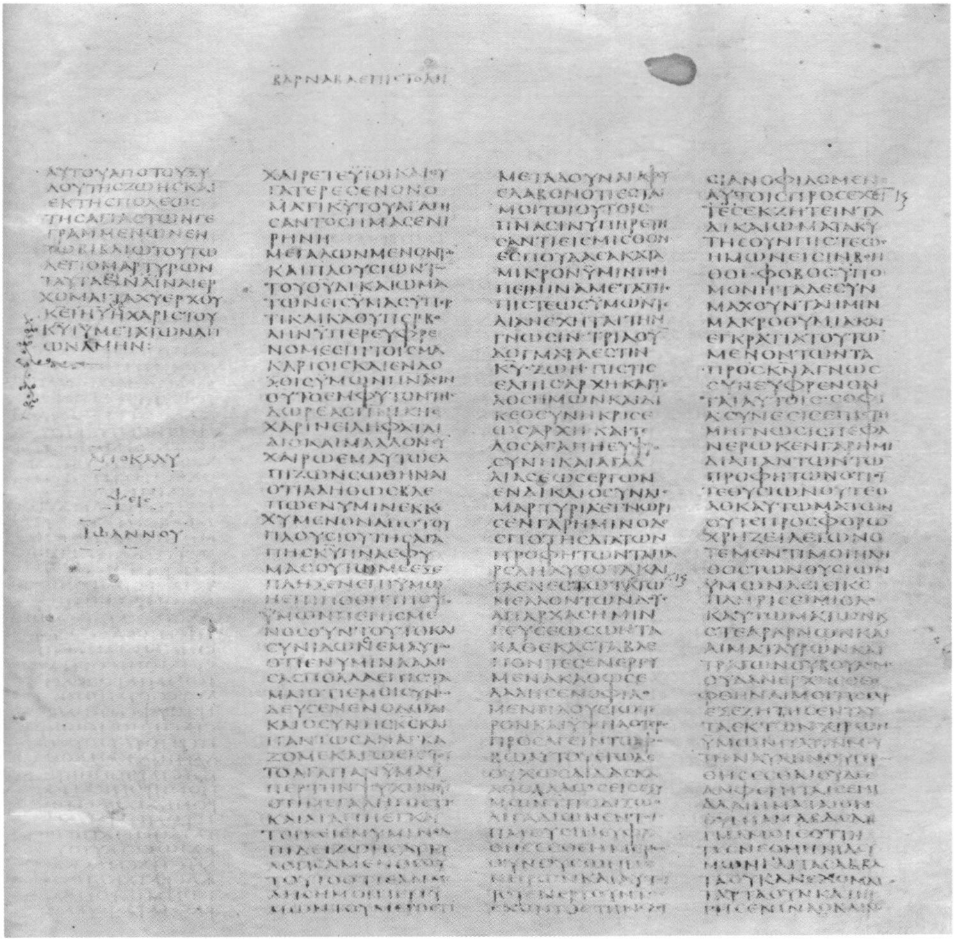

도판 1.1 현존하는 가장 오래된 신약성서인 코덱스 시나이티쿠스. 이 4세기 필사본에는 수 세기 동안 일부 그리스도교인들이 신약성서의 일부로 여겼던 헤르마스의 목자와 바르나바의 편지(사진은 첫 페이지의 모습이다)가 포함되어 있다.

데, 사도행전과 묵시록뿐만 아니라 다른 복음서들(마태오, 마르코, 요한)과 다른 편지들("목회" 편지들—티모테오에게 보낸 첫째, 둘째 편지, 티투스에게 보낸 편지, 여덟 개의 일반 편지들)이 추가로 포함된 것이었다.

우리가 지금 사용하는 신약성서는 그리스도교 종파들 간의 갈등에서 나온 것으로 보이며, 원정통파가 승리를 거둔 결과물처럼 보인다. 이단으로 여겨졌던 복음서들, 예를 들어 베드로의 복음서나 필립보의 복음서가 신약성서에 편입되지 못한 것은 우연이 아니다. 그렇다고 해서 2세기 말까지 정경이 확고히 정립되었다고 할 수는 없다. 사실, 비록 그 당시 원정통파 그리스도교인들에 의해 네 개의 복음서가 사도행전, 대부분의 바울로의 편지들, 몇몇 더 긴 일반 편지들과 함께 널리 권위를 인정받았음에도, 훨씬 늦게야 지금의 스물일곱 권의 책들이 정경으로 확정되었다는 것은 놀라운 역사적 사실이다. 2-4세기 내내 원정통파 그리스도교인들은 일부 다른 책들의 수용 가능성에 대해 논쟁을 계속했다. 논쟁은 (1) 문제의 책들이 충분히 오래된 것이었는지(일부 그리스도교인들은 헤르마스의 목자 The Shepherd를 포함시키기를 원했지만 다른 사람들은 그 책이 사도들 시대 이후에 쓰인 것이라고 주장했다), (2) 그것들을 사도들이 쓴 것이 맞는지(어떤 사람들은 바울로가 썼다는 이유로 히브리인들에게 보낸 편

Box 1.5 신약 정경

1. 초기 그리스도교는 현대인들이 생각하는 것처럼 통일된 단일체는 아니었다. 사실, 그것은 매우 다양한 양상을 보였다.
2. 이러한 다양성은 우리에게 일부만 전해 내려오는, 신약성서의 광범위한 저술들에서 명확히 드러난다.
3. 신약성서 정경은 자신들의 견해가 예수의 사도들의 글에 근거한다는 것을 보여주고자 했던 원정통파 그리스도교인들에 의해 형성되었다.
4. 그러나 이 글들이 실제로 사도들의 견해를 나타내는

지에 관해서 어떤 경우에는 수십 년, 심지어 수 세기 동안 논의되었다.
5. 이 글들에 대한 역사적인 접근은 그 책들이 모두 같은 것을 말하고 있다고 가정하지 않고, 각각의 책이 스스로 말할 수 있도록 하는 것이다.
6. 이러한 접근은 초기의 저술들에서 이미 분명히 드러났던 초기 그리스도교의 다양성을 더 명확하게 볼 수 있게 할 것이다.

지를 포함하기를 원했고, 다른 사람들은 그 책은 그가 쓴 것이 아니라고 주장했다) 그리고 ⑶ 그것들이 올바른 그리스도교적 가르침을 포함하고 있다고 원정통파 그리스도교인들 사이에서 널리 받아들여지고 있는지 (예: 많은 그리스도교인들은 요한 묵시록에서 발견되는 종말의 교리에 대해 이의를 제기했다)의 여부를 중심으로 전개되었다.

일반적인 예상과는 달리 역사에 기록된 한 그리스도교인이 현재의 스물일곱 권의 책을 진정한 정경이라고 칭할 수 있게 된 것은 신약성서의 마지막 책이 쓰인지 거의 2세기 반 후인 367년에 이르러서였다. 스물일곱 권 신약정경 목록을 선언한 이는 이집트 알렉산드리아의 영향력 있던 감독 아타나시우스Athanasius였다. 일부 학자들은 이 선언과 함께 시작된 이단 서적들에 대한 배척 때문에, 1,600년 후 이집트 나그함마디 인근에서 발견된 영지주의적 문헌들이 애초에 인근 수도원의 승려들에 의해 숨겨졌다고 믿고 있다.

본 연구에 대한 시사점

신약성서가 탄생한 과정을 이해하는 것은 매우 중요한 문제를 제기한다. 신약의 다양한 책들은 전형적으로 서로 필수적인 조화를 이루는 것으로 이해된다. 하지만 신약성서의 책들은 모든 중요한 면에서 서로

의견이 일치할까? 아니면 그들이 신성한 성서로 존경받는 권위 있는 컬렉션에 나란히 배치되었기 때문에 서로 의견이 일치하는 것으로 생각되는 것일까? 이 책들이 정경에 포함된 책들이 아닌 원래의 환경에서 읽힐 때, 책들은 서로 실질적인 긴장 상태에 서게 될까?

이것들은 우리가 신약성서의 글들을 연구하면서 다룰 가장 어렵고 논쟁적인 문제들 중 하나이다. 나의 접근 방식을 미리 귀띔하자면, 나는 신약성서를 주의 깊게 검토한 역사가들이 발견한 사실, 즉 신약성서의 저자들이 사실 놀랍도록 다양한 관점을 구현하고 있다는 것을 지적할 수도 있다. 이 학자들은 신약성서 저자들의 글을 해석하는 가장 실질적인 방법은 그것들을 모아서 읽는 것이 아니라 개별적으로 읽는 것이라고 결론을 내렸다. 각 저자들은 저마다 발언권이 주어져야 하며(이 책 전체에서 나는 초기 그리스도교 문학의 저자들을 지칭할 때 남성대명사를 사용할 것이다. 사실 그들 모두가 남성이었다고 생각하기 때문이다. 관련된 문제들에 대한 논의는 26장과 Box 5.1 참고) 그들의 관점을 다른 사람들의 관점들과 너무 빨리 조화시켜서는 안 된다. 예를 들어 우리는 바울로가 항상 마태오가 한 말을 똑같이 할 것이라거나 마태오가 요한의 모든 의견에 동의할 것이라고 가정해서는 안 된다. 이 원칙을 따르자, 학자들은 신약 안에 표현되어 있는 풍부한 다양성에 충격을 받게 되었다. 이 점은 아무리 강조해도 지나치지 않다. 그리스도교의 다양성은 일부 사

람들이 경솔하게 생각하는 것처럼 현대에 이르러 시작된 것이 아니며, 2세기에 시작된 것도 아니다. 그리스도교의 다양성은 고대 그리스도교 초기 문헌들에서 이미 뚜렷하게 드러나 있으며, 이들 대부분은 신약 정경에 보존되어 있다.

이 책에서는 최종적으로 확정된 그리스도교 정경의 형태가 그것을 구성하고 있는 요소들의 의미를 결정하게 하기보다는 각각의 저자의 작품을 개별적으로 보면서 신약성서의 저술들에 접근할 것이다.

여록 1

몇 가지 추가적인 성찰: 역사학자와 신앙인

적어도 현대 미국 문화의 한복판에서 신약성서에 관심이 있는 사람들은 대부분 그것이 신의 영감으로 이루어진 것이라고 배워온 그리스도교인들이다. 만약 당신이 이들 중 한 명이라면 아마도 이 장에서 내가 제시한 역사적 관점을 받아들이기 어려울지도 모른다, 그것은 당신이 믿음을 가지고 배워온 것과 상충하는 것처럼 보일 것이다. 만약 그렇다면, 당신을 위해 짧게 몇 마디를 더하고자 한다.

자신의 성서를 전적으로 받아들이는 그리스도교인으로서 어떻게 그 책의 저자들이 다양한 관점들을 가지고 있으며, 때로는 서로 동의하지 않는다는 것을 인정할 수 있을까? 나는 이 문제에 대해 이 책이 독자들의 종교적인 견해를 의심하거나 그것을 바꾸도록 독려하기 위해 쓰인 것이 아님을 다시 한 번 밝히는 바이다. 이 책은 주로 신약성서에서 발견되는 초기 그리스도교 저술들에 대한 역사적 소개서일 뿐 독자들에게 하느님, 예수, 구원 등에 관한 어떤 특정한 믿음을 받아들이라고 요구하지 않는다. 이는 중요한 구별인데 그리스도교 신자들에게는 신약성서가 그저 단순히 책을 훨씬 넘어서는 존재이기 때문이다. 그것은 또한 중요한 문화적 유물로서, 우리 서양 문명과 유산의 많은 토대를 이루고 있는 글들의 모음이다. 즉, 이 책들은 신앙의 문헌이면서도 역사에 뿌리를 두고 있다. 다시 말하자면, 그것들은 특정한 역사적 맥락에서 쓰였고 항상 특정한 역사적 맥락 안에서 읽혀왔다. 이 때문에 이 책들은 신학적 의의를 찾는 신자들의 연구의 대상이 됨은 물론이고 역사적 의의를 찾는 역사학자들(그들이 신자이든 아니든)의 연구 대상도 된다.

역사학자들은 공적 기록의 문제인 과거의 사건을 다룬다. 공적 기록은 인간의 행동—누구나 보거나 경험할 수 있는—과 세상의 사건들로 구성되어 있다. 역사학자들은 모든 종파, 모든 이해관계가 있는 관찰자들에 의해 조사되고 평가될 수 있는 자료에 기초하여 과거 일어났을 일을 재구성하려고 노력한다. 신에 대한 믿음이나 전제가 있어야만 이런 자료들을 사용할 수 있는 것이 아니다. 즉, 역사가들은 초자연적인 영역에서 일어나는 일에 대해서는 어떤 특별한 접근권도 갖고 있지 않으며 오직 이 자연적인 세계에서 일어나는 일에만 접근할 수 있다. 이론적으로 역사학자의 결론은 힌두교도, 불자, 이슬람교도, 유대인, 그리스도교인, 무신론자, 이교도, 누구나 이용 가능하고 그들에게 받아들여질 수 있어야 한다.

요점을 간단히 설명하자면, 역사가들은 마하트마 간디와 마틴 루터 킹 주니어의 세계관의 유사성과 차이점을 말할 수는 있지만, 간디의 신에 대한 믿음이 잘못되었다거나 마틴 루터 킹의 믿음이 옳았다는 것을 말하기 위해 역사적 지식을 사용할 수는 없다. 이런 판단은 공적 기록의 일부가 아니며 조사를 수행하는 모든 사람이 함께 공유하지 않는 신학적 가정과 개인적 신념에 달려 있다. 역사학자들은 16세기 독일에서 카톨릭과 루터교인들 사이의 분쟁 동안에 무슨 일이 일어났는지 당신에게 설명할 수 있지만 역사적 지식을 이용해서 하느님이 어느 편에 섰는지 당신에게 말해줄 수는 없다. 마찬가지로, 역사학자들은 예수가 십자가에 못 박혀 죽었을 때 무슨 일이 일어났는지 설명할 수 있지만, 역사적 지식을 이용하여 예수가 세상의 죄 때문에 십자가에 못 박혔다고 당신에게 말해줄 수는 없다.

역사학자들은 신자가 될 수 없다거나 신자들은 역사를 연구할 수 없다는 말일까? 물론 그런 뜻은 아니다. 하지만 역사학자들이 당신에게 마틴 루터 킹 주니어가 간디보다 더 나은 신학을 가졌다고 말하거나, 신이 카톨릭보다는 개신교의 편에 섰다고 말하거나, 예수가 세상의 죄 때문에 십자가에 못 박혔다고 말한다면 그들은 역사가로서의 자격으로가 아니라 신자로서의 자격으로서 말을 하고 있다는 의미이다. 신자들은 신에 대해 알고자 하며, 어떻게 행동해야 하는지, 무엇을 믿어야 할지, 인생의 궁극적인 의미는 무엇인지에 대해 알고자 한다. 역사적 학문들은 그들에게 이런 종류의 정보를 제공할 수 없다. 이런 학문적 제약하에서 일하는 역사학자들은 그들의 능력이 허락하는 한 과거에 일어났을 가능성이 있는 일을 기술하는 것이 그들이 할 수 있는 전부이다.(여록 3에서 더 자세히 논의될 것이다.)

이 책이 참고한 문헌들을 집필한 많은 역사학자들은 개인적 종교관과 중요한 역사적 연구가 완전히 양립할 수 있다고, 아니 심지어 전자를 위해 후자가 꼭 필요하다고 생각한다. 다른 역사학자들은 그 둘이 양립할 수 없다고 생각하기도 한다. 신약성서에 대한 역사적 접근이 당신의 신앙생활에 긍정적이거나 부정적이거나 혹은 전혀 영향을 미치지 않을지에 대해 당신은 스스로 지적인 숙고를 해야 할 것이다. 이 책의 저자로서 나는 당신이 이 문제를 어떻게 해결할지, 어떤 특정한 신학적 입장을 채택해야 할지에 관해 어떤 주장도 하지 않을 것임을 처음부터 분명히 하고자 한다. 그 대신 나의 접근은 엄밀하게 역사적일 것이며, 어떤 증거가 지금 남아 있든 전문 역사학자의 입장에서 그것들을 사용하여 과거에 일어났던 일을 재구성하면서 초기 그리스도교인들의 문헌들을 이해하려고 할 것이다.

즉, 나는 요한의 복음서를 믿거나 믿지 말라고 당신을 설득하지 않을 것이다. 나는 그것들이 어떻게 존재하게 되었는지를 설명하고 그것의 메시지가 무엇이었는지를 토론할 것이다. 나는 예수가 정말로 신의 아들이었는지 아닌지를 다루는 대신 그의 언행을 가능한 역사적 자료를 바탕으로 규명하고자 노력할 것이다. 나는 성서가 영감으로 이루어진 신의 말씀인지를 토론하는 대신 우리가 어떻게 이 책들을 얻었는지 보여주고 그곳에 쓰인 메시지와 학자들이 그것을 어떻게 해석했는지에 대해 고찰할 것이다. 이런 종류의 정보는 신자인 독자들에게 유용할 수 있지만, 신자이건 아니건 초기 그리스도교의 역사와 그 문헌들에 관심이 있는 독자들에게는 분명 유용할 것이다.

02 장

원본 신약성서는
존재하는가?

많은 그리스도교인들은 신약성서의 말씀들이 하느님의 영감을 받아 쓰였다고 믿는다. 그리고 그것을 믿든 믿지 않든 거의 모든 사람들은 그 책에 실린 글들이 저자들에 의해 직접 쓰였을 것이라고 상정한다. 그러나 이것은 사실일까? 우리는 저자들이 실제로 한 말을 알 수 있을까?

이 장에서는 다음과 같은 몇 가지 중요한 질문을 다룬다. 신약성서의 원본은 존재할까? 그렇지 않다면 신뢰할 수 있는 사본이라도? 그마저도 없다면, 우리는 저자들이 직접 쓴 대로 단어들을 재구성할 수 있을까?

사실, 남아 있는 신약성서의 사본은 수천 권에 달하는데, 그것들은 모두 실수들로 가득 차 있다. 그래서 하는 말이지만, 어떤 경우에는 원문을 전혀 알 수 없지 않을까?

신약이라는 책들의 모음이 어떻게 생겨났는지 알아보았으니 대부분의 성서 독자들은 생각하지 못했을 질문을 하나 던져보겠다. 신약성서의 원본이 실제로 존재할까? 놀라는 독자들도 있겠지만, 그 질문에 대한 대답은 조금도 의심의 여지가 없는 'No'이다.

서적 출판: 지금과 그때

왜 우리들이 원본 신약성서를 가지고 있지 못한지에 대해 설명하기 위해서는 고대에 책이 출판된 방식부터 살펴보아야 한다. 당시의 책 출판이란 지금과는 전혀 다른 과정을 거쳤다. 현재 내가 책을 쓸 때에 나는 워드로 초안을 만들고 교정을 본 후 전자메일 형태로 출판사에 전송한다. 출판사는 원고를 식자공에게 보내고 그는 내 워드 파일을 적절한 활자체와 제목, 부제목, 적당한 여백들을 갖춘 책의 형태로 만든다. 내가 그의 작업의 결과물에 이의를 제기하지 않으면 그것은 생산 라인으로 보내진다. 전문 인쇄공이 전자파일을 사용하여 한 번에 수천 권씩 책을 찍어내는데 각각의 책들은 조금의 차이도 없다. 제본된 책들은 전국의 서점들로 보내진다. 캘리포니아, 루이지애나, 버몬트, 어느 곳에서 사든 그 책은 모든 면에서 똑같다.

하지만 고대 세계에서는 사정이 달랐다. 저작이나 출판을 위한 전자적 수단들도 없었고 식자공이나 인쇄기, 도서 유통망도 존재하지 않았다. 그렇다면 그때는 책들이 어떻게 만들어지고 출판되었을까?

고대 세계에서는 저자는 보통 갈대로 만든 펜과 우리의 '종이'(종이가 만들어지기 수 세기 전이었다)에 필적하는, 갈대로 만든 필기 재료인 파피루스papyrus를 사용하여 일일이 손으로 책을 써야 했다. 저자가 자신의 책을 다 쓴 후에는 그는 그것을 베껴서 친구에게 주곤 했다. 아니면 친구들한테 큰 소리로 읽어줄 수도 있었다. 만약 그들 중 누군가가 복사본을 원한다면, 그는 그들을 위해 필사자로 하여금 그것을 제작하게 하거나, 그들이 직접 복사하게 할 것이다. 그리고 그것이 그 책이 출판되거나 유통되는 방식이었다. 예를 들어 친구의 친구가 복사본을 원한다면 그는 직접 손으로 사본을 만들어야 했다.

손으로 쓴 모든 사본은 "manuscript"(필사본, 라틴어로 "손으로 쓰인"이라는 의미)라고 불린다. 신약성서의 글은 인쇄기가 발명되기 수 세기 전 오랫동안 필사본의 형태로 유포되었다. 바울로와 같은 저자가 그의 교회 중 한 곳, 예를 들어 코린토스 교회에 편지를 쓸 때 그는 친필로 쓴 편지를 그곳에 보냈다. 만약 코린토스의 그리스도교인들이 이 편지의 사본을 원하거나 다른 도시(예: 필리피나 테살로니카)의 그리스도교인들에게 사본을 보내기를 원했다면, 그들은 한 문장, 한 단어, 한 글자씩 편지를 복사해야 했다. 텍스트를 복사하는 것은 느리고 힘든 과정이었는데, 특히 글이 길 때는 더욱 그러했다. 복음서 전체를 베끼는 데는 정말 오랜 시간이 걸렸을 것이다.

손으로 복사된 책에는 어떤 일들이 생길까? 그 결과는 『해리포터』시리즈의 모든 책들이 서로 똑같고 그 안의 모든 단어들이 정확히 일치하는 현대 세계와는 매우 다르다. 책을 한 번에 한 글자씩 천천히 복사

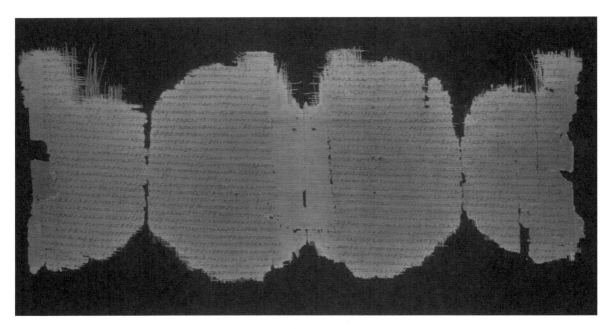

도판 2.1 3세기 초, 루카의 복음서의 가장 오래된 (비록 조각이긴 하지만) 사본인 P45의 몇 페이지들.

할 때, 복사하는 사람들, 즉 필경사들은 때때로 실수를 하기도 했다. 그들은 인간이었기에 때로는 지치고 부주의해졌고, 때로는 정신이 산만해졌으며, 때로는 애초에 그런 일에 그다지 능숙하지 않았다. 어떤 때는 필경사가 자신이 복사하고 있는 글을 의도적으로 바꾸기도 했는데, 자신이 복사하고 있는 복사본을 만든 저자나 이전의 필경사가 실수를 했다고 생각하고, 이를 바로잡고 싶었기 때문이다. 아니면 때로는 자신이 작가가 표현하려던 것을 더 잘 말할 수 있을 것 같아서 글을 바꾸려 했을 수도 있다.

결과적으로, 손으로 쓴 글의 사본에서는 실수가 급격히 증가한다. 이미 오류가 있는 사본을 베끼는 필경사는 자연스럽게 전임자의 실수를 베끼게 되고, 그에 더해 자신도 실수를 저지르게 된다. 다음 필경사들도 이전 필경사들의 실수에 자신의 실수를 추가하는 과정을 반복하며 이것이 매달, 매년, 매 세기 행해진다.

앞의 필경사들이 실수를 저질렀다는 것을 깨달은 필경사가 이를 바로잡으려 할 때에만 오류는 정정될 수 있다. 문제는 실수가 정확히 고쳐진 것인지 알 길이 없다는 것이다. 만약 그가 그것을 '잘못' 고친다면 이제 세 가지 형태의 텍스트가 존재하게 된다. 원본

텍스트, 변경된 텍스트 그리고 변경된 텍스트가 잘못 수정된 텍스트. 이런 과정도 계속된다.

이렇게 복사를 하며 실수를 하는 것은 신약에만 있는 일은 물론 아니다. 호메로스, 에우리피데스, 플라톤, 율리우스 카이사르, 성 아우구스티누스, 히브리어 성서 등 고대 세계의 모든 저술에 동일한 일이 일어났다. 이 모든 글에서 필경사들이 반복적인 실수를 했다는 것을 알 수 있는 이유는 고대 세계의 많은 사본들이 존재하고, 그것들과 다른 사본들을 서로 비교할 수 있기 때문이다. 사본들은 항상 차이들을 보여준다.

고대 저자가 실제로 쓴 글을 어떻게 알 수 있을까?

남아 있는 모든 신약성서 사본들이 오류를 지니고 있다면 어떤 사본이 가장 정확한지 어떻게 알 수 있을까. 그리고 우리가 읽고 있는 책, 예를 들어 복음서들 중 하나, 또는 바울로의 편지들 중 하나가 실제로 저자가 썼다는 것을 어떻게 알 수 있을까?

물론, 이론적으로는 우리가 그저 원본—저자가 써

서 유포한 글―을 확인하면 모든 문제가 해결될 것이다. 이 원본은 "autograph"(자필 원고, 라틴어로 "저자 자신에 의해 쓰인"이라는 의미)라고 불린다.

불행하게도, 우리는 신약성서의 어떤 글이나 고대 세계의 어떤 문학적인 글의 자필 원고도 가지고 있지 못하다. 그것들은 우리를 위해 보존되지 않았다. 너무 많이 읽혀서 닳은 원고는 아마도 버려졌을 것이다. 고대 독자들은 자필 원고를 보관할 필요성을 느끼지 않았을 것이다. 그들에게는 복사본이 있었으니까! 하지만 그들은 다양한 복사본들이 서로 얼마나 다른지 깨닫지 못했을지도 모른다.

자필 원고가 없어도, 만약 우리가 복사되어 유포되기 시작한 지 몇 주일 밖에 되지 않은 복사본들을 많이 가지고 있다면, 우리는 아마도 자필 원고의 내용을 알 수 있을 것이다. 우리는 이 모든 초기 사본들을 서로 비교하여 서로 어디가 다른지 알아내고, 각각의 필경사들이 어디에서 실수를 했는지 확인하고, 그 실수를 바로잡으면, 자필 원고가 무엇을 말했을지에 대해 매우 정확한 감을 얻을 수 있다. 불행히도, 우리는 유통되기 시작한 후 몇 주 내에 만들어진 복사 원고들을 가지고 있지 않다. 신약성서에 관해 말하자면 우리는 원본을 복사한 사본, 그것을 복사한 사본, 그것을 복사한 사본조차도 가지고 있지 않다. 우리는 신약성서의 후기 사본들은 많이 가지고 있다. 그러나 이 복사본들의 대부분은 원본보다 몇 년 뒤에 만들어진 것이 아니라, 몇 세기 뒤에 만들어진 것들이다. 이것은 저자들이 원래 어떤 내용을 썼는지 알고 싶을 때 분명히 문제가 된다.

우리가 가지고 있는 신약의 원고들은 어떤 것들인가? 좋은 소식과 나쁜 소식

현존하는 사본들을 토대로 신약성서 저자들이 실제로 쓴 내용을 재구성하려 할 때, 좋은 소식과 나쁜 소식이 있다.

좋은 소식은 우리가 고대 세계의 다른 어떤 책들―호메로스, 플라톤, 키케로, 기타 다른 중요한 저자들의 글보다―보다 훨씬 더 많은 신약성서의 사본들을 가지고 있다는 것이다. 그것들은 신약성서 사본이 원래 쓰인 그리스어는 물론 다른 많은 언어들(라틴어, 시리아어, 콥트어)로 된 작은 조각에서부터 신약성서 전체의 완전한 사본에 이르기까지 5,700여 권에 달한다. 이것은 정말 좋은 소식이다. 필사 원고들이 많으면 많을수록 저자들이 원래 무슨 말을 했는지 알기 쉬울 것이다.

좋지 않은 소식도 있다. 내가 이미 암시했듯이, 우리가 가지고 있는 많은 원고들에도 불구하고, 극히 이른 시기의 것은 거의 없다. 우리의 원고 대부분은 중세 시대를 비롯, 오랜 세기들에 걸쳐 만들어진 것들이다! 게다가 남아 있는 이 모든 필사본들은 서로 일치하지 않으며, 종종 사소하게, 때로는 중요한 면들에서 다르다. 아주 작은 파편들을 제외하고는, 우리의 원고들 중 어느 것도 정확히 일치하지 않는다. 현재 남아 있는 신약성서 필사본들 사이에는 얼마나 많은 차이들이 있을까? 수천 가지? 수만 가지? 수십만 가지? 다음 대답이 가장 이해하기 쉬울 것이다. 우리가 가진 원고들 사이에는 신약에 있는 단어들의 총 개수보다 더 많은 차이들이 있다.

하지만 좋은 소식이 더 있다. 이 수십만 가지의 차이점들 중 대부분은 완전히 그리고 전혀 중요하지 않은 하찮은 것들이다. 단연코 가장 흔한 차이들은 고대 세계의 필경사들도 오늘날 대부분의 사람들만큼이나 철자를 잘 알지 못했다는 것을 우리에게 보여준다.(옛날 필경사들은 오늘날처럼 철자를 체크해주는 시스템도 가지고 있지 못했다.) 사도 바울로가 예수의 죽음과 부활의 중요성에 대해 어떤 말을 했을지 정말 궁금하다면 그가 '부활'이라는 단어의 철자를 어떻게 썼느냐가 우리에게 큰 상관이 있을까? 아마 아닐 것이다. 게다가 우리의 필사 원고들에 있는 많은 다른 종류의 차이점들도―우리가 보게 될 것처럼―그 이유를 쉽게 설명할 수 있고 글의 의미에 전혀 영향을 미치지 않는다.

나쁜 소식은, 아주 중요한 많은 차이점들이 있다는 것이다. 그들은 신약성서의 가르침을 완전히 뒤집지는 못할지도 모른다. 성서가 "하느님은 사랑이시다"라고 말할 때, 그 반대의 주장, "하느님은 증오이시다"라고 주장하는 원고는 존재하지 않는다. 하지만, 우리가 보게 될 것처럼, 그것들은 우리가 신약의 중요한 구절들을 어떻게 해석하는가에 영향을 미치고, 때때로 그것들은 성서 저자들의 중요한 가르침에 영향을 미친다.

그런가 하면, 더 좋은 소식들도 있다. 신약성서의 필사본들 중 일부는 매우 정확한 사본으로 보이며, 그중 일부는 매우 오래된 것이다. 우리가 가지고 있는 가장 오래된 필사본은 P52라고 불리는데, 이것이 현대에 발견되어 목록화된 52번째 파피루스 필사본이라는 뜻이다. 그것은 이집트의 쓰레기 더미에서 발견된 작은 조각에 불과하다. 원래 요한의 복음서 전체 필사본에 속한 것이었지만, 남은 것은 신용카드만 한 이 작은 조각의 앞뒤에 요한의 복음서 18장의 내용 중 예수가 십자가에 못 박히기 전 폰티우스 필라투스 앞에서 재판을 받는 몇 구절이 적혀 있다. 비록 이 작은 조각에 많은 글이 적혀 있지 않지만, 그것은 매우 가치가 있다. 학자들은 일반적으로 그것이 요한의 복음서가 처음 쓰인 후 30-35년 정도 지난 125년경에 쓰인 것으로 추정한다. 사본의 사본의 사본일 수도 있다. 요한의 복음서의 나머지 원고가 전해지지 않은 게 정말 안타까울 뿐이다!

그럭저럭 완전한 요한의 복음서의 사본 중 가장 오랜 것은 서기 200년경에 만들어진 것으로 요한의 복음서가 쓰인 지 오랜 시간이 지난 후이다.(거의 1세기가 지난 다음이었다.) 그러나 그것은 그나마 꽤 오래된 것으로, 고대 세계 대부분의 다른 저자들의 필사본들보다 훨씬 오래되었다. 신약성서의 첫 번째 완결본은 그로부터 약 150년 후인 4세기 중반(원본보다 300년 정도 뒤)부터 나타나기 시작한다. 다행스럽게도 신약성서에 관한 한 우리는 책의 원본이 구성된 지 한두 세기 내에―비록 그것이 조각들일지라도―만들어진 몇 개의 필사 원고들을 가지고 있다.

하지만 당신은 이미 나쁜 소식을 듣고 있을지도 모른다. 신약성서가 처음 쓰인 후 100년 이내에 만들어진 몇 가지 조각들을 가지고 있다고 해서 우리가 정말로 갖고 싶어 하는 것, 저자들이 책을 출판했을 무렵의 완전한 자필 원고를 갖게 되는 것은 아니다. 만약 신약성서의 필사본들이 배포되기 시작된 후 2-3세기가 지

Box 2.1 3만 여 개의 다른 내용들?!

중세 내내, 필사가들은 그들이 복사하고 있는 원고들이 서로 얼마나 다른지 깨닫지 못했다. 1707년이 되어서야 학자들은 그 문제의 심각성을 깨닫기 시작했다. 그해 존 밀(빅토리아 시대의 존 스튜어트 밀과는 관련 없음)이라는 옥스퍼드 학자는 성서의 필사본들 사이에 상이한 단어들이 사용된 곳의 목록을 포함하는 신약성서를 출판했다. 그는 약 100여 권의 그리스어 필사본들을 검토했고 성서의 초판들(다른 고대 언어들로 번역된)과 교부들이 인용한 성서 구절들을 살펴보았다. 30년간의 연구를 바탕으로 밀은 필사본들 사이에 차이가 있는 3만여 곳을 찾아냈다. 이것은 대부분의 독자들에게 엄청나게 많은 차이들처럼 보였다. 그렇게 많은 곳이 정확하지 않다면 어떻게 신약성서를 믿을 수 있겠는가? 밀의 적대자들은 밀이 성서의 온전성을 훼손하려 한다고 주장했다. 하지만 그의 지지자들은 3만 가지의 차이들을 발견해낸 것은 그가 아니라고 지적했다. 게다가 사실 목록에 있는 것보다 더 많은 차이들이 존재했다. 밀은 그가 중요하다고 생각하는 차이들만 목록에 포함시켰을 뿐 실제로 그가 발견한 모든 차이들을 포함시키지 않았다.

오늘날 우리는 밀이 가지고 있던 것보다 57배에 달하는 분량의 필사본들을 가지고 있다. 현재 우리가 알고 있는 필사본들 간의 차이들은 수십만 개에 달한다. 이러한 차이점들의 대부분은 전혀 중요하지 않다는 것을 알 필요가 있다. 심지어 그것들 중 많은 것들은 영어 번역에서는 의미를 드러낼 수조차 없다. 그러나 일부의 차이점들은 중요한 구절들, 심지어 전체 책들의 해석에 영향을 미치는 아주 중요한 것들이다. 이러한 차이들이 있는 곳의 원문을 아는 것은 분명히 중요하다. 그것을 알 수 없다면 신약성서가 무엇을 말하고자 하는지 독자들은 제대로 이해할 수 없을 것이다! 유감스럽게도, 학자들이 정확한 원문을 둘러싸고 토론하는 수십 개의 구절들이 있다. 이들 중 일부 구절들의 정확한 원문은 아마도 결코 알 수 없을 것이다.

나서야 나온 책을 우리가 가장 최초의 비교적 완전한 필사본으로 갖고 있다면, 그것은 200-300년 동안 필사자들이 복사하고 다시 재복사를 하면서 실수를 양산하고 크고 작은 방식으로 본문을 바꿀 수 있었다는 뜻이다. 우리는 우리가 가지고 있는 가장 오래된 사본들의 실수들을 확인하기 위해 더 오래된 사본들과 비교할 수 없다. 그것들이 존재하지 않기 때문이다.

문제는 거기서 그치지 않는다. 우리가 가진 많은 필사 원고들이 나온 시기의 신약성서의 복사자들은 훈련받은 필경사들―대개 성스러운 의무로서 원고를 복사하던 수도원의 수도승들이었다. 중세 시대의 이 수사들은 그들의 텍스트들을 정확하게 복사하기 위해 최선을 다했지만 언제나 완전하지는 않았다. 그들은 때때로 지치고 부주의해져서 실수를 하기도 했고, 텍스트가 잘못되었다고 생각하고 텍스트를 바꾸기도 했다. 그래도 전체적으로 보자면 그들은 훌륭하게 일을 해냈다. 그러나 그것은 그리스도교 역사에서 훨씬 후기에 불과했다. 초기 몇 세기 동안 신약성서 서적들의 복사자들 대부분은 훈련된 필경사들이 아니었다. 우리는 그들의 복사본들을 조사하고 필체를 평가할 수 있으며, 그들이 얼마나 정확하게 작업을 했는지 평가할 수 있기 때문에 이것을 알 수 있다. 놀랍고 실망스러운 사실은 우리의 초기 신약성서 필사본들이 이후에 나온 사본들보다 훨씬 더 많은 실수와 차이점들을 가지고 있다는 것이다. 초기에 텍스트 복사를 하던 필경사들일수록 덜 숙련되고 주의를 기울이지 않은 것처럼 보였다.

다른 말로 표현하자면 1000년경에 만들어진 신약성서 필사본 두 권을 가져다가 서로 비교한다면, 그것들은 종종 모든 구절에서 매우 비슷하다는 것을 발견하게 될 것이다. 그러나 200년경에 만들어진 사본의 조각들을 비교해보면 그들은 1000년경에 만들어진 원고들과 많은 차이점들을 보일 뿐 아니라, 이상하게도, 서로 간에도 차이점들을 보인다. 이는 초기의 필경사들이 후대의 필경자들만큼 숙련되거나 부지런하지 못했음을 말해준다. 이것은 심각한 문제인데, 왜냐하면 남아 있는 우리의 모든 필사본들은 이전의 필사본들로부터 복사되었기 때문이다. 그런데 모든 사본들의 초기 사본들이 실수로 가득한 것이다.

하지만 그렇다고 해서 신약성서 저자들이 쓴 것을 발견하려는 모든 희망을 포기해야 하는 것은 아니다. 그것은 단순히 우리가 절대 확실히 알 수 없는 몇몇 부분들, 어쩌면 많은 부분들이 있다는 것을 의미한다.

구체적인 예

루카의 복음서를 구체적인 예로 들어 설명해보겠다. 후에 알게 되겠지만, 우리는 이 책을 누가 썼는지, 저자가 어디서 살았는지 잘 모른다. 이 책은 이전부터 사도 바울로의 동역자인 루카가 쓴 것으로 생각되어 루카의 복음서라고 불려왔다. 그가 실제로 누구였든, 어디에서 글을 썼든, 그는 아마도 그의 지역 그리스도교 공동체를 위해 그리스어로 된 책을 썼을 것이다. 집필 시기는 80-85년경이라고 여겨진다.

이 공동체는 그 규모가 컸다면 한 권 이상의 필사본을 갖고 싶어 했을지도 모른다. 만약 그렇다면, 공동체의 누군가가 그들이 가지고 있던 자필 원고를 필사했을 것이다. 그는 아마도 전문적인 필경사는 아니었을 것이다. 그보다는 단순히 글을 쓸 줄 안다는 이유로 일을 하도록 요청받았을 것이다. 그는 복사를 하면서 실수를 했을 것이고 다른 누군가가 그 복사본을 복사하면서 그것이 지니고 있던 것에 자신의 실수를 더했을 것이다. 다음 복사자들도 앞선 복사자들의 전철을 밟았을 것이다.

아마도 몇 년 후쯤, 이웃 공동체의 한 교회가 이 책에 대한 소식을 듣고 와서 자신들의 사본을 만들었을 것이다. 아마도 그 복사본을 만든 필사자는 복사본의 복사본의 복사본을 복사해서 자신의 필사본을 그의 공동체로 가져갔을 것이다. 이후 이 사본은 (그것의 오류와 함께) 다시 복사되어 다른 공동체로 보내졌을 수도 있다. 이런 식으로 그 책은 배포되었을 것이다. 이 책이 처음 쓰인 후 첫 10년 동안 몇 권의 복사본이 만들어졌을까? 2부? 29부? 147부? 우리로서는 알 수 없다.

이러한 다양한 복사본들은―일부는 다른 복사본들보다 더 오류가 많은―때로는 이후 수십 년에 걸쳐 다시 복사되기도 했다. 그러나 이러한 복사본들은 지금 전해지지 않는다. 원본이 만들어진 후 첫 달, 첫 해, 처음 10년, 심지어 그 직후 몇십 년 동안 만들어진 복사본도 없다. 우리가 가지고 있는 루카의 복음서에 대한 첫 번째 중요한 조각 사본은 P45라고 불리며 대략 200년경에 만들어진 것으로 루카의 복음서 6, 7, 9, 10, 11, 12, 13, 14장의 몇 구절을 포함하고 있다. 우리가 가진 루카의 복음서의 완전한 사본은 원본이 나온 지 약 270년 후인 350년경에 만들어진 것이다. 그 후, 루카의 복음서는 많이 복사되었다. 중세 시대에 이르러서는 누구든지 그 복음서의 사본을 원하는 사람은 그것을 복사할 수 있었다. 이 후기 사본들은 실수들을 담고 있었던 이전의 사본들에 근거를 둘 수밖에 없었다.

루카의 복음서를 복사하고 다시 복사하는 과정에서 아마 우리가 알 길이 없는 실수들이 책에 들어왔을 것이다. 하지만 우리가 쉽게 발견할 수 있는 실수들도 있다.

우발적인 실수들

앞서 지적했듯이, 루카의 남아 있는 사본들, 특히 초기의 사본들에는 많은 철자 실수들이 존재한다. 틀림없이 우연히 발생했을 다른 실수들도 있다. 때때로 필사가가 실수로 단어 또는 전체 행, 때로는 그 이상을 생략하기도 한다! 일부 단어를 빼먹는 문제는 내가 아직 언급하지 않은 고대 필사본들의 특징에 의해 더 자주 발생되었다. 고대 그리스어에서는 소문자와 대문자의 구별, 구두점, 문단과 문장의 구분이 없었다. 사실, 단어들을 구분하는 데 사용되는 공백이 존재하지 않았다. 이것은 분명히 저자가 말하려고 하는 것을 알기 어렵게 만든다.

Lastnightatdinnerisawabundanceonthetable

이런 종류의 필기는 스크립토 콘티누아 scriptio continua ─ 연속적 글쓰기 ─ 라고 불리는데, 글을 복사하는 필자들이 이전에 어디에서 글을 멈추었는지, 어디에서 다시 필사를 시작해야 할지 알기 어렵게 만들었다.

스크립티오 콘티누아는 우리의 원고에서 발견되는 또 다른 종류의 우발적인 누락을 설명할 수 있다. 가끔 페이지의 두 줄이 같은 단어로 끝날 때가 있었다. 첫 줄을 복사하고 난 필경사가 잠깐 눈을 돌린 후 다시 페이지를 향할 때 그의 시선은 같은 단어로 끝난 다음 줄을 향하기 쉬웠다. 그는 그 문장을 복사했다고 착각하고 계속 필사를 했을 것이다. 필사가들이 루카의 복음서를 베낄 때 이런 일이 일어났다. 예를 들어 루카의 복음서 12장 8-9절은 다음과 같다.

8 잘 들어라. 누구든지 사람들 앞에서 나를 안다고 증언하면 사람의 아들도 하느님의 천사들 앞에서 그를 안다고 증언하겠다.
9 그러나 누구든지 사람들 앞에서 나를 모른다고 하면 사람의 아들도 하느님의 천사들 앞에서 그를 모른다고 할 것이다.

두 번째 행과 네 번째 행이 같은 단어(the angels of God)로 끝나는 것을 주목하라. 일부 필자들은 8절의 내용을 모두 베낀 다음 9절의 끝부분을 보고 그것이 자신이 방금 베낀 것이라고 생각했다. 그들은 계속 다음에 오는 문장들을 필사했다. 그 결과 그들은 9절의 내용을 모두 누락했다.

이러한 종류의 건너뛰기를 "패러블립시스parablepsis"라고 부른다. 행이 같은 단어들로 끝나는 것은 "유사 종결homoeoteleuton"이라고 불린다. 그래서 만약 여러분이 이 장에서 배운 내용으로 친구들에게 깊은 인상을 주고 싶다면, 여러분은 이런 종류의 실수가 "유사 종결에 의해 발생하는 패러블립시스"라고 설명을 해주면 된다.

의도적 실수들

때로는 루카의 복음서(다른 책들도 마찬가지다) 필사본들의 차이들은 우연이 아니었다. 필경사들은 그곳에 나온 말이 자신의 마음에 들지 않을 때 자신이 말하고 싶은 내용으로 본문을 바꾸었다. 루카의 복음서 말미에 있는 세 가지 예를 들어보자.

루카의 복음서에서 가장 유명한 구절 중 하나는 예수가 체포되어 재판을 받고 십자가형에 처해지기 전

Box 2.2 마르코의 복음서의 갑작스러운 종결

6장에서 검토하겠지만 마르코의 복음서는 다른 복음서들과 달리 갑작스럽게 종결된다. 이곳에서 부활한 예수는 그의 제자들(혹은 기타 누구에게도) 앞에 나타나지 않는다. 이야기는 이런 식으로 전개된다.

못 박혀 죽은 예수가 장사된 지 3일째에 몇 명의 여성 추종자들이 시체에 향유를 바르기 위하여 무덤에 가지만 무덤의 돌이 굴려져 있고 그 안에는 예수 대신 흰옷을 입은 청년이 앉아 있는 것을 본다. 청년은 자신의 제자들에게로 가서 갈릴래아로 가라, 그러면 죽음에서 부활한 예수를 그곳에서 만나게 될 것이라 말하라고 여인들에게 지시한다. 하지만 "여자들은 겁에 질려 덜덜 떨면서 무덤 밖으로 나와 도망쳐 버렸다. 그리고 너무도 무서워서 아무에게도 말을 못하였다"(마르 16:8)라는 진술로 마르코의 복음서는 끝난다.

그런 종결은 많은 독자들을 어리둥절하게 만든다. 그들은 여인들이 적어도 누군가에게 틀림없이 자신이 경험한 사실을 말했을 것이라고 생각한다. 결국 부활의 소식이 퍼졌으니 말이다. 다른 복음서들에는 부활 후 제자들에게 나타난 예수의 이야기가 나온다. 어째서 마르코의 복음서는 여인들이 아무에게도 부활의 소식을 전하지 않는 것으로 끝나는 것일까?

고대의 필사자들도 당혹스럽기는 마찬가지였다. 그래서 그들은 그들이 때때로 했던 일을 이곳에서도 했다. 그들의 생각에도 부합하며 다른 복음서들과도 어울리는 결말을 만들어 붙인 것이다. 추가된 열두 개의 절들은 필경사들이 생각하기에 틀림없이 벌어졌을 장면이다. 여인들은 제자들에게 그들이 보고 들은 것을 전했을 것이고 제자들은 갈릴래아로 가서 예수를 만났을 것이다. 예수는 그들에게 마지막 당부를 하고 하늘로 승천한다. 이런 새로운 결말은 원래 그곳에 있었던 것이 아니다. 가장 오래된, 보존 상태가 좋은 마르코의 복음서 필사본들에는 이 이야기가 들어 있지 않고 글의 나머지 부분들과 비교해 볼 때 마지막 열두 절의 문체나 사용되는 단어들도 생경하다. 그것들은 이야기가 끝나는 방식이 맘에 들지 않았던 필사가들이 덧붙인 부분이다.

에 발생한다. 그는 깊은 고통에 빠져 "땀이 핏방울처럼"(루카 22:43-44) 떨어지기 시작했고 천사가 그를 도우러 온다. 여기서 "땀이 핏방울" 같았다는 말이 나온다. 이 구절은 다른 복음서들에서는 찾아볼 수 없고 이곳 루카의 복음서에만 나온다. 문제는 이것이 루카의 복음서의 모든 필사본들에서도 발견되지 않는다는 것이다. 대부분의 학자들이 가장 훌륭하고 정확한 원고라고 여기는 가장 오래된 원고에도 그 구절은 나오지 않는다. 이것은 필경사들이 그 구절을 바꿨음에 틀림없다는 것을 의미한다. 두 가지 가능성이 있다. 필경사들은 하느님의 아들인 예수가 그토록 처절한 인간의 고통을 경험하지는 못할 것이라고 생각해서 그 구절을 빼내었거나, 아니면 (다른) 사람들은 예수가 정말 엄청난 고통을 겪었다는 것을 강조하고 싶어서 그 구절들을 집어넣었을 것이다. 어느 쪽이 맞을까? 학자들마다 다른 의견을 가지고 있어서 아직 합의된 의견은 없다.(Box 9.4 참고)

두 번째 예는 이것이다. 루카의 복음서에서 예수가 십자가에 못 박힐 때, 그는 자신의 죽음에 책임이 있는 사람들을 위해 기도한다. "아버지, 저 사람들을 용서하여 주십시오! 그들은 자기가 하는 일을 모르고 있습니다."(23:34) 이 아름다운 구절도 다른 복음서에는 나타나지 않고 루카의 복음서에서만 발견된다. 하지만 이것 역시 일부 루카의 복음서 필사본들에서는 발견되지만 다른 필사본들에서는 나오지 않는다. 예수가 얼마나 관용을 베풀었는지 보여주기 위해 어떤 필경사들이 그것을 복음에 추가했거나, 예수의 죽음에 책임이 있는 사람들을 용서하는 것이 적절하지 않다고 생각하여—그들은 결국 '그리스도 살해자'였으니까—어떤 필경사들은 복음서에서 그것을 뺐을 것이다. 어느 쪽일까? 다시 말하지만, 학자들은 쉽게 의견이 일치하지 않는다.

루카의 복음서 맨 끝에 마지막 예가 나온다. 죽은 자들 가운데서 살아난 후 예수는 제자들에게 나타나 마

Box 2.3 장 및 구절의 인용

고대 필사본이 문장부호, 단락, 심지어 단어들 사이에 띄어쓰기도 사용하지 않았다는 사실을 감안할 때, 신약성서의 현대 번역본에서 발견되는 장과 절의 구분이 원래부터 있지 않았다는 것은 그리 놀랄 일이 아닐 것이다. 특히 공공장소에서 이러한 책들을 읽기 쉽도록 하기 위해 필경사들은 4세기부터 장과 같은 구획을 만들기 시작했다. 오늘날 사용되는 신약성서 번역본의 장들의 형성은 13세기 초로 거슬러 올라가는데, 당시 파리 대학의 스티븐 랭턴이라는 강사가 처음으로 라틴 성서에 주요한 구획들을 만들었다.

절들의 구분은 그로부터 3세기 후에 이루어졌다. 1551년, 파리 출신의 인쇄업자 로베르 에티엔은 신약성서의 그리스어와 라틴어 판을 출판했는데, 이 판에서

각각의 장은 별도의 절들로 나누어져 있었다. 이것들은 오늘날에도 여전히 사용되고 있는 절들로, 1560년 제네바판 영어 번역본에 처음 등장했다.

흥미로운 일화 하나: 에티엔의 아들은 그의 아버지가 파리에서 리옹까지 말을 타고 가는 동안 이러한 절들의 구분을 만들었다고 말했다. 아마도 그는 그의 아버지가 도중에 여관에서 묵는 동안 가지고 간 텍스트로 밤중에 절을 나누는 작업을 했다는 것을 의미했을 것이다. 하지만 몇몇 심술궂은 관찰자들은 가끔 이해할 수 없는 절의 구분들이 있는 것을 이유로 에티엔이 말 그대로 '말 위에서' 일했을 것이라고 주장했다. 그가 탄 말이 움푹 패인 길을 지날 때마다 그가 실수로 절을 그었으리라는 것이다.

지막 교훈을 전한 후 하늘로 올라간다.(24:51) 예수가 하늘로 승천하는 이야기는 신약성서의 복음서들 중 이곳에만 나온다. 마태오의 복음서, 마르코의 복음서, 요한의 복음서에는 예수의 승천에 대한 언급이 없다. 그러나 신약성서의 또 다른 책, 즉 역시 루카가 쓴 사도행전에도 예수의 승천에 대한 이야기가 나온다. 하지만 이 책에서 예수는 부활한 날이 아니라 40일 뒤에 승천한다.(사도 1:3, 9) 루카의 복음서의 일부 필사본들에 승천을 묘사하는 구절이 빠져 있다는 것은 놀랍다. 필사가들은 그것이 그 복음을 끝내는 적절한 방법이라고 생각했기에 그 구절을 덧붙였을까? 아니면 그 구절이 사도행전에 나오는 예수의 승천 시기와 일치하지 않기에 필사가들이 뺀 것일까? 학자들은 아직도 이 문제에 대해 토론을 하고 있다.

나는 이 예들(루카의 복음서에 나온 것만 해도 수십 개쯤 될 것이다)에서 몇 가지 사항을 짚고 넘어가고자 한다. 첫째, 이러한 차이점들 중 일부는 정말 중요하다. 루카의 복음서가 예수에 대해 진정으로 하고자 하는 말을 알고 싶다면, 그가 체포되기 전에 깊은 고통에 빠져 있었는지, 그가 그의 죽음에 책임이 있는 사람들을 용서했는지, 그가 부활한 날에 하늘로 올라갔는지를 아는 것은 큰 의미가 있다. 다른 차이점들도 마찬가

지로 중요하다. 둘째, 학자들이 루카가 원래 썼던 내용을 확정하는 데 어려움을 겪는 이유는 이러한 문제들에 대한 최종적인 결정을 내리기 위해 진정으로 필요한 필사본들이 남아 있지 않기 때문이다. 우리는 자필 원고나 첫 번째 필사본, 혹은 그것의 필사본 등 아무것도 가지고 있지 않다. 우리는 나중에 만들어진 필사본들을 가지고 있고 그중 일부는 다른 것들보다 정확할 수도 있지만, 어느 것도 완벽하지는 않다.

여러분은 때때로 "신약은 고대부터 가장 잘 확증되어 온 책이기 때문에, 우리는 그것을 신뢰할 수 있다"라는 말을 들을 것이다. 우리가 살펴본 바와 같이, 이런 주장의 첫 부분은 전적으로 사실이다. 그러나 두 번째 부분은 문제점으로 가득 차 있다. 우선, 우리가 약 5,700권이 아니라 500만 권의 신약 원고를 가지고 있다고 해도, 그것이 신약성서를 신뢰할 수 있게 만들지는 않는다. 잠시 생각해보라. 신약성서보다 플라톤의 필사본이 더 많다고 가정해보자. 그것이 플라톤을 더 신뢰할 수 있게 만들까? 플라톤이 한 말을 정확히 안다는 것이, 그가 한 말을 믿을 수 있게 만들까? 이렇게 생각해보자. 우리는 카를 마르크스와 러시 럼보Rush Limbaugh가 한 말들을 정확히 알고 있다. 그것이 그들을 믿을 수 있게 만들까? 신약성서를 믿는 것은 그것

Box 2.4 간음 중 잡혀 온 여인과 예수

필사가들은 신약의 내용들을 얼마나 바꿔놓았을까? 신약성서에 나오는 가장 유명한 이야기도 어쩌면 복음서에 없었던, 필사가들이 붙여놓은 내용일지도 모른다. 바로 예수와 현장에서 붙들려 온 간음녀의 이야기다. 할리우드에서 만든 예수에 관한 영화에 빠지지 않고 나오는 이 이야기는 오직 몇 개의 요한의 복음서 필사본에만 나온다. 이야기에 따르면 유대 관리들이 한 여인을 예수 앞에 끌고 와 그녀가 간음 중에 붙잡혔다고 말한다. 모세의 율법에 의하면 그녀는 돌에 맞아 죽어야 하지만 예수는 무슨 말을 할 것인가?

관리들은 예수를 함정에 빠뜨리려 했다. 만약 그가 그녀를 돌로 치라고 말한다면 그는 자신이 가르쳐온 사랑과 용서를 거스르게 되고, 그녀를 용서하라고 말하면 그는 모세의 율법을 어기게 될 것이다.

예수는 항상 이런 함정에서 빠져나오는 법을 알고 있는 것처럼 보인다. 그는 쪼그려 앉아 땅바닥에 뭔가를 쓰다가 고개를 들어 말한다. "너희 중에 죄 없는 자가 먼저 돌로 쳐라." 그는 다시 고개를 떨구고 뭔가를 쓰기 시작한다. 아마도 자신들의 죄에 대한 죄책감을 느낀 듯 사람들은 한 사람씩 자리를 떠난다. 마침내 고개를 든 예수는 여인이 홀로 서 있는 것을 보고 그녀에게 묻는다. "여자여, 너를 고소하던 그들이 어디 있느냐 너를 정죄한 자가 없느냐?" 여자는 "주여, 없나이다"라고 대답한다. 예수는 여자에게 "나도 너를 정죄하지 아니하노니 가서 다시는 죄를 범치 말라"고 말한다.

이것은 아주 강력하며 감동적인 훌륭한 이야기다. 하지만 유감스럽게도 이 이야기는 원래 요한의 복음서, 아니 어떤 복음서에도 들어 있지 않았다. 가장 초기에 만들어진, 잘 보존된 요한의 복음서 필사본들에는 들어 있지도 않았고 요한의 복음서의 나머지 부분과 비교할 때 문체나 사용하는 어휘들이 확연히 다른 이 이야기는, 요한의 복음서가 처음 쓰인 후 800여 년이 지난 후인 9세기경의 그리스어 필사본들에서부터 자주 등장하기 시작했다.

학자들은 후에 필사가들이 이 이야기를 요한의 복음서에 덧붙였다는 것에 의견이 일치한다. 이 이야기가 인기를 끌게 되자 다른 필사가들도 계속 이 내용을 자신들의 필사본에 덧붙이게 되었고 원래 성서에 있지 않았던 이 이야기는 결국 중세부터 지금까지 예수에 관한 가장 유명한 이야기가 되기에 이르렀다.

이 널리 확증되어온 것과는 상관이 없다.

게다가 신약성서가 고대의 어느 책보다 더 잘 확증되었음에도 불구하고, 그 책의 저자들이 실제로 무엇을 말했는지 아는 것에는 여전히 문제가 있다. 초기의 필사본들은 별로 존재하지 않으며 부분이 아닌 전체 신약성서를 얻기 위해서는 이 책들이 쓰인 후 300여 년이 지날 때까지 기다려야 한다. 원고들 사이에는 수백 가지의 중요한 차이점들이 있다. 학자들은 수많은 구절들을 둘러싸고 논쟁을 벌이며 우리로서는 결코 무엇이 쓰여 있었을지 알 수 없을 곳들도 존재한다.

텍스트의 확증 기준

학자들이 루카나 다른 신약성서 저자들이 실제로 쓴 내용을 알 수 없다고 생각한다는 뜻은 아니다. 비록 의문으로 남아 있는 몇몇 구절들이 있더라도 학자들은 대부분의 구절들, 대부분의 문장들, 대부분의 단어들에 대해 꽤 합리적인 확신을 지니고 있다. 저자가 원래 쓴 내용을 확정하기 위해 학자들은 일정한 지침들을 고안해냈는데, 필사본들에 존재하는 많은 실수들을 걸러내기 위한 기준으로 사용되고 있다.

남아 있는 필사본들 중 서로 일치하지 않는 구절들은 대부분의 필사본들이 말하는 것을 '원본' 표현으로 택하면 되지 않느냐고 생각할지도 모르겠다. 즉, 천 개의 필사본들이 있는데 그중 980개의 사본들이 같은 문구를 가지고 있고 20개의 원고만이 다르다고 가정해보자. 독자들은 980개 필사본들이 옳다고 말하고 싶을지도 모른다.

하지만 만약 20개의 사본이 가장 초기에 만들어진

필사본들이고 980권은 그들보다 훨씬 늦게 만들어진 것이라면 어떨까? 20권의 필사본들이 만들어진 후에 사본들의 차이가 생겼을 수도 있고 980개의 사본들은 그저 텍스트의 더 후기 형태(가령, 20개의 필사본들이 만들어진 후 200년 후에 만들어진)를 나타낼 수도 있다. 그런 이유로, 학자들은 원본의 내용을 짐작하기 위해 단순히 원고들의 수를 처다보지는 않는다. 대신 그들은 다른 기준들을 사용한다. 다음과 같은 것들이다.

1. *필사본의 시기.* 학자들은 보통 오래된 필사본들이 후기 필사본들보다 원본에 가까울 가능성이 더 높다고 생각한다. 원본과 오래된 필사본들 사이에는 실수들을 담고 있는 사본들의 수가 상대적으로 적었을 것이기 때문이다. 그 결과, 만약 가장 오래된 필사본과 중세 필사본에서 같은 구절이 다른 방식으로 쓰여 있다면, 가장 오래된 사본의 구절이 옳을 가능성이 더 높다.

2. *필사본의 배포.* 예를 들어, 고대 세계 전역(프랑스, 그리스, 이집트 등)에서 제작된 원고들과는 달리 남부 이탈리아처럼 동일한 작은 지역에서 만들어진 원고들에서 특정한 문구가 발견된다고 가정해보자. 그것은 아마 지역적 변형으로, 원문일 가능성이 적다. 더 넓은 지역에 퍼진 글이 변형이 되었을 경우는 설명하기가 더 어렵다.

3. *스타일에 대한 고려.* 모든 작가는 특정한 문체를 가지고 있고 특정한 단어를 사용하는 경향이 있다. 만약 필사본들이 한 구절을 두 가지 방식으로 표현한다면 그 두 방식들 중 작가의 어휘, 문체 그리고 아이디어와 일치하는 쪽이 저자의 글에 가까울 것이다.

4. *읽기가 더 어려운 글.* 이 기준은 다소 이상하게 들릴 수 있지만, 학자들에게 가장 유용한 것으로 밝혀진 기준이다. 필사가들이 의도적으로 텍스트를 바꿀 때, 그것은 보통 텍스트를 이전보다 '더 낫게' 보이게 하기 위해서이다.

예를 들어, 필경사들은 어떤 구절의 문법을 바로

Box 2.5 삼위일체 교리는 신약성서에 분명히 들어 있었을까?

신학자들은 하느님은 성부, 성자, 성령, 삼위이지만 일체라는 그들의 견해를 뒷받침하기 위해 신약성서의 여러 구절을 인용해왔다. 그러나 이 삼위일체 교리는 성서에 명시되어 있지 않다. 단지 나중에 쓰인 약간의 필사본들에서 흥미로운 몇 개의 구절들에만 나타날 뿐이다. 가령 요한의 첫째 편지 5장 7-8절은 중세를 통틀어 다음과 같이 이해되었다. "천국에는 아버지, 말씀, 성령 세 분의 증인들이 계시며, 이 셋은 한 분이다." 명확한 삼위일체론이 아닌가! 문제는 이 구절이 신약성서의 그리스어 필사본이 아닌 라틴어 필사본에서만 발견된다는 것이다.

1516년 에라스무스라는 학자가 그리스 신약성서 초판을 출판했을 때 그는 이 구절을 포함시키지 않았다. 그의 신학적인 적들은 그가 악의적으로 삼위일체론을 성서에서 없앴다고 주장했다. 이에 대해 에라스무스는 자신이 알고 있는 모든 그리스어 필사본들에서 그 구절을 찾을 수 없었다며 반대자들에게 경솔한 도전을 했다. 만약 그들이 그 구절이 있는 그리스어 필사본을 내놓을 수 있다면 그의 다음 판 신약성서에 포함시키겠노라 제안을 한 것이다. 그의 반대자들은 적어도 하나의 원고를 만들어 내놓았다. 누군가가 그리스어로 된 요한의 첫째 편지를 베껴서 문제의 구절을 덧붙인 다음 에라스무스에게 제시했다. 약속대로 에라스무스는 다음 판에 그 구절들을 포함시켰다. 이 판본이 결국 킹 제임스 영어 성서의 기초가 되었고, 영어 성서의 역사에서 매우 중요한 위치를 차지하게 되었다. 이 구절은 좀 더 최근에 나오는 더 신뢰할 만한 번역본들에서는 찾아볼 수 없지만 킹 제임스 성서에는 여전히 실려 있다. 비록 그 구절이 천 년이 훨씬 넘도록 어떤 그리스어 필사본에서도 발견되지 않았음에도 불구하고 연만한 영어 성서 독자들이 성서에 삼위일체의 교리가 명시적으로 존재한다고 생각하는 이유다.

잡을 수도 있고, 그것이 다른 구절과 모순되는 것을 막기 위해 내용을 바꿀 수도 있으며, 그 구절에 드러난 역사적 혹은 지리적 실수를 제거할 수도 있고, 잘못된 또는 이단적인 가르침을 뒷받침하는 것처럼 보이는 구절을 바꿀 수도 있다. 이것은, 만약 여러분이 두 가지 형태의 구절들을 가지고 있고, 그중 하나가 다른 한 구절보다 더 읽기 불편하다면, 즉, 문법의 오류, 다른 구절들과의 모순, 역사/지리학적으로 잘못된 정보, 의심스러운 신학적 견해와 관련된 문제를 지니고 있다면 그 구절이 더 원문에 가까울 가능성이 높다는 뜻이다. 즉, 여러분이 두 가지 형태의 텍스트를 가지고 있는데 그중 하나는 복잡하고 다른 하나는 그보다 개선된 것이라면, 개선된 구절은 아마도 필사가에 의해 만들어진 것이고, 이상한 버전이 원본일 가능성이 더 높다.

5. *원고의 질.* 사본은 사람과 같다. 어떤 사본은 다른 것들보다 더 믿을 수 있다. 한 구절이 두 개 또는 그 이상의 방식으로 쓰인 모든 경우, (스타일에 대한 고려, 더 읽기 어려운 글의 기준 등을 통해) 작가가 무엇을 쓰고자 했는지 꽤 논리적으로 명백하게 알 수 있는 경우가 있다. 만약 한 사본이 그런 기준들을 통해 항상 옳은 것처럼 보이고 다른 사

본은 항상 틀린 것처럼 보인다면, 첫 번째 사본은 원본을 결정하는 기준으로는 명백하지 않은 구절들에서도 옳을 가능성이 더 높다. 더 이른 시기에 만들어진 사본들일수록 원본에 더 가까운 경향이 있다.

이것들은 신약성서의 저자들이 원래 무엇을 썼는지 결정하기 위해 본문 비평 학자들이 사용하는 기준들 중 일부다. 이런 종류의 연구에 전념하는, 본문 비평 textual criticism이라고 불리는 학문 분야가 있다. 본문 비평가는 저자가 실제로 쓴 내용을 알기 위해 그리고 어떤 사본들이 변경된 내용들을 담고 있는지 결정하기 위해 고대의 필사본들을 연구하는 학자이다.

이미 밝혔듯, 신약성서의 저자들이 원래 썼던 내용을 확증하는 데는 엄청난 어려움이 있지만, 대부분의 경우 텍스트 비평가들은 그들이 그런 내용을 꽤 분명히 알고 있다고 확신한다. 그러나 상당한 의문이 남아 있는 많은 장소들이 있다. 그런 이유로, 우리가 손에 쥘 수 있는 원본 신약성서는 존재하지 않는다. 저자들이 원래 어떤 내용을 썼는지 전혀 알 수 없는 경우들도 있다. 대부분의 경우, 우리는 아마도 결코 그것을 알 수 없을 것이다.

한눈에 보기

Box 2.6 신약성서의 본문

1. 우리는 신약성서에 들어 있는 어떤 책의 원본도 가지고 있지 않다.

2. 남아 있는 필사본들은 모두 훨씬 나중에, 대부분의 경우 수 세기 후에 만들어졌다. 우리는 2세기 초부터 16세기까지에 걸쳐 약 5,700권의 그리스어 필사본들을 가지고 있다. 대부분은 중세 시대에 만들어진 것들이다.

3. 현재 남아 있는 모든 필사본들에는 우발적 또는 고의적으로 만들어진 실수들이 포함되어 있다. 필사본들 사이의 차이점들 중 일부는 책의 해석에 큰 영향을 미칠 정도로 중요하다.

4. 학자들은 저자들이 실제로 쓴 글을 판단하기 위해 일련의 원칙들을 고안했다.

   a. 가장 초기의, 가장 지리적으로 널리 분산되어 있는, 질적으로 우수한 필사본의 텍스트들이 더 원문에 가깝다.

   b. '더 어려운' 글이 더 원문에 가깝다.(필사가들은 읽기 어려운 글을 만드는 것보다는 읽기 어려운 글을 고치기 위해 더 노력했기 때문이다.)

   c. 저자 자신의 언어, 문체, 신학으로 알려진 것과 일치하는 글이 더 원문에 가깝다.

포토에세이 1

신약성서의 고대 필사본들

2장에서 살펴본 것처럼, 우리는 신약성서 어떤 책의 원본도 가지고 있지는 않다. 우리가 가지고 있는 것은 나중에, 대부분의 경우 몇 세기 후에 만들어진 사본들이다. 이 모든 사본에는 실수로 잘못 베꼈든(이런 경우들은 수천 개도 넘는다) 본문의 실제 내용이 마음에 들지 않은 필사가들이 의도적으로 내용을 수정했든(이런 경우는 상대적으로 적다) 오류들이 있다. 본문 비평 학자들은 성서 저자들이 원래 썼던 내용을 재구성하기 위해 그리고 수 세기 동안 어떻게 필사자들이 저자들의 말을 수정했는지 알아보기 위해 남아 있는 모든 필사본들을 검토한다. 신약성서에는 그곳에 원래 어떤 그리스어 원어가 쓰였을지 학자들이 계속해서 논쟁을 벌이는 곳들이 많다. 그들 중 일부는 우리가 결코 답을 알 수 없을 것이다.

여기에 포함된 사진들은 현존하는 가장 중요하고 흥미로운 신약성서 필사본들 중 일부이다. 그중에는 현존하는 필사본들 중 아주 오래된 것들도 포함되어 있다.

도판 1 P52는 이집트의 사막에 있는 쓰레기 더미에서 발견된 요한의 복음서(18:31-33, 37-38)의 조각이다. 신용카드 크기만 한 이 조각은 약 125-150년 사이에 만들어진, 현존하는 신약성서의 가장 오래된 필사본이다. 앞면과 뒷면이 모두 사진으로 나와 있다.

도판 2 이것은 바울로의 편지들 중 가장 오래된 사본 중 하나이며, 원본들이 쓰인 후 약 150년 후인 약 200년으로 작성 시기가 거슬러 올라가는 귀중한 파피루스 필사본으로 "P46"이라고 불린다. 여기에 담겨 있는 것은 히브리인들에게 보낸 편지(많은 필경사들은 그것이 바울로의 글이라고 믿고 있었다)의 두 번째 장이다.

도판 3 유명한 성서학자 콘스탄틴 폰 티센도르프가 19세기 시나이 산 성 카타리나 수도원의 도서관에서 발견한, 가장 유명한 필사본들 중 하나인 '코덱스 시나이티쿠스'이다. 작성 시기는 4세기 중반으로 추정되며 양피지 한 페이지에 네 개의 세로행으로 글이 쓰여 있다. 여기에 나와 있는 것은 루카의 복음서의 결론 부분이다.

도판 4 가장 오래되고 완전한 상태로 남아 있는 신약성서의 사본들 중 하나인 4세기 중반의 코덱스 바티카누스의 히브리인들에게 보낸 편지 1장. 첫 번째 열과 두 번째 열 사이의 메모에 주목하라. 본문의 교정자가 3절의 한 단어를 지우고 그 자리에 다른 단어를 대체해놓았다. 몇 세기 후, 두 번째 교정자가 수정된 단어를 지우고 원래의 단어를 다시 삽입한 후 여백에 첫 교정자를 비난하는 메모를 써놓았다. "멍청한 악당아, 옛날의 문장들을 바꾸지 말고 내버려둬!"라는 내용이다.

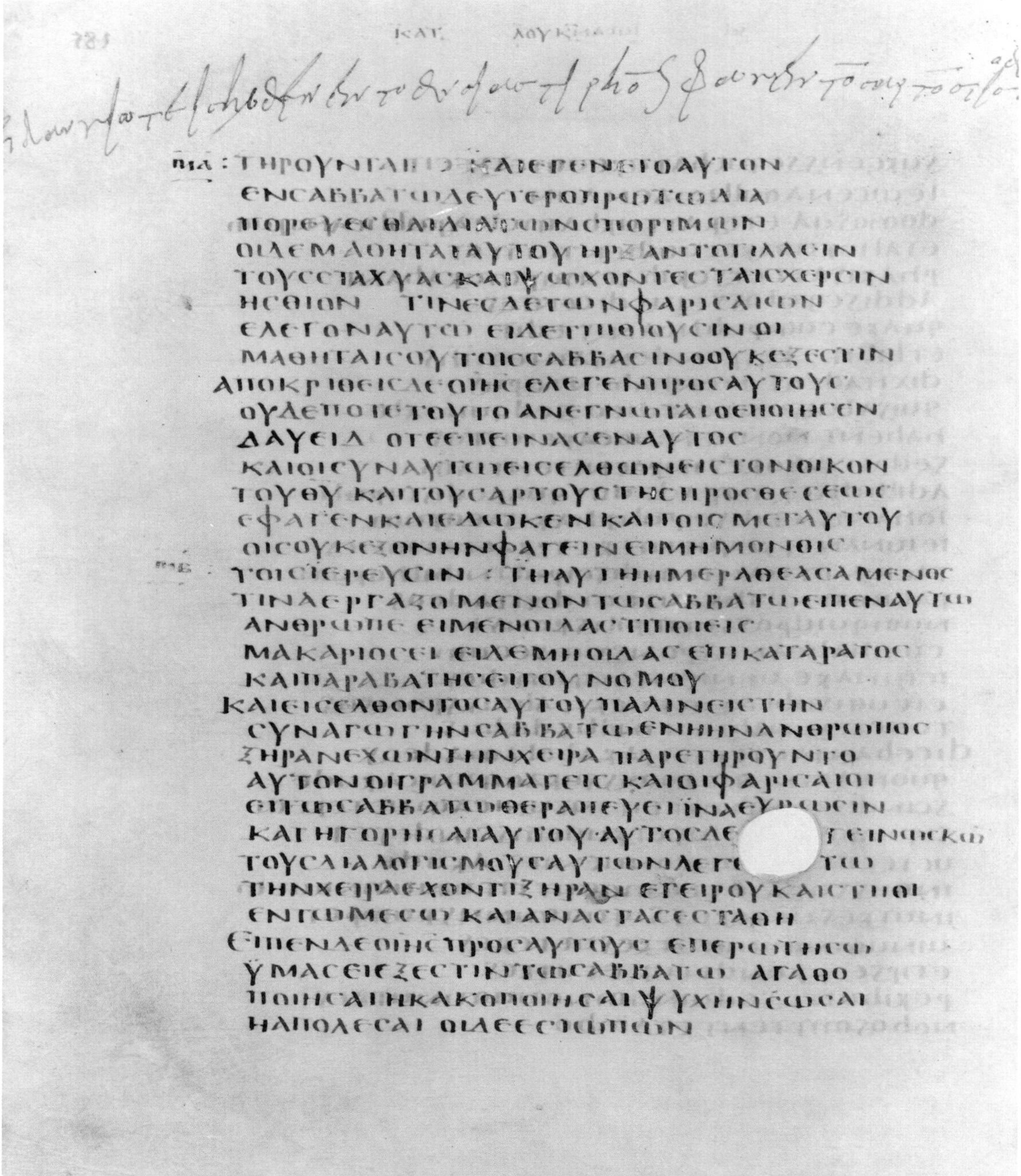

도판 5 이것은 유명한 필사본 D로서 "베자 사본Codex Bezae"이라고도 불리며, 제작 시기는 400년경으로 거슬러 올라간다. 페이지 한 면에는 라틴어로, 다른 면에는 그리스어로 글이 쓰여 있다.(사진에는 루카의 복음서 5장의 한 구절이 그리스어로만 쓰여 있다.) 이 원고는 남아 있는 다른 필사본들과는 상당히 다르다. 오른쪽 페이지 아래쪽에 나 있는 구멍과 맨 위에 휘갈겨 쓰인 메모를 보라.

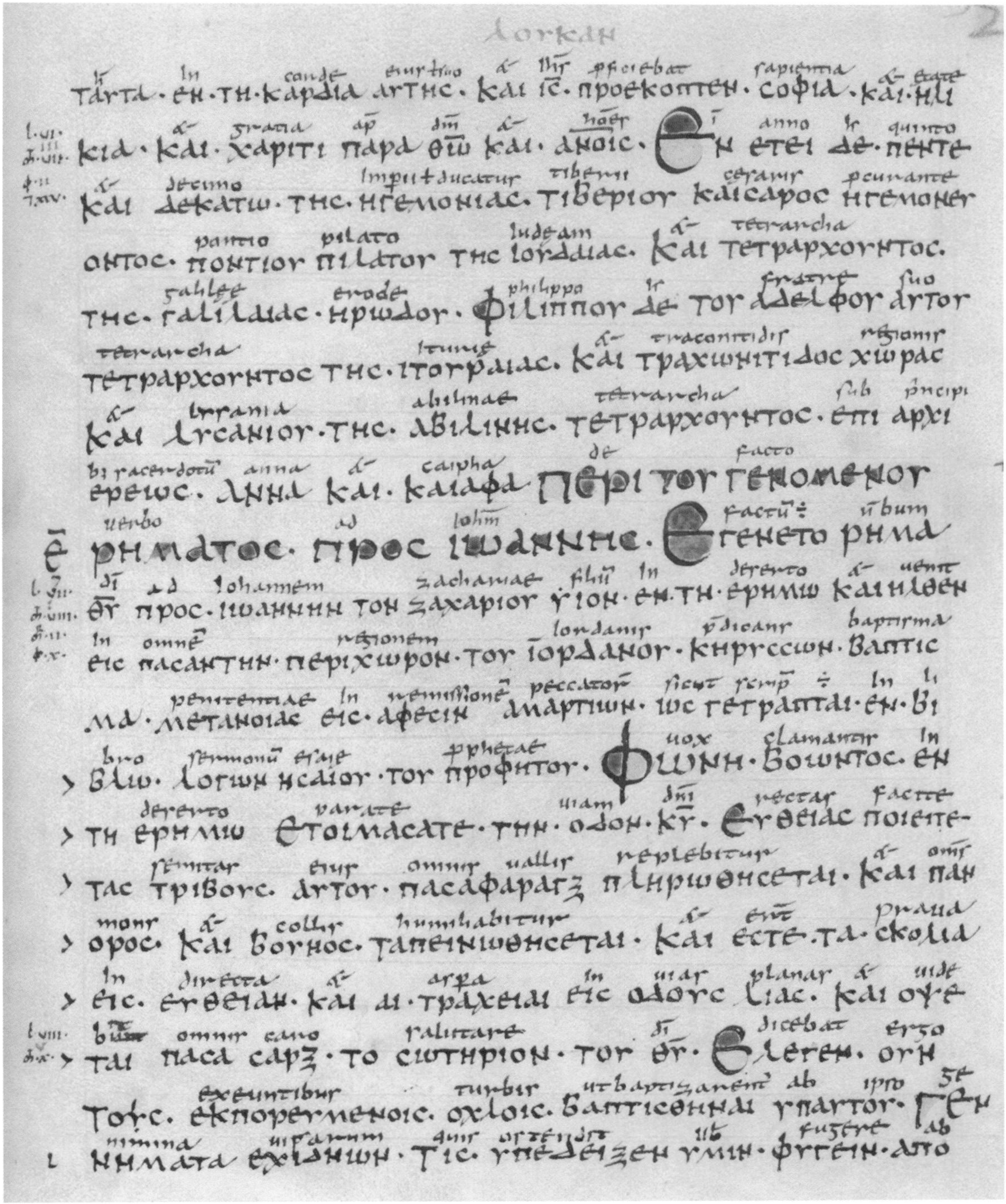

도판 6 "코덱스 상갈렌시스"라고 불리는 이 흥미로운 필사본은 9세기의 것으로 그리스어로 쓰여 있다. 각 단어들에는 라틴어를 쓰는 그리스도교인들이 이해하는 데 도움이 되도록 상단에 라틴어 번역이 적혀 있다. 사진은 루가의 복음서 2장 3절 부분이다.

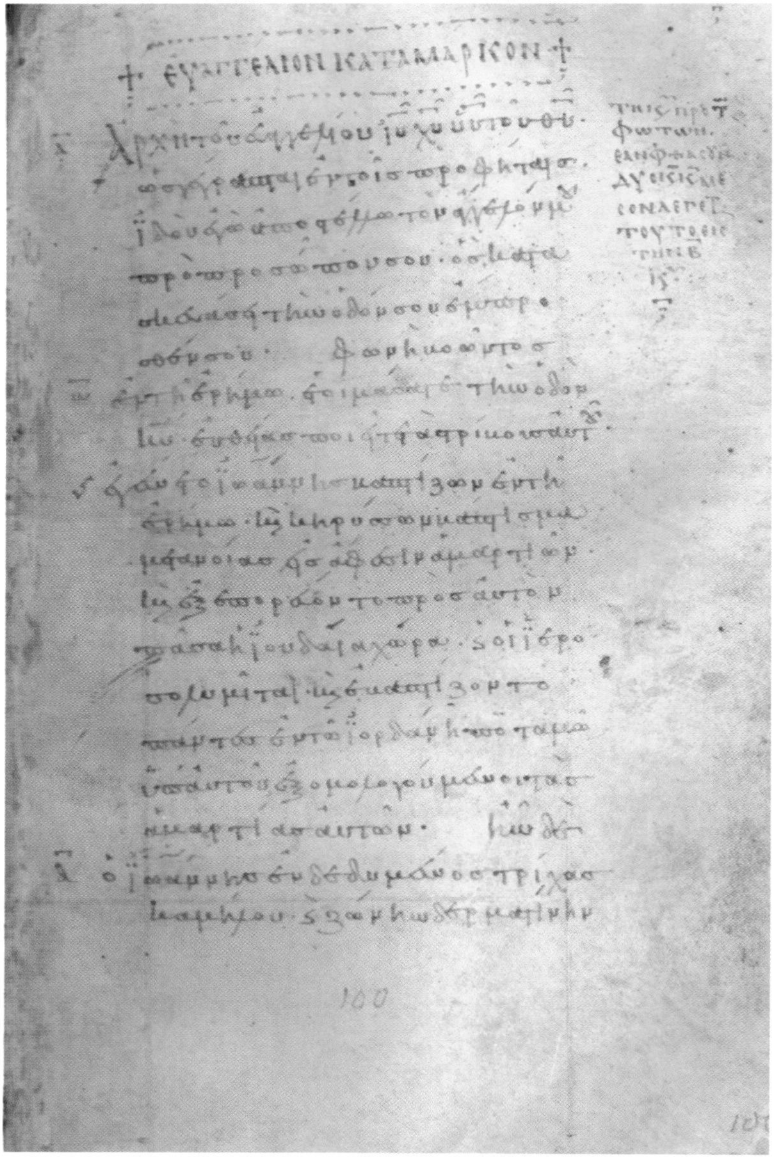

도판 7 이것은 835년에 쓰인 양피지 원고로 "MS 461"이라 불린다. 이것은 (대문자로 글을 쓰는 대신) 필기체와 비슷한, 아주 작은 필체로 쓰인 원고로서 제작 시기가 표시되어 있는 최초의 사본이라는 점에서 주목할 만하다. 사진은 마르코의 복음서 시작 부분이다.

도판 8 이 시각적으로 흥미로운 필사본은 신약성서 전체를 제공하는 것이 아니라 그리스도교 예배에 사용되는 성서의 내용을 담고 있는 성구집이다. 오른쪽 하단에 새와 덩굴을 사용해 예술적으로 장식된 그리스 알파벳 타우(T 자처럼 보이는)를 주목하라. 이 책은 10세기 후반의 것으로 사진은 요한의 복음서 19장과 마태오의 복음서 27장을 담고 있다.

03장

초기 그리스도교 전승의
그리스-로마 세계

무엇이든 상황과 문맥을 벗어나면 이해하기 어렵게 된다. 우리는 신약성서가 우리의 세계에 딱 들어맞는다고 가정하기보다는 그것이 속*했던* 세계에 그것을 위치시키는 것으로 연구를 시작하겠다. 이 장은 신약성서가 쓰인 고대 그리스–로마 세계를 그 세계의 종교들에 특별히 중점을 두고 살펴본다.

우리는 고대 그리스–로마 종교가 매우 다양했지만 많은 유사점들을 공유했다는 것을 알게 될 것이다. 예를 들어, 유대교를 제외하면 그것들은 모두 다신교였고 신들에게 제물을 바치는 것을 중요하게 여겼다. 이상하게도, 그들 중 누구도 사람들이 무엇을 "믿는지" 또는 그들이 어떻게 행동해야 하는지에 대해서는 큰 관심을 기울이지 않았다. 이 종교들은 분명히 오늘날 대부분의 그리스도교인들의 믿는 종교와는 상당히 다르다.

시작의 문제

신약성서에 대한 연구는 어디서 시작을 해야 할까? 사람들은 마태오의 복음서로부터 시작하기를 원할지도 모른다. 그러나 그것은 아마도 최선의 선택은 아닐 것이다. 비록 마태오의 복음서Gospel가 신약성서의 첫 번째 책이지만, 그것은 처음 쓰인 책은 아니었다. 나중에 다루겠지만, 그것은 아마도 첫 번째로 쓰인 복음서도 아니었을 것이다.

신약성서 중 맨 처음 쓰인 책은 아마도 사도 바울로가 쓴 편지 중 하나인 테살로니카인들에게 보낸 첫째 편지였을 것이다. 이 때문에 일부 교사들은 바울로의 삶과 저술로 신약성서에 대한 연구를 시작한다. 이 선택은 마태오의 복음서부터 강의를 시작하는 것보다는 더 이치에 맞지만, 그것 자체로 문제가 있다. 바울로는 예수 이후에 활동을 했고 예수의 죽음과 부활에 대한 그의 믿음이 그의 많은 설교의 전제가 되었다. 따라서

예수의 삶과 가르침으로부터 연구를 시작하는 것이 더 이치에 맞지 않을까?

예수로부터 연구를 시작하고자 할 때 생기는 문제는 *그*가 쓴 어떤 글도 없다는 것, 그의 언행을 기록한 복음서는 사실 오랜 뒤, 심지어 바울로의 등장 이후에 쓰였다는 것이다. 분명 바울로의 일생 동안 그리스도교도들은 예수에 대해서, 그가 말하고 행한 일들, 그의 갈등, 그의 운명에 대해 이야기했고, 심지어 글을 쓰고 있었다. 유감스럽게도 우리는 이러한 오래된 전승들에 대해 직접적으로 아는 것이 없다. 우리는 그것들이 나중에, 특히 복음서에 기록된 한에서만 그들에 대해 알 수 있다. 아이러니하게도 신약성서의 가장 초창기에 나오는 가장 중요한 인물부터 시작하려면 상대적으로 뒤늦게 만들어진 문헌들부터 살펴보기 시작해야 하는 것이다.

예수에 대한 전승으로부터 연구를 시작하는 것의 문제는 이것만이 아니다. 더 큰 문제는 이러한 1세기

Box 3.1 이교도와 이방인

이 책에서 나는 '이교도 pagan'와 '이방인Gentile'이라는 용어를 사용할 것이다. 역사학자들이 '파간'이라는 용어를 사용할 때, 그들은 그것에 부정적인 의미를 부여하지 않는다.(예를 들어 룸메이트나 옆집 사람을 지칭하기 위해 사용할 때처럼) 그리스–로마 세계에서 사용될 때, 이 용어는 유대인도 아니고 그리스도교인도 아닌, 다신

숭배를 하는 모든 종교에 속한 사람들을 지칭한다. '파가니즘 paganism'이라는 용어는 유대교와 그리스도교를 제외한 고대의 광범위한 다신교 종교들을 가리킨다. '젠틸레Gentile'라는 용어는 그 사람이 이교도든 그리스도교인이든 유대인이 아닌 사람을 지칭한다. 그것 역시 부정적인 의미를 담고 있지는 않다.

의 전승이 20세기로 쉽게 '전환'되지 않는다는 점, 즉 우리의 상식적인 가정들, 세계관, 가치관, 가장 우선시하는 것들이 예수의 초기 추종자들이 공유하던 것들과는 전혀 다르다는 것이다. 많은 사람들이 생각하는 것과는 달리 오늘날 우리는 예수의 원래의 말들의 의미와 그에 관한 이야기를 이해하기가 매우 어렵다. 이것이 현대인들이 신약성서를 어떻게 해석할 것인가에 대해 뿌리 깊은 의견 불일치를 보이는 한 가지 이유다.

그것은 다른 세계에서 온 것이다. 오늘날 우리가 상식으로 당연시하는 많은 사상과 태도와 가치관은 그 세계에서는 말이 되지 않았을 것이다. 즉, 그것들은 "허튼소리" 취급을 받았을 것이다.

초기 그리스도교 세계에서는 근면한 사람에게 부와 교육의 가능성을 약속하는 프로테스탄트 직업윤리는 고사하고 우리가 아는 중산층 같은 것도 없었다. 그 세계에서는 소수의 사람들만이 상류층에 속했고 거의 모

Box 3.2 알렉산드로스 대왕과 그리스-로마 세계

'그리스-로마Greco-Roman 세계'는 알렉산드로스 대왕Alexander the Great 시대부터 로마 제국 초기 3, 4세기까지 지중해를 둘러싼 땅을 묘사하기 위해 역사학자들이 사용하는 용어이다.(Box 3.3 참고)

알렉산드로스는 서양 문명의 역사에서 가장 중요한 세계 정복자였다. 기원전 356년에 태어난 그는 아버지 필리포스 2세가 암살되자 스무 살의 나이로 마케도니아 왕위를 계승했다. 알렉산드로스는 지중해 동부의 땅을 정복하고 싶은 간절한 열망을 가지고 있었다. 뛰어난 군사 전략가였던 그는 신속하고 대담하게(무자비하게라는 표현이 적절할 수도 있다) 남쪽의 그리스를 정복하고 소아시아(오늘날의 튀르키예)의 해안 지역을 따라 군대를 동쪽으로 몰아가 팔레스티나('이스라엘'의 땅이 고대에 알려졌던 이름)를 거쳐 이집트로 갔다. 그는 마침내 페르시아 제국의 심장부로 진군하여 페르시아의 군주 다리우스를 타도하고, 현대의 인도에 이르기까지 영토를 확장했다.

지중해 동부 정복지에 일종의 문화적 통일성을 부여하려 했던 알렉산드로스는 특히 서구 문명사에서 중요한 인물이다. 젊었을 때 그리스의 위대한 철학자 아리스토텔레스에게 교육받았던 그는 그리스 문화가 다른 모든 문화보다 우월하다고 확신하게 되었고, 정복자로서 자신의 영토 전반에 걸쳐 그리스어의 사용을 적극적으로 권장했으며 체육관, 극장, 공중목욕탕이 있는 그리스식 도시들을 건설하여 행정 및 상업의 중심지 역할을 하도록 했다. 그는 도시들 전체, 특히 상류층 사이에서 그리스 문화와 종교를 채택하도록 장려했다. 역사학자들은

이런 문화적 과정을 그리스라는 뜻의 그리스어, '헬라스'를 따서 "그리스화Hellenization"라고 부른다.

알렉산드로스가 서른세 살(기원전 323년)에 때 이른 죽음을 맞이하자 그의 영토는 그의 장군들 사이에서 분열되었다. 그들의 통치 기간과 후계자들의 통치 기간 동안, 헬레니즘(즉, 그리스 문화)은 동부 지중해 주변의 주요 도시 중심지들에서 계속 번창했다. 이 기간 동안 정치적 경계가 바뀌고 왕과 왕국들은 바뀌었지만, 누구든 알렉산드로스의 이전 영토 한 지역에서 다른 지역으로 여행을 할 수 있었고, 어느 곳을 가든 당시의 국제 공용어인 그리스어를 사용함으로써 그 지역 주민들과 의사소통할 수 있었다. 게다가 그리스의 관습, 제도, 전승, 종교가 살아 있는 대부분의 주요 도시에서 비교적 이질감 없이 편안함을 느낄 수 있었다. 따라서 이전 역사 어느 때보다도 알렉산드로스 후에 역사에 등장한 지중해 동부 지역은 문화적 통합과 세계 시민주의를 경험했다.('cosmopolite'는 한 지역에만 속하는 사람이 아닌 '세계의 시민'을 가리킨다.)

로마 제국은 헬레니즘 세계의 맥락에서 생겨났고 그것의 통일성을 최대한 이용했다. 그리스어의 사용을 장려하고, 그리스 문화들을 수용했으며, 심지어 이름만 바꾸었을 뿐 그리스의 신들까지 고스란히 물려받을 정도로 종교의 특징까지 이어받았다. 문화적으로는 그리스화를 통해, 정치적으로는 로마의 정복을 통해(Box 3.3 참고) 이루어진 이 복잡한 통합은 "그리스-로마 세계"라는 말로 요약된다.

든 사람들이 하위 계층에 속했다. 사회적 계층 이동에 대한 희망은 거의 꿈꿀 수 없었고, 노예가 주요 도시 지역 전체 인구의 3분의 1을 차지했으며, 많은 가난한 사람들은 노예보다 더 형편없는 삶을 살았다. 대부분의 질병에는 치료법이 없었고 유아 사망률이 높았기에 성인 여성들은 인구를 일정하게 유지하기 위해 평균적으로 다섯 명의 아이를 낳아야 했다. 대부분의 사람들은 교육을 받지 못했고 문맹률은 90퍼센트에 달했다. 여정은 느리고 위험했으며, 긴 여행은 드물었고 대부분의 사람들은 일생 동안 집 근처를 벗어나지 않았다. 초기 그리스도교 세계에서는 유대인을 제외한 모든 사람들이 다양한 신을 믿었다. 그들은 항상 모든 종류의 신성한 존재들이 그들의 일상생활과 연관되어 비, 건강, 평화를 가져다주거나, 혹은 그 반대의 일을 한다고 알고 있었다.

고대 세계에 살고 있던 사람들은 이러한 실상들에 비추어 예수에 대한 이야기를 이해했을 것이다. 이것은 그들이 이러한 이야기들에 어떻게 반응하고 그것들을 그들 자신의 세계관에 통합시켰는지뿐만 아니라, 아주 기본적인 수준에서 그들이 그런 이야기들의 의미를 어떻게 이해했을지에도 적용된다. 사람들은 자신들이 이미 알고 있는 것에 비추어서만 어떤 것을 이해할 수 있기 때문이다.

오늘의 사실을 예로 들어 설명해보자. 1970년대 내가 대학에 다닐 때, 나는 오스틴힐리 스프라이트를 몰았다. 오늘날 이 사실은 오스틴힐리 스프라이트에 대해 들어본 적이 없는 대부분의 학생들에게는 별 감흥을 주지 못한다. 내가 그것이 어떤 것이었는지 그들에게 설명하려면, 나는 그들이 이미 알고 있는 것들을 이용해야 한다. 나는 보통 그들에게 스프라이트가 MG 미젯과 같은 차라고 말하는 것으로 시작한다. 만약 그들이 미젯에 대해 들어본 적이 없다면? 나는 그들에게 그것이 마쓰다 미아타의 1970년대 버전이었다고 말한다. 그들은 대부분 그 차를 알고 있을 것이다. 만약 그렇지 않다면, 나는 그들에게 스프라이트가 스포츠카였다고 말할 것이다. 스포츠카가 뭔지 모른다면? 나는 그것이 바닥이 낮게 가라앉은 형태의, 일반적으로 스포티하게 여겨지는 작은 2인승 컨버터블이라고 설명을 할 것이다. 컨버터블이 무엇인지 모르거나 2인승이

무엇인지 모른다면? 만약 그들이 차가 무엇인지 모른다면? "뭐라 하면 좋을까, 차는 말이 안 달린 마차 같은 거야." 그러나 그때조차도 나의 설명은 그들이 마차가 무엇인지 그리고 말들과 그것들이 어떤 관계를 가지고 있는지 알고 있다고 가정한다. 만약 그렇지 않다면?

내 말의 요점은 우리들은 우리가 이미 알고 있는 것에 비추어서만 무언가를 이해할 수 있다는 것이다. 코끼리나 롤러코스터, 금귤을 본 적이 없는 사람에게 그것들을 어떻게 설명할 수 있을지 상상해보라. 하지만, 이게 신약성서와 무슨 관련이 있다는 것인가? 우선, 그것은 왜 내가 우리의 연구를 시작하기에 가장 합리적인 출발점으로서 로마 제국의 외딴 지역에서 거의 2천 년 전에 살았던 한 유명한 사람의 삶을 생각하는지 설명해준다.

한 놀라운 삶

처음부터 그의 어머니는 그가 보통 사람이 아니라는 것을 알고 있었다. 그가 태어나기 전에 천사가 나타나 그녀의 아들이 단순한 인간이 아니라 신성한 존재임을 알려주었다. 이 예언은 초자연적인 징조들을 동반한 그의 탄생의 기적적인 모습에 의해 확인되었다. 소년은 이미 어렸을 때 영적인 권위를 가진 것으로 인식되었다. 전문가들과 그가 벌인 토론은 종교적인 모든 것에 관한 그의 우월한 지식을 보여주었다. 성인이 된 그는 순회 설교 사역을 위해 집을 나섰다. 그는 사람들이 무엇을 입어야 할지, 무엇을 먹어야 할지 등 현세의 물질적인 것에 대한 걱정을 버려야 한다고, 대신 자신들의 영원한 영혼에 관심을 가져야 한다고 선언하며 복음을 전했다.

그의 가르침과 흠잡을 데 없는 인격에 놀라워하는 수많은 제자들이 그의 주위에 모였다. 그들은 그가 평범한 사람이 아니라 신의 아들Son of God이라고 확신하게 되었다. 그들의 신앙은 그가 행한 기적적인 일들에 의해 뚜렷한 확증을 얻었다. 그는 미래를 예측하고, 아픈 사람들을 치료하고, 악마를 쫓아내고, 죽은 사람들을 일으킬 수 있었다고 한다. 하지만 모든 사람들이 다 그에게 우호적이지는 않았다. 말년에 그의 적들은

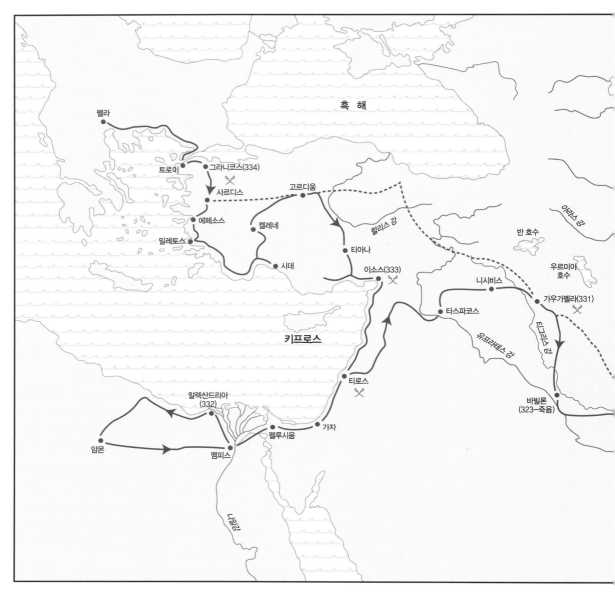

도판 3.1 알렉산드로스 대왕의 원정(기원전 334-323년).

그를 비난했고, 그를 국가에 대한 범죄자로 로마 당국의 재판에 회부시켰다.

그러나 그가 세상을 떠난 후에도 그는 그의 헌신적인 추종자들을 버리지 않았다. 어떤 이는 그가 천국으로 올라갔다고 주장했고, 어떤 이는 그가 살아서 그들에게 나타났다고 말했으며, 또 어떤 이는 그와 이야기를 나누며 그를 만졌고, 죽음이 그를 구속할 수 없다고 확신하게 되었다고 말했다. 많은 그의 추종자들이 이

사람에 대한 복음을 전하면서 그가 말하고 행한 것을 다시 세상에 전했다. 이 설명들 중 일부는 책들로 기록되어 제국 전역으로 퍼졌다.

하지만 내 생각에 당신은 그 책들을 읽어본 적이 없을 것 같다. 아니, 사실 나는, 당신이 이런 기적을 일으키던 "신의 아들"의 이름조차 들어봤을 것 같지 않다. 지금 내가 언급하고 있는 사람은 로마 신들의 숭배자였고 위대한 신피타고라스학파의 스승이자 이교도 성

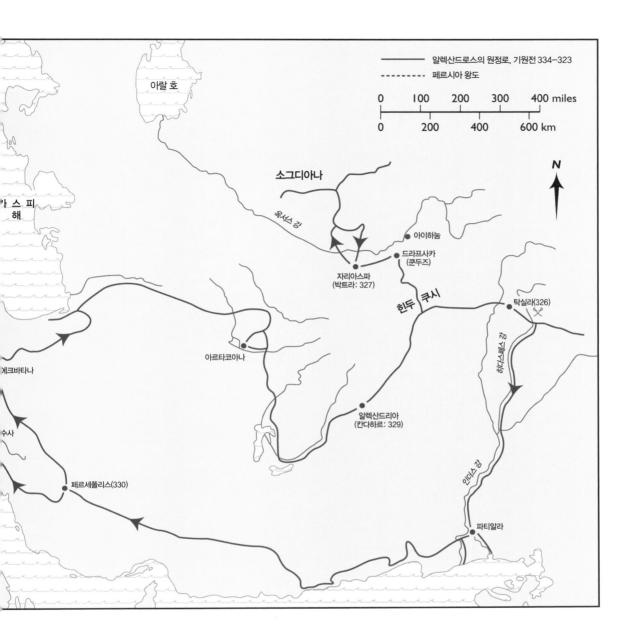

인인 티아나의 아폴로니오스Apollonius of Tyana다. 1세기에 살았던 그의 행적은 나중에 그의 추종자가 된 필로스트라투스가 『아폴로니우스의 생애』에 기록해놓았다.

아폴로니우스는 예수와 같은 무렵에 살았다. 비록 두 사람이 만난 적은 없지만, 그들의 삶에 대한 이야기들은 여러 면에서 비슷했다. 후에 예수의 추종자들은 예수가 기적을 행하는 하느님의 아들이며, 아폴로니우

스는 사칭자, 마술사, 사기꾼이라고 주장했다. 당연한 일이겠지만 아폴로니우스의 추종자들은 정반대의 주장, 아폴로니우스는 기적을 행하는 신의 아들이며 예수는 사기꾼이라고 확신했다.

주목할 만한 것은 이 두 사람만이 그리스-로마 세계에서 교사와 기적의 일꾼으로 천부적 재능을 타고났다고 생각되었던 것은 아니라는 점이다. 사실 우리는 아직까지 전해지는 감질나게 단편적인 기록들을 통

해 기적을 행하고, 폭풍우를 진정시키며, 빵들을 몇 배로 만들었다는, 예언을 하고 병든 사람들을 치료하고 악마를 내쫓고 죽은 사람을 일으켰다는, 초자연적으로 세상에 태어난 후 세상을 떠날 때 하늘로 들려 올라갔다고 주장되는 많은 사람들의 이야기들을 알고 있다. 예수는 우리가 지금 알고 있는, 기적을 행한 유일한 하느님의 아들이지만 1세기에는 사람들의 입에 오르내리던 많은 사람들 중 한 명이었다.

그러므로 만약 우리가 예수에 대해 말해지던 초기 전승들—그에게 가닿을 수 있는 유일한 길—을 연구하고 싶다면, 우리는 그것들을 그리스-로마 세계의 원래 맥락에 배치하는 일부터 시작해야 한다.(Box 3.2 참고) 예수에 대한 이야기는 그것들을 이해할 수 있는 사람들 사이에서 전해졌고, 신적인 존재들로 가득한 세상에서 사람들이 이해한 예수는 지금 우리의 생각과는 달랐을지도 모른다. 고대의 사람들에게는 이 이야기들이 상식적인 의미를 지녔을지도 모른다.

신약성서의 책들이 쓰일 때 그리스도교인들이 가장 많이 전도를 하고 그럼으로써 개종한 자들의 대부분이 이교도들이기 때문에 고대 "이교도pagan" 종교(Box 3.1 참고)에 대해 논의하는 것으로 우리의 성찰을 시작하겠다. 그리고 나서 우리는 그리스-로마 세계의 독특한 종교 중 하나인 초기 유대교—초기 그리스도교인들과 예수 자신의 종교이기도 했던—를 살펴보겠다.

신약성서의 환경: 그리스-로마 세계의 종교

그리스-로마 종교: 하나의 개략적 스케치

이상하게 보일지 모르지만, 그리스-로마 세계에서의 종교의 본질과 기능을 이해하려면, 우리는 종교에 대해 가지고 있는 우리 자신의 모든 현재의 생각을 버려야 한다. 조직화된 종교에 대해 생각할 때 20세기 미국인들은 무엇을 생각하는가? 다음 목록은 결코 완전한 것은 아니지만, 우리 사회의 많은 사람들이 가지고 있는 대부분의 대중적 관념들을 포함하고 있다.(물론 우리들이 살고 있는 세계는 아주 다양하기 때문에 모든 사람들이 이런 생각들을 가지고 있는 것은 아니다.)

1. 종교 조직과 위계(예: 교황, 감리교 감독, 남침례교회의 지도자 등 그리스도교 교파들과 그들의 지도자들)
2. 교리적 진술들(예: 교회에서 암송하는 신경들, 모든 신자들이 인정하는 기본 믿음들)
3. 윤리적 의무들(즉, 타인과 일상적 상호작용을 수행하는 데 필요한 종교적으로 동기 부여된 지침들)
4. 사후 세계에 대한 믿음(우리 시대의 어떤 사람들에게는 그것이 종교를 가진 이유다)
5. 성스러운 문서들(예: 히브리 성서, 신약성서 또는 쿠란)
6. 교회와 국가의 분리(미국 정치와 종교에 있어서 중요한 요소)
7. 배타적 헌신(예: 유대교인이 모르몬교도가 될 수 없듯 침례교회의 신도도 힌두교도가 될 수 없다.)

고대 종교에서 가장 눈에 띄게 놀라운 측면 중 하나는 유대교를 제외하고는 이러한 특징들이 적용되지 않았다는 것이다. 로마 제국Roman Empire의 소위 이교도 종교들에서는 다양한 지방 제의들cults을 관할하는 선출직, 혹은 임명직 지도자를 가진 국가나 국제 종교 조직들이 없었다. 사도 신경이나, 신자들에게 필요한 어떤 신조도 없었다. 윤리는 오늘날과 같이 그 당시 사람들에게도 일반적으로 중요했던 반면, 매일의 종교 생활에서 지켜야 할 윤리적 요구는 사실상 중요하지 않았다. 많은 사람들은 분명히 사후의 삶에 대한 확고한 믿음을 가지고 있지 않았다. 우리가 알 수 있는 한 그런 믿음을 가지고 있던 사람들도 그에 따라 더 종교적이지는 않았다. 이교도의 종교는 결코 개인의 믿음과 신앙생활의 지침이 되는 성스러운 글을 중심으로 하지 않았다. 교회와 국가의 분리 같은 것도 없었다. 반대로 신들이 국가를 위대하게 만들었다고 믿었기 때문에 국가는 신들을 숭배하도록 장려하고 후원했다. 마지막으로, 사실상 이방 종교들 중 어느 것도 한 신을 숭배한다고 해서 다른 신을 숭배할 수 없다고 주장하지 않았다. 한 종교에 대한 배타적인 집착은 사실상 존재하지 않았다.

우리 종교와 그렇게 다른 종교들을 어떻게 이해해

야 할까? 우리는 우리가 이미 알고 있는 것에 비추어 다른 것을 이해할 수 있을 뿐이므로, 이곳에서 이미 제시된 방향에 따라 현대 종교와 고대 종교들을 비교해 보자.

일신교 대신 다신교 서양의 현대 종교(유대교, 그리스도교, 이슬람교)는 하나의 신성한 존재에 대한 믿음을 지지함으로써 일신론적monotheistic이다. 대부분의 현대 서구인들에게 하나뿐인 신, 유일신은 그야말로 상식이다. 그러나 고대인들에게는 이것은 말도 안 되는 생각이었다. 모든 사람들은 들과 숲의 신들, 강과 시내의 신들, 집 안과 안뜰의 신들, 곡식과 기상의 신들, 치료의 신들, 다산의 신들, 전쟁의 신들, 사랑의 신들 등 모든 종류, 양태, 기능과 장소를 대표하는 신들이 있다는 것을 알고 있었다.

많은 신들에 대한 믿음(다신교polytheism)은 선사시대부터 내려왔다. 그리스-로마 세계에서는 거의 모든 사람들이 많은 신들의 존재를 당연하게 여겼다. 모두가 같은 신을 숭배했던 것은 아니다. 많은 신들은 특정 장소나 특정 가문의 지역적인 신이었다. 마을, 도시, 국가들이 다른 마을, 도시, 국가들을 정복하면서 지역적인 신들은 때때로 다른 지역으로 퍼져나가고, 때때로 국가적이거나 국제적인 존재가 되었다. 때때로 정복된 민족들은 정복자들의 신들을 그들의 신으로 대체하거나(결국 승리자들의 신들이 더 강력하다고 드러났으니까), 혹은 그들의 오래된 신들에게 새로운 이름들을 사용함으로써(그것은 또 다른 형태의 대체일 뿐이었다), 혹은 그들이 이미 숭배했던 신들에 새로운 신들을 추가함으로써 받아들이곤 했다.

물론 지중해의 여러 지역에서 숭배되는 "위대한 신들"도 있었다. 이들 중에는 호메로스나 헤시오도스 같은 고대 시인들이 언급한 신들도 포함되어 있었다. 고대 시인들의 작품들—예를 들어 호메로스의 『일리아스』나 『오뒷세이아』 등—은 성서가 유대인에게, 후에는 그리스도교인들에게 의미했던 것처럼 일종의 '경전적' 권위를 가진 것으로 여겨지지는 않았고, 때로는 신들을 난폭하고 변덕스러운 태도를 취하는 존재들로 다소 불편한 시각에서 묘사했지만 사람들이 서로 들려주고 즐겨 듣는 좋은 이야기들로 여겨졌다.

도판 3.2 그리스-로마 시대 사람들이 이해했던 신의 피라미드.

보통 사람들은 그런 위대한 신들과 자신들의 지역적인 신들이 어떤 관계에 있다고 생각했을까? 최근의 연구는 그리스-로마 세계의 대부분의 사람들이 신들의 영역을 일종의 권력의 피라미드로 생각했다는 것을 보여주었다. 위에는 소수지만 가장 강력한 신들이 있고, 아래에는 수가 많지만 덜 강력한 신들이 포진하고 있었다.(도판 3.2 참고) 예를 들어, 가장 교육을 많이 받은 사상가들인 철학자들과 그들의 제자들은 피라미드의 꼭대기에는 그리스의 제우스, 로마의 유피테르, 또는 인간이 이해할 수 없을 만큼 강력한 하나의 전능한 신, 미지의 신이 있다고 주장했다. 이 신은 궁극적으로 세상과 그 안에서 일어나는 모든 일에 책임이 있었다. 아이러니하게도, 그는 너무 강력해서 인간들과 거의 의사소통을 할 수 없었다.

피라미드의 다음 층은 제국 전역의 다양한 지역들에서 숭배되는 강력한 신들이 차지한다. 그리스 사람들에게는 포세이돈, 헤라, 아프로디테, 아르테미스, 디오니소스 그리고 기타 그리스 신화와 전설의 다른 신들이 이곳에 포함될 것이다. 로마 사람들에게는 넵튠, 유노, 베누스, 디아나, 바쿠스 등 앞의 신들과 비슷하지만 이름만 라틴어인 신들이 그곳에 있었다. 이 신들은 믿을 수 없을 정도로 강력하고 모두 숭배와 찬양을 받을 가치가 있다고 생각되었다. 그들 중 많은 신들이 인간 사회의 중요한 기능과 연관되어 있었다. 예를 들어 아레스(마르스)는 전쟁의 신, 아프로디테(베누스)는 사랑의 여신, 디오니소스(바쿠스)는 술의 신이었다.

그 계층 아래에는 더 열등한 신들이 살고 있었는데, 그들은 제한적인 힘을 가지고 있었지만(물론 그들도 여전히 인간의 상상을 넘어서는 존재들이었다) 인간의 문제에 더 직접적으로 관련되어 있는 지역적인 신들을 포함했다. 이 계층에는 다이모니아daimonia도 포함되어 있었는데 이 그리스어 명칭은 영어로 번역하기 어렵다. 같은 어원을 지닌 "악령demon"이라는 말은 전혀 잘못된 연상을 일으키는데, 다이모니아는 일시적으로 인간의 몸에 거주하며 온갖 고약한 짓을 하도록 강요하는 사악한 타락천사가 아니었기 때문이다. 확실히, 그들 중 일부는 위험했지만, 대부분의 경우 그들은 인간 활동에 비교적 무관심했기 때문에 그것을 믿는 사람들은 제의를 통해 인간들에게 이익을 가져다주도록 그들을 설득해야 했다.

대부분의 사람들은 가정을 지켜주는 신들도 가지고 있었다. 예를 들어 로마 종교에서 각 가정에는 음식 저장고와 식료품을 관장하는, 페나테스Penates라고 불리는 신성한 존재들이 있었을 뿐만 아니라 라레스Lares라고 불리는 신들(때로는 가문의 조상들의 영혼으로 생각되기도 한다)도 집과 그 안에 거주하는 사람들을 보호해주었다. 각 가정마다 게니우스genius라고 불리는 일종인 수호천사 같은 신이 개별적으로 존재했는데 가장에게 깃들어 있다고 생각되었다. 가정의 신들은 가정의 사당으로 표현되었고(도판 3.6 참고) 기도와 간단한 경건한 의식을 통해 숭배되었다.

신성한 피라미드의 밑바닥에는 인간들과 신들 사이의 간격을 다소나마 메워주는 신성한 존재들이 있었다. 여기에는 죽음과 동시에 신성화된 사람들(즉, 신들처럼 불멸의 존재가 된)이 포함되어 있었다. 이들은 전형적으로 위인, 철학자, 전사들이었는데, 그들의 비범한 행동은 죽음에 처할 때뿐만 아니라 살아생전에도 신들로부터 특별한 호의를 얻게 만들었다. 여기에는 반신반인半神半人들도 있었는데 그리스 로마 신화나 민화에 나오는 것처럼 신과 인간 사이에서 태어난 것으로 알려져 있다. 이 최종 범주들에는 단순한 인간이라고 생각하기에는 그들의 지혜를 설명할 길이 없다고 생각되는 피타고라스 같은 위대한 철학자들이나 유한한 존재인 인간의 능력을 뛰어넘는 헤라클레스 같은 운동 선수들, 인간의 삶에 미친 영향이 거의 신적이었던 마케도니아의 알렉산드로스와 같은 위대한 통치자 등, 인간을 넘어섰다고 널리 인정받은 선택된 인물들이 포함되었기 때문에 특히 흥미를 끈다.

어떤 사람들은 로마 황제를 이런 신성한 존재로 여겼다. 황제는 유일한 신도 아니었고 심지어 올림피아 산에 거주하는 신들 중 한 명도 아니었다. 실로 신의 견지에서 보면 그는 매우 하급의 존재였다. 그러나 인간의 관점에서 보면 그는 엄청나게 강력한, 신에 버금가는 존재였으며 그의 제국에 거주하는 일부의 사람들에게는 숭배와 찬사를 받을 만한 가치가 있는 존재였다. 그러한 존재들 중에는 티아나의 아폴로니우스 같은 이른바 신의 아들들이 포함되어 있었는데, 그들의 초자연적인 가르침과 기적적인 행동들은 그들의 신성한 혈통을 증명해 보여주었다.

예수와 그의 기적에 대한 이야기를 들은 이교도들은 별 어려움 없이 그것을 이해했을 것이다. 무엇보다도 그 이야기들은 예수 자신이 신적인 존재이고, 신적인 존재가 이 땅에 왔다는 것을 의미했다.

내세 대신 현세 현대 세계의 많은 사람들은 사후 세계가 존재한다는 생각에 종교를 지닌다. 영원한 괴로움을 두려워하거나 영원한 행복을 갈망하는 이들은 죽음 이후의 행복을 확보하는 방법으로 그것에 눈을 돌린다.

고대 세계의 대부분의 사람들은 이런 생각을 이해하지 못했을 것이다. 사실, 고대의 묘비문들에 대한 최근의 연구 결과 일부의 사람들은 사후 세계에 대한 개념을 받아들이고 있었지만 대다수는 그렇지 않았다는 것을 보여준다. 게다가 사후 세계를 생각하는 사람들도 그것이 도덕적이든 비도덕적이든, 믿음에 충실하든 그렇지 않든, 모든 사람들이 가도록 운명 지어진, 하지만 모두가 어떤 수단을 통해서든 그곳에 가는 것을 늦추려고 하는 지하 세계, 어떤 막연한 그림자 같은 실재라고 믿었다. 그럼에도 고대 세계의 거의 모든 사람들은 신들을 믿었고 종교 활동에 참여했다.

대부분의 고대 사람들에게 종교는 내세를 보장해주는 길이 아니라 지금 현재의 삶을 더 굳건히 하는 방법이었다. 고대 세계의 대다수 사람들에게 삶은 항상 불안정한 것이었다. 지금처럼 병을 예방하고 치료하는 약도 없었기에 치근농양 같은 질환도 종종 치명적이었다. 현대적인 수술도 불가능했고 원시적인 형태의 마취제만 있었다. 여성들은 출산 중에 빈번하게 죽었

도판 3.3 폼페이의 베스파시아누스 황제의 신전 앞 제단에서 희생을 바치는 이 장면에서 보이듯이 로마 제국의 많은 주민들은 황제의 수호신들(통치영들)에게 제사를 지냈다. 희생물로 바쳐질 황소의 목을 다른 사제가 베기 전에 소를 기절시키기 위한 커다란 망치를 들고 오른쪽에 서 있는 사제를 보라.

고, 간단한 수술도 지옥 같은 악몽이 될 수 있었다. 현대적인 농업 지식도 없었고 관개도 제한적으로 이루어졌다. 약간의 가뭄이 발생해도 가난한 마을은 다음 한 해 굶주려야 했다. 현대적인 교통수단이 없었기에 변경 지역에서는 식량 배급도 제대로 이루어지지 못했다. 인류의 영원한 병폐—전쟁, 기근, 질병, 빈곤—는 고대인들에게도 지속적인 걱정거리였다. 그리고 물론, 인간관계의 모든 걱정거리들 또한 지금이나 그때나 마찬가지였다. 그들도 아이나 친구를 비극적으로 잃을 수도 있었고 우리처럼 개인적인 안전에 대한 두려움, 짝사랑의 고통을 겪었다.

자연의 힘에 맡겨진 세상에서는 신들이 큰 역할을 한다. 그들은 농작물에 비를, 가축들에게 다산을, 가정에 아이들을 허락한다. 그들은 전쟁에서 승리하게 하고 평화 시에는 번영을 가져다준다. 그들은 아픈 사람들을 치료하고 억압받는 사람들을 위로한다. 그들은

안전과 희망과 사랑을 제공한다. 이것들은 한계가 있는 인간들의 통제를 벗어난 것이다. 그것들은 오직 신으로부터만 올 수 있다.

교리보다는 종파적 의식 그러나 어떻게 강력하고 불멸의 존재인 신들이 이 생에 필요한 것을 제공하도록 할 수 있을까? 신들은 자신들에 대한 누구의 믿음에도 감명을 받지 않았으며, 적절한 신경을 외우거나 적절한 '진리'를 인정하도록 사람들에게 요구하지도 않았다. 현대인들에게는 이상하게 보일지 모르지만, 교리는 사실상 이런 종교에서 아무런 역할을 하지 않았다. 사람들이 무엇을 믿는지는 거의 중요하지 않았다. 중요한 것은 사람들이 신에게 어떻게 헌신의 모습을 보여주느냐 하는 것이었다. 신들은 적절한 종파적 의식을 통해 숭배받기를 원했다.

영어 "cult"는 "care"를 뜻하는 라틴어에서 유래되

었다. 따라서 쿨투스 데오룸cultus deorum이라는 고대 개념은 "신을 보살핌"을 의미했다.(참고로 영어 단어 "농업agriculture"은 "땅을 보살핌"이라는 의미이다.) 하지만 어떻게 신들을 보살핀다는 말일까? 그들의 환심을 사기 위해서 어떻게 그들을 돌봤을까? 고대인들에게 그 대답은 간단했다. 기도와 희생을 통해서다. 지역의 신들과 가정의 신들은 그들만의 정해진 의식들을 가지고 있었다. 매일의 컬트적인 의식에는 식전에 가족 신들 중 한 명을 기리기 위해 포도주를 조금 붓거나 은혜를 베풀어달라는 기도를 할 수도 있었다. 정기적인 축제에서는 숭배자들 또는 사제가 정해진 기도문을 외우며 동물을 희생물로 바치기도 했다. 동물의 먹을 수 없는 부위는 태워서 신에게 바쳐지고 나머지는 축제 같은 분위기에서 참가자들이 요리를 해서 먹었다.

제국 전역에 걸쳐 국가가 숭배하는 신들을 예배하기 위한 특별한 축제일들이 있었다. 로마에 은혜를 베풀어서 그것을 위대하게 만든 강력한 신들을 위한 날이었다. 사람들은 그들의 지속적인 관심과 도움을 얻기 위해 그들을 숭배했다. 수도에서 벌어지는 큰 제사들은 신성한 전승을 위해 훈련된 사제들에 의해 정해진 의식을 따라 치러졌다. 그들은 정해진 희생물을 바치고 매년 정확히 같은 방식으로 정해진 기도를 드렸다. 로마인들은 특정한 종교적인 의식이 효과가 있었다면 그것이 옳은 제사이므로 계속 유지되어야 한다고 생각했다. 그런 제사들이 효과가 있었다는 것은 모든 사람들이 분명히 알 수 있는 일이었다─로마 자체의 웅장함과 힘이 그 증거였다.

더구나 특정한 컬트적 행위가 신들에게 받아들여졌

도판 3.4 고대 제단에서 간점이 행해지는 모습. 방금 전에 희생물로 바쳐진 황소가 신들에게 받아들여졌는지를 살피기 위해 몸을 굽히고 황소의 내장을 살피는 사제의 모습을 볼 수 있다.

도판 3.5 카이사르 아우구스투스의 모습과 라틴어 "신이 된 카이사르의 아들 아우구스투스"라고 쓰인 예수 활동 무렵의 로마 동전. 아우구스투스의 양아버지 율리우스 카이사르가 신이었다면, 아우구스투스는 어떤 존재였을까?

는지는 신들의 의사 표현을 통해 분명히 알 수 있었다. 현대인들에게는 아주 기이하게 보일 로마의 일반적인 종교 행위들 중 하나로 간점extispicy이 있었는데 신(들)이 희생을 받아들였는지를 판단하기 위해 특별히 훈련된 사제(창자 점쟁이haruspex)가 제물의 내장(로마어 exta)을 읽는 것이었다. 만약 내장이 완벽하지 않다면, 예를 들어 내장이 싱싱하지 않거나, 크기가 적당하지 않거나, 적절한 위치에 있지 않다면 다시 제사를 지내야 했다.

간점을 치는 것은 로마 종교가 단순히 일방적으로 신들을 달래고 애쓰는 것이 아니었음을 보여준다. 신들 편에서도 인간과 소통하는 방법이 있었다. 그들은 다양한 형태의 "점복divination(신의 뜻을 분별하는 방법)"을 사용했다. 예를 들어, 아우구르augur라고 불리던 로마의 사제들은 신들이 군사 원정과 같은 국가의 계획에 찬성하는지를 결정하기 위해 새들의 비행이나 먹이 먹는 패턴을 해석하는 훈련("길흉auspices을 해석하는")을 받았다. 자신들의 미래가 궁금한 사람들은 신의 사적이고 직접적인 의도를 묻기 위해서 오라클oracle이라는 신성한 장소로 갔는데 그곳의 사제들은 접신한 상태의 무아지경에서, 때로는 시종들에 의해 받아 쓰인 시적 문장으로 답을 주었다. 때때로 신들은, 예를 들어 천둥소리나 꿈을 징조로 사용해서 보다 자연스러운 수단으로 자신들의 의사를 알렸다.

그렇게 고대 세계에는 신과 인간 사이에 긴밀한 상호작용이 있었다. 신들은 꿈과 신탁과 물리적 징조를 통해 인간에게 말했고, 인간은 기도와 희생을 통해 신들의 은혜를 구하며 그들을 섬겼다.

신정 분리가 아닌 신정 일치 그리스-로마 세계에서는 국가의 기능과 종교 행위가 분리되어 있지 않았다. 그와는 정반대로, 정부와 종교는 이론적으로 둘 다 모두 삶을 풍성하고, 의미 있고, 행복하게 하려는 같은 목적을 위해 기능했다. 신들은 평화와 번영을 가져왔고 국가를 위대하게 만들었다. 이에 국가는 신들의 숭배를 후원하고 장려했다. 이러한 이유로 로마 제국의 국가 사제들은 (현대적인 용어를 사용하자면) 정치적 임명을 받았다. 로마에 있는 주요 사제 "대학들"의 사제들은 원로원 의원들과 기타 주요 관료들이었다. 큰 군사적 승리를 거둔 후에는 신들에게 신전이 봉헌되었고, 국가가 신전에 일할 사람들을 공급했으며, 제사들도 정부가 관장했다.

황제는 신들의 숭배를 장려했고, 제국의 일부 지역(로마시 자체에서는 아니었지만)에서는 그 자신도 신으로 인정받았다. 처음에는, 황제들은 죽은 후 원로원에 의해 그가 신이 되었다고 선언된 후에야 숭배되었지만 로마 밖에서는 신약성서 시대에도 살아 있는 황제들이 제국의 신성한 '구세주'로 숭배받게 되었다. 이 신적인 존재들은 국가의 안녕을 위협하는 악들로부터 구원을 가져온다고 믿어졌다. 일부 황제들은 이러한 숭배를 막았지만 지방 관리들은 때때로 이를 권장했다.(Box 3.4 참고) 사도 바울로가 구세주 예수의 복음을 가지고 소아시아에 왔을 때, 그곳에는 황제를 섬기는 종교집단들이 존재하고 있었다. 2세기까지는 제국 전역의 도시들에서 황제나 그의 "genius", 즉 그의 가족을 다스리는 신성한 영혼을 위해 희생이 바쳐지는 제사들이 행해졌다.(도판 3.3 참고)

이런 종류의 숭배가 갖는 정치적 의미는 오랜 세월이 지난 후에 살고 있는 우리에게는 분명해 보일지도 모른다. 신들이 로마 국가에 직접 관여한다는 믿음은 확실히 제국의 평화를 확보하는 데 도움이 되었을 것이다. 권력을 지닌 인간에게는 반항할 수도 있지만, 누

Box 3.3 로마 제국

전통적인 로마 건국 시기는 기원전 753년으로, 작은 농촌 마을에서 시작된 로마는 시간이 지남에 따라 '로마의 일곱 언덕'을 포함한 넓은 지역으로 뻗어나가 도시로 성장했다. 거의 250년 동안 로마를 통치하던 지방의 군주들은 학정을 일삼다가 기원전 510년에 축출되었다. 그 후 거의 500년 동안 로마는 최고 계급의 가장 부유하고 영향력 있는 사람들로 구성된 원로원의 귀족 과두정치의 지배를 받는 공화국이었다.

로마는 정치와 입법 체제를 정비하면서 군사적으로도 강해졌고 결국 이탈리아반도 전체를 정복하고 식민지화했으며, 포에니 전쟁(기원전 264–241년, 기원전 218–201년, 기원전 149–146년)으로 알려진 북아프리카의 카르타고와 세 차례의 장기전을 치른 후 지중해 전역까지 정복했다.

공화정 말기에는 저명한 장군들과 정치인들이 권력을 차지하려 함에 따라 때로는 폭력적인 내부 투쟁이 빈발했다. 독재자가 되려던 율리우스 카이사르는 기원전 44년 암살당했고 부유한 귀족이자 로마에서 가장 성공한 장군이었으며 카이사르의 조카의 아들이자 양아들이었던 옥타비아누스가 로마를 괴롭히던 피비린내 나는 내전에 종말을 가져온 후에야 마침내 공화국(원로원에 의해 통치되던)은 제국(황제에 의해 통치되는)으로 바뀌었다. 옥타비아누스는 기원전 27년에 로마를 완전히 지배하게 되었다.

하지만 이후에도 원로원은 계속 존재했고, 최종적으로는 에스파냐에서 시리아까지 뻗어나가는 영토를 통치하는 거대한 로마 관료주의를 감독했다. 관직은 때때로 '기사 계급 equestrian'의 구성원들에게도 위임되었다. 이들은 원로원의원들보다 계급이 낮고 재산이 적었지만 그럼에도 불구하고 그들은 흔히 귀족의 일원이었다. 그러나 곧 카이사르 아우구스투스Caesar Augustus('가장 존경받는 황제'라는 뜻)라는 이름을 갖게 된 옥타비아누스의 집권과 함께 로마에는 사실상 최고 권력을 휘두르는 1인 최종 통치자, 황제가 존재하게 되었다. 서기 14년에 카이사르 아우구스투스가 죽은 후 그의 뒤를 이은 황제들은 성격과 능력이 제각각이었다. 우리가 살펴볼 기간 동안에는 다음과 같은 황제들이 존재했다.

티베리우스(14–37 C.E.)
칼리굴라(37–41 C.E.)
클라우디우스(41–54 C.E.)
네로(54–68 C.E.)
68–69 C.E.의 혼란스러운 기간 동안에는 네 명의 황제들이 교체되었다.
베스파시아누스(69–79 C.E.)
티투스(79–81 C.E.)
도미티아누스(81–96 C.E.)
네르바(96–98 C.E.)
트라야누스(98–117 C.E.)

가 신에게 무기를 들고 일어나겠는가?

편협 대신 관용 로마 당국으로부터 종종 핍박을 받았던 초기 그리스도교인들의 불운한 경험 때문에 오늘날 많은 사람들은 로마인들이 종교에 관한 한 편협했을 것이라고 추측한다. 이는 전혀 사실과 다르다. 분명 황제를 위하여 신들에게 제사 지내기를 거부하거나, 그의 수호신을 위해 제단에 약간의 향을 바치기를 거부하는 것은 문제를 일으킬 수 있었다. 이 거부는 (다시 한 번 현대적인 용어를 사용하자면) 정치적 발언으로 비쳤을 것이고, 권력에 대한 불신임으로, 혹은 심지어 국가권력, 또 그것을 위대하게 만든 신들이라는 더 큰 힘에 대한 공개적인 반항으로 비쳤을 것이다. 게다가 숭배를 받을 만한 많은 신들이 있다는 것은 당시 주지의 사실이었기 때문에, 그들을 숭배하는 행위에 참여하기를 거부하는 것은 당시 사람들에게는 이치에 맞지 않았다.

기본적으로 관용은 고대 그리스-로마 종교의 중심적인 측면 중 하나였다. 제국의 한가운데서 생겨난 그리스도교와는 달리 당시의 다른 종교들은 모두 서로

Box 3.4 구원의 신으로서의 신적인 통치자

신성한 존재인 로마 황제, 인류의 '구원자'에 바치는 경의에 관해서는, 기원전 38년경 아시아 소도시 에페소스 시의회가 칼리굴라라고도 알려진 가이우스 율리우스 카이사르 게르마니쿠스 황제를 기리기 위해 세운 비문을 살펴볼 필요가 있다.

　　아시아와 각국에 거주하고 있는 (에페소스와 다른 그리스) 도시들의 평의회와 인민들은 가이우스 카이사르의 아들 가이우스 율리우스를 대사제 겸 절대 통치자, (……) 인간의 삶을 구원한 아레스와 아프로디테 사이에서 태어난 현신現神으로 인정하노라.

그리스도교인들이 예수를 하느님의 아들, 구원자라고 불렀다면 당시 누가 그의 경쟁자였겠는가?

를 용납했다. 모든 사람이 같은 신을 숭배해야 할 이유는 모든 사람이 같은 친구를 가져야 할 이유만큼 의미가 없는 것이었다. 모든 신들은 당연히 각자에게 적절한 방법으로 숭배되어야 했다. 그래서 사람들이 새로운 장소를 방문하거나 그곳으로 이주할 때 그들은 일반적으로 그곳에 알려진 신들을 숭배하는 일부터 시작하곤 했다. 물론 그들은 그들 자신의 신들을 계속 숭배하기도 했다. 다양한 종교 의식은 대체로 용인되었다. 지역적 숭배 행위들은 존중되었고 국가 신을 숭배하는 사람들은 그들의 반대 종교를 몰아내려고 하지 않았다. 그리스-로마형 종교에는 배타 의식이 없었고, 내 신들이 진짜고 너의 신들이 거짓이라거나, 내 신으로 개종하지 않으면 벌을 받는다는 생각도 없었다.

그리스-로마 종교의 마법과 신비

　　로마 제국에서는 마법magic이 큰 관심사였다. 우리가 그 시대의 종교에 대해 이미 살펴보았던 것을 고려하자면 이것은 별로 놀랍지 않다. 만약 종교의 기능이 신들을 움직여 당신을 위하여 행동하도록 컬트적인 행위를 하는 것이라면, 기성 종교가 통하지 않을 때는 어떤 방법이 있을까? 그리스-로마 세계의 많은 사람들('종교'에 적극적으로 관여하는 사람들조차)은 그 당시에도 "마법"으로 알려진 것들을 대안으로 택했다.

　　오래전의 학자들은 마술을 신성한 힘의 미신적 조작, 즉 주문과 의식 행위를 통해 초자연적인 힘을 강요하여 사람들의 욕망의 성취를 실현하는 것이라고 이해했다. 실제로 이와 같은 것이 로마 세계 전역에서 널리

행해진 것으로 보인다. 그러한 행위들을 묘사하는 고대 문헌들이 남아 있을 뿐만 아니라, 마법의 목적으로 사용된 문서, 즉 여러 가지 마법 문헌들이 발견되었다. 여기에는 특이한 재료가 들어간 묘약에 대한 장황한 제조법(영원蠑蚖의 눈이나 박쥐 털에 해당하는 고대의 재료들), 무의미한 음절을 반복하는 신비스러운 주문('수리수리 마하수리abracadabra'에 비유되지만 때로는 몇 단락씩 계속되는), 적에게 저주를 불러일으키는 판板들(고대 부두voodoo의 일종) 등이 포함된다. 이러한 장치들은, 예를 들어, 적의 죽음이나 매혹적인 이웃

도판 3.6　그리스-로마 세계의 주민들은 그들의 집에서 다양한 신들을 숭배했다. 이곳은 두 가신lares이 나란히 옆을 지키고 있는 가문의 수호신genius과 신성을 상징하는 뱀을 묘사한 사당이다.

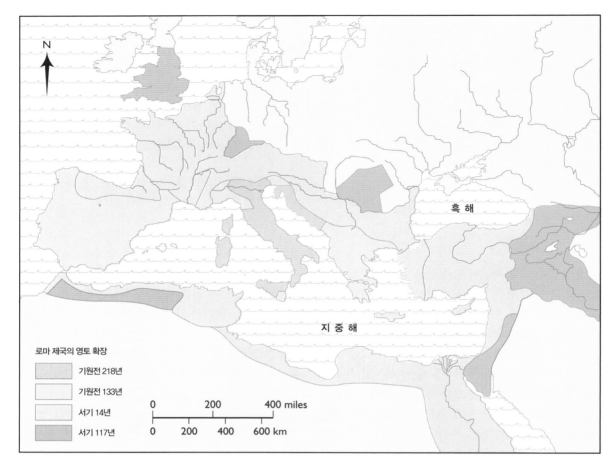

로마 제국의 영토 확장

기원전 218년

기원전 133년

서기 14년

서기 117년

0   200   400 miles

0   200   400   600 km

흑 해

지 중 해

N

도판 3.7 로마 제국의 팽창.

의 열정의 대상이 되는 것처럼 원하는 결과를 틀림없이 이끌어낸다고 생각되었다.

그러나 오늘날 학자들에게 문제가 되는 것은 이러한 관행들이 우리가 종교라고 부르는 것과 실질적으로 어떻게 다른지를 판단하는 것이다. 그리스-로마 종교가 신들의 환심을 사기 위해 특정한 정해진 방법으로 의식과 정해진 기도문을 사용했다면, 그것은 우리가 마법이라고 부르는 것과 어떻게 다를까? 사실 크게 다르지는 않은 것 같다. 고대 종교와 고대 마술은 유사한 행동을 했고 유사한 결과를 기대했다. 물론 궁극적으로 어느 쪽도 소원의 절대적인 실현을 보장할 수는 없었다. 그렇다면, 왜 고대인들은 스스로 어떤 관행들을 마법이라고 칭했을까?

이 현상에 대한 인류학 연구는 한 사회 전체가 어떤 컬트적 관행을 인정할 때(또는 적어도 엘리트 구성원이 인정할 때) 그것은 "종교적"으로 분류되는 반면, 유사한 관행들이 인정을 받지 못하거나 의심스러운 시선을 받을 때는 "마법적"이라고 불린다는 것을 보여준다. 즉, 마법은 종교의 어두운 면으로 볼 수 있다. 그것은 신비롭고 비밀스럽고 사회적으로 주변적이다. 비슷한 결과를 내는 고대의 두 기적의 실현자들이 한 사람은 신의 아들(인정을 받는 사람에 대한 용어)이고 다른 사람은 마술사(인정을 받지 못하는 사람에 대한 용어)로 다르게 인식될 수 있는 이유다. 전자는 선, 인정을 받은 방법의 편이고 후자는 암흑의 힘과 승인되지 않은 방법을 사용했다.

고대 그리스-로마 사회가 종교의 비밀과 신비를 전면적으로 못마땅하게 여겼다는 말은 아니다. 오히려

74

특정 지역 종교에는 허가된 형태의 미스터리가 존재했고, 그중 일부는 국제적인 명성을 누리게 되었다. 현대 학자들은 일반적으로 이러한 형태의 종교를 밀의종교mystery cults라고 부른다. 어떤 점에서 밀의종교들은 그리스-로마 세계의 종교적인 풍토에서는 예외적으로 두드러진다. 그들이 그렇게 인기를 얻은 것은 그들의 평범하지 않은 특색 때문이었을 것이다. 그럼에도 불구하고, 유감스럽게도 우리는 이러한 종교들에 대해 놀랄 만큼 지식이 부족하다. 사실, 그것들이 밀의종교라고 불리는 이유는 그들의 신성한 의식 중에 일어나는 일들을 신도들이 외부에 누설할 수 없었기 때문이었다. 결과적으로, 부스러기 증언들과 단편적인 유물들로부터 우리는 증거들을 짜 맞춰야 한다.

하지만 이 증거를 통해 우리는 대부분의 밀의종교들이 어땠는지 그리고 그들이 국가, 다른 지역 종교들과 어떻게 달랐는지에 대해 어느 정도 알 수 있다. 우

도판 3.8 고대 사람들은 자신을 보호하고 삶에서 그들이 원하는 것(건강, 부, 옆집 소녀 등)을 얻기 위해 주술적 수단들을 자주 사용했다. 여기 마케도니아에서 발견된 부적(주술적 부적)에는 이것을 지닌 사람을 보호해줄 것을 "주의 천사들"에게 요청하는 내용이 쓰여 있다. 이 부적을 지닌 사람은 글씨가 쓰인 이 얇은 은판을 청동관에 말아 넣어 목에 걸었을 것이다.

리는 그 시대의 대부분의 종교가 개인과 공동체의 필요(예: 비, 다산, 승리, 평화, 번영) 모두에 관련되어 있음을 보아왔다. 밀의종교는 주로 개인의 안녕에 초점을 맞추는 데 있어서 특이한 양상을 보인다. 더욱이 거의 모든 다른 종교들이 지금과 현세에 있어서의 삶에 중점을 두고 있었던 반면, 밀의종교들은 사후의 행복한 삶에 어느 정도 관심을 두었던 것으로 보인다.(이전의 학자들은 밀의종교들이 사후 세계에만 전적으로 관심을 두었다고 생각했다.) 마지막으로, 그리스-로마 세계에는 서로 다른 종교에 대한 폭넓은 관용이 있었고, 특정 신에 대한 배타적인 애착감이 없었지만, 밀의종교들 속에서 우리는 주로 한 신이나 여신에 평생을 바치는 개인들을 발견한다. 그러나 이들도 자기들의 신만이 진정한 신이나 여신이라고 주장하지는 않은 것 같다. 그들의 신은 단지 그들만을 위한 신이었다.

밀의종교들은 개인적인 만족을 제공했고, 지역 및 국가 종교에서 (현대적 문구를 사용하자면) 실존적 충족을 얻지 못한 그리스-로마 세계의 많은 사람들에게 반향을 불러일으킨 것으로 보인다. 각각의 밀의종교는 서로 달랐다. 그들은 모두 그들만의 특별한 장소와 관습과 의식들을 가지고 있었다. 그들 중 다수는 분명히 신이나 여신의 죽음과 부활에 대한 신화, 즉 겨울의 죽음이 봄의 새로운 삶에 자리를 내주는 고대의 다산 종교에 뿌리를 둔 신화를 중심으로 했다. 게다가 이러한 종교들이 주기적으로 행한 의식은 참여자들이 새로운 삶의 전체 변화 과정의 일부가 될 수 있도록 함으로써 이 신화를 기념했다. 즉, 신에 관한 신화는 사후에 행복하게 다시 살 것이라고 믿었던 신자들을 위해 현실로 환원되었다. 밀의종교의 신이나 여신의 추종자가 될 만하다고 여겨진 사람들에게는 더욱 만족스러운 현세의 삶뿐만 아니라 더욱 행복한 사후 세계도 약속되었다.

모든 밀의종교들은 신도가 되기 위한 입교 의례를 중요하게 여긴 것으로 보인다. 신도가 되기를 희망하는 사람들은 일반 신자들에게 합류하기 전에 정결 의식(금식, 기도, 때로는 의례적인 씻기)과 가르침을 받았다. 그런 입교 절차를 경험했던 사람들, 그 후 정기적으로 거행되는 의식에 참여할 수 있었던 사람들이 세상과 자신에 대해 더 큰 평안을 느꼈다는 것을 보여

Box 3.5 밀의종교로서의 그리스도교

금세기 초, 학자들은 고대 밀의종교들에 대한 묘사가 우리가 그리스도교에 대해 알고 있는 것과 얼마나 유사한지에 대해 놀라움을 금치 못했다. 왜냐하면 그리스도교 또한 비밀스러운 모임을 가졌고, 죽었다가 부활한 신성한 존재를 숭배했는데, 그는 이승의 평화와 죽은 뒤 영생을 줄 수 있는 존재였다. 입교자들은 정화 의식(세례)을 거쳐야 했고 입교 교육을 받았으며 구성원들은 주기적으로 그 종교의 시작과 관련된 신화를 (성찬식에서) 기념했다.

그러나 최근의 연구들에서는 그리스도교를 밀의종교라고 부르거나, 그리스도교가 기존 종교들로부터 그것의 특징적인 사상과 행위들을 차용했다고 주장하는 경향이 줄어들었다. 부분적으로 이런 현상의 이유는 우리가 밀의종교의 의식들, 특히 그리스도교가 시작된 시기의 밀의종교 의식들에 대해 잘 알지 못하기 때문이다. 예를 들어 그들도 그들의 구세주 신의 죽음을 기념하며 식사를 했을까? 우리로서는 전혀 알 수 없다.

그럼에도 불구하고 그리스도교와 이 다른 종교들 사이의 광범위한 유사성은 여전히 흥미롭고 되짚어볼 가치가 있다. 아마도 학자들이 던졌던 질문은 다음과 같이 다르게 제시되어야 할 것이다. 그리스도교인이 아닌 외부인들이 그리스도교를 바라봤을 때, 그것을 그들이 알고 있는 다른 밀의종교들과 유사한 일종의 밀의종교로 바라봤을까?

주는 증거들이 있다.

고대 세계에서 널리 알려진 밀의종교들 중에는 그리스 엘레우시스의 여신들인 데메테르와 그녀의 딸 코레(때로는 페르세포네라고 불리기도 한다), 이집트에서 온 이시스Isis와 남편 오시리스, 그리스 신 디오니소스(일명 바쿠스), 페르시아 신 미트라스Mithras 등과 관련된 것들이 포함되어 있었다. 때로는 신자가 이러한 밀의종교들 중 단지 하나 또는 둘 정도를 믿는 경우가 있기는 했지만, 많은 사람들은 동시에 여러 개의 밀의종교에 입교했다. 게다가 밀의종교에 입교를 했다고 해서 지방과 국가의 신들에 대한 숭배를 할 수 없는 것도 아니었다. 로마 황제들 중 일부는 그들 스스로 밀의종교에 입교하기도 했다.

그리스 로마 세계의 철학과 종교

유대교가 로마 내에서 확보한 점령지를 살펴보기 전에 알아보아야 할 그리스-로마 세계의 마지막 측면이 하나 있다. 나는 이미 그리스-로마 밀의종교들이 신들에 대한 교리나 신자들의 도덕적 행동에 지나치게 구애되지 않았다는 것을 언급했다. 그렇다고 해서 당시 사람들이 삶의 의미, 개인적 행복의 본질, 윤리적 행동의 필요성에 대해 성찰하지 않았다는 뜻은 아니다. 그러나 이러한 사고는 대부분 밀의종교의 영역 바깥쪽, 철학의 영역 안쪽에 존재했다.

철학과 종교는 서로 용납할 수 없는 영역이라고 생각되지 않았다. 실제로 가장 잘 알려진 철학자들 중 일부는 이교도 신전의 사제들이었다.(플루타르코스; Box 5.6 참조) 그럼에도 불구하고 그들은 두 가지의 다른 관심사를 가진 서로 다른 활동 영역을 대표했다. 그리스-로마 철학은 신들을 달래거나 공동체의 일에 관여하도록 청원하는 것에는 관심이 없었다. 그 대신 기껏해야 무의미함과 권태로 가득 차 있고, 최악의 경우 고통과 불행으로 뒤틀려 있는 이 세상에서 어떻게 사람이 행복을 얻을 수 있는지를 보여주는 데 관심이 있었다.

전문 철학자들은 그리스-로마 세계에서는 상대적으로 희귀한 존재들이었는데, 당시의 산업화 이전 사회는 생각만 하고 다른 사람들에게도 자신들처럼 하라고 가르치는 것 외에는 아무 일도 하지 않던 많은 사람들을 지원할 수 있는 자원이 부족했다. 게다가 철학 서적을 읽을 시간이나 능력을 가진 사람들도 거의 없었다. 실제로, 대부분의 사람들은 문맹이어서 *아무것도* 읽을 수 없었다.(Box 5.2 참고) 그럼에도 불구하고, 철학적 사상은 널리 알려졌는데, 그것은 대체로 그들의

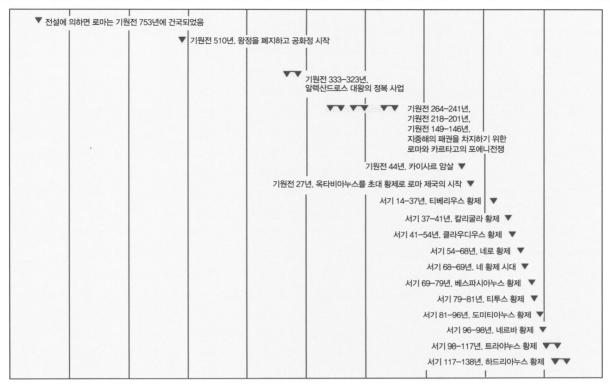

기원전 800년　기원전 700년　기원전 600년　기원전 500년　기원전 400년　기원전 300년　기원전 200년　기원전 100년　서기 1년　서기 100년　서기 200년

▼ 전설에 의하면 로마는 기원전 753년에 건국되었음

▼ 기원전 510년. 왕정을 폐지하고 공화정 시작

▼▼ 기원전 333–323년.
알렉산드로스 대왕의 정복 사업

▼▼ ▼▼ ▼ 기원전 264–241년,
기원전 218–201년,
기원전 149–146년.
지중해의 패권을 차지하기 위한
로마와 카르타고의 포에니전쟁

기원전 44년. 카이사르 암살 ▼

기원전 27년. 옥타비아누스를 초대 황제로 로마 제국의 시작 ▼

서기 14–37년. 티베리우스 황제 ▼

서기 37–41년. 칼리굴라 황제 ▼

서기 41–54년. 클라우디우스 황제 ▼

서기 54–68년. 네로 황제 ▼

서기 68–69년. 네 황제 시대 ▼

서기 69–79년. 베스파시아누스 황제 ▼

서기 79–81년. 티투스 황제 ▼

서기 81–96년. 도미티아누스 황제 ▼

서기 96–98년. 네르바 황제 ▼

서기 98–117년. 트라야누스 황제 ▼▼

서기 117–138년. 하드리아누스 황제 ▼▼

도판 3.9 헬레니즘과 로마 시대의 주요 사건 연대표.

Box 3.6 초기 그리스도교의 세계

1. 로마 제국의 거의 모든 종교들은
   a. 다신주의적이어서 많은 신들을 숭배하고 있었다.
   b. 내세보다는 현세에 관심이 있었다.
   c. 교리(무엇을 믿어야 하는가)나 윤리(어떻게 행동해야 하는가)보다는 숭배의 제례 행위에 더 집중했다.
   d. 정치적 상황과 밀접하게 관련이 있었다.
   e. 타 종교들에 관대했고 배타적이지 않았다.(어느 종교도 자신들만이 옳고 다른 모든 종교들은 틀렸다고 주장하지 않았다.)

2. 주술(사회적으로 수용될 수 없는 종교적인 관행들)이 그리스–로마 세계에서는 널리 행해졌다.
3. 신과의 개인적인 관계, 사후의 보상을 강조하는 밀의 종교들이 전역에 널리 퍼져 있었다.
4. 스토아학파, 플라톤학파, 에피쿠로스학파 등의 철학 학파들이 당대의 가장 어려운 문제들을 다루면서 올바른(도덕적인) 삶의 방식의 중요성을 강조했다.

전형적인 의사소통 방식 때문이었다. 제국 전역에 걸쳐 주요 도시 지역의 거리 모퉁이와 대로에서, 마치 오늘날 거리의 설교자들처럼, 온갖 종류의 철학자들이 자신들의 견해를 밝히며 사람들에게 그것을 받아들이도록 촉구하는 것을 볼 수 있었다.

서기 1세기에 활동했던 중요한 철학 학파들 중 스토아학파Stoics, 플라톤학파Platonists, 에피쿠로스학파 Epicureans 등 세 개 학파가 두드러졌다. 이러한 각파의 기원은 300년이 넘는 세월을 거슬러 올라가며 넓고 심원한 차이점들을 가지고 있었지만 우리의 연구에는 그들의 공통점들이 차이점들보다 더 중요하다.

세 가지 철학 모두 거칠고 때로는 변덕스러운 세계 속에서 개인들이 어떻게 각자의 안녕을 얻을 수 있는지를 보여주려고 노력했다. 각 집단은 안녕을 다소 다른 방식으로 정의했지만 대체적으로 모두 자연에 순응하여 살아가는 데서 오는 일종의 내적 평화로 묘사했다. 예를 들어 스토아학파에게 안녕은 신에 의해 만들어진 대로 세상과 조화를 이루며 사는 것을 의미했고, 에피쿠로스학파에게는 신적인 영역이 이 세계와 아무 상관이 없다는 것을 깨닫고 일상의 존재로서 단순한 즐거움 속에서 개인적인 마음의 평화를 찾는 것을 의미했다. 그러나 모든 철학에서 안녕의 달성은 이성의 발휘, 즉 세상과 실재의 본성에 대한 이해를 위한 정신적 노력이 수반되었다. 오직 정신 활동을 통해서만 인간은 내적으로 충만한 삶을 사는 데 필요한 도구를 얻을 수 있고 외부에서 닥쳐오는 고난으로부터 자신을 보호할 수 있었다.

그래서 철학자들은 교육과 규율을 강조했는데, 약간 달리 표현하자면, 교리(무엇을 생각할 것인가)와 윤리(어떻게 살 것인가)에 관심이 있었다는 뜻이다. 이런 강조점들은 종교와 대조되는 철학의 한 측면을 더 보여준다. 이미 언급했듯, 로마 세계의 종교들은 서로에 대해 관대했다. 한 무리의 신들로부터 다른 신들의 무리로 사람들을 개종시킬 이유가 거의 없었다. 하지만 철학은 달랐다. 철학은 한 사람의 생각이 옳다면 다른 사람들은 틀리게 되는 영역이었기 때문이다. 이 때문에 여러 철학적 학파의 지지자들은 자기 자신의 견해의 타당성을 주장하고 다른 사람들의 견해에는 다소 편협한(비록 서로 자유롭게 사상들을 차용하여 때로는 차이를 분별하기 어려울 때가 있었음에도 불구하고) 경향이 있었다. 즉, 그리스-로마 세계의 종교와는 달리 철학자들은 사람들이 자신들의 관점을 받아들이도록 노력했다는 것이다. 이것은 한마디로 거의 선교 운동에 비할 만했다.

04장

예수와 그의 추종자들이 살던 유대 세계

예수와 그의 추종자들은 모두 로마 제국 내에 살고 있는 유대인들이었기 때문에, 그들의 언행을 그들이 살던 시대의 맥락에 두는 것이 중요하다. 1세기에 유대인으로 살아간다는 것은 무엇을 의미했을까?

다소 놀랍게도, 유대인들은 그들의 이웃 이교도들의 견해와 비슷한 종교적 견해를 가지고 있었다. 그러나 유대인들은 그들만의 독특한 생각을 가지고 있었는데, 특히 오직 하나의 신, 곧 이스라엘의 하느님만을 경배해야 한다는 것이 그것이었다. 유대인들은 하느님이 그들과 특별한 약속을 했다고 믿었는데, 모세를 통해 그들에게 전해진 하느님의 율법을 따르는 한 하느님은 그들의 하느님이 되리라는 것이었다. 이 율법은 하느님이 그의 백성에게 내린 가장 큰 선물로 널리 여겨졌고 그것을 지키는 것은, 부담보다는 인생의 가장 큰 기쁨 중 하나로 여겨졌다.

그렇다고 해서 모든 유대인이 이 율법을 따르는 방법에 동의했다는 뜻은 아니다. 사실 바리사이파, 사두가이파, 에세네파와 같은 잘 알려진 당파들과 "제4의 철학"으로 알려진 정치적 혁명가 집단을 포함한 광범위한 믿음과 신조를 가진 유대인들의 다양한 집단이 있었다.

예수와 그의 초기 추종자들을 그리스-로마 세계라는 그들의 광범위한 역사적, 문화적 맥락에 위치시키는 것이 왜 중요한지 우리는 알아보았다. 그들은 현대의 관심사, 신념, 세계관, 편견, 관행 그리고 이데올로기들을 지닌 21세기 사람들이 아니었다. 그들은 세상과 그 안의 자신들의 위치에 대한 고대의 가정들을 받아들이고 있던 고대인들이었다. 무엇보다, 그들은 모두 1세기에 살던 유대인들이었다. 따라서 지금 신약성서에 대한 연구를 시작할 때, 1세기 유대교가 어떤 것이었는지를 아는 것이 특히 중요하다.

일부 현대 그리스도교인들이 예수의 가르침을 이해하는 데 어려움을 겪는 이유 중 하나는 그의 가르침을 본래의 맥락에서 떼어내 마치 최근 북미의 어딘가에서 전해진 것처럼 적용하기 때문이다. 그러나 학자들이 한 가지 확실히 알고 있는 것이 있다면 예수가 1세기 유대인이었다는 것이다. 그는 유대인 부모에게서 태어나 유대인 가정에서 자랐다. 그는 유대인들의 신을 숭배하고, 유대인들의 성서를 배우고, 유대인들의 관습을 지키고, 유대인들의 선생이 되어 유대인 무리에게 설교했다. 그는 자신이 유대 왕이라고 주장했다는 이유로 처형당했다. 그렇다면 1세기, 로마 제국 치하에서 유대인으로 산다는 것은 무엇을 의미했을까?

그리스-로마 종교로서의 유대교

초기 그리스도교와 그리스-로마 종교의 다양성은 초기 유대교의 다양성과도 일치했다. 이러한 다양성에 충격을 받은 어떤 학자들은 초기 유대교보다는 초기 유대교들이라고 말하는 게 맞다고 생각할 정도다. 그러나 이러한 다양성에도 불구하고 고대인들이 누군가를 유대인이라 불렀을 때에는 특별한 의미가 있었던 것으로 보인다. 그것은 무엇이었을까?

유대교는 어디에서나 로마 제국의 종교들 중 하나로 이해되었다. 때때로 유대교는 절대적으로 독특한 종교로서 여타 그리스-로마 종교들과는 다른 종교였다고 생각하는 사람들도 있지만, 고대 세계의 대부분의 사람들은 그것을 여러 면에서 다른 제의적cultic 헌신과 유사한 것으로 인식했다. 물론 유대교 나름의 특색도 있었지만 유대교뿐만 아니라 모든 종교들도 각자 특색을 가지고 있었다.

다른 그리스-로마 세계의 종교들과 마찬가지로 유대교도 고대로부터 전해지는 방식으로 자신을 숭배하는 사람들에게 특별한 호의를 보이며, 인간에게 혜택을 줄 수 있는 강력한 신이 존재하는 보다 높은 영역에 대한 믿음을 가지고 있었다. 이 종교의 주요 제사 행위에는 동물의 희생과 기도가 포함되었다. 제물은 특별히 임명된 사제들에 의해 (예루살렘에 위치한) 신성한 신전에서 바쳐졌다. 대부분의 희생물의 경우 일부분은

Box 4.1 유대 정경의 주요 인물들

신약성서를 읽는 독자들은 초기 그리스도교 작가들에게 유대교 성서가 매우 중요했다는 것을 바로 깨닫게 된다. 그들은 그들의 독자들이 고대 이스라엘의 중요한 인물들에 대해 잘 알고 있을 것이라는 전제 아래 글을 썼다. 그러므로 신약성서를 이해하기 위해서는 유대 정경과 그 등장인물들에 대한 얼마간의 지식이 필요하다. 아래는 고대 이스라엘인들의 조상들 중에서 가장 중요한 이들 중 일부이다

- **아담과 이브.** 창세기 2–3장에 따르면 인류 최초의 남녀로서 하느님의 명을 거역하고 금지된 열매를 먹은 후 에덴동산에서 쫓겨났다.
- **노아.** 창세기 5–9장에 따르면 악하게 타락한 세상을 홍수로 멸망시키기로 결정했을 때 하느님은 모든 살아 있는 동물들 한 쌍들과 함께 노아와 그의 가족을 노아가 직접 지은 방주에 태워서 구원했다.
- **아브라함.** 수많은 인간들 중에서 하느님은 "약속된 땅"(창세 12–17장)을 주기 위해 한 사람을 선택했다. 아브라함은 이스라엘 민족의 시조, 유대인들의 아버지로 간주되었다.
- **모세.** 아브라함의 자손인 이스라엘 사람들이 이집트에서 노예가 된 지 400년 뒤에 하느님은 모세라는 구세주를 일으켜 세웠다. 모세는 압제자로부터 이스라엘 자손을 건져내 광야를 통해 약속의 땅으로 인도했고, 시나이 산에서 하느님으로부터 직접 법(십계명을 포함한 토라)을 받았다.(출애굽기, 레위기, 민수기, 신명기 참조)
- **여호수아.** 이스라엘 자손이 약속의 땅을 차지하기 위해 광야를 지났을 때 그들은 이스라엘의 위대한 군사 지도자 여호수아의 영도 아래 이미 그 땅에 사는 사람들을 정복했다.(여호수아서)
- **다윗.** 약속의 땅에서 몇 세기 동안 판관이라는 지역 지도자들 아래에서 생활을 하던 이스라엘 민족에게 하느님이 왕을 세웠다. 고대 이스라엘 왕들 가운데 가장 위대한 왕인 다윗의 통치는 이스라엘 역사에서 황금기로 여겨졌다.

신을 기리기 위해 불태워졌다. 사제는 희생물의 가죽을 벗겨, 제물로 바칠 준비를 하고, 때로는 요리를 했으며 숭배자는 그것을 집으로 가져가서 그의 가족과 친구들과 함께 잔치 음식으로 먹었다. 기도는 주로 개인적, 공동체적으로 필요한 것들(예: 평화, 다산, 번영, 건강)을 염원했는데, 유대 신을 숭배하는 중요한 부분이었다. 당시 유대교는 여러 근본적 측면에서 다른 그리스-로마 종교들과 견줄 만했다. 하지만 다른 중요한 면에서는 달랐다.

일신교: 하나뿐인 진정한 신에 대한 믿음

우리가 보았듯이, 사실상 제국의 모든 종교는 다신교였다. 그리스도교 이전에는 숭배받고 찬양받을 진정한 신은 한 분뿐이라는 생각을 유대교만 가지고 있었다. 하지만 이 점에 관해 유대인과 이교도들의 차이를 과장되게 부풀려서는 안 된다. 우리는 이미 일부 이교도들, 주로 일부 철학자들과 그들의 추종자들이, 그것이 제우스나 유피테르, 기타 누구이든, 궁극적으로 세상을 책임지고 그 안에서 모든 일어나는 일을 관장하는 한 명의 주신이 있다고 믿는 것을 보았다. 영적인 존재들daimonia과 반인반신들을 포함한 다른 신들은 그런 신보다는 힘이 약하고 덜 유명했다. 유대인들 역시 인간보다 훨씬 더 큰 힘을 가진 불멸의 존재들이 그들과 진정한 신인 하느님 사이 어딘가에 존재한다고 믿었는데 현대 세계에서 우리는 이러한 존재들을 천사와 대천사라고 부를지도 모른다. 고대 유대인들에게도 "케루빔cherubim"과 "세라핌seraphim" 같은 존재들이 있었다.

유대인들이 초자연적인 존재들 사이에 계층이 있다는 것을 부정했다는 것이 그들과 다른 종교를 믿는 사람들 사이의 중요한 차이점은 아니었다. 유대인들은 최고의 신인 창조주 하느님만을 숭배해야 한다고 주장했다. 그리고 이 하느님은 일부 철학자들이 주장하던 알려지지도 않고 알 수도 없는 신, 또는 그리스의 제우

스나 로마의 유피테르도 아니었다. 그는 유대인의 하느님으로, 인간들이 생각하거나 말할 수 있는 어떤 것과도 멀리 떨어져 있는 존재라서 사람들은 그의 이름조차 발음할 수 없었다. 원래 이 신은 그리스-로마 세계Greco-Roman world의 다른 많은 신들과 마찬가지로 유대 땅(혹은 유다)에서 숭배를 받던 지방신이었다. 이 하느님을 숭배했던 사람들이 그곳 유대 지방에 살던 사람들the Judean이었기 때문에 "유대인Jew"이라는 용어가 널리 쓰이게 된 것이다.

예수가 태어나기 약 600년 전, 바빌로니아인들의 침략으로 야기된 군사, 정치, 경제 위기로 인해 많은 수의 유대인들이 조국을 떠날 수밖에 없었다. 바빌로니아나 이집트 같은 곳에 이주한 많은 사람들은 예루살렘 신전에서 예배를 드릴 수 없다는 점만 제외하고는 고국의 신에 대한 믿음을 간직하면서 옛 방식대로 예배를 계속 드렸고 유대의 여러 가지 관습을 지켰다.(예루살렘에 남아 있던 사람들도 신전에서 예배를 드릴 수는 없었다. 거의 1세기 동안 그 건물은 폐허로 남아 있었기 때문이다.) 따라서, 그리스-로마 시대에 유대인으로 살아간다는 것은 유대인의 하느님, 즉 이

스라엘의 하느님을 숭배하는 것을 의미했다. 유대에서 멀리 떨어져 전 세계에 흩어져 있는 유대인들은 문자 그대로 '분산'을 뜻하는 용어인 디아스포라Diaspora에 산다고 말해졌다. 예수 무렵에는 팔레스티나보다 디아스포라에 유대인이 훨씬 많았다. 일부 추정에 따르면, 유대인들은 1세기에 약 6천 만 명으로 추정되는 로마 제국 전체 인구의 7퍼센트를 차지했다. 이들 중 극히 일부만이 유대인의 고국에 살고 있었다. 어떤 학자들은 예수 당시 이집트에 살았던 유대인들이 팔레스티나에 살던 유대인들보다 두 배나 더 많았다고 계산한다.

디아스포라에 살던 대부분의 유대인들은 유대의 고대 언어인 히브리어를 사용하지 않았다. 예수 이전의 2세기 동안에는 많은 유대인들이 그리스어 번역(Box 1.2와 4.3 참고.) 이른바 70인역Septuagint으로만 그들의 성서를 읽거나 들었다.

전 세계 유대인들의 특징은 자신이 살던 지역의 신을 숭배하는 것이 아니라 먼 고향의 신, 이스라엘의 하느님을 숭배하는 것이었으며, 그 외 다른 어떤 신도 숭배하지 않았다는 점이었다. 그들은 이 하느님이 그들에게 특별한 은혜를 베풀었다고 주장했다. 대부분

Box 4.2 히브리어 성서의 중요한 책들

히브리어 성서에 대한 기초 지식이 없으면 신약성서를 이해하기 어렵다. 다음은 유대 정경에서 가장 중요한 책들 중 몇 가지이다.

• 창세기. 히브리어 성서의 첫 번째 책은 세상의 창조, 에덴동산으로부터 아담과 이브의 추방, 노아의 대홍수로 시작한다. 이 책의 대부분은 아브라함(과 그의 아내 사라), 이삭(과 아내 리브가), 야곱(과 아내 라헬) 그리고 요셉과 같은 위대한 이스라엘의 족장들의 삶과 모험에 관한 것이다.

• 출애굽기. 성서의 두 번째 책은 모세가 어떻게 기적들을 통해 노예 상태였던 이스라엘 자손들을 이집트로부터 해방시켜 광야를 지나 시나이산으로 인도했는지, 그곳에서 하느님에게 십계명과 나머지 율법들(출애굽기, 레위기, 민수기, 신명기에 자세히 설명되

어 있다)을 받았는지 묘사하고 있다.

• 여호수아서. 모세의 후계자인 여호수아의 지도 아래 이스라엘 백성이 약속의 땅을 정복한 과정을 묘사하고 있다.

• 시편. 시편은 150편의 다양한 시들을 모은 것으로, 하느님을 찬양하고, 그가 한 일에 감사하며, 그가 허락한 고통에 대해 슬퍼하고, 그의 적들에 대한 복수를 기원하고, 그의 궁극적인 구원을 기대하는 내용들로 이루어져 있다.

• 예언서들. 이사야, 예레미야, 에제키엘, 호세아, 요엘, 아모스 같은 책들은 하느님의 대변자들이었던 예언자들에 의해 쓰인 것으로 이스라엘 백성들이 하느님에게로 돌이켜 가지 않으면 심판을 받을 것이라는 경고들이었다.

의 비유대인들에게 이것은 오만한 주장으로 생각되었다.(물론 우리가 본 바와 같이 로마인들도 그들 자신의 신에 대해 비슷한 주장을 했다.) 그럼에도 불구하고 유대인들은 하늘과 땅을 창조한 유일신이 유일무이한 그들의 하느님이라고 주장했다. 그것에서 유대교의 두 번째 특색이 생기게 되었는데, 그들은 하느님이 이스라엘과 계약covenant을 맺었다고 믿게 되었다.

계약: 이스라엘과 그들의 신과의 약속

대부분의 유대인들은 하나뿐인 하느님이 오래전에 그들과 특별한 관계를 맺었다는 흔들리지 않는 믿음을 가지고 있었다. 하느님은 지구상의 다른 모든 민족들 가운데서 이스라엘을 그의 특별한 민족으로 선택했다. 그들과 맺은 약속의 일환으로 만물의 창조자이자 유지자인 그가 그들의 모든 역경에서 그들을 보호하고 지키겠다고 약속했다.

유대인들은 신이 이 약속을 어떻게 이행했는지를 말해주는 오래된 이야기를 가지고 있었다. 가장 중요한 것은 이집트의 노예 상태에서 탈출한 이스라엘 자손들의 엑소더스와 관련된 이야기들로 유대교 경전에 구체적으로 나와 있다. 그 설명에 따르면, 400년 동안 가혹한 강제 노동에 시달려온 이스라엘의 울부짖음을 듣고 하느님은 그들의 구원자 모세를 보냈는데, 그의 기적적인 행위로 인해 이집트 왕은 그들을 속박에서 해방시킬 수밖에 없었다. 하느님은 강력한 이집트 군대를 멸망시켜 노예 상태에서 그의 백성을 인도해낸 후 시험과 고난을 거쳐 약속의 땅Promised Land으로 데려왔다. 그들은 그 땅을 차지하고 있던 민족들과 투쟁을 거쳐 그 땅에 들어가 위대한 나라를 이루었다.

하느님이 그들을 위하여 행한 행위에 비추어 볼 때, 하느님이 그들을 선택해서 그들과 언약을 맺어 그들의 하느님이 되었다고 유대인들은 주장했다. 그 대가로 유대인들은 그의 법, 즉 그들이 어떻게 그를 숭배하고 서로에 대해 행동해야 하는지에 관한 율법을 따라야 했다. 우리가 보게 될 것처럼 유대인들은 원칙적으로 이 신성한 법을 부담으로 여기지 않았다. 이와는 정반대로 율법은 그의 백성들에게 하느님의 가장 큰 선물이었다. 신성하게 주어진 이 율법의 존재와 그것을 따르겠다는 유대인들의 믿음은 이 종교의 세 번째 특색이다.

율법: 이스라엘의 계약 의무

영어 단어 "율법law"은 히브리어 "토라Torah"의 다소 밋밋한 번역으로, 아마도 "지침" 또는 "지시"가 더 맞는 표현일 것이다. 고대 유대인들은 출애굽기, 레위기, 민수기, 신명기 등의 책자에 기록된, 모세가 시나이 산에서 신으로부터 받은 율법을 가리키기 위해 "토라"를 사용하기도 했다. 그러나 토라는 그들의 창세기와 함께 이 책들 자체를 지칭하기 위해서도 사용되었다. 이것들은 유대교 경전의 심장과 영혼이다. 오늘날 그것들은 때때로 "오경Pentateuch"("다섯 개의 두루마리"라는 의미)이라고도 불린다. 이 책들은 아담과 이브, 노아의 방주, 바벨탑에 대한 이야기와 유대교 족장들과 그들의 부인들을 둘러싼 이야기, 아브라함과 사라, 이삭과 리브가, 야곱과 레아와 라헬 그리고 유다와 그의 형제들로 이루어진 이스라엘 열두 부족의 이야기들을 담고 있다. 또한 약속된 땅에 들어가기 전의 모세에 관한 이야기, 유대인들의 이집트 탈출, 황야에서의 방황 등에 대한 이야기들도 들어 있다. 특히 오경에는 이집트에서 탈출한 후 하느님이 시나이 산에서 모세에게 전했다고 하는 실제의 법들로서 유대인들의 예배와 그들이 공동체 안에서 어떻게 행동해야 할지를 규정하는 법, 예를 들어 십계명 등이 들어 있다.

현대 그리스도교인들은 이 유대 율법의 취지와 목적을 자주 오해한다. 고대 유대인(혹은 그 문제에 있어서 현대적인 유대인도 마찬가지다)이 일반적으로 신의 총애를 받기 위해서 모든 법을 지켜야 한다고 생각한 것은 아니다. 유대교는 구원을 받기 위해서는 긴 행위들의 목록을 따라야 하는, 행위를 중시하는 종교가 아니었다. 최근의 학자들의 주장에 의하면 이와는 정반대로 고대 유대인들은 이미 신의 총애를 받았기 때문에 그의 법을 따르기로 맹세를 했다는 것이다. 유대인들은 하느님의 특별한 백성으로 선택되었고, 율법은 이 소명에 부응하는 방법을 보여주기 위해 주어졌다. 이러한 이유로, 율법을 지키는 것은 모두가 싫어하는 두려운 일이 아니었다. 유대인들은 일반적으로 율법을 지키는 것을 큰 기쁨으로 여겼다.

율법은 어떻게 하느님을 올바르게 예배할 것인가와

이웃과 함께 어떻게 지낼 것인가에 대한 종교적, 공동체적 생활 규율과 관련된 규칙으로 구성되었다. 1세기의 맥락에서 판단할 때 이 법들의 대부분은 별로 이상해 보이지 않았을 것이다. 유대인들은 살인을 저지르거나 훔치면 안 되었고 거짓 증인이 되어서도 안 되었으며 자신이나 자신의 소유물이 이웃에게 피해를 입힐 때는 배상해야 했고 정해진 절차에 따라 신에게 제물을 바쳐야 했다. 다른 종교들은 윤리적인 행동을 규정하는 규칙과 규정을 문서화하지 않았지만 그렇다고 해서 그렇게 하고자 하는 사람들이 특이할 것은 없었다. 그러나 일부 유대인 율법은 외부인들에게 특이하게 여겨졌다. 예를 들어, 유대인들은 그들의 아기들에게 할례를 하도록 명령받았다. 그것은 그들이 "약속의 표시"로 해석한 행위로 자신들이 (또는 적어도 그들

중 남성들) 신이 선택한 사람들로서 다른 모든 민족들과 구별된다는 것을 보여주었다. 비록 몇몇 다른 민족들(이집트인)도 할례를 행했지만, 대부분의 외부인들에게는 그것이 강제적인 신체 손상과 다름없어 보였기 때문에 로마 제국 내 유대인들은 때때로 비난을 받았다.

또한 유대인들은 안식일인 그 주의 일곱째 날에는 일하지 말고 거룩하게 지키라는 명령을 받았다. 이교도들도 자신의 신들을 기리기 위해 주기적으로 축제를 치렀지만 매주 휴식의 시간을 보내는 것은 전례가 없는 일이었다. 유대인들에게 이것은 매우 좋은 일이었다. 7일 중 하루 동안 그들은 가족과 친구들과 함께 노동을 멈추고 특별한 식사를 즐길 수 있었고, 그들의 하느님에게 드리는 공동 예배에 참여할 수 있었다. 그러

Box 4.3 70인역: 그리스어로 쓰인 유대교 성서

대부분의 1세기 유대인들은 팔레스티나 바깥에 살았기 때문에 더 이상 아람어를 말하거나 히브리어로 글을 쓰지 않았고 그들이 거주하는 지역의 말을 사용했다. 그들 중 고등교육을 받은 사람들은 로마 시대의 세계 공용어인 그리스어를 사용했다.

문제는 히브리어로 쓰인 유대 정경을 그들이 사용할 수 없었다는 것이다. 당연한 수순이겠지만 디아스포라의 그리스어를 사용하는 유대인들은 다양한 시기와 장소들에서 유대교 성서의 그리스어 번역본들을 만들었다. 단연코 가장 널리 사용되던, 우리가 가장 잘 알고 있는 번역본은 "70인역Septuagint"(흔히 LXX[70]로 표시됨)이라고 불린다. 그 명칭은 '70'을 의미하는 라틴어, 'septuaginta'에서 유래한 것으로 70명의 유대인 번역가들(보통은 72명으로 알려져 있다)이 그것을 만들었다는 전설에 기인한 것이다.

이 전설은 기원전 3세기에 쓰여 "아리스테아스 서신"이라 불리는 흥미로운 문서를 통해 가장 잘 알려져 있다. 아리스테아스에 따르면, 이집트의 왕 프톨레마이오스 2세(기원전 285–247년)가 자신의 도서관의 장서를 50만 권으로 확장하면서 그 안에 모든 중요한 문헌들을 포함시키기로 결정했을 때, 수석 사서인 데메트리오

스가 유대인들의 율법서가 그의 장서에 빠져 있다는 것을 지적해주었다. 프톨레마이오스는 즉시 예루살렘에 있는 유대인 대사제에게 편지를 보내 번역본을 얻게 해달라고 요청했다.

대사제는 이스라엘 열두 부족에서 각각 여섯 명씩, 72명의 번역가들을 이집트로 파송했다. 그들은 이집트 왕이 베푼 7일간의 연회로 환대를 받았고, 그들의 종교에 대한 왕의 질문에 답한 뒤 격려되어 번역 작업을 했다. 기적적으로 그들은 정확히 72일 만에 그들의 일을 완수했다.

이 재미있는 이야기는 유대인 성서의 처음 다섯 권(모세오경)의 번역만을 언급하는 것으로 보인다. 그러나 결국 기원전 2세기에 이르러서는 모든 책들이 그리스어로 번역되었고 디아스포라 전역에서 유대인들에게 친숙한 성서 형태가 되었다. 70인역은 초기 그리스도교인들에게도 성서로 사용되었고, 그들은 성서의 한 글자 한 글자를 전부 권위 있는 텍스트로 취급했다. 그리스어로 교육을 받았을 뿐 히브리어는 알지 못했던 대부분의 신약성서 저자들이 인용한 것은 히브리어 성서가 아닌 70인역이었다.

나 일부 이교도 관찰자들에게 이 관습은 유대인들이 천성적으로 게으르다는 것을 보여주었다. 널리 사람들의 조소를 받은 다른 율법들은 유대인들의 식생활 제한과 관련이 있었다. 신은 어떤 불가사의한 이유로 유대인들에게 지중해 지역의 다른 민족들 사이에서 흔한 음식인 돼지고기와 조개류를 포함한 특정한 종류의 음식을 먹지 말라고 명령했다. 이것은 많은 외부인들에게는 이상한 미신처럼 생각됐다.

대부분의 유대인들은 이러한 법들을 사람들이 따르고 싶어 하지도 않고 아무도 따르지 못할 시시한 요구 사항으로 여기지 않았다. 비교를 위해, 현재 우리의 관점에서 고대 유대인의 율법을 생각해보자. 예를 들어, 우리 역시 특정 음식물(특히 특정한 액체, 분말, 정제 등)의 소비를 금지하는 법을 가지고 있다. 그리고 우리의 법체계는 고대 유대인들의 어떤 법들보다 훨씬 더 복잡할뿐더러 일반 시민들이 이해하기에는 너무 어렵다. 현대의 법률과 비교해볼 때 유대인들의 토라에 구현된 법은 특별히 가혹하거나 부담스럽거나 복잡한 것은 아니었다. 고대 유대인들에게 그것은 정치 관료들이 만든 법이 아니라 하느님의 법이었다. 그것을 지키는 것은 유대인들이 하느님의 선택받은 민족이라는 것을 보여주었기 때문에 그들에게는 큰 기쁨이었다.

신전과 회당: 이스라엘의 예배 장소

1세기에는 유대인들의 예배를 위해 특별히 중요한 기관 두 가지가 있었는데, 바로 토라의 명령들 중 아주 중요한 의미를 지녔던 동물 희생이 치러질 예루살렘의 신전Temple과, 제국 전역의 유대인들이 공동체로 모여 기도하며 율법을 공부하고 토론하면서 하느님을 예배할 수 있는 지역 회당synagogue들이었다.

유대 신전 유대인의 동물 희생 관행은 다른 고대 종교와 그렇게 달라 보이지 않았다. 유대 신전 자체도 신자들이 신성한 은혜를 기대하면서 종교적 의식을 행하러 오는, 신이 거주한다고 믿어지는 성스러운 건축물이라는 면에서 다른 사원들과 별 차이가 없었다. 유대 신전은 고대 세계의 가장 웅장한 사원들 중 하나로 알려져 있었는데, 심지어 신자들이 아닌 사람들에게조차 칭찬과 감탄의 대상이었다. 한 현대 학자의 주장에 의하면 예수 당시 신전 경내는 가로 약 500야드, 세로 325야드의 넓이로 25개의 축구장이 들어갈 수 있는 크기였다.(*Judaism: Practice and Belief* ; E. P. Sanders, 1992 참고) 바깥에서 보면 그것의 돌벽은 100피트 높이로 지금의 10층 건물 높이였다. 신전을 세우기 위해 회반죽은 전혀 사용되지 않았고 그 대신 길이가 50야드까지 나가는 돌들이 조심스럽게 잘려 깔끔하게 아귀가 맞도록 쌓였다. 신전 안으로 들어가는 입구는 높이가 13.7미터, 세로 13.3미터(6.7미터 넓이의 문이 두 개 달려 있었다)의 크기였는데 한 기록에 의하면 매일 저녁 200명의 사람들이 힘을 합쳐 문을 닫아야 했다. 오랜 자료들의 묘사에 의하면 신전 건물들은 돈으로 살 수 있는 최고의 재료들로 만들어진 환상적으로 아름다운 건조물들로 상당 부분이 금으로 덮여 있었던 것 같다. 독자들이 상상할 수 있듯이 건설은 엄청난 일이었다. 신전이 서기 63년에 완성되었을 때 1만 8천 명의 노동자들이 일자리를 잃었다는 기록이 있다. 하지만 완공 후 겨우 7년 만에 신전은 로마에 대한 유대인 항쟁의 절정기에 파괴되었고 다시 재건되지 못했다.

예루살렘 사원을 그리스-로마 세계에서 독특하게 만든 것 중 하나는 그 시대 대부분의 유대인들에게는 예루살렘 신전이 이스라엘의 하느님을 위한 유일한 신전이라는 생각이었다. 수많은 신전들이 이교도 신들을 위해 만들어질 수 있었지만, 그들의 신은 예루살렘 신전에서만 희생을 받을 것이었다. 세계 각국의 유대인들, 심지어는 한 번도 신전에 발을 들여놓지 못한 사람들조차, 그것의 유지와 행정에 드는 비용을 위해 매년 세금을 납부했다. 이 장소에 대한 이런 특별한 경외심은 신전 안 지성소Holy of Holies라고 불리는 특별한 방에 하느님이 직접 거주한다는 믿음에서 비롯되었다. 신이 성스러운 장소에 실제로 존재할 것이라는 믿음은 고대에 널리 퍼져 있었다. 대부분의 고대 사원들에서는 신성한 방에 보관되어 있는 이미지, 혹은 "우상"에 신이 깃들어 있었다. 하지만 예루살렘 신전의 지성소는 완전히 비어 있었다. 다른 모든 신들과 달리 유대 신은 매우 거룩했기 때문에 자신에 대한 어떤 이미지를 만드는 것도 금했다.

유대 대사제 이외에는 아무도 지성소에 들어갈 수

도판 4.1 그림으로 재현한 예루살렘의 유대 신전.

없었다. 그는 1년에 한 번, 속죄일Yom Kippur에 백성의 죄를 속하려고 제사를 드릴 때만 그곳에 들어갔다. 따라서 지성소는 신전에서 가장 신성한 장소였고, 나머지 건물 단지는 그 중앙에서 뿜어 나오는 거룩함을 강조하도록 구성되었다. 지성소 앞에는 특정한 사제들만이 들어갈 수 있는 성소가 있었고 그 둘레에는 사제들과 그들의 시종들인 레위 사람들만 들어갈 수 있는 사제들의 뜰이 있었다. 더 바깥쪽에는 이스라엘의 뜰이 있었는데, 그곳에서는 유대 남자만이 사제들에게 제물을 바치러 갈 수 있었다. 그 너머에는 유대 여자들의 뜰이 있었는데, 그들은 그곳에서 더 이상 신전 안쪽으로 갈 수 없었다.(유대인 남자들도 거기에 모일 수 있었다.) 그 너머로는 유대 사람이 아닌 사람들도 모일 수 있는 이방인들의 뜰이 있었다.

사원에 대한 생각과 그곳에서 벌어지는 기도와 희생은 로마 제국의 다른 종교들에서 발견할 수 있는 것들과 크게 다르지 않았다. 모든 고대 종교들에서 서로 어느 정도 달랐던 종교적인 의식의 세부적인 차이들과는 별도로, 이스라엘 신전을 여타 신전들과 다르게 만든 것은 그것이 이스라엘의 하느님을 위해 지어질 수 있는 유일한 신전으로 그곳에 어떤 신성한 이미지들로도 묘사되지 않는 거룩함 가운데 하느님이 거한다는 것이었다.

유대교 회당 전 세계에 흩어진 유대인들이 신전을 지원하기 위해 매년 세금을 냈다는 사실에도 불구하고 대부분의 유대인들은 정기적으로 신전을 찾을 수 없었다. 사실 많은 사람들이 그곳을 순례할 여유가 없었다. 이런 이유로, 학자들에 따라 그 시기에 대해서는 의견이 다르기는 하지만, 예수가 등장하기 수 세기 전 디아스포라에 흩어져 살던 유대인들이 동물의 희생 대신 토라의 신성한 전승traditions에 대해 토론하고 이스라엘의 하느님에게 기도하는 것에 초점을 둔 대안적인 예배의 방법을 고안했다. 이러한 활동들은 지역사회에서 이루어졌는데, 유대인들은 안식일에 집이나 독립 건물 등 별도의 만남의 장소에 모여 자신들 중에서 고등교육을 받은 학식 있는 사람들의 인도 아래 성서를 읽고 토론하고 기도를 드렸다. 이 모임들은 "함께 모이다"를 뜻하는 그리스어 단어인 시나고그synagogue라고 불렸는데, 나중에는 모임이 행해지던 건물을 가리키는 말이 되었다.

예수 당시에는 팔레스티나나 그 밖의 어느 로마 영토이든 유대인의 공동체가 있는 곳이면 어디든지 회당들이 있었다. 많은 면에서 이것들은 유대인들이 아니더라도 같은 생각을 가진 사람들이 모인, 특정한 종교 활동이 행해지고 기도가 드려지던 모임들과 별반 다를 바가 없었다. 예를 들어, 그리스-로마 시대에는 같은 지역에 살며 공통의 이익을 가진 동업자들 사이에 "동

도판 4.2 갈릴래아의 키르바트 쉐마에 있는 고대 유대교 회당의 잔해(왼쪽)와 그 회당이 어떤 모습이었을지 예술가가 그린 절개 그림(오른쪽). 이 회당은 예수의 사후 약 2세기가 지난 후 처음 지어졌다.

업자 조합association"들이 흔히 결성되었다. 그리고 정기적 모임을 목적으로 조직된 다른 모임들도 흔했는데 이들은 돈을 모아 충분한 음식과 음료를 마련했고, 아마도 지금 사람들에게는 이상하게 보일지 모르지만, 예비비를 만들어 사망하는 회원들의 장례비로 제공하기도 했다.

그러나 동업자 조합이든 장례 조합이든 그런 단체들이 남성, 여성, 어린이를 모두 포함하는 경우는 드물었고 매주 함께 모이는 경우도, 기도와 신성한 전승의 토론을 목적으로 모이는 경우도 드물었다. 이런 점에서 유대교 회당들은 독특했다.

초기 유대교의 형태

유대교가 전체적으로 볼 때 그리스-로마 세계의 다른 종교들과 구별되는 독특한 특징들을 가지고 있었지만, 모든 유대인들이 그들의 종교의 모든 측면에 동의했다고 생각하는 것은 실수일 것이다. 그와는 반대로, 적어도 오늘날 유대교(예: "정통파"와 "개혁파")와 그리스도교(예: 로마 카톨릭과 남부 침례교) 양쪽 모두에서 볼 수 있는 의견 차이만큼 근본적인 문제들에 대한 광범위한 의견 불일치가 있었다. 이러한 차이를 살펴보는 한 가지 방법은 1세기에 살았던 유명한 유대인 역사가 요세푸스(앞으로 우리의 연구에 계속 등장할 것이다)가 묘사한 몇몇 유대교의 "종파"나 "당파"들을

간략하게 살펴보는 것이다. 이런 당파들을 이해하기 위해서는 예수의 시대까지 거슬러 올라가는 고대 이스라엘의 정치적 역사를 논의할 필요가 있을 것이다.

팔레스티나의 정치적 위기와 그 영향

팔레스티나의 고대사는 길고 복잡하다. 여기서 우리는 성인으로서의 예수의 삶의 맥락과 직결된 서기 20년대라는 미세한 기간만을 고찰할 것이다. 한마디로 말하자면 그 땅의 정치 역사는 그때까지 약 800년 동안 행복하지 않았다. 이 기간 동안 그곳은 주기적인 전쟁과 사실상 영구적인 외세의 지배를 겪고 있었다. 이 땅의 북쪽 부분인 이스라엘 왕국은 기원전 721년에 아시리아인에 의해 정복되었고 약 1세기 반 뒤인 기원전 587-586년에는 남부 유다 왕국도 바빌로니아인에 의해 정복되었다. 예루살렘이 파괴되고 신전은 허물어지고, 백성의 지도자들은 귀양을 갔다. 약 50년 후, 바빌로니아 제국은 페르시아에 의해 정복되었고 페르시아는 유대인들의 강제 유배를 끝내고 지도자들의 귀국을 허용했다. 신전이 재건되었고, 대사제에게 지방 통치자로서 관할권이 부여되었다. 이 사람은 수백 년 전으로 연원이 올라가는 사독Zadok이라는 사제 가문 출신이었다. 물론, 궁극적으로는 페르시아 왕이

그 땅과 백성들을 지배하는 최종적인 권위자였다.

이러한 상황은 마케도니아의 통치자인 알렉산드로스 대왕Alexander the Great이 그곳을 정복할 때까지 거의 2세기 동안 계속되었다. 알렉산드로스는 페르시아 제국을 무너뜨리고 동지중해 주변의 대부분의 땅은 물론 오늘날의 인도까지 정복했다. 그는 여러 정복 지역에 그리스 도시와 학교와 김나시온(운동장이자 사교장으로 그리스 문명의 중심이 되는 시설이었다)을 건설하여 그리스 문화와 종교를 전파했으며 그리스어 사용을 장려했다. 기원전 323년에 알렉산드로스가 요절한 후 그의 군대의 장군들이 그의 왕국을 나누어 가졌고 팔레스티나는 이집트를 담당하는 장군 프톨레마이오스의 통치하에 들어갔다. 이 기간 내내 유대 대사제는 유대 땅의 지방 통치자로 남아 있었고 기원전

198년에 시리아 통치자가 프톨레마이오스로부터 팔레스티나에 대한 지배권을 뺏은 후에도 이런 사정은 변하지 않았다.

우리의 빈약한 자료를 감안할 때 이 기간 내내 외국 통치에 대한 반감이 얼마나 광범위하게 퍼져 있었는지 또는 얼마나 강렬했는지 알기는 어렵다. 의심할 여지 없이 많은 유대인들은 그들의 통치자들이 외세에 영합하고 있다는 생각에 분개했다. 그들은 이스라엘의 단 한 분, 참된 하느님의 선택된 백성이었고, 그는 그에 대한 유대인들의 헌신을 대가로 그들을 보호하고 지키기로 동의했었다. 유대는 그가 그들에게 약속했던 땅이었기에 많은 유대인들에게는 그 땅이 외세의 지배를 받고 있다는 사실이 정치적으로나 종교적으로나 고통스러웠을 것이다.

Box 4.4 플라비우스 요세푸스

1세기 팔레스티나에 대한 우리의 가장 좋은 정보원은 플라비우스 요세푸스 Flavius Josephus(서기 37-100년)라는 우리가 이미 만난 인물이다. 요세푸스는 이례적으로 중요한 역사가이다. 그는 실제로 1세기에 팔레스티나에 살았고, 대부분의 당시 주요 인물들을 알고 있었고, 지배적인 문화뿐만 아니라 정치적, 군사적 위기까지 직접 경험했다.

귀족 사제 집안에서 태어난 요세푸스 벤 마티아스는 로마를 상대로 한 유대 전쟁 초기(서기 66년)에 갈릴래아에서 유대 군대를 이끌게 되었다. 나중에 그의 자서전에서 밝히듯이, 그의 군대가 요타파타 마을에서 로마 군단에 포위되었을 때, 그들은 항복하기보다는 자살하기로 했다. 그들은 제비를 뽑아 누가 누구를 죽일지 결정하고 마지막으로 남은 두 사람은 자결하기로 했다.

요행히 요세푸스는 마지막까지 살아남은 두 명 중 하나가 되었지만 요세푸스는 살아남은 다른 동료를 설득하여 로마에 투항했다. 적군의 장군 베스파시아누스 앞에 끌려간 요세푸스는 기지를 발휘하여 베스파시아누스가 로마 황제가 될 것이라는 '예언'을 했다. 드러난 바에 의하면 그의 예언은 현실이 되었다. 네로는 자살했고, 베스파시아누스는 그의 군대에 의해 황제로 추대되었다

그는 요세푸스의 예언을 결코 잊지 않았다. 전쟁 기간 동안 베스파시아누스와 그의 아들이자 후계자인 티투스는 요세푸스를 통역사로 사용하여 예루살렘 성벽 안에서 저항하는 유대인들에게 항복할 것을 촉구했다. 그들은 투항을 거부했고 70년, 결국 성이 함락되면서 신전이 파괴되고, 로마에 반대하던 사람들은 학살당했다. 요세푸스는 로마로 다시 끌려가서 그곳에서 풀려났고, 베스파시아누스에 의해 궁정 역사학자로 임명되었다.

그는 베스파시아누스의 성(플라비우스)을 얻었고 그 후 25년 동안 여섯 권으로 이루어진 『유대 전기』와 스무 권으로 이루어진 『유대 고대지』(아담과 이브로부터 그의 시대까지의 역사)를 포함, 유대인에 대한 책을 쓰는 데 시간을 보냈다.

그의 책들은 작가로서의 그의 정치색을 드러내는데, 가령 그는 로마에는 유대인들이 그들에게 충성을 다하고 있다는 것을, 유대인들에게는 그들이 로마의 힘에 저항할 수 없다는 것을 보여주려 했다. 그의 정치적 의제와 상관없이 요세푸스의 책들은 1세기 팔레스티나에서의 삶, 관습, 사회, 주요 인물, 정치, 문화에 대해 알고 싶어 하는 역사학자들에게 그 당시에 실제로 그곳에 살았던 유능한 학자가 제공하는 매우 유용한 정보다.

도판 4.3 안티오키아에서 나온 안티오코스 에피파네스의 초상화와 "안티오코스 왕, 신의 현신"이라는 비문이 새겨진 은화.

시리아 군주의 치하에서 상황이 크게 악화되었다는 것에는 의심의 여지가 없다. 알렉산드로스의 죽음 이후 약 1세기 반 동안 그리스 문화는 지중해 전역에서 점점 더 영향력을 미치게 되었다. 특히 시리아의 안티오코스 에피파네스Antiochus Epiphanes는 그의 백성들에게 그리스 문명을 받아들이도록 요구함으로써 그의 제국에 더 큰 문화적 통일성을 가져오려 했다. 팔레스티나에 살고 있는 일부 유대인들은 이러한 혁신을 환영했다. 실제로 일부 남성들은 유대인임을 숨기고 김나시온에서 운동을 하기 위해서 할례의 흔적을 제거하는 수술을 받을 만큼 열광적이었다. 그러나 다른 사람들은 그리스 문화의 강요나 그리스화Hellenization의 과정이 그들의 종교에 절대적인 모욕이라고 생각했고 그들의 이런 항의에 대응하여 안티오코스는 더욱더 압박을 강화하여 유대인들이 그들의 정체성을 유지하기 위해 아이들에게 할례를 하는 것을 불법화했고, 유대 신전을 이교도 신들의 성소로 만들어 유대인들에게 제물을 바치도록 했다.

외세에 대한 반란은 마카베오Maccabean — 망치라는 뜻의 이름을 지닌 강력한 지도자 유다 마카베오Judas Maccabeus에서 유래한 이름—들, 또는 역시 먼 조상의 이름에서 유래한 하스몬 가문Hasmoneans이라고 알려진 한 사제 가문에 의해 시작되었다. 기원전

167년에 일어난 마카베오 반란은 작은 게릴라전으로 시작되었지만 곧 전국에서 시리아 지배자들에 대한 무장 반란으로 이어졌다. 25년도 채 되지 않아 마카베오 반란 세력은 성공적으로 시리아 군대를 몰아내고 통치권을 완전히 회복했으며 4세기 만에 처음으로 유대 주권국가를 만들었다. 그들은 신전을 다시 봉헌하고(하누카Hanukkah 축제로 아직도 기념되고 있다) 대사제를 그 땅의 최고 통치자로 임명했다. 그러나 팔레스티나의 많은 유대인들은 고대의 사독 대사제의 가문이 아닌 하스몬 가문 출신이 대사제가 된 것에 불만을 품었다.

하스몬 왕조는 기원전 63년까지 약 80년 동안 유대를 자치 국가로 통치하다가 로마 장군 폼페이우스에게 정복당했다. 로마인들은 대사제를 유대인 지도부와의 연락책으로 사용하기 위해 자리를 유지하도록 허용했지만 누가 그 땅의 실질적인 지배자인지는 의심의 여지가 없었다. 결국 기원전 40년, 로마는 팔레스티나를 다스릴 유대인 헤로데 대왕Herod the Great을 임명했는데 그는 무자비한 권력 행사로도 유명했지만 웅장한 건물들을 건축하여 예루살렘을 화려하게 꾸미고 대규모 고용을 일으키기도 했다. 그러나 많은 유대인들은 헤로데를 기회주의적인 부역자, 기껏해야 반역적인 반유대인이라고 비난했다. 후자의 비난은 그의 혈통 때

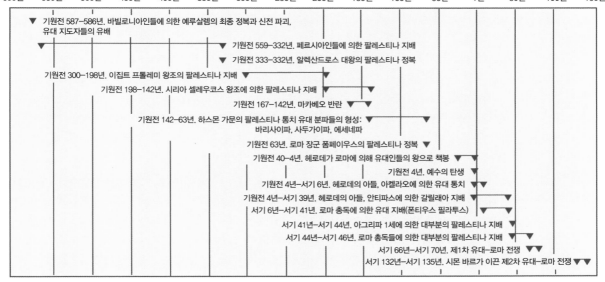

| 기원전 600년 | 기원전 550년 | 기원전 500년 | 기원전 450년 | 기원전 400년 | 기원전 350년 | 기원전 300년 | 기원전 250년 | 기원전 200년 | 기원전 150년 | 기원전 100년 | 기원전 50년 | 서기 1년 | 서기 50년 | 서기 100년 | 서기 150년 |

▼ 기원전 587–586년. 바빌로니아인들에 의한 예루살렘의 최종 정복과 신전 파괴, 유대 지도자들의 유배

▼ 기원전 559–332년. 페르시아인들에 의한 팔레스티나 지배

▼ 기원전 333–332년. 알렉산드로스 대왕의 팔레스티나 정복

기원전 300–198년. 이집트 프롤레미 왕조의 팔레스티나 지배

기원전 198–142년. 시리아 셀레우코스 왕조에 의한 팔레스티나 지배

기원전 167–142년. 마카베오 반란 ▼

기원전 142–63년. 하스몬 가문의 팔레스티나 통치 유대 분파들의 형성: 바리사이파, 사두가이파, 에세네파

기원전 63년. 로마 장군 폼페이우스의 팔레스티나 정복 ▼

기원전 40–4년. 헤로데가 로마에 의해 유대인들의 왕으로 책봉 ▼

기원전 4년. 예수의 탄생 ▼

기원전 4년–서기 6년. 헤로데의 아들, 아켈라오에 의한 유대 통치 ▼

기원전 4년–서기 39년. 헤로데의 아들, 안티파스에 의한 갈릴래아 지배 ▼

서기 6년–서기 41년. 로마 총독에 의한 유대 지배(폰티우스 필라투스) ▼

서기 41년–서기 44년. 아그리파 1세에 의한 대부분의 팔레스티나 지배 ▼

서기 44년–서기 46년. 로마 총독들에 의한 대부분의 팔레스티나 지배 ▼

서기 66년–서기 70년. 제1차 유대–로마 전쟁 ▼▼

서기 132년–서기 135년. 시몬 바르가 이끈 제2차 유대–로마 전쟁 ▼▼

도판 4.4 팔레스티나 역사의 주요 사건 연표.

문이었는데, 그의 부모는 이웃 나라 이두매아 출신이었고 그가 태어나기 전에 유대교로 강제 개종을 해야했었다.

예수 당시, 헤로데가 죽은 후 북쪽 지역인 갈릴래아는 헤로데의 아들 헤로데 안티파스Herod Antipas가 지배하고 있었고 예수가 어렸을 때부터 남부 지방인 유대 속주는 행정관으로 알려진 로마 관리들의 지배를 받았다. 폰티우스 필라투스는 예수의 사역 기간 동안 그리고 그가 죽은 후 몇 년 동안 행정관을 지냈다. 그의 본부는 카이사리아에 있었으나 필요할 때마다 군대를 이끌고 수도 예루살렘으로 왔다.

이 간략한 묘사의 요점은 나사렛의 초등학교 학생들이 역사 수업에서 무엇을 배웠을지 알려주려는 것이 아니다. 사실, 예수 같은 소년이 알렉산드로스 대왕이나 프톨레마이오스 같은 먼 옛날의 중요한 인물들에 대해 들어본 적이 있었을지 우리로서는 알 길이 없다. 오히려 그의 시대까지 이어진 역사적 사건들은 모든 팔레스티나 유대인들에게 사회적, 지적 영향을 미쳐왔기 때문에 예수의 삶을 이해하는 데 중요하다. 예수 당시의 유대인 종파들(예: 바리사이파, 사두가이파, 에세네파)이 형성된 것은 마카베오 시대의 사회적, 정치적, 종교적 위기에 대응하기 위한 것이었고, 로마의 점령은 예수 당시 유대인들의 수많은 비폭력적, 폭력적인 봉기의 원인이었다. 많은 유대인들에게 있어 약속된 땅을 외세가 지배하는 것은 정치적으로나 종교적으로나 용납할 수 없는 일이었다. 더욱이 1세기 팔레스티나에서 다수의 유대인들이 품고 있던 저항의 이데올로기, 종말론적 세계관에 영감을 준 것은 당시 전반적으로 사람들 사이에 편만했던 불공정함과 고통이었다.(본문 14장 참고)

유대 종파들의 형성

하스몬 왕조의 통치 동안 그리고 분명 그것에 대한 반응으로, 다양한 유대 종파가 출현했다. 우리가 살펴본 바와 같이, 유대인 역사가 요세푸스는 이 중 네 개의 그룹을 언급하고 있다. 신약성서는 그중 세 개를 분명히 언급하고 있다. 다양한 면에서 그들 모두는 역사적 예수의 삶을 이해하는 데 중요한 역할을 한다.

처음 팔레스티나에 있던 대부분의 유대인들은 이 집단들 중 어느 것에도 속하지 않았다. 요세푸스는 가장 큰 종파였던 바리사이파Pharisees가 6천 명, 에세네파Essenes가 4천 명의 규모를 자랑했다고 말한다. 사두가이파Sadducees는 아마도 그들에 비해 훨씬 더 적었을 것이다. 이 숫자들은 당시 전 세계 유대인 인구에 비추어 고려되어야 한다. 가장 그럴듯한 추정치는 그들의 수가 약 400만 명 정도였다는 것이다.

하지만 여기서 우리의 목적에 중요한 것은 이 집단의 크기가 아니다. 왜냐하면 그들은 적은 수에도 불구하고 영향력이 있었기 때문이다. 그보다는 특히 그들이 직면했던 정치적 위기에 비추어, 그들이 가진 유대인이라는 자각이 무엇을 의미했는지 알아보는 것이 중요하다. 물론 모든 종파의 구성원들은 이 장의 앞부분에서 설명한 것처럼 유대교의 기본 원칙에 동의했을 것이다. 각 그룹은 구약 성서에 나온 대로 이스라엘 백성을 선택한, 구약의 계명들을 지키며 그에게 순종하면 그들을 보호하고 지켜주겠다고 약속했던 천지만물의 창조자인 유일신을 믿었다. 그러나 그들은 종파에 따라 신의 율법에 대한 복종이 무엇을 요구하는지 그리고 외세의 통치에 어떻게 반응하고 사독 가문이 아닌 대사제의 존재를 어떻게 받아들일지에 대해 상당한 이해의 차이를 보였다.

바리사이파 바리사이파들은 아마도 가장 잘 알려져 있지만 가장 잘못 알려진 유대인 종파일 것이다. 신약 성서, 특히 마태오의 복음서에서 소개된 방식 때문에 오랜 시간에 걸쳐 그리스도교인들은 바리사이파들의 주된 속성을 위선으로 잘못 여겨왔다.

이 종파는 마카베오 시대에 하느님의 뜻을 온전히 지키려는 독실한 유대인들의 모임에서 시작된 것으로 보인다. 이 유대인들은 그리스인들의 문화와 종교를 받아들이기보다는 그들의 하느님의 율법을 최대한 알고 지키자고 주장했다. 그러나 모세의 율법을 지키는 것의 어려움 중 하나는 모세의 율법이 여러 부분에서 모호하다는 것이다. 예를 들어, 유대인들은 안식일을 거룩하게 지키라는 십계명이 있지만 토라는 이것이 어떻게 행해져야 할 것인지 어디에도 정확히 보여주지 않는다. 바리사이파 사람들은 모세의 모든 율법을 지키는 데 도움이 되도록 규칙과 규정들을 고안했다. 이 규칙들은 결국 전승의 체계를 이루었는데 위의 예를 계속 사용하자면, 그것은 안식일에 그들이 할 수 있는 일과 할 수 없는 일을 나타내거나, 다른 모든 날

과 구별하기 위해 무엇을 해야 하는지 알게 했다. 따라서, 예컨대 신실한 유대인은 안식일에 긴 여행을 떠나서는 안 된다는 규정에 대해서 "긴" 여행이 어느 정도의 거리를 말하는지, 유대인이 거룩함을 위반하지 않고 이 날에 여행할 수 있는 거리가 얼마인지를 제시했다. 마찬가지로 안식일에 노동을 해서는 안 된다고 믿는 노동자도 "노동"이 무엇을 의미하는지, 따라서 그 날 그가 할 수 있는 것과 할 수 없는 것이 무엇인지 그것을 통해 알아야만 했다.

예를 하나 더 들어보자. 모세의 율법은 유대 농부들에게 수확의 10분의 1, 즉 십일조를 사제들과 레위 사람들에게 주라고 명령한다.(민수 18:20-21) 사제들은 예루살렘 신전에서 제사를 지냈고, 레위인들은 그들을 보조했다. 그들은 농사를 지을 수 없었기 때문에 그들이 받는 십일조는 신을 섬기는 데 대한 재정적인 지원의 의미였다. 농부로부터 음식을 구입하는 사람은 그 음식이 제대로 십일조를 낸 수확물로부터 만들어진 것인지 어떻게 구별해야 할까? 안전을 기하기 위해 몇몇 바리사이파들은 그들이 구입한 음식과 재배한 음식에 대해서도 모두 십일조를 바쳐야 한다고 주장했다. 이런 식으로 그들은 자신들이 하느님의 계명을 지키고 있다는 것을 확신할 수 있었다. 이런 과정을 통해 계명을 중복해서 따르게 되었다면, 특히 사제들과 레위 사람들에게는 그것은 더 좋은 일일 것이다.

바리사이파 사람들 사이에서 발달한 규칙과 규율은 그들 스스로의 위상을 지니게 되었고, 모세의 "성문" 율법과 함께 "구전" 율법으로 알려지게 되었다. 바리사이파들은 구전법을 지키는 사람은 누구나 결과적으로 성문법을 지키게 되는 것으로 거의 확실하게 믿었던 것으로 보인다. 하지만 그들의 원래의 의도는 법에 구애되는 것이 아니라 하느님의 명에 순종하는 것이었다.

바리사이파는 예수 당시에는 비교적 폐쇄적인 사회였을지도 모른다. 그들은 하느님에 대한 전적인 순종 상태를 유지하고자 하는 같은 생각을 가진 사람들과 집단을 이루어 지내면서 같이 식사를 하고 친교를 나누었다. 그들과 같은 정도로 하느님의 계명에 순종하지 않는 사람들을 그들은 정결하지 않다고 여겼다.

예수 시대의 바리사이파는 팔레스티나의 '권력자'

가 아니었음을 인식하는 것이 중요하다. 즉, 그들은 대중에게 인정받고 있었지만 진정한 정치적 영향력을 가지고 있지는 않았던 것으로 보인다. 어떤 면에서는 일종의 분리주의 집단으로 이해하는 것이 가장 정확할 것이다. 그들은 다른 유대인들과 떨어져서 그들 자신의 순수성을 유지하기를 원했다. 많은 학자들은 "바리사이"라는 용어 자체가 원래 "분리된 것"을 의미하는 페르시아어에서 유래되었다고 생각한다. 그러나 예수가 처형된 지 몇십 년이 지난 후, 바리사이파는 정치적 의미에서도 강력해졌다. 이것은 70년경, 예루살렘과 신전이 파괴되는 결과를 가져온 유대 전쟁(뒤에서더 자세히 설명하겠다) 이후의 일이었다. 이후 다른 무리들은 다양한 이유로 역사의 무대에서 사라졌지만 바리사이파는 로마 지배자들에 의해 더 큰 권위를 부여받았다. 구전 전승은 계속 성장했고 결국 신성한 법의지위를 차지했다. 그것은 마침내 200년경에 문자로 기록되었고 오늘날에는 유대교의 성스러운 텍스트, 탈무드Talmud의 핵심인 미슈나Mishnah로 알려져 있다.

사두가이파 사두가이파 사람들이 어떤 사람들이었는지 정확히 알 수 없다. 탈무드나 그 자신 역시 바리사이파였던 요세푸스의 기록, 그리스도교로 개종한후에 예루살렘 신전의 파괴에 관한 글을 남겼던 한 바리사이파, 즉 바울로를 통해 어느 정도 그들의 모습을 찾아볼 수 있는 바리사이파와 달리 사두가이파는 어떤 문서도 남기지 않았기 때문이다. 사두가이파를 이해하기 위해서는 요세푸스의 글이나 신약성서와 같은 다른자료에서 그들을 언급한 곳을 찾아보아야 한다.

예수 당시 사두가이파는 분명히 팔레스티나의 진정한 권력자였다. 그들은 대체로 예루살렘에 있는 유대인 귀족의 일원이었던 것 같다. 그들은 신전을 담당하던 유대교 사제단과 밀접한 관련이 있었다. 대부분의사두가이파 사람들은 사제였다.(모든 사두가이파가 사제는 아니었다.) 로마 통치자들에 의해 제한된 권력을부여받은 귀족의 구성원으로서 사두가이파는 로마 총독에게 협조적인 태도를 취했던 것으로 보인다. 흔히 산헤드린Sanhedrin이라고 불리던 유대인 의회는 지역적인 문제를 결정하기 위해 때때로 소집되었고, 주로사두가이파로 이루어져 있었다. 사두가이파는 신전과

긴밀한 연관이 있었기 때문에 토라에서 규정된 대로신전에서의 제사를 유대인들에게 강조했다. 실제로 사두가이파는 모세오경을 뜻하는 토라의 권위만을 인정한 것으로 보인다. 적어도 우리는 그들이 바리사이파가 만든 구전 전승들을 받아들이지 않았다는 것을 안다. 사두가이파는 식사, 여행, 노동과 같은 일상적 활동들에 있어서 개인적 정결을 지키는 것에 덜 관심을 기울였고 신전에서 희생물을 바치는 제사를 드리는 것에더 종교적인 관심을 기울였으며 이러한 희생이 계속될수 있도록 로마인들과의 관계를 유지하는 데 그들의정치적 에너지를 쏟았다.

모세의 다섯 권의 책 이외의 모든 서면적인 권위를인정하지 않던 그들은 후에 다른 유대인 집단들의 특징이 된 몇 가지 교리를 거부하게 되었다. 예를 들어그들은 천사의 존재를 부정했고 죽은 사람들이 미래에부활한다는 생각도 부인했다. 사후 세계에 대한 그들의 견해는 본질적으로 제국 내의 대부분의 비유대인들의 견해, 즉 "영혼"은 육체와 함께 소멸되거나, 아니면생전에 어떤 삶을 살았는가에 관계없이 명부에서 계속유지된다는 생각과 같았을지도 모른다.

에세네파 에세네파는 신약성서에 명시적으로 언급되지 않은 유대인 종파이지만 아이러니하게도 우리가가장 잘 알고 있는 사람들이기도 하다. 왜냐하면 유명한 사해 두루마리Dead Sea Scrolls가 사해 서쪽 해안 근처 황무지, 예루살렘 동쪽, 지금은 쿰란Qumran이라 불리는 지역의 공동체에 살던 에세네파 사람들에 의해만들어졌기 때문이다. 비록 "에세네"라는 용어는 두루마리에서는 나오지 않지만, 우리는 요세푸스와 같은다른 고대 작가들로부터 에세네파 공동체가 이 지역에있었다는 것을 알고 있다. 게다가 사해 두루마리에 묘사된 사회상과 신학적 견해는 우리가 에세네파에 대해 알고 있던 것과 일치한다. 따라서 대부분의 학자들은 이 두루마리가 쿰란 근처에 살고 있던 에세네파의문서이거나 적어도 그 일부분일 것이라고 확신하고 있다.

이집트 나그함마디 근처에서 발견된 영지주의자들의 문서와 마찬가지로, 사해 두루마리 발견도 완전히우연한 일이었다. 1947년, 사해의 북서 해안 근처 황

Box 4.5 사해 두루마리의 신의 계시

사해 두루마리 중에서 발견된 글들 가운데 특히 초기 그리스도교 역사가들의 흥미를 끈 것들이 있다. 하느님이 역사 사건의 과정을 알려주었다는, 에세네파의 믿음을 보여주는 두 종류의 글들이 그것이다.

성서 주석. 다른 많은 유대인들처럼, 에세네파 사람들은 성서의 예언자들이 수 세기 후 자신들의 시대에 일어날 사건들에 대해 이야기했다고 믿었다. 하바쿡에 붙여진 주석에 의하면 "하느님이 하바쿡에게 마지막 세대에 일어날 일을 받아 적으라고 하셨지만 마지막이 언제인지는 알려주시지 않았다"고 한다. 에세네파는 신의 신성한 목적에 대한 이러한 비밀스러운 계시를 설명하기 위해 특정한 해석 방법을 개발했다. 학자들은 이러한 해석 방법을 쿰란 주석에서 예언의 설명을 소개하기 위해 사용된 히브리어 단어를 따와 "페셰르 pesher"라고 불렀다. 그 주석들은 보통 성서의 한 구절을 인용한 다음 그것의 "페셰르" 즉 주석을 제공한다. 모든 경우에 있어서, 이 주석은 어떻게 그 예언이 쿰란 공동체의 세계에서 실현되었는지를 보여준다.

하바쿡 주석의 다음 예들은 그 방법이 어떻게 사용되는지 보여준다. *아랫줄*로 표시한 성서의 구절 다음에 페셰르가 따라온다. 내 설명은 괄호로 묶었다

"보아라, *내가 칼데아인들을[바빌로니아인들의 다른 이름]을 일으키리니 그들은 사납고 날랜 족속이라, 남의 보금자리를 빼앗으며 천하를 주름잡는다.*"(하바 1:6) 해석건대, 이것은 전쟁에서 빠르고 용맹한 키팀[로마인을 가리키는 은어]과 관련이 있다.

"*주께서는 눈이 맑으시어 남을 못살게 구는 못된 자들을 그대로 보아 넘기지 않으시면서 어찌 배신자들은 못 본 체하십니까? 나쁜 자들이 착한 사람을 때려잡는데 잠자코 계십니까?*"(1:13) 해석건대 이는 의로운 교사[초기 쿰란 공동체의 지도자]가 정죄를 당할 때 침묵하고, 회중 한가운데서 율법을 어기는 거짓된 재[그 공

동체의 적이었던 예루살렘의 대사제]에 대항하여 아무런 도움의 손길도 주지 않은 압살롬 가문[예루살렘에 있는 힘 있는 유대인들의 모임]과 의회 지도자들에 관한 것으로 해석된다.

"*돈이 있다고 우쭐대다가는 나둥그러지리라. 목구멍은 죽음의 구렁처럼 삼켜도 삼켜도 성차지 않아(……).*"(2:5) 해석건대. 이것은 그가 처음 세력을 얻기 시작할 때 진실이라는 이름으로 불렸던 사악한 성직자[예루살렘의 대사제]와 관련된 것이다. 그러나 그가 이스라엘을 다스릴 때 그는 마음이 교만해져서 하느님을 저버리고 부를 위하여 율법을 저버렸다.

이 구절들에서 쉽게 볼 수 있듯이, 쿰란 공동체의 역사는 고대 예언에 대한 그들 자신의 해석으로부터 읽을 수 있다.

전쟁 문서. 이 두루마리에는 시간의 끝에 일어날 선과 악의 세력 사이의 마지막 전쟁에 대해 자세히 묘사되어 있다. 이것은 전투의 과정을 간략히 설명하고 전쟁을 하는 병사들에게 규율을 주며 '빛의 자손들'(에세네 공동체의 구성원들)이 '어둠의 자손들'(로마인, 변절한 유대인, 그 밖의 모든 사람들)에게 승리를 거둔 후 신이 그들에게 주기로 약속한 결과를 묘사한다. 이 전쟁은 40년이 걸릴 것이며, 그중 첫 6년은 키팀(로마인)과의 전쟁에, 나머지는 다른 나라들과의 전쟁에 사용될 것이다.

이 문서는 이렇게 신의 세력과 그의 적들, 선과 악의 투쟁에 대한 종말론적 비전을 제공한다. 전쟁 문서는 역사를 마감할 미래의 전쟁에 대한 생생한 묘사와 상세한 설명으로 고대 유대인 문학 중에서도 독특한 위치를 차지하고 있지만 Box 15.7에서 더 자세히 볼 수 있듯이 그 시대의 다른 유대인들이 쓴 종말론적 문헌들과 밀접하게 관련되어 있다.

무지에서 잃어버린 염소를 찾고 있던 양치기 소년은 자신이 동굴 안으로 던진 돌이 무엇인가에 부딪는 소

리를 들었다. 동굴에 들어간 그는 오래된 두루마리들로 가득한 고대 토기 항아리를 발견했다. 베두인 목동

도판 4.5 가장 중요한 사해 문서 중 하나인 히브리어판 이사야서.

들에 의해 고물상으로 옮겨진 책들에 대한 소식을 전해 들은 성서학자들은 주변 동굴에서 더 많은 두루마리를 찾아내기 위해 수색하는 한편 베두인족에 의해 잘려져 팔려 나간 두루마리들을 회수하기 시작했다.

이 지역의 일부 동굴들에서는 온전한 두루마리들이 나왔고 다른 동굴들에서는 조각들이 너무 많이 사라져 원형을 복구하기 힘든 수천 개의 작은 두루마리 조각들이 발견되었다. 많은 조각이 없어지고 남은 조각들도 모두 뒤섞인 수십 개의 거대한 조각 퍼즐들을 최종 결과물이 어떨지 알지도 못한 채 맞추려 시도한다고 상상해보라! 모두 수백 개의 모든 문서들이 발견되었지만 그중 많은 문서들은 우표 크기만 한 조각들로 되어 있고, 몇십 개의 다른 문서들은 내용들을 충분히 알 수 있을 만큼 긴 두루마리로 되어 있다.

대부분의 두루마리들은 히브리어로 쓰여 있지만, 일부는 아람어로 되어 있고 다양한 종류의 문헌들이 포함되어 있었다.(Box 4.5 참고) 에스테르서를 제외하고 유대교 성서에 들어 있는 모든 책들의 사본이 적어도 일부라도 존재하며 그중 일부는 거의 완성본에 가깝다. 이것들은 만들어진 시기 때문에 엄청난 가치를 지니고 있다. 그것들은 그 전까지 우리가 가지고 있던 가장 오래된 히브리 성서 사본보다 거의 천 년이나 더 오래되었다. 따라서 우리는 그 기간 동안 유대인 서기들이 글을 얼마나 제대로 필사해온 것인지 확인할 수 있게 되었다. 그에 대한 대답은 대부분의 경우 그들이 정확하게 필사를 해왔다는 것이다. 성서 중 일부에 대한 주석도 있는데 주로 고대 예언자들의 예언이 에세네파 신자들의 경험과 그들 공동체의 역사에서 이루어졌다는 것을 보여주기 위한 것이었다. 이 밖에도 공동체 구성원들이 작곡한 시편과 찬송가들, 저자들의 생전에 일어날 미래 사건들에 대한 예언, 공동체 구성원들이 함께 생활하면서 지켜야 할 규칙 등을 담은 책들이 있다.

이 모든 책들을 통해 학자들은 에세네파의 삶과 믿음을 상당히 상세하게 재구성할 수 있었다. 쿰란에 있었던 그들의 공동체는 기원전 150년경, 마카베오 시대 초기에 하스몬 가문 사람들이 비사독계를 대사제로 임명함으로써 그것의 권위를 찬탈당했다고 생각한 경건한 유대인에 의해 시작된 것으로 보인다. 예루살렘의 유대인들이 정도에서 멀어졌다고 생각한 에세네파는 모세율법을 엄격하게 지키고 그들 자신의 "제의적 정결"을 유지할 수 있는 그들만의 공동체를 황야에서 시작하기로 했다. 그들은 시간의 종말이 임박했다는 것을 확신하고 있었다. 그때가 오면, 선과 악의 힘, 빛의 자손들과 어둠의 자손들 사이에 최후의 결전이 벌어질 것이었다. 그 전투는 하느님의 승리와 그의 자녀들이 축복받은 왕국으로 들어가는 것으로 절정에 이를 것이다.

몇몇 두루마리들은 왕과 사제, 두 명의 메시아messiahs가 이 왕국을 다스릴 것이라고 주장한다. 사제 메시아는 하느님의 뜻에 따라 다시 제물이 바쳐질 수 있는 성결한 신전에서 신자들을 인도하여 하느님을 경배하게 할 것이다. 그때까지 하느님의 참된 백성은 유대 신전과 나머지 유대 민족에 만연한 세상의 불결을 제거할 필요가 있었고 따라서 에세네파는 엄격한 가입 규칙과 규정을 가지고 수도원 같은 자신들의 공동체를 시작했다. 그들의 공동체에 들어가려면 2년간의 준비 기간이 요구되었고, 그 후 멤버로 승인되면 자신의 모든 재산을 공동체에 기부하고 다른 모든 회원들과 함께 공동으로 식사를 했다. 엄격한 지침이 공동체 구성원들의 삶을 제한했다. 일과 휴식, 식사 시간이 정해져 있었고, 금식 기간도 정해져 있었으며 다른 이를 방해하거나 식사할 때 말을 하거나 부적절한 웃음 등의 행동에 대해서는 엄한 처벌을 받았다.

66-73년 사이의 유대-로마 전쟁이 시작되었을 때 쿰란의 에세네파는 투쟁에 참여하기 전에 그들의 신성한 글들의 일부를 숨긴 것으로 보인다. 그들은 그 전쟁을 하느님이 역사를 끝내기 전 그의 나라를 세우고 그의 메시아를 보낼 마지막 싸움으로 보았는지도 모른다.

Box 4.6 유대교 회당의 여인들

오랫동안 고대 유대교 회당에서는 여성들이 중요한 역할을 맡을 수 없다고, 즉 지도자의 지위를 맡거나, 예배에 참여하거나, 남성과 함께 앉지 못한 채 그저 예배를 지켜볼 수 있는 그들만의 좌석에 남아 있어야 한다고 생각되어왔다. 부분적으로 이 견해는 1세기 이후 한참 시간이 지난 다음에 남성들에 의해 쓰여 그들의 생각을 반영하고 있는 유대 자료들(예: 탈무드)에 근거하고 있으며, 또 일부는 오늘날 많은 사람들이 반유대주의라고 여길 페미니스트적인 그리스도교 연구에 기초했다. 그런 주장을 하는 사람들은 여성 추종자들을 지녔던 예수가 당대의 억압적인 남성 우월주의자들보다 훨씬 진보적이었다고 주장한다.

이런 유대교의 오래된 여성관은 전혀 옳지 않을 수도 있다. 우리는 여성을 유대인 공동체의 저명한 구성원과 실제 지도자로 명명하는 고대 유대교 회당에서 나온 20여 개의 비문들을 가지고 있다. 최근의 학문에 따르면, 이러한 비문은 사회적 현실, 즉 어떤 때는 여성이 유대인의 예배 공동체에서 주도적인 역할을 했다는 것을 보여준다. 게다가 적어도 예수의 시대에 여성들은 유대교 회당 건물 내에 있는 별도의 공간에서 남성들로부터 격리되어 있었다는 것을 뒷받침하는 고고학적 증거도 없다.

예수가 추종자들 가운데 여성들에게 특별히 관심을 기울인 것과 초기 그리스도교 교회 지도자들 가운데 여성들이 있었다는 것(24장 참고)은 유대교 회당에서 여성들이 때때로 맡았던 역할과 관련이 있었을까?

제4철학 요세푸스가 로마 독자들을 위해 유대교에 대해 글을 쓸 때, 그는 우리가 논의해온 각 종파의 생각을 '철학'으로 표현한다. 이 말은 그들이 세계에 대한 독특하고 이성적인 시각을 가진 집단이었음을 의미한다. 요세푸스는 그가 논하는 네 번째 종파에는 아무런 이름을 붙이지 않고 단순히 "네 번째 철학fourth philosophy"이라고만 부른다. 그러나 이 철학의 교리들은 분명하며, 그것들은 우리가 다양한 고대 자료들로부터 알고 있는 다양한 집단들에서도 나타났다. 이들 각 집단들은 나름대로 이스라엘을 지배하던 외세에 대한 적극적인 저항을 지지했다.

이런 다양한 집단들에 특징적인 견해는 이스라엘이 자신들의 땅에 대한 권리, 즉 하느님이 직접 부여하신 권리를 가지고 있다는 것이었다. 그 권리를 찬탈한 자나, 그런 세력들을 지지하는 자들에게는 필요하다면 폭력적인 수단을 써서라도 반대해야 했다. 1세기 중반에 이런 노선을 택한 사람들 중에는 라틴어로 '단도'를 뜻하는 이름을 지닌 시카리파Sicarii가 있었다. 이 '단도를 지닌 사람'들은 로마 당국에 부역하는 것으로 생각되는 유대인 고위 관리들에 대한 암살과 유괴를 계획하고 수행했다. 이 철학에 동의하던 또 다른 분파는 다소 뒤에 나타난 '열심당Zealots'이었다. 이들은 율법을 지키는 데 '열심'이었고 하느님이 자신들에게 약속한 땅을 되찾기 위하여 무장반란을 선동하던 유대인들이었다. 요세푸스의 글을 근거로 좀 더 구체적으로 살펴보면, 열심당원들은 갈릴래아에 거주하던 유대인들이었는데, 그들은 기원전 67년경 유대인들의 반란 때 예루살렘으로 도망갔고, 유혈 쿠데타로 예루살렘의 성직 귀족계급을 전복시켰으며, 궁극적으로 70년경 예루살렘과 신전 파괴를 불러온 로마 군단에 대한 격렬한 반대를 촉구했다.

예수에 관한 전승의 이스라엘 배경

이 장에서 논의된 것처럼 1세기 유대인들 사이의

Box 4.7 신의 아들로 기적을 행하던 다른 유대인들

심지어 예수 당시 유대교 안에서도 예수만이 기적을 행하는 하느님의 아들이라고 생각되지는 않았다. 그의 가장 유명한 두 명의 동시대인은 아마도 "원 그리는 사람"이었던 호니Honi와 후에 유대교 랍비들의 글을 통해 알려진 하니나 벤 도사Hanina ben Dosa였을 것이다. 호니는 예수보다 100년 전에 죽은 갈릴래아 지방의 랍비였다. 그는 비를 내려주기를 하느님에게 기도한 후 자신이 선 곳 주위 땅바닥에 원을 그리고 하느님이 그의 부탁을 들어줄 때까지 거기서 나오지 않겠다고 선언했기 때문에 그런 별명이 붙여졌다. 운 좋게도 하느님은 그의 요구를 들어주었다. 후에 나온 기록들은 호니가 존경받는 랍비였고 기적을 일으켰으며 자신을 신의 아들이라고 불렀다는 것을 보여준다. 예수처럼 그도 유월절 무렵 예루살렘 성벽 밖에서 순교했다. 그의 죽음을 초래한 유대인들을 벌하기 위해 하느님은 강력한 폭풍우를 보내 그들의 농작물을 황폐하게 했다.

하니나 벤 도사("도사의 아들"이라는 뜻)는 예수 시대 직후인 기원전 1세기 중반 갈릴래아에서 활동한 랍비였다. 그는 의로운 사람이었고 강력한 기적을 일으킨 것으로 유명했는데, (호니처럼) 신에게 간청하여 비를 내리고, 병든 사람들을 치료할 수 있는 힘을 가지고 있었으며, 악마에게 그의 명령을 따르도록 강요할 수 있는 사람이었다. 사람들의 말에 의하면 그도 예수처럼 하늘에서 들려오는 목소리가 하느님의 아들로 선언했다고 한다.

이들은 모두 예수와는 물론 다소 다르게 묘사된다.(예를 들어, 그들의 기적의 대부분은 자신들의 능력이 아닌 기도를 통해 성취되었다.) 그들은 또한 중요한 면에서 다르다.(예를 들어, 예수와 하니나는 악령들을 쫓아내었지만 호니는 그렇지 않다.) 그러나 가장 흥미로운 것은 누구든 예수를 기적을 행하는 유대인 랍비, 곧 하느님의 아들이라고 설명하는 사람의 주장은 선선히 받아들여질 수 있었다는 것이다. 예수 이전과 이후의 다른 많은 의로운 유대인들도 비슷하게 묘사되었기 때문이다.

광범위한 차이점들에도 불구하고 그들은 특정한 점들에서는 의견이 일치하는 것처럼 보였다. 그들은 모두 자신들과 언약을 맺고 그들에게 율법을 준 이스라엘의 하느님 한 분이 계시다는 데 동의했다. 이스라엘이 하느님과의 특별한 관계 안에 머물려면 그 율법을 따라야만 했다.

그러나 나는 유대교의 특징을 감안하더라도 유대교가 제국의 다른 종교들과 완전히 다르지는 않았다는 것을 강조해야만 하겠다. 예를 들어 우리가 보아온 것처럼, 일부 이교도들pagans조차도 일신교monotheism의 개념을 받아들이고 있었다. 그들은 또한 신들이 특정한 민족들을 위해 특별한 준비들을 했고(예: 로마 제국의 국가적 신들), 특정한 명령들을 내렸으며(숭배하는 방식), 특정한 장소들을(사원)에서 정해진 기도문들과 희생물을 바치는 특정한 방식으로 숭배를 해야 한다는 것을 받아들였다. 그러므로 그 세계의 모든 종교가 차이가 있으면서도 서로 비슷했던 것처럼 유대교도 다른 종교들과 차이가 있으면서도 비슷한 그리스-로마 종교의 하나로 보아야 한다.

같은 환경에 존재했던 유대교와 이교도 종교들 사이에는 유사성이 하나 더 있었는데, 이것은 이 세상에 널리 퍼진 예수에 대한 전승과 관련해 특히 중요한 유사성이다. 유대교도 다른 종교들처럼 참된 하나의 신보다 왜소하고 능력도 부족한 다른 신적 존재들이 있다고 믿었고, 이러한 신적 존재들이 때때로 인간의 형태로 사람들에게 나타난다고 주장했다. 유대 경전에는 천사들이 와서 인간에게 말을 하거나 신성한 계시를 알려주거나 눈부신 기적을 행한 기록들이 있다. 게다가 유대교에는 인간을 뛰어넘는 것처럼 보이는 사람들의 이야기들이 있다. 예를 들어, 모세는 히브리 경전에서 하느님의 능력으로 기적을 행했다고 하고(예: 이집트에 역병을 보낸 것) 예언자 엘리사는 눈먼 사람을 낫게 하고 굶주린 사람들을 위해 빵을 불렸으며, 엘리야는 하느님의 능력으로 그의 적들을 압도하고 가난한

Box 4.8 초기 그리스도교 당시의 유대 세계

1. 유대교는 바리사이파, 사두가이파, 에세네파와 같이 매우 다양한 분파들이 존재했지만, 몇 가지 독특한 특징을 가지고 있었다.
   a. 유대인들은 오직 이스라엘의 하느님만을 숭배해야 했다.
   b. 이 신은 유대인들을 그의 특별한 백성으로 선택했다.
   c. 유대인들의 신은 하느님이 그들을 선택한 것에 대해 율법을 따름으로써 부응해야 했다.
   d. 유대인들은 예루살렘 신전에서 바치는 희생과 고대 세계 곳곳에 위치한 유대교 회당에서 기도를 하고 이스라엘의 신성한 전승에 대해 연구를 함으로써 경배될 수 있었다.
2. 고대 이스라엘의 역사는 아시리아인, 바빌로니아인, 페르시아인, 그리스인, 시리아인, 로마인 등의 외세에 의해 약속의 땅이 연속적으로 점령당하는 군사적/정치적 재난의 반복이었다.

3. 예수가 태어나기 약 150년 전에 일어난 마카베오 반란은 유대인들이 자신들의 땅에 주권국가를 세우게 했고, 그것은 기원전 63년 로마에 정복될 때까지 존속됐다.
4. 마카베오 시대, 그다음 세기 동안 팔레스티나의 유대교 내에는 다양한 당파들이 생겨났다.
   a. 바리사이파 사람들은 모세의 율법을 온전히 지키기 위해 구전 율법을 철저히 지켰다.
   b. 예루살렘 신전을 관장하고 있던 유대인 귀족들인 사두가이파는 토라의 예배에 관한 규율을 지켜야 한다고 강조했다.
   c. 에세네파는 세상의 종말이 올 것을 기대하면서 사회 전반의 오염되는 영향으로부터 분리되어 자신들의 의례적인 순수성을 지키려 했던 분리주의 단체이다.
   d. '제4철학'은 약속의 땅을 점령한 외국의 압제자들을 폭력적으로 타도할 것을 주장했다.

자들에게 먹을 것과 마실 것을 공급했으며 심지어 죽은 자를 살리기도 했다고 한다.

히브리 경전들에 나오지 않지만 우리는 하느님과 특별한 관계에 있던 것으로 생각되던 유대인들을 알고 있다. 때로는 신의 아들들이라고도 불리던 이 성스러운 유대인들은 아픈 사람들을 치유하고 폭풍을 진정시킬 수 있었다고 전해진다. 일부 유대인들은 신이 그들에게 직접, 친밀하게 말을 했다고 믿었다. 후세의 랍비들은 때때로 그런 성스러운 사람들의 이야기를 남겼는데, 그들 중 일부는 예수 시대 가까이, 역시 갈릴래아에 살았었다. 예를 들자면, 하니나 벤 도사 Hanina ben Dosa와 "원을 그리는 사람" 호니Honi는 기억할 만한 가르침과 기적으로 랍비들 사이에서 유명했다.(Box 4.7 참고) 그런 이유로 기적을 행하는 하느님의 아들 예수에 대한 이야기는 신적인 사람들에 대한 설명에 익숙한 이교도들뿐만 아니라 팔레스티나에 거주하든 디아스포라들에 거주하든 유대인들에게 그렇게 이상하게 들리지 않았을 것이다.

05장

구전 전승에서
기록된 복음서로

이 장의 과제

오늘날 신약성서를 읽는 사람들은 일반적으로 이 책들이 일어난 그대로의 예수에 대한 이야기를 전한다고 가정한다. 하지만 그게 사실일까? 신약성서의 저자들 중 어느 누구도 자신이 목격한 사실을 기록한다고 주장하지 않았고, 그들은 모두 예수가 말한 것(아람어)과는 다른 언어(그리스어)로 수십 년 후에 그들의 진술을 기록했다는 사실을 주목할 필요가 있다. 이 저자들은 어디서 그들의 이야기를 얻었을까?

이 장에서, 나는 복음서가 궁극적으로 구전 전승들, 즉 주로 이야기의 현장에 존재하지 않았던, 이야기의 사건들을 목격하지 못한 사람들에 의해 오랜 세월 후에 다양한 시기, 장소들에서 구전으로 전해진 예수에 관한 이야기들로 거슬러 올라간다고 주장할 것이다. 그러고 나서 우리는 후에 작가들이 최초로 이 이야기들을 기록하려 시도한 것을 살펴보며 그들이 만든 이들 신약성서의 복음서들이 어떤 책인지―동화? 종교소설? 치밀하게 조사된 역사? 기타 다른 어떤 것?―살펴볼 것이다.

우리는 왜 복음서가 고대의 전기들과 가장 유사한지 이유를 알아볼 것이다. 고대의 전기들은 정확성에 그리고 그것을 달성하기 위한 수단(예: 데이터 검색 시스템을 통해)에 대해 강박적으로 집착하는 현대의 전기들과는 다르다. 우리가 던져야 할 한 가지 중요한 질문은 복음서가 쓰일 때의 상황이 그것의 형성에 어떤 영향을 미쳤는가, 그것을 감안해서 복음서들이 어떻게 읽혀야 하는가에 관한 것이다.

우리는 이미 신약성서의 역사적 연구에 관련된 아이러니들 중 하나를 다루었다. 만약 우리가 신약성서의 초기 저자인 바울로가 아니라 어떤 의미에서는 그의 종교의 기반이 되는 사람, 예수로부터 연구를 시작하기로 한다면, 우리는 바울로 이후에 쓰인 책들을 검토하는 일부터 착수할 수밖에 없다. 사실, 이런 책들 중 일부는 가장 최근에 제작된 신약성서 중에 포함되어 있었다. 시작점에 이르기 위해서 끝으로부터 출발해야 하는 것이다.

동시에, 복음서 자체는 비교적 늦게 쓰였지만 그들은 훨씬 이전에 존재했던 예수에 대한 전승을 보존하고 있는데, 그들 중 많은 전승들은 바울로가 그의 편지를 쓰기 훨씬 전에 그리스도교인들 사이에 떠돌던 것들이었다. 이제 우리는 그리스도교가 태어나고 성장한 그리스-로마 환경의 몇 가지 중요한 측면을 논의했으므로 1세기 말 마태오, 마르코, 루카, 요한 그리고 어느 정도 시간이 지난 후 베드로와 토마가 쓴 복음서에 구현된 전승들 자체를 살펴볼 수 있을 것이다. 어떻게 이렇게 다양한 저자들은 예수에 대한 전승을 얻었을까?

복음서 배후의 구전 전승

지금으로서는 모든 신약 복음서들의 저자들이 익명이며 그들은 자신들의 이름을 책에 기록하지 않았다는 점만 지적하고, 복음서들의 저자들이 누구였는지의 문제는 제쳐두기로 한다. 현재 우리의 주된 관심사는 다른 문제, 즉 이 익명의 저자들이 어떻게 그리고 어디서 예수에 대한 그들의 이야기를 얻었는지에 관한 것이다. 운 좋게도 지금 우리는 몇 가지 확실한 정보를 얻을 수 있는 위치에 있다. 이 저자들 중 한 명이 이 문제를 직접적으로 다루고 있기 때문이다. 루카(우리는 그의 진짜 이름은 알지 못한다)는 이전에 쓰인 예수의 삶에 대한 기록들을 언급하고 그와 그 이전의 저자들이 예수에 대한 이야기를 그리스도교인들로부터 얻었음을 밝히는 것으로 그의 복음을 시작한다. 즉, 그의 글들은 궁극적으로 구전 전승traditions, 즉 예수가 죽을 때부터 복음서 저자들이 기록을 시작하는 순간까지 그리스도교인들 사이에 떠돌았던 이야기들에 바탕을 두고 있다. 정확히 얼마나 긴 시간이 그사이에 흘렀던 것일까?

아무도 언제 예수가 세상을 떠났는지 확실히 알지 못하지만 학자들은 그것이 대략 서기 30년쯤이었다는 것에 동의한다. 게다가 대부분의 역사가들은 마르코의 복음서가 60년대 중반에서 70년대 초 사이에 쓰인 최초의 복음서라고 생각한다. 마태오와 루카는 아마 10년 혹은 15년 후, 서기 80년 혹은 85년쯤 후에 만들어졌을 것이다. 요한은 그로부터 다시 10년 후인 90년 또는 95년에 저술되었다. 이것은 대략적인 추정치일 수밖에 없지만 거의 모든 학자들은 몇 년의 차이가 있을지언정 이에 동의한다.

아마도 역사학자들이 이 연대에 대해서 가장 놀라워하는 점은 예수의 죽음과 그의 삶에 대한 가장 초기의 기록 사이에 큰 간격이 있다는 것이다. 예수에 대한 첫 번째 서면 기록(즉, 복음서들)의 작성 시기는 그의 사후 35년에서 65년 후로 추정된다. 긴 시간처럼 보이지 않을 수도 있지만, 현대적 관점에서 한번 생각해보자. 그중 가장 짧은(예수와 마르코의 복음서와의 간격) 시간도 아이젠하워의 대통령직에 대한 최초의 서면 기록이 오늘날 나타나는 것과 같을 것이다. 가장 긴 시간(예수와 요한의 복음서 사이)은 대공황 초기 시절의 유명한 설교자의 이야기를 이번 주에 처음으로 책으로 읽는 것과 같을 것이다. 단순히 복음서 기록이 늦었다고 해서 반드시 신빙성이 떨어진다고 단정해서는 안 되지만, 그런 시간의 경과들은 우리를 잠시 생각에 빠지게 만든다. 예수의 죽음과 복음서 작성 사이에 흐른 30년, 40년, 50년, 60년 동안에 무슨 일이 있었을까?

의심할 여지 없이, 초기 그리스도교에서 일어났던 가장 중요한 일은 예루살렘에서 예수를 따르던 보잘것없는 규모의 유대인 추종자들로 이루어진 작은 종파—복음서에는 예수가 십자가에 못 박힌 후에도 그에게 충실했던 열한 명의 남자와 몇 명의 여자가 있었다고 나와 있다. 그래봤자 총 열다섯 또는 스무 명이었

다—가 로마 제국Roman Empire 전역의 주요 도시 지역에서 열렬한 신자들의 지지를 받는 세계종교로서의 위상에 이르기까지 번져나간 것이다. 바울로와 같은 선교사들은 그리스도를 세상의 죄 때문에 십자가에 못 박혀 죽은 뒤 죽음에서 다시 부활한 하느님의 아들이라고 유대인과 이방인들이 믿도록 적극적으로 신앙을 전파했다.

1세기 말까지, 이 작은 예수 제자들의 집단은 너무나 커져서 요르단의 동쪽 지역으로는 유대와 사마리아와 갈릴래아, 시리아, 킬리키아, 소아시아, 마케도니아와 아카이아(현재의 그리스), 이탈리아에 미쳤고 아마도 에스파냐에도 신앙 공동체가 존재했을 것이다. 이 때쯤에는 그리스도교 교회들이 지중해 남부, 아마도 이집트와 북아프리카에 생겨났을 것이다.

분명 그리스도교인들은 폭풍처럼 세상을 정복하지는 않았다. 뒤의 26장에서 보겠지만, 지방의 로마 관료들은 2세기까지 그리스도교인들의 존재를 거의 알아차리지 못했던 것 같다. 서기 1세기 동안 어떤 종류의 이교도pagan 문학에서도 예수나 그의 추종자들에 대한 언급은 단 한 건도 없었다. 그럼에도 불구하고 지중해 전역의 수많은 지역에서 그리스도교는 수백만 명씩 사람들을 개종시키기보다는 수천 명씩 개종을 시키며 조용하고 끈질기게 퍼져나갔다.

그리스도교인들은 사람들을 개종시키기 위해 무슨 말을 했을까? 그에 대한 증거는 답답할 정도로 부족하다. 사도행전에 나온 선교를 위한 설교들과 바울로가 자신의 편지에 포함시킨 설교의 일부 암시(예: 1테살 1:9-10)가 전부다. 우리는 이것들이 얼마나 당시의 사정을 잘 대변하고 있는지 알 수 없다. 게다가 대부분의 그리스도교 선교가 대중들에 대한 설교를 통해 이루어진 것이 아니라, 예수가 하느님의 아들이라고 믿게 된

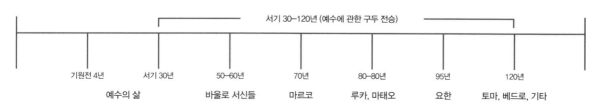

도판 5.1 초기 그리스도교 운동의 연대표.

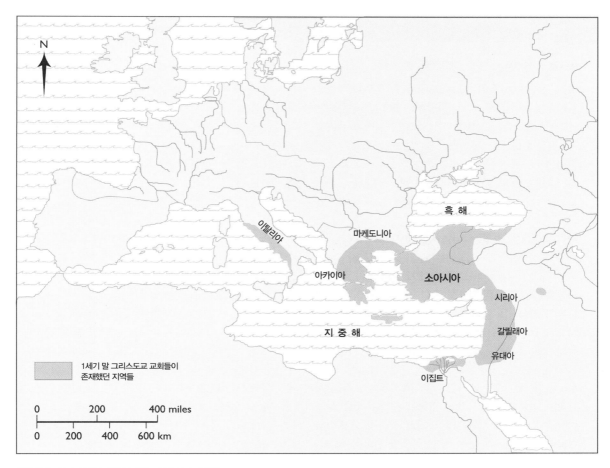

도판 5.2 서기 100년까지 존재한 그리스도교 교회들.

개인들이 그들의 새로운 신앙에 대해 다른 사람들에게 말하고 그것을 받아들이도록 설득하는 사적인 활동을 통해 행해졌다고 생각하는 것이 더 타당해 보인다.

그리스-로마 세계Greco-Roman world에서는 종교가 신들의 호의를 얻는 방법이었기 때문에, 예수를 믿어 덕을 보았다거나 심지어 기적적인 결과를 얻었다는 말이 퍼지면 사람들은 개종하고 싶은 마음이 들었을 것이다. 예를 들어, 예수에게 또는 예수를 통해 하느님에게 기도를 했더니 딸의 병이 나았다거나, 예수의 제자들이 사악한 영혼을 내쫓았다거나, 예수의 하느님이 굶주린 가족에게 기적을 통해 음식을 제공했다고 어떤 그리스도교인이 증언한다면, 그녀의 이웃이나 동료들은 관심을 갖게 되었을 것이다. 예수에 관심이 있는 사람들은 예수에 대해 더 알고 싶어 했을 것이다. 그는

어떤 사람이었는가? 그는 언제 살았는가? 그는 무슨 일을 했는가? 그는 어떻게 죽었는가? 그런 질문들에 대해 그리스도교인들은 기쁘게 대답을 해주었을 것이다.

복음서를 쓰기 전 수십 년 동안 지중해의 주요 도시 전역에 걸쳐 예수에 대한 이야기를 할 수 있는 기회들이 충분히 있었음에 틀림없다. 그렇지 않으면 별다른 통신수단이 없던 시대에 그리스도교가 그렇게 퍼진 것에 대해 설명할 방법이 없다. 그런 이야기를 충분히 들은 사람들은 예수를 믿기로 결심했을지도 모른다. 그것은 무엇보다도 예수를 믿는 종교의 양상을 채택하는 것, 즉 유대인이 아닌 사람들은 유대의 신을 받아들이고 그들 자신의 신을 버리는 것을 의미했다. 유대인들은 진정한 신이 한 분이라고 주장했기 때문이다. 일

Box 5.1 말하는 개와 부활한 노예

그리스도교인들이 이교도들을 개종시키기 위해 그들의 구전 전승을 퍼뜨릴 때, 그들은 무슨 말이나 행동을 했을까? 사도 바울로는 자신이 개종자들 사이에서 행했던 "표징과 놀라운 일과 기적"(2코린 12:12)처럼 그의 위대한 기적들이 큰 변화를 가져왔다고 말한다. 우리는 사도들과 그들의 놀라운 기적들에 관해 나중에 만들어진 구전 전승들—물론 아주 전설적인—을 가지고 있다.

가장 흥미로운 것 중 하나는 사도 베드로와 말하는 개다. 베드로 행전이라고 불리는 외경에서 베드로는 그의 적, 이단자인 시몬 마구스를 혼내기 위해 로마로 온다. 시몬은 그의 잘못된 가르침이 진실임을 증명하기 위해 눈부신 기적들을 행함으로써 그리스도교 신자들을 망치고 있었다. 베드로는 자신의 기적이 더 우월하고 따라서 그의 복음 메시지가 더 정확하다는 것을 보여주기로 결심한다.

로마에 도착한 그는 사악한 시몬이 마르켈루스라는 존경받는 교회 지도자의 집에 머물고 있다는 것을 알게 된다. 베드로는 그 집에 출입이 금지되었지만 단념하지 않고 근처 쇠사슬에 묶여 있는 큰 개를 풀어서 사람의 말을 할 수 있게 한다. 개는 시몬 마구스에게 가서 베드로가 밖에서 당신을 기다리고 있으며 매우 화가 난 것 같다고 전한다. 베드로에게 돌아온 개는 대결을 하자는 시몬의 대답을 전한다. 그리고 나서 개는 숨을 거둔다. "말하는 개를 본 군중의 많은 사람들이 베드로의 발 앞에 무릎을 꿇었다."

이야기의 정점에서 기적의 대결이 시작된다. 시몬과 베드로는 로마의 모든 사람들이 볼 수 있도록 경기장으로 간다. 관리가 더 큰 기적을 행하는 사람이 승리하는 것으로 결투의 규칙을 정한다. 기적의 대상으로 노예가 한 명 들여보내지자 시몬은 노예의 귀에 대고 한마디 말을 속삭임으로써 초자연적인 힘으로 그를 죽게 한다. 하지만 베드로는 그보다 더 큰 기적을 행한다. 그 자리에 참석한 모든 사람들에게 하느님이 "나를 통해 당신들을 죄에서 회개시키려고 많은 징표와 기적을 행하고 있다"는 사실을 알리며 베드로는 노예의 손을 잡아 부활시킨다. 으레 나오는 반응이 뒤따른다. "군중이 이것을 보고 '유일하신 하느님이 계시니 그는 베드로의 하느님이시다!' 하고 외쳤다." 기적은 사람들을 그리스도교인으로 변화시킨다.(Box 17.7과 28.4 참고)

단 그렇게 개종을 하면 그들은 세례baptism를 받고 약간의 초보적인 교육을 받음으로써 그리스도교 공동체에 참여할 수 있었다. 아마도 세례를 행하고 개종자들을 가르친 사람은 그리스도교의 지도자들이었을 것이다. 이 지도자들은 그 지역에서 새로운 종교를 받아들인 가장 초기의 사람들이거나 지도력이 뛰어난 사람들, 혹은 교육을 받은 사람들로서 사람들을 교육할 능력이 있는 사람들이었을 것이다.

우리는 그런 지도자들이 새로운 신자들에게 무슨 말을 했을지 정확히 알 수는 없지만 그들이 신앙의 본질적인 부분, 즉 한 분이신 진정한 하느님, 그의 천지 창조, 그리고 그의 아들 예수에 대한 정보를 전했을 것이라고 상상할 수 있다. 여기에는 예수가 누구였는지, 어떻게 세상에 왔는지, 무엇을 가르쳤는지, 왜 그가 고통받았는지 그리고 어떻게 죽었는지에 대한 이야기들도 포함되었을 것이다. 예수에 대한 이야기는 수십 년 동안 지중해 전역에서 사람들을 신앙으로 이끌었고, 믿게 된 사람들을 교화시키기 위해서 전해졌을 것이다. 그 이야기들은 복음 전도, 교육의 목적으로 그리고 아마도 예배에서 전해졌을 것이다. 이 이야기들은 복음서가 아직 쓰이지 않았기 때문에 필연적으로 구전으로 전해졌을 것이다. 하지만 누가 그런 이야기들을 했을까?

유감스럽게도, 우리는 예수에 대한 이야기를 전하던 사람들의 정확한 신분을 알지 못한다. 사도들apostles이 그 모든 이야기를 전했을까? 불가능한 일이다. 선교는 넓은 지역에 걸쳐 상당히 오랫동안 계속되었다. 그럼 다른 목격자들에 의해서? 마찬가지로 불가능한 이야기다. 대부분의 경우, 그들의 눈으로 직접 무슨 일이 벌어졌는지 현장에서 보지 못한 사람들, 다른 사람들로부터 그런 이야기를 들었을 뿐인 사람들이 그런 이야기들을 했을 것이다. 그 이야기들은 한 명의 개종자로부터 다음 개종자에게 입소문으로 전해졌다. 그 이야기들은 소아시아, 마케도니아, 아카이아, 이탈리아, 에스파냐 전역, 이집트, 유대, 갈릴래아, 시리아, 킬리키아 등 다양한 지역에서 전해졌다. 그들은 각기 다른 상황, 다른 이유들, 다른 시간, 다른 맥락에서 종종 유대인도 목격자도 아닌 사람들, 아니 목격자를 만난 적조차 없는 사람들에 의해 예수가 사용했던 언어가 아닌 다른 언어로 전해졌다.(예수는 아람어를 사용했지만 그리스도교로 개종한 사람들은 대부분 그리스어를 사용했다.)

그 과정을 가상의 예로 설명하겠다. 내가 에페소스 출신의 그리스어를 사용하는 사람으로 아르테미스 여신을 숭배한다고 치자. 나는 한 낯선 사람이 마을에 잠시 머문다는 이야기를 듣는다. 그는 예수라는 사람의 경이로움과 그가 행한 기적, 그가 지녔던 초자연적인 지혜에 대해 이야기한다. 나는 호기심을 느낀다. 이 순회하는 이방인이 기적을 행했다는 소식을 듣고—내 이웃의 아들이 병이 났으나 그 낯선 사람이 예수에게 기도를 드린 지 이틀 후 회복을 했다—나는 그의 이야기를 더 들어보기로 한다. 그는 예수가 어떻게 큰 기적들을 행했는지, 선동의 혐의로 로마인들에 의해 십자가에 못 박혔음에도 죽은 사람들 가운데서 하느님에 의해 살려졌는지를 이야기한다. 내가 들은 모든 것에 근거해서 나는 아르테미스에 대한 나의 믿음을 포기하고 예수를 믿고 세례를 받고 지역 신앙 공동체에 합류하기로 한다.

나는 근처 도시 스미르나로 출장을 간다. 그곳에 있는 동안 나는 친구들에게 나의 새로운 신앙과 나의 새로운 주님에 대해 배운 이야기들을 들려준다. 그들 중 세 명이 나와 함께 그리스도교도가 된다. 그들은 이웃과 친구들과 이런 것들에 대해 토론하기 시작한다. 대부분은 부정적인 반응을 보이지만 그들은 일주일에 한 번 모여서 예배를 드리고, 그들의 신앙에 대해 토론하고, 더 많은 이야기들을 나누기에 충분한 수의 개종자들을 얻는다. 이 새로운 개종자들은 그들 자신의 가족들에게 그 이야기를 들려주어 전도하며 그들 중 일부는 그 메시지를 훨씬 더 멀리 전해 나간다.

그런 식으로 계속 일이 진행되어간다. 새로운 개종

도판 5.3 병자를 치료하는 신들의 능력에 대한 이야기는 그리스-로마 세계에 널리 퍼져 있었다. 피레아스에서 숭배하던 치유의 신 아스클레피우스 신전의 부조. 신과 그의 여성 조력자(오른쪽)가 잠든 환자를 치료하는 모습을 볼 수 있다.

자들이 이야기를 전하면서 종교는 커지지만 이야기를 전하는 대부분의 사람들은 목격자가 아니다. 사실 그들은 자신들이 전하는 이야기를 실제로 목격한 사람이나 그런 사람들을 본 사람들조차 본 적이 없다.

이 예는 목격자에 기초한 진술이 있다 하더라도 그것이 반드시 정확하리라는 것을 의미하지는 않는다. 목격자들의 증언조차도 종종 서로 모순될 수 있고 또 실제로도 그렇다. 하지만 내가 상상한 시나리오는 그리스도교의 초창기부터 전해져온 예수에 대한 많은 이야기들이 왜 그렇게 많은 차이가 있는지 설명하는 데 도움이 될 수도 있다. 이 이야기들은 주로 평생 동안 신들이 때로는 세상에 그들과 함께 존재한다고 믿었던 사람들에 의해 계속 회자되었다. 그들은 인류에게 이로움을 주는 것처럼 보였던 기적을 일으키던 사람들을 알고 있었고 거룩한 사람 예수에 대한 환상적인 이야기를 들었다. 그들은 다른 사람들에게 그들의 신앙을 전하려고 노력했고 이미 개종한 사람들이라면 더욱 그들의 신앙을 굳게 하려 했다. 하지만 그들 중 누구도 실제로 어떤 일이 벌어진 것인지 개별적으로 알고 있는 사람은 거의 없었다. 그런 이야기들에 어떤 일이 생겼을지는 능히 짐작할 수 있을 것이다.

여러분은 아마도 오래전 생일 파티에서 유행하던 전화 게임을 알고 있을 것이다. 동그랗게 둘러앉은 한 무리의 아이들이 옆에 앉아 있는 사람에게 짧은 이야기를 전하는 게임이다. 한 바퀴를 다 도는 동안 옆 사람에게 전해지는 과정에서 너무 많이 바뀐 이야기는 모든 참가자들이 폭소를 터뜨리게 만든다. 어느 날 거실에 모인 열 명의 아이들이 아니라 로마 제국의 넓은 영역(약 2,500마일 너비)에서 수천 명의 참가자들이 서로 다른 배경, 다른 관심사, 다른 맥락에서 같은 일을 한다고 생각해보라. 그들 중 일부는 이야기를 다른 언어로 번역해야 하기까지 했다.(Box 5.2 참고)

사실 상황은 그보다 훨씬 더 복잡했다. 지중해 주변에 형성된 그리스도교 공동체 사람들은, 거의 모든 곳의 사람들처럼, 그들의 일상생활에서 심각한 어려움에 직면했고, 따라서 높은 곳으로부터의 도움과 방향을 구했다. 예수에 대한 전승은 이러한 공동체의 기반의 일부였다. 예수의 행동은 그리스도교인들이 본받으려고 했던 본보기였고 그의 말은 그들이 복종하려는 가르침이었다. 이런 맥락에서 볼 때, 그리스도교인들이 특정한 상황에서 유용할 수 있는 이야기를 지어낼 수도 있지 않았을까? 이야기를 만드는 것은 그것을 바꾸는 것과 크게 다르지 않으며, 아마도 사람들은 두 가지 모두를 할 이유가 있었을 것이다.

그리스도교인들은 기만적이거나 악의적인 이유로 예수가 말하거나 행한 것에 대한 이야기를 꾸미지는 않았을 것이다 아니, 그들은 심지어 그것을 의식하지도 못했을 것이다. 사람들에 대한 모든 종류의 이야기들은 나쁜 의도 없이 만들어지고, 때로는 역사적으로 정확하지 않은 이야기들이 말해진다. 널리 알려진 유명 인사, 정치가, 종교 지도자, 또는 대학교수에게 그런 일을 겪어본 적이 있는지 물어보라.

복음서 전승의 본질

초기 복음서의 저자들은 그들이 서술한 사건들의 목격자였던 것 같지는 않다. 하지만 그들은 분명 어딘가에서 그 이야기들을 들었을 것이다. 실제로, 그들 중 한 명은 그가 예수에 대한 이야기를 들었다는 것, 이전에 쓰인 기록들을 읽었다는 것을 인정한다.(루카 1:1-4) 대부분의 신약 학자들의 견해에 따르면, 예수가 실제로 말하고 행한 것에 대한 진정한 역사적 사실들을 수집, 보존하는 것 외에도 이 저자들은 그 과정에서 수정되거나 심지어 지어낸 이야기들을 서술했을 가능성이 있다.

시간이 지나면서 바뀐 이야기들을 복음서가 적어도 일부 포함하고 있다는 생각은 순수한 추측만은 아니다. 사실 우리는 복음서 자체에 이런 이야기들이 포함되어 있다는 확실한 증거를 가지고 있다.(우리는 잠시 후에 이 증거의 일부를 들여다볼 것이다.) 우리는 또한 초기 그리스도교인들이 예수에 대한 이야기가 바뀌고 있다는 사실에 대해 특별히 신경 쓰지 않았다고 생각할 이유가 있다. 이상하게 들릴지 모르지만 대부분의 신자들은 우리가 역사적 사실이라고 부르는 것에 대해 우리만큼 신경 쓰지 않은 것처럼 보인다. 우리 21세기 사람들은 어떤 일이 일어나지 않았다면 그것은 진실일 수 없다고 생각하는 경향이 있지만 고대 그리스도교인들은 많은 고대인들과 마찬가지로 다른 사고방식을 가지고 있었다. 그들에게는, 어떤 일이 발생했든 아니든 간에 사실일 수 있었다. 그들에게는 역사적 사실보다 우리가 종교적이거나 도덕적인 진실이라고 부르는 것이 더 중요했다.

어떤 차원에서는 현대인들조차 "도덕적 진실"이 역사적 사실보다 더 중요하다고 생각한다. 즉, 그들은 비록 어떤 일이 일어나지 않았더라도 그것이 사실일 수 있다는 것을 때때로 인정할 것이다. 예를 들어, 미국의 모든 초등학교 2학년 학생들이라면 알고 있을 조지 워싱턴과 벚나무의 이야기를 생각해보자. 어린 조지는 아버지의 앞마당에 있는 나무를 도끼로 찍는다. 그의 아버지가 집에 와서 "누가 내 벚나무를 베었지?"하고 묻자 조지는 "저는 거짓말을 할 수 없어요. 제가 그랬어요."라고 고백한다.

역사학자들은 이 일이 결코 일어나지 않았다는 것을 안다. 사실, 이 이야기를 전파했던 그리스도교 목사도 나중에 이 이야기가 꾸며진 것임을 인정했다. 그럼에도 불구하고 우리는 왜 이 이야기를 계속하는 것일까? 우선, 이 이야기는 우리가 국가적인 차원에서 주

Box 5.2 고대 세계의 구술과 읽고 쓰는 능력

우리가 만나는 거의 모든 사람들은 적어도 기본적인 수준에서 읽고 쓸 줄 안다. 가령, 대부분의 사람들은 신문의 사설을 읽을 수 있다. 그러나 최근의 연구에 따르면 많은 사람들이 읽고 쓰는 능력을 갖게 된 것은 순전히 현대에 이루어진 일이다. 산업화 이전의 사회들은 아이들에게 읽고 쓰는 능력을 가르치는 대중 교육을 제공할 인센티브도, 수단도 없었다. 왜냐하면 생산수단은 읽는 능력을 필요로 하지 않았고, 아이들에게 필요한 교육을 제공할 경제적인 여유도 없었기 때문이다. 그러한 사회들은 문자보다 구어에 훨씬 더 많이 의존했다.

일부 학자들조차, 그렇게 많은 고전문학 작품들을 만들어낸 시대였으므로, 고대 그리스와 로마 사람들은 대부분 글을 읽고 쓸 줄 알았으리라고 막연하게 추측하지만, 사실 당시는 구전 문화 시대였다. 대부분의 그리스 로마 세계의 사람들은 글을 쓰기는커녕 읽을 수도 없었다. 그들의 문자 능력에 대한 추정치는 다양하지만 가장 최근의 연구에 의하면 가장 문자 능력이 뛰어났을 시기(예: 소크라테스 시절의 아테네)에도 인구의 10–15퍼센트(그것도 대부분은 남성)만이 기초 수준의 읽고 쓰는 능력을 가지고 있었다고 결론 내렸다. 게다가 당시에는 문학적인 텍스트조차도 구술적으로 소화되었다. 책은 종종 공공장소에서 큰 소리로 읽도록 만들어졌고, 보통 책을 '읽는다'라는 의미는 다른 사람이 책을 읽는 것을 '듣는' 것이었다.

흥미롭게도, 이러한 사회가 텍스트(예: 세금 영수증, 계약서 및 유언장)를 더욱더 사용하게 되면서도 그것은 대중의 읽고 쓰는 능력을 향상시키지는 않았다. 글을 읽고 쓸 줄 아는 사람들이 그렇지 않은 사람들을 위해 그들의 서비스를 유료로 제공하기 시작했지만 이로 인해 사회에서 그들의 비율이 실질적으로 증가하지 않았다.

일반적으로 최근까지 구전 문화는 그들의 전승을 안정적으로 보존할 수 있다고 생각되어왔다. 그러한 문화를 지닌 사람들은 그들이 들은 것을 성실히 기억하고 그것에 대해 질문을 받았을 때 정확하게 그것을 재현할 수 있다고 생각되었다. 그러나 이것은 읽고 쓰는 능력에 대한 최근 연구에 의해 허구로 드러났다. 보통 구전 문화를 지닌 사람들은 전승을 온전하게 보존하는 것에 대한 현대인들의 관심을 공유하지 않았고, 매번 정확히 같은 방식으로 그것들을 반복하지도 않았다는 것을 알게 되었다. 오히려 구전의 정확성에 대한 관심은 읽고 쓰는 대중의 능력이 향상됨에 따라 생긴 것이다. 이제 누구든지 과거 자료를 들춰 봄으로써 어떤 사실이 정확하게 기억되었는지 확인할 수 있기 때문에 우리는 전승이 변하지 않고 그대로 남아 있어야 한다는 생각을 갖게 되었다. 그러나 대부분의 구술 사회에서 전승은 바뀔 수 있는 것으로 이해된다. 즉, 전승은 그것이 인용되는 새로운 상황과 어울리도록 바뀌어야 하고 만들어져야 했다.

예수에 대한 전승이 대체로 문맹 지역인 그리스 로마 세계 전역에서 입소문을 타고 퍼질 때의 형편을 생각해보자면 이러한 새로운 연구의 중요성은 자명할 것이다.

장하는 궁극적인 가치 중 하나를 강조하고 있다. 우리는 아이들에게 우리나라가 진실성에 뿌리를 두고 있다는 것을 가르치기 위해 이 이야기를 사용한다. "조지 워싱턴이 누구죠?" "그는 우리나라 건국의 아버지란다." "그는 어떤 사람이었어요?" "정직하고 진실한 사람이었지!" "정말요? 얼마나 정직했어요?" "음, 한번은 그가 소년이었을 때……" "그래서 그 이야기의 요점은 뭐예요?" "이 나라는 정직성에 기반을 두고 있다는 것이지. 이것은 거짓이 아니란다." 다시 말하자면, 이 이야기는 국가적 선전의 한 부분이다. 나는 적어도 테헤란의 학생들은 이런 이야기를 듣지 않을 것이라고 확신할 수 있다.

조지 워싱턴과 벚나무에 대한 이야기는 최소한 다른 한 가지 이유 때문에도 아이들에게 전해지는데 그것은 국가 이미지보다는 개인 윤리와 더 관련이 있다. 우리는 아이들이 어떤 상황에서도 거짓말을 해서는 안 된다는 것을 아이들이 알기를 원하기 때문에 이 이야기를 아이들에게 들려준다. 비록 나쁜 짓, 해로운 일을 저질렀다고 해도, 그들은 그것에 대해 다른 사람들을 속이려 해서는 안 된다. 진실을 왜곡하고 상황을 악화시키는 것보다 솔직하게 고백하고 벌어진 일을 수습하는 것이 더 낫다. 그래서 우리는 그 이야기를 한다. 실제로 일어난 일이기 때문이 아니라 어떤 의미에서는 그것이 사실이라고 생각하기 때문이다.

초기 교회에서는 예수에 대한 이야기도 이와 비슷했을지 모른다. 확실히, 그런 이야기들 중 많은 것은 실제로 일어났던 일들에 대한 설명이다.(우리들의 임무는 부분적으로 어떤 것들이 실제로 벌어진 사실들에 관한 것인지 알아내는 것이다.) 다른 것들은 다시 말하는 과정에서 약간, 때로는 많이 바뀐 역사적 후일담들이다. 복음서가 작성되기 전 어느 시점에 아마도 선의를 가진 그리스도교인들에 의해 만들어진 이야기들도 있을 것이다. 그러나 그들은 모두, 이야기꾼의 입장에서, 예수에 대한 진실을 전하려고 한다.

한 조각의 증거

예수에 대한 이야기가 다시 말해지는 과정에서 바뀌었거나 지어졌다는 증거는 복음서에서 전해지는 이야기들에서도 찾을 수 있다. 많은 경우 같은 이야기들

이 복음서들에 반복해서 나타나지만 그 이야기들은 중요한 방식으로 서로 다르다. 때로는 이러한 차이는 단순히 강조점의 차이를 나타내지만 때로는 양립할 수 없는 모순을 나타내기도 한다. 주목할 만한 것은 그 차이가 설명할 수 있는 것이든 아니든 간에 그것들은 종종 예수에 대한 중요한 생각을 전달하려는 초기 그리스도교의 의도를 보여준다는 것이다. 여기서 우리는 수십 개라도 쉽게 예를 들 수 있지만 지금은 한 가지만 살펴보겠다. 요점은 많은 초기 그리스도교인들이 신학적인 주장을 하기 위해 역사적 사실을 기꺼이 바꾸려고 했던 것으로 보인다는 것이다.

내가 선택한 예는 중요한 의미를 지닌 작은 세부 사항인데, 예수가 죽은 날과 시간이 복음서들에 따라 다르게 묘사되었다는 것이다. 신약성서의 네 개 복음서 모두 예수가 유월절Passover 주간에 예루살렘에서 로마 총독 폰티우스 필라투스Pontius Pilatus의 명령으로 십자가에 못 박혔다는 것을 보여주지만, 설명들에는 약간씩 차이가 있다. 그것을 이해하려면 몇 가지 배경지식이 필요하다.

예수 당시 유월절은 가장 중요한 유대인의 축제였다. 그것은 이스라엘 자손들이 이집트의 속박에서 탈출한 것을 기념했다. 히브리 경전은 기념행사 자체에 대한 설명을 한다.(출애 7-12) 고대의 설화에 따르면, 하느님이 모세를 일으켜 그의 백성을 인도하게 했고, 그를 통해 이집트 땅에 열 가지 재앙을 불러일으켜서 파라오가 이스라엘 백성을 놓아주도록 만들었다. 열 번째 재앙이 단연코 가장 강력했는데 그 땅에서 처음 태어난 모든 사람과 짐승을 죽게 만든 것이었다. 하느님은 모세에게 명하여 다가올 재앙에 대비해 이스라엘 사람들로 하여금 어린 양을 제물로 바치고 그 피를 집의 문설주와 인방에 뿌리게 함으로써 죽음의 천사가 이스라엘 자손의 집 문에 묻은 피를 보고 그들을 건너뛰어(유월逾越) 이집트 사람들의 집으로 건너가게 했다.

이스라엘의 자손들은 탈출을 준비하기 위해 빵을 부풀릴 겨를도 없이 빨리 먹으라는 명령을 들었고 그래서 그들은 누룩을 넣지 않고 그것을 먹어야 했다. 이스라엘 자손은 명령받은 대로 실행하여 죽음의 천사를 피했다. 파라오는 이스라엘 자손에게 이집트를 떠나라고 간청했고 홍해로 도망친 그들은 갈라진 물을 통해

Box 5.3 구전 전승은 얼마나 신뢰할 수 있는가?

예수의 언행에 관한 이야기가 글로 기록되기 전에 오랫동안 구전되어왔다면 그것들이 시간이 지남에 따라 크게 바뀌지 않았을지 어떻게 알 수 있을까? 이 질문에 답하는 한 가지 방법은 '구전 문화'가 그들의 전승을 일반적으로 얼마나 잘 보존하는지 알아보는 것이다.

우리와 같은 문자 문화에서, 전승을 보존한다는 것은 그것을 한 이야기에서 다른 이야기로 조금도 손을 대지 않고 그대로 유지하는 것을 의미한다. 우리 대부분에게는 이야기, 시, 속담을 '정확히' 재생한다는 것은 앞서 말해진 방식과 전혀 다르지 않다는 뜻이다. 하지만 우리가 철자 하나까지 그대로의 정확성을 주장할 수 있는 이유는 그것이 같은 전승인지 아닌지 확인할 수 있는 방법이 있기 때문이다. 구술 문화에는 그것을 확인할 방법이 없다. 대부분의 경우 기껏 할 수 있는 일이란 단순히 전승의 구어 버전이 이전 버전과 어느 정도나 '같은지' 기억하려고 노력하는 것이다.

구전 사회를 연구하는 인류학자들은 이러한 문화에서 전승을 전하는 사람들이 매번 정확히 같은 단어를 유지하는 데 관심이 없다는 것을 발견했다. 대신, 그들은 같은 메시지를 새로운 맥락에 적절하게 만들고, 그들 자신의 관심, 청중의 관심, 그들에게 주어진 시간, 기타 수많은 다른 요소들을 고려하여 바꾼다.

몇몇 구전 문화에서, 민간 설화를 전하는 이야기꾼들이 매번 그들의 공연이 "똑같다"고 주장하는 것은 놀라운 일이다. 하지만 그들의 주장은 그들이 이야기를 할 때마다 그것들이 문자 그대로 똑같다는 것을 의미하지는 않는다. 인류학자들은 이 이야기꾼들에 의해 전해지는 '같은' 이야기의 여러 버전들을 녹음해서 그들이 종종 현저하게 다르다는 것을 보여주었다. 이야기꾼들의 목표는 비록 내용은 천차만별이라도 이야기의 요지를 그대로 유지하는 것이다.

초기 그리스도교인들은 어땠을까? 그들은 이야기가 '진실'이기 위해서는 절대로 바뀌어서는 안 된다는 우리의 현대적인 문헌 감각을 가지고 있었을까? 아니면 그들은 구술 문화권에 있는 사람들처럼 말할 때마다 이야기를 바꾸었을까?

탈출에 성공했다.

이스라엘 자손은 모세를 통해 매년 이 행사를 기념하라는 명령을 받았다. 수백 년이 지난 예수 시절 당시에도 유월절 기념행사를 위해 많은 순례자들이 예루살렘을 찾아왔고, 그들은 신전에서 제사에 참여했으며, 이집트에서의 쓰라린 고난을 회상하기 위해 양고기, 쓴 약초 그리고 포도주 몇 잔을 포함한 상징적인 음식으로 성스러운 식사를 했다. 행사의 순서는 일반적으로 다음과 같았다. 신전으로 데려가거나, 거기에서 구입한 양을 사제의 주관하에 제물로 바쳤고 도살하여 가죽을 벗기고 피를 빼낸 후 각자의 가정으로 가져와서 유월절 음식으로 만들었다. 그날 저녁의 유월절 만찬은 무효無酵(누룩이 없다는 뜻)절이라 불리는 일주일간의 축하 행사의 시작이었다.

유대인들에게는 날이 어두워지면 새날이 시작된다. 이것이 유대인들의 안식일이 금요일 저녁에 시작되는 이유이다. 그래서 유월절 음식으로 먹을 양들은 전날 오후에 준비가 된다. 유월절의 어둠이 내리면 새로운 날이 시작되고 만찬이 시작되었다.

이제 예수의 처형일로 시간을 옮겨보자. 아마도 가장 오랜 복음서인 마르코의 복음서는 예수가 언제 재판을 받았는지 분명히 보여준다. 마르코의 복음서 14장 12절에 따르면, 무효절 첫날 제자들은 예수에게 유월절을 어디에 "준비"하기를 원하는지 묻는다. 이것은 사제들이 유월절 양을 제물로 바치는 날, 유월절 준비 날(유월절 식사 전 오후)에 벌어진 일이었다. 예수는 그들에게 지시를 내리고, 그들은 준비를 한다. 그날 저녁(그들에게는 이튿날의 시작)에 그들은 함께 식사를 하며 유월절을 기념한다.(마르 14:17-25)

이 특별한 행사에서 예수는 상징적인 음식을 취하고 "이것은 내 몸이다…… 이것은 계약을 위해 흘리는 나의 피다"라고 선언하며 그것들에 추가적인 의미를 부여한다.(14:22-24) 그 후 그는 제자들과 함께 겟세마네 동산으로 가고 유다 이스카리옷의 배반으로 체포된다.(14:32, 43) 곧바로 유대인 평의회인 산헤드린에서 재판을 받은 그는(14:53) 감옥에서 밤을 지새우고 아침 일찍 필라투스에게 인도된다.(15:1) 짧은 재판 후에 필라투스는 그를 사형에 처한다. 그는 십자가에 못 박히도록 넘겨지고 오전 9시에 십자가에 못 박힌다.(15:25) 그러므로 마르코의 복음서에서는, 예수가 유월절 준비 다음 날, 곧 유월절 음식을 먹은 다음 날 아침에 처형된다.

이 사건에 대한 가장 나중의 정경적인 설명은 요한의 복음서에 있다. 이곳의 많은 세부 사항들은 마르코의 복음서와 비슷하다. 많은 동일한 사람들이 연루되어 있고 같은 이야기들이 전해지고 있다. 하지만 차이점들이 있고, 그중 일부는 중요하다. 예를 들어 필라투스의 재판에 대한 요한의 설명은 훨씬 더 자세하다. 이곳에서는 유대 지도자들이 필라투스의 거처로 들어가는 것을 거부하고 예수를 필라투스와 단둘이 대면하게 한다. 필라투스는 기소한 측과 피고인을 오가며 재판을 진행해야 했고 평결을 내리기 전에 양측과 비교적 긴 대화를 해야 했다. 여기서 특히 주목할 만한 것은 필라투스가 판결을 내려 재판을 끝냈을 때가 정확히 언제인지 기록에 나온다는 점이다. "그날은 유월절 준비일이었고 때는 낮 열두 시쯤이었다."(요한 19:14) 예수는 즉시 십자가에 못 박히도록 보내진다.(19:16)

유월절 준비의 날이라고? 이게 무슨 말일까? 이날은 유월절 음식을 먹기 전날, 사제들이 정오에 양을 제물로 바치는 날이다. 마르코의 복음서에서 예수는 제자들에게 유월절을 준비하게 하고 날이 어두워진 뒤에 저녁에 그들과 함께 유월절 식사를 하고, 그 후에야 체포되었다.

요한의 기록을 주의 깊게 읽으면, 여러분은 예수가 마르코의 복음서에 나와 있는 것과 다른 날에 처형당했다는 또 다른 징후들을 발견할 것이다. 예를 들어 요한의 복음서 18장 28절은 유대 지도자들이 예수의 재판을 위해 필라투스의 거주지에 들어가는 것을 거부한 이유를 제시한다. 그들은 그날 저녁에 유월절 음식을 먹기 위해 자신들이 더럽혀지는 것을 원하지 않았다.(마르코의 복음서에 따르면 그들은 그 전날 밤에 이미 유월절 음식을 먹었다.) 시간의 차이는 요한의 복음서의 또 다른 흥미로운 특징을 설명해준다. 그에 의하면 예수는 결코 제자들에게 유월절을 준비하라고 지

Box 5.4 파피아스 교부와 계속 진행되는 구전 전승

전승 복음서가 만들어지자마자 예수에 대한 구전 전승들이 바로 사라지지는 않았다. 반대로, 우리는 그런 전승이 매우 오랫동안 존재했다는 확실한 증거를 가지고 있다. 확실한 증거는 120년에서 140년 사이에 쓰인 다섯 권으로 이루어진 『주님의 말씀 강해Exposition of the Sayings of the Lord』의 저자 파피아스의 글에서 나온다. 이 책은 후세의 그리스도교 작가들의 글에 인용된 부분을 제외하고는 남아 있지 않다. 남아 있는 인용문들 중 하나를 보자면 파피아스는 진리를 알고 있으리라 여겨지는 사람들로부터 예수에 대한 이야기를 듣는 것을 그에 관한 글을 읽는 것보다 좋아했다는 것이 명백하다. 다음 구절의 마지막 내용을 주목하라. 복음서에 관심을 갖는 대신, 파피아스는 사도들을 알고 지낸 "장로들"의 동료였던 사람들이 구두로 전해주는 말을 선호했다. 그는 이렇게 말한다.

나는 또한 이 설명과 함께, 내가 주의 깊게 배우고 장로들이 자세하게 회상한 모든 것들을 여러분을 위하여 기꺼이 준비하겠습니다. 왜냐하면 나는 그들의 진리를 보증하기 때문입니다. 장로 중 한 사람의 동행자였던 사람들이 도착할 때마다 그들의 말, 안드레아나 베드로가 한 말, 필리피나 토마가 한 말, 야고보, 요한이나 마태오 또는 주님의 다른 제자들이 한 말 그리고 아리스톤과 주님의 제자인 장로 요한이 무슨 말을 했는지 꼼꼼히 물어보곤 했습니다. 책에서 나온 것이 지금도 살아 숨 쉬는 음성에서 나온 것만큼 내게 도움이 될 것이라고 생각지 않았기 때문입니다.

Box 5.5 예수의 십자가 처형에 관한 마르코와 요한의 복음서의 차이

마르코

유대인의 유월절 식사가 목요일 저녁에 행해진다.

예수의 마지막 만찬은 유월절 식사였다. 유월절 양들이 도살된 다음 오후인 목요일에 행해진다.

저녁 식사 후, 예수는 체포된다. 그는 감옥에서 밤을 보내고 아침에 필라투스에게 재판을 받는다.

예수는 유월절 음식을 먹은 다음 날 아침 9시에 십자가에 못 박힌다.

요한

유대인의 유월절 식사가 금요일 저녁에 행해진다.

예수의 최후의 만찬은 유월절 식사가 아니었고, 유월절 양들을 도살하기 전날인 목요일 저녁에 행해진다.

저녁 식사 후, 예수는 체포된다. 그는 감옥에서 밤을 보내고 아침에 필라투스에게 재판을 받는다.

예수는 유월절 음식을 먹기 전날 오후에 십자가에 못 박힌다.

시하지 않고 그들과 함께 마지막 저녁에 유월절 음식을 취하지도 않는다.(예를 들어, 그는 상징적인 음식을 먹고 "이것이 내 몸이다"라거나 "이것은 언약의 피다"라고 말하지 않는다.) 이런 차이가 나는 이유는 요한의 복음서에서 예수는 유월절 식사 무렵에는 이미 무덤에 있었기 때문이다.

우리는 화해시키기 어려운 차이를 만난 것 같다. 마르코와 요한은 둘 다 예수가 죽은 날과 시간을 가리키지만, 그것들은 일치하지 않는다. 요한의 말에 따르면 그는 유월절 식사를 준비하던 날 오후쯤에 처형된다. 마르코는 바로 그다음 날, 즉 유월절 음식을 먹은 다음 날, 오전 9시쯤에 처형된다. 만약 차이가 있다는 것이 분명하다면 우리는 그것을 어떻게 설명할 수 있을까?

일부 학자들은 요한의 설명이 산헤드린에 의한 형사재판이 어떻게 수행되는지를 설명하는 유대 자료들과 부합하기 때문에 역사적으로 더 정확하다고 주장해왔다. 만약 이 학자들의 말이 맞는다면, 마르코나 그가 사용한 자료는 예수가 유월절에 행해질, 최후의 만찬이라는 전례를 직접 만들었다는 생각을 널리 퍼뜨리기 위해 그가 살해된 날을 바꾸었을지도 모른다. 이것은 가능하긴 하지만 최선의 설명은 아닐 수도 있다. 산헤드린의 재판 과정을 설명하는 유대인 자료들도 그 사건 이후 거의 200년 뒤에 쓰였기에 우리가 온전히 신뢰할 수 있는 자료는 아닐 것이다.

요한의 기록이 상대적으로 늦게 이루어졌으므로 그것이 서술하는 사건들과 요한의 복음서 사이에 더 많은 세월이 흘렀고 더 많은 이야기꾼들이 개입했을 것이다. 때문에 요한의 복음서가 전체적으로 덜 정확할 것이라는 것을 인정한다면, 요한, 또는 그의 출처가 예수의 죽음에 관한 세부 사항을 왜 바꾸었을지에 관해 흥미로운 가능성을 생각할 수 있다. 요한의 복음서는 예수가 "세상의 죄를 지고 가는 하느님의 어린 양"으로 나타나는 유일한 복음서이다. 실제로, 예수는 그 복음서가 시작될 때 그의 선구자인 세례 요한에 의해 그렇게 불렸다.(1:29; 1:36 참고) 이 네 번째 복음서에서 예수의 죽음은, 첫 번째 유월절 동안 희생된 양이 고대 이스라엘 사람들의 구원을 상징한 것처럼, 하느님의 구원을 상징한다. 아마도 요한(혹은 그의 출처)은 이 신학적 주장을 강조하기 위해 예수가 죽은 날과 시간을 바꾸었을 것이다. 이 복음서에서 예수는 그가 하느님의 어린 양임을 보여주기 위해 유월절 양과 같은 날, 같은 시간에 죽는다.

함축: 예수에 관한 초기의 전승

이 분석은 신학적인 "진실"을 전달하기 위해 역사적 사실이 어떻게 바뀌었는지에 대한 하나의 예를 제공한다. 우리는 예수의 탄생, 세례, 기적, 가르침 그리고 부활과 같은 복음서의 주요 사건들과 관련된 다른 예들을 검토할 수도 있다. 하지만 요점은 그리스도교인들이 예수에 대해 반복해서 말하는 이야기들이 로마 제국 시대의 주요 사건에 관심이 있는 학생들에게 객관적인 역사 수업의 대상이 될 수는 없다는 것이다. 그 이야기들은 예수가 세상을 구원해준, 기적을 행하는 하느님의 아들이라는 것을 사람들에게 확신시키고, 이미 믿는 사람들을 가르쳐 그들의 믿음을 더욱 심화하기 위한 것이었다. 때때로 그 이야기들은 신학적인 진실을 표현하기 위해 수정되었다. 우리가 현재 가지고 있는 복음서에 있는 이야기들을 전해준 초기 그리스도교인들에게는 신학적 주장을 위해 역사적 사실을 바꾸는 것은 때때로 합법적이고 필요한 일이었다. 게다가 이것들은 복음서 저자들이 물려받은 이야기들이었다.

이 결론은 복음서에 대한 우리의 조사에 몇 가지 심오한 함축을 지닌다. 첫 번째는 복음서가 초기 그리스도교 문학의 일부인 것과 관련이 있다. 그들이 이어받은 이야기들이 나름의 주장을 담고 있었던 것처럼, 복음서 저자들 자신들도 예수의 삶과 죽음에 대한 일관성 있는 이야기를 만들어내기 위해 노력했다. 각 복음서 작성자들은 모두 하고 싶은 주장들이 있었고 그것들은 항상 같은 내용은 아니었을 것이다. 예수의 십자가 처형에 관한 마르코의 주장은 요한의 주장과 달랐을 수도 있다. 그렇다면 정말로 절대적으로 중요한 것은, 각 저자들이 모두 같은 말을 하려고 한다고 가정하기보다는 각자 자신의 말을 하도록 허락하는 것이다. 우리는 각각의 이야기가 무엇을 강조하는지 연구할 필요가 있다.

두 번째는 예수의 일생 동안 일어난 일에 대한 역사적 원천으로서의 복음서와 연관된다. 만약 복음서들이 역사적 세부 사항들에 있어서 차이점이 있고, 각각의 복음서가 변경된 전승을 가지고 있다면 역사가들은 이러한 이야기들을 액면 그대로 받아들이고, 그것들이 역사적으로 정확한 정보를 제공한다고 무비판적으로 가정할 수 없다. 우리는 복음서들의 어떤 요소들이 그리스도교화된 전승들인지, 어떤 요소들이 역사적으로 재구성되어 예수의 삶을 보여줄 수 있는지를 결정하기 위한 기준을 개발할 필요가 있을 것이다.

다음 여러 장들에 걸쳐서 우리는 연구의 첫 번째 측면인 각 복음서의 문학적 강조점에 집중할 것이다. 일단 우리가 복음서가 어디에서 왔고 각자 무엇을 말하고자 하는지를 더 자세히 이해하게 되면 우리는 두 번째 문제, 예수의 삶에서 실제로 무슨 일이 일어났는지를 규명하기 위한 좀 더 넓은 역사적 질문을 할 준비를 갖출 수 있을 것이다.

최초의 그리스도교 복음서들

예수에 대한 전승이 몇십 년 동안 유포된 후, 최초의 복음서 저자인 마르코는 펜을 들어 그가 들은 이야기들 중 일부를 설득력 있는 이야기의 형태로 정리하여 파피루스에 옮겼다. 그것이 우리의 신약 복음서들 중 가장 짧고도 오래된 책이다. 거의 모든 사람들이 알고 있는 이 네 개의 복음서들 외에도, 다른 복음서들도 쓰였다. 이들 중 일부는 지금도 전해지고 있으며 그중에서도 토마의 복음서나 베드로의 복음서와 같은 것들은 읽어볼 만한 가치가 있다. 그러나 우리의 주된 관심사는 초기 그리스도교의 기록들에 있기 때문에, 우리는 관심의 대부분을 성서에 실린 네 개의 복음서들에 집중할 것이다.

우리는 이미 이 책들에 대한 많은 정보를 얻었다. 이 책들은 예수가 죽은 지 35년에서 65년 후에 그를 직접 보지 못한 저자들이 다른 나라에서, 다른 시대, 다른 문제와 관심사를 가진 다양한 공동체들을 대상으로 쓴 글들이었다. 저자들은 모두 그리스어로 글을 썼고 모두 전해 받은 자료들을 사용해 자신들의 이야기들을 기록했다. 루카는 그의 자료들이 문서나 구술로 이루어졌다는 것을 분명히 암시했다. 이것들은 지중해 전세계의 그리스도교 신도들 사이에 떠돌던 예수의 언행에 관한 자료들로 보인다. 우리는 이 이야기들의 역사적 신뢰성에 대한 문제를 뒤에 다시 고려할 것이다. 지금 여기에서는 초기 그리스도교 문학의 일부로서의 복음서들을 살펴본다.

가장 먼저 주목해야 할 것은 구전 전승이 초기 그리스도교인들의 특정한 필요(예: 전도, 교육, 계발)를 충족시키는 기능을 수행했듯이 복음서들 또한 특정 이유로 인해 저술되었다는 것이다. 불행히도 이러한 이유들이 그들의 저자들과 아마도 그들의 첫 독자들에게는 분명했겠지만 오랜 세월이 지난 지금의 우리들은 그것을 추론할 수밖에 없다. 그럼에도 불구하고, 현존하는 초기 복음서들의 방향이나 그것들이 예수의 삶과 죽음을 어떻게 이해했는지 살펴보는 것은 우리의 목표들 중 하나가 될 것이다. 개별적으로 복음서들을 살펴보기 전에 먼저 우리는 그것들을 하나로 묶어 몇 마디 말하고자 한다.

장르의 문제

독자들은 다양한 종류의 문학에 각각 다른 기대를 지닌다. 단편소설을 읽을 때 우리는 신문 사설을 읽을 때와는 다른 기대치를 품는다. 교육을 받은 독자로서 우리는 단편과 사설이 어떻게 다른지 알고 있고 각 장르에서 무엇을 기대할 수 있는지 알고 있다. 예를 들어, 사설에는 등장인물의 구체화, 갈등, 해결 등의 요소가 포함되지 않는다. 우리는 공상과학소설과 과학 교과서, 재치 있는 5행 희시戲詩와 교묘한 줄거리의 할리퀸 로맨스 작품들에서 각각 다른 것들을 기대한다.

이러한 기대는 우리가 문헌을 읽는 방식에 큰 영향을 끼친다. 여러분이 잠재적으로 인류를 최악의 질병으로부터 구할 수 있는 획기적인 유전자의 연구에 대해 읽었다고 가정해보자. 현재로서는 이 연구는 매우 위험하다. 만약 인공적으로 조작된 유전자 샘플이 실험실에서 유출된다면, 그것은 통제할 수 없을 정도의 돌연변이를 일으켜 전 세계적인 파멸과 절망을 가져올 수 있다. 만약 이 글이 공상과학소설이라면 여러분은 흥미를 느끼고 그 책을 친구에게 추천할 것이다. 하지만 만약 그 글이 〈뉴욕타임스〉 1면에 실린 것이라면, 여러분은 놀라서 당장 상원의원에게 편지를 쓸지도 모른다.

우리는 문헌에서 무엇을 기대해야 할지 알고 있다. 왜냐하면 우리는 다양한 종류의 글쓰기를 특징짓는 어떤 문학적인 관습에 익숙해져 있기 때문이다. 다양한 규약을 공유하는 글들은 하나의 장르로 분류된다. 그것은 다음과 같은 것들과 관련되어 있다. (1) 형태(시혹은 산문? 길이? 서술적인가 아니면 묘사적?), (2) 내용(자연이나 사회에 관한 것인가? 12세기 철학자 혹은 20세기 우주여행가에 관한 것인가?) 그리고 (3) 기능(즐거움을 목적으로 하는가? 아니면 정보? 설득? 아니면 이 모든 것을 조금씩 다?)

복음서는 어떤 종류의 문헌일까? 아니, 좀 다르게 말하자면, 고대인들이 이 책들 중 하나를 읽거나 들었을 때, 그들은 어떤 종류의 기대를 했을까? 최근까지,

도판 5.4 8세기 복음서 원고에 실린 4복음서 저자들의 전통적인 상징(요한: 독수리, 루카: 황소, 마르코: 사자, 마태오: 사람).

현대의 학자들은 일반적으로 신약성서 복음서들이 모든 성서들 중 다른 어떤 것과도 다르며, 그리스도교인들이 발명한 완전히 새로운 장르이고, 단지 남아 있는 네 개의 작품들만 그런 종류라는 것에 동의했다. 복음서들은 분명히 예수에 관한 것이었고 그래서 어느 정도 전기와 같았지만, 현대의 전기와 비교하면 이례적으로 보였다.

어떤 면에서는, 이러한 예전의 관점은 합리적으로 보인다. 우리가 곧 세부 사항들을 살펴보겠지만 복음서들은 현대의 전기들과는 실제로 다르다. 그럼에도 불구하고 학자들은 그들이 다른 어떤 것들과 완전히 다르다는 생각은 거부하게 되었다. 아마도 완전히 독특한 종류의 문헌 같은 것은 없을 것이다. 만약 그런 것이 있다면 아무도 어떻게 그것을 읽는지 또는 그것이 무엇을 의미하는지 알지 못할 것이다. 만약 고대의 사람들이 복음서를 읽고 이해할 수 있었다면 우리는 이 책들이 사실 그들에게 완전히 이질적인 것은 아니었다고 가정해야 할 것이다.

고대의 사람들은 어떻게 책을 이해했을까, 라는 질

Box 5.6 전기에 대한 플루타르코스의 생각

플루타르코스(46–120)는 고대 세계에서 가장 널리 알려져 있고 가장 사랑받는 이교도 작가 중 한 사람이다. 철학자, 역사학자, 전기 작가인 그는 2세기 초쯤에 많은 양의 문학작품을 남겼다. '결혼한 부부에게 하는 충고', '친구와 아첨꾼을 구별하는 방법', '미신에 관하여', '신성한 정의의 지연에 대한 설명' 등의 제목을 지닌, 도덕 철학과 종교에 관한 78편의 에세이를 쓴 것으로도 잘 알려져 있지만 아마도 그는 50명의 유명한 그리스, 로마인들의 전기들을 쓴 작가로 가장 명성을 얻었을 것이다.

플루타르코스가 "삶들(그리스어 bioi)"이라고 부른 이 전기들은 개인의 공적 경력의 주요 사건에 대한 자세한 설명을 제공하기 위한 것이 아니라 그들이 직면했던 다양한 상황에서 명백히 드러나게 되는 그들의 인격을 보여주기 위해 쓰였다. 플루타르코스는 한 사람의 성격이 종종 그가 행한 위대한 행위에서가 아니라 그의 삶의 작은 부분, 즉 부수적인 사건들이나 무심코 행한 발언들에서 가장 잘 보인다는 것을 발견했다. 그는 자신의 전기를 독자들이 포용해야 할 미덕과 피해야 할 악덕을 보여주는 '인물 묘사'라고 여겼다. 간략하고 자주 인용되는 〈알렉산드로스 대왕의 생애〉의 서문에서 플루타르코스는 전기에 대한 그의 생각을 요약해 보여준다.

알렉산드로스 대왕의 생애에 대한 이 책을 쓰면서 (……) 내 앞에는 엄청난 양의 자료가 있지만 내가 그의 모든 유명한 업적들을 모두 소개하지 않거나 심지어 그 중 어느 하나도 상세히 언급하지 않는다 하더라도 내게 불평하지 말 것을 당부드리는 바이다. 대부분의 경우 나는 이야기를 요약할 것인데, 나는 역사가 아니라 삶을 쓰고자 하기 때문이고, 한 사람의 가장 두드러진 업적이 그의 능력이나 약점을 가장 잘 보여주지는 않기 때문이다. 종종 사소한 사건, 말이나 농담이 그가 수천 명을 살해한 전쟁들, 그가 행한 거대한 규모의 병력 동원, 도시들의 포위 공격보다 그의 인격의 더 많은 부분을 보여준다. 초상화가들이 훌륭한 초상화를 그리기 위해 대상의 다른 부분에는 거의 관심을 기울이지 않고 얼굴 모습과 눈의 모양을 똑같이 그리려 노력하는 것처럼 나도, 내 주인공들의 거대한 업적과 전쟁들은 다른 사람들이 묘사하도록 남겨둔 채 이 사람들의 영혼을 표현하기 위해서 그리고 그것을 통해 그들의 삶을 묘사하기 위해 노력할 것이다.

내가 이미 언급했듯이, 고대 전기에는 군인, 정치 지도자, 철학자, 종교 지도자 등 주인공이 어떤 공적 인물인지에 따라 그 사람의 삶을 묘사하는 방식에 상당한 유연성이 있었다. 그 장르는 이러한 유의 어떤 인물이든 담을 수 있었고, 다른 하위 장르들도 각각 그 나름의 기대를 가지고 만들어졌다. 예를 들어, 기적의 역할은 일반적으로 종교적인 인물(예: 필로스트라투스가 쓴 티아나의 아폴로니우스Apollonius of Tyana의 전기)의 삶에서 두드러졌다. 기적적인 징조가 그의 탄생과 함께 나타날 수 있었고, 그는 자신의 기적과 영감이 넘치는 가르침에서 신의 힘을 나타내기도 했으며, 죽은 후에 승천을 통해 영광을 받을 수도 있었고 그가 선택한 사람들에 의해 숭배를 받을 수도 있었다.

만약 내가 그리스–로마 전기의 정의를 내린다면 그것은 다음과 같은 것일지도 모른다. 고대 전기는 종종 연대기의 틀 안에서 한 개인의 삶을 재조명하는 산문으로서, 주로 교육의 목적(그 또는 그녀가 어떤 종류의 사람인지 알려주기 위해), 촉구(다른 사람들에게 비슷하게 행동하도록 독려하기 위해), 또는 선전(경쟁자들에 대한 그 또는 그녀의 우월성을 보여주기 위해)의 목적으로, 그 혹은 그녀의 인격의 중요한 측면들을 보여주기 위해 수많은 하위 장르들(말, 연설, 일화, 갈등 등)을 사용했다.

문은 잠시 우리를 생각에 빠지게 만든다. 복음서가 전기와 같은 현대의 장르와 다르다는 것은 사실일지 모르지만, 그들은 고대의 장르들과는 다르지 않았을지도 모른다. 사실 고대문학 학자들은 복음서와 몇몇 고대 장르 사이의 중요한 유사점을 발견했다. 이러한 연구들은 복음서를(현대와는 반대되는) 일종의 그리스–로마 전기Greco-Roman biography로 보는 것이 가장 그럴듯하다는 것을 설득력 있게 보여주었다.

Box 5.7 복음서의 날짜 확인

성서 비판 학자들은 70년경 쓰인 마르코의 복음서가 최초의 복음서이고 마태오와 루카의 복음서는 80-85년경 쓰였으며, 요한의 복음서가 90-95년경 쓰인 마지막 복음이라는 데 대체로 널리 동의한다. 하지만 그들은 어떻게 그런 시기들을 확증할 수 있을까?

그것은 사실 매우 복잡한 문제이지만, 나는 왜 이 특정한 시기들이 그렇게 널리 선호되는지 어느 정도 설명할 수 있다. 우선, 50년경 글을 쓰기 시작한 사도 바울로는 어느 복음서의 존재도 알지 못한 것으로 보인다. 바울로는 우리가 잘 알듯이 널리 여행을 했고 사람들도 많이 아는 사도였기에 예수의 삶에 대한 기록이 있었다면 바로 그가 먼저 알았을 것이다. 그것은 아마도 복음서들이 아직 존재하지 않았다는 것을 암시한다. 반면에 안티오키아의 이그나티우스와 스미르나의 폴뤼카르포스(26장 참고) 같은 초기 비정경서의 저자들은 복음서의 일부를 알았던 것으로 보인다. 따라서 복음서의 일부 또는 전부가 110-115년경 이 저자들이 그 편지들을 쓰기 전에 쓰였다는 것을 추측할 수 있다. 이것은 복음서들이 아마도 기원후 60년에서 115년 사이에 쓰였다는 것을 의미한다. 하지만 이보다 좀 더 정확하게 시기를 알 수는 없을까?

초기 복음서들은 70년에 일어난 예루살렘과 유대 신전의 파괴를 전제하는 것처럼 보인다. 예를 들어 마르코의 복음서 12장 9절에서 예수는 이스라엘이 멸망할 것이고, 신전이 무너질 것이라고 말한다.(마르 13:1-2) 마태오의 복음서는 훨씬 더 명백하다. 이곳에서 예수는 하느님을 그 도시를 불사르고 주민을 없애는 왕으로 비유한다.(마태 22:8) 루카에도 비슷한 구절이 있다.(루카 21:24) 이런 구절들은 이 글들이 쓰였을 때 예루살렘이 이미 파괴되었다는 것을 암시한다.

어떤 이들은 이 구절에서 예수는 예루살렘의 멸망을 예언하고 있는 것이지 회상하는 것이 아니라고 응답할지도 모른다. 하지만 그리스도교 저자들이 예수의 예언이 정확하게 이루어졌다는 것을 보여줄 수 있는 저술 시기는 언제일까? 분명, 예수의 예언들이 성취된 뒤에야 그들은 그것에 대해 쓰고 싶어 했을 것이다. 그렇지 않으면 독자들은 예수가 진정한 예언자인지 아닌지를 모른 채로 남아 있게 될 것이다. 따라서 예수가 그러한 것들을 예언했다고 가정하더라도, 후대의 저자들이 그런 내용을 그렇게 자신 있게 쓸 수 있었다는 것은 그 사건들이 일어난 후, 즉 예루살렘과 신전이 파괴된 70년 이후에 복음서들이 쓰였다는 것을 암시한다.

마르코의 복음서는 첫 번째 복음서이고, 아마도 그것은 70년 이후에 쓰였을 것이다. 마태오의 복음서와 루카의 복음서의 저자들은 마르코의 복음서를 자료로 사용했고, 그것은 그 복음서들이 쓰일 때 마르코의 복음서가 이미 10년 이상 세상에 나와 있었음을 의미한다. 요한의 복음서는 모든 복음서들 가운데 마지막으로 쓰인 것처럼 보이기 때문에 그것의 작성 시기를 1세기 말쯤으로 추정하는 것이 합당할 것이다. 이런 이유들이 복음서들의 제작 시기와 관련하여 널리 받아들여지는 근거들 중 일부이다.

그리스-로마 시대의 전기

우리는 그리스-로마 시대 전기들의 수많은 예들을 가지고 있는데, 그중 다수는 플루타르코스Plutarch, 수에토니우스Suetonius, 타키투스Tacitus와 같은 로마 고대의 유명한 작가들에 의해 쓰였다. 이 장르가 어떤 것이었는지를 이해하는 방법 중 하나는, 우리가 이미 알고 있는 것에 비추어서만 우리는 무언가를 배울 수 있다는 원칙하에, 그것을 현대 전기와 비교하는 것이다. 동시에 우리는 문학 장르가 매우 유연하다는 것을 명심해야 한다. 여러분이 읽은 모든 다양한 종류의 소설이나 단편소설들을 생각해보라.

대부분의 현대 전기는 데이터들―이름, 날짜, 장소 및 사건들―로 가득 차 있으며, 이 모든 것은 사실의 정확성에 대한 고려를 보여준다. 물론 현대 전기는 한 사람의 삶 전체 또는 일부분을 다룬다. 전형적으로 그것은 공적인 생활과 사적인 생활을 둘 다 다루며 주인공이 어떻게 벌어지는 일들에 대응하고 그것에 의해 변화하는지를 보여준다. 즉, 한 사람의 내면의 삶, 사건과 경험에 근거한 그의 심리적 발전은 전기의 중요 구성 요소이고 왜 주인공이 특정한 방식으로 행동하고 반응하는지를 설명하는 데 사용된다. 그러므로 현대의 전기들은 정보를 제공할 뿐만 아니라 설명을 하려는 경향이 있다. 물론 그것들은 또한 재미있고, 그것이 정치적 또는 종교적 인물에 관한 것일 때는 선전의 기능을 수행하기도 한다.

대부분의 고대 전기들은 개인의 삶이나 선택된 시기에 대한 완전한 사실적 자료를 제공하는 것에는 상대적으로 관심이 적었다. 사용할 수 있는 남아 있는 문서들도 거의 없었고, (우리 기준에 따르면) 기록을 하거나 자료를 복구하기에 적합한 도구들도 없었기에 전기를 쓰기 위한 조사 방법도 당연히 달랐다. 전기 작가들은 종종 오랜 시간 동안 유포되어온 구두 정보에 크게 의존했다. 사실, 그들 중 많은 사람들은 구술 자료들을 더 선호했다. 적어도 대화를 통한 추가 조사가 가능했기 때문이다. 현대 전기 작가들은 구전되는 말들을 미심쩍어한다. 하지만 더 중요한 것은, 대부분의 고대 전기 작가들은 전기 주인공들의 삶에서 실제로 어떤 일이 일어났는지를 보여주는 것보다는 그들의 중요한 성격과 인간적인 특징을 묘사하는 것에 더 관심이 있었다는 것이다.(Box 5.6 참고) 이것은 고대와 현대 전기의 중요한 차이점이다. 계몽주의 이후에야 생긴 인간 심리에 대한 현대적 관념이 없었던 고대 세계에서는 인간의 성격이 다른 사람들과의 경험과 만남을 통해 발전한다는 생각은 거의 무의미했다. 따라서 그리스-로마 시대 전기는 일반적으로 내적 삶, 특히 우리가 성격 형성이라고 부르는 것을 다루지 않는다.

고대 전기 작가에게 있어, 한 성격의 특성은 한 사람의 일생 동안 비교적 일정하게 유지된다고 생각되었다. 한 사람의 경험들은 이러한 특성이 발전하는 계기가 아니라 그러한 특성들이 어떤 것인지 드러나는 기회였다. 그러므로, 한 고대 전기 작가가 개인의 삶을 구성하기 위해 연대순으로 그것을 배열할 때 그것은 순전히 구성을 위한 것이었고, 어떻게 그 사람이 성격적으로 성장해왔는지를 보여주기 위한 것이 아니었다. 위대한 사람들은 언제나 동일했기에 다른 모든 사람들은 그런 인물들의 긍정적인 측면은 본보기로 삼고 그

Box 5.8 구전 전승에서 복음서로

1. 예수는 30년경에 죽었고 복음서는 40년에서 65년 후인 70년에서 95년 사이에 쓰였다.
2. 신약성서 복음서의 저자들은 익명이며 그들이 말하는 사건들을 목격했다고 주장하지 않았다. 그들은 수십 년 동안 유포되던 구전 전승으로부터 예수에 대한 그들의 이야기를 얻었다.
3. 복음서들은 구전으로 전해지던 긴 과정에서 내용이 바뀐 이야기들을 포함하고 있다는 증거가 있다. 예를 들면, 같은 사건을 다양한 복음서들이 서로 다르게, 심지어 모순되는 방식으로 묘사하기도 한다.
4. 문헌적 관점에서 보자면 각 서술은 그 자체의 관점에서 연구되어야 한다. 우리는 모든 기록들이 같은 메시지를 가지고 있다고 가정해서는 안 된다. 게다가 역사적 관점에서 볼 때, 원자료들의 차이는 우리에게 예수의 삶에서 실제로 무슨 일이 일어났는지 결정하는 방법을 생각해낼 것을 요구한다.
5. 복음서들은 예수의 고대 전기들로 생각하는 것이 가장 적절하다. 이 장르의 작품들은 몇 가지 독특한 특징을 가지고 있다.
   a. 그것들은 대개 구술과 문헌 자료에 기초했다.(때로 전기 작가들은 구술 전승을 더 선호했다.)
   b. 그들은 역사적 사건을 묘사하기보다는 주인공의 언행과 다른 사람들과의 상호작용을 통해 그들의 성격을 보여주는 것에 더 관심이 있었다.
   c. 대부분의 고대인들은 사람의 성격이 일생 동안 비교적 일정하게 유지된다고 믿었기 때문에 그들은 "성격 발전"을 이야기에 이용하지 않았다.
   d. 그들은 종종 이야기의 맨 처음에 주인공의 성격을 묘사했다.

들의 약점은 피하려고 노력할 수 있었다. 전기들은 보통 이러한 다양한 측면을 보여주고 올바른 행동을 가르치기 위한 것이었을 뿐 역사적 사실들을 제공하기 위한 것은 아니었다. 개인적인 자질들은 그 사람에 대한 다양한 이야기들을 통해 전달될 수 있었다. 이 이야기들 중 많은 것들은 말이나 연설, 일화 그리고 갈등에 대한 이야기처럼 구전되는 전승에서 작가가 얻은 것들로부터 도출되었다.

고대 전기로서의 복음서들

최근 많은 학자들은 신약성서 복음서가 고대 전기의 한 종류라는 것을 깨닫게 되었다. 물론, 복음서들은 그들만의 독특한 특징을 가지고 있지만, 이것은 우리가 예상할 수 있는 것이다. 왜냐하면 문학의 넓은 장르들 안에는 일반적으로 많은 하위 장르들이 형성되기 때문이다. 복음서의 모든 책들도 또한 독특한 특징들을 가지고 있다.

복음서들의 특징의 대부분은 그리스도교적 성격과 직접적으로 관련이 있다. 그것들은 그리스도교인들이 세상을 구원하기 위해 죽은 하느님의 아들로 숭배하는 사람에 대해 쓰인 유일한 전기들이다. 예를 들어, 우리가 곧 보게 될 것처럼, 신약성서의 복음서들은 주인공의 죽음을 지나치게 강조하는데, 이것은 고대 전기로는 매우 이례적인 것이다. 그러나 예수의 죽음을 강조하는 것은 이 작품들의 독특한 강조에 의한 것이며 장르의 한계를 벗어나지 않는다. 그것은 복음서가 일종의 하위 장르, 즉 고대 종교 전기의 한 종류라는 것을 보여준다. 게다가 복음서들은 몇몇 면에서 다른 그리스-로마 전기들과 다를 뿐만 아니라 자신들끼리도 서로 다른 점들이 있다.

우리는 고대 그리스-로마인들이 이런 형태로 이루어진 복음서들을 어떻게 이해했을지에 대한 질문으로 시작했다. 고대의 독자들은, 그들이 실제로 그것을 읽었든, 다른 사람이 읽는 것을 들었든 간에, 복음서들을 종교 지도자의 전기로 인식했을 것으로 보인다. 그런 인식이 그들이 이 책들을 읽는 방식에 어떤 영향을 미쳤을까? 아마도 그들 독자들은 주인공이 중요한 종교적 인물이고 모든 이야기가 그를 중심으로 전개될 것으로 예상했을 것이다. 그들은 그의 삶이 기적과 함께 시작되었고 기적적인 결말을 맞을 것으로 예상했을지도 모른다. 그들은 그의 신성한 영감을 받은 가르침과 초인적인 행동에 대한 묘사를 기대할지도 모른다. 그들은 우리가 성격 발전character development이라고 부르는 것과 같은 것은 기대하지 않을 것이다. 대신, 그들은 그 캐릭터가, 세심하게 선택된 말과 인상적인 행동을 통해 자신이 어떤 사람인지를 보여주면서, 그가 맞닥뜨린 다양한 도전에 어떻게 행동하고 반응하는지를 눈여겨볼 것이다. 게다가 그들은 그의 성격과 정체성의 중요한 측면을 이야기의 시작 부분에서, 그의 행동의 첫 장면에서부터 판별할 수 있기를 기대할 것이다. 우리 자신들도 이러한 기대를 염두에 두고 복음서를 읽어야 소기의 성과를 얻을 수 있다.

여록 2

몇 가지 추가적인 성찰: 복음서의 저자들

신약성서의 대부분의 저서가 쓰인 뒤 몇십 년이 지난 2세기의 원정통파 그리스도교인들은 자신들이 가장 좋아하는 복음서들이 두 명의 예수의 제자—세리인 마태오와 그가 사랑하던 제자 요한—와 사도들의 두 동료—베드로의 비서인 마르코와 바울로의 여행 동반자였던 루카—에 의해 쓰였다고 주장했다. 그러나 오늘날의 학자들은 몇 가지 이유로 이런 전승을 받아들이기가 어렵다고 생각한다.

무엇보다도, 이 복음서들 중 어느 것도 기록자가 자신의 정체를 드러내지 않는다. 네 명의 저자들 모두 신분을 밝히지 않고 익명으로 남아 있다. 그들이 전하는 이야기들을 자신들이 직접 목격했더라도 그렇게 했을까? 분명히 가능하기는 하겠지만 그런 경우에는 적어도 목격자나 목격자의 친구는 개인적인 지식에 호소함으로써—예를 들어, 이야기를 일인칭 시점에서 서술함으로써("예수와 내가 예루살렘에 올라간 날에")—그의 진술에 신빙성을 더하려 했을 것이다.

게다가 우리는 예수의 사역 대부분의 기간 동안 예수를 수행했던 사람들의 배경에 대해 알고 있다. 제자들은 갈릴래아에서 온 교육을 받지 못한 어부들로 보인다. 예를 들어, 시몬 베드로와 제베대오의 아들 요한은 둘 다 "교육받지 못한" 어부였다고 한다. 즉, 읽고 쓸 수 있는 능력이 없는 사람들이었다. 복음서가 가장 우아한 고대문학을 대표하지는 않지만 복음서들의 저자들은 적어도 비교적 제대로 교육을 받았다. 즉, 그들은 대부분 정확한 그리스어를 사용한다. 베드로와 요한이 과연 복음서를 쓸 수 있었을까?

원칙적으로 불가능한 이야기는 아니다. 그러나 예수와 그의 사도들은 팔레스티나에 살던 유대인들의 공용어인 아람어를 사용한 것으로 보인다. 그들이 제2언어로 그리스어도 사용할 수 있었는지는 학자들이 오랫동안 논의해온 것이지만, 적어도 그리스어가 그들의 모어가 아니었음은 분명하다. 반면에 복음서의 저자들은 그리스어에 아주 능통하다. 과연 사도들이 예수가 죽은 후에 학교로 다시 돌아가서 비교적 높은 수준의 읽고 쓰는 법을 배움으로써 문맹의 세월을 극복한 후, 외국어 작문에도 능통하게 되어 나중에 복음서까지 저술했을까? 대부분의 학자들은 가능성이 별로 없는 이야기라고 생각한다.

아마도 복음서 저자들의 훨씬 더 중요한 측면은 그들이 오랜 기간 동안 유포되었던 이야기들을 보존하는 것처럼 보인다는 증거일 것이다. 이런 진술은 분명히 목격자가 없었던 이야기들에 적용된다. 예를 들어, 요한의 복음서 18장 28절-19장 16절의 기록처럼 필라투스와 예수가 재판에서 독대를 했고 그 후 예수가 즉시 처형되었다면, 누가 예수가 실제로 한 말을 네 번째 복음서 기록자에게 알려줬을까? 어떤 초기 그리스도교 신자가 그 경우에 적절해 보이는 말들을 생각해서 기록했음에 틀림없다. 같은 원칙이 복음서의 다른 이야기들에도 적용된다. 그들 모두는 지중해 세계의 그리스도교 개종자들 사이에서 입에서 입으로 유포된 것으로 보인다.

우리의 네 명의 저자 중 한 명인 루카는 자신의 기록에 구술, 문서 자료들을 사용했다고 분명히 말하고 있고(루카 1:1-4), 그는 이러한 자료들 중 일부는 목격자들로부터 얻어진 것이라고 주장한다. 이 상황은 또 다른 흥미로운 문제를 제기한다. 이전의 자료들을 자신의 기록에 광범위하게 사용한 저자들 자신이 목격자였을 가능성이 있을까? 예를 들어, 마태오가 실제로 예수와 동행하고 그가 한 말과 행동을 목격한 제자라고 가정해보자. 만약 그게 사실이라면 왜 그가 자신의 거의 모든 이야기를, 때로는 한마디도 바꾸지 않고, (7장에서 보게 될 것처럼) 다른 사람들에게 전해 들은 말들로 채워 넣었을까?

요컨대, 루카 자신이 인정하듯이 복음서들은 문서와 구술 자료 모두의 전승을 이어받은 것으로 보이며, 이 자료들은 지중해 전역의 그리스도교 공동체들 사이에서 수년, 심지어 수십 년 동안 전해져온 전승들에서 유래된 것으로 보인다.

그렇다면 왜 후세의 그리스도교인들은 이 책의 익

명의 저자들이 예수의 두 명의 제자들과 가장 중요한 사도들의 두 동료들이었다고 말하는 것일까? 185년경, 즉 복음서들이 유포된 지 약 1세기 후에 쓴 그의 글에서 교부 이레나이오스는 복음서들의 저자들이 마태오, 마르코, 루카, 요한이라고 맨 처음 주장했다.(하지만 마르코와 마태오가 복음서들의 저자들이라는 전승은 이미 존재하고 있었다.) 그 무렵에는 많은 복음서가 유포되어 있었는데, 그중 일부는 익명으로 쓰였고 다른 복음서들은(토마의 복음서와 베드로의 복음서 같은) 저자의 이름이 제목으로 붙여졌다. 그리스도교인들은 예수와 그의 사도들과 밀접한 관련이 있는 사람에 의해 쓰인 책들만을 권위 있는 복음서들로 받아들였다. 따라서 익명의 책들이 예수의 말과 행동에 대한 중요한 인물들의 진술들이라고 생각된 것은 어쩌면 당연한 일이었다.

하지만 왜 이 네 명의 이름이 거명된 것일까? 첫 번째 복음서는 세리 마태오가 주인이라고 주장된다.(마태 9:9) 아마도 그가 세금을 징수했기 때문에, 그는 글을 쓸 줄 아는 교육을 받은 인물이라고 생각되었을 것이다. 그것은 현명한 선택이었다. 네 번째 복음서는 "예수의 사랑을 받은 제자" "예수께서 사랑하시던 다른 제자"(요한 13:23; 20:2)라고 불리던 열두 제자 중 한 사람을 말한다. 일부 독자들은 이 제자가 실제로 요한의 복음서 19장 35절에서 자신이 그 책의 저자라고 주장한다고 (잘못) 생각해왔다.(사실 19장 35절에는 저자가 가리키는 사람은 자신이 아닌 "그가he" 십자가의 예수를 보았다고 말한다.) 그렇다면 그는 누구일까? 다른 복음서들에서는 예수와 가장 가까운 세 제자로 베드로, 야고보, 요한이 나온다.(야고보, 요한은 "제베대오의 아들들"이라고 소개된다. 마르 5:37; 9:2-13 참고) 그러나 "예수의 사랑을 받은 제자"는 베드로가 될 수 없었다. 왜냐하면 요한의 복음서 20장 2절에 그와 "예수께서 사랑하시던 다른 제자"가 나란히 언급되

기 때문이다. 야고보는 복음서가 쓰이기 전, 그리스도교 운동 초기에 순교한 것으로 알려졌기 때문에 그도 거기에 해당될 수 없었다.(사도 12:1-2 참고) 그러면 제베대오의 아들 요한만이 남게 된다. 그래서 그 책은 그가 지은 것으로 여겨졌다.(왜 이런 견해가 문제가 되는지 알아보려면 10장을 참고하라.)

다른 두 복음서는 가능한 한 가장 높은 권위, 즉, 초기 그리스도교의 가장 중요한 두 사도인 베드로와 바울로의 권위를 부여받았다. 그럼에도 왜 그것들을 베드로의 복음서와 바울로의 복음서라고 부르지 않을까? 이유는 복잡하지만, 다른 '베드로의 복음서'가 이미 세상에 알려져 있었고, 그것은 잘못된 가르침을 포함하고 있다고 생각되었던 것으로 보인다.(12장 참고) 그래서 교회 지도자들은 이 익명의 복음서를 베드로가 아니라 그의 가까운 동료인 마르코에게 귀속시켰다. 반면에, 셋째 복음서는 바울로가 중심인물인 사도행전을 쓴 사람의 글로 알려져 있다. 사도행전을 읽어보면 그것이 바울로가 자신에 대해 쓴 글이 아님을 명백히 알 수 있다. 그러므로 사도행전과 루카의 복음서는 그가 아닌 다른 사람이 쓴 것이 틀림없다. 그 글의 저자로는 바울로의 친밀한 동반자가 최적격이었다. 루카가 바로 그런 사람이었기 때문에, 그들은 그를 복음서의 저자로 지정했다.(이런 저자 귀속의 문제점에 대해서는 여록 5를 참고)

우리는 결국 마태오의 복음서, 마르코의 복음서, 루카의 복음서, 요한의 복음서라는 네 개의 복음서를 가지게 되었다. 모두 팔레스티나 밖에 사는, 익명의 고등교육을 받은 저자들에 의해 그리스어로 쓰인 이 책들은, 유포된 지 100년이 지난 후 두 명의 제자들과 가장 중요한 사도, 두 명의 믿을 만한 동료 두 명이 그 저자들로 알려지게 되었고, 오늘날까지도 당시의 이름들을 계속 유지하고 있다.

06장

예수,
고난받는 하느님의 아들

마르코의 복음서

만약 초기 그리스도교 복음서들이 고대에 쓰인 예수의 종교적 전기였다면, 그것은 복음서들의 해석에 어떤 영향을 미칠까? 우리는 그것이 역사적으로 정확한 설명이라고 받아들여야 할까? 혹은 순전한 허구로? 아니면 그 둘 사이의 무엇으로?

우리는 마르코의 복음서를 첫 번째 예로 들어서 그러한 질문들에 답을 찾아볼 것이다. 마르코의 복음서는 예수의 생애에 대한 가장 짧고도 오래된 기록일 것이다. 이번 장에서는 저자의 중요한 메시지에 초점을 맞춘다. 즉 마르코가 어떻게 일련의 장면들을 통해서 예수가 유대교 성서의 성취를 위해 보내진 메시아, 즉 죽음으로 이 땅에서의 사명을 다하도록 하느님에게 선택받은 하느님의 아들이란 모습을 정립하는지 본다.

우리에게 특히 이상한 점은 이 복음서에 등장하는 사람들이 예수의 독특한 정체성을 잘 알아보지 못한다는 것이다. 사실, "예수의 제자들이 그를 알아보기는 한 것일까?"라는 의문이 들 정도다.

우리는 신약성서에 나오는 네 개의 복음서Gospels 중 가장 짧은 마르코의 복음서로 연구를 시작한다. 우리는 이 책의 저자가 누구인지 알지 못한다. 아마도 그는 예수에 대한 많은 이야기를 들은, 그리스어를 사용하는 그리스도교인이었고 팔레스티나 외곽에 살고 있었을 것이다. 마르코(저자의 본명을 알지 못하기 때문에 이 이름을 계속 사용하기로 한다)는 성인이 되어 세례를 받으려고 요한에게 나타난 후 부활의 기록으로 끝나는 예수의 일생에 대해 자세하게 기록했다. 그가 전해 들었던 이야기들 외에도 마르코는 그의 이야기의 일부를 위해 문서 자료들을 사용했을지도 모른다. 만약 그랬을지라도 그가 사용한 자료들은 전해지지 않는다. 지금 전해지는 온전한 복음서들 중에서 마르코의 복음서는 제일 먼저 쓰인 것으로 보인다. 우리가 살펴보게 되겠지만, 마태오의 복음서와 루카의 복음서의 저자들도 예수에 대한 많은 이야기들을 기록하기 위해 마르코의 복음서를 사용했다.(7장 참고)

이 책과 같은 입문서로는 마르코의 복음서(또는 다른 복음서들)에 대한 철저한 분석을 제공할 수 없다. 여기서 나의 목적은 여러분이 스스로 복음서의 의미를 이해할 수 있게 하기 위한 중요한 지침을 제공하는 것이다. 나는 여러분이 이미 그 책을 몇 차례 주의 깊게 읽어서 그 내용에 익숙하다고 가정할 것이다.

조사에는 몇 가지 방법이 있다. 사실, 우리는 각각의 복음서에 대해 서로 다른 접근 방식을 취할 것이다. 하지만 마르코의 복음서에 관한 한 앞 장에서 논의된 문제들에 비추어 연구를 할 것이다. 우리가 이 텍스트에 친숙하고, 이 장르에 정통하며, 그것이 쓰인 세상에 대해 잘 알고 있다고 가정해보자. 마르코의 복음서가 예수에 관한 그리스-로마 시대 전기Greco-Roman biography의 일종이라는 것을 알고 있는 우리는 이 문서가 예수를 어떤 존재로 묘사하는지, 그가 무엇을 했다고 말하는지를 물어볼 수 있다. 그리고 이런 메시지가 이야기의 형태를 통해 어떻게 전달되는지도 살펴볼 수 있을 것이다.

복음의 시작: 메시아 예수, 성서를 성취하는 하느님의 아들

마르코의 복음서에 정통한 독자들에게 가장 먼저 떠오르는 생각 중 하나는 마르코의 복음서의 전승이 얼마나 철저하게 유대인의 세계관에 뿌리를 두고 있는가 하는 점이다. 다른 많은 고대 전기들과 마찬가지로 이 책은 주인공을 "예수 그리스도에 관한 복음의 시작"이라고 밝힘으로써 시작한다.(마르 1:1) 그리스-로마 세계Greco-Roman world에 살고 있는 독자들은 "그리스도Christ"를 이름으로 인정하지 않을 것이다. 그들 대부분에게 그것은 의미 있는 명칭조차 아니었다. 이 단어는 동사 "기름 붓다"에서 유래되었고 일반적으로 방금 기름이 머리에 문질러진 사람을 가리켰다. 하지만 "그리스도"는 유대인 사회에서는 그것의 히브리

도판 6.1 이탈리아 라벤나의 납골당 모자이크. 요한에 의한 예수의 세례와 비둘기 모습의 성령의 강하를 묘사한다.

단어인 "메시아messiah"처럼 사용되고 있었다. 따라서, 마르코의 복음서는 메시아 예수에 관한 책이다.

1세기의 유대인들은 메시아라는 칭호로 여러 가지 의미를 표현할 수 있었다. 그러나 이러한 의미들 중 다수는(반드시 상호 배타적인 것은 아니었다) 두 가지 주요한 범주 안에 포함될 수 있다. 어떤 유대인들에게 메시아는 미래의 이스라엘의 왕으로, 하느님의 백성을 압제자로부터 구원하고 하느님의 능력을 통해 이스라엘에 주권국가를 세우게 될 사람이었다. 다른 유대인들에게 그는 하늘에서 온 구원자였는데, 유대인들의 적들과의 초자연적인 전쟁을 통해 신성한 승리를 가져다줄 존재였다. 두 개념 모두 1세기까지 얼마 동안 존재해왔는데, 둘 다 분명 위엄과 권력을 보여주는 명칭이었다.

마르코는 예수를 메시아라고 부름으로써 책을 시작한다. 그러나 살펴보게 되겠지만—그리고 그 책을 읽는 모든 사람들이 이미 알고 있듯이—예수는 이런 명칭의 일반적인 개념 중 어느 하나에도 맞지 않았다. 그는 전투에서 로마인들을 물리치지도 않았고, 구름을 타고 세상을 심판하러 오지도 않았다. 그러기는커녕, 국가에 대한 반역죄로 불명예스럽게 처형되었다. 도대체 그를 메시아라고 부르는 것이 무슨 의미일까? 이것

은 마르코의 복음서가 풀려고 시도하는 의문들 중 하나이다.

복음서의 유대적 성격은 그 뒤에 나오는 구절들에서 더욱 분명해진다. 먼저 그 이야기, 혹은 적어도 그것의 첫 부분이 유대 경전에 기록된 고대 예언의 성취라는 흥미로운 진술이 나온다. (물론, 그것은 70인역 Septuagint의 인용이다. 1:2-3; Box 4.3 참고) 세례자 요한이라는 예언자가 나타나서 죄를 용서하는 세례 baptism 의식을 행하는 것도 마찬가지다. 요한의 복장과 식단(1:6)은 히브리 성서에 묘사된 또 다른 유대인 예언자 엘리야를 연상시킨다. 이 요한은 세례식을 행할 뿐만 아니라 앞으로 도래할, 자기보다 더 강력한 사람에 대해서도 설교한다. 하느님의 예언자보다 더 강력하다고? 누가 예언자보다 더 강력할 수 있을까?

그때, 그 땅의 북쪽, 갈릴래아 나사렛에서 예수가 나타난다. 그가 요한의 세례를 받고 물에서 나오자 하늘이 갈라지고 하느님의 영이 비둘기처럼 그에게 내려오는 것을 본다. 그리고 그는 하늘에서 울려오는 소리를 듣는다. "너는 내 사랑하는 아들, 내 마음에 드는 아들이다' 하는 소리가 들려왔다."(1:11) 그 선언은 막중한 의미를 가지고 있어서 예수는 곧 황야로 내몰려 악의 힘에 맞서게 된다.("사탄에게 유혹을 받으셨다." 1:13) 그는 하느님의 능력을 통해 승리를 하고 돌아와서("천사들이 그분의 시중을 들었다." 1:13) 곧 하느님의 왕국이 도래할 것이라고 선포하기 시작한다.(1:14-15)

여기 예수의 선구자와 하느님의 아들을 묘사함으로써 그리고 예수가 하느님의 아들Son of God이라는 하늘로부터의 기적적인 선포를 보임으로써 시작되는 복음서가 있다. 여기까지 책을 읽은 이방인Gentile 독자는 그 이야기의 주인공이 유대인이라는 것을 깨달았을지 모르지만, "신의 아들"이라는 명칭은 틀림없이 그에게 익숙하게 다가왔을 것이다. 예수가 신의 아들이라고 선포되었을 때, 그리스-로마 세계의 대부분의 독자들은 아마도 그가 다른 많은 신들의 아들들—기적적인 행위를 통해 인류에게 이로움을 끼쳐온, 신성한 영감을 지닌 교사들과 통치자들—과 비슷하다는 의미로 이해했을 것이다. 그러나 도입부의 나머지에 있는 이스라엘적 특성을 고려할 때 유대인 독자들은 하느님의 아들이라는 칭호를 어떻게 받아들였을지 알아봐야

Box 6.1 유대인 메시아

"메시아"라는 용어는 "기름 부음 받은 자"를 의미하는 히브리 단어에서 유래했는데, 그것은 정확히 그리스어 "크리스토스 christos"에 해당하는 말이었다. 히브리어 성서에서 이 용어는 유대 왕에게 적용되었는데, 그는 즉위식에서 하느님의 은혜를 나타내는 상징적인 표현인 기름이 머리에 부어졌고, "주님의 기름 부음 받은 자"(1사무 10:1, 시편 2:2 참고)라고 불렸다.

이 용어는 바빌로니아인들이 기원전 587년에 유대 국가를 멸망시키고 유대 왕을 왕좌에서 몰아낸 후에 이스라엘에 나타날 미래의 구세주를 지칭하게 되었다. 그때부터 몇 세기 동안(기원전 2세기 중반에 시작된 하스몬 왕조의 지배자들까지) 그들을 다스릴 기름 부음 받은 자(메시아)는 존재하지 않았다. 그러나 일부 유대인들은 하느님이 가장 좋아하신 왕 다윗에게 항상 그의 자손을 왕위에 두겠다고 말씀하신 전승을 기억했다.(2사무 7:14-16) 어쩌면 이것이 하느님의 약속을 이룰 미래의 메시아, 다시 한 번 약속된 땅에서 하느님의 백성을 통치할 다윗과 같은 미래의 왕이 나타날 것이라는 생각의 기원이 되었을지도 모른다.

신약성서가 나올 무렵, 다양한 유대인들은 이 미래의 통치자에 대해 서로 다른 생각을 가지고 있었다. 어떤 이들은 다윗과 같은 전사 왕을, 다른 이들은 이 세상을 다스릴 초자연적인 우주적 심판관을 기대했고, 사해 두루마리를 만든 공동체에서는 하느님의 율법에 대한 권위 있는 해석을 그의 백성들에게 제공하는 대사제 같은 통치자를 기대했다.(BOX 15.7 참고) 이 모든 인물들은 고대 유대의 자료들에서 "메시아"로 불렸다.

그러나 신약성서 이전의 어떤 자료에서도 백성들의 죄 때문에 고난받고 죽는 미래의 메시아에 대한 언급은 전혀 없다. 이 개념은 16장에서 더 자세히 볼 수 있듯이 그리스도교의 창조물로 보인다. 그것은 미래의 구원자 메시아에 대한 믿음과, 시편 22장과 69장, 이사야 53장과 같은 성서 구절에 표현된, 진정으로 정의로운 사람은 고난받는다는 생각을 결합시킨 것일지도 모른다. 많은 그리스도교 독자들에게는 놀라울지도 모르지만 "메시아"라는 용어는 이런 구절들에서 결코 사용되지 않는다.

할 것이다.

유대 사회 내에도 기적을 행하고 영감 넘치는 가르침을 전할 수 있는 신성한 힘을 부여받은 특별한 사람들이 있다고 생각되었다.(4장 참고) 그중 두 사람인 하니나 벤 도사Hanina ben Dosa와 "원을 그리는 사람" 호니Honi the "circle-drawer"에 대해서는 이미 언급했다.(Box 4.7 참고) 대략 예수와 동시대에 살았던 이들은 특히 신과 친밀한 관계를 가지고 있는 것으로 알려졌고 그 결과 특별한 능력을 부여받은 것으로 생각되었다. 이들의 놀라운 행적과 가르침들은 후대의 유대 자료들에 기록되어 있다. 이 사람들을 특별하게 만든 것은 이스라엘의 유일신과 그들의 독특한 관계였다. 때때로 한 개인을 "신의 아들"이라고 불렀던 유대 정경에서 보이듯이 한갓 인간들이 신과 친밀한 관계를 가질 수 있다는 생각은 꽤 오래되었다. 예를 들어, 이스라엘 왕은 신과 인간 사이를 중재하는 존재로 생각되었고, 따라서 아이와 부모의 관계처럼 신과 특별한 관계에 있는 것으로 여겨졌다. 심지어 의심스러운 일을 저지른 왕들도 때때로 "신의 아들"이라고 불렸다.(예: 2사무 7:14; 시편 2:7-9) 하느님이 이 땅에서 그의 뜻을 이루는 통로인 이스라엘 민족(호세 11:1) 전체나 우리가 천사라고 부를 수도 있을 하느님의 천상의 종들(욥기 1:6; 2:1) 등 때로는 다른 것들도 그 칭호를 얻는다. 유대 사회에서 이런 모든 사례들에 나타난 "하느님의 아들"은 하느님과 특별히 친밀한 관계를 맺고 있으며, 하느님으로부터 어떤 일을 하도록 선택받은, 그로 인해 하느님의 뜻을 세상 사람들에게 알린 사람을 가리켰다. 때로는 이들 하느님의 아들들은 기적들과도 관련이 있었다.

그러면 마르코가 (범죄자로 처형을 당할) 예수를 하느님의 아들이라고 선포함으로써 그의 이야기를 시작하는 것은 무슨 의미가 있었을까? 우리는 고대 전기들이 첫 장면에서 대상의 성격을 결정짓는 경향이 있었다는 것을 기억하면서 복음서 첫 장에 나온 주요 사건들을 조사함으로써 이에 대한 답을 찾기 시작할 수 있다.

하느님의 권위 있는 아들 예수

독자들은 매우 권위 있는 사람으로 묘사된 예수에게 깊은 인상을 받는다. 그의 활동이 시작될 무렵 그는 생업에 종사하는 어부들을 본다. 예수에게 부름을 받은 그들은 별다른 이의 없이 배와 가족, 동료들을 버리고 그를 따라간다.(마르 1:16-20) 예수는 권위 있는 지도자이고, 그가 말할 때 사람들은 복종한다.

회당synagogue에서의 예수의 가르침은 많은 사람들을 놀라게 한다. 마르코는 그 이유를 알려준다. "사람들은 그 가르침을 듣고 놀랐다. 그 가르치시는 것이 율법학자들scribes과는 달리 권위가 있었기 때문이다."(1:22) 예수는 권위 있는 선생이다. 사람들은 그의 가르침을 한마디도 놓치지 않고 들으려 한다.

그는 곧 부정한 영혼에 사로잡힌 사람을 만나는데, 그 영혼은 그를 "하느님의 거룩한 분"으로 알아본다. 예수는 그 영혼을 꾸짖고 말만으로 그 부정한 영혼을 그 사람에게서 내쫓는다. 그 행위를 목격한 사람들은 그 일의 의미를 선포한다. "이것은 권위 있는 새 교훈이다. 그의 명령에는 더러운 악령들도 굴복하는구나!"(1:27) 그는 하느님에 대한 불복종을 상징하는 악령을 몰아낼 뿐만 아니라 그의 추종자들의 친척들(1:29-31)과 이름 없는 마을 사람들(1:32-34)의 병을 치료한다. 곧 그는 그에게 다가오는 병들고 악령 들린 모든 사람들을 치유한다. 예수는 권위 있는 치료자다. 그가 악의 세력에게 명령하면 그들은 듣고 순종한다.

예수를 권위 있는 하느님의 아들로 묘사한 이 장면은 복음의 나머지 부분을 위한 발판이 된다. 예수는 그의 공적인 활동 기간 내내 병든 사람들을 치료하고 악령을 내쫓고 심지어 죽은 사람들을 일으키면서 선한 일을 한다.(5:1-43) 그의 놀라운 능력에 대한 소문과 함께 그의 명성은 갈릴래아의 모든 마을들(1:28; 1:32-34; 1:45)에 널리 퍼졌다. 게다가 그는 영감이

넘치고 도전적인 가르침과 일상적인 일들을 비유로 들어 깊은 영적 중요성을 부여한 우화들을 통해 군중을 매혹시킨다. 하지만 흥미롭게도, 그의 말을 듣는 대부분의 사람들은 그것이 무엇을 의미하는지 이해하지 못한다.(4:10-13)

예수를 따르는 엄청나게 많은 사람들, 그가 전하는 놀라운 가르침, 그리고 그가 행하는 기적적인 행위들을 고려할 때 독자들은 예수가 어떤 사람인지 즉시 널리 알려질 것이라고 생각할 것이다. 즉 그는 도움이 필요한 사람들에게 신성한 도움을 주는 하느님의 아들이고 하느님이 특별히 권능을 부여한 사람이다. 아이러니하게도, 복음서를 주의 깊게 읽는 사람은 깨닫겠지만 이런 종류의 일은 일어나지 않는다. 이 하느님의 권위 있는 아들 예수는 그가 밀접히 접촉하는 사람들 대부분에게 오해를 받는다. 설상가상으로, 다른 사람들을 돕고 하느님의 좋은 소식을 전하려는 그의 분명한 의도에도 불구하고, 그는 그의 백성들의 종교 지도자들에게 미움을 사고 배척당하게 된다. 이 두 가지 특징이 마르코가 예수를 묘사하는 주요 모습들이다. 그는 적대시되고 오해받는 하느님의 아들이다.

배척당하는 하느님의 아들 예수

마르코의 복음서는 예수의 훌륭한 행동에도 불구하고 그의 백성의 지도자들이 처음부터 그를 배척한다는 것을 보여준다. 그리고 그들의 반목은 고조되어 마침내 예수의 처형이라는 파국에 이른다. 예수와 이스라엘의 지도자 사이의 이러한 적대감에도 불구하고, 마르코는 예수가 유대교에 반대하는 것으로 묘사하지 않는다.(적어도 마르코의 시각은 그렇다.) 예수가 유대교 하느님의 아들이라 불리었고 유대교 성서의 예언자들의 예언을 성취하러 온 유대교 메시아로 여겨졌다는 것을 기억하라. 그는 유대교 회당에서 가르치고, 유대인들 가운데서 활동했다. 유대인의 유월절을 지키고, 나중에 보듯이, 신전Temple에서 유대인 학자들과 유대 율법의 세밀한 조항들을 토론했다. 실제로, 예수의 율법에 대한 이해는 사람들의 비난을 받게 되지만 마르코는 예수가 율법에 충실했다고 주장한다. 마르코의

복음서 도입부에 나오는 나병 환자에 대한 이야기를 생각해보라.(1:40-44) 그 사람을 고쳐준 뒤 예수는 유대 사제에게 가서 병이 나은 것에 대해 "모세가 명령한 대로" 제물을 드리라고 지시한다.(1:44) 예수는 유대교를 전복하는 것에는 거의 관심이 없다.

그런데 어째서 유대의 지도자들, 갈릴래아의 바리사이파Pharisees와 서기관들과 예루살렘의 고위 사제들chief priests은 그를 배척할까?(Box 6.2 참고) 그들은 그가 누구인지 알아보지 못하는 것일까? 사실, 우리가 곧 보게 될 것처럼, 그들은 그를 알아보지 못했다. 더 심각한 것은, 그들은 그가 말하고 행하는 것에 대해 심각하게 불쾌해한다. 이것은 마르코의 복음서 2장 1절-3장 6절에 기록된 예수와 서기관들과 바리사이파 등의 유대 지도자들 사이에서 점점 고조되어가는 긴장, 갈등의 이야기들에서 명백히 보인다. 처음에는 이 지도자들은 단지 그의 행동(2:7)에 의문을 제기했지만 곧 그가 어울리는 사람들(2:16)에 대해 그리고 그의 행동(2:18)에 대해 공격을 했고, 나중에는 그의 추종자들의 행동에 대해서, 마침내는 그의 행위에 심각한 이의를 제기하고 그를 사형에 처할 방법을 찾기로 결심한다.(3:6)

특히, 이들 권력자들은 예수가 자신들의 정결례를 따르지 않는 것에 분노하고 있다. 예수는 불의한 자들과 죄인들, 부정하여 다른 이들을 오염시킨다고 여겨지는 자들과 함께 식사를 했다. 하지만 예수에게는 이 사람들이야말로 그의 도움이 필요한 사람들이다.(2:15-17) 또 그는 이레째 되는 날(2:23-3:6)은 거룩하게 지켜야 한다는 바리사이파 사람들이 정한 규례를 따르지 않았고, 안식일을 지키는 것보다 사람들을 돌보는 것이 더 중요하다고 생각했다. 예수의 관점에서는 안식일이 인간을 위해 만들어진 것이지 인간이 안식일을 위해 만들어진 것은 아니므로 이 날에 음식을 마련하거나 환자들을 치료하는 것은 정당한 일이었다.(2:27; 3:4) 하지만 마르코가 묘사한 바리사이파들의 관점에서 보면 이런 것들은 단순한 정책 문제에 대한 의견의 불일치가 아니었다. 예수의 행동들은 그들의 종교에 대한 위험한 왜곡이었고 그래서 예수를 침묵시킬 필요가 있었다. 바리사이파 사람들은 즉시 그들의 천적이었던 헤로데당 사람들Herodians(Box 6.2 참고)과 의논을 한 후 그를 죽

과거 엿보기

Box 6.2 유대 서기관들, 헤로데당 및 고위 사제들

마르코의 복음서는 4장에서 살펴본 사두가이파와 바리사이파를 포함하여 유대인들 사이의 많은 종교 권력자들을 거론한다. 그곳에서 더 언급된 세 개의 다른 그룹들을 살펴보면 다음과 같다.

• 1세기의 유대 서기관들은 이스라엘의 신성한 전승을 읽고 연구할 수 있을 뿐만 아니라 아마도 다른 사람들에게 그것을 가르쳤던 교육받은 엘리트들을 대표한다. 고대 세계의 대부분의 다른 사람들도 마찬가지였지만, 거의 모든 유대인들은 우리의 기준에 따르면 높은 교육을 받지 못했고, 교육을 받은 사람들은 높은 위상을 지닐 수 있었다.
• 마르코는 헤로데당에 대해서 언급은 했지만 그들이 누구인지는 밝히지 않는다.(3:6; 12:13; 마태

22:16 참고) 그들은 다른 고대 자료들에도 나오지 않는다. 마르코는 그들이 로마의 부역자들, 즉 헤로데의 지지자들로서 로마인들이 팔레스티나의 유대인을 다스리기 위해 간헐적으로 임명하던 지배자들이라고 이해했을 수도 있다.

• 고위 사제들은 신전을 운영하고 그곳에서의 희생 제의를 감독하던 유대 사제들 중 상층 계급이었다. 그들은 사두가이파(아마도 많은 사두가이파 사람들이 그들 가운데 속해 있었을 것이다)와 밀접하게 연관되어 있었고 당시의 진정한 권력자들로서 예루살렘의 로마 통치자나 유대인들의 삶을 통제하는 책임을 가진 사람들 모두 그들의 말에 귀를 기울였다. 그들의 지도자인 대사제는 유대에 왕이 없었을 때 세속과 종교 문제 모두를 아우르는 절대 권위자였다.

Box 6.3 마르코의 복음서에 나오는 예수의 적들

1세기 유대인 단체들에 대한 우리들의 기본적인 정보는 마르코의 복음서의 특정한 측면에 대해 호기심을 불러 일으킨다. 우리는 다른 자료들로부터 바리사이파 사람들이 예수 시대에 그렇게 많은 수가 아니었다는 것을 알 수 있다. 안식일에 떠돌이 설교자들이 밀밭을 지날 때마다 그들의 행동을 감시할 만큼은 분명 많지 않았다.(14장 참고) 또한 분명히 그들은 그 당시 팔레스티나 정치에 영향력이 없었고 심지어 다른 모든 사람들(즉, 바리사이파가 아닌 유대인들)이 그들 자신의 규율과 정결례를 준수하는지 신경 쓰지도 않았다. 그러나 그들은 마르코의 이야기에서 예수의 주요 적으로 등장하며 끊임없이 그를 괴롭히고 그들과 생각이 다르다고 그를 공격한다. 이것이 역사적으로 정확한 일이었을까?

예수가 죽은 후, 1세기 말에 이르기까지 몇십 년 동안 바리사이파 사람들은 팔레스티나에서 더 두각을 나타내게 되었다. 기원전 70년 예루살렘이 파괴된 후 그들은 로마인들에게 팔레스티나 유대인들의 세속적인 삶을 관장할 권한을 부여받았다. 바리사이파들은 예수가 죽은 후 빈번히 그리스도교 교회들에 영향을 미쳤다. 자칭 바리사이파인 바울로는 교회를 핍박했던 유대인들 중 우리가 가장 잘 아는 사람이다.

예수의 죽음 이후 바리사이파가 교회를 공격한 것이 그리스도교인들이 예수의 삶에 대한 이야기를 하는 방식에 영향을 미친 것은 아닐까? 다시 말해서, 바리사이파와의 충돌 때문에 그리스도교인들은, 비록 실제로 그러한 논쟁은 그의 일생 동안 거의 일어나지 않았지만, 예수 자신이 그들과 논쟁을 벌인 이야기(대개는 그들에게 수치심을 안겨주는 이야기들)를 서술했을 수도 있었을까?

이기로 결정한다.(3:6)

이야기가 시작될 무렵의 분쟁 이후, 유대인 권력자들은 계속해서 그를 공격하고 있다. 마르코가 일관되게 예수를 대화에서 우세한 쪽으로 묘사하고 있음에도 불구하고 거의 모든 경우에서 유대인 권력자들은 논쟁을 시작한다.(11:27-12:40) 그러나 결국 고위 사제들은 승리를 거두어 로마 총독에게 예수가 죽어야 한다는 것을 납득시킨다. 왜 그들은 그렇게 행동했을까? 우선은 예수의 인기가 그들에게 위협적으로 느껴졌고, 신전을 공격하는 예수의 말이 그들에게 모욕적이었다는 것이다. 그것은 예수가 신전에서 보인 폭력적이고 과격한 행동(11:18)에서 여실히 드러났다. 그러나 마르코의 복음서가 그리는 큰 그림에 의하면 유대 권력자들은 단지 질투심이나 법적, 신학적, 또는 종교적인 문제에 관해 예수와 의견이 일치하지 않기 때문에 그를 죽이려 하지는 않는다. 그는 지구상에서 하느님의 유일한 대표자, 곧 하느님의 권위 있는 아들이었지만 이스라엘의 지도자들인 그들은 그가 누구인지, 그가 무슨 말을 하는지 이해할 수 없었기 때문에 그를 죽이게 된다. 그러나 이것은 그들만이 아니다. 사실상 마르코의 이야기 속에 나오는 어느 누구도 실은 그가 누구인지 이해하지 못했기 때문이다.

오해받는 하느님의 아들 예수

복음서의 전반부를 자세히 읽으면서 예수가 하느님의 아들이라는 것을 깨닫는 사람이 있는지 찾아보라. 그러면 오해받는 예수가 마르코의 복음서의 주제임을 깨달을 수 있을 것이다. 그것은 놀랍게 느껴질지도 모른다. 예수가 세례를 받을 때에 친히 선포했듯 하느님은 예수가 그의 아들이라는 것을 분명히 안다.(1:11) 그리고 이 선언이 예수에게 직접 전달되기 때문에 예수도 그것을 알고 있다고 독자들은 추측할 수 있다. 사악한 악령들도 예수를 하느님의 아들로 인정한다. 그들은 예수와 몇 차례 마주칠 때마다 그가 하느님의 아들이라고 소리친다.(3:11; 1:24 참고) 그 외에 누가 또 그 사실을 알고 있을까? 이 다양한 이야기들을 서술하고 있는 복음서의 저자와 독자들이다.

이 복음서의 전반부를 통틀어 예수와 가장 가까운

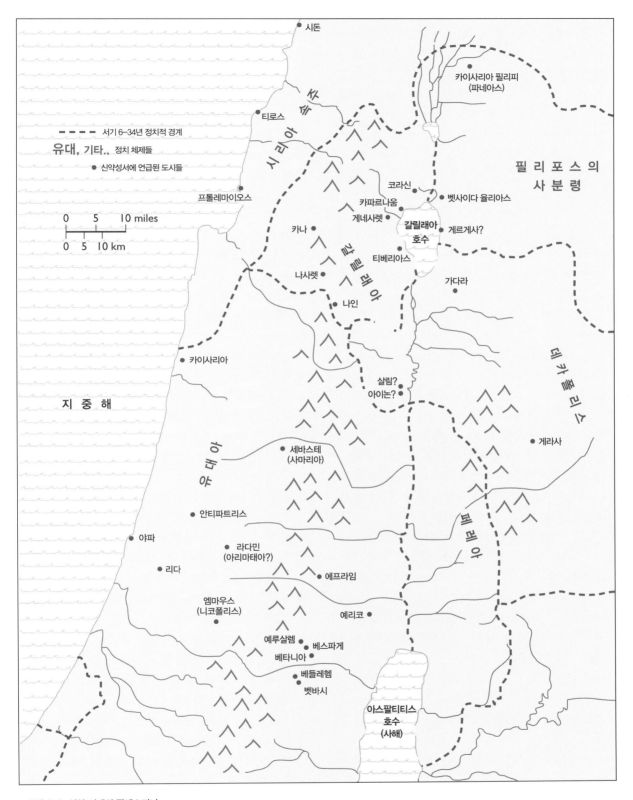

도판 6.2 신약 시대의 팔레스티나.

사람들까지도 예수가 누구인지 알아보는 사람은 아무도 없다. 그가 고향에 왔을 때, 그의 가족들은 그가 미쳤다고 생각하고 그를 사람들의 이목에서 떼어놓으려고 한다.(3:21) 예수의 마을 사람들은 예수를 이해하지도 믿지도 못한다. 예수가 회당에서 가르칠 때에 그들은 그의 말에 화를 내면서 그가 어떻게 그런 놀라운 이적을 행할 능력이 있다는 것인지 궁금해한다. 그들이 아는 그는 (보잘것없는) 목수 집안 출신(6:1-6)이었기 때문이다. 유대 율법 학자들은 그가 일으키는 기적의 힘의 근원을 알고 있다고 생각한다. 예수의 언행 뒤에 숨겨진 신성한 권위를 인정하는 대신—이 사람이 어찌 이렇게 불경한 말을 하는가—그들은 그가 사탄인 베엘제불에게 사로잡혀 있고 악마의 힘으로 기적을 행한다고 주장한다.(3:22)

아마도 가장 놀라운 것은 예수가 특별히 선택하고 그를 따르게 한(3:13-19), 사적으로 가르침을 베푼 제자들조차 그가 누구인지 이해하지 못하는 것이다. 예수가 바다에서 사나운 폭풍을 한마디 말로 잠잠케 하는 것을 보고 그들은 진심으로 의아해한다. "도대체 이분이 누구인데 바람과 바다까지 복종할까?"(4:41) 물 위를 걷는 예수를 보고 그들은 계속 당혹해한다. "그들은 마음이 무디어서 군중에게 빵을 먹이신 기적도 아직 깨닫지 못하였던 것이다."(6:51-52) 나중에 예수가 그들에게 "바리사이파 사람들의 누룩과 헤로데의 누룩을 조심하여라"(8:15) 하고 경고하자 그들은 예수가 두 차례에 걸쳐 수천 명의 굶주린 사람들을 기적적으로 먹이는 것을 보았음에도 그들이 빵을 가져오는 것을 잊어서 그가 화가 났다고 오해한다. 그때 예수는 자신의 분노를 표한다. "그래도 아직 모르겠느냐?"(8:21) 그들은 깨닫지 못한다. 하지만 그들은 바로 여기 복음서의 중간에 이르러서야 어렴풋이 눈치를 채기 시작하게 된다.

하느님의 인정받은 아들 예수

마르코가 묘사하는 예수를 이해하기 위한 중요한 열쇠 중 하나는 마르코의 복음서 8장 21절, 분노한 예수의 질문 다음에 이어지는 일련의 이야기들 속에 있다. 아마도 마르코는 이 이야기들에 특별한 상징적 의미를 부여한 것처럼 보이는데, 복음서들 중에서도 가장 두드러진 치유의 이야기가 제일 앞에 나온다. 그것은 점차 시력을 되찾는 소경의 이야기이다.(8:22-26)

우선, 치료가 단계적으로 이루어진다는 것이 놀랄 만하다. 사실 예수가 즉시, 쉽게 한 번에 이적을 베풀지 않는 곳은 복음서에서 이곳이 유일하다. 장님을 치료해달라는 부탁을 받은 그는 그의 손을 잡고 마을 밖으로 데리고 나가 그의 눈에 침을 뱉고 그가 볼 수 있는지 묻는다. 남자는 보이기는 하지만 사람들이 마치 걷는 나무처럼 흐릿하다고 대답한다. 예수가 두 손을 그의 눈 위에 얹자 그 사람은 또렷하게 보기 시작한다.

통찰력 있는 독자는 그 이야기의 상징성을 앞뒤 문맥에 비추어 바로 깨달을 것이다. 바로 다음 이야기에서 지금까지 예수의 정체를 알아보지 못했던 제자들이 단계적으로 그가 누구인지 깨닫기 시작한다.(8:21 참고) 그것은 예수의 질문으로 시작된다. "사람들이 나를 누구라고 하더냐?"(8:27) 제자들은 그가 세례 요한이나, 엘리야, 죽은 사람들 가운데서 살아난 예언자로 생각하기도 한다고 대답한다. 그는 그들에게 질문을 던진다. "그러면 너희는 나를 누구라고 생각하느냐?" 제자들의 대표인 베드로는 "선생님은 그리스도이십니다"라고 대답한다.(8:29)

이것은 이야기의 절정이다. 이때까지, 예수는 가족, 이웃, 종교 지도자 그리고 추종자들로부터 오해를 받아왔는데 이제 복음서 중간에 누군가가 마침내 부분적으로나마 그가 누구인지 깨닫는다.(독자는 베드로의 고백이 어느 정도 정확하다는 것을 안다. 왜냐하면 마르코의 복음서의 예수는 메시아이기 때문이다. 그가 복음서의 처음에서 "예수 그리스도"라고 그를 소개한 것을 기억하라.) 예수는 베드로의 고백을 반박하거나 부인하지 않고 제자들에게 "그러자 예수께서는 자기 이야기를 아무에게도 하지 말라고 단단히 당부하셨다."(8:30; Box 6.5 참고)

그러나 베드로가 예수를 메시아라고 알아본 것은 부분적으로만 옳다. 다시 말하면, 베드로는 예수가 누구인지 깨닫기 시작했지만 여전히 그를 희미하게만 인식하고 있다. 예수는 자신이 "많은 고난을 받고 원로들과 고위 사제들과 율법학자들에게 버림을 받아 그들의

Box 6.4 예수: 성난 치유자?

이미 2장에서 우리는 신약성서의 어떤 책의 원본도 가지고 있지 않고, 수 세기 후에 만들어진 사본들만을 가지고 있다는 것을 알게 되었다. 그리고 이 복사본들은 크고 작은 면에서 서로 다르다. 사본들이 서로 다른 흥미로운 곳들 중의 하나는 마르코의 복음서 1장 40–45절에 나오는 나병 환자를 치유하는 예수의 이야기다. 우리들의 필사본들 대부분은 이 불쌍한 영혼이 도움을 청할 때 예수는 그에게 연민을 느끼고 손을 내밀어 치유하는 장면을 보여준다. 하지만 초기 사본들 중 일부는 상당히 다른 텍스트를 지니고 있다. 그곳에서 예수는 연민을 느끼기보다는 분노한다. "분노하시며 예수가 말씀했다. (……)" 이것은 놀라운 차이다. 예수는 동정과 분노 중 어떤 감정을 느낀 것일까? 만약 분노라면, 무엇 때문에 화가 났을까?

해석의 문제(문장은 무엇을 *의미하는* 것일까?)를 풀기 전에 본문의 문제(본문이 무엇을 *말하고자* 하는 것일까?)를 풀어야 한다. 많은 전문가들은 마르코가 원래 예수가 화가 났다고 말했을 것이라고 생각한다. 그렇게 생각하는 이유는 다음과 같다. 당신이 만약 글을 베끼는 고대의 서기관이라고 가정해보자. 예수가 연민을 느꼈다는 본문을 분노했다는 말로 바꾸는 것과 그가 분노했다고 쓰여 있는 본문을 그가 연민을 느꼈다고 바꾸는 것, 어떤 변경의 가능성이 더 높을까? 이렇게 생각하면 분명 후자가 더 가능성이 높다.

필경사들은 자신들이 이해하기 어려운 텍스트를 '더 나은' 텍스트로 바꾸는 경향이 있었다. 이 경우 그 말은, 원래 본문에는 아마도 예수가 분노했다고 쓰여 있었을 것이라는 뜻이다. 여기에서 우리는 다시 질문으로 돌아간다. 마르코의 복음서에서 왜 예수는 나병 환자가 도움을 청했을 때 화를 낼까? 마르코의 복음서 첫 장을 읽고 자문해보라. 예수가 동정심을 느꼈다고 말하는 부분은 어디인가? 그가 분노했다고 말하는 부분은? 후자의 경우에, 그의 분노를 어떻게 설명할 수 있을까?

손에 죽었다가 사흘 만에 다시 살아나게 될 것"(8:31)을 가르쳐준다. 예수는 메시아이지만, 고난을 받고 죽어야 하는 메시아이다. 베드로는 이것을 이해할 수 없다. 그는 예수에게 따지기 시작한다.

하지만 베드로는 왜 예수에게 다가오는 "수난 Passion(그리스어로 '고난'을 뜻하는 단어에서 나온 말)"의 메시지를 거부했을까? 분명히 그는 메시아의 역할을 예수(그리고 마르코)가 이해하는 방식과는 다르게 이해하고 있다. 마르코는 베드로의 견해를 결코 자세히 설명하지 않지만, 아마도 그것을 이해하는 것은 그리 어렵지 않을 것이다. 베드로가 "메시아"라는 용어를 대부분의 다른 1세기 유대인들처럼 사용하고 있다면, 그는 예수를 이스라엘의 미래 인도자로서(전사 왕이든, 우주적인 지구의 심판자이든) 장엄하고 강력한 방식으로(Box 6.1 참고) 하느님의 나라를 열어줄 사람이라고 생각하고 있다. 그러나 마르코에게 이것은 단지 부분적인 진실이며 예수의 정체에 대한 미진한 인식이다. 예수는 세상을 구원하기 위해 고난을

받고 죽어야 하는 메시아이다.

베드로가 이 진리를 깨닫지 못하자 예수는 그를 다음과 같이 꾸짖는다. "사탄아, 물러가라. 하느님의 일은 생각하지 않고 사람의 일만 생각하는구나!"(8:33) 메시아가 고통을 겪어야 한다는 생각은 예수의 제자들을 포함한 1세기 대부분의 유대인들에게는 이상하게 보였을지도 모른다. 그러나 마르코의 견해로는 예수를 다른 방법으로 이해하는 것은 악마의 유혹에 굴복하는 것이다. 베드로가 예수의 정체를 깨닫기 시작했지만 시력을 부분적으로 회복한 장님처럼 아직 명확히 알아보지는 못한다. 완전한 장님보다는 낫지 않냐고 말할지도 모르지만 어떤 의미로는 더 나쁠 수도 있다. 왜냐하면 부분적인 인식은 오해로 이끌 수 있기 때문이다. 그러면 사람들은 나무처럼 보이고 예수는 대중의 기대에 부응하는 메시아처럼 보일 것이다. 그러나 마르코에게 예수는 고난받는 하느님의 아들이었다.

Box 6.5 마르코의 복음서의 메시아에 관한 비밀

베드로의 고백 후, 예수는 제자들에게 그가 누구인지를 말하지 말라고 명한다. 흥미롭게도, 예수는 마르코의 복음서에 나오는 다른 많은 사건들에서도 그의 정체를 비밀로 하려고 시도한다. 그가 악령을 내쫓을 때, 그는 "자기 일을 입밖에 내지 말라고 당부하셨다. 사탄들은 예수가 누구신지를 알고 있었기 때문이다."(마르 1:34; 3:12 참고) 그가 나병을 치료할 때, 그는 나병 환자에게 "아무에게도 말하지 말"(1:44) 것을 명령한다. 그가 죽은 여자아이를 살렸을 때, 그는 "이 일을 아무에게도 알리지 말라고"(5:43) 엄명한다. 사실, 8장 끝부분에서 제자들에게 이야기하기 전에는 그는 자신의 정체에 대해 누구에게도 공공연히 말하지 않는다. 누군가가 마침내 자기가 메시아라는 것을 알아볼 때 그는 침묵을 지키라고 명한다.

예수는 하느님의 아들이고 메시아이다. 그러나 그는 아무도 그것을 알기를 원하지 않았다. 마르코의 복음서의 이 아이러니한 특징을 어떻게 설명할 수 있을까? 이 수수께끼는 금세기 초 윌리엄 브레데라는 네덜란드 학자가 유명한 해결책을 제시했을 때부터 "메시아의 비밀"이라고 불렸는데, 그에 의하면 역사적 예수는 자신을 메시아로 생각하지 않았기 때문에 전혀 그에 대해 비밀을 촉구한 적이 없었다. 그러나 그가 죽은 뒤에, 예수의 추종자들은 그가 메시아였다고 선포하기 시작했다. 예수 자신이 그런 주장을 하지 않았는데, 어떻게 그가 메시아로 생각될 수 있다는 것일까? 브레데에 의하면 초기 그리스도교 공동체는 예수가 자신의 정체를 비밀로 유지하려 했다는 생각을 발명했다는 것이다. 그 후 그들은 예수가 자신을 메시아로 선언하지 않았다는 것을 설명하기 위해 그것에 대해 침묵하라는 예수의 명령을 날조했다.

학자들마다 이 해법을 다르게 평가하고 있으며 16장의 역사적 예수에 관한 문제들을 다룰 때 우린 다시 그 해법을 생각해볼 기회를 갖게 될 것이다. 이 장에서는 우리는 마르코가 전하는 예수 이야기의 맥락에서 메시아적인 비밀이 말 그대로 어떻게 기능하는가를 살펴볼 것이다. 여기서 예수는 분명히 메시아(1:1 참고)이다. 하지만 분명히 그는 많은 유대인들이 기대했던 위대한 왕이나 우주적인 전사가 아니다. 그럼 왜 예수는 침묵하라는 명령을 한 것일까? 한 가지 가능한 설명은 마르코의 복음서에서 예수는 사람들이 자신을 그들이 기대하는 유형의 메시아라고 잘못 생각하는 것을 원치 않았다는 것이다. 마르코에게 있어서, "메시아"라는 명칭은 세상의 위엄과 힘을 의미하는 것이 아니라 오히려 그 반대일 뿐이다. 메시아로서 예수는 고난을 받고 죽어야 하는 하느님의 아들이었다.

고난받는 하느님의 아들 예수

마르코의 복음서 첫 부분 전체에 걸쳐 독자들은 예수가 죽어야만 한다는 몇 가지 암시를 받는다.(예: 2:20; 3:6) 베드로의 고백 이후 예수는 그것에 대해 꽤 명백히 말하기 시작한다. 비록 그가 하느님의 아들 그리스도이기는 하지만, 아니 혹은 그 때문에, 그는 반드시 죽음을 겪어야 한다. 예수는 예루살렘에서 자신에게 곧 다가올 고난에 대해 세 번 예언한다. 그는 유대 지도자들에 의해 거부당하고, 죽임을 당하고, 죽은 이들로부터 살아날 것이다. 마르코는 이러한 "고난의 예언들" 다음에 제자들이 예수의 말을 결코 이해하지 못했다는 것을 보여주기 위해 일련의 이야기들을 배치했다.

우리는 이미 마르코의 복음서 8장 31절에서 첫 번째 예언을 보았다. 예수가 스스로 거부당하고 죽어야 한다는 것을 밝히자 방금 그를 메시아로 고백한 베드로는 그것이 의미하는 바를 제대로 이해하지 못하고 그에게 항의한다.(8:32) 그러자 예수는 그를 질책하고, 고난은 그의 몫일 뿐만 아니라 그의 제자들의 몫이기도 하다고 가르치기 시작한다. "나를 따르려는 사람은 누구든지 자기를 버리고 제 십자가를 지고 따라야 한다." 제자가 된다는 것은 권력과 명예가 아니라 고난과 고통을 의미하며 세상을 구하기 위해 목숨을 버리는

Box 6.6 신의 아들과 사람의 아들

오늘날 대부분의 사람들이 "신의 아들"과 "사람의 아들"이라는 용어를 이해하는 방식은 아마도 1세기에 많은 유대인들이 그것을 이해하는 방식과 다를 것이다. 우리가 이해하는 한 "신의 아들"은 신이고 "사람의 아들"은 사람이다. 그러므로, "하느님의 아들"은 예수의 신성을, "사람의 아들"은 예수의 인간됨을 가리킨다. 그러나 이것은 1세기 유대인들이 이해했던 것과는 정반대인데, 그들에게는 보통 "신의 아들"이 인간을(예: 솔로몬 왕; 2사무 7:14 참고), "사람의 아들"이 신성한 존재를 지칭했다. 다니엘 7장 13-14절의 예언에 근거하여 일부 유대인들은 사람의 아들이 다가오는 하느님의 왕국을 준비하기 위해 하늘로부터 세상을 심판하기 위해 오실 우주적인 구세주라고 생각했다.(Box 15.7 참고)

신약 복음서에서 예수는 "사람의 아들"이라는 용어를 세 가지 다른 방식으로 사용한다. 어떤 경우에 그는 그것을 단순히 자신을 간접적으로 가리키기 위해 사용한다.(예: 마태 8:20) 그는 때때로 자신의 임박한 고난을 말하기 위해서도 그 말을 사용한다.(마르 8:31) 마지막으로, 그는 때때로 세상 끝 날에 하느님의 심판을 내리기 위해 올 우주적인 심판자에 관련해서도 그 용어를 사용한다.(8:38) 마르코는 마지막 심판이 멀지 않다고 생각한다.(9:1; 13:30) 물론 마르코에게는 다시 돌아올 사람의 아들에 대한 구절은 이 세상의 심판관으로 돌아올 예수를 설명한다. 우리가 나중에 보게 될 것처럼, 학자들은 이 용어의 세 가지 용법 중 어떤 것이 역사적 예수에게 적용될 수 있는지에 대해 논쟁을 하고 있다.

것이다. 이 말씀을 거부하는 사람은 세상이 끝날 무렵에 그리스도와 아무 상관이 없을 것이다.(8:34-38)

다음 예언은 한 장 뒤, 예수의 숨겨진 영광이 변화산 Mount of Transfiguration에서 드러난 후에 일어난다. 제자들은 심지어 그들이 목격한 것조차 이해하지 못한다.(9:2-13; 특히 6, 10절) 이전과 거의 비슷한 말로 예수는 그의 다가오는 죽음을 예언하지만 마르코는 제자들이 그가 무슨 말을 하는지 이해하지 못한다고 말한다.(9:30-32) 그들은 바로 그들 중 누가 가장 큰 자인가에 대해 논쟁을 벌이기 시작한다.(9:33-34) 예수는 다시 그들에게 자신의 제자가 된다는 것은 큰 명성을 얻는 것이 아니라 낮고 섬기는 삶을 의미한다고 말한다.

최종 예언은 다음 장(10:33-34)에서 이루어진다. 이야기의 세부 사항은 좀 더 구체적이지만 제자들의 행동은 놀라울 정도로 비슷하다. 그의 가장 가까운 제자들인 야고보와 요한은 예수가 그의 영광스러운 왕국에 들어갈 때 그들 두 사람에게 높은 자리를 달라고 요청한다. 예수는 그들에게 다시 자신을 따르는 것은 죽음을 의미하며, 크게 되기를 원한다면 만인을 섬기는 사람이 되어야만 한다고 말한다. 사실 그것이 그가 한

일이다. "사람의 아들도 섬김을 받으러 온 것이 아니라 섬기러 왔고, 또 많은 사람들을 위하여 목숨을 바쳐 몸값을 치르러 온 것이다."(10:45)

이때부터, 이야기는 우리에게 친숙한 예수의 수난의 여정으로 접어들고 그의 죽음을 향해 가차 없이 나아간다. 예수는 의기양양하게 예루살렘으로 들어가 군중으로부터 갈채를 받는다. 그들은 예수가 메시아라는 것이 무엇을 의미하는지에 대해 제자들과 같은 생각을 지닌 것처럼 보인다.(11:1-10) 그는 신전에 들어가 그곳에서 장사를 하고 있는 사람들을 몰아내어 한층 더 유대 지도자들의 반감(11:15-19)을 초래한다. 그는 신전에서 가르치고, 그를 함정에 빠뜨리고 군중을 선동하여 그를 해치려는 지도자들과 논쟁을 벌인다.(11:28-12:40) 그는 세상이 끝나고 사람의 아들 Son of Man이 우주적인 심판관으로 나타나 세상을 심판하고 그를 따르는 무리를 구원할 때 신전이 곧 무너지게 될 것이라고 예언한다. 그는 청중들에게 이 종말론적 드라마가 그들 세대가 가기 전에 곧 펼쳐질 것이라고 장담한다.(13:30)

마침내 우리는 예수의 수난 자체의 설명에 이르른다. 예수는 무명의 여인에 의해 기름 부음을 받는다.

분명히 그녀는 그에게 무슨 일이 일어날지 아는 유일한 사람이다.(14:1-9; 어쩌면 그녀는 그저 예수가 자신이 무덤에 묻히기 위한 준비라고 설명한 행동을 선의에서 하고 있던 것인지도 모른다) 예수는 제자들과 함께 최후의 만찬(14:12-26)을 거행하고 그들과 함께 겟세마네 동산으로 나가 임박한 시련을 피하게 해달라고 기도하지만(14:26-42) 하느님은 침묵한다. 예수는 체포되어(14:43-52) 유대인 평의회인 산헤드린 Sanhedrin에서 재판을 받게 되는데, 그곳에서 그는 신전을 비난했다는 이유로 그를 고발하는 목격자들을 대면하게 된다.(14:53-65) 안에는 거짓 증인들이, 밖에는 거짓 제자들이 있다. 예수가 재판받는 동안 베드로는 예수를 세 번 부인한다.(14:66-72)

예수는 마침내 대사제로부터 직접 심문을 받는다. "그대가 과연 찬양을 받으실 하느님의 아들 그리스도인가?" 물론 독자는 이미 답을 알고 있다. 예수는 메시아이고, 하느님의 아들이지만, 이 유대 권력자들이 알아볼 수 있는 방식으로는 아니다. 예수는 자신의 정체를 밝히고, 전 우주의 심판자인 사람의 아들이 곧 하늘의 구름을 타고 도착할 것이라고 예언한다.(14:61-62. Box 6.6 참고) 산헤드린은 그를 신성모독죄로 고발하고 그가 죽어 마땅하다고 판결한다.(Box 6.7 참고) 다음 날 아침 그들은 필라투스에게 그를 넘겨주고 필라투스는 유대의 왕(15:1-15)을 자처한 죄로 예수를 재판한다. 예수가 그를 고발한 사람들의 질문에 대답을 거부하자 필라투스는 그를 로마에 대한 반역죄로 처형하라고 선고한다. 필라투스는 유대 군중에게 예수나 유대 반역자 바라바 중 한 명을 석방할 수 있는 선택권을 준다.(15:6-15) 그들은 바라바를 선택한다. 예수는 채찍질 당하고 조롱받고 매를 맞는다. 그들은 그를 데리고 가서 아침 9시(15:25)에 십자가에 못 박는다.

십자가에 달린 하느님의 아들 예수

마르코의 복음서를 보면 예수의 제자들이 그의 정체를 절대 이해하지 못하고 있다는 것이 분명하다. 우리가 보았듯이, 그는 제자 중 한 명인 유다 이스카리옷의 배반에 의해 유대 당국자들에게 체포된다. 그가 체포

된 날 밤 그는 가장 믿었던 제자 베드로에 의해 세 번이나 부인된다. 다른 제자들은 모두 그가 고통당하는 시간에 그를 지지하지 않고 뿔뿔이 흩어진다. 마르코는 어쩌면 예수를 메시아로 생각하던 그들의 희망이 완전히 무너졌을 때 제자들이 큰 충격을 받았다는 것을 독자들에게 이해시키고 싶었는지도 모른다. 예수는 로마와 싸워 이기거나 이스라엘 왕국을 회복시키지도 않았다. 물론 마르코에게는 이러한 희망은 잘못된 것들이었다. 예수는 하느님의 아들이었지만 고난을 겪어야 하는 하느님의 아들이었다. 예수가 결국 십자가에 못 박힐 때까지 복음서에는 이것을 완전히 이해하는 사람이 아무도 보이지 않는다.

마르코의 이야기는 마지막에 예수 자신도 의심을 품었을지도 모른다는 사실을 암시하는지도 모른다. 겟세마네에서 그는 자신의 운명을 피하기 위해 세 번 기도하는데, 아마도 다른 방법이 있을 수도 있다고 생각하는 것처럼 보인다. 예수가 마침내 그의 운명을 받아들였을 때도 그는 여전히 흔들리는 것처럼 보이는데 그것은 당연했다. 자신의 추종자들에게 버림받고, 자신의 지도자들에 의해 비난을 받고, 자신의 백성들에 의해 거부당한 그는 공개적으로 망신을 당하고, 매를 맞았고, 사람들은 그에게 침을 뱉고 채찍질을 했다. 그가 십자가에 못 박혀 있을 때조차도 그는 행인, 유대인 지도자, 그와 함께 십자가에 못 박힌 두 범죄자에게 조롱을 당한다. 그는 이 모든 고난을 묵묵히 겪으며, 마지막으로 성서 말씀, "나의 하느님, 나의 하느님, 어찌하여 나를 버리셨나이까?"를 외친다.(15:34; 시편 22:2 참고) 그리고 나서 숨을 거둔다.

그것이 죽어가는 예수의 진짜 질문이었을까? 그는 하느님에게조차 결국에는 버림받았다고 생각한 것일까? 그는 자신의 죽음의 이유를 완전히 이해하지 못한 것일까? 독자들은 이런 질문들에 동의하지 않을 수도 있다. 그러나 한 가지 점에서는 이견이 있을 수 없다. 비록 복음서의 누구도 예수의 죽음의 의미를 알지 못하더라도 독자들은 그것을 알고 있다. 마르코는 예수가 숨을 거둔 직후에 일어난 두 가지 사건에 대해 이야기함으로써 그것을 밝힌다. 우선 신전의 휘장이 위에서 아래로 반으로 찢어졌고(15:38), 로마 백인대장은 예수를 하느님의 아들이라고 고백한다.(15:39)

신전의 휘장이 실제로 어떻게 되었는지에 대한 역사적 질문을 제기하지 않고도(그것이 어떤 식으로든 찢기거나 손상되었다는 어떤 기록들도 존재하지 않는다) 사람들은 그것이 찢기거나 손상되었다는 마르코의 주장을 어떻게 이해해야 할지 생각해볼 수 있다. 대부분의 고대 유대인들은 예루살렘 신전을 신에게 제사를 드릴 수 있는 유일한 장소로 거룩하게 여겼다. 그곳은 경외받고 존중받는 성스러운 장소였다. 신전 안에서 가장 신성한 곳은 지성소Holy of Holies였는데, 그 네모난 방 안의 어둠 가운데에 하느님의 존재가 깃들어 있는 것으로 생각되었다. 이 방은 너무 거룩해서 1년에 단 하루, 속죄의 날Day of Atonement(욤 키푸르)에 유대 대사제가 두꺼운 장막 뒤로 가서 백성의 죄를 속죄하는 제사를 드릴 때를 제외하고는 아무도 들어갈 수 없었다.

마르코는 예수가 죽었을 때 이 성스러운 장소와 바깥세상을 구분하는 휘장이 반으로 찢어졌다고 말한다. 마르코에게 그 사건은 하느님이 그의 백성에게서 떨어져 있지 않고 그의 거룩함에 모든 사람이 접근할 수 있게 되었음을 나타내는 것 같다. 그의 백성은 더 이상 유대 대사제 그리고 그가 속죄의 날에 백성들의 죄를 속하기 위해 올리는 희생 제사에 의지할 필요가 없게 되었다. 궁극적인 희생이 이루어졌기 때문에 다른 모든 것의 필요성은 없어졌다. 하느님의 아들 예수는 "많은 사람들을 위하여 목숨을 바쳐 몸값을 치르러" 왔다.(10:45) 사람들은 이제 예수의 죽음을 통해 그들을 찾아오는 하느님을 직접 접할 수 있게 되었다.

마르코가 언급한 두 번째 사건도 마찬가지로 의미가 있다. 복음서 전체에 걸쳐 예수가 고난을 받아야 하는 하느님의 아들이라는 것을 완전히 이해한 사람은

Box 6.7 마르코가 설명하는 예수의 신성모독 혐의

마르코의 복음서에 나온 산헤드린에서의 예수의 재판 장면은 이해하기 힘들 만큼 통절하다. 대사제가 예수에게 "그대가 과연 찬양을 받으실 하느님의 아들 그리스도인가?"라고 묻자 그는 "그렇다. 너희는 사람의 아들이 전능하신 분의 오른편에 앉아 있는 것과 하늘의 구름을 타고 오는 것을 볼 것이다"라고 대답한다.(마르 14:61-62) 대사제는 즉시 "신성모독"이라고 외치고, 산헤드린 전부가 그에 동의한다. 하지만 무엇이 신성모독이었을까?

자신이 메시아라고 주장하는 것은 신성모독이 아니었다. 예수 이전의 다른 사람들도 그렇게 했고 나중에도 그렇게 했다. 예수가 죽은 지 거의 1세기 후, 그 시대의 주요 랍비들 중 한 명(랍비 아키바)은 유대 장군 시몬 바르 코크바를 오랫동안 기다려온 메시아라고 선언했지만 아무도 그에게 신성모독 혐의를 제기하지 않았다. 메시아가 이스라엘의 미래의 구원자라면, 메시아라고 주장하는 사람은 단순히 자신이 다음 왕이라고 주장하는 것이었다.

또한 스스로를 "사람의 아들"이라고 부르는 것도 신성모독이 아니었다. 역시 다른 사람들도 유대 정경에서나 예수 당시에 이렇게 불렸다. "사람의 아들"이 곧 하늘의 구름을 타고 올 것이라고 예언하는 것 또한 불경스러운 일이 아니었다. 사실, 이것은 다니엘에 예언되어 있었고, 많은 유대교 설교자들도 그들이 오래 기다리던 그의 모습이 곧 나타날 것이라고 설교했다.

그러면 예수가 저지른 신성모독은 무엇이었을까? 역사적 관점에서 볼 때 마르코의 복음서에서 예수는 신성모독을 저지르지 않았지만 적어도 유대교 대사제의 눈에는 그런 죄를 지었다고 여겨졌을 가능성이 있다. 마르코는 예수를 "사람의 아들"로 생각했다. 아마도 마르코는 자신의 예수에 대한 그리스도교적 이해를 대사제에게 투영시켰을지도 모른다. 그래서, 예수가 하느님 옆의 보좌에 앉아 있는 "사람의 아들"에 대해 말할 때 대사제는 예수가 자신을 가리켜 말하는 것임을 (실제가 아니라, 마르코의 이야기에 따르면) "깨달았다". 만약 그렇다면, 대사제는 예수가 자신이 신적인 존재임을 주장한다고 생각했을 것이다. 그런 주장은 신성모독일 수 있다. 어쩌면 이런 이유로 마르코의 복음서의 대사제는, 실제로 어떤 신성모독도 벌어지지 않았지만, 예수의 말을 신성모독이라고 생각했을지도 모른다.

도판 6.3 4세기의 미니어처 상아 패널에 새겨진 십자가에 못 박힌 예수의 모습. 왼쪽에는 마태오의 복음서 27장 5절에 나온 대로 목을 맨 유다의 모습이 묘사되어 있다.

아무도 없다. 적어도 지금까지는. 놀랍게도, 그것을 알아본 것은 예수의 가족이나 예수의 추종자들 중 하나가 아니라 그의 십자가 처형을 주관한 로마 백인대장이다. 예수가 죽는 것을 본 이 이교도pagan 군인은 "이 사람이야말로 정말 하느님의 아들이었구나!"라고 선언한다.(15:39) 예수의 진정한 정체에 관한 인식은 그의 공생애의 시작과 끝에서 일어난다. 그것은 복음서의 시작에 그가 세례를 받을 때에 (하늘에서) 선포되었고, 그가 십자가에 못 박힐 때에 (땅에서) 선포된다. 게다가 누가 그 선언을 하느냐가 중요하다. 그 선언은 예수의 추종자가 아니었던 이교도 군인에 의해 행해진다. 이것 자체가 마르코가 글을 쓸 때까지 여러 해 동안 예수의 선언에 무슨 일이 일어날지 암시해준다. 그 선언은 예수를 알았든 몰랐든, 유대인들 사이에서

는 뿌리내리지 못할 것이다. 그것은 주로 유대교 밖의 사람들과 이 로마 백인대장으로 대표되는 이방 사람들Gentiles에 의해 받아들여질 것이다. 예수는 자기 백성에게는 버림을 받지만 이방 사람들에게 인정을 받는 하느님의 아들이고 하느님의 아들의 고난과 죽음에 대한 이런 고백이 세상에 구원을 가져다주었다고 마르코는 밝히고 있다. 그러나 이것이 이야기의 끝은 아니다.

정당성을 인정받은 하느님의 아들

마르코의 복음서의 가장 매혹적인 측면 중 하나는 마르코가 그것을 결론짓는 방식이다. 예수는 유대인

들 사이에서 존경받는 지도자인 아리마태아 사람 요셉에 의해 무덤에 넣어졌다.(모든 유대인들, 심지어 모든 저명한 유대인들이 예수를 부인하지는 않았다는 것의 증거다; 15:42-47; 12:28-34 참고) 두 명의 여자가 그가 안치된 곳을 눈여겨둔다. 다음 날은 안식일이었기 때문에 안식일 다음 날 아침 일찍 마리아 막달레나와 야고보의 어머니 마리아, 살로메가 와서 시신을 제대로 장사하기 위해 찾아왔다가 무덤 앞의 돌이 굴려진 것을 발견한다. 안으로 들어간 그들에게 흰옷을 입은 젊은이가 나타나서 예수가 살아났다고 말한다. 그는 예수가 그들보다 먼저 갈릴래아로 갔으니 그곳으로 가서 예수를 만나라고 제자들과 베드로에게 말하라고 여인들에게 명한다.(16:1-7) 그러고 나서 놀라운 결론이 나온다. 그 여인들은 무덤에서 도망치고, "두려워서" 아무에게도 자신들이 경험한 일을 말하지 않는다.(16:8) 그것으로 책은 끝난다.

아주 오래전부터 그리스도교 신자들은 이 결론에 큰 실망과 당혹감을 느껴왔다. 예수가 부활했다는 소식을 제자들이 듣지도 못했는데 어떻게 이야기가 끝날 수 있지? 분명 그 여인들은 누군가에게 말을 했을 거야. 초기 교회에서 이 복음서를 수기로 복사하던 사람들은 결말 부분에 너무 화가 나서 그들 스스로 글을 더했다.(Box 2.2 참고) 그들은 제자들에게 나타난 예수의 모습을 묘사하는 구절 열두 개를 추가했다. 그러나 현대의 학자들은 모두 이 결말을 부차적인 것으로 인식하고 있다.(2장 참고) 어떤 사람들은 그 복음의 마지막 부분이 어떤 이유로 분실되었다고 가정하자는 주장을 하기도 한다.(하지만 그것은 복음서들이 두루마리 대신에 분리된 페이지들에 쓰였다는 이상한 주장을 하게 만든다.)

그러나 마르코의 결말에 대한 이러한 다양한 설명은 불필요할 수 있다. 예수가 자신이 죽었다가 다시 부활해야 한다는 것에 대해 말할 때 제자들이 그의 말을 이해하지 못했다는 것을 보여주기 위해 마르코는 상당한 노력을 기울였다. 결국 그들은 끝까지 이해할 수 없었다. 하지만 마르코의 복음서를 읽은 독자들은 이해한다. 사실 그들은 예수가 진짜 누구인지, 어떻게 그가 철저히 오해받았는지, 어떻게 그의 메시지가 이방 사람들에게 전해졌는지, 예수를 믿는 사람이 그의

제자가 된다는 것이 어떤 의미인지 많은 것을 알고 있다.

결론: 마르코와 그의 독자들

우리는 이 복음서의 최초의 독자들이 누구였는지 확실하게 알 수 있을까? 그들에 대해 많은 것을 알 수는 없다. 우리가 가진 유일한 증거들이라고는 복음서 그 자체에서 나오며, 이러한 미미한 근거에 의지하는 결론은 필연적으로 잠정적일 것이다. 그러나 원래의 독자들이 누구였을지, 그들에 대한 마르코의 관심은 무엇이었을지에 대한 몇 가지 암시가 있다. 나는 그것들을 살펴보며 이 논의를 마무리 짓겠다.

이 복음서가 의도했던 원래의 독자들은 마르코가 속한 공동체의 그리스도교인들로 보이는데, 그들 대부분은 문맹이었을 것이고, 따라서 그들은 그것이 낭송되는 것을 통해 복음서를 읽었을 것이다.(Box 5.2 참고) 그들은 분명히 팔레스티나 바깥에 거주했고 그리스어를 모국어로 사용했다. 복음서에는 그들 대부분이 유대교에서 그리스도교로 개종한 사람들이 아니라는 단서가 있는데, 그중 가장 두드러진 것은 마르코의 복음서 7장 3-4절에 나타난다. 여기에서 마르코는 정결례를 위해 음식을 먹기 전에 손을 씻는 바리사이파들의 관습을 설명하고 있다. 아마도 그의 청중이 모두 유대인이었다면 그들은 이미 이 관습을 알았을 것이고, 마르코는 그것을 설명할 필요가 없었을 것이다. 더욱 흥미로운 것은 마르코 자신도 그 관행을 오해한 것으로 보인다는 사실이다. 마르코는 그 관행을 "모든 유대인들"이 따랐다고 주장한다. 우리는 고대 유대인들의 글을 통해 이것이 사실이 아님을 안다. 이러한 이유로 많은 학자들은 마르코가 유대인이 아니었다고 결론지었다.

하지만 마르코의 많은 전승은 예수가 유대인이라는 것을 보여주는 것과 관련이 있으며 엄격한 유대인의 믿음과 관습을 전제로 하고 있는 것처럼 보인다. 이것은 어떻게 설명해야 할까? 복음서에서 발견되는 많은 구전 전승들은 그리스도교 초기의 유대인 추종자들이 그들 자신의 믿음과 관심을 반영해서 전한 것들이다.

이야기가 전해지면서 이야기에 들어 있는 유대적 성격도 함께 전해졌다. 마르코와 그의 청중들(그들 중 일부는 유대인이었을 것이다) 중 많은 사람들은 예수를 믿는 신앙으로 개종했는데, 그러기 위해서는 예수의 종교인 유대교도 받아들여야 했다. 그들도 유대인들의 하느님을 경배하게 되었고 예수 안에서―그의 죽음이 유대 사람들뿐만 아니라 온 세상에 구원을 가져다준―유대의 메시아를 보았다.

이 공동체는 예수에 대한 그들의 주장에 치열하게 반대하는 지역 유대교 회당과 공공연한 갈등을 계속 경험하고 있었을지도 모른다. 그리고 이 갈등은 때때로 추악한 국면을 맞았을 수도 있을 것이다. 이것이 마르코가 유대 지도자들, 특히 바리사이파들이 예수가 누구인지 이해하지 못했고, 예수를 따르는 데는 큰 고난이 따른다고 강조한 이유일 것이다. 마르코에게 예수를 따르는 것은 영광으로 가는 길이 아니라 고난의 길이다. 예수의 제자가 되는 것은 기쁨보다는 굴욕과 고난을 가져온다.

그러나 마르코는 그 고난이 영원히 지속되지는 않을 것이라고 강조한다. 사실, 그것은 오래 지속되지 않을 것이다. 예수가 옳다는 것이 인정되었듯이 그의 충실한 추종자들도 그들이 옳았음을 인정받을 것이다. 그리고 종말은 멀지 않았다.(9:1) 마르코는 당시 세상의 모습을 보고 그런 생각을 했을지도 모른다. 많은 학자들은 로마에 대항한 유대 전쟁(기원전 66-70년)의 초기 단계에 복음서가 쓰였다고 믿는데, 그 전쟁 중 예루살렘 신전이 파괴되었다. 그 전쟁은 예수가 일부 제자들이 살아 있는 동안 일어날 것이 확실하다고 예언한 종말의 시작을 의미한 것이었을까?(8:38-9:1 및 13장 전체) 마르코가 속한 공동체는 사람의 아들이 금방이라도 도래할 것이라 믿었다. 예수의 말을 부끄러워하는 사람은 사람의 아들이 왔을 때에 부끄러움을 당할 것이고 그의 말을 믿고 그의 제자가 된 사람들은 영광에 이르게 될 것이다. 마르코의 예수가 십자가에 못 박힌 자신의 의미를 완전히 이해하지 못했을지도 모르는 것처럼, 당시 고통을 겪고 있던 그리스도교 사회도 그것의 완전한 의미를 헤아리지 못했을 수도 있다. 그러나 궁극적으로 그들의 고난은 구원으로 이어질 것이다. 하지만 이것은 마르코의 복음서의 역설적인 주장들 중 하나에 불과하다.

마르코의 예수 이야기는 그러한 역설들로 가득 차 있다. 영광스러운 메시아는 수치스러운 죽음을 겪는다. 기쁨은 고통 속에서 오고, 십자가에 못 박힘을 통해 구원을 얻는다. 생명을 얻기 위해서는 그것을 잃어야 한다. 가장 큰 사람은 가장 겸손한 사람이다. 남을 섬기는 자가 큰 자이다. 부는 축복이 아니라 장애다. 집이나 가정, 밭을 떠나는 사람은 백 배로 돌려받을 것이다. 나중 된 자가 먼저 되고 먼저 된 자가 나중 된다.

한눈에 보기

Box 6.8 마르코의 복음서

1. 마르코의 복음서는 70년경에 그리스어로 쓰였다.
2. 마르코의 복음서의 익명의 저자는 아마도 팔레스티나 밖에 사는 그리스어를 사용하는 그리스도교인으로, 그는 그가 속한 그리스도교 공동체를 위한 이야기를 쓰기 전에 예수에 대한 수많은 이야기를 들었다.
3. 마르코의 복음서는 예수가 성인이 되어 세례를 받는 것으로 시작된다. 그것은 예수가 하느님의 아들로서 권위를 가지고 사람들을 이끌고 가르치고 치유하며 악마를 내쫓지만 그럼에도 불구하고 유대 종교 지도자들의 반대를 받는 모습을 보여준다.
4. 마르코의 복음서는 예수와 접촉한 모든 사람들이 그의 인격과 운명을 오해했다고 강조한다.
5. 마르코에게 예수는 하느님에 대적하는 악의 세력들을 전복하기 위해 권력을 가지고 온 것이 아니라 이들 세력들에 의해 고통을 당하고 죽기 위해 왔다.
6. 하지만 마르코는 하느님이 최종적으로 승리할 것을 암시한다. 예수가 예루살렘에서 고난을 당하고 죽은 후 하느님이 그를 죽은 사람들 가운데서 다시 살렸고, 천사 같은 전령이 갈릴래아에서 그가 그의 추종자들을 만나리라는 것을 알린다.

이러한 교훈은 이제 막 박해라는 사회적 파탄을 경험하며 고통받고 있는 공동체에 희망을 준다. 하느님의 아들 메시아조차 거부당하고 조롱당하고 죽임을 당했다가 하느님이 죽은 자들 가운데서 다시 살리심으로써 당위를 얻었다는 것을 알고 있는 공동체에는 특별히 의미가 있었을 교훈들이었다.

07장

공관복음서 문제와
그 해석의 중요성

이 장에서 우리는 신약성서에서 가장 골치 아픈 역사적 문제들 중 하나를 짚어본다. 마태오의 복음서, 마르코의 복음서, 루카의 복음서는 그들이 공관복음서"Synoptic" Gospels("나란히 두고 함께 볼 수 있다"라는 의미)라고 불릴 정도로 서로 닮았다. 왜 그들은 그렇게 많은 같은 이야기들을 같은 순서로 그리고 정확히 같은 단어로 말하는 것일까? 그리고 반면에 왜 그들은 때로는 다른 이야기를 하고, 다른 순서와 다른 표현으로 말하는 걸까?

이 세 복음서들이 왜 그렇게 서로 비슷하면서도 다른지에 대한 질문을 "공관복음서 문제Synoptic Problem"라고 부른다. 이 장에서는 학자들이 공관복음서 문제를 해결하기 위해 어떻게 노력해왔는지, 그것이 왜 중요하다고 생각하는지 알아볼 것이다.

복음서 연구 방법

이제 초기 그리스도교 복음서 중 하나를 살펴보았으므로 우리는 한 걸음 물러나서 우리가 한 작업을 되짚어볼 수 있다. 마르코의 복음서를 분석하면서, 나는 그 책을 일종의 그리스 로마 전기Greco-Roman biography로 장르를 정하는 것으로 시작했다. 그다음에는 한 독자가 이 책의 메시지를 어떻게 이해할지 생각해봤다. 이 가상의 독자는 책의 장르가 무엇인지 알고 있고 저자가 전제하고 있는 1세기 세상의 모든 배경 정보를 알고 있는 사람이다.

문학 이론가는 이 접근법을 "독자반응 비평reader-response criticism"의 한 종류로 간주할 것이다. 그러나 그 방법이 역사적 맥락 안에서 텍스트의 문학적 장르에 초점을 맞추고 있기 때문에, 나는 그것을 "장르 비평genre criticism"이라고 부르겠다. 장르 비평 방법이 고대 문헌에 접근하는 가장 좋은 방법이라는 것은 결코 자명하지 않다. 사실, 신약성서의 대부분의 독자들은 그것을 사용한 적이 없었다. 그러나 많은 면에서 그것은 텍스트를 읽는 다른 방법들보다 우월하다. 예를 들어 그것은 작가가 말하는 역사적 맥락이나 작가가 사용하는 문학적 장르는 메시지에 중요하지 않다고 생각하는 것보다 우월하다. 물론, 문헌을 연구하는 데는 장르 비평 방법 외에도 다른 방법들이 있다. 이 장에서 나는 복음서를 연구하는 학자들 사이에서 엄청난 인기를 누려온 다른 방법을 사용할 수 있는 이론적 근거를 마련할 것이다. 그것은 전통적으로 "편집 비평redaction criticism"이라고 불려왔다.

"Redactor"는 텍스트를 편집하는 사람이다. "편집 비평"은 작가들이 어떻게 자료를 수정하거나 편집함으로써 문학작품을 만들었는지 연구한다. 그 방법의 기본 이론은 간단하다. 저자는 정보 자료를 오직 이유가 있을 때만 수정할 것이다. 만약 그것이 수용할 만하다면 그것을 바꿀 이유가 없을 것이다. 만약 수정한 많은 내용들이 같은 방향을 가리키면, 우리는 편집자의 주요 관심사와 그가 강조하고 싶었던 것을 발견할 수 있을 것이다.

우리는 복음서의 저자들이 그들의 이야기를 구성하는 데 실제로 자료들을 사용했다고 확신하기 때문에 복음서에 편집적 분석을 적용할 수 있다. 즉 그들은 대부분의 이야기를 스스로 만들어내지 않았다. 게다가 우리는 이러한 출처들 중 적어도 하나가 아직 남아 있다고 확신한다. 좀 더 노골적으로 말하자면 대부분의 학자들은 마태오와 루카가 예수에 대한 많은 이야기들의 자료로 마르코의 복음서를 사용했다고 믿는다. 그들이 이 이야기들을 어떻게 편집했는지를 보면, 우리는 그들의 독특한 강조점들을 확인할 수 있다. 그 방법을 정당화하기 위해서 우리는 마태오와 루카가 마르코를 자료로 이용했다는 것을 명백히 증명하는 것으로 시작해야 한다.

공관복음서 문제

마태오, 마르코, 루카의 복음서는 종종 "공관복음서Synoptic Gospels"라고 불린다. 이것은 그들이 너무 많은 공통적인 이야기들을 가지고 있기 때문에 그들을 나란히 줄 세워놓고 "함께 볼"('공관共觀'이라는 단어의 문자적 의미) 수 있기 때문이다. 사실 이 복음서들은 많은 동일한 이야기들을 들려줄 뿐만 아니라, 종종 같은 단어들을 사용한다. 이 현상은 그 이야기들의 출처가 공통된 문헌이 아닌 한 설명할 수 없다. 예를 들어, 오늘날의 유사한 사례들을 살펴보자. 당신은 신문, 잡지 그리고 책들이 모두 동일한 사건을 묘사할 때 각각 다른 방식을 사용한다는 것을 알고 있을 것이다. 어제 날짜의 세 종류의 신문을 가져와서 같은 뉴스를 그 신문들이 어떻게 취급하는지 비교해보라. 인터뷰나 연설과 같은 내용을 인용하는 것이 아닌 한 그들은 하나하나 단어들까지 똑같은 단락들을 담고 있지는 않을 것이다. 이러한 차이들은 모든 필자들이 특정한 것들을 강조하고 싶어 하고 자신만의 글쓰기 방식을 가지고 있기 때문에 생긴다. 두 개의 신문이 정확히 동일한 내용의 기사를 가지고 있을 때는 그들이 다른 곳의 기사를 복사했을 때이다. 예를 들어, 두 개의 신문사가 AP통신으로부터 같은 뉴스를 받을 때 이런 일이 일어난다.

복음서들에서도 비슷한 상황이 벌어진다. 마태오, 마르코, 루카에 완전히 똑같은 구절들이 나온다. 세 사람 모두가 공통의 자료를 사용한 것이 아닌 한 이것은 거의 설명할 수 없는 일이다. 그렇다면 그건 어떤 자료였을까? 문제는 공관복음서들이 서로 폭넓게 일치할 뿐만 아니라 동시에 일치하지 않는 부분들도 있다는 사실 때문에 복잡해진다. 몇 가지 이야기들은 세 개의 복음서 모두에서 발견되고, 세 개의 복음서 중 두 개에서만 발견되거나 한 복음서에서만 발견되는 이야기들도 있다. 게다가 세 복음서 모두 같은 이야기를 공유할 때도, 정확하게 같은 말을 사용할 때가 있는가 하면 달리 표현을 하기도 한다. 그리고 때때로 그들 중 두 복음서가 같은 방식으로 표현을 하고 나머지 복음서가 다른 표현을 사용하기도 한다. *이 세 복음서들 사이의 광범위한 합의와 불일치를 어떻게 설명할 것인가의 문제가 "공관복음서 문제Synoptic Problem"다.*

학자들은 공관복음서 문제를 해결하기 위해 여러 해 동안 수많은 이론들을 제시해왔다. 그것들 중 많은 이론들이 엄청나게 복잡하고 전적으로 믿을 수 없

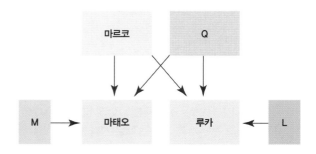

도판 7.1 4자료설.

다. 이 문제의 개략을 알기 위해 그것의 모든 해결책을 알 필요는 없다. 우리는 대부분의 학자들이 문제가 없다고 생각하는 것에 초점을 맞출 것이다. 이것은 종종 "4자료설Four-Source Hypothesis"이라고 불린다. 이 가설에 따르면 최초의 복음서는 마르코의 복음서이다. 마태오와 루카는 둘 다 마르코의 복음서를 자료로 사용했다. 게다가 이 두 복음서는 둘 다 Q(독일어로 '출처'라는 뜻의 Quelle의 약자)라고 불리는 다른 자료도 사용했다. Q는 마르코의 복음서에서 찾을 수 없는 이야기를 마태오와 루카의 복음서에 제공했다. 게다가 마태오는 다른 복음서 어느 쪽에서도 찾을 수 없는 자신만의 출처를 가지고 있었는데, 학자들은 이 출처를 M(마태오의 특별한 출처의 약자)이라고 이름 붙였다. 마찬가지로 루카도 자신만의 독자적인 출처가 있었고, 그것은 당연하게도 L이라고 불린다. 따라서, 이 가설에 따르면, 네 가지 출처가—마르코, Q, M, L—우리의 세 개의 공관복음서 배후에 존재한다.(도판 7.1 참고)

이 가설의 초석은 마태오와 루카가 둘 다 마르코의 복음서를 사용했다는 주장이다. 따라서 우리는 대부분의 학자들이 설득력이 있는 것으로 받아들이는 "마르코의 복음서 우선설Markan priority"을 먼저 살펴보겠다.

마르코의 복음서 우선설

지난 한 세기 동안, 마르코가 마태오와 루카의 복음서보다 우선한다는 것을 보여주는 설득력 있는 세 가지 주장이 나타났다.

일치의 패턴 복음서들이 공통의 출처를 가지고 있다고 생각되는 주된 이유는 일치하는 구절들이 존재하

기 때문이므로, 어떤 책을 나머지 두 권이 출처로 사용했는지를 결정하기 위해 이 일치되는 구절들의 성격을 먼저 검토하는 것이 타당하다. 만약 독자들이 복음서들을 한 자 한 자 주의 깊게 비교해본다면 흥미로운 패턴이 나타날 것이다. 때로는 세 복음서 모두 정확히 같은 표현을 사용하여 이야기를 하는데, 이것은 쉽게 설명될 수 있다. 즉, 작가들 중 두 명이 가장 이른 복음서에서 이야기들을 빌렸을 때 그리고 그들 중 누구도 이야기를 바꾸지 않을 때 이런 일이 일어날 것이다. 때때로 세 복음서 모두 다른 표현을 사용하기도 한다. 이것은 이야기를 빌려 온 두 작가가 각각 자신의 방식으로 그것을 바꿀 때 벌어진다. 마지막으로, 때때로 세 복음서 중 두 복음서의 내용은 정확히 같지만, 나머지 한 복음서는 다른 경우가 있다. 이것은 두 작가가 출처로부터 이야기를 빌렸지만 그들 중 한 사람이 그것을 바꿨을 때 일어날 수 있다. 즉, 편집자 중 한 명은 그의 출처의 주장에 동의하지만 다른 한 명은 그렇지 않은 경우이다.

이 마지막 상황에서, 특정한 일치의 패턴이 공관복음서들 사이에서 나타난다. 때때로 마태오와 마르코가 같은 이야기를 공유하고 루카만 다를 때가 있고, 마르코와 루카가 같은 이야기를 공유하고 마태오만 다를 때도 있다. 하지만 마르코만 다를 때는 마르코에서 발견되는 이야기의 문구를 마태오와 루카가 공유하는 경우는 극히 드물다. 마태오와 루카가 같은 이야기를 공유하고 마르코만 다를 경우에는 거의 항상 사소한 세부 사항과 관련해서만이다.(이런 것들은 "사소한 일치들"이라고 불린다.) 왜 이런 일들이 생기는 것일까?

만약 마태오가 마르코와 루카의 출처였다면, 혹은 루카가 마태오와 마르코의 출처였다면, 아마 이런 패턴을 얻지 못했을 것이다. 다음 예들을 고려해보자. 만약 마태오와 루카, 둘 다 마르코의 복음서를 사용했다면, 때때로 그들은 둘 다 같은 말들을 반복할 것이다. 그것이 때때로 세 사람의 복음서가 모두 일치하는 이유이다. 두 사람이 모두 그들 자신만의 이유로 표현을 바꿀 때도 있었다. 그것은 세 사람 모두가 다른 표현을 사용한 때이다. 때때로 루카는 똑같이 이야기를 옮겼지만 마태오는 마르코의 이야기를 바꾸곤 했다. 그것이 마르코와 루카가 일치하지만 마태오만 다른 표현을 사용하는 경우다. 반대로 루카가 마르코의 이야기를 바꾸고 마태오는 그대로 두는 경우도 있었다. 마태오와 마르코가 일치하고 루카만 다른 표현을 사용한 경우이다.

세 복음서 모두에 나타나지만 마르코의 이야기가 다른 표현을 사용하고 마태오와 루카가 같은 표현을 사용하는 경우가 거의 없는 이유는 마르코가 나머지 두 복음서의 출처이기 때문이다. 마태오와 루카가 우연히 마르코의 복음서의 이야기를 똑같이 바꾸지 않는 한(종종 일어나기도 하지만 흔한 일은 아니고 중요한 문제들도 아니다) 그들은 출처와 다르면서도 서로 일치하는 표현을 사용할 수 없다. 그들이 서로 일치하는 표현을 사용할 때 마르코와 다른 표현을 사용하지 않는다는 사실은 마르코가 그들의 출처였음에 틀림없다는 것을 보여준다.

공관복음서 문제에 대해서는 이 정도만 살펴볼 테니 독자들은 안도의 한숨을 내쉬어도 좋다.

이야기의 배열 공관복음서 문제의 가장 두드러진 측면 중 하나는 세 복음서에 모두 나오는 이야기를 할 때 마태오와 루카는 종종 마르코의 표현에 동의하지 않는 경우가 있지만, 마르코에는 없고 마태오, 루카 두 복음서에만 나오는 이야기에서 광범위하게 일치하는 표현이 나타난다는 것이다. 예를 들어, 마태오와 루카, 두 복음서에만 주의 기도와 산상수훈의 팔복Beatitudes이 나타난다. 다른 것들은 대부분 예수의 말들이다. 우리는 뒤에 마태오와 루카가 Q라는 출처로부터 이러한 이야기들을 얻었음에 틀림없다는 증거를 살펴볼 것이다. 현시점에서 중요한 것은 마르코에서 발견되지 않는 이야기들조차도 마르코가 마태오와 루카의 복음서의 출처였다는 사실을 보여준다는 것이다. 이 결론은 마태오와 루카, 두 복음서에서 발견된 이야기들의 *배열*을 근거로 한다.

마태오와 루카는 종종 그들의 복음서의 이야기들을 같은 배열로 제시한다.(예수는 이렇게 행하고, 그다음에는 저렇게 행했으며 그다음에는 이렇게 말했다, 등 등.) 이상한 것은 그들이 같은 배열을 지킬 때, 그것은 거의 항상 마르코의 복음서에도 나오는 이야기들이라는 것이다. 두 복음서만 공유하는 다른 이야기들, 즉 마르코에서 발견되지 않은 이야기들은 사실상 모든 경우 그들의 이야기들에서 다른 장소에 위치한다.

왜 그런 일이 생길까? 가장 그럴듯한 설명은 마태오와 루카는 각각 마르코를 그들의 출처 중 하나로 사용했고, 그런 마르코의 이야기의 틀에, 하지만 각각 다른 장소에 집어넣은 다른 자료를 가지고 있었다는 것이다. 즉, 주의 기도나 산상수훈과 같은 전승을 마르코

의 복음서에 나오는 예수의 삶 어느 부분에 연결하면 좋을 것이라는 아무런 단서가 마르코의 복음서에 없기 때문에, 각 저자는 자신이 적절하다고 생각하는 곳에 그것들을 집어넣었다는 것이다. 하지만, 그런 이야기들이 두 복음서의 같은 곳에 나오는 경우는 거의 없다.

이야기들의 배열이 일으키는 호기심은 마르코의 복음서가 마태오와 루카의 복음서의 출처 중 하나가 아

Box 7.1 문제 바로잡기: 마르코의 이야기에서 발생하는 하나의 잠재적 난점

마르코의 복음서 이야기의 잠재적인 난점이 다른 공관복음서에 의해 해결되는 간단한 예시를 위해 부유한 젊은 관리의 이야기의 시작을 살펴보자. (사실 부유한 젊은 관리라는 말은 다소 틀린 말이다. 비록 세 가지 이야기가 모두 부자를 말하지만 마태오만 그가 젊다고 말하고, 루카만 그를 관리라고 말한다! 마태 19:20과 루카 18:18을 참고하라.)

마태오의 복음서 19장 16–17절

한번은 어떤 사람이 예수께 와서 "선생님, 제가 무슨 선한 일을 해야 영원한 생명을 얻겠습니까?" 하고 물었다. 예수께서는 "왜 너는 나에게 와서 선한 일에 대하여 묻느냐? 참으로 선하신 분은 오직 한 분뿐이시다. 네가 생명의 나라로 들어가려거든 계명을 지켜라" 하고 대답하셨다.

마르코의 복음서 10장 17–18절

예수께서 길을 떠나시는데 어떤 사람이 달려와서 그 앞에 무릎을 꿇고 "선하신 선생님, 제가 무엇을 해야 영원한 생명을 얻겠습니까?" 하고 물었다. 예수께서는 이렇게 대답하셨다. "왜 나를 선하다고 하느냐? 선하신 분은 오직 하느님뿐이시다."

만약 여러분이 이 이야기들을 루카의 복음서 18장 18–19절과 비교한다면, 여러분은 루카가 (도입부만 제외하고) 마르코와 거의 단어들까지 일치한다는 것을 알게 될 것이다. 이것은 마태오의 복음서가 아닌 마르코의 복음서가 루카의 복음서의 원천이었음에 틀림없다는

뜻이다. 하지만 마태오와 마르코의 복음서의 관계는 어떨까? 마태오가 마르코의 복음서의 출처였을까? 혹은 마르코가 마태오의 복음서의 원천이었을까?

이 구절의 흥미로운 점 중 하나는 예수께 다가오던 그 사람이 두 가지 이야기에서 모두 "선한good"이라는 말을 사용하지만, 마태오의 복음서에서는 그 말을 그가 해야 할 '행동'을 나타내기 위해 사용하는 반면, 마르코의 복음서에서는 예수를 지칭할 때 사용한다. 마르코에서의 대화는 이치에 맞는다. 예수는 하느님만이 선한 존재인데 왜 그가 자신을 선하다고 부르는지 알고 싶어 한다. 그러나 마태오의 복음서에서의 대화의 흐름은 약간 이상하게 보인다. 왜 예수는 선한 행위가 무엇인지 묻는 사람에게 하느님만이 선하다는 이의를 제기하는 것일까?

마태오는 "선한"이라는 형용사를 예수로부터 반드시 행해야 할 행위로 옮겨놓았기 때문에 대화의 흐름이 난해해졌다. 그렇게 함으로써 그는 대화의 흐름을 방해했다. 무엇이 그로 하여금 그런 수정을 하도록 만들었을까? 한 가지 가능성은 마르코의 이야기가 그에게는 불편할 수 있었다는 것이다. 자세히 글을 읽어보면 독자들도 그것이 무엇이었는지 알아낼 수 있을지도 모른다. 마르코의 글은 예수가 선하지 않다고 주장하는 것처럼 읽힐 수도 있다.("왜 나를 선하다고 하느냐? 선하신 분은 오직 하느님뿐이시다") 예수의 말이 이런 식으로 받아들여질 수 있다는 것을 깨달은 마태오는 "선한"이라는 형용사의 위치를 바꾸어서 예수의 말을 바꿔놓았을지도 모른다.

니었다면 거의 설명될 수 없을 것이다. 마태오의 복음서가 마르코와 루카의 복음서의 출처였다는 잠시 다른 시나리오를 상상해보자. 이 경우에 마르코는 마태오의 이야기들 중 일부를 누락시키기로 결정했을 것이다. 하지만 마르코가 빠뜨린 마태오의 복음서 이야기들 중 많은 것들이 루카의 복음서에 포함되어 있다.

루카가 마태오의 복음서를 복사할 때 왜 그는 이 이야기들을 다시 배열하려 했을까? 즉, 왜 루카는 마르코가 복사한 이야기들은 같은 순서로 옮겨놓으면서 마르코가 복사하려고 하지 않았던 이야기들만을 다시 배열했을까?

루카가(혹은 루카가 마태오와 마르코의 복음서의 출처라면 마태오가) 이런 식으로 글을 옮겨 왔다고 생각하는 것은 거의 불가능하다. 따라서, 그들의 이야기에서 서로 다른 순서로 일어나는 마태오와 루카에 추가된 이야기들은 마르코가 그들 두 복음서의 출처들 중 하나였다는 것을 나타낸다. 즉, 그들은 마르코의 틀에 추가된 이야기들을 다른 순서로 끼워 넣었다.

변경된 사항의 특징 일반적으로 마르코의 복음서 우선설을 주장하는 최종 논거는 세 복음서들 사이에서 발견되는 용어의 차이가 마태오와 루카가 마르코의 복음서를 원천으로 사용했다는 것을 암시한다는 것이다. 이 논쟁들 중 일부는 좀 더 전문적이다. 여기서는 간단히 일반적인 용어로 문제점들을 설명하겠다.

때때로 마르코는 다소 어색하거나 보기 흉한 그리스 문체를 사용하기도 하고, 이상한 단어나 문구를 사용하기도 하며, 때로는 이해하기 어려운 관념을 제시하기도 한다. 그러나, 마태오나 루카에 같은 이야기가 나올 때는 많은 경우 이러한 문제들이 발견되지 않는다. 이 차이는 마르코의 복음서가 세 가지 복음서들 중에서 가장 빨리 쓰였다는 것을 암시한다. 왜 마르코가 어색한 문법이나 이상한 단어 또는 어려운 관념들을 사용했는지는 이해하기 어렵겠지만, 마태오나 루카가 그런 문제들을 제거하기를 원했으리라는 것은 쉽게 짐작할 수 있다. 즉, 마르코의 복음서가 먼저 쓰였고 나중에 두 복음서 저자들 중 한 명 또는 두 명 모두에 의해 글들이 수정되어 옮겨졌을 가능성이 높다.(Box 7.1 참고)

마지막 근거는 마르코의 복음서가 세 개의 공관복음서 중 가장 짧다는 것이다. 만약 마르코의 복음서의 저자가 다른 복음서들 중 하나를 출처로 사용했다면, 왜 그렇게 많은 이야기들을 삭제했을까? 그는 예수의 삶을 더 짧게 표현하고 싶었을까? 얼핏 그럴듯하게 들릴지 모르지만 복음서 원문들을 면밀히 살펴보면 그것이 옳지 않다는 것을 알 수 있다. 마르코와 마태오가 같은 이야기를 하는 거의 모든 경우 마르코의 이야기가 더 길다. 마르코의 복음서는 글을 줄이고 싶은 사람의 작품으로는 보이지 않는다. 대부분의 학자들이 내린 결론은 마르코의 복음서가 최초로 쓰인 것이며, 마태오의 복음서와 루카의 복음서가 각자 독자적으로 마르코의 복음서를 출처로 사용했다는 것이다.

Q 자료

일단 마르코가 마태오와 루카보다 시간적으로 앞선다는 사실이 받아들여지면 Q 가설은 자연스럽게 나타난다. 마태오와 루카의 복음서는 마르코의 복음서에서 찾을 수 없는 이야기들을 가지고 있고, 이 이야기들은 때때로 단어들까지 일치한다. 이런 이야기들은 어디에서 온 것일까?

저자들 중 한 명이 마르코의 복음서를 사용하고, 거기에 이야기를 몇 가지 추가했는데, 다른 저자가 그것을 다시 자신의 자료로 사용했을 가능성은 거의 없다. 만약 이것이 사실이라면, 우리는 위에 언급된 현상—마르코에는 없지만 마태오와 루카의 복음서에 나오는 이야기들은 거의 항상 마르코의 이야기의 틀의 각각 다른 부분에 삽입되어 있다—을 설명할 수 없을 것이다. 두 자료를 사용하는 저자가 왜 첫 번째 출처의 이야기들은 순서를 따르고 두 번째 출처의 이야기들은 자료의 순서를 따르지 않겠는가? 이 이야기들은 학자들이 Q 자료라고 부르는, 더 이상 존재하지 않는 또 다른 출처를 상정하게 만든다.

터무니없는 주장을 하는 일부 학자들도 있긴 하지만, 우리는 Q 자료의 전체 범위나 성격을 알지 못한다.(Box 7.2 참고) 방법론적인 목적을 위해서는 Q 자료를 마태오와 루카의 복음서가 공유하는 자료지만 마르코의 복음서에서는 찾아볼 수 없는 자료로 명확히 정의하는 것이 가장 적합할 것이다. 이 자료들의 거의

Box 7.2 Q 자료의 내용

Q 자료의 온전한 내용을 알 수는 없지만 학자들은 그것을 알아내기 위해 부단히 노력해왔다. 가장 대중적이고 널리 받아들여지는 견해로, Q 자료는 예수의 수난에 대한 내용이 빠진 채 전적으로 예수의 말로만 구성되어 있었다는 것이다. 그 때문에 예수의 행적이나 경험, 그의 죽음과 부활에 대한 언급 없이 예수의 114개의 말들로만 이루어진 토마의 복음서와 매우 유사했으리라는 것이다. 이에 대해서는 12장에서 토마의 복음서를 논할 때 좀 더 자세히 알아보기로 한다.

일부 학자들의 주장에도 불구하고, Q 자료를 찾지 못하는 한 그것이 어떤 내용을 담고 있는지 우리는 완전히 알 수는 없다. 우리는 오직 마태오와 루카에 포함된 자료를 통해서만 그것에 접근할 수 있는데, 그들 중 하나 또는 두 복음서가 Q 자료 전체를 포함하고 있다고 생각하는 것은 어리석은 일일 것이다. 만약 두 복음서들 중 하나만 Q 자료에 들어 있는 구절을 포함하고 있다면, 우리는 그것이 M이나 L 같은 자료가 아니라 Q 자료에서 온 것임을 알 수 있는 확실한 근거도 없다. 예를 들어, Q 자료에 예수의 수난 이야기가 들어 있지만 마태오나 루카, 둘 다 그것을 사용하지 않았거나, 그들 중 한 사람만이 사용했을 가능성도(그래서 마르코에 나오지 않지만 마태오나 루카에 나오는 수난 서사Passion narrative 중 일부 구절이 실제로 Q 자료에서 유래했을 가능성도) 존재한다. 동시에, Q 자료가 예수의 수난에 관한 이야기(또는 기타 어떤 다른 이야기도) 없이 거의 전적으로 그의 말로만 이루어졌을 가능성도 있다. 유감스럽게도 Q 자료가 발견되지 않는 한 우리는 결코 정확한 답을 알 수 없을 것이다!

Q 자료에서 찾을 수 있는 것들 중에는 아래를 포함해 복음서들 중 가장 기억에 남는 구절들이 있다.(편의상 루카에 나오는 구절들만 표시한다.)

- 세례 요한의 설교(3:7–9, 16–17)
- 광야에서의 세 가지 유혹(4:1–13)
- 산상수훈(6:20–23)
- 원수를 사랑하라는 명령(6:27–36)
- 다른 사람을 비판하지 말라는 명령(6:37–42)
- 백인대장의 하인의 치유(7:1–10)
- 감옥에 갇힌 세례 요한의 질문(7:18–35)
- 주의 기도(11:2–4)
- 다가올 심판에 비추어 담대히 신앙 고백을 할 필요성(12:2–12)
- 먹고 입을 것에 대해 걱정하지 말라는 명령(12:22–32)
- 불의한 하인의 우화(12:39–48)
- 좁은 문으로 천국에 들어가기(13:23–30)
- 혼인 잔치의 비유(14:15–24)

대부분이 예수의 말들로 구성되어 있다는 것은 놀라울 만하다. 하지만 거기에도 적어도 두 가지 이야기가 포함되어 있다. 광야에서 예수가 받은 세 가지 시험(마태 4:1-11; 루카 4:1-13; 마르코의 복음서에는 1:12-13에 간단하게만 언급되어 있다)과 백인대장의 하인의 치유 이야기(마태 8:5-10; 루카 7:1-10)가 그것들이다.

대부분의 학자들은 Q 자료가 문서로 되어 있었음에 틀림없다고 생각한다. 그렇지 않다면 마태오와 루카 사이에 동시에 존재하는, 단어들까지 일치하는 긴 구절들을 설명하기 어렵다. 그러나, 마태오와 루카가 정확히 같은 형태의 Q 자료를 가지고 있었는지는 확실치 않다. 그들은 약간 다른 판본을 사용했을지도 모른다. 그것은 그들의 다른 출처인 마르코의 복음서도 마찬가지일 수 있다.

마지막으로, 대부분의 학자들은 Q 자료를 사용한 두 복음서 중에서 루카가 마태오보다 그것의 원래의 순서를 보존했을 가능성이 더 높다고 확신한다. 그 이유는, 마태오는 마르코를 자료로 이용할 때, 마르코의 복음서에 흩어져 있는 이야기들을 종종 한곳에 모아놓았기 때문이다. 잘 알려진 예로서, 마태오는 마르코의 복음서 1, 2, 4, 5장에 흩어져 있는 기적에 관한 이야기를 마태오의 복음서 8-9장에 모두 하나의 덩어리로 모아놓았다. 만약 이렇게 비슷한 종류의 이야기를 재배열하는 마태오의 경향이 Q 자료를 사용할 때도 적용되었다면, 루카의 복음서에는 여러 곳에 흩어져 있는 예수의 다양한 말들을 마태오는 한곳에 모아놓았다고 생각하는 것이 합리적일 것이다. 예를 들어, 산상수훈과 주의 기도가 루카의 복음서에는 각각 6장과 11장에 떨어져 있지만 마태오의 복음서에서는 산상수훈의 일부로서 5, 6장에 함께 나온다. 루카가 임의로 원래 함께 있던 이야기를 떼어놓았다고 생각하는 것은 이치에 맞지 않을 것이다. 그러므로 루카의 버전이 아마도 Q 자료에 나왔을 이야기의 원래 순서에 더 가까울 것이다.

M 및 L 자료

더 미지의 영역이지만 M과 L이라고 이름 붙여진 출처들도 있다. 이것들은 마태오나 루카, 둘 중 하나에서만 발견되는 자료들을 제공하는 원천이기 때문에, 그들의 기본적인 성격을 결정하기 위해서 비교해볼 만한 것들이 없다. 예를 들어, 우리는 M(또는 L)이 단지 하나의 출처인지 또는 여러 개의 출처들인지, 그것이 문서인지 또는 구두로 전해진 자료인지 알 수 없다. 그것은 마태오(또는 루카)가 이용할 수 있었던 하나의 문서나 몇몇 문서, 또는 구두로 전해진 여러 개의 이야기들, 또는 이 모든 것의 조합일 수도 있다. 분명한 것은, 복음서 저자들이 단순히 지어낸 이야기들로는 보이지 않기에 이런 이야기들이 어디에선가 나왔으리라는 것이다.

이 특별한 자료들에는 우리의 신약성서의 가장 유명한 몇 구절들이 포함되어 있다. 예를 들어, M 자료에는 동방박사들의 방문(마태 2:1-12), 이집트로의 탈출(2:13-23), 구제와 기도에 관한 예수의 지시(6:1-8), 밭에 숨겨진 보물(13:44), 값진 진주(13:45-46), 그물(13:47-50), 은혜를 모르는 종(18:23-35), 열 처녀(25:1-12) 등의 비유들이 들어 있다. L 자료는 세례 요한의 출생과 마리아에 대한 수태 고지(루카 1:5-80), 아기 예수를 찾아간 목동들, 아기 예수의 정결예식, 열두 살 때의 예수(2:1-52), 나인 성읍 과부의 아들을 살림(7:11-17) 열 명의 나병 환자들의 치유(17:11-19), 자캐오와 무화과나무(19:1-10), 선한 사마리아인의

Box 7.3 공관복음서 문제

1. 공관복음서 문제는 마태오, 마르코, 루카의 복음서 사이의 모든 유사점과 차이점을 설명하는 데 도움을 준다.
2. 대부분의 학자들은 마르코가 먼저 쓰인 후 마태오와 루카의 복음서의 출처로 이용되었다고 주장하는 것으로 문제를 해결한다. 핵심 논쟁은 다음과 관련되어 있다.
   a. 모든 복음서들에 공통으로 나오는 이야기들에서 마태오, 마르코, 루카의 복음서 사이의 언어의 일치.
   b. 마르코에는 나오지 않지만 마태오와 루카의 복음서에 나오는 전승들의 배열.
   c. 문법적 또는 역사적 문제를 포함하는 마르코의 복음서의 이야기가 마태오의 복음서와 루카의 복음서에 어떻게 다르게 나오는가의 문제.
3. Q(독일어 Quelle[출처]의 약어) 자료는 마르코에서는 찾아볼 수 없는(주의 기도와 팔복처럼) 전승, 주로 말씀을 마태오와 루카에게 제공했다.
4. 마태오의 복음서와 루카의 복음서는 각각 다른 복음서에서는 찾을 수 없는 이야기들을 가지고 있다. 이것들은 각각 M(마태오의 자료)과 L(루카의 자료)에서 나왔을 것이다.
5. 이 해법—"4자료 가설"(Mark, Q, M, L)—은 중요한 장점을 가지고 있다. 만약 마태오와 루카가 둘 다 마르코의 복음서를 자료로 사용했다면, 우리는 그들이 자신들의 궁극적인 관심사에 따라 그것을 어떻게 바꾸었는지 알 수 있다. 이것을 편집 비평이라고 한다.

비유(10:29-37), 탕자의 비유(15:11-32), 라자로와 부자(16:19-31), 불의한 재판관(18:1-8) 등의 이야기들의 출처다.

4자료설의 방법론적 중요성

앞서도 말했듯 공관복음서 문제는 중요하다. 왜냐하면 만약 우리가 한 저자의 자료 출처를 가지고 있다면, 우리는 그가 그것을 어떻게 바꾸었는지 알 수 있을 것이고, 그것을 통해 그가 강조하는 것들에 대한 실마리를 얻을 수 있기 때문이다. 예를 들어, 마태오가 마르코에서 발견한 이야기를 바꾸어놓았다면, 우리는 그가 바꾸어놓은 것에서 그의 신학이나 관심사에 대해 뭔가를 배울 수 있을 것이다. 이것은 마태오와 루카가 마르코의 이야기를 어떻게 바꾸어놓았는지가 그들의

복음을 해석하려고 할 때 우리가 관심을 가져야 할 유일한 것이라는 뜻은 아니다. 또한, 편집 비평, 즉, 저자들이 그들의 자료들을 어떻게 이용했는지에 대한 연구가 그들의 복음에 접근하는 유일하고 적절한 방법이라는 의미도 아니다. 오히려, 우리는 마르코의 복음서를 연구하기 위해 사용했던 장르 비평 방법에 따라 마태오(또는 루카)를 연구할 수 있다. 만약 우리가 충분히 주의를 기울여 연구를 한다면 우리는 편집 비평적 접근 방법을 적용할 때 발견할 수 있는 것과 같은 많은 것들을 발견하게 될 것이다.

그러나 어떤 의미에서는, 편집 비평 분석은 한 저자에게 정말로 중요한 것이 무엇이었는지를 알아보는 일종의 지름길을 제공한다. 그것은 결코 중요한 모든 것을 다 알려주지는 않지만 저자가 무엇에 가장 큰 관심을 가지고 있었고 무엇을 강조하고자 했는지 분별하는데 도움을 줄 것이다.

08장

예수, 유대인 메시아

마태오의 복음서

예전 사람들은 마르코의 복음서가 마태오의 복음서의 축약본이라고 생각했다. 그러나 현재 학자들은 오히려 마태오의 복음서가 그것의 출처들 중 하나인 마르코의 복음서를 바꾸고 확장시켰다고 생각한다. 그런 사실은 마태오가 그의 이야기에서 강조하고자 하는 것을 이해하는 데 어떤 도움을 줄까?

이 장에서는 마태오의 복음서를 연구하기 위해 "편집 비평" 방법을 사용할 것이다. 마태오가 어떻게 이야기를 추가하고 생략하고 바꾸면서 마태오의 복음서를 '편집'했는지, 이러한 수정들을 통해 그가 말하려는 것이 무엇이었는지를 고찰할 것이다. 특히, 우리는 마르코의 복음서에서는 찾아볼 수 없는, 마태오의 복음서에서 가장 유명하고 흥미로운 두 가지 부분, 즉 베들레헴에서 예수가 태어난 이야기와 세 장에 걸친 유명한 설교, "산상수훈"에 대해 살펴볼 것이다.

이 구절들을 꼼꼼히 살펴보면 마태오가 예수의 유대성을 강조했고, 따라서 그의 추종자들은 유대 율법을 고수해야 한다고 주장했음을 알 수 있을 것이다. 동시에 그는 당대의 유대인 지도자들을 맹렬히 공격한다.

어떻게 마태오는 두 가지 입장을 다 취할 수 있었을까? 어떻게 그의 예수는 그렇게 철저하게 유대적이면서도 반유대적일 수 있었을까?

마태오의 복음서는 초기 그리스도교인들 사이에서 예수의 삶에 대한 가장 귀중한 이야기 중 하나였다. 이것은 그 책이 왜 신약성서에서 첫 번째 나오는 복음서Gospel로서 자랑스럽게 자리 잡았는지를 설명해준다. 그 인기는 오늘날에도 조금도 수그러들지 않고 지속되는데, 이는 팔복, 황금률 그리고 주의 기도를 포함한 산상수훈의 귀중하고 기억할 만한 예수의 가르침들을 가지고 있다는 것이 큰 이유 중의 하나이다. 그 가르침들은 시대를 관통해 그리스도교 신자들에게 영감을 주고 종교적인 원칙을 가르친 교사로서 예수의 천재성을 확신시켜주었다.

우리가 이미 다룬 몇 가지 요점을 다시 생각해보는 것으로 마태오의 복음서에 대한 논의를 시작해보자. 우리는 이 책의 저자의 이름을 모른다. 우리의 영어판 성서에 있는 제목("The Gospel According to Matthew")은 그 문서가 완성되고 나서 한참 후에 추가되었다. 오래된 전승에 따르면 그 저자는 마태오의 복음서 9장 9절에 나오는 세리 마태오임이 분명하다. 그러나 이 전승은 복음서가 만들어지고 나서 몇십 년 후에 생겨났고, 오늘날 학자들은 그것의 정확성을 의심할 많은 이유가 있다. 우선, 저자는 9장 9절이나 그밖의 어느 곳에서도 자신을 마태오라고 밝히지 않는다. 또한, 이 복음서의 몇 가지 특징들은 세리 마태오가 이 책의 저자라는 것을 믿기 어렵게 만든다. 예를 들어, 예수와 함께 그렇게 많은 시간을 보낸 사람이 왜 그의 이야기의 거의 3분의 2를 다른 저자(마르코)의 글로 채우고 종종 단어까지 그대로 옮겨 왔을까(9:9-13의 자신이 제자로 부름받는 이야기까지)? 그리고 왜 그는 자신이 이런 일들을 직접 목격했다고 주장함으로써 자신의 이야기가 진실임을 주장하려 하지 않았을까?

물론, 초기의 원정통파Proto-orthodox 그리스도교인들은 사도들의 정경에 그것을 포함시키기 전에 누가 마태오의 복음서를 썼는지 알아야 했다. 비록 오늘날 비판적인 학자들은 저자의 정확한 신원에 대해 확신하지는 못하지만 마태오의 복음서의 저자에 대해 우리가 말할 수 있는 몇 가지 일반적인 사실들이 있다. 그가 아마도 그리스어를 사용하는 공동체를 위해 그리스어로 글을 썼다는 사실은 그가 팔레스티나 바깥 어딘가에 살고 있었다는 것을 짐작케 한다.(팔레스티나 지역의 초기 그리스도교인들은 그들의 모국어인 아람어를 사용했을 것이다.) 예수에 대한 그의 이야기를 쓰기 위해 그는 아마도 문서들과 구두 보고—그리스도교 전도자들과 그의 공동체 내의 교사들로부터 전해 들은—등 다양한 자료들을 사용했다. 그가 이용한 문서 자료 중에는 마르코의 복음서와 Q 자료라고 불리는 전승들traditions의 모음도 있었다. 만약 마르코의 복음서가 65년 또는 70년경에 쓰였다면, 마태오는 분명히 그것보다 나중에 쓰였겠지만, 얼마나 뒤에 쓰인 것인지 알기는 어렵다. 대부분의 학자들은 대략 80년 또는 85년경에 이 책이 만들어졌다고 추정하고 있다.

마태오(편의상 저자를 계속 마태오라고 부르겠다)는 그의 선구자인 마르코의 예를 따라, 죽음과 부활에서 정점에 이르는 예수의 언행을 이야기로 엮어내기로 했다. 고대 독자들은 이 책을 일종의 그리스-로마 전기Greco-Roman biography라고 인식했을 것이고, 그래서 책을 읽으며 이 책에서 찾을 수 있는 것에 대해 즐거운 기대감을 가졌을 것이다. 그런 독자들은 이 책이 예수의 본질적인 성격을 드러내는 말들과 행동 경험들을 부각시키면서 특정한 연대기의 형식으로 예수의 삶을 묘사하리라 예상했을 것이다. 게다가 그는 이런 묘사의 방향이 책 서두에 나오는 사건들에 의해 확립되기를 기대했을 것이다.

마르코에서의 경우와 마찬가지로, 우리는 결코 이 복음서에 나오는 모든 흥미롭고 중요한 것들을 다 다루지 않을 것이다. 마태오에 대한 가장 최근에 나온 주석서들 중 하나는 세 권으로 나왔다. 그것의 첫 번째 책만 해도 거의 800쪽에 달한다! 여기서는 아주 일부의 지면을 통해 마태오의 복음서 전체를 간략히 살펴보겠다. 하지만 적절하게만 살펴본다면, 독자들은 적어도 그 배후에 무엇이 있는지 알 수 있을 것이다.

마르코의 복음서에 사용했던 장르 비평genre-critical 접근법을 포함한 다양한 접근법을 다시 한 번 우리의 과제에 사용할 수도 있을 것이다. 하지만 나는 6장에서 논의된 바 있는 편집 비평redaction criticism 방법을 사용할 것이다. 마태오가 마르코와 다른 중요한 몇 가지 점들을 살펴봄으로써 우리는 그가 예수를 어떻게 생각했는지에 대한 몇 가지 중요한 통찰을 얻을 수 있다. 그리스-로마 전기에서의 도입부의 중요성을 감안할 때 마태오의 첫 장을 검토함으로써 비교를 시작하는 것이 바람직할 것이다.

시작의 중요성:
유대교 경전의 성취로서의 메시아 예수

마태오는 마르코를 따라 예수를 그리스도로 확인함으로써 그의 복음을 시작한다. 따라서 그도 마르코와 마찬가지로 공개적으로 굴욕을 당하고 십자가에 못 박혀 수치스러운 죽음을 당한 예수가 어떻게 유대인들의 영광스럽고 강력한 메시아messiah가 될 수 있는지 설명해야 할 것이다. 마태오는 복음서의 첫 구절에서 "아브라함의 후손이요, 다윗의 자손"이라는 예수의 메시아로서의 자격을 강조하면서 그것을 정면으로 다룬다. 마태오의 복음서 독자들이 잘 알고 있듯이 아브라함은 유대인의 아버지라고 생각되었다. 다윗은 그들의 가장 위대한 왕으로, 그의 후손이 그를 이어 예루살렘의 왕좌에 올라 하느님의 기름 부음을 받은 자로서 이스라엘을 다스릴 것이었다. 다윗의 아들이 메시아가 될 것이었다.

이와 같이 마태오는 예수가 유대인이라는 것(아브라함의 후손)과 고대 왕들(다윗의 후손)의 계보를 잇는다는 것을 나타내면서 복음을 시작한다. 사람들은 곧바로 이 이야기의 독특한 특징에 매료된다. 예수는 철저히 유대인으로 묘사된다. 물론 그는 마르코의 복음서에서도 유대인이었다. 하지만 여기서 그 점은 더욱 강조된다. 마태오의 이야기는 예수가 유대인들의 희망의 궁극적인 성취였다는 것을 보여줄 것이다.

메시아 예수의 계보
예수의 유대적인 정체성은 다음에 나오는 구절들에 의해 확인된다. 마르코의 복음서와는 달리 마태오의 복음서는 유대인의 조상 아브라함에게까지 거슬러 올라가며 예수의 족보를 보여준다. 족보는 오늘날 성서를 연구하는 사람들에게 큰 인기가 있는 분야는 아니지만 이것은 여러 가지 이유로 주목할 만하다. 예수의 계보는 이스라엘 역사의 핵심 인물들 가운데 몇 사람을 중심으로 구성되었는데, 그들 중 많은 사람들은 유대교 정경에 보존된 이야기들 속에 등장한다.(예: 아브라함, 이삭, 야곱, 다윗, 솔로몬, 르호보암, 아하스, 히즈키야, 므나쎄) 본문은 거의 단조로울 정도로 아브라함에서 다윗 왕까지, 다윗에서 바빌론 추방까지, 마지막으로는 요셉의 아버지 야곱까지, 아버지와 아들 관계를 계속 추적한다. 하지만 문제가 하나 생기는데 그 족보가 예수를 낳은 마리아가 아닌 그녀의 남편 요셉의 족보라는 것이다. (예수의 출생에 대해 아무런 언급이 없던 마르코의 복음서와 달리) 마태오에 따르면 요셉은 예수의 아버지가 아니다. 이 복음서에 의하면 예수의 어머니는 처녀였다. 이 때문에 마태오의 복음서는 1장 16절의 끝에서 아버지와 아들 관계에 대한 서술을 벗어나게 된다.("마탄은 야곱을 낳았으며, 야곱은 마리아의 남편 요셉을 낳았고 마리아에게서 예수가 나셨는데 이분을 그리스도라고 부른다.")

그러나 예수가 이 계보와 연결되어 있지 않다면 예수의 혈통을 다윗과 아브라함에게까지 거슬러 올라가는 것이 무슨 의미가 있을까? 그와 그 계보의 유일한 연결고리는 그의 생부가 아닌 요셉을 통해서이기 때문이다.

저자가 말하고자 하는 의도는 비교적 분명하지만 이 문제는 다소 당혹스럽다. 그는 예수가 유대인으로서의 뿌리를 가지고 있고, 더 구체적으로는, "다윗의 아들", 메시아이기 위해 필요한 다윗의 계보를 갖추었다고 정당하게 주장할 수 있음을 보여주려 하고 있다. 그러므로, 비록 예수가 복음서에 묘사된 혈통에 속하지 않는다는 점에서 언뜻 보기에 족보가 그와 무관하게 보일지라도 그것은 분명히 예수에 대한 진술이다. 요셉이 어떤 의미에서(입양을 통해?) 예수의 "아버지"였기 때문에, 예수는 그를 통해 이스라엘의 위대한 과거 인물들과 관련이 있다는 것이다.

그러나 더 놀라운 것은 17절인데, 이것은 그 계보를 그것의 진정한 동기를 보여주는 방식으로 요약하고 있다. 아브라함과 다윗 사이에 14세대가 있었고, 다윗과 바빌론 이주 사이에 14세대가 있었으며, 바빌론 이주와 메시아 예수 사이에 14세대가 있었다. 이 우연은 놀랍다. 유대인의 조상과 유대인들의 가장 위대한 왕 사이에 14세대가 존재하고 그 위대한 왕과 유대인들의 가장 큰 재앙(바빌로니아에 의한 국가의 멸망) 사이에도, 그 재앙과 유대인의 궁극적인 구원자인 메시아 사이에도 14세대가 존재하고 있다.

이 족보가 의미하는 것은, 아니, 증명하는 것은, 이스라엘 역사의 모든 과정이 신의 섭리에 따라 진행되었다는 것이다. 게다가 이 역사가 예수에게서 절정에 달했다는 것이다. 14세대마다 이스라엘 역사상 대변동이 일어나는데, 그것은 그들의 가장 위대한 왕의 출현, 최악의 재난 그리고 이제 그들의 궁극적인 구원의 도래가 그것이다. 바빌로니아에 의해 추방된 후 14세대가 지난 후 예수가 탄생한 것은 하느님이 그의 백성 이스라엘에게 전대미문의 중요한 일을 하려 한다는 것을 보여준다.

하지만 14-14-14세대의 이 계보가 실제로 가능한 것일까? 그것은 어렵지 않게 알 수 있다. 족보에 있는 이름 중 거의 3분의 2가 유대 경전에 나오는데 그것은 마태오가 사용한 아브라함에서 바빌론으로 추방되기까지의 세대들의 원자료들이다. 하지만 그 순서들을 이 자료에 비교해보면 몇 가지 문제가 있는 것처럼 보인다. 가장 눈에 띄는 것은 8절인데, 이곳에서는 요람이 우찌야의 아버지라고 한다. 역대기 상편 3장 10-12절에는 요람이 우찌야의 아버지가 아니라 4대 위라고 나와 있다.(이곳에는 우찌야를 아자르야라고 표시하고 있다. 2열왕 14:21을 2역대 26:1과 비교해보라.) 그렇다면, 왜 마태오는 요람을 우찌야의 아버지라고 말했을까?

답은 명백하다. 마태오가 요람과 우찌야 사이에 있는 모든 세대(그의 아버지 아마츠야와 할아버지 요아스와 증조할아버지 아하즈야)를 포함시켰다면 다윗과 바빌로니아 유수 사이에 14세대가 있었다고 더 이상 주장할 수 없을 것이다. 이것은 매 14세대마다 대격변이 이 사람들의 역사에서 일어난다는 주장을 불가능하게 할 것이다. 그리고 이것은 다시, 그가 태어났을 때, 예수는 이스라엘을 위한 신성한 계획에서 특별하고 중요한 사람이었다는 그의 암묵적인 주장을 불가능하게 만들 것이다.(Box 8.1 참고)

따라서 그 족보는 역사적으로는 옳을 수 없다. 하지만 지금 우리는 역사적 예수의 삶에서 실제로 무슨 일이 일어났는지보다는 마태오가 어떻게 그를 묘사하려고 했는지에 더 관심이 있다. 마태오는 글이 시작되자마자 마르코의 복음서에서는 찾아볼 수 없었던 족보를 통해 예수가 이스라엘 사람들의 역사와 밀접하게 연관되어 있다는 것을 알려준다. 사실, 예수와 유대인의 관계가 복음서의 핵심 주제가 될 것이다. 예수는 유대인

Box 8.1 마태오는 왜 14세대를 생각했을까?

마태오는 14세대에 한 번씩 뭔가 큰 변화가 일어나게 하기 위해서, (예컨대 이름을 몇 개씩 빼는 식으로) 예수의 계보를 조작했기 때문에 우리는 그 숫자가 그에게 특별한 의미가 있던 것인지 의아할 수 있다. (게다가 마태오는 모두가 14세대씩 연결되어 있다고 주장하지만 마지막 순서에는 14세대가 아니라 13세대만 들어 있다!) 14라는 숫자 자체에 뭔가 의미가 있었던 것일까? 오랜 세월 동안, 마태오의 주석자들은 이 문제에 대해 고심을 했고 그것을 설명하기 위해 다양한 이론을 내놓았다. 그중 흥미로운 것 중 두 가지를 살펴본다.

첫째 이론은, 숫자들이 상징적인 의미를 지녔던 다른 고대 사회들과 마찬가지로 고대 이스라엘에서 숫자 7은 완벽함이나 신성을 상징하는 매우 중요한 의미를 지니고 있었다.(우리들은 요한 묵시록을 다룰 때 7을 많이 만나게 될 것이다.) 고대인들은 일주일을 7일로 나누었는데 아마도 그들이 일곱 개의 행성이 있다고 믿었기 때문일 것이다. 일부 고대 유대인들은 사람의 일생에 일곱 단계가 있고 사람의 영혼에도 일곱 부분이 있으며 일곱 개의 하늘과 일곱 개의 구획으로 나누어진 지옥과 낙원, 일곱 계급의 천사들, 일곱 가지 신의 속성이 있다고 생각했다. 유명한 1세기 유대인 철학자 필론은 "숫자 7의 성질을 충분히 알고 누릴 사람들은 없을 것이다. 그것은 우리의 말로 표현이 불가능하기 때문이다"(*On the Creation of the world*, 30)라고 말했다.

만약 7이 신과 관련된 완전한 숫자라면, 14는 어떤 의미가 있었던 것일까? 그것은 7의 2배! 숫자가 중요한 문화에서 그것은 두 배로 완벽한 숫자였을 것이다. 마태오는 예수가 완벽한 혈통을 이어받았다는 것을 보이기 위해 그의 가계도를 조작한 것일까?

두 번째 이론은 계보를 마태오의 예수 묘사에 더 밀접하게 연결한다. 나중에 더 자세히 설명하겠지만(25장 참고) 고대 언어들은 일반적으로 숫자를 나타내기 위해 알파벳의 글자를 사용했기 때문에 이름의 철자들을 더해 값을 생각해낼 수 있었다. 우리가 이미 보았듯이 마태오는 다윗 왕의 후손으로서의 예수의 메시아적 성격을 강조한다. 히브리어로 다윗의 이름은 영어 D, V, D에 해당하는 세 개의 자음을 쓴다.(고대 히브리어에는 모음이 없었다.) 흥미롭게도, 히브리어로 D는 4, V는 6의 값이 있었으므로, 다윗의 이름이 나타내는 수치는 14였다! 마태오는 유대인들의 메시아로서 다윗의 뿌리를 강조하려고 예수의 족보에서 14라는 숫자를 강조한 것일까?

들의 가장 큰 소망을 성취하기 위해 그들에게 오실 메시아로 명백히 묘사될 것이다. 유대인의 하느님으로부터 보내진 유대인의 구세주로서 그는 유대인의 율법 Law을 받아들일 것이고 그의 추종자들 또한 그렇게 하도록 요구할 것이다. 그럼에도 불구하고 그는 유대인 지도자들에 의해 거부당할 것이고 그들은 대부분의 유대인들을 오도하여 예수를 배척하게 만들 것이다.

분명히 이런 예수에 대한 묘사는 마르코의 복음서의 묘사와 모순되지 않는다. 마르코의 이야기 대부분이 마태오의 복음서로 들어왔기 때문이다. 하지만 관심의 초점, 그에 따른 예수에 대한 기본적인 묘사는 두 복음서가 다소 다르다. 마태오의 복음서에서 관심의 중심은 유대교와 예수의 관계에 더 정확히 놓인다.

메시아의 탄생

예수가 유대인의 뿌리를 지녔다는 이러한 강조는 그다음에 나오는 출생 이야기에서 확인된다.(마태 1, 2장) 마태오의 진술에서 가장 주목할 만한 점은 모든 일이 신의 계획에 따라 일어난다는 것이다. 성령이 마리아를 잉태하게 하고, 하늘에서 내려온 천사는 요셉의 두려움을 가라앉히는데, 이것은 히브리 정경의 예언을 성취하는 것이다.(1:23) 베들레헴에서 예수가 출생하는 것(2:6), 가족의 이집트로의 탈출(2:14), 헤로데가 베들레헴의 무고한 아이들을 학살한 사건(2:18), 나사렛으로 이주하기로 한 가족의 결정(2:23) 등 다음에 나오는 모든 다른 사건들도 마찬가지이다. 이 이야기들은 오직 마태오의 복음서에서만 일어난다.

예수가 성서의 예언들을 성취하는 것에 대한 마태

Box 8.2 마태오의 복음서의 계보 속의 여인들

마태오의 복음서에 나오는 족보의 가장 흥미로운 특징 중 하나는 예수의 조상들 중의 여성들을 분명히 언급한다는 것이다. 다른 고대 유대인들의 족보에는 거의 여성들이 등장하지 않으며 항상 한 사람의 혈통을 부자 관계로 거슬러 올라가면서 추적한다.(예: 1역대 1~9장 참고) 그러나 마태오는 예수의 어머니인 마리아에게서 족보를 끝낼 뿐만 아니라 그 안에 네 명의 다른 여성들도 포함시켰다. 타마르(3절)와 라합과 룻(5절)과 우리야의 아내, 곧 밧세바(6절)가 그녀들이다. 이 네 여인에 대한 이야기는 유대 정경에서도 찾아볼 수 있다.(타마르 창세 38장, 라합: 여호 2, 6장, 룻: 룻 1~4장, 밧세바: 2사무 11~12장) 왜 마태오는 그들을 계보에서 언급했을까? 오랜 동안 제안되어온 수많은 이론들 중 다음 두 가지가 특히 흥미롭다.

1. 언급된 네 명의 여인들은 모두 이방 사람들, 곧 이스라엘인이 아닌 사람들(타마르와 라합은 둘 다 가나안 사람이었고, 룻은 모압 사람, 밧세바는 헷 족속인 우리야와 결혼했다)처럼 보인다. 마태오는 그들을 통해 하느님의 구원 계획은 언제나 유대인들에게만 국한되지 않고 이방인들까지도 포함한다는 것을 보여주려 한 것일까(예를 들어 그가 동방박사들을 언급한 것처럼)? 이것은 흥미로운 이론이다. 하지만 한 가지

특별한 단점이 있다. 그것은 어떻게 이 네 명의 여성이 마지막에 언급되는 여성, 즉 이방인이 아닌 마리아와 연결되는지 설명하지 않는다. 따라서 두 번째 설명이 더 그럴 듯하다.

2. 네 명의 여성 모두 외부인의 시각으로 보자면 추잡한 성적 사건들에 연루되어 있었지만 그것은 하느님의 목적을 한층 더 확연하게 해주었다. 예를 들어, 타마르는 창녀로 위장한 후 시아버지를 속여서 성관계를 맺었다. 라합은 예리코에 사는 창녀였고(마태오에 의하면 그녀는 룻의 시어머니가 되었다.) 룻은 친척 보아스를 유혹하여 그녀와 결혼하게 만들었다.(그들은 다윗 왕의 조부모가 되었다.) 밧세바는 다윗과 간통했고 다윗이 자기 남편을 죽게 만든 후 그와 결혼하여 솔로몬을 낳았다. 왜 마태오는 그런 이야기들이 예수의 계보에 적절하다고 생각한 것일까? 그것은 예수의 어머니인 마리아와 관련이 있었을까? 기억하라, 그녀 역시 불온한 성행위를 한 것으로 의심되었다. 심지어 요셉도 의심을 품고 은밀히 그들의 관계를 끝내기로 결심했었다! 그러나 마태오는 그 문제를 다르게 보았다. 다시 한 번 하느님은 그의 계획을 진전시키기 위해 잠재적인 성 추문을 이용했고 기적을 통해 예수를 동정녀에게서 태어나게 했다.

오의 강조는 출생 이야기뿐만 아니라 책 전체에 걸쳐서 나타난다. 마태오는 (방금 언급한 것들을 포함하여) 열한 차례에 걸쳐 학자들이 구약 성취 인용문fulfillment citation이라고 이름 붙인 문구를 사용한다. 이러한 인용문의 형식은 약간씩 다르지만, 일반적으로 '주께서 예언자prophet를 통하여 하신 말씀이 이루어졌다'와 같은 형태다. 각각의 예에서 마태오는 예수가 유대인들이 오랫동안 기대했던 메시아라는 것을 보여주면서 그가 마음에 품고 있는 성서 구절을 인용한다. 이러한 성취 인용문은 마르코의 복음서에서 인용한 것이 아니며, 네 개의 신약성서 복음서 중에서 마태오의 복음서에만 나타난다. 앞서 복음을 저술한 누구보다도 마태오는 예수가 유대교 정경의 완성이라고

명백하고 단호하게 강조한다.

마태오에게 있어서 예수는 두 가지 다른 방식으로 성서를 완성하는데, 첫 번째 방법은 이해하기 어렵지 않다. 유대 예언자들은 때때로 미래의 메시아에 대해 예언을 했다. 마태오에 따르면, 예수는 이러한 예언의 성취다. 예를 들어, 예수는 베들레헴에서 태어났는데, 이것은 예언자 미카가 예언한 것이었다.(2:6) 그의 어머니가 처녀인 것도 이미 예언자 이사야가 예언했다.(1:23)

예수가 성서를 완성하는 두 번째 방법은 조금 더 복잡하다. 마태오는 유대교 정경의 어떤 중요한 사건들을 메시아가 왔을 때 어떤 일이 일어날지에 대한 전조라고 설명하고 있다. 이러한 고대 사건들의 의미는 전

조된 것들이 일어나기까지는 완성되지 않았다. 그것들이 이루어졌을 때, 그 사건들은 "완성full-filled", 즉, "의미가 완전히 채워졌다filled full of meaning." 예를 들어, 출생 이야기에서, 마태오는 예수의 가족이 헤로데의 분노에서 벗어나기 위해 이집트로 도주했다고 말하는데 이것을 "주께서 예언자를 시켜 '내가 내 아들을 이집트에서 불러내었다' 하신 말씀이 이루어졌다"(2:15)고 말한다. 이곳에서의 인용문은 호세아 11장 1절에서 따온 것으로, 원래는 이집트에 속박되어 있던 이스라엘 자손이 그곳에서 탈출하는 것을 가리켰다. 마태오로서는 예수가 이 사건을 의미 있게 완성한다. 이스라엘 자손들이 얻을 수 있던 구원은 부분적인 것이었고 그것이 완성될 미래의 시간을 기대하고 있었다. 메시아 예수의 등장과 함께 과거의 사건이 비로소 완성된 것이다.

마태오에게 있어서 예수가 성서를 완성하는 이 두 번째 방식을 이해하는 것은 오랫동안 학자들에게 관심의 대상이었던 마태오의 복음서 첫 부분(1-5장)의 특정 측면들을 설명하는 데 도움이 된다. 다음 사건들을 대략적으로 생각해보고, 그것들이 유대교 정경에 아주 익숙한 1세기 유대인에게 어떻게 읽혔을지 자문해보라. 한 남자아이가 기적을 통해 유대인 부모에게서 태어나지만 이 땅의 폭군(헤로데)은 그를 파멸시키려 한다. 그 아이는 이집트에서 초자연적으로 해를 입지 않도록 보호받는다. 그 후 아이는 이집트를 떠나서 물을 통과(세례)한 후 오랜 기간 동안 시험을 당하기 위해 광야로 들어간다. 그런 다음에 그는 산에 올라가서 하느님의 율법을 자기를 따르는 사람들에게 전한다.

친숙하게 들리지 않는가? 마태오의 복음서를 읽던 대부분의 유대인 독자들에게는 그렇게 느껴졌을 것이다.(Box 4.1 참고) 마태오는 예수의 삶이 모세의 이야기(출애 1-20)를 완성한 것이라는 것을 보여주기 위해 첫 부분을 그렇게 구성했다. 두 사건 사이의 유사성은 아주 명백하여 무시할 수 없을 정도다. 헤로데Herod는 이집트의 파라오와 같고, 예수의 세례baptism는 풀려난 유대인들이 홍해를 건넌 것과 같으며, 광야에서 40일 동안 시험을 당한 것은 이스라엘 자손이 광야에서 40년 동안 방황한 것과 같고, 산상수훈Sermon on the Mount은 시나이 산에서 모세가 받은 율법과 같다.

이 유사점들은 마태오가 예수를 묘사하는 방식에 대해 우리에게 의미 있는 것을 말해준다. 그는 분명 예수가 고난받는 하느님의 아들Son of God, 메시아라는 마르코의 주장에 동의하지만 예수는 또한 그의 백성을 죄의 속박에서 해방시켜주러 온 새로운 모세이고(1:21) 그들에게 새로운 율법, 곧 그의 가르침을 주러 왔다.

우리는 1세기 유대인들이 그들의 미래 인도자에 대해 품고 있던 기대는 단지 한 가지뿐만이 아니라는 것을 알게 되었다. 많은 사람들은 이스라엘의 압제자들을 군사적으로 물리치고 이스라엘을 약속의 땅에 주권국가로 세울 다윗과 같은 미래의 왕을 희망했다. 다른 이들은 세상을 심판하기 위해 구름을 타고 오는 우주적인 존재를 기대했다. 모세의 율법에 대한 신성한 영감을 불러일으키는 해석을 제공함으로써 공동체를 이끌어갈 권위 있는 사제를 고대하는 사람들도 있었다. 마태오가 묘사하는 예수를 이해해야 비로소 알 수 있는 미래의 구세주상도 있었다. 어떤 유대인은 모세와 같은 예언자가 나타나기를 바랐다. 그는 이스라엘을 400년 동안 노예로 삼았던 이집트의 압제자들에게서 그들을 구원했을 뿐만 아니라 하느님의 율법을 그들에게 알려주었다. 고대 전승에 따르면, 모세는 자신과 같은 예언자가 그의 백성들 사이에 일어날 것이라고 말했다.(신명 18:15-19) 1세기 일부 유대인들 사이에서는 이스라엘의 구원과 그들에게 새로운 방향을 제시하기 위해 신이 택한 인물이었던 모세와 같은 메시아적 존재에 대한 희망이 열렬했다.

모세를 따를지 예수를 따를지 선택을 해야 한다고 주장했던 마르키온Marcion(1장 참고) 같은 후기 그리스도교인들과 달리 마태오는 예수가 없는 모세, 혹은 예수가 있는 모세 중에서 선택을 해야 한다고 주장한다. 그에게 있어서 거짓 종교는 예수를 부인하는 종교인데 왜냐하면 예수는 새로운 모세이기 때문이다. 그러나 이 새로운 모세는 옛 모세를 대체하지 않는다. 그와는 정반대로 예수는 모세가 이전에 그의 율법에 기록한 것을 최종적으로 진실되게 해석하는 존재이다. 예수는 또 마태오의 복음서에 신성한 율법을 제공하는데, 이것은 모세의 율법과 상충하지 않는다. 오히려 그것은 율법의 완성이다.(마태 5:17) 예수를 따르는 사람들은 모세의 율법을 버리지 말고 그것도 따라야 한다. 하지만 그들은 새로운 모세, 곧 메시아 예수가 규정하는 대로 그것을 이해하고 따라야 한다.

유대교 정경에 나오는 모든 예언자들이 그랬지만, 모세가 그의 지도력을 인정하지 않는 사람들로부터 항의와 배척을 받은 것처럼 마태오의 복음서의 예수도 자기 백성의 지도자들에 의해 끊임없이 적대시된다. 우리는 마르코의 복음서에서 거부당하는 예수의 기본적인 모티프를 이미 보았다. 여러 면에서 마태오는 그 적대감을 더욱 강조하는데, 마태오의 복음서의 예수는 그의 반대자들이 하느님의 율법보다 그들 자신의 전통에 더 높은 가치를 두고 있다고 비난하며 그들의 사악한 동기를 공격하고, 무엇보다도 그들이 옳은 일이 무엇인지 알고 그것을 행하라고 다른 사람들에게는 가르치지만 자신들은 행하지 않는 위선자들이라고 비난한다.

거부된 유대인들의 왕

마태오는 복음서의 시작 부분, 예수가 아직 어린아이였을 때부터 바로 유대 지도자들을 위선자로 묘사하기 시작한다.

마태오의 복음서에서만 볼 수 있는 동방박사들Magi의 방문 이야기(2:1-12)는 신약성서에서 가장 흥미로운 대목 중 하나다. 여기서 우리는 실제적인 역사적 현실의 문제(예: 어떻게 별이 특정한 집 위에 멈출 수 있을까?)보다는 마태오가 제시하는 주장에 더 관심이 있다. 고대 독자들은 동방박사들을 별들의 움직임으로부터 인간들의 흥망성쇠를 읽을 수 있는 동양(아마도 아시리아)에서 온 점성술사들로 인식했을 것이다. 이 현인들은 물론 이교도들pagans이며, 별들을 관측하다가 온 인류의 왕이 될 아이의 탄생이라는 놀라운 사건이 지구상에서 일어났다는 것을 깨닫게 되었다.

본문은 아시리아 학자들이 왜 외국의 왕의 탄생에 관심을 갖는지 설명하지 않는다. 아마도 그들의 방문은 그들이 탄생한 아기를 단순한 인간, 왕 또는 다른 어떤 존재보다 훨씬 더 위대하게 생각하고 있었다는 것을 의미할지도 모른다. 물론 독자들은 아기가 인간인 아버지에 의해 탄생한 것이 아니라는 것을 알기 때문에 이미 이 사실을 깨닫고 있다. 동방박사들은 아기가 어디에서 태어났는지 알지 못한다. 그 별은 유대의

수도인 성스러운 도시 예루살렘으로 그들을 데리고 간다. 그곳에서 그들은 아기에 관해 질문을 하고 유대인의 왕 헤로데는 그 소식을 듣고는 분노에 사로잡힌다. 이스라엘에는 오직 한 명의 왕이 있을 뿐이고 지금 권좌에 앉아 있는 것은 자신이기 때문이다. 그는 아기의 위치를 알아내려 한다. 경배하기 위해서가 아니라 없애야 하기 때문이다.

헤로데는 유대교의 고위 사제들과 성서에 조예가 깊은 학자들을 불러서 조언을 구한다. 여기서 우리는 이 이야기의 중요한 아이러니를 만나게 된다. 유대 지도자들은 메시아가 어디에서 태어나야 하는지를 완벽하게 잘 알고 있다. 그곳은 바로 유대의 베들레헴이었다. 그들은 그것을 지지하는 성서 구절을 인용할 수도 있었고 실제로 헤로데에게 그것을 알려주기도 했다.

하지만 누가 예수를 경배하러 가는가? 그가 어디에서 태어났는지 알고 있는 사람들, 유대인 고위 사제들, 유대의 성서 학자들, 유대인의 왕, 누구도 아니다. 그들은 멀리 물러나 있다. 성서를 알지 못했지만, 성서를 가지고 있는 사람들로부터 진실을 알게 되고 그래서 유대인의 왕을 숭배하러 가는 사람들은 유대인이 아닌 이방인들Gentiles이다. 반면에, 그들의 왕 헤로데가 대표하는 유대 권력자들은 아기를 죽이려고 계획한다.

이 이야기는 마태오의 복음서에서 다음에 무슨 일이 일어날지 발판을 마련하는 역할을 한다. 예수는 성서를 완성하고 그를 따르는 사람들에게도 그렇게 하라고 권한다. 그러나 예수는 자기 백성의 지도자들에 의해 배척을 당하고 그들은 그의 죽음을 모의한다. 하지만 그를 숭배하는 사람들도 있다. 이 특별한 마태오의 복음서의 주제는 마태오가 마르코의 복음서의 틀에 추가한 이야기들에서뿐만 아니라 마르코에게서 물려받았지만 그가 바꾼 이야기들에서도 나타난다. 이 주제는 예수가 그의 선구자인 세례 요한과 만나는 다음 이야기에서도 볼 수 있다.

마태오의 관점에서 본 예수와 그의 선구자

출생 이야기가 끝난 후, 마태오는 즉시 예수의 세례에 대한 이야기를 시작한다. 이 부분에서 그는 마르코

의 복음서에서 이야기를 가져오기 시작한다. 6장에서 지적했듯이 복음서의 편집 비평은 저자가 자신의 자료에 무엇을 추가했는지(예: 처음 두 장 전체)뿐만 아니라 빌려 온 이야기를 어떻게 바꾸었는지도 조사한다. 이 방법을 이용하여 마태오와 마르코가 공통적으로 가지고 있는 첫 번째 이야기, 세례 요한에게 세례를 받는 예수의 묘사를 조사해보자.

편집 비평의 가장 좋은 방법은 두 이야기들을 나란히 놓고 읽으면서 차이점들을 세심하고 자세히 살펴보는 것이다. 이러한 차이점들은 마태오의 전반적인 의도에 대한 단서를 제공할 수 있는데, 아무 이유도 없이 마태오가 그의 자료를 고치지는 않았을 것이기 때문이다.

마태오는 예수의 세례에 대한 이야기를 여러 면에서 바꾸었는데, 그중 상당수는 꽤 명백하고 그들 중 일부는 꽤 의미심장하다. 우선 그의 이야기는 마르코의 복음서에 나오는 것보다 훨씬 더 길다. 마태오의 복음서에서 요한은 바리사이파Pharisees와 사두가이파 Sadducees 무리가 세례를 받으러 오는 것을 보고 마르코의 복음서에서는 찾아볼 수 없는 험한 말로 그들을 비난한다.

이 독사의 족속들아! 닥쳐올 그 징벌을 피하라고 누가 일러주더냐? 너희는 회개했다는 증거를 행실로써 보여라. 그리고 '아브라함이 우리 조상이다' 하는 말은 아예 할 생각도 마라. 사실 하느님은 이 돌들로도 아브라함의 자녀를 만드실 수 있다. 도끼가 이미 나무 뿌리에 닿았으니 좋은 열매를 맺지 않은 나무는 다 찍혀 불 속에 던져질 것이다.(3:7-10)

이야기가 계속되면서 독자들은 요한이 유대 지도자들에게 세례를 베풀려 하지 않을 뿐만 아니라, 비록 완전히 다른 이유이긴 하지만, 예수에게도 베풀려 하지 않았다는 사실에 놀라게 된다. 바리사이파 사람들과 사두가이파 사람들은 세례를 받기에 너무 사악하지만, 예수는 너무 선한 까닭이다. 사실, 세례는 더 우월

과거 엿보기

Box 8.3 마태오의 복음서에 나오는 예수의 종말론적 메시지

14장에서 더 자세히 다루겠지만, 1세기에는 '종말론 apocalypticism'이 유대인들에게 널리 퍼져 있던 세계관이었다. 종말론적인 유대인들은 세계가 보이지 않는 악의 힘에 의해 지배되고 있지만, 신이 곧 이러한 힘을 전복시키고 그의 선한 왕국을 세상에 가져오기 위해 역사에 개입할 것이라고 주장했다. 그런 유대인들은 그들이 종말의 시기에 살고 있다고, 새로운 시대가 곧 도래할 것이라고 믿었다. 우리는 이미 이러한 세계관의 요소들을 마르코의 복음서에서도 보았는데, 특히 13장에 나오는 긴 가르침에서 예수는 사람의 아들Son of Man이 심판의 날에 도래할 때 일어날 우주의 격변을 묘사한다. 게다가 마르코의 복음서에서조차도 예수는 이 대격변이 매우 가까이 이르렀다고 예상한다. 그는 그의 세대가 다 사라지기 전에 대재앙이 일어날 것이라고 말한다.(마르 13:30)

예수의 선구자인 세례 요한의 설교에서 이미 분명히 드러냈듯이 마태오는 예수의 가르침의 종말론적인 성격을 더욱 강하게 강조한다.(마태 3:7-10) 요한은 신의 재판의 날이 오고 있다고 예언한다.("이 독사의 족속들아! 닥쳐올 그 징벌을 피하라고 누가 일러주더냐?") 심판은 정말로 거의 임박했다.("도끼가 이미 나무 뿌리에 닿았으니") 심판을 준비하지 않은 사람은 모두 멸망할 것이다.("좋은 열매를 맺지 않은 나무는 다 찍혀 불 속에 던져질 것이다") 단순히 유대인이라는 것은 구원의 보장이 되지 못한다.("그리고 '아브라함이 우리 조상이다' 하는 말은 아예 할 생각도 말아라. 사실 하느님은 이 돌들로도 아브라함의 자녀를 만드실 수 있다") 그 대신 모든 사람은 올바른 삶을 살면서 종말을 준비해야 한다.("너희는 회개했다는 증거를 행실로써 보여라")

요한에 의해 일찍이 선포된 이런 주제들은 마태오의 복음서 전체에 걸쳐 예수의 입을 통해 다시 나타나게 될 것이다.

한 이가 아랫사람에게 베풀어야 하므로(3:14-15) 그가 세례 요한에게 베푸는 것이 맞다. 그러나 예수는 마태오의 복음서에서만 나오는 말로 자신이 요한에게 세례를 받는 것이 옳다는 것을 확신시킨다. "지금은 내가 하자는 대로 하여라. 우리가 이렇게 해야 하느님이 원하시는 모든 일이 이루어진다."(3:15)

세례 장면은 마르코의 장면과 비슷하지만 몇 가지 흥미로운 변화가 일어난다. 이 중 가장 중요한 것은 아마도 하늘에서 들려오는 목소리일 것이다. 마르코의 복음서에서처럼 예수 혼자만 들을 수 있는 말이 아니라("너는 내 사랑하는 아들, 내 마음에 드는 아들이다" 마르 1:11) 이곳에서는 그곳의 모든 사람들에 대한 공개적인 선언이다.("이는 내가 사랑하는 아들, 내 마음에 드는 아들이다" 마태 3:17)

마르코의 설명과 이러한 다양한 차이점들이 있는 것을 확인한 후 우리는 이제 다음과 같은 편집 비평적인 질문을 할 수 있다. 그런 차이점들은 마태오의 묘사 방식에 관해 무엇을 말해주는가? 우선 마태오는 예수와 유대 지도자들 사이의 대조를 더욱 뚜렷하게 하기 위해 이야기를 바꾼다. 후자들은 멸망당할 사악한 독사들이고 예수는 하느님이 택한 예언자로 요한보다 더 우위에 있다. 이런 메시지는 분명히 우리가 마르코의 복음서에서도 발견하는 것이지만 마태오의 복음서에서 더 강조되고 있다.

마르코의 복음서에서는 (수난 서사가 시작될 때까지는) 예수가 누구인지 정확하게 깨닫는 사람을 찾아볼 수 없다. 하지만 마태오의 복음서에서는 다르다. 우리는 예수의 정체를 알아보는 사람을 여러 명 보게 된다. 그의 가족(요셉과 마리아), 동방에서 온 박사들(예수를 숭배하러 온 사람들) 그리고 마태오의 복음서에만 기록된 대화에 비추어 볼 때 세례 요한이 그런 사람들이었다. 예수의 정체가 비밀이 아니라 모두에게 드러나 있었다는 이런 생각은 예수가 하느님의 아들이라는 것을 모두에게 들려주는 하늘로부터의 목소리로의 변화에서도 잘 드러난다.

세례 이야기에서의 이러한 변경은 복음서 전체에서도 찾아볼 수 있다. 마태오는 예수가 그의 정체를 비밀로 하려고 했고 제자들도 그가 누구인지 인지하지 못했다는 마르코의 주장을 확연히 줄였다. 마태오에 따르면 예수는 생전에 공개적으로 메시아로 선언되었고 그렇게 숭배되었다. 예를 들어, 예수가 물 위를 걷는 기적을 행한 후의 에피소드를 생각해보라. 마르코의 복음서에서 제자들은 놀라면서도 그 모든 것이 무슨 의미인지 전혀 알지 못한다. "제자들은 너무나 놀라 어찌할 바를 몰랐다. 그들은 마음이 무디어서 군중에게 빵을 먹이신 기적도 아직 깨닫지 못하였던 것이다."(마르 6:51-52) 그러나 마태오의 복음서에서는 그들은 그것이 무엇을 의미하는지 잘 알고 있으며 엎드려서 예수를 경배한다. "배 안에 있던 사람들이 그 앞에 엎드려 절하며 '주님은 참으로 하느님의 아들이십니다' 하고 말하였다."(마태 14:33)

그런 차이를 어떻게 설명할 수 있을까? 왜 마태오의 복음서에서 예수는 그가 누구인지 사람들로부터 인정을 받는 것일까? 한 가지 가능성은 마태오가 예수를 거부하던 사람들, 특히 이 복음서에서 더 엄정한 비난을 받는 유대 지도자들의 죄를 강조하기 위해 마르코의 설명을 변경했다는 것이다. 예수의 정체를 많은 사람들이 알고 있었다면 다른 사람들보다도 더 그것을 잘 알고 있었어야 할 유대의 권력자들이 그를 거부하고 박해한 죄는 더욱 심각한 게 될 것이다.

마태오의 복음서에서의 예수의 묘사: 발판으로서의 산상수훈

나는 장르 비평 방법이 아니라 편집 비평적인 분석 방법을 마태오의 복음서에 적용하는 것에 관심이 있기 때문에 마르코의 복음서에서 사용했던 방식, 즉 이야기의 전개 과정을 따라가면서 줄거리가 전개됨에 따라 주인공의 정체를 나타내 보여주는 방식을 사용하지는 않을 것이다. 어떤 학자들은 모든 서술들에 그러한 접근 방식을 사용하는 것을 선호하며, 마르코의 복음서에서 보았던 것처럼 그것의 결실은 꽤 만족스러울 수 있다. 하지만 텍스트에 접근하는 방법은 다양한데 이곳에서는 다른 방식을 한번 알아보겠다.

물론 충분한 시간과 지면이 있다면, 우리는 처음 시작했던 것처럼 전체 복음서를 통해 저자가 어떻게 그가 가지고 있었던 자료인 마르코의 복음서를 더하고,

빼고, 고쳤는지 알아볼 수도 있을 것이다. 그 대신 나는 마태오의 이야기 중 가장 기억에 남는 부분 중 하나인 산상수훈의 일부를 분석하는 쪽을 택했다. 주요 구절 몇 개를 살펴봄으로써 나머지 복음서를 통해서 반복되는 주제를 발견할 수 있기 때문이다.

예수: 새로운 모세 새로운 율법

산상수훈(5-7장)은 마태오의 복음서에 있는 예수의 다섯 개의 주요한 설교 묶음들 중 첫 번째다.(다른

도판 8.1 이집트 콥트 교회에서 만들어진 고대의 상아 조각품. 마리아, 예수, 천사(왼쪽 위)와 선물을 가져온 세 동방박사들이 묘사되어 있다. 흥미롭게도, 이 이야기를 서술한 유일한 복음서인 마태오의 복음서에는 세 명의 박사들이 있었다는 이야기는 나오지 않는다.(단지 세 개의 선물이 있었을 뿐이다.)

것들은 10장, 예수가 사도들에게 내리는 지시; 13장, 왕국의 우화; 18장, 왕국과 교회에 대한 다른 가르침들; 23-27장, 서기관들과 바리사이파들에 대한 비난과 종말의 때를 묘사하는 종말론적 담화들이다.) 우리는 마태오가 예수를 새로운 모세로 묘사하는 것을 보았다. 일부 학자들은 그가 예수의 가르침을 다섯 가지 묶음으로 모아놓은 것도 모세의 율법 다섯 권을 상기시키기 위해서라고 주장한다.

내가 이미 지적했듯이, 산상수훈의 많은 자료는 Q 자료에서 온 것이다. 이 자료들은 루카의 복음서에서 한곳에 모여 있지 않고 전체에 걸쳐 흩어져 있기 때문에, 산상수훈은 마치 마태오가 쓴 것처럼 보일 수도 있다. 마태오는 그의 자료에 흩어져 있던 예수의 중요한 가르침들을 자신의 복음서 안에 가져와 깔끔한 모음으로 만들었다.

설교 중에서 가장 중요한 메시지 중 하나는 예수와 모세의 관련성이다. 모세의 법이 이스라엘의 자손인 유대인들에게 신성한 지침을 제공하려는 의도였다면, 예수의 가르침은 하늘나라Kingdom of Heaven의 자녀인 그의 추종자들에게 주는 지침이다.(설교 말미 7:24-28의 요약을 참고하라.) 이미 언급했듯이 이것은 예수의 추종자들에게 모세와 예수, 둘 중 한쪽을 선택하라는 의미는 아니었다. 그들은 예수를 따름으로써 모세를 따라야 했다. 마태오가 보기에는 예수는 유대 율법에 대한 진정한 이해를 제공했고, 그의 추종자들은 그것을 지켜야 했다.

설교는 주로 하늘나라에서의 삶에 관한 것인데, (설교 직전인) 4장 17절에 나온 진술에 따르면, "회개하여라. 하늘나라가 다가왔다"라는 가르침이 예수의 가르침의 핵심이었다. 이 왕국은 사람들이 죽을 때 가는 곳을 가리키는 것이 아니라 하느님의 임재, 시대의 끝에 악의 힘을 전복하고 그가 가져올 왕국을 말한다. 그때에는 약한 자와 억압받는 자가 높아지고, 높은 자와 힘센 자들은 멸시를 당할 것이다. 이것은 5장 3-10절에 나오는 "팔복Beatitudes"의 출발점처럼 보인다.

마음이 가난한 사람은 행복하다. 하늘나라가 그들의 것이다. 슬퍼하는 사람은 행복하다. 그들은 위로를 받을 것이다. 온유한 사람은 행복하다. 그들은 땅을

차지할 것이다. 옳은 일에 주리고 목마른 사람은 행복하다. 그들은 만족할 것이다. 자비를 베푸는 사람은 행복하다. 그들은 자비를 입을 것이다. 마음이 깨끗한 사람은 행복하다. 그들은 하느님을 뵙게 될 것이다. 평화를 위하여 일하는 사람은 행복하다. 그들은 하느님의 아들이 될 것이다. 옳은 일을 하다가 박해를 받는 사람은 행복하다. 하늘나라가 그들의 것이다.

우리는 팔복을 어떻게 해석해야 할까? 세례 요한이 종말(즉, 왕국)이 가깝다고 선포하여 예수의 가르침을 준비하고, 예수 자신도 "하늘나라가 다가왔다"(4:17)라고 선포한 것을 보면 팔복은 다가올 왕국을 말하고 있을 개연성이 있다. 그럼에도 불구하고, 학자들은 오랫동안 이 말들의 정확한 의미를 논해왔다. 예수는 그의 왕국에 들어갈 수 있는 자격 요건을 설명하고 있는 것일까? 가령, 그는 사람들이 그 왕국에 들어가기 위해서는 영혼이 가난해져야 한다고 말하는 것일까? 그것도 가능한 해석이기는 하지만, 예수는 명령을 내리기보다는 그저 진술을 하고 있는 것처럼 보인다. 예를 들어, 그는 사람들에게 그들이 애통하지 않는다면 하늘의 왕국에 들어갈 수 없을 것이라고 말하는 것 같지는 않다. 어쩌면 팔복은 지금 비천한 위치에서 억압을 받고 약하고 고통을 받는 사람들에게 하늘나라가 임하면 그들이 보답을 받을 것이라는 언질일지도 모른다. 지금 슬퍼하는 사람은 위로받을 것이며, 지금 정의를 갈망하는 사람은 그것을 허락받을 것이며, 지금 옳은 일을 하면서 박해를 받는 사람은 정당함을 증명받을 것이다.

그러나 예수의 말을 이런 식으로 받아들이면 또 다른 해석의 문제가 생긴다. 그렇다면 팔복은 문제를 겪고 있는 모든 사람들이 다가오는 왕국에서 높임을 받을 것이라고 암시하는 것일까? 아니면 그것은 예수를 따르는 사람들, 예수가 실제로 가르침을 베풀던 사람들(5:1-2)에게만 해당되는 것일까? 이 문제는 예수를 따르는 것이 마태오에게 무엇을 의미했는지 더 자세히 알아봐야 답할 수 있을 것이다.

예수와 율법

많은 그리스도교인들이 오랫동안 생각해왔던 것과는 반대로, 마태오는 예수를 따르는 것이 유대 율법을 포기하고 그것에 반대하는 새로운 종교를 믿기 시작하는 것이라고 말하는 것 같지는 않다. 마태오가 살던 시대에도 일부 그리스도교인들은 예수가 하느님의 길에 대해 설교하면서 모세의 율법을 뒤집으려고 했다고 생각한 것 같다. 그러나 마태오에게는 그것은 천부당만부당한 이야기였다. 이 설교의 기조는 팔복 뒤에 바로 나오는, 마태오의 복음서에서만 볼 수 있는 성명에서 천명된다.

내가 율법이나 예언서의 말씀을 없애러 온 줄로 생각하지 마라. 없애러 온 것이 아니라 오히려 완성하러 왔다. 분명히 말해 두는데, 천지가 없어지는 일이 있더라도 율법은 일 점 일 획도 없어지지 않고 다 이루어질 것이다. 그러므로 가장 작은 계명 중에 하나라도 스스로 어기거나, 어기도록 남을 가르치는 사람은 누구나 하늘나라에서 가장 작은 사람 대접을 받을 것이다. 그러나 스스로 계명을 지키고, 남에게도 지키도록 가르치는 사람은 누구나 하늘나라에서 큰 사람 대접을 받을 것이다. 잘 들어라. 너희가 율법학자들이나 바리사이파 사람들보다 더 옳게 살지 못한다면 결코 하늘나라에 들어가지 못할 것이다.(5:17-20)

마태오의 복음서에서 예수는 모세의 율법에 반대하지 않는다. 그의 출생, 삶, 죽음 등 중요한 사건들에서 보이듯이, 그 자신 성서의 예언들을 성취한다. 게다가 마태오의 복음서에서 예수는 그의 추종자들에게도 율법을 지키라고 요구하면서, 유대 지도자들, 서기관들, 바리사이파 사람들보다도 율법을 더 잘 이행하라고 요구한다. 마태오는 바로 다음 구절인 유명한 '반대명제들Antitheses'(5:21-48)에서 그가 의미하는 바를 보여준다.

예수의 추종자들과 율법

'반대명제'는 반대되는 진술이다. 산상수훈에 기록된 여섯 개의 반대명제들에서, 예수는 유대 율법을 진술하고 그것을 넘어서는 그의 해석을 되풀이한다. 마태오는 예수가 율법을 어긴다고 묘사하지 않는다. 예를 들어 예수는, "살인하지 말라는 말을 너희가 들었으나 나는 너희에게 이르노니 살인을 하라"라고 말하는 것이 아니라 그의 추종자들에게 법을 지키되 이스라엘의 종교 지도자들보다도 더 엄격하게 지키라고 촉구한다. 즉 반대명제들의 대조는 율법들이 일반적으로 해석되는 방식과 예수가 그것들을 해석하는 방식 사이에 존재한다. 이 모든 반대명제들에서 예수는 그의 추종자들에게 문제의 율법들을 문자 그대로 해석하기보다는 그것들의 핵심, 그것의 원래의 의도를 파악하고 그것을 지키라고 주장한다.

예를 들어, 율법은 살인을 하지 말라고 한다.(5:21) 이 법은 공동체의 화합을 유지하기 위한 것이다. (살인을 유발하는) 불화의 근원은 타인에 대한 분노이다. 그러므로, 만약 어떤 사람이 그 근본 의도를 존중하며 율법을 이행하고 싶다면 그 사람은 타인들에게 화를 내서는 안 된다. 율법은 또한 간음하지 말라고 말한다.(5:27) 즉, 다른 사람의 아내를 취하지 말라는 것이다. 이 법은 소유권을 지키는 것과 관련이 있었다. 많은 고대 사회들에서와 마찬가지로 고대 이스라엘에서는 아내가 남편의 재산으로 여겨졌기 때문이다.(예를 들어, 탐내어서는 안 될 이웃의 재산으로 집, 노예, 황소, 당나귀와 함께 부인들이 함께 포함되어 있던 10계명의 마지막 계명을 참고하라: 출애 20:17) 이런 관점에서 보면 간통의 근원은 다른 남자의 소유인 여성에 대한 열망이다. 그러므로, 법을 완전히 지키고자 하는 사람들은 다른 사람에 속한 사람을 탐내지 말아야 한다.

율법은 눈에는 눈, 이에는 이를 말한다.(마태 5:38) 이 율법은 공동체 안에서 정의를 유지하는 역할을 한다. 만약 이웃이 당신의 이를 부러뜨리면, 그 대신에 그 사람의 머리를 부숴서는 안 된다는 것이다. 오늘날

Box 8.4 황금률

황금률의 가장 친숙한 형태는 "다른 사람들이 당신에게 해주기를 바라는 것처럼 당신도 다른 사람들에게 하라"이다. 많은 사람들은 예수가 이 윤리적 원칙을 처음으로 주장했다고 생각하지만, 사실 그것은 고대 세계로부터 도덕 철학자들에 의해 다양한 형태로 표현되어왔다. 대부분의 경우 그것은 긍정적으로 표현되기보다는 부정적으로(행해서는 안 된다의 형태로) 표현된다.

예를 들어, 황금률은 예수보다 수 세기 전의 고대 그리스인들 사이에서도 찾아볼 수 있다. 그리스 역사학자 헤로도토스(기원전 5세기)가 묘사한 인물들 중 한 명은 "내 이웃에서 비난받을 만한 일이라고 생각되는 일이라면 나 스스로도 하지 않겠다"고 말했고, 그리스의 웅변가였던 이소크라테스(기원전 4세기)는 "내가 당신과 거래할 때 당신이 내게 기대하는 것처럼 다른 사람과 거래할 때 당신도 그렇게 행동해야 한다"고 말했다. 이런 금언들은 동양 문화에도 존재했는데, 가장 유명한 것은 공자의 입을 통해 나온 것이었다. "다른 사람들이 당신에게 하기를 원치 않는 것을 다른 사람들에게 하지 말라."

예수의 시대에 더 가까이는, 많은 유대인들의 저술에서도 황금률을 찾아볼 수 있었다. 예를 들어, 구약성서 외경인 토빗기에는 "네가 싫어하는 것은 누구에게도 하지 말라"라는 구절이 있고 고대 유대인의 레위기 해설서에는 "네가 싫어하는 것을 그 사람(네 이웃)에게 하지 말라"는 말이 나온다.

그러나 유대인들에게 가장 잘 알려진 황금률의 표현은 예수 당시 가장 존경받던 유명한 랍비 힐렐에게서 찾을 수 있을 것이다. 한 이교도가 다가와 그에게 한쪽 다리로 서서 토라를 전부 암송할 수 있다면 유대교로 개종하겠다고 말하자 그는, "당신이 싫은 것은 당신의 이웃에게도 하지 마시오. 그것이 토라 전체의 내용이고, 나머지는 그것에 대한 해석일 뿐이니 가서 배우시오"라고 대답했다. 힐렐의 간결한 대답은 마태오의 복음서 7장 12절에 있는 예수의 말과 아주 흡사하다.

요컨대, 예수만이 황금률을 가르쳤거나, 모세의 율법의 본질이 서로 사랑하라는 명령으로 요약될 수 있다고 가르친 유일한 존재는 아니었다.

이 법이 일반적으로 이해되는 것과는 반대로 원래 이 법은 복수가 아닌 자비를 베풀기 위한 것이었다. 처벌은 적절해야 하고 범죄의 정도를 넘어서지 않아야 한다. 이 법의 근원이 자비의 원칙이기 때문에, 예수는 급진적으로 보이는 결론을 이끌어낸다. 그를 따르는 사람들은 다른 사람을 처벌하는 대신에 자신들에게 행해진 불의를 참고 견뎌야 한다. 한쪽 뺨을 맞은 사람은 다른 쪽 뺨도 때리라고 돌려주어야 한다.

이러한 사례에서 볼 수 있듯이 마태오의 복음서의 예수는 그를 따르는 사람들에게 율법을 준수할 책임을 해제시키는 것이 아니라 오히려 그것을 확대하여 율법을 문자적으로 지킬 뿐만 아니라 그 정신까지 지키라고 요구한다. 그러나 율법의 확대는 많은 의문을 제기한다. 여러 해 동안 많은 독자들은 과연 예수가 진정으로 그런 주장을 했을까 의문을 품어왔다. 그는 정말로 화를 내거나, 욕정을 품거나, 맞서 주먹질을 하는 사람은 천국에 들어갈 수 없다고 말한 것일까?

마태오의 독자들은 종종 텍스트 자체에 제시되지 않은 관점을 가져와 마태오의 엄격한 명령을 부드럽게 만듦으로써 이 문제를 해결하려 해왔다. 예를 들어, 예수는 사람들이 스스로 완전한 죄인이라는 것, 그래서 구원을 얻기 위해서는 신의 은총이 필요하다는 것을 깨닫도록 만들기 위해 아무도 지킬 수 없는 이상적인 기준을 세워놓은 것임에 틀림없다는 것이다. 그러면 예수의 가르침의 요점은 사람들이 하느님의 율법을 지키고 싶어도 지키지 못한다는 것이 된다. 이 해석의 문제는 토라의 저자들은 사람들이 탐심을 억제할 수 없다고 생각하지만 마태오의 복음서 속의 예수는 인간들이 분노나 정욕을 억제하는 것이 불가능하다고 말하고 있지 않다는 것이다.

마태오는 단순히 예수의 추종자들이 왕국에 들어가기 위해 해야 할 일과 하지 말아야 할 일에 대한 상세한 목록을 제공하고 있는 것이 아니다. 오히려, 율법의 세부 사항에 지나치게 집착하는 것은 정말로 신에게 중요한 것이 아니라고 그는 말하고 있는 듯하다. 서기관들이나 바리사이파들도 지켜야 할 율법을 자세하게 규정하면, 예를 들어 살인하지 않고 간통을 저지르지 않고 금지된 음식을 먹지 않음으로써 율법을 지킬 수 있다. 신은 율법에 대한 이런 종류의 철저한 복종보다 더 많은 것을 원한다.

율법의 성취

그렇다면 율법의 진정한 목적은 무엇일까? 우리는 산상수훈에서 예수가 전해준 유명한 황금률Golden Rule에서 그것에 대한 마태오의 대답을 눈치챌 수 있다. 우리는 비슷한 행동 지침을 말한 고대의 다른 교사들을 알고 있다.(Box 8.4 참고) 그러나 예수의 표현은 중요하다. "너희는 남에게서 바라는 대로 남에게 해주어라. 이것이 율법과 예언서의 정신이다."(7:12) 이 말의 마지막 구절이 핵심이다. 즉, 모든 계명을 포함한 전체 율법이 '다른 이들이 당신을 대해주기를 원하는 대로 당신도 남들을 대하라'는 이 간단한 원리로 요약될 수 있다는 것이다.

마태오의 복음서의 예수에게 율법의 진정한 해석은 율법의 각각의 계명을 어떻게 정확하게 따를 수 있을 것인가에 대한 미묘한 설명이 아니다. 그것은 자기 자신만큼 다른 사람을 사랑하는 것과 관련이 있다. 이 원칙은 마태오의 복음서의 다른 구절에서도 발견할 수 있다. 가장 두드러진 것은 22장 35-40절에 나오는데, 이곳에서 예수는 한 율법 교사(즉 유대 율법 전문가)의 질문에 대한 대답으로 토라 전체를 두 가지 요구로 요약할 수 있다고 말한다. "마음을 다 기울이고 정성을 다 바치고 힘을 다 쏟아 너의 하느님 야훼를 사랑하여라"(신명 6:5)와 "네 이웃을 네 몸처럼 아껴라"(레위 19:18)가 그것이다. 마르코의 복음서에도 이 이야기가 나와 있지만, 마태오의 복음서는 "이 두 계명이 모든 율법과 예언서의 골자이다"(마태 22:40)라는 말을 끝부분에 덧붙이고 있다. 마태오의 복음서에서 전체 율법은 그 중심에 사랑하라는 명령, 즉 온 존재로 하느님을 사랑하고 자기 자신처럼 이웃을 사랑하라는 명령이 있다. 이것이 율법의 진정한 취지이고 예수를 따르는 사람들은 그것을 지켜야 하늘나라에 들어갈 수 있다.

그의 추종자들도 율법을 지켜야 한다는 예수의 주장에서 다른 질문이 생긴다. 예를 들어, 우리가 지금까지 살펴본 반대명제들과 황금률의 법칙들은 고대 세계의 많은 사람들에게 뚜렷이 유대인들만의 것으로는 보이지 않았을 것이다. 로마 시대의 대부분의 다른 사람들도 당신이 살인을 저지르거나 이웃의 아내를 취하거나 부당한 처벌을 내려서는 안 된다는 것에 동의했을 것이다. 그러나 유대인을 이방인들과 구별되게 만드는 성서의 율법들, 예를 들어 유대인들이 그들의 아기에게 할례를 베풀고, 안식일을 거룩하게 지키고, 식생활에 특정한 제한을 두도록 하는 율법은 어떻게 해야 하는가? 우리는 다른 증거들을 통해 마태오가 이 복음서를 쓸 때쯤에는 많은 이방인 그리스도교도들이 이런 율법들을 지키지 않았다는 것을 알고 있다. 우리가 바울로의 편지(마태오의 복음서와 다른 복음서들보다 일찍 쓰인)를 보면 알 수 있듯이 바울로를 포함한 많은 그리스도교인들은 이런 율법을 지키지 말아야 한다고 주장했다. 마태오의 입장은 어땠을까? 그는 예수가 다른 법들뿐만 아니라 이러한 법들도 급진적으로 해석했다고 생각했을까? 마태오의 예수는 그의 추종자들이 그것들을 지키기를 기대했을까?

율법에 의해 규정된
유대교의 종교적 관습과 예수

마태오는 작정하고서 유대교의 율법들을 지켜야 하는가의 문제를 정면으로 다루지는 않는다. 그러나 몇 가지 요점들이 제기될 수 있다. 첫째는 예수가 마태오의 복음서에서 이러한 율법들을 부인하거나 그의 추종자들에게 그것을 지키지 말라고 지시하지 않았다는 것이다. 게다가 마르코의 복음서에서는 찾아볼 수 없는 많은 구절들에서 예수는 전통적인 유대교의 경건을 긍정하는 것처럼 보인다. 예를 들어 그는 바리사이파들이 위선적인 방식으로 구제와 기도 그리고 금식하는 것을 비난하지만 이러한 행위를 하는 것의 중요성을 언급한다.(6:1-18) 그는 서기관들과 바리사이파들이 박하와 회향과 근채의 십일조는 드리지만 "정의와 자비와 신의 같은 아주 중요한 율법은 대수롭지 않게 여긴다"(23:23)고 공격한다. 그는 다른 사람과 소원하게 된 사람은 신전Temple에서 제물을 바치기 전에 화해해야 한다고 주장하지만, 제물을 바치는 것보다 화해를 하는 것이 더 선하고 옳다는 것을 암시한다.(5:23-24) 그는 하느님의 아들인 자신은 신전세를 낼 의무가 없다고 말하지만 사람들의 분노를 피하기 위해 신전세를 지불한다.(17:24-27)

마태오가 바꿔놓은 마르코의 복음서의 이야기들에서도 비슷한 점이 발견된다. 예를 들어, 마르코의 종말론에서, 예수는 다가오는 재앙에 대해 말하면서 그의 제자들에게 "이런 일이 겨울에 일어나지 않도록 기도하여라"라고 말한다.(그러면 탈출하기가 더 어려워질 것이기 때문이다; 마르 13:18) 흥미롭게도, 마태오는 이 구절에 "혹은 안식일Sabbath에"(마태 24:20)라는 말을 덧붙인다. 왜 그랬을까? 마태오에게는 예수의 추종자들이 율법을 지키는 사람들이었기 때문에 안식일에 여행을 할 수 없었기 때문이다. 더 중요한 것은, 마태오는 식사 전에 손을 씻는 관습에 관해 예수가 바리사이파 사람들과 벌인 논쟁에 대한 마르코의 이야기를 바꾸었다.(마르 7:1-23; 마태 15:1-20) 두 가지 이야기 모두에서 예수는 중요한 것은 사람들로부터 나오는 것이지 그들에게 들어가는 것이 아니라고 주장한다. 그러나 마르코는 이것을 예수가 "모든 음식은 다 깨끗하다고 하셨"(마르 7:19)고, 그럼으로써 유대인들의 음식 정결례를 폐기했다고 해석한다. 마태오는 놀랍게도 이 구절을 지워버린다.

이 모든 예들은 마태오의 복음서의 예수가 그의 추종자들에게 토라에 뿌리를 둔 전통적인 형태의 유대교 신앙을 버리도록 강요하지 않는 것처럼 보이게 한다. 그는 그들이 율법을 모두 실천해야 할 것이라고 주장한다.(마태 5:17-20)

동시에, 마태오의 복음서 속의 예수는 그의 적대자들이 율법의 핵심인 사랑을 강조하기보다는 그것의 종교적 요구들을 준수하는 것에 최우선 순위를 두는 잘못을 저지르고 있다고 생각하는 것처럼 보인다. 이것은 마태오가 마르코로부터 가져왔지만 내용을 수정한 이야기들에서 특히 명확해진다. 한 예로, 세리 레위의 소환에 관한 마르코의 이야기를 들 수 있다.(마르 2:13-17; 마태오의 복음서에서는 마태오가 소환을 받는다.) 바리사이파 사람들은 예수가 레위의 집에서 "세리와 죄인"들과 함께 식사하는 것을 보고, 그가 부정한 사람들과 어울린다고 그를 폄하한다. 그들의 정결례는 자신들처럼 깨끗하지 않은 사람들과의 식사를 금지했다. 마르코의 복음서에서 예수는 의사가 필요한 사람은 건강한 사람이 아니라 병자이며, 자신은 죄인을 부르러 온 것이지 의인을 부르러 온 것이 아니라고 대답한다. 마태오의 복음서의 예수의 대답은 성서를 인용한다. "너희는 가서 '내가 바라는 것은 동물을 잡아 나에게 바치는 제사가 아니라 이웃에게 베푸는 자선이다'(호세 6:6) 하신 말씀이 무슨 뜻인가를 배워라. 나는 선한 사람을 부르러 온 것이 아니라 죄인을 부르러 왔다."(마태 9:13) 마태오에 따르면 바리사이파 사람들은 다른 사람들을 돕는 것보다는 토라의 음식에 관한 율법을 제대로 지키는 것에 더 관심을 가지고 있었다. 반면에 예수는 도움이 필요한 사람들에게 손을 내미는 것에 더 관심이 있다.(비슷한 교훈을 위해 12:1-8 참고)

요컨대, 마태오는 그의 공동체의 그리스도교인들이 유대교의 전통적인 경건과 제의적인 관습(Box 8.5 참고)을 따를 것이라고 가정하는 것처럼 보이지만, 궁극적으로 그에게 있어서, 이것들은 부차적인 중요성을 지닌다. 가능한 한 최대한 율법에 복종해야 하지만 (5:17-20), 율법을 준수함에 있어 정말 중요한 것은 인간의 필요이다. 이런 이유로 사랑은 가장 큰 계명이고, 다른 모든 것은 그것에 복종한다. 예수 시대의 다른 랍비들에 의해서도 비슷한 견해가 제기되었지만 (Box 8.4 참고) 예수의 선언은 마태오의 복음서에 묘사된 것처럼 유대 지도자들이 지지하는 종교와 대립된다.

유대 지도자들에 의해 거부당하는 예수

모세가 전해준 토라에 대한 예수의 강한 긍정과 유대 지도부에 대한 그의 강한 부정은 마태오의 복음서의 가장 두드러진 측면을 드러낸다. 예수는 철저한 유대인으로 묘사된다. 그는 유대 신이 유대교 정경을 완성하기 위해 유대인들에게 보낸 유대인들의 메시아이며 모세의 율법에 참된 해석을 제공하는 새로운 모세이다. 반면 그는 복음서에 나타난 대로의, 유대 지도자들이 믿는 유대교에는 강력히 반대하고 있다. 다소 역설적이게도, 이 복음서에서 예수는 자신의 추종자들에게(즉, 그 자신이 그것을 해석하는 대로의) 유대교를 철저히 신봉하라고 명령하면서, 하느님과 그의 백성들을 적대하는 악한 위선자인 유대 권력자들을 거부하라고 촉구한다.

유대 지도자들의 위선은 우리가 이미 살펴봤던 동방박사들의 이야기에서 암시되었다. 그것은 또한 산상수훈에서도 발견되는데, "위선자들"은 신을 향한 진정한 헌신에서가 아니라 성스럽게 보이고 존경받기 위해 기도하고, 구제하고, 금식을 한다.(6:1-8) 물론, 이것들은 마태오의 복음서에만 나오는 독특한 이야기들이다. 마태오가 마르코로부터 가져온 이야기에서도 같은 강조점을 볼 수 있다. 예를 들어 독자들은 마태오의 복음서 12장의 이야기와 마르코의 복음서 2장 1절-3장 6절의 이야기를 비교함으로써 이것을 직접 확인할 수 있다.

예수와 그의 반대자들과의 논쟁은 점점 수위를 높여가다가 예수가 공세를 취하는 21-23장에서 절정에 도달한다. 마르코의 복음서에서와 같이, 그는 "신전 정화cleanses the Temple"(21:12-13)를 했는데 이것은 당국의 분노를 불러일으킨다. 그러나 마태오의 복음서에서 권력자들은 예수가 맹인과 저는 자들을 고쳐주는 것을 보고, 또 어린아이들이 그를 다윗의 아들이라고 선포하는 것을 듣고 특히 격노한다.(21:14-15, 오직 마태오의 복음서에만 있는 구절이다.) 예수는 "어린이들과 젖먹이들의 입으로 주를 찬양하게 하시리라"(시편 21:16)라는 시편을 인용하여 그들의 분노에 응답한다. 그의 기적을 목격했음에도 불구하고 유대인 지도자들은 그를 믿기를 거부한다.

오히려 그들은 예수의 권위에 이의를 제기하며 예수를 공격한다.(마태 21:23) 이에 대하여 예수는 두 아들을 둔 아버지의 비유(마태오의 복음서에만 나온다)를 말해주는데 한 아들은 아버지의 명을 따르겠다고 말했지만 실제로는 행하지 않았고, 다른 아들은 따르지 않겠다고 말했지만 실제로는 따랐다.(21:28-32) 예수는 그의 반대자들을 그들의 아버지(하느님)가 요구하는 것에 동의하지만 그렇게 하지 않는 사람들에 비유한다. 그는 가장 경멸받는 죄인들, 즉 세리들과 창녀들이 그들보다 먼저 하늘나라에 들어갈 것이라고 주장함으로써 비유를 끝맺는다.(21:32)

그의 공격은 그 뒤의 우화에서도 계속된다. 유대 지도자들은 포도원을 맡은 사람들과 같다. 그들은 생산

Box 8.5 마태오의 복음서 속 공동체의 이방인들

예수가 죽은 직후 그리스도교가 이방인들 사이에 퍼졌다는 징후가 없었다면, 율법을 제대로 준수하는 방법에 대해 이견은 있었을지언정 율법을 고수하는 유대인들만으로 마태오의 신앙 공동체가 구성되어 있었으리라고 생각해야 했을 것이다. 그러나 마태오가 복음서를 쓰기 훨씬 전부터 이방인들이 그리스도교 교회에 합류하고 있었다. 사실 이 시기의 교회에는 유대인들보다는 예수를 믿는다고 주장하는 이방인들이 더 많았을 것이다. 마태오는 이 이방인 출신 그리스도교인들이 정결례를 지키고, 안식일을 거룩하게 지키고, 남자들의 경우에는 할례를 받아야 한다고 생각했을까? 이것은 흥미로운 질문이다. 나중에 보게 되겠지만, 사도 바울로는 그러지 말아야 한다고 완강하게 주장했다.

마태오는 이 문제를 직접적으로 거론하지 않는다. 이 복음서에서 예수는 이방 사람들이 그의 추종자가 되어 하늘나라를 상속받을 것이라는 수많은 암시를 주지만 이 개종자들이 할례를 받아야 할지, 안식일을 지켜야 할지, 유대인의 음식에 관한 규례를 지켜야 할지에 대해서는 아무런 언급도 하지 않았다. 앞으로 도래할 천국의 후계자들에 관해, 구체적으로는 그의 권능에 대한 로마(유대인이 아닌) 백인대장의 믿음을 보고, 예수가 한 말이다.

이 말을 들으시고 예수께서는 감탄하시며 따라오는 사람들에게 이렇게 말씀하셨다. "정말 어떤 이스라엘 사람에게서도 이런 신앙을 본 일이 없다. 잘 들어라. 많은 사람이 사방에서 모여들어 하늘나라에서 아브라함과 이삭과 야곱과 함께 잔치에 참석하겠으나 이 나라의 백성들은 바깥 어두운 곳에 쫓겨나 땅을 치며 통곡할 것이다." (마태 8:10-12)

마태오가 이 Q 자료에 나오는 이야기를 포함시킨 이유는 분명하다. 유대인이 아닌 많은 이방인들이 천국에 들어갈 것이지만 반면에 많은 유대인들은 제외될 것이다. 그러나 이 이방인들이 먼저 유대교로 개종해야 할 것인지에 관해서는 그는 아무 언급이 없다.

같은 일이 복음서 끝에 나오는 '지상 대명령Great Commission'에서도 일어난다. 예수는 (마르코의 복음서와는 달리) 부활 뒤에 제자들에게 나타나서 "그러므로 너희는 가서 이 세상 모든 사람들을 내 제자로 삼아 아버지와 아들과 성령의 이름으로 그들에게 세례를 베풀고 내가 너희에게 명한 모든 것을 지키도록 가르쳐라. 내가 세상 끝날까지 항상 너희와 함께 있겠다"(28:19-20)고 말하며 그들을 파송한다. 제자들은 유대인들뿐만 아니라 이방인들까지도 전도하도록 보내진다.("민족nation"과 "이방인Gentile"은 같은 그리스어의 영어 해석이다.) 그들은 개종한 사람들에게 할례가 아니라 세례를 베풀라는, 토라의 율법이 아니라 예수의 말을 가르치라는 명령을 받는다. 예수의 가르침은 이들 율법들을 황금률과 사랑의 계명으로 요약하는 것이다. 하지만 이런 가르침을 따르기 위해서 (예수처럼) 유대인이 되어서 (예수처럼) 전통적인 유대인의 경건함을 따라야 할 것인지에 관해서는 아무 명확한 언급이 없다.

이 모호함은 또한 마태오의 복음서에만 나오는 25장 31-46절의 이야기에서도 볼 수 있는데, 이 이야기에서는 예수가 민족들(유대인들과 이방인들, 혹은 그저 이방인들)이 심판을 받는 장면을 묘사하고 있다. 모든 민족들이 우주적 심판관인 사람의 아들 앞에 모여 있다. 몇몇은 영원한 형벌의 장으로 보내진다. 왜일까? 그들이 유대 사람의 독특한 종교적 행위(할례, 정결례에 따른 음식 규율, 안식일 준수 등)를 지키지 않았기 때문이 아니라 굶주린 사람들을 먹이지 않고, 목마른 사람에게 물을 주지 않고, 낯선 사람을 환영하지 않고, 헐벗은 자를 입히지 않고, 병든 자를 돌보지 않고 옥에 갇힌 자를 찾아보지 않았기 때문이다. 다른 사람들은 영원한 천국으로 들어간다. 그들은 이 모든 것들을 행했기 때문이다. 마태오에게 있어 천국에 들어간다는 것은 다른 사람들을 위해 살고, 다른 사람들을 자신처럼 사랑하고, 다른 사람들이 자신에게 해주기를 바라는 대로 다른 사람들을 대접하는 것을 의미한다. 그렇게 하는 사람들은 그들이 유대인이건 이방인이건 진정으로 예수를 따르는 사람들이다. 그를 믿게 된 이방인들은 당연히 유대인의 방식을 받아들여야 했을까? 마태오는 결코 이에 대해 분명한 언급을 하지 않는다.

되는 과일을 주인에게 가져다주는 대신 자신들이 차지하고 주인이 보낸 사람들을 때리고 죽이다가 마침내 그의 아들(21:33-44)까지 죽인다. 그 비유는 마르코의 복음서에서 온 것이고 그것의 메시지는 분명하다. 포도원은 하느님의 백성을 나타내고, 사신들은 예언자들이며, 아들은 예수다. 그러나 마태오는 이야기의 결말을 의미심장하게 바꾸었다. 예수는 포도원의 주인(하느님)이 저항하는 농부들(유대인 지도자)을 멸망시키고 포도원을 다른 사람들(그리스도교 교회의 이방인 지도자?)에게 넘겨줄 것이라고 말한다.(21:41, 43) 마르코에서처럼 고위 사제들과 바리사이파 사람들은 예수가 자신들을 공격하고 있다는 것을 깨닫고 그를 체포할 음모를 꾸민다.(21:45-46)

그러나 예수는 체포되기 전에 하고자 하는 말을 모두 다 한다. 그는 계속해서 비유를 통해 마태오가 Q 자료에서 가져온 내용을 가르친다. 유대 지도자들은 왕의 성대한 결혼 피로연에 초대되지만 여러 가지 핑계를 대며 올 수 없다는 사람들에게 비유된다.(22:1-14) 루카의 복음서에 나오는 이야기와는 비교가 되지 않을 정도의 강도로 예수는 그들에 대한 왕의 분노의 말을 전한다. "임금은 몹시 노하여 군대를 풀어서 그 살인자들을 잡아 죽이고 그들의 동네를 불살라 버렸다."(22:7, 서기 70년에 일어난 예루살렘 파괴에 대한 언급일 것이다.) 그 후에 초청을 받은 다른 사람들은 기꺼이 초청에 응했다.(이방 사람들이 천국에 들어가는 것; 22:9-10)

유대 지도자들에 대한 독설적인 비난은 바리사이파들이 겪을 "일곱 가지 화Seven Woes"를 담고 있는

도판 8.2 마태오의 복음서에 나오는 예수의 고난 부분에 나온 몇 가지 장면들의 미니어처 조형물: 손을 씻는 필라투스, 십자가를 진 예수, 그를 부정하는 베드로와 수탉이 울고 있는 모습이 묘사되어 있다.

Box 8.6 마태오는 유대인이었을까?

일부 학자들은 이 복음서에서 예수가 유대인이라는 사실이 강조되었음에도 불구하고 마태오가 유대인이라는 것을 의심하게 되었다. 그들이 자주 인용하는 흥미로운 증거들 중 하나는 마태오가 21장 5절에서 인용한 즈카르야 9장 9절의 해석, "네 임금이 너를 찾아오신다. 정의를 세워 너를 찾아오신다. 그는 겸손하여 나귀, 어린 새끼 나귀를 타고 오시어" 때문이다.

유대 성서를 연구한 사람이라면 누구나 이 구절의 문학적 형식을 인지하고 있을 것이다. 시편과 다른 시집들을 통틀어 히브리 작가들은 병렬문, 특히 두 번째 줄이 첫 번째 줄의 내용을 다른 단어를 사용하여 다시 반복하는 형식을 사용했다. 여기서 첫 번째 줄의 "나귀"와 두 번째 줄의 "어린 새끼 나귀"는 병렬 관계다.

그러나 마태오는 병렬문을 잘못 이해했거나, 적어도 아주 특이한 방식으로 이해한 것처럼 보인다. 그는 예언자가 두 마리의 다른 동물, 나귀와 나귀 새끼에 대해 말하고 있다고 생각한 것 같다. 그래서 예수가 예루살렘으로 입성하려고 준비를 할 때 그의 추종자들은 실제로 그를 위해 두 마리의 동물을 가져오고 예수는 그것에 걸터앉는다.(21:5-7; 마르 11:7과 대조하여 보라.) 일부 학자들은 교육을 받은 유대인이라면 즈카르야서를 이렇게 잘못 해석하지는 않았을 것이므로(마태오 이외에는 다른 복음서 작가들 중 아무도 이런 실수를 저지르지 않는다) 마태오는 유대인이 아니라고 주장해왔다.

그러나 대부분의 다른 학자들은 그들 자신의 문맥에 취해 텍스트를 잘못 읽었던 교육받은 고대 세계의 다른 작가들을 알고 있기 때문에 그런 주장을 받아들이지 않는다. 히브리어 성서를 해석하던 고대 유대인 주석자들 중에도 마태오가 즈카르야서를 해석한 것보다 더 기이한 해석을 한 사람들이 있었다.(그들 중에는 즈카르야서가 두 마리의 동물을 뜻했다고 해석한 랍비들도 포함된다.) 적어도 이러한 이유 때문에라도 마태오의 신원은 어느 한쪽으로 확정될 수 없다.

23장에서 절정에 이른다. 예수는 여기에서 그의 적들인 "서기관들과 바리사이파 사람들"을 직설적으로 규탄한다. 그들은 하느님 앞에서 바른 일을 하는 것보다는 칭찬과 존경을 받는 것에만 관심이 있다. 그들은 위선자요, 정말 중요한 일보다는 사소한 것들에 관심을 가진 눈먼 안내자요, 겉은 깨끗하지만 겉은 더럽고 부패로 가득한 회칠한 무덤들이다. 독사의 자식들이고 하느님의 의로운 예언자들을 살인한 자들, 무죄한 피를 흘리게 하는 거짓 지도자들이다.

마태오의 복음서에서의 예수의 수난

마태오에 따르면 예수가 피를 흘린 것은 전적으로 유대 당국의 책임이다. 마태오의 복음서에 나오는 예수가 받는 수난Passion 서사는 마르코의 복음서로부터 옮겨 왔으며 그것들이 어떻게 원전과 다른지 주의 깊게 연구를 하면 많은 소득을 얻을 수 있다. 마르코의 복음서와 다른 내용들은 예수의 결백함과 그의 죽음을 요구하는 유대 지도자들의 죄를 상대적으로 더 강조하기 위해 나타난다. 예를 들어, 마르코의 복음서에는, 폰티우스 필라투스Pontius Pilatus가 유월절을 기념하기 위해 유대인 군중에게 죄수를 한 명 풀어주겠다고 제안한다. 그러나 마태오의 복음서의 필라투스는 악명 높은 바라바보다는 예수를 석방하기를 원한다.(27:15-18) 필라투스는 아내의 충고에 따라 행동하는데, 필라투스의 아내는 예수가 무죄라는 것을 알고 있고 그에 대해 나쁜 꿈을 꾸었다고 말한다.(27:19; 마태오에만 나온다) 그러나 "고위 사제들과 원로들"은 군중을 선동하여 바라바의 석방을 요구한다. 필라투스는 예수가 아무런 잘못도 하지 않았으므로 벌을 받을 이유가 없다고 주장하지만(27:22) 백성들은 끈질기게 예수의 십자가형을 요구한다.(27:23)

이어서 마태오의 복음서에서만 발견되는 불길한 이야기가 등장한다. 필라투스는 물을 가져오라고 한 후 손을 씻으면서 "너희가 맡아서 처리하여라. 나는 이 사람의 피에 대해서는 책임이 없다"(27:24)고 선포한다. 온 무리는 그 사건 이후 결연한 증오심을 표현하는 말로 사용되는 유명한 대답, "그 사람의 피에 대한 책임은 우리와 우리 자손들이 지겠습니다"(27:25)를 합창한다. 여기 예루살렘에 모인 유대인들은 예수의 부당한 처형에 대해 자신들이 책임을 지겠다고 주장한다. 오랜 세월 동안, 이 구절은 마치 그 현장에 있지 않았던 유대인들에게까지 그 행동에 대한 책임을 물을 수 있기라도 하듯 반유대주의적인 온갖 악행들을 합리화하는 데 사용되어왔다.

그러나 마태오 자신은 모든 유대인을 "그리스도의 살해자"(이 구절에서 파생된 반유대주의 구호)로 묘사하고 있지 않다. 아니, 정반대다. 우리가 본 바와 같이 예수는, 이 복음서에서 그의 모든 제자들이 그렇듯, 유대인이다. 그는 다윗의 후손인 메시아이고 그의 추종자들에게 유대 율법을 준수하라고 촉구한 새로운 모세다. 복음서 어디에서도 예수는 유대인을 유대인이라고 비난하지 않는다. 예수가 마태오의 복음서에서 특정한 사람들을 공격할 때마다 그들은 예외 없이 유대인들의 지도자들(바리사이파 사람들, 서기관들, 고위 사제들 등)이다. 마태오가 필라투스의 법정에 배석한 모든 유대인들에게 그릇된 행동의 책임을 뒤집어씌우는 것처럼 보일지라도 진짜 범죄자들은 군중을 선동해 자신들이 하고자 하는 일을 시키는 "고위 사제들과 원로들"이다.(27:20) 그러므로, 마태오에게 있어 문제는 결코 유대인들이나 유대교 자체가 아니다. 그것은 유대 권력자들이다. 이 복음서는 유대교, 적어도 마태오의 복음서에 나오는 예수가 해석하는 대로의 유대교를 일관되게 긍정한다.

마태오와 그의 독자들

이 복음서에 나오는 예수의 모습에 기초하여 우리는 마태오와 그의 청중들에 대해 몇 가지 가설을 세울 수 있다. 예수가 전통적인 형태의 유대교 신앙을 계속 고수하고, 모세의 율법에 대한 진정한 해석을 발전시켰다는 마태오의 주장은 저자 자신과 아마도 대부분의 그의 청중들이 유대인이었음을 시사한다.(Box 8.5와 8.6 참고) 유대인이 아닌 이방인들이라면 제자들에게 율법을 따르라고 요구하면서 그 스스로도 율법을 지키는 데 열심이었던 유대인 스승 예수를 보는 것에 흥미를 느꼈을까? 하지만 유대인 그리스도교도들에게는 이러한 주장이 매우 자연스럽게 여겨졌을 것이다. 게

Box 8.7 마태오의 복음서

1. 마태오의 복음서는 80–85년경에 그리스어로 쓰였다.
2. 9장 9절에서 언급된 세리로 추정되는 저자는 사실 그의 신분을 익명으로 남겼다. 그는 아마도 팔레스티나 밖에 거주하는, 그리스어를 사용하는 그리스도교인이었을 것이다.
3. 그가 사용한 자료들로는 마르코의 복음서, Q, M 자료가 있었다.
4. 마르코의 복음서에 그가 추가한 것들, 없앤 것들, 기타 마르코의 복음서와 다른 점들을 연구함으로써(즉, 편집 비평을 통해) 우리는 그가 중시했던 것들 중 일부를 알 수 있다.
5. 족보와 탄생 이야기(마르코의 복음서에는 나오지 않음)에서 그는 유대교 율법을 성취하기 위해 유대교의 하느님이 유대인들에게 보낸 유대교 메시아로서의 예수의 유대성을 강조한다.
6. 산상수훈(마르코의 복음서에는 나오지 않음)과 같은 다른 구절들에서 마태오의 복음서의 예수는 자신의 추종자들에게 유대 율법을 지켜야 한다고 강조한다.
7. 마태오는 예수를 모세 율법에 대한 올바른 해석을 제공하고 추종자들이 그것을 지킬 것을 요구하는 새로운 모세로 묘사한다.
8. 그러나 예수는, 하느님이 원하는 대로 율법을 지키지 못한다고 심하게 질타한 유대교 지도자들에게 배척당한다.

다가 마태오에 의하면, 예수를 믿는다고 해서 모세로부터 비롯된 조상의 전승들을 포기할 필요가 없었다. 오히려, 예수는 이 전승들을 어떻게 이해해야 할지를 보여주었고, 그의 추종자들에게 그것을 지키라고 명령했다.

동시에, 마태오의 공동체 안에도 많은 이방인들이 있었을 것이다.(Box 8.5 참고) 이것은 많은 이방인들이 유대인들보다 먼저 천국에 들어갈 것이라는 예수의 주장(8:8-10)과 주로 "이방인들"에게 선교할 것을 촉구한 '지상 대명령Great Commission'(28:19-20)의 근거를 보여준다. 요컨대, 마태오의 회중에는 유대인들과 이방인들이 혼합되어 있었던 것으로 보인다. 예를 들어, 많은 학자들은 마태오의 책을 처음 인용한 2세기 저자들이 거주했던 시리아의 안티오키아와 같은 주요 팔레스티나 근처 도시 지역(많은 유대인과 이방인들이 함께 섞여 살던 곳)이 마태오의 공동체가 있던 곳이라고 생각해왔다.

아마도 마태오가 유대인 권력자들에 대해 비판적이었던 이유는 그의 공동체가 모세와 율법을 저버리고 예수에 대한 무분별한 신앙 때문에 배교자가 되었다고 비난하던 지역 유대교 회당의 영향력 있던 서기관들과 랍비들 때문이었을 것이다.

그리스도교 공동체의 익명의 유대인 지도자였던 마태오는(그의 뛰어난 문예 능력은 그가 고등교육을 받은 지도적 위치의 인물일 수도 있었음을 보여준다) 예수가 사실은 모세처럼 하느님의 율법을 백성에게 전해준 유대인의 메시아임을 알려주기 위해 복음서를 썼다. 더 정확히 말하면 예수는 모세처럼 예언자였고 유대 민족에게 모세의 율법에 대한 참된 의미를 해석해주었을 뿐만 아니라, 그의 백성들의 죄를 대신해 죽은 구원자이고(1:21) 죽은 자들 가운데서 다시 살림을 받음으로써 하느님으로부터 그의 정당성을 인정받았다. 마태오는 예수가 고대 모세의 율법을 폐지한 것이 아니라 이행했고, 유대인과 이방인을 포함한 그의 모든 추종자들도 그렇게 할 것을 요구했다고 마르코와 Q 자료보다 더 강하게 주장했다. 예수의 추종자들은 예수의 가르침을 고수하고 토라의 중심인 원칙들을 따름으로써 그를 따를 수 있었는데, 그것들은 오래전에 예수의 선구 모세에게 주어진 것이었다: 너의 온 존재로 너의 하느님을 사랑하고 네 이웃을 네 몸같이 사랑하여라. "이 두 계명이 모든 율법과 예언서의 골자이기 때문이다."(22:37-39)

09장

예수, 세상의 구원자

루카의 복음서

복음서를 연구하는 데는 분명 다양한 방법이 있다. 이번 장에서는 편집 비평과 유사한 새로운 방법에 대해 알아본다. '비교 방법'은 출처의 여부와는 상관없이 한 텍스트와 하나 이상의 다른 텍스트의 유사점과 차이점을 살펴보는 것이다.

이어 우리가 이미 어느 정도 공부한 두 복음서, 마태오의 복음서나 마르코의 복음서가 루카의 복음서와 어떻게 같고 다른지를 살펴보면서 비교 방법을 루카의 복음서에 적용할 것이다. 우리가 보게 되겠지만, 루카가 특별히 관심을 기울이는 것은 구원이 유대 민족에서 유대인이 아닌 이방인들로 어떻게 옮겨 갔는지를 설명하는 것이었다. 그는 예수를 구약의 예언자들과 여러 면에서 견줄 만한 예언자로 묘사함으로써 자신의 주장을 펼친다.

예수를 유대인들만이 아닌 만인의 구세주로 묘사하고 싶었다면 왜 루카는 예수를 유대인 예언자로 그리는 것일까?

나는 지금까지 이 책에서 초기 그리스도교 복음서Gospels를 연구함에 있어 두 가지 중요한 목표를 지녀왔다. 첫째는 학자들이 이 문헌들을 조사하는 데 사용했던 다양한 방법들을 설명하는 것이다. 둘째는 이 방법들을 적용하여 각각의 복음서가 독특하게 강조하는 점들을 발견하는 것이다. 나의 근본적인 가정은 우리가 그것들에 도달하기 위해 어떤 방법을 사용하느냐에 우리의 검토 결과의 설득력이 달려 있다는 것이다. 즉, 텍스트의 의미를 아는 것도 중요하지만, 텍스트가 무엇을 의미하는지 어떻게 아는가(혹은 우리가 알고 있다고 생각하는가)를 인식하는 것도 중요하다. 게다가 우리의 방법이 이론상 어떤 것인지 이해하는 것뿐만 아니라 그것들이 실제로 어떻게 작용하는지 살펴보는 것도 유용하다.

우리는 마르코의 복음서를 논하기 위해 장르 비평genre criticism 방법을, 마태오의 복음서를 연구하기 위해서는 편집 비평redactional 방법을 적용했다. 하지만 이 복음서들을 반드시 이러한 특정한 방법으로 검토할 필요는 없다. 우리는 마태오를 연구하기 위해서 장르 비평 방법을 사용할 수 있고 적어도 이론적으로는 마르코를 연구하기 위해서도 편집 비평적 방법을 사용할 수 있다.(우리가 마르코의 자료에 대해 아는 것이 없기 때문에 후자는 다소 어렵긴 할 것이다.) 내가 하고자하는 말은, 각 본문의 중요한 특징을 설명하고자 하는 공동의 목표를 위해 학자들이 사용할 수 있는 각자 나름의 장단점이 있는 다양한 접근법이 있다는 것이다.

우리가 지금까지 논의한 방법들은 물론 루카의 복음서를 연구하는 데에도 사용될 수 있을 것이다. 실제로, 두 방법 모두 상당히 성공적으로 이 목적을 위해 사용되어왔다. 그럼에도 불구하고, 나는 내 패턴을 유지하면서 마르코와 마태오, 두 복음서에도 함께 사용될 수 있었을 세 번째 방법을 도입하기로 했다.

이 세 번째 방법은 복음서 학자들에 의해 널리 논의되지는 않았지만 그럼에도 불구하고 유용한 접근법으로서 쉽게 설명하고 정당화할 수 있다. 이것은 마태오의 복음서에 우리가 사용했던 편집 비평 방법과 비슷하지만 편집 비평이 지닌 일부 결함들을 피할 수 있으며 다소 그것과 다른 이론적 근거를 가지고 있다. 연구의 목적을 위해 나는 그것을 간단히 '비교 방법comparative method'이라고 부를 것이다.

비교 방법과 루카의 복음서

비교 방법을 설명하는 가장 좋은 방법은 최근 일부 학자들이 편집 비평에서 발견한 두 가지 문제점을 지적하는 일일 것이다. 첫 번째 문제는 편집자가 어떻게 원자료를 바꿨는지를 조사한다고 해서 반드시 그가 중요하게 여겼던 것들을 알 수 있는 것은 아니라는 점이다. 왜냐하면 편집자는 실제로 무엇을 바꿀 것인가뿐만 아니라 무엇을 유지할 것인가에 관해서도 결정을 내리기 때문이다. 때로는 저자가 무엇을 바꾸었는지를 아는 것만큼이나 무엇이 온전하게 남겨졌는지 아는 것도 중요하다.

이것은 편집 비평에 대한 타당한 이의다. 복음서 저자들이 원자료를 어떻게 바꾸었는지 살펴보는 것은 단지 그들의 뚜렷한 강조점들을 이해하는 지름길로만 사용될 수 있다. 완전한 편집 비평 분석은 해당 텍스트의 유사성과 차이점 모두를 상세하게 고려해야 할 것이다. 우리가 보게 될 것처럼, 이것은 비교 방법에도 해당된다.

편집 비평 방법에 대한 두 번째 이의는 더욱 강력하다. 그에 반대하는 사람들은 편집 비평이 필연적으로 저자가 다른 자료들을 사용했다는 가정에 위태롭게 서 있다고 말한다. 만약 이러한 가정이 거짓으로 판명되면, 편집 비평은 붕괴하게 된다. 예를 들어, 마태오가 마르코의 복음서를 원자료로 사용하지 않았다면, 즉 공관복음서에 대해 우리가 제기한 네 가지 자료 가설이 틀렸다면, 마태오가 마르코의 복음서를 어떻게 바꾸었는지에 대한 연구는 분명히 쓸모가 없다. 학자들이 공관복음서 문제에 대해 계속 논쟁을 벌이고 있고, 모든 사람들이 마르코의 복음서가 제일 먼저 쓰였다는 주장Markan priority을 받아들이는 것이 아니므로(일부 학자들은 마태오의 복음서가 제일 먼저 쓰였다고 생각한다) 우리는 비평적 분석을 포기해야만 하는 것은 아닐까? 많은 학자들은 단연코 그렇게 해야 한다고 생각한다.

그러나 이런 결정은 너무 성급한 것일 수 있다. 편집 비평가들은 그저 아무 이유 없이 마르코의 복음서 우선설을 주장하는 것이 아니기 때문에 자신들의 견해를 지지하는 주장을 펼친다. 비록 그 주장이 절대적이고 보편적으로 설득력이 있는 것은 아닐지라도 그것은 여전히 대다수 학자들의 지지를 받고 있다. 더군다나, 마르코의 복음서 우선설이 틀렸다는 것이 입증되었다 하더라도, 마르코의 복음서와 마태오의 복음서의 차이점들은 여전히 마태오의 복음서의 독특한 강조점들을 알아보는 데 유용할 수 있다. 이것이 무슨 말인지 알아보기 위해서 우리는 다른 관련된 텍스트들과 비교하여 한 텍스트의 의미를 확정하는 (그들 중 어느 것이 원자료에 들어 있는지 따지지 않고) 비교 방법을 살펴볼 수 있다.

인간의 경험에는 다른 모든 것들과 완전히 다른 새로운 것이 있을 수 없기 때문에, 나는 우리가 이미 알고 있는 것에 비추어 볼 때에만 새로운 것을 배울 수 있다고 주장했다. 만약 그런 것이 있다면, 우리는 그것을 감지하고, 경험하고, 이해하고, 설명할 방법이 없을 것이다. 문학적인 글뿐만 아니라 사람들, 우리 주변의 세상, 우리의 경험과 감각에 대한 모든 지식들은 필연적으로 관계성이 있다. 우리는 우리가 알고 있는 다른 모든 것과 관련해서만 우리가 알고 있는 것을 안다.

이 근본적인 원리는 현대 언어 이론가들에 의해 발전되었는데, 그들은 단어들이 단지 다른 단어들과 관련해서만 의미를 지닌다고 지적한다. 즉, 한 단어가 다른 단어와 정확히 일치하지 않기 때문에 그것의 의미를 알 수 있다는 것이다. 예를 들어, 우리는 "cat"이라는 단어가 무엇을 의미하는지 알고 있는데, 그 단어가 어떤 고유의 의미를 가지고 있기 때문이 아니라, "bat", "hat", "gnat"과 같이 비슷하게 생긴 다른 단어들과 다르기 때문이다. 그런 단어들을 지나쳐 그것이 의미하는 것으로 향하면서 우리는 우리의 무릎 위에 앉아 있는 것이 고양이라는 것을 안다. 왜냐하면 그것이 우리가 경험해온 것들과 어떤 면에서는 같고 또 어떤 면에서는 다르기 때문이다. 예를 들어, 고양이는 우리가 동물이라고 부르는 다른 것들과 같고 우리가 식물이라고 부르는 것과는 다르다. 동물로서, 그것은 파충류나 새보다는 포유류와 같다. 그리고 포유류로서 그것은 바다코끼리, 개 그리고 땅돼지와 같은 다른 포유류들과 비슷하기도 하고 다르기도 하다.

어떤 것을 다른 것들과의 유사성과 차이점들에 의해 알 수 있다는 이 원칙은 개별 단어들뿐만 아니라 단어들이 조합되어 의미를 띠게 되는 어구, 절, 문장, 단락, 장에도 적용된다. 우리는 한 권의 책의 의미를 그 자체로서가 아니라 우리가 알고 있는 책들을 포함, 다른 모든 것들과의 관계에서 이해한다.

이 원칙이 복음서 연구에 지니는 의미는 명백할 것이다. 우리는 한 복음서를 다른 복음서들과 비교함으로써 연구할 수 있고, 유사성과 차이점을 볼 수 있으며, 그에 따라 그것을 보다 적절하게 이해할 수 있다. 물론 다른 방법들도 마찬가지지만, 이러한 접근 방식이 초기 그리스도교 문헌 연구에만 국한되는 것은 아니다. 어떤 학자들은 모든 학문이 관계적이기 때문에, 사람들은 그것을 인식하든 그렇지 않든 간에, 그들이 읽는 모든 것을 그들이 읽어온 다른 모든 것과 비교함으로써만 이해할 수 있다고 주장할 것이다.

루카에 대한 우리의 연구를 위해, 우리는 우리가 무엇을 하고 있는 것인지 인지하려고 노력할 것이고, 그래서 자의식적으로 비교 방법을 적용할 것이다. 이 방법을 사용하면서 우리는 루카가 마르코의 복음서를 자료로 사용했는지를 생각할 필요가 없다. 물론, 그것이 사실이라고 생각하는 학자들(사실 대부분의 학자들이 그렇게 생각한다)은 그가 그 자료와 사용할 수 있는 다른 자료(예를 들면 Q 자료)들을 어떻게 사용했는지 마음대로 살펴볼 수 있다. 이것이 우리가 마태오의 복음서를 연구하면서 취한 접근법이다. 그러나 이 장에서 우리는 출처의 문제는 간과하고, 대신 루카의 복음서가 여러 면에서 유사한 다른 문헌들, 특히 우리가 현재 가장 잘 알고 있는 두 복음서인 마태오, 마르코의 복음서와 어떻게 비교되고 대조되는지에 초점을 맞출 것이다. 이러한 유사점과 차이점들은 루카가 예수를 묘사하는 데 드러내는 몇 가지 중요한 특징들을 우리에게 알려줄 것이고 그것들은 그의 복음서의 몇몇 주요 주제들에 대한 소개로 유용할 것이다.

루카의 복음서의 비교적 개요

우리는 이미 루카의 복음서가 마태오, 마르코의 복음서와 어떻게 연관되어 있는지 여러 가지 기본적인 점들을 배웠다. 그들처럼 루카의 복음서도 예수의 그리스 로마 전기Greco-Roman biography의 일종이다. 저자는 익명이며 아마도 그리스어를 사용하던, 팔레스티나 밖에 거주하던 그리스도교인처럼 보인다. 루카의 복음서는 분명히 마르코의 복음서보다 약간 나중에 나왔지만 마태오의 복음서와는 거의 같은 시기에 나온 것으로 여겨진다. 2세기에는 루카의 복음서가 사도 바울로의 여행 동반자였던 루카의 글이라고 여겨졌다.(17장에서 이런 생각의 근거를 고려해보기로 한다.)

아마도 이 복음서와 고대에 만들어진 다른 모든 복음서들 사이의 가장 분명한 차이점은 그것이 두 권으로 나온 첫 번째 책이라는 것이다. 루카의 복음서의 저자는 루카의 복음서의 이야기를 사도행전에서 계속 이어간다. 루카의 복음서는 예수의 삶과 죽음을 간략히 묘사했고 사도행전에서는 이후 나타난 그리스도교회의 탄생과 생활을 이야기하고 있다. 저자는 이 책들이 함께 읽히도록 의도한 것으로 보인다. 그러나 비교 연구의 목적을 위해 이 장에서는 루카의 복음서의 분석에 전념하고 사도행전은 나중의 장에서 살펴보기로 한다.

루카의 복음서의 서문

복음서들이 어떻게 시작되는지 살펴보는 것이 중요하다고 생각하기에 나는 루카의 복음서의 비교 연구도 도입부를 살펴봄으로써 시작하겠다. 마르코, 마태오의 복음서와는 달리, 루카의 복음서는 공식적인 서문을 지니고 있는데 첫 네 구절이 바로 그것이다. 광범위한 그리스-로마 문학에 정통한 독자들은 그것이 그리스 역사가들의 작품들에 사용되던 서문들과 상당히 유사하기 때문에 그것의 의미를 쉽게 이해할 수 있을 것이다. 그의 복음서를 마르코나 마태오의 복음서에 사용된 것보다 훨씬 더 뛰어난 그리스 문체로 쓰인, 표준적인 '역사 기록물'의 서문으로 시작함으로써 루카는 그의 독자들에게 작가로서의 자신의 능력과 작품의 위상을 알려주려 한다. '역사 기록물'에 대한 고대 독자들의 기대를 불러일으킴으로써 그는 자신의 책이 진지한 역사 저술로 받아들여질 것을 기대했다.

그리스-로마의 역사 기록물historiographic들의 서문은 보통 저자가 논의 중인 역사적 주제에 대해 광범위한 연구를 수행했음을 밝힌다. 그들은 보통 저자가 사용한 자료의 출처를 언급하고, 저자의 노력의 최종 산물, 즉 읽고 있는 기록물이 그 주제에 대해 쓰인 이전의 어떤 기록물보다 훨씬 우수하다는 것을 암시한다. 때때로 서문에는 글이 헌정되는 사람의 이름이 포함되기도 한다.

루카의 복음서 1장 1-4절에는 이 모든 특징들이 나온다. 저자(편의상 계속 루카라고 부르자)는 자신에 앞서 예수의 삶에 대한 이야기를 쓴 사람들이 있었고(1절), 이 기록들이 궁극적으로 "직접 눈으로 보고 말

도판 9.1 현대의 많은 독자들처럼, 고대 그리스도교인들은 마태오와 루카의 복음서에 나온 예수의 탄생 이야기를 하나로 묶었다. 이것은 막시미아누스 대주교의 6세기 상아 왕좌에 있는 패널화의 탄생설화 묘사에서 예를 찾아볼 수 있는데, 이것은 잠든 요셉에게 천사가 찾아오고(마태오의 복음서에서만 나오는 이야기), 마리아와 요셉이 베들레헴으로 가는 여행(루카의 복음서에만 나오는 이야기)을 보여준다.

쓸을 전파한 사람들"(2절)이 전해준 이야기에 바탕을 두고 있음을 알려준다. 즉, 저자는 자신의 복음이 1세기 그리스도교 신도들 사이에서 회자되던 구전 전승들 traditions에 바탕을 두고 있으며, 다른 문헌 자료들을 활용했음을 인정한다. 우리가 본 바와 같이, 이전의 '우리들 사이에 이루어진 일들에 관한 기록들' 중 두 가지는 마르코의 복음서와 문서 학자들이 Q라고 부르는

자료다. 어떤 독자들은 루카가 앞선 기록자들을 언급하는 어조에 놀란다. 그는 자신의 기록이 그들의 기록들과는 달리 질서 정연할 것이라고 주장하며, 그는 그의 독자가 "이미 듣고 배우신 것들이 틀림없는 사실이라는 것을"(루카 1:4) 알 수 있도록 글을 쓰고 있다고 주장한다. 그렇다면 루카는 마르코의 복음서에 대해, 은근하게라도 부정적인 평가를 내리고 있는 것일까?

루카는 그의 책을 그가 "테오필로스 각하most excellent Theophlus"라고 부르는 사람에게 바친다. 유감스럽게도, 그는 우리에게 이 사람이 누군지 말해주지 않는다. 루카는 세 번 더 "각하most excellent"라는 칭호를 사용하는데 모두 로마 지방의 총독을 지칭할 때다.(사도 23:26; 24:3; 26:25) 이러한 이유로, 일부 학자들은 루카의 책 두 권이 로마 행정 관리를 위해 쓰였다고 생각했다. 이것이 맞는다면 왜 그리스도교인이 비그리스도교 총독에게 예수의 삶과 그리스도교 교회의 시작에 관한 책을 헌정했을까 하는 의문이 들 수 있다. 어느 관점에 따르자면, 루카는 권력자에게 예수와 그가 세운 종교가 사회질서에 대한 위협일 수 없으며, 따라서 그리스도교인들을 박해할 이유가 없다는 것을 보여주려 했다고 한다. 그리스도교인들과 그리스도교의 창시자가 제국에 반대하거나 그것으로부터 박해받을 만한 일을 한 적이 없기 때문이다.

곧 설명하겠지만, 모든 사람이 이 견해를 받아들이는 것은 아니다. 하지만 그것이 사실이라면, 루카가 예수를 묘사한 몇 가지 측면을 이해하는 데 도움이 될 것이다. 예를 들어, 그는 예수의 역사를 제국에서 일어나는 더 광범위한 역사적 사건(예: 루카 2:1-2; 3:1-2)과 연관시키는 데 특별한 관심을 보인다. 게다가 그의 이야기는 예수가 국가에 의해 처형당한 이유가 유대 지도자들 때문에 폰티우스 필라투스Pontius Pilatus가 손을 쓸 수 없었기 때문이었다고 애써 설명을 하고 있다. 이 복음서에서 필라투스는 세 차례에 걸쳐 예수에게서 죄를 발견할 수 없었다고 선언하고(23:4, 14-15, 22) 예수가 죽은 후, 그의 처형을 관장했던 백인대장도 그가 무죄였다고 선언한다.(23:47) 그렇다면 이 복음은 속편인 사도행전과 함께, 국가의 공식적인 반대에 맞서 그리스도교를 지적으로 변호하기 위한 '변증apology'으로서 쓰인 것이었을까?(Box 9.1 참고)

비록 이런 관점은 루카의 이야기의 일부 특징들은 설명할 수 있지만, 루카의 복음서의 대부분의 두드러진 주제들을 포함한 많은 다른 특징들은 설명할 수 없다. 게다가 루카의 가장 중요한 목적이 로마 관리들의 환심을 사기 위한 것이었다면 그들을 좀 더 호의적으로 묘사하지 않은 것도 이상하다. 예를 들어 필라투스는 피지배자들의 압력에 굴복하는 심약한 행정가로 묘사되는데 이는 사실상 통치자로서의 그의 공식 기록과도 잘 부합하지 않는다. 다른 관료들은 더 부정적으로 묘사되어 있다. 가장 문제가 되는 것은 한 그리스도교인이 두 권의 두꺼운 책을 써서(합치면 신약성서 전체의 약 4분의 1을 차지한다) 로마의 관리에게 전달하고 그가 그것을 읽어보고 심지어 그것에 영향을 받기를 기대한다는 것이 어불성설이라는 것이다.

이 책들은 다른 모든 복음서들과 마찬가지로 선교나 선전을 위해서보다는 그리스도교인들이 그리스도교인들을 위해 쓴 '내부' 문헌이었을 가능성이 훨씬 높다. 바깥세상의 누가 그걸 구태여 읽으려고 했겠는가? 이 책들에 어떤 내용이 들어 있었는지 외부인이 최초로 언급한 것은 루카의 복음서가 쓰인 후 거의 100년이 지나서 반그리스도교 작가였던 켈수스가 쓴 글에서였다.

만약 루카의 테오필로스가 로마 행정관이 아니라면, 그는 누구였을까? 그 이름은 고대 그리스에 꽤 흔한 이름이었다. 문자 그대로 해석하면 그 이름은 '신을 사랑하는 사람' 또는 '신의 사랑을 받는 사람'을 의미한다. 이러한 이유로 일부 학자들은 테오필로스가 루카의 복음서의 독자들인 그리스도교인들을 뜻하는 암호명이라고 주장해왔다. 다른 역사가들이 서문에서 그들에게 물질적 지원을 해준 후원자나 기타, 영예를 돌릴 만하다고 생각되는 사람에게 책을 헌정한 것처럼 루카도 그의 작품을 '하느님이 사랑하는 사람들' 또는 '테오필로스'라는 가장 큰 칭송을 받을 만한 동료 신자에게 바쳤을지도 모른다. 만약 이 생각이 맞는다면, 그의 서술의 변증적 측면은 외부인이 아니라 교회 내 사람들을 향한 것이었을 것이다. 루카의 복음서의 저술 목적은 그리스도교도들에게 그들의 신앙이 처음부터 비폭력적이고 사회적으로 존경받을 만한 사실이라는 것을 보여주는 것이었을지도 모른다. 그럼으로써 그들이 외부인들의 박해에 직면했을 때 그들에게 필요한 대답을 제공하는 것이었을지도 모른다.

서문을 지나 본문에 뛰어들기 전에 해결해야 할 마

Box 9.1 초기 그리스도교의 변증 문학

공식적으로 말하면, 변증은 한 사람의 행동을 합리적으로 변호하는 것이다. 고대 세계에는 비난을 무릅쓰고 자기변호를 하거나 사회집단을 변호하는 변증이라는 문학의 장르가 있었다. 아마도 가장 유명한 예는 철학자 소크라테스가 그를 사형에 처한 아테네 법정 앞에서 행한 자신에 대한 법적 변호를 플라톤이 기록한 『소크라테스의 변론』일 것이다.

우리는 그리스도교 이전에 쓰인 몇 가지 유대인의 변증문들을 알고 있다. 이것들은 유대인들이 그들의 관습을 정당화하고 적대적인 외부인들에게 그들의 삶의 방식들을 설명하기 위해 쓴 것들이다. 26장에서도 살펴보게 되겠지만, 이 문학 양식은 2세기에 더 교육받은 그리스도교인들에 의해 채택되었다. 그리스도교가 종교로서 박해를 받게 되었을 때, 교육을 받은 구성원들은 왜 이러한 박해가 전적으로 정당하지 않은지를 보여주어야 했고, 그리스도교 신앙이 지적으로 변호될 수 있고 사회적으로나 정치적으로 무해하다는 것을 설명해야 했다.

루카와 사도행전이 변증 문학이라고 주장하는 학자들은 이 용어를 이런 공식적인 의미로 사용한다. 그들의 의견에 의하면, 이 책들은 예수의 삶과 이후에 나타난 그리스도교 교회가 모범적이며, 예수와 그의 추종자들 모두가 국가로부터 더 나은 대우를 받을 자격이 있다는 것을 보여주고자 하는, 교육을 받은 그리스도교인에 의해 쓰인 것이다.

지막 문제가 하나 있다. 루카의 복음서에 나오는 것과 같은 서문은 보통 역사기록학적 저서에서 발견되지만 17장에서 더 자세히 볼 수 있듯이 고대의 역사기록물은 전기와 다른 장르genre의 문학이었다. 이 때문에 루카를 일종의 그리스-로마 전기로, 본질적으로 마르코의 복음서나 마태오의 복음서와 같은 선상의 저술로 볼 수 있을 것인지에 관한 의문이다.

일부 학자들은 루카가 두 권의 책을 썼기 때문에 한 작품의 장르를 결정할 때도 전체 작품을 고려해야 한다고 주장해왔다. 이러한 견해에 따르면 사도행전은 예수의 삶과 죽음에 관한 것이 아니라 예수가 죽은 후 전 세계로 퍼져나가는 교회에 관한 책이기 때문에 루카의 복음서도 전기가 아닌 다른 것으로 보아야 한다는 것이다. 하지만 우리가 마르코와 마태오에서 발견할 수 있는 전기 장르의 특징이 루카의 복음서에도 존재한다. 실제로 어떤 면에서는, 이러한 특징들이 루카의 복음서에는 훨씬 더 두드러진다. 주인공의 기적적인 탄생으로 책을 시작하고, 하늘로 올라가는 것으로 끝내며, 그 사이에 그의 눈부신 행적과 영감에 넘치는 가르침을 서술함으로써 루카는 루카의 복음서를 다른 어떤 공관복음서와도 달리 여느 종교적인 인물의 일반적인 전기처럼 만들었다. 예를 들어, 루카의 복음서는 마르코나 마태오의 복음서보다 필로스트라투스가 저술한 『티아나의 아폴로니우스의 삶』과 더 비슷하다.(3장 참고)

그렇다면 이 책의 장르에 대해 어떤 결론을 내릴 수 있을까? 루카는 그리스도교 창시자의 전기와 초기 그리스도교 운동의 보편사general history, 두 권의 밀접하게 관련된 책들을 쓴 것 같다. 전반적인 개념과 중요한 주제 측면에서 두 권은 밀접한 관련이 있지만, 취급하는 내용에 따라 서로 다른 장르, 즉 그리스-로마 전기와 그리스-로마 역사의 두 장르를 사용해야 했다.(사도행전의 장르에 대해서는 17장에서 논하겠다.)

그게 사실이라면 전기보다는 역사적 저술에 더 자연스러울 루카의 복음서의 서문은 루카의 복음서와 사도행전, 두 권의 작품 전체를 소개하는 것으로 볼 수 있다. 작품 전체가 한 종교의 창시자의 전기뿐만 아니라 그 종교의 간략한 초기 역사의 묘사까지 담을 것이기에 역사 저술물의 서문이 그것에 붙어 있는 것이다.

비교적 관점에서 본 탄생 이야기

루카의 복음서의 첫 두 장에는 예수와 그의 선구자인 세례 요한의 출생에 관한 이야기가 포함되어 있다. 예수의 출생에 관한 이야기로 글을 시작한다는 점에서 루카는 마태오와 접점이 있다. 마르코의 복음서는 성인 예수의 시점에서 이야기가 시작된다.

마태오와 루카의 탄생설화 사이에는 매우 광범위하면서도 기본적인 유사점들이 있다. 예를 들어 예수는 베들레헴에서 요셉이라는 남자와 약혼한 마리아라는 처녀 사이에서 태어났다. 그러나 대부분의 독자들에게 있어서 훨씬 더 놀라운 것은 이 이야기들 사이의 차이점일 것이다. 사실, 루카의 복음서에 나오는 많은 구체적인 이야기들이 마태오의 복음서에는 나오지 않는다. 그 반대의 경우도 마찬가지다. 루카의 복음서에서 일어나는 모든 일들의 목록과 마태오의 복음서에서 일어나는 모든 일들의 목록을 만들어 비교하면 쉽게 알 수 있는 일이다. 한곳에는 목자가 나오지만 다른 곳에서는 동방박사들이 나오고, 한곳에는 베들레헴으로 가는 여정이 나오지만 다른 곳에는 이집트로의 탈출이, 한곳에서는 마리아에게 천사가 말을 전하고 다른 곳에서는 천사가 요셉에게 말을 전하는 식이다. 매년 12월 그리스도교인들은 이 두 가지 별개의 이야기를 합친 크리스마스 이야기를 기념한다.

비교적인 관점에서 볼 때, 아마도 이러한 유아기의 서술에서 가장 중요한 특징은 단순히 이야기들이 서로 다르다는 것이 아니라 매우 조화되기 어려운 방식으로 다르다는 것이다. 이러한 차이점들은 비교 분석 방법을 적용할 수 있는 좋은 기회를 제공한다.

비교 연구의 예: 요셉과 마리아의 고향

두 가지 이야기들 중 분명한 차이점 중 하나는 마리아와 요셉의 고향에 관한 것이다. 대부분의 사람들은 그 커플이 나사렛에 살았다고 추측한다. 우리가 익히 알고 있는 대로 루카의 복음서에서 마리아와 요셉은 인구조사에 응하기 위해 베들레헴으로 떠난다.(Box 9.3 참고) 도중에 마리아는 출산을 하게 되고(2:1-7), 부부는 한 달 후(2:39; 레위기 12장에 나오는 율법에 따라) 집으로 돌아온다.

Box 9.2 마태오와 루카의 처녀 탄생

마태오와 루카의 복음서는 둘 다 예수의 어머니가 처녀였다는 것을 분명히 하고 있긴 하지만 예수의 처녀 탄생의 의미를 다르게 이해하는 것처럼 보인다. 마태오의 복음서에서 예수의 탄생은 "동정녀가 잉태하여 아들을 낳으리니"(마태 1:23)라고 예언한 히브리 예언자 이사야의 예언을 충족시키는 것이었다. 하지만 루카는 이사야의 구절을 인용하지도, 예수의 탄생이 성서의 예언을 성취한다고도 말하지 않는다. 이 일이 루카에게 의미하는 바는 수태고지(루카 1:28-38, 루카의 복음서에만 나온다)에 나타난다. 천사 가브리엘은 마리아에게 "그 아기는 위대한 분이 되어 지극히 높으신 하느님의 아들이라 불릴 것이다. 주 하느님이 그에게 조상 다윗의 왕위를 주시어"(1:32)라고 알려준다. 마리아는 자신이 남자를 알지 못하는데 어떻게 아들을 낳을 수 있겠느냐며 두려워한다.(1:34) 천사는 놀라운 대답을 한다. "성령이

너에게 내려오시고 지극히 높으신 분의 힘이 감싸주실 것이다. 그러므로 태어나실 그 거룩한 아기를 하느님의 아들이라 부르게 될 것이다."(1:35)

그렇다면 왜 루카의 복음서에서 예수는 처녀에게서 태어났을까? 예수는 정말로 신의 아들이기 때문이다.("그러므로 태어나실 그 거룩한 아기를 하느님의 아들이라 부르게 될 것이다") 그의 아버지는 인간이 아니라 신 자신이었다.

나중에 보게 되겠지만 루카는 주로 이방인들로 이루어진 그리스도교 공동체에 편지를 썼다고 생각된다. 아마도 그는 다른 그리스-로마 종교에서 개종한 사람들을 염두에 두고 예수를 묘사한 것 같다. 그는 신과 인간의 결합으로 태어난 영웅들과 반신반인들의 이야기에 친숙한 이교도 독자들이 이해하기 쉽도록 예수 탄생의 이야기를 제시한다.

이 이야기를 더 자세히 조사하기 전에 마태오가 같은 사건에 대해 어떻게 말을 했는지 살펴보아야 한다. 마태오는 요셉과 마리아가 인구조사에 응하기 위해 갈릴래아에서 출발했다는 것을 전혀 말하지 않는다. 오히려 마태오는 요셉과 마리아가 베들레헴에서 왔다고 암시한다. 예수의 탄생을 알리는 하늘에 나타난 별을 따라온 긴 여정 후에 아기에게 경배하기 위해 도착한 동방박사들의 이야기(마태오의 복음서에만 나온다)를 보면 짐작할 수 있는 내용이다. 베들레헴에 도착한 그들은 마구간이나 동굴이 아닌 "집"에서 예수를 발견한다. 뭔가 달리 생각할 이유가 없다면—마태오도 독자들에게 별다른 이유를 제공하지 않는다—그 집은 예수와 그의 가족들이 사는 곳이라고 가정해야 할 것이다.

다음으로 마태오의 복음서에서 헤로데Herod가 동방박사들에게서 처음 별을 본 때를 알게 된 후 한 짓을 생각해보자. 그 정보를 바탕으로 헤로데는 군대를 파견하여 베들레헴의 2세 이하 남자 아기들을 모두 죽인다.(마태 2:16) 즉, '영아 학살'은 예수가 태어난 직후가 아니라 몇 달, 아니 어쩌면 1년, 혹은 그 이상의 시

간이 지난 뒤에 일어났다는 것이다. 예수가 태어난 직후였다면 헤로데는 신생아들만 학살하고도 꽤 안심할 수 있었을 것이다. 마태오의 설명에 따르면, 요셉과 마리아는 그때에도 여전히 베들레헴에 있는데, 아마도 그곳이 그들이 사는 곳이었기 때문일 것이다.

가장 눈길을 끄는 것은 그들이 헤로데의 분노를 피해 이집트로 도망간 지 얼마 뒤 요셉이 이제 집으로 돌아갈 수 있다는 것을 꿈속에서 알게 된다는 것이다. 하지만 그는 어디로 돌아갈 계획을 세울까? 답은 아주 명확하다. 그들이 떠나온 곳, 베들레헴 마을로 돌아가려 한다. 하지만 그의 아버지 헤로데보다 더 악한 통치자인 아르켈라오스가 유대를 다스리고 있다는 것을 알게 된 그는 그곳으로 돌아갈 수 없다는 것을 깨닫고 갈릴래아 나사렛(2:22-23)으로 이주하기로 결심한다. 그래서 마태오의 복음서에는 요셉과 마리아가 원래 베들레헴에 살았던 것으로 보이지만 그들은 예수가 어렸을 때 나사렛으로 이주하여 그곳에서 그를 키운다.

루카의 복음서에서도 예수는 베들레헴에서 태어나 나사렛에서 자라지만, 내용이 진행되는 방식은 전혀 다르다.(Box 9.2 참고) 이곳의 이야기에 의하면 요셉은

Box 9.3 루카의 출생 이야기와 관련된 역사적 문제

신약성서에서 발견된 두 출생 설화를 세밀하게 비교함으로써 제기되는 문제들 외에도 루카의 복음서의 친숙한 이야기만으로도 심각한 역사적 문제가 제기된다. 루카가 설명하는 것과는 달리 역사가들은 고대 비문들이나 로마의 역사가 타키투스, 유대 역사가 요세푸스 등의 기록을 볼 때 헤로데 대왕이 죽고 나서 거의 10년 후인 기원전 6년까지 퀴리니우스가 시리아의 총독이 아니었다고 주장한다. 즉, 예수가 헤로데의 통치 기간 동안 태어났다면 그때 시리아 총독은 퀴리니우스가 아니었다.

역사가들은 또한 아우구스투스나 기타 어떤 황제도 전 영토에 걸친 인구조사를 했다는 기록이 없다고 주장한다. 게다가 모든 사람들이 조상의 연고지로 돌아가야 하는 인구조사는 관료주의에서는 악몽 그 이상이었을 것이다. 아니, 그것은 거의 불가능했을 것이다. 루카의 복음서에는 요셉이 그의 조상 다윗의 연고지인 베들레헴으로 돌아오지만 다윗은 요셉보다 천 년 이전의 사람이었다. 로마 제국의 모든 사람들이 천 년 전 그들의 조상들이 살았던 곳으로 돌아간다는 것이 가능했을까? 만약 우리 시대에 그러한 인구조사가 필요하다면, 당신은 어디로 가겠는가? 그동안 벌어진 대규모 이주들까지 고려해보라. 그럼에도 어떤 다른 고대 기록자도 그것을 지나가는 말로도 언급하지 않는다!

카이사르 아우구스투스Caesar Augustus가 명령한 전 로마 지역의 인구조사에 응하기 위해 고향인 나사렛에서 베들레헴으로 약혼자와 함께 가는데 퀴리니우스가 당시 시리아의 총독(루카 2:1-5)이었다. 마리아는 마을에 있는 동안 진통을 겪는다. 그렇게 예수는 베들레헴에서 태어난다. 약 한 달 후(2:22-23, 39; 레위 12:4-6 참고) 가족들은 나사렛에 있는 그들의 집으로 돌아가 그곳에서 예수를 양육한다.(루카 2:39-40) 독자들도 짐작하겠지만, 루카의 복음서에서는 가족들이 북쪽으로 바로 돌아오므로 마태오의 복음서의 동방박사들이 1년이나 후에 베들레헴에 있는 그들의 집을 찾아오거나 그들이 이집트로 도망갈 시간적인 여유가 없다.

물론, 우리가 충분히 노력한다면 이 두 가지 이야기를 조화시키는 것이 가능할지도 모른다. 그리고 분명히 마태오와 루카의 복음서는 서로 명시적으로 모순되지 않는다. 그러나 두 서술은 서로 상당히 다르며, 그 차이점들은 흥미롭게도 한 가지 중요한 유사성에 의해 강조된다.(Box 9.2 참고) 두 작가는 모두 예수가 베들레헴에서 태어났지만 나사렛에서 자랐음을 보여준다. 하지만 그것이 이루어지는 방식은 현저하게 다르다.(어렸을 때의 예수에 대한 다른 이야기는 12장을 보라.)

유대인의 구원: 신전을 지향하는 루카

루카의 복음서를 전반적으로 이해하기 위해서는 마태오의 복음서와 달리 이 책의 첫 장에서는 예수의 이야기의 시작이 예루살렘 신전Temple과 밀접하게 연관되어 있다는 것이 반복적으로 강조되는 것에 주목해야 한다. 루카에게는 하느님의 구원의 메시지가 유대인들 그리고 가장 신성한 도시의 가장 성스러운 장소로 먼저 다가온다. 루카의 복음서(그리고 사도행전)는 어떻게 이 구원이 하느님의 도시에서 하느님의 백성들인 유대인들에 의해 거부당하는지 보여주는 데 초점을 맞추고 있다. 거부당한 구원은 유대인이 아닌 이방인들Gentiles을 향하게 된다.

루카의 복음서는 시작 부분에 나오는 루카의 복음서만의 구절들을 통해 신전에 초점을 맞춤으로써 서술의 방향을 확정한다. 이 구절들은 성소에서 하느님에게 성실히 사제의 직무를 수행하던 즈카르야에게 예수의 선구자 요한의 탄생을 알린다.(1:8-23) 요한의 부모는 전통적인 유대교의 경건을 엄격히 준수하는 사람들로서 하느님 앞에서 의로운 사람들이었다. 그런 사람들에게 하느님은 먼저―신전에서―구원의 도래를 알린다.

예수 자신은 그의 어머니가 인구조사에 응하기 위해 약혼자와 여행 중 베들레헴 근교에서 태어났다.(2:1-20) 그는 유대 율법Law에 따라 여덟째 날에 할례를 받는다.(2:21) 며칠 후, 그의 부모는 그를 하느님에게 봉헌하기 위해 신전으로 데려간다.(2:22) 신전에 있는 동안 그는 의롭고 경건한 시메온(2:25-36)과 신전에서 주야로 금식하며 기도를 하던 연만한 유대교 예언자 한나(2:36-38)로부터 오랫동안 기다려온 메시아messiah로 인정받는다. 신전에서 그의 부모는 아이를 위해 제물을 바치고 율법이 명한 모든 일을 한다.(2:25, 39)

신약성서 전체에서 어린 예수가 등장하는 유일한 장면인 바로 다음 이야기에서 그의 부모는 열두 살 소년 예수를 유월절에 예루살렘으로 데려온다. 그들이 그곳을 떠날 때 예수는 아무에게도 말하지 않고 뒤에 남아 있다가 3일간의 수소문 끝에 찾아온 부모에게 발견된다. 어린 예수는 신전에서 유대교의 기성 정치인들과 토론을 하고 있었다. 어머니가 꾸짖자 그는 "왜, 나를 찾으셨습니까? 내가 내 아버지의 집에 있어야 할 줄을 모르셨습니까?"라고 대답한다.(2:49)

이런 식으로 마르코, 마태오의 복음서와 달리 루카는 예수가 일찍이 예루살렘 신전과 연관이 있었음을 강조한다. 유대교의 중심인 그곳에서 하느님의 구원의 메시지가 도래한다. 비교 분석을 통해 살펴보면 예루살렘과 예루살렘 신전에 대한 이러한 강조는 루카의 복음서의 다른 중요한 구절들에서도 찾아볼 수 있다. 다음은 그중에서도 두드러진 세 가지 예이다.

1. 마태오와 루카의 복음서 두 곳에서 예수는 광야에서 사탄의 세 가지 유혹을 경험한다.(마태 4:1-11, 루카 4:1-13) 이야기는 거의 동일한 내용이지만 유혹의 순서는 다르다. 마태오의 복음서에는 악마의 유혹이 점점 더 어려워지는 것처럼 보인다. 돌을 빵으로 바꾸어 먹으라는 첫째 시험도 40일 동안 금식을 한 예수에게는 참기 어려운 유혹이었을 것이다. 둘째는 신전 꼭대기에서 뛰어내리라는 유혹이었는데, 아래에서 지켜보는 무리들에게 그가 바닥에 닿기 전에 천사들이 손으로 받드는 모습을 보임으로써 자신이 메시아라는 것을 증명하라는 유혹이었다. 셋째는 사탄에게 경배하라는 것이었는데, 그것은 다른 유혹들보다 더 미

묘하면서도 끔찍한 유혹이었다. 사탄은 그에게 십자가에서 죽음을 당하는 왕보다는 세상의 영광을 누릴 왕의 자리를 약속한다.

마태오의 복음서에 나오는 점점 힘들어지는 시험들의 순서는 루카의 복음서에서는 두 번째와 세 번째 시험의 순서가 뒤바뀜으로써 헝클어진다. 그러나 그런 혼선은 의도적인 것처럼 보이는데 예수가 거룩한 도시 예루살렘의 신전에 있는 모습으로 유혹이 끝나기 때문이다. 루카에게는 예루살렘 신전이 하느님의 구원이 도래하고 하느님의 백성 유대인을 두고 우주적인 전쟁이 벌어지는 곳이었는데, 이들 중 많은 이들이 사탄에 굴복하여 예수의 메시지를 거부할 것이었다.

2. 다른 복음서에서는 예수의 예루살렘으로의 마지막 여행이 다소 다급하게 진행되는 반면(예: 마르코의 경우, 10장에만 나온다) 루카의 복음서에서는 그 여정이 책의 대부분을 차지한다. 예수는 9장에서 예루살렘으로 떠나지만 19장이 되어서야 예루살렘에 도착하고 그 도중에 사람들을 치료하고 가르친다. 예수가 예루살렘에 가는 과정이 왜 그렇게 복음의 많은 부분을 차지하는 것일까? 신의 구원이 유대교의 심장부에 도래하지만 결국 그곳에서 거부를 당하게 되는 모습을 강조하기 위함이었을 것이다.

3. 루카의 복음서는 예루살렘 신전에서 시작될 뿐만 아니라 그곳에서 끝난다. 마르코의 복음서에서는 갈릴래아로 가서 예수를 만나라는 전언이 여인들을 통해 제자들에게 주어지고 마태오의 복음서에서는 여인들이 무덤으로 가서 예수를 만나지만 루카의 복음서에서는 부활한 예수가 제자들에게 몇 주 동안 예루살렘 밖으로 나가지 말라는 지시를 한다.(24:49) 마침내 그들은 성 바깥에서 부활한 예수와 마지막 만남을 가진 후 고향인 갈릴래아가 아니라 신전으로 돌아가 하느님을 경배하며 나날을 보낸다.(24:50-52)

루카에게 있어서 하느님의 메시지는 가장 거룩한 도시 예루살렘의 가장 거룩한 장소인 신전에 있는 그의 백성에게 도래하지만, 이 메시지는 유대인들만을

위한 것은 아니다. 루카가 보기에 그것은 모든 사람들을 위한 구원의 메시지이다. 이것은 루카의 복음서 첫 부분에 나오는 예수의 계보를 비교 분석함으로써 알 수 있다.

이방인의 구원: 전 세계를 향한 루카의 복음서

우리는 마태오의 복음서의 예수 계보(실제로는 예수의 어머니 마리아의 남편인 요셉의 계보)를 살펴보았다. 루카의 복음서에도 계보가 나온다.(3:23-38) 두 계보 사이의 가장 분명한 차이점은 사실 그들이 서로 다른 족보라는 것이다! 두 계보는 모두 예수의 혈통을 요셉을 통하여 추적하며 요셉은 다윗 왕의 자손이지만 요셉은 예수의 아버지가 아니다. 두 복음서에서는 다윗으로 거슬러 올라가는 요셉의 혈통이 두 가지 서로 다른 계보를 통한다. 마태오의 복음서에서 요셉은 다윗의 아들 솔로몬의 직계 자손이다. 루카의 복음서에서 요셉은 다윗의 다른 아들인 나탄의 후손이다. 이 불일치는 요셉에서 시작하여 계보를 거꾸로 거슬러 올라가면 더욱 명확하다. 요셉의 아버지는 누구일까? 야곱(마태)? 엘리(루카)? 그의 친할아버지는 마탓과 마탄, 그의 증조할아버지는 엘아자르와 레위, 고조할아버지는 엘리웃과 멜키, 어느 쪽일까? 사람들이 그동안 이러한 차이점을 어떻게 설명하려 해왔는지 살펴보는 것은 흥미로운 일이다. 예를 들어, 어떤 사람들은 그 계보들 중 하나는 요셉의 계보이고 다른 하나는 마리아의 계보라고 주장한다. 물론 두 복음서 다 분명히 그것이 요셉의 계보임을 명확히 하고 있음에도 말이다.

두 번째 차이점은 아마도 루카의 복음서를 처음으로 읽는 독자들에게 훨씬 더 명백할 것이다. 루카의 족보는 마태오의 복음서와 달리 예수의 출생에 대한 이야기에 연결되어 나오지 않고 엉뚱하게 그가 세례를 받은 후에 나온다.(3:23-38) 왜 루카는 예수의 계보를 보여주기 위해 그가 '약 30세'의 어른이 될 때까지 기다린 것일까? 아마도 이 질문에 대답하는 가장 좋은 방법은 루카의 복음서에서 예수의 세례와 그의 계보 사이에 존재하는 중요한 연관성을 고려하는 것이다. 예수의 세례와 그의 계보는 모두 예수가 하느님의 아들Son of God이라는 것을 보여준다. 세례는 예수가 하느님의 친아들이라는 하늘의 선포로 끝나고(3:22), 그

의 계보도 암묵적으로 같은 선언을 하지만 근본적으로 다른 방식으로 그렇게 한다. 여기서 예수의 혈통은 단지 다윗이나 아브라함, 심지어 최초의 인간인 아담까지 거슬러 올라가는 것으로 끝나지 않는다. 이 족보는 아담의 '아버지'인 하느님까지 올라가면서 예수를 하느님의 직계 자손, 아들로 만든다.

이 두 계보 사이의 세 번째 중요한 차이는 밀접하게 관련이 있다. 루카의 족보는 예수가 아브라함의 자손이라거나 다윗의 후손으로서 메시아임을 크게 강조하지 않는다. 예수의 인간 혈통은 유대교 역사에 매우 중요한 이 두 인물들을 훨씬 지나쳐 인류 전체에 책임이 있는 사람, 아담까지 거슬러 올라간다. 따라서 마태오의 족보가 예수가 유대인이라는 것을 보여주는 의미가 있었다면 루카의 복음서의 족보는 예수가 유대인과 이방인을 막론하고 모든 사람들에 속한다는 것을 보여준다.

여기서 우리는 유대교의 중심에서 시작된 구원의 메시지가 지구상의 모든 민족을 향한 것이라는 루카의 복음서의 중요한 암시를 보게 된다. 곧 살펴보게 되겠지만, 루카는 이 메시지가 어떻게 유대인들에게 거부당하고 이방인들에게 전파되는지를 보여주기 위해 그의 두 번째 책 전부를 사용한다. 사실, 루카의 복음서를 주의 깊게 읽는다면 사도행전에 이르기도 전에 이런 메시지를 읽을 수 있을 것이다. 비교 분석법이 명확하게 보여주듯이, 그 메시지는 복음서 자체에 구현되어 있다.

유대인에서 이방인으로: 루카가 묘사한 거부당한 예언자 예수

우리는 이미 마르코와 마태오의 복음서가 예수의 공공 사역의 시작을 어떻게 묘사하는지 살펴봄으로써 그들이 예수를 어떻게 그리고 있는지 알 수 있었다. 예를 들어, 마르코는 예수가 권위 있는 지도자, 교사 그리고 치료자였다는 것을 처음부터 보여준다. 마태오는 예수를 하느님의 율법에 대한 권위 있는 해석을 제공하는 새로운 모세로 묘사하면서 이야기를 시작한다. 루카의 복음서에서 예수의 사역은 회당에서 설교를 함

도판 9.2 10세기 복음서의 성 루카 그림. 그의 무릎에 놓여 있는 모세의 다섯 권의 율법서와 그가 들고 있는 구약성서의 예언자들을 주목하라. 이것은 예수의 삶과 죽음이 율법과 예언자들의 완성, 성취라는 루카의 견해를 생생히 보여준다.(루카 24:26-27 참고)

카 4:18-19) 하시려고 하느님이 자신의 영에 기름을 부었다는 주장을 읽는다.

성서를 읽고 난 후, 예수는 예언자의 예언이 이제 그를 통해 성취되었다고 선포하기 시작한다. 회당에 있는 사람들은 그의 말을 의심한다. 그들은 예수가 누구인지 알고 있었다.(혹은 그렇다고 생각했다. 그들은 22절에서 그를 "요셉의 아들"이라고 부른다.) 예수도 그들의 반응을 이해한다. 그들은 그가 카파르나움에서 한 것과 같이 그들을 위하여 기적을 행함으로 자신을 증명하기를 원한다. 마르코나 마태오의 복음서와 달리 이 복음서에서는 예수가 아직 카파르나움으로 가거나 어떤 기적도 행하기 전이었기 때문에 이것은 독자들에게 다소 이상한 요청으로 받아들여질 수 있다.

어쨌든 예수는 그에 대한 답으로 다른 복음서에서는 찾아볼 수 없는 설교를 시작한다. 그는 하느님이 유대인이 아닌 이방인에게 보낸 예언자들에 대한 유대 경전의 두 가지 이야기들을 거론하며 엘리야가 오랜 가뭄 동안 어떻게 사렙타의 과부를 도왔는지, 엘리사가 이스라엘인이 아닌 시리아의 왕 나아만의 나병을 치료하도록 보내졌는지 이야기한다.(4:25-27) 두 사례에서 하느님은 그의 백성 이스라엘 자손을 돕기 위해서가 아니라 그를 배반한 그들에게 심판을 선포하기 위해 예언자들을 보냈다. 이 예언자들은 하느님의 백성이 아닌 이방 사람들을 위해 일을 했다.

예수는 어떻게 자신이 이사야의 예언을 성취하는지 설명하기 위해 이 이야기들을 사용했다. 그의 메시지는 분명하다. 그들의 조상들이 하느님과 그가 보낸 예언자들을 배척한 것처럼 그도 자기 백성들에게서 따뜻한 환영을 받지 못할 하느님의 예언자라는 것이다. 이런 배척 때문에 예수의 메시지는 이방 사람들에게 전달될 것이다.

예수의 설교는 대단한 성공을 거두지 못한다. 아니, 사실 그것은 거의 엄청난 실패였다. 유대교 회당에 있던 유대인들은 분노에 차서 그를 절벽에서 떨어뜨리려고 한다. 예수는 도망쳐 마을을 떠나 다른 곳에서 메시지를 전한다.(4:28-30) 루카에게 있어서 이러한 사람들의 반응은 예수가 방금 설파한 설교가 실현되기 시작했다는 것을 보여준다. 하느님의 예언자는 자신의 백성들에게 적대시되고 그들은 최종적으로 그의 죽음

으로써 격분한 유대인들이 그의 목숨을 노리는 장면으로 시작된다. 그것은 분명 상서로운 출발은 아니다.

예수의 사역을 이런 식으로 시작하기 위해 루카는 마르코와 마태오의 복음서에서는 거의 중반이나 되어서야 나오는 이야기를 들려준다.(마르 6:1-6; 마태 13:53-58; 루카 4:16-30) 고향 나사렛에서 예수가 설교를 하는 이 유명한 이야기는 다른 복음서들보다 루카의 복음서에 훨씬 더 길고 상세하게 나오는데, 책의 도입부에 나오는 이 이야기는 저자가 어떻게 예수를 묘사할지 전반적인 방향을 제시한다. 회당을 방문한 사람으로서 예수는 성서를 읽고 그것에 관해 말을 할 기회가 주어진다. 그는 이사야서에서 예언자 prophet 이사야가 "가난한 이들에게 복음을 전하게 하셨다. 주께서 나를 보내시어 묶인 사람들에게는 해방을 알려주고 눈먼 사람들은 보게 하고, 억눌린 사람들에게는 자유를 주며 주님의 은총의 해를 선포하게"(루

을 부르짖을 것이다. 예언자로서 그는 이것이 일어나 리라는 것을 안다. 사실, 그것은 모두 유대교 성서에서 예견된 것이다. 사람들은 그를 거부하면서 그가 대표 하는 신을 거부해왔다. 이것은 예언자로 하여금 그의 메시지를 다른 곳으로 가져가도록 강요한다. 결국 그 메시지는 이스라엘의 다른 도시가 아니라, 다른 민족, 곧 세상의 모든 나라들에게 전달될 것이다.

그의 복음서 전반에 걸친
루카만의 독특한 강조점들

우리가 루카의 복음서의 시작부터 살펴본 구절들 은 복음서의 나머지에서 발견할 수 있는 많은 주요 주 제들, 즉, 루카의 예수에 대한 이해와 어떻게 그의 구 원이 전 세계에 영향을 미칠지에 관한 주제들을 시사 해준다. 우리가 보게 될 것처럼 이러한 주제들 중 많은 것들이 루카의 두 번째 작품인 사도행전에서 계속 중 요한 역할을 맡고 있다.

예언자 예수

우리의 비교 분석은 루카가 예수를 하느님이 그의 백성들에게 보낸 예언자로 이해했다는 것을 보여준 다. 고대 유대인들에게 예언자는 먼 훗날의 사건들에 대해 예측을 하는 점성술사가 아니었다. 그는 신의 대 변자였고 신으로부터 그의 백성들에게 보내진 사자였 다. 종종 그가 전한 메시지는 하느님의 백성들에게 그 의 뜻에 따라 살면서 그들의 잘못된 삶의 방식을 고치 고 하느님에게 돌아오라는 아주 단순한 것이었다. 물 론 예언자들은 히브리어 정경 전반에 걸쳐 예언을 하 고 보통(항상 그렇지는 않다) 하느님의 백성이 회개하 고 하느님의 율법에 따라 살기 시작하지 않으면 역병 이나 기근, 군사적 재앙을 통해 그들을 벌할 것이라는 끔찍한 내용이었다. 예언자들은 그들의 메시지를 거부 하거나 받아들이는 사람들과 관련해서만 미래를 내다 보는 경향이 있었다.

삶의 예언자로서 예수 물론 마르코와 마태오는 예수 가 예언자임을 이해한다. 두 복음서에서 그는 하느님

의 말을 대언하며 예루살렘의 멸망과 원수들의 손에 의한 자신의 죽음을 예언한다. 그러나 루카는 그의 백 성에게 배척을 당하는 하느님의 대언자로서 예수의 예 언자적 역할을 더욱 강조한다. 이러한 강조는 예수의 사역 첫 번째인 나사렛에서의 설교뿐만 아니라, (다른 복음들에서는 찾아볼 수 없지만) 루카의 복음서에서 일어나는 많은 이야기들에서도 볼 수 있다.

사실 예수의 예언자적 성격은 예수가 나사렛에서 받아들여지지 않는 장면 이전부터 보인다, 왜냐하면 예수는 예언자로 태어나기 때문이다. 학자들은 오래전 부터 루카의 복음서 2장의 탄생 설화가 유대교 성서 에 나오는 예언자 사무엘의 탄생에 대한 이야기(1사무 1-2)를 본뜬 것으로 생각해왔다. 두 경우 모두 독실한 유대인 여성이 가족들이 기쁨과 놀라움을 표하는 가운 데 기적적으로 잉태하고 이에 대해 그녀는 겸손한 자 를 높이고 교만한 자를 낮추는 이스라엘의 하느님을 찬양하는 노래로 응답한다.(1사무 2:1-10의 한나의 노래와 루카 1:46-55의 성모 마리아 '송가Magnificat' 를 비교해보라) 유대교 성서에 정통한 사람이라면 누 구나 이러한 암시를 알아보고 예수가 예언자처럼 태어 났다고 결론을 내릴 것이다.

게다가 공적 사역을 시작할 때 예수는 분명히 자신 이 하느님의 말씀을 백성에게 선포할 예언자로 기름 부음을 받았다고 주장한다. 전문은 루카의 복음서에 서 찾을 수 있지만, 그의 나사렛에서의 첫 설교를 생각 해보라. 예수는 이 복음서에서 예언자로서 설교할 뿐 만 아니라 예언자로서 기적을 행한다. 아직까지 전해 지는 복음서들 가운데 루카만 예수가 나인 성읍 과부 의 외아들을 죽음에서 되살린 이야기를 해준다.(7:11- 17) 이것은 사렙타 과부의 외아들을 죽은 자들로부터 살려낸 예언자 엘리야의 이야기를 연상케 한다.(1열왕 17:17-24) 그 사건들의 유사성은 예수와 함께 있던 사람들도 눈치채고 있었다. 그들은 예수가 한 일을 보 고 "우리 가운데 위대한 예언자가 나타나셨다"고 선포 한다.(루카 7:16)

죽음의 예언자로서의 예수 루카의 복음서의 예수는 예언자로 태어날 뿐만 아니라 예언자로서 설교하고 예 언자로서 치유하며, 예언자로서 죽을 것이라고 말해진

Box 9.4 루카의 복음서에 나타난 예수의 피와 땀

루카가 예수의 수난을 설명할 때 가장 놀라운 점 중 하나는 자신의 다가올 운명에 대해 예수가 크게 괴로워하지 않는 것처럼 보인다는 것이다. 이것은 예수가 배신을 당하고 체포되기에 앞서 무엇을 하는가에 대한 비교 연구에서 명백하게 보인다.(루카 22:39-46; 마르 14:32-42) 마르코의 말에 따르면, 예수는 "공포와 번민에 싸여"(14:33) 있다. 루카의 복음서에서는 전혀 그런 언급을 찾아볼 수 없다. 마르코의 복음서에는 예수가 제자들에게 "내 마음이 괴로워 죽을 지경이다"(14:34)라고 말하지만 루카의 복음서에서는 역시 찾아볼 수 없는 말이다. 마르코의 복음서에서 예수는 제자들을 떠나 땅에 엎드려 기도하지만(14:35) 루카의 복음서에서는 그냥 무릎만 꿇는다. 예수는 마르코의 복음서에서 하느님에게 "이 잔을 나에게서 거두어 주소서"(14:36, 39, 41)라고 간절히 세 번 간구한다. 루카에서는 그는 단 한 번만 간구하고, "아버지의 뜻이라면"이라는 말로 그의 기도를 시작한다. 모든 것을 고려해볼 때 루카의 복음서에 나타나는 예수는 마르코의 복음서의 그의 모습에 비해 자신의 다가올 운명에 대해 애끓는 괴로움을 느끼는 것 같지 않다. 그러나 그런 장면의 한가운데에 나오는 유명한 구절인 루카의 복음서 22장 43-44절을 잠시 생각해보자. "이때에 하늘에서 내려온 한 천사가 그에게 나타나 힘을 북돋아 드렸다. 예수께서는 마음의 고통과 싸우면서도 굽히지 않고 더욱 열렬하게 기도하셨다. 그러는 동안 핏방울 같은 땀이 뚝뚝 흘러 땅에 떨어졌다." 이 구절은 깊은 고뇌에 빠진 예수의 모습을 보여주고 있지 않은가?

문제는 이 구절들이 원래 루카에 의해 쓰인 것인지 아니면 루카의 복음서의 예수가 다가오는 운명에 대해 혼란스러워 보이지 않는다는 사실에 다소 불편함을 느낀 후대의 필사가들이 추가한 것인지 확실치 않다는 것이다. 새로운 개정 표준판 성서(또는 기타 최신 번역본들 중 하나)를 보면 이 구절이 이중 괄호로 묶여 있음을 알 수 있다. 이것은 이 구절들이 원래 루카의 복음서의 일부가 아니라 선의의 필사가들에 의해 후에 추가되었다고 번역자들이 꽤 확신하고 있음을 보여준다. 그렇게 생각할 수 있는 한 가지 이유는 예수가 흘린 피땀에 관한 이 구절들이 우리의 가장 오래된 많은 신약성서 필사본들에는 없다는 사실이다.

2장에서 우리는 초기 그리스도교 필사가들이 어떻게 그들의 텍스트들을 바꾸었는지에 대해 자세히 살펴봤다. 그곳에서 나는 우리에게 원본이 존재하지 않고 원본이 사라지고 나서 수 세기 후에 만들어진 사본만 존재함에도 불구하고 어떻게 신약의 원문을 확정할 수 있는지에 대해 언급했다. 지금은 그저 예수의 피땀을 묘사한 이 유명한 구절이 원래 루카의 복음서의 일부가 아니었을 수도 있다는 점을 지적하는 것으로 그친다. 이 구절 외에는 예수는 여전히 평온하고 자신의 운명을 통제하며 하느님의 계획을 확신하면서 침착하게 그의 운명을 직시한다.

다. 유대인들 사이에는 오랜 전승이 있었는데, 그들에 관한 이야기들이 성서에 나오거나(예: 엘리야와 엘리사) 성서를 직접 쓴(예레미야, 에스겔, 아모스 등) 위대한 예언자들은 바로 그들의 백성들에 의해 배척을 당하거나 심지어는 순교를 당한다martyred는 것이다. 루카의 설명에 따르면 예수는 자신을 이 예언자들의 반열에 놓았다. 역시 루카의 복음서에만 나오는 구절에서 예수는 자신이 예언자로서 고통을 당하리라는 것을 예상하며 예루살렘을 위해 애통해한다.

예수께서는 "그 여우에게 가서 '오늘과 내일은 내가 악령을 쫓아내며 병을 고쳐주고 사흘째 되는 날이면 내 일을 마친다' 하고 전하여라. 오늘도 내일도 그다음 날도 계속해서 내 길을 가야 한다. 예언자가 예루살렘 아닌 다른 곳에서야 죽을 수 있겠느냐?" 하고 말씀하셨다. "예루살렘아! 예루살렘아! 너는 예언자들을 죽이고 하느님이 보내신 사람들을 돌로 치는구나! 암탉이 병아리를 날개 아래 모으듯이 내가 몇 번이나 네 자녀들을 모으려 했던가! 그러나 너는 응하지 않았다."(13:32-34)

Box 9.5 의로운 순교자로서의 예수

루카가 복음서를 쓸 무렵에는 하느님의 율법을 위해 기꺼이 고통과 죽음을 받아들이는 유대 순교자들의 오랜 전승이 이미 존재하고 있었다. 루카의 복음서에서 200여 년을 거슬러 올라가는 문서들은 예언자 다니엘이나 마카베오 반란자들(마카베오 혁명에 대해서는 4장에서 다루었다)처럼 머리를 굽히지 않은 채 고통과 죽음을 감수한 유대 순교자들의 모습을 그리고 있다. 그들은 자신들의 죽음이 신에 의해 정당화될 것임을 확신하고 있다. 폭군들이 그들을 고문하고 상해를 입히고 공격하고 죽일 수 있을지라도 그들의 영혼을 건드릴 수는 없었다. 죽은 후에 하느님은 의로운 그들에게 상을

주실 것이다.

이러한 이야기들 중 일부는 외경(外經, Apocrypha)에 보존되어 있다.(예: 마카베오 1서와 4서; 추가로 Box 16.3 참고) 루카는 아마 이런 이야기들을 모델로 해서 예수의 죽음을 묘사했을지도 모른다. 그의 복음서에서는 예수가 하느님의 은혜를 충분히 확신하고 죽기 때문이다. 왜 루카는 예수를 이런 식으로 묘사하려고 했을까? 그는 집권자들의 적대감에 직면했을 때 그리스도교도들이 본받아야 할 순교자의 모범으로 예수를 보여주려 했을지도 모른다.

자신이 예언자로서 죽어야 한다는 것을 예수가 알고 있다는 것은 루카의 복음서에 나오는 수난Passion 서사의 독특한 특징들을 설명할 수 있을 것이다. 이러한 특징들은 루카의 복음서의 이야기들을 지금까지 우리가 자세히 살펴보았던 마르코의 복음서의 이야기들과 비교하면 더욱 두드러진다.

우리가 본 바와 같이, 마르코의 복음서의 예수는 마지막까지 자신의 죽음에 대한 필요성을 다소 확신하지 못하는 것처럼 보인다. 물론 그는 자신이 곧 죽을 것이라고 예상하고 그것이 왜 필요한지를 설명하기도 하지만("많은 사람들을 위하여 목숨을 바쳐 몸값을 치르러 온 것이다." 마르 10:45), 막상 그 순간이 오자 그는 확신을 하지 못하고 괴로워하는 것처럼 보인다.(6장 참고) 그러나 루카의 복음서에서는 어떤 흔들리는 모습도 볼 수 없다. 이곳에서는 예언자 예수는 자신이 죽어야 한다는 것을 잘 알고 있으며, 겟세마네 동산에서 체포되기 전 그의 행동이 두 이야기에 어떻게 나타나는지 자세히 비교하면 알 수 있지만, 어떤 의심이나 불안의 모습도 보이지 않는다.(마르 14:32-42; 루카 22:39-46; Box 9.4 참고)

예수가 십자가에 못 박히는 장면에도 같은 차이가 나타난다. 마르코의 복음서에서는 예수가 내내 침묵을 지킨다.(완전한 공황 상태였을까?) 그는 모든 사람들

(그의 제자들, 유대인 지도자들, 군중, 로마 당국자들, 지나가는 사람들, 심지어 그와 함께 십자가에 달린 두 명의 다른 범죄자들)이 그를 배신하거나, 부인하거나, 비난하거나, 조롱하거나, 저버린 후에 "나의 하느님, 나의 하느님 어찌하여 나를 버리셨나이까?" 단 한마디만 외치고 숨을 거둔다.

루카는 죽음의 고통에 처한 예수를 매우 다르게 묘사한다. 한 가지 예를 들자면 예수는 십자가에 못 박히러 가는 길에서 침묵하지 않는다. 그는 자기를 위해 우는 여인들에게 돌아서서 "예루살렘의 여인들아, 나를 위하여 울지 말고 너와 네 자녀들을 위하여 울어라"(루카 23:28)라고 말한다. 예수는 자신에게 일어나는 일에 대해 괴로워하기보다는 이 여인들의 운명을 더 염려한다. 이런 자신감과 다른 사람들에 대한 걱정은 나머지 이야기의 여러 부분에서도 펼쳐진다. 예수는 십자가에 못 박히면서도 침묵하기보다는 자신을 부당하게 대하는 사람들을 위해 "아버지, 저 사람들을 용서하여 주십시오! 그들은 자기가 하는 일을 모르고 있습니다"(23:34)라고 용서를 구한다. 십자가에 못 박혀 있는 동안 예수는 옆 십자가에 못 박힌 범죄자들 중 한 명과 지적인 대화를 나눈다. 두 범죄자들 중 (마르코의 복음서에서와는 달리) 오직 한 사람만이 예수를 조롱하고 다른 범죄자는 예수가 처형당할 만한 일을 하지

않았다며 그의 동료에게 입을 다물라고 말한다. 그는 예수를 향하여 "예수님, 당신이 왕이 되어 오실 때에 저를 꼭 기억하여 주십시오"(23:42)라고 부탁한다. 예수의 응답은 놀랍도록 확신에 차 있다. "오늘 네가 정녕 나와 함께 낙원에 들어갈 것이다."(23:43)

예수는 곧 숨을 거두지만 예언자로서 자신이 죽어야 한다는 것을 알고, 그가 죽으면 그에게 무슨 일이 일어날지를 안다. 그는 낙원에서 깨어날 것이다. 그리고 그에게 신앙을 고백한 이 범죄자도 그의 곁에서 깨어날 것이다. 무엇보다도 가장 인상적인 것은 그 장면이 끝나는 방식이다. 마르코의 복음서의 예수는 친구, 동료 그리고 동족인 유대인들에게서뿐만 아니라 아니라 심지어 신에게도 버림받아 절망에 빠진 것처럼 보이는 반면 루카의 복음서에서는 하느님의 특별한 보살핌과 호의를 전적으로 확신하며 숨을 거둔다. 그는 "나의 하느님, 나의 하느님 어찌하여 나를 버리셨나이까?"라며 괴로워하지 않는다. 그 대신 하느님의 사랑과 섭리에 대한 전적인 확신을 보여주는 마지막 기도를 올린다. "아버지, 제 영혼을 아버지 손에 맡깁니다!"(23:46)

마치 마르코와 루카가 예수를 정확히 같은 방식으로 묘사한다는 듯이, 이러한 의미심장한 차이점들을 무시하고 간과해서는 안 된다. 예를 들어 현대 독자들이 십자가에서 예수가 이 모든 것을 말했지만 그중의 일부를 마르코가 기록하고 다른 일부는 루카가 기록했다고 생각한다면 그들은 두 복음서 중 어느 쪽의 이야기도 진지하게 여기지 않는 것이고 두 이야기를 합친 자신들만의 이야기를 만드는 것이다. 마르코와 루카는 그들만의 방식으로 예수를 묘사하고 있다. 그들의 이야기들을 합치는 독자들은 마르코도 루카도 아닌 자신들의 복음서를 만드는 것이다.

마르코의 복음서의 예수는 마지막에 큰 고통을 경험한다. 하지만 루카의 복음서는 확신을 가지고 담담히 죽음에 임하는 예수를 보여준다. 각각의 저자는 예수의 죽음에 관해 뭔가 중요한 것을 강조하고 싶었다. 우리는 마르코가 강조하고자 하는 것을 이미 보았다. 루카는 약간 다르다. 루카는 예수가 정의롭고 흠 없는 하느님의 순교자로 죽었다고 강조한다. 예언자로서 예수는 이런 일이 일어나야만 한다는 것을 알고 있었

다.(Box 9.5 참고)

루카의 복음서에서의 예수의 죽음

루카가 죽음에 처한 예수를 묘사할 때 주목해야 할 또 다른 중요한 측면은 마지막에 일어나는 사건들에 나타난다. 마르코의 복음서에서 보았듯이 속죄를 위한 희생으로서의 예수의 죽음은 그가 숨을 거두자마자, 백인대장이 "이 사람은 정녕 의인이었도다"라고 고백을 하자마자 신전 장막이 갈라짐으로써 암시된다. 다소 어색하지만 루카도 두 사건 모두를 그의 복음에 포함시키지만 마르코(그리고 마태오)의 이야기들과는 상당히 다른 방식으로 그것들을 서술한다.

루카의 복음서에서는 신전의 장막이 예수가 마지막 숨을 거둘 때가 아니라 그보다 이전, 태양빛이 어두워지면서(일식 때문?) 땅에 어둠이 덮쳤을 때 찢어진다.(23:45) 학자들은 오랫동안 이 차이가 보여주는 의미에 대해 논쟁해왔지만, 대부분의 사람들은 루카에게 있어서 신전의 휘장이 찢어지는 것은 예수의 죽음으로 인해 인간들이 신에게 다가갈 수 있게 되었음을 보여주는 것이 아니었다. 루카의 복음서에서는 휘장이 그가 죽기 전에 찢어진다. 그는 신전 안에서의 이 파괴가 그의 백성들에 대한 하느님의 심판이 시작되었음을 상징한다고 생각한다. 루카의 복음서에서는 예수가 유대 권력자들 가운데 있는 그의 적들에게 "이제는 너희의 때가 되었고 암흑이 판을 치는 때가 왔구나"(22:53)라고 선포한다. 찢어진 장막은 "죽음의 그늘 밑 어둠 속에 사는 우리에게 빛을 비추는"(1:79) 해를 거부한 백성에 대한 하느님의 심판의 표시로 땅 위에 섬뜩한 어둠을 동반한다.

게다가 루카의 복음서에서 백인대장은 죽어야만 했던 하느님의 아들에 대한 신앙의 고백을 말하지 않는다.(이 사람이야말로 정말 하느님의 아들이었구나!, 마르 15:39; 마태 27:54) 이곳에서 그의 말은 예수의 죽음에 대한 루카 자신의 이해와 일치한다. "이 사람이야말로 죄없는 사람이었구나!"(루카 23:47) 루카에게 예수는 잘못된 공의로 인한 의로운 순교자이며 그의 죽음은 부활 때에 하느님에 의해 정당함이 입증될 것이다. 이 두 가지 차이가 시사하는 바는, 루카는 예수의 죽음이 죄에 대한 속죄를 가져왔다는 마르코의 견해에

도판 9.3 "로사노의 복음서Rossano Gospels"라고 불리는 6세기 필사본에 묘사된 최후의 만찬.

동의하지 않는다는 것이다. 마르코의 복음서의 "사람의 아들도 섬김을 받으러 온 것이 아니라 섬기러 왔고, 또 많은 사람들을 위하여 목숨을 바쳐 몸값을 치르러 온 것이다"(10:45; 마태 20:28)라는 구절은 그의 견해를 잘 설명해준다. 루카의 복음서에서 이 말을 찾아볼 수 없다는 것은 놀랍고도 의미심장하다.

예수는 하느님의 백성에게 거부당하게 되는 예언자이기 때문에 반드시 죽어야 한다. 그의 죽음은 그 자체로 구원을 가져오는 것 같지는 않지만 루카에게 예수의 죽음은 구원과 관련이 있어야만 한다. 하지만 어떻게? 이것은 우리가 그의 두 번째 작품인 사도행전에 대해 연구할 때 다루어야 할 문제이다. 지금으로서는 예수가 루카의 복음서에서 설파하는 구원이 히브리 성서의 예언자들이 설파한 구원과 비슷하다는 점만을 지적하고자 한다. 하느님의 백성들은 죄를 뉘우치고 하느님한테로 돌아가야 한다. 그들이 그렇게 하면 하느님은 그들을 용서하고 구원을 베푸실 것이다. 루카에게 있어서 가장 큰 죄는 하느님의 예언자를 죽이는 것

이었다. 사도행전의 연구에서도 보게 되겠지만 사람들은 이 끔찍한 악행 가운데서 자신들이 한 일을 깨닫게 되면 무릎을 꿇고 회개하게 된다. 그리고 그들이 죄를 깨닫고 하느님에게로 눈을 돌리면, 하느님은 그들의 죄를 용서함으로써 응답한다. 그러므로 루카에게 있어 하느님과 올바른 관계를 가져다주는 것은 예수의 죽음 그 자체가 아니라 그의 죽음이 촉발하는 회개이다.

이방인 선교

우리는 이미 루카가 유대인들뿐만 아니라 이방인들에게 지니는 예수의 의의를 강조하는 것을 보았다. 물론 이러한 강조는 독특하지 않다. 마르코 자신도 이방인이었을지 모르며, 그의 청중들 중 상당수는 확실히 이방인들이었다. 마태오는 아마 유대인이었을지 모르지만 그가 글을 쓴 대상은 유대인과 이방인들이 섞인 신도들이었다. 두 저자 모두 예수를 통한 구원은 모든 사람을 향한다고 주장한다. 그러나 우리가 이미 그의 복음서에 나타난 계보에서 보았듯이 이것은 마태오와

Box 9.6 루카에 나오는 주의 만찬

우리는 신약성서의 고대 필사본들 중 일부는 중요한 면에서 서로 내용이 다르다는 것을 이미 보았다.(Box 2.4와 9.4, 그리고 2장의 더 상세한 논의를 참고하라.) 루카의 최후의 만찬(루카 22:14-23)도 그런 곳이다. 이 구절의 한 가지 특이한 점은, 우리의 대부분의 영어 번역본이 기초한 것들을 포함한 몇몇 필사본에서 예수는 마르코의 복음서에서처럼 그저 제자들에게 빵과 잔을 주는 것 이상의 일을 한다는 것이다. 이 원고들과 대부분의 번역본들에서 그는 제자들에게 잔을 주고 다음에 빵을 주고 다시 잔을 준다.

더 흥미로운 것은 예수가 이곳에서 말하는 내용이다. 22장 19절에는 "너희를 위하여 내어주는 내 몸"을 말하고, 20절에는 (두 번째) 잔을 "내 피로 맺는 새로운 계약"이라고 부른다. 루카의 복음서 다른 어느 곳에서도 예수는 자신의 죽음이 구원을 가져오는 희생이라고 주장하지 않는다. 사실 마르코와 마태오의 복음서에 있는 그런 주장들(예: 마르 10:45; 마태 20:28)이 루카의 복음서에는 존재하지 않는다. 그렇다면 19, 20절을 어떻게 이해해야 할까?

우리의 고대 필사본들 중 일부는 이 구절을 포함하지 않는다. 사실 루카의 최후의 만찬에 대한 설명을 인용한 초기 그리스도교 작가들은 이 구절의 존재를 알지 못했다. 그러므로 그 구절은 예수의 몸과 피를 통한 구속이라는 원정통파적인 구원론을 강조하기 위해서 나중에 필사가들이 덧붙여놓았을지도 모른다. 이 발견은 중요한데, 이 구절들 외에는 예수의 죽음이 죄에 대한 속죄를 가져다준 희생이었다는 마르코의 견해를 루카의 복음서 어디에서도 찾아볼 수 없다.

마르코의 복음서에서보다 루카에게서 더 특별히 강조된다. 루카에게는 구원이 유대교 경전의 성취를 통해 유대인들에게 오지만 그들이 그것을 거부함으로 인해 그 메시지는 이방인들을 향한다. 사도행전에서 보게 되겠지만, 이 또한 성서의 성취를 통해 일어난다.

루카가 특히 이방인 선교에 관심을 가지고 있다는 명백한 징후 중 하나는 그가 제국 전체에 걸쳐, 특히 비유대인들 사이에 그리스도교가 퍼져가는 모습을 보여주는 속편을 쓴 유일한 복음서 저자라는 사실이다. 이런 관심은 복음서의 다른 곳에서도 발견된다. 우리가 본 것처럼, 예수가 죽은 뒤에 제자들은 갈릴래아로 가라는 명령을 듣지 않는다.(루카 24:6, 49을 마르 16:7의 여자들에 대한 지시와 비교해보라.) 그들은 예루살렘에 남아서 부활한 예수를 만나게 된다.(루카 24장의 내용을 마태 28:10, 16-20과 대조해보라.) 그때에 예수는 자기에게 일어난 모든 일이 성서를 완성하기 위한 것이었음을 설명하는데, 그것은 이제 시작될 이방인들에 대한 선교도 마찬가지였다. 곧 "그리스도의 이름으로 회개하면 죄를 용서받는다는 기쁜 소식이 예루살렘에서 시작하여 모든 민족(이방인과 같은 의미임)에게 전파"(루카 24:47)될 것이었다.

신성한 계획

루카에 의하면 이방 선교의 사명은 태고적부터 하느님의 계획의 일부였다. 우리가 보게 될 것처럼 사도행전이 기록하는 그리스도교 교회의 확산은 성령의 강력한 지도로 일어난다. 그것이 그렇게 성공적일 수 있었던 이유이다. 하느님이 그 배후에 있으므로 그것을 막을 수 있는 것은 없었다. 이 신성한 계획은 복음서들에도 나타나는데, 루카는 하느님의 '뜻'과 '계획'과 같은 내용들을 조심스럽게 강조한다.(예: 4:43; 13:33; 22:37; 24:7, 26, 44)

마지막 때의 지연

신성한 계획에 대한 루카의 생각은 그의 복음서의 또 다른 독특한 측면과 관련이 있다. 마태오와 마르코의 복음서에서 예수는 세상의 종말이 임박했다고 예언한다. 루카의 복음서에서는 종말에 대한 이 모든 예언들이 다르게 표현된다. 루카의 복음서에서 예수는 세상의 종말이 당장 일어난다고 말하지 않는다. 그는 어떻게 그런 예언을 할 수 있었을까? 먼저 그리스도교 교회들이 이방인들에게 전파되어야 했는데 이것은 시간이 걸릴 것이었다.

마르코와 루카의 종말론적 예언의 차이를 생각해보자. 마르코의 복음서 9장 1절에서 예수는 제자들 가운데 몇몇은 죽기 전에 하느님의 왕국Kingdom of God이 권능을 떨치며 오는 것을 보리라 말한다. 루카도 같은 이야기를 하고 있지만, 그는 제자들 중 일부는 "죽기 전에 하느님의 왕국을 볼 사람들도 있다"라고만 말한다.(9:27. 그들은 사람의 아들Son of Man이 "권능을 떨치며 오는 것"을 보게 되리라고 약속받지 않는다는 것에 주목하라.) 루카가 보기에는 이미 제자들은 하느님의 나라를 보고 있다. 왜냐하면 루카에게는 하느님의 나라가 이미 예수의 사역에 존재하기 때문이다. 이것은 오직 루카의 복음서에만 발견되는 여러 이야기들에서 명백해진다. 예수는 사역을 하고 있는 제자들에게 "하느님 나라가 그들에게 다가왔다"라거나(10:9, 11) 자신의 사역에서 "하느님의 나라는 이미 너희에게 와 있는 것"(11:20)이라고 말하며, 자신의 존재를 통해 "하느님 나라는 바로 너희 가운데 있다"(17:21)라고 선포한다. 확실히 루카에게도 세상 끝의 종말에는 마지막 대격변이 일어날 것이지만(21:7-32) 그것은 제자들이 살아 있는 동안에는 일어나지 않을 것이다.

종말이 늦어지는 것에 대한 루카의 생각은 대사제의 심문을 받을 때 예수의 대답이 다른 복음서들과 다른 이유를 설명해준다. 마르코의 복음서에는 예수가 대사제에게 "너희는 사람의 아들이 전능하신 분의 오른편에 앉아 있는 것과 하늘의 구름을 타고 오는 것을 볼 것이다"(마르 14:62)라고 대답하지만 루카의 복음서에서는, "사람의 아들은 이제부터 전능하신 하느님의 오른편에 앉게 될 것이다"(루카 22:69)라고 대답한다. 루카는 이 대사제가 사람의 아들이 세상의 종말에 영광 가운데 올 때까지 살지 못하리라는 것을 알고 있는 것 같다. 루카의 복음서에서 예수는 마르코의 복음서에서와 같은 예언을 하지 않는다.

루카의 복음서의 이야기들의 다른 차이점들도 같은 방향을 가리키고 있다. 예를 들어, 오직 루카의 복음서에서만 예수가 "하느님의 나라가 당장에 나타날 줄 알고 있었다"는 사람들을 깨우치기 위해 열 금화(미나)의 비유를 전달했다고 한다.(루카 19:11-27; 마태 25:14-30의 달란트의 비유와 대조해보라.) 루카는 예수가 사회에 관심을 보이는 것을 기록하고 있는데 이

또한 지연되는 종말과 관련이 있다.

복음서의 사회적 의의

종교의 역사를 통틀어 종말이 임박했다는 믿음에 철저한 사람들은 종종 사회로부터 물러나 당대의 문제들에 대해 거의 관심을 보이지 않았다. 다음 주면 세상이 끝나는데 무엇 때문에 가난, 억압과 싸우겠는가? 루카의 복음서에서 예수는 종말이 임박했음을 주장하지 않는데, 다른 복음서들과 비교할 때 유독 루카의 복음서에서만 사회적 병폐에 관심을 기울이는 예수의 모습이 강조되는 이유일 수도 있을 것이다.

루카는 마태오의 복음서에 나오는 팔복Beatitudes 중 많은 내용을 자신의 복음서에 포함시키고 있지만 다른 단어들로 표현하고 있으며, 그것은 그가 지니고 있던 사회적 관심을 분명하게 보여준다. 마태오의 복음서에서 예수는 "마음이 가난한 사람은 행복하다"(마태 5:3)고 말하지만, 루카의 복음서에서는 "가난한 사람들아, 너희는 행복하다"(루카 6:20)고 말한다. 루카의 관심사는 문자 그대로 물질적 빈곤에 관한 것이다. 마태오의 복음서의 예수는 "옳은 일에 주리고 목마른 사람은 행복하다"(마태 5:6)고 말하지만 루카의 복음서에서는 "지금 굶주린 사람들아, 너희는 행복하다"(루카 6:21)고 말하고, 또한 가난하고 억압받는 사람들을 축복할 뿐만 아니라 부유한 압제자들을 비난한다. "부유한 사람들아, 너희는 불행하다. (……) 지금 배불리 먹고 지내는 사람들아, 너희는 불행하다. (……) 지금 웃고 지내는 사람들아, 너희는 불행하다."(6:24-26)

루카가 사회에 관심을 가지고 있었다는 것은 예수가 그를 따르는 여성들에게 주는 관심에서도 명백하다.(24장에서 더 자세히 논의하겠다.) 나중에 알게 되겠지만, 오늘날 존재하는 여성에 대한 부정적인 태도는 서구 문화 초기에 뿌리를 두고 있었다. 페미니스트의 관점에서 볼 때 그리스도교가 시작될 때의 사정은 지금보다 훨씬 더 나빴다. 하지만 루카의 복음서에서 예수는 여성들과 어울리고, 그의 추종자들 가운데에도 여성들이 있었으며, 그를 추종하는 여성들에게 그들의 전통적인 역할을 포기하고 제자로서 그의 말을 따르도록 촉구한다.(예: 8:1-3 및 10:38-42 참고. 루카의 복

음서에만 나오는 이야기들이다.)

결론: 비교 분석 관점에서의 루카의 복음서

우리는 이제 루카의 복음서에 대한 우리의 성찰을 마무리하고자 한다. 마태오나 마르코의 복음서와 마찬가지로 루카의 복음서도 예수의 말, 행동, 경험을 통해 주의 깊은 독자들에게 그가 누구인지 드러내는 일종의 그리스-로마 전기다. 우리가 마르코의 복음서를 연구할 때 사용했던 장르 비평 방법을 사용하여 예수의 다른 전기들에 의지하지 않고 이 복음을 살펴볼 수도 있었을 것이다. 혹은, 마태오의 복음서처럼 저자가 자신의 텍스트들을 어떻게 수정했는지에 비추어 철저히 분석할 수도 있었을 것이다. 하지만 우리는 루카가 그들 중 어떤 것을 자료로 사용했는지에 관계없이 예수의 유사한 전기들을 고려하여 이 텍스트를 살펴보았다.

루카의 복음서를 비교 분석한 결과, 우리들은 루카의 복음서가 많은 독특한 강조점들을 가지고 있다는 것을 알게 되었다. 루카는 예수를 통해 도래한 구원이 처음에는 유대교의 중심을 향했지만 유대교 예언자로서 예수는 자신의 백성들에게 거부당했다고 주장한다. 그래서 그의 메시지는 회개하고자 하는 모든 유대인과 이방인에게 죄의 용서를 전하는 메시지로, 모든 백성의 구원을 위해 온 세상으로 보내지게 된다. 예수에 의해 제시되는 세계 선교는 태고적부터 하느님이 직접 계획한 것으로서 세상이 끝나기 전에 완성될 것이다. 예수 당시에도 세상의 끝은 임박한 것이 아니었기에 선교의 사명은 하느님의 구원의 소식뿐만 아니라 가난과 억압에 시달리는 세상에서 사회의 병폐를 바로잡는 것도 포함하고 있었다.

루카의 복음서의 이런 독특한 강조점들은 이 책의 저자와 그의 청중들에 대해 우리에게 무엇을 말해줄 수 있을까? 루카의 복음서는 두 권으로 된 작품의 첫 번째 책이기 때문에 두 권을 모두 읽고 난 후에야 이 질문에 답을 할 수 있을 것이다. 우리는 사도행전을 살펴볼 17장에서 다시 이 질문을 다룰 것이다.

한눈에 보기

Box 9.7 루카의 복음서

1. 루카의 복음서는 아마도 80–85년경, 팔레스타인 밖에 사는 그리스어를 사용하는 그리스도교인에 의해 쓰였을 것이다.
2. 루카가 사용한 자료들로는 마르코의 복음서, Q, L이 있었다.
3. 그는 그의 책을 "테오필로스"에게 헌정했다. 테오필로스는 로마의 행정 관료였을 수도 있고, 또는 그리스도교 청중들을 지칭하는 상징적인 이름(테오필로스는 "신의 은총"이라는 뜻)일 수도 있다.
4. 루카와 다른 복음서들의 유사성과 차이점을 고려하는 비교 분석법은 몇 가지 독특한 주제를 드러낸다.
5. 루카의 탄생 설화는 하느님의 구원이 도래한 곳으로서의 예루살렘 신전의 중요성을 보여준다.
6. 그러나 루카는 이 구원이 유대인들에게 거부당하여 유대인이 아닌 이방인에게 보내졌다는 것을 보여주려 하고 있다.
7. 이 복음서의 서사는 예수를 동족에 의해 거부당한 유대인 예언자로 묘사함으로써 유대인들로부터 이방인들에게로 하느님의 구원이 옮겨 갔음을 설명한다. 예수는 예언자로 태어나고, 예언자로서 설교하고, 예언자로서 치유하고, 예언자로서 죽는다.
8. 이 복음서에서 예수에게 일어나는 모든 일은 하느님의 계획에 의한 것이다. 이방인들에게 복음이 전파되는 것도 마찬가지다. 온 세상이 구원을 받아야 했기 때문에 예수가 세상을 떠난 후 바로 종말이 오지 않을 것이다.
9. 그래서 루카는 이 그리스도교 선교가 어떻게 이루어졌는지를 설명하는 두 번째 책인 사도행전을 썼다.

10장

예수, 하늘에서 보내진 사람

요한의 복음서

지금까지 우리는 신약성서의 세 공관복음서에 각각 세 가지 다른 분석 방법을 적용했다. 그 모든 방법을 한 권의 책에 다 적용하면 어떤 일이 벌어질까? 우리는 신약성서의 가장 인기 있는 책 중 하나이자 성경의 복음서들 중 가장 독특한 책인 요한의 복음서를 통해 이 장에서 그 해답을 알아보겠다.

앞의 세 가지 방법들을 통해 요한의 복음서의 중요한 특징들을 알아본 후, 우리는 텍스트의 배후에 있는 공동체의 사회사를 재구성하기 위해 그것을 검토하는 사회–역사적 방법이라는 또 다른 접근법을 배우게 될 것이다. 네 번째 복음서에 적용되었을 때, 사회–역사적 방법은 요한의 공동체가 예수를 메시아로 믿게 된 유대인들의 집단으로 시작되었음을 보여준다. 하지만 그들의 믿음 때문에 그들은 결국 지역 회당에서 배제되었고, 지도적인 구성원들은 비그리스도교 유대인에 대해 심각한 적대감을 갖게 되었으며, 예수를 인간일 뿐만 아니라 신으로 이해하게 되었다.

오늘날 많은 그리스도교인들은 예수를 하느님으로 생각한다. 그들은 주로 네 번째 복음서로 인해 이런 생각을 갖게 된 것일까?

요한의 복음서는 항상 신약성서에서 가장 인기 있고 사랑받는 책 중 하나였다. 예수가 자신을 "생명의 양식", "세상의 빛", "양들을 위하여 목숨을 버리는 선한 목자", "길이요 진리요 생명"으로서 가장 친숙하면서도 특별하게 선포하는 곳이 바로 이곳이다. 요한의 복음서는 예수를 "만물이 그로 말미암아 지은 바" 된 하느님의 말씀으로 드러내는 복음서이고 예수가 "아브라함이 나기 전부터 내가 있다"라는 놀라운 주장을 하는 곳, "나와 아버지는 하나"라고 고백하고, 니코데모스에게 "너는 거듭나지 아니하면 하느님 나라를 볼 수 없다"라고 말하는 곳이다. 그리고 이 복음서에서 예수는 물을 포도주로 바꾸고, 죽은 사람들 가운데서 그의 친구 라자로를 일으키고 제자들의 발을 씻기는 등 가장 인상적인 많은 일들을 행한다.

이러한 예수의 언행들 그리고 더 많은 것들이 오직 네 번째 복음서에서만 발견되는데 그것이 신약성서 학자들에게 영원한 매혹의 원천이 되고 있는 이유이다. 왜 그런 이야기들은 요한의 복음서에서만 실려 있을까? 왜 여기에 나오는 예수는 다른 복음서들과 다르게 묘사될까? 예를 들어, 왜 그는 요한의 복음서에서는 자신의 정체에 대해 그렇게 많은 주장을 하면서 공관복음서들Synoptic Gospels에서는 거의 말을 하지 않을까? 그리고 왜 이 복음서는 이전의 복음서들 중 어떤 복음서와도 달리 예수를 하느님과 동격으로 여길까?

이 질문들은 이 장에서 우리가 가장 먼저 살펴볼 것들이다. 하지만 그 전에 나는 우리의 진행 방식에 대해 한마디 하고자 한다. 역사가들은 그들의 고대 자료를 해석할 뿐만 아니라 이러한 해석을 정당화할 책임이 있다. 그 때문에 나는 마르코의 복음서에는 장르 비평 방법genre-critical method, 마태오의 복음서에는 편집 비평 방법redactional method, 루카의 복음서에는 비교 방법comparative method, 등 각각의 책들에 다른 분석의 방법들을 적용했다. 물론 역사학자들이 이러한 접근법들 중 어느 하나에 제한될 이유는 없다. 모든 방법들이 이 책들 중 어느 것에든 적용될 수 있다.

이 점을 설명하기 위해 우리는 요한의 복음서에 네 가지 방법을 모두 적용할 것이다. 이것은 다양한 접근법이 해석 과정을 얼마나 풍부하게 할 수 있는지를 보여주는 동시에, 학자들이 초기 그리스도교 문학 연구에 사용한 다섯 번째 방법, 즉 '사회–역사적 방법socio-historical method'이라고도 불리는 방법을 이해하기 위해 필요한 자료도 제공할 것이다. 간단히 말하자면 사회–역사적 방법은 문학 텍스트가 그것을 만든 작가의 사회 세계와 역사적 상황을 어떻게 반영하는지 이해하려고 한다. 우리는 이미 각각의 다른 복음서들에서 이런 문제를 살펴보았지만 피상적인 수준에 그쳤다. 이 장에서는 어떻게 보다 엄격하고 세밀하게 그 방법을 적용할 수 있는지 알아보겠다. 이 방법을 적용하기 위한 전제 조건 중 하나가 본문 자체에 대한 상세한 지식이기 때문에 우리는 장르 비평·비교·편집 비평적 관점에서 네 번째 복음서를 살펴보는 것으로 연구를 시작하기로 한다.

장르 비평 관점에서 본 요한의 복음서

공관복음서들과의 큰 차이에도 불구하고 요한의 복음서는 분명히 그들처럼 같은 그리스-로마 시대의 문학 장르genre에 속한다. 이 책은 주인공의 영감 넘치는 가르침과 기적적인 행위에 초점을 맞추고 그의 죽음과 거룩한 승리에 이르까지의 삶의 과정을 연대순으로 묘사한 산문 서술로서 분명 고대 독자들에게는 종교 지도자의 전기biography로서 인식되었을 것이다.

다른 복음서의 경우와 마찬가지로, 예수의 묘사는 요한 서문Johannine Prologue(요한 1:1-18)으로 알려진 요한의 복음서 도입부의 구절에서 앞으로의 방향이 확립된다. 하지만 이 서문은 우리가 지금까지 본 어떤 복음서와도 전혀 다르다. 책의 주인공을 이름으로 소개하기보다는 하느님의 '말씀Word'에 대한 일종의 신비로운 성찰을 제공한다. 그것은 태초에 하느님과 함께 있었지만 그럼에도 하느님이었고(1절), 그것은 만물을 창조했으며(3절), 모든 인간에게 생명과 빛을 제공하고(4-5절), 자신이 만든 세상에 찾아왔지만 자신의 백성들에게 배척당한다.(9-11절) 세례 요한은 이 말씀을 증언했으나(6-8절), 소수의 사람들만이 그의 증언을 받아들였다. 그렇게 한 사람들은 하느님의 자녀가 되었고, 하느님의 종인 모세가 전해준 선물보다 훨씬 더 큰 선물을 받았다.(12-14절; 16-18절)

서문이 끝날 때에야 우리는 하느님의 이 '말씀'이 누구였는지 알게 된다. 말씀이 인간이 되었을 때, 그의 이름은 예수 그리스도였다.(17절) 즉, 고대 독자는 이 책의 첫 18절까지 자신이 전기의 서론 부분을 읽고 있었다는 것을 깨닫지 못했을지도 모른다. 그 서문은 철학적이거나 신비로운 명상처럼 보인다. 그러나 1장 19절부터 끝까지 책은 전기적인 어조를 띤다.

그렇다면 장르 비평적 관점에서 이 서문을 어떻게 볼 수 있을까? 고대의 전기들이 전형적으로 서사의 시작에 주인공의 성격적 특성을 정립했기 때문에, 고대 독자가 이 책이 예수의 전기라는 것을 깨달으면, 처음에 나오는 그에 관한 신비스러운 성찰에 비추어 나머지 이야기를 읽었을 것이라고 보아야 할 것이다. 이것은 단순한 인간의 전기가 아니다. 그것의 주인공은 영원한 과거에 하느님과 함께 있었고, 그 자신이 신이며 우주를 창조한 존재, 세상에 대해 하느님이 스스로를 드러낸 존재, 어둠에서 빛을, 오류에서 진리를 이끌어내기 위해 지구에 온 존재다. 그는 인간이 되어 이곳에 살면서 신에 대한 진실을 밝히기 위해 온 신성한 존재이다. 신약성서들 중에서도 단연코 이 복음서가 예수를 가장 고귀한 존재로 묘사한다.

요한의 복음서 전체를 살펴보면, 비록 서문이 예수를 인간이 된 하느님의 말씀이라고 밝히고 있지만 이곳 외의 어디에서도 명시적으로 그를 이렇게 부르지

Box 10.1 요한의 복음서의 예수의 표징들

예수가 요한의 복음서에서 행한 일곱 가지 기적적인 표징들은 다음과 같다.

- 물을 포도주로 바꿈(2:1-11)
- 카파르나움에서 왕의 신하의 아들 치유(4:46-54)
- 베데스다 연못에서 중풍병자 치료(5:2-9)
- 5천 명을 먹임(6:1-14)
- 물 위를 걸음(6:16-21)
- 장님으로 태어난 사람을 치유(9:1-12)
- 라자로를 죽은 자들 가운데서 살림(11:1-44)

예수는 이들 외에는 어떤 다른 공적인 기적도 행하지 않았지만 책 말미에는 다음과 같은 선언도 있다. "예수께서는 제자들 앞에서 이 책에 기록되지 않은 다른 기적들도 수없이 행하셨다. 이 책을 쓴 목적은 다만 사람들이 예수는 그리스도이시며 하느님의 아들이심을 믿고, 또 그렇게 믿어서 주님의 이름으로 생명을 얻게 하려는 것이다."(20:30-31)

않는다는 점이 흥미롭다. 그럼에도 불구하고, 서문의 다른 특정한 측면들은 복음서 전반에 걸쳐 반복된다. 예컨대 말씀이 "태초에" 하느님과 함께 있었다는 말은 나중에 "세상이 있기 전에" 아버지 곁에서 내가 누리던 그 영광(17:5)이라는 말로 다시 나타나고 "말씀은 하느님이었다"라는 말은 "아버지와 나는 하나이다"(10:30)라는 말로 나타나며 말씀이 "생명이었다"라는 말은 "나는 부활이요 생명이니"(11:25)라는 선언으로 다시 나타난다. "모든 사람을 비추는 참 빛이 세상에 왔다"라는 말은 "내가 이 세상에 있는 동안 나는 세상의 빛이다"(9:5)라는 말로, 말씀이 하늘에서 이 세상으로 왔다는 말은 "아버지께서 나를 보내셨다"(17:21, 25)는 말로 다시 나타나고, 말씀이 그의 백성들에게 배척을 받았다는 말처럼 예수는 "유대인"들에 의해 버림을 받고(12장) 나중에 부당하게 처형을 당한다.(19장)

보다 완전한 장르 비평적 분석은 서사에서 일찍이 벌어지는 몇몇 중요한 사건들을 조사하고 전체에 걸쳐 벌어지는 주요 사건들에 초점을 맞출 것이다. 나는 이 방법을 자세히 적용하기보다는 그것의 적용 가능성만을 소개한 후 줄거리의 중요한 전개 과정을 요약하고 서술 자체가 어떻게 구성되어 있는지만 알아보겠다.

서문이 끝난 후 복음서는 두 개의 주요 덩어리로 갈라진다. 처음 12장은 예수의 공적 사역 중 2-3년에 걸쳐(세 개의 다른 유월절Passover 잔치가 언급되기 때문에) 벌어진 사건들을 서술하는데, 세례 요한과 예수를 하느님으로부터 특별히 보내진 사람으로 깨닫는 몇 명의 그의 제자들로 이야기가 시작된다. 이 첫 번째 구획의 대부분은 자기 자신이 누구인지에 대한 예수의 선언(하느님을 드러내기 위해 보내진 존재)과 자신의 말이 사실임을 증명하기 위해 그가 행한 기적적인 '표징들signs'의 기록으로 채워진다. 예수는 모두 일곱 가지 표징(2, 4, 5, 6, 9, 11장에서)을 행하는데, 그 대부분은 예수의 선언과 직접 관련이 있다.(Box 10.1 참고) 예를 들어, 그는 빵 덩어리들을 늘리면서 자신이 "생명의 빵"(6:22-40)이라고 말하며, 눈먼 사람들의 눈을 뜨게 해주면서 자신이 "세상의 빛"(9:1-12)이라고 말하고, 죽은 사람을 일으켜 세우며 자신을 "부활이요 생명"(11:17-44)이라고 부른다.

예수의 공적 사역에는 표징들과 직접 관련이 없는 설교들도 포함되어 있다. 예를 들어 3장의 니코데모스, 4장의 우물가 사마리아 여인에게 예수는 자신의 정체를 상세히 설명한다. 이러한 자기 현시顯示의 이야기들은 예수가 원수들인 "유대인들"(Box 10.2 참고)에 의해 배척당했다는 이야기나 예수가 자신을 하느님이 보내신 사람으로 인정하지 않는 사람들을 비난하는 내용과 밀접하게 연결되어 있다.(5, 8, 10장 참고)

요한의 복음서의 줄거리는 다음과 같이 전개된다. 예수는 자신이 하느님에 대한 진실을 드러내기 위해 하늘에서 보낸 사람이라고 선포하고 자신의 말이 사실임을 증명하는 표징들을 행한다. 어떤 사람들은 그의 메시지를 받아들이지만, 대부분의 사람들, 특히 유대인 지도자들은 그것을 거부한다. 그는 그들이 믿지 못하는 것을 비난하고, 첫 번째 구획의 끝부분인 12장에서 더 이상 그들 사이에서 일하지 않기로 결심한다. 이 때부터 예수는 더 이상 유대인들에게 자신에 관한 선언을 하지 않고 자신의 정체를 증명하기 위한 표징을 행하지 않으면서 대중의 눈을 피한다.

13장이 시작되면 예수가 천국으로 돌아갈 시간이 이제 얼마 남지 않는다. 처음 12장이 2, 3년의 기간에 걸쳐 펼쳐졌던 반면, 13-19장은 24시간 사이에 진행된다. 이 장들은 예수와 제자들과의 마지막 식사 때 있었던 사건들과 설교들을 서술하는 것으로 시작한다. 예수는 제자들의 발을 씻기고(13:1-20) 자신이 곧 배신당할 것을 선언한 후(13:21-30) 흔히 "고별 담화Farewell Discourse"로 알려진, 모든 복음서에서 가장 긴 설교를 시작한다. 여기에서 예수는 자신이 곧 제자들을 떠나서 아버지한테로 돌아갈 것이라고 말한다. 그러나 그들은 실망하지 말아야 한다. 예수는 성령을 그들에게 보내어 그들을 돕고 인도할 것이다. 예수가 떠나면 그의 제자들은 세상의 믿지 않는 사람들에게 미움을 받을 것이다. 그러나 그들은 성령을 통해 예수가 그들 가운데 있다는 것을 확신하고, 그의 명령을 계속 수행해야 한다.

이 설교는 세 장 이상에 걸쳐 진행된다. 17장에서 예수는 자신이 돌아간 뒤에도 제자들이 신실하게 지닐 수 있도록 아버지께 마지막 기도를 드린다. 이 책의 나머지 부분인 18-21장은 공관복음서들에서 발견되는

Box 10.2 제4복음에서의 유대인들

여러분은 제4복음을 읽으면서 "유대인"이라는 말이 거의 항상 욕설에 가까운 부정적인 의미로 사용된다는 것을 깨닫게 될 것이다. 유대인들은 결과적으로 하느님에 대항하고 악마와 악의 세력의 편에 서는 예수의 적으로 묘사된다.(특히 8:31-59 참고) 이런 독설은 우리 귀에는 반유대주의적으로 들릴지도 모른다. 아니, 사실 그렇게 들려야만 한다. 우리가 이 책의 25장에서 보게 될 것처럼, 그런 비난을 억압과 박해에 대한 신성한 승인이라고 생각해온 사람들에 의해 오랫동안 증오의 폭력 행위가 저질러져왔다. 그러나 우리는 또한 반유대주의에 대한 우리의 현대적인 관념이 초기 그리스도교 문학에 나오는 그러한 용어들의 의미를 이해하는 데 방해가 될 수도 있다는 것을 알게 될 것이다.

유대인들에 대한 요한의 복음서의 이러한 혹독한 진술에도 불구하고 이곳에서도 예수와 그의 추종자들은 모세의 권위에 복종하고 유대교의 의례와 유대교 축제에 참여하는 유대인으로 묘사된다. 예수와 그의 추종자들이 유대인인데 어떻게 모든 유대인들을 하나로 묶어 하느님의 적으로 낙인찍는 것일까? 나중에 사회 역사적 관점에서 요한의 복음서를 고려하고 이 복음서 저자의 '적'이 도처의 모든 유대인이 아니라 그의 그리스도교 공동체에 반대해온 지역 유대교 회당의 '유대인들'임을 살펴볼 때 이 질문에 답하겠다. 지금으로서는, "유대인"은 이야기 전반에 걸쳐 반감을 나타내는 용어라는 것을 아는 것으로 충분하다. 앞으로 요한 자신의 말로 그것이 언급될 때는 인용 부호를 사용하겠다.

것과 거의 비슷하게 예수의 수난Passion과 부활을 보여준다. 그가 예언한 대로 예수는 제자 유다에게 배반을 당하고, 대사제의 심문을 받은 후 로마 총독 필라투스 앞에서 재판을 받으며 베드로는 예수를 부인한다. 유대인들 중 그의 원수들의 선동으로 그는 십자가에 못 박히고 아리마태아의 요셉에 의해 장사되지만 그 주 첫날에 죽은 사람들 가운데서 살아난다. 20장 21절에서는 추종자들에게 다양한 모습으로 나타난 예수가 그들에게 자신이 살아 있으면서도 신성한 존재임을 확신시킨다.

비교 관점에서의 요한의 복음서

네 번째 복음서의 가장 두드러진 특징 중 하나는 일부 요한의 복음서의 주제들이 우리가 지금까지 살펴본 다른 초기 그리스도교 저술들의 주제와 아주 극명한 대조를 이루고 있다는 것이다. 대충 책을 읽는 독자에게조차 요한의 복음서는 성서 안에 있는 나머지 세 개의 복음서들과 다소 다르게 보일 수 있다. 다른 복음서 어디에도 예수는 하느님의 말씀, 우주의 창조자, 하느님과 동등한 존재, 하늘에서 내려왔고 곧 돌아갈 존

재라고 소개되지 않는다. 다른 어느 곳에서도 예수는 자기를 보는 것이 아버지를 보는 것이고, 자기의 말을 듣는 것은 아버지의 말씀을 듣는 것이며, 자기를 거부하는 것은 아버지를 거부하는 것이라고 주장하지 않는다. 네 번째 복음서는 다른 복음서들과 정확히 얼마나 다를까? 이 질문에 대한 답을 얻기 위해서는 비교 연구 방법을 적용해봐야 한다.

내용의 비교

공관복음서들 사이의 중요한 차이들에도 불구하고, 그것들과 요한의 복음서를 비교하면 그것들 사이의 상대적인 공통점이 두드러진다. 공관복음서들의 중요한 이야기들을 나열한다고 가정해보자. 두 군데 복음서들에서 예수는 베들레헴에서 마리아라는 처녀에게 태어난다. 세 복음서들 모두에서 그의 공적 사역은 요한에게 세례를 받고 악마에게 광야에서 시험을 받는 것으로 시작된다. 그가 광야에서 돌아왔을 때 그는 다가오는 하느님의 나라를 선포하기 시작한다. 이 선언은 전형적으로 비유들을 통해 이루어진다. 사실, 마르코의 복음서(마르 4:33-34)에 따르면, 예수는 군중에게 비유를 통해서만 가르친다. 물론 예수는 가르침 외에 기적도 행한다. 마르코의 복음서에서 그의 첫 기적은 악

령을 내쫓는 것이었다. 예수는 공적 사역의 초기를 주로 악마를 내쫓고(다른 기적들과 함께) 비유로 가르치면서 보낸다. 이 복음서의 중간쯤에 그는 높은 산으로 올라가서 제자들 앞에서 변화하여 그들에게 그때까지 숨겨져 있었던 자신의 영광을 드러낸다. 예수는 이 책들(심지어 그런 사실이 가끔 인정되는 마태오의 복음서에서도)에서는 자신의 정체를 드러내놓고 말하지 않으며 그것을 알고 있는 악마와 다른 사람들에게 침묵을 지키라고 명령한다. 예수는 마지막에 제자들과 함께 마지막 식사를 하면서 빵(이것은 너희를 위하여 주는 내 몸이다)과 잔(이 잔은 내 피로 세우는 새 언약이다)을 나누어 주며 성만찬을 제정한다. 그 후 그는 겟세마네 동산으로 기도를 하러 가서 다가오는 고난을 면케 해달라고 신에게 간구한다. 결국 그는 당국에 의해 체포되어 산헤드린Sanhedrin의 유대인 권력자들에게 재판을 받고 신성모독죄로 유죄 판결을 받은 후 다시 로마인들에게 재판을 받고 처형당하도록 넘겨진다.

이 이야기들은 공관복음서에 나오는 예수의 행적의 근간이다. 신약성서를 가벼운 마음으로 읽는 사람들은 이런 이야기들 중 어떤 것도 요한의 복음서에는 나오지 않는다는 사실을 깨닫지 못할지도 모른다.

요한의 복음서 본문을 잘 읽어보라. 여기에는 베들레헴에서 예수가 태어났다거나 그의 어머니가 처녀라는 이야기(마르코의 복음서에서처럼 요한에서는 성인 예수가 등장한다)가 없다. 예수가 요한에 의해 세례를 받았다는 얘기도 명시적으로 나타나지 않는다. 그는 악마에게 시험을 받기 위해 황야로 가지도 않으며 다가오는 하느님의 나라를 선포하거나 비유를 말하지도 않는다. 예수는 이 복음서에서 악마를 내쫓지 않는다. 그는 자신의 영광을 제자들에게 드러내기 위해 변화산에 올라가지도 않고 다른 이들에게 자신의 신분을 비밀에 부치고 그것에 관해 침묵하도록 명령하지도 않는다. 예수는 이 복음서에서 성만찬을 집전하지 않으며, 겟세마네 동산에서 그의 운명에서 풀려나기를 기도하지도 않는다. 그는 산헤드린Sanhedrin에서 재판을 받거나 신성모독죄로 유죄 판결을 받지도 않는다.

그렇다면 요한의 복음서에서는 어떤 이야기들을 찾아볼 수 있을까? 요한의 복음서에 나오는 이야기들의 대부분은 요한의 복음서에만 나오는 것들로서 다른 곳

도판 10.1 제자들의 발을 씻기는 예수의 모습. 공관복음서에는 보이지 않는 이야기 중 하나로 6세기 로사노의 복음서 원고에서 묘사된 것이다.

에서는 찾아볼 수 없다. 예수, 그의 가족, 그의 남성 제자들, 몇몇 여성 신도들, 세례 요한, 유대인 지도자들, 카야파, 폰티우스 필라투스 그리고 바라바, 분명 이 복음서에도 공관복음서에 등장한 많은 인물들이 등장한다. 더구나 요한의 복음서와 공관복음서들 사이에는 비슷한 이야기들도 발견되는데, 예를 들어 5천 명을 먹인 것, 물 위를 걷는 기적 그리고 예수가 겪는 수난 서사와 관련한 많은 사건들—예수의 세례, 예루살렘 입성, 제자의 배신과 체포, 베드로가 세 번 그를 부정한 것, 로마인의 재판과 십자가형—이 그것들이다. 그러나 공관복음서의 대부분의 사건은, 수난 서사를 제외하고는, 요한의 복음서에서 발견되지 않는다. 요한의 복음서에 기록된 대부분의 언행은 요한의 복음서에서만 일어난다. 우리는 예수가 행한 가장 인상적인 기적들을 여기서만 만날 수 있다. 물을 포도주로 바꾸고(2장), 베데스다 연못가의 38년 된 병자를 고치

고(5장), 장님으로 태어난 사람의 시력을 회복시키고 (9장), 죽은 라자로를 살린 일(11장) 등이 그것들이다. 오직 요한의 복음서에서만 긴 대화들—니코데모스와의 대화(3장), 사마리아 여인과의 대화(4장), 유대인들 사이의 그의 적대자들과의 대화(5장과 8장), 제자들과의 대화(13~17장)—을 만난다. 내용면에서 보면, 요한의 복음서는 공관복음서들과 상당히 다르다.

강조점의 비교

요한의 복음서와 공관복음서들의 차이점은 그들이 공통적으로 가지고 있는 이야기에서 아마도 훨씬 더 두드러질 것이다. 두 곳에 모두 나타나는 어떤 이야기라도 주의 깊게 비교하면 그 차이를 알 수 있다.(우리는 5장에서 예수의 죽음을 비교했다.) 요한의 복음서 전체에 걸쳐 이런 현상을 철저히 연구하면 몇 가지 근본적인 차이가 드러날 것이다. 여기서 우리는 예수의 많은 행동과 말에 영향을 미치는 두 가지 차이점을 살펴보겠다.

첫째, 행동이다. 예수는 요한의 복음서에서는 공관복음서에서처럼 많은 기적을 행하지는 않지만 이곳의 기적들은 대부분 훨씬 더 이목을 끌 만한 것들이다. 공관복음서에서와는 달리 예수는 자신의 능력을 감추기 위해 아무 노력도 하지 않는다. 오히려, 그는 자신이 누구인지 알리기 위해 공개적으로 기적을 행한다. 더 쉬운 이해를 위해 우리는 유사한 두 가지 이야기들을 비교해볼 수 있다. 공관복음서의 야이로의 딸(마르 5:21~43)과 요한의 복음서의 라자로(요한 11:1~44)에 관한 이야기를 직접 읽어보라. 두 이야기에서 모두 아픈 환자의 친척들이 예수한테 도움을 청하러 가지만 예수가 도착할 무렵에는 이미 환자들이 죽어서 상을 치르고 있다. 예수는 죽은 이가 "잠들었다"(죽음의 완곡어법)고 말한다. 그 자리에 있던 사람들은 그가 너무 늦게 와서 아무것도 할 수 없다고 생각하지만 예수는 죽은 사람에게 다가가서 말을 한 후 그를 살린다. 두 이야기 모두 살아난 사람들을 잘 돌보라는 예수의 당부로 끝난다.

Box 10.3 공관복음서에는 있지만 요한의 복음서에는 없는 내용은?
요한의 복음서에는 있지만 공관복음서에는 없는 내용은?

다음은 요한의 복음서에서는 볼 수 없지만 공관복음서에서는 찾을 수 있는 전승들 중 일부이다. 보다시피, 이것들은 초기 복음서에서 가장 중요한 이야기들 중 일부이다. 하지만 요한의 복음서에는 들어 있지 않다!
• 예수가 베들레헴에서 처녀에게 태어난 것(마태오와 루카의 복음서에만 등장)
• 예수의 세례
• 황야에서 예수가 시험을 당한 것
• 예수가 악령을 내쫓은 것
• 예수가 들려준 우화들
• 변화산에서의 예수
• '성찬식'을 주관한 예수
• 겟세마네 동산에서의 예수의 기도
• 산헤드린에서 재판받은 예수

다음은 공관복음서가 아닌, 요한의 복음서에서만 발견되는 전승이다. 이들은 요한의 복음서에서도 가장 중요한 구절들의 일부이다.
• 물을 포도주로 바꾸는 예수
• 베데스다 연못에서 치유를 베푼 예수
• 장님으로 태어난 사람을 치유하는 예수
• 라자로를 죽음에서 살린 예수
• 예수가 니코데모스와 나눈 대화("당신은 다시 태어나야 한다.")
• 예수가 사마리아 여인과 나눈 대화
• 예수의 5장에 걸친 '고별 담화'
• "나는 —이다"라는 진술들(나는 생명의 빵이다, 나는 세상의 빛이다, 나는 곧 부활이요 생명이다, 나는 길이요, 진리요, 생명이다. 나를 통하지 않고 아무도 아버지께 올 자가 없다, 아브라함 전에 내가 있었다 등)

두 이야기는 비슷하지만 기적이 묘사되는 세부 사항에서 차이가 있다. 우선 마르코의 이야기에서 예수는 군중 속에서 누군가를 만나게 되어 길이 지체되고 그사이에 어린 소녀가 죽는다. 반면에 요한의 복음서에서 예수는 라자로가 죽을 때까지 일부러 멀리 머문다.(11:6) 왜 그는 라자로가 죽기를 기다렸을까? 예수는 "이제 그 일로 너희가 믿게 될 터이니 내가 거기 있지 않았던 것이 오히려 잘된 일이다. 그곳으로 가자"(11:15)라고 분명히 우리에게 말한다. 요한의 복음서에서는 예수가 죽은 사람들 가운데서 그를 살리고 그를 통해 그가 누구인지 다른 사람들에게 확신을 줄 수 있도록 하기 위해서 라자로는 죽어야만 한다. 예수 자신이 말하듯, "그것으로 오히려 하느님의 영광을 드러내고 하느님의 아들도 영광을 받게 될 것이다."(11:4)

이 이야기들 사이에는 또 다른 중요한 차이가 있다. 마르코의 복음서에서 예수는 그녀의 부모와 그의 제자 세 명만 지켜보는 가운데 소녀를 살린다. 요한의 복음서에서 예수는 군중이 지켜보는 가운데 기적을 일으킨다. 우리는 왜 마르코가 예수가 비밀리에 기적을 행하는 것으로 묘사하고 싶었을지에 대해 알아봤었다. 하지만 요한은 왜 사람들의 눈앞으로 기적을 불러냈을까? 요한의 복음서를 자세히 연구하면 그 이유를 알 수 있을 것이다. 공관복음서들과 달리 이 네 번째 복음서는 기적을 이용하여 사람들에게 예수가 누구인지를 확신시킨다. 예수는 요한의 복음서에서 "너희는 기적이나 신기한 일을 보지 않고서는 믿지 않는다"(요한 4:48)라고 말한다.

공관복음서에서 예수가 자신의 정체를 증명하기 위해 기적을 행하기를 거부하는 것은 주목할 만하다. 바리사이파와 사두가이파 사람들이 와서 하늘에서 오는 표징을 보여 달라고 요청하자(마태 16:1), 악하고 음탕한 세대가 표징을 구하나 예언자 요나와 솔로몬의 표징(두 사람 다 그들의 선언으로 믿지 않는 자들을 개종시켰다)밖에는 보일 표징이 없다고 말하며 거절한다. 비슷한 교훈이 공관복음서 속 예수가 황야에서 시험을 받는 이야기(마태 4:1-11; 루카 4:1-13)를 통해 전해진다. 예수는 신전 꼭대기에서 뛰어내리라는 유혹을 받는다. 독자들은 어떻게 이것이 유혹이 될 수 있을

지 궁금할 수 있다. 40일 동안 단식을 하고 나면 돌을 빵으로 바꾸려는 유혹을 느낄 수 있겠지만 누가 10층 높이의 절벽에서 뛰어내리려고 하겠는가? 성서 본문에 설명이 나온다. 예수가 뛰어내리면 하느님의 천사들이 그가 바닥에 닿기 전에 그를 잡아 올릴 것이다. 이곳은 다른 곳도 아닌 예루살렘 신전이었다. 예수가 뛰어내리면 신전 아래에 있는 신실한 유대인들의 무리는 예수를 위한 초자연적인 신의 개입을 보게 될 것이고 예수의 정체에 확신을 가지게 될 것이다. 공관복음서의 유혹의 서사에서 기적을 행함으로써 자신의 정체를 증명하라는 악마의 유혹을 받았을 때 예수는 이에 저항한다.

표징에 대한 요구나 황야에서의 유혹의 이야기, 어떤 것도 요한의 복음서에서는 찾아볼 수 없다. 이 복음서에서 예수는 자신의 정체가 드러날까봐 기적을 사용하기를 거부하기는커녕 정확하게 그 목적을 위해 기적을 행한다. 이 네 번째 복음서는 실제로 예수의 놀라운 행위들을 "기적miracles"(이 말의 그리스어는 '힘의 입증' 같은 것을 의미한다)이라고 부르지도 않는다. 요한의 복음서에서는 그런 행위들을 "표징sign"이라고 부른다. 왜냐하면 그것들은 예수가 누구인지를 나타내는 표징이기 때문이다.

그렇다면 요한의 복음서에 나오는 기적적인 행위의 기능은 무엇일까? 공관복음서들에서와는 달리 그것들은 사람들에게 예수의 정체를 확신시켜 더욱 그를 믿을 수 있도록 공개적으로 행해진다. 이 목적은 예수의 놀라운 행위들의 의의에 대한 요한의 복음서 저자의 결론에서 명백하게 드러난다. "예수께서는 제자들 앞에서 이 책에 기록되지 않은 다른 기적들도 수없이 행하셨다. 이 책을 쓴 목적은 다만 사람들이 예수는 그리스도이시며 하느님의 아들이심을 믿고, 또 그렇게 믿어서 주님의 이름으로 생명을 얻게 하려는 것이다."(요한 20:30-31)

예수의 기적에 대한 요한의 독특한 이해는 예수의 가르침에 대한 그의 독특한 묘사와 다시 연결된다. 독자들은 공관복음서에서 예수가 자신에 대해 거의 말하지 않는다는 것을 알아차렸을 것이다. 그곳에 있는 그의 메시지들은 곧 도래할 하느님의 나라와 거기에 대비하기 위해 사람들이 무엇을 해야 할지에 대한 것이

도판 10.2 라자로의 여동생 마리아가 도와달라고 애원하는 가운데 예수가 그를 살리고 있다. 은으로 만들어진 5세기의 상자 뚜껑.

었고 그것을 위해 그가 즐겨 사용하던 가르침의 방식은 비유였다. 그러나 요한의 복음서에서 예수는 비유로 말하지 않는다. 그는 천국의 도래를 선포하지도 않는다. 대신 그는 자신이 하느님이 보낸 존재임을 밝히는 데 메시지를 집중한다.(Box 10.4 참고)

제4복음서에서 예수는 아버지에게서 내려와 곧 아버지께로 돌아갈 것이었다. 오직 그의 메시지를 통해 영생을 얻을 수 있고 그는 하느님과 동격이다. 그는 세상 이전에 존재했고 하느님의 영광을 드러낸다. 오직 그의 메시지를 받은 사람만이 하늘나라에 들어갈 수 있고, 오직 그들만이 빛 가운데 있으며, 오직 그들만이 진리로 들어갈 수 있다. "나는 길이요 진리요 생명이다. 나를 거치지 않고서는 아무도 아버지께 갈 수 없다."(14:6)

예수는 공관복음서에서 자신에 대해 거의 말하지 않지만, 반면 요한의 복음서에서는 그가 말하는 것의 거의 대부분이 자신에 관한 것이다. 그가 말하는 것과 그의 행위 사이에는 밀접한 관계가 있다. 그는 자신이 세상에 생명을 불어넣도록 하느님이 보낸 존재라고 밝히며 자신의 말이 사실임을 보여주기 위해 기적들을 행한다.

요컨대, 요한의 복음서는 내용과 강조점들 그리고 예수의 말과 그의 행적에 있어서 공관복음서와 현저하게 다르다. 처음에 언급했듯이 역사가들은 예수에 대한 이런 다른 묘사들을 설명하려고 노력해야 한다. 그들의 방법들 중 하나는 사회-역사적 방법을 사용하는 것이다. 그러나 이 방법이 어떻게 작동하는지를 살펴보기 전에, 우리는 편집 비평적 접근 방법을 통해 요한

의 복음서의 어떤 중요한 특징들이 밝혀질 수 있을지를 찾아보아야 한다.

편집 비평적 접근 방법에서 본 요한의 복음서

앞서 살펴보았듯 저자가 자신의 글을 쓰기 위해 자료들을 어떻게 활용했는지 이해하기 위해 편집 비평적 방법을 사용할 수 있다. 학자들은 이 방법을 마태오의 복음서와 루카의 복음서에서 성공적으로 사용했으며, 그곳에서 사용된 두 가지 원자료들을 거의 논리적으로 확실하게 상정했다.(마르코의 복음서와 Q 자료) 하지만 요한의 복음서의 경우 이 방법을 사용할 이유는 매우 미약한데 그것에 사용된 원자료들을 재건하기가 아주 어렵기 때문이다. 그럼에도 불구하고 요한도 예수에 대한 자신의 이야기를 어딘가에서 가져왔음에 틀림없다.(왜냐하면 분명 그 혼자서 그 이야기들을 다 쓰지 않았다는 것이 명백하기 때문이다.)

한 가지 끊임없이 제기되어온 질문은, 요한이 공관복음서를 사용했는지 여부이다. 이 문제는 다소 난해하기 때문에, 우리는 지금 당장 그 복잡한 문제로 뛰어들 수는 없다. 대신, 왜 많은 학자들이 그가 공관복음서를 사용하지 않았다고 생각하는지 간단히 설명하겠다.

우리가 이미 본 바와 같이, 하나의 문서가 다른 문서의 자료 역할을 한다고 가정하는 주된 근거는 둘 사이에 광범위한 유사성이 있을 때이다. 그들이 같은 이야기를 같은 방식으로 할 때, 그들은 문학적으로 서로 관련이 있어야 한다. 마태오, 마르코, 루카는 많은 경우 종종 단어까지 서로 일치하기 때문에 그들은 공통된 자료를 가지고 있었다고 볼 수밖에 없다. 이것은 요한의 복음서에는 해당되지 않는다. 예수 수난의 서사 외에 요한의 복음서의 이야기는 대부분 요한의 복음서에만 존재할 뿐이고 공관복음서의 이야기들은 대부분 요한의 복음서에서는 찾아볼 수 없다. 만약 이 저자가 공관복음서를 자료로 사용했다면, 왜 그렇게 많은 이야기를 생략했을까? 아니, 더 정확히 말하자면, 그들이 공유한 이야기에서조차도 똑같이 일치하는 부분들이 별로 없는데 왜 요한의 복음서가 공관복음서를 자료로

Box 10.4   예수와 요한의 복음서에 나오는 "나는 ― 이다" 진술들

독자들은 예수가 공관복음서들보다 요한의 복음서에서 자신에 대해 훨씬 더 많이 말한다는 것을 알고 있을 것이다. 예수는 자신에 관해 "나는 ― 이다"라는 표현을 마르코와 루카의 복음서에서 두 번씩(마르 6:50; 14:62; 루카 22:27; 24:39) 그리고 마태오의 복음서에서 다섯 번(11:29; 14:27; 18:20; 27:43; 28:20) 사용했다. 요한의 복음서에서는 예수는 자신에 관해 총 46번 그 표현을 사용한다! 예수가 요한의 복음서에서 자기 자신에 관해 밝힌 중요한 "나는 ― 이다" 형식의 진술들 중에는 자신을 상징적으로 표현한 일곱 가지 사례가 있다. "내가 바로 생명의 빵이다."(6:35, 51), "나는 세상의 빛이다."(8:12) "나는 양이 드나드는 문이다."(10:7, 9) "나는 착한 목자이다."(10:11, 14) "나는 부활이요 생명이다."(11:25) "나는 길이요 진리요 생명이다."(14:6) 그리고 "나는 참 포도나무다."(15:1) 이 모든 이미지들은 예수가 하느님과 영생으로 가는 길로서 절대적으로 중요하다는 것을 보여준다.

제4복음서의 다른 몇몇 장소에서 예수는 그저 "내가 그이다"라고 자신을 설명한다. 가장 놀라운 사건은 8장 58절에 나온다. 예수의 반대자들은 그가 유대인들의 조상인 아브라함을 언급하는 것에 분노한다. 예수는 아브라함보다 자신이 더 위대하다는 것을 보여주기 위해, "정말 잘 들어 두어라. 나는 아브라함이 태어나기 전부터 있었다"라고 대답한다.(8:24, 28; 13:19 참고) 예수는 단순히 여기서 자신이 매우 나이가 많다고 주장하는 것 같지는 않다.(아브라함은 약 1,800년 전 사람이었다.) 스스로를 "나는 ― 이다"라고 칭함으로써 그는 실제로 하느님의 이름을 취하고 있는지도 모른다. 유대교 성서에서 이스라엘 백성을 도우라고 하느님이 모세를 보낼 때 그는 하느님에게 이름을 묻는다. 그때 하느님은 "'나는 곧 나다' 하고 대답하시고, 이어서 말씀하셨다. 너는 '나를 너희에게 보내신 분은 나다라고 하시는 그분이다' 하고 이스라엘 백성에게 일러라."(출애 3:14) 모세에게 알려진 하느님의 이름이 "나는 있는 나다 I am who am"인데, 스스로를 "나는 ― 이다 I am"라고 칭하는 요한의 복음서의 예수는 자신이 하느님임을 자처하는 것일까? 그의 말을 듣던 청중들은 그렇게 이해한 것 같다. 그들은 신성모독죄로 그를 처형하기 위해 즉시 돌을 줍는다.

사용했다고 생각해야 할까?

신약성서에 실린 글들의 상호 관계를 생각할 때, 고대 세계에서는 오늘날처럼 책이 출판되지 않았다는 것을 명심해야 한다. 현대 세계에서는 책이 전 세계적으로 대량 생산되고 판매되고 있으며, 사본들이 배포되는 데에 길어야 몇 주가 걸린다. 고대 세계에서는 책이 한 권씩 복사되었고 배포도 제멋대로였다. 동일 지역 내 문헌은 광고되지도 않았고, 책의 흐름은 무작위적이고 통제되지 않았다. 예를 들어 루카의 복음서가 소아시아에서 만들어졌다고 가정하자. 알렉산드리아의 그리스도교인들은 몇 년이 지나서야 그것에 대한 이야기를 듣게 되었을지도 모른다. 마태오가 시리아에서 태어났다면 코린토스의 그리스도교인들은 그 책에 대해 수십 년 동안 몰랐을 수도 있다. 그러므로 단순히 요한의 복음서가 공관복음서가 집필된 후 10, 15년 후에 쓰였다고 해서 요한의 복음서의 저자가 공관복음서에 대해 알았을 것이라는 보장은 없다. 오히려 둘 사이에 존재하는 큰 차이점들을 볼 때, 아마도 요한의 복음서의 저자는 그것의 존재를 알지 못했을 것이다.

그렇다면 요한의 복음서와 공관복음서가 가끔 비슷한 이야기들을 하는 것은 어떻게 설명할 수 있을까? 가장 간단한 설명은 그들이 예수에 대해 떠도는 구전 전승들traditions로부터 각자 이야기를 채집했을 것이라는 것이다. 예수에 대한 기록이 있는 곳이든 그렇지 않은 곳이든 세계 각 지역의 그리스도교 공동체들에는 같은 이야기들이 전해졌을 것이다. 예수의 수난 서사가 한 예이다. 여러 장소의 그리스도교인들은 예수가 어떻게 자신의 제자 중 한 명에게 배반당했는지, 다른 제자에게 부정당하고, 나머지 모든 제자들에게 버림받고, 유대교 지도자들에 의해서 폰티우스 필라투스에게

도판 10.3 이탈리아 라벤나에 있는 바실리카(대성당)의 모자이크. 예수가 우물에서 사마리아 여인과 대화하는 모습을 보여준다.

넘겨지고, 유대인의 왕임을 자처했다는 이유로 십자가에 못 박혔는지에 대해 이야기를 한 것으로 보인다. 요한의 복음서와 공관복음서에 나타나는 그런 이야기들의 유사성은 그저 각각의 공동체에서 전해지던 구전 전승의 연관성에서 비롯되었을 수 있다.

요한의 복음서에 사용된 자료의 증거

그러나 요한이 공관복음서를 자료로 사용한 것처럼 보이지 않는다고 해서 그가 다른 문서들을 사용하지 않았다는 뜻은 아니다. 학자들은 실제로 그가 그랬다는 것을 암시하기 위해 세 가지 증거를 제시한다.

문체의 차이 모든 작가는 독특한 문체를 가지고 있다. 어떤 사람의 문체에 충분히 익숙해지면 글을 보는

것만으로 그것이 누구의 작품인지 알아볼 수 있다. 예를 들어, 만약 누군가가 제임스 조이스의 글을 마크 트웨인의 이야기에 삽입한다면 신중한 독자는 그 차이를 즉시 알아차릴 것이다. 주제의 차이는 차치하고라도 문체의 변화가 그것을 즉시 알려줄 것이다.

제4복음서에서는 그렇게 과격할 정도의 문체의 변화는 보이지 않지만 다른 작가들로부터 나온 것으로 보이는 구절들이 있다. 우리가 이미 잠깐 살펴보았던 요한의 복음서의 서문을 예로 들자면, 학자들은 이 시적인 구절의 성격이 나머지 서술들의 성격과는 전혀 다르다고 주장한다. 그것은 마치 그리스도를 찬양하기 위해 작곡된 찬송처럼 보일 정도다. 예를 들어, "말씀"에 관한 다양한 문장이 주요 단어에 의해 어떻게 연결되어 있는지, 그래서 한 문장의 끝이 다음 문장의 시작

과 일치하는지 주목하여 보라. 이런 패턴은 원어인 그리스어로 읽었을 때 더욱 쉽게 알 수 있지만 해석된 문장으로도 그것을 볼 수 있다. "태초에 천지가 창조되기 전부터 말씀이 계셨다. 말씀은 하느님과 함께 계셨고 하느님과 똑같은 분이셨다. (……) 생겨난 모든 것이 그에게서 생명을 얻었으며 그 생명은 사람들의 빛이었다. 그 빛이 어둠 속에서 비치고 있다. 그러나 어둠이 빛을 이겨본 적이 없다."(1:1-5)

흥미롭게도 이 세심한 시적 패턴은 주제가 말씀에서 세례 요한에 대한 논의로 옮겨 가는 두 곳에서 깨어진다.(1:6-8, 15) 즉, 원래의 찬송에는 이 구절들이 포함되지 않았을 수도 있다. 그것들을 제거하면 문장들이 흐트러짐 없이 아주 부드럽게 흐른다는 것을 볼 수 있다.

예수에 대한 전기적인 설명이 시작되는 부분에 위치한 이 찬송을 요한의 복음서의 저자가 아닌 다른 사람이 썼을 가능성이 있을까? 대부분의 학자들은 이것이 전적으로 가능한 일이라고 생각한다. 예수가 말씀이 육화된 존재라는 서문의 중심 주제는 이곳 외에는 복음서 전체 어디에도 보이지 않는다. 이것은 이 첫 구절을 쓴 사람이 이야기의 나머지를 쓰지 않았다는 것을 보여줄 수도 있다. 우리는 다른 작가들을 이곳에서 보고 있을지도 모른다.

반복 이 복음서에는 중복처럼 보이는 몇 구절이 있는데, 비슷한 서술이 약간 다른 단어들로 반복된다. 이러한 구절들은 서로 다른 출처에서 나온 것일 수 있다. 예를 들어, 14장과 16장(고별 담화의 일부)은 주요 주제에서 현저하게 유사하다. 두 장에서 예수는 자신은 세상을 떠나지만 제자들에게 슬퍼하지 말라고 말한다. 성령이 대신 올 것이기 때문이다. 제자들은 세상으로부터 미움을 받을 테지만 그들 가운데 있는 성령으로부터 가르침을 받고 힘을 얻을 것이다. 왜 이 메시지가 같은 말로 두 번이나 주어졌을까? 강조를 위해 반복했다고 말할지도 모르지만 그보다는 단순한 중복처럼 보인다. 또 다른 설명은 저자가, 예수가 제자들에게 남긴 마지막 말의 자료를 두 가지 버전—전반적인 주제에서는 비슷하지만 표현이 다소 다른—으로 가지고 있었는데, 복음서를 쓰면서 두 가지를 모두 포함시켰다

는 것이다.

문학적 봉합선의 존재 한 복음서의 자료에 대한 앞의 두 가지 주장은 설득력이 떨어져 보일 수도 있다. 그러나 세 번째 증거는 잠시 우리를 아연하게 만들 것이다. 요한의 복음서의 서술에서 일관성이 흐트러지는, 문학적인 봉합선이라 불릴 만한 곳이 존재한다는 사실은 요한의 복음서의 저자가 그의 글을 쓸 때 몇 가지 자료들을 사용했다는 가장 강력한 증거를 제공한다.

여러 자료를 한데 모아 책을 만드는 작가들은 항상 깔끔하게 작품을 봉합하지 못하고 때로는 문학적 봉합선을 남긴다. 제4복음서의 저자는 허술한 작가는 아니었지만 그런 흔적을 몇 군데 남겼는데, 주의 깊게 살펴보면 그 흔적이 뚜렷하게 보인다. 여기 몇 가지 사례들이 있다.

1. 2장에서 예수는 갈릴래아 카나에서 물을 포도주로 바꾸는 "첫 번째 기적"(2:11)을 행한다. 4장에서는 유대에서 갈릴래아로 돌아온 뒤 카파르나움 관리의 아들을 치유하는 "두 번째 기적"(4:54)을 행한다. 요한의 복음서 2장 23절은 예수가 "예루살렘에 머무르시는 동안 여러 가지 기적을 행하셨는데, 많은 사람들이 그것을 보고 예수를 믿게 되었다"고 한다. 첫 번째 표징과 그 이후 행해진 기적들의 이야기가 나온 후 4장에서 두 번째 기적을 말하는 것을 어떻게 설명해야 할까? 이것이 문헌 봉합의 예이다. 잠시 후에 나는 어떻게 이것이 저자가 다양한 자료들을 사용했다는 사실을 보여주는지 설명하겠다.(일부 영어 번역본은 그리스어를 번역하는 방식으로 이 문제를 피한다. 그리스어 기록은 이것이 예수가 유대에서 온 후 갈릴래아에서 행한 두 번째 표징이라고 말하는 것이 아니라, 예수가 유대 지방에서 온 후 행한 두 번째 표징이라고 말하고 있는 것처럼 보인다.)

2. 2장 23절을 보면 예수는 유대의 수도 예루살렘에 있다. 그곳에서 그는 3장 21절까지 니코데모스와 토론을 한다. 그 뒤의 본문을 보면 "그 뒤에 예수께서는 제자들과 함께 유대 지방으로 가셔서"(3:22)라는 구절이 나온다. 그러나 그들은 이

미 유대의 땅, 그 수도에 와 있다. 또 다른 문헌 봉합의 사례다.(일부 현대 번역은 22절을 '유대의 시골'에 들어갔다고 그릇 번역함으로써 이 문제를 극복했지만, 그것은 그리스어 '땅'의 의미는 아니다.)

3. 5장 1절에서 예수는 예루살렘으로 가고 5장 전체에 걸쳐 사람들을 치유하고 가르친다. 그러나 5장이 끝난 후 저자는 "그 뒤 예수께서는 갈릴래아 호수 건너편으로 가셨는데"(6:1)라고 말한다. 그가 이미 호수 한쪽에 있지 않다면 사용할 수 없는 말이다. 하지만 그는 갈릴래아 호수 근처가 아니라 유대의 예루살렘에 있었다.

4. 예수가 제자들과 함께 마지막 식사를 할 때에 베드로는 "주님, 어디로 가시겠습니까?"(13:36)라고 묻는다. 몇 구절 뒤에, 토마는 예수한테 "주님,

저희는 주님이 어디로 가시는지도 모르는데 어떻게 그 길을 알겠습니까?"(14:5)라고 말한다. 얼마 후에 예수는 "나는 지금 나를 보내신 분에게 돌아간다. 그런데도 '어디로 가십니까?' 하고 묻는 사람이 너희 가운데 아무도 없다"(16:5)라고 말한다.

5. 거의 한 장 반에 가까운 가르침 후에 예수는 제자들에게 "자, 일어나 가자"(14:31)라고 말한다. 독자들은 그들이 일어나서 길을 떠날 것으로 생각할지 모르지만 예수는 "나는 참 포도나무요 나의 아버지는 농부이시다"(15:1)라고 또 다른 담화를 시작한다. 이 담화는 단지 문밖으로 나가는 길에 전하는 몇 마디 말이 아니다. 담화는 15장, 16장을 거쳐 17장 모두를 차지하는 기도로 이어진다. 예수와 제자들은 18장 1절이 되어서야 길을 떠난다.

Box 10.5 예수는 자신을 신이라고 불렀을까?

"예수는 자신에 대해 뭐라고 말했을까?" 이 질문이 흥미롭다. 좀 더 구체적으로 말하자면 "예수는 자신을 하느님이라고 부른 적이 있을까?"라는 질문일 것이다. 마태오의 복음서, 마르코의 복음서, 루카의 복음서에서 예수는 결코 자신이 하느님이라고 말하지 않는다. 그는 자신이 사람의 아들이고, 반드시 죽임을 당하고 부활해야 한다고 말하며, 자신이 메시아임을 인정한다. 그러나 이 복음서들에서 그의 가르침의 대부분은 자신에 관한 것이 아니다. 하느님과 다가올 신의 왕국 그리고 그것을 준비하면서 살아가는 방식에 관한 것이다.

요한의 복음서에서는 그렇지 않다. 요한의 복음서에서 예수는 거의 전적으로, 자신이 누구인지, 그와 아버지와의 관계, 어떻게 그가 영생을 가져올 수 있는 진리를 하늘에서 세상에 가져왔는지, 자신에 대해 가르친다. 그리고 그는 자신에 대해 주목할 만한 주장을 한다. 이런 주장들은 요한의 복음서 외에서는 찾아볼 수 없다.

예를 들어 자신을 믿지 않는 유대인들에게 예수는 "나는 아브라함이 태어나기 전부터 있었다"(8:58)고 말한다. 아브라함은 1,800년 전에 살았는데 예수는 자신이 그 전에도 존재했다고 주장하는 것이다. 더 나아가

그는 자신에 대해서 하느님의 이름인 "나는 스스로 있는 자다"("I am")를 주장하고 있다.(나는 ─ 이다; 출애 3:13-14 참고) 그의 유대인 배척자들은 그가 무슨 말을 하는지 정확히 알고 있다. 그들은 그를 신성모독으로 처형하기 위해 돌을 줍는다. 2장 후, 그는 다시 "아버지와 나는 하나이다"(요한 10:30)라고 주장한다. 그들은 다시 한 번 예수를 처형하기 위해 돌멩이를 고른다. 나중에 그는 제자들에게 "나를 보았으면 곧 아버지를 본 것이다"(14:9)라고 말한다.

그가 신이라는 예수의 가르침은 요한의 복음서의 다른 구절들과 관련이 있다. 서문에서 나오는 "태초에 천지가 창조되기 전부터 말씀이 계셨다. 말씀은 하느님과 함께 계셨고 하느님과 똑같은 분이셨다"(1:1)와 마지막에 나오는 토마의 고백 "나의 주님, 나의 하느님!"(20:28)이 그런 구절들이다.

요한에게 예수는 분명히 하느님이다.(성부 하느님은 아니지만 하느님과 동격?) 왜 이런 말들이 이전의 복음서들에는 나오지 않는 것일까? 마태오와 마르코, 루카도 예수가 그런 말을 했다는 것을 알았다면 독자들에게 말하고 싶어 하지 않을까?

예수는 왜 일어나서 가자라고 말을 한 후 세 장이 지나도록 길을 떠나지 않은 것일까?

독자들은 오랫동안 이런 종류의 문헌적 문제들을 설명하기 위한 다양한 방법들을 고안해냈지만, 아마도 작가가 자신의 이야기에 서로 출처가 다른 문장들을 엮어 넣었다는 게 가장 간단한 설명일 것이다. 이 이론이 어떻게 작용하는지를 보여주기 위해 우리는 고별 담화를 살펴볼 수 있다. 이 부분에 있는 여러 가지 문제들을 상기해보자. 14장과 16장에는 소재의 반복이 있는 것처럼 보이고, 여기에는 적어도 두 개의 문헌상의 '봉합선'이 있는데, 하나는 예수가 어디로 가는가의 문제(13:36; 14:5; 16:5)와, 다른 하나는 예수가 그들 모두에게 일어나 떠나자고 명령하는 문제(14:31; 18:1)와 관련이 있다.

출전이 존재한다는 이론은 이러한 문제들을 해결할 수 있다. 예를 들어 저자가, 예수가 제자들과의 마지막 식사를 하고 있을 때 일어난 일에 대해 두 개의 다른 이야기(A와 B)를 가지고 있다고 가정해보자. A가 현재 요한의 복음서의 13장, 14장, 18장에 위치한 이야기를, B가 15장, 16장, 17장의 이야기라고 가정하자(도판 10.4 참고). 만약 요한의 복음서의 저자가 14장 끝과 18장 시작 사이에 두 개의 이야기를 연결하여 삽입했다면 이것은 모든 문제를 설명할 수 있을 것이다. 14장과 16장 사이에 같은 사건이 나오는 것은 저자가 같은 사건의 두 가지 이야기를 모두 사용했기 때문이다. 또, 예수가 "나는 지금 나를 보내신 분에게 돌아간다. 그런데도 '어디로 가십니까?' 하고 묻는 사람이 너희 가운데 아무도 없다"라고 말한 이유는 B의 장들에서(15-17장) 아무도 그가 어디로 가느냐고 묻지 않았기 때문이다. 베드로와 토마의 질문은 원래 다른 이야기(A)에 나오는 것이었을 뿐이다. 마침내, A 이야기에서 예수가 "일어나 가자"라고 말하자, 예수와 제자들은 곧 일어나서 떠났다. 하지만 요한의 복음서 최종본에서는 B 이야기들이 A 이야기에서 함께 연결되어 있던 두 구절(14:31과 18:1) 사이에 삽입되었기 때문에 그들은 세 장이 더 진행될 때까지 일어나서 가지 않는다.

요한의 복음서의 출전의 성격

그러므로 제4복음서 뒤에 있는 문헌의 출처에 관한 이론은 요한의 복음서 서술의 많은 문제들을 설명할 수 있다. 이 자료들은 지금은 존재하지 않지만, 우리는 그것들에 대해 추론을 해볼 수 있다.

표징 자료 우리가 살펴본 일부 봉합선들은 예수가 하느님의 아들, 메시아messiah, the Son of God라는 것을 보여주는 표징들을 묘사한 자료들을 삽입함으로써 생긴 것처럼 보인다. 요한의 복음서에는 일곱 가지 표징이 나온다. 이 표징들은 원자료에 그렇게 나와 있었을 수도 있다. 독자들은 7이 하느님의 완벽한 숫자라는 것을 기억할지 모른다. 일곱 개의 표징이 나온다는 것은 우연일까?

원자료는 예수가 행한 표징들을 순서대로 기술하고 각각의 기적이 몇 번째인지 설명했을지도 모른다.("이것은 예수가 행한 첫 번째 표징이다", "이것이 두 번째

도판 10.4 고별 담화의 자료들.

표징이다" 등) 만약 그렇다면, 요한의 복음서의 저자는 처음 두 개의 표징을(2:11과 4:54) 열거했지만 어떤 이유에서인지 다른 표징들을 제거했다. 그러나 처음 두 가지를 유지함으로써 이야기에 봉합선이 생기게 되었는데, 예수가 그 두 가지 표징들 사이에 다른 표징들을 행하기 때문이다.(2:23)

표징 자료sign source에는 죽은 라자로를 살린 가장 인상적인 표징 다음에 나오는 20장 30-31절, "예수께서는 제자들 앞에서 이 책에 기록되지 않은 다른 기적들도 수없이 행하셨다. 이 책을 쓴 목적은 다만 사람들이 예수는 그리스도이시며 하느님의 아들이심을 믿고, 또 그렇게 믿어서 주님의 이름으로 생명을 얻게 하려는 것이다"라는 결론이 붙어 있었을지도 모른다. 이 표징들이 실린 자료는 예수의 기적적인 행위를 통해 유대인들에게 예수의 정체를 믿게 하기 위한 일종의 선교 문서였을 것이다. 어느 순간 그것에 묘사된 사건들은 그것들과 밀접한 관련이 있는 예수의 말과 결합되었을 것이다. 그리하여 요한의 복음서에서는 예수가 5천 명을 먹일 뿐만 아니라 자신이 생명의 빵임을 자처하며, 맹인을 치유하는 것에 그치지 않고 자신이 세상의 빛임을 자처하며, 죽은 자를 살릴 뿐만 아니라 자신이 부활과 생명이라고 선포한다.

담화 자료들 요한의 복음서에 실린 예수의 긴 담화들은 어떤 자료에서 온 것으로 보인다. 우리가 살펴본 바와 같이, 그 자료는 한 가지 이상이었을 것이다. 이것은 적어도 고별 담화(13-17장)의 문헌적 문제들을 이해할 수 있는 가장 좋은 설명이다. 다른 담화들은 같거나 비슷한 자료들에서 왔을 수 있다.

수난 자료 대부분의 학자들은 요한의 복음서의 수난 서사(18-20장)가 마르코의 복음서에서 발견되는 서술과 여러 면에서 유사한 자료에서 유래했다고 생각한다. 그러나 그런 자료가 글로 된 것이었는지 구두 자료였는지 알기는 어렵다.

다른 자료들 우리는 이미 요한의 복음서의 서문이 어쩌면 그리스도에 대한 초기 그리스도교 찬송으로부터 온 것으로 보인다는 내용을 살펴보았다. 예수가 부활 후 여러 제자들에게 마지막으로 모습을 보이는 마지막 장(그는 20장에 이미 나타났었다)도 이와 비슷하다고 말할 수 있다. 요한의 복음서의 초기 판본은 방금 인용한 20장 30-31절로 끝난 것처럼 보인다. 그것은 확실히 책의 결말처럼 느껴진다. 마지막 장인 21장은 나중에 저자에게 의미가 있는 중요한 다른 사건 하나를 기록하기 위해 추가되었다.(Box 10.6 참고) 베드로가 신앙을 위해 순교하리라는 것, 이름이 드러나지 않는 그의 '사랑하는 제자beloved disciple'가 예수의 재림 전까지는 죽지 않을 것이라는 뜻으로 오해받는 예수의 말이 여기에 나온다.

사회-역사적 방법

우리가 배운 다른 모든 분석 방법에 비추어 제4복음서를 살펴보았으므로, 이제 우리는 학자들이 신약성서를 연구하면서 취한 또 하나의 다른 접근 방식을 살펴보려 한다. 사회-역사적 방법은 우리가 이미 다룬 것과는 완전히 다른 질문들을 던진다. 그러나 이 방법은 우리가 방금 발견한 종류의 정보들에 기초해서 이러한 질문들을 하고 그에 대한 답을 찾는다. 우리는 제4복음서의 저자가 이용할 수 있는 수많은 문헌, 구전 자료를 바탕으로 예수의 그리스-로마 전기를 만든 것을 보았다. 우리는 그의 최종 작품에서 몇 가지 중요한 주제를 연구했고, 이 주제들이 다른 초기 복음서들에서 발견되는 주제들과 어떻게 다른지 살펴보았다.

나는 제4복음서에서 발견되는 주제들이 항상 내부적으로 일관성이 있지는 않다는 점을 암시해왔다. 즉, 요한의 복음서에는 하나의 관점만 존재하는 것이 아니라 여러 가지 다른 관점들이 혼재되어 있는 것처럼 보인다. 우리가 이 책의 자료들에 대해 알아본 것을 감안하면 이것은 놀랄 일이 아니다. 저자는 앞서 다른 저자들이 쓴 이야기들을 이용했고, 그들 저자들은 저마다 예수와 그가 한 말과 행동의 의미에 대해 자신들만의 시각을 가지고 있었을 것이다. 다양한 자료들을 채택함으로써 요한의 복음서의 저자는 예수에 대한 다양한 견해들을 책에 들여왔다.

사람마다 세상을 보는 방식과 중요한 사건을 해석

Box 10.6 요한 공동체의 사랑하는 제자의 죽음

요한의 복음서 21장 21–23절은 부활한 예수와 베드로 사이의 흥미로운 대화를 보존하고 있다. 베드로가 이름을 밝히지 않은 "사랑하는 제자"에 대해 묻자, 예수는 대답한다. "내가 돌아올 때까지 그가 살아 있기를 내가 바란다고 한들 그것이 너와 무슨 상관이 있느냐? 너는 나를 따라라." 저자는 일부 사람들이 예수가 세상 끝 날에 하늘에서 돌아올 때까지 이 제자가 죽지 않을 것이라고 약속을 한 것으로 오해하지만 사실 예수가 명시적으로 이런 말을 하지는 않았다고 해명한다. 왜 요한의 복음서의 저자는 이 오해를 바로잡고 싶어 한 것일까? 일부 학자들의 의견으로는 요한 공동체의 일부 구성원들이 이름 없는 제자, 그들의 사랑하는 지도자가 종말이 오기 전에는 죽지 않을 것이라고 예상했기 때문이다. 하지만 그가 죽자 사람들은 혼란에 빠졌다. 주님은 그의 약속을 어긴 것일까? 요한의 복음서의 저자는 예수가 "죽지 않으리라"(21:23)고 말한 적이 없다는 것을 설명하기 위해 그 이야기를 다시 언급한다. 만약 이 해석이 맞는다면, 요한의 복음서는 예수의 사랑하는 제자가 죽은 후에 그리고 아마도 베드로도 순교한 후에 21장을 추가하여 최종 형태로 정리되었을 것이다.(21:18–19 참고)

하는 방식이 다른 것은 그들이 성격이나 지력이 다르기 때문만은 아니다. 그들은 세상을 다르게 경험했기 때문에도 세상을 달리 바라본다. 평균적인 뉴욕 시민들과 보통의 모스크바 시민들은 냉전에 대해 서로 상당히 다른 생각을 가지고 있을 터인데, 그들은 각자 다르게 냉전을 경험했기 때문일 것이다. 미국·독일·러시아 병사들이 작성한 제2차 세계대전의 설명에는 비슷한 내용이 담겼을지 모르지만, 저자의 개인적인 경험에서 나온 저자만의 시각에 따라 저마다 다른 편향을 보일 것이다.

본문에 대한 사회–역사적 접근 방식을 사용하는 조사자들은 저자와 그의 사회집단(예: 가족, 교회, 군대, 국가 또는 어떤 조건에서 함께 뭉친 다른 집단들)의 역사 경험이 원자료를 사용함에 있어 어떤 영향을 미쳤는지 알고자 한다. 그들은 문학 텍스트와 작가, 그의 공동체의 사회 역사 사이의 관계에 초점을 맞춘다.

그 방법의 이면에 있는 이론은 간단히 설명될 수 있다. 공동체의 사회 역사는 공동체가 전승을 보존하는 방식에 영향을 미칠 것이다. 이 이론을 제4복음서에 보존된 예수에 대한 전승에 적용하기 전에 현대적인 예시로 설명해보자. 일요일이면 많은 그리스도교 종파에서 표준화된 성서를 사용하는 덕분에 전 세계의 교회 신도들은 성서의 같은 구절을 읽고 이 구절들을 바탕으로 한 설교를 듣는다. 하지만 같은 도시 안에서 같은 성서 구절로 설교를 할 때도 교회마다 다른 종류의 설교를 한다. 이러한 차이점들은 설교자들의 성격과 훈련뿐만 아니라 그들이 설교를 하고 있는 청중들의 인생 경험과도 관련이 있다. 예를 들어, 인종차별이 공식 정책이었던 1980년대 남아프리카 소웨토에 있는 흑인 교회의 청중들은 미국 교외에 있는 백인 상류층 교회의 청중들과는 아주 다른 종류의 설교를 들었을 것이다. 설교자들은 성서의 본문을 그들의 공동체의 경험과 연관시키려고 하고, 그들이 어떤 역경을 겪고 있든지 성서가 그들에게 주는 메시지를 전하려 한다.

이론상으로는 어떤 교회의 설교를 듣고 그것을 바탕으로 신도들이 그 사회에서 지니는 위상을 재구성하는 것도 가능할 것이다. 예를 들어, 강력한 소수자의 억압적인 정책 아래 고통받는 사람들에게 신성한 위안을 제공하는 내용의 설교라면 신도들이 그러한 정책을 경험했고 그래서 그런 위안을 필요로 한다고 합리적으로 생각할 수 있다. 같은 원문에 대한 설교가 아무 걱정 없이 살면서 억압받는 사람들을 배려하지 않는 사람들의 안일에 도전하는 내용이라면 비교적 부유한 회중에게 그리스도교의 의무에 관심을 가지라는 촉구로 전달되었다고 결론 내릴 수도 있다. 따라서 작가의 사회적 경험과 그가 생산하는 텍스트(이 경우에는 설교) 사이에는 밀접한 관계가 있다.

만약 우리가 이러한 사회적 경험들에 대해서 직접적으로 알 방법이 없고 오직 텍스트로만 접근할 수 있다면? 그런 경우에도 만약 우리가 사회 역사에 대해 무언가를 배우기를 원한다면 우리는 텍스트 자체를 사용하여 그것이 말하는 것으로부터 그것이 전제하고 있는 것처럼 보이는 사회적 경험을 거꾸로 추론하는 것 외에는 달리 방법이 없을 것이다. 이것은 분명히 까다로운 일이지만 신중하게만 수행하면 몇 가지 흥미로운 결과를 얻을 수 있다. 우리가 다루어온 다른 모든 방법과 마찬가지로 이것도 추상적으로 설명하는 것보다 실제로 그것이 어떻게 작동하는지 보여주는 것이 훨씬 이해하기 쉬울 것이다. 요한의 복음서에 적용되면, 그 방법은 다음과 같이 작용한다. 우리는 이 저자의 글 뒤에 몇 가지 자료들이 있다고 생각할 이유가 있다. 그것의 저자들은 모두 같은 순간에 글을 쓰지는 않았을 것이기 때문에 이러한 자료들은 공동체 역사의 다양한 시기로부터 왔을 것이다. 게다가 이러한 자료들은 어떤 중요한 측면들에 있어서 그것들이 다루는 문제를 이해하는 독특한 방식들을 가지고 있다. 적어도 이러한 자료를 만든 저자들의 사회적 경험이 그런 자료에 독특하게 반영되었을 가능성이 있다. 만약 그렇다면, 이론적으로, 우리가 요한의 복음서의 자료들을 분석하여 그것들을 만든 작가들의 공동체의 사회사를 추적하는 것도 가능할 것이다.

사회–역사적 관점에서 본 요한의 복음서

우선 우리는 요한의 이야기에서 다양한 강조점들을 살펴봐야 하는데, 이것은 궁극적으로 다른 출전들에서 기인한 것일 수도 있다. 우리는 이 복음서의 특징 중 하나가 예수를 신성하게 높이는 것이라는 점을 알고 있는데 이것은 요한의 많은 이야기들에서 강조된다. 그러나 독자들은 요한의 복음서를 읽으면서 모든 이야기가 반드시 이런 논점을 공유하지는 않는다는 것을 알아차렸을지도 모른다. 사실, 요한의 많은 이야기들은 예수를 하늘에서 온 신성한 존재가 아니라 매우

인간적인 인격으로 묘사한다. 그리스도교 교리의 역사가들이 사용하는 전문 용어를 사용하자면 요한의 복음서의 일부는 예수를 완전히 신성한 존재로 묘사되는 '높은' 그리스도론Christology을 증거하고, 다른 일부는 예수를 인간으로 묘사하는 '낮은' 그리스도론을 보여준다.

현대 세계에서 많은 그리스도교인들은 예수가 완전한 신성을 갖추었으면서도 동시에 완전한 인간이라고 생각하는 고등 그리스도론과 하등 그리스도론을 둘 다 수용한다. 초기 그리스도교인들도 이미 예수를 신이자 인간으로 생각했을까? 공관복음서에서는 예수가 티아나의 아폴로니우스Apollonius of Tyana처럼 다소 헬레니즘적인 신인神人으로 묘사되지만, 예수는 영원 전 과거에 존재했다거나, 우주의 창조자라거나, 단 한 분 진정한 하느님과 동격이라는 생각을 전혀 찾아볼 수 없다. 학자들은 예수의 신성에 대한 관념이 오랜 기간에 걸쳐 발전했을 수도 있다고 생각한다. 그리스도교인들이 점점 예수가 누구인지에 대해 생각하기 시작하면서 그들은 더 큰 명예를 그에게 돌리기 시작했다. 실제로 제4복음서에서는 구원의 임무를 완수하기 위해 선택된 인간으로 처음 예수를 성찰한 것에서부터 나중에는 그 자신이 신이며 하느님과 완전히 동등한 존재라고 결론을 내릴 때까지 한 특정 공동체 내에서 이루어진 그리스도론의 발전을 추적할 수 있다. 이러한 발전은 이런 이야기를 들려주는 공동체의 사회적 경험과 밀접한 관련이 있었던 것으로 보인다.

요한 공동체의 다양한 그리스도론들

1장 35-42절에 나오는 첫 번째 제자들의 이야기에는 하등 그리스도론을 형상화한 흥미로운 예가 나온다. 우리는 아마도 이 이야기가 요한의 복음서 저술 이전에 존재했고 이 복음서의 저자가 그것을 듣고 (또는 읽고) 다른 자료에서 가져온 서문에 접목시켰다고 가정해도 좋을 것이다. 그 이야기는 원래 어떤 사회적 맥락에서 회자되었을까?

독자들은 이 이야기에서 예수가 세 가지 명칭으로 불리는 것을 볼 수 있을 것이다. 세례 요한은 그를 "하느님의 어린 양"(1:36)이라 불렀고 그를 따르는 제자들은 그를 "랍비"(1:38)로, 제자들 중 한 사람인 안드

레아는 그를 "메시아"(1:41)라고 부른다. 이 용어들은 각각 유대인의 맥락 안에서 예수를 지칭하는 것으로서 의미를 지닌다. "하느님의 어린 양"은 이집트로부터의 탈출을 기념하여 제물로 바친 유월절 양을 일컫는 말로, 요한에게 있어서 예수는 그의 죽음을 통해 유월절이 기념하는 구원을 가져온 존재이기 때문이다.(이 책 5장 참고) "랍비"라는 용어는 유대교 선생의 일반적인 명칭이었고, "메시아"라는 용어는 이스라엘 사람들에게 도래할 미래의 구원자를 지칭했다.

이 용어들 중 어느 것도 이 이야기의 저자가 예수를 신으로 이해했음을 보여주지 않는다. 유월절 양이나 랍비는 신성한 존재가 아니었고 메시아는 하느님 자신이 아니라 하느님이 택한 사람이었다. 게다가 이 용어들은 유대인들에게나 통했을 용어들이다. 이런 이야기는 그것이 전해진 시대의 사회적 맥락에 대해 무엇을 말해줄 수 있을까? 여기 예수를 찾아왔던 두 유대인이 그가 바로 그들이 기다리던 메시아임을 알게 되는 이야기가 있다. 예수가 유대교 메시아(그리고 랍비, 하느님의 어린 양)로 인정받는 것을 보여주는 이야기는 유대인들이 다른 유대인들에게 들려줬을 법한 이야기처럼 보인다.

이 이야기의 다른 한 가지 특징도 주목할 만하다. 저자는 세 차례에 걸쳐 "랍비"를 "스승님"(1:38), "메시아"를 "그리스도"(1:41), "케파"를 "베드로"(1:42)로 번역한다. 이 세 용어는 제4복음서의 언어인 그리스어가 아닌 아람어이기 때문에 이러한 번역이 필요했다. 왜 어떤 이야기의 핵심 용어들이 아람어로 되어 있는데 저자는 그것을 그리스어로 번역해야 했을까? 아마도 가장 그럴듯한 설명은 이 이야기는 원래 아람어였지만 그것이 요한의 복음서에서 그리스어로 번역되었을 때 중요한 용어 몇 개가 원래의 언어로 남겨졌다는 것이다. 2개의 언어를 사용하는 청중에게 말을 할 때 제일 중요한 단어에 가끔 발생하는 일이다. 그 이야기를 자신의 이야기에 통합한 요한의 복음서의 저자는 자신의 독자(혹은 그들 중 적어도 일부)가 아람어를 모른다는 것을 깨닫고 그 용어들을 번역했다.

만약 사건들의 이런 재구성이 맞는다면, 그 이야기는 요한의 복음서 저자가 사용했을 때에는 아주 오래전의 이야기였을 것이다. 그것은 원래 유대교에서 개종한 아람어를 사용하던, 아마도 팔레스티나에 살고 있던 그리스도교인들 사이에서, 아마도 예수의 생애로부터 그리 멀지 않은 시기에 전해졌을 것이다. 그 이야기는 예수가 어떻게 유대인의 기대를 만족시키는지, 그들이 예수를 어떻게 메시아로 믿을 수 있는지를 보여주기 위해서였을 것이다. 그러나 그 이야기에는 그의 신성을 암시하는 것은 아무것도 없다.

도판 10.5 예수를 선한 목자로 묘사한 두 개의 작품(요한 10장 참고), 고대 그리스도교인 석관(왼쪽)과 이탈리아 라벤나의 5세기 모자이크(오른쪽).

그러나 예수가 신성을 갖추었다고 묘사되고 그것이 그에 대해 알아야 할 가장 중요한 단 하나의 사실인 것 같은 이야기들도 있다. 예를 들어, 그의 신성은 서문의 주요 포인트들 중 하나이다. 게다가 서문은, 복음서의 다른 많은 이야기들도 마찬가지지만, 그것이 원래 아람어로 만들어진 것이라는 어떤 표시도 없다. 그러므로 서문은 첫 번째 제자들을 선택한 이야기만큼 오래되지 않았을 수도 있다. 게다가 서문과 몇몇 다른 이야기들은 제자들의 부름에 나오는 것처럼 유대인들에 대해 우호적인 어조를 가지고 있지 않다.(예: 1:11 참고)

요한의 복음서의 이야기들 사이의 이러한 차이를 어떻게 설명할 수 있을까? 사회역사학자들은 공동체의 역사가 사람들이 예수에 대한 이야기를 하는 방식에 영향을 미쳤고, 역사의 중대한 사건들이 공동체가 예수를 이해하는 방식, 그와 그가 구원하기 위해 온 사람들과의 관계에 변화를 가져왔다고 주장할 것이다. 이런 생각을 하는 학자들은 3단계에 걸쳐 공동체의 역사를 추적했다.

요한 공동체의 역사

1단계: 유대교 회당 안에서 제4복음서의 가장 오래된 이야기들을 보면 예수를 메시아로 믿게 된 유대인들의 집단에서 요한 공동체Johannine community가 시작되었지만 그럼에도 불구하고 그들은 유대인의 정체성을 유지하고 계속 유대교 회당synagogue에서 예배를 드린 것으로 보인다. 우리는 이 공동체가 정확히 어디에 있었는지 모른다. 그것은 아마 아람어를 사용하던 팔레스티나의 어딘가였을 것이다.

이러한 역사적 결론에 대한 증거는 우리의 유일한 정보 원천인 요한의 복음서 그 자체이다. 요한의 이야기 중 일부는 예수가 유대인인 것을 강조하고 어떻게 몇몇 유대인들이 예수를 유대인들의 메시아로 알아보게 되었는지를 서술한다. 이교도들pagans에게는 이 메시아라는 정체성이 별 의미가 없었을 것이기 때문에 (메시아는 이스라엘의 구원자를 지칭하는 말이므로) 그 이야기는 유대교 공동체 내에서 전해졌을 것이다. 이 이야기들은 예수의 모어인 아람어에 대한 지식을 전제로 하기 때문에 복음서들 중에서 가장 오래된 이야기 중 하나로 보인다.

유대교 신자들의 모임이었던 요한 공동체는 후에 그들이 "사랑하는 제자"라고 불렀던 예수의 제자에 의해 만들어졌을지도 모른다. 이 수수께끼 같은 인물은 복음서가 진행되는 동안 여러 번 나타나며 이야기를 들려준 사람들 사이에서 중요한 위치를 차지했던 것으로 보인다.(예: 13:23; 19:26-27; 20:2-8 참고)

이 유대인 개종자들은 그들의 유대교 회당의 다른 구성원들을 전도하려고 시도한 것으로 보인다. 이런 생각에 대한 증거는 아마도 몇몇 유대인들이 예수를 어떻게 그들의 메시아로 깨달았는지를 보여주기 위해 전해졌을 제자들의 부름과 같은 이야기에서도 발견되지만 어쩌면 표징들을 보여주는 자료들에서도 찾아볼 수 있을 것이다. 독자들은 이 자료가 요한의 복음서 20장 30-31절에 나오는 말, "예수께서는 제자들 앞에서 이 책에 기록되지 않은 다른 기적들도 수없이 행하셨다. 이 책을 쓴 목적은 다만 사람들이 예수는 그리스도이시며 하느님의 아들이심을 믿고, 또 그렇게 믿어서 주님의 이름으로 생명을 얻게 하려는 것이다"로 끝났다는 것을 기억할 것이다. 표징들을 보여주는 자료의 목적은 선교를 위한 것이었다. 그것은 예수가 메시아라는 것을 유대인들에게 확신시키기 위해 예수의 기적적인 행위들을 기록했다. 예수가 하느님임을 나타내기 위해서가 아니라, 예수가 하느님의 대리인으로서의 권한을 받았음을 보여주기 위함이었다. 처음 이야기가 전해지던 공동체 역사의 단계에서 예수는 여전히 특별한 인간으로 이해되었고 아직 신으로 생각되지는 않았다.

2단계: 유대교 회당에서의 축출 이 공동체의 유대인들이 얼마나 오랫동안 큰 분란을 일으키지 않고 유대인들의 회당에 머물렀는지는 알 수 없다. 제4복음서의 여러 이야기들에서 분명한 것은 예수를 믿었던 유대인들이 회당에서 쫓겨나는 중대한 혼란이 결국 일어났다는 것이다. 정확히 무엇이 이런 결과를 초래했는지에 대한 정보는 없지만 그럴듯한 시나리오를 그려보는 것은 어렵지 않다. 1세기 유대인들은 대체로 예수가 메시아가 될 수 있다는 어떤 생각도 거부했다. 그들 대부분은, 메시아가 권력을 가진 위풍당당한 인물이라고 생각했다. 예를 들어, 그는 땅을 다스리기 위해 천상에

Box 10.7 요한의 종말론적이지 않은 복음서

우리는 이미 루카의 복음서가 (예를 들어 마르코의 복음서에서처럼) 예수의 메시지의 종말론적 성격을 완화시키는 것을 보았다. 요한의 복음서에서는 종말론적 메시지가 더욱 누그러진다. 요한에게 있어 영생은 미래의 일이 아니다. 저자가 일찍이 현재 시제를 사용해 서술한 것처럼 "아들을 믿는 사람은 영원한 생명을 얻을 것"(요한 3:36)이다. 이 복음서에서의 영원한 삶은 구름을 타고 온 사람의 아들이 왕국을 불러올 때에 오는 것이 아니다. 예수를 믿는 모든 사람들에게 영생은 지금 여기 있다. 그것이 예수가 요한의 복음서에서 "종말론적 담론"을 전달하지 않는 이유이고(마르 13장 참고) 사람의 아들의 도래나 또는 임박한 하느님의 왕국에 대해 말하지 않는 이유다. 하느님의 왕국은 지금 예수를 믿는 자들에 의해 입장된다.(3:3 참고)

라자로의 부활 사건에서 벌어지는 예수와 마르타와의 대화를 통해 요한은 하느님 앞에서의 인간의 위상은 미래의 부활에 의해서가 아니라 현재 예수와의 관계에 의해 정해진다고 설명한다. 예수는 마르타에게 그녀의 오빠가 다시 살아날 것이라고 말한다.(요한 11:23) 그녀는 예수가 세상 끝 날의 부활을 말하고 있다고 생각하고, 그의 의견에 동의하지만(11:24) 예수는 그녀의 오해를 바로잡아준다. 그는 현재의 가능성을 언급하고 있

는 것이지 미래의 일을 이야기하고 있는 것이 아니다. "나는 부활이요 생명이니 나를 믿는 사람은 죽더라도 살 것이고 또 살아서 믿는 사람은 영원히 죽지 않을 것이다."(11:25-26)

본문 14장에서 우리는 유대 종말론자들이 이 시대가 악의 힘에 속한 반면 다가올 시대는 하느님에게 속한다는, 세상에 대한 이원론적 관점을 지니고 있었음을 살펴보게 될 것이다. 요한의 복음서에서 이 이원론은 시간적 차원(이 시대와 미래 시대)이 아니라 공간적 차원(이 세상과 하늘 위의 세계)을 가지고 있다. 위에 있는 세상에서 온 사람은 하느님에 속하고 아래에서 온 사람은 악에 속한다. 그러면 우리는 어떻게 위에 있는 세상에 속할 수 있을까? 그것은 그곳에서 온 예수를 믿음으로써만 가능하다.(3:31) 그러므로 이 복음서에서 예수의 선포는 더 이상 다가오는 심판을 위해 회개하라는 종말론적 호소가 아니다. 그것은 하늘에서 내려온 사람을 믿고 지금, 이곳에서 영생을 얻으라는 호소이다. 요컨대, 요한은 예수의 가르침에 대한 종말론적이지 않은 de-apocalypticized 버전을 제시한다.(이곳에조차 남아 있는 오래된 종말론적 사고에 대해서는 5:28-29 참고)

서 보내진 존재이거나 로마의 억압적인 세력을 타도하고 예루살렘에 있는 다윗 왕국을 새롭게 할 위대한 전사 왕이었다. 예수는 분명히 그런 종류의 사람이 아니었다. 오히려, 그는 국가에 대한 반역죄로 처형된 순회 설교자였다.

예수를 믿었던 유대인들이 자기들의 생각이 밖으로 새 나가지 않도록 단속을 하고 저자세를 유지하는 한, 아마도 유대교 회당에서 예배를 드리는 데에 아무런 문제가 없었을 것이다. 그러나 초기부터 그리스도교는 다른 사람들을 예수를 믿도록 개종시키는 데 헌신하는 선교적인 종교였다. 대부분의 다른 유대인 공동체에서와 마찬가지로 요한 공동체에서도 그리스도교인들은 틀림없이 대다수의 유대인들에게 거부당하거나 조롱

당하고 소외되었을 것이다. 이것은 한편으로는 비그리스도교 유대인들 편의 반감을 증가시키고 다른 한편으로는 그리스도교 유대인들의 전도에 대한 노력을 강화시켰을지도 모른다. 결국, 이 예수를 믿는 사람들은 골칫거리 이상의 무언가가 되었을 것이다. 회의적인 사람들에게 계속 성가시게 전도를 하고 자신들의 견해를 널리 퍼뜨리려 한 탓이었는지, 아니면 다른 알 수 없는 이유 때문이었는지, 예수를 추종하는 이 집단은 유대 공동체를 떠나야만 했다.

요한의 복음서 자체에 유대교 회당 안에 있는 유대교 그리스도교인들이 어느 순간 강제로 회당을 떠나게 되었다는 증거가 있다. 몇몇 학자들은 요한의 복음서 9장에 나오는 눈먼 사람의 치유 이야기에서 가장 설득

력 있는 증거를 발견했다. 예수가 장님으로 태어난 사람의 시력을 회복시키자 유대 권력자들은 안식일에 치유 행위를 한 것에 대해 분노를 표현한다. 그들은 어떻게 시력을 얻었는지 알아내려고 치유받은 사람을 심문한다. 그가 자신을 고쳐준 사람으로 예수를 지목하지만 그들은 그 말을 믿지 않고 그의 부모를 불러 사실을 말하라고 윽박지른다. 그러나 그의 부모는 그가 성인이므로 그에게 직접 물어보라면서 그들의 질문에 대답하기를 거부한다. 저자는 왜 치유받은 장님의 부모가 대답을 거부했는지를 다음과 같이 흥미롭게 설명한다. "그의 부모는 유대인들이 무서워서 이렇게 말한 것이다. 유대인들은 예수를 그리스도라고 고백하는 사람은 누구나 다 회당에서 쫓아내기로 합의했던 것이다."(9:22)

우리가 알기로는 예수의 생전에 그를(혹은 다른 누구라도) 메시아로 받아들이는 것을 막는 공식적인 정책이 없었기 때문에 이 구절은 사회-역사적 관점에서 의미가 크다. 한편, 일부 유대교 회당은 분명히 1세기

말쯤에 예수를 메시아로 믿는 신도들을 쫓아내기 시작했다. 그래서 예수가 장님을 치유한 이야기는 요한의 복음서를 지지하던 후대의 공동체의 경험을 반영한다. 예수를 믿는 이 신도들은 아마도 같이 하느님을 숭배하고 서로 교제하던 그들의 가족, 친구, 이웃으로 이루어진 유대인 공동체에서 추방당했을 것이다.

회당에서 추방된 것은 그리스도교 공동체의 사회생활과 그들이 세계를 그리고 그들의 메시아인 예수에 대한 이야기를 이해하는 방식에 심각한 영향을 끼쳤다.

3단계: 유대교 회당에 대한 저항 사회학자들은 더 큰 사회집단에서 배제된 후 그들 스스로 독자적으로 공동체 활동을 해야만 했던 많은 종교 공동체들을 연구해왔다. 이러한 다양한 연구의 결과들은 시간이 지나면서 요한 공동체의 관점이 어떻게 발전해왔는지를 이해하는 데 있어 흥미로운 점들을 시사해준다.

더 큰 공동체에서 갈라져 나온 종교 집단(종파라고

Box 10.8 초기 그리스도교인들은 예수를 신으로 생각했을까?

전 세계에서 인기를 얻었던 소설 『다빈치 코드』는 예수가 죽은 지 약 300년이 지난 4세기 초에 콘스탄티누스 황제가 그리스도교로 귀의하고 그것을 국교로 선포하기까지는 그리스도교인들은 예수의 신성을 믿지 않았다고 말한다. 하지만 이것은 완전히 잘못된 주장이다. 초기 그리스도교에 관한 우리의 자료들은 당연히 신약성서의 기록들이다. 그리고 이미 그곳에서 우리는 그리스도의 신성을 확인하는 구절들을 발견할 수 있다. 예를 들어 요한의 복음서에는 그리스도에 대해 다음과 같이 말한다.

• "태초에 천지가 창조되기 전부터 말씀이 계셨다. 말씀은 하느님과 함께 계셨고 하느님과 똑같은 분이셨다. (……) 말씀이 사람이 되셔서 우리와 함께 계셨는데 우리는 그분의 영광을 보았다. 그것은 외아들이 아버지에게서 받은 영광이었다. 그분에게는 은총과 진리가 충만하였다."(1:1, 14)

• (예수가 가로되) "아버지와 나는 하나이다."(10:30)
• 토마가 예수께 "나의 주님, 나의 하느님!" 하고 대답하자(20:28)

심지어 우리의 초기 신약성서 저자인 바울로도 우리의 첫 번째 복음서가 나오기 약 20년 전에 이미 예수를 신으로 이해하고 있었던 것 같다. 예를 들어 필리피인들에게 보낸 편지 2장 6절에서 그가 "그리스도 예수는 하느님과 본질이 같은 분이셨지만 굳이 하느님과 동등한 존재가 되려 하지 않으시고"라고 이미 존재하던 그리스도에 대해 말하는 것을 고려해보라.

따라서 일부 초기 그리스도교인들은 예수를 인간으로 생각했고, 다른 그리스도교인들은 예수를 신으로 생각했으며, 어떤 이들은 예수가 둘 다에 속한다고 생각했다. 이 마지막 견해가 콘스탄티누스 황제 시대에 그리스도교인들의 기본적인 생각이었다.

도 불린다)은 종종 박해를 받고 있다고 느끼는데, 많은 경우 실제로 박해를 당하기도 한다. 그래서 그들은 자신을 보호하기 위해 그들 주위에 이념의 벽을 쌓는다. 일종의 '요새 심리Fortress Mentality'적인 사고가 생기기도 하는데, 갈라져 나온 작은 파편 집단은 사회의 큰 집단이 고의로 진실을 알리려 하지 않거나, 사악하거나, 악령에 사로잡혀 있기 때문에 자신들이 축출되었다고 생각하기 시작한다. 일종의 '우리 대 그들' 사고방식이 일어날 수도 있는데, 그들 내부에 있는 사람들만이 진실을 '알고 있고', '빛 속에 거하며' 그들을 쫓아낸 바깥의 커다란 공동체에는 거짓과 과오만이 있을 뿐이고 거기에 머무르는 것은 어둠 속에 사는 것이라고 생각하는 것이다.

요한의 복음서에 내재된 후기의 전승들은 진리 대 오류, 빛 대 어둠, 신의 자녀 대 악마의 자녀, 예수를 따르는 무리 대 '유대인들'이라는 이중성에 뿌리를 두고 있는 것으로 보인다. 그중에서도 유대인들이라는 말은 복음서들을 읽는 독자들을 어리둥절하게 했다. 어떻게 예수의 원수들이 그렇게 일관되게 '유대인들'이라고 불릴 수 있었던 것일까? 예수 자신과 그를 따르던 사람들도 유대인이 아니었나? 그렇다면 어떻게 '유대인들'이 그렇게 비난받을 수 있었을까?

그 해답은 당시의 그리스도교 공동체의 경험에 놓여 있는 것으로 보인다. 원래 그들은 유대교 공동체 출신이었지만 지역 유대교 회당의 대부분의 유대인들은 그들의 메시지를 거부했다. 그래서 회당은 그들의 적이 되었고 그들의 눈에 악마의 모습을 띠게 되었다. 왜 그들은 예수의 말을 그토록 철저하게, 강력하게 거부했을까? 요한 공동체 그리스도교도의 시각으로 보면 그들은 진리에서 멀어졌기에 그것을 들어도 알아들을 수 없었기 때문이었을 것이다. 예수는 하느님을 대표했지만 하느님의 적들은 그의 대표자를 받아들일 수 없었다. 사실 예수의 메시지는 너무나 철저하게 신성한 것이었고 천상에 집중되어 있었기에 이 세상에 마음을 둔 사람들은 그것을 알아차릴 수 없었다. 예수는 위로부터 내려왔지만 이 땅의 것들만을 아는 사람들은 예수를 알아보지 못했다.(3:31-36)

이 공동체의 그리스도론적 초점은 그들이 유대교 회당에서 쫓겨난 이후 급격히 바뀐 것으로 보인다. 확실히 예수는 여전히 랍비, 하느님의 어린 양, 메시아로 생각되었지만, 그는 그 이상이었다. 이들 쫓겨난 그리스도교인들에게 예수는 하느님을 아는 데 있어 독특한 존재였다. 그는 하느님의 진리를 자기 백성에게 알린 존재였다. 그는 어떻게 진리를 알게 된 것일까? 공동체는 예수가 하느님 자신으로부터 왔기 때문에 하느님을 안다고 생각하게 되었다. 그는 아버지한테 돌아가기 전에 하느님의 말씀을 백성에게 전하러 하늘에서 보내진 사람이었다. 오직 궁극적으로 하느님에게 속한 자만이 이 진리를 받을 수 있었고, 오직 '위로부터' 태어난 자만이 하느님의 나라에 들어갈 수 있었다.(3:3)

회당에서 축출되었다는 사회적 맥락은 이 요한 공동체 그리스도교인들이 예수를 신을 대표하는 사람, 하느님의 메시지를 전달하기 위해 보내진 존재 이상으로 보게 만들었다. 그는 그 메시지 그 자체의 구현으로 이해되었다. 예수는 그 자신이 하느님의 말씀이었다. 그의 말씀대로, 그는 처음부터 하느님과 함께 존재했고, 어떤 의미에서는 그 자신이 하느님이었다. 그는 하느님과 동등하고, 영원부터 존재하며, 하느님의 진리를 자신의 백성들에게 전달하기 위해 인간이 되었다. 그를 본 사람은 아버지를 보았고, 그의 말을 들은 사람은 아버지의 말을 들었고, 그를 거부한 사람은 아버지를 거부한 것이었다.

요한 공동체의 후기에는 "정말 잘 들어두어라. 나는 아브라함이 태어나기 전부터 있었다"(8:58), "아버지와 나는 하나이다"(10:30) 같은 예수의 주장이 나오는 기억할 만한 많은 이야기들과 이전 이야기들을 편집한 이야기들이 전해지게 되었다. 또한, 후기 역사의 어느 시점에는 그리스도교 공동체의 누군가에 의해 육화된 하느님의 말씀으로서의 그리스도에 대한 찬송가가 지어졌다. "태초에 천지가 창조되기 전부터 말씀이 계셨다. 말씀은 하느님과 함께 계셨고 하느님과 똑같은 분이셨다. 말씀은 태초에 천지가 창조되기 전부터 하느님과 함께 계셨다. 모든 것은 말씀을 통하여 생겨났고 이 말씀 없이 생겨난 것은 하나도 없다. 생겨난 모든 것이 그에게서 생명을 얻었으며 그 생명은 사람들의 빛이었다. (……) 말씀이 사람이 되셔서 우리와 함께 계셨는데 우리는 그분의 영광을 보았다. 그것은 외아들이 아버지에게서 받은 영광이었다. 그분에게는 은

총과 진리가 충만하였다."(1:1-14) 요한의 복음서의 저자는 결국 이 감동적인 찬송가를 자신의 이야기에 첨부해, 그가 전승을 통해 들었던 많은 이야기들에서처럼 예수에 대한 자신의 이해를 설명하는 서문으로서 제공했다.

제4복음서의 저자

마태오, 마르코, 루카의 복음서, 사도행전처럼 요한의 복음서도 익명으로 쓰였다. 그러나 정체가 밝혀지지 않은 채 다만 "사랑하는 제자"라고만 불리던 제자가 2세기 이후부터 관행적으로 제베대오의 아들 요한이고 그가 요한의 복음서 저자라고 여겨져왔다.

예수를 따르던 사람들 중에 한 명이 이 책을 저술했다는 생각은 본문 두어 대목에 근거를 두고 있다. ① 십자가에 못 박힌 예수의 옆구리에서 쏟아지는 물과 피를 목격한 사람에 대한 언급(19:35)과 ② 이들을 증거하고 글로 남긴 사람으로서 사랑을 받던 제자에 대한 언급(21:24)이 그것들이다.

그러나 이 구절들이 정말로 예수가 사랑한 제자가 복음을 저술했다는 것의 증거로 받아들여져야 하는가에 대해서는 심각한 의문이 있다. 예를 들어, 19장 35절은 누가 실제로 전승을 기록했는지에 대해서는 아무 말도 하지 않고 오직 예수의 죽음을 목격한 제자가 진실을 말했다고 할 뿐이다.("이것은 자기 눈으로 직접 본 사람의 증언이다. 그러므로 이 증언은 참되며, 이 증언을 하는 사람은 자기 말이 틀림없는 사실이라는 것을 잘 알고 있다. 그는 여러분도 믿게 하려고 이렇게 증언하는 것이다.") 게다가 21장 24절에는 이 저자가 누구였든 간에, 그는 최종적인 책의 저자가 아닌 다른 사람이었음이 나타난다. 이 구절이 "그 제자는 이 일들을 증언하고 또 글로 기록한 사람"과 "우리(즉, 제자 자신 이외의 다른 사람)는 그의 증언이 참되다는 것을 알고 있다"의 '우리', 즉 그것을 묘사하는 저자를 어떻게 구분하는지 주목하라.

한눈에 보기

Box 10.9 요한의 복음서

1. 요한의 복음서는 아마도 90–95년경에 쓰인 마지막 정경 복음서일 것이다.
2. 전승적으로 제베대오의 아들 요한의 글로 여겨지지만 거기에는 많은 의심의 여지들이 있다. 아마도 팔레스티나 밖에서 그리스어로 쓰였을 것이다.
3. 요한의 복음서는 4복음서들 중에서도 독특한데, 예수의 언행에 대한 요한의 기록은 공관복음서에는 거의 나타나지 않으며, 마찬가지로 공관복음서에 나오는 기록도 요한의 복음서에는 거의 존재하지 않는다.
4. 요한의 복음서는 또한 특별한 강조점을 가지고 있다. 예수의 가르침은 그의 신적인 기원과 정체성에 초점을 맞추고 있으며, 그의 기적적인 행동은 자신에 대한 그의 주장이 진실임을 증명하기 위한 "표징들"이다.
5. 요한은 자신의 이야기를 구성하는 데 많은 자료들을 이용했다. (예수의 기적에 관한) 표징 자료들, (예수의 긴 설교들에 관한) 하나 이상의 설교 자료들 그리고 공관복음서 배후에 있는 것과 비슷한 예수의 수난 서사들이 그런 것들이다.
6. 텍스트에 대한 사회 역사적 접근은 그것의 이면에 있는 공동체의 역사를 이해하려고 한다. 요한 공동체의 저자가 강조하는 주제들의 측면에서 보자면 아마도 이 공동체의 역사적 단계에 기인하는 예수에 대한 상이한 이해를 보여주는 것 같다.
7. 본문의 다른 힌트는 시간이 지남에 따라 이 공동체에서의 사회생활이 예수에 대한 그들의 이해에 영향을 미쳤음을 보여준다.
8. 이 공동체는 예수가 메시아라고 믿게 된 신실한 유대인들의 집단으로 시작되었지만, 결국 그들의 믿음 때문에 유대인들의 회당에서 축출되었다. 이것은 비그리스도교 유대인들에 대한 적대감을 불러일으켰고, 예수가 단지 인간이 아니라 그 자신이 신이라는 그리스도론을 불러왔다.

이 복음서의 어떤 전승은 궁극적으로 처음부터 예수를 따르던 사람들 중의 한 사람의 설교까지 거슬러 올라갈 수도 있겠지만 그것은 그가 그 복음을 썼다고 말하는 것과 다른 문제다. 이 이름을 알 수 없는 제자가 제베대오의 아들 요한이었을까? 이 복음서의 당혹스러운 특징 중 하나는 요한의 이름이 이곳에 명시적으로 언급되지 않는다는 것이다. 그가 복음서를 썼다고 생각하는 사람들은 그것을 그의 겸손함으로 돌린다. 그가 요한의 복음서의 저자가 아니라고 생각하는 사람들은 그가 예수의 이야기에 나오지만 그들의 공동체에는 별 의미가 없는, 중요치 않은 인물이었기 때문에 이름이 붙여지지 않았다고 주장한다. 사실, 그 증거는 어느 쪽을 위해서든 쓰일 수 있을 것이다. 어쨌든, 사도행전에는 제베대오의 아들인 요한이 교육을 받지 못했기에 읽고 쓸 줄 몰랐다는 암시도 있다.(4:13)

어쨌든, 우리의 분석으로부터 요한의 복음서가 아마도 한 작가의 문학적인 산물이 아니었음을 분명히 알 수 있을 것이다. 분명히, 한 사람이 최종 작품에 대한 책임이 있겠지만, 그 사람이 누구였든 간에, 그 사람은 상당 기간 동안 그가 거주하던 공동체 내에서 전해지던 수많은 기존 자료들을 취합해 요한의 복음서를 작성한 것으로 보인다. 그는 팔레스티나 이외의 지역에 사는, 그리스어를 모어로 사용한 사람이었을 것이다. 일부 전승은 (아람어 단어들이 사용된 것을 보면) 복음서가 팔레스티나 지역에서 시작되었지만 이 공동체는 그리스어를 사용하는 지역으로 자리를 옮겨 어느 시점에 그곳에서 많은 개종자를 얻었을 수 있다. 작가가 처음부터 그 공동체와 동행했는지, 아니면 나중에 합류한 것인지는 결코 답을 알 수 없을 것이다.

여록 3

이데올로기 비평의 방법들

−셰일리 파텔

지금까지 우리는 신약성서의 텍스트를 연구하기 위한 여러 비판적인 방법들을 살펴보았는데, 그 방법들은 모두 확고하게 전통적인 "역사적" 접근법을 취하고 있다.(Box 11.4 참고) 최근 몇 년 동안, 우리는 사용하지 않을 다양한 이론적, 혹은 이념적 접근법이 폭발적으로 증가하고 있다. 그러나 그것들이 널리 사용되고 있고 많은 사람들에게 신약성서를 읽을 수 있는 알찬 방법을 제공한다고 보이기 때문에 그것들 중 일부를 간단하게라도 살펴보는 것이 도움이 될 것이다. 그중 일부는 당신의 교수님이 즐겨 사용할지도 모른다.

탈식민지주의 비평

탈식민지주의 비평은 고대와 현대의 제국들과 정책이 신약의 본문, 역사, 학문에 미친 영향을 강조한다. 탈식민지주의 해석가들은 역사적 제국들이 성서에 어떻게 묘사되어 있는지 그리고 이러한 텍스트들이 어떻게 이러한 제국들의 민중들의 태도와 관심사를 반영하고 또 형성했는지를 분석한다. 그들은 최초의 그리스도교인들을 로마 제국의 신민으로 보고 신약성서를 읽는다. 탈식민지주의 비평가들은 예수의 추종자들이 그들 자신과 세상에서의 그들의 위치를 이해하는 방식에 로마의 통치가 어떤 영향을 미쳤는지를 물을 수도 있을 것이다. 그들은 또한 사회적, 정치적 지위나 권력에서 배제된 사람들이 등장하는 성서의 이야기들을 강조할 수도 있다. 탈식민지주의 비평의 두 번째 요소는 현대 학문이 서구 자본주의에 의해 지배된 더 최근의 제국들의 산물인지를 조사하는 것이다. 우리가 신약성서를 읽는 방식이 우리와 제국과의 관계에 영향을 받는가? 라틴아메리카나 남아프리카가 아닌 미국이나 서유럽에서 이런 텍스트들을 읽는다는 것은 무엇을 의미하는가? 어떤 사람의 정치적 상황은 신약에 대한 그의 이해에 어떤 영향을 미치는가?

페미니스트 비평

페미니스트 비평은 신약의 전통적인 역사적 해석에 도전한다. 일부 페미니스트들은 신약성서에서 종종 경시되거나 무시되는 여성들의 이야기를 조명한다. 예를 들어 루카의 복음서의 예수의 유아기 이야기를 예수의 어머니 마리아 관점에서 읽거나, 공관복음서의 빈 무덤에 있던 여성들의 중요성을 강조할 수도 있다. 다른 페미니스트들은 텍스트에 '의심의 해석학hermeneutics of suspicion'을 적용하며 더 엄격한 접근 방식을 취한다. 본문에 존재하는 남성과 그들의 관심사에 치우친 내재적 편견의 의심이다. 이 관점에 따르면, 이러한 편견의 결과로 텍스트들은 여성을 덜 중요하고, 남성에게 종속된 존재로 묘사한다. 페미니스트 비평가들은 더 나아가 때때로 신약에 대한 현대의 학문적 해석이 남성을 편애한다고 주장한다. 페미니스트의 틀을 사용한 독서는 고대와 현대에 존재하는 편견에 관심을 돌려, 그것들이 어떻게 그리고 왜 구성되고 유지되는지를 분석하고, 그리스도교 발전에 여성이 지닌 중요성을 재확인한다. 다른 페미니스트들은 성서의 텍스트를 완전히 포기하고 그러한 남성 중심 문서들이 여성을 대변할 수 없다고 주장하는 전적으로 다른 태도를 취한다.

퀴어 비평

페미니스트 비평처럼, 퀴어 비평은 텍스트에 묘사된 특정 규범, 특히 이성애와 고정된 성 역할을 우선시하는 규범에 반대하는 방향에서 신약성서를 읽는 방법이다. 퀴어 비평은 이러한 규범이 성서 본문과 현대 학계에서 어떻게 확립되고 유지되는지 분석한다. 퀴어 비평을 사용하는 사람들은 이성애의 규범성(즉, 이성애만이 정상적이고 타당하다는 입장)을 받아들이기 위해 텍스트를 사용하는 것에 의문을 제기한다. 그들은 또한 텍스트에 묘사된 경직된 성 역할에 이의를 제기하며, 이러한 성 역할이 그것들을 받아들이지 않는 개인들을 어떻게 배제하거나 무력하게 하는지에 주의를 기울인다. 그들은 또한 신약성서에서 엄격하게 성별 사상을 강요하지 않는 곳들을 강조할 수도 있다. 퀴어의 틀을 채택하는 많은 사람들은 고대 세계에서의 성에 대한 생각이 현재와 어떻게 다른지 살펴본다. 그들은 또한 일부 현대 독자들이 어떻게 이성애의 규범성을 성서 본문으로 '재배치'해서 읽는지를 분석한다. 예를 들어, 퀴어 비평은 신약에서 예수가 동성애를 비난한 적이 없다는 사실을 강조할 수도 있다.

해방신학

해방신학은 1950년대와 1960년대에 라틴아메리카에서 나타났다. 그 당시 카톨릭 신학자들은 그들의 많은 교구를 구성하고 있는 가난한 공동체들에서 벌어지고 있는 일들에 대해 깊이 우려하고 있었다. 그 결과, 이 신학자들은 가난한 사람에 대한 '우선적 관심'을 강조하는 성서 읽기를 시작했다. 그것은 성서의 하느님은 가난하고 힘없는 자들의 편이고 그들에 대한 억압, 부정을 규탄한다는 의미였다. 텍스트의 해방적인 독서는 가난하거나 사회적으로 소외된 공동체의 구성원들과 예수의 연관성에 관심을 돌렸고 예수의 메시지를 경제적, 사회적 고통으로부터 이러한 개인들을 해방시키는 것이라고 주장했다. 가난한 사람들의 관점에서 텍스트를 읽는 것과 함께, 해방신학의 틀은 정치적 행동을 중시했다. 비록 해방신학은 라틴 아메리카와 일반적으로 연관이 있지만 이후 페미니스트 해방신학 및 흑인 해방신학을 포함, 특정 공동체의 요구에 부응하는 다양한 형태로 발전해왔다. 다양한 해방신학자들은 도움이 필요한 사람들에게 지원과 구제를 제공하는 것이 윤리적 의무이자 성서의 명령이라고 믿고 경제 정의 확보를 위한 활동가로 활동하는 경우가 많다.

소수자 비평

소수자, 혹은 인종 비평적인 해석은 신약성서 본문에서 언급된, 하지만 존재가 미미한 인종, 민족 집단을 주시하며 분석한다. 이 틀을 사용하는 해석가들은 성서의 저자들에 의해 유색인종이 어떻게 묘사되는지 그리고 그들의 묘사가 인종 관계에 대해 일반적으로 무엇을 말하는지를 보여주기 위해 이러한 집단의 구성원들이 포함된 이야기들을 중점적으로 다룬다. 그들은 사도행전에 나오는 에티오피아 내시의 이야기를 전도자 필립보가 아닌 내시의 시각에서 읽을 수도 있다. 게다가 많은 이념적 방법 안에서 일하는 비평가들처럼, 소수자 비평의 틀을 사용하는 해석자들은 억압—여기서는 인종적 억압—을 정당화하거나 유지하는 성서 읽기에 도전한다. 예를 들어, 많은 해석자들은 예수와 그의 제자들이 백인이라는 잘못된 가정을 지적하며 그들은 사실 팔레스티나 유대인임을 강조했다. 다른 이들은 유색인종의 존엄성과 인간성을 보여주는 텍스트의 독해를 제공해왔다. 성서 텍스트가 어떻게 역사적으로 노예제도와 짐 크로Jim Crow 법과 같은 인종 억압 제도의 정당화를 위해 사용되었는지를 분석하는 사람들도 있다.

11장

요한의 예수에서 영지주의의 그리스도로

요한의 편지와 그 너머

우리가 지금까지 공부한 신약성서 책들은 모두 복음서들이다. 요한의 복음서는 신약성서의 다른 세 권과 밀접한 관련이 있다. 이 장에서 다룰 책들은 아마도 후에 요한 공동체의 한 구성원이 쓴 것으로 생각되며 그런 이유로 요한의 편지들이라고 불린다. 우리는 이 책들을 연구하기 위해 글이 쓰인 상황에 비추어 글을 이해하려고 하는 "배경 분석적contextual" 방법이라는 새로운 접근법을 배우고 사용할 것이다.

요한의 편지들은 예수에 대한 잘못된 견해 때문에 교회로부터 떨어져 나간 그리스도교인들에 대한 염려 때문에 쓰였다. 그들은 예수가 너무 신성해서 완전한 인간이 될 수는 없었다고 믿었다.

이러한 관점은 이후 그리스도교 영지주의Christian Gnostism로 알려지게 된 흥미로운 종교적 분파에 대한 탐구로 우리를 이끈다. 영지주의는 물질세계가 진정한 신의 창조물이 아니라 하찮고 열등한 신의 창조물이며, 물질세계로부터 탈출하는 데 필요한 지식(그리스어로 그노시스 gnosis)을 획득함으로써 구원을 받을 수 있다고 주장했다. 그리스도교 영지주의자들에 따르면 그리스도는 이 땅에 갇힌 영적 존재들을 해방시키는 데 필요한 이 비밀스러운 지식을 알리기 위해 이 땅에 온 신성한 존재였다.

영지주의자들은 이것이 예수가 자신에 대해 줄곧 가르친 것이라고 주장했다. 그들이 주장이 옳았을까?

요한의 복음서를 연구하기 위해서 우리는 복음의 배후에 있는 공동체의 역사를 재구성하는 사회-역사적 방법socio-historical method을 사용했다. 이 점을 고려하면 그 공동체의 다른 구성원에 의해 쓰인 세 권의 다른 책들을 여기에서 살펴보는 것은 의미 있는 일이다. 요한의 편지들epistles은 신약성서의 끝부분에 다른 "일반 편지"들 사이에 위치해 있다. 이러한 편지들은 "일반" 또는 "공통catholic"─'보편적'을 의미하는 그리스어에서 나온 말이다 ─ 편지라고 불리는데 이것들이 다루는 문제들이 그리스도교인들이라면 보편적으로 모든 곳에서 경험하는 문제들을 다루고 있다고 생각되었기 때문이다. 이는 특정한 상황 속에서 바울로가 쓴 편지들과는 대조적이다. 그러나 점점 분명해지겠지만, 이런 분류는 아주 적절하지는 않은데 각각의 일반 편지들은 특정 공동체들의 구체적인 문제들을 다루고 있기 때문이다.

이것은 요한의 첫째, 둘째, 셋째 편지에서 가장 확연하게 드러난다. 이 책들은 요한의 복음서Gospel가 만들어지고 나서 얼마 뒤에 요한 공동체Johannine community 구성원들을 대상으로 쓰였기 때문에 초기 그리스도교 연구에 특히 중요하다. 요한의 복음서를 사용해서 공동체 초기부터 복음서의 작성에 이르기까지 공동체의 역사를 재구성할 수 있듯이 우리는 이 편지들을 사용하여 그 이후에 일어난 주요 사건들을 알아볼 수 있다.

장르와 작가에 관한 질문들

우리가 이미 살펴본 바와 같이 신약성서의 글 가운데 절반 이상(27권 중 17권)이 고대에 존재했던 우편 시스템을 통해 보내진 사적, 공적인 통신, 편지들이다. 보통 이것은 그 일을 위해 특별히 파송되는 사람이나 마침 편지를 보낼 곳으로 여행을 하는 사람이 있어야 했다.

편지는 고대 세계에서 흔한 형태의 서면 의사소통이었고, 고대로부터 전해지는 수천 개의 표본에서 볼 수 있듯이 다양한 형태로 쓰였다. 몇몇 편지들은 키케로, 세네카, 소小 플리니우스 같은 유명한 작가들에 의해 수집되고 출판되었다. 사적이고 알려지지 않은 개인들에 의해 쓰인 다른 편지들은 수신인들에 의해 버려졌지만, 오랜 세월이 흐른 지금 이집트의 모래에 묻힌 고대 쓰레기 더미를 파헤쳐 생계를 유지하는 고고학자들에 의해 발견되기도 한다.

현대 세계에서 다양한 종류의 편지들은 각각 다른 종류의 관례들을 필요로 한다. 당신이 이력서와 함께 미래의 고용주에게 보내는 자기소개서는 당신이 학교에서 집으로 보내는 편지나 당신이 남자 친구나 여자 친구에게 보내는 메모와는 매우 다를 것이다. 마찬가지로, 고대 세계에서 친구들에게 보내는 사적인 편지들은 모든 사람들이 읽어야 할 공개적인 편지들과는 달랐다. 추천서는 교육받은 청중들을 대상으로 중요한 주제를 토론하는 문학적인 편지들과는 달랐다. 그리고 한 공동체를 특정한 행동에 참여하도록 설득하는 공적인 편지들은 특정한 대의를 탄원하기 위해 개인이 공무원들에게 보내는 편지들과는 달랐다.

고대 세계의 사적인 편지들은 현대의 편지들과는 달리 일반적으로 편지 쓰는 사람을 그의 이름이나 다른 서술적 표현으로 밝힘으로써 시작되었다.(3요한 1장 참고) 그다음에는 일반적으로 편지의 수신인이 주로 이름을 사용하여 표시된다. 보통 편지를 쓰는 사람은 첫머리에 일정한 형태의 인사말과 축복을, 혹은 수신인을 위한 기도나 그들로 인해 신에 대한 감사하는 뜻을 표했다. 고대의 편지들을 해석할 때 이러한 편지 초입의 관례들을 저자의 실제 감정을 표현하는 것으로 너무 문자 그대로 받아들여서는(예를 들어, 내가 나의 소득세를 감사하는 국세청 요원을 "친애하는" 샌더스 씨라고 부를 때처럼) 안 된다

도입부가 끝나면 편지의 주제와 저자의 관심이 표현되는 본문이 나오게 된다. 마지막으로, 편지는 격려나 위로 또는 몇 마디의 훈계, 얼굴을 마주 대할 가능성에 대한 희망, 다른 가족들이나 공동체 구성원들에 대한 인사, 작별의 인사, 때로는 마지막 기도와 축복을 비는 말로 마무리될 수 있다.(Box 11.1 참고)

마침내 신약성서에까지 들어온 요한 공동체의 편지는 복음서처럼 읽기 어렵지 않다. 요한의 둘째, 셋째 편지는 각각 한 페이지씩밖에 지면을 차지하지 않는다. 고대 세계의 대부분의 편지들로 치면 평균적인 길이이다. 사실 이 편지들은 신약성서 전체에서 가장 짧은 두 권의 책이다. 여러분이 이 책들을 읽었을 때 가장 먼저 떠오를 수 있는 것 중 하나는 그것들이 내가 방금 언급한 편지들의 표준 관례들을 온전히 따른다는 것이다. 그런 면에서 이 두 책이 실제로 사람의 손으로 전해진 글, 즉 편지라는 것에는 의심의 여지가 없다. 요한의 둘째 편지는 자신을 "장로"라고 소개하는 누군가가 "귀부인"이라고 불리는 알려지지 않은 사람에게 쓴 편지다. 그러나 편지글의 중간부터 저자는 이 "귀부인"이 아니라 한 무리의 사람들에게 말을 하기 시작

Box 11.1 그리스–로마 이집트의 편지

그리스–로마 세계의 많은 사적인 편지들은 오늘날의 편지들과 같은 이유로 쓰였다. 아우렐리우스 디우스라는 젊은이가 그의 아버지 아우렐리우스 호리온에게 보낸 다음과 같은 편지를 읽어보자. 집에서 멀리 떨어진 학교에서, 그는 자신이 공부를 열심히 하고 책임감 있게 살고 있다는 것을 아버지에게 확신시키기 위해 편지를 썼다. 사람들은 그가 왜 고향의 많은 사람들을 "어머니"와 "아버지"라고 부르는지 의아할 것이다. 그것은 아마도 사랑이나 존경을 표하기 위해서였을 것이다. 이 소년은 향수병에 걸린 것일까? 이 편지는 이집트에서 부쳐진 것으로, 3세기에 쓰였다.

아우렐리우스 디우스가 나의 가장 사랑스러운 아버지

아우렐리우스 호리온께. 안녕하세요! 당신을 위해 이 지역의 신들께 매일 기도합니다. 아버지, 우리 공부에 대해 걱정하지 마세요. 우리는 열심히 공부하고 충분한 수면을 취하고 있습니다. 모든 것이 잘될 거예요. 나의 어머니 타마이아와 나의 누이 트네페로우스와 필로우스와 나의 누이 테르모우티스와 나의 아우 헤라클레이스와 나의 아우 콜로우키스에게 인사를 전해주시고 나의 아버지 멜라누스와 나의 어머니 팀페수리스와 그녀의 아들에게도 안부 전해주세요. 가이아와 나의 아버지 호리온과 테르무스가 여러분 모두에게 문안합니다.

아버지, 건강하시길 기도합니다. (『옥시린쿠스 파피루스 10』, 1296호, 저자 번역)

한다. 대부분의 학자들은 "귀부인"이라는 용어가 신에 의해 선택받은 사람들로 여겨지는 그리스도교 공동체를 지칭한다고 추측하게 되었다. 이 생각이 맞는다면, 요한의 둘째 편지는 그리스도교 지도자(장로)가 다른 공동체 지역 교회의 문제를 다루고 있는 편지이다.

요한의 셋째 편지도 같은 저자에 의해 쓰인 것 같다. 글의 스타일과 많은 주제들이 똑같고, 저자도 다시 자신을 "장로"라고 밝힌다. 그러나 이 편지에서 그는 공동체 전체가 아니라 가이우스라는 이름의 개인에게 말을 하고 있으며 그 교회에서 발생한 분쟁에서 가이우스 측에 지지를 보낸다.

이 두 편지들은 모두 진짜 편지인 것처럼 보이지만, 요한의 첫째 편지는 편지의 문학적 관례들을 답습하지 않는다. 저자는 처음에 자신을 소개하거나 받는 사람을 직접 지칭하지 않으며 그들을 위해 인사, 기도, 감사도 하지 않는다는 점에 주목하라. 게다가 마지막에는 글을 맺는 인사, 축복, 마지막 기도, 심지어 작별 인사도 없다. 저자는 글의 대상을 그가 "이 글을(편지를) 써 보내는"(1:4; 2:12-14) 사람들이라고만 말한다. 그러므로 요한의 첫째 편지는 실제 편지와는 거리가 멀고 공동체를 설득하기 위해 쓴 수필, 즉 받는 사람들이 어떤 행동을 하도록 설득하기 위한 논문에 더 가깝다. 실제로 설득을 위한 수필로 쓰인 고대의 다른 편지들도 있다. 이 특별한 편지는 전형적으로 편지에서 발견되는 관례들 없이 보내진 것처럼 보인다. 아마도 그것은 지금은 전해지지 않는 별도의 편지와 함께 보내졌을 것이다. 엄밀히 말하면 틀린 명칭이지만 편의상 나는 이 요한의 첫째 편지를 계속 편지라고 부르겠다.

요한의 둘째, 셋째 편지의 저자가 이 에세이를 썼다는 것은 당연하다. 글의 스타일과 책이 처해 있던 것처럼 보이는 역사적 상황은 물론 많은 어휘와 주제들이 동일하다. 이 저자가 1세기 말에 요한의 복음서 최종본도 만든 사람이었을까? 학자들은 그 문제에 대해 오래 토론해왔다. 하지만, 오늘날 대다수의 학자들은 이 저자가 요한의 복음서의 저자가 아니라, 그보다는 좀 나중에 같은 공동체에 속했던 사람, 복음서의 가르침을 알았고 복음서가 전해진 후 그 공동체에 발생했던 문제들을 다룬 사람이라고 믿고 있다.

요한의 첫째, 둘째, 셋째 편지의 저자는 요한의 복음서의 중요한 여러 주제들을 다루고 있는 점에서 요한의 복음서와 상당히 유사한 관점에서 그리스도교 신앙을 이해하는 듯하다.(Box 11.2 참고) 그러나 글의 스타일이 다르고 공동체에서 나타나는 문제들도 상당히 다르다. 한 가지 두드러진 예로, 요한의 복음서의 주요 관심사 중 하나였던 유대교 회당synagogue과 공동체의 관계라는 문제는 이 편지들에서 찾아볼 수 없다. 아마도 시간이 흐르면서 이전의 위기, 고통은 사라지고 새로운 문제들이 생겨났을 것이다. 그 후 그가 속한 공동체의 복음서에 정통하고 그것이 신앙을 이해하는 방식에 영향을 받은 새로운 저자가 이러한 문제들을 해결하기 위해 글을 썼을 것이다. 저자들에 대한 이런 접근은 복음서와 편지들의 유사성과 차이점 모두를 설명할 것이다.

신약성서 서간 문학과 배경 분석적 방법

요한의 편지들에서 우리는 엄밀히 말해 서사가 아닌 첫 신약성서들을 보게 된다. 복음서들은 각각 예수의 언행과 경험을 서술하고, 사도행전은 예수의 여러 사도들의 언행과 경험을 서술하고 있다. 반면 우리가 다루고 있는 편지들은 그리스도교 지도자들이 개인이나 교회를 대상으로 그들의 공동체에서 발생한 문제를 해결하기 위해 쓴 글들이다. 실제로 신약성서의 모든 편지들은 저자들이 해결해야 할 필요성을 느꼈던 상황에 대하여 쓰였다고 해도 과언이 아니다. 이 편지들의 '가끔씩' 특별한 경우에만 쓰였다는 특성을 감안할 때, 우리는 그것들을 어떻게 연구해야 할까? 이 문제는 요한의 편지들뿐만 아니라 사도 바울로의 이름 아래 등장하는 편지 등 다른 모든 편지들과도 관련이 있다.

우리가 이미 복음서들과 사도행전의 관계를 연구하며 검토했던 방법들 중 일부를 편지들을 연구하는 데 적용할 수도 있겠지만 여기서는 학자들이 이따금씩 나타나는 문헌들을 연구할 때 널리 사용하는 배경 분석contextual method 방법을 살펴보려 한다. 이 방법은 특정 문헌의 말이나 가르침뿐만 아니라 그것이 나오게 된 구체적인 역사적 정황을 아는 데 관심이 있는 역사학자들에게 특히 유용하다. 이 접근법은 10장에서 설

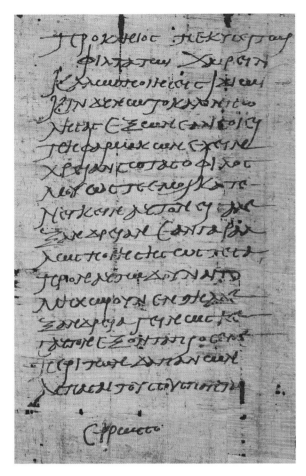

도판 11.1 고대 파피루스 편지의 예. (이 편지처럼) 당시의 편지는 신약성서의 편지들보다 훨씬 짧은 경향이 있었다. 이 편지는 알렉산드리아의 어떤 사람이 의사에게 그가 필요로 하는 약을 친구에게 제공해달라고 요청하는 내용이다.

명한 사회-역사적 방법과 밀접한 관련이 있다. 그 방법은 공동체의 사회사에 초점을 맞추고 일정 기간 동안 그것을 추적하며, 본문은 그 역사를 재구성하기 위한 증거를 제공하기 위해 사용된다. 배경 분석적인 방법에서 주된 관심사는 텍스트 자체에 있다. 텍스트의 전제가 되는 공동체의 사회 역사는 그것의 중요한 특징들 중 일부를 설명하는 데 사용된다.

글이 만들어진 사회-역사적 맥락을 이해하고자 하는 관심은 문서의 역사적 맥락을 아는 것이 그것의 해석에 절대적으로 중요하다는, 언어에 대한 많은 학자들의 이론적 관점에 뿌리를 두고 있다. 이 관점에 따르

면, 단어는 문맥 안에서만 의미를 지니기 때문에 단어의 맥락을 바꾸면 그것의 의미도 바뀐다.

단어와 구절은 원래부터 내재된 의미를 갖는 것이 아니라 다른 단어와 구절과의 관계에서만 의미를 지니기 때문에, 단어와 구절들은 매우 다양한 것들을(일부 이론가들에 따르면 거의 모든 것들을) 의미하도록 만들어질 수 있다. 간단한 예를 통해 그 점을 설명해보자. 만약 당신이 "나는 이 코스가 마음에 들어"라는 말을 듣는다고 가정해보자. 그것은 당신의 룸메이트가 골프장 18홀에서 80타를 깨고 하는 말일 때와, 당신의 조숙한 여동생이 태어난 후 처음으로 고급 레스토랑에 와서 다섯 코스로 이루어진 식사 중 두 번째 코스를 먹으면서 하는 말일 때, 또는 여러분의 친구가 가장 좋아하는 경주용 자동차 트랙에서 하는 말일 때, 혹은 신약성서 수업 중 여러분의 뒤에 앉아 있는 여학생이 재미있게 수업을 듣고 나서 하는 말일 때 전혀 다른 의미를 지니게 된다.

하지만 독자들은 어쨌든 모든 경우에 그 말이 기본적으로 같은 것을 의미한다고 생각할지도 모르겠다. 모두가 "코스"라고 불리는 것에 대해 말하고 있지 않은가? 하지만 여러분이 가장 지루한 교수의 가장 지루한 강의를 듣고 있다고 가정해보자. 여러분이 왜 야외에서 일광욕이나 하지 않고 수업에 들어온 것인지 후회하고 있을 때 뒷자리에 있는 한 학생이 같은 말을 속삭인다. "나는 이 코스가 마음에 들어 *I love this course.*" 그리고 나서 킥킥거린다면? 당신은 그의 말이 무슨 뜻인지 잘 알 수 있을 것이다. 그 말은 좀 전에 재미있는 강의를 듣고 여학생이 했던 말의 의미와 정반대이다. 그러므로, 단어들은 문맥에 비추어 다른 의미를 지니고 문맥이 바뀌면 단어의 의미가 바뀐다. 이것은 모든 언어의 모든 단어에 해당된다.

이 통찰의 한 가지 실제적인 함의는 만약 우리가 누군가의 말을 이해하려면 우리는 그가 말하는 맥락 안에서 그 말을 이해해야 한다는 것이다. 이 원칙은 구두 커뮤니케이션뿐만 아니라 서면 커뮤니케이션에도 적용된다. 그러나 고대 문헌의 경우 우리는 단어들이 쓰였던 역사적 맥락에 대한 확실한 증거를 얻기 힘들다. 따라서 텍스트가 생성된 맥락을 이해하려면 텍스트 뒤에 있는 상황을 재구성하려 노력해야 한다. 그래야만

Box 11.2 요한의 복음서와 요한의 편지들: 몇 가지 주제적 유사점

요한의 편지들은 많은 독특한 주제들을 제4복음서와 공유하며, 종종 그것들을 정확히 같은 단어를 사용하여 표현한다. 그러므로 네 권의 책들이 모두 독특한 종교적 전통을 형성해온 같은 공동체로부터 나왔다고 가정하는 것은 타당해 보인다.

공통된 주제들로는 다음과 같은 것들이 있다.

- 빛과 어둠의 이미지(1요한 1:5-7; 2:9-11; 요한 8:12; 12:46과 비교해볼 것)
- 새 계명과 옛 계명(1요한 2:7; 요한 13:34과 비교해볼 것)
- 그리스도 안에 거하기(1요한 2:27-28; 요한 15:4,

6과 비교해볼 것)
- 공동체 안에서 서로 사랑하라는 명령(1요한 3:11; 요한 13:34-35과 비교해볼 것)
- 세상으로부터 미움을 받는 것(1요한 3:13; 요한 15:18-19; 17:13-16과 비교해볼 것)
- 다른 사람들을 위해 "목숨을 버린" 그리스도(1요한 3:16; 요한 10:11, 15, 17-18, 15:12-13과 비교해볼 것)
- 하느님이 사랑으로 세상에 보낸 그리스도(1요한 4:9; 요한 3:16과 비교해볼 것)

우리는 본문을 해석하기 위해 맥락을 사용할 수 있을 것이다.

유감스럽게도, 많은 경우 텍스트의 정확한 역사적 맥락을 알 수 있는 유일한 방법은 텍스트 자체에 의해 제공된 단서를 통해서이다. 그렇다면 결국 우리는 일종의 순환적인 추론에 빠지게 되는 것이 아닐까? 텍스트를 해석하기 위해서는 문맥을 이해해야 하지만 텍스트를 해석하기 전에는 문맥을 이해할 수 없으니 말이다.

이 절차는 아마도 어느 정도 순환적이지만 꼭 그래야만 할 이유는 없다. 글이 만들어진 맥락을 어떻게라도 좀 이해하는 것은 다른 방법들보다 글의 의미를 더 잘 이해할 수 있게 해줄 것이다. 이 비유를 생각해보자. 당신은 누군가가 전화 통화하는 것을 듣고 그 또는 그녀가 말한 것을 근거로 상대방이 무슨 말을 하고 있는지 깨달은 적이 있는가? 그때 당신이 한 일은 당신이 들었던 말을 기초로 듣지 못한 말을 재구성한 것이며 그렇게 재구성한 말에 비추어 당신이 들었던 말을 이해한 것이다. 다르게 말하면, 당신은 당신이 들은 말의 맥락을 재구성하고 그것에 비추어 말들을 이해했다. 경우에 따라서는 틀릴 수도 있지만, 만약 당신이 충분히 주의를 기울이고 통화를 하는 사람이 충분한 단서들을 제공한다면 당신은 들리지 않는 말들을 재구

성하여 대화 전체를 이해할 수 있다.

이와 같은 현상은 신약성서의 텍스트에 배경 분석적인 방법을 적용할 때, 즉 우리가 듣는 대화를 기반으로 우리가 듣지 못하는 대화를 재구성하여 저자가 말하려고 하는 것을 더 잘 이해하려고 할 때 일어난다. 요한의 편지를 포함한 신약성서의 일부 책들에서 이 방법은 꽤 많은 것들을 알려줄 수 있다. 분명 이 접근법에도 몇 가지 심각한 한계가 있는데, 그중 일부는 그것을 가장 중요한 연구 방법으로 사용해온 학자들에게는 간과되어왔다. 그러나 이러한 한계들은 추상적인 논의로는 온전히 드러나지 않는다. 요한의 편지들과 같은 구체적인 자료에 이 방법을 적용해보면 이해가 쉬울 것이다.

배경 분석적 관점에서 본 요한의 편지들

나는 이 편지들을 거의 같은 시기에 같은 저자에 의해 쓰인 작품들로 취급할 것이다. 첫째 편지는 공동체에 쓴 공개 서한 또는 설득을 위한 논문, 둘째 편지는 같은 공동체에 보내는 개인 편지, 셋째 편지는 공동체 안의 한 개인에게 보내는 개인 편지이다. 편지 자체에 저자가 편지를 쓰게 한 역사적 맥락에 관한 단서가 들

어 있다. 배경 분석적 해석 방법의 첫 번째 단계는 이러한 단서들을 조사하여 상황을 재구성하는 것이다.

이 공동체의 최근 역사에서 가장 중요한 일은 그것이 최근 심각한 균열을 경험했다는 것이다. 요한의 첫째 편지의 저자는 공동체의 일부가 갈라져 나갔다고 말한다. "이런 자들은 본래 우리의 사람들이 아니었기 때문에 우리에게서 떨어져 나갔습니다. 만일 그들이 우리의 사람들이었다면 우리와 함께 그대로 남아 있었을 것입니다. 그러나 결국 그들은 우리에게서 떨어져 나갔고 그것으로 그들이 우리의 사람이 아니라는 것이 분명히 드러났습니다."(1요한 2:19)

왜 이 그리스도교 공동체는 갈라져서 일부 구성원은 그들 자신만의 모임을 시작한 것일까? 다음 몇 구절에서 저자는 떠난 이들을 "거짓말쟁이"와 "적그리스도antichrist", 말 그대로 '그리스도에 반대하는 사람들'이라고 불렀다. 그런 다음 그는 그들을 남아 있는 사람들, 즉 '진실을 알고' 있는 사람들과 대조한다. 이 적그리스도들의 어떤 생각이 저자에게 그들을 그렇게 가증스럽다고 생각하도록 만든 것일까? 그는 갈라져 나간 이들이 예수가 그리스도임을 부인했다고 말

한다.(2:22) 저자의 설명은 분리해 나간 이들—일부 학자들이 '분리주의자secessionist'라고 지칭하는 이들—이 예수가 메시아messiah라는 것을 인정하지 않는 유대인임을 암시하는 것으로 보일 수 있다. 하지만 그들은 공동체에 속해 있었다. 즉, 그들은 그리스도교인이었다. 그렇다면 어떤 의미에서 그들은 예수가 그리스도라는 것을 부정했을까?

저자가 이 '적그리스도'들을 논하는 또 다른 두 곳이 있다. 요한의 첫째 편지 4장 2-3절에서 저자는 하느님에게 속한 사람들과 달리 적그리스도들은 "예수 그리스도께서 사람의 몸으로 오셨다는 것을" 고백하기를 거부한다고 주장한다. 요한의 둘째 편지 7절에서도 비슷한 진술이 나오는데, 이곳에서는 적그리스도들이 세상에 많이 나온 속이는 자들이라 불리며 "그들은 예수 그리스도께서 사람의 몸으로 오셨다는 것을 인정하지 않는다"고 한다. 이러한 설명은 이들 분리주의자들이 우리가 알고 있는(26장에서 더 자세히 논의할) 이그나티우스Ignatius의 저술처럼 거의 같은 시기의 다른 사람들의 주장과 같은 관점을 가졌을 수 있었음을 시사한다. 이그나티우스는 그로부터 몇 년 후 마

Box 11.3 초기 그리스도교의 가정 교회들

대부분의 사람들은 오랫동안 그리스도교인들은 예배와 친교를 위해 교회 건물을 짓지 않았다는 것을 알지 못한다. 고고학자들이 발굴한 최초의 그리스도교 교회 건물(시리아에서 발견된 가정집으로 교회로 바뀌어 사용되었다)은 예수가 죽고 나서 2세기가 훨씬 지난 서기 250년경에 세워졌다. 처음 200년 동안 예배를 위해 특별히 지정된 성스러운 공간이 없었다는 점은 그리스도교가 세계의 거의 모든 종교와 다른 점이다. 이교도의 종교는 신전과 사원을 중심으로 했고 유대인들도 유대교 회당에서 하느님을 숭배했다.

만약 그리스도교인들이 모임을 위해 특별히 설계된 건물에서 만나지 않았다면, 그들은 어디에서 만났을까? 바울로의 서신들, 사도행전 그리고 다른 초기 그리스도교 문헌들을 보면 초기 그리스도교 공동체는 "가정 교회"였다는 것을 보여준다. 그리스도교인들은 부유한 교인들의 사저에서 모였는데 모이는 사람들의 구성과 크기는 그들이 만나는 집의 크기에 의해 제한되었을 것이다. 같은 도시 안에는 많은 그리스도교 교회들이 있을 수 있었는데, 아마도 각각 지도자가 있었을 것이고 많은 경우 그 집을 제공한 사람이었을 것이다.

이 상황은 요한의 셋째 편지에서 다루어진 교회 내 갈등의 문제를 조명해줄 수 있다. 예를 들어, 비교적 큰 집을 소유하고 있던 디오트레페스는 매주 그리스도교인들에게 만남의 장소를 제공하면서 그들 중에서 지도자와 후원자의 역할을 맡았을 수도 있다. 그는 자신이 매주 예배와 교제의 장소를 제공하는 그리스도교인들을 '장로'가 통제하려 하자 그것을 자신의 가정에서 벌어지는 일에 대한 월권으로 보았던 것은 아닐까?

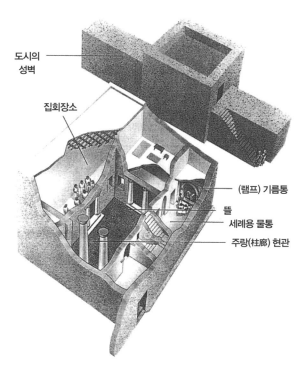

도시의 성벽

집회장소

(램프) 기름통

뜰

세례용 물통

주랑(柱廊) 현관

도판 11.2 시리아 동부 도시 두라에서 발견된, 주택을 개조한 최초 그리스도교 교회 건물의 단면도.

르키온Marcion처럼 예수는 육체를 지닌 인간이 아니라 완전히 신성한 존재라고 주장하는 그리스도교 집단에 반대했다. 그들에게 신은 육체적 존재일 수 없었다. 신은 신이었고 그래서 보이지 않고, 불멸이며, 전지전능하며, 변하지 않는 존재였다. 예수가 하느님이었다면 그는 인간의 한계를 경험할 수 없었을 것이다. 이 사람들에게 예수는 단지 이러한 한계를 경험하는 것처럼 보였을 뿐이었다. 예수는 진짜 인간이 아니었고 단지 그렇게 보였을 뿐이다.

이런 주장을 하는 그리스도교인들은 그들의 적들로부터 "가현설假現說 신봉자들docetists"로 불리게 되었는데, 이것은 "드러나다", "보이다"라는 그리스어 동사에서 유래된 말이다. 예수의 십자가에서의 죽음을 포함해서 그가 한 일들이 모두 쇼였다는 이들의 생각은 이그나티우스 같은 그리스도교 지도자들을 분노하게 만들었다. 이그나티우스에게 예수는 진짜 육체를 가진 진짜 사람이었고, 십자가에서 진짜로 피를 흘린 후 진짜로 죽었다.

아마도 요한 공동체의 분리주의자들은 가현설적인 그리스도론Christology을 발전시켰을 것이다. 저자의 말을 빌리자면 그들은 "예수 그리스도께서 사람의 몸으로 오셨다는 것을 인정하지 않았다." 만약 그들이 정말로 초기의 가현설 신봉자들이라면 이 편지들에서 저자가 말하는 많은 것들을 이해할 수 있다. 예를 들어 요한의 첫째 편지 첫마디를 예로 들어보자. 가현설을 주장하며 공동체로부터 갈라져 나간 사람들 때문에 이 편지가 쓰였다는 것을 깨닫지 못하는 독자들은 왜 저자가 많은 면에서 요한의 복음서의 서문을 연상시키는 서문을 가지고 글을 시작하는지 이해할 수 없을지도 모른다.

우리는 생명의 말씀에 관해서 말하려고 합니다. 그 말씀은 천지가 창조되기 전부터 계셨습니다. 우리는 그 말씀을 듣고 눈으로 보고 실제로 목격하고 손으로 만져보았습니다. 그 생명이 나타났을 때에 우리는 그 생명을 보았기 때문에 그것을 증언합니다. 우리가 여러분에게 선포하는 이 영원한 생명은 아버지와 함께 있다가 우리에게 분명히 나타난 것입니다.(1:1-2)

그러나 일단 독자가 편지의 역사적 맥락을 알게 되면 왜 이런 서문이 써진 것인지 쉽게 이해할 수 있다. 저자는 예수가 피와 살이 없는 비실재적인 존재라고 주장하는 그리스도교인들에 반대하여 독자들에게 말씀이 육신이 된, 그래서 볼 수도 만질 수도 다루어질 수도 있는, 즉, 진짜 인간의 몸을 가진 예수를 상기시킨다. 그리고 그는 진짜 피를 흘렸다. 저자는 죄의 용서를 위한 예수의 피의 중요성(1:7)과 그가 감당한, 죄에 대한 (진짜) 희생(2:2; 4:10)을 강조한다.

예수가 진짜 육체를 지닌 인간이 아니라는 믿음을 지녔던 요한 공동체의 일부 사람들이 갈라져 나가게 된 이유는 무엇일까? 우리는 그 공동체가 회당에서 쫓겨난 후 일종의 '요새 심리'를 가지게 되었고 그것이 그리스도론에 큰 영향을 미치게 되었다는 것을 살펴보았다. 그리스도는 점점 인간 랍비나 메시아보다는 하느님과 동등한 지위를 가진 신성한 존재로 보이게 되었다. 다만 그는 하느님의 진리를 드러내러 세상에 왔지만 어둠 속에 거하는 그의 백성들에게 거부당한 존

Box 11.4 신약성서 연구의 역사적 방법

우리는 살펴본 신약성서를 연구하는 다양한 방법들을 다음과 같이 요약할 수 있다.

- 마르코의 복음서를 연구하기 위해 사용했던 장르 비평은 작품의 문학 장르를 살펴보고, 그것이 사용된 고대의 역사적 맥락(예: 복음이라는 장르)에서 어떻게 기능했는지 이해하고자 한다.
- 마태오의 복음서에서 사용한 편집 비평은 저자들이 자신들의 주요 관심사를 위해 어떻게 자료를 바꾸었는지 살펴본다.
- 루카의 복음서를 위해 사용한 비교 분석 방법은 어떤 문서가 다른 문서의 자료로 쓰였는가와 상관없이 두 문서 사이의 유사점과 차이점을 분석하여 그들의 독특한 강조점을 찾는다.
- 요한의 복음서에서 사용한 사회-역사적 방법은 텍스트에서 단서를 찾아 문서 배후의 사회 역사를 재구성하여 텍스트를 설명할 수 있는 일련의 타당한 역사적 상황을 설정하려 한다.
- 우리가 요한의 편지들에 사용한 배경 분석은 사회-역사적 방법을 거꾸로 한 것이다. 그것은 본문 배후의 공동체의 재구성된 사회사를 이용하여 저자가 말하는 내용의 역사적 맥락을 파악함으로써 본문의 의미를 조명한다.

재였다. 그를 믿는 사람들은 그의 신성한 가르침을 이해한다고 주장했고 스스로를 신의 자녀로 여겼다. 요한의 복음서가 완성될 무렵 요한 공동체의 일부 구성원들은 예수가 하느님과 동등하다고 믿게 되었다.

이 공동체의 그리스도교인들은 요한의 복음서의 완성 후에도 예수에 대한 그들의 이해의 노력을 멈추지 않았던 것으로 보인다. 그들 중 몇몇은 그들의 그리스도론을 한 단계 더 발전시켰다. 그들은 예수가 하느님과 동등했을 뿐만 아니라, 그 스스로가 전적으로 그리고 완전히 하느님이라고 생각했다. 더 나아가, 그가 하느님이라면, 하느님은 육체로 구성되어 있지 않기 때문에 육체가 될 수 없었다. 예수는 단지 인간으로 보였을 뿐이다.

이 견해는 공동체의 다른 구성원들에게는 너무 지나친 것이었다. 그로 인해 노선들이 그려지고 분열이 초래되었다. 요한의 편지들은 분리주의자들이 도를 넘었다고 생각한 저자에 의해 쓰였다. 이 저자에게 그리스도는 실로 육체를 지닌 인간이었다. 그리스도는 '육신을 입은' 구세주였고 그의 피가 죄에서 구원을 가져왔다. 이 견해를 받아들이지 않는 사람들은 예수가 그리스도라는 공동체의 고백을 거부하는 것이었다. 저자의 견해로는 그들은 적그리스도들이었다.

분리주의자들에 대한 저자의 비난은 오직 그리스도에 대한 그들의 생각에만 해당되는 것이 아니라 그들의 도덕에도 해당된다. 그는 그의 적들이 하느님의 계명을 실천하지 않고(2:4), 그들이 공동체의 형제자매를 사랑하지 않으며(2:9-11; 4:20), 죄와 접촉하지 않는다고 주장하면서 죄를 짓고 있음을 암시한다.(1:6-10) 적어도 저자의 마음속에서는 이러한 도덕적 비난들이 교리적 비난들과 밀접하게 관련되었을 가능성이 있다. 분리주의자들이 예수의 육체적 존재를 하찮게 평가했다면, 아마도 그들 자신의 육체적인 존재의 중요성도 낮게 평가했을 것이다. 다시 말해, 그들에게 정말 중요한 것이 육신보다 정신이었다면 아마도 그들은 예수의 진짜 육체뿐만 아니라 자신의 육체에도 무관심했을 것이다. 나아가 그들은 하느님이 내린 계명을 지키는 것과 공동체의 형제자매들 사이에 사랑을 표현하는 것에 전혀 관심이 없는 것처럼 보였을 것이다. 이는 저자가 편지에서 왜 공동체를 떠난 사람들과 달리 하느님의 계명을 계속 실천하고 서로 사랑할 필요가 있는지 강조하는 이유일 것이다.

배경 분석적 방법에 대한 반성

지금쯤이면 당신은 이러한 종류의 배경 분석의 어

Box 11.5 요한의 편지

1. 요한의 첫째, 둘째, 셋째 편지는 1세기 말엽 요한 공동체의 구성원에 의해 쓰였다.
2. 저자는 요한의 복음서의 저자는 아니었지만 신학적 관점은 매우 비슷했다.
3. 요한의 첫째 편지는 공개 서한 또는 설득을 위한 글이다. 둘째와 셋째 편지는 그리스도교 공동체의 구성원들에게 보낸 실제 편지들이다.
4. 배경 분석적 방법은 편지의 맥락을 재구성하는 것이 저자가 말하고자 하는 바를 이해하는 데 도움이 된다는 가정 아래 편지를 역사적, 사회적 맥락에서 이해하는 것이다.
5. 저자는 특히 그리스도론에 대한 이해의 차이로 인해 일부 구성원들이 떨어져 나가는 공동체의 분열을 염려한다. 떨어져 나간 사람들은 요한의 복음서의 견해를 극단적으로 받아들여 예수가 인간이 아닌 신이라고 생각하게 되었을지도 모른다.

려움들 중 하나를 인식했을 수도 있다. 요한 공동체의 분리주의자들이 실제로 서로 사랑하고 하느님의 계명을 지키는 것이 중요하지 않다고 가르쳤는지 역사학자들이 판단하기란 매우 어렵다. 분리주의자들의 견해를 엿볼 수 있는 유일한 원천은 요한의 편지들의 저자이지만 그는 그들의 적이었다.

우리가 고대와 현대의 다른 종류의 문학들에서 본 것처럼, 그들에 대해 적들이 말하는 것을 바탕으로 해서 사람들의 말과 행동을 재구성하는 것은 매우 어려운 일이다. 반대편 선거 진영이 말하는 것을 기초로 어떤 현대 정치인의 신념과 행동을 재구성하려고 노력해보라! 때때로 적들은 상대방의 견해를 오해하거나 왜곡하거나 잘못 전달하며 상대방이 하지도 않은 암시를 그것에서 끌어낸다.

그렇다면 우리가 요한 공동체의 분리주의자들에 대해 정말로 알고 있는 것은 무엇일까? 우리는 그들이 다른 사람들에게 계명을 어기고 죄악 속에서 살도록 가르친 가현론자들이었다는 것은 확실한 사실로 알게 된 걸까? 아니, 그것은 사실이 아니다. 우리가 알고 있는 것은 요한의 첫째 편지의 저자가 그들을 그렇게 묘사했다는 것뿐이다. 어떤 학자들은 이 묘사가 정확하다고 받아들이는 경향이 있다. 다른 학자들은 더 신중하게 우리는 요한의 첫째 편지의 저자가 분리주의자들을 어떻게 생각했는지만 알 수 있다고 말한다. 일부 학자들은 더 조심스러운 입장을 취하는데, 그들은 우리로서는 요한의 첫째 편지의 저자가 분리주의자들에 대

해 어떻게 생각을 했는지 알 수 없고, 단지 그가 그들을 어떻게 묘사했는지만 알 수 있을 뿐이라고 말한다. 이런 문제는 쉽게 해결될 수 없으며, 신약성서 집필에 대한 배경 분석적 연구에 직접 참여할 때 주의를 기울여야 할 필요가 있는 사안이다.

이러한 주의사항을 염두에 두면서 요한의 편지들의 역사적 맥락에 대해 우리가 말할 수 있는 것을 요약하고, 이 편지들이 어떻게 당면한 상황에 대한 대응으로 보일 수 있을지 설명해보자. 비록 우리가 확실히 알 수는 없지만, 이 편지들의 저자가 자신의 적들에 대해 의도적으로 틀린 평가를 내렸다는 정황을 찾기는 어렵다. 그의 인식이 옳았든 그렇지 않았든 우리는 최소한 그가 어떻게 상황을 인식했는지는 말할 수 있다. 그의 관점에서 보자면 그가 속한 공동체의 구성원들의 일부가 자신들만의 공동체를 형성하기 위해 갈라져 나갔다. 그들은 예수가 진짜 인간이 아니라 오직 신이라고 생각했기에 계명을 지킬 필요가 없다고 생각했으며 공동체의 다른 구성원들에게 사랑을 보일 필요가 없다고 생각했다. 때문에, 그들은 적그리스도들이고 거짓말쟁이들이었다. 그들은 다른 사람들을 계속 속임으로써 공동체의 안녕을 위협하는 존재였다.

만약 이것이 "장로"의 눈으로 바라본 역사적 맥락이라면 요한의 첫째, 둘째, 셋째 편지의 역사적 사건에 대해서는 무엇을 더 말할 수 있을까? 저자는 이 편지의 대상인 공동체에서 어느 정도 떨어진 곳에 있는 다른 공동체의 지도자였다. 그가 가까운 곳에 있지 않았

다는 것은 요한의 둘째, 셋째 편지의 마무리 인사에서 드러나는데 자신의 의사를 편지로뿐만 아니라 직접 방문해서 전하겠다는 의사를 나타낸다.(2요한 12; 3요한 13-14) 그는 자신이 편지의 수신인이 되는 그리스도교도들에 대해 권위를 가지고 있다고 생각하는 것 같다. 그 때문에 그는 그들에게 그가 명령하는 대로 믿고 행동하도록 권할 수 있는 것이다.

요한의 첫째 편지는 이 이웃 교회의 비분리주의자들에게 보내는 글이었을 것이다. 그것은 일종의 공개 서한으로서, 사람들에게 저자의 입장에서 벗어나지 말고 그것에 충실하도록 설득하고, 그것이 그들이 공동체에 합류했을 때 물려받은 전승에 충실한 모습이라고 말한다. 요한의 둘째 편지는 그 교회에 개인 자격으로 보내는, 거의 같은 내용의 좀 더 짧은 편지였을 것이다. 그리고 요한의 셋째 편지는 이 공동체에 발생한 문제에 관하여 공동체의 한 구성원에게 지침을 주는 사적인 편지였을 것이다.

학자들은 고대의 개인 편지와 가장 비슷한 형식인 마지막 편지가 쓰인 상황에 대해 서로 다른 의견을 표명해왔다. 적어도 편지를 받은 가이오스가 다른 지도자인 디오트레페스와 갈등을 빚고 있었다는 것은 명백해 보인다. 이러한 갈등은 이 편지의 저자와 그가 교회에 보내는 대표자들의 권위를 인정하는지 여부와 관련이 있다. 저자는 디오트레페스를 적대자로 보고 가이오스와 데메트리오스(아마도 서한의 전달자? 1:12)를 같은 편으로 본다. 디오트레페스가 분리주의자들의 견해를 지지하며 나머지 교인들을 개종시키려 하고 있거나, 단순히 이 편지를 쓰는 "장로"가 그의 마음에 들지 않았거나, 예배를 드리는 자신의 가정 교회에 의견을 강요하는 장로가 마땅치 않았을 수도 있다.(Box 11.3 참고) 다른 연구 방식들이 있을 수 있으며, 그들 중 일부의 방법들은 독자들이 이들 편지들에 배경 분석적 연구 방식을 적용할 때 떠오를 수도 있다.

요한 공동체 이후: 그리스도교 영지주의의 발흥

분리주의자들의 견해를 포함하여 요한 공동체 내에서 나타난 믿음들 중 일부를 접한 학자들은 2, 3세기의 자료들에 묘사되어 있는 다양한 그룹의 영지주의자들을 떠올렸다. 특히 다음의 견해들은 한 그룹의 영지주의자들의 주장이라 해도 이상한 게 없을 정도였다.

- 유대인은 참된 하느님을 경배하지 않는다. 그들이 알든 모르든, 그들의 하느님은 열등한 신이다.(요한 8:42-47)
- 그리스도는 구원에 이르는 진리를 드러내기 위해 참된 하느님으로부터 위에서 오셨다.(3:13, 31; 6:38; 8:32)
- 그리스도는 진짜 육체와 피를 지닌 인간이 아니었다.(1요한 4:2-3; 2요한 7)

요한 공동체의 그리스도교인들이 영지주의자들이었다고 생각해서는 안 된다. 그러나 후대에 이러한 관점에 동의했을 여러 영지주의 집단이 생겨났다. 이러한 집단들은 모두 구원을 위해서는 "영지(그노시스, 지식)"를 필요로 한다는 공통된 생각을 가지고 있었기 때문에 영지주의자들Gnostic로 불린다. 이들은 통합되지 않은 채 다양한 영지주의 그룹들로 존재했고 많은 다양한 것들을 가르쳤다. 그러나 기본적인 세계관과 그들의 중심적인 신학적 확신에 있어서 이들은 어떤 연속성 위에 서 있는 것처럼 보인다. 그들 모두에게 이 세상은 궁극적인 신에 의해 창조된 것이 아니라 무지하고 악의적인 열등한 신—유대교 성서의 신—에 의해 만들어졌다. 이 물질적인 세상의 비참한 존재로서의 삶을 벗어나기 위해 사람들은 위에서 주어지는 영지를 습득해야 하는데, 그것은 참된 하느님의 세계에서 구원을 누릴 수 있도록 해줄 것이다.

정의, 출처 및 시기의 문제

지난 70년 동안 학자들은 영지주의를 어떻게 정의해야 하느냐의 문제를 두고 열띤 논쟁을 벌여왔다. 이러한 논쟁들은 영지주의를 기술하거나 영지주의자들에 의해 쓰인 고대 자료들에 대해 우리가 가지고 있는 문제들과 밀접하게 관련되어 있다. 약 100년 전까지만 해도 영지주의를 이해하기 위한 유일한 자료들은 2세기, 3세기, 4세기 원정통파proto-orthodox 교부들의 글이었는데 그들은 철저하게 영지주의에 반대하는 입장

도판 11.3 a, b 1945년 이집트 나그함마디 근처에서 발견된 영지주의 책들(왼쪽)과 그것들이 발견된 장소(오른쪽).

이었다. 요한의 편지들을 살펴보면서 우리는 적대적인 입장의 공격을 기초로 해서 어떤 집단의 신념과 활동을 재구성하는 데 어려움이 있음을 살펴보았다. 영지주의에 있어 이런 문제는 훨씬 더 심각하다. 순교자 유스티노스Justin Martyr, 이레나이오스Irenaeus, 테르툴리아누스Tertullian와 같은 정통파 교부들은 영지주의를 그리스도교의 통합과 성공에 대한 주요한 위협으로 보고 모든 수단을 다해 그것을 공격했다. 예를 들어, 그들의 비난들 중 많은 부분(예: 영지주의자들 중 어떤 그룹은 성적으로 문란한 행위를 일삼고 아기를 희생양으로 삼는 기괴한 심야 의식들을 치렀다는 주장)은 주의 깊게 조사되어야 한다.(26장 참고)

20세기의 가장 중요한 고고학적 발견 중 하나는 우리에게 영지주의에 대한 완전히 새로운 정보를 제공해주었는데, 그것도 영지주의에 반대하는 사람들이 아닌, 영지주의자들이 직접 작성한 자료였다. 사해 두루마리가 발견되기 불과 1년 전인 1945년, 이집트 베두인족 한 사람이 열세 권의 고서가 담긴 항아리를 우연히 발견했다. 이 책들은 52편의 문헌들을 포함하고 있었는데, 대부분이 이전에는 알려지지 않았던 것들이었다. 고물상을 거쳐 학자들의 손에 들어온 자료들은 고대 이집트 언어인 콥트어로 쓰인 고대 영지주의 문헌들로 드러났다.

책들 자체는 4세기에 제작되었지만(책을 결속하기 위해 사용된 종이쪽지에 날짜가 적힌 영수증이 포함되어 있어 알 수 있었다) 훨씬 이전에 제작된 문서 사본들—그중에는 늦어도 2세기에는 만들어진—이 포함

되어 있었다. 언어학자들은 그 책들이 원래 그리스어로 쓰였다는 것을 의심의 여지 없이 입증했다. 새로 발견된 문서들은 아마도 3, 4세기에 만들어진, 이러한 초기 문서들의 번역본이었다. 어떤 점에서 이 문서들은 초기 그리스도교 역사에 대한 우리의 이해를 혁신시켰다. 왜냐하면 여기에는 어떤 영지주의 공동체 신도들에게 중요하게 보였던 문헌들이 있었기 때문이다. 그 문헌들은 나중에 신약성서로 알려지게 된 글들과 이모저모로 비슷하거나 다른 내용들이었다. 그들은 복음서와 사도들이 쓴 것으로 알려진 다른 글들도 포함하고 있다는 점에서는 비슷했지만 예수와 하느님, 창조된 우주에 대한 그들의 관점은 신약 정경에 들어간 글들과 상당히 상충되는 모습을 보였다. 이 문헌들 중 가장 흥미로운 것은 예수의 제자인 필립보, 그를 따랐던 마리아, 예수의 쌍둥이 형제 토마가 쓴 것으로 알려진 예수에 관한 다른 복음서들이다.(Box 12.2 참고) 이 글들 중 일부는 예수가 부활 후 가장 가까운 사도들에게만 전했다고 알려진 그때까지 알려지지 않았던 계시들을 포함하고 있으며, 또 다른 것들은 어떻게 우주가 생겨났는지, 어떻게 인간이 그 안에서 자리를 잡게 되었는지에 대한 신비로운 성찰들을 담고 있다.

이 글들은 이집트 나그함마디 마을 근처에서 발견되었기 때문에 "나그함마디 문서Nag Hammadi Library"로 알려지게 되었다. 그리스도교 영지주의 역사가들에게 있어서 이것들은 다른 어느 것과도 비교할 수 없는 중요성을 지니는데, 영지주의에 반대하는 사람들의 주장과 비난에 전적으로 의존하지 않고도 영지주의자들

Box 11.6 나그함마디 문서의 발견

고대 그리스도교 문서의 은닉처가 이집트의 외딴곳에 위치한 나그함마디에서 우연히 발견된 사건은 우연, 어리석음, 비밀, 무지, 학문적 탁월함, 살인 그리고 잔인한 복수에 관한 이야기이다. 학자들이 이 모든 자료들을 꿰어 맞추기 위해 여러 해 동안 노력을 해온 지금도 이 발견에 대한 세부 사항은 아직 명확하지 않다.

우리는 이 사건이 1945년 12월경—수백 마일 떨어진 유대 사막에서 사해 문서가 발견되기 약 1년 반 전—에 일어났다는 것을 알고 있다. 몇몇 인부들이 이집트 위쪽, 나일강을 따라 있는 자발 알 타리프라고 불리는 절벽 근처에서 일하고 있었다. 노동자들은 카이로에서 남쪽으로 300마일, 룩소르에서 북쪽으로 40마일 떨어진 나그함마디 마을 강 건너편에 있는 알카스르라는 작은 마을 사람들이었다. 무함마드 알리라는 이 무리의 리더는 나중에 발견의 세부 사항과 그다음에 벌어진 일들을 다음과 같이 밝혔다.

나는 (자발 알 타리프 절벽 근처에서) 비료로 사용할 세박(주로 고대 유적지의 벽돌들. 유기물질로 만들어져 있어 비료로 사용됨-역자 주)을 곡괭이로 파서 낙타에 싣고 들판으로 날랐습니다. 그러던 중 모래 속에 묻힌 커다란 토기 항아리를 발견했어요. 나는 뭔가 안에 있을지도 모른다는 예감이 들었습니다. 그날 늦게 다시 그곳으로 돌아온 나는 항아리를 부쉈죠. 내가 항아리를 찾은 곳에서 그걸 부수고 열었어요. 안에 악령이 있을지도 모른다는 생각이 들었어요. 전에는 그런 것을 본 적이 없었거든요. 나는 항아리 안에서 이 오래된 책들을 발견했어요. 내가 그곳으로 데려온 사람들은 "우리는 이것들에 손대고 싶지 않아. 이것들은 그리스도교인들, 콥트파 사람들 거야. 우리들하고는 아무 상관도 없어"라고 말했죠. 그것들은 우리에게 그저 쓰레기 같은 것이었어요. 그래요, 우리 어머니는 빵을 굽기 위해 얼마를 불태웠어요. 함라둠 마을 사람 중 하나가 내 아버지를 죽였어요. 그래서 내가 복수를 위해 살인자를 죽여야 했죠. 난 그를 죽였고 내 칼로 그의 심장을 도려내서 먹었어요. 살인죄로 복역을 한 후에 감옥에서 나왔을 때 나는 어머니가 오래된 서류들을 많이 태웠다는 것을 알게 되었어요. 나중에 나는 책 한 권을 팔았죠. 나머지 책들은 다 사라졌어요. 110이집트파운드를 받았죠. (Brent Nongbri, *God's Library: The Archaeology of the Earliest Christian Manuscripts* [New Haven: Yale University Press, 2018], p. 111)

일부 학자들은 이 진술을 의심했지만, 무함마드 알리는 적어도 자신의 피의 복수 행위로 인해 이 발견이 한동안 널리 알려지지 못했고 그 때문에 이 귀중한 책들의 일부가 훼손되었다고 주장한다. 책 전체가 그대로 남아 있다면 얼마나 좋았을까. 단지 몇 페이지라도 더 얻을 수 있다면 우리는 그것을 위해 어떤 대가도 아끼지 않았을 것이다.

이 무엇을 믿었는지 더 확실하게 말할 수 있게 되었기 때문이다.

그렇다고 해서 학자들이 이제 영지주의 연구의 모든 중요한 측면에 대해 의견이 일치하고 있다는 말은 아니다. 교부들의 글을 이용해 영지주의자들이 무슨 생각을 했는지 정확히 알 수 없듯이 영지주의자들의 글을 사용하는 것도 쉽지만은 않다. 우선, 나그함마디에서 발견된 글들은 일관된 관점을 지니고 있지 않으며, 신약성서에 실린 글들이 나중에 정통 그리스도교인들에게 권위를 지니게 된 방식으로 이런 글들이 어떤 영지주의 공동체에 권위를 지녔을지도 확신할 수 없다. 더욱이 이 텍스트들은 그것들을 생산한 공동체 안에서 사용되기 위해 쓰인 것처럼 보이기 때문에 그 글들은 작가와 독자들이 이미 알고 있는 지식들을 전제한다. 그들은 영지주의 체계(혹은 체계들)를 표명하지는 않지만 그것을 상정하고 있는 것처럼 보인다. 그러므로 이러한 글들을 이해하기 위해서 우리는 그들이 전제로 한 사상 세계를 재구성해야 한다.

마지막으로, 이 글들을 해석하는 방법을 정확히 알기는 어렵다. 예를 들어, 몇몇 교부들은 나그함마디에서 발견된 작품들과 비슷한 글들을 접할 수 있었던 것이 분명하지만 그들은 그것들을 어떻게 읽어야 하는지를 잘못 이해하거나 잘못 표현했다. 예를 들어, 반영지주의의 입장에 있던 이레나이오스는 창조의 신비를 찬양하는 영지주의 시를 읽은 후 시적 표현을 고려하지 않고 이 글들을 우주가 어떻게 생겨났는지에 대한 문자 그대의 설명으로 해석했다. 현대의 우리들은 같은 함정에 빠지는 것을 피해야 한다. 만약 여러분이 은유를 인식하지 못한다면 영시 수업에서 얼마나 좋은 점수를 받을 수 있을지 생각해보라. 그러나 나그함마디 문헌은 역사적 서술이나 형이상학적 시, 명제적 진리, 신비적 성찰, 무엇을 표현하고 있는 것인지 알 수 없는 경우가 많다.

이제 나는 우리가 알고 있는 대부분의 영지주의 체계의 기초로 보이는 몇 가지 기본적인 가정들을 제시하려고 한다. 그 전에 나는 이런 체계들의 존재 시기와 이들과 비영지주의적 그리스도교의 관계에 대해 한마디 해야 할 필요가 있다. 이것들은 학자들 사이에서 격렬하고 열띤 논쟁의 주제이기도 하다.

반영지주의의 입장에 있던 교부들은 영지주의가 자신들의 이익을 위해 그리스도교 신앙을 타락시킨 사람들이 발명한 그리스도교 이단이라고 주장했다. 하지만 많은 학자들은 이러한 관점이 옳지 않다는 것을 보여주려 노력해왔다. 사실 영지주의는 그리스도교와 상관없이 생겨났지만 후에 일부 종교 집단에서 그리스도교와 합쳐진 후 영지주의 그리스도교를 형성했다.

어떤 문화 세력이 '영지주의'를 낳았는지 알 수 없지만 수많은 종교와 철학이 널리 알려지고 종종 연결되던 시대에 나타난 그것은 다양한 종교와 철학적 관점의 창의적인 조합을 대변하는 것으로 보인다. 만약 이것이 맞는다면, 영지주의와 그리스도교는 거의 동시에 시작되었을지도 모르며, 우리가 곧 보게 될 많은 유사점들 때문에 서로에게 상당한 영향을 끼치게 되었다. 흥미롭게도 나그함마디에서 발견된 일부 영지주의 문헌들은 비그리스도교적인 것으로 보이는데 만약 영지주의가 그리스도교의 이단으로 생긴 것이라면 설명하기 어려운 일이다.

나는 여기서 '영지주의'라는 용어를 그리스도교의 영향을 받은, 빠르면 1세기 말, 적어도 2세기 중반까지는 확실히 존재했던 다양한 견해들을 의미하는 것으로 사용하겠다. 구체적인 영지주의 집단에 대한 우리의 가장 좋은 증거는 2세기의 것인데, 그들에게 적대적이었던 원정통파 그리스도교인들이 가장 독설을 퍼붓던 때이자 나그함마디에서 발견된 많은 문서들이 만들어진 때였다.

다양한 영지주의 그룹의 주요 견해

영지주의자들 사이의 많은 차이점에도 불구하고, 그들 대부분은 다음에 동의하는 것으로 보인다.

1. 신성한 영역에는 하나의 궁극적인 신만이 존재하는 것이 아니라, 아이온aeon이라고 알려진 다양한 신들이 있다. 이러한 아이온들은 어떤 의미에서 궁극적인 신의 정신적 능력 또는 힘의 의인화이다.(그들은 이성, 의지, 자비, 지혜 같은 이름들을 가지고 있다.)
2. 우리가 살고 있는 물리적 세계는 궁극적인 신이 아니라 종종 유대교 성서의 하느님과 동일시되는 더 낮은 지위의 무지한 신이 창조한 곳이었다. 세상을 창조한 신은 열등한 존재이기 때문에 물질세계는 비참한 곳이며 그 위의 영적 세계와 멀리 분리되어 있다.
3. 이 세상에 악이 존재하는 궁극적인 이유, 열등한 창조주-신이 애초에 존재하게 된 것도 영적 영역에 살고 있는 더 높은 신적인 힘들(아이온들)과 관련이 있다. 보통 이 신성한 형상은 "소피아Sophia" 또는 "지혜"라고 불린다.
4. 모든 인간들(또는 일부 영지주의자들에게는 오직 일부 인간들만)이 신성한 영역과 연결된 영적 요소 또는 불멸의 영혼을 가지고 있다. 그러나 그들이 세상에 갇혀 있기 때문에, 인간들은 그들의 신성한 기원을 망각하게 되었다.
5. 영적 영역에서 온 신적인 존재가 지상의 영역을 방문하여 영적 요소를 지닌, 혹은 불멸의 영혼을 지닌 인간들에게 그들의 신적 기원의 지식gnosis을 일깨워주었기 때문에 구원이 이루어졌다.

6. 그리스도교 영지주의자들에게는 위로부터 인간의 구원을 위한 지식을 가지고 온 신적인 존재가 예수 그리스도이다.

영지주의자들은 자신들의 이러한 견해를 "믿어야 할 교리"가 아니라 그들의 다양한 사상을 구체화하고 묘사하는 신화의 방식으로 설명했다. 다양한 영지주의 그룹들은 저마다의 다양한 신화들을 가지고 있었다. 이들 중 가장 중요한 두 그룹을 소개한다.

세트파 영지주의자들

첫 번째는 학자들이 "세트파 영지주의자들Sethian Gnostics"이라고 부르는 집단이다. 이들은 이레나이오스(서기 180년경)를 비롯해 그들을 적대한 원정통파proto-orthodox 그리스도교인들의 저술과 나그함마디 문서의 중요한 문헌들을 통해 알려졌다. 그들은 2세기 중반에 이미 유명한 종파였다.

이들은 스스로를 세트파라고 부르지는 않았을지도 모른다. 그들이 그렇게 불리는 이유는 자신들이 아담과 이브의 셋째 아들이었던 셋의 영적 후손이라고 주장했기 때문이다. 세트파의 문헌들은 신령한 영역, 물질세계, 그리고 그러한 물질세계에 살고 있는 인간의 기원을 설명하는 상세하고 복잡한 신화들을 제시한다. 이러한 새로운 신화들은 매우 사실적이지만, 세상에 대한, 특히 우리가 살고 있는 물질적 영역으로부터 분리된 신성하고 영적인 영역에 대한 지나치게 복잡한 설명으로 받아들여졌다. 세상을 이해함으로써 하느님의 마음과 하나가 되고 육체의 걱정으로부터 벗어날 수 있다는 것이 그들의 주장이었다.

세트파의 신화들은 눈에 보이지 않는 영혼Invisible Spirit이라고 불리는 고유하고 유일하며 완벽한 신성을 묘사한다. 이 존재는 알려져 있지도 않고, 알 수도 없으며 우리가 상상할 수 있는 어떤 것과도 달라서 설명할 수 없다. 이 영혼은 다른 신성한 존재들인 아이온들의 플레로마Pleroma('충만'이라는 의미) 전체로 진화한다고 한다. 그중에 첫 번째 존재는 바르벨로Barbelo라는 이름의 모든 것들의 어머니로, 그는 종종 아들(그리스도 또는 "스스로 기원하는 자Self-Originate")이라고 불리는 존재와 함께하고 이렇게 일종의 삼위일체가 이루어진다. 다음의 아이온들이 나타나고 존재하는 플레로마는 아르모젤, 오로이아엘, 다우에이타이, 엘레레트가 관장하는 네 개의 빛의 영역으로 둘러싸여 있다.

과거 엿보기

Box 11.7 영지주의자를 육안으로 구별할 수 있을까?

그리스도교 영지주의자들을 공격했던 원정통파 교부들이 겪었던 주요 문제들 중 하나는 무엇이 영지주의인지, 영지주의자를 어떻게 구별하는지에 관한 것이었다. 많은 다양한 종교 사상이 영지주의라고 불릴 수 있었고, 영지주의자로 간주될 수 있는 사람들도 많은 중요한 문제들에 대해 서로 의견을 달리했다. 이러한 문제에 대한 좌절감은 2세기 가장 잘 알려진 반영지주의적 작가 중 한 명인 교부 이레나이오스의 글에 명백하게 나타난다. "그들[영지주의자들]은 교리와 전승에 있어서 자신들조차도 서로 크게 다르고, 그들 중 가장 현대적이라고 인정받는 사람들은 항상 새로운 의견을 내놓으며 이전에 아무도 생각하지 못했던 것을 이끌어내려고 매일 노력하기 때문에 그들의 모든 의견을 기술하는 것은 어려운 문제이다."(『이단 반박』, 1.21.5)

그러나 이레나이오스와 그의 동료들이 확신한 한 가지는 비록 그들의 정체를 알아보는 것은 어렵지만 영지주의자들이 많은 교회들에 잠입했다는 것이었다. "그들은 우리처럼 보이고 우리처럼 말을 하기 때문에 겉으로 보기에는 양처럼 보이지만 속은 늑대이다."(상동, 3.16.8) 다시 말해서, 영지주의자들은 원정통파 그리스도교인들이 말한 모든 것—그들의 교리, 의례—에 동의할 수 있었다. 그러나 내면적으로는 이러한 것들에 원정통파 그리스도교인들은 인정하지 않는 더 깊고 상징적인 의미가 깃들어 있다고 이해했다. 반영지주의자들이 그들을 교회에서 쫓아내는 것이 어려웠던 것도 당연하다. 영지주의자들을 알아보는 것은 쉽지 않았다.

이 영역들에는 수많은 다른 존재들이 있는데, 첫 번째 인간인 아다마스는 최초의 물질적 인간인 아담과 영적 인류의 모든 구성원들의 신성한 판형이다.

이런 신화들에는 플레로마를 구성하는 다양한 아이온들이 남성과 여성의 쌍으로 존재한다. 신성의 정도에서 아주 아래쪽에 있는 여성 아이온들 가운데 하나인 소피아('지혜'라는 의미)가 어떤 이유에서인지 남자 배우자 없이 자손을 잉태한다. 소피아의 자손들 중에는 사클라(이알다바오트Ialdabaoth라고도 한다)라는 신격이 있는데 신성한 플레로마의 영역 밖에서 태어났기 때문에─또는 거기서 쫓겨났기 때문에─그는 거만하고, 무지하며, 때로는 악의적인 존재로 묘사된다. 사클라/이알다바오트는 무식하게도 자신만이 신이라고 자랑한다. 그가 사실 구약의 창조주-신이다.

이 쫓겨난 신은 플레로마의 영적 영역에 대해 그가 알고 있는 얼마 안 되는 지식을 바탕으로 불완전하고 공정하지 못하며 고통받는 장소인 물질세계를 창조한다. 이런 세트파의 신화에는 강한 이원주의적 요소가 있다. 불완전하고 끔찍한 물질세계가 위의 영적 영역의 완벽함과 극명한 대조를 이룬다. 인간들은 순전히 물질적인 존재로 창조되지만, 창조주-신이 그의 어머니 소피아로부터 높은 곳의 영적인 힘을 훔쳐 인간들에게(혹은 일부의 인간들에게) 불어넣는다.

세트파 종교의 목표는 인간 안의 신적인 힘을 천국의 집으로 돌려보내는 것이다. 그러려면 우리가 입고 살아가는 이 불완전한 창조물이 바로잡혀져야 한다. "셋의 씨seed of Seth"(소피아의 힘을 가진 사람들)들은 잃어버린 인간성을 영적 영역으로 돌려보낼 수 있다. 이것은 사람들이 신성한 기원의 진리를 배울 때 일어난다.

하지만 이 진리를 어떻게 배울 수 있을까? 그것은 셋 자신이 하늘에서 온 구원자의 인간 형태인 예수로 화신할 때 일어난다. 그는 인간들이 완벽함을 회복하고 신성한 영역으로 돌아갈 수 있는 수단을 제공한다. 이때 예수는 실제 육체를 가지고 있지만, 물질적인 육체의 감옥에 갇힌 채 천국으로 돌아가기를 고대하는 영혼들을 구원하기 위해 플레로마에서 온 아이온의 화신이다. 천상으로의 귀환은 세상과 그 안에서 우리의 위치를 알게 되는 것뿐만 아니라, 다섯 개의 신비로운

인장으로 봉해지는 세례를 받음으로써 가능해진다. 이 세례는 사람들로 하여금 제한적인 물질적 존재를 초월하여 천상의 영역으로의 신비로운 상승을 경험하게 함으로써 신과 하나가 되어 그곳을 살펴볼 수 있도록 해준다. 진리를 배우고 세례를 받는 것 외에도, 세트파 영지주의자들은 금욕적인 삶을 살며, 자신을 물질적 존재에 묶는 육체의 쾌락을 피함으로써 그들의 영혼이 플레로마의 신적 세계로 올라갈 수 있도록 준비한다.

발렌티누스파 영지주의자들

초기 그리스도교 역사에서 매우 중요한 두 번째 그룹은 발렌티누스파Valentinian 영지주의자들로 알려져 있다. 세트파와는 달리 이들은 그 단체의 설립자이자 리더인 발렌티누스의 이름을 따서 명명되었다. 우리는 그들에 대해 이레나이오스를 비롯한 원정통파 적대자들의 기록으로부터 그리고 나그함마디 문서의 일부 문헌들─발렌티누스 자신이 실제로 썼을지도 모르는 책 한 권(진리의 복음서Gospel of Truth를 포함하는)─을 통해 알고 있다.

발렌티누스는 서기 100년경에 태어나 이집트의 알렉산드리아에서 자랐다. 그는 사도 바울로의 제자였다고 전해지는 테우다스의 제자로 여겨진다. 130년대 후반에 로마로 이주한 발렌티누스는 그곳에서 영향력 있는 연설가이자 교사가 되었다. 초기 기록들에 따르면, 그는 로마의 주교로 거의 선출될 뻔했다. 원정통파에게는 완전히 이단처럼 보였던 그의 교리에도 불구하고 그와 그의 추종자들은 여전히 로마 교회에 남았다. 그나 혹은 그의 추종자들이 그들 자신의 교회를 세웠다는 것을 암시하는 정황은 아무것도 없다. 그들은 원정통파 그리스도교인들과 함께 예배를 드렸고 외부에서 보기에는 다른 그리스도교인들과 다른 점이 없었다.(Box 11.7 참고)

그럼에도 불구하고 발렌티누스는 세트파 영지주의 신화에 크게 영향을 받아 그것을 원정통파의 틀로 받아들였다. 신적인 그리고 물질적인 영역에 대한 그의 이해는 세트파 영지주의자들보다는 덜 복잡했다. 창조주-신에 대해 그는 그렇게 가혹한 견해를 지니지 않았고, 물질적 세계를 비난하지 않았으며, 그는 인류에 대한 더 발전된 이해를 가지고 있었다. 그와 그의 추종

자들은 한 사람이 물질적인 신체, 영혼, 정신을 가지고 있는 것처럼, 인류도 순전히 동물적인 사람들(죽으면 없어지는 몸을 가진)과 심령적인 사람들(신앙과 선행을 통해 구원을 얻고 내세의 삶을 얻는 일반적인 그리스도교인들) 그리고 영적인 사람들(플레로마로의 복귀를 통해 완전한 구원을 얻는 데 필요한 더 깊은 진리를 이해하는 발렌티누스파 영지주의자들)로 구분된다고 가르쳤다.

발렌티누스파 영지주의자들은 원정통파 교회에서 예배를 드렸을 뿐만 아니라, 그들의 성서 텍스트들, 즉 정경으로 여겨질 책들을 받아들였다. 게다가 그들은 적어도 표면적으로는 원정통파의 교리를 따랐다. 하지만 발렌티누스파는 특이하게도 이 글들과 교리들을 자신들만의 비정통적인 방식으로, 즉 이것들은 신성한 플레로마의 본질, 이 물질세계의 열등함, 인간의 신체에 갇혀 있는 신성한 요소들, 그리스도가 위에서 가져오는 진리를 인식하고 구원에 필요한 의식을 행함으로써 이러한 요소들을 해방시킬 필요성에 대한 더 온전한 진리를 가르친다고 해석했다.

그들은 원정통파 교회에 남아서, 원정통파의 교리로 신앙 고백을 하고, 원정통파의 저서들을 읽었기 때문에―그러는 동안에도 원정통파와는 전혀 다른 방식으로 그것들을 해석하면서―원정통파 교인들은 그들을 특히 발견하기 어렵고 뿌리 뽑기 어려운 흉악한 집단으로 여겼다.(Box 11.7 참고) 그리고 그들은 자신들의 생각을 더 높은 수준의 영적 지식을 얻고자 하는 사람들을 위한 일종의 엘리트주의적 신앙으로 가르쳤기 때문에 그들이 거주하는 공동체에도 위험하게 여겨졌다.

연관 그룹: 토마주의자들

초기 그리스도교 전승의 많은 책들은 '디디모스 유다 토마'로 알려진 인물과 연관이 있는데, 어떤 사람들은 그가 예수의 실제 쌍둥이, 심지어 일란성 쌍둥이였다고 믿기도 한다.(Box 12.2 참고) 예수의 쌍둥이 형제보다 누가 더 그의 진리를 선포할 자격이 있겠는가? 이 책들 중 몇 권은 중요한 견해와 우려들을 공유하고 있는데, 이를 보건대 토마와 관련된 중요한 신학적 견해들이나 그와 관련된 다양한 문헌들을 수용한 그리스도교 집단이 있었을지도 모른다.

Box 11.8 영지주의자들과 유대교 성서

당신은 아마도 영지주의자들이 대부분 유대교에 반대하는 입장이었다고 생각할 것이다. 그들은 세상이 진정한 신이 아닌 사악한 신에 의해 창조되었다고 생각했지만 대부분의 유대인들은 만물을 창조한 단 한 분의 참 하느님이 있다고 주장했기 때문이다. 그러나 영지주의자들 중 많은 사람들은 유대인 성서에 묻혀 있는 우주의 신비를 이해하게 되었다고 주장했다. 많은 영지주의의 글들은 창세기에서 발견된 창조 이야기와 아담과 이브의 '타락'에 바탕을 둔 신비주의적인 고찰에 관한 것이다. 게다가 몇몇 영지주의 신화들의 주인공은 히브리 신의 이름을 가지고 있었다. 아마도 가장 중요한 것은, 우리가 거기에서 발견하는 영지주의 텍스트의 이원론이 어떤 면에서는 세상과 거기에 사는 지적 존재들을 놓고 우주적인 투쟁을 벌이는 초자연적인 세력들을 보여주는 유대 묵시록적 텍스트에서 발견되는 이원론과 크게 다르지 않다는 것이다.

일부 역사가들의 의견에 따르면, 몇몇 영지주의자 집단은 그들 종교의 전통적인 형태에 환멸을 느끼고 조상의 신보다 더 위대한 신(또는 여러 신)이 있음에 틀림없다고 생각하게 된 유대인들 사이에서 생겨났거나 그들의 영향을 받았을 수도 있다. 이 '이단자' 유대인들에게 있어서, 이 하느님이 창조한 세계는 단순히 타락해서 사악한 세력(묵시록적 사고에서처럼, 14장 참고)에 의해 파괴를 받는 것이 아니라 본래부터 악했다. 만약 이 역사적 재구성이 맞는다면, 아마도 그들 스스로를 계속 유대인으로 여기는 사람들로 구성된 영지주의자 그룹들이 있었을 것이다.

이런 텍스트들 중에는 토마의 복음서Gospel of Thomas(12장 참고), 토마 행전Acts of Thomas(Box 12.2 참고), 토마 행전에 삽입된 아름다운 시 「진주의 찬가」, 나그함마디 문서에서 발견된 의심자 토마의 서 Book of Thomas the Contender, 또는 간단히 토마의 서 라고 불리는 것들이 있다.

이 책들 중 일부 또는 전부를 '영지주의적'이라고 간주해야 할지에 대해서는 논쟁의 여지가 있다. 오늘날 많은 학자들은 아니라고 생각하지만, 이 글들에 적어도 영지주의적인 느낌이 있다는 것은 인정해야 한다. 그런 텍스트들은 요한의 비밀의 서Secret Book of John 같은 세트주의자들의 문헌에 나오는 복잡한 영지주의 신화들을 전혀 다루지 않는다. 그런 점만을 고려하면 토마의 문헌들은 분명 영지주의적이라 불릴 자격이 없다. 하지만 이런 토마의 저술들의 내용은 세상에 대한 신화적 이해를 전제로 하는 것으로 보이는데, 이것은 우리가 다른 곳에서 읽을 수 있는 발전된 복잡한 영지주의 체계는 보여주지 않지만 영지주의 신화와의 많은 근본적인 유사점들을 개략적으로 보여준다.

예를 들어, 이 책들은 인간들이 다른 영역에서 이곳 세상으로 와서 물질의 영역에 갇혀 있다고 이해한다. 여기, 인간의 몸속에, 있다는 것은 술에 취하거나 망각 중에 현실을 잊고 있는 것과 같다. 진정한 사람들은 다시 술에서 깨고, 정신을 차림으로써 육체의 덫에서 벗어날 필요가 있다. 이것은 그 사람이 그리스도에 의해 드러난 것과 같은 진리에 대한 그노시스, 즉 영지를 얻음으로 가능하다. 그리고 영지에 의한 구원을 얻기 위해서는 육체의 쾌락을 거부하는 엄격한 금욕주의를 실천해야 한다고 주장한다.

이런 모든 주제들은 영지주의 그리스도교인들에게 쉽게 받아들여졌을 것이므로 이 토마의 문헌들이 영지주의자들에 의해, 영지주의자들을 위해 만들어지지 않았더라도, 세계에 대한 영지주의자들의 이해에 쉽게 순응할 수 있었을 것이다. 이 때문에 나그함마디 문서의 논문에 토마의 책 두 권이 포함되었을 것이며, 대부분의 나그함마디 문서는 더 분명히 영지주의적이다.

한눈에 보기

Box 11.9 영지주의

1. 영지주의는 초기 그리스도교 시대부터 구원의 수단으로 지식을 강조했던 광범위한 종교에 적용되는 용어이다.
2. 수 세기 동안 영지주의에 대한 우리의 지식은 영지주의자들의 적들(원정통파 그리스도교)이 그들에 대해 말한 것들에서 얻은 것이 다였다. 하지만 1945년에 이집트의 나그함마디 근처에서 영지주의에 관한 문서들이 발견되었고, 이 텍스트들을 사용하여 우리는 영지주의자들이 실제로 믿었던 것을 더 확실하게 재구성할 수 있게 되었다.
3. 영지주의자들은 물질세계가 진정한 하느님에 의해 창조된 것이 아니라 하급하고 열등하며 무지한 신에 의해 창조되었다고 주장했다. 진정한 하느님은 완전한 영이며 따라서 이 물질 세계와 어떤 직접적인 연관도 없다.
4. 이 물질세계는 신, 혹은 불멸의 영혼들이 인간의 몸에 갇히게 된 우주적 재난의 결과로 생겨났다.
5. 이러한 신, 또는 영혼의 요소들은 그들이 누구인지 그리고 어떻게 그들이 그들의 천국의 집으로 돌아갈 수 있는지에 대한 비밀스러운 지식을 얻어야만 인간의 몸에서 자유롭게 해방될 수 있다.
6. 이러한 영지주의 종교들 중 일부에서 그리스도는 이 구원의 지식을 내면에 신성이 있는 사람들에게 알려 주기 위해 이 땅에 온 신적인 존재이다.
7. 영지주의 그리스도교인들 중에는 세트파나 발렌티누스파가 있었는데, 그들은 모두 신령한 영역, 물질세계, 인간의 본성 그리고 영지에 의한 구원의 가능성을 설명하기 위해 독특한 신화를 말했다.

영지주의자들과 요한 공동체

당신은 영지주의자들의 주장과 요한 공동체의 일부 구성원들 사이의 어떤 유사성들을 보고 놀랐을지도 모른다. 제4복음서의 저자는 물론, 분리주의자들이 스스로를 영지주의자들로 간주했다고 단정할 수는 없지만 그럼에도 불구하고 그들의 유사성은 상당히 흥미롭다. 특히 그리스도론에 관해서는 더욱 그렇다. 우리가 본 바와 같이 요한의 복음서는 예수를 단순히 하느님이 메시아로 택한 인간으로 묘사하는 것이 아니라 하늘에서 내려와 인간들 사이에 거처하는 신성한 존재로 묘사하고 있다. 어떤 의미에서 그는 하느님 그 자신으로 하느님의 말씀이 세상에 나타난 것이다. 그의 담론은 위에서 보내진 존재로서 그가 누구인지를 드러낸다. 그의 기적들은 그가 옳다는 것을 보여주기 위해 행해진다. 그의 궁극적인 목표는 구원에 필요한, 자유를 주는 지식을 전하는 것이다. "너희는 진리를 알게 될 것이며 진리가 너희를 자유롭게 할 것이다."(요한 8:32)

그러한 개념들은 2세기의 영지주의 그리스도교인들의 입맛에 꽤 맞는 것으로 판명되었고, 그들 중 많은 사람들은 네 번째 복음을 그들의 신앙의 신비를 밝히는 성스러운 텍스트로 여겼다. 사실, 우리가 아는 한, 그리스도교 텍스트에 대한 최초의 주석은 170년경에 살았던 영지주의 그리스도교인이었던 헤라클레온 Heracleon이 요한의 복음서에 관해 쓴 것이었다.

유감스럽게도 우리는 2세기 후반의 이 영지주의 주석가와 약 70년 전에 요한 공동체에서 탈퇴한 분리주의자들 사이에 어떤 역사적 관계가 존재했는지 결코 알 수 없을지도 모른다. 분리주의자들이 비그리스도교적인 영지주의의 한 종파와 접촉하여 이 장에서 설명되었던 것 같은 새로운 신앙, 영지주의적인 그리스도교를 만들었을 가능성도 있고, 마찬가지로 이 종파가 영지주의적인 생각을 지닌 개인들로 이루어진 더 큰 공동체에 흡수되어 지구상에서 사라졌을 가능성도 있다. 앞서 간략하게 살펴본 역사적 재구성에 기초해서 어느 정도 가능성이 있다고 생각되는 것은 요한 공동체를 떠나기 전에 분리주의자들은 이미 다양한 영지주의 집단이 수용하고 있던 견해와 양립할 수 있는 관점을 지니게 되었고, 그들이 공동체를 탈퇴했을 때 그들은 그들의 복음서도 가지고 갔다는 것이다. 물론 그들의 관점에서 보자면 복음서에 대한 그들의 해석은 올바른 것이었다. 그것은 2세기의 다양한 영지주의 그리스도교 교파에도 일리가 있는 해석이었다. 그러나 그들이 떠나온 요한 공동체의 그리스도교도들이나 그 후의 원정통파 그리스도교인들에게는 받아들여질 수 없는 것이었다. 그들은 영지주의자들과 그들의 복음서 해석을 비난하고 그들 자신의 해석을 후세에 전했다.

12장

다른 관점에서 본 예수

초기 그리스도교의 다른 복음서들

대부분의 사람들은 많은 그리스도교 복음서들이 신약에 포함되지 못했다는 사실을 알지 못한다. 그런 복음서들의 대부분은 소실되었지만, 몇몇은 현대에 고고학적 발견을 통해 사람들의 이목을 끌며 재등장했다. 이 장에서는 예수가 무덤에서 거인으로 부활해 나타나고 말하는 십자가가 그의 뒤를 따르는 부활 장면을 보여주는 복음서와 다소 짓궂은 다섯 살 아이 예수의 모습을 보여주는 복음서 등 다른 복음서들을 살펴볼 것이다.

특히 나그함마디에서 발견된 예수의 114가지 말이 담긴 어록집, 토마의 복음서를 살펴볼 것이다. 이 유명한 복음서에 실린 예수의 말은 많은 수가 신약성서에 나오는 것들과 비슷하지만 전혀 다른 것들도 있다. 이 복음서나 다른 비정경 복음서들은 우리에게 예수에 대한 믿을 만한 정보를 제공해줄까?

우리는 이미 초기 그리스도교인들이 마태오, 마르코, 루카, 요한의 복음서만 만든 게 아니라는 것을 살펴보았다. 이 책들은 신약성서에 포함된 네 가지일 뿐이다. 그런 의미에서, 루카의 복음서의 저자가 예수가 말하고 행한 일들을 서술하려고 "글로 엮는 데 손을 댄 사람들이 여럿"이라고 말한 것은 주목할 만하다. 마르코의 복음서 외의 모든 이전의 원자료들이 사라진 것은 안타까운 일이다. 그럼에도 불구하고, 우리는 정경의canonical 복음서를 연구함으로써 마태오와 루카 모두 그들의 서사를 위해 사용했던 자료들, 즉 예수의 어록인 Q 자료, 예수의 기적들을 서술한 '표징 자료sign source', 요한의 복음서에 나오는 예수의 설교들의 몇몇 출처들 그리고 마르코와 요한의 복음서의 근거인 예수의 수난Passion 서사 등에 관해 무엇인가를 배울 수 있었다.

일부 학자들은 정경에 실린 복음서들의 이면에 있는 추가적인 자료들을 발견했다. 그래서 우리는 그리스도교 공동체가 다른 복음서의 내용을 읽고 존중했다는 사실을 알게 되었다. 사실, 나그함마디Nag Hammadi 문서를 포함한 지난 세기 필사 원고들의 발견 덕분에 그리스도교 초기에 쓰인 예수의 삶과 가르침에 대한 약 40여 개의 글들(작은 조각들까지 포함해서)이 존재하게 되었다. 우리는 초기 교부들의 글에서 논의되고 때로는 인용되는, 현재 전해지지 않는 다른 복음서들도 쓰였다는 것을 알고 있다.

대부분의 비그리스도교 복음서들은 그리스도교 역사의 초기 기간(2세기 전반까지)에만 만들어진 것이 아니라 2세기 후반, 3세기, 4세기에 그리고 중세 시대에까지도 만들어졌기 때문에 여기에서는 정경에 실리지 않은 몇 개의 복음서들만을 살펴보겠다. 그러나 후기에 쓰인 복음서들의 존재를 인식하는 것도 중요한데, 이는 그리스도교인들이 신약성서가 만들어지고 난 뒤에도 예수에 대한 숙고를 멈추거나 그의 삶의 이야기를 기술하는 것을 멈추지 않았다는 것을 보여주기 때문이다. 그에 관한 이야기들은 수 세기 동안 계속 전해지고 만들어졌다. 할리우드에서는 지금도 예수에 관한 이야기들이 영화로 계속해서 만들어지고 있다.

11장에서 우리는 그리스도교 영지주의자들Gnostics의 신앙을 조사했고, 마르코의 복음서와 요한의 복음서를 사용하는 것 외에도 자신들의 복음서를 만들었다는 것을 살펴보았다. 영지주의에 반대하는 사람들도 마찬가지였다. 예컨대 에비온파Ebionites로 알려진 유대교와 그리스도교를 혼합한 종파의 사람들도 사도 중 한 사람이 쓴 것으로 알려진 자신들의 복음서를 가지고 있었다.(1장 참고) 유대주의 그리스도교인들과 그들이 받아들이고 있던 유대교에 반대했던 마르키온주의자들Marcionites도 마찬가지였다. 일부 원정통파proto-orthodox 그룹들도 신약성서의 일부가 된 복음서에 대해 큰 애착을 가지고 있었음에도 예수의 언행에 대한 다른 이야기들을 기록으로 옮겼다. 이러한 다양한 외경 복음서들 가운데에서도 초기 그리스도교 역사가들에게 큰 관심의 대상이 되는 것은 예수의 죽음과 부활에 대한 흥미로운 설명을 제공하는 베드로의 복음서Gospel of Peter와 신약성서에 나오지 않는 역사적인 예수의 실제 가르침들을 보존하고 있어서 일부 학자들이 "다섯 번째 복음서"라고 부르는 토마의 복음서, 유다를 예수의 배신자, 궁극적인 악당이 아니라 예수의 정체를 진정으로 이해한 유일한 제자로 그리는 유다의 복음서Gospel of Judas 등 몇 가지이다.

연구의 목적상 나는 가장 초기의 복음서들을 네 개의 그룹으로 분류하겠다. (1) 예수의 말, 행동, 경험들을 기록한 '서사' 복음서, (2) 사역 중이나 부활 후에 예수가 제자들에게 한 말들로 구성된 '어록' 복음서, (3) 예수의 탄생과 유년 시절 이야기인 '유아기' 복음서, (4) 예수의 재판, 죽음, 부활에 초점을 맞춘 '수난' 복음서가 그것이다.

서사 복음서

마태오, 마르코, 루카, 요한의 복음서는 모두 서사 복음서로 간주할 수 있다. 복음서의 기초가 되는 몇몇 문서 자료들, 예를 들어 네 번째 복음서의 표징 자료들 그리고 그것들이 실제로 존재한다면 M과 L이라고 불리는 마태오와 루카의 복음서의 특별한 출처들도 역시 서사 복음서로 간주할 수 있을 것이다. 우리는 그 외에도 다른 복음서들이 초기 교회에 존재했다는 것을 알고 있다. 루카는 앞서 쓰인 글들에 대해 "우리들 사이에서 일어난 그 일들을 글로 엮는 데 손을 댄 사람들이 여럿 있었습니다"라고 기록한다. 그러나 마르코를 제외하고는 이전의 이야기들 중 어느 것도 온전하게 남아 있지 않다. 남아 있는 것은 교부들의 글에 나오는 이러한 복음서들에 대한 수많은 언급, 그들의 내용에 대한 논의와 그들이 본문에서 인용한 인용문들이다. 게다가 우리는 이 작품들에서 가장 중요한 것 중 하나인 예수의 제자 베드로가 썼다고 주장되는 복음서의 단편적인 원고를 가지고 있다.

유대-그리스도교적 복음서들

우리는 그리스도교가 유대교 내부의 운동으로 시작되었음을 살펴보았다. 예수와 그의 제자들, 그들이 처음 개종시킨 사람들은 유대인이었다. 그들은 유대교 성서를 읽고, 유대 율법Law을 준수하고, 유대인의 관습을 지켰다. 그러나 우리가 살펴본 각 복음서는 예수가 어떻게 자기 백성들에게 거부당했는지, 그래서 어떻게 유대교 밖에 신자들의 공동체가 생기게 되었는지를 나름대로 보여주려고 노력한다. 이는 요한의 복음서의 경우에서 가장 명확하게 관찰될 수 있는데, 요한의 복음서에서 그리스도교 공동체는 그것이 만들어지기 이전 어느 시점에 지역 유대교 회당에서 축출된 것으로 보인다.

우리는 연구를 통해 1세기 대부분의 다른 그리스도교 작가들도 그들의 환경에서 그리스도교인이 아닌 유대인들과 자신들을 구별하려고 시도했다는 것을 알게 될 것이다. 하지만 그들 모두가 그랬던 것은 아니다. 우리는 2세기 내내 예수를 메시아로 믿기로 개종했지만 그럼에도 불구하고 유대인의 정체성을 계속 유지하며, 음식 정결례, 안식일, 할례에 관한 규율을 지키고 예루살렘 방향으로 기도를 하는 등 유대인들의 많은 관행들을 따랐던 그리스도교 공동체를 알고 있다. 다양한 '유대계 그리스도교인' 공동체들이 지중해 전역에 흩어져 있었다. 예를 들어, 우리는 팔레스티나의 트란스요르단 지역(요르단 강 동쪽)과 이집트의 알렉산드리아에 있던 약간의 공동체들을 알고 있다. 이 각각의 공동체들은, 의심할 여지 없이, 교리와 실천에 관한 구체적인 문제들에 있어서 다른 집단들과 달랐다.

이들 유대계 그리스도교 공동체들 중 일부는 자신들의 관점에 따라 예수의 삶을 묘사한 그들 자신의 복음서를 가지고 있었는데, 정경의 복음서들이 그것들을 만든 공동체의 관점에 부합했던 것과 마찬가지였다. 우리는 이 유대계 그리스도교 복음서들 중 세 가지를 교부들의 저술을 통해 알고 있다.

나사렛인의 복음서 이 복음서는 예수와 그의 초기 추종자들의 모국어인 아람어로 쓰였는데 아마도 1세기 말경, 즉 요한의 복음서가 쓰였을 즈음에 팔레스티나에서 만들어졌을 것이다. 이 복음서를 언급한 교부들은 때때로 이것이 첫 두 장을 빼고 아람어로 번역된 마태오의 복음서라고 주장하기도 했다. 마태오의 복음서는 많은 점에서 복음서들 중 가장 유대적이기 때문에 그 주장에는 일리가 있다. 예를 들어, 마태오의 복음서에서 예수는 그의 추종자들에게 서기관들과 바리사이파들(마태 5:17-20)보다 율법을 모두 더 잘 지키라고 명한다. 동시에, 예수의 기적적인 수태에 대한 마태오

Box 12.1 에비온파 복음서와 초기 조화복음서

최초의 복음서들이 지중해 전역의 교회들 사이에서 널리 퍼지기 시작했을 때, 세심한 독자들은 곧 그들 사이에 차이점이 있다는 것을 깨달았다. 그런 불일치는 일부 독자들에게는 혼란스러웠고 다른 독자들에게는 아주 곤혹스러웠다. 나중에 그리스도교 저자들이 이러한 명백한 모순을 다룰 수 있었던 방법 중 하나는, 예수가 말하고 행하고 경험한 것에 대한 더 풍부하고 조화로운 설명을 하기 위해 이용 가능한 복음서들의 각 요소들을 통합한 '조화복음서Gospel harmonies'를 만드는 것이었다.

에비온파 복음서는 마태오, 마르코, 루카의 복음서에 각각 기록된 예수의 세례 이야기를 조화시키는 가장 흥미로운 기법 중 하나를 보여준다. 하늘에서 들려오는 목소리는 이 이야기들에서 약간씩 다르다. 마태오의 복음서에서는 유대교 성서를 반향하는 "나의 종을 보아라. 그는 내가 붙들어 주는 사람이다. 내가 택한 사람, 내가 마음으로 기뻐하는 사람이다"(이사 42:1)라는 말이 군중들을 향하고 있다. 마르코의 복음서에서는 거의 같은

말이지만 예수가 그 대상이다. "너는 내 사랑하는 아들이다. 내가 너를 좋아한다."(마르 1:11) 루카의 복음서는 전혀 다른 성서 구절을 언급한다. "너는 내 아들, 내가 오늘 너를 낳았다."(시편 2:7 참고) 어떻게 이 세 가지 이야기들이 서로 조화될 수 있을까? 에비온파 복음서는 그 세 가지 말들을 하나의 긴 구절로 연결함으로써 조화를 꾀한다. 하늘에서 한 번은 군중에게, 두 번은 예수에게, 모두 세 번 말이 들려온다!

초기 교회의 가장 유명한 조화복음서는 에비온파 복음서가 만들어진 지 몇 년 후에 아마 그것에 대해 잘 알지 못했을 저자에 의해 만들어졌다. 기원전 170년경, 시리아 출신의 그리스도교 학자 타티아노스는 신약성서에 포함된 네 개의 복음서들로부터 디아테사론 Diatessaron("네 개를 통해"라는 의미)이라 불리는 한 개의 복음서를 만들었다. 타티아노스의 디아테사론은 제국의 여러 지역 그리스도교 신자들 사이에서 꽤 인기를 얻었다. 시리아 교회에서는 그리스도교인들이 거의 3세기 동안 읽은 유일한 복음서였다.

의 복음서의 이야기(1-2)는 예수가 하느님의 메시아로 선택되었지만, 신성한 존재나 처녀에게서 태어난 존재가 아니라고 믿는 유대계 그리스도교인들에게는 용납될 수 없었을 것이다.

나사렛인의 복음서Gospel of Nazareans를 언급한 교부들은 그 이야기들 중 일부가 마태오의 복음서에서 발견되는 설명들과 다르다는 것을 넌지시 시사한다. 이러한 차이점들은 이 복음서를 쓴 익명의 저자가 (1) 예를 들자면, 탄생 서사가 없는, 나중에 그리스도교 성서의 일부가 된 마태오의 복음서와 다소 다른 버전의 마태오의 복음서를 사용한 것인지, (2) 우리가 알고 있는 마태오의 복음서의 앞부분을 삭제하는 식으로 수정했는지, 또는 (3) 실제로 어떤 버전의 마태오의 복음서도 전혀 사용하지 않았는지 판단하기 어렵게 만든다. 마지막 경우, 그는 동일한, 혹은 이웃 공동체에서 전해지던, 마태오의 복음서에서 발견된 전승과 유사한 전승을 사용해서 그것으로부터 자신만의 버전을 만들어

냈을지도 모른다.

에비온파의 복음서 이 복음서는 공관복음서들 Synoptic Gospels을 조화롭게 합쳐 예수의 삶을 좀 더 충실하고 긴 하나의 이야기로 만든 일종의 "조화복음서Gospel Harmony"로 보인다. 그것은 그리스어로 쓰였고 아마도 트란스요르단에 살고 있는 유대파 그리스도교인들 사이에서 사용되었을 것이다. 주목할 만한 특징 중 하나는 더 이상 신전Temple에서 행해지는 동물의 희생 제사에 유대인들이 참여할 필요가 없다는 예수의 말이 기록되어 있다는 점이다. 이러한 희생의 폐지와 함께 복음서는 예수의 추종자들은 채식주의자가 되어야 한다고 주장하는데 이것은 공관복음서에서 발견된 이야기들의 흥미로운 변화를 가져왔다. 예를 들어, 단순히 앞 글자를 바꿈으로써, 복음서의 저자는 세례 요한이 "메뚜기"(마르 1:6; 그리스어로 "akrides")를 먹는 대신 "팬케이크(그리스어로

"egkrides")"를 먹었다고 썼다.

히브리인의 복음서 이 복음서 또한 그리스어로 쓰였고 이집트의 알렉산드리아에서 유대계 그리스도교인들 사이에서 사용되었다. 이 책의 제목은 이방인인 이집트 사람들이 사용하던 이집트인의 복음서Gospel of the Egyptians라 일컫는 책과 구별하기 위해 붙여진 것이 분명하다. 우리는 히브리인의 복음서Gospel of Hebrews가 예수의 세례와 시험, 부활 등 그의 생애에서 중요한 사건들을 서술했다는 것을 알지만, 교부들의 글에서 발견된 짧은 인용문들은 이러한 이야기들이 단순히 우리가 알고 있는 다른 복음서에서 빌려 온 것이 아니라는 것을 보여준다. 작가는 아마 구전으로부터 이야기를 수집해 마르코와 요한의 복음서처럼 자신의 이야기를 붙여 넣은 것으로 보인다. 이 유대-그리스도교적 복음서에 대한 몇몇 교부들의 언급은 그것이 영지주의 사상을 지녔다는 것을 암시한다. 초기 그리스도교 영지주의의 주요 중심지인 알렉산드리아에서 이 복음서가 사용되었다는 것을 고려한다면 놀라운 일은 아닐 것이다.

마르키온의 복음서

1장에서 보았듯이, 2세기 신학자인 마르키온은 유대계 그리스도교인들로부터 거의 반대편의 입장에 있었다. 유대계 그리스도교인들은 유대교 경전을 사용하고 유대교 관습을 유지했지만, 그는 유대교를 거짓된 신의 종교로 거부했다. 그는 진실한 하느님이 창조주의 요구를 거꾸로 돌리기 위해 예수를 보냈다고 생각했다. 이스라엘을 택하여, 그들에게 자신의 율법을 준 것은 바로 창조주였다. 그러나 그의 의로운 요구는 가혹했고 불복종에 대한 처벌도 가혹했다. 진정한 하느님, 사랑의 하느님은 유대인의 하느님으로부터 사람들을 구원하기 위해 인간의 모습으로 예수를 보냈다. 예수 자신은 창조주나 그의 창조와 아무 관계도 없었다.

마르키온은 이러한 자신의 견해에 권위를 입히기 위한 근거로 사도 바울로를 내세웠다. 바울로는 편지 내내 그의 "복음"에 대해 이야기한다. 그는 어떤 복음

을 의미한 것일까? 마르키온은 바울로의 복음이 예수가 유대교의 신이나 그가 세운 종교와 무관하다는 것을 깨닫지 못한 필사자들에 의해 만들어져 오염된, 그리스도교 교회에서 사용되는 복음(들)과 다르다고 판단했다. 무지한 필사가들이 그들이 베끼는 이야기들에 유대교 성서와 세계 창조에 긍정적인 언급을 삽입하고 그것을 예수가 한 이야기로 만들어서 이야기들을 바꿨다는 것이다. 마르키온은 이들이 한 작업을 바로잡기로 결심했고 그래서 복음서의 개정판을 만들어냈는데, 그는 그것이 필사가들의 말이 들어가 있지 않은 원본이라고 생각했다.

그는 분명 루카의 복음서를 그의 출발점으로 사용했다. 이 복음서에서 그는 구약성서와 유대인의 신과 그의 창조물을 긍정적으로 언급한 구절을 잘라냈다. 그의 가현론적 그리스도론Docetic Christology에 의하면 예수가 태어나는 일은 있을 수 없었기에 탄생 서사를 담고 있는 처음 두 장 전체도 지운 것으로 보인다. 그는 또한 그의 주장을 더욱 확고히 이해시키기 위해 몇 개의 구절을 덧붙였을지도 모른다. 그의 복음서에서 예수는 "율법을 완성하러 온 것이 아니라 그것을 없애러 왔다"고 주장한다.(마태 5:17과 대조)

마르키온의 복음서는 온전하게 남아 있지는 않지만 그의 주요 적수였던 원정통파 교부 테르툴리아누스Tertullina의 글에 일부가 길게 인용되어 있다. 우리가 이미 가지고 있는 다른 복음서들을 수정하여 만들었다고 해서 마르키온 복음의 중요성을 간과하는 것은 잘못된 일일 것이다. 마태오, 루카의 복음서도 그 점에서는 마찬가지였지 않은가!(그들이 마르코의 복음서를 어떻게 다뤘는지 떠올려 보라.) 게다가 마르키온의 복음서는 2세기에 특히 중요했다. 200년경 지중해 전역의 어떤 공동체들에서는 이 버전의 복음을 읽는 마르키온주의자들이 다른 모든 종류의 그리스도교인들보다 수적으로 우세했다.

어록 복음서

우리는 정경 복음서들 배후의 몇몇 자료들이 주로 또는 전적으로 예수의 말을 담고 있었을 가능성을 알

고 있다. 전부는 아니지만 Q 자료의 대부분도 예수의 어록으로 구성되어 있었고 제4복음서의 저자는 예수의 설교를 설명하는 두 가지 이상의 자료를 사용했다. 유감스럽게도 우리는 이 요한의 복음서에 사용된 자료들이, 가령 예수가 무엇을 하고 경험했는지에 대한 다른 전승들도 포함하고 있었는지 확인할 수 없다.

예수의 가르침으로만 이루어진, 특히 예수의 죽음과 부활에 대한 언급이 없이 순전히 그의 "말씀으로만" 이루어진 복음이 초기 교회에 존재했을 가능성은 희박하다고 생각될지 모른다. 모든 초기 그리스도교인들에게 예수의 진정한 의의는 그가 세상의 죄를 위해 죽었고 죽은 사람들로부터 부활했다는 것이었으니까 말이다.

예수의 어록 복음서Sayings Gospels, 특히 토마의 복음서의 발견은 그런 복음서들이 가능했을 뿐만 아니라 실제로 존재했다는 것을 보여준다.

토마의 복음서

의심의 여지 없이 토마의 복음서는 나그함마디 문서에서 발견된 가장 중요한 책이다. 그보다 60년 전에 발견된 베드로의 복음서와 달리 이 책은 완전히 보존되어 있다. 거기에는 예수가 한 어떤 일에 대한 이야기도, 그의 죽음과 부활에 대한 언급도 전혀 없다. 토마의 복음서는 예수가 한 114개의 말들을 모은 것이다.

토마의 복음서의 말씀들 토마의 복음서에 나오는 예수의 말들은 어떤 순서대로도 배열되어 있지 않다. 예수가 제자들의 질문에 대해 직접 답을 한 몇 가지 경우를 제외하고는 그것들은 어떤 맥락도 없다. 대부분의 말들은 그저 "예수가 말했다"는 말로 시작된다. 장르 면에서는 이 책은 신약성서의 복음서들보다는 히브리 성서에 나오는 잠언Book of Proverbs과 더 비슷하다. 잠언처럼 그것은 이해할 수 있는 사람에게 지혜를 가져다주기 위한 말의 모음이다. 실제로 이 책의 도입부에는 이 말들을 올바르게 이해하면 지혜 이상의 것, 영원한 생명을 얻을 수 있다고 쓰여 있다. "이것은 살아 계신 예수께서 말씀하신 비밀스러운 말들로 디디모스 유다 토마가 그것들을 적어두었다. 그리고 그는 '이 말들의 의미를 찾는 사람은 죽음을 맛보지 않을 것이다'

라고 말했다."(토마 1)

이 복음서의 예수는 우리가 다른 복음서에서 보았던 유대교의 메시아messiah도 아니고, 기적을 행하는 하느님의 아들Son of God이나 십자가에 못 박혀 부활한 주님도 아니며, 하늘의 구름을 타고 돌아올 사람의 아들Son of Man도 아니다. 그는 영원한 예수이며, 그의 말은 구원을 가져온다.

추정상의 저자 이 글들을 쓴 것으로 알려진 디디모스 유다 토마는 누구일까? 우리는 토마 행전Acts of Thomas과 같은 다른 고대 그리스도교 자료들로부터 이미 그 이름을 알고 있다. "디디모스"와 "토마"는 둘 다 "쌍둥이"(전자는 그리스어, 후자는 셈어이다)를 의미하는 단어이고 "유다"가 그의 본명이었다. 토마 행전에 따르면, 그는 예수의 친형제로 신약성서(마르 6:3)에서 언급된 그의 쌍둥이 형제였다.(Box 12.2 참고) 영생을 가져다줄 수 있는 예수의 비밀스러운 말을 그의 쌍둥이 형제보다 누가 더 잘 옮길 수 있겠는가?

말씀들의 성격 이 복음서에 나오는 예수의 많은 말들은 공관복음서를 읽은 사람들에게는 친숙하게 느껴질 것이다. "맹인이 맹인을 인도하면 두 사람은 구덩이에 빠진다."(토마 34); "가난한 자는 복이 있다. 하늘나라는 너희들의 것이다."(54); "수확할 것은 많은데 일꾼은 적다. 주께 일꾼을 보내 달라고 간구하라."(73) 토마의 복음서의 약 절반 이상의 말들은 공관복음서들에서도 찾을 수 있다.

다른 말들은 어렴풋이 익숙하지만 다소 특이하게 들린다. "찾는 사람이 찾을 때까지 찾는 것을 멈추게 하지 말라. 그가 발견할 때, 그는 괴로워할 것이고, 그가 괴로워할 때, 그는 경탄을 할 것이며 모든 것을 지배할 것이다."(2)

토마의 복음서의 일부 예수의 말들은 신약성서와는 전혀 다르게 들린다. "너희가 하나였던 그날 너희는 둘이 되었다. 그러나 너희가 둘이 될 때 너희는 무엇을 할 것인가?"(11); "영으로 인해 육신이 왔다면, 그것은 기적이다. 그러나 육신으로 인해 영이 왔다면, 그것은 기적 중의 기적이다. 진실로 내가 놀라워하는 것은 어떻게 이토록 위대한 풍요가 이런 빈곤 속에 자

Box 12.2 예수의 쌍둥이 형제 유다 토마

시리아의 그리스도교인들 중 일부는 마르코의 복음서 6장 3절에서 언급된 예수의 동생 유다가 그의 쌍둥이라고 생각했다. 유다 토마라는 이름은 "쌍둥이 유다"라는 뜻이다. 이 생각은 대부분의 현대 독자들에게는 곤혹스럽다. 만약 이 고대 시리아 그리스도교인들이 예수가 처녀에게서 태어난 독특한 존재라고 믿었다면, 어떻게 그에게 쌍둥이 형제가 있다고 생각할 수 있었을까? 유감스럽게도, 이런 생각을 암시하는 고대 시리아 문헌들 중 그 어떤 것도 이 질문에 대답하지 않는다. 그러나 우리는 고대 문헌들에서 인간의 아들과 신의 아들이 쌍둥이로 태어난 곳을 살펴봄으로써 약간의 통찰을 얻을 수 있을 것이다. 가장 유명한 이야기는 헤라클레스와 그의 쌍둥이 형제인 인간 이피클레스의 탄생에 관한 그리스 신화이다. 이 이야기는 기원전 2세기에 로마의 극작가 플라우투스에 의해 쓰인 익살스러운 연극 「암피트리온」을 통해 여러 번 공연되었다.

줄거리는 다음과 같다. 암피트리온은 그리스 군대의 장군으로 임신한 아내 알크메나를 떠나 전장으로 간다. 그가 돌아오기 전날 밤, 제우스는 알크메나를 내려다보고 그녀의 엄청난 아름다움에 반하게 된다. 암피트리온의 형상을 한 제우스는 전투로부터 돌아왔다고 주장하며 그녀에게 다가온다. 그들은 열정적인 밤을 보낸다. 제우스는 그 밀회를 연장하기 위해 별자리들의 움직임까지 멈추라고 명령한다. 그가 오랜 시간을 보낸 후 떠나가고 암피트리온이 집으로 돌아오지만 알크메나가 오랜 부재 후에 자신을 보고도 기뻐하지 않는다는 사실에 암피트리온은 실망하고 당황한다. 물론, 알크메나는 그녀가 방금 전까지도 그의 품에서 뜨거운 밤을 보냈다고 생각하고 있었다.

알크메나는 제우스와의 만남으로 임신을 하고 두 아들을 낳는다. 암피트리온의 아들 이피클레스와 제우스의 아들 헤라클레스가 그들이다. 이와 같은 이야기를 알고 있던 고대 시리아 그리스도교인들은 예수와 유다가 같은 어머니에게서 동시에 태어난 신의 아들과 인간의 아들 쌍둥이라고 생각했을까?

리 잡았는가 하는 것이다."(29); "나는 이 세상 한가운데 내 자리를 잡았다 그리고 나는 그들에게 육신으로 나타났다. 나는 그들 모두 취해 있다는 것을 알았으며 그들 아무도 목마르지 않음을 알았다. 그리고 나의 혼은 사람들의 아들들을 위해 고통스러워한다, 왜냐하면 그들은 마음의 눈이 멀어 보지 못하기 때문이다, 빈 채로 이 세상에 왔다가 빈 채로 이 세상을 떠나기를 추구하기 때문이다. 그러나 지금 그들은 취해 있다. 그들이 포도주를 흔들어 버릴 때, 그들은 생각을 바꿀 것이다."(28); "예수를 따르는 자들이 말씀드리기를, '언제 당신은 우리에게 드러나실 것입니까, 그리고 언제 우리가 당신을 보게 됩니까?' 예수께서 말씀하시기를, '너희들이 어린아이들처럼 부끄럼 없이 옷을 발가벗고 그 옷을 들어 발아래 둘 때, 비로소 너희들은 살아 있는 자의 아들을 볼 것이며, 두려워하지 않을 것이다.'"(37); "만약 그들이 너희에게 묻기를, '너희는 어디서 왔느뇨?' 하면 그들에게 말하라. '우리는 빛에서 왔다. 빛이 스스로 생겨나는 곳에서 왔다. 빛은 스스로 존재하며, 자립하며, 그들의 형상으로 자신을 드러낸다.' 만약 그들이 너희에게 묻기를, '그 빛이 너희뇨?' 하면 그들에게 말하라. '우리는 빛의 자녀들이다. 그리고 우리는 살아 있는 아버지의 선택된 자이다.'"(50); 그리고, 토마의 복음서 전체에서 가장 의미심장한 구절, "예수 가라사대, '이 세상을 알게 된 사람은 누구든지 시체를 발견하게 된다. 그리고 시체를 발견하게 된 사람에게는 누구든지 이 세상이 합당치 아니하다'"(56)가 그런 것들이다.

토마의 복음서의 지배적인 메시지 이 말들의 의미는 결코 명백하지 않다. 만약 명백하다면, 그것들은 비밀이라고 불리지 않을 것이다! 이 책은 세트파나 발렌티누스파의 신화 같은 내용을 담고 있지는 않지만, 어떤 말들은 세상과 그 안에 존재하는 인간의 위치에 대한 영지주의의 대략적인 이해를 반영하고 있는 것으로 보인다.(11장 영지주의 참고) 이 말을 듣는 사람 안에는 신성한 요소—영혼—가 존재하는데 그것은 하늘에서 ("빛이 생겨난 곳"에서) 유래하는 것이다. 우리가 살고 있는 이 세상은 기껏해야 저열한 것이고 더 적합하게 말하자면 고통의 오물 구덩이, 즉 '시체'가 더 적합한 표현으로 여겨진다. 사람의 내면적 존재(내면의 빛)는 비극적으로 이 물질적 세계에 빠졌고, 여기서 그것은 몸에 갇히고(빈곤에 빠짐), 그 상태에서 그것은 자신의 기원을 잊게(혹은 취한 상태가) 되었다. 이 물질세계와 그 안에 살고 있는 피폐한 물질적인 몸에 대한 진실을 알게 됨으로써 그것은 다시 깨어날 필요가 있다. 예수는 이 진리를 전하는 존재다. 영혼이 그의 말의 의미를 알게 되면 때로 옷으로 상징되는 이 죽음의 몸을 벗고 물질세계에서 벗어날 수 있을 것이다. 그러면 그것은 구원과 영원한 삶을 가질 것이다. 그것은 신성한 영역에 다시 합류하여 모든 것을 지배할 것이다. 이 복음서를 '영지주의적'이라고 부를 필요는 없겠지만, 왜 이 책의 많은 가르침이 영지주의자에게 공감을 얻는지는 확실히 알 수 있다.

토마의 복음서에는 예수가 십자가에 못 박혔다가 부활했다는 말이 한마디도 없다. 이 저자에게는 예수의 세상에서의 행적은 조금도 중요하지 않은 것 같다. 그의 기적과 경험담은 여기에 나타나지 않는다. 중요한 것은 예수의 은밀한 가르침이다. 그는 그의 수난 Passion을 통해서가 아니라 이 가난한 물질적 존재로부터 구원을 받는 데 필요한 메시지를 전달함으로써 구원을 가져온다.

토마의 복음서에서는 예수의 육체적 경험이 중요하지 않을 뿐만 아니라 신자의 육체적 존재도 무의미하다. 이러한 이유로, 개인적인 차원에서의 인간사나 역사 그 자체도 전혀 중요하지 않다. 하느님의 왕국은 미래에 기대할 것이 아니다. "제자들이 예수께 묻기를, '언제 하느님의 왕국이 오리이까?' 예수께서 말씀하셨다. '그것은 너희가 기다린다고 오지 않을 것이다. 보라, 여기에 하늘나라가 있다, 혹은 보라, 저기에 하늘나라가 있다고 말할 수 있는 것이 아니다. 오히려 아버지 왕국은 이 땅 위에 펼쳐져 있으나 사람이 보지 않을 뿐이다.'"(113) 그들이 누구인지, 어디에서 왔는지를 아는 자들에게는 왕국이 지금 여기에 있다. 그것은 육체

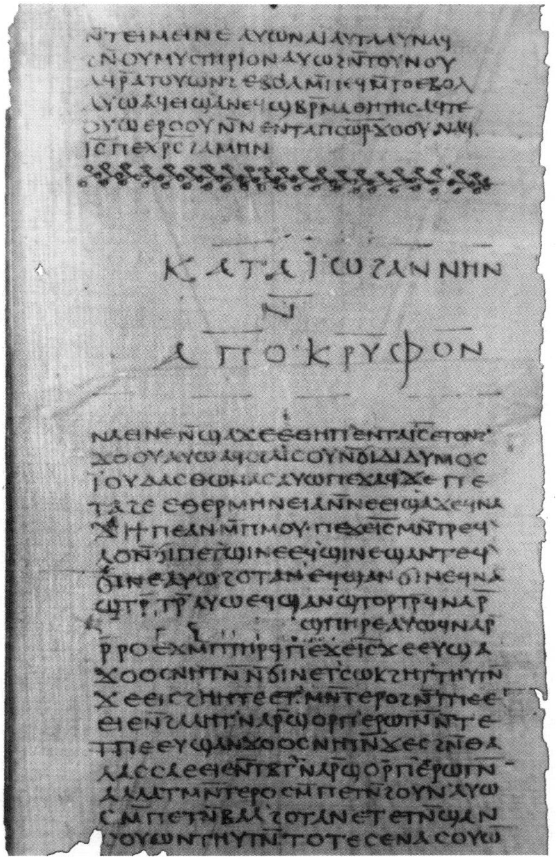

도판 12.1 페이지 가운데에 "이것은 살아 계신 예수께서 말씀하신 비밀스러운 말들로 디디모스 유다 토마가 그것들을 적어두었다"라는 말로 시작되는 콥트어 토마의 복음서 첫 부분.

적인 장소가 아니라, 내면의 구원이다. 예수가 말하길, "만약 너희 인도자들이 너희에게, '보라 천국이 하늘에 있다'고 말한다면 공중의 새들이 너희를 앞설 것이요, 만일 그들이 '천국이 바다에 있다'고 한다면 물고기들이 너희를 앞설 것이다. 오히려 천국은 너희 안에도 있으며 너희 바깥에도 있다. 너희가 너 자신을 알게 되면 너희는 알려질 것이요 살아 계신 아버지의 자녀가 자신임을 깨닫게 될 것이다. 그러나 자신을 모른다면 빈곤 가운데 사는 것이며 빈곤 그 자체이다."(3)

그러므로 이 물질적인 세계와 우리가 깃들어 살고 있는 육체는 존재라 할 만한 가치도 없는 것이다. 오직 지식, 즉 살아 있는 예수가 보여준, 우리가 진정 누구인지 아는 지식을 통해서만 우리는 세상을 탈출할 수

있고 아버지 왕국Kingdom of the Father의 부를 누릴 수 있다.

이것은 강력한 메시지이며 초기 교회의 다른 그리스도교인들이 천명한 복음서들과 극명한 대조를 이루는 것으로, 그리스도교인들은 물질세계는 하느님이 창조했기 때문에 선하다고 주장했고, 하느님의 왕국은 가까운 미래에 지상에 물리적으로 존재하게 될 것이라고 가르쳤으며 예수의 은밀한 말씀을 이해하는 것이 아니라 예수의 죽음과 부활을 믿어야 구원을 얻을 수 있다고 천명했다.

토마의 복음서와 공관복음서 자연스러운 일이겠지만 학자들은 토마의 복음서가 공관복음서들에 보존된 것보다 더 이전의 그리스도교의 모습을 보여주고 있는 것인지 혹은 부분적으로 공관복음서에 나오는 예수의 가르침을 기초로 하지만 영지주의의 입장을 반영하여 더 나중의 모습을 보여주고 있는 것인지 의문을 제기해왔다. 우리가 살펴본 바와 같이 토마의 복음서에 나오는 일부의 말들은 공관복음서의 말들과 비슷하지만 약간의 차이가 있다. 이들이 예수가 한 말에 실제로 좀 더 가까운 것일까? 다른 말들은 공관복음서에서 찾을 수 없다. 책의 전체 내용은 일찍이 1세기부터 수집된 것일까, 아니면 나중에 편집된 것일까?

이것은 흥미로운 질문이지만 쉽게 대답하기 어렵다. 이 복음서가 발견된 이후 학자들은 이런 문제들에 대해 열띤 논쟁을 벌여왔고, 50년이 지난 지금도 논쟁의 열기는 가라앉지 않고 있다. 나는 가장 그럴듯하다고 생각되는 입장을 설명하겠다.

토마의 복음서가 실제로 공관복음서를 사용하여 그것에 실린 예수의 말들을 만들어낸 것 같지는 않다. 우리가 보아온 바와 같이, 그러한 문제의 입증 책임은 저자가 다른 문서를 출처로 사용했다고 주장하는 사람에게 있다. 다른 자료를 사용했는지의 확실한 지표는 문서들 사이의 상세하고 광범위한 언어적 일치이지만 공관복음서와 토마의 복음서에서 이런 점을 분명히 발견하기는 어렵다. 비슷한 말들이 많기는 하지만 광범위한 언어의 일치는 거의 찾아볼 수 없다.

토마의 복음서가 공관복음서의 언어인 그리스어가 아닌 콥트어로 쓰여 있다는 사실이 이런 입장에 불리

하게 작용하지는 않는다. 나그함마디가 아니라 이집트의 다른 곳, 옥시린쿠스라는 마을의 고대 쓰레기 더미에서 발견된 그리스어로 된 토마의 복음서의 몇몇 오래된 파편들도 존재하는데, 이것들은 콥트어 번역보다 훨씬 이른 2세기 어느 시점까지 연원이 거슬러 올라간다. 그 조각들은 토마의 복음서가 원래 그리스어로 쓰였음을 우리에게 보여주며 그것의 번역가가 그의 일에 얼마나 주의를 기울였는지 알려준다. 면밀하게 연구한 결과 그 조각들은 원래의 토마의 복음서와 공관복음서 사이에 광범위한 언어적 유사성이 존재하지 않는다는 우리의 의심을 확인시켜준다.

마지막으로, 만약 토마가 공관복음서를 사용했다면, 왜 그가 공관복음서에 있는 대부분의 예수의 말—특히 그의 집필 의도와 딱 맞아떨어지는—을 자신의 복음서에서 누락시켰는지 설명하기가 어렵다. 그러므로 자신을 토마라고 부르는 저자가 예수의 여러 발언들을 알고 있었고, 내가 영지주의적 신화라고 부른 것에 대한 그의 지식을 바탕으로 이 말들을 특정한 방식으로 이해하고 있었다고 가정하는 편이 더 나을 것이다. 그는 일부는 오래되고 일부는 새로운 이런 말들을, 예수의 죽음과 부활이 아니라 그의 은밀한 메시지를 믿고 있는 자신의 공동체를 위해 만든 복음서에 집어넣었다.

토마와 Q 자료 토마의 복음서의 최종 형태는 많은 학자들에게 Q 자료를 연상시킨다. 일각에서는 Q 자료도 전적으로 예수의 말로 구성됐고, 그것을 사용한 공동체도 예수의 십자가 죽음을 포함, 예수의 활동과 경험에 관심이 없었다는 주장을 고수해왔다. 만약 그들이 옳다면, 그 지향점이 영지주의적이지는 않았지만 신약성서가 만들어지기 이전에 이미 토마 공동체 같은 것이 존재하고 있었다는 의미이다.

반면에 많은 다른 학자들은 이런 주장에 의구심을 표한다. 우선 Q 자료에 이야기가 없다는 것은 사실이 아니다. 우리가 본 것처럼, 그곳에 실린 이야기들 중 두 가지가 전해지고 있다. 예수가 황야에서 받은 유혹과 백인대장의 아들 치유 이야기가 그것들이다. Q 자료에는 얼마나 많은 다른 사람들에 관한 이야기들이 들어 있었을까? 유감스럽게도 우리는 정확한 답을

Box 12.3 토마의 복음서의 오래된 말들

만일 토마의 복음서가 공관복음서와는 별개로 쓰였다면 두 곳에 모두 나와 있지만 약간 다른 형태로 나온 예수의 말들은 어떻게 생각해야 할까? 토마의 복음서가 이들 예수의 발언들을 더 진실에 가까운 옛 형태로 보존하고 있다고 볼 수 있을까? 적어도 이런 주장이 이론적으로 가능하다는 것은 일반적으로 인정할 수 있다.

어떤 말이 더 오랜 것인지는 어떻게 알 수 있을까? 우리는 13장에서 이 문제를 더 상세히 검토할 것이다. 여기 논쟁의 여지가 있지만 몇몇 연구자들이 사용해온 기준 하나를 짚어보겠다. 만약 두 가지 다른 형태의 발언들이 있다면 그들은 더 단순하고 직접적인 발언이 더 오래되었을 가능성이 더 높다고 주장한다. 일반적으로 말은 전해지면서 윤색되고 확대되는 경향이 있다는 것이 그들의 주장의 근거다.

모든 사람이 이 기준에 동의하는 것은 아니지만, 적어도 어느 정도는 고려해볼 가치가 있다. 이런 기준을 토마의 복음서와 공관복음서들의 발언들에 적용하면 어떤 일이 생길까? 종종 토마의 복음서에서 발견되는 형태가 더 오래되었다고 주장할 수 있다. 다음 예들을 보자.

토마의 복음서

따르는 자들이 예수께 말씀드리기를, "하늘나라가 무엇과 같은지 일러주십시오." 그분께서 그들에게 말씀하시기를, "그것은 한 알의 겨자씨와 같다. 겨자씨는 모든 씨앗 중에서 가장 작다. 하지만 갈아놓은 땅에 떨어지면 거대한 식물을 내고 하늘의 새들을 위한 보금자리가 된다."(토마 20)

그리고 그분께서 말씀하시기를, "그 사람은 지혜로운

어부와 같다. 그 사람은 바다에 그물을 던져 작은 물고기들을 가득 건져 올렸다. 그중에서 지혜로운 어부는 멋지고 큰 고기 한 마리를 찾았다. 그 사람은 작은 고기들을 모두 다시 바다에 던져놓고 어렵지 않게 큰 고기를 골랐다. 누구라도 들을 귀가 있으면 듣게 하라."(8)

예수께서 말씀하시기를, "소경이 소경을 인도하면 둘 다 구덩이에 빠지리라."(34)

공관복음서

"예수께서 또 말씀하셨다. '하느님 나라를 무엇에 견주며 무엇으로 비유할 수 있을까? 그것은 겨자씨 한 알과 같다. 땅에 심을 때에는 세상의 어떤 씨앗보다도 더욱 작은 것이지만 심어 놓으면 어떤 푸성귀보다도 더 크게 자라고 큰 가지가 뻗어서 공중의 새들이 그 그늘에 깃들일 만큼 된다.'"(마르 4:30-32)

"또 하늘나라는 바다에 그물을 쳐서 온갖 것을 끌어 올리는 것에 비길 수 있다. 어부들은 그물이 가득차면 해변에 끌어 올려 놓고 앉아서 좋은 것은 추려 그릇에 담고 나쁜 것은 내버린다. 세상 끝날에도 이와 같을 것이다. 천사들이 나타나 선한 사람들 사이에 끼어 있는 악한 자들을 가려내어 불구덩이에 처넣을 것이다. 그러면 거기서 그들은 가슴을 치며 통곡할 것이다."(마태 13:47-50)

"예수께서는 또 이렇게 비유를 들어 말씀하셨다. '소경이 어떻게 소경의 길잡이가 될 수 있겠느냐? 그러면 둘 다 구덩이에 빠지지 않겠느냐?'"(루카 6:39; 마태 15:14은 약간 더 길다.)

알 수 없다. 더 안타까운 것은, 대부분의 학자들은 부정적인 견해를 표하지만, Q 자료에 수난 서사Passion narrative가 들어 있었는지를 알 수 없다는 것이다. 우리가 Q 자료에 대해 알 수 있는 유일한 방법은 마르코의 복음서에서 찾을 수 없는 이야기들 중 마르코와 루카의 복음서에 공통적으로 나온 부분을 통해서다. 사실, 마태오와 루카의 복음서는 예수의 수난 서사에서 일치하지 않는다. 그것은 Q 자료에 수난 서사가 없었다는 것을 의미할까? 꼭 그렇다고 할 수는 없다. 마태오나 루카의 복음서, 둘 중 하나가 마르코의 복음서와 다른 수난 서사를 가지고 있는 경우 한쪽은 Q 자료에서, 다른 한쪽은 마르코의 복음서에서 그들의 수난 서사를 가져왔을 수 있다. 혹은 마태오나 루카의 복음서 둘 다 예수의 수난 서사를 위해 때때로 Q 자료가 아닌

다른 자료들(M과 L)을 사용했다는 것을 의미할 수도 있다.

Q 자료와 토마의 복음서 사이에는 적어도 한 가지 분명한 차이가 있는데, 이것은 그들을 사용하던 공동체의 믿음과 직접적인 관련이 있다. 우리는 토마의 복음서가 심판을 위해 세상에 다시 올 사람의 아들을 부정하는 것을 보았다. 그러나 Q 자료에서는 이 미래지향적인 희망이 중요한 주제이다. 일부 학자들은 사람의 아들이 심판을 위해 오는 날에 관한 루카의 복음서 12장 8-9절(마태 10:32-33)과 같은 Q 자료의 말은 원래 Q 자료에 있던 것이 아니라 나중에 추가되었다고 주장해왔다. 그들이 그렇게 생각하는 이유는 그들은 Q 자료의 원형이 종말론을 지향하고 있지 않았다고 믿기 때문이다. 그러므로 어떤 종말론적 생각들도 원래 그곳에 있지 않았다는 것이다. 이것은 다음과 같은 일종의 순환논리로 이어진다. Q 자료가 토마의 복음서 같은 것이라면 그곳엔 종말론적 발언들이 없었을 것이다. 우리가 Q 자료에서 종말론적인 발언들을 제거한다면, 그것은 토마의 복음서와 비슷하다. 그러므로 Q 자료는 원래 토마의 복음서 같은 것이었다.

결론: 토마의 복음서와 그 전승 시기 토마의 복음서 같은 자료가 1세기에 존재했는지는 알 수 없지만 적어도 토마의 복음서는 존재하지 않았다고 생각할 만한 충분한 이유가 있다. 가장 분명한 것은 토마의 복음서의 많은 말들이 전제하고 있는 그리스도교 영지주의적 신화들이 2세기 이전에 존재했다는 문서상의 증거들이 없다는 것이다.

토마의 복음서에서 발견되는 발언들이 예수에게 귀속될 수도 있다는 것을 부정하는 것은 아니다. 실제로, 나중에 보게 되겠지만 토마의 복음서 그리고 다른 모든 출처들로부터 온 예수의 발언들은, 그것들이 정경에 속하든 그렇지 않든, 신학 이론적으로 예수의 말인지 판단되어야 한다. 더욱이 이 특정한 복음서의 114개의 말들 중 일부 비유들은 정경의 복음서들보다 더 오래전, 예수가 실제로 말한 것에 가까운 형태라고 생각할 근거들이 있다.(Box 12.3 참고)

Box 12.4 복음서들의 사라진 부분들

신약성서 밖의 다른 복음서들의 수를 헤아릴 때 좋은 소식과 나쁜 소식이 있다. 좋은 소식은 많은 복음서들이 있다는 것이다. 초기 그리스도교 몇 세기만 해도 그리스어, 라틴어, 콥트어와 같은 언어로 된 40여 개의 복음서들이 있었다. 나쁜 소식은 이들 대부분이 온전히 남아 있지 않고 단편적으로만 발견된다는 것이다.

일부 단편들은 한 복음서나 다른 복음서의 신용카드 크기의 작은 조각들이다. 큰 부분들이 남아 있는 것들도 시간이 지남에 따라 닳거나, 삭거나, 또는 다른 이유들로 훼손되어 원고에 구멍들이 있다. 그리고 때때로 이런 공백들은 매우 중요한 장소에 나타난다.

필립보의 복음서Gospel of Philip라고 알려진 2세기의 책이 가장 좋은 예이다. 이 발렌티누스파 영지주의 복음서에는 남자 제자들이 마리아 막달레나를 시기했고 예수에게 왜 자신들보다 마리아를 더 사랑하냐고 물었다는 내용이 나온다. 대답을 들은 그들은 실망하게 되지만 그 정확한 이유는 무엇이었을까? 유감스럽게도, 이 복음서의 유일한 사본은 중요한 곳들이 구멍이 나 있어 더 이상의 자세한 내용을 파악하기 어렵다. 그러나 제자들이 실망하기 직전에 나오는 문장을 살펴보는 것은 흥미롭다.(필립보의 복음서 63) :

그리고 [훼손]의 동행은 마리아 막달레나 [훼손]. [(훼손)……사랑했다] 제자들보다 그녀를 더 그리고 그녀의 [훼손!!]에 자주 키스하곤 했다.

예수는 마리아 막달레나와 자주 키스를 했을까? 그녀의 신체 어느 부위에? 손? 이마? 입술? 그 빠진 단어들을 알 수 있다면 얼마나 좋을까!

계시 담론들

다른 종류의 어록 복음서는 예수가 부활 후 한 명혹은 그 이상의 제자들에게 나타나 그들의 구원을 위해 필요한 비밀의 계시를 전해주는 이야기이다. 제자들은 선택받은 사람들을 위해 그 은밀한 계시를 충실히 기록한다. 종종 이러한 비밀스러운 계시들은 우주가 어떻게 존재하게 되었는지, 어떻게 영혼들이 이곳에 오게 되었는지 그리고 어떻게 그들이 이곳을 탈출할 수 있는지에 대한 비밀과 관련이 있다. 다른 말로하자면, 이 복음서의 대부분은 영지주의적이다.

마리아의 복음서 비정경적 계시 담론 중 가장 흥미로운 것은 2세기 마리아의 복음서Gospel of Mary이다. 1896년 이 복음서의 많은 부분을 포함하는 원고가 발견되기 전까지는 아무도 이 책의 존재를 알지 못했다. 일련의 불행한 사건들 때문에, 이 글은 1955년이 되어서야 발표되었다. 복음서의 중심인물이 예수의 추종자마리아 막달레나이기 때문에 큰 인기를 끌었는데, 이책에서 그녀는 어떤 남성 제자들보다 예수에게 더 사랑을 받는 것으로 묘사된다.

전해지는 파편은 예수와 제자들의 대화 중간에서시작되는데, 예수는 물질세계가 파괴될 것인지를 묻는질문에 응답한다. 이 글의 영지주의적이고 반물질주의적인 성격은 그의 답변과 이어지는 장면에서 명백하다. 베드로는 마리아에게 예수가 그녀에게만 준 계시를 전해달라고 부탁한다. 그녀가 예수가 밝힌 내용을설명하기 시작할 때부터 네 장에 달하는 분량의 원고들이 공백으로 남아 있다.

다시 내용이 재개될 때 마리아는 이 세상과 위의 신성한 세계를 분리하는 천상의 영역의 "힘"으로부터 벗어나서 영혼이 다시 천상의, 영적인 고향으로 올라가는 것에 대해 예수가 그녀에게 말한 것을 설명하고 있다. 이 힘들은 사실, 신체의 물질적 요소들, 즉 욕망, 무지 그리고 열정 같은 것들이다. 이 물질적인 육체의 감옥에서 탈출하는 것이 결국 영원한 안식을 찾는 것이다.

마리아가 설명을 마치자 예수가 자신의 진리를 여성에게 드러내는 것이 가능한 것인지에 관하여 남성제자들 사이에 논쟁이 벌어진다. 특히 안드레아와 베드로는 자신들이 마리아에게 그녀의 은밀한 계시에 대해 말해달라고 부탁을 했으면서도 위선적이게도 그녀의 말을 믿지 않는다. 마침내 사도 레위가 개입하여 분노해서 마리아를 함부로 대하는 베드로를 꾸짖고 구세주가 "그녀를 완벽히 알고 있고 그래서 그는 우리보다그녀를 더 사랑했다"라고 말한다. 그는 그들에게 복음을 전하러 나가라고 권하고, 그들은 그 말을 따른다.

몇 개의 나그함마디 문서들 계시를 드러내는 대화의다른 예들은 나그함마디에서 나온 글들에서 찾을 수있다. 가장 주목할 만한 것은 널리 유포되었던 요한의비전Apocryphon of John(아포크리폰은 '비밀의 책'이라는 의미)이었는데 부활한 예수가 제베대오의 아들요한에게 나타나 우주의 비밀과 신성한 영역, 사악한창조자 이알다바오트Ialdabaoth의 기원, 인류의 창조,높은 곳으로부터 와서 물질세계로부터 구원을 얻기 위해 필요한 영지를 알려주는 아이온aeon을 통한 인류의 구원을 밝히는 내용이다. 여기에 드러난 영지주의적 신화의 형태는 기원전 180년경 교부 이레나이오스가 언급한 설명과 매우 유사하기 때문에 이 책은 2세기 중반경까지는 그리스도교 내에서 알려져 있던 것으로 보인다.

나그함마디 문서에서 발견된 야고보 비전Apocryphon of James도 동일한 장르에 속하며 거의 비슷한 시기에만들어졌다. 이 복음서는 예수가 부활한 지 550일 후에 두 제자인 베드로와 야고보와 나눈 대화다. 대화에서 예수는 추종자들의 질문에 응답하면서 자신을 알고하느님의 자녀에게 합당한 방식으로 삶으로써 구원을얻으라고 말한다.

원정통파의 예 그러나 모든 계시 담론이 영지주의적이지는 않았다. 사실, 가장 흥미로운 것 중 하나는 주로 그리스도의 육체의 본질에 대한 영지주의적인 관념에 대항하기 위해 제작된 2세기 초 또는 중반의 원정통파 텍스트이다. 이 글은 나그함마디에서 나온 것이 아니라 19세기 말에 카이로에서 콥트어 번역본으로 발견되었는데, 예수가 부활한 뒤 (유다는 스스로 목을 매 숨졌으므로) 열한 명의 사도들이 전 세계 그리스도교인들에게 쓴 편지라고 추정되어 사도들의 편지

Epistle of the Apostles라고 불린다. 이 편지에서, "사도들"은 2세기 초 원정통파 작가들의 눈에 가장 악명 높은 영지주의자들 중 두 사람이었던 거짓 사도 시몬 마구스Simon Magus와 케린토스의 가르침을 피하라고 경고하는 예수의 특별한 계시를 받았다고 주장한다. 특히 이 문건은 예수가 진짜 혈육을 지닌 인간이었음을 확언하고, 예수를 믿는 사람은 죽음으로부터 부활할 것임을 강조하고 있다.

유년기 복음서

계시론적 담론에서 알 수 있듯이 그리스도교인들은 초기의 전승에 예수의 부활과 승천 사이에 그가 한 일에 대한 언급이 거의 없었기 때문인지 부활 이후의 예수의 활동에 흥미를 느꼈던 것으로 보인다. 초기 전승은 예수의 유아기와 유년기에 대해서도 대체로 침묵한다. 신약성서의 복음서들에는 어린 예수에 관련된 몇 가지 이야기만을 보여주는데, 예를 들어 아기에게 경배를 드리러 온 동방박사들과 이집트로의 피난(마태), 신전을 방문했던 열두 살 소년 예수(루카) 이야기 등이 그것이다. 비록 우리에게 어떤 식으로든 확실한 증거는 없지만, 신약 복음서가 작성된 후, 혹은 아마도 더 일찍, 그리스도교인들은 소년 예수에 대한 이야기를 하기 시작했다. 대부분 이런 창작 소설들의 전설적인 캐릭터는 쉽게 알아차릴 수 있다. 다행히 후대의 작가들이 그들 중 일부를 서면, 이른바 유년기 복음서로 수집하여, 늦어도 2세기 전반부까지는 책으로 만들어 내기 시작했다.

토마의 유년기 복음서 가장 이른 것 중 하나는 125년경까지 제작 연도가 거슬러 올라가는 토마의 유년기 복음서Infancy Gospel of Thomas(나그함마디 근처에서 발견된 콥트어 토마의 복음서와 혼동하지 말 것)이다. 여기에는 다섯 살의 어린 나이부터 시작되는 예수의 유아기에 대한 재미있는 이야기가 들어 있다. 이 이야기의 이면에는 오늘날까지도 일부 그리스도교인들이 흥미롭게 여길 만한 질문이 존재한다. 어른 예수가 기적을 행하는 하느님의 아들이었다면, 어렸을 때의 그

는 어땠을까? 이 이야기에 따르면 그는 상당한 장난꾸러기였다. 그가 처음 본문에 나타날 때 그는 안식일에 개울가에서 진흙 참새를 만들고 있다. 지나가던 어른이 그 모습을 보고 안식일을 거룩하게 지키라는 율법을 어겼다고 꾸짖는다. 어린 예수는 사과하는 대신 손바닥을 치며 진흙 참새들에게 사라지라고 말한다. 그들은 살아나서 날아가버리고 그와 함께 예수가 잘못을 저질렀다는 증거도 없어져버린다!

초자연적인 능력을 가진 어린 예수는 마을의 다른 아이들에게 쓸모 있고 즐거운 놀이 친구였을 것이라고 생각할지도 모른다. 하지만 소년은 성격이 불같았기에 함부로 그의 비위를 건드려서는 안 되었다. 길에서 한 아이가 실수로 그와 부딪치자 예수는 화가 나서 아이에게 "너는 더 이상 갈 길을 가지 못할 것이다"라고 선언하고 아이는 쓰러져 죽는다. (예수는 그가 이런저런 이유로 저주를 했던 다른 사람들처럼 나중에 아이도 다시 살린다.) 예수의 분노는 아이들만을 향하지 않았다. 읽는 법을 배우게 하려고 요셉이 그를 학교에 보내자 예수는 알파벳 암송하기를 거부한다. 말을 들으라는 선생님에게 예수는 "진짜 당신이 선생님이고 글자를 잘 안다면 알파의 힘을 말해주세요, 나는 베타의 힘을 말할 테니"라고 경멸적인 도전을 한다. 화가 난 선생님은 그 소년의 머리를 쥐어박는다. 그것은 그 교사의 가장 큰 실수였다. 예수는 그 자리에서 그를 말라 죽게 만든다. 요셉은 비탄에 잠겨서 마리아에게 다급하게 말한다. "그를 밖으로 내보내지 마시오. 그를 화나게 하는 사람은 누구든지 죽으니 말이오."

그러나 시간이 흐를수록 예수는 그의 능력을 선용하기 시작한다. 그는 치명적인 독사에 물린 친구들을 구하고, 아픈 사람들을 치료하며, 집안일에도 아주 도움이 된다. 요셉이 판자를 잘못 자르면 예수는 기적으로 그것을 수정한다. 이 이야기는 열두 살 된 예수가 그의 말에 귀 기울이는 서기관들과 바리사이파들에 둘러싸인 채 신전에서 가르침을 베푸는 것으로 끝을 맺는다. 사람들은 놀라운 아이를 낳은 마리아를 축복한다.

야고보의 원복음서 마리아의 축복은 대부분 2세기 이후에 만들어진 다른 유년기 복음서들의 일부에서

눈에 띄는 주제이다. 그러나 야고보의 원복음서Proto-Gospel of James는 더 일찍 쓰였을 수도 있다. 제목에 나오는 야고보는 예수의 형제이다. 예수 탄생 이전의 사건을 서술하기 때문에 가끔 "원복음서The Proto-Gospel"라고도 불리는 그의 복음서는 그들의 어머니 마리아의 기적적인 모습들을 묘사하고 있다. 이 저자의 견해에 따르면 예수는 분명히 평범한 방식으로 세상에 오지 않았다. 그의 어머니가 처녀였기 때문이다. 그런데 왜 그녀는 하느님의 아들을 낳기로 선택된 것일까? 이 복음서는 경건한 성찰을 통해 답을 제공한다. 마리아 자신도 기적적으로 태어났고 어린 나이에 하느님을 섬기기 위해 따로 구별됐다.

여기에 제시된 이야기들은 중세 시대에는 '상식'이 된 마리아와 요셉에 대한 많은 전설들을 제공했다. 마리아의 부모는 정의롭고 부유한 유대인 요아킴과 그의 독실한 아내 안나였다.(이것은 종종 그리스도교의 적대세력들이 주장하듯 마리아가 하층계급 출신이 아니라는 것을 보여준다.) 그녀의 출생은 구약성서의 예언자 사무엘과 신약성서의 세례자 요한의 출생처럼 초자연적이었다. 마리아는 경건하게 양육되었다. 그녀는 세 살 때 신전에 맡겨져 열두 살까지 살았고, 하느님의 천사의 보살핌을 받았다. 그녀가 생리를 시작하는 나이인 열두 살이 되었을 때, 유대 사제들은 그녀가 신전의 정결을 훼손할 수 있다는 이유로 더 이상 신전에 머무르는 것을 허락하지 않았다. 그들은 이스라엘에 있는 모든 독신자들을 불러 모아 그녀의 보호자가 될 사람을 제비로 뽑았는데 전처의 소생 아들들이 있는 홀아비 요셉이 낙점되었다.(따라서 예수의 '형제들'은 사실은 마리아가 낳지 않은 이복형제들이었다.)

마리아를 자신의 집으로 데려온 요셉은 그녀에게 손가락 하나 대지 않았다. 목수였던 그가 집들을 짓기 위해 멀리 나가 있을 때 마리아는 성령을 통해 예수를 잉태했다. 그때 그녀는 열여섯 살이었다. 그녀가 출산할 무렵, 요셉과 마리아는 인구조사에 응하기 위해 베들레헴으로 여행을 가야 했지만, 마을에 도착하기도 전에 마리아는 진통을 시작했다. 요셉은 광야에서 아이를 낳을 수 있는 동굴을 발견했고, 마리아는 그곳에서 아기를 낳았다. 하느님의 아들이 세상에 온 순간 요셉은 시간이 정지한 것을 목격했다. 요셉은 유대인 산

도판 12.2 성모 마리아의 부모 요아킴과 안나가 이스라엘 신전의 황금문 앞에서 포옹하고 있다. 야고보의 원복음서를 참고하라.

파를 고용해 도움을 받았다. 또 다른 산파였던 살로메는 마리아가 출산 후 검사를 할 때까지 그녀가 처녀였다는 것을 믿지 못하겠노라고 선언했다. 하지만 출산 후 마리아를 살핀 그녀는 놀랍게도 출산 후에도 마리아가 여전히 '손상되지 않았다'는 것을 발견했다. 마리아는 (신약에 나온 것처럼) 수태 때 처녀였을 뿐만 아니라 출산 후에도 (나중의 교회의 교의에 나오는 것처럼) 처녀로 남아 있었다.

이야기는 현자들의 방문, 아이를 죽이기로 마음먹은 헤로데의 분노, 성가족holy family의 이집트 피난 그리고 그 무렵 태어난, 나중에 세례자가 되는, 또 다른 중요한 아기, 요한의 생명을 보호하기 위한 하느님의 기적적인 개입으로 끝난다.

이 모든 이야기는 예수의 어머니 마리아를 둘러싼 그리스도교 전설의 일부가 되었다. 마리아는 교회에서 성모로서뿐만 아니라 종국에는 '하느님의 어머니'로서도 존경받게 되었다.

수난 복음서

예수의 출생과 혈통의 상황에 대해 추측을 하는 이야기들 외에도 그의 재판, 죽음, 부활에 대한 전승을 자세히 설명하는 다른 초기 그리스도교 복음서들이 있었다. 이 복음서들은 예수의 고난에 초점을 맞추고 있기 때문에 우리는 그것들을 '수난' 복음서라고 부를 수도 있다. 우리가 고려할 첫 번째 책은 한때는 예수의 공적인 사역뿐만 아니라 그의 수난에 대한 설명이 들어 있는 완전한 복음서였을지도 모른다. 그러나 현재 남아 있는 부분은 오직 그의 생애 말기에 일어난 사건들(그리고 그 직후의 사건들)로만 구성되어 있다. 어떤 학자들은 그 복음서에는 원래 예수의 수난 이야기만 담겨 있었다고 생각해왔다. 그들이 옳고 그른지의 여부를 우리는 결코 알 수 없을 것이다. 하지만 이 이야기는 예수의 가장 가까운 추종자인 제자 시몬 베드로에 의해 쓰인 것으로 알려져 있기 때문에 꽤 흥미로운 읽을거리가 된다.

베드로의 복음서

베드로의 복음서Gospel of Peter는 2세기의 일부 그리스도교 세계에서 엄청나게 인기가 있었다. 4세기의 교부 에우세비우스Eusebius의 저술 덕분에 우리는 그 책의 존재에 대해 알 수 있었다. 그러나 그것의 실제 텍스트 일부를 확인할 수 있었던 것은 불과 120년 전으로, 1886년 이집트의 그리스도교 수도사의 묘에서 그것의 마지막 몇 페이지가 발견되었다.

에우세비우스는 2세기 후반 시리아 일부 지역에서 그 복음서가 인기가 있었음을 암시한다. 그의 설명에 따르면 안티오키아 주교 세라피온은 베드로의 복음서를 직접 읽어보지 않았음에도 불구하고 로수스 교회에서 그것을 사용하도록 승인했다. 하지만 나중에 이 책에 가현론적 그리스도론docetic Christology을 뒷받침하는 구절이 포함되어 있다는 말을 들은 세라피온은 책을 정독하고 난 후 거슬리는 구절을 자세히 설명하면서 그 책의 사용을 금지하는 편지를 보냈다. 에우세비우스는 그의 글에 이 편지를 인용하지만 세라피온이 염두에 둔 베드로의 복음서 구절은 인용하지 않았다. 이것은 특히 안타까운데, 19세기 말에 발견된 그리스

어 원고가 세라피온이 읽었던 것과 같은 베드로의 복음서였는지 확인할 수 없기 때문이다. 어쨌든, 원고는 그 자체로 상당한 관심을 불러 모으고 있다.

그 문서는 서술이 끝날 무렵의 몇 페이지가 전부이다. 전체 이야기가 얼마나 길었는지, 예수의 사역 전체가 들어 있었는지 혹은 예수의 수난 이야기만 들어 있던 것인지 알 수가 없다. 본문은 "유대인들 가운데 누구도 손을 씻지 않았다. 헤로데Herod도, 그의 어떤 재판관도. 필라투스Pilatus는 그들이 씻기를 원하지 않았기 때문에 자리에서 일어났다"라는, 온전한 문장이 아닌, 문장의 중간 부분부터 시작된다. 분명히 앞의 구절은 마태오의 복음서에만 나온, 예수의 재판에서 필라투스가 손을 씻었다는 이야기를 말하고 있었을 것이다.(마태오 27:24) 그러나 베드로의 복음서의 이야기는 예수의 죽음에 대해 죄가 없다고 줄곧 묘사되는 필라투스에게 초점을 맞추는 것이 아니라 유대인의 왕 헤로데와 그와 협력한 유대 지도자들에게 중점을 두고 있다. 다음 구절에서 예수를 데려가 십자가에 못 박도록 명령하는 사람은 헤로데이다.

이야기는 예수가 조롱을 당하고 십자가에 못 박혀 죽은 후 요셉(아리마태아 사람)이 시신을 요청하는 내용으로 이어진다. 이 이야기들은 우리가 정경의 복음서들에서 읽은 것과 같기도, 다르기도 하다. 예컨대 10절에서 예수는 다른 복음서에서와 같이 두 죄인 사이 십자가에 못 박혀 있지만 "그는 고통이 없는 것처럼 침묵했다"는 특이한 진술이 나온다. 이 마지막 진술은 아마도 가현론을 암시하는 것으로 받아들여질 수도 있을 것이다. 즉, 예수는 사실 아무런 고통도 느끼지 않았기에 고통을 느끼지 않는 것처럼 보였을 수도 있는 것이다. 일부 학자들은 이 구절이 이 복음서가 세라피온에게 "이단적인" 복음서라는 증거를 제공한 것으로 보았다. 몇 구절 뒤에 그런 생각에 힘을 실어주는 구절들이 몇 개 더 나온다. 예수가 임종하려 할 때, 그는 마르코의 복음서에 나오는 것과 비슷하지만 동일하지는 않은, "나의 힘, 오, 힘, 당신은 나를 떠났습니다"(19)라는 그의 "유기의 외침cry of derelliction"을 발한다. 그 후, 그의 몸은 십자가에 남아 있지만, 그는 "들려졌다"라고 말해진다. 예수는 많은 영지주의자들의 생각처럼 자신이 죽기 전에 신적인 그리스도가 자신을

떠난 것을 슬퍼하고 있는 것일까?

글은 예수의 장례를 치른 후 일인칭 시점으로 "우리는 금식을 하며 앉아서 안식일까지 밤낮으로 울었다"(27)는 제자들의 괴로움을 묘사하는 글로 이어진다. 마태오의 복음서에서와 같이, 유대 지도자들은 필라투스에게 무덤을 지킬 군인들을 요청한다. 그러나 이 복음서는 더 자세한 세부 사항을 제공한다. 경비를 맡은 담당 백인대장의 이름은 페트로니우스로 그는 여러 명의 군인들과 함께 무덤 앞으로 거대한 돌을 굴려 일곱 차례 봉인을 한다. 그런 다음 그들은 텐트를 치고 경계를 선다.

그리고 나서 아마도 이 이야기의 가장 두드러진 구절, 예수가 부활해서 무덤에서의 나오는 것에 대한 이야기, 즉 다른 초기 복음서 어디에서도 발견되지 않는 이야기가 나온다. 한 무리의 군중이 예루살렘과 그 주변 지역에서 무덤을 보러 온다. 밤중에 그들은 큰 소리를 듣고, 하늘이 열리며 두 사람이 영광 중에 내려오는 모습을 본다. 무덤 앞의 돌이 저절로 굴려지고 그곳으로 두 사람이 들어간다. 보초를 서고 있던 병사들은 백인대장을 깨우고 백인대장은 그 놀라운 광경을 보기 위해 나온다. 무덤에서 세 사람이 나오는데 두 사람의 머리가 하늘까지 닿아 있다. 그들은 그의 머리가 하늘 너머까지 이르는 셋째 사람을 받들고 있다. 그들 뒤에는 십자가가 나타난다. "너희는 자고 있는 사람들에게 설교하였느냐?" 하늘에서 음성이 들려온다. 십자가는 "예"(41-42)라고 대답한다.

군인들은 필라투스에게 달려가서 그에게 모든 일을 털어놓는다. 유대인 지도자들은 자신들이 예수를 사형에 처하게 한 일을 유대인들이 알게 되면 돌에 맞아 죽을까 봐 그에게 이야기를 사람들에게 하지 말라고 간

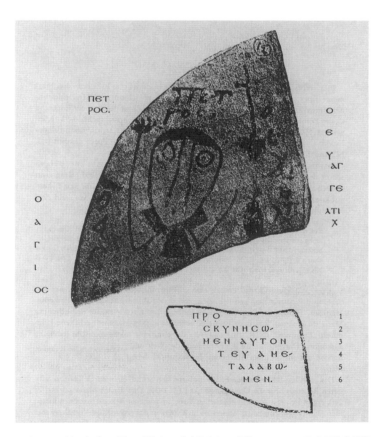

도판 12.3 선교사 베드로를 묘사한 6, 7세기의 오스트라콘(Ostracon, 토기 조각에 글씨를 쓴 것) 이면에는 그의 복음을 따르라는 당부가 있다.

청한다. 필라투스는 병사들에게 침묵을 지키라고 명령하지만, 유대 지도자들에게 예수가 십자가에 못 박힌 것이 그들 때문이지 자신의 잘못은 아니라는 것을 상기시킨 후에야 그들을 함구시킨다. 이튿날 새벽, 무슨일이 있었는지도 모른 채 마리아 막달레나는 예수의 시신을 더 적절하게 처리하려고 여러 명의 여인들과 함께 무덤으로 찾아가지만 무덤은 텅 비어 있고 주가 부활해서 무덤을 떠났다고 말하는 천상의 존재를 만난다. 그 복음서는 예수가 몇몇 제자들에게 모습을 드러낸 사실을 묘사하는 이야기의 중간에서 끝난다.(아마도 요한 21장에서 발견되는 것과 비슷할 것이다.) "그러나 나, 시몬 베드로와 내 형제 안드레아는 우리의 그물을 가지고 바다로 갔다. 우리와 함께 알패오의 아들 레위도 함께 있었는데 그는 예수님이……"(60) 이것이 원고의 끝이다.

학자들은 이 매혹적인 이야기의 특정한 부분들에 대해 계속 토론하고 있다. 이 복음서에는 예수의 사역에 대한 이야기가 들어 있었을까? 아니면 예수의 수난 서사만? 이 복음서는 영지주의자에 의해 쓰인 것일까? 언제? 저자는 정경에 실린 복음서들을 자료로 사용했을까? 만약 그렇지 않다면, 그는 어디에서 그의 자료를 얻었을까? 이곳에 있는 일부 전승들은 마태오, 마르코, 루카, 요한의 복음서의 수난 서사에서 발견되는 전승들보다 더 오래된 것일까?

이런 토론들의 모든 세부 사항을 살펴보기보다는 내게 가장 합리적이라고 생각되는 관점을 간단히 말하고 그 이유를 설명하겠다. 이 복음서는 정경 복음서들보다 뒤에 쓰였지만 그것들에 의존하지는 않은 것으로 보인다. 수많은 그리스도교 공동체들에서 전해지고 있던 예수의 수난에 대한 대중적인 이야기들을 바탕으로 만들어졌고 저자는 영지주의적 성향을 가졌을 수도 있으며 확실히 비그리스도교 유대인들에게 상당한 반감을 느끼고 있는 것으로 보인다.

베드로의 복음서가 예수에 관한 전승에 있어서 우리가 1세기 복음서에서 발견한 것보다 더 뒤의 발전 단계를 나타낸다는 것은 특히 전설적인 요소들에 의해 가장 먼저 암시되는데, 특히 (말 그대로) 하늘에까지 키가 닿는 예수와 그의 뒤를 따라 걸어가며 하늘에 말하는 십자가가 그렇다. 이 이야기에서 "유대인"

을 취급하는 방식 또한 이 복음서의 집필 시기를 결정하는 데 있어서 중요한데, 그들은 여기에서 정경의 복음서들에서보다 예수의 죽음에 대한 책임이 더 커지기 때문이다. 로마 권력을 대표하는 필라투스는 전적으로 책임이 없는 것으로 나온다. 예수의 부당한 정죄에 전적으로 책임이 있는 것은 유대인의 왕 헤로데와 다른 유대 지도자들이다. 이러한 묘사는 2세기에 그리스도교계에서 발전하던 견해와 일치하는데, 이 시기에 그리스도교 반유대주의가 특별한 힘을 가지고 주장되기 시작했다.(25장에서 살펴볼 것이다.) 그리스도교인들의 커지는 적대감은 예수의 죽음에 대해 필라투스에게 무죄를 선고하고 유대인들을 점점 더 비난하기 시작하는 것으로 나타난다. 베드로의 복음서에서 예수를 십자가에 못 박는 더러운 일을 실제로 행하는 사람들도 유대인이며, 그들은 후에 자신들의 행위를 후회하고 그들의 행동의 결과로 이제 예루살렘이 멸망할 것이라는 두려움을 노골적으로 표현한다. 예루살렘 멸망을 예수를 처형한 유대인들에 대한 하느님의 벌이라고 해석하는 것은 2세기 그리스도교 작가들의 공통된 주제였다. 이 복음서가 늦게 만들어졌다는 추가적인 근거는 앞서 언급했던 예수의 수난에 대한 영지주의적 이해의 기미에서 보인다. 그러므로 지금 우리가 가지고 있는 베드로의 복음서는 정경의 복음서들이 확정된 이후에 쓰인 것으로 보인다.

베드로의 복음서는 그 이전의 이야기들에 기초했을까? 그것은 많은 정경의 복음서들, 특히 마태오의 복음서와 유사하며 그곳에도 필라투스가 손을 씻고 무덤에 보초를 세우는 것이 나온다. 동시에, 이 복음서의 저자가 정경의 복음서들을 알고 있었다면, 필라투스가 그의 손을 씻은 후 예수의 죽음에 대해 자신들이 전적인 책임을 지겠다고 소리치는 유대인 군중("그 피를 우리와 우리 자손에게 돌리겠다"; 마태 27:25), 십자가를 지고 가는 예수, 십자가에 달리는 예수에 대한 그들의 조롱 등 그의 목적에 유용했을 많은 정경의 이야기들을 왜 빠뜨렸는지 이해하기가 어렵다. 한 문서가 다른 문서의 근거라고 생각하는 유일한 확실한 근거는 그들이 광범위한 문자적인 일치를 보일 때라는 것을 상기하라. 베드로의 복음서가 다른 복음서와 낱말을 공유하는 완전한 문장은 없다. 게다가 베드로의 복음서에는 두세 단어 이상을 초과하여 다른 문서들과 같은 말들이 나오는 곳이 없다.

그렇다면 이 이야기들의 서사가 그리스도교인들 사이에 널리 유포되었던 예수의 수난과 부활에 관한 이야기에서 나왔다고 보는 것이 가장 좋을 것이다. 이 이야기들 중 일부는 다른 공동체들에 비슷한 형태로 알려져왔을 것이다. 하지만 그들 중 어떤 것도 정확히 같은 방식으로 말해지지는 않았을 것이다. 왜냐하면 그것들은 구두로 전해졌기 때문이다. 그리스도교인들은 이야기를 하면서 그것을 수정해 곳곳에 전설적인 디테일을 더하고, 의미 없어 보이는 부분들을 없애고, 그들만의 관점을 이야기에 접목시켰다. 2세기 초에 살았던 베드로의 복음서 저자는 아마도 자기 앞의 사람들이 한 일 그리고 자기의 뒤에 올 사람들이 할 일을 했다. 그는 그가 들은 이야기, 혹은 아마도 읽었을지도 모르는 이야기들을 수집하여 예수의 말, 행동, 경험에 대한 이야기를 만들어냈다.

베드로의 콥트어 묵시록

베드로의 복음서는 그의 가장 가까운 제자였던 베드로의 관점에서 쓰인 예수의 수난에 대한 유일한 설명이 아니다. 베드로의 콥트어 묵시록Coptic Apocalyse of Peter(28장에서 논의될 베드로의 그리스어 묵시록과 혼동하지 말 것)으로 알려진, 예수의 십자가 처형을 다루었지만 매우 특이하면서도 영지주의적 관점에서 쓰인 또 다른 문서가 있다. 이것은 분명 50년에서 80년 후에 살았던, 베드로의 복음서 저자와는 다른 저자에 의해 쓰인 것으로 보인다.

베드로의 콥트어 묵시록은 1945년 나그함마디 근처에서 발견된 가장 흥미로운 문헌들 중 하나이다.(11장 참고) 그 글의 영지주의적인 성격은 처음부터 분명한데, 예수는 베드로에게 한편으로는 참된 지식과 인식의 중요성을 강조하고 다른 한편으로는 무지와 거짓의 폐해를 강조하는 일련의 가르침을 베푼다. 이 가르침들은 특히 다른 사람들을, 그들의 잘못된 믿음으로 길을 잃게 만드는 그리스도교 교사들과 관련이 있다. 예수에 따르면 "내 이름으로 장사"하는 이 사람들은 마치 그들이 하느님의 권위를 받기라도 한 것처럼 "감독bishop"과 "집사들deacons"을 자처하기도 한다. 즉, 이들은 그리스도교 교회의 지도자이지만 이 교사들은 다른 사람들에게 생명의 물을 주는 가르침을 제공하기보다는 "말라붙은 수로들"이다. 그들의 가장 큰 실수는 "죽은 사람의 이름을 고수"한다는 것이다. 즉, 그들은 정말 중요한 것은 예수의 죽음이라고 생각한다는 것이다. 그러나 콥트어 묵시록의 저자는 그렇지 않다. 사실, 예수의 십자가 처형은 단순히 그리스도의 인간적인 껍데기를 처형한 것이었고, 그것은 구원을 가져온 것이 아니라, 구원을 가져올 수 있는 가르침을 전달하기 위해 그리스도가 잠시 동안 입었던 육체를 벗어날 수 있게 해주었을 뿐이다.

이 책은 베드로가 혼란과 경악 가운데, 예수가 십자가에 못 박히는 것을 직접 목격하는 것처럼 묘사하고 있다. 예수와 이야기를 나누는 그는 병사들이 예수를 십자가에 못 박는 것을 보고(두 명의 예수가 있는 것일까?), 또 다른 그리스도가 십자가 위에 있는 것을 보게 된다.(예수가 세 명?) 베드로는 혼란에 빠져 예수(그 옆에 있는)를 향해 "주님, 제가 무엇을 보고 있는 것입니까? 그들이 데려가는 건 당신인가요? 지금 저와 함께 계신 게 맞으요? 십자가 위에서 기뻐서 웃고 있는 저 사람은 누구죠? 그들이 망치로 손과 발에 못을 박고 있는 사람은 또 다른 사람입니까?" 예수의 대답도 마찬가지로 흥미롭다. "십자가 위에서 기뻐하고 웃는 사람은 살아 있는 예수이다. 그들이 손과 발을 못으로 박고 있는 사람은 그의 신체적인 부분으로 그의 대체물이다. 그들은 단지 그처럼 보이는 것에 수치를 주고 있다. 하지만 그를 보고 나를 보라."

나중에 예수가 본문에서 더 자세히 설명하듯 십자가에 못 박힌 것은 그의 겉껍질인 "진흙 그릇"으로 그것이 사형에 처해지고 있었다는 것이다. 예수의 이 물질적인 부분은 진정한 그가 아니다. 그것은 이 세상을 만든 하급 창조주-신의 창조물이다. 그의 진짜, 진정한 자아는 그의 '원초적 부분'이며, 육체가 살해되었을 때 그것의 감옥에서 풀려난 영적인 존재이다. 그것이 그가 십자가 위에서 웃고 있는 이유다. 그를 죽이는 자들은 그를 해치고 파괴할 수 있다고 잘못 생각하고 있지만, 그들은 오직 그의 겉모습에만 힘을 행사할 수 있다. 예수는 그들의 '지각의 부족'을 비웃는다. 그들은 영혼이 죽을 수 없다는 것을 깨닫지 못하고 있다. 영혼은 그

도판 12.4 유다의 복음서 필사본의 마지막 페이지. 맨 끝에 책의 제목인 "유다의 복음서The Gospel of Judas"가 보인다.(고대에는 일반적으로 이렇게 책을 끝냈다.)

것을 가두는 사악한 육체가 없어져야만 자유롭게 풀려날 수 있다. 예수는 베드로에게 평화롭고 강해지라고 마지막으로 권고한다. 이 말을 들은 후 베드로는 "제정신이 들고"(즉, 깨어나고) 그때 그의 환상이 끝난다.

유다 이스카리옷의 복음서

예수가 베드로의 콥트어 묵시록에서 웃는 장면은 이상하게 보일 수 있다.(신약에서는 결코 그의 웃는 모습을 찾아볼 수 없다.) 그는 분명히 원정통파 교회의 지도자들을 비웃고 있기 때문이다. 구원을 위해 예수의 죽음의 필요성을 강조하는 그들의 견해는 후에 전통적인 그리스도교의 교리가 되었다. 하지만 베드로의 콥트어 묵시록은 이것을 비웃는다. 새롭게 발견된 영

지주의 복음서 한 권도 이와 아주 비슷한 메시지를 담고 있다. 여기서도 예수는 물질세계를 정말로 중요한 영역과 혼동하는 사람들을―교회 지도자가 되는 그의 추종자들을 포함해서―비웃는다. 그들은 물질세계가 진정한 신의 창조라고 오해하고 있다. 이 복음서의 발견은 나그함마디 문서가 발견된 이후 지난 60년 동안 초기 그리스도교 텍스트에 관해서 가장 중요한 사건으로, 그리스도교 역사에서 예수를 십자가에 못 박히게 만든 제자로 악명이 높은 유다 이스카리옷의 이름이 그것에 붙여졌다. 하지만 이 새로 발견된 복음서에서 유다는 악당이 아니라 다른 제자들보다 우월한 인물로 묘사된다.

유다의 복음서Gospel of Judas는 1978년, 카이로에서 남쪽으로 약 120마일 떨어진 이집트 중부의 무덤에서 발견되었다. 이 책은 오랫동안 유물 상인들 사이에서 유통되다가 마침내 유능한 학자들이 입수했고 2006년에 번역, 출판되었다. 이것은 예수가 십자가에 못 박히기 전에 이 땅에서 지낸 마지막 날들에 초점을 맞춘 수난 복음서이다. 그러나 신약성서의 복음서들과는 달리, 이 복음서는 주로 그 기간 동안 예수의 활동이 아니라 그가 제자들과 나눈 대화, 그중에서도 유다와 나눈 대화를 중점적으로 다루고 있으며 이 책에 따르면 유다 이스카리옷은 예수가 진짜 누구인지 알고 그의 뜻을 행한다.

이 복음서가 발견되기 전에도 우리는 이것의 존재를 알고 있었다. 2세기 말경의 유명한 이단 사냥꾼이었던 이레나이오스Irenaeus는 이 책이 후에 카인파Cainites라고 불리는 영지주의 집단에 의해 사용된 복음서라고 언급했다. 이 집단은 구약성서에 나오는 카인을 존경했다. 그가 친형제 아벨을 살해하고 하느님에게 저주를 받은 사람(창세기 4장)이었다는 점을 고려할 때 존경받을 만한 인물이 아니었지만 이 영지주의자들은 이 세상의 하느님, 즉 유대인의 창조주 신은 진정한 하느님이 아니라 낮고 열등한 신이라고 생각했고 그에 반대하는 사람들은 누구나 참 하느님의 편이라고 생각했다. 카인파들은 성서 역사 속의 '나쁜 자들'을 진정한 신앙의 영웅으로 존중했다. 소돔과 고모라의 사람들 그리고 물론 유다 이스카리옷 같은 사람들이 그런 사람들이었다.

Box 12.5 웃는 예수

베드로의 콥트어 묵시록과 유다의 복음서 모두에서 예수는 자신이 누구인지 이해하지 못하는 사람들을 비웃는 모습으로 그려진다. 신약성서에서 예수는 결코 웃는(또는 미소를 짓거나 농담을 해서 사람들을 웃게 만드는) 모습을 보이지 않았다는 점을 고려할 때 웃는 예수라는 발상은 흥미롭다. 신약성서에서 그는 울고, 화를 내고, 짜증을 내지만, 결코 웃지 않는다.

그러나 몇몇 영지주의 전승에서 예수는 웃을 수밖에 없었다. 너무나 많은 사람들이 그와 그의 메시지를 잘못 이해했기에, 영지주의 작가들에게는 이 모든 것이 매우 우스운 일이었다.

아마도 영지주의 전승에서 예수가 웃는 가장 기이한 장면은 바실리데스라는 이름의 유명한 영지주의 스승과 관련되어 사람들 사이에서 전해지던 예수의 십자가 처형 이야기일 것이다. 바실리데스의 복음서는 전해지지 않지만, 2세기 교부 이레나이우스는 자신의 글을 통해 바실리데스의 복음서에 언급된 이상하고 불편한 장면, 예수가 십자가를 비웃는 이야기를 전해준다.

바실리데스는 그리스도가 신이기 때문에 실제로 고통을 받을 수 없다고 믿은 영지주의자들 중 한 명이었다. 하지만 분명히 십자가에 못 박힌 예수를 그들은 어떻게 설명을 했을까? 바실리데스에 따르면 예수는 십자가에 못 박힐 장소로 갈 때 자신 대신 십자가를 지고 가던 키레네 시몬과 모습을 바꾸는 기적을 행했다고 한다. 그는 시몬을 자신처럼 보이게 만들었고 자신은 시몬의 모습을 취했다. 그 결과 로마인들은 무슨 일이 일어났는지도 깨닫지 못한 채 엉뚱한 사람을 십자가에 못 박았고, 예수는 시몬의 모습으로 십자가 옆에 서서 그들의 어리석음을 비웃었다.(이레나이오스, 『이단 반박』, 1.24) 아마 시몬은 그 일이 그렇게 재미있다고 생각하지 않았을 것이다.

이레나이오스는 이 그리스도교인 집단이 유다의 복음서를 사용했다고 언급했지만, 최근에서야 비로소 우리는 실제로 이 책의 내용이 무엇인지 알게 되었다. "예수가 유월절을 기념하기 사흘 전 유다 이스카리옷과 대화한 계시의 비밀 이야기이다"라는 말로 시작되는 이 책은 처음부터 영지주의적 색채를 뚜렷하게 드러내고 있다. 예수가 누구인지 진실을 아는 사람에게만 주어지는 신비로운 "계시"에 관한 "비밀" 이야기라는 것이다. 이 책에는 사실 유다 이스카리옷과의 대화만이 아니라 예수가 다른 제자들과 대화하는 내용들도 있지만 그런 대화들은 그들의 이해 부족과 유다의 상대적인 우월함을 보여주는 대목들이다.

첫 번째 대화에서 예수는 제자들이 성찬식을 하며 하느님에게 감사 기도를 하고 있을 때 그들에게 다가온다. 예수는 그들을 비웃지만 그들은 그 이유를 이해할 수 없다. 그들이 감사하는 하느님은 자신의 하느님이 아니라는, 특히 그들은 자신이 진짜 누구인지 모른다는 예수의 말에, 제자들은 혼란스러워하며 분노를 느낀다. 감히 예수 앞에 바로 서지 못하는 다른 제자들과는 달리 예수의 앞에 선 유다는 자신은 예수가 누구인지 알고 있다고 고백한다. 그는 예수가 바르벨로Barbelo의 영역에서 왔다고 말한다. 영지주의 문헌에 익숙한 사람이라면 이 말이 무엇을 암시하는지 바로 알아차릴 것이다. 우리가 보았듯이, 바르벨로는 영지주의자들에 의해 만물의 어머니로 생각되는 영적인 존재로서 창조주-신보다 아주 상위의 존재이다. 유다는 예수가 영의 영역에서 왔고 이 세계, 그것을 만든 창조주에 속하지 않는다고 말하는 것이다.

이어지는 에피소드들 중에는 제자들이 본 환상과 유다가 본 환상이 나온다. 제자들은 부도덕한 예루살렘 신전의 사제들이 제단 위에서 동물들을 제물로 바치고 있는 환상을 보고 그것이 무엇을 의미하는지 알고 싶어 한다. 예수는 그들 자신이 부도덕한 사제들이며, 그들이 제물로 바치는 동물들은 그들이 잘못된 가르침으로 인도하는 사람들이라고 말한다.(베드로의 콥트어 묵시록 참고) 그들은 분명히 이 해석을 불편하게 생각한다. 유다는 반면에 다른 제자들이 그를 돌로 쳐서 죽이는 환상과 그 안팎에 많은 사람들이 사는 큰 집의 환상을 본다. 돌팔매질에 대한 해석은 매우 명백하다. 유다는 다른 제자들에게 미움과 박해를 받고, 그들 가운데서 쫓겨날 것이다. 그러나 예수는 유다가 본 그 큰 집에는 인간들이 들어갈 수 없다고 말한다. 그것은 유다도 들어갈 수 없는, 신성한 사람들을 위한 집이다.

그럼에도 불구하고 유다는 다른 모든 사람들보다 우월한 존재이기 때문에, 예수는 그에게 신성한 존재들의 영역과 이 물질적인 세계가 어떻게 존재하게 되었는지를 알려준다. 그것은 매우 복잡하고 종종 혼란스러운 계시이지만, 분명하고 중요한 요점을 가지고 있다. 이 세상의 창조주는 진정한 유일신이 아니다. 이 세상은 진리의 영역과는 동떨어진 매우 열등한 신성에 의해 만들어졌다. 여러 신들이 이 세상의 창조에 책임지고 있다고 밝혀진다. 그중에 하나는 네브로Nebro("반역자"라는 뜻)라고 하는데, "피로 더럽혀져 있는" 존재이며, 그의 조수들 중 하나는 사클라스Saklas("바보")라고 불린다. 즉 피에 굶주린 반역자와 바보가 세상을 만들어낸 셈이다. 이 책이 원정통파 그리스도교인들에게 좋은 반응을 얻지 못한 것은 놀라운 일이 아니다!

예수는 신성한 세계와 물질적인 세계가 어떻게 존재하게 되었는지에 대한 계시를 전한 후, 책의 주요 주제 중 하나인 다른 모든 제자들에 대한 유다의 우월성으로 돌아간다. 본문의 핵심 문장에서 예수는 유다에게 "너는 나를 덮고 있는 사람을 제물로 바칠 것이니, 다른 이들을 모두 능가할 것이다"라고 말한다. 유다는 예수를 죽음에 넘겨줌으로써 예수의 궁극적인 목표인 물질적인 육체에서의 탈출을 가능하게 할 것이라는 얘기다. 이런 생각은 베드로의 콥트어 묵시록에 나오는 내용과 매우 흡사하다. 예수가 그의 영적인 고향으로 돌아가기 위해서는 그의 겉껍질이 파괴되어야 한다. 모두가, 심지어 그의 제자들조차, 이 물질세계의 창조자가 진정한 하느님이라고 생각하기 때문에, 아무도 그 사실을 이해하지 못한다. 오직 유다만이 그런 진실을 볼 수 있다.

이야기는 유다에 대한 또 다른 환상으로 이어진 후

유다가 예수를 권력자들에게 넘겨주는 장면의 간략한 묘사로 끝이 난다. 예수가 십자가에서 처형당하는 이야기는 담겨 있지 않은데, 저자에게 십자가형은 예수가 자신의 육체의 굴레에서 벗어날 수 있는 길이었다는 것 외에는 별 의미가 없었다.(그것은 다른 사람들에게 구원을 가져다주지 않으며 오직 예수의 계시만이 사람들에게 구원을 제공한다.) 책에는 예수의 부활에 관한 언급도 없는데 이 복음서 저자에게 부활은 존재하지 않기 때문이다! 부활은 예수의 육체가 살아났음을 알리지만 이 복음서의 핵심은 인간의 육체는 영원히 존재할 선한 것이 아니라 그곳으로부터 도망쳐야 할 악한 것이기 때문이다.

결론: 다른 복음서들

신약성서에 들어가지 못한 복음서들에 대해 우리가 결론적으로 말할 수 있는 것은 무엇일까? 그것들 대부분은 정경에 들어간 네 권의 책들보다 늦게 만들어졌다. 그렇다고 마태오의 복음서, 마르코의 복음서, 루카의 복음서, 요한의 복음서 등이 가장 먼저 쓰인 기록이라는 말은 아니다. 이 책들도 지금은 사라진 이전의 자료들에 바탕을 두고 있었다. 게다가 정경 복음서들에는 들어가 있지 않은 몇몇 전승들, 특히 토마의 복음서와 베드로의 복음서에 보존된 전승들은 책들보다 오래

되었거나, 적어도 정경에 들어 있는 몇몇 전승들만큼 오래되었을지도 모른다. 그러나 전반적으로 비정경 복음서들은 초기 그리스도교인들의 저술에 대한 연구보다는 2세기와 3세기, 그 후의 그리스도교의 다양성을 이해하는 데 더 중요하다. 2세기의 그리스도교인들이 정경을 만들기 위해 사도들의 문서를 수집하기 시작했을 때 그들은 정경에 속할지의 여부를 결정하는 중요한 기준으로 문서가 얼마나 오래되었는지를 고려했다. 오랫동안 존재해왔고, 그 결과로 널리 알려진 것들은 최근에 쓰인 것들보다 정경에 포함될 가능성이 더 높았다.

그러나 비정경 복음서들은 그리스도교인들이 예수가 그들에게 지니는 의미에 대해 계속 생각하고 있었다는 것, 그리스도교인들이 자신들의 견해를 예수에 대한 기록에 계속 포함시키고 있었다는 것을 보여주기 때문에 신약성서의 연구에 중요하다. 이런 과정은 그리스도교 발생 초기에 최초의 신자들이 다른 사람들에게 그들이 믿는 사람에 대해 말할 때부터 시작되었다. 전승에 대한 이러한 광범위한 수정은 왜 우리가 현존하는 그리스도교 복음서들이 어떻게 예수를 묘사하는지에 대한 문학적 관점에서뿐만 아니라 정경이든 비정경이든 이들 복음서에 포함된 어떤 전승이 역사적으로 정확한지 결정하기 위해 역사적 관점에서도 접근해야 하는 이유를 말해준다.

13장

역사적 예수:
자료, 문제 및 방법들

저자들이 예수의 의미와 중요성에 대해 어떻게 생각하는지 알아보기 위해서 복음서를 문헌으로서 연구하는 것과ー이것이 지금까지 복음서에 대한 우리의 접근 방식이었다ー복음서가 예수 자신, 즉 그가 실제로 말하고 행하고 경험한 것에 대해 우리에게 무엇을 말할 수 있는지는 별개의 문제이다. 이것이 우리가 이 장에서 취할 연구의 자세이다.

이 장은 예수의 삶과 죽음에 대한 다른 자료들을 고찰하는 것으로 시작할 것이다. 사실, 우리는 예수가 죽은 후 100년 이내의 현존하는 모든 이교도, 유대교, 그리스도교 자료들을 논의할 것이다. 하지만 사실 이런 자료들은 극히 적다.

심지어 우리의 최고의 출처(신약 복음서)도 예수의 사후 수십 년 동안 입소문을 타고 전해져온 이야기들을 예수가 사용하지 않았던 언어로 목격자가 아니었던 사람들이 때로는 내용을 바꾸고 꾸며 넣기도 하며 기록한 것이다. 믿을 만한 역사적 정보를 얻기 위해 우리들은 이런 자료들을 어떻게 이용해야 할까?

분명, 엄격하고 면밀한 방법이 필요할 것이다. 이 장의 대부분은 어떤 방법들을 사용할 수 있을지 그것들을 실제로 사용하며 설명하는 데 상당 부분 채워질 것이다.

지금까지 우리는 장르-비평적, 편집 비평적, 비교, 사회-역사적 방법들을 사용하여 초기의 복음서들이 독특하게 예수를 묘사하는 방식을 드러내며 그것들을 별개의 문헌들로서 검토했다. 모든 단계에서 우리는 특정 저자와 그가 사용한 자료가 예수의 삶을 어떻게 이해하고 묘사했는지에 관심을 기울였다. 하지만 어떤 경우에도 우리는 이러한 문학적인 관심사를 넘어 예수의 일생 동안 실제로 그가 정말로 말하고, 행하고, 경험한 것을 알아내기 위해 노력한 적은 없었다. 우리는 이제 이러한 순수한 역사적 문제들을 탐구할 위치에 이르렀다. 그리스도교 저자들이 예수에 대해 이야기한 사실들과는 별도로, 우리는 역사적인 예수 자신에 대해, 그의 실제 삶에 관해 무엇을 알 수 있을까?

이것은 대답하기 어려운 질문이다.(그리스도교 학자, 설교자, 평신도들은 이런 문제에 항상 쉽게 대처를 하는 것 같기는 하지만) 우리가 본 것처럼 역사적인 예수에 관한 초기 서술인 그리스도교 복음서들은 매우 큰 차이를 보이기 때문이다. 초기 복음서들을 체계적으로 비교해보면, 기록들 사이에는 상당한 수의 상충되는 세부 사항들이 있지만 차이점들은 이에 국한되지 않는다. 그것은 예수가 어떻게 이해되고 묘사되는지까지도 포함한다. 예를 들어 마르코의 복음서와 요한의 복음서, 토마의 복음서에서 예수가 얼마나 다르게 나타나는지 생각해보라.

때로 서로 모순을 보이는 예수에 대한 다양한 묘사와 그의 언행에 대한 다양한 이야기들을 고려할 때 그의 일생 동안 실제로 무슨 일이 일어났는지 역사가는 어떻게 결정할 수 있을까? 이 질문을 직접적으로 다루기 전에, 예수에 대한 혹은 과거의 어떤 사람에 대한 우리들의 지식의 근거에 대해 한마디 하고자 한다.

출처의 문제들

우리가 옛사람이 무엇을 말하고 행했는지 알 수 있는 유일한 방법은 정보를 얻을 수 있는 그 시대의 자료를 조사하는 것이다. 과거에 대한 대부분의 자료는 문헌, 즉 어떤 사람의 언행을 언급하는 글들이다. 그러나 이런 종류의 자료가 항상 신뢰할 수 있는 것은 아니다. 목격자의 진술조차도 종종 모순되고, 동시대의 관찰자들조차 종종 사실을 오해한다. 게다가 대부분의 역사적 자료들은 적어도 목격자들로부터 나오는 것이 아니라 그들이 들은 소문과 전승을 보고하는 후대의 저자들로부터 나온다.

이러한 이유로 역사학자들은 신뢰할 수 있는 출처와 신뢰할 수 없는 출처를 결정하는 기준을 고안해야 한다. 대부분의 역사가들은 과거 사건을 재구성하기 위해 이상적인 상황이란 출처들이 (1) 무수히 많아 서로 비교할 수 있고, (2) 실제의 사건으로부터 가까운 시간에 생긴 것이어서 소문이나 전설에 근거했을 가능성이 적으며, (3) 서로 독립적으로 생성되어 저자들이 담합했을 가능성이 없고, (4) 서로 모순되지 않아서, 그중 하나 혹은 그 이상의 틀린 자료가 존재할 이유가 없고 (5) 내적으로 일관성이 있어서 신뢰성에 대한 기본적인 관심이 있음을 보여주고, (6) 다루고 있는 문제에 편향을 보이지 않아 저자들이 자신들의 목적을 위해 이야기들을 왜곡하지 않았다는 것을 보여줄 때이다.

예수의 삶을 재구성하기 위한 우리의 주요한 자료들인 신약의 복음서들은 이런 종류의 자료들일까? 질문에 답하기에 앞서 나는 내가 이 책들의 가치에 대해 판단을 내리거나 그들의 권위를 깎아내리거나 그것들이 종교적인 문서나 신학적인 문서로서 중요한 것인지 묻고 있는 것이 아니라는 점을 다시 한 번 강조하고자 한다. 나는 대신 역사가에게 질문을 던지고 싶다. 이 책들은 예수가 실제로 말하고 행한 것을 재구성하는 데 신뢰할 만한 자료인가?

해답을 향한 첫걸음으로 역사적 예수의 삶과 가르침을 묘사한 다른 고대 자료들에 의해 복음서가 입증될 수 있는지 알아볼 수 있다. 체계적인 연구를 위해 우리는 이러한 다른 자료들을 비그리스도교(유대인이든 이교도pagan이든) 자료, 그리스도교 자료로 분류할 수 있다. 뻔한 이유겠지만, 우리의 조사는 예수의 죽음으로부터 100년 이내에, 즉 서기 130년 이전에 쓰인 것으로 자료들을 제한하겠다. 이것은 지금으로 치자면 미국의 제28대 대통령인 우드로 윌슨과 지금 현재까지의 기간에 해당한다. 이것보다 훨씬 뒤에 만들어진 자료는 믿을 만한 역사적 기억보다는 소문과 전설에 바탕을 두고 있다고 봐야 할 것이다.

비그리스도교 자료

우리 사회의 대부분의 사람들은 예수가 직접 그를 따랐던 추종자들뿐만 아니라 그의 시대 사람들에게 엄청난 영향을 미쳤을 것이라고 상상한다. 결과적으로 그는 서구 문명사에서 역사적으로 가장 중요한 종교의 창시자였지 않은가? 자신의 생애 동안 그는 그가 가르치고 치유한 군중들뿐만 아니라 사회 전반에 걸쳐 많은 관심을 끌었음에 틀림없다. 그런 훌륭한 가르침을 전할 수 있고, 그런 놀라운 기적을 행할 수 있는 사람이라면 틀림없이 세상을 흔들어놓았을 것이다. 그를 본 적이 없는 사람들도 그의 화려한 행적에 열광했을 것이다. 하느님의 아들Son of God이 세상에 왔다는 소식은 정부의 가장 높은 자리에 앉은 사람들에게까지 영향을 미쳤을 것이다. 아마도 그를 처형하라는 명령은 육화한 신의 아들을 정적으로 생각하고 두려움을 느낀 황제가 내렸을지도 모른다.

이런 '상식적'인 입장에서 생각하자면 예수가 당대의 사회에 끼친 영향은 마치 혜성이 지구에 충돌한 것처럼 엄청났을 것이다. 우리는 그의 가장 가까운 제자들 무리 밖에서도 당시 사람들이 쓴 그의 언행에 대한 수많은 설명을 찾을 수 있을 것이라고 기대해도 좋을 것이다. 분명 사람들은, 그를 친구로 여겼든 혹은 적으로 생각했든, 그에 대해 할 말이 많았을 것이다. 따라서 우리는 그들이 말한 것을 찾아보는 것이 수순일 것이다.

은막에 펼쳐져온 성서의 서사시들(영화는 성서에 대한 많은 사람들의 지식의 원천이다!)에도 불구하고 유감스럽게도 그런 상식적인 견해는 전혀 옳지 않다. 만약 우리가 역사 기록 자체를 살펴보면—역사가들에게는 살펴볼 것이 별로 없다는 것을 강조하고 싶다—그가 다음 세대들에 끼친 영향이 무엇이었든 간에, 1세기만 보자면 그가 사회에 끼친 영향은 사실상 전무한 것으로 보인다. 이것은 오늘날 우리 대부분에게 충격적인 지식이다. 하지만 그의 동시대인들이 그에 대해 말했던 것을 고려하면 이것은 특히 명확해진다. 이상하게도 동시대인들은 예수에 대해 거의 아무 말도 하지 않았다.

이교도 자료들

역사학자, 시인, 철학자, 종교 사상가, 관리 그리고 일반인들을 포함하여 1세기의 이교도 작가들(즉, 유대인도 그리스도교인도 아닌 사람들)이 남긴 문학적인 글, 공적인 기록, 개인적인 편지들, 싸구려 종이에 끄적여진 메모들을 포함한 수백 개의 문서들 가운데 예수

Box 13.1 로마 세계의 미신으로서의 그리스도교

많은 후대의 자료들처럼 타키투스는 그리스도교를 "미신superstition"이라고 불렀다. 그리스–로마 세계의 작가들은 이 말을 반사회적이고 비이성적이며 신의 복수심에 대한 원초적인 두려움에서 동기부여된 종교적 믿음과 관행을 묘사하는 데 사용했다. 그러한 믿음과 관행들은 인정된 종교집단에게서 승인되지 않은 종교적 행위를 포함한다는 점에서 반사회적이었고, 따라서 사회 전반의 관점에서 보자면 경계를 벗어난 것이었다.(3장의 마술에 대한 논의 참고) 그들은 당시의 지배적인 논리 방식의 관점에서 정당화될 수 없다는 점에서 비이성적이었다. 그들은 사랑, 진실, 명예라는 더 '고귀한' 덕목보다는, 규정된 종교적 행위를 규칙적이고 정기적으로 엄밀하게 행하지 않는 사람들을 벌하는 신에 대한 두려움에 의해서 동기부여되었다.

2세기 로마 사회의 많은 교육받은 사람들에게 그리스도교는 이런 설명에 딱 들어맞는다. 26장에서 보게 될 것처럼, 이 종교는 국가의 허가를 받지 않았고 비밀스럽고 다소 위험한 결사로 인식되었다. 그들의 믿음은 외부인들에게는 비이성적인 것으로 비쳤는데, 특히 처형된 범죄자를 우주의 신이라고 주장하는 것이 그랬다. 종교의 구성원들은 종종 신의 메시지를 거부하는 모든 사람들에게 "지옥불과 유황"을 경고했는데 그것은 신의 보복을 두려워하는 모습이었다. 로마 사회의 상류층들이 이 새로운 종교에 즉시 끌리지 않았던 것은 이상한 일이 아니다.

는 몇 번이나 언급되었을까? 단 한 번도 없다. 그의 출생 기록, 공식적인 편지들, 철학적인 반박, 문학적인 토론, 개인적인 숙고, 어느 것도 존재하지 않는다. 1세기의 어떤 이교도 작가도 예수의 이름조차 언급조차 하지 않는다.

이교도들의 자료에서 예수에 대한 첫 언급이 나오는 것은 그가 죽은 지 약 80년 후, 비티니아와 폰투스 속주 총독으로 파견된 소 플리니우스우스Pliny the Younger가 112년에 쓴 편지에서이다. 그는 트라야누스 황제에게 그의 관할 구역에 있는 그리스도교인들을 어떻게 기소해야 할지를 묻는다. 플리니우스의 편지는 예수의 추종자들에 대한 몇 가지 흥미로운 사실을 말해준다. 예를 들어, 그들은 다양한 연령층과 사회경제적 계층들을 포함하고 있었다. 그러나 편지가 예수에 대해 말하는 것이라고는 그가 이 사람들에게 신으로서 숭배를 받았다는 것이 전부다. 이 편지는 그리스도교가 2세기 초에 얼마나 멀리 퍼져나갔는지, 어떤 상태였는지 이해하는 데 가치가 있다. 그러나 예수가 실제로 말하고 행한 일을 알게 되는 데에는 사실상 아무 소용이 없다.

몇 년 후, 로마 역사가 수에토니우스Suetonius는 클라우디우스 황제의 통치 기간(41-54년) 동안 로마에서 유대인들 사이에서 일어난 폭동을 언급했다. 그는 그들이 "크레스투스Chrestus"라는 사람에 의해 선동되었다고 말한다. 그 이름은 "그리스도Christ"의 철자를 잘못 쓴 것일까? 어떤 학자들은 그렇게 생각한다. 불행하게도 수에토니우스는 그 남자에 대해 아무 말도 전하지 않는다. 만약 그가 이 폭동이 수도를 휩쓸기 약 20년 전에 처형당한 예수를 염두에 두고 있었다면 그는 예수의 추종자들을 언급하고 있었던 것이 틀림없다.

몇 년 후 또 다른 로마의 역사가 타키투스Tacitus는 그의 유명한 로마 역사책인 『연대기Annals』에서 그리스도교도를 언급하고 있다. 이 책의 가장 잘 알려진 구절 중 하나에서 타키투스는 네로가 로마 시에 불을 질렀을 때 그리스도교인들에게 책임을 떠넘기고 그들을 희생양으로 삼았다고 기록한다. 타키투스는 이교도 작가가 쓴 예수에 대한 첫 번째 역사적 정보를 제공한다. "그리스도교도라는 그들의 이름이 유래하는 크리스투스는 티베리우스의 치세의 행정관이었던 폰티우스 필라투스Pontius Pilatus의 손에 의해 처형되었다."(『연대기』 15.44) 타키투스는 예수 이후에 나타난 그 '미신'이 유대 지방에서 처음 나타났다고도 말한다.(Box 13.1 참고)

안타깝게도 타키투스는 우리에게 더 많은 것을 말해주지 않는다. 예수에 대한 정보를 역사적으로 중요하다고 여기지 않았거나, 그것이 그가 아는 전부였다고 생각해야 할 것이다. 일부 학자들은 이 정도의 지식도 전적으로 신뢰할 수 있는 것은 아니라고 지적하고 있다. 필라투스는 사실 행정관procurator이 아니라 총독prefect이었다. 어쨌든, 타키투스의 보고서는 우리가 다른 출처로부터 알고 있는 것을 확인시켜준다. 예수는 티베리우스 통치 기간 중에 유대의 총독 폰티우스 필라투스의 명령으로 처형되었다. 그러나 우리는 이 사형 집행의 이유나 예수의 삶과 가르침에 대해서는 아무것도 알지 못한다.

이상하게 보이겠지만 이것들이 예수가 죽은 후 100년 동안 이교도들에게서 나온 예수에 대한 유일한 언급이다. 그들은 예수가 말하고, 행하고, 경험한 것에 관한 정보를 거의 제공하지 않는다. 그러므로 우리는 이런 종류의 정보를 얻기 위해 다른 곳으로 눈을 돌려야만 한다.

유대 자료들

우리는 1세기에 나왔다고 확실하게 믿을 만한 어떤 종류의 유대교 문헌도 거의 가지고 있지 않다. 이후의 문서들에는 예수에 대한 언급이 나온다. 예를 들어 유대인의 방대한 구비 설화와 학습의 모음집인 탈

Box 13.2 플라비우스 요세푸스의 증언

아마도 요세푸스의 모든 글에서 가장 논란이 되는 구절은 『유대 고대지』 18권에 있는 예수에 대한 그의 묘사일 것이다.

이때 우리가 그를 인간이라고 여길 수 있다면, 현인 예수가 나타났다. 그는 놀라운 일을 하는 사람이요, 진실을 기쁜 마음으로 받아들이는 사람들의 스승이었기 때문이다. 그는 많은 유대인들 사이에서 그리고 많은 그리스 출신의 사람들 사이에서 추종자들을 얻었다. 그는 메시아였다. 우리 지도자들의 비난 때문에 필라투스는 그를 십자가에 못 박히게 했지만, 전에 그를 사랑했던 사람들은 여전히 그를 사랑했다. 하느님의 예언자들이 이에 대해 또 그에 관한 많은 놀라운 일들을 예언한 것처럼, 사흘째 되는 날에 다시 살아난 예수는 그들에게 나타났기 때문이다. 그리고 바로 지금까지 그의 이름을 딴 그리스도교도 무리는 사라지지 않았다. (『유대 고대지』 18.3.3)

예수에 대한 이 증언은 오랫동안 학자들을 당황스럽게 했다. 그리스도교 신자가 아닌 독실한 유대인인 요세푸스가 왜 예수를 인간 이상의 존재라고 말하고(다른 사람들이 그렇게 생각한다고 말하지 않고) 메시아라고 부르며 죽은 자로부터 살아남으로써 예언을 성취했다고 주장하면서 예수에 대한 신앙을 공언했을까?

많은 학자들은 수 세기에 걸쳐 요세푸스의 저술이 어떻게 그리고 누구에 의해 전달되었는지를 살펴봄으로써 문제가 해결될 수 있다고 생각한다. 사실 요세푸스의 저술들은 그를 배반자로 생각했던 유대인들에 의해 보존되지 않았다. 유대인들은 로마와의 전쟁 중 그리고 이후의 그의 행동 때문에 그를 배신자로 여겼다. 오히려 요세푸스의 글을 수 세기 동안 사본으로 만든 것은 그리스도교인들이었다. 예수에 대한 이러한 언급들은 요세푸스가 '진정한 신앙'을 더 높이 평가하는 것처럼 보이도록 만들고 싶었던 그리스도교 필사가에 의해 다소 부풀려진 것은 아닐까?

가장 설득력 있는 최근의 연구들 중 하나에 따르면, 만약 우리가 이 구절의 그리스도교화된 부분을 빼낸다면 다음과 같은 글이 남겨질 것이다.

이때 현자인 예수가 나타났다. 그는 놀라운 일을 하는 사람이요, 진실을 기쁜 마음으로 받아들이는 사람들의 스승이었기 때문이다. 그는 많은 유대인들 사이에서 그리고 많은 그리스 출신의 사람들 사이에서 추종자들을 얻었다. 우리 중의 지도자들의 비난 때문에 필라투스는 그를 십자가에 못 박히게 했지만, 전에 그를 사랑했던 사람들은 여전히 그를 사랑했다. 그리고 바로 지금까지 그의 이름을 딴 그리스도교도 무리는 사라지지 않고 있다.(Meier 1991, 61)

무드Talmud 같은 것들이다. 이 전승들traditions의 모음은 기원후 첫 몇 세기 동안 살았던 랍비들에 의해 보존되었고, 탈무드에서 발견된 전승들 중 일부는 우리가 관심을 가지고 있는 시대로 거슬러 올라갈 수도 있겠지만, 학자들은 이러한 전승들의 정확한 연대를 확정하는 것이 어렵다고 주장한다. 모음집 자체는 예수의 생애 후 오랜 시간이 지난 다음에 만들어졌다. 탈무드의 핵심은 율법에 대한 랍비들의 의견을 모은 미슈나Mishna인데 예수가 죽은 후 2세기가 지난 다음에야 쓰였다. 게다가 탈무드의 이 부분에서 예수는 언급되지 않는다. 그는 훨씬 뒤에 만들어진 미슈나의 주석에만 등장한다. 따라서 학자들은 역사적 예수의 삶을 재구성하는 데 있어서 이러한 자료의 유용성에 대해 회의적이다.

그러나 우리가 주목하는 시기(130년 이전)에 글을 쓰고 예수를 언급한 유대인 작가가 한 명 있다. 유대 역사가 요세푸스Josephus는 몇몇 중요한 책들을 썼는데, 66-73년 사이에 로마와 벌인 유대 전쟁을 참전자의 입장에서 기록한 책과 아담과 이브에서부터 시작해 유대 전쟁까지의 유대 역사를 다룬 20권 분량의 『유대 고대지Antiquities of the Jews』가 가장 유명하다. 이러한 역사적 작품에서는 유대인들, 특히 요세푸스의 시대 주변의 중요하거나 덜 중요한 수십 명의 유대인들이 논의되었다. 요세푸스가 쓴 유대 전쟁 기록에서 예수는 전혀 언급되지 않는데, 그것은 그의 십자가 처형이 전쟁이 시작되기 약 30년 전의 일이었기 때문에 당연할 수도 있을 것이다. 하지만 『유대 고대지』에서 그는 예수를 감질나게 두 번 언급한다.

예수에 대한 첫 번째 언급은 62년, 요세푸스가 "메시아라고 불리는 예수의 동생"(『유대 고대지』 20.9.1)이라고 지목한 야고보를 불법으로 사형에 처함으로써 권력을 남용한 유대계 대사제 아나노스를 다루는 대목에서 나온다. 우리는 이미 신약성서(마르 6:3과 갈라 1:19 참고)를 통해 알고 있는 사실이지만, 요세푸스의 기록을 통해 우리는 예수에게 야고보라는 이름의 형제가 있었다는 것, 비그리스도교 유대인이었던 요세푸스 자신은 그렇게 생각하지 않지만 몇몇 사람들은 예수가 메시아라고 생각했다는 것을 알 수 있다.

요세푸스는 예수를 역사적 인물로 언급할 뿐만 아니라 그리스도교로 개종하지 않은 사람치고는 다소 특이하게도 예수를 메시아로 인정하는 것처럼 보이기 때문에 오랫동안 상당한 혼란의 원천이 되었다.(Box 13.2 참고) 이 두 번째 구절은 예수가 놀라운 이적을 수행한 현인이자 교사였다는 것, 그 결과 유대인과 그리스인들 사이에서 추종자들이 생겼지만 유대 지도자들은 필라투스 앞에서 그를 정죄했고 필라투스가 그를 십자가에 못 박도록 명했다는 것, 그러나 그의 추종자들은 그가 처형당한 이후에도 여전히 그를 믿었다는 것을 보여주고 있다.((『유대 고대지』 18.3.3)

요세푸스가 예수에 대해 이 정도의 정보를 가지고 있었다는 것을 아는 것은 유용하다. 하지만 안타깝게도 그의 기록에는 예수의 언행을 구체적으로 이해하는 데 도움이 될 만한 게 별로 없다. 우리는 요세푸스가 언급할 만큼 예수가 중요한 사람으로 여겨졌다고 결론지을 수 있을지도 모른다. 요세푸스가 더 많은 지면을 할애했던, 예를 들어, 그 당시 예언자로 생각되던 세례자 요한이나 다른 많은 팔레스티나 유대인들만큼 중요한 사람은 아니었지만 말이다. 우리는 요세푸스가 실제로 예수에 대한 더 많은 정보를 가지고 있었는지, 아니면 그가 알고 있는 모든 것을 우리에게 말해준 것인지 결코 알 수 없을 것이다.

130년 이전에 쓰인 다른 비그리스도교 유대 자료들은 예수를 언급하지 않는다.

우리는 이교도든 유대인이든 비그리스도교인들의 자료로부터 예수에 대해 많은 것을 알 수 없다. 그러므로 예수가 실제로 말하고 행한 일을 알고 싶다면 우리는 예수의 추종자들이 만들어낸 자료로 눈을 돌릴 수밖에 없다.

그리스도교 자료

신약 4복음서 외의 자료

대부분의 비정경 복음서들은 전설에 기초를 두고 있고 2세기에서 8세기까지 나중에 만들어졌다. 많은 경우에 그것들은 우리의 초기 자료들, 특히 신약 복음서에서 얻은 정보에 의존한다. 우리가 살펴본 것처럼, 토마의 복음서는 예수의 가르침에 대한 독자적인 지식을 포함하고 있을 수도 있지만, 우리는 그곳에 포함된 독특한 말들의 영지주의적 경향에 주의해야 한다. 베드로의 복음서는 예수의 재판에 관한 새로운 정보를 제공할지도 모르지만 복음서 자체의 반유대적인 편향 때문에 그런 정보들조차 의심스럽게 만든다. 실제로 무슨 일이 일어났는지 아는 데 관심이 있는 역사가들에게 비정경 복음서들은 신뢰감을 주지 못한다.

연구자들은 때로 4복음서 외에는 신약성서들에 역사적 예수에 대한 정보가 얼마 없다는 것을 깨닫고 놀란다. 예수를 개인적으로 알게 된 적은 없지만 그의 제자들과는 좀 알고 지냈을 수도 있는 사도 바울로가 그나마 그에 관한 가장 자세한 정보를 주지만 유감스럽게도 그 양은 많지 않다. 22장에서 더 자세하게 보게 되겠지만, 바울로는 예수가 여인(갈라 4:4)에게서 태어났다는 것, 유대인으로 태어났다는 것(4:4), 형제들(1코린 9:5)이 있었는데, 그중 한 사람이 야고보였다는 것(갈라 1:19), 유대인들 사이에서 사역을 했다는 것(로마 15:8), 12제자를 두었다는 것(1코린 15:5), 성만찬을 제정했다는 것(11:23-25), 그가 배반당했을 가능성이 있다는 것(11:23, 여기서 쓰인 그리스어가 하느님에 의해 죽음에 '넘겨졌다'가 아니라 '배반당했다'를 의미한다고 가정할 때), 그가 십자가에 못 박혔다는 것(2:2)을 우리에게 알려준다. 예수의 가르침에 관해서는, 마지막 만찬에서의 말(11:23-25) 외에도 신자들은 이혼해서는 안 되며(7:10-11), 설교자에게 급여를 주어야 한다(9:14)는 취지의 예수의 다른 두 가지 말을 바울로가 전하고 있을 수도 있다.

예수의 죽음과 부활의 의의, 그가 영광으로 돌아오리라는 것에 대해서는 할 말이 많지만 예수의 삶과 가르침에 대해서 바울로는 위의 몇 가지 언급 외에는 거의 아무 말도 하지 않는다. 다른 신약성서 저자들은 그보다 더 말이 없다. 이것은 예수의 말과 행동을 알고 싶다면 역사가들은 신약의 4복음서를 주요 자료로 삼을 수밖에 없다는 것을 의미한다. 예를 들어, 이것은 이것들만이 믿을 수 있는 자료라는 종교적이거나 신학적 이유에서가 아니다. 이것은 순전히 역사적인 이유에서다. 예수는 죽은 후 1세기가 넘도록 그리스도교 외의 자료들에는 거의 언급되지 않고 있으며 신약성서의 다른 저자들은 다른 문제에 더 관심을 가지고 있

었다. 더구나 신약성서에 실리지 못한 복음서들의 서술은 저술 시기도 늦고 전설적인 경향이 있으며, 그 자체로는 상당한 흥미를 불러일으키지만 예수의 생전에 무슨 일이 일어났는지 아는 데 관심이 있는 역사가들에게는 거의 쓸모가 없다. 약간의 새로운 정보를 제공해주는 토마의 복음서와 베드로의 복음서를 제외하면, 예수의 삶에 관심이 있는 역사가들이 이용할 수 있는 유일한 자료는 신약의 복음서들뿐이다.

신약 복음서들

이 신약성서들은 역사가에게 어느 정도 믿을 만한 자료이며, 역사적 예수에 대한 질문에 어떻게 답변할 수 있을까? 이 질문들에 대한 해답은 우리가 앞에서 이 문서들을 문학적인 텍스트로 분석한 것으로부터 추론할 수 있다. 예를 들어, 우리는 신약 복음서가 예수의 생전이나 그 직후에 쓰인 것이 아니라는 것을 알았다. 가장 초기에 쓰인 복음서인 마르코의 복음서는 서기 65년경 그리고 가장 늦게 쓰인 요한의 복음서는 아마도 서기 95년경에 쓰인 것으로 보인다. 물론 이들은 대략적인 날짜일 뿐이지만 사실상 모든 학자들이 사실로 받아들인다. 따라서, 현존하는 복음서들 중에서 가장 일찍 쓰인 것들은 그들이 서술하는 사건 이후 35년에서 65년 사이에 만들어졌다. 우리 시대로 설명을 하자면 에드 설리번(독자들이 이 사람이 누구인지 잘 모른다면 그것은 나의 예를 더욱 적절한 것으로 만든다)이나 알베르트 아인슈타인 또는 해리 트루먼에 대한 기록을 올해 처음 가지게 되는 것과 마찬가지일 것이다.

우리는 또한 이 복음서의 저자들이 예수의 초기 추종자들 중 하나가 아닐 가능성이 있다는 것을 살펴봤다. 그들도 스스로 제자라고 주장하지 않는다. 그 책들은 모두 익명으로 되어 있고 저자들의 신분에 대한 확실한 정보를 제공하지 않는다. 그들이 누구였는지에 대한 후대의 전승이 절대로 풍문이 아니라고 생각할 근거가 거의 없는 것이다.

이러한 상황들 자체가 복음서를 역사적 문서로서 신뢰할 수 없게 만드는 것은 아니다. 목격자가 아닌 사람이 어떤 사실을 50년 후에 쓴 책이라고 해서 반드시 역사적으로 부정확한 것은 아니다. 하지만 분명한 것은 예수의 삶에 대한 이 초기 이야기들 사이에 일관성

이 없다는 것이다. 우리가 여러 번 살펴보았듯이, 각 이야기들의 세부 사항들 그리고 예수가 누구였는지, 무엇을 가르쳤는지, 무엇을 했는지에 대한 전체적인 묘사에서 네 개의 복음서는 서로 완벽하게 조화를 이루지 못한다. 그들은 예수의 가족이 어디에서 왔는지, 그가 그의 일생 동안 무엇을 했는지, 언제 세상을 떠났는지 그리고 그의 제자들이 그 후에 무엇을 경험했는지, 즉, 제자들은 그가 누구라고 생각하고 무엇을 했다고 생각했는지, 그가 자신의 정체에 대해 알려줬는지, 그는 자신이 누구인지 알리기 위해 기적들을 행한 것인지 등의 사실들에 관해서 상이한 정보들을 제공한다.

게다가 초기 그리스도교 작가들은 모두 예수가 누구이며 그가 어떤 의미를 지니는지에 대한 관점들을 가지고 있었다. 이러한 관점은 그들이 예수에 대한 이야기를 쓰는 방식에 영향을 주었다. 게다가 각 작가는 이전의 문헌 자료들로부터 많은 이야기들을 물려받았고 이런 자료들도 각자 나름의 관점을 가지고 있었다. 심지어 예수에 대해 기록이 쓰이기 전에도 그에 대한 이야기들은 다양한 이유로—예수의 중요성을 널리 알리기 위해, 그를 믿도록 사람들을 설득하고, 그와 하느님의 관계를 사람들에게 가르치고, 그가 히브리 성서를 어떻게 이해했는지 보여주기 위해, 그의 추종자들에게 그의 말이 불러올 수 있는 희망을 북돋기 위해—예수의 이야기를 하던 그리스도교인들 사이에 오랜 세월 동안 구전으로 떠돌았다. 구전되면서 그 이야기들은 당면한 목적에 맞게 바뀌었다. 그것들은 글로 옮겨지면서 더 많이 수정되었고 나중에 편집되면서 또 수정되었다. 이 견해는 단순히 학구적인 상상력에 기반을 둔 것이 아니다. 우리는 그것에 대한 증거를 가지고 있다. 나는 그중 몇 가지를 앞의 여러 장에 서술해 놓은 바 있다.

이 문서들은 예수를 하느님의 아들로 믿는 사람들에게 매우 중요했기 때문에 그들의 관심사는, 단순하게 말하자면, 역사적인 사실보다는 종교적인 것이었다. 전승을 전한 사람들과 그것들을 기록한 사람들은 공정한 관찰자들에게 역사의 가감 없는 사실들을 제공하는 데는 별 관심이 없었다. 그들은 예수를 하느님의 아들로 선포하는 데 더 관심이 있었다. 이것은 신자들에게 말 그대로 "복음good news"이었다. 그러나 복음

도판 13.1 선한 목자 예수. 이것은 예수에 관한 가장 오랜(예수가 죽은 후 약 2세기 후) 그림들 중 하나로서 로마 산칼리스토에 있는 카타콤에서 나온 것이다.

서의 저자들과 그들이 사용한 자료의 저자들의 관점을 배제한 채 예수가 실제로 말하고, 행하고, 경험한 것을 재구성하는 것에 관심이 있는 역사가들에게는 복음이 아니다. 신자들이 다른 신자들의 신앙을 고취하기 위해 제작한 복음서와 같은 "종교 문서"가 어떻게 역사적 자료로 활용될 수 있을까?

지난 세기 동안 역사학자들은 역사적인 예수에 대한 정보를 찾을 수 있는 방법을 개발하기 위해 열심히 노력해왔다. 이 뜨거운 논쟁의 영역에서 훌륭하고 지적인 학자들은 그들이 사용할 수 있는 방법들에 대한 일반적인 합의가 있을 때에도 당면한 과제에 적용할 방법과 도출될 결론에 대해 서로 다른 견해를 표명해왔다. 나는 이러한 논쟁들에서 나온 몇 가지 방법론적 원칙들을 다음 몇 페이지에 걸쳐 요약할 것이다. 보다시피, 각각의 방법들의 이면에는 자료의 특성에 따른 논리가 있다. 이 모든 원칙들은 예수에 관한 모든 전승들에—그것들이 초기의 것이든 또는 나중에 만들어진 것이든, 그리스도교의 자료든 그렇지 않든, 그것이 신약성서 복음서들에 보존되어 있든 아니든—적용될 수 있다. 이러한 원칙이 만족스럽지 못한 사람은 더 나

은 원칙들을 스스로 생각해내야 한다. 그러나 어떤 경우에도 우리는 우리의 자료들이 지닌 문제들을 무시한 채 그것들이 포함하고 있는 예수의 언행을 역사적으로 정확한 것으로 받아들일 수 없다. 일단 이 복음서들이 역사적으로 문제가 있다는 것이 인정되면, 그 문제들은 명확하고 체계적인 방식으로 다루어져야 한다. 15장의 역사적인 예수의 묘사는 이러한 다양한 원칙들을 적용하여 이루어질 것이다.

우리의 자료들을 사용하기: 개략적인 규칙들

학자들이 고안한 몇 가지 구체적인 기준에 대해 설명하기 전에, 대부분의 역사가들이 우리의 자료들에 적용되어야 한다고 동의하는 몇 가지 매우 기본적인 방법론적 원칙들에 대해 몇 마디 하겠다.

오래된 것일수록 좋다

일반적으로 사건에 가장 가까운 역사적 자료는 더 멀리 떨어져 있는 자료들보다 정확할 가능성이 더 크다. 물론 이것은 항상 결정적으로 옳은 규칙은 아니다. 때로는 나중에 만들어진 자료가 이전 자료보다 더 정확하게 사건을 서술할 수도 있다. 그러나 오늘날 우리들이 이용할 수 있는 연구 기술과 데이터 검색 시스템을 가지고 있지 않았던 고대에는 그런 일은 흔하지 않았다. 특히 고대 세계의 연구에서는 사건에 시간적으로 가까운 자료가 더 정확하다는 것이 일반적인 원칙이다.

이 원칙의 논리는, 특히 고대의 자료들을 다룰 때, 사건이 사람들 사이에서 논의되고 그것에 대한 이야기들이 떠돌면서 사건이 변형될 기회가 점점 더 많아져서 결국에는 거의 모든 사람들이 잘못된 이야기를 하게 된다는 것이다. 글로 옮겨지기까지 경과된 시간이 적을수록 원래의 내용이 바뀌거나 과장될 시간이 줄어든다. 따라서 2세기 말엽에 살았던 마르키온주의자들에 대해 알고 싶다면 그로부터 2세기 후에 만들어진 자료보다는 당시의 자료들을 참고하는 게 더 낫다.

우리들의 연구에 관련해서 보자면 이것은 가장 초기의 자료가 특별히 평가되어야 한다는 것을 의미한다. 네 개의 신약 복음서 중에서 요한의 복음서는 아마

도 그것이 서술하는 사건 이후 약 60-70년 뒤에 쓰인, 가장 최근의 복음서이다. 그보다 약 30여 년 전에 쓰인 마르코의 복음서보다는 정확성이 떨어질 것이다.(요한의 복음서에 나온 예수의 사망 날짜와 시간을 기억하라!) 베드로와 토마의 복음서는 더 초기 자료를 사용하기는 했지만 2세기 초에 만들어진 것이 분명하다. 이 원칙에 따르면 가장 좋은 자료는 바울로의 글(아쉽게도 우리에게 많은 것을 알려주지는 않지만), Q 자료(마르코의 복음서에는 없는, 마태오의 복음서와 루카의 복음서가 공통으로 사용한 자료)와 마르코의 복음서, 다음으로 M(마태오의 복음서만이 특별히 사용한 자료)과 L(루카의 복음서만이 사용한 자료)의 순서가 될 것이다.

신학적 장점/역사적 단점

그리스도교 역사상 아마도 예수의 생애에 관한 가장 종교적으로 중요하고 신학적으로 강력한 설명은 요한의 복음서일 것이다. 우리가 본 바와 같이 요한의 복음서는 성서의 다른 어느 곳에서도 찾아볼 수 없는 예수에 관한 말을 한다. 예를 들어, 오직 이곳에서만 예수는 태초부터 하느님과 함께 계셨고, 자신이 하느님이었던 "말씀", 육체가 되어 우리 사이에 거하신 말씀(요한 1:1-14)으로 드러난다. 오직 여기에서만 예수는 하느님과 동등하다고 주장되고(10:30), 여기에서만 예수가 자신을 본 사람은 누구든지 아버지를 본 것이고, 그를 배척하는 사람은 아버지를 배척하는 것이며, 그를 믿는 사람은 누구든지 아버지와 영원한 삶을 영위할 것이라고 말한다.(5:22-24; 6:40; 14:9) 이것들은 강력한 신학적 진술들이다. 그러나 만약 그것들이 실제로 예수가 한 말이라면 왜 요한의 복음서보다 일찍 쓰인 자료들에서는 그런 말들을 찾아볼 수 없는지 역사가들은 묻는다. 바울로와 요세푸스의 글은 물론 마르코의 복음서, Q, M 또는 L 자료들에서도 그런 말들을 찾아볼 수 없다. 예수에 대한 이러한 진술이 신앙인들에게는 사실일 수도 있지만 예수가 제자들에게 정말 이런 말을 했다고 믿기는 어렵다.

역사가들이 따르는 두 번째 대략적인 원칙은, 고도로 발달된 신학에 영향을 받은 예수에 관한 이야기는 역사적으로 정확할 가능성이 적다는 것이다. 그 이유

는 우리의 첫 번째 원칙과 관련이 있는데, 나중에 만들어진 자료는 신학적 반성을 할 시간이 허용되기에 그 전에 만들어진 자료들보다 더 신학을 지향하는 경향이 크다. 그래서, 요한의 복음서와 토마의 복음서 같은 책들은—때로 중요한 역사적 정보를 보존할 수도 있지만—역사학자들에게는 독특한 신학적 의제를 지니지 않은 자료만큼 가치가 있지는 않다.

편견을 주의하라

마지막 대략적 원칙은 앞의 두 가지 원칙들과 밀접한 관련이 있다. 예를 들어, 저자의 이야기들이 은근하게 또는 대놓고 같은 점을 강조할 때 우리는 저자의 편견을 발견하기도 한다. 가령 베드로의 복음서를 보면 저자가 유대인에 대한 품고 있는 원한이 모든 에피소드에 영향을 미치는 것을 볼 수 있다.

작가의 편견을 발견한다면 그의 글을 읽을 때는 그것들을 고려해서 읽어야 한다. 즉, 편견을 보이는 진술은 그것을 감안(꼭 그런 진술들을 버리라는 것은 아니고 신중하게 검토하라는 의미이다)하고 받아들여야 한다. 예수를 십자가에 못 박은 것은 유대 왕 헤로데와 그의 가신들이었다는 베드로의 복음서의 주장이 그런 예이다. 우리의 다른 모든 초기 자료들은 로마 총독 필라투스에게 그 일의 책임이 있다고 기록한다. 그러므로 베드로의 진술을 평가할 때는 그가 지녔던 유대인에 대한 확고한 편견을 한 번쯤 유념해야 한다.

그렇다면 우리의 자료들에 포함되어 있는 예수에 관한 전승들에 우리는 어떤 구체적인 기준을 적용할 수 있을까?

Box 13.3 목격자 증언의 가치

과거에 일어났던 일에 대해 알고 싶다면(형사재판에서든 혹은 그저 가족이나 친구 사이에서의 일이든) 당신은 거의 언제나 목격자의 진술을 통해 그것을 알게 되기를 원할 것이다. 우리들 대부분은 목격자 진술이 믿을 만하다고 생각한다. 하지만 그게 사실일까?

목격자 증언은 20세기 초부터 법률 전문가와 심리학자들에 의해 연구되어왔다. 최초의 중요한 사례 연구는 1902년에 행해졌다. 베를린의 한 법학대학원에서 폰 리스트라는 유명한 범죄학자가 강의를 하고 있을 때 싸움이 벌어졌다. 강의 중 한 학생이 일어나서 강의의 주제가 그리스도교 윤리와 관련이 있다고 외치자 다른 한 명이 일어나서 그런 발언은 참을 수 없노라고 소리를 질렀다. 첫 번째 학생은 상대가 자신을 모욕했다고 주장했고 이어 싸움이 벌어지면서 누군가 총을 꺼내 들었다. 리스트 교수는 그 두 학생들을 떼어놓으려고 했지만 총이 발사되었다.

나머지 학생들은 아연실색했다. 하지만 폰 리스트는 그들에게 방금 전 그들이 목격한 사건이 꾸며진 것이라고 밝혔다.

그는 한 무리의 학생들을 선택해서 그들이 방금 본 것을 정확히 기록하라고 말했다. 다음 날, 그는 다른 학생들에게 그들이 기억하는 대로 어제 사건을 기록하도록 지시했고, 일주일 후에는 다른 학생들에게 같은 지시를 했다. 이렇게 작성된 보고서의 결과는 놀라웠다. 이것은 목격자 증언에 대한 최초의 경험적 연구 중 하나였다. 리스트 교수는 사전에 세심하게 계획된 사건을 일련의 단계들로 나누고 학생들이 얼마나 정확하게 순서를 보고했는지 계산했다. 가장 정확한 설명은 세부 사항에 있어 26퍼센트의 오차를 보였다. 다른 것들은 무려 80퍼센트까지 오차를 보였다.

당연한 일이겠지만 목격자 증언의 신뢰성에 대한 연구는 이 최초의 다소 조잡한 시도 이후로 상당히 발전해왔다. 그 분야에 대한 연구는 최근 수십 년 동안 거의 셀 수도 없을 정도다. 그러나 모든 연구의 결과들은 한 가지 중요한 측면에서 일관된다. 목격자라 해도 반드시 정확한 증언을 제공할 수 있는 것은 아니라는 것이다. 반대로, 법학자들이 너무나 잘 알고 있듯이, 목격자들은 어처구니없을 정도로 정확한 진술을 제공하지 못한다. 우리가 정말로 예수에 대한 목격자들의 증언을 가지고 있다고 가정해보자. 그건 정말 상상도 할 수 없을 정도로 놀라운 일일 것이다. 하지만 그것들이 반드시 정확할까?

구체적인 기준 및 그 이유

많은 점에서 역사학자는 검사와 같다. 그는 주장을 하고 그것에 대해 입증 책임을 진다. 법원에서처럼 특정 종류의 증거들은 받아들여질 만하다고 인정되고 증인은 세심하게 조사되어야 한다. 우리의 "증인들"이 예수에 대해 말하는 고대의 문서들이라는 정황을 감안할 때, 예수의 생애 동안 실제로 일어난 일에 대한 주장을 하기 위해 세 가지 기준을 이용할 수 있다.

증언 쌓기: 독립적 입증의 기준

어떤 법정 재판에서든 한 사람만 증언하는 것보다 일관된 증언을 할 수 있는 증인이 여럿 있는 것이 좋으며, 특히 증인들이 이야기를 맞추기 위해 서로 상의하지 않았다는 것을 보여줄 수 있다면 더욱 좋을 것이다. 쟁점 사안에 독자적으로 동의하는 몇몇 증인들이 있다면 강력한 주장을 할 수 있을 것이다. 역사도 마찬가지다. 여러 개의 독립된 문서에서 언급된 사건은 하나의 문서에서 언급된 사건보다 더 역사적 사건일 가능성이 높다. 이 원칙은 개별 문서가 신뢰할 수 있는 과거 정보를 제공할 수 있다는 것을 부인하지는 않지만 그것을 입증하는 증거를 제공하지 않으면 개별 자료는 그것이 날조된 것인지 왜곡된 내용을 제공하고 있는지 알 수 없는 경우가 많다.

예수의 삶에 관해서 우리는 많은 독립적인 자료들을 가지고 있다. 예를 들어, 마르코의 복음서의 저자, 사도 바울로, Q, M, L 자료들의 저자들 그리고 표징 자료의 저자는 아마 모두 서로 독립적으로 글을 썼을 것이다. 즉, 마르코의 복음서의 저자는 표징 자료를 읽지 않았고, 바울로는 Q 자료를 읽지 않은 것으로 보인다. 게다가 우리는 토마의 복음서, 어쩌면 베드로 복음서, 아마도 요한 공동체의 담론 자료들 그리고 확실히 요세푸스의 글은 현존하는 다른 이야기들과 독립적으로 만들어졌다는 것을 살펴봤다. 그러므로 이 문서들 중 하나 이상에 보존되어 있는 예수에 관한 전승이 있다면, 다른 사람들도 그것을 독립적으로 알았을 것이기 때문에, 그들 중 누구도 그것을 날조하지는 않았을 것이다. 만약 어떤 전승이 이러한 몇몇 자료들에서 발견된다면, 그 전승은 궁극적으로 그들 모두가 도출된 전

승의 시작, 즉 역사적 예수 그 자신으로 돌아갈 가능성이 상당히 높아진다.

이 기준은 독립적이지 않은 자료들에는 적용되지 않는다. 예를 들어, 예수와 소위 부유한 젊은 권력자의 이야기는 세 복음서들(마태 19:16-22; 마르 10:17-22; 그리고 루카 18:18-23; Box 7.1 참고)에서 발견되지만, 마태오와 루카가 마르코에게서 이야기를 넘겨받았기 때문에―우리가 6장에서 논의한 마르코의 복음서 우선설을 가정하자면―그 이야기는 독자적으로 증명되지 않는다. 따라서, 독립적 입증의 기준criterion of independent attstation은 세 가지 공관복음서에서 발견되는 이야기 모두에 대해 효과가 없다. 왜냐하면 그러한 이야기의 출처는 마르코이거나 다른 두 복음서가 이용한 Q 자료일지도 모르기 때문이다.

그러나 다른 상황에서는 그 기준이 효과가 있다. 몇 가지 간단한 예는 방법을 보여줄 수 있다. 첫째, 예수가 사역을 시작할 때 세례 요한과 만나는 이야기는 마르코의 복음서, Q 자료(요한의 설교가 상술되는 곳)와 요한의 복음서에서 찾아볼 수 있다. 어째서 세 자료들은 서로 독자적으로 예수의 사역을 세례 요한과 연결하여 시작했을까? 아마도 실제로 예수의 사역이 그렇게 시작되었기 때문일 것이다. 둘째, 예수는 마르코(6:3)와 요한(7:3), 바울로가 코린토스인들에게 보낸 첫째 편지(9:5)에 형제가 있다고 나온다. 또 마르코와 바울로(갈라 1:19)와 요세푸스도 모두 그의 형제 가운데서 한 사람을 야고보라고 알려준다. 그에 따른 결론은, 예수는 아마도 형제가 있었을 것이고 그들 중 한 명은 아마 야고보라고 불렸을 것이다. 마지막으로, 예수는 마르코의 복음서와 Q 자료 그리고 토마의 복음서에서 하느님의 나라를 씨앗에 비유하는 우화를 말한다. 결론은, 예수는 아마도 그런 우화를 말했을 것이다. 이 모든 예들은 독립적인 자료들과 관련이 있다.

분명히 독립적인 증명의 기준에는 한계가 있다. 열두 살 예수가 신전을 방문한 이야기나 선한 사마리아인의 비유처럼 하나의 자료에서만 발견되는 전승이라고 해서 그것이 자동적으로 역사적으로 부정확하다고 평가되는 것은 아니다. 즉, 이 기준은 어떤 전승이 더 진실일 가능성이 높은지를 보여주지만 한 전승이 틀림없이 가짜임을 보여주지는 않는다. 이것은 중요한 의

Box 13.4 진정성의 기준으로서의 아람어

여기에 간략하게 소개된 세 가지 기준 외에도 학자들은 수년간 많은 다른 기준들을 제안해왔다. 금세기 동안 인기의 부침이 있었지만 "아람어"의 기준도 있다. 복음서들의 그리스어가 예수가 사용했던 언어인 아람어로 번역될 수 있고, 그때 그 말이 훨씬 더 이해가 잘 되는 것처럼 보인다면 그것은 역사적으로 존재했을 가능성이 높다는 것이다.

여기 예를 하나 들어보자. 안식일(마르 2:23-28)에 이삭을 따는 제자들의 이야기 끝 무렵 예수는 "안식일이 사람을 위하여 있는 것이지, 사람이 안식일을 위하여 있는 것은 아니다. 따라서 사람의 아들은 또한 안식일의 주인이다"라는 유명한 말을 한다. 그의 진술은 적어도 한 가지 측면에서 이해하기 어렵다. 왜 예수는 "따라서"라는 말을 하는 것일까? 하느님이 인간을 위해 안식일을 만들었다는 사실이 어찌하여 인간의 아들 예수를 안식일의 주인으로 만드는 것일까?

"사람"과 "사람의 아들"을 뜻하는 그리스어 용어가 둘 다 아람어 단어인 "바나샤bar nasha"의 번역일 수 있기 때문에 아람어로 이 말을 이해하는 것이 훨씬 더 쉽다. 그러므로 아람어로 번역을 하면 다음과 같은 원어를 생각할 수 있다. "안식일은 바나샤를 위해 만들어졌고 바나샤가 안식일을 위해 만들어진 것은 아니다. 따라서

바나샤는 안식일의 주인이다." 이제 "따라서"를 이해하는 것이 훨씬 쉽다. 안식일이 인간을 위해 만들어진 것이지 그 반대는 아니기 때문에, 인간은 안식일보다 우선권을 갖는다. 마르코였든 혹은 그가 사용했던 이전 자료의 저자였든, 이 구절을 그리스어로 번역한 그리스도교인은 첫 두 바나샤를 "사람"이라는 의미로 해석했지만 세 번째는 예수를 위한 호칭으로 이해함으로써 그 말들이 연결되었을 때 이해에 지장을 초래했다.

그러나 우리는 여전히 아람어 기준이 우리를 역사적 예수에게 다시 데려갈 수 있을지에 대해 의문을 품고 있다. 만약 어떤 말이 성공적으로 아람어로 다시 번역될 수 있다면 그것이 반드시 예수 자신이 그 말을 했다는 것을 의미할까? 우리가 이미 살펴본 것을 생각할 때 이 기준에 너무 지나치게 의존하는 것에는 문제가 있다. 예수의 초기 추종자들 또한 아람어를 말하는 사람들이었기 때문이다. 만약 우리가 그리스도교로 개종한 사람들이 때때로 예수의 말을 변형하고 만들어냈다는 것을 안다면 우리는 이런 일들이 그리스어를 사용하는 사람들 사이에서만 일어났다고 가정할 수 없다. 확실히 같은 일들이 아람어를 사용하는 그리스도교인들 사이에서도 일어났을 것이다.

미를 지닌다! 동시에, 다중으로 검증된 전승 또한 반드시 진실한 것은 아니다. 그것들은 단순히 진실한 것일 가능성이 더 높을 뿐이다. 만약 전승이 독립적으로 증명된다면, 적어도 그것이 기록된 모든 다른 자료들보다 더 오래되어야 하지만, 그것이 반드시 예수에게까지 거슬러 올라가야 하는 것은 아니다. 예를 들어, 다중적으로 검증된 전승도 예수의 죽음 직후 다양한 공동체들에서 나온 다양한 형태의 이야기들로부터 나온 것일 수 있다. 이러한 이유로, 우리의 첫 번째 기준은 다른 기준들로 보완이 되어야 한다.

정말 이상한 기준! 비유사성의 기준

역사가들이 예수의 삶으로부터의 진정한 전승을 확립하기 위해 사용하지만 자주 오용되는 바람에 논란이 많은 기준으로서, 흔히 "비유사성의 기준criterion of dissimilarity"이라고 불리는 것이 있다. 이것도 법정에서의 재판에 비유하여 설명될 수 있다. 법정에서는 어떤 증인이든 당연히 그 또는 그녀가 본 대로 사실들을 말할 것이다. 따라서 사건을 논할 때 증인의 관점이 고려되어야 한다. 때로 증인은 재판 결과에 이해가 걸려 있을 수 있다. 그래서 이해 당사자들의 증언은 항상 질문이 제기된다. 그들은 그들 자신의 이해 때문에 증언을 왜곡하거나 심지어 조작하고 있지는 않는가? 물론 그 비유는 고대의 문헌 자료에는 온전히 적용되지 않는다.(그 점에 관해서는 현대의 문헌 자료도 마찬가지지만) 고대 세계의 작가들은 역사적 사실을 말하기로,

오직 사실만을 말하기로 맹세하거나 하지 않았다. 고대의 자료를 조사할 때 역사가는 증인의 시각에 항상 경각심을 가져야 한다.

그 기준은 초기 그리스도교인들이 예수에 관한 이야기를 수정하고 꾸며냈다는 사실에 근거를 두고 있다. 이 문제에 이의를 제기하는 사람은 아무도 없을 것이다. 그렇지 않으면 우리는 예수가 다섯 살 때 진흙 참새들이 살아나도록 만들었고, 어린 놀이 동무들이 그를 짜증 나게 하자 그들을 없애버렸고, 부활할 때 구름 위로 머리를 내민 채 고층 건물 크기의 천사들의 시중을 받으며 정말로 무덤에서 나왔으며, 그의 부활 후 수개월, 수년이 지난 후에 그의 제자들에게 영지주의의 비밀을 밝혀주었다고 정말로 믿어야 할 것이다. 아무도 이 모든 사건이 실제로 일어났다고 믿지

도판 13.2 현존하는 가장 오래된 그리스도교 석관들 중 하나에서 나온 선한 목자 예수.

않는다.(적어도 내가 아는 사람들은 그렇다.) 그렇다면 이런 기록들은 어떻게 생기게 되었을까? 누군가가 그것들을 지어내서 다른 사람들에게 말했고, 결국 그 기록들은 그것들에 대해 글을 쓴 작가의 손에 들어갔다―그가 그것들을 직접 지어내지 않은 한 말이다.

어떤 이야기가 지어진 것이고 어떤 이야기가 역사적으로 정확한 것인지 어떻게 알 수 있을까? 가장 확실한 방법은 다른 자료에서 그리스도교인들이 예수에 대해 말하는 내용들을 확인한 다음, 그의 언행에 관한 그런 이야기들이 이러한 그리스도교적 견해를 뒷받침하는지 확인하는 것이다. 그런 경우, 적어도 이론적으로는, 일부 그리스도교인들이 소중히 여기는 견해를 진작하기 위해 이러한 언행들이 지어졌을 가능성이 존재한다.

반대로, 때로는 예수의 말이나 행동이 그리스도교의 주장을 지지하는 것처럼 보이지 않을 때도 있다. 이런 종류의 전승은 그리스도교인들에 의해 만들어지지 않았을 것이다. 그렇다면 왜 그런 전승이 보존되었을까? 아마도 그것은 정말로 그것이 사실이기 때문일 것이다. 다른 전승, 즉 분명한 그리스도교적 의제를 지지하지 않는 전승은 그것이 진짜가 아니라면 달리 설명하기 어렵다. 그러므로 그것들은 역사적인 것일 가능성이 더 높다.

이 기준에도 제한이 있다. 예수의 언행이 우연히 그리스도교도들이 말하던 것과 일치한다고 해서 그것이 정확하지 않다는 뜻은 아니다. 분명히 예수의 가장 초기의 추종자들은 그가 말한 것들에 큰 감명을 받았을 것이고 그러한 것들을 포함하는 이야기들을 했을 것이다. 따라서, 이 기준은 특정한 전승에 의심의 그림자를 드리우는 것에 지나지 않을 수도 있다. 예컨대 어린 예수가 놀이 동무를 말라 죽게 한 뒤 다시 살려낸 이야기는 후기 그리스도교도들의 상상에서 나온 것처럼 보이며 그가 소수의 추종자들에게 영지주의적이고 비밀스러운 교리를 알려준 이야기는 의심의 여지가 없을 정도로 영지주의 신학과 일치한다. 비유사성의 기준은 예수가 말하지 않은 것과 행하지 않은 것을 밝히기 위한 부정적인 방식이 아니라 그가 한 일을 보여주기 위한 긍정적인 방식으로 사용될 때 가장 효과적이다.

이 기준은 몇 가지 간단한 예를 통해 명확히 설명될 수 있다. 우리가 본 바와 같이, 예수가 사역 초기에 세

례 요한과 만난 것은 여러 자료들을 통해 증언되고 있다. 몇몇 전승에서는 예수가 요한에게 세례를 받았다고 한다. 이것이 그리스도교인이 지어낸 전승일 가능성이 있을까? 대부분의 그리스도교인들은 세례를 받는 사람이 세례를 베푸는 사람보다 영적으로 열등하다고 생각하는 것 같다. 이러한 견해는 마태오의 복음서에서 찾아볼 수 있는데 그곳에서 요한은 자신이 예수에게 세례를 베푸는 게 아니라 반대로 자신이 그로부터 세례를 받아야 한다고 항변하고 있다. 그리스도교인이 예수의 세례 이야기를 만들어냈다는 것은 상상하기 어렵다. 그 얘기는 얼핏 예수가 요한보다 아랫사람이었다고 받아들여질 수 있기 때문이다. 따라서 그 세례는 실제로 일어났을 가능성이 더 높다. 반면 요한이 처음에 예수에게 세례 베풀기를 거부했다는 이야기는 여러 곳에서 증명되지 않으며(마태오의 복음서에만 나온다.) 분명히 그리스도교적 의제에 따르는 것처럼 보인다. 이러한 이유를 근거로 요한이 세례를 베풀려 하지 않았다는 것은 그리스도교화된 이야기 형태라고 입증될 수는 없지만, 의심스러울 수 있다.

다른 예를 생각해보자. 네 개의 정경 복음서들 그리고 아마도 바울로의 글에 따르면, 예수는 생의 말기에 자신의 추종자들 중 한 명에게 배신을 당했다고 한다.

이것은 그리스도교 신자가 꾸며낸 이야기일까? 그리스도교인들은 예수가 그의 가장 가까운 친구들, 지지자들 중 한 명에 의해 적에게 넘겨졌다는 사실을 인정하고 싶어 할까? 아마 그렇지는 않을 것 같다. 틀림없이 예수가 자기와 가장 가까운 사람들을 압도하는 모습을 보이고 싶었을 것이다. 그렇다면, 왜 우리는 독립적으로 증명되는 배신의 전승을 가지게 된 것일까? 아마도 그 배신은 실제로 일어났던 일일 것이다.

마지막으로 꽤 분명한 예를 하나 더 살펴본다. 초기 그리스도교인들은 유대인들에게 메시아가 고통받고 죽어야 했다는 것을, 예수의 십자가 처형은 신성한 계획에 따른 것이었다는 것을 납득시키기 위해 많은 노력을 기울였다. 그리스도교의 선포 이전에는 메시아가 십자가에 못 박힐 것이라고 믿는 유대인이 없었고, 반대로 그들에게 메시아는 이스라엘을 억압적인 지배자로부터 구출하는 위대하고 강력한 지도자여야 했기 때문에 그들을 설득하는 것은 어려웠다. 예수를 메시아로 선포하고 싶었던 그리스도교인들은 예수가 십자가에 못 박힌 사실을 꾸며내지는 않았을 것이다. 왜냐하면 십자가 처형은 당시에 엄청나게 수치스러운 일이었기 때문이다. 사도 바울로는 그것을 "유대인들에게는 비위에 거슬리고"(1코린 1:23)라고까지 부른다. 그

Box 13.5 유다와 숯불에 구워지던 닭

복음서들의 어떤 이야기가 역사적으로 정확한지 판단하려 할 때 신약성서의 복음서들뿐만 아니라 예수의 삶을 논하는 현존하는 모든 고대 담론들을 살펴볼 필요가 있다. 그러나 많은 경우, 그런 이야기들은 다분히 전설적이며 독자들의 오락, 교화, 또는 심지어 교육을 위해 쓰였다. 우리는 12장에서 몇 가지 예들을 살펴보았는데, 또 다른 예는 4, 5세기에 만들어진 니코데모스의 복음서(필라투스 행전Acts of Pilate이라고도 한다)에서 볼 수 있다. 이 복음서의 가장 흥미로운 필사본들 중 하나에는 이스카리옷 유다가 예수를 배신한 후 어떻게 되는지에 대한 이야기가 나온다. 유다는 자신이 한 짓에 대한 회한에 가득 찬 채 목을 맬 밧줄을 찾기 위해 집으로 돌아온다. 그가 부엌에 들어오자 그의 아내는 닭을 꼬챙이에 꿰어 숯불에 굽고 있었다. 그는 아내에게 자살하겠다고 말한다. 놀란 그녀가 왜 그러냐고 묻자, 유다는 그가 주님을 배반해서 죽게 했기 때문인데 예수는 반드시 죽음에서 살아날 것이고, 그러면 자신은 진짜 곤경에 처할 것이라고 말한다. 그의 아내는 자신이 지금 꼬챙이에 꿰어 굽고 있는 닭이 살아날 수 없는 것처럼 예수도 살아날 수 없을 거라고 장담한다.

그러나 그녀가 그 말을 하는 순간, 죽은 닭이 일어나 날개를 펴고 세 번 운다. 겁에 질린 유다가 밧줄을 찾아 목숨을 끊으려고 밖으로 뛰쳐나온다.

렇다면 그 전승은 어디에서 유래된 것일까? 그것은 실제로 일어난 일이었음에 틀림없다.

예수의 다른 언행은 비유사성의 기준을 통과하지 못한다. 예컨대 마르코의 복음서에서 예수가 자기가 예루살렘에 가서 서기관들과 원로들에게 배척당하고 십자가에 못 박혀 죽은 후 사흘 만에 살아나리라고 예언할 때 그는 초기 그리스도교 설교자들이 그에 대해 했던 말을 정확하게 선포하고 있다. 따라서 그의 수난Passion의 예측은 비유사성의 기준을 통과하지 못한다. 그것은 예수가 자신의 죽음을 예언하지 않았다는 것을 의미할까? 꼭 그렇다고 할 수는 없다. 그것은 이 기준을 사용할 때 그가 자신의 죽음을 예언한 사실을 보여줄 수 없다는 것을 의미할 뿐이다. 또 요한의 복음서에서 예수는 자신이 하느님과 동격이라고 주장하는데, 이는 요한 공동체가 그에 대해 말하던 것과 완벽하게 일치하는 주장이다. 그것은 예수가 실제로 이런 주장을 하지 않았다는 것을 의미할까? 반드시 그렇지는 않다. 이는 단지 그런 주장이 이 기준을 통과하지 못한다는 것을 의미할 뿐이다.

역사가들은 예수에 대한 전승의 역사적 신뢰성에 대한 판단을 내리기 전에 모든 전승들을 평가하여 그것들을 주장하던 초기 그리스도교인들의 신앙, 관행들과 그것들이 일치하는지를 결정해야 한다. 이미 짐작했겠지만 비유사성의 기준에 내재된 문제들 중 하나는 우리는 초기 그리스도교인들이 무엇을 믿고 실천했는지 우리가 원하는 만큼 알지 못한다는 것이다. 게다가 우리가 알고 있는 바로는 그들은 아주 넓은 범위의 것들을 믿고 실천했다. 이러한 이유로, 우리가 논의한 두 가지 기준을 모두 통과했을 때 특정 전승에 관해 판단을 내리는 것이 더 쉽다. 전승이 다음 제3의 기준까지 통과하면 판단은 훨씬 더 쉽게 내려질 수 있다.

발에 맞으면 신어라: 맥락 신뢰의 기준

법정에서 증인의 증언이 믿을 만하다고 인정을 받으려면 사건의 알려진 사실들과 부합해야 한다. 역사 문서도 마찬가지다. '조슈아 해리슨, 미국 서부 영토 탐험가'가 쓴, 최근 발견된 일기에 1728년이라는 연도가 적혀 있다면 여러분은 뭔가 문제가 있다는 것을 알게 될 것이다.

고대 문서의 경우 신뢰할 수 있는 전승은 관련된 역사적, 사회적 맥락과 맞아야 한다. 복음서들의 경우 그것에 기록된 예수의 언행과 경험이 믿을 수 있는 것으로 신뢰받기 위해서는 1세기 팔레스티나의 역사적 맥락 속에 설득력 있게 자리 잡고 있어야 한다. 이런 맥락에 들어맞지 않는 예수의 언행은 자동적으로 의심받게 된다. 예를 들어, 필립보의 복음서Gospel of Phillip의 말들은 세례와 성찬의 그리스도교 성례에 대한 영지주의적 해석을 제공한다. 이러한 특별한 해석들은 예수의 시대보다는 영지주의가 번성해서 자신들의 신학을 만들어내고 있었던 때인 2세기 후반이나 3세기 초에 더 어울린다. 토마의 복음서의 많은 영지주의적인 내용들에 대해서도 같은 주장을 할 수 있다.

신약 복음서의 전승들 중 일부도 맥락 신뢰의 기준을 적용하면 의심스러운 것들이 있다. 예컨대 요한의 복음서 3장에서 예수와 니코데모스가 나누는 대화에서는 니코데모스를 혼란스럽게 하는 말이 나온다. 예수는 "위로부터 태어나야 된다"고 말하지만, 니코데모스는 그 말을 "다시 태어나야" 한다는 뜻으로 오해한다. 그리스어로 "위로부터"라는 말에는 "다시"라는 뜻도 있어서 생긴 오해다. 니코데모스는 설명을 요청하고 예수는 이에 긴 설교를 시작한다. 역사적 관점에서 볼 때 그곳의 혼란은 요한의 복음서의 언어인 그리스어로는 이치에 맞지만, 예수가 사용하던 언어인 아람어로는 그대로 내용을 재생할 수 없다는 데서 생긴다.(아람어에서 "위로부터"라는 단어는 "다시"를 의미하지 않는다.) 따라서 이러한 대화가 이루어졌다면(다른 기준들도 통과하지 못했다면), 정확히 요한의 복음서에 기술된 대로 이야기가 진행되지는 않았을 것이다.

요한의 복음서 9장 22절에서는 다소 다른 맥락 신뢰의 기준criterion of contextual credibility의 문제가 발생하는데, "유대인"들은 예수를 메시아로 믿는다고 공언한 사람은 누구든지 "회당에서 쫓아내기로" 동의했다고 한다. 우리는 이런 종류의 일이 1세기 후반에는 벌어졌다고 생각할 충분한 이유가 있다. 그러나 예수의 시대에는 이런 일이 일어나지 않았다. 그 당시 유대교 지도자들은 예수와 그의 추종자들에 관한 어떤 법도 아직 통과시키지 않았다. 요한의 복음서에 서술된 이야기는 역사적으로 정확할 수 없다.

다른 두 가지 기준들과 달리 맥락 신뢰의 기준은 완전히 부정적인 기능을 수행한다. 다른 기준들은 두 개 이상의 독립된 자료들에 의해 증명되고, 그리스도교인들이 만들어내지 않았을 것 같은 이야기이면 그 전승이 역사적으로 사실일 가능성이 높다는 것을 주장하는 데 사용된다. 세 번째 기준은 예수의 삶의 역사적, 사회적 맥락에 대해 우리가 알고 있는 것과 일치하지 않는다는 이유로 역사적 전승이 아님을 주장하는 데 주로 사용된다.

결론: 예수의 삶 재구성하기

요약하자면, 우리는 그리스도교인들이 예수에 대한 이야기를 수정하고 만들어냈다는 것과 우리가 가지고 있는 문서 자료들에는 역사적으로 신뢰할 수 있는 정보와 신학적으로 동기 부여된 설명들이 들어 있다는 것을 알고 있다. 이러한 상황을 고려할 때, 역사적으로 가장 정확하다고 우리가 믿을 수 있는 전승은 많은 자료들에서 독립적으로 증명되고, 초기 그리스도교 공동체의 필요를 충족시키기 위해 만들어지지 않은 것으로

보이며, 1세기 팔레스티나의 삶의 맥락에서 볼 때 이치에 맞는 것이다.

마지막으로, 나는 예수 또는 실제로 어떤 역사적 인물과 관련해서도 역사가는 가능성을 확립하는 것 이상의 일을 할 수 없다는 것을 강조해야 하겠다. 어떤 경우에도 우리는 절대적인 확신을 가지고 과거를 재구성할 수 없다. 우리가 할 수 있는 모든 것은 잔존하는 증거들을 가지고 우리의 능력을 최대한 발휘해서 무슨 일이 일어났는지 결정하는 것이다. 따라서, 학자들은 그들의 노력의 최종 결과물에 대해 항상 동의하지는 않을 것이다. 그러나 이것은 어쩔 수 없다. 과거는 경험적으로 증명될 수 없고 다만 재구성될 수 있을 뿐이기 때문이다.

내가 다루고 싶은 마지막 방법론적 문제, 즉 과거에 일어났을 법한 일을 확립할 수 있을 뿐인 역사가가 과거에 일어났다고 주장되는 기적들을 어떻게 다루어야 하는가(또는 다루지 말아야 하는가!)의 문제가 바로 이 상황에서 생긴다. 이것은 예수가 실제로 말하고 행한 일을 아는 데 관심이 있는 역사가들에게 특별한 문제인 만큼, 나는 여록 4를 이 문제에 할애했다.

한눈에 보기

Box 13.6 역사적 예수에 관한 자료들

1. 초기 그리스도교 복음서들은 예수에 대한 특정한 이해를 드러내는 문헌들일 뿐만 아니라 예수가 실제로 말하고 행한 것을 정립하는 역사적 자료로도 연구될 수 있다.

2. 이교도(플리니우스, 수에토니우스, 타키투스)나 유대인(요세푸스) 등에 의해 쓰인 현존하는 다른 문헌들에서 예수는 거의 언급되지 않는다. 다른 그리스도교 원천들(비정경 자료들이나 사도 바울로)도 예수에 대한 믿을 만한 정보를 거의 제공하지 않는다.

3. 복음서들조차도 역사학자들에게는 문제가 되는데, 복음서에 나오는 사건들을 직접 목격하지 못한 사람들이 한참 후에 예수에 대한 일관성 없는 구전 및 서면 전승에 의존하여 썼기 때문이다.

4. 역사학자들은 일반적으로 후기 자료(예: 요한과 토마)보다 초기 자료(예: 마르코와 Q 자료)를 선호하며, 자료들의 개별적인 편향성을 인정할 필요가 있다고 인정한다.

5. 자료들을 사용하기 위한 구체적인 기준들도 고안되었다.
   a. 독립적인 증명 기준: 여러 자료들이 독립적으로 증명하는 전승이 더 진실에 가깝다.
   b. 비유사성의 기준: 초기 그리스도교인들이 지니던 의제와 상충되는 전승이 더 진실할 수 있다.
   c. 맥락 신뢰의 기준: 우리가 알고 있는 1세기 팔레스티나 유대교와 일치하지 않는 전승은 아마도 사실이 아닐 것이다.

여록 4

역사가와 기적의 문제

기적은 신약 복음서의 거의 모든 페이지에 나타난다. 예수는 기적적으로 처녀에게서 태어났다. 성인이된 그는 계속 기적을 행한다. 악령들을 내쫓고, 물 위를 걷고, 폭풍을 진정시키고, 수많은 사람들에게 음식을 주고, 아픈 사람들을 치료하고, 죽은 사람들을 일으킨다. 마지막에 가장 큰 기적이 온다. 예수는 죽어 묻히지만 사흘 뒤에 죽은 자 가운데서 살아나서 다시는 죽지 않는다. 이 부활은 복음서들의 다른 곳에서 서술된 것과 다르다. 아마도 야이로의 딸과 라자로는 그들의 수명이 다했을 때 다시 죽었을 것이다. 하지만 예수의 마지막 시간은 결코 오지 않을 것이었다. 그는 죽음을 정복했다.

이 복음서의 기적들이 실제로 일어났는지 아닌지를 어떻게 알 수 있을까? 물론 많은 현대인들은 기적은 본질적으로 엄밀히 말하면 절대 일어나지 않는다고, 기적이 일어난다고 믿는 사람들은 기만당하고 있거나 순진하다고 믿는다. 기적이 일어나지 않는다면 예수도 아무 기적을 행하지 않았을 것이기 때문에 예수의 기적을 논할 이유가 없다. 유럽 계몽주의에서 처음 대중화된 관념들에 뿌리를 두고 있는 이 견해는 때때로 기적의 "철학적" 문제라 불린다.

나는 여기서 이 특정한 문제를 다루고 싶지 않다. 하지만 논쟁의 편의상 나는 기꺼이 기적들, 즉 일반적으로 '자연'이 작용하는 방식에 관한 우리의 이해로는 설명할 수 없는 사건들이 가능하고 일어난다고 인정하려 한다. 하지만 예수의 기적을 논할 때 극복할 수 없는 커다란 문제 하나가 여전히 남아 있다. 기적이 가능하다고 해도 역사적 증거를 중시하는 역사학자가 그런 일이 있었음을 보여줄 방법은 없다. 다시 한 번 분명히 말하지만, 나는 예수나 티아나의 아폴로니우스Apollonius of Tyana, 하나나 벤 도사Hanina ben Dosa

또는 다른 어느 누구도 기적을 행하지 않았다고 말하는 것이 아니다. 설사 그들이 기적을 행했다 하더라도 역사가는 그것을 증명할 수 없다는 것이다. 나는 이것을 기적의 "역사적" 문제라고 부르겠다. 이 문제를 좀 더 자세히 설명해보자.

현대와 고대의 기적들

오늘날 사람들은 기적을 자연법칙의 초자연적 위반, 자연적인 사건들에 대한 신의 개입으로 생각한다. 이 대중적인 생각은 자연에 대한 현대의 과학적인 이해에는 잘 들어맞지 않는다. 오늘날 과학자들은 "자연법"의 전체 범주에 대해 19세기 때보다 덜 자신하고 있고, 이런 이유로 기적을 자연법칙의 초자연적 위반이라기보다는 믿을 수 없을 정도로 자연의 정상적 작용과 모순되는, 초자연적인 힘이 작용했다고 인정해야만 하는 사건들로 생각하는 것이 더 나을 것이다.

곧 알게 되겠지만, 역사학자는 초자연적인 힘에 접근할 수 없고 공적 기록, 즉 어떤 종파에 속하든 합리적인 사람이 관찰하고 해석할 수 있는 사건들만 이용할 수 있기 때문에 기적에 대한 이러한 이해는 그 자체가 기적의 역사적 증명에 있어 주요한 걸림돌이다. 만약 기적의 발생을 인정하는 것이 초자연적인 영역에 대한 믿음을 필요로 하고, 그들의 일의 본질상 역사가들은 자연계의 사건(모든 종류의 관찰자가 관찰할 수 있는)들에 대해서만 말할 수 있다면, 그들이 어떻게 자연 질서 밖의 사건―즉, 기적―이 일어났다는 것을 증명할 수 있을까?

이 질문에 대한 해답을 찾기 전에, 나는 고대 세계에서는 기적이라는 말이 오늘날 우리가 사용하는 유사 과학적인 용어로 이해되지 않았다는 것을 지적해야 하겠다. 이 용어는 계몽주의 시대에 자연과학이 출현한 이래로만 사용이 가능하게 되었다. 분명 고대에도 사람들은 자연이 특정한 방식으로 작용한다는 것을 이해했다. 예를 들어, 모든 사람들은 쇠도끼가 물에 잠길 것이라는 것을 알고 있었고, 사람들도 호수 한가운데에서 물 위를 걸으려고 한다면 마찬가지일 것이라는 것을 알고 있었다. 그러나 고대 세계에서는 거의 아무도 이것이 어떤 불가침적인 '법칙' 때문이라 생각하지 않았다. 문제는 자연이 비교적 고정된 방식으로 일어나는가가 아니라 누가 일어난 일들을 행할 수 있는 힘을 가졌는가였다.

그리스-로마 시대 사람들에게 우주는 물질세계, 신성한 존재, 인간 그리고 동물로 이루어져 있었고, 모든 존재들은 각자의 장소와 주된 권한을 지닌 영역을 가지고 있었다. 나무는 집을 지을 수 없었지만 사람은 집을 지을 수 있고 사람은 비를 내리게 할 수 없지만 신은 그렇게 할 수 있었다. 보통의 인간은 말이나 안수로 병자를 치유하거나 사악한 악령을 쫓아내거나 죽은 자를 살릴 수는 없지만 신성한 인간은 할 수 있었다. 예수나 아폴로니우스 같은 그런 사람들은 신들과 특별한 관계에 있었다. 이런 사람이 병자를 치료하거나 죽은 사람을 살리는 일은 그것이 자연의 질서를 넘어섰다는 점에서 기적이 아니라, 필요한 힘을 가진 사람이 거의 없기 때문에 그런 일이 자주 일어나지 않는다는 점에서 '놀라운' 것이었다. 그리고 그런 일들이 일어났을 때, 그것들은 경이로운 광경이었다.

이것은 대부분의 고대인들에게는 기적이 가능한지가 그들의 질문이 아니었다는 것을 의미한다. 그들에게는 놀라운 사건들이 항상 일어났다. 태양이 떠오르거나 번개가 치거나 농작물이 열매를 맺는 것 모두가 놀라운 일이었다. 신성한 사람이 장님을 치료하거나 절름발이를 고쳐주거나 죽은 사람을 살리는 것도 놀라운 일이었다. 이러한 사건들은 사물들이 작용하는 방식이었던 원인과 결과의 확립된 연결 고리에 자연계 외부로부터 개입이 발생하는 것을 의미하지 않았다. 고대인들에게는 원인과 결과의 폐쇄적인 체계, 초자연적인 영역과 분리된 자연 세계가 따로 없었다. 그러므로, (오늘날 사람들이 기적이라고 부르는) 놀라운 사건들이 일어났을 때, 대부분의 고대인들이 물었던 질문은 (1) 누가 이러한 행위를 했는가, (2) 그들의 힘의 원천은 무엇이었는가였다. 예를 들어, 예수 같은 사람은 신에 의해 권한을 부여받았는가 아니면 마술을 사용한 것인가?

예수가 병자를 치료하거나, 물 위를 걷거나, 악령을 내쫓거나, 죽은 사람을 살렸다는 고대인의 말에 동의하는 것은 첫째, 그러한 일을 할 수 있는 신성한 사람들(또는 마술사)이 있다는 것과 둘째, 예수가 그들 중 하나라는 것에 동의하는 것이다. 역사학자 입장에서는 예수가 이런 기적을 행했다고 생각하는 사람이라면 누구나 원칙적으로 이교도인 티아나의 아폴로니우스와 베스파시아누스 황제, 하니나 벤 도사 등 다른 사람들도 그랬다는 사실을 인정해야만 한다는 것이다. 이 사건들 중 어느 한 사건에서 인정된 증거는 다른 사건에서도 인정되어야 하기 때문이다. 하지만 어떤 증거가 있을 수 있을까? 여기에서 우리는 문제에 봉착한다.

역사학자 및 역사적 방법

과거에 아마도 일어났을 일을 확립하는 데 관심이 있지만 특정한 종교적 신념을 받아들이거나 거부할 필요가 없는 역사가들이 기적이 일어났다는 증거로 간주할 수 있는 것은 무엇이 있을까? 이 질문에 접근하는 한 가지 방법은 역사학자들이 그들의 분야에 관여하는 방식을 자연과학자들이 그들의 분야에 관여하는 방식과 비교해서 잠시 생각해보는 것이다. 자연과학은 반복 실험을 사용하여 과거에 발생한 일들에 기초한 예측 확률을 설정한다. 간단히 설명하기 위해 철근을 미지근한 물통에 넣으면 가라앉지만 아이보리 비누는 뜬다는 것을 증명하고 싶다고 가정해보자. 나는 미지근한 물 수백 통, 철근 수백 개, 아이보리 비누 수백 개를 가지고 비교적 간단한 실험을 수행할 수 있을 것이다. 철근과 비누를 물통에 던져 넣음으로써 나는 철근은 가라앉고 비누는 뜨리라는 사실을 합리적 의심의 여지 없이 증명할 수 있을 것이다. 왜냐하면 모든 경우에 동일한 결과가 발생할 것이기 때문이다. 이것은 미래에 미지근한 물이 담긴 통에 던져진 모든 쇠막대기가 반드시 가라앉을 것이라는 것을 증명하는 것은 아니지만, 이것은 우리가 추정 가능성이라고 부르는 것의 매우 높은 수준을 제공한다. 일반적인 용어로 말하자면, '기적'은 익히 알려진 자연의 작용에 대한 침해를 의미할 것이다. 예를 들어, 설교자가 쇠막대기를 놓고 기도를 해서 그것이 물에 뜨도록 만든다면 그것은 기적이 될 것이다.

역사학은 자연과학과는 다른데, 미래에 무슨 일이

도판 Excursus 4.1 아폴로의 아들이자 그리스–로마 세계에서 치유의 신으로 알려진 아스클레피우스의 대리석 조각상.

치기 어렵다. 고대 세계의 사건들, 심지어 세상을 뒤흔든 중요한 사건들조차도, 종종 사용할 수 있는 증거가 거의 없다. 역사학자가 할 수 있는 것이라고는 어떤 증거가 남아 있든 그것에 근거하여 아마도 무슨 일이 일어났는지를 규명하는 것이다.

이 때문에 기적이 문제가 된다. 물론, 모든 일은 어느 정도 있을 법하지 않은 일이다. 어젯밤에 당신이 경미한 자동차 사고를 당했다고 가정해보자. 그 일이 일어날 가능성은 아마 그리 크지 않았을 것이다. 그러나 그것은 상상조차 할 수 없을 만큼 가능성이 없는 일은 아니었다. 만약 15년 후 어떤 역사학자가 당신이 지난 밤에 그런 사고를 당한 것을 다른 사람들에게 보여주고 싶다면, 그는 특정한 종류의 증거들, 즉 신문 기사, 경찰 보고서, 목격자 진술에 의지할 수 있고, 자신의 역사적 주장을 대부분의 사람들이 만족할 수 있을 때까지 증명할 수 있을 것이다. 그 사건 자체가 전혀 불가능한 일이 아니었기에 그는 이런 일을 할 수 있을 것이다. 사람들은 항상 사고를 당하므로 유일한 문제는 당신이 문제의 날 밤에 사고를 당했느냐일 뿐이다.

항상 일어나는 사건들이 아닌 경우는 어떨까? 모든 가능성을 거스르는 사건으로서 기적은 역사학자들에게 피할 수 없는 딜레마를 만들어낸다. 역사가들은 과거에 일어났을 법한 일만을 밝혀낼 수 있고, 정의상 기적이 일어날 가능성은 무한히 희박하기 때문에, 그들은 결코 기적이 일어났을지도 모른다는 것을 증명할 수 없다.

이것은 무신론자, 불가지론자, 불교도, 로마 카톨릭교도, 침례교도, 유대인, 이슬람교도 등 한 그룹을 위한 역사학자만의 문제가 아니다. 모든 종류의 역사학자들의 문제다. 다른 목적을 위해서는 기적적인 사건을 위한 좋은 자료가 있다 하더라도, 역사학의 학문적 본질은 역사가가 기적의 가능성을 옹호할 수 없도록 만든다. 예를 들어 설명해보겠다. 1926년 어느 날, 믿을 만한 세 명의 목격자들이 플리머스 침례교회의 존스 목사가 그의 교구민의 연못을 가로질러 걸어가는 것을 보았다고 주장한다고 가정해보자. 역사학자들은 이 사건에 대해 알려질 수 있는 것들에 대해서는 분명 논의할 수 있다. 목격자들이 누구였는지, 그들이 무엇을 봤는지, 문제의 연못에 대해 무엇을 알 수 있는지 등등.

일어날지 예측하는 것과는 달리 과거에 일어났던 것을 정립하는 데 관심이 있다는 점, 반복적인 실험을 할 수 없다는 점 때문이다. 역사적 사건은 단 한 번 일어난다. 한 번 일어나면 그것으로 끝이다. 역사가들은 무슨 일이 일어났는지 확인하기 위해 과거를 반복할 수 없기 때문에 그들의 결론에는 항상 미진함이 있을 것이다. 존 F. 케네디가 단 한 명의 암살범에 의해 희생되었다고 사람들을 납득시키는 것이 아이보리 비누가 물에 뜰 것이라고 설득하는 것보다 훨씬 힘들다.

역사를 거슬러 올라갈수록 설득력 있는 주장을 펼

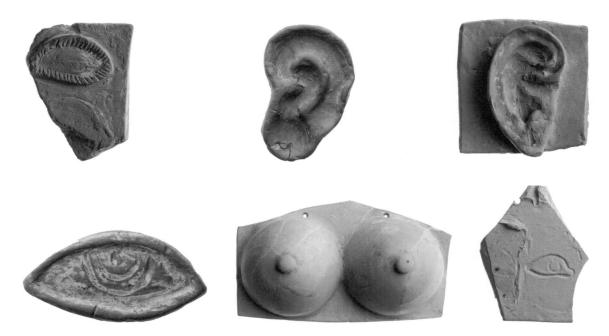

도판 Excursus 4.2 아스클레피우스에 의해 치유되었다고 믿는 환자들은 보통 그들의 회복된 신체 부위의 찰흙으로 만든 복제품을 신전 벽에 걸어 그에게 바쳤다. 이 사진은 코린토스 시의 아스클레피우스 신전 지역에서 발견된 제물들 중 일부를 보여주고 있는데 귀머거리, 장님 그리고 유방암으로 고통받았던 사람들이 바친 것들로 보인다.

그러나 적어도 역사학자로서 이 문제를 논의할 때 그들은 존스 목사가 실제로 연못을 가로질러 걸어갔다고 주장할 수는 없다. 이것은 우리가 역사적 지식의 정경을 사용하여 알 수 있는 것보다 더 많은 것을 주장하는 것이다. 역사적 확률의 문제는 우리의 결론을 제한한다. 왜냐하면, 사실 우리 모두는 수천 명의 사람들을 알고 있는데 그들 중 아무도 물웅덩이를 건널 수 없지만 그들 모두 언젠가 그들이 보았다고 생각하는 것에 대해 착각을 하거나 그들의 말이 다른 이들에 의해 잘못 인용되거나 과장된 말을 하거나 새빨간 거짓말을 한 적이 있는 사람들이기 때문이다. 물론 플리머스 침례교회의 정직한 신도들은 그런 일을 할 가능성이 없을 수도 있지만 그래도 자연의 정상적인 작용을 거스르는 기적보다는 더 가능성이 높다. 그러므로, 역사가로서 우리는 무슨 일이 일어났는지 말할 수 있을지 모르지만 역사가로서 우리는 그 목사가 아마도 기적을

행했을 것이라고 말할 수는 없다.

역사학자들이 기적의 가능성을 부정하거나 과거에 기적이 실제로 일어났다는 사실을 부정할 필요는 없다는 점을 강조해야 하겠다. 예를 들어 많은 그리스도교인, 유대교인 그리고 이슬람교도 역사가들은 기적들이 실제로 일어났다고 믿는다. 그러나 그들이 이렇게 생각하거나 말할 때, 그들은 역사가의 자격이 아니라 신자의 자격으로 그렇게 한다. 15장에 이어지는 역사적 예수의 묘사에서 나는 신앙인의 입장에 서지 않았고 그러한 입장을 취해야 한다거나 그래서는 안 된다고 말하지 않았다. 나는 역사학자의 입장에 서 있다. 문제가 있는 제한된 자료들을 근거로 역사적 예수가 실제로 무엇을 말하고, 행하고, 경험했는지 결정해야 한다. 그 결과 예수의 활동을 재구성하는 과정에서 예수가 행한 것으로 전해지는 기적을 나는 긍정하거나 부정할 수 없을 것이다.

맥락 속의 예수

단어, 사건, 사람, 무엇이든 그것들의 맥락context에서 떼어내게 되면 우리는 그것들을 오해하게 된다. 우리가 역사적 예수를 이해하려면 예수를 그의 세계, 즉 1세기 팔레스티나 유대교라는 상황 속에 위치시켜야 한다.

이 장에서는 팔레스티나의 유대인들이 로마인들의 지배에 대해 벌였던 다양한 종류의 침묵 시위와 비폭력적, 폭력적인 저항들을 살펴볼 것이다.

특히 하느님의 백성이 당하는 고통은 하느님이 그들에게 내린 벌이 아니라 악의 세력이 일시적으로 이 세상을 지배하고 있었기 때문이라고 주장했던 유대적 이데올로기, 종말론apocalypticism의 발흥을 다룰 것이다. 유대 종말론자들은 하느님이 이러한 악의 힘을 대격변적 심판으로 몰아낼 것이며, 진리와 정의, 선이 지배하는 새로운 질서를 가져올 것이라고 믿었다. 이 종말론자들은 이 "역사의 종말"이 곧 도래할 것이라고 생각했다.

예수도 그렇게 생각했을까? 이 장의 후반부는 왜 예수가 종말론적 예언자로 이해되어야 하는지 이유를 보여준다.

13장에서 우리는 우리의 고대 자료들의 성격을 고려해볼 때 역사적 예수의 삶을 재구성하는 것이 왜 그렇게 어려운지를 살펴보았다. 만약 우리가 예수에 대한 모든 고대의 이야기들을 무비판적으로 받아들인다면 그 결과는 절망적일 만큼 끝없는 모순들에 봉착할 것이다. 하지만 그렇다고 해서 예수의 말과 행동에 대해서 전혀 아무것도 알 수 없는 것처럼 절망에 빠져 손을 들어서는 안 된다. 우리가 논의한 종류의 기준들을 사용하여 주어진 자료들에 비판적으로 접근하면 우리들은 신뢰할 수 있는 과거 정보를 얻을 수 있다.

짧은 글로 예수의 삶의 모든 면을 논할 수는 없을 것이다. 그러나 예수의 가르침과 행동이 보여주는 바를 통해 그가 어떤 사람이었는지 알아보기 위해 내가 보여준 기준들을 적용할 수 있다. 그러면 우리들은 왜 대다수의 신약 학자들이 예수를 1세기 유대인 종말론자로 이해하는지 알 수 있을 것이다.

우리가 출발할 수 있는 가장 좋은 지점은 13장에서 논의된 부정적인 기준, 즉 맥락 신뢰 기준일 것이다. 예수가 말하거나 행한 것으로 알려진 내용이 그의 사회적, 역사적 맥락에 믿을 만하게 자리할 수 없다면 그것은 진실이라고 생각할 수 없다. 이 기준은 내가 지금껏 강조해온 원칙, 즉 과거의 사건을 이해하는 데 있어서의 맥락의 중요성과 유사하다. 지금까지 나는 1세기 팔레스티나 지방과 바리사이파Pharisees, 사두가이파Saccucees, 에세네파Essenes, 그리고 '제4철학Fourth Philosophy'(4장 참고) 등 다양한 유대인 파벌들의 사회적, 정치적 맥락을 다루어왔다. 이제 예수의 시대 팔레스티나에 있었던 유대인들의 정치 상황의 특정한 측면 그리고 그것에서 유래하여 예수의 상황과 삶에 엄청난 역할을 끼친 이데올로기에 대해 더 깊이 연구할 수 있다.

억압에 대한 대중의 저항

우리가 살펴본 바와 같이, 팔레스티나의 유대인들은 예수가 태어나기 전 8세기의 대부분 동안 외국의 직접적인 지배를 받아왔다. 하스몬 왕조Hasmonian가 시리아 군벌의 그리스화 정책에 반대하여 벌인 투쟁은 예수 당시에 활동했던 그룹들을 형성하게 했다. 대부분의 유대인들은 이러한 어느 정파에도 속하지 않았지만, 모든 유대인들은 로마에 의해 시행된 지배 정책에 의해 직접적인 영향을 받았다.

정복당한 민족으로서 팔레스티나의 유대인들은 로마 제국에 세금을 납부해야 했다. 로마는 경제적으로 농경사회였기 때문에, 과세에는 로마 군대와 도로, 다리, 공공건물을 비롯 로마가 제공하는 기반 시설을 위한 작물과 금전을 지불하는 것이 포함되었다. 금전적으로 볼 때, 유대인들의 억압은 로마 지방의 다른 토착민들에 비해 심하지 않았던 것으로 보인다. 우리는 고대 문헌들 자체로부터 나온 신뢰할 수 있는 숫자 정보를 가지고 있지는 않지만 현대 학자들은 전형적인 유대인 농부가 로마의 주둔 비용을 위해 평균적으로 그의 수입의 약 12-13퍼센트에 해당하는 세금을 냈다고 추정한다. 신전Temple을 유지하고 그 지역의 유대 행정기관에 바치는 20퍼센트를 더하면 총 세금은 전체 소득의 3분의 1에 달했다.(샌더스, 1992)

이 정도의 세금은 오늘날 고도로 산업화된 국가들의 기준으로 보자면 터무니없이 많다고는 느껴지지 않을 수도 있다. 그러나 고대 농경사회에는 현대적인 관개 시설이나 노동을 돕는 기계, 정교한 기술이 없었다는 것을 감안하면 대부분의 농부들은 최상의 상황에서도 근근이 생존을 유지하기에 급급했다는 것을 기억해야 한다. 빠듯한 삶을 살고 있을 때 외국인 압제자에게 재정적인 지원을 해야 하는 것은 유쾌한 일이 아니다. 로마의 과한 지출을 돕기 위해 비용을 지불하는 것은 제국의 많은 다른 사람들뿐만 아니라 유대인들에게도 감당할 수 없는, 터무니없는 일로 여겨졌다

동시에, 로마 제국은 어떤 면에서 팔레스티나의 유대인들을 제국의 다른 거주민들보다 더 우대했다. 율리우스 카이사르 시절 이후, 유대인들은 로마에 병사들을 공급하도록 요구되지도 않았고(독실한 유대인은 7일째마다 병사로 복무하는 것을 거부했기 때문에 로마에게도 이익이 되는 면책이었을 것이다.) 근처에 주둔하거나 국경까지 행진하는 로마 군단을 직접 지원하도록 요구받지도 않았다. 어떤 때, 어떤 지역들에서는 로마의 존재감이 거의 느껴지지 않았다. 예를 들어, 갈릴래아 북부에서 예수의 사역 기간 동안, 통치자는 헤로데 안티파스Herod Antipas로 (로마인이 아닌) 그 지역의 귀족이었다. 우리가 아는 한, 그 지역에는 로마 군대도 주둔하지 않았다.

반면에 남쪽의 유대는 로마 총독 필라투스Pilatus가 통치했는데, 그는 군대를 이끌고 모든 유대교 신앙생활의 중심지인 수도 예루살렘에서 불과 이틀 거리에 있는 카이사리아에 주둔했다. 많은 유대인들은 하느님이 주신 땅에 주둔한 로마의 관리에게 세금을 내는 것을 신성모독으로 여겼다.

유대인들은 로마의 지배에 대해 다양한 방식으로 반응했다. 분명 많은 유대인들에게 로마의 지배는 용인될 만했고 동쪽의 적대국들로부터 보호를 받는 것 같은 장점들이 있었지만 어떤 이들에게는 정치적, 종교적 악몽이었다. 로마의 권력에 대한 저항은 널리 퍼져 있던 것처럼 보이지만 그것이 적극적이거나 폭력적이었던 적은 거의 없었다. 그러나 1세기 동안 팔레스티나의 유대인들은 여러 차례에 걸쳐 로마 통치자들과 무력 충돌을 벌였다. 이러한 갈등의 본질을 살펴보는 것은 우리의 목적에 도움이 될 것이다.

침묵의 저항

일주일간 계속되는 유월절Passover 축제(5장 참고) 동안 예루살렘의 인구는 몇 배로 불어나곤 했는데 순수한 기념을 위해서만 사람들이 축제에 오지는 않았다는 것은 거의 의심할 여지가 없다. 유월절을 경축하는 유대인들은 단순히 하느님이 이집트인들에게 예속되어 있던 그들을 구원하기 위해 행동했던 과거를 기억하기 위해서가 아니라 하느님이 그들을 다시 구원해줄 미래를 기대하고 있었다. 이번에는 현재의 지배자들인 로마인들에게서 말이다.

로마 관리들은 유월절이 지닌 잠재적인 체제 전복 정신을 충분히 감지하고 있었던 것으로 보인다. 그들은 보통 이 행사를 위해 무장한 군대를 모든 활동의 중심지인 예루살렘 신전에 배치했다. 대부분의 유대인들은 그런 성스러운 장소에 배치된 로마인의 존재를 그다지 달가워하지 않았다.

긴장감은 특히 로마의 집정관이었던 쿠마누스가 유대 총독이었던 50년대의 유월절 기념 행사에서 두드러졌다. 축제 기간 동안 신전 벽에 배치되어 있던 병사들 중 한 명이 유대인과 그들의 종교에 대한 그의 경멸을 행동으로 표시했다. 요세푸스Josephus의 말에 의하면, 그는 "유대인에게 등을 돌리고 외설적인 태도로 몸을 굽히고 그에 어울리는 소리를 냈다."(유대 전기Jewish War 2.224-227) 예배를 위해 모인 신도들은 분노했고 일부는 돌을 집어 들어 병사들에게 던지기 시작했다. 근처에 있던 쿠마누스에게 신속하게 소식이 전해졌고 그가 증원군을 투입하자 폭동이 일어났다. 요세푸스에 따르면 약 2만 명의 유대인들이 그 소요 사태로 학살되었다고 한다.

유월절 축제는 로마가 약속의 땅Promised Land에 주둔하는 것에 대한 무언의 항의였지만, 때때로 그 행사는 격렬한 저항과 죽음으로 이어졌다. 일반적으로

도판 14.1 고대 로마 병사가 야만인을 살해하려는 모습.

로마인들은 상황을 통제하기 위해 적극적이었고 대규모 폭동이나 반란으로 이어지기 전에 문제를 해결했다. 독자들은 유월절 동안 예수가 체포되어 사람들의 눈에서 격리되었던 것을 기억할 것이다.

비폭력 봉기

로마의 행정관들은 때때로 팔레스티나의 유대인들에게 모욕적인 행동을 하거나 하겠다고 위협을 했고, 유대인들은 이에 항의를 했다. 1세기 대부분 동안 이러한 시위들은 비폭력적이었던 것으로 보인다. 예를 들어, 26년 필라투스가 유대의 총독으로 부임했을 때, 그는 밤중에 예루살렘에 로마 깃발들을 들여와 도시 주변에 설치했다. 이 깃발들은 카이사르의 이미지를 담고 있었다. 도시의 유대인들은 이에 항의했고 그것들을 제거하라고 요구했지만 필라투스는 그들의 요구를 거절했다. 요세푸스에 따르면 수백 명의 영향력 있는 시민들이 카이사리아에 있는 그의 주둔지에서 연좌농성을 벌였고 닷새 후, 필라투스가 시위자들을 군인들로 둘러싸고 위협했지만 유대인들은 율법을 어기는

것보다 죽음을 택하겠다며 땅에 몸을 던지고 목을 내밀었다. 할 수 없이 필라투스는 깃발들을 철수했다.

비슷한 일이 14년쯤 후에 다시 일어났는데, 칼리굴라 황제는 제국의 신민들에게 그를 신으로 숭배하도록 요구했다. 그런 요구를 한 황제는 그가 처음이었다. 전 세계의 유대인들은 격렬하게 항의했다. 그들은 로마로 대표단을 보내 왜 그런 요구가 그들에게 모욕이면서 신성모독인지 설명했다. 칼리굴라는 타협은커녕 예루살렘 신전에 제우스의 몸을 지닌 자신의 동상을 세우라고 명령했다. 요세푸스에 따르면 그의 명령을 시행하기 위해 두 개의 군단을 거느리고 도착한 특사 페트로니우스 앞에 팔레스티나의 수만 명의 유대인들이 항의하기 위해 나타났다. 그들은 만일 페트로니우스가 황제의 명령을 실행한다면 농작물을 심지 않을 것이고 신전이 훼손되는 것을 보느니 차라리 순교자가 되겠다고 맹세했다. 페트로니우스는 사람들의 강경한 태도에 감명을 받았고 그들이 경작을 하지 않으면 로마가 공물을 거두지 못한다는 것을 알았지만 황제의 명령을 취소할 힘이 없었다. 그에게는 다행히도, 황제의 명령을 따르지 않아 생기는 사태를 피할 수 있었다. 유대인들의 저항과는 무관한 이유로 칼리굴라가 암살당했기 때문이다.

예언자의 선언들

유대인들의 항의 방식으로 특히 주목할 만한 것은 그의 민족을 위한 신의 개입이 임박했음을 예언하는 자칭 예언자들prophets이 간간이 나타났다는 것이다. 이러한 신의 개입은 히브리 성서에 기록된 이전의 구원의 사건들을 모델로 했다. 이런 예언자들 중 일부는 유대인들 사이에 많은 추종자들을 모았지만 당연히 로마인들에게는 적대시되었다.

예수가 처형된 지 15년도 채 되지 않아 테우다스 Theudas라는 예언자가 요르단 강 물을 갈라 그의 추종자들이 마른 땅을 건너게 하겠다고 공언하며 많은 유대인을 요르단 강으로 이끌었다. 그런 그의 행동은 로마 당국에까지 전해졌는데, 그들은 테우다스가 엑소더스, 즉 이스라엘 자손이 이집트의 노예 상태에서 벗어나는 도중 그들을 쫓던 이집트 군대가 홍해를 건너는 동안 전멸했다는 모세 때의 사건에 대한 암시를 하고

도판 14.2 기원전 70년 예루살렘에 대한 티투스의 승리를 기념하기 위해 로마에 세워진 개선문의 근접 사진. 예루살렘 신전의 일곱 갈래 촛대가 로마로 실려 가는 모습을 보여준다.

있음을 인지하고 있었다. 반란을 우려한 총독은 군대를 보내어 테우다스의 추종자들을 학살하고, 그의 머리를 예루살렘으로 가져와 효수했다.

약 10년 후, 사도행전과 요세푸스에 의해 "이집트인 the Egyptian"이라고 불리는 또 다른 예언자가 나타나서 많은 추종자들(요세푸스에 따르면 3만 명)을 감람산으로 데리고 갔다. 거기에서 그는 또 다른 성서적인 사건인 예리코 성의 함락에 빗대어 예루살렘 성벽의 파괴를 선포했다. 로마군은 다시 군대를 보내 그 무리를 추적하고 학살했다.

다른 예언자들이 나타났고 모두 비슷한 운명을 경험했다. 하느님이 그의 백성을 위하여 개입했다고 선언하여 추종자들을 얻을 수 있었던, 그래서 특히 예루살렘에서 폭동을 일으킬 가능성이 있었던 사람들을 없애는 데 로마의 유대 행정관들은 조금의 주저함도 없었던 것처럼 보인다.

폭력적인 반란들

1세기 팔레스티나에서는 예지력과 의지를 가진 유대인들이 로마에 대해 무장 반란을 일으킨 폭력적인 저항들도 있었다. 그러나 이것들은 일상적인 일이라기보다는 예외적인 경우들이었다. 그중 하나는 예수가 어렸을 때인 기원후 6년경 로마의 행정관이 헤로데 대왕의 아들인 아르켈라오스를 몰아내고 유대의 통치자가 되었을 때 일어났다. 조세를 목적으로 인구조사가 실시되자 히즈키야의 아들 유다라는 이름의 해방 전사가 이끄는 집단이 칼을 들고 저항했지만 반란은 효과적이고 잔인하게 진압되었다.

두 번째 그리고 더 비참한 봉기는 60년 후에 신전 금고에 대한 약탈과 같은 로마의 무도한 행위로 전국적인 반란이 일어났을 때 벌어졌다. 로마인들은 북쪽에서 군대를 보내 1년 안에 갈릴래아를 평정했다. 이때는 요세푸스가 아직 유대 군대를 지휘할 때였다. 갈릴래아에서 로마 군대를 피해 도망친 유대인 무리가 예루살렘에 도착, 신전과 도시의 나머지 지역을 다스리던 성직자 귀족들을 상대로 피비린내 나는 내전을 일으켰다. 승리를 거둔 이들 "열심당원Zealots"들은 로마에 대항해서 결사항전을 벌였다. 그 결과는 기아와 식인 풍습이 만연했던 3년간의 예루살렘 포위전이었다. 전쟁은 수만 명의 유대인들이 학살되거나 노예가 되는 것으로 끝났고 반란군 지도자들은 십자가에 못 박혔으며 도시의 많은 부분이 파괴되었고 신전은 전소되었다.

요약하자면, 팔레스티나는 1세기에 로마의 지배를 받았고 그에 대해 팔레스티나의 유대인들은 다양한 방식으로 반응했다. 그들은 때로는 신의 구원을 기다리며 침묵 속에서 항의하기도 했고, 필요하면 비폭력 저항의 행동을 하기도 했으며, 때로는 로마의 지배자들과 군인들의 무분별한 대우에 자극받아 자신들도 모르게 폭동에 휘말리기도 했다. 어떤 이들은 하느님의 초자연적 개입을 통해 고난의 종말이 임박했음을 공개적으로 선언했고, 어떤 이들은 무기를 들고 격렬한 저항에 나서 스스로 문제를 해결하려 했다. 비폭력 시위대는 특정한 문제들에 대해 로마인들이 물러서게 하면서 약간의 성공을 거두었다. 하지만 폭동, 예언자들, 게릴라 전사들처럼 폭력적인 시위자들은 어떤 성공도 거두지 못했다. 우리가 아는 사례들에서 로마인들은 자신들에 대한 폭력을 주장하거나 행사하는 사람들을 효과적이고 무자비하게 파괴했다.

저항의 이데올로기

예수의 역사적 맥락의 또 다른 중요한 측면은 그의 시대 유대인들의 글에서 분명히 드러나는 "세계관"들과 관련이 있다. 현대 학자들은 이러한 세계관을 "드러냄", "계시"를 뜻하는 그리스어apaocalypsis에서 유래한 "종말(묵시)론apocalypticism"이라고 불렀다. 이 세계관을 지닌 유대인들은 하느님이 곧 악의 세력을 타도하고 그의 왕국을 지상에 세울 미래를 그들에게 계시했다고 주장했다.

우리는 많은 고대 자료들을 통해 유대의 종말론적 사상에 대해 알고 있다. 그것은 히브리 성서 중 가장 늦게 만들어진 책들, 특히 학자들이 마카베오 반란Maccabean revolt 시기에 저술되었다고 생각하는 다니엘서에서 처음으로 나타난다. 그것은 또한 쿰란Qumran의 에세네파 공동체의 저술들인 사해 두루마리에서도 두드러지며 성서에 들어가지 못한 다양한 유대인들의 글에서도 발견된다. 이 책들은 "묵시록들apocalypses"이라고 불리는데 그런 책들의 저자들이 미래에 이루어질 일들이 그들에게 계시되었다고 주장하기 때문이다.

종말론자들의 세계관은 팔레스티나 유대인들의 파란만장한 역사에서 비롯되었다. 우리는 신이 내린 율법을 지키면서 그에게 헌신하는 대가로 하느님이 자신들의 신성한 보호자가 되어주기로 언약covenant을 맺

도판 14.3 반란군들이 로마와의 전쟁(66–73년경) 동안 점령했던 헤로데 왕의 요새 마사다를 공중에서 내려다본 사진. 반란군들은 예루살렘이 함락된 후에도 로마가 고원 꼭대기에 달하는 흙으로 된 경사로를 쌓을 때까지 3년 동안 이곳에서 저항을 하다가 포로가 되느니 집단 자살을 택했다. 요새에 들어온 로마군들은 싸울 사람을 찾을 수 없었다.

Box 14.1 예언과 종말론

대부분의 고대 유대교 역사가들은 다니엘서나 에녹1서와 에스라4서 같은 외경들에서 발견되는 종말론적 견해가 이사야, 예레미야, 아모스, 미카 등의 예언자들의 견해와 밀접하게 연관되어 있다는 데 동의한다. 예언자들과 종말론자들 모두 하느님이 그의 백성 이스라엘의 고통을 없애기 위해 개입할 것이라고 믿었다. 그러나 그들은 왜 그 고통이 발생하는지, 그것이 누구의 잘못인지 그리고 어떻게 그것이 제거될 것인지에 대해서는 의견이 달랐다.

	예언자적 관점	종말론적 관점
왜 신의 백성은 고통받는가?	그들은 하느님에게 죄를 지었고 그래서 신은 그들을 처벌하는 것이다.	하느님에 적대하고 공의로운 백성들 사이에서 재앙을 일으키고 있는 사악한 우주적인 세력이 존재한다.
누가 고통을 주고 있는가?	하느님이 그들을 회개하게 하기 위해 벌하고 있다.	사악한 우주적인 세력. 그들은 하느님의 백성을 해치는 데 혈안이 되어 있다.
누구의 잘못인가?	하느님에게 죄를 지은 하느님의 백성들.	신의 공의로운 백성들에 적대하는 우주적인 세력들.
고통을 끝내려면 어떻게 해야 하나?	하느님의 백성들은 회개하고 그에게로 돌아가야 한다.	하느님이 그의 의로운 백성을 위하여 개입해서 악의 세력을 멸망시켜야 한다.
하느님의 백성들은 무엇을 해야 하나?	죄에서 떠나 하느님한테 돌아가야 한다.	하느님에게 계속해서 충실하고 하느님이 개입하길 기다린다.

었다고 믿었던 고대 유대인들을 보아왔다. 이러한 생각은 팔레스티나에서 일어난 정치적 사건들에 의해 자연스럽게 도전받게 되었다. 하느님이 이스라엘을 원수들로부터 보호하고 지키겠다고 약속했다면, 아시리아인, 바빌로니아인, 페르시아인, 그리스인, 시리아인, 로마인 등 끝없이 그들을 압제한 외세들을 어떻게 설명해야 하는가?

가장 흔한 답변 중 하나는 고대 유대 예언자들로, 훗날 히브리 성서에 들어간 책들의 저술가들이기도 했던 이사야, 예레미야, 아모스, 호세아와 같은 예언자들에 의해 주어졌다. 이 저자들에 따르면, 이스라엘은 신을 거역했기 때문에 군사적, 정치적 좌절을 계속 겪어야 했다. 하느님은 여전히 그들의 신이었고, 그는 인간 사건들의 전 과정을 지시할 수 있는 전능한 통치자로 남아 있었다. 그러나 이스라엘 백성은 그에게 죄를 지었고, 그들의 군사적인 패배와 경제적 재앙은 그들의 죄에 대한 하느님의 형벌이었다. 예언자들에 따르면 백성이 하느님의 길로 돌아서고, 다시 하느님의 율법을 지키는 데 전념하면 그는 그들을 자기 땅에서 다시 한번 주권자로 세울 것이다.(Box 14.1 참고)

이 기본적인 관점은 유대인들뿐만 아니라 그리스도교인들 사이에서도 항상 인기가 있었다. 사람들은 죄를 지었기 때문에 고통을 받고, 이 고통은 그들의 벌이다. 그러나 일부 유대 사상가들은 이 관점이 역사적 현실을 적절히 설명할 수 없었기 때문에 만족할 수 없게 되었다. 죄인들뿐 아니라 의로운 사람들도 마찬가지로 고통을 받았고 더군다나 사람들이 회개하고 하느님의 율법을 지켜도 상황은 나아지지 않았기 때문이다. 어찌하여 이스라엘은 하느님한테 돌아간 다음에도 계속 고통을 받은 반면 그를 기쁘게 하려 애쓰지도 않는 다른 나라들은 번성하는 것일까?

토라Torah의 율법을 따르면 처형을 당하는 등 팔레스티나의 유대인들이 견디기 어려울 정도로 안티오코스 에피파네스Antiochus Epiphanes의 학정이 심해져서 마카베오 반란이 발발할 즈음, 유대인들 중 일부는 다른 관점을 생각해냈다. 그들이 보기에는 하느님의 백성인 그들이 겪는 고통은 그들의 죄에 대한 벌로 설명할 수 없었다. 하느님은 그의 백성이 옳은 일을 하고 율법을 지킨다고 벌을 내리지는 않을 것이다. 그렇다면 그들은 왜 고통을 겪는 것일까? 분명 다른 초자연적인 동인, 초인적인 힘이 관련되어 있을 것이다. 즉, 하느님이 아니라 그의 원수 사탄이 그들을 고통받게 만드는 것이다.

이 새로운 사고방식에 따르면 신은 여전히 궁극적인 의미에서 이 세상을 지배하고 있었지만 인간들로서는 알 수 없고 불가사의한 이유로 일시적으로 그에 적대하는 악의 세력에 지배권을 내주었다. 그러나 이러한 상황은 영원히 지속되지는 않을 것이다. 곧, 하느님은 스스로를 재천명하고 악의 세력을 멸하고 그의 백성을 땅의 통치자로 세울 것이다. 이 새로운 왕국이 도래할 때 하느님은 그의 백성에게 한 약속을 이행할 것이다. 하느님을 믿는 백성들의 고통을 이해하려고 했던 이 사상은 보통 종말론이라고 불린다.

이원론

유대 종말론자들은 이원론자들이었다. 그들은 모든 현실에는 선의 힘과 악의 힘, 두 가지 기본 요소가 있다고 주장했다. 선의 힘은 하느님 자신에 의해, 악의 힘은 그의 초인적인 적으로 때때로 사탄, 베엘제붑, 또는 악마로 불리는 존재에 의해 대표되었다. 하느님의 편에는 선한 천사들이 있고, 사탄의 편에는 악마들이 있었다. 하느님의 편에는 의와 생명이 있고, 악마의 편에는 죄와 죽음이 있었다. 이 힘들은 인간이 복종하기

로 선택해야 할 우주적인 힘이었다. 아무도 중립 지역에 있을 수는 없었다. 사람들은 하느님과 함께 서거나, 사탄과 함께 서거나, 빛과 어둠, 진실과 오류, 어느 한쪽에 서 있어야 했다.

이 종말론적 이원론은 명백한 역사적 의미를 내포하고 있었다. 모든 역사는 현재와 미래의 두 시대로 나누어지고 죄, 질병, 기근, 폭력, 죽음이 난무하는 현시대는 죄악의 시대로 어둠의 권력이 우위를 점한 때이며 하느님의 편에 선 사람들은 세상의 권력자들에 의해 고통받게 되어 있었다. 알 수 없는 이유로 신은 이 시대의 지배권을 악의 세력에게 내주었고 상황은 점점 악화되고 있었다.

하지만 이 시대가 끝날 무렵, 하느님은 역사에 개입하여 악의 세력을 파괴할 것이다. 하느님에 대립하던 모든 것이 전멸되는 대격변의 단절 후에 하느님은 새로운 시대를 들여올 것이다. 이 새로운 시대에는 더 이상 고생이나 고통이 없을 것이다. 더 이상 증오, 절망, 전쟁, 질병, 죽음도 없을 것이다. 영원히 끝나지 않을 왕국에서 신은 모든 것들을 다스릴 것이다.

비관론

비록 장기적으로 보면 하느님 편에 선 사람들에게는 모든 것이 잘되겠지만 단기적으로는 상황이 좋아 보이지 않았다. 유대인 종말론자들은 이 시대에 신의 편에 선 사람들은 고통을 당하겠지만 그것을 피할 방법은 없다고 주장했다. 악의 세력은 점점 더 강해져 신으로부터 이 세상에 대한 주권을 빼앗으려 할 것이다. 대중 교육이나 첨단 기술을 통해 인간의 상태를 개선할 수 있으리라는 생각 같은 것은 아예 존재할 수도 없었다. 악의 세력이 권세를 잡고 있었기에 의인들은 자신들의 삶을 더 낫게 만들 수 없었고 하느님의 편에 선 사람들은 그들보다 훨씬 강한 자들의 압제에 부딪혔다. 말 그대로 결국 모든 지옥의 문이 열릴 때까지 상황은 점점 더 악화될 것이다.

신원 Vindication

마지막에, 하느님 백성의 고통이 극에 달했을 때 하느님은 마침내 그들을 위하여 개입해 자신을 입증할 것이다. 종말론적 시각에서 하느님은 이 세상의 창조

Box 14.2 1세기의 팔레스티나 유대교

1. 예수의 시대 바로 전, 후 그리고 그 기간 동안 로마의 통치에 대해 팔레스티나는 다양한 반응을 보였다. 침묵의 저항(유월절을 기념할 때 행해진 것처럼), 비폭력적인 봉기(예: 필라투스의 통치 아래에서 벌어졌던 것처럼), 신의 개입이 임박했다는 예언의 발표, 예루살렘과 신전의 파괴(서기 70년)를 초래한 폭력적인 반란 등이 그것들이다.
2. 특히, 학자들이 종말론이라고 부르는 유대인 이데올로기가 형성되어 다음과 같은 주장을 했다.

  a. 이 사악한 시대는 세력을 넓혀가고 있는, 하느님에 대항하는 우주적인 힘에 의해 지배되고 있다.
  b. 하느님은 결국 역사의 과정에 개입하여 악의 세력과 그에 동조하는 모든 사람들을 타도할 것이다.
  c. 그 후 하느님은 최종 심판을 위해 죽은 자들을 살리고, 평화와 진실과 정의가 지배하는 새로운 시대를 열 것이다.
3. 유대 종말론자들은 이런 하느님의 왕국이 곧 나타날 것이라고 믿었다.

자일 뿐만 아니라 구원자이기도 했다. 그의 정당성은 유대 민족뿐 아니라 온 세상에 편만할 것이다. 유대 종말론자들은 죄악의 존재와 사탄의 권세 때문에 전체 창조물이 부패했다고 주장했다. 이 보편적인 부패는 보편적인 구원을 필요로 했다. 하느님은 모든 악을 파괴하고 악의 권세가 설 자리가 없는 새로운 천국과 새로운 땅을 창조할 것이다.

비록 그들 모두가 신의 계시를 통해 자세한 내용들을 알게 되었다고 주장했지만 다양한 종말론자들은 신이 이 새로운 창조를 어떻게 이끌어낼지에 대해서는 서로 의견이 달랐다. 어떤 종말론적 시나리오는 빛의 자녀들의 군대를 악의 세력에 대항하는 전장으로 이끌기 위해 신이 인간 메시아messiah를 보낼 것이라고 주장했지만 다른 시나리오에서는 하느님이 메시아, 또는 사람의 아들Son of Man로도 불리는 우주적인 심판관을 보내 빛의 자녀들을 억압하는 악마적 권세를 전복시킬 것이었다.

이 최종적인 의의 회복은 모든 사람들에 대한 심판의 날도 포함할 것이다. 악한 세력의 편에 섰던 사람들은 전능한 재판관 앞에서 자신들이 한 일을 자백해야 할 것이고 하느님에게 충실했던 자들은 상을 받고 그의 영원한 왕국으로 옮겨질 것이다. 게다가 이러한 심판은 종말의 시기에 살아 있는 사람들에게만 적용되는 것이 아니다. 악의 권세들 편에서 하느님의 백성을 억압하며 영화를 누리던 사람들이 만족하게 삶을 마침

으로써 하느님의 심판을 피할 수는 없었다. 신은 아무도 심판을 피할 수 없게 할 것이다. 그는 모든 사람들을 사망 가운데서 살려서 상이나 벌을 받게 할 것이다. 하느님 편에 섰던 사람들에게는 영원한 행복이 주어질 것이지만 그러지 않았던 모든 사람에게는 영원한 고통이 따를 것이다.

임박

유대인 종말론자들에 따르면, 이러한 하느님의 의의 회복은 곧 일어날 것이었다. 히브리 성서의 예언자들의 전승을 좇는 종말론자들은 하느님이 역사의 흐름을 그들에게 보여주었고 종말이 거의 임박했다고 주장했다. 악한 자들은 너무 늦기 전에 회개해야만 했다. 고통받는 선한 사람들은 오래지 않아 하느님이 구세주를 보내어 이 땅의 백성을 심판하고 그의 율법에 충실한 사람들을 좋은 왕국으로 이끄실 것이므로 인내심을 가지고 참고 기다려야 했다. 그들은 종말이 바로 그들의 코앞에 있다고 생각했다. 1세기 한 유대인 종말론자는 "나는 분명히 말한다. 여기 서 있는 사람들 중에는 죽기 전에 하느님 나라가 권능을 떨치며 오는 것을 볼 사람들도 있다"(마르 9:1)라고 말하기도 했다. 사실 이 말은 예수가 한 말이었다. 그는 성서의 다른 곳에서 "나는 분명히 말한다. 이 세대가 지나기 전에 이 모든 일들이 일어나고야 말 것이다"(13:30)라고 하기도 했다.

종말론적 맥락에서의 예수

예수에 대한 초기 전승 중 일부는 예수를 외세에 의해 조국이 지배를 당하는 등, 당시의 정치적, 사회적 위기에 부응하여 일어서서 세상의 종말이 가까웠고 하느님이 곧 그의 백성을 위해 역사에 개입할 것이라고 선포한 유대 종말론자로 묘사했다. 하느님은 악의 세력을 파괴하고 하느님의 나라를 세울 우주적인 재판관, 사람의 아들을 보낼 것이다. 그의 도래를 준비하기 위해 이스라엘 백성은 회개하고 하느님에게 돌아갈 필요가 있었고, 그를 사랑이 넘치는 아버지로 믿고 서로를 그의 특별한 자녀로 사랑해야 했다. 이 메시지를 받아들이지 않는 사람들은 하느님의 벌을 받을 것이었다.

우리의 오래된 전승들에 구현된 예수의 이런 모습이 역사적으로 정확한 것일까? 예수는 유대 종말론자였을까?

기초적인 법칙

우리가 보아온 것처럼, 고대를 연구하는 학자들은 원칙적으로 우리가 다루고 있는 사건들에 시간적으로 가장 가깝고 지나치게 과장되지 않은 자료를 선호해야 한다는 데 동의한다. 예수의 경우에는 어떤 자료들이 그런 기준에 맞을까? 사실 종말론적 자료에 관해서는 매우 분명하고 일관된 경향이 있다. 예를 들어, 우리가 사용할 수 있는 최초의 자료들인 Q, 마르코의 복음서, M, L 자료들은 모두 예수를 종말론적으로 묘사하고 있다.

나는 여기서 나의 기본적인 요점을 밝히기 위해 모든 증거 자료를 제공할 필요는 없을 것이다.(독자들은 이 책 뒤의 참고문헌 목록에서 좀 더 충실하게 이 문제를 언급한 내 책을 찾을 수 있다.) 가장 일찍 기록된 예수의 말들에서 곧 도래할 하느님의 왕국Kingdom of God에 대한 예언이 나타나는데 그에 의하면 하느님이 다스릴 그 나라는 이 땅 위의 실제의 왕국이 될 것이었다. 그때가 되면 악한 세력은 그들 편을 든 모든 사람들과 함께 타도될 것이며, 회개하고 예수의 가르침을 따르는 사람만이 왕국에 들어갈 수 있을 것이다. 모든 사람들에 대한 심판은 언제라도 하늘에서 내려올 수 있는 사람의 아들, 우주적인 인물에 의해 이루어질 것이다. 이스라엘의 일원인 것만으로는 다가오는 심판에서 벗어날 수 없을 것이다. 사람들은 예수의 말을 경청하고 하느님에게로 돌아가서 더 늦기 전에 예수의 계명을 따라야 했다. 예수는 Q 자료(루카 17:24, 26-27, 30; 마태 24:27, 37-39 참고), 마르코의 복음서(8:38-9:1, 13:24-27, 30), M 자료(마태 13:40-43), L 자료(루카 21:34-36)에서 그러한 메시지를 선언한 것으로 여겨진다.

하지만, 우리가 이미 보았듯이, 종말론적인 메시지는 나중의 자료들에서 서서히 강도가 약해지다가 완전히 사라진다. 아마 서기 80년대에 쓰였을 루카의 복음서의 저자는, 비록 자신의 때에 종말이 올 것이라고 생각했을지는 모르지만, 마르코의 복음서에서 가져온 예수의 말을 그가 제자들의 생전에 마지막 때가 올 것이라고 예언을 하지 않는 것으로 바꾸어놓았음을 상기하라. 요한의 복음서는 그러한 전승을 수정하기보다는 사실상 그것들을 없애버렸다.(그럼에도 약간의 잔재들이 남아 있기는 하다; 요한 5:28-29 참고) 가장 나중 자료인 토마의 복음서는 한 걸음 더 나아가서 종말론적 메시지에 반대하며 하느님의 왕국은 세상 끝에 올 것이라고 주장한다.(예: 토마 3, 18, 113)

이러한 자료들을 우리는 어떻게 이해해야 할까? 예수 자신과 가장 가까운 자료들은 그를 종말론자로 묘사하고 있다. 시간이 흐를수록 묘사가 점점 바뀌어갔고 1세기 말, 2세기 초에 이르러서는 그런 견해는 완전히 사라지거나 명백하게 거부된다. 우리는 여기에서 어떤 경향을 볼 수 있다. 시간이 흐르면서 그리스도교인들은 예수가 다가오는 왕국의 종말론적 예언자라는 것을 보여주는 이전의 전승에 불만을 갖게 되었다.

이러한 판단은 학자들이 예수의 언행을 재구성하기 위해 사용하는 구체적인 기준들을 살펴봄으로써 유지될 수 있다.

구체적 기준들의 고려

아마도 가장 쉬운 방법은 우리의 기준을 역순으로 고려하는 일일 것이다.

맥락적 신뢰성 맥락적 신뢰성contextual credibility 측

면에서 예수를 종말론자로 보는 데는 전혀 문제가 없다. 우리는 정확히 그의 시간과 장소였던 1세기 팔레스티나에 많은 종말론적 유대인들이 있었다는 것을 알고 있다. 많은 유대인들은 우리에게 글을 남겼고(예: 다니엘서와 사해 두루마리, Box 15.7 참고), 다른 이들은 글에 묘사되었다.(예: 세례 요한, 테우다스, 이집트인) 예수가 역사를 단절시키는 대재앙이 닥칠 것을 기대하는 종말론자였다 하더라도 그는 당시의 상황에서는 전혀 두드러지지 않았을 것이다. 많은 다른 사람들—선생님, 예언자 그리고 일반 사람들—도 비슷한 생각들을 하고 있었다.

비유사성의 기준 어떤 면에서는, 우리의 기준 중 가장 까다로운 것, 즉 비유사성의 관점criterion of dissimilarity에서 볼 때 종말론자로서 예수의 다양한 전승에 대해 우리가 말할 수 있는 것은 그리 많지 않다. 내가 이미 지적한 바와 같이 그의 추종자들은 대부분 그의 의견에 동의했기 때문에 그의 추종자들이었고, 그의 메시지의 주제가 사람의 아들의 등장과 함께 곧 세상의 종말이 오리라는 것이었다면 제자들은 그 메시지와 뭔가 꽤 비슷한 말을 했을 것이다. 그러나 종말론적 전승들에는 그것들을 진정성 있게 보이도록 만드는 측면들이 있다. 즉, 예수가 다가오는 종말에 대해 말하는 몇몇 방식은 나중에 그의 추종자들이 그에 관해 이야기한 방식과 일치하지 않으며, 이러한 사실은 그가 한 이들 특정한 말들이 제자들이 만들어낸 게 아니라는 것을 암시한다.

마르코의 복음서 8장 38절을 예로 들어보자. "음탕하고 죄 많은 이 세대에서 누구든지 나와 내 말을 부끄럽게 여기면 사람의 아들도 아버지의 영광에 싸여 거룩한 천사들을 거느리고 올 때에 그를 부끄럽게 여길 것이다." 이제 우리는 초기 그리스도교인들이 예수 자신을 사람의 아들이라고 믿었다는 것을 안다.(묵시 1:13 참고) 그 때문에, 예수가 복음서에서 자신을 사

Box 14.3 오, 작은 마을 나사렛

예수의 어린 시절에 대해서는 알려진 바가 거의 없지만 한 가지 확실한 것은 그가 요셉과 마리아의 고향인 나사렛에서 자랐다는 것이다. 이 전승은 여러 번 증언되며(마르 1:9; 마태 1:23; 루카 4:16; 요한 1:45) 상이성의 기준을 만족할 만하게 통과한다. 나사렛은 팔레스티나에 사는 대부분의 사람들에게 알려지지 않은 작은 마을이었다. 세상의 구원자가 그런 곳 출신이라는 이야기를 누가 꾸며냈을 리는 없을 것 같다. 요한의 복음서에서는 나타나엘이 놀라서 "나사렛에서 무슨 신통한 것이 나올 수 있겠소?"(요한 1:46)라고 물을 정도다.

히브리어 성서에는 나사렛이 아예 등장하지도 않으며 그 지역의 유대 장군이었던 요세푸스(Box 4.4 참고)도 근처의 46개 마을들은 언급했지만 나사렛은 언급하지 않았다. 갈릴래아에서 성문화된 미슈나Mishnah에도 그런 지명은 나오지 않는다.

고고학자들은 예수 당시의 나사렛의 모습을 알아내기 위해 발굴 작업을 수행했다. 어느 모로 보나 그곳에서의 삶은 꽤 암울했다. 그곳에는 공공건물(회당, 마을 건물), 포장된 거리, 수입품 또는 어떤 종류의 사치품도 보이지 않았다. 그 마을은 생존을 위해 거의 농업에만 의존했던 것으로 보인다. 예수 시대에 마을의 주거 지역은 10에이커 미만, 거주 인구는 200명에서 400명 사이였을 것으로 추정된다. 주거 환경은 원시적이었다. 오두막과 소작농 가옥들은 층층이 쌓아 올린 다듬은 자연석들로 만든 작은 동굴들 위에 지어졌고 진흙, 점토, 가축의 똥을 짚과 혼합하여 벽을 만들었다.

예수의 유년은 한마디로 외진 농경지역 농민의 피폐한 삶이었다. 초기 복음서에서 성인이 된 그가 예루살렘으로 마지막 돌아올 수 없는 여행을 떠나기 전까지 큰 도시들을 피해 작은 마을과 시골 지역에서 모든 시간을 설교하는 데 보냈다고 나와 있는 것은 어쩌면 당연한 일이다.

람의 아들이라고 말할 때 그것이 그가 실제로 말한 의미인지 아니면 그가 사람의 아들이라고 믿었던 그리스도교인들이 그가 그렇게 말했다고 "기억"한 것인지 알 수가 없다. 그러나 마르코의 복음서 8장 38절에서는 그가 자신에 대해 말하고 있다는 징후가 없다. 사실, 만약 여러분이 예수가 사람의 아들이라는 그리스도교적 개념을 미리 알지 못했다면, 이 말에서 그런 의미를 유추할 수 있는 방법은 없을 것이다. 오히려, 그 말을 있는 그대로 받아들이면 예수는 다른 사람을 지칭하는 것처럼 보인다. 그 구절을 다시 표현해보면, "내 말에 관심을 기울이지 않는 자는 누구든 사람의 아들이 세상에 오면 큰 곤경에 처할 것이다", 즉 세상이 끝나면 하늘에서 내려온 우주적 심판관이 예수의 메시지를 거부하는 사람들을 처벌할 것이라는 뜻으로 읽는다.

내 말의 요점은 그리스도교인들은 예수를 심판의 날에 올 사람의 아들로 생각했기 때문에 예수와 사람의 아들이 별개의 존재일 수도 있을지 모른다고 생각할 여지가 있는 말을 그들이 지어낼 가능성은 없어 보인다는 것이다. 그것은 아마도 예수가 마르코의 복음서 8장 38절의 말을 했을 것이라는 사실을 의미한다.

아니면 두 번째 예를 들어보자. 마태오의 복음서 25장 말미에는 예수의 마지막 심판의 유명한 묘사가 나오는데, "사람의 아들이 영광을 떨치며 모든 천사들을 거느리고 와서 영광스러운 왕좌에 앉게 되면"(마태 25:31)이다. 모든 민족이 사람의 아들의 앞에 나오면 양치기가 양과 염소를 구별하는 것과 같이 그가 그들을 두 무리로 나눌 것이다. 그는 오른편에 있는 "양"들을 환영하며 불러들여서, "창조 때부터 너희를 위하여 준비한 이 나라를 차지하여라"라고 할 것이다. 왜 그들은 왕국에 들어갈 자격이 있는 것일까? 왕은 말한다. "너희는 내가 굶주렸을 때에 먹을 것을 주었고 목말랐을 때에 마실 것을 주었으며 나그네 되었을 때에 따뜻하게 맞이하였다. 또 헐벗었을 때에 입을 것을 주었으며 병들었을 때에 돌보아주었고 감옥에 갇혔을 때에 찾아주었다." 그러나 의로운 사람들은 이 영광스러운 인물을 위해 그들이 아무 일이라도 한 것은 고사하고 그를 본 적도 없었기에 그의 말을 이해할 수 없다. 그들은 묻는다. "주님, 저희가 언제 주님께서 주리신 것을 보고 잡수실 것을 드렸으며 목마르신 것을 보고

마실 것을 드렸습니까? 또 언제 주님께서 나그네 되신 것을 보고 따뜻이 맞아들였으며 헐벗으신 것을 보고 입을 것을 드렸으며, 언제 주님께서 병드셨거나 감옥에 갇히신 것을 보고 저희가 찾아가 뵈었습니까?" 그러자 왕이 그들에게 대답한다. "분명히 말한다. 너희가 여기 있는 형제 중에 가장 보잘것없는 사람 하나에게 해준 것이 바로 나에게 해준 것이다."(25:34-40)

그런 다음 그는 왼편에 있는 "염소" 무리에게로 돌아서서 그들에게 "이 저주받은 자들아, 나에게서 떠나 악마와 그의 부하들을 가두려고 준비한 영원한 불 속에 들어가라"고 말하며 저주한다. 이유가 무엇일까? "너희는 내가 주렸을 때에 먹을 것을 주지 않았고, 목말랐을 때에 마실 것을 주지 않았으며 나그네 되었을 때에 따뜻하게 맞이하지 않았고, 헐벗었을 때에 입을 것을 주지 않았으며, 또 병들었을 때나 감옥에 갇혔을 때에 돌보아 주지 않았다." 사람의 아들의 질책을 받은 사람들도 이 왕 중의 왕을 이제까지 만나본 적이 없기에 놀라서 묻는다. "주님, 주님께서 언제 굶주리고 목마르셨으며, 언제 나그네 되시고 헐벗으셨으며, 또 언제 병드시고 감옥에 갇히셨기에 저희가 모른 체하고 돌보아 드리지 않았다는 말씀입니까?" 그에 대해 그는 대답을 해준다. "똑똑히 들어라. 여기 있는 형제들 중에 가장 보잘것없는 사람 하나에게 해주지 않은 것이 곧 나에게 해주지 않은 것이다."(25:41-46) 그는 그들을 '영원한 벌'에 처하지만 의인들은 '영원한 생명을 누리는 곳'으로 들여보낸다.

이 이야기에서 두드러지는 것은, 비유사성의 기준을 고려할 때, 여기에는 특별히 그리스도교적인 것이 없다는 것이다. 즉, 미래의 심판은 예수의 죽음과 부활에 대한 믿음이 아니라 어려운 사람들을 위해 좋은 일을 하는 것에 기초해 행해진다. 물론 그리스도교도는 도덕적으로 올바르고 타인을 사랑하는 삶을 항상 믿고 실천하려 해왔다. 하지만 선행으로 구원을 얻을 수 있을까? 바울로로 대표되는 후기 그리스도교인들과 복음서의 저자들은 앞으로 다가올 왕국으로 들어갈 수 있는 근거는 예수에 대한 믿음이라고 주장했다. 그러나 이 구절에서는 예수에 대한 믿음을 주장하는 아무 암시도 없다. 심판을 받는 사람들은 예수를 알지도 못한다. 이곳에서 중요한 것은 가난하고 억압받고 가난

한 사람들을 돕는 것이다. 그리스도교인이 이런 구절을 만들어냈을 가능성은 없어 보인다. 결론은? 아마 이 말은 예수가 실제로 말했을 것이다.

나중에 보게 되겠지만, 이 기준을 통과하는 다른 종말론적 자료들도 있다. 하지만 지금으로서는 종말론자로서의 예수에 대한 전승은 문맥적으로 믿을 수 있을 뿐만 아니라, 그들 중 일부는 비유사성의 기준을 통과하고 있는 것으로 보인다는 것이다.

독립적 입증의 기준 다행히 내가 이미 말한 것을 고려하면, 종말론적 전승에 대한 독립적 입증independent attestation에 대해서는 말할 필요가 없을 것이다. 이러한 전승들은 일찍부터 존재했을 뿐만 아니라 우리의 독립적인 자료들에 스며들어 있다. 우리는 예수가 마르코, Q, M, L 자료에서 종말론자로 묘사되어 있는 것을 발견한다.(여기에서 인용하지 않은 수많은 구절이 있다. 참고 문헌 목록을 참고하라) 그런 전승의 조각들은 심지어 요한의 복음서에서도 발견되며(예를 들어 요한 5:28-29), 그것들은 후기의 토마의 복음서에서 반박되기도 한다.(그것을 믿는 사람들이 없다면 반박할 이유가 있었을까?) 이 모든 자료들은 서로 독립되어 있고 어느 정도는 모두 예수를 종말론적으로 묘사했다.

이 기준들만으로 나는 예수가 어떤 의미에서 종말론자였을 것이라고 생각하는 것이 정당하다고 생각한다. (물론, 우리는 그가 구체적으로 말하고 행한 것을 아직 탐구하지는 않았지만, 분명 종말론적인 내용일 것이라고 장담할 수 있다!) 하지만 나는 가장 강력한 주장을 하나 마지막으로 남겨놓았다.

간단히 말해서, 우리는 예수의 공적인 사역이 시작될 때 무슨 일이 일어났는지, 그 여파로 어떤 일이 일어났는지 합리적 의심의 여지가 없을 정도로 분명히 알고 있다는 것이다. 두 시기 사이에는 예수의 공생애 자체가 존재한다. 이 사역은 확실히 종말론적 입장에서 시작되었고, 그 여파는 계속 종말론적이었다. 예수가 두 시기의 연결 고리이기 때문에 그의 메시지와 사명, 언행도 종말론적이었을 것이다. 즉, 시작과 끝이 가운데의 내용을 알 수 있는 열쇠다.

중간의 내용을 알려주는 단서로서의 시작과 끝

예수가 어떻게 사역을 시작했는지에 대해서는 의심의 여지가 없다. 그는 요한의 세례를 받는 것으로 활동을 시작했다. 이 이야기는 여러 자료들에서 독립적으로 증명된다. 마르코의 복음서, Q 자료, 요한의 복음서는 모두 예수가 세례를 받는 것으로 시작된다. 또, 일반적으로 세례를 주는 사람이 세례를 받는 사람보다 영적으로 우월하다고 이해되었기 때문에(즉 비유사성의 기준을 통과하고 있기 때문에) 그것은 초기 그리스도교인들이 만들어냈을 만한 이야기가 아니다. 더욱이 이 장의 앞에서 논의한 내용을 보자면, 우리는 그 사건이 문맥적으로도 신뢰할 수 있다는 것을 알 수 있다. 요한은 팔레스티나에서 1세기 동안 일어난 "예언자들" 중 한 명이었던 것으로 보인다. 테우다스와 이집트인the Egyptian처럼 그는 하느님이 예전처럼 원수를 멸하고 백성에게 상을 주려 한다고 예언했다. 그들 예언자들처럼 요한도 권력자들에게 살해된다.

세례 요한은 다가오는 파괴와 구원의 메시지를 설교한 것으로 보인다. 마르코는 하느님이 다시 이스라엘 백성들을 광야로부터 약속의 땅으로 불러들일 것이라는 이사야의 예언의 완성을 선언하는 광야의 예언자로 그를 묘사한다.(마르 1:2-8) 히브리 성서에 따르면, 이 일이 처음 일어날 때 그것은 이미 이 땅에 있는 국가들에게는 파괴를 의미했다. 요한은 이 임박한 사태에 대비하여, 죄를 회개한 자, 곧 이 왕국에 들어갈 준비가 된 자들에게 세례를 베풀었다. Q 자료는 더 많은 정보를 준다. 요한은 자신을 보러 나온 무리에게 종말론적 심판의 분명한 메시지를 전한다. "이 독사의 족속들아, 닥쳐올 징벌을 피하라고 누가 일러주더냐? 너희는 회개했다는 증거를 행실로 보여라. (……) 도끼가 이미 나무 뿌리에 닿았으니 좋은 열매를 맺지 않는 나무는 다 찍혀 불 속에 던져질 것이다."(루카 3:7-9) 심판이 임박해 있고(도끼가 이미 나무뿌리에 놓여 있다) 그것은 보기 좋은 광경은 아닐 것이다. 심판을 준비하는 과정에서 유대인들은 더 이상 하느님과의 언약 관계에 의존할 수 없다. "'아브라함이 우리의 조상이다' 하는 말은 아예 하지도 마라. 사실 하느님은 이 돌들로도 아브라함의 자녀를 만드실 수 있다."(3:8) 그들은 회개하고 하느님이 그들에게 요구한 것을 행함으로써

Box 14.4 세포리스의 예수?

비록 예수는 유대인 소작농들이 사는 작은 시골 마을인 나사렛 출신이지만, 일부 학자들은 예수가 사실 고등교육을 받았고 도시 생활에 익숙했으며, 그리스의 철학적 전통(예: 견유학파)에도 조예가 깊었고, 심지어 그리스 종교와 연극에도 정통했다고 주장한다. 어떻게 그런 주장을 할 수 있는 것일까? 어떤 이들은 그런 주장의 근거로 예수가 친로마적이었고 헬레니즘 문화로 유명한 도시였던 세포리스Sepphoris 근처에서 유년기와 청년기의 많은 시간을 보냈다고 주장한다.

세포리스는 나사렛에서 불과 4마일 떨어진 거리에 있었다. 그 도시는 예수가 태어났을 무렵에 로마의 통치에 항거하는 반란이 일어나 파괴된 후, 예수의 유년 시절에 헤로데 안티파스(세례 요한을 처형한 사람으로 복음서에 등장한다)에 의해 인구 1만여 명의 갈릴래아의 주요 도시로 재건되었다.

어떤 주장에 의하면, 예수는 나사렛으로부터 세포리스로 일을 하러 와서 자신의 목공 기술을 사용하여 그리스 극장을 짓고, 다른 주요 건축 프로젝트에 참여하며 도시에서 시간을 보냈다고 한다. 쉬는 시간에는 도시 생활과 헬레니즘 문화를 배우며, 그리스어를 배우고 철학적 사상들에 익숙해졌고 에우리피데스의 연극들을 보러 극장에도 다녔다는 것이다.

흥미로운 가설로서 그것이 사실이라면 예수에 관해 많은 것들을 주장할 수 있다. 그런 가설이 없다면, 예수가 그리스어나 철학, 도시 문화를 안다고 생각하기 어려울 것이다.

문제는 그것에 대한 증거가 거의 없다는 것이다. 세포리스는 복음서나 신약성서 어디에서도 그리고 예수에 대한 어떠한 전승에서도 결코 언급되지 않는다. 복음서들에 따르면 예수가 공적 사역을 시작할 때부터 유월절을 지키기 위해 예루살렘으로 올라가는 마지막 여행 때까지 그는 모든 큰 도시들을 피해 작은 마을들과 외딴 시골에서 시간을 보낸다. 나사렛이 세포리스에서 일하는 노동자들이 거주하는 지역이었다는 증거도 없고 대부분의 역사학자들은 농민들이 일반적으로 그들이 사는 곳에 머물며 일했을 뿐 여행을 하지 않았다고 주장한다. 주 6일 장시간 노동을 해야 했고 안식일에도 (모세 율법에 의해) 여행하는 것이 허용되지 않았던 유대인 소작농들에게는 마을을 떠나 대도시로 가는 4마일의 여행조차 흔한 일이 아니었을 것이다. 세포리스의 극장이 예수의 사후 거의 50년이 지나서야 지어졌다는 고고학자들의 주장을 고려하면 예수가 극장에 다녔다는 것도 있을 법한 일은 아니다.

예수가 세포리스의 헬레니즘 도시 문화의 중심지에 자주 출입했다는 생각은 흥미롭기는 하지만, 현실성이 없는 것으로 보인다. 예수는 나사렛의 작은 유대인 마을(Box 14.3 참고) 출신의 소작농이었으며, 마지막의 치명적인 예루살렘 여정 때까지 자신과 비슷한 배경을 가진 사람들을 가르치며 사역을 수행했다.

하느님에게 돌아서야 한다.

예수는 이 예언자의 세례를 받으려고 광야로 나갔다. 하지만 왜 요한에게 간 것일까? 아무도 그를 강요하지 않았기 때문에, 그는 자발적으로, 그의 메시지에 동의했기 때문에 요한에게 간 것이 틀림없다. 예수는 토라의 철저한 준수를 강조하는 바리사이파 사람들에 속하지도 않았고 신전 예식들을 통해 하느님을 경배하는 데 주력했던 사두가이파 사람들 편도 아니었다. 그는 그들의 의례적인 순수성을 유지하기 위해 수도원 공동체를 형성했던 에세네파와도 연관되지 않았고 로마의 지배에 대한 폭력적인 항거를 주창했던 "제4철학"의 가르침을 따르지도 않았다. 그는 광야의 한 종말론 예언자와 연합하여 그 시대의 종말을 예언했다.

예수는 그렇게 공생애를 시작했다. 그러나 그가 사역을 하는 도중 자신의 견해를 바꾸고 요한의 가르침 이외의 것에 관심을 가지기 시작했다는 것이 가능할까? 확실히 가능한 얘기지만 만약 그랬다면 왜 그의 생애를 다룬 초기의 자료들에서 예수가 그토록 많은 종말론적 주장들을 한 것으로 나오는지 설명할 수 없다. 더 심각한 것은, 그의 활동의 여파로 분명하게 나

Box 14.5 종말론적 예언자로서의 예수

1. 예수에 대한 가장 초기의 전승은 그를 종말론적 예언자로 묘사한다.
2. 이러한 전승들 중 많은 것들이 독립적인 입증, 비유사성, 맥락 신뢰성이라는 역사적 기준을 통과한다.
3. 예수가 종말론적 예언자였다는 사실은 다음 사항들을 설명해준다.
   a. 그는 자신을 종말론적 예언자인 세례자 요한과 동일시하며 자신의 사역을 시작했다.
   b. 그의 사역 이후에 형성된 초기 교회도 그들의 전도와 사명에서 종말론적인 메시지를 전했다

타난 것도 설명하지 못할 것이다. 나는 우리가 예수의 사역이 어떻게 시작되었는지에 대해 비교적 확신할 수 있다고 주장했다. 우리는 예수의 사역의 결과로 어떤 일이 생겼는지에 대해서는 더 확신할 수 있다. 예수가 죽은 후 그를 믿는 사람들은 지중해 전역에 신자들의 공동체를 설립했다. 이 그리스도교인들 중 일부는 우리에게 기록들을 남겼기 때문에 우리는 이들이 무엇을 믿었는지에 대해 잘 알고 있다. 이들 초기의 저술들에는 종말론적 사고가 배어 있다. 가장 초기의 그리스도교인들은 그들이 시대의 끝에 살고 있고 예수 자신이 하느님을 적대하는 사람들을 벌하고 신자들에게 상을 주기 위해 우주적 심판자로서 하늘에서 돌아오리라고 믿었던 유대인들이었다.(예: 1테살 4:13-18; 1코린 15:51-57; 둘 다 초기 그리스도교 저자 바울로의 글들) 예수의 뒤에 등장한 교회들은 종말론적인 신앙을 가지고 있었다.

예수의 사역은 종말론적 예언자인 세례 요한과 함께 시작되었고 그를 믿는 종말론적 유대인들의 공동체인 그리스도교 교회의 설립이란 결과로 끝이 났다. 예수의 사역이 종말론적으로 시작되고 종말론적으로 끝났다는 사실은 우리에게 그 사이에 있었던 일을 해석할 수 있는 열쇠를 준다. 종말론자인 요한과 종말론적인 그리스도교 교회 사이의 유일한 연결 고리는 예수 자신이었다. 가운데가 그렇지 않은데 어찌 시작과 끝이 모두 종말론적일 수 있겠는가? 많은 학자들은 예수 자신도 종말론자였으리라는 충분한 근거들을 지닌 것처럼 보인다.

포토에세이 2

예수와 복음서들의 물질세계

예수, 복음서들, 초기 그리스도교에 대한 대부분의 우리의 정보가 문헌들에서 나왔기 때문에, 대부분의 신약 학자들이 그것에 관심의 초점을 맞추어온 것은 당연한 일이다. 그러나 또 다른 연구 분야가 초기 그리스도교 운동을 이해하는 데 도움을 줄 수 있다. 고고학자들은 문헌보다는 고대 민족과 문화의 유물들을 발견하고 조사하려고 노력한다. 그들은 텍스트들을 해석하는 것보다는 특정한 시대와 장소에서 사는 것이 어떠했는지를 설명하는 데 도움을 줄 수 있는 문화적인 유물을 찾는 것에 관심이 있다. 때로는 공공건물, 개인 주택, 가구, 접시, 용기, 식기, 도구, 장난감들, 동전, 숭배의 대상 등 물질적인 문화 유물들이 문헌들에 언급된 것을 설명하는 데 도움이 될(때로는 의심을 품게 할) 수도 있다.

여기 보이는 사진들은 우리가 예수와 복음서를 더 깊이 이해하는 데 도움을 줄 수 있는 놀라운 고고학적 발견들 중 일부이다. 이들 중 다수는 예수와 복음 전파자들이 살았던 그리스-로마와 유대 세계를 조명한다. 다른 것들은 복음서의 이야기들과 직접적인 관련이 있다.

하지만 고대 유물들이 우리에게 직접적으로 어떤 사실들을 제공하지는 않는다는 점을 유념해야 한다. 고고학적 발견은 텍스트들과 마찬가지로 해석이 필요하다. 하지만 유물들을 고려하는 것은 과거로 가서 그것을 이해하는 또 다른 방법이다. 최고의 역사는 과거를 재구성하기 위해 물질적, 문헌적 유물들을 모두 사용한다.

고고학적 발견은 특히 복음서에 언급된 인물, 장소, 사건들에 대한 간접적인 확인을 제공하는 데 유용하다. 마찬가지로 우리에게 예수와 그의 추종자들이 살던 세상의 일상 감각, 상업, 정치적 사건 그리고 종교적 관행을 제공해 알게 해주는 발견들도 중요하다.

동상과 흉상들

현대 그리스도교인들은 때때로 그들이 숭배하는 예수가 실제로 어떻게 생겼는지 궁금해한다. 그들의 황제를 신성시했던 로마 제국의 사람들은(3장 참고) 그들의 외모에 대해 궁금해할 필요가 없었다. 제국 전역의 공공장소에서 황제들의 동상과 흉상들을 볼 수 있었기 때문이다. 도판 1과 2는 예수의 삶에 중요한 의미를 지녔던 두 황제들의 예이다.

도판 1　초대 황제 카이사르 아우구스투스. 그의 통치 기간(기원전 27-서기 14년) 중에 예수가 태어났다.

도판 2 아우구스투스의 후계자 (14-37년)인 티베리우스. 그의 치하에서 예수가 십자가에 못 박혔다.

였다.

(문헌의 기록이 존재하지 않는) 로마 세계의 일부 지역을 알기 의해서는 비문은 그곳의 사람들의 문화와 종교에 대한 최고의 정보원이다. 때때로 비문은 우리가 문헌 자료로부터 이미 알았거나 추측했던 것을 확인시켜준다.

비문

가장 중요한 고고학적 발견물들 중 일부는 비문들—종이(또는 파피루스나 양피지)에 기록되지 않고 비석, 질그릇 조각들, 특히 기념비나 벽과 같은 단단한 표면에 새겨진 글씨들—이다. 문헌이 널리 유통되지 않던, 게다가 대부분의 사람들이 글을 읽을 수 없었던 시대에, 공공장소의 비문들은 법을 알리고, 중요한 승리나 성공을 선언하고, 건물을 헌납하고, 신이나 인간의 호의에 대한 감사를 표하고, 국가나 도시의 선전을 하고, 누군가의 업적을 알리는 대중 소통의 흔한 형태

도판 3 이 비문은 예루살렘의 신전에서 발견된 것으로 요세푸스가 신전이 성별되었다고 기록한 것을 확증해준다. 요세푸스는 이방인이 성벽 안으로 들어갈 수 있지만, 유대인들만 들어갈 수 있는 '이스라엘의 뜰'에는 들어갈 수 없다고 말했다. 그리스어로 쓰인 이 비문은 내전으로 들어가는 입구들 중 하나에 세워져 있는데, 다음과 같은 경고를 담고 있다. "이방인은 성소 주변의 난간 너머 앞뜰에 들어갈 수 없다. 누구든지 그곳에서 붙잡힌 사람은 자신의 죽음에 스스로 책임을 져야 할 것이다."

도판 4 기둥에 새겨진 이 기념비문은 제국 전역에서 찾아볼 수 있는 것과 비교할 만하다. 이것은 소아시아 사르디스에서 제작되었으며 그 도시가 투표에 의해 티베리우스 황제에 수여하기로 한 영예들을 나타낸다.

신전들

로마 제국 전역의 공공장소에 있는 건물들 중에서도 신들이 숭배되던 신전들은 특히 두드러진 존재였는데 특정한 시나 지역의 신들이나 오늘날 우리들이 그리스 로마 신화를 통해 알고 있는 유명한 신들을 위한 곳이었다. 신전들은 크기와 디자인이 매우 다양했는데, 어떤 신전들은 작고 단순한 구조물들이었지만 일부 신전들은 많은 돈을 들여 거대하고 정교하게 지어졌다.

그러나 신전들은 공통적인 특징들을 지니고 있었다. 신전은 신의 이미지가 내실에 모셔진 신의 집이라고 여겨졌다. 신전은 기도, 찬송가, 향, 동물의 희생을 통해 신(또는 신들, 일부 신전들은 하나 이상의 신들에게 바쳐졌다)을 숭배하는 장소였다. 제단은 신전 건물 바깥에 있었는데 그곳에서 신에게 희생되는 동물들이 도살되고 특정 부위들이 불태워졌다. 나머지는 숭배자들이 집이나 신전에 연결된 부속 시설에서 요리하여 먹었다. 동물들을 희생하는 이런 제사들은 식구들, 친구들이 모여 음식과 음주를 즐길 수 있는 기회로서 사람들이 기대를 가지고 고대하는 특별한 행사였다.

대부분의 고대 사원들은 현재 폐허로 남아 있지만, 종종 그 폐허들은 그것들이 당대에 얼마나 장관이었을지를 보여준다.

도판 5 제라슈(오늘날의 요르단)에 있는 아르테미스 여신에게 바쳐진 그리스 신전.

도판 6 아테네의 제우스 신전.

쿰란과 사해 문서

현대의 가장 중요한 고고학적 발견 중 하나는 전문 고고학자가 아니라 유대 황야에 살고 있던 한 베두인인에 의해 완전히 우연하게 이루어진 것이었다. 1947년, 우연히 사해의 바로 서쪽 지역에 있는 한 동굴에 들어갔던 양치기 소년이 아주 오래된 두루마리들이 들어 있던 토기 항아리 몇 개를 발견했다. 하지만 이것은 이야기의 시작에 불과했다. 고대 문서의 은닉처가 발견되었다는 소식이 알려지자, 다른 베두인족 사람들(이런 발견물들이 가져올 수 있는 돈에 관심이 있었던)과 전문 학자들(이 발견물이 알려줄 수 있을 것에 관심이 있었던)은 주변의 동굴을 수색하기 시작했다. 고고학자들은 또한 근처의 폐허도 발굴했다.

근처에 있는 수백 개의 동굴 중 열한 개의 동굴들이 고대 문헌들의 유물을 가지고 있었다. 양치기 소년이 항아리에서 발견한 것을 포함한 몇몇 텍스트는 매우 잘 보존된 훌륭한 두루마리들이었고, 다른 것들, 특히 네 번째 동굴에서 발견된 것들은 처참한 상태였다. 그곳에서 발견된 것은 세월의 무게를 견디지 못한 채 두루마리에서 떨어져 나온 수천 개의 조각들이었다.

현재 쿰란(그 옆에 있는 와디(wadi, 건천)의 이름에서 따왔다)이라고 불리는 지역에 정착해서 살았던 것으로 보이는 에세네파에 의해 남겨진 사해 사본들은 고대 역사가들에게 아주 귀중한 정보들을 제공한다. 그것들은 이제까지 알려진 가장 오랜 성서들보다 천년 전의 히브리어 성서 본문들과 글들을 포함하고 있기 때문이다.

사해 문서와 그것이 신약과 역사적 예수 연구에 얼마나 중요한지에 대한 자세한 내용은 4장을 참고하라.

도판 7 사해 서쪽, 쿰란 공동체 근처의 황무지에 있는 동굴들 중 일부. 이곳에서 사해 문서가 발견되었다.

도판 8 쿰란에서 발견된 두 개의 두루마리. 왼쪽의 구리 두루마리(구리를 말아서 만든, 보물이 묻힌 장소가 적힌 매우 특이한 두루마리)는 3번 동굴에서 발견되었고, 오른쪽의 시편 두루마리(외경의 시편들과 히브리어 성서의 시편들을 담고 있다)는 11번 동굴에서 발견되었다.

카파르나움

복음서에서 가장 중요한 장소 중 하나는 카파르나움으로, 고향 나사렛을 떠난 예수가 자신의 설교 사역을 위해 활동 기반으로 선택한 곳이다.(마태 4:13 참고) 나사렛은 200~400명의 유대인 농민들이 사는 작은 마을이었다. 카파르나움은 그보다 한 단계 더 높은 위치에 있었는데, 그곳에는 회당을 포함한 공공건물들이 있었고, 인구도 더 많았으며(최근 추정으로는 600~1,500명 정도), 갈릴래아호Sea of Galilee를 통해 다른 지역으로 쉽게 갈 수도 있었다.

19세기 이후 고고학자들은 카파르나움에서 중요한 발견을 해왔다. 그곳에서 발굴된 회당은 4, 5세기에 만들어진 것이지만, 예수가 마르코의 복음서 1장 21절에 설교했다고 전해지는 이전 건축물의 터에 서 있을 가능성도 있다. 게다가 1960년대에 이탈리아 고고학자들은 예수가 머물렀던 시몬 베드로의 집을 5세기에 그 장소를 기념하기 위해 세운 교회 아래에서 발견했다고 주장했다.

도시 자체에 대한 고고학적 조사 결과, 이교도들의 영향력에 대한 어떠한 증거도 발견되지 않았고, 많은 부를 암시하지도 않았다. 가옥은 현무암 암반 위에 주로 초가지붕과 흙바닥을 얹은 돌로 만들어졌다. 이곳은 주로 갈릴래아 호수 연안에 있는 유대인 어촌 마을이었는데, 아마도 예수가 인근의 다른 지역으로 물길을 통해 쉽게 접근할 수 있었기 때문에 그의 사역의 중심지로 선택했을 것이다.

도판 9 현무암 위에 지어진 카파르나움 회당의 잔해.

도판 10 카파르나움 회당은 4세기에서 5세기 사이에 지어졌을 것으로 추정되며, 아마도 예수 시대의 회당 터 위에 지어졌을 것이다.

갈릴래아 호수

1986년 갈릴래아 호수 북서쪽의 키부츠 긴노사르 강변에 살던 두 명의 아마추어 고고학자에 의해 놀라운 발견이 이루어졌다. 거의 2년 동안 계속되던 극심한 가뭄으로 인해 갈릴래아 호수의 물속 일부를 도보로 탐사할 수 있게 되었고, 여러 개의 동전과 못들을 발견하던 그들은 어느 날 진흙 속에 파묻힌 타원형 배의 윤곽을 발견했다.

몇 가지 조사 후, 그들은 배가 상당 기간 동안 묻혀 있었음을 깨달았다. 그들이 접촉한 전문가는 드러난 배의 윗부분을 보고 그것이 아주 오래된 배라는 것을 알아냈다.

정교한 인양 작업이 펼쳐졌고, 진흙 속에서 건져진 배는 특별 제작된 수용 시설로 옮겨진 후 전문가들에 의해 세심하게 연구되었다.

이 배는 아마도 예수와 그의 제자들이 배를 타고 갈릴래아 호수를 건너던 1세기까지 시기가 거슬러 올라가는 것으로—그들이 이용하던 것과 같은 배로—추정된다. 그것이 발견된 지점은 예수가 자신의 사역을 펼치던 카파르나움에서 불과 4마일 정도 떨어진 곳이다.

도판 11 '갈릴래아 호수 보트'는 1986년에 발견되었다. 길이 8미터, 너비 2.3미터, 높이 1.4미터의 그 배는 돛대가 있어서(남아 있지 않음) 바람으로 항해하거나 노를 사용할 수도 있었다. 이 배는 오랫동안 어선으로 사용되었으며(이미 여러 번 수리된 흔적이 있었다), 아마도 화물과 승객의 운송용으로도 사용되었을 것이다.

도판 12 갈릴래아의 카파르나움에서 나온 이 모자이크는 도판 11의 난파선과 비슷했을 모양의 배를 묘사하고 있다.

예수의 생애에 등장하는 인물들

고고학이 우리의 초기 그리스도교 문헌들을 통해 알려진 역사적 사건들을 구체적으로 확인해주는 경우는 드물다. 그러나 몇몇 중요한 발견들은 복음서와 요세푸스 같은 이들의 문헌을 통해서만 알려진 역사적 인물들에 대한 확증을 제공했다.

도판 13 1962년, 이탈리아 고고학자들은 카이사리아에서 이 돌조각을 발견했다. 이 돌은 4세기에 극장을 재건하는 데 재사용되었다. 이 돌에 보이는 비문의 일부에는 "이 티베리움, 유대 총독, 폰티우스 필라투스가, 했다……"라고 쓰여 있다. 예수를 사형에 처했던 유대 총독 필라투스의 이름이 남아 있는 유일한 비문이다.

도판 14 복음서에 따르면, 예수가 체포되었을 때 카야파라는 사람이 예루살렘의 대사제였다고 한다. 1990년 예루살렘의 건설 현장에서 인부들은 우연히 카야파 가문의 무덤을 발견했다. 무덤 안에는 죽은 사람의 뼈를 보관하기 위해 보통 사용되는 이 석조 유골 단지가 있었다. 내부에 있는 유골들 중에는 분명히 카야파의 유골도 있을 것이다. 상자 옆면에는 놀랍게도 "Yehosef bar Ciapha(카야파의 아들 요셉)"이라는 아람어가 쓰여 있다.

십자가 처형

십자가 처형은 광범위한 고대 문헌에서 언급되고 있으며, 로마인들이(이 처형 방식을 발명한 것은 로마인들이 아니라 훨씬 이전의 페르시아인들이었다) 행한 다양한 십자가 처형 방식들에 관한 언급도 가끔 찾아볼 수 있다. 그러나 그것이 구체적으로 어떻게 이루어졌는지에 대한 명확한 설명은 없다. 최근까지 이 처형 방식을 보여주는 고고학적 증거는 단 한 점도 없었다.

그러나 1968년 예루살렘 교외에서 중요한 고고학적 발견이 이루어졌다. 십자가에 못 박힌 여호하난(Yehohanan, 요한)이라는 이름의 남자의 유골이 들어 있는 유골함이 그것이었다.

여호하난은 발목을 통해 곧게 세워진 나무 기둥에 못이 박혀 있었으나 못이 나무의 옹이에 부딪쳐서 휘어져 사후 제거하기가 어려웠다. 그래서 그는 발목뼈에 나무와 못이 박힌 채 묻혔다.

그의 유골의 발견은 상당한 반향을 일으켰고, 그것들을 조사한 전문가들은 몇 가지 중요한 역사적 사실들을 찾아냈다. 여호하난은 신장 1미터 65센티미터에 20대 중반이었으며 발목이 기둥 옆쪽에 못 박혀 있었다. 그의 양팔은 못 박히지 않고 묶여 있었다.

그러나 그것이 십자가 처형의 일반적인 방식이었는지는 의문시된다. 십자가 처형에 관해 꽤 잘 알고 있던 것으로 보이는 사람에 의해 1세기에 쓰인 예수에 관한 초기 전승은 아마도 예수가 양 손목과 발에 못이 박혔으리라고 추정한다.(요한 20:25 참고)

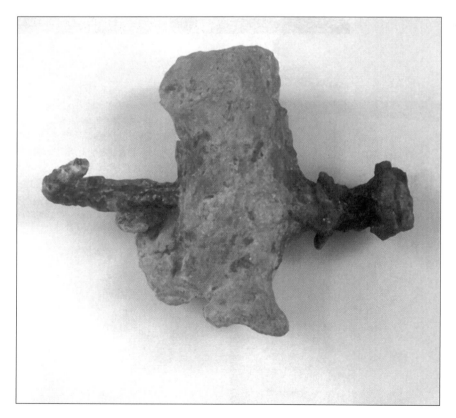

도판 15 십자가 처형을 당한 여호하난의 유해. 발목뼈에 못이 박혀 있다.

15장

예수, 종말론적 예언자

우리는 예수를 유대인 종말론자, 즉 역사의 과정에 하느님이 개입해서 악의 세력을 전복시키고 선한 왕국을 이끌어 오기를 기대한 사람으로 이해하는 것이 가장 정확하다는 것을 살펴봤다. 게다가 그는 이 일이 곧 일어날 것이라고 예상했다.

이 장에서 우리는 (1) 요한에 의한 예수의 세례와 12제자의 선택, (2) 도래할 사람의 아들과 하느님의 나라에 대한 그의 선언, (3) 우리에게 잘 알려져 있는 그의 마지막 날들과 시간들에 이르기까지 종말론적 관점을 통해 예수의 활동과 가르침을 더 잘 이해할 수 있다는 것을 알아본다.

이 장 말미에서 우리는 왜 로마인들이 예수를 처형했는지 고찰한다. 로마인들은 하느님이 곧 권력자들(예: 로마인들)을 전복시킬 것이라는 예수의 메시지를 유월절이라는 민감한 시기에 유대인들의 수도 예루살렘에서 예수가 대중을 선동하기 위한 시도로 보았을까?

예수를 종말론자라고 부르는 것은 예수가 다른 모든 유대인 종말론자들이 하던 말과 행동을 반복했다는 것을 의미하지는 않는다. 우리는 예수가 그의 생애 동안에 구체적으로 무엇을 가르치고 행했는지를 알고자 한다. 그러나 그의 전반적인 메시지가 종말론적이라는 점을 아는 것은 그에 대한 전승의 다른 측면들을 이해하는 데 도움을 줄 수 있다. 다음은 그의 업적과 가르침에 대한 간단한 설명이다.

예수의 종말론적 행동

십자가 처형

예수에 관한 전승의 가장 확실한 요소는 그가 로마의 유대 총독 폰티우스 필라투스Pontius Pilatus의 명령에 따라 십자가에 못 박혀 죽었다는 것이다. 십자가 처형은 다양한 출처에서 독립적으로 증명되고 있으며, 신자들이 하느님의 전능한 아들이라고 선언한 사람에 대해 꾸며내고 싶어 할 내용이 아니다.(Box 6.1 참고) 그렇다면 왜 예수는 십자가에 못 박혔을까? 이것은 재구성된 예수의 삶이 답해야 하는 문제이며, 그동안 제시되었던 몇 가지 해답들은 그다지 설득력이 없었다. 예를 들어 예수가 단순히 위대한 도덕적 스승이거나, 헌신적인 추종자들에게 하느님을 사랑하고 서로 사랑하라고 촉구한 점잖은 랍비이거나, 자기 소유를 버리고 소박하게 살라고 종용한 떠돌이 철학자였다면(Box 15.3 참고) 그는 위협적인 존재로 여겨져 십자가에 못 박힐 가능성이 없었을 것이다. 위대한 도덕 교사들은 그들의 가르침이 체제 파괴적이라고 여겨지지 않는 한 십자가에 못 박혀 죽을 일은 없었다. 추종자들이 많은 카리스마적인 지도자들도 그들의 추종자들이 위험하다고 생각되지 않는 한 마찬가지였다.

사회질서의 붕괴가 임박했음을 선언하고 부패한 지배 세력을 대신할 새로운 왕국의 도래를 선언한 체제 전복적인 교사, 선생들은 예수 당시에 예언자prophet로 불렸다. 신약성서와 요세푸스에 기록된 전승에 따르면 세례 요한은 그의 설교 때문에 투옥되어 처형되었다. 복음서에 따르면 그는 약속된 땅을 다스리도록 로마에 의해 임명된 헤로데 안티파스에 적대적인 설교를 했다. 예수도 그에 비해 조금도 나은 삶을 살지 못했다. 하느님의 심판을 예언한 사람들은 로마의 심판을 받기 쉬웠다.

그러나 예수의 경우 로마가 그의 처형 절차를 시작했는지는 명확하지 않다. 예수의 메시지는 로마 지배뿐 아니라 이들을 지지한 예루살렘의 유대인 지도부를 향했던 것으로 보이는데, 이는 진정성을 의심할 여지가 없는 또 다른 전승에서도 알 수 있다.

신전 사건

우리는 예수가 신전이 곧 하느님에 의해 파괴될 것이라고 예언했다는 것을 비교적 확실하게 알고 있다. 예수의 시대에 활동했던 다른 예언자들에 대해 우리

Box 15.1 종말론적 전승의 회피: 사라진 것 찾기

현존하는 초기 자료들이 대부분 예수를 종말론자로 묘사하고 있기 때문에, 이런 생각에 동조하지 않는 학자들이 주장하는 한 가지 흥미로운 접근은 지금은 사라진 다른 초기 자료들에서는 예수가 다르게 묘사되었다고 주장하는 것이다. 그런 생각들 중 가장 인기 있는 것은 지금은 전해지지 않는 Q 자료와 관련이 있다. 학자들은 그것에 관해 온갖 종류의 주장들을 해왔다—그것이 어떤 내용을 담고 있었는지(또는 때로는 그것에 절대로 담겨 있지 않았을 내용까지), 또한 그것의 생산자가 어떤 공동체였는지, 그들은 어떤 사회생활을 영위했는지. 존재하지도 않는 자료에 대한 논의치고는 굉장한 주장들이다!

Q 자료가 마르코의 복음서에서는 찾아볼 수 없지만 마태오의 복음서와 루카의 복음서가 공통적으로 사용한 자료였다면 그것이 종말론적 전승으로 가득하다는 사실 때문에 이것은 중요한 사안이다. 예수를 종말론자로 묘사하고 싶지 않다면 어떻게 이 문제를 해결할 수 있을까? 사실은 여러 버전의 Q 자료가 있었다고 주장하면 된다.

이런 주장에 따르면 Q 자료의 원본은 예수에 대한 종말론적 전승을 가지고 있지 않았다. 이것들은 나중에야 시대의 종말에 집착하는 그리스도교인들에 의해 추가되었다. 따라서 이 이론대로라면, 우리가 가지고 있는 (아니, 실제로는 가지고 있지 않지만) Q 자료는 종말론적 문서일지도 모르지만 사실 그것은 종말론자가 아닌 예수에 대한 증거를 제공한다는 것이다.

이 제안을 주장하는 학자들은 예수가 재치 있고 설득력 있는 스승이었지만, 다가오는 시대의 종말에 대해 선포하는 종말론자는 아니었다고 한다. 이론의 근거는 쉽게 알 수 있다. 이 존재하지 않는 자료의 초기판에서 예수는 짧고도 강력한 메시지가 담긴 말들을 많이 한 것으로 전해진다. 그러나 하늘에서 보내진 사람의 아들Son of Man에 대해서는 한마디도 하지 않았다.

하지만 이 주장에는 엄청나게 문제가 많다. Q 자료의 내용을 재구성하는 것만도 이미 충분히 가설적이다. 하지만 적어도 그것에는 확실한 증거가 있다. 우리는 마르코의 복음서에서는 찾아볼 수 없지만 마태오의 복음서와 루카의 복음서에서 정확히 일치하는 문장들을 찾아볼 수 있고 이것들은 어떤 식으로든 설명되어야만 한다. 그러나 거기에서 더 나아가서 그 원자료에 없었던 것들, 예를 들어 어떤 종말론적인 말들도 그곳에 없었다고 주장하는 것은, 그런 주장이 아무리 매력적이라도 우리가 알 수 있는 범위를 훨씬 뛰어넘는 것이다. 잊지 말아야 할 것은, 이런 문장들은 Q 자료의 내용에 대해 우리에게 확실한 증거를 제공하는 두 개의 문서(마태오와 루카)에만 나온다는 것이다!

그렇다면 Q 자료의 이 특별한 주장을 반증하기 위한 증거가 존재하는가? 엄밀히 말하면, 없다. 그런 문서는 존재하지 않는다!

가 알게 된 것을 고려할 때, 예수의 예언은 맥락적으로 신뢰할 수 있다. 예수의 예언은 다양한 자료들에서 독립적으로 증명된다.(마르 13:1, 14:58; 요한 2:19; 사도 6:14 참고) 게다가 예수가 십자가에 못 박히기 며칠 전 신전에 들어가 상인들의 탁자들을 뒤엎고 소동을 일으켰다는 것은 거의 확실하다.

그 이야기는 여러 번 검증되었으며(마르 11, 요한 2) 다가오는 신전Temple의 파괴에 대한 산재하는 예언들과 일치한다. 따라서 일부 학자들이 주장했듯이, 그리스도교인들이 신전에 대한 그들 자신의 반감을 보

이기 위해 이 이야기를 꾸며냈을 가능성은 거의 없다. 그러나 그리스도교인들이 오랜 세월에 걸쳐 그들이 했던 대부분의 이야기를 수정했기 때문에, 어떤 방식으로든 그 전승도 수정되었을 가능성이 있다. 지금도 전해지는 가장 초기의 이야기들에서 예수는 그의 의지로 모든 신전 경배를 막으려 초인적인 힘을 과시한다.(마르 11:16) 하지만 신전 구내는 거대했고 소란을 막기 위해 무장 경비대도 있었을 것이다. 그런 점을 고려하면 마르코의 설명은 예수의 행동을 과장해서 표현한 것일 수도 있다.

Box 15.2 종말론적 전승의 회피: 작성 시기 당기기

역사적 예수를 연구하는 가장 뛰어난 학자들 중에서도 역사학자 존 도미니크 크로산은 재치 있고도 뛰어난 학식을 갖춘 사람이다. 크로산은 예수가 종말론자라고 생각하지 않는다. 그렇다면 우리의 초기 자료들인 Q, 마르코의 복음서, M, L 자료들이 예수를 종말론자로 묘사한 사실을 그는 어떻게 설명할까? 그는 이것들이 우리의 초기 자료들이라는 것을 부인한다.

크로산은 상세한 분석을 통해 신약에서 발견되지 않은 다른 자료들이 그 자료들보다 더 일찍 만들어졌다고 주장한다. 2세기에 만들어졌고, 예수에 대한 네 가지 이야기가 담긴 조각 글들을 담고 있는 에거튼Egerton 복음서, 지금은 존재하지 않지만 일부 교부들이 2세기 후반부터 5세기 초반까지 인용했던 히브리인의 복음서 그리고 역시 조각으로만 존재하는 베드로의 복음서 등이 그런 것들로서 1세기로 저작 시기가 추정되는 신약 복음서들보다 더 신뢰할 수 있는 예수의 기록들을 담고 있다고 크로산은 주장한다.

예수가 종말론자였다는 것을 부정하는 사람들에게 그러한 주장이 얼마나 솔깃하게 들릴지 짐작할 수 있을 것이다. 한 가지 예를 들자면, 만약 190년경까지 언급되거나 암시된 적이 없었더라도(그래서 거의 모든 사람들이 그것을 2세기의 작품이라고 여기더라도) 히브리인의 복음서가 마르코의 복음서보다 더 오래되었다면, 마르코의 복음서의 종말론적인 예수는 히브리인의 복음서의 비종말론적 예수가 나중에 바뀌어진 모습일 것이다.

그러나 대부분의 학자들에게는 이런 주장은 보편적인 원칙에 대한 예외를 요구하는 것처럼 보인다. 대부분의 사람들은 신약 복음서의 작성 시기를 1세기로 잡는 명확하고 확실한 이유를 알고 있다. 그러나 아주 오랜 시기가 지나도록 그리스도교 저자들에 의해 언급 또는 인용이 되지 않았던 비정경 복음서들이 신약성서의 복음서들과 같은 시기에 만들어졌다고 주장하는 것은 너무 사변적이고 목적 지향적인 것처럼 보인다.

신전 사건에 나오는 예수의 말이 역사적 진실임을 밝히기는 어렵다. 그는 예언자 이사야와 예레미야를 인용하여 신전 제의cult가 타락했다며, 그곳을 "도둑들의 소굴"이라고 불렀다. 사실 예수도 에세네파Essenes와 마찬가지로 신전 안에서 하느님을 경배하는 일이 걷잡을 수 없이 정도를 벗어나게 되었고 신전을 장악하고 있던 사두가이파Sadducees가 자신들의 권력과 특권을 자신들의 이익을 위해서 남용했다고 믿었을 가능성이 있다. 그러나 예수의 행동이 히브리 성서에 나오는 많은 예언자들이 행한 상징적인 행동에 비견되는 일종의 행동을 통한 비유로 받아들여질 수도 있다.(Box 15.4 참고) 예수는 탁자를 뒤집고 소란을 피움으로써 자신이 예상했던 신전 파괴가 곧 닥칠 것임을 보여주면서 신전에 대한 그의 예언이 현실이 될 때 무슨 일이 일어날지 경고한 것일 수도 있었다.

하지만, 신전이 파괴될 것이라는 예수의 예언은 그의 전반적인 종말론적 메시지에 들어맞았을까? 두 가지 가능한 대답이 나타난다. 그는 새로운 시대에는 하느님을 섬기기 위한 완전히 신성한 새로운 신전이 있을 것이라고 믿었을지도 모른다. 이것이 종말론을 지녔던 에세네파의 견해였다. 혹은 예수는 새로운 세계에서는 더 이상 악과 죄가 없으므로 속죄하기 위해 동물을 희생하는 일이 필요 없다고 생각했을지도 모른다. 어느 경우든 예수가 했던 행동의 의미는 분명하다. 예수에게 있어서 신전 제의와 그것을 담당하는 관리들의 존재는 기껏해야 경과적인 조처였고, 최악의 경우에는 하느님의 계획의 타락이었다. 그들은 왕국이 도착할 때 곧 사라질 것이다.

이런 메시지는 신전을 책임질 뿐 아니라 예루살렘에 있는 백성들을 관장하는 권한까지 지니고 있던 고위 사제들의 눈을 피할 수 없었을 것이다. 이들 사제들은 주로 사두가이파들이었는데 로마 관리들, 특히 로마 총독 필라투스와 이스라엘 백성들을 매개하는 역할을 맡고 있었다. 이런 사정을 생각하면 예수의 죽음을 설명하는 가장 그럴듯한 시나리오는 예수가 신전에서 벌인 소동과 함께 그의 종말론적 메시지가 현장에 있

Box 15.3 예수는 견유주의 철학자였을까?

최근 일부 미국 학자들은 예수를 유대 종말론자가 아니라 유대계 견유주의 Cynic 철학자로 이해해야 한다고 제안했다. 이런 맥락에서 "Cynic"이라는 용어는 우리가 누군가를 "냉소적"이라고 말할 때의 의미는 아니다. 그리스–로마 세계에서 그것은 많은 유명한 대중적인 인물들에 의해 옹호되었던 특정한 철학적 입장을 나타낸다.

"Cynic"이라는 용어는 실제로 "개"를 의미한다. 그것은 그들이 떠돌이 개들처럼 산다고 주장하는 반대파들에 의해 붙여진 이름이었다. 견유주의 철학자들은 사람들에게 사회의 속박을 벗어버리고 '자연에 따라' 살 것을 촉구했기 때문에 어떤 면에서 그 이름은 적절했다. 그들에게 있어서 인생에서 가장 중요한 것은 그들이 얼마라도 통제를 할 수 있는 것들, 즉 타인에 대한 태도, 그들이 좋아하는 것과 싫어하는 것들, 그들이 지닌 의견 등이었다. 그들이 통제할 수 없는 다른 것들은 그들에게 중요하지 않았다. 따라서 견유주의자들의 추종자들은 멋진 집이나 좋은 옷과 같은 물질적인 소유물에 지배되거나, 어떻게 돈을 벌어야 할지, 무엇을 먹을지 걱정하지 말라는 가르침을 받았다. 어느 정도까지는 견유주의자들은 스토아 철학자들의 견해와 일치했다. 그러나 그들은 사회적인 품위를 유지하는 정도에서 차이가 있었다. 견유주의자들은 '자연스럽게' 살기 위해 사회가 강요하는 대부분의 제약, 심지어 사회의 윤리적 제한을 거부했다. 자신들의 가르침대로 살아가던 견유주의자들은 사실상 소유물이 없었고, 종종 거리에서 살았다. 거의 목욕을 하지 않았고, 구걸로 생계를 이어갔으며, 공공장소에서 생리현상을 해결했다. 그들은 자신들의 생각을 받아들이라고 사람들에게 장광설을 늘어놓으며 시간을 보냈다. 그들은 특히 길모퉁이와 장터에서 사람들을 능욕하는 것으로 유명했는데, 그들은 삶의 의미가

부나 사회의 다른 치장물들에서 발견될 수 있다고 생각하는 사람들에게 욕을 퍼부었다.

예수가 견유주의적 가치를 수용한 유대교 교사였다고 생각하는 학자들은 그의 많은 가르침이 견유파 철학자들의 가르침과 놀랄 만큼 비슷하다고 지적한다. 예수의 추종자들은 그들의 모든 소유물을 버려야 했고(마태 6:19–21; 마르 11:21–22), 무엇을 입을까, 무엇을 먹을까 걱정하지 말아야 했으며(마태 6:25–33), 꼭 필요한 것만 가지고 생활을 하면서 무엇이든 사람들이 주는 것으로 살아야 했다.(마르 6:6–13; 루카 10:1–12) 그들은 그들의 메시지를 거부하는 사람들을 비난했고(루카 10:1–12) 오해받고 박해받을 것을 각오해야 했다.(마태 5:11–12) 그렇다면, 예수는 유대인 견유주의자가 아니었을까?

다른 학자들은 이런 생각은 너무 지나치다는 입장이다. 우리의 모든 고대 자료들에는 예수가 히브리 성서를 인용함으로써 자신의 주장을 위한 권위를 얻었지 결코 그리스나 로마 철학자들의 말을 인용하거나 그의 추종자들에게 그들의 가르침을 지키라고 강요한 예는 없다. 게다가 그의 가르침의 메시지는 궁극적으로 자연에 따라 사는 것에 관한 것이 아니다. 그것은 이스라엘의 하느님과 그의 율법에 대한 참된 해석과 뉘우치지 않는 자들에게 다가오는 심판에 관한 것이다. 그러므로 예수의 추종자들이 부와 사회의 치장물들에 관심을 갖지 말라는 말을 들은 것은 사실이지만, 이러한 가르침은 가혹하고 변덕스러운 세계에서 자족하는 법을 배우는 것에 관심을 두고 있지는 않았다. 이 세상이 곧 지나가고 곧 새로운 시대가 다가오기 때문에 이 시대의 걱정에 얽매이지 말라는 것이었다. 외부인들에게 예수는 떠돌이 견유학파 철학자와 어떤 면에서는 비슷해 보였겠지만 사실 그의 메시지는 전혀 달랐다.

던 일부 고위 사제들 chief priests을 화나게 했을 것이라는 것이다. 이 성직자들은 유월절 Passover 축제 동안 상황이 얼마나 폭발적으로 변할 수 있는지를 인식하고 있었다. 그들은 유월절 행사가 쉽게 침묵시위로 바뀌고 그 후 훨씬 심각한 상황으로 바뀌는 경향이 있다는

것을 잘 알고 있었다. 사두가이파 사제들은 서로 의논한 후 예수를 체포하고, 신전에 대한 그의 말을 빌미로 재판을 받게 했다. 아마도 유대 당국은 범죄자들을 직접 처형할 수 없었기 때문인지 그들은 예수를 필라투스에게 넘겨주었는데, 필라투스는 큰 소동을 일으킬지

Box 15.4 행동으로 옮겨진 비유로서의 신전 사건

비유는 깊은 영적 의미를 지닌 단순한 이야기들이다. 행동으로 표현된 비유는 상징적이고 영적인 의미를 담고 있는 단순한 행동이다. 히브리 성서에서 예언자들은 때때로 하느님으로부터 그들의 메시지를 전하는 것과 함께 상징적인 행동을 하라는 명령을 받았다. 몇 가지 흥미로운 예를 알고 싶다면, 예레미야 13장 1-14절; 19장 1-15절; 32장 1-44절; 그리고 에제키엘 4장 1-17절을 참고하라. 가장 극적인 예가 이사야 20장 1-6절(인류 역사상 최초로 기록된 나체 퍼포먼스 중 하나일 것이다)이다.

신전에서의 예수의 행동이 뭔가 훨씬 더 큰 의미를 상징하기 위한 비유로 행해졌을 가능성이 있을까? 사실 예수가 장사꾼들의 테이블을 뒤집고 신전 운영의 작은

부분을 방해함으로써 다가오는 파괴에서 벌어질 일을 보여주는 상징적인 제스처를 취했을 가능성도 있다. 그러한 행동은 초기(그리고 후기) 전승에 걸쳐서 신전이 파괴될 것이라고 예수가 예언한 것과 잘 들어맞는다.

예수는 신전을 공격한 최초의 유대인 예언자가 아니었다. 약 600년 전에 예언자 예레미야는 상당히 유사한 정죄를 했고(예레 7:1-15; 26:1-15) 그 장소를 담당하는 지도자들로부터 비슷한 대접을 받았다.(26:8, 11) 이것은 예수가 자신을 주로 이스라엘 백성들에게 다가오는 심판에 대비하여 회개하라고 촉구하는, 하느님의 예언자적인 대변자로 생각했다는 것을 암시하는 추가적인 증거 중 하나일 것이다.

도 모르는 말썽꾼을 한 명 더 처리하는 것에 전혀 거리낌이 없었다.

예수의 친교

예수의 공공 사역의 측면 하나에 관해서는 역사가들이 자신 있게 말할 수 있는데, 여기서도 종말론적 맥락이 중요한 통찰을 제공한다. 예수는 누구와 어울렸을까? 그가 특별히 제자로 선택한 열두 명의 추종자를 두었다는 것은 거의 의심할 여지가 없다. 마르코의 복음서(3:16)와 요한의 복음서(6:67)와 바울로의 편지(1코린 15:5) 모두 '12제자'를 언급하고 있다. 신기하게 공관복음서들이 이러한 추종자들 중 일부를 다른 이름으로 부르고 있지만(마르 3:13-19; 마태 10:1-4; 루카 6:12-16), 세 복음서 모두 열두 명의 제자들이 있었다고 주장한다. 그런데 왜 열두 명일까? 왜 여덟 명은 아닐까? 아니면 열네 명은?

'12'라는 숫자는 종말론적 관점에서 의미를 지닌다. 현세가 저물고 있었다. 하느님은 그의 백성을 위하여 그의 새 나라를 들여오려 하고 있었다. 예수의 가르침에서 드러났듯이 죄를 회개하고 하느님이 원하는 것을 행하는 사람들은 그 나라에 들어갈 것이다. 이 새로운 하느님의 백성은 옛 백성으로부터 생겨날 것이다.

이스라엘이 열두 명의 족장들이 이끄는 열두 부족으로 출발한 것처럼, 하느님의 새 백성은 열두 지도자를 앞세운 옛 이스라엘 백성들에서 나올 것이다. "나는 분명히 말한다. 너희는 나를 따랐으니 새 세상이 와서 사람의 아들이 영광스러운 옥좌에 앉을 때에 너희도 열두 옥좌에 앉아 이스라엘 열두 부족을 심판하게 될 것이다."(마태 19:28; Q 자료) 그래서 제자들은 곧 도래할 왕국, 심판의 날을 기대하며 회개하는 하느님의 새로운 백성을 나타냈다. 이것이 예수가 이스라엘 백성 가운데서 열두 명을 택한 이유로 보인다.

우리는 예수가 또 다른 두 그룹의 사람들과 어울렸다는 것을 알고 있는데, 초기 자료들은 그들을 "세리"와 "죄인"이라고 불렀다. 우리는 이것을 진정한 전승으로 받아들일 수 있는데, 왜냐하면 이들에 대한 언급이 자료들 전체에 흩어져 있기 때문이다.(예를 들자면, 마르 2:15; 루카 7:34[Q]; 루카 15:1-2[L]) 더구나, 이것은 예수의 추종자가 지어낼 만한 전승이 아닐 것이다. "세리"는 로마인들에게 줄 세금을 징수하기 위해 고용된 그 지역의 유대인들을 가리킨다. 1세기 팔레스티나에서 이들은 로마의 통치를 지지하고 때로는 제국 정부와의 연대를 통해 부자가 되었기 때문에 사람들로부터 미움을 받았다. 그들은 경건한 종교 지도자들이

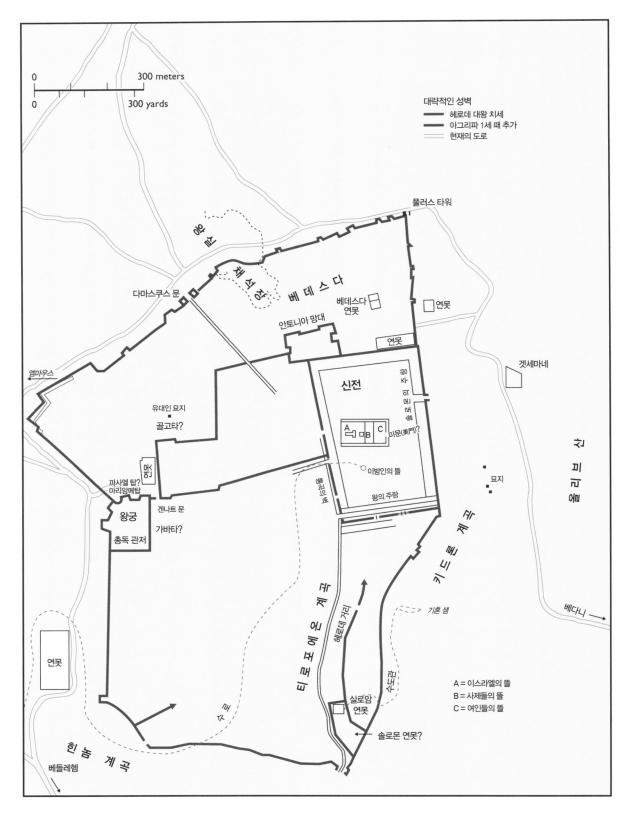

도판 15.1 1세기의 예루살렘.

친구로 삼을 만한 사람들이 아니었다. "죄인"은, 때로는 그렇게 생각되기도 하지만, 보통 생각되는 것처럼 매춘부나 습관적으로 '죄에 빠지기 쉬운' 사람들을 가리킨 것이 아니었다. 그것은 그저 하느님의 율법을 지키는 데 세심하지 않았던 사람들을 가리킨다. 예수는 그런 사람들과 많은 시간을 보낸 것으로 보인다.

종말론적 관점에서 볼 때 이런 사귐은 이해가 된다. 예수는 수많은 가르침을 통해 하느님의 나라가 의로운 사람들이 아니라 죄 있는 자들에게 온다는 것을 선포했다. 우리는 이미 그가 토라의 규율을 엄수하고, 신전 숭배를 충실히 지키며 그들의 의례적인 정결을 지키는 데 관심을 집중하던 종교 지도자들과 친하게 어울리지 않았다는 것을 보았다. 가장 미천한 사람들일지라도 자신들이 저지른 악행을 회개하려는 모든 사람에게 곧 다가올 왕국은 열려 있다. 그들은 하느님에게 돌아가고 그에게 안기기만 하면 된다. 제자들 중의 가난한 어부들과 같은 하층계급 출신이든, 세금 징수원들과 같은 죄 많은 상층계급 출신이든, 죄인들처럼 종교적인 천민들이든, 예수의 가르침을 따르려고 기꺼이 모든 것을 버리는 사람들, 악한 길에서 벗어나 다른 무엇보다도 하느님을 사랑하고 이웃을 사랑하려고 하는 사람들, 그런 사람들이 곧 도래할 하느님의 왕국Kingdom of God에 들어갈 것이다.

마지막으로, 24장에서 더 자세히 보게 되겠지만, 예수는 1세기 랍비에게는 이례적이게도 여성들과 공개적으로 어울리고 그들에게 사역을 한 것으로 알려졌다. 예수의 사역에서 여성들이 차지하는 중요성은 우리의 초기 전승들에서 입증된다. 예를 들어, 마르코의 복음서, L 자료(루카의 복음서의 특수 자료), 심지어 토마의 복음서도 예수가 여행 때 여자들과 동행했다는 것을 보여준다.(마르 15:40-41; 루카 8:1-3; 토마 114) 마르코의 복음서와 L 자료는 여성들이 예수의 사역 기간 동안 재정적인 지원을 제공하며 그의 후원자 역할을 했다는 것을 암시한다.(마르 15:40-41; 루카 8:1-3) 마르코의 복음서와 요한의 복음서에서 예수는 그의 일행이 아닌 여성들과 공공장소에서 대화를 나누거나 토론을 벌였다고 한다.(요한 4:1-42; 마르 7:24-30) 두 복음서는 또한 공공장소에서 예수의 몸에 향유를 부은 여자의 전승을 기록한다.(마르 14:3-9; 요한

12:1-8) 더욱이, 네 개의 정경 복음서에서 여성들은 예수의 생애 마지막 주 동안 갈릴래아에서 예루살렘까지 예수와 동행했고, 예수가 십자가에 못 박히는 현장에 있었으며, 예수의 시체가 더 이상 무덤에 없다고 믿게 된 첫 번째 사람들이었다.(마태 27:55, 28:1-10; 마르 15:40-41, 16:1-8; 루카 23:49, 55; 24:10; 요한 19:25, 20:1-2; 참고 베드로의 복음서 50-57)

이 널리 증명된 전승은 종말론적인 맥락에서 신뢰할 만하다. 만일 예수가 역사 속에 하느님이 개입해서 나중 된 자가 먼저 되고 먼저 된 자가 나중 되게 되며 누구든지 자기를 높이는 자는 낮아지고 누구든지 자기를 낮추는 자는 높아지는 운명의 반전을 가져온다고 선언했다면 규율을 만들고 사회를 운영하던 남성들에게 무시당하던 여자들과 예수가 거리낌 없이 어울렸을 가능성은 충분하다. 여자들은 그가 선포한 다가오는 왕국에 특히 관심을 느꼈을 것이다.

퇴마사와 치료사로서의 예수의 평판

나는 이미 여록 4에서 예수와 티아나의 아폴로니우스Apollonius of Tyana, 하니나 벤 도사Hanina ben Dosa, 무함마드, 그 누구에 의해서든 과거에 기적이 행해졌음을 역사학자가 증명하는 것은 불가능하다는 것을 약간 길게 강조했다. 기적이 일어났다는 것을 인정하기 위해서는 역사학자로서는 직접 접근할 수 없는 초자연적 영역에 대한 믿음이 필요하다.(하지만 역사학자도 신자로서의 입장에서는 기적에 접근할 수 있다고 느낄 수 있다.) 그렇다고 역사학자가 과거로부터 전해진 기적에 대한 보고를 다룰 수 없다는 뜻은 아니다. 이것들은 공적 기록의 문제이고, 역사적 예수에 관한 그런 보고들은 수 없이 많다. 특히, 그는 퇴마(즉 악령을 내쫓는 것)를 행했고 아픈 사람들을 치료했다고 알려진다.

퇴마 행위부터 살펴보자면, 초자연적인 악령이 인간의 몸을 침범하여 악하고 해로운 일을 시키는 것이 사실이건 아니건 간에 예수가 그들을 내쫓아 사람들을 건강하게 회복시킬 수 있었다고 널리 믿어졌다는 것에는 거의 의심의 여지가 없다. 그의 퇴마 행위는 복음서 전승들에서 가장 잘 입증되는 활동들 중 하나이며, 마르코의 복음서의 앞부분(예: 1:21-28, 5:1-20, 7:24-

Box 15.5 또 다른 종말론자 예수

우리가 살펴보았듯이 유대인들(로마인)의 원수들뿐만 아니라 일부 유대인들에게도 닥칠 하느님의 임박한 심판을 선포한 종말론적 예언자는 나사렛 예수뿐이 아니었다. 요세푸스는 '이집트인', '테우다스'라는 예언자들 외에도 나사렛 예수가 죽은 지 약 30년이 지난 후 나타난 또 다른 종말론적 인물을 알려준다. 희한하게도 이 예언자의 이름도 예수(당시에는 꽤 흔한 이름이었다)였다.

요세푸스에 따르면(『유대 전기』 6권), 아나니야의 아들 예수Jesus the son of Ananias가 해마다 열리는 잔치 중에 예루살렘에 나타나서 큰 소리로 외치기 시작했다. "동쪽에서 들려오는 소리, 서쪽에서 들려오는 소리, 네 바람에서 들려오는 소리, 예루살렘과 신전에 거역하는 소리 (……) 온 이스라엘 사람을 거역하는 소리를 들으라." 지방 당국은 이 파멸의 예언자를 성가시게 여겨 태형에 처했지만 그를 잠잠하게 할 수 없었다. 그는 계속해서 큰 소리로 "예루살렘에 화가 있으라"고 선포했다. 로마의 총독은 그를 체포해서 죽기 직전까지 채찍질을 받게 했지만 그가 미쳤다고 판단하고 풀어주었다.

그 후 7년 동안 예수는 예루살렘의 멸망이 다가오고 있다고 계속 예언했고 60년대 후반에 예루살렘이 포위되었을 때 로마군에 의해 성벽 위로 투석한 돌에 맞아 죽었다.

어찌 됐든 나사렛의 예수는 예루살렘의 파괴를 선포한 유일한 유대인 예언자도 아니었고, 유대 지도층이 배척한 유일한 사람도 아니었으며, 로마 총독에게 체포되어 처벌받은 유일한 사람도 아니었다. 그는 심지어 이들 중 예수라는 이름을 가진 유일한 사람도 아니었다.

---

30), M 자료(예: 마태 9:32-34; 이것은 Q 자료일 것이다)와 L 자료(예: 루카 10-14)에 걸쳐 개별적 이야기들이 산재해 있다. 게다가 예수가 악마를 내쫓을 수 있고 실제로 쫓아냈다는 주제들은 예컨대 마르코의 복음서, Q, L 자료(마르 3:22; 마태 12:27-28; 루카 11:15, 19-20, 13:32) 등의 어록 자료들에 여러 차례에 걸쳐 입증된 형태로 기록되어 있다. 물론 예수가 악의 힘을 이겼다고 생각했던 그리스도교인들은 그것의 증거로 예수가 악령들을 내쫓았다는 이야기를 하고 싶어 했을 수도 있기 때문에 그러한 전승들은 비유사성의 기준 criterion of dissimilarity을 통과할 수 없다. 그러나 예를 들어, 역시 1세기에 살았던 위대한 이교도 성인 티아나의 아폴로니우스처럼 이교도이건 유대교인이건 악마를 이길 힘을 가졌다고 알려진 다른 사람들이 존재하는 한 그런 전승들은 문맥상의 신빙성이 있다.(마르 9:38 참고)

예수가 이런 능력이 있느냐 없느냐가 아니라 그가 이런 능력을 하느님으로부터 받은 것이냐 사탄으로부터 받은 것이냐에 대해 벌어진 논란을 살펴보는 것은 흥미롭다. 우리의 초기 복음서에는 다음의 기록이 있다. 예루살렘에서 내려온 서기관들은 그는 베엘제불에 들렸다 하며 또 악령 우두머리의 힘을 입어 악령들을 쫓아낸다고 말했다.(마르 3:22) 특히 Q 자료에 보존된 버전에서 그런 주장에 대한 예수의 응답은 효과적이면서도 강렬하다.

> 또 내가 너희의 말대로 베엘제불의 힘을 빌려 악령들을 쫓아낸다고 하면 너희네 사람들은 누구의 힘으로 악령을 쫓아낸다는 말이냐? 그러니 바로 그 사람들이 너희의 말이 그르다는 것을 지적할 것이다. 그러나 나는 하느님의 영으로 악령을 쫓아내고 있다. 그러니 하느님의 나라는 이미 너희에게 와 있는 것이다. 또 누가 힘센 사람의 집에 들어가서 그 세간을 빼앗아가려면 먼저 그 힘센 사람을 묶어놓아야 하지 않겠느냐? 그래야 그 집을 털어갈 수 있을 것이다.(마태 12:27-30; 루카 11:19-23 참고)

예수와 그의 반대파들 모두 예수가 악령을 내쫓을 수 있을 뿐만 아니라 다른 유대인 퇴마사들도 그렇게 할 수 있다는 것을 인정한다는 점에 주목하라. 예수에게 있어서 악령들을 내쫓는 것은 악의 힘에 대한 정복의 상징이었다. (이 경우 '강한 자'는 하느님에 대항하는 주권자, 사탄을 말할 것이다.) 그리고 가장 중요한 것은 예수의 퇴마가 종말론적으로 해석된다는 것이다. 그들은 하느님의 왕국이 이미 와 있다는 것을 보여준다. 놀랍게도, 이 종말론적 견해가 예수가 악령을 내쫓을 수 있다는 널리 퍼진 전승의 가장 이른 예이다.

치유자로서의 예수의 명성에 대해서도 거의 같은 말을 할 수 있다. 수많은 전승들에서 예수는 열병, 나병, 중풍, 혈루증, 절름발이, 장님 등 다양한 병을 가진 사람들을 치료했고 심지어 이미 죽은 사람들을 살렸다고 한다.(마르 5:35-43; 요한 11:38-44 참고) 치유 기적의 가능성에 대해 어떻게 생각하든 예수가 그런 일을 했다는 평판이 널리 퍼졌음은 분명하다. 덧붙이자면, 그는 또한 "자연" 세계를 다루지만 신체적인 병을 치유하는 것과 관련이 없는 다른 기적들도 행한 것으로 알려져 있다. 예를 들어 빵의 양을 늘리는 것, 물 위를 걷는 것, 폭풍을 가라앉히는 것 등이 그런 것들이었다. 그러한 기적들도 또한 여러 출처에서 증명된다. 물론 퇴마 행위처럼 그것들도 비유사성의 기준을 통과할 수 없다.

그런 기적들은 기적을 일으키던 다른 사람들, 즉 기도를 통해(하나 벤 도사와 원을 그리는 사람 호니의 경우처럼) 또는 그들 자신의 거룩함 때문에 직접적으로(예: 티아나의 아폴로니우스) 기적적인 일들을 했다고 알려지는 사람들이 고대 세계에 존재하는 한 문맥상의 신빙성이 있다. 사실 예수의 많은 치유와 자연현상에 끼친 기적들은 히브리 성서에 묘사된 다른 유대인 예언자들의 기적들과 밀접한 관련이 있으며, 예수는 언제나 그들 이전의 예언자들보다 훨씬 훌륭하게 기적을 행한 것으로 기록된 점에 주목할 필요가 있을 것이다. 예를 들어, 예언자 엘리야는 죽은 아이를 살리기 위해 실제로 몇몇 극적인 행동을 해야만 했지만(1열왕 17:17-24) 예수는 단 한마디 말로 그런 기적을 행할 수 있었다.(마르 5:35-43) 엘리야의 후계자 엘리사는 빵 20개로 100명을 먹였다고 한다.(2열왕 4:42-44) 하지만 예수는 다섯 개의 빵으로 장정 5천(여자와 어린이는 포함되지 않은 숫자다!) 이상을 먹였다고 주장된다.(마르 6:30-44) 엘리사는 물 위에 도끼를 띄울 수 있었지만 예수는 스스로 물 위를 걸었다.(마르 6:45-52)

흥미롭게도, 우리의 초기 자료들은 예수 자신이 하느님이라는 것을 나타내는 이러한 활동들을 이해하지 못했다. 그런 활동은 유대인 예언자들도 했기 때문이다. 그들에게 예수는 그저 다른 누구보다도 그런 일들을 잘했을 뿐이다. 가장 초기의 전승들은 다시 이러한 행위들에 종말론적 의미를 부여한다. 다가오는 하느님의 왕국에는 더 이상 질병이나 죽음이 없을 것이다. 예수는 아픈 사람을 고쳐주고 죽은 사람을 살림으로써 이미 도래한 왕국을 보여주고 있었다. Q 자료에 의하면 세례 요한이 또 다른 예언자가 오기를 기대해야 할지, 아니면 예수가 세상의 종말이 오기 전 마지막 예언자인지 알고 싶어 하자 예수는 다음과 같이 대답했다고 한다. "예수께서는 요한의 제자들에게 이렇게 대답하셨다. '너희가 보고 들은 대로 요한에게 가서 알려라. 소경이 보게 되고 절름발이가 제대로 걸으며 나병환자가 깨끗해지고 귀머거리가 들으며 죽은 사람이 살아나고 가난한 사람이 복음을 듣는다.'"(루카 7:22; 마태 11:4-5) 종말이 다가왔고 사람의 아들은 곧 역사의 정점 속에서 나타날 텐데 그 후에는 장님, 절름발이, 문둥병, 귀머거리, 가난한 자들이 없을 것이다. 예수는 종말이 다가오기 전 마지막 예언자로서 이미 세상의 악의 세력을 이겨내고 있었다.

요약: 예수의 행위

역사가들은 예수가 기적을 행했다는 것을 증명할 수는 없지만, 그들은 예수의 삶에 대한 몇 가지 기본적인 사실들을 확실히 밝힐 수 있었다. 그는 세례를 받았고, 세리들, 죄인들과 사귀었으며, 12제자를 그의 가장 가까운 동료들로 선택했다. 그는 그의 임종 무렵에 신전에서 소동을 일으켰고 이것은 결국 로마 총독이었던 폰티우스 필라투스의 손에 그가 십자가에 못 박히도록 만들었다. 그의 죽음 이후 그의 추종자들은 활기찬 그리스도교 공동체를 설립했다. 놀라운 것은 이 모든 정보들이 예수를 일관되게 묘사한다는 것이다. 예수는 하느님의 나라가 지상에 세워지기 전에 신전과 그곳에서의 제의를 포함해 이스라엘과 그 시대의 종말이 임박했다고 예상했던 종말론적 예언자였다. 이제 예수의 가르침을 좀 더 구체적으로 생각해보면서 우리는 이 종말론적 메시지의 내용을 채워 넣을 수 있을 것이다.

예수의 종말론적 가르침

학자들은 역사적 예수가 어떤 말들을 했는지에 관해 확고한 공감대를 형성하지 못하고 있다. 우리는 토마의 복음서나 요한의 복음서에 기록된 그의 말들이 실제로 그에게서 나왔다고 무비판적으로 받아들일 수는 없다. 우리가 살펴본 바와 같이, 이러한 많은 가르침들은 독립적으로 증명되지 않고 있으며, 그들 대부분은 그것들을 보존해온 공동체 안에서 형성된 예수에 대한 관점에 부합하는 것으로 보인다. 예수는 요한의 복음서에서 "내가 바로 생명의 빵이다", "나는 길이요 진리요 생명이다. 나를 거치지 않고서는 아무도 아버지께 갈 수 없다", "아버지와 나는 하나이다" 등 여러 차례 자기 정체를 밝히지만, 이 중 어느 것도 다른 초기 자료들에서 독립적으로 증언되는 것은 없고 그들

모두는 요한 공동체Johannine community(11장 참고) 내에서 발전한 그리스도론Christology과 묘하게도 모두 일치한다. 실제로 제4복음서의 저자가 예수의 말씀에 대한 전승을 자신의 견해에 따라 수정했다는 한 가지 흥미로운 증거는, 명시적으로 밝히지 않는 한, 요한의 복음서에 나오는 진술을 누가 말하고 있는지 아는 것이 거의 불가능하다는 것이다. 여러분이 직접 확인해보라: 세례 요한, 예수 자신, 또는 이야기의 화자 모두가 거의 똑같은 방식으로 말하는데 이것은 사실 그곳에는 요한의 복음서 저자의 목소리, 오직 하나의 목소리만 있음을 암시한다.

그러나 예수의 종말론 역시 종말론자였던 초기 그리스도교인들의 견해에 따라 수정되었을 가능성은 없을까? 이것도 실제로 가능성이 있는 의문이어서 신중하게 고려해볼 여지가 있지만 우리는 이미 다른 근거

Box 15.6 예수는 결혼해서 자녀를 두었을까?

1980년대에 나온 『성혈과 성배』 그리고 최근 베스트셀러였던 『다빈치 코드』와 같은 몇몇 "베스트셀러"들 때문에, 많은 사람들은 예수가 결혼을 해서 적어도 한 명의 자녀를 두었을 것이라고 생각하기 시작했다. 이것은 사실일까?

이런 생각에 동조하는 주요 주장들 중 하나는, 그 당시 유대인들은 누구나 결혼을 했고, 독신은 존재하지 않았다는 것이다. 하지만 이것은 전혀 사실이 아니다. 우리는 예수 이전에는 사해 두루마리의 저자들인 에세네파 사람들을 비롯해서 예수 이후에는 사도 바울로처럼 수많은 독신 성인 남성들의 존재에 대해 알고 있다. 주목할 만한 점은 에세네파와 바울로 둘 다 모든 것의 종말이 곧 올 것을 예상하는 종말론적인 유대인들이었다는 것이다. 그들에게 하느님의 왕국의 임박한 도래는 결혼해서 현세의 사회적 의무에 얽매이는 것을 피할 최고의 논거였다. 예수 또한 종말론적인 유대인이었다. 그가 독신이었을 충분한 이유다. 게다가 복음서들 중 어디에도 예수가 결혼했다는 언급은 없다. 이것은 마태오의 복음서, 마르코의 복음서, 루카의 복음서, 요한의 복음서뿐만 아니라 필립보의 복음서, 마리아의 복음서, 토마의 복음서, 베드로의 복음서, 유다의 복음서 등 고대 세계의 모든 복음서에 해당된다. 사실 복음서뿐만 아니라 고대 그리스도교 문헌에는 예수가 아내를 두었다는 말을 찾아볼 수 없다. 이 모든 책들의 저자들은 아무 거리낌 없이 예수의 다른 친척들, 즉 그의 아버지, 어머니, 형제, 누이의 이름을 언급했다. 만약 그에게 아내가 있었다면 그들은 틀림없이 그녀의 이름을 언급했을 것이다. 예수가 결혼했다는 아무 증거가 없고, 결혼을 기피한 다른 종말론적 유대인들이 있었다는 사실에 비추어 볼 때 예수가 결혼했다고 생각할 확실한 근거는 찾기 어렵다.

그리고 사실, 그가 결혼을 하지 않았다고 생각할 이유가 성서에 있다. 예수는 사두가이파와의 논쟁(마르 12:18-27)에서 다가오는 왕국에서는 사람들이 결혼하는 일이 없을 것이라고 말한다. 그의 사역 내내 그는 추종자들에게 다가오는 왕국의 삶의 방식을 지금 이곳에서 채택하기 시작하라고 주장했다. 예수는 이미 스스로 "하늘에 있는 천사들"처럼 결혼하지 않고 독신의 삶을 살고 있었으리라는 것이 가장 이치에 맞는 생각이다.

들로부터 예수가 종말론자였다는 사실을 확립했다는 것을 기억하라. 그의 사역이 종말론자인 세례 요한과 연결되어 시작되었다는 사실, 그가 떠난 후 추종자들이 종말론적 공동체를 세웠다는 사실들에 비추어 그의 사역의 기본 방향을 달리 설명하기는 어렵다. 더욱이 우리가 합리적 의심을 넘어 확립할 수 있는 예수의 행적과 경험도 종말론자로서의 그의 정체성과 일치한다.

이러한 성향을 볼 때 초기 자료들에서 예수의 말들 중 상당 부분이 임박한 사람의 아들의 도래, 하느님의 왕국의 등장, 심판의 날에 대비하여 회개하고 준비해야 할 필요, 역사의 정점에 관한 가르침이라는 것은 별로 놀라운 일이 아니다. 복음서에 나오는, 종말론 apocalypticism의 느낌이 느껴지는 모든 예수의 말들이 사실이라고는 생각할 수 없지만 그 중 상당수는 예수 자신에게서 나왔을 것이다. 예수의 가르침에 대한 마르코의 요약은 상당히 정확한 것으로 보인다. "때가 다 되어 하느님의 나라가 다가왔다. 회개하고 이 복음을 믿어라."(마르 1:15) 예수에게 그 시대는 거의 끝에 이르렀다. 모래시계의 아래쪽이 거의 가득 찼다. 그 시대는 거의 종말에 이르렀고 새로운 왕국이 바로 지척에 도착해 있었다. 사람들은 하느님에게로 눈을 돌리고 이 기쁜 소식을 받아들임으로써 준비할 필요가 있었다.

여기서 우리는 예수가 말한 것으로 확립될 수 있는 모든 말들을 고려할 수는 없지만, 그중에서 몇 가지 특징적인 말들을 살펴보겠다. 예수는 하느님의 왕국이 곧 땅에 도래한다고 가르쳤다. 예수의 사회적 맥락과 그의 사역의 종말론적 성격을 볼 때 우리는 그가 사람들이 들어갈 수 있는 실제의 왕국, 인간 지배자가 다스리고 천국의 잔치가 벌어질 왕국을 염두에 두고 있었다고 추측할 수 있다.(마태 19:28; 루카 13:23-29 참고) 이 왕국은 당시 권력을 장악하고 있던 부패한 권력

도판 15.2 6세기 이탈리아 라벤나의 모자이크. 양과 염소를 구분하는 예수의 모습.

들을 대신할 것으로서 아마도 신이 특별히 임명한 그의 메시아messiah가 다스리는 왕국일 것이다. 이 왕국은 강력한 방식으로 올 예정이었다.(마르 9:1) 이 왕국은 아무도 알 수 없을 때 예상치 못한 시간에 올 수도 있었으므로 사람들은 주의해서 지켜보고 대비해야 했다.(마르 13:32-35; 루카 21:34-36) 그러나 예수는 그것이 곧 도래하리라는 것을 알고 있었다. 적어도 제자들 가운데 몇 명이 아직 살아 있는 시간 내에 말이다.(마르 9:1; 13:30)

예수는 사람의 아들이라고 불리는 존재가 하느님의 나라를 이끌어 올 것으로 생각한 것 같다. 학자들은 이에 대해 험악한 말들이 오간 기나긴 논쟁을 벌여왔다. 이 이름은, 예를 들어 다니엘서 7장 13-14절에서 나오는 것 같은, 유대인들이 일반적으로 이해할 수 있는 인물에 대한 지칭일까? 혹은 그것은 일반적으로 그저 "인간과 같은 존재"를 가리키는 것일까? 어쩌면 "I(나)"라는 대명사를 완곡하게 부르는 방식이었을까? 더 나아가, 예수는 실제로 이 용어를 사용했을까? 아니면 그리스도교인들이 그것을 만들어낸 후 예수가 사용한 것처럼 만들었을까? 만약 예수가 그 명칭을 사용했다면, 그는 실제로 자신을 사람의 아들이라고 불렀을까?

이 토론의 세부 사항은 여기서 우리가 살펴볼 일은 아니지만 나는 그 문제를 해결하는 가장 좋은 방법처럼 보이는 것은 잠깐 언급할 수 있다. 예수는 땅이 심판받는 날에 올 사람의 아들에 대해 언급하기도 했는데(예: 마르 8:38, 13:26-27, 14:62; 루카 12:8) 이 말들은 다니엘서에 나오는, 지상의 왕국이 맡겨질 "사람의 아들 같은 이"에 대한 지식을 전제로 하는 것으로 보인다. 우리는 때때로 "사람의 아들"이라고 불리는 이러한 우주적 재판관을 기대했던 다른 유대인 종말론자들을 알고 있다.(Box 15.7) 예수 자신도 그런 우주적 심판자의 임박한 도래를 기대했던 것 같다. 위에서 인용한 것과 같은 몇몇 말들(특히 마르 8:38, 14:62)에서 그는 적어도 표면적으로는 자신이 아닌 다른 사람에 대해 말을 하는 것처럼 보인다. 그러나 그리스도

Box 15.7 이스라엘의 우주적 구원자

예수 당시에는 이스라엘의 미래 구원자가 어떤 사람일지에 관해 정해진 관념이 없었다. 때로는 다윗처럼 미래의 왕으로, 때로는 하느님의 율법에 대한 결정적인 가르침을 줄 수 있는 권위 있는 성직자로, 때로는 악의 세력을 타도하기 위해 하느님이 보낸 우주적인 존재로 간주되었다. 마지막 유형의 구원자의 모습이 나오는 1세기의 유대 종말론적 문헌이다.

> 그들[하느님의 백성]은 큰 기쁨을 누렸고 사람의 아들의 이름이 그들에게 드러났기 때문에, 그들은 그를 축복하고 찬양하며 높였다. 그는 영광의 보좌에 앉으셨다. 모든 심판은 사람의 아들에게 주어졌다. 그는 죄인들을 땅 표면에서 없애버릴 것이다. 세상을 잘못 이끌었던 자들은 쇠사슬로 묶여서 그들의 파멸의 자리에 갇히게 될 것이며 그들의 모든 일들은 땅에서 사라질 것이다. 사람의 아들이 나타나서 그 영광의 보좌에 앉으니 그때부터는 어떤 것도 썩지 않을 것이다. 악한 일은 모두 그 앞에서 사라질 것이다. (1에녹 69)

> 계속 바라보자니 바람이 바다 한복판에서 올라온 것 같은 사람의 형상을 이루었다. 나는 이 사람이 하늘의 구름과 함께 나는 것을 보았다. 그리고 그가 얼굴을 돌려서 쳐다보는 곳마다 모든 것이 떨고 있었다. (……) 그 뒤에 나는 바다에서 올라온 사람과 전쟁을 하기 위해 수많은 무리가 하늘 네 바람에서 모인 것을 보았다. (……) 다가오는 무리를 본 그는 손을 들지도 않고, 창을 들지도, 어떤 전쟁 무기도 들지 않았다. 그러나 나는 그가 입에서 불줄기 같은 것을, 입술에서 불타는 숨결 같은 것을 발사하는 것을 보았다. (……) 그것은 싸울 준비가 되어 있는 다가오는 무리에 떨어졌고 재의 먼지와 연기 냄새뿐 갑자기 무수한 무리의 아무것도 보이지 않았다. (4에즈 13:1-11)

교인들이 만약 사람의 아들에 관한 예수의 말을 지어 냈다면, 그가 자신을 지칭하는 것인지 저렇게 모호한 문장을 남겨두지는 않을 것이다. 그러므로 비유사성의 기준에서 보자면 그런 말들은 아마도 진짜일 것이다. 예수는 하느님의 나라를 가져올 우주적인 심판관의 도 래를 기대했다.

그가 올 때는, 우주적인 징후가 나타날 것이고 모든 것이 파괴될 것이다. 하느님의 사자들은 하느님의 나 라를 위하여 선택된 자들을 모을 것이다.(마르 13:24-27) 심판의 날, 어떤 사람들은 왕국 안으로 받아들여 지고, 어떤 사람들은 쫓겨날 것이다. 재판관은 어부처 럼 최고만을 취하고 다른 모든 것들을 없애버릴 것이 다.(마태 13:47-50; 토마 8)

이 판결은 사회질서의 전면적인 반전을 가져올 것이 다. 권세와 명예를 누렸던 자들은 쫓겨나고 억압받 고 괴로움을 당하던 자들은 높임을 받을 것이다. 현재 의 세상을 장악하고 있던 것은 악의 힘이었고, 권력자 들은 그들의 편이었다. 하느님의 편을 드는 사람들은 박해받고 억압받았고 하느님을 적대하는 우주적 힘에 지배당했다. 그러므로 하느님이 이 세상에 대한 그의 통치권을 다시 세울 때에 이 모든 것이 뒤바뀌게 될 것 이다. "첫째가 꼴찌가 되고 꼴찌가 첫째가 되는 사람이 많을 것이다"(마르 10:31), "누구든지 자기를 높이는 사람은 낮아지고 자기를 낮추는 사람은 높아질 것이 다."(루카 14:11, 18:14 [Q]) 이것은 단순히 희망적인 망상이 아니었다. 예수는 실제로 그 일이 일어날 것으 로 예상했다.

사람의 아들의 도래는 권력자들에게 좋은 소식이 아니었다. 심판의 날을 대비하기 위해서 그들은 권력 을 포기하고 아이들처럼 되어야 했으며(마르 10:13-15), 자신들의 부를 나누어 주고 가난해져야 했고 (10:23-30), 그들의 지위를 버리고 모든 사람의 종 이 되어야 했다.(10:42-44) 유대 백성의 지도자들조 차 심판을 피하지 못할 것이다. 다른 사람에게 군림 했던 사람들은 책임을 져야 하기 때문이다. 영향력 있 던 사두가이파들의 권력의 근거인 신전 자체가 심판 의 날에 파괴될 것이다. "저 돌들이 어느 하나도 제자 리에 그대로 얹혀 있지 못하고 다 무너지고 말 것이 다."(13:2)

반면에, 현재 고통을 겪고 있던 사람들, 억압받고 짓 밟히던 사람들은 보상을 받을 것이다. 이 약속은 Q 자 료에 나오는 예수의 팔복Beatitudes에 나타나 있다. "그때에 예수께서 제자들을 바라보시며 말씀하셨다. '가난한 사람들아, 너희는 행복하다. 하느님 나라가 너 희의 것이다. 지금 굶주린 사람들아, 너희는 행복하다. 너희가 배부르게 될 것이다. 지금 우는 사람들아, 너희 는 행복하다. 너희가 웃게 될 것이다. 사람의 아들 때 문에 사람들에게 미움을 사고 내쫓기고 욕을 먹고 누 명을 쓰면 너희는 행복하다. 그럴 때에 너희는 기뻐하 고 즐거워하여라. 하늘에서 너희가 받을 상이 클 것이 다."(루카 6:20-23; 토마 54, 68-69)

사람의 아들이 하느님의 왕국을 불러올 때 그런 극 적인 반전이 일어날 것이므로 그곳에 들어가려는 사람 은 기꺼이 모든 것을 희생해야 한다. 왕국을 얻으려는 사람의 열정은 진주를 찾는 상인의 열정과 같아야 한 다. 완벽한 진주를 발견하면 그는 그 진주를 사기 위해 서 가지고 있는 모든 것을 판다.(마태 13:45-46; 토마 76) 이런 이유로 사람들은 이 세상이나 그것이 제공 하는 매력적인 보물들에 얽매여서는 안 된다. 대신에 그들은 다가올 왕국에 초점을 맞춰야 한다.(마태 6:19, 33; 토마 63)

동시에 우리는 예수가 가난하거나 배고프거나 학대 받는 모든 사람은 하느님의 나라에 들어간다고 주장했 다고 생각해서는 안 된다. 그는 사람들이 먼저 회개하 고 그의 가르침을 따라야 한다고 생각했다.(마르 1:15, 2:17; 루카 15:7 참고) 그것이 그의 제자들이 한 일이 다. 그들은 그를 따르기 위해 모든 것을 버렸다. 그 결 과 그들은 다가오는 왕국에서 특별한 지위들을 약속받 았다. 마찬가지로, 예수가 세리나 죄인들과 어울린 것 을 그가 사람들의 어떤 생활 방식을 찬성했다는 뜻으 로 받아들여서는 안 된다. 분명 그는 추종자들에게 바 리사이파Pharisees의 상세한 전승을 지키라고 주장하 지 않았다. 왜냐하면 그는 토라 자체가 단지 잠정적인 조치였다고 느꼈기 때문이다. 죄와 악이 없는 하느님 의 왕국에서 "율법"이 무슨 필요가 있겠는가? 게다가 그는 토라의 중심에는 전심을 다해 하느님을 사랑하고 이웃을 자기 자신처럼 사랑하라는 명령이 있다고 믿었 던 것으로 보인다.(마르 12:28-31, 여기서 그는 신명

Box 15.8 예수의 가르침 속의 지옥

예수는 때때로 심판의 날에 죄인들은 이스라엘 사람들에게 가장 상스럽고 혐오스러운 곳이었던 게헨나 계곡으로 던져질 것이라고 말한다. 예컨대 그는 눈과 손이 온전한 채로 게헨나로 내던져지는 것보다 죄를 지은 눈을 도려내고 손을 절단하여 불구가 되어도 왕국에 들어가는 것이 낫다고 말한다.(마태 5:29, 30)

'게헨나'는 무엇을 가리키는가? 이 단어는 종종 영어 성서(예: 신개정표준역 성서New Revised Standard Version[NRSV]) 새 국제판 성서New International Version[NIV])에서 "지옥"으로 잘못 번역된다.(마태 5:22, 29, 30 참고) 그러나 게헨나는 죄인들이 영원히 고통받는 장소라는 현대적 의미에서의 지옥이 아니다. 그럼 그건 무엇을 말하는 것일까?

게헨나는 구약성서 여호수아 15장 8절에서 예루살렘 외곽의 계곡으로 처음 언급된다. 후에 이 계곡은 이교도 신 몰록에게 아이들을 제물로 불태우는 곳으로 악명을 얻게 되었다.(열왕기하 23:10) 이때부터 게헨나는 이스라엘 하느님의 적인 이교도 신과 연관된 무자비하고 사악한 행위의 장소로 생각되었다. 유대인들에게 있어서 죽임을 당하고 그 계곡 안에 던져지는 것은 적절한 장례 의식 없이 버려지는 것(대부분의 고대인들에게는 끔찍한 일이었다)을 의미할 뿐만 아니라 하느님의 영역 밖의 불경스럽고 모독적인 장소에 버려지는 것을 의미했다.

예수는 게헨나에서 "그들을 파먹는 구더기도 죽지 않고 불도 꺼지지 않는다"(마르 9:42, 47-48)고 말한다. 종종 이 말은 게헨나에서 사람들이 영원히 고통을 당할 것이라는 의미로 받아들여지지만, 예수의 말은 그런 뜻이 아니었다. 거기 던져진 시체들은 죽어서 썩어가지만 벌레와 불은 죽지 않는다는 의미다.

사실 예수는 하느님의 원수들이 영원히 고통을 당할 것이라고 생각한 것 같지는 않았다. 그들은 사라질 것이다. 그것이 그가 "몸은 죽일 수 있어도 영혼은 죽일 수 없는 자"(마태 10:28)를 두려워하지 말라고 말한 이유다. 다시 말해, 그들은 육체적으로 죽는 것을 두려워하지 말아야 한다. 그건 누구에게나 일어날 일이다. 그러나 어떤 사람들은 몸뿐만 아니라 영혼도 죽을 것이다. 즉, 그들의 몸과 마찬가지로 영혼도 파괴될 것이다. 의인과 달리 그런 사람들은 부활할 때 자신들의 몸으로 돌아가지 못할 것이다. 그들은 그냥 사라질 것이다. 그들은 영원히 고통을 당하는 것이 아니라 몸과 영혼이 파괴된다.

6:5, 레위 19:18를 인용한다; 토마 25 참고) 그의 견해에 따르면 때로는 토라의 세부 사항에 지나치게 세심하게 주의를 기울이는 것은 아이러니하게도 이러한 기본 원칙을 위반하는 결과를 가져올 수 있다.(마르 7:1-13) 예를 들자면 안식일은 인간을 위해 만들어진 것이지 인간이 안식일을 위해 만들어진 것이 아니다. 그러므로 안식일을 지키기 위한 규칙을 엄격하게 준수하는 것보다는 인간이 우선했다.(2:27-28) 예수에게 토라를 지키는 것은 중요한 일이었다. 그러나 이것은 바리사이파 사람들이 신중하게 만들어놓은 규칙들을 유대 사람들이 따를 때가 아니라 자신들의 나쁜 행동을 회개하고 온전히 하느님한테로 돌아가 이웃을 사랑으로 대함으로써 하느님에 대한 마음을 나타낼 때에 비로소 그들은 토라를 지키는 것이었다.

이러한 예들은 예수가 준 삶의 지침, 즉 그의 윤리는 종말론적 세계관에 바탕을 두고 있었음을 분명히 보여준다. 그러므로, 그것들을 건강한 사회를 위한 원칙으로 받아들이는 것은 오해하는 것이다. 예수는 사람들이 서로 사랑해야 한다고 가르쳤지만 그들이 행복하고 생산적인 삶을 영위하도록 돕고 싶거나 사람들이 서로를 대할 때 사랑이 근저에 있지 않다면 사회가 무너질 수 있다는 것을 알고 있었기 때문이 아니다. 그는 사람들이 미래에 어떻게 서로 지내야 하는지에 관심을 가진 윤리 교사는 아니었다. 왜냐하면 예수에게 종말은 자기 세대 안에 일어날 일이었다. 그에게 있어 윤리적인 행동에 대한 동기는 사람의 아들이 이끌어올 왕국의 도래가 가까웠다는 것의 인식이다.

죄도 증오도 악도 존재하지 않을 왕국의 이상을 구

Box 15.9 예수와 가족의 가치

예수에 관심이 있는 현대인들이 깨닫기 가장 어려운 것 중 하나는 예수가 우리와 전혀 다른 문화 속에서 우리에게는 낯선 문화적 가치와 규범을 가지고 살았다는 것이다. 그래서 사람들은 예수가 말한 것을 그런 의미는 아니었다고(또는 그럴 리 없다고) 흔히 주장한다. 오늘날 "가족 의식"이라 알려진 영역에서보다 그것이 더 분명한 곳은 없을 것이다.

"가족 의식"이라는 현대적 생각이 너무나 좋고 건전한 것처럼 보이기 때문에 사람들은 당연히 예수도 그것들을 가르쳤을 것이라고 생각한다. 하지만 과연 그랬을까? 놀랍게도 우리의 초기 전승들에서 예수는 가족에 가장 높은 우선순위를 두고 있는 것처럼 보이지 않는다. Q 자료에 보관되어 있는 말이다. "누구든지 나에게 올 때 자기 부모나 처자나 형제자매나 심지어 자기 자신마저 미워하지 않으면 내 제자가 될 수 없다."(루카 14:26, 마태 10:37) 자신의 가족을 미워해야 한다고? 토마의 복음서에도 독자적으로 보존된 같은 말이 두드러진다. "누구든지 제 아비 어미를 미워하지 않는 자는 나의 제자가 될 수 없다." 만약 우리가 여기서 "미워한다"는 말을 "~에 비교해 낮게 본다" 혹은 "~와는 관계가 없다"와 같은 의미로 이해한다면 그 말은 일리가 있다. 부모, 형제자매, 배우자 그리고 심지어 자녀들도 다가오는 왕국에 비해서는 전혀 중요하지 않았다.

이것은 가족에 대한 예수의 태도를 설명하는 데 도움이 될 수 있다. 왜냐하면 예수의 가족이 예수의 공적인 사역 동안에 그의 메시지를 거부했을 뿐만 아니라, 그도 그의 가족들을 공개적으로 냉대했다는 분명한 징후가 있기 때문이다.(마르 3:31-34; 토마 99)

예수는 다가오는 왕국에 대한 그의 메시지에 헌신하게 될 때 사람들에게 생겨날 가족관계의 균열을 분명히 보았다.

내가 이 세상을 평화롭게 하려고 온 줄로 아느냐? 아니다. 사실은 분열을 일으키러 왔다. 한 가정에 다섯 식구가 있다면 이제부터는 세 사람이 두 사람을 반대하고 두 사람이 세 사람을 반대하여 갈라지게 될 것이다. 아버지가 아들을 반대하고 아들이 아버지를 반대할 것이며 어머니가 딸을 반대하고 딸이 어머니를 반대할 것이며 시어머니가 며느리를 반대하고 며느리가 시어머니를 반대하여 갈라질 것이다.(루카 12:51-53; 마태 10:34-46; 토마 16에서도 독립적으로 증명된다.)

시대가 끝나기 전에 "형제끼리 서로 잡아 넘겨 죽게 할 것이며 아비도 제 자식을 또한 그렇게 하고 자식들도 제 부모를 고발하여 죽게"(마르 13:12)할 정도로 가정의 긴장이 고조될 것이다.

이러한 "반가족" 전승은 우리의 자료들에서 무시될 수 없을 정도로 광범위하게 발견되며(예를 들어 마르코의 복음서, Q 자료, 토마의 복음서 등에서 발견된다) 예수가 오늘날 가족 의식이라고 생각할 만한 것을 지지하지 않았음을 암시한다. 그 이유가 뭐였을까? 예수는 궁극적으로 좋은 사회를 세우고 그것을 유지하기 위해 필요한 일을 하는 데 관심이 없었을까? 기억하라, 그에게는 종말이 곧 다가오고 있었고, 현재의 사회 질서는 근본적으로 의심되고 있었다. 중요한 것은 강한 가족 관계와 이 세상의 사회제도들이 아니었다. 중요한 것은 다가올 미래 왕국이었다. 현재의 사회구조를 유지하려고 노력하면서 이런 가르침을 설파하는 것은 불가능했다. 그것은 마치 오래된 포도주 부대에 새 포도주를 넣거나 오래된 옷에 새 천을 덧대 꿰매는 것과 같다. 그건 효과가 없는 헛된 수고다. 포도주 부대는 터지고 옷은 더 해지기 쉽게 될 뿐이다. 새 포도주와 새 옷에는 새 가죽 부대와 새 천이 필요하다. 오래된 세상은 지나가고 새로운 세상이 거의 다가왔다.(마르 2:18-22; 토마 47)

현하기 시작한 사람들은 어떤 의미에서는 사람의 아들의 강력한 등장에서 절정을 맞을 신의 통치를 이미 경험하기 시작한 것이다. 하느님과 이웃을 자기 자신처럼 사랑하면서 왕국의 삶을 살기 시작한 예수의 추종자들은 단지 앞으로의 일들의 작은 서막에 지나지 않았다. 그들은 다가오는 왕국을 대표하는 큰 겨자나무(마르 4:30-31; 토마 20)에 비하면 작은 겨자씨 같았다. 실제로, 예수의 말은 대부분 사람들에게 받아들여지지 않고 묵살되었기 때문에 추종자들의 수가 많지 않았다. 그러나 이 말들이 왕국을 위해 선택된 사람들에게 전해졌을 때 그들은 마치 비옥한 땅에 떨어진 생명력 있는 씨앗과 같았다. 그들은 사람들이 상상할 수 있는 것보다 훨씬 더 가치가 있는 열매들을 많이 맺었다.(마르 4:1-9; 토마 9) 이 때문에 하느님 나라의 좋은 소식을 들은 사람들은 스스로 그에 대비해 준비를 할 뿐만 아니라 예수의 말을 다른 사람들에게 선포하려 했다. 복음서의 표현대로 등불을 켜는 사람은 누구도 그것을 평상 아래에 두지 않고 등잔대 위에 올려놓는데, 모든 사람이 빛을 보고 이제 분명해진 진리, 오고 있는 하느님의 왕국의 진리를 인식할 수 있도록 하기 위해서이다.(마르 4:21-22; 토마 33)

이 임박한 하느님의 왕국에서 예수가 스스로 어떤 역할을 감당하리라고 생각했을지 알기는 어렵다. 가끔 그는 그 왕국에 직접 들어갈 것처럼 말하는데 곧 그런 일이 있을 것이라고 예상한 것 같다.(예: 마르 14:25) 우리가 살펴본 것처럼, 제자들은 이 새로운 왕국의 지도자가 될 것이었다. 하지만 누가 그들을 이끌까? 여전히 예수일까? 그가 이 새로운 신의 나라의 궁극적인 지도자, 하느님이 왕으로 임명한 존재일까? 만약 이것이 예수의 생각이었다면―물론, 누군가의 생각을 아는 것은 불가능하다. 특히 2천 년 전에 살았던 사람, 우리가 단편적인 자료들을 통해서만 알고 있는 사람의 경우에는―그는 자신을 미래의 메시아라고 생각했을 것이다. 그러나 종말론적인 의미에서만 그렇게 생각했을 것이다.

예수의 종말론적 죽음

우리가 본 바와 같이 복음서에 나오는 수난 서사의 몇 가지 측면은 역사적으로 정확한 것으로 보인다. 예수가 유월절 축제 직전에 신전에서 행한 종말론적 행동들로 화가 난 사두가이파들은 그를 없애기로 결정했다. 아마도 그들은 축제가 진행되면서 그를 따르는 사람들이 걷잡을 수 없이 늘어나 폭동으로 이어질까봐 두려워했거나, 아니면 그의 견해가 불쾌하게 여겨졌고 하느님의 신전에 대한 그의 공격을 신성모독이라 여

겼을지도 모른다. 어느 경우든, 그들은 예수의 제자 중 한 명이 그를 배신하도록 만들었고 체포된 예수는 아마도 대사제 카야파Caiaphas가 주재하는 유대교 산헤드린Sanhedrin에서 심문을 받은 후 로마의 총독 폰티우스 필라투스에게 인도된 후 십자가에 못 박힌다. 그가 체포되고 십자가에 못 박히기까지는 채 열두 시간이 걸리지 않았을지도 모른다. 그에게 무슨 일이 벌어지고 있는지 사람들이 알기도 전에 그는 사형 집행장으로 보내졌다.

그 외에 예수의 마지막 날에 대해 우리가 알 수 있는 것은 무엇이 있을까? 여기서 우리는 지난 몇 년 동안 학자들에게 떠올랐던 더 흥미로운 질문들 중 몇 가지를 살펴볼 것이다. 그중 하나는, 왜 예수가 애초에 예루살렘에 있었는가 하는 것이다. 신학자들은 예수가 세상의 죄 때문에 죽으러 예루살렘에 갔다고 말할지도 모른다. 그러나 이 견해는 비유사성의 기준을 통과할 수 없는 복음서의 예수의 말들에 근거한 것이다.(예: 마르코의 복음서에 나오는 예수의 세 가지 수난 예언) 갈릴래아에서 온 이 떠돌이 교사가 왜 예루살렘으로 갔는지에 대한 판단을 내릴 때, 우리는 우리의 역사적 기준을 고수해야 한다.

도판 15.3 유니우스 바수스라는 그리스도교인의 유명한 석관에서 발견된 예수의 예루살렘 입성 묘사.

매년 수천 명의 다른 유대인들이 그랬듯이 예수도 그저 예루살렘에서 유월절을 축하하고 싶어 했을 수도 있다. 그러나 그곳에서 예수의 행동은 미리 면밀하게 계획된 것으로 보인다. 예루살렘에 도착한 그는 신전에 들어가 소동을 일으켰다. 그 후 그는 신전을 드나들며 며칠 동안 다가올 왕국의 메시지를 가르쳤다. 이 왕국이 임박했다는 예수의 생각과 그에 대비해서 회개해야 한다는 그의 가르침의 절박성을 고려해볼 때 우리는 아마도 그가 자신의 메시지를 이스라엘의 중심, 세계 각지의 신실한 유대인들이 모이는 거룩한 도시의 신전으로 가져가기 위해 예루살렘으로 향했다고 결론지어야 할 것이다. 그곳에 모인 유대인들은 과거에 그들을 억압자들로부터 구원했고 다시 한 번 그렇게 할 것으로 믿었던 하느님을 경배했다. 예수는 신전에서 백성들에게 이 구원이 어떻게 일어날지 말했고 그에 대한 준비로 자신들의 죄를 뉘우치고 그의 가르침을 받아들이라고 촉구했다. 그는 심판이 다가오고 있으며 그것은 신전이 포함되는 엄청난 파괴를 수반할 것이라고 선포했다.

예수는 자신이 체포되어 처형당하리라는 것을 알고 있었을까? 다시 말하지만, 예수의 생각을 확실히 알 수 있는 방법은 없다. 그러나, 고대나 그 이후라도 보통 세상의 파멸을 예언하는 사람들이 어떤 운명에 처했는지를 조금이라도 아는 사람이라면 자신도 비슷한 처지에 이르리라 생각했을지 모른다. 더욱이, 예수는 예루살렘의 지도자들이 그의 메시지를 호의적으로 받아들이지 않는다는 것을 알고 있었을 것이고, 그들이 지닌 공권력에 대해서도 분명히 알았을 것이다. 물론 전승에 따르면 그가 체포된 날 밤에 예수는 그의 때가 왔다는 것을 알고 있었다. 예수가 자신의 죽음은 사람들의 죄를 대속하기 위한 것이라고 설명한 최후의 만찬 이야기를 역사적인 사실로 받아들이는 데는 여러 가지 어려움이 있는데, 이는 분명히 그리스도교적 관념으로 비유사성의 기준을 통과할 수 없다. 그럼에도 불

Box 15.10 예수와 배신자 유다

유다가 예수를 배신한 이유에 대해서 수많은 설명이 오랫동안 제시되어왔다. 일부 학자들은 유다가 원래 예수가 군대를 일으켜 새 왕국을 세울 것을 기대했지만, 예수가 그런 왕국에 관심이 없다는 것을 깨닫자 분노와 배신감으로 예수를 당국에 넘겼다고 생각해왔다. 다른 사람들은 유다가 줄곧 예수가 대중을 봉기하게 할 것이라고 생각했지만 그러기 위해서는 자극이 필요하다고 생각했다고 주장한다. 예수를 체포당하게 만듦으로써 그가 힘을 발휘하도록 몰아갔다는 것이다. 혹은 유다는 종말론적 희망을 품고 있었지만 종말은 오지 않는 것처럼 보였고 예수가 자신의 죽음에 대해 이야기를 시작하자 실망감과 좌절감을 느낀 유다가 그의 스승이자 주님이었던 예수를 배반했을 수도 있다.

두 번째 질문은, 유다가 무엇을 배신했는가이다. 그가 유대 당국에 예수의 행방을 알려주었기 때문에 그들이 군중을 동요시키지 않고 은밀하게 예수를 체포할 수 있었다는 게 공통된 답변이다. 그러나 분명히 당국은 배신자를 고용하는 번거로움과 비용을 지출하지 않고도 예수를 체포할 수 있었다. 그렇다면 유다는 알려지지 않은 그 이상의 배신을 한 것일까? 예수는 최종적으로 유대인의 왕을 자처한 죄로 유죄판결을 받았지만 우리가 알 수 있는 한 예수는 공공 사역 전반에 걸쳐 그런 주장을 공개적으로 한 적이 없었다. 1세기 팔레스티나에서 "왕" 또는 "메시아"라는 말을 들은 사람들은 보통 민간 통치자를 생각했을 것이다. 예수는 자신을 그런 식으로 이해한 것 같지 않다. 만일 그가 자신을 메시아로 생각했다면 그것은 사람의 아들이 도착한 후 미래의 하느님의 나라를 다스릴 메시아로서였을 것이다. 하지만 만약 자신을 이런 식으로 보았다면 그는 공개적으로가 아니라 그의 내부자들에게만 이런 취지를 가르쳤을지도 모른다. 유다는 당국이 예수를 체포하여 로마 총독 앞에 반역죄로 재판에 넘기는 데 필요한 정보를 누설한 사람이었을지도 모른다. 오직 카이사르나 그가 임명한 사람만이 왕이 될 수 있는데 예수가 자신을 왕이라고 불렀다고 밀고했을지도 모른다.

구하고 우리는 이 사건에 대한 두 개의 독립적인 설명(마르 14:22-26; 1코린 11:23-26)을 가지고 있는데, 그중 가장 이른 것은 바울로가 50년대 중반에 썼고 그는 그 전승을 다른 사람들로부터 얻었다고 주장한다. 그는 그것을 직접 예수의 수난을 지켜본 사람으로부터 얻었던 것일까, 아니면 직접 그것을 지켜본 사람으로부터 이야기를 들은 그리스도교인으로부터 얻은 것일까? 어쨌든 마지막 식사 때 예수가 강력한 반대에 직면하여 자신이 오래 버티지 못할 것이라고 설명했다는 이야기는 전혀 허황되게 들리지만은 않는다.

유다는 왜 예수를 배신했고, 무엇을 배신한 것일까? 이것들 역시 대답하기 매우 어려운 질문들이다. 유다가 예수를 배신했다는 것은 거의 확실하다. 그것은 다양한 전승들에서 여러 번 증언되었고 그리스도교인들이 발명했을 만한 전승이 아니다. 그러나 그가 왜 그런 일을 했는지는 언제까지고 수수께끼로 남을 것이다. 우리의 설명들 중 일부는 그가 단순히 돈을 위해 그런 일을 했다고 말한다.(마태 26:14-15; 요한 12:4-6 참고) 그럴 수도 있겠지만 그가 받았다는 "은 삼십 세켈"는 히브리 성서에 나오는 예언의 성취를 가리키는 것으로서(즈카 11:12) 역사적으로 정확하지 않을 수도

있다. 다른 이론들도 오랫동안 제안되어왔으며, 그중 일부는 다른 이론들보다 더 그럴듯하다.(Box 15.10 참고)

확실해 보이는 것은 예수가 결국 로마 당국에 넘겨졌고, 로마 당국은 예수가 자신을 유대인의 왕이라고 불렀다는 혐의로 그를 재판했다는 것이다. 이것은 독립된 자료들에서 여러 번 입증되었다. 게다가 종종 언급되어왔듯이, 초기 복음서에서 예수를 "유대인의 왕"으로 부르는 것은 군중의 외침(제자들이 아니라!)과 그의 재판 기록(마르 15; 마태 27; 루카 23; 요한 18-19)에만 나온다. 그의 추종자들은 그를 실제로 그렇게 부르지 않았다. 초기 그리스도교인들은 일반적으로 예수의 호칭으로서 "유대인의 왕"이라는 지칭을 선호하거나 심지어 사용하지 않았기 때문에 그들은 아마도 예수를 향한 공식적인 혐의로 그것을 만들어 내지는 않았을 것이다. 그러므로 이것은 역사적으로 정확한 전승임에 틀림없다.

유대인의 왕이라고 주장하는 것은 국가에 대한 반역이나 모반에 해당하는 정치적 혐의였다. 그렇기 때문에 예수는 사형의 권한을 부여받지 못한 유대 당국이 아닌 로마인 폰티우스 필라투스에 의해 처형되었

Box 15.11 예수, 종말론적 예언자

1. 예수에 대한 가장 오래된 전승은 그를 종말론자로 묘사한다. 이러한 전승들 중 많은 것들이 우리의 역사적 기준들을 통과한다.
2. 예수의 십자가 처형, 신전 정화, 12제자의 선택, 사회적으로 소외된 사람들과의 교제, 기적을 일으키는 사람으로서의 명성 등 역사적으로 믿을 만한 예수의 행위들은 종말론적 맥락에서 보아야 이해가 된다.
3. 우리의 기준들을 통과한 예수의 다음과 같은 가르침들도 종말론적이다.
   a. 사람의 아들이 이 땅에 심판을 내리러 하늘에서 나타날 것이다.
   b. 예수의 편에 서서 그의 가르침을 받아들이고 자신들의 삶을 고친 사람들은 이 심판에서 구원받을 것

   이다.
   c. 그렇게 하지 않는 사람들은 파멸될 것이다.
   d. 임박한 하느님의 심판은 그의 제자들이 살아 있을 때 일어날 것이다.
4. 우리는 예수의 생애 중 다른 어떤 시기들보다 그의 마지막 날들과 죽음에 대해 더 많이 알고 있다. 그는 제자 중 한 명에게 배신을 당해 예루살렘의 사두가이파 지도자들에게 붙들렸고, 유월절 축제 동안 치안을 유지하기 위해 도성에 와 있던 로마 총독 폰티우스 필라투스에게 넘겨져 짧은 재판 끝에 유죄판결을 받고 축제 기간 중인 금요일 아침에 성벽 밖에서 십자가에 못 박혔다.

다. 로마인들이 실제로 그런 행위를 했다는 것은 요세푸스와 타키투스를 포함한 다양한 사람들의 기록에 의해 증언된다.

처음에 예수를 체포한 것이 유대 당국이라면 로마 당국은 왜 예수를 처형했을까? 우리는 예수가 그의 신전에서의 행동으로 인해 권력을 쥔 사두가이파 사람들을 불쾌하게 만들었으리라는 것을 알고 있다. 이들 지도자들은 유대인들의 문제에 관한 한 최고 권력자인 카야파 대사제를 통해 예수를 체포하도록 만들었다. 끌려간 그는 심문을 받았지만 우리는 그것이 어떻게 진행되었는지는 확실히 알 수 없다. 예수의 제자들 중 아무도 동행하지 않았고 그것에 관한 최초의 기록인 마르코의 복음서는 역사적으로 문제가 있다.(Box 6.7 참고) 아마도 우리는 예수의 심문을 진상 조사 정도로 간주해야 할 것이다. 산헤드린은 분명히 예수를 없애기로 결심한 듯하다. 그가 메시아로 불렸다는 정보(유다가 그들에게 제공한? Box 15.10 참고)를 이용해서 그들은 예수를 필라투스 앞에 보낸다. 우리는 이 재판에서 무슨 일이 일어났는지 정확히 알 수 없다. 아마도 필라투스는 고위 사제들만큼이나 그 혼란스러운 시기에 나타난 잠재적인 문제아를 제거하고 싶었을 것이다.

필라투스가 누군가를 처형하기로 결정했을 때, 그는 충동적으로 그렇게 할 수 있었다. 따라야 할 법 조항도, 배심원 재판에 대한 요건도, 증인을 부르거나 합리적 의심의 여지가 없을 정도의 유죄 증명을 할 필요도, 기타 지금의 우리들이 정당한 절차로 간주할 어떤 것도 그에게는 필요 없었다. 로마의 총독들은 평화를 유지하고 조공을 모으기 위해 필요한 모든 것을 할 수 있는 통치권을 받았다.(26장 참고) 필라투스는 그가 통치한 사람들의 필요와 걱정에 둔감한 무자비한 행정

관으로 역사에 알려져 있으며 로마의 이익을 위해서는 잔혹한 폭력을 행사할 용의가 있는 사람이었다. 필라투스는 아마도 그가 던진 한두 가지 짧은 청문을 근거로 예수를 처형하기로 결심했을 것이다. 그것은 아마도 그가 바쁜 아침 일과 중 처리해야 할 몇 가지 일 중 하나였을 것이다. 그리고 그것을 처리하는 데는 불과 몇 분밖에 걸리지 않았을 것이다. 같은 날 아침 선동 혐의로 붙잡혀 온 다른 두 사람도 있었다. 세 사람은 모두 십자가에 못 박히기 위해 성문 밖으로 끌려 나갔다.

복음서의 전승에 따르면, 예수는 우선 매를 맞았다. 이것은 예수가 얼마나 많은 고통을 겪었는지를 보여주기 위해 그리스도교인들이 덧붙인 내용인지 혹은 역사적 서술인지 말하기 어렵다. 어쨌든 그와 다른 사람들은 병사들에 의해 성문 밖 처형장에 세워진 기둥까지 십자가 들보를 지고 끌려갈 수밖에 없었을 것이다. 기둥은 아마도 매일 재사용되었을 것이다. 거기서 사형수는 들보와 기둥에 손목과 발목을 못 박혔을 것이다.

죽음 자체는 느리고 고통스러웠을 것이다. 십자가형은 노예들, 좀도둑들 그리고 폭도 등 가장 낮은 계급의 범죄자들을 위한 처형 방법이었다. 십자가에 달린 사람들은 질식으로 목숨을 잃었다. 몸이 십자가에 매달리면 폐낭은 숨을 쉴 수 없을 정도로 늘어진다. 가슴의 통증을 완화시키기 위해서는 손목에 힘을 주거나 발로 몸을 밀거나, 혹은 양쪽 모두를 통해 몸을 일으켜 세워야 했다. 희생자가 계속 그렇게 할 힘이 떨어져야 죽음이 찾아왔다. 때로는 며칠이 걸렸다.

예수의 경우, 유월절 주간 금요일 늦은 오후, 십자가에 달린 후 몇 시간 안에 죽음이 찾아왔다. 그는 십자가에서 내려져서 안식일 전날 해가 지기 전에 서둘러 매장되었다.

16장

예수에서 복음서로

우리는 예수가 종말론적 메시지를 가르쳤다는 것을 확인했다. 즉, 하느님이 역사 과정에 개입해서 사람의 아들로 하여금 이 세상의 악한 세력을 심판하리라는 것이다. 그러나 그리스도교인들은 예수 자신이 사람의 아들이라고, 그가 하느님의 심판의 주축이 될 것이라고 믿었다. 아니, 그들은 그가 어떤 의미에서는 다른 사람들을 위해 죽은 신성한 존재, 심지어 하느님 자체라고 믿었다. 예수가 직접 그렇게 가르친 것이 아니라면 어떻게 그리스도교가 예수의 죽음과 부활을 기반으로 하는 종교가 됐을까?

이 장에서는 우리가 알고 있는 바대로 그리스도교가 예수의 가르침보다는 예수가 죽은 후 부활했다는 추종자들 사이의 믿음에서 시작되었다고 주장할 것이다. 하느님이 그를 죽은 사람들 가운데서 살렸다고 생각하게 되자 예수의 제자들은 모든 것을—예수는 누구인지, 그는 왜 죽었는지, 하느님이 그를 통해 무엇을 말하고 행했는지 등 모든 것들을—이해하는 방식이 달라졌다. 이 시점에서 예수*의* 종교가 예수*에* *관한* 종교가 되었다.

우리는 초기 그리스도교 교회에서 전해지던 예수에 대한 구전 전승들traditions을 가지고 신약성서에 대한 연구를 시작했고, 최종적으로 신약성서 복음서로 만들어진 이야기들이 전도, 교육, 권면, 훈계를 위해 그리스도교인들에 의해 어떻게 변형되었는지 살펴보았다. 다음에는 예수에 관한 초기의 서면 기록들에 대한 연구로 옮겨 갔는데, 이 책들은 그리스도교인들에 의해 처음 만들어진 것들은 아니지만(바울로의 글들이 더 일찍 만들어졌다) 초기 그리스도교의 가장 중요한 인물인 예수 자신을 묘사한 최초의 책들이었다. 우리는 처음에 이 작품들을 문학적인 문서로서 검토했고 예수에 대한 그들의 독특한 묘사를 밝히려 했다. 그런 다음 우리는 예수가 실제로 말하고 행한 것을 밝혀내기 위해 다양한 역사적 기준을 적용함으로써 그의 삶을 재구성하려 했다.

우리는 이제 완전히 한 바퀴를 돌아 우리가 출발했던 곳으로 돌아왔다. 지금은 우리가 그동안 배운 것에 비추어 연구의 원래 진입점을 잠시 재검토하기에 이상적인 단계이다. 여기서 우리는 그리스도교 운동 초기 수십 년 동안 전해지던 예수에 관한 전승의 발전에 대해 다소 더 정교하게(그리고 간결하게) 논할 것이다.

그리스도교의 시작

이론적으로 말하면, 모든 종교와 철학 운동은 기원을 가지고 있다. 그렇다면 그리스도교는 언제부터 시작된 것일까? 몇 가지 가능성이 있다.

우리는 그것이 예수의 사역으로부터 시작되었다고 말할 수도 있다. 예수의 언행이 없었다면 그를 바탕으로 하는 종교는 없었을 것이다. 동시에, 그리스도교는 전통적으로 예수의 가르침을 지지하는 종교 그 이상이었다. 실제로 예수가 종말론적apocalyptic 예언자였다면 그의 뒤를 이어 나타난 그리스도교는 그가 선포한 것과는 다소 다른 종교의 모습을 보인다. 간단히 얘기하자면 그리스도교는 죄를 대속하기 위한 예수의 죽음과 죽은 자들로부터의 그의 부활resurrction에 대한 믿음에 뿌리를 둔 종교이다. 그러나 이것은 예수가 갈릴래아와 유대의 유대인들에게 전한 종교는 아닌 것처럼 보인다. 학자들이 수년 동안 사용해온 표현을 사용하자면 그리스도교는 예수*의* 종교religion *of* Jesus(그 자신이 직접 선포한 종교)라기보다는 예수*에* *관한* 종교 religion *about* Jesus(그의 죽음과 부활에 바탕을 둔 종교)이다.

그렇다면 그리스도교는 예수의 죽음으로 시작되었다고 말해야 할까? 이것 역시 어느 정도 진실의 요소를 포함하고 있을 수 있지만 문제가 있다. 만약 예수가 죽었고 아무도 그가 죽은 사람들로부터 살아났다고 믿지 않았더라면 그의 죽음은 유대인들이 겪어온 오랜 비극의 역사 속에서 벌어진 또 하나의 비극적 사건, 또 한 명의 하느님의 예언자의 죽음, 그의 백성들에게 하느님의 뜻을 알리는 데 몸을 바친 또 다른 거룩한 사람으로 여겨졌을 것이다. 그러나 그것은 세상의 구원을 위한 신의 행위로는 인식되지 않았을 것이고 아마도 그 결과로 새로운 종교가 나타나지는 않았을 것이다.

그리스도교는 예수의 부활로 시작되었을까? 역사학자들은 이러한 판단을 내리는 데 어려움을 겪을 것이다. 왜냐하면 그들은 신의 기적적인 일이라는 일종의 신학적인 주장에 동의해야 하기 때문이다. 그러나 역사가들이 부활을 역사적으로 개연성 있는 사건이라고 말한다 하더라도 그것 자체로는 그리스도교의 시작이라고 여겨질 수 없을 것이다. 그리스도교는 예수의 부활이 아니라 예수의 부활에 대한 "믿음"이기 때문이다. 역사학자들은 물론 예수의 부활에 대한 믿음을 말하는 데는 어려움이 없는데 이것은 공적 기록의 문제이기 때문이다. 예수의 추종자들 중 일부가 그가 처형된 지 얼마 되지 않아 죽은 사람들로부터 부활했다고 믿게 된 것은 역사적 사실이다. 우리는 이 신도들 가운데 몇 사람의 이름을 알고 있다. 그 가운데 한 사람인 사도 바울로는 예수가 살아 있는 것을 보았다고 아주 분명하게 주장한다. 그러므로 역사가에게 그리스도교는 예수의 부활 그 자체가 아니라 부활에 대한 믿음에서 시작된다.

종말론적 관점에서 예수의 부활

어떻게 예수의 부활에 대한 믿음이 최종적으로 복음서로 이어졌을까? 질문을 좀 달리하자면, 곧 올 사람의 아들Son of Man을 통해 세상이 심판을 받게 될 것을 선포한 유대인 예언자prophet 예수로부터 예수 자신이 하느님의 궁극적인 구속의 행위를 나타내는 신성한 사람이라며 그를 믿는 그리스도교로의 전개를 어떻게 이해할 수 있을까? 이 질문에 답하기 위해서는 예수의 부활을 처음으로 믿은 신자들이 실제로 누구였는지를 살펴봐야 한다.

복음서들은 누가 예수의 빈 무덤을 발견했는지, 그들이 누구와 마주쳤는지, 무엇을 알게 되었는지, 알게 되었을 때 그들이 어떤 반응을 보였는지 등에 대해 다소 다른 설명들을 제공한다. 그러나 네 개의 정경 복음서들과 베드로의 복음서는 모두 예수의 추종자들 중

한 여인 혹은 여인들의 무리가 처음으로 예수의 빈 무덤을 발견하고 그가 부활했음을 알았다고 전한다. 흥미롭게도 예수의 부활을 논한 초기 저자인 사도 바울로는 예수의 무덤이 비어 있었다거나 예수의 부활을 처음 믿었던 사람들 중 어느 여성의 이름도 밝히지 않는다.(1코린 15:3-8) 그러나 한 가지 중요한 점은 바울로가, 하느님이 예수를 다시 살렸다는 것을 처음 알게 된 사람들은 예수의 생전에 그의 가까운 추종자들 중 일부였다는 초기 복음서의 설명에 동의한다는 것이다.

이 모든 추종자들은 예수가 살아 있는 동안 그의 종말론적 메시지를 받아들였을 것이다. 그렇지 않았다면 그들은 그를 따르지 않았을 것이다. 그러므로, 예수의 부활을 가장 먼저 믿었던 사람들은 종말론을 믿는 유대인들이었을 것이다. 그들에게 예수의 부활은 다른 거룩한 사람들이 타인을 대상으로 행한 기적과는 달랐다. 예수의 추종자들은 하느님이 예수를 죽음에서 건져냈다고 믿었다. 게다가 그는 부활 후 다시 두 번째의 죽음을 맞지 않았다. 부활한 그는 다시 죽지 않을 것이었다. 초기 그리스도교인들이었던 이 유대 종말론자들은 어떤 결론을 도출했을까?

우리는 이미 종말론자들이 시대의 끝에 악의 힘이 파괴되리라고 믿었다는 것을 보았다. 이러한 힘에는 악마, 그의 부하들 그리고 그들과 한편인 우주적인 죄와 죽음의 힘이 포함되어 있었다. 그다음에는 죽은 자들이 부활하여 선한 자는 영원한 상을 받고 악한 자는 영원한 벌을 받게 된다. 예수 자신처럼 많은 유대인 종말론자들은 하느님이 특별히 택해서 하늘에서 지상의 우주적 심판관으로 보내질 한 사람에 의해 종말이 오게 될 것이라고 믿었다. 이러한 기본적인 종말론적 시나리오를 생각해볼 때 예수의 부활을 처음 믿었던 사람들이 그 사건을 어떻게 해석했을지에 대해서는 의심의 여지가 거의 없다. 시대의 끝에 죽은 자의 부활이 오기로 되어 있었고 이제 누군가가 (그들이 믿는 대로) 부활했으니 세상의 종말은 이미 시작되었을 것이다. 하느님에게 적대하는 세력 중 가장 큰 죽음을 이겨낸 위대한 스승이자 거룩한 존재 예수의 부활로 세상의 종말이 시작된 것이다. 그러므로 예수는 그를 통해 악의 세력을 물리치기로 하느님이 결정한 하느님의 대

Box 16.1 여성들과 빈 무덤

예수의 부활 이야기들의 두드러진 특징 중 하나는 어느 복음서에서도 남성 제자들이나 유대인 남성 지도자, 기타 다른 남성들이 빈 무덤을 발견하지는 않는다는 것이다. 무덤은 여성들에 의해 발견된다. 마태오의 복음서 28장 1절에 따르면 마리아 막달레나와 또 다른 마리아, 마르코 16장 1절에 따르면 마리아 막달레나와 야고보의 어머니 마리아, 살로메, 루카의 복음서 24장 10절에 따르면 마리아 막달레나와 요안나, 야고보의 어머니 마리아, 요한의 복음서 20장 1절에 따르면 단지 마리아 막달레나, 베드로의 복음서 50–51절에 따르면 마리아 막달레나와 그녀의 친구인 몇 명의 여성들이 빈 무덤을 발견한다.

이러한 전승들을 생각할 때 사도 바울로가 코린토스인들에게 보낸 첫째 편지 15장 3절에서 부활의 "증거"를 제공하면서 여성들에 의해 발견된 빈 무덤이 아니라 부활한 그리스도, 그것도 (초기 복음 전승들의 내용처럼) 여성들에게 나타난 것이 아닌 남성 제자들에게 나타난 그리스도의 모습을 언급하는 것은 이상해 보일 수 있다. 어째서 바울로는 빈 무덤이나 여성들을 언급하지 않는 것일까?

이 문제에 관심이 있는 일부 페미니스트 역사가들은 복음서들이 사실 마리아 막달레나가 주축이 된 여성들이 빈 무덤을 발견했다는 원초적이고 역사적으로 믿을 만한 전승을 기록하고 있으며 따라서 여성들이 예수의 부활을 목격한 첫 번째 증인들이라고 주장한다. 그런 면에서 그리스도교는 어떤 의미에서 여성에 의해 시작되었다고 할 수 있다. 이 전승은 여러 번에 걸쳐 증언된다. 그리고 이런 주장에 따르면, 남자들이 예수에 대한 이야기를 하면서 예수가 부활했다는 것을 처음으로 안 것은 여성들이었다고 꾸며낼 가능성은 거의 없을 것이기 때문에, 이런 전승은 비유사성의 기준을 통과한다.

그러나 다른 페미니스트 학자들은 반대되는 의견을 내놓았다. 그들은 바울로가 복음서들보다 훨씬 이전에 글을 썼지만 부활한 예수의 등장과 관련된 전승들 외에는 빈 무덤의 전승을 전혀 언급하지 않는다는 것을 지적하면서, 바울로 교회의 교인들이 부활절 아침에 발견된 빈 무덤의 이야기를 혹시 알지 못했던 것은 아닐까 묻는다. 만약 그들이 그런 사실을 알게 되면, 그들은 왜 바울로나 다른 누구도 그들에게 그것을 말하지 않았는지 밝히려고 노력할 것이다. 그 이론에 따르면, 그들은 빈 무덤을 발견한 것이 여성들, 즉 너무 기쁘거나 두려워서 아무에게도 말할 수 없었던(마르 16:8) 여성들이었다는 것, 혹은 그녀들이 이야기를 했더라도 단지 어리석은 여성들의 헛소리로 치부되고(루카 24:11) 심각하게 받아들여지지 않았기 때문이라고 설명할 것이다.

만약 이 이론이 맞는다면, 빈 무덤을 발견한 여성들에 대한 복음서의 이야기는 여성의 지위를 높이는 것이 아니라 그들을 폄하하는 기능을 하게 될 것이다. 이 경우, 여성들은 부활의 가장 이른 증인들이 아니라 복음의 전파에 방해가 되는 존재들이었을 것이다.

리인이었다. 하늘로 올리어진 그는 하느님의 일을 마치기 위해 돌아올 것이다. 이런 이유로 사람들은 회개하고 그의 재림을 기다리게 되었다.

예수가 부활한 후 얼마의 시간이 지난 다음에(우리들의 자료들은 수십 년 후에 쓰였기 때문에 구체적으로 얼마의 시간이 흘렀는지는 알 수 없다) 이 최초의 종말론 신자들은 부활한 예수에 대한 자신들의 믿음을 반영하는 말들을 하기 시작했다. 예수의 의의에 대한 이러한 초기의 생각들은 그 후 수 세기 동안, 주로 종말론적 유대인이 아닌 사람들 사이에서 논의되고, 발전되고, 모습을 갖추어갈 믿음에 강하게 영향을 미쳤다. 예를 들어, 초기 그리스도교인들은 예수가 하늘로 들려졌다고 믿었다. 즉, 하느님이 그에게 독특한 지위를 주었다는 것이다. 그들은 예수가 생전에도 하느님을 아버지라 부르고 제자들에게 하느님을 인자한 아버지로 믿어야 한다고 가르쳤다는 것을 알고 있었다. 그의 부활을 믿게 된 사람들은 그가 하느님과 진정으로 독특한 관계를 가지고 있는 게 틀림없다는 것을 깨달았다. 그는 하느님의 아들Son of God이었다.

더구나 이들 그리스도교인들은 예수가 곧 하늘에서

Box 16.2 삶이 끝날 때 천국으로 들려진 사람들

예수가 죽은 사람들 가운데서 살아났을 뿐만 아니라 하느님과 함께 하기 위해 하늘로 들려졌다고 믿게 되었을 때 초기 그리스도교인들은 예수에게 무슨 일이 일어났을 것이라고 상상했을까? 그들의 삶의 끝에 신의 영역으로 들려진 인간들에 대해 일반적으로 고대 사람들이 어떻게 생각했는지 성찰하는 것이 답을 줄 수 있을 것이다.

이교도 전승에서는 답이 명확했다. 그들은 신이 된 것으로 생각되었다. 예를 들어, 로마의 창시자인 로물루스는 죽지 않고 하늘로 올라갔다고 생각되었다. 그는 로마의 위대한 신들 중 하나인 퀴리누스로 숭배받게 되었다. 수 세기 후, 로마의 독재자 율리우스 카이사르는 암살된 후 하늘로 올라갔다고 전해진다. 사람들은 하늘에서 그의 혜성을 볼 수 있었다. 그도 역시 신성을 얻어 신이 되었다고 한다.

유대 전승에도 이런 신격화에 관한 이야기들이 있었다는 점이 흥미롭다. 예수와 같은 시대에 살았던 알렉산드리아의 필론이라는 유대인 철학자는 모세를 널리 찬양하면서 "모든 인간적인 것들을 포기하고 뒤에 남겨진 그는 신성하게 바뀌어 하느님과 가까이 되고, 그런 사람들은 진실로 신이 되었다"(출애굽기에 대한 질문들 *Questions on Exodus* 3.29)고 주장했다. 이 신격화는 모세에게만 국한된 것이 아니다. 예를 들어 창세기에서 죽지 않고 하늘로 올라갔다고(창세 5:24) 생각되는 인물인 에녹은 일부 유대교 전승에서는 신적인 존재로 변했다고 전해진다.(2에녹 22:1-10 참고)

살아서 천국에 간 사람은 신이 된다고 널리 생각되었다면 초기 그리스도교도들은 예수가 부활해서 하느님의 오른편으로 들려졌다는 것을 믿는 순간 예수에 대해 뭐라고 말했을까?

내려와 땅을 심판할 사람에 대해 많이 이야기했다는 것을 알고 있었다. 그들이 알고 있는 예수는 이제 하늘로 들려 올라갔다. 그러므로 그들이 보기에는 예수는 곧 사람의 아들로서 심판의 날에 돌아올 것이었다.

예수는 사람의 아들과 함께 도래할 하느님의 왕국 Kingdom of God에 대해서도 말했다. 우리가 본 바와 같이, 그는 아마도 자신이 그 왕국에서 높은 자리에 있게 될 것이라고 생각했을 것이다. 이 초기 그리스도교도들에게는 그것이 바로 일어날 일이었다. 예수는 곧 나타날 왕국을 다스릴 것이다. 그들에게는 그가 곧 오실 왕, 유대 사람들의 왕, 메시아messiah였다.

예수는 또한 어떤 의미에서는 이 왕국이 이미 도래했다고 가르쳤다. 그는 추종자들에게 왕국의 가치를 구현하고 지금 여기서 서로를 자기 자신처럼 사랑함으로써 하늘나라의 삶의 방식을 받아들이라고 가르쳤다. 그의 부활을 믿는 사람들은 예수가 선포한 왕국이 이미 시작되었다고 주장했다. 하늘로 들려진 예수는 이미 왕국의 통치자였다. 하늘로 들려진 그는 사실 모든 창조물들 위에 있었다. 믿는 자들에게는 예수가 하늘과 땅에 있는 모든 것을 다스리는 존재였다.

예수를 이해하는 이 새롭고 중요한 방식들이 빠르고 자연스럽게 힘을 얻게 되었다. 그가 죽은 후 몇 년 안에 그는 동지중해 전역에 흩어져 있는 작은 공동체들에서 하느님의 아들, 곧 세상에 오실 사람의 아들, 유대인의 메시아 그리고 모든 사람의 주Lord로 선언되었다. 이런 식으로 예수를 이해한 그리스도교인들은 자연스럽게 예수에 대한 자신들의 이해를 반영한 이야기를 세상에 전했다. 예를 들어, "누구든지 사람들 앞에서 나를 안다고 증언하면 나도 하늘에 계신 내 아버지 앞에서 그를 안다고 증언하겠다"(마태 10:32; 마르 8:38과 대조)에서처럼 예수가 사람의 아들에 대해 언급한 말의 주어를 일인칭 단수 주어로 바꾸어서 예수가 앞으로 올 다른 사람을 말한 것이 아니라 자신에 관해 말을 한 것으로 바꾸거나 예수가 자신에 대해 말한 글의 일인칭 단수 주어를 "사람의 아들"로 바꾸어 "사람의 아들을 누구라고 하더냐?"(마태 16:13; 마르 8:27과 대조)라는 질문을 만들었다.

성서에 나오는 예수의 죽음

우리가 살펴본 것처럼 초기 그리스도교인들은 그들의 동료 유대인들에게 예수를 하느님으로부터 특별한 은혜를 받은 존재로 전하려고 했을 때 어려움을 겪었다. 비그리스도교 유대인들이 기대하던 메시아의 모습은 예수와는 거리가 멀었다. 지금도 남아 있는 자료들에서 찾아볼 수 있는 유대인들의 메시아에 대한 기대는 상당히 달랐다. 그러나 그들은 한 가지 공통점을 가지고 있었다. 그들은 모두 메시아가 모든 사람들의 존경을 받고 유대인들이 과거에 겪은 부당함을 극복한 새로운 세계로 이끌 강력한 인물이기를 기대했다.(Box 6.1 참고) 반면, 예수는 제국에 대한 선동죄로 십자가에 못 박힌 비교적 무명의 교사였다. 유죄판결을 받은 범죄자가 어떻게 하느님의 메시아가 될 수 있을까? 예수는 결코 국가를 전복시키지도 못했다. 그는 국가에 의해 조롱당하고, 매 맞고, 처형당했다. 대부분의 유대인들에게는 예수를 우주의 주는 고사하고 메시아라고 부르는 것도 터무니없었고 심지어 신성모독에 해당할 일이었다. 그리스도교가 출현하기 전에는 앞으로 올 메시아가 세상의 죄 때문에 고통받고 죽었다가 다시 영광스럽게 돌아올 것이라고 믿는 유대인은 없었다.

물론 오늘날의 그리스도교인들은 이것이 바로 메시아가 해야 할 일이었다고 믿는다. 그들이 그렇게 생각하는 이유는 가장 초기의 그리스도교인들이 유대교 성서에 고통받는 메시아의 도래가 예언되었다고 믿게 되었기 때문이다. 하지만 잊지 말아야 할 것은 초기 그리스도교인들은 하느님이 그들의 신성한 글을 통해 그들에게 말한다고 믿었던 유대인들이었다. 그들에게 성서는 단순히 과거의 사건들에 대한 기록이 아니라 자신의 고유한 처지에 주어진 하느님의 말이었다. 초기 그리스도교인들뿐만 아니라 이 시기의 대부분의 유대인들은 성서를 그들 자신의 시대에 주어진 의미의 계시로서 개인적인 방식으로 이해했다.(Box 4.3 참고) 그러므로 비록 히브리 성서가 메시아를 고통받을 사람으로 구체적으로 말하지 않더라도, 예를 들어, 시편에는 하느님의 원수들의 손에 고통받지만 하느님이 그의 정당성을 회복시켜줄 의인을 말하는 구절들이 있다. 원

도판 16.1 예수는 아리마태아 요셉에 의해 바위에 파인 무덤에 장사되었는데, 아마도 이 무덤처럼 입구가 바위로 막혔을 것이다.(마태 27:60 참고. 무덤 문의 왼쪽에 있는, 굴릴 수 있게 된 둥근 모양의 바위를 주목하라.)

래, 이들 "애통의 시편들Psalms of Lament"은 특히 억압의 어려운 시기를 겪은 유대인들이 자신들을 공격한 사악한 자들에 대한 불만을 표출하고 자신들을 위해서 개입할 하느님에 대한 희망을 표현함으로써 위안을 느끼기 위해 썼을 것이다.(예: 시편 22, 35, 69 참고) 그러나 그러한 시편을 읽은 그리스도교인들은 그 글들 속에서 먼 옛날 억압받던 의로운 유대인들이 아니라 최근에 불법으로 정죄받고 처형된 진정으로 의로운 한 유대인의 아픔, 고통, 궁극적인 정당화의 구현을 보았다.

예수에게 일어난 일을 돌이켜보면서, 이 유대인 그리스도교인들은 예수의 고난과 죽음에서 시편에 묘사된 고난당하는 의인에 관한 말씀이 성취되는 것을 보았다. 이 글들은 그리스도교인들이 예수의 수난을 이해하고 묘사하는 방식에 영향을 미치기도 했다. 그들은 시편 22편의 구절들을 예수의 처형을 둘러싼 사건들을 표현한 것으로 받아들였다.

"나의 하느님이여 나의 하느님이여 어찌 나를 버리셨나이까"(1); "사람마다 나를 보고 비쭉거리고 머리

를 흔들며 빈정댑니다."(7); "물이 잦아들듯 맥이 빠지고 뼈 마디마디 어그러지고, (……) 깨진 옹기 조각처럼 목이 타오르고 혀는 입천장에 달라붙었습니다."(14-15); "개들이 떼지어 나를 에워싸고 악당들이 무리지어 돌아갑니다. 손과 발이 마구 찔려 뼈 마디마디 드러나 셀 수 있는데 원수들은 이 몸을 노려보고 내려다보며 겉옷은 저희끼리 나눠가지고 속옷을 놓고서는 제비를 뽑습니다."(16-18)

초기 그리스도교도들에게 의로운 예수의 고난은 시편에 나온 의로운 유대인의 고난으로 예고되었다. 그러므로 그의 고난은 단지 인간들의 불의의 소산이 아니었다. 그것은 하느님의 계획이었다.

히브리 성서의 다른 부분들은 왜 이 고통이 신의 계획이었는지를 설명했다. 이 구절들은 메시아를 언급하지 않았지만 그리스도교인들은 자신들이 메시아라고 믿는 예수를 설명하기 위해 그것들을 인용했다. 가장 중요한 구절은 예언자 이사야의 글들에서 발견되었는데 그곳에서 그는 자신이 "주의 종"이라 부른 하느님의 의로운 자의 고통을 말하고 있다. 학자들이 "고난받는 종의 노래들Songs of the Suffering Servant"이라고 이름 붙인 이사야의 네 구절 중 가장 중요한 구절인 이사야 52장 13절-53장 12절에 의하면 하느님의 종은 끔찍한 수치스러움을 당했다. 그는 멸시와 거부를 당했고(53:3), 상처를 입고 멍이 들었으며(53:4-5), 핍박을 당하고 괴롭힘을 겪었고, 조용히 고통받다가 결

Box 16.3 유대 순교사 및 기타 그리스-로마 문학에서의 대속적 고난

누군가가 다른 사람을 구하기 위해 고통받고 죽는다는 생각, 대속적 고난vicarious suffering이라고 불리는 생각은 그리스도교인들에 의해 발명된 것이 아니다. 예를 들어, 이 개념은 그리스도교 이전 많은 유대인 순교자들의 이야기들에서 발견된다. 이 이야기들은 그리스도교인들이 예수에 대해 이야기하는 방식에 영향을 미쳤을까?

마카베오서 상권에 나오는 마카베오 반란Maccabean revolt의 이야기에 엘아자르라는 이름의 유대인 전사가 나오는데 그는 하느님의 적인 시리아 왕을 태우고 있을 것으로 추정되는 코끼리를 단신으로 공격한다. 엘아자르는 결국 자기가 죽인 코끼리에 깔려 죽지만 마카베오서의 저자에 따르면, "그래서 그는 그의 백성을 구하기 위해 목숨을 바쳤다."(1마카 6:44)

제4마카베오라고 알려진 마카베오 시대의 순교자들에 대한 이야기는 신실한 유대인들이 모세의 율법을 저버리는 것을 거부했기 때문에 겪었던 고난들을 생생하게 묘사하고 있다. 저자는 하느님이 그들의 죽음을 이스라엘 백성을 위한 제물로 받아들였다고 주장한다. "그들 덕분에 우리의 원수들이 우리 민족을 점령하지 못했고 폭군은 벌을 받았으며 조국은 정화되었다. 즉 그들은 우리 민족의 죄에 대한 몸값이 되었다. 그리고 그 독실

한 사람들의 피와 죽음을 통해 신은 이전에는 벌을 받았던 이스라엘을 지켜주었다."(4마카 17:20-22) 이런 글에서 신실한 순교자의 죽음은 다른 사람들에게 구원을 가져다준다.

대속적 고난에 대한 문학적인 묘사는 고대 이교도 문학에서도 찾아볼 수 있다. 가장 흥미로운 예들 중 하나는 에우리피데스의 감동적인 연극 「알케스티스」이다. 알케스티스는 아드메투스의 아름다운 아내이다. 아드메투스는 젊은 나이에 죽을 운명이었지만 그의 친구인 아폴론 신은 다른 누군가가 그 대신 자발적으로 죽을 수 있도록 운명의 여신의 허락을 받아준다. 하지만 기꺼이 그 대신 죽어줄 줄 알았던 아드메투스의 부모가 거절하자 아내인 알케스티스가 그 대신 죽는다. 그녀가 죽은 후 아드메투스는 그가 자신의 목숨을 구하기 위해 아내를 죽게 한 것보다 사람들이 그를 나쁘게 생각할 것이라는 것에 더 화가 나 슬픔에 잠긴다. 그러나 헤라클레스가 하데스로 내려가 죽음의 고통에서 알케스티스를 구출해서 슬픔에 잠긴 아드메투스에 데려다줌으로써 그를 슬픔에서 벗어나게 한다. 에우리피데스의 이야기는 다른 사람 대신 자발적으로 죽었다가 죽음을 정복하는 신에 의해 다시 살림을 받는 사람에 대한 이야기이다. 친숙하게 들리지 않는가?

국 죽임을 당했다.(53:7-8) 그는 백성의 죄를 속죄하기 위해 고통받고 죽은 사람이다.(53:4-5)

이 글의 본래 의미를 해석하는 것은 어렵지만 학자들 사이에 널리 퍼져 있는 견해는 그것이 원래 미래의 메시아에 대한 예언이 아니었다는, 아니 메시아에 관한 어떤 내용도 아니었다는 것이다. 메시아라는 용어가 그곳에 결코 나오지 않는다는 점을 주목할 필요가 있다. 이사야서의 이 부분은 바빌로니아와의 전쟁 후에 쓰였는데, 유다 왕국에서 많은 백성이 유배당했을 때이다. 이사야는 하느님이 곧 그들을 신원(伸寃)하여 고향으로 돌아오게 하실 것이라는 희망을 백성들에게 주고 있다.(이사야 40장 참고) 그렇다면 이 글에서 언급된 "종"은 누구인가? 네 장 앞으로 거슬러 가면 저자가 답을 써놓았다. 그는 다름아닌 "이스라엘"이 "종"이라고 명백히 말한다.(49:3) 일부 이스라엘 지역이 추방이라는 악몽을 초래한 백성들의 죄로 고통받고 있는 것이다. 그래서 (여러분도 눈치챘겠지만) 저자는 비록 그의 신원이 미래에 이루어지지만 종의 고통을 이미 과거에 일어난 일로 언급하고 있는 것이다. 그들이 고난을 당해왔지만 곧 하느님이 그들을 위해 개입할 것이다.

그리스도교 이전에는 어떤 유대인들도 이 구절들을 미래의 유대인 메시아에 대한 언급으로 이해한 적이 없었다는 것은 놀랍지는 않더라도 주목할 만하다. 그러나 그리스도교인들은 이들 그리고 이들과 비슷한 구절들에 비추어 예수의 고난을 이해했다. 그들에게 있어서 이 오래전의 말들은 예수가 겪은 일을 잘 묘사했다. 더욱이 그의 부활과 승천을 볼 때 예수는 분명히 그들에게는 선택된 존재였다. 그들의 결론은 신의 메시아는 세상의 죄로 인해 희생제물이 되어 고통을 겪어야 한다는 것이었다.(Box 16.3 참고)

따라서 십자가 처형은 유대인들의 걸림돌에서 그리스도교인들을 위한 초석이 되었다.(1코린 1:23 참고) 그들의 성서를 되새기면서, 가장 초기의 유대계 그리스도교인들은 예수가 고통받고 죽어야 했다고 결론지었다. 그의 죽음은 단순히 인간들의 부정한 행위에 의한 것이 아니었다. 그것은 신의 영원한 계획이었다. 예수는 자신의 사명을 충실히 수행해서 세상에 구원을 가져다주었다. 그래서 하느님은 그를 하늘로 들어올려

만인의 주가 되게 하고 그가 땅을 불로 심판하러 돌아오기까지 일련의 사건들을 일으킬 것이다.

예수에 대한 다른 이해의 등장

지중해를 중심으로 생겨난 그리스도교 공동체가 모두 세상의 죄를 위해 죽은 대속자로서의 예수에 대한 믿음으로 완전히 통일된 것은 아니었다. 우리는 특히 이 종교가 갈릴래아와 예루살렘에서 예수를 따랐던 종말론적인 유대인들의 작은 집단에서 시작해 다른 지역들과 다른 유형의 사람들로 퍼져나갈 때 이러한 집단들 사이에서 생겨난 수많은 차이점들을 보아왔다. 이러한 다양성은 그리스도교가 처음 생겨났을 때 그리스도교인들이 예수에 관한 설명들을 이해한 다양한 방식에서 유래한다.

예를 들어 "사람의 아들"이라는 용어는 "인간의 아들 같은 한 사람"이 구름을 타고 올 것이라는 다니엘서 7장 13-14절의 예언에 정통한 유대인들에게는 의미가 통하는 말이었을지도 모른다. 그런 청중들에게 예수를 사람의 아들과 동일시하는 것은 그가 지구의 우주적 심판자가 될 운명이라는 것을 의미했을 것이다. 반면에 이교도 출신 그리스도교인들은 다니엘서에 대해 설명을 듣거나 또는 그들이 할 수 있는 한에서 이해를 해야 했을 것이다. 즉 그들은 예수가 한 사람의 아들이었기 때문에, 그가 진짜 인간이었음을 의미한다고 이해할 수도 있었을 것이다. 비록 예수나 종말론적인 추종자들의 생각과는 다를지 모르지만 이것이 오늘날 많은 그리스도교인들이 이 용어를 이해하는 방식이다.

유대인들은 "하느님의 아들"이라는 말을 "이스라엘 왕"(2사무 7:14과 시편 2편과 함께)을 지칭하는 것으로 받아들일 수 있었겠지만 이방인들에게는 신성한 사람이라는, 전혀 다른 의미로 다가왔을 것이다. 유대인 사회에서 사용되는 특정한 의미를 지닌 용어로서의 "메시아"를 잘 알지 못하는 이방인들에게 그 말은 전혀 이치에 맞지 않았을지도 모른다. 문자 그대로의 의미는, 그것은 임명되거나 기름 부음을 받은 사람을 의미했다. 즉, 세계의 구세주는 고사하고 종교 지도자에

도판 16.2　헤라클레스(가운데)가 음부의 신 하데스(앉아 있는 모습)로부터 남편을 대신하여 죽은 알케스티스(왼쪽)를 다시 세상으로 데려오는 모습.

대한 존경의 표현으로도 어울리지 않는 표현이었다!

　이러한 다양한 칭호의 기본적인 의미에 동의한 공동체들조차도 그것들이 예수에게 적용되는 방식에 대해서는 의견이 달랐을지도 모른다. 예를 들어, 신의 아들이라는 칭호를 예로 들어보자. 일반적인 의미에서 이것이 하느님 앞에서 예수가 지니는 독특한 지위를 가리킨다면 예수는 언제 이 특별한 지위를 얻었을까? 일부 초기 공동체는 그가 부활해서 하느님의 아들로서 '낳음'을 받았을 때 그것에 이르렀다고 생각한 것처럼 보인다. 이러한 믿음은 사도행전 13장 33-34절과 로마인들에게 보낸 편지 1장 3-4절에 보존된 오래된 전승들에 반영되어 있다. 좀 더 늦게 나타난 다른 공동체들은 예수가 죽은 다음뿐만 아니라 그의 전체 사역 기간 동안에도 그는 하느님의 특별한 아들이었을 것이라고 생각하게 되었다. 이들은 루카의 복음서와 에비온파Ebionite의 문서에 기록되어 있듯 예수가 세례를 받을 때에 하늘에서 선포된 "너는 내 아들, 나 오늘 너를 낳았노라"라는 선언처럼 그때에 예수는 하느님의 아들이 되었다고 믿었다. 다른 사람들은 예수가 그의 사역뿐만 아니라 평생 동안 하느님의 아들이었을 것이라고 생각하게 되었다. 그래서 일부 늦게 나타난 복음서들에는 예수에게 인간 아버지가 없었고 예수는 문자 그대로 하느님의 아들이었다는 설명이 나온다.(예: 루카 1:35 참고) 다른 그리스도교인들은 예수가 그의 출생 전, 영원 전부터 하느님의 아들이었을 것이라고 믿게 되었다. 1세기 말경, 일부 그리스도교인들은 이미 예수가 그 자신이 신이며 그가 태어나기 전에 이미 존재했고, 그가 세상과 그 안에 있는 모든 것을 창조했으며, 그가 하느님 자신으로서 신성한 사명을 띠고 세상에 왔다고 선언했다. 이것은 종말론적 예언자로서의 예수의 초라한 시작과는 거리가 한참 멀다. 아마도 이러한 시작은 모든 씨앗들 중에서 가장 작은 겨자씨에 비유될 수 있을 것이다……

　예수가 누구인지에 대한 다양한 생각들과 그가 말

Box 16.4 예수에서 복음서로

1. 그리스도교는 예수의 가르침 자체 혹은 그의 죽음, 부활이 아니라 그가 부활했다는 사실에 대한 "믿음"에서 시작되었다.

2. 그의 추종자들은 그가 죽음에서 살아났다고, 그렇게 하느님으로부터 특별한 은혜를 입었다고 믿게 되자 그의 가르침을 재고하기 시작했다.

3. 그들은 예수 자신이 그가 설파한 사람의 아들이라고 주장하기 시작했다. 그는 단순히 하느님과 가까운 것이 아니라 하느님의 유일한 아들이며 단순히 그들의 지도자, 주가 아니라 온 세상의 주라고 주장하기 시작했다.

4. 그들은 또한 성서에서 하느님의 의로운 사람의 죽음을 언급하는 구절을 찾아내 그것이 예수를 가리키는 것으로 이해하고 성서에 비추어 그의 죽음의 의미를 숙고했다.

5. 이 그리스도교인들은 메시아는 고통받고 죽어야 하는 존재라는, 유대교에는 없던 생각을 발전시켰다.

6. 다양한 그리스도교 공동체들은 예수가 누구인지 그리고 그가 무엇을 했는지에 대한 각자의 이해를 발전시켰다.

7. 분명 모두는 아니지만 일부의 이런 다양한 생각들은 우리의 초기 복음서, 즉 신약성서에 반영되어 있다. 이 복음서들은 예수에 대해 똑같은 생각을 하고 있는 것으로 보일 수 있지만 그것은 아마도 그것들이 성서 안에 나란히 놓여 있기 때문일 것이다.

하고 행한 것의 의의에 대한 다양한 해석들은 그의 삶에 대한 다양한 문서 기록으로 구현되었다. 이것은 분명하다. 그렇지 않으면, 예를 들어 마르코, 요한, 토마 그리고 베드로의 복음서에서 발견할 수 있는 것처럼 예수에 관한 극적으로 다른 묘사들의 존재를 설명할 방법이 없다. 그리스도교인들이 이 복음서들 중 몇 개를 수집하여 정경 안에 넣기로 결정했을 때 그 차이들은 완화되었다. 그때부터 마태오, 마르코, 루카, 요한의 복음서는 모두 권위가 인정되었고 서로에게 비추어 해석되었다. 그것들이 정경 안으로 들어가게 된 것은 그들 각자의 강조점들을 조명하기보다는 균질화로 이어졌다.

17장

루카의 두 번째 책

사도행전

이번 장에서는 복음서와 예수로부터 신약성서의 다섯 번째 책인 사도행전으로 넘어간다. 사도행전은 루카의 복음서의 저자가 쓴 두 권짜리 작품의 두 번째 책이다. 루카는 이 책에서 예수의 제자들, 특히 그리스도교를 박해하다가 뒤늦게 사도로 합류한 바울로에 의해 그리스도교 복음이 전파되는 모습을 스케치한다.

책의 거의 4분의 1은 바울로와 다른 사도들의 연설, 잠재적인 개종자, 이미 개종한 사람들, 정부 관리들에 대한 연설 등을 담고 있다. 그런데 어떻게 루카는 사도들이 이런 말을 했다는 것을 알았을까? 누가 필기라도 한 것일까? 우리가 보게 될 것처럼 고대의 역사가들은 보통 역사적 인물들의 연설을 "지어냈다". 고대 서사의 연설들을 살펴봄으로써, 연설들의 진짜 저자(이 경우, 루카)가 강조하고 싶었던 것이 무엇인지 통찰할 수 있다.

그것이 새로운 종류의 분석 방법인 '주제 분석 방법'을 도입함으로써 우리가 이 장에서 할 일이다.

초기 그리스도교의 여러 복음서들과 그 소재가 된 역사적 예수를 살펴보았으므로, 이제 그가 죽은 후 예수보다는 그의 추종자들에게 더 초점을 맞추는 신약의 나머지 부분에 대한 고찰을 시작할 수 있다.

예수의 죽음과 부활 이후 신도들에게 어떤 일이 일어났는지 알고 싶어 하는 사람들이 찾는 가장 첫 번째 자료는 언제나 사도행전Acts of Apostles이었다. 이것은 초기 그리스도교 교회에 대해 우리가 가지고 있는 가장 오랜 이야기로서 수많은 개종들, 사도들apostles이 행한 기적들, 비신자들에 의한 방해와 박해, 사도들 내부에서 벌어진 일들과 바울로처럼 비중 있는 새 신자들과 사도들과의 관계, 무엇보다도 예루살렘의 소수의 추종자들 사이에서 시작된 보잘것없는 모임이 로마 제국의 심장부에까지 번져 간 놀라운 확산에 관한 이야기이다.

사도행전은 두 권으로 이루어진 작품의 두 번째 책이지만, 첫 번째 책과 같은 종류의 책은 아니다. 루카의 복음서는 거부당한 유대인 예언자prophet 예수의 기적적인 출생부터 부활까지를 다룬다. 이런 묘사는 여러 면에서 마르코의 복음서와 마태오의 복음서와 견줄 만하며 장르genre 면에서는 그리스-로마 전기Greco-Roman biography에 가장 가깝다. 그러나 사도행전은 루카의 복음서와는 상당히 다르다. 여기에는 주인공이 따로 없이 예수가 부활한 시점부터 사도 바울로의 로마 가택연금 시기까지 벌어진 그리스도교의 역사를 그린다.

사도행전의 장르와 그것의 의미

일부 학자들은 루카의 복음서와 사도행전이 한 세트로 쓰였기 때문에 같은 장르로 분류되어야 한다고 주장해왔다. 그러나 둘의 구조는 상당히 다르다. 사도행전은 그리스도교 교회의 역사적 발전과 관련이 있다. 더욱이, 그것의 서술은 그리스도교 운동의 기원으로부터 연대순으로 이루어진다. 이러한 점에서 사도행전은 고대에 만들어진 다른 역사물들과 밀접한 관련이 있다.

그리스-로마 세계의 역사가들은 많은 다양한 종류의 문헌들을 만들어냈다. 몇몇 고대 역사들은 특정 도시나 지역의 삶에서 중요한 지도자 혹은 사건들에 초점을 맞췄다. 다른 것들은 좀 더 범위를 넓혀 한 국가의 역사에서 중요한 사건들을 다루었다. 때때로 이 역사들은 주제에 따라 분류되기도 했지만 더 흔한 분류 방식은 연대순이었다. 연대순 서술은 (투키디데스Tucydides의 『펠로폰네소스 전쟁사』처럼) 하나의 복잡한 사건이나 (로마가 지중해에서 패권을 차지하는 과정을 서술한 폴리비우스처럼) 일련의 관련된 사건들로 제한될 수 있었다. 때때로 그들은 한 국가의 기억 속에 있는 가장 오래된 사건들을 다루었는데, 한 공동체로서의 그들의 기원을 확인하는 방법이었다.

사도행전은 가장 마지막 역사 분류 방법에 속할 수 있을 것이다. 즉, 한 민족의 주요 사건들을 그것의 기원부터 현시점까지 추적하여 하나의 민족으로서 그들의 특성이 어떻게 확립되었는지를 보여주는 역사

Box 17.1 사도행전: 고대소설?

사도행전의 장르에 대한 최근 연구의 일부는 그것이 일반적인 역사라기보다는 고대소설에 가깝다는 결론을 내렸다. 카리톤Chariton의 『카이레아스와 칼리로이*Chaereas and Callirhoe*』, 아킬레스 타티우스Achilles Tatius의 『레우키페와 클리토폰 *Leucippe and Cleitophon*』 등의 그리스-로마 세계의 소설들은 거의 오로지 오락만을 위해 쓰인 허구들이다. 그들은 보통 불행한 운명으로 헤어진 후 다시 만나기 위해 수많은 시련을 겪는 연인들의 이야기이다. 이 책들에 스며 있는 주제들 중 하나는 어떤 잘못도 저지르지 않은 죄 없는 주인공들이 박해와 억압을 받는다는 것이다. 이런 소설들은 일반적으로 여행 이야기, 난파 장면, 대화, 연설, 사적인 편지 등을 하위 장르로 사용했다. 이 모든 요소들은 사도행전에서도 발견된다.

다른 학자들은 이런 주장에 설득되지 않는다. 사도행전은 멀어진 연인들에 관한 책이 아니다. 여기에는 (현존하는 어떤 그리스-로마 소설과는 달리) 어떤 종류의 로맨스도 없다. 게다가 이 책은 소설처럼 처음부터 끝까지 주인공의 성취에 초점을 맞추지 않는다. 주인공(바울로)은 이야기의 3분의 1이 지나서야 등장한다. 마지막으로 그리고 아마도 가장 중요한 것은, 루카는 이 책을 주로 오락을 위해 꾸며낸 이야기로서 쓴 것 같지 않다는 것이다. 우리가 보게 될 것처럼 이야기에는 허구적인 요소들이 있을 수 있다. 그러나 제1권의 서문을 볼 때 그리고 서술의 주제(그리스도교 교회의 확장)와 주인공들(역사적 인물들)을 볼 때 우리는 루카가 초기 그리스도교의 역사를 쓰려고 의도한 것이라고 설득력 있는 결론을 내릴 수 있다. 이 책을 참고한 모든 고대 그리스도교 작가들도 이 책을 그렇게 이해한 것으로 보인다.

그러나 찬찬히 살펴보면 이 책에는 여러 가지 소설적인 손길이 느껴진다. 이야기에는 군데군데 재미있는 부분들이 있고 실제로 위에서 언급한 다양한 하위 장르와 주제를 포함하여 고대소설 작가들 사이에 공통적으로 사용되던 여러 가지 스토리텔링 기법을 구현하고 있다.

서에 가장 가깝다. 학자들은 때때로 이런 장르를 보편사general history라고 부른다. 유대의 역사가 요세푸스Josephus가 사도행전과 거의 같은 시기에 쓴 역사서가 그것의 좋은 예이다. 스무 권으로 이루어진 그의 역사서 『유대 고대지*The Antiquities of the Jews*』는 아담과 이브부터 그의 시대까지 유대교의 중요한 사건들을 서술했다.

전기와 달리 고대 역사는 요세푸스의 저술들에서처럼 많은 주요 인물들이 등장한다. 그러나 동시에 전기처럼 여행담, 일화, 사적인 편지, 대화, 대중 연설과 같은 광범위한 하위 장르들을 활용하는 경향도 있었다. 전반적으로 그리스-로마 고대의 역사는 단순히 이름들과 날짜들을 무한 반복하는 것이 아니라 창조적인 인문 활동이었다. 역사가들은 그들이 제시한 정보를 수집하고 전달하는 방식에 있어서 창의적이었다.

그러나 고대사이든 현대사이든 모든 역사는 궁극적으로 과거에 일어났던 일에 대한 객관적인 설명이라고 볼 수는 없다. 역사에서는 아주 많은 일들이 일어나기 때문에 역사학자들은 무엇을 언급하고 무엇을 의미 있는 것으로 묘사할 것인지 취사 선택할 수밖에 없다. 그들은 자신의 가치, 신념, 중요하게 여기는 것들에 영향을 받을 수밖에 없으므로 역사가들은 사건의 의미에 대한 그들의 이해를 반영하여 사건을 서술한다고 가정해도 무방하다.

객관성의 부족이란 문제는 고대에 살았던 역사가들의 경우에 특히 뚜렷했다. 그들이 살던 세계는 기록보다는 풍부한 구전 전승tradition에 의존했다. 실제로 많은 고대 역사가들은 문자 기록보다 구술 자료들을 선호했다. 이러한 접근 방식은 '풍문'에 대한 현대의 역사가들의 불신과는 약간 상충되지만 그 이면에는 다소의 논리가 있다. 고대 역사가들은 모호한 내용이 있으면 구술자에게 질문을 할 수 있었는데 이것은 문자 기록을 자료로 사용하는 것에 비해 유리한 점이었다. 그럼에도 불구하고 구두 진술에만 근거하여 실제로 무슨 일이 일어났는지를 결정하는 것은 아주 어려웠을 것이다. 기록된 자료들에 관해서도 고대 역사가들은 분명히 현대의 데이터 검색 기술 같은 것은 사용할 수 없었다. 이러한 이유들로 인해 그들은, 적어도 현대 독자들이 기대하는 높은 수준의 역사적 정확성의 측면에서 말하자면, 모든 것을 '정확하게' 기록하는 것에 대해 거의 관심을 갖지 않았고, 또한 그렇게 할 수 있는 가능성도 낮았다.

고대 역사에 기록된 말이나 연설의 경우에서 이것을 가장 명확하게 확인할 수 있다. 평균적으로 전형적인 그리스-로마 역사에서 연설은 전체 저술의 거의 4분의 1을 차지한다. 놀라운 것은 그리스 역사가 투키디데스(기원전 5세기)와 같이 그들의 역사 서술 방식을 성찰한 바 있는 고대 역사가들은 연설들이 실제로 행해진 것처럼 재구성될 수 없다는 것을 인정했다는 것이다. 누구도 즉석에서 메모를 하거나 긴 웅변을 암기하는 사람들은 없었다. 역사학자들은 그들의 저술에 나오는 연설들을 지어냈고 연설자의 성격과 행사에 맞는 내용을 꾸며냈다.

등장인물들의 연설뿐만 아니라 서술되는 사건들에 관해서도 고대 역사학자들은 현대 역사학자들보다 객관성의 추구에서 덜 야심적이었다. 그들은 절대적인 객관성이 아니라 신빙성을 추구했다. 그들은 진실처럼 들리는 이야기, 구술 자료들에 대한 자신들의 조사나 문자 기록을 통해 알아낸 것에 비추어 그럴듯해 보이는 이야기들을 만들기 위해 노력했다.

우리는 이러한 고대사의 많은 측면들이 보편사로서의 사도행전에도 적용된다는 것을 보게 될 것이다. 그러나 이 책에 대해 추적해 나가기 전에, 우리는 장르의 문제로 다시 돌아가야 한다. 루카의 두 작품이 구별되는 상이한 장르에 속한다는 것이 맞는 말일까?

작가가 서로 밀접한 연관이 있는 이 책들을 쓰기 위해 어째서 두 가지 다른 문학 장르를 선택했을지를 이해하기 위해서는, 우리는 그가 글을 쓰던 상황의 제약을 인식할 필요가 있다. 루카의 글의 구성은 우리가 아는 한, 이제 막 생겨나기 시작한 그리스도교 교회가 그때까지 만들어낸 어떤 글들과도 달랐다. 그의 글에서 루카는 초기 그리스도교 운동의 역사를 묘사하기 시작했다. 그러나 이 운동은 창시자인 예수의 역사를 떠나서는 설명할 수 없었다.

저자가 이용할 수 있었던 모델 작품(예: 마르코의 복음서)은 말할 것도 없고, 이 운동의 역사의 첫 부분은 저서의 주제이기도 한 예수의 삶과 가르침에 관한 것이었기 때문에 첫 번째 책의 장르는 당연히 전기의 형태를 지녀야 했다. 두 번째 책은 예수가 죽은 후 그리스도교 운동의 전개를 그리는 것이었다. 여기에는 고려해야 할 인물들과 사건들이 많아졌기 때문에 전기라는 장르를 적용하기가 어렵게 되었다. 그래서 루카는 그리스도교 운동의 일반적인 역사를 그의 두 번째 책으로 썼고 창시자인 예수가 죽은 후 그리스도교의 확산을 연대순으로 정리했다.

사도행전의 장르가 가지는 의미와 사도행전과 루카의 복음서의 관계에 대해 우리는 무엇을 말할 수 있을까? 사도행전을 보편사로 읽는다면 저자가 초기 그리스도교 운동을 이해하는 데 중요하다고 생각한 사건들의 서술을 찾을 수 있어야 한다. 게다가 우리가 그의 책을 고대의 독자들처럼 읽는다면, 우리는 사실의 정확성 측면에서 엄격하게 그것을 평가해서는 안 된다. 그뿐만이 아니다. 우리는 제1권인 루카의 복음서에서 발견되는 것과 유사한 주제와 관점을 사도행전에서도 찾아야 한다. 마지막으로, 이 책 또한 비록 복음서와는 다른 종류일지라도 연대순으로 배열된 이야기이기 때문에, 우리는 저자가 그 이야기의 나머지 부분에 대한 분위기를 처음에 설정할 것이라고 예상할 수 있다.

주제 측면에서의 사도행전에 대한 접근

지금까지 살펴본 각각의 복음서에 대해 나는 다른 분석 방법을 설명하고 사용했다. 즉, 마르코의 복음서에는 장르-비평 방법genre-critical method, 마태오의 복음서에는 편집 비평 방법redactional method, 그리고 루카의 복음서에는 비교 연구 방법comparative method을 사용했다. 비록 사도행전이 신약성서의 유일한 보편사이긴 하지만 이론적으로는 이 모든 방법들을 적용해볼 수도 있을 것이다. 장르 비평적 접근은 장르에 대한 독자들의 지식 그리고 작가가 상정하고 있는 것처럼 보이는 배경 정보를 기반으로, 독자들의 예상에 비

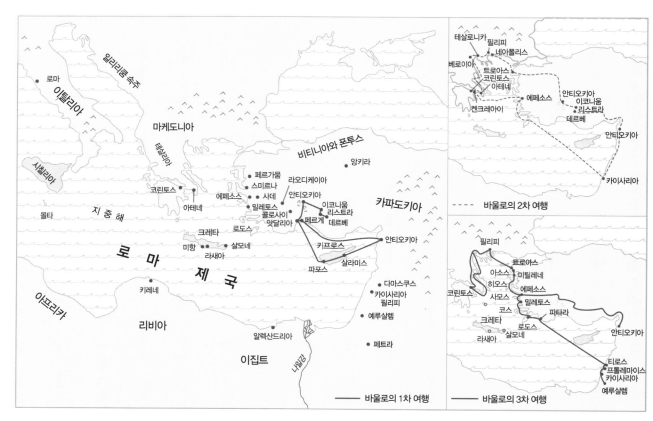

도판 17.1 사도행전에 나온 사도 바울로의 선교 여정.

추어 등장인물들과 이야기의 줄거리의 전개를 탐구할 것이다. 편집 비평 방법은 저자가 이용할 수 있던 자료가 무엇이었는지 그리고 그것을 어떻게 수정했는지 확인할 수 있다. 사도행전의 경우 그것의 남아 있는 자료들이 존재하지 않기 때문에 복잡한 일이기는 하지만 그럼에도 학자들은 꾸준히 이를 시도해왔다. 비교 연구 방법은 사도행전의 메시지를 바울로의 편지들과 같은 다른 초기 그리스도교 저술들에 비추어 고려한다. 여기서 우리는 "주제 분석 방법thematic method"이라 이름 붙여진 네 번째 접근법의 가능성을 살펴볼 것이다.

모든 작가는 글로 소통하려고 노력하는 주요한 생각들을 가지고 있다. 주제적인 접근은 이러한 생각들, 또는 주제들을 골라내고, 그것들을 통해 저자의 중요한 강조점들을 이해하려고 시도한다. 주제들은 여러 가지 방법으로 골라낼 수 있지만(곧 보게 되겠지만, 다른 방법들은 이 점에서 유용할 수 있다) 관심의 초점

은 줄거리가 어떻게 전개되는가(장르 비평 방법에서처럼) 또는 그 작품이 다른 작품과 어떻게 비교, 대조되는가(편집 비평과 비교 연구에서처럼)에 맞추어지지 않는다. 초점은 주제들 자체와 그것들이 작품 전반에 걸쳐 전개되는 방식에 맞춰진다.

모든 방법과 마찬가지로 주제적 접근은 그것이 어떻게 실제로 작용하는지를 보여줌으로써 가장 잘 설명될 수 있다. 사도행전에 들어가면서 우리는 루카가 말하고자 하는 주요 강조점들을 이해하는 데 도움을 줄 두 부분에 초점을 맞출 것이다. 이미 루카의 복음서에서 일어난 사건들에 사도행전을 연결하면서도 앞으로 전개될 내용을 예상하는 책의 도입부와 작가 자신의 의견을 반영하는 듯한 텍스트 전체에 흩어져 있는 주요 등장인물들의 연설들이 그것들이다.

Box 17.2 루카의 복음서의 신비로운 두 사람

사도행전 1장 10–11절에서 제자들에게 나타나 예수가 하늘로 올라간 모습 그대로 다시 올 것이라고 말하는 신비한 "흰 옷을 입은 두 사람"은 누구일까? 세심한 독자라면 전에도 그런 두 사람을 본 기억이 있을 것이다. 루카의 복음서 결론 부분에서 "눈부신 옷을 입은 두 사람"이 예수의 빈 무덤에 있는 여자들에게 나타나서 그가 죽은 사람들 가운데서 살아났다고 전한다.(루카 24:4, 마르 16:5, 마태 28:5과 대조해보라.) 일찍이 변화산(루카 9:30–31)에 나타난 "두 사람"도 그들이었을까? 루카가 세 구절 모두의 장면을 묘사하기 위해 비슷한 용어를 사용한다는 것은 놀랍다. 게다가 그는 그들이 처음으로 등장할 때 우리에게 그들이 누구인지를 말해준다.(9:30) 그들은 유대인들에게 율법을 전해준 모세와 위대한 히브리 예언자 엘리야이다.(그가 얼마나 위대한 사람이었느냐 하면 그는 죽지 않고 바로 천국으로 들어 올려졌다; 2열왕 2:9–12 참고)

많은 해석가들이 루카의 복음서, 사도행전에 나타난 두 인물이 율법서와 예언서들(즉, 히브리 성서)의 구현체로서 상징적 의미를 지니고 있음을 인정했다. 그러므로 루카에게는 모세와 엘리야로 의인화한 성서 자체가 예수의 존재로 드러나는 구제사의 절정 — 즉, 죽을 때까지 지상에서의 사명을 감당하고(루카 9:31), 죽은 자들로부터 부활한 후(24:4), 하늘로 올라갔다가 영광 중에 다시 돌아온다(사도 1:11) — 을 증언하고 있는 것이다. 다시 말해, 루카는 이 신비로운 두 사람을 이용하여 그리스도의 구제salvation 사역의 모든 측면이 유대교 성서에서 설명된 하느님의 계획의 완성으로 일어나는 것임을 보여준다.

복음서에서 사도행전으로: 도입부의 전환

사도행전의 도입부에서 가장 먼저 눈에 띄는 것은 루카의 복음서처럼 이 책을 "테오필로스"에게 헌정하고 첫 번째 책에 대해 "나는 먼젓번 책에서 예수의 모든 행적과 가르치심을 다 기록하였다. 곧 예수께서 당신이 뽑으신 사도들에게 성령의 힘으로 여러 가지 지시를 내리신 다음 승천하신 그날까지의 일을 시초에서부터 낱낱이 기록하였다"라고 그에게 상기시키는 것이다.(사도 1:1–2) 책의 서두에 있는 이러한 종류의 개략적인 요약문은 고대에 만들어진 여러 권으로 이루어진 역사 서적들에서 흔히 볼 수 있는 것으로 이미 앞에서 논의된 것들에 새 책을 연결해주었다. 테오필로스에게 책이 헌정된 것, 1권의 정확한 요약, 유사한 주제와 글의 스타일은 거의 모든 학자들로 하여금 같은 저자가 이 두 권의 책을 썼다고 확신하게 만들었다.

사도행전의 이야기는 예수가 부활한 후 40일 동안 나타나는 것으로 시작된다. 이 기간 동안 그는 옛 제자들에게 자신이 다시 살아났음을 확신시키고 천국에 대해 가르친다.(1:3) 제1권인 루카의 복음서에서 예루살렘이 구원이 도래하는 장소로 강조된 것처럼 제자들에게는 성령의 힘을 받을 때까지 예루살렘에 남아 있으라는 명령이 전해진다.(1:4; 마르코와 마태오의 복음서의 부활 이야기와 대조해보라.) 사도행전에서는 하느님의 구원의 말씀이 거룩한 도시에서 떠나가는데 그곳이 말씀을 거부했기 때문이다. 예언자 예수가 예루살렘에서 자기 백성에게 거부당한 것과 같이 그의 사도들도 예루살렘에서 거부당할 것이다. 그 메시지가 예루살렘 밖으로 전파될 것은 루카의 복음서 4장에서 이미 예견된 일이었다. 유대인들이 그 메시지를 거부할 것이기 때문에 그것은 바깥, 이방 사람들Gentiles에게 전해질 것이다. 사도행전은 유대교에서 이방인으로, 예루살렘에서 땅 끝까지 복음gospel을 전하는 것이 주 내용이다.

이 주제는 첫 구절에서 발표된다. 제자들은 다 같이 모인 자리에서 예수에게 이렇게 물었다. "주님, 주님께서 이스라엘 왕국을 다시 세워주실 때가 바로 지금입니까?"(사도 1:6) 그들은 지금이 그들의 종말론적 희망이 실현될 때이며 하느님이 역사에 개입하여 그의 백성을 위하여 영광스러운 왕국을 세울 때라고 기대한다. 우리는 루카가 예수의 제자들이 살아 있는 동안 세상의 종말이 올 것이라고 생각하지 않는다는 것을 보

Box 17.3 이야기꾼으로서의 루카의 기술 1

신약성서의 독자들은 오래전부터 루카의 복음서에서 예수에게 일어나는 일과 사도행전에서 그리스도교 신자들에게 일어나는 일들 사이에 많은 분명한 유사점들이 있음을 알고 있었다. 이러한 유사점들은 루카가 단지 그리스도교 운동의 초기를 객관적으로 설명하는 데에 전념한 기록자가 아니었음을 보여준다. 그는 분명한 목적을 가지고 이 역사서를 편찬했는데, 예수의 사명 뒤에 하느님의 손길이 있었던 만큼이나 교회의 선교 뒤에도 하느님의 손길이 있었음을 보여주는 것이 그 목적의 일부였다. 예수가 루카의 복음서에서 사역을 시작할 때에 세례를 받고 성령Holy Spirit을 받았듯 사도행전에서 새로운 신도들이 세례를 받을 때에 그들에게는 성령이 임한다. 루카의 복음서에서 성령이 예수가 기적을 행하고 설교를 할 수 있게 한 것처럼 사도행전에서 그것은 사도들이 기적을 행하고 설교를 하게 해준다. 루카의 복음서에서 예수가 병자를 고쳐주고 악마를 내쫓고 죽은 자를 살린 것처럼 사도행전에서 사도들은 병자를 고치고 악마를 내쫓고 죽은 자를 일으켜 세운다. 루카의 복음서에서 예수에 대적했던 예루살렘의 유대인들이 사도행전에서도 사도들을 대적한다. 예수가 루카의 복음서에서 갇히고 정죄당하고 처형당했듯 사도행전에서 그의 일부 추종자들도 투옥되고 규탄받고 처형당한다.

이러한 유사점들은 단순히 흥미로운 우연이 아니다. 루카는 두 권의 책을 만들어서 비슷한 이야기들을 사용하여 다음과 같은 말을 하고 있다. 사도들은 예수의 일을 계속해서 하고 있고 같은 성령의 능력을 힘입어 그의 사명을 연장하고 있다. 그래서 그들은 그와 비슷한 활동을 하고 있으며, 사람들로부터 비슷한 대접을 경험하고 비슷한 운명을 겪는다.

왔다. 이곳에서도 예수는 제자들에게 언제 종말이 올지 신경 쓰지 말고, 대신에 성령의 능력을 받아 땅끝까지 복음을 전파하라고 말한다. "예수께서는 이렇게 대답하셨다. '그 때와 시기는 아버지께서 당신의 권능으로 결정하셨으니 너희가 알 바 아니다. 그러나 성령이 너희에게 오시면 너희는 힘을 받아 예루살렘과 온 유대와 사마리아뿐만 아니라 땅 끝에 이르기까지 어디에서나 나의 증인이 될 것이다.'"(1:7-8)

그리스도교 선교에 대한 이 명령은 책의 나머지 부분에 무슨 일이 일어나야 하는지를 암시한다. 실제로 교회의 확산은 전체 이야기를 조직하는 모티프를 제공한다. 대략, 다음과 같은 일이 일어난다. 예상대로 다음 장에서는 오순절Pentecost에 성령이 사도들에게 내리는 것을 보여준다. 성령은 그들에게 기적을 행하여 그들이 그리스도의 복음을 선포할 수 있도록 능력을 준다. 수천 명의 유대인들이 그 결과로 개종하지만(사도 3-7장), 복음서에서 예수가 당한 것처럼 유대 지도자들에게 박해를 받게 된다. 그리스도교인들은 도시에서 흩어져 먼저 유대와 사마리아로 복음을 전하러 간다.(8장) 이 시기에 가장 중요한 개종자는 교회의 반대자였던 바울로로 사울이란 이름으로도 알려진 인물이다.(9장) 주로 바울로의 노력을 통해 복음은 팔레스티나 밖으로 전해져 제국의 여러 지역으로 퍼져나간다. 현재 튀르키예와 그리스에 해당하는 지역으로의 세 번에 걸친 선교 여행(도판 17.1 참고)을 통해 바울로는 킬리키아, 소아시아, 마케도니아, 아카이아의 주요 도시들에 교회를 세운다.(13-20장)

결국 그는 예루살렘으로 운명적인 여행을 떠나게 되는데(21장), 그곳에서 그는 유대인 지도자들에게 체포되어 재판을 받게 되고, 자신의 변호를 위해 여러 번 연설을 한 후, 마침내 로마의 카이사르 앞으로 보내진다.(22-27장) 이 책은 바울로가 로마에서 가택 연금되고 들을 마음이 있는 모든 사람에게 좋은 소식을 전하면서 끝이 난다.(28장) 그리스도의 메시지가 멀리까지 퍼져 제국의 심장, 수도 로마에까지 선포되고 있기 때문에 복음이 "땅 끝"까지 퍼지리라는 루카의 기대가 충족되는 것처럼 보인다.

사도행전에서 그리스도교 교회의 지리적 확산이 루카의 유일한 관심사는 아니다. 어떤 면에서 그는 복음이 어떻게 민족들의 경계를 넘었는지를 보여주는 데

Box 17.4 이야기꾼으로서의 루카의 기술 2

그러나 루카의 문학적 기술은 루카의 복음서와 사도행전 사이에 유사성을 부여하는 것으로 그치지 않는다. 그에 못지않게 흥미로운 것은 사도행전에 나오는 등장인물들 사이, 특히 1–12장의 주요 인물인 베드로와 13–28장의 주요인물인 바울로 사이의 유사점들이다. 특히 몇 가지 유사점이 눈에 띈다. 베드로와 바울로는 유대교 군중에게 설교를 하는데, 그들의 말은 여러 면에서 매우 유사하다.(예: 3장과 13장의 연설 참고) 예를 들어, 두 사람 다 환자들과 직접 접촉하지 않고 아픈 사람들을 치료하는 놀라운 기적을 행한다. 베드로의 그림자는(5:15) 바울로의 손수건(19:12)처럼 사람들을 치유한다. 두 사람 다 유대인 지도자들에 의해 격렬하게 방해를 당하지만 하느님에 의해 정당성을 인정받는다. 그들은 말씀을 설파한 죄로 투옥되었지만 하느님의 개입으로 사슬에서 해방된다.(12:1–11; 16:19–34) 아마도 가장 중요한 것은 두 사람 다 하느님의 계시와 그들의 선교가 큰 성공을 거둔 것을 근거로 하느님이 이방인들을 유대인이 되지 않아도 교회 안으로 받아들이기로 결정했다는 절대적인 확신을 갖게 된 것이다.(10–11, 15장)

이러한 유사점들은 이 이야기를 통해 루카에게는 이방인에 대한 선교를 돕는 하느님을 보여주려는 의도가 있었다는 우리의 애초의 인상을 더욱 강화한다. 하느님에게 충실한 사람들은 비슷한 설교를 하고 비슷한 결과를 얻는다. 그들은 비슷한 기적을 행하고, 비슷한 계시를 받고, 비슷한 운명을 경험한다. 루카의 기법은 선명히 주제를 부각시킨다.

더 열중한다. 실제로 그는 그리스도교 복음이 어떻게 유대인에게만 보내는 메시지를 넘어서게 되었는지 설명하고 정당화하기 위해 많은 노력을 기울인다. 확실히 예수와 그의 가장 가까운 제자들처럼 초기 개종자들은 유대인들이었지만 많은 유대인들은 복음을 거부했다. 그래서 하느님은 유대인이 아닌 사람들에게 신앙의 문을 열어 주었다고 루카는 말한다. 이런 주장은 8장에서 유대인들이 "반쪽 유대인"으로 여겼던 많은 사마리아인들이 그리스도교를 받아들임으로써 처음 실현된다. 곧이어 사도 베드로는 그리스도의 구원의 메시지를 이방인들도 듣고 받아들이게 하는 것이 하느님의 뜻이라는 것을 환상을 통해 알게 된다. 이 책의 나머지 대부분은 복음이 전해지는 모든 곳에서 유대인들의 훼방에도 불구하고 이방인들, 특히 유대교 회당과 관련된 이방인들이 즉시 복음을 받아들이는 모습을 보여준다. 이 복음을 전파하는 데 관련된 주인공이 바울로다.

이렇게 교회의 이방 선교 사명을 강조하는 것은 자연스럽게 몇 가지 긴급한 의문을 제기한다. 유대 사람에게 온 구원의 메시지가 이방인들에게로 향하는 것이라면 이방인들은 그것을 받기 위해 먼저 유대인부터 되어야 할까? 달리 말하자면, 만약 (루카의 복음서 자체가 시사하는 것처럼) 예수가 유대교 성서의 완성으로서 유대교의 신으로부터 유대교 예언자로서 유대인들에게로 보내진 유대인이었다면, 이 종교는 유대인들의 것이 아닐까? 그렇다면 예수의 추종자가 되려면 먼저 유대교를 받아들여야 할 것이다. 하지만 사도행전의 저자는 그렇게 생각하지 않는다. 우리가 이제 곧 보게 될 것처럼 그는 그의 역사서의 상당 부분을 그 이유를 설명하는 데 할애한다.

교회에 들어오는 신자들이 유대인이 될 필요가 없다면 그리스도교라는 종교 자체가 더 이상 유대인과는 상관이 없게 된 것일까? 바울로처럼 그리스도교를 대표하는 사람들은 유대인으로서의 그들의 과거와 돌이킬 수 없는 절연을 한 것일까? 다시 말하지만, 사도행전의 저자는 그렇게 생각하지 않는다. 역시, 저자는 이 이야기의 상당 부분을 그 이유를 설명하는 데 할애한다.

사도행전에 나오는 설교들의 주제인 이런 설명들을 검토하기 전에, 우리는 책의 도입부를 위한 조사를 마쳐야 한다. 그것은 예수가 하늘로 오르는 것으로 끝난다. 흰 예복을 입은 두 남자가 그가 떠나는 것을 지켜보고 있는 사도들에게 갑자기 나타난다.(Box 17.2 참고) 그들은 사도들에게 하늘을 쳐다보고 서 있지 말라고, 그들을 떠난 대로 예수는 다시 돌아올 것(10-11)이라고 말한다.

비록 루카는 예수의 제자들의 생전에 시대의 종말이 오지 않을 것이라고 생각하지만, 사도들에게 전해진 이 위로의 말은 그럼에도 그것이 곧 닥쳐올 사건이라고 말해주고 있는 것인지도 모른다. 사실, 루카는 그의 생전에 이런 일이 일어날 것이라고 기대했을지도 모른다. 예수는 심판을 위해 구름을 타고 돌아와서 땅 위에 그의 왕국을 세울 것이었다. 유대인들과 이방인들이 그리스도를 믿는 신앙에서 합심하고 있는 그 순간, 루카에게 종말은 그리 멀지 않은 사건이었고 그만큼 복음은 더욱 절실하고 긴박하게 선포될 필요가 있었다.

이렇게 우리는 사도행전 초반에 루카의 복음서의 많은 주요 주제들이 계속 반복되는 것을 볼 수 있고, 나머지 책 전체에서도 반복되리라는 것을 예상할 수 있다. 이곳에서 다루어지는 주제들은 예루살렘에 대한 집중, 유대교에서 선포되기 시작하지만 이방으로 옮겨가는 복음, 전 세계에 복음이 선포되는 동안 지연되는 세상의 종말, 그리고 아마도 가장 중요한 것은, 성령에 이끌리는 그리스도교 선교 등이다. 루카에게는 하느님이 그리스도교 운동을 처음부터 끝까지 인도한다.

우리는 이 책의 주인공들이 행하는 연설, 그 연설들의 저자인 '루카'가 직접 써서 그들이 말한 것처럼 수록한 연설들에서 이런 주제들이 어떻게 되풀이되는지 볼 수 있다.

사도행전 연설의 주제들

대부분의 일반적인 고대 역사서들과 마찬가지로 사도행전에서도 연설들이 두드러지게 나타난다. 실제로, 그 시대 역사서들의 평균인 전체 이야기의 4분의 1 정도를 차지한다. 루카의 복음서의 중요한 주제들을 골라내기 위해 우리는 다양한 종류의 연설 몇 개를 예로서 살펴볼 것이다.

사도행전의 연설들을 분류하는 방법 중 하나는 연설자들이 그들의 청중이 처한 상황에 따라 다른 내용을 강조할 것이라는 가정 아래 그들의 다양한 청중을

도판 17.2 로마의 카타콤 그림에서 나온, 루카-사도행전의 가장 중요한 세 인물인 베드로, 예수 그리고 바울로.

Box 17.5 유다의 죽음

신약성서의 단 두 곳에서만 유다의 죽음을 묘사하고 있다. 사도행전 1장 18-19절과 마태오의 복음서 27장 3-10절이 그것이다. 두 곳의 공통점과 차이점을 비교하는 것은 흥미롭다. 마태오의 복음서에서 유다는 예수를 배신한 대가로 받은 은화 서른 닢을 돌려주려고 한다. 고위 사제들이 그것을 돌려받으려 하지 않자 그는 그것을 신전에 던져버리고, 나가서 목을 매어 죽는다. 고위 사제들은 그 은을 신전 금고에 넣을 수 없었다. 그것은 예수의 피값이었기 때문이었다. 그래서 그들은 그 은을 이용하여 떠돌이들을 묻기 위한 땅을 구입하기로 한다. 그때부터 이곳은 그곳을 사는 데 사용한 재원에 적절하게 "피밭 Akeldama"이라고 불렸다.

사도행전의 유다의 죽음도 피밭과 관련이 있지만 완전히 다른 이유였다. 베드로의 연설을 통해 우리는 유다 자신이 그 밭을 샀다는 것을 알게 되고 그 후 그는 비참한 죽음을 맞이했다. 그러나 유다는 목을 매어 죽은 것으로는 보이지 않는다. 베드로의 말에 의하면 그는 곤두박질쳐서 창자가 밖으로 튀어나와 죽었다고 한다. 베드로의 연설의 저자인 루카가 유다의 사인으로 무엇을 생각하고 있는지 알기는 어렵다.(유다는 칼로 자결을 한 것일까? 절벽에서 뛰어내렸을까? 몸이 부어올라 터졌다는 의미일까?) 어쨌든, 루카는 분명히 피밭이 유다의 피가 그 위에 쏟아진 것에서 그런 이름을 얻었다고 생각한다.

이 두 가지 설명을 모두 만족시키는 해석은 어렵지만, 어떤 면에서는 그들의 유사성이 더 큰 관심을 끌기도 한다. 왜 둘 다 피밭이라는 지명과 유다의 죽음을 연관시키는 것일까? 실제로 붉은 점토로 이루어져 있어서 그 색깔 때문에 피의 밭이라고 불리는 들판이 예루살렘에 있었을까? 이 결론에 대한 약간의 증거는 마태오의 복음서에서도 찾아볼 수 있는데 마태오는 그곳이 "옹기장이의 밭"(27:10) 즉, 도자기를 만들기 위해 점토를 추출하던 밭이었다고 말한다. 유다가 실제로 그곳에서 스스로 목숨을 끊었는지, 어느 시점에 유다가 주인이었는지, 아니면 그의 돈이 그것을 구입하는 데 쓰였는지 판단하기는 어렵다. 하지만 적어도 우리는 그리스도교인들이 이 점토 지대를 그의 주인을 배반하고 불명예스러운 죽음을 맞은 제자와 연관 지었다고 말할 수 있다.

고려하는 것이다. 일부 연설은 그리스도교 지도자들이 다른 그리스도교인들에게 가르침이나 권면의 수단으로 행한 것이고, 다른 연설들은 그리스도교인들이 전도의 일환으로 잠재적인 개종자들에게 한 것이며, 그에 더해 그리스도교인들이 법률 또는 종교 당국에 그들의 입장에 대한 변증apology으로 한 연설들도 있다.(Box 9.1 참고)

그리스도교 신자들에 대한 연설들

베드로의 첫 연설 사도행전의 첫 연설은 책이 시작되자마자 베드로에 의해 행해진다. 예수가 승천하는 모습을 목격한 열한 명의 제자들은 예루살렘으로 돌아와 여성 신도들, 가족들과 함께 기도에 전념한다. 그들이 취한 첫 번째 구체적인 행동은 예수를 배신한 뒤 불명예스러운 죽음을 선택한 유다를 대신할 '12제자'의 새 멤버를 뽑는 것이었다.(Box 17.5 참고) 베드로는 그들이 처한 새로운 환경에서 어떻게 행동해야 할지에 대해 연설을 한다.(1:15-22) 그 연설은 이 새로운 종교운동이 유대적인 기원과 어떻게 연관되는지에 대한 중요한 문제를 포함하여 이 책의 많은 중심 주제들을 미리 보여준다. 이 관계에 대한 베드로의 생각(적어도 루카가 묘사하는 대로)을 조사하기 전에 우리는 더 넓은 맥락을 고려해봐야 한다.

사도행전에 나오는 대부분의 유대인들에게 그리스도교인들의 주장은 전적으로 받아들여질 수 없는 것이다. 책 전체에 걸쳐 그리스도교인에 대한 박해를 선동하는 사람들은 유대인이다. 역사적 관점에서 볼 때 그들의 입장은 이해할 수 있다. 그리스도교인들은 예수가 메시아messiah라고 주장했지만 대부분의 유대인들이 기대하던 메시아는 평화의 천년왕국을 가져올 강력하고 위엄 있는 인물이었다. 하지만 예수는 십자가에 못 박힌 범죄자였다. 대부분의 유대인들에게 예수를 메시아로 선포하는 자들은 유대인의 뿌리를 잊은, 성서의 명확한 가르침을 어기는 사람들로 여겨졌다.

루카는 다른 관점을 가지고 있다. 우리는 이미 루카의 선대와 동시대인들(예: 마르코와 마태오) 중 일부가 예수를 유대교 정경의 완성이라고 주장한 것을 보았다. 루카는 여기에서 한 걸음 더 나아간다. 그에게는 예수 이후의 그리스도교 운동 전체가 성서의 완성이기도 했다. 이 주제는 사도행전 전체를 통해 전개되며 책 서두의 베드로의 첫 연설에서 예고된다. 베드로는 시편에서 다윗에 의해 유다 이스카리옷의 죽음과 그의 자리를 다른 사람으로 대체할 필요성이 예언되었다고 주장한다.

베드로는 자신의 견해를 뒷받침하기 위해 시편 두 구절을 인용한다.(사도 1:20) 그는 우호적인 청중에게 연설하고 있기 때문에 그가 이 구절들을 왜 그렇게 해석하는지 근거를 제시할 필요가 없어 보인다. 하지만 만약 독자들이 인용구들을 원래의 맥락(시편 69편과 109편)에서 읽는다면, 어떻게 그 구절들이 수백 년 후에 메시아의 추종자들 중 한 명에게 무슨 일이 일어날지 예언한다는 것인지 이해하기 어려울지도 모른다. 하지만 루카의 설명에 따르면 베드로는 그 구절들을 정확하게 그렇게 해석한다. 이것은 그 자체로 베드로의 연설의 저자인 루카가 살던 당시 상황에 대해 말해줄 수 있다. 그리스도교인들은 예수의 삶뿐만 아니라 그들 공동체의 삶에서 성취된 것을 암시하는 내용을 찾기 위해 분명히 유대교 성서를 샅샅이 뒤지고 있었다.(본문 16장 참고) 루카의 관점에서는 그리스도교의 역사가 성서의 완성이기 때문이다.

유대교 경전에 대한 이러한 접근은 초기 그리스도교에만 국한된 것이 아니었다.(특히 사해 문서Dead Sea Scrolls에 관해서는 본문 4장 참고) 예수뿐 아니라 그리스도교 운동 전체가 유대교 성서의 완성이라고 이해했기 때문에, 루카는 그리스도교가 유대교와 반대되는 입장에 서 있다고 보지 않았다. 오히려 그리스도교는 유대교의 직접적인 연속이었다. 그렇다면 왜 유대인 지도자들은 그리스도교를 거부한 것일까? 루카의 복음서의 독자들에게는 예수의 추종자들을 박해했던 사람들은 결국 자신들의 종교를 거부한 것이고 그 결과, 그들 자신의 신에 반기를 든 것이라고 생각할 여지가

남겨졌다. 이것은 함의만으로도 강력한 주장이다.

그 결과 그리스도교가 성서의 성취라는 루카의 견해는 필연적으로 하느님이 그리스도교 운동의 배후에 존재함을 나타낸다. 이것이 사도행전 전체를 아우르는 가장 중요한 주제였을 것이다. 이 운동은 하느님으로부터 온 것이다.(특히 사도 5:33-39을 보라.) 하느님의 개입은 또 다른 방식으로 책의 초반부에서 엿보인다. 제자들은 12제자를 채울 새 멤버를 어떻게 선택할까? 그들은 기도 후 제비를 뽑는다. 이것은 신의 뜻을 결정하는 고대의 방식이었다. 두 개 이상의 돌이나 뼈가 들어 있는 병을 하나가 밖으로 떨어져 나올 때까지 흔드는 것이다. 과정을 조작할 수 없기 때문에 그렇게 정해진 운명은 하느님의 선택이라고 생각되었다. 분명한 건, 마티아가 열두 번째 사도로 뽑힌 결과가(사도 1:26) 루카에게 만족스러웠다는 것이다.

이것은 우리를 베드로의 연설과 우리가 고려해야 할 마지막 주제로 되돌아가게 한다. 그 연설은 신도들이 특정한 행동을 하도록 설득하기 위한 것이다. 이것은 이 책에서 신자들에게 행해지는 연설들의 전형적인 특징이지만 여기에서 흥미로운 것은 베드로가 특별히 촉구하는 행동이다. 베드로는 회중을 설득하여 12제자를 채울 새 제자를 선출하여 예수 부활의 증인이 되게 한다. 새로 뽑을 제자는 요한에 의한 세례에서부터 승천(1:21-22)까지 예수의 사역 내내 다른 제자들과 동행한 사람이어야 한다고 한다. 하지만 이 요구 조건은 루카의 복음서에서는 예수가 세례를 받고 한참 후까지 제자들을 부르지 않았다는 점에서 다소 이상하다.(루카 5장) 어쨌든, 새로운 사도는 예수가 사역을 시작할 때부터 예수와 함께 있었어야 했다.

더욱 곤혹스러운 것은 이 연설이 암시하는 바—새로운 사도의 선출이 이후의 이야기에서 일어날 그리스도교 복음의 전파에 아주 중요하다는 주장—이다. 이것은 사실이 아니다. 사도로 선출된 후 마티아는 다시는 사도행전에 등장하지 않는다. 루카는 왜 그를 뽑아야 한다는 연설을 한 것일까? 좀 더 넓은 맥락에서 그 질문을 부연하자면, 마티아만이 더 이상 나머지 이야기에 나타나지 않는 유일한 사도가 아니라는 점을 지적해야 한다. 열두 명의 사도들 중 대부분이 사도행전에 언급되지 않는다. 왜 "사도행전"이라는 제목을 가

Box 17.6 사도행전의 기적적인 개종들

우리는 초기 그리스도교도들이 예수와 사도들이 행한 위대한 기적들을 소개함으로써 신앙을 전파하는 것을 보았다.(5장 참고) 사도행전에 나오는, 그리스도교 신앙으로 개종한 최초의 사례들에서도 그러한 기적의 이야기들을 발견할 수 있다. 첫 번째 에피소드는 이미 2장에서 예수가 죽은 지 두 달이 채 지나지 않은 오순절 날에 사도들에게 성령이 임하는 것으로 일어난다.

유대 군중은 성령 충만한 사도들이 그때까지 자신들이 알지 못했던 외국어로 설교하는 것을 들으며 "놀라고 또 한편 신기하게" 여긴다. 이어서 사도 베드로는 구경꾼들에게 방금 그들이 성서의 예언이 성취되는 것을 보았다고 설명한다. 몇 주 전 "무법자들"에 의해 살해된 예수는 위대한 기적의 일꾼이었다. 그가 죽은 후, 더 큰 기적이 일어났다. 하느님이 그를 죽음에서 살리신 것이다. 당신들 유대인이 십자가에 못 박은 사람이 만인의 주가 되었다. 베드로의 설교를 들은 유대 군중은 엄청난 죄책감을 느끼며 그들이 무엇을 해야 하느냐고 울부짖었다. 베드로는 그들에게 모두 회개하고 예수 그리스도의 이름으로 세례를 받으라고 말한다. 그들은 그의 말을 따랐고 3천 명의 사람들이 즉석에서 개종한다.(사도 2:1-42)

다음의 주요한 에피소드는 다음 장에서 나오며 베드로가 태어날 때부터 다리를 저는 사람을 치료한다. 그는 어떻게 예수가 성서를 완성하는지 또 다른 설교를 시작한다. 다시 5천 명의 사람들이 개종한다.(3:1-4:4)

그리스도교 운동은 엄청나게 성공적으로 진행된다. 겨우 두 달 만에 8천 명 이상의 신도들을 얻었다. 이대로라면 예루살렘의 모든 사람들이 곧 그리스도교인이 될 것이다.

더 많은 기적과 개종의 이야기들이 계속되는데, 그중 일부는 정말로 놀랍다. 베드로는 놀라운 능력을 얻어서 그의 그림자가 스치는 사람들까지 치유받는다.(5:14-15) 나중에는 바울로의 손수건과 앞치마를 가져다가 병든 사람에게 얹으면 병이 나았고, 이것이 많은 무리들을 그리스도교 신앙으로 몰려오게 한다.(19:11-20)

사도행전 다음에 쓰인 책들, 신약성서 밖의 책들에서 우리는 그리스도교 설교자들이 인간으로서는 상상을 할 수 없는 놀라운 능력을 부여받은 또 다른 이야기들을 만나게 된다. 이러한 기적적인 행위들은 외부인들로 하여금 그리스도교의 하느님이 그 어떤 신보다 더 강력하다는 것을 확신하게 만들어 개종하게 하고 그들의 오래된 관습을 버리고 그리스도교에 합류하게 한다.

정말 이런 기적들이 일어났을까? 아마도 이와 관련해서 할 수 있는 가장 중요한 말은 (어떤) 사람들은 확실히 그런 기적들이 일어났다고 믿었고, 이것이 그들을 그리스도교로 개종하게 만들었다는 것이다.

진 책이 사도들의 활동에 대해서 더 이상 설명하지 않는 것일까?

이미 살펴본 바와 같이, 신약성서의 책 제목들은 원래의 제목들이 아니라 후대의 그리스도교 필사가들에 의해 덧붙여진 것이었다. 적어도 사도행전의 경우에는 제목이 적절하다고 볼 수 없다. 왜냐하면 이 책은 사도들의 활동에 관한 것이 아니라 소수의 사도들의 수고에 의해 그리스도교가 전파되고, 그것을 받아들이지 않는 사람들 사이에서 어떤 반응이 있었는지를 기록한 것이기 때문이다. 사실, 이 책에는 단 두 명의 주인공(수많은 단역들과 함께)이 있는데, 그중에서도 중요한 주인공은 12제자에 속하지도 않았던 바울로였

다.

루카는 무엇 때문에 열두 번째 사도를 선출하는 것으로 그의 이야기를 시작하는 것일까? 새로 선출된 사도나 대부분의 그의 동료들은 사도행전에 제대로 등장하지도 않고 오히려 그들 중에 속하지도 않은 다른 사람이 중요 인물로 등장을 하는데 말이다. 아마도 그 답은 루카의 또 다른 중요한 주제인 초기 그리스도교의 연속성의 개념에 있을지도 모른다. 우리는 이미 루카의 복음서를 논하다가 예수와 유대교의 연속성을 보았다. 우리는 지금까지 사도행전을 연구하다가 두 번째 형태의 연속성―유대교와 그리스도교 사이의―을 발견했다. 그에 더해 루카의 이야기에는 예수와 그의 교

회 사이에 존재하는 세 번째 형태의 연속성도 존재한다. 이러한 연속성은 예수의 제자들로 시작해서 예루살렘에 있는 그리스도교 공동체의 지도자들로 전환하는 12제자들에 의해 더욱 확실해진다. 루카의 주제는, 엄밀히 말하면 예수가 죽은 후 그리스도교가 시작된 것이 아니라는 것이다. 그것은 예수의 삶과 밀접하게 연관되어 있는 어떤 것이다. 예수의 생전에 가장 가까웠던 사람들이 그의 사후 이 종교를 퍼뜨린 사람들이었다.

실제로 12사도들이 개별적으로 등장하는 경우는 거의 없지만(베드로와 요한을 예외로 하면) 그들은 사도행전의 시작 부분에서 교회 설립에 중요한 역할을 한다. 베드로가 수천 명의 유대인을 개종시키는 첫 선교 설교를 할 때, 그들은 그 자리에 참석했고(사도 2:14) 그들은 그들의 가르침을 중심으로 새로이 세워진 신앙 공동체의 스승들이었으며(2:42) 기적을 행하여 사람들을 믿음으로 이끌었고(2:43; 5:12) 예수의 부활을 증언함으로써 신자들을 믿음을 굳건히 했다.(4:33) 그들은 초기 신앙 공동체를 조직하고 모금된 기금을 분배하고, 어려운 사람들을 돌보며 그것을 운영했다.(4:35-36) 게다가 그들은 전 세계에 걸쳐 교회에 영향을 미치는 모든 중요한 결정을 내렸다. 이 마지막 주제는 사도행전의 중요한 전환점인, 예루살렘 평의회를 위해 모인 신도들에게 행해진 일련의 연설들에서 두드러지게 나타난다.

예루살렘 평의회에서 행해진 연설들 이들 연설들이 나온 배경은 다음과 같다. 바울로가 다마스쿠스로 가는 길에서 예수의 환상을 만난 후 개종을 한 다음(사도 9장) 베드로도 환상과 이방인 신도들과의 만남을 통해 하느님은 유대인과 이방인을 구별하지 않으며 이방인들이 먼저 유대인이 되지 않고서도 하느님의 백성이 될 수 있다는 것을 알게 된다.(10-11장) 그 후 곧 바울로와 그의 동료 바르나바는 안티오키아 교회에서 다른 나라들로 각각 선교사로 파송된다.(바울로의 첫 번째 선교 여행) 그들은 주로 소아시아에서 전도 활동을 벌인다. 어떤 유대인들은 개종하지만, 다른 많은 유대인들은 저항한다. 유대교 회당의 지도자들은 때때로 바울로에게 폭력을 행사한다.(13-14장) 이러한 유대인들의 반대는 바울로와 바르나바로 하여금 이방 선교에 대한 그들의 결심을 더욱 굳게 만들고 그 결과 많은 사람들이 신앙을 갖게 된다.

그들이 안티오키아에 돌아왔을 때, 바울로와 바르나바는 이방 사람들도 할례를 받아야 구원을 얻을 수 있다고 주장하는 유대인 그리스도교도들에게 맞닥뜨리게 된다. 이것은 큰 논란으로 이어진다. 바울로와 바르나바와 그 밖에 몇 명의 사람들이 예루살렘으로 가서 사도들과 이 문제를 의논하도록 임명을 받는다. 이 모임에서 베드로와 예수의 형제인 야고보가 모인 신도들에게 연설로 의견을 전한다.

사도행전에서 이미 골라내어진 다음의 주제들도 여기에서 확인할 수 있다.(15:7-21) 하느님은 이방인들의 개종을 포함한 그리스도교의 선교를 전적으로 주관한다.(15:7-8); 하느님은 모두가 동등한 근거로 구원받는다는 점에서 유대인과 이방인을 구별하지 않는다.(15:9-11); 이방인의 구원은 성서의 완성을 나타낸다.(15:15-19) 예루살렘 교회의 다른 지도자들과 함께 이 연설을 듣고 난 후 사도들은 뜻을 같이해서 이방 교회에 그들의 결정을 설명하는 편지를 쓴다. 그 결과 예루살렘 교회뿐만 아니라 제국 내에 있는 모든 교회들(예: 바울로와 바르나바가 세운 교회들)이 예수를 직접 접한 증인들이자 서로 동일한 가르침을 전하는 사도들의 지도를 받게 되었다.

요약: 사도행전의 신자들을 향한 연설 사도행전에서 그리스도교도들이 다른 신자들에게 연설하는 내용 중에서 발견할 수 있는 중요한 주제에 대해 우리는 어떤 결론을 내릴 수 있을까? 무엇보다도 그것들은 초기 그리스도교 교회의 본질에 대한 루카의 시각을 말해준다. 엄밀히 말하면, 루카에게 교회는 새로운 것이 아니다. 그것은 한편으로는 유대교 성서의 완성을 나타내며 다른 한편으로는 12사도를 통하여 예수와 직접적인 연속선상에 있다. 이 사도들은 사도행전의 첫 장면 이후에는 그리스도교의 확산에 직접적으로 관여하지 않았을지도 모른다. 그들 중 한 명이 아니었던 바울로가 주로 유대 바깥에서 복음을 전했다. 그러나 그들은 선교에 대한 궁극적인 책임을 지고 있는 사람들이었다. 그들은 예루살렘에서 그 과정을 시작했고, 하느님

이 정해준 길을 따라 교회를 인도하고 지도했다. 게다가 이 사도들은 교회가 직면하고 있는 모든 중요한 문제들에 대해 완전히 의견이 일치한다. 교회는 사도들의 지도 아래 평화와 단합의 황금기를 맞게 된다.

전도를 위한 연설들: 베드로의 오순절 설교

우리는 이제 그리스도교인들이 개종 가능성이 있는 사람들에게 전하던 연설들 중 몇 가지를 고려해보려 한다. 물론 각각의 연설은 고유한 요소들을 가지고 있지만, 특정한 기본적인 주제들은 전체에 걸쳐 반복된다. 우리는 주제 분석 방식을 사용하여 베드로가 오순절을 맞아 2장에서 행한 사도행전의 첫 번째 전도를 위한 연설에서 이렇게 반복적으로 나타나는 모티프들을 찾아볼 것이다.(3:12-26; 4:8-12, 23-30; 7:1-53; 그리고 13:16-41의 연설 참고)

예수가 루카의 복음서와 사도행전에서 예언한 대로 성령이 내린 직후에 오순절 연설이 행해진다. 마티아가 새로 사도로 선택된 후 예수를 따르는 사람들이 한자리에 모여 있을 때 갑자기 강풍이 부는 것 같은 소리가 들리고 각 사람의 머리 위에 갈라지는 불의 혀 같은 것이 내려앉는다. 그들은 그들 중 누구도 이제까지 배우지 못했던 외국어로 말하기 시작한다. 세계 각국으로부터 유대인들이 대거 예루살렘에 모여 오순절 축제(유월절 50일 뒤에 열리는 유대인들의 연례 농업 축제)를 하고 있을 때였다. 성령을 받은 사도들과 그들의 동료들을 찾은 군중은 "갈릴래아 사람들"이 그들 자신의 모국어로 말하는 것을 듣고 충격을 받는다. 몇몇 구경꾼들은 사도들이 술 취하여 주정을 한다고 조롱하기 시작한다.

베드로는 이것을 좋은 기회로 생각하고 청중에게 설교를 시작한다. 그는 지금 벌어지는 일이 예언자 요엘에 의한 하느님의 계획의 실현이라고 선언한다. "하느님이 말씀하신다. 마지막 날에 나는 모든 사람에게 나의 성령을 부어주리니 너희 아들 딸들은 예언을 하고 젊은이들은 계시의 영상을 보며 늙은이들은 꿈을 꾸리라."(사도 2:17, 요엘 2:28 인용)

베드로는 특히 신도들에게 임한 성령이 예수가 보낸 것임을 강조한다. 설교는 바로 예수가 누구인지 그리고 그가 어떻게 하느님 앞에 선 인간의 위상에 영향을 줄 수 있는지로 빠르게 바뀐다.(사도 2:22-36) 여기에서 우리는 연설의 작성자인 루카 신학의 가장 흥미로운 측면 중 하나를 만난다. 예수는 이곳에서 놀라운 기적을 행한 위대한 존재였으나 사악한 사람들에 의해 무법하게 처형당했고 하느님이 죽은 사람들 가운데서 그를 다시 살림으로써 성서를 완성하고 그를 정당화했다. 베드로는 짧게 예수의 이야기를 끝낸 후 설교의 정점인 "그러므로 이스라엘의 온 백성은 분명히 알아두십시오. 여러분이 십자가에 못박아 죽인 그를 하느님은 우리의 주님이 되게 하셨고 메시아가 되게 하셨습니다"(2:36)로 향한다.

요점은 아주 명확하다. 예수는 실패한 정의의 무죄한 피해자였고 그에 대해서는 설교를 듣는 사람들도 책임이 있지만 하느님은 예수를 다시 살림으로써 그들의 악한 행동을 돌이킬 수 있게 했다. 그 메시지는 베드로가 원하는 효과를 가져왔다. 군중은 그들이 어떻게 하면 좋을지, 즉 그들의 악행에 대해 어떻게 보상해야 할지를 묻는다. 베드로가 즉시 대답한다. 그들은 죄를 뉘우치고, 예수의 이름으로 세례를 받아야 한다. 그렇게 하는 사람들은 죄를 용서받을 것이다.(2:38-39)

베드로가 묘사하는 예수 그리고 그가 가져오는 구원의 모습은 우리가 루카의 복음서에서 발견한 것과 일치한다. (마르코의 복음서와는 달리) 예수의 죽음은 속죄atonement를 가져오지 않는다. 그것은 실패한 공의일 뿐이다. 예수의 부활 그 자체가 구원을 가져다주는 것도 아니다. 그것은 하느님이 예수의 정당성을 보여주는 사건이다. 그러면 사도행전의 이 복음주의적인 연설에 따르면 예수의 죽음과 부활이 하느님 앞에 선 사람에게 어떤 영향을 미치는 것일까? 사람들은 예수가 얼마나 가혹한 대접을 받았는지 알게 되면, 비록 그들이 예수의 재판정에 참석하지 않았더라도, 하느님 앞에서 자신의 죄를 깨닫는다. 그들은 죄를 지었는데, 예수의 죽음은 상상할 수 있는 최악의 죄, 즉 하느님이 택한 예언자의 처형을 상징하는 것이다. 예수의 죽음과 그가 옳았다는 소식은 사람들을 무릎 꿇고 회개하게 만든다. 죄에서 벗어나 그리스도교 신자들의 공동체에 (세례를 통해) 가입하면 그들은 용서받고 구원을 받는다.

루카에게 구원은 예수의 죽음을 통해서 오는 것이

도판 17.3 사도행전에 따르면, 바울로는 가죽제품(천막?)을 만드는 일을 했고 그에 관련된 작은 사업을 운영했을 것이다. 1세기 폼페이의 이 간판은 옷가게 같은 작은 사업체를 광고하고 있다.

아니다. 그것은 회개와 죄의 용서를 통해서 오는 것이었다. 이 주제는 사도행전의 모든 선교를 위한 설교에서 강조된다. 그리스도교 설교자들이 거듭 강조하듯 유대인들은 하느님에 대한 불복종의 역사, 하느님의 아들 예수 처형에서 절정에 달한 역사를 지니고 있다. 그들은 자신들이 얼마나 잘못되었는지 깨닫고 그것을 바로잡기 위해 하느님에게 의지해야 한다.

루카의 관점에서 보면, 이 책에 나오는 대부분의 유대인들은 계속 불순종의 태도를 보이고 있다. 그들은 구원의 메시지를 거부할 뿐만 아니라 그리스도교 선교에 반대하고 그리스도교 선교사들을 박해함으로써 적극적으로 저항한다. 박해는 예루살렘에서 시작되지만 그 메시지가 전파되는 모든 곳에서 계속되고 마침내 그리스도교에서의 첫 순교를 초래한다. 전도를 위한 긴 설교 후에 스테파노가 순교를 당하는 것이다.(7-8장) 얼마 지나지 않아 스테파노를 처형하는 데 참여했던 타르소스 사람 사울(바울로)이 그리스도교를 박해하는 사람들을 이끌게 되지만 우리가 알고 있듯이 곧 그리스도교로 개종하여 주도적인 선교사가 된다.

바울로의 개종은 유대인들의 반대를 누그러뜨리는 데 아무런 도움이 되지 않는다. 아니, 오히려 격화시킨다. 그가 들어가는 거의 모든 도시와 마을에서 유대인들의 회당에서 성공적인 선교를 마친 후 그는 그곳의 유대인 권력자들의 격렬한 저항에 직면한다. 소아시아, 마케도니아, 아카이아로 세 차례 선교 여행을 마친 그는 마지막으로 운명적인 예루살렘 여행(복음서에 나오는 예수의 여정과 비교해보라)을 한다. 그곳에서 그는 믿지 않는 유대인들의 선동으로 당국에 의해 체포되고 그의 신앙 때문에 여러 차례 재판을 받게 된다.

바울로의 체포와 재판은 사도행전의 상당 부분을 차지한다.(21-28장; 루카의 복음서에 나오는 '예수의 마지막 날들'의 비중과 비교된다.) 이 책의 마지막 3분의 1은 자신이 토라를 어겼고 로마 제국에 위협이 된다는 유대 지도자들의 비난으로부터 자신을 방어하는 바울로의 연설에 할애되었다. 이러한 "변증" 연설의 주제들을 고려함으로써 우리는 초기 그리스도교 교회에 대한 루카의 전체적인 생각의 더 많은 측면들을 보게 될 것이다.

변증 연설들: 로마에 있는 유대인들에 대한 바울로의 마지막 호소

변증 연설의 주제들을 검토하기 전에 우리는 기본적인 내용부터 검토해야 한다. 바울로는 자신이 모세의 율법에 반대하지 않는다는 것을 보여주기 위해 신전에서 제물을 바치다가 예루살렘에서 체포된다.(21장) 그는 로마인들에 의해 구금되지만 유대인들에 대항해 자신을 변호할 기회가 주어진다.(22장) 그 후 그는 유대인들의 산헤드린Sanhedrin(23장)에 출석해 재판을 받게 된다. 바울로를 암살하려는 유대인들의 음모를 알게 된 로마 호민관은 그를 펠릭스 총독에게 재판을 받도록 카이사리아로 옮긴다.(23장) 그는 그곳에서 자신을 변호하지만 펠릭스는 뇌물을 기대하며 2년 동안 그를 감옥에 붙들어놓는다.(24장) 펠릭스는 포르키우스 페스투스로 대체되지만 그도 또한 바울로의 말을 귀담아듣기보다는 유대 지도자들의 환심을 사기 위해 그를 예루살렘에서 재판을 받게 하겠다고 제안한다. 그곳에서는 공정한 재판이 열릴 가능성이 희박하다는 것을 깨달은 바울로는 로마 시민으로서 자신이 황제 앞에 재판을 받을 권리가 있음을 주장한다.(25장) 로마로 떠나기 전에 바울로는 유대인들의 왕 헤로데 아그리파 2세에게 설교할 기회를 얻는다.(26장)

바울로가 자신을 변호할 때마다 로마 당국은 그의 결백을 알아볼 충분한 기회가 있지만 뇌물에 대한 욕망(펠릭스)이나 유대 지도자들에 대한 아첨(페스투스) 때문에 그리고 최종적으로는 바울로가 카이사르(페스

투스와 아그리파스)에게 상소를 했기 때문에 그는 석방되지 못하고 재판을 받기 위해 로마로 보내진다. 도중에 그는 바다에서 난파당하는 것을 포함해(27장), 많은 끔찍한 모험을 경험한다. 그러나 그는 기적적으로 살아남아 로마로 건너가 2년 동안 가택연금에 처해지고 그곳에서 이 책은 끝난다. 재판을 기다리는 동안 그는 들을 마음이 있는 모든 사람들에게 설교를 하고 자신에 대한 모든 혐의에 대해 스스로를 변호한다.(28장)

신자들과 잠재적 개종자들에 대한 연설이 그렇듯이 사도행전에 나오는 변증 설교들은 각각의 지향점과 강조점을 가지고 있다. 여기서도 많은 테마들이 계속 반복된다. 가장 짧은 연설들 중 하나가 바울로 앞에 나타난, 로마에 거주하는 유대인들의 지도자들에게 마지막

Box 17.7 바울로 이전의 그리스도교

살펴본 것처럼, 루카의 복음서, 사도행전의 저자는 초기 그리스도교 확산에 미친 바울로의 역할을 매우 높게 평가한다. 그는 이 두 작품에서 예수를 제외하면 가장 중요한 인물임이 분명하다. 그러나 일부 주석가들은 한 발 더 나아가 우리가 알고 있는 그리스도교는 바울로가 없었다면 결코 존재하지 않았을 것이고 따라서 그는 예수와 함께 그리스도교의 '제2의 창시자'로 여겨져야 한다고 주장해왔다. 일부 학자들뿐만 아니라 더 넓은 독서 대중, 많은 일반인들은 바울로가 하느님을 믿고 이웃을 사랑하라는 예수의 소박한 종교를 그리스도가 흘린 피를 통해 죄와 구원의 복잡한 종교로 바꾸었다고 생각한다. 이것은 정확한 주장일까?

흥미롭게도 신약성서의 모든 저자들 중에서 바울로를 가장 높이 평가한 루카조차도 그것을 인정하지 않는다. 사도행전에 따르면, 바울로가 활동하기 훨씬 전부터 중요한 그리스도교의 교리들(예: 구원을 위한 예수의 죽음의 중요성)과 의례(예: 세례와 "주의 성찬") 등이 모두 준비되어 있었다. 루카에 따르면, 유대교를 먼저 받아들이지 않고도 그리스도에 대한 믿음만을 통해 이방인들이 하느님의 백성이 될 수 있다는 생각조차도 바울로에 의해 시작된 것이 아니었다.(사도 10장 참고) 사도행전

에서 바울로는 그리스도교를 퍼뜨리는 데 큰 역할을 했지만 그것을 만들지는 않았다.

놀랍게도, 사도행전 18장에서 보게 되듯이, 바울로 자신도 이에 동의한 것으로 보인다. 바울로는 어디에서도 자신이 그리스도교 교회를 위해 새로운 교리를 제정하거나 새로운 의례를 제정했다고 주장하지 않는다. 대신 그는 자기 앞 사람들에게서 물려받은 중요한 믿음들—그의 가르침의 핵심인, 유대 정경의 성취로서의 구원을 위한 예수의 죽음과 부활에 대한 믿음을 포함한—에 대해 이야기한다.(예: 1코린 15:3-5 참고) 곧 보게 되겠지만, 바울로는 이방인들을 위한 구원의 복음 메시지를 계시를 통해 하느님으로부터 직접 받았다고 주장한다.(예수의 환상? 갈라 1:11-12 참고) 하지만, 그는 이 경우에도 자신이 말하는 견해는 자기 이전의 사도들과 완전히 일치한다고 주장한다.

바울로가 우리가 그리스도교라고 부르는 종교를 만들었다거나 심지어 공동 창립했다고 주장하는 것은 지나친 주장일 수도 있다. 예수의 추종자들은 바울로가 등장하기 훨씬 전, 예수가 죽은 지 몇 년이 지나지 않았을 때에 그들의 독특한 믿음과 관행들을 형성해왔다.

장에서 행해진다.

> 형제 여러분, 나는 우리 겨레에 대해서나 조상들이 전해 준 관습에 대해서 거스르는 일을 한 적은 한 번도 없었습니다. 그런데 나는 예루살렘에서 붙잡혀 로마 사람들의 손에 넘어갔습니다. 로마 사람들은 나를 심문했지만 사형에 처할 만한 죄상이 없다는 것을 알고 나를 놓아주려고 했습니다. 그래서 나는 여러분을 뵙고 말씀 드리려고 오시라고 한 것입니다. 나는 이스라엘의 희망 때문에 이렇게 사슬에 묶여 있습니다.(28:17-20)

여기 바울로의 변증의 특징적인 주제들이 있다: (1) 그는 유대 민족이나 유대의 관습에 반하는 것은 아무것도 하지 않았고 오히려 모든 면에서 유대교에 순종하고 있다; (2) 그는 로마 당국에 의해 무죄임이 밝혀졌다; 그리고 (3) 그가 현재 겪고 있는 문제는 전적으로 그를 적대하는 유대인 지도자들의 잘못이다. 마지막 주제는 우리가 이미 사도행전 전체를 통해 본 바가 있지만 나머지 두 주제들에 대해서는 어떨까?

예수가 루카의 복음서에서 완전한 유대인으로 묘사되고(예: 그가 사역 초기에 신전과 예루살렘을 강조한 것을 참조) 사도행전의 도입부에 묘사된 초기 그리스도교 운동도(그리스도교인들이 신전에서 시간을 보내는 등) 완전히 유대주의적인 것으로 묘사되듯, 그리스도교로 개종을 한 이후에도 바울로는 조상들의 전통을 따르는 모습을 보인다. 그는 모세의 율법에 반하는 어떤 짓도 하지 않은 유대인 그리스도교인이다. 분명, 그는 21장에서 체포되었을 때 율법을 위반한 혐의를 받고 있으며, 유대인을 위한 신전 구역으로 이방인들을 데려온 혐의를 받고 있다. 그러나 루카는 그 혐의가 절대적으로 거짓이라는 것을 애써 주장한다. 신전에 참석한 바울로의 일행은 유대인이었고 그들은 토라에 규정된 의례를 이행하고 있었다. 바울로는 이 서약의 값을 치르고, 정결례의 희생을 치르기 위해 거기에 있었다. 바울로는 여기서 논란의 여지가 없이 유대인으로 묘사된다.

바울로에 대한 이런 묘사는 사도행전 전체에 일관되게 나타난다. 바울로는 이스라엘 하느님에 대한 믿음을 버리지 않고, 토라의 명령을 어기지 않으며, 유대인의 풍습이나 관습을 저버리지 않는다. 그의 유일한 "잘못"이 있다면 예수를 믿고 그의 메시지를 이방인들에게 전하려는 것이다. 그러나 바울로 자신에게는 그의 새로운 신앙이나 그의 선교 사명이 그의 유대교 신앙을 위태롭게 하지 않는다. 정반대로 그것은 유대교의 완성을 나타낸다.

사도행전에 나오는 모든 연설들에서 바울로는 자신의 새로운 신앙이 죽은 자들로부터 부활한 예수에 기초하고 있다고 강조한다("이스라엘의 희망"; 28:20). 게다가 그는 부활에 대한 믿음이 유대교의 초석이라고 주장한다. 그에게 있어서 예수의 부활을 믿지 못하는 것은 하느님이 죽은 사람을 살린다는 것을 믿지 못하는 것이다. 그리고 신이 죽은 사람을 살리는 것을 믿지 못하는 것은 성경을 의심하고 유대교의 중심적인 주장을 부정하는 것이다. 이 때문에 바울로의 연설에 따르면 예수의 부활에 대한 신앙은 유대교의 긍정이지 부정이 아니다.

이것은 루카가 묘사하는 바울로가 이방인들이 하느님의 백성이 되기 위해서는 먼저 유대인이 되어야 한다고 주장했다는 의미는 아니다. 사실, 이방인들은 이방인으로 남을 수 있었고, 할례를 행하거나 음식을 먹을 때 율법의 정결례를 지키도록 강요받지 않았다. 루카에게 이것은 유대교에 대한 거부와는 거리가 멀다. 이 책에서 바울로와 같은 유대인들은 그리스도를 믿게 된 후에도 여전히 유대인으로 남아 있다.

그러므로 사도행전에 나오는 바울로의 설교들의 일부 목적은 그가 예수를 믿는 사람이 됨으로써 유대교를 조금도 위태롭게 하지 않았다는 것을 보여주는 것이다. 다른 목적은 로마 제국과 관련한 그의 입장과 관계가 있다. 그의 적들은 그가 반드시 처형되어야 할 위험한 존재라고 주장한다. 예상하겠지만 루카는 의견이 다르다. 실제로, 그의 이야기는 복음서에서 예수가 그랬던 것처럼 바울로가 어떤 잘못도 없는 사람이라는 것을 보여준다. 바울로 자신이 변증 연설에서 선언하듯이, 그는 로마의 법을 위반하지도 않았고 아무런 문제도 일으키지 않았다. 문제는 바울로의 설교를 들은 사람들이 그에게 반대하여 소동을 일으키기 때문에 생길 뿐이다. 우리가 보아온 것처럼, 대부분의 경우에 잘못이 있는 쪽은 유대인들이다.(흥미롭게도 루카는 이 난폭한 폭도들이 처벌받는 모습을 보여주지 않는다. 그에게는 오직 죄 없는 사람들만 고통을 받는 것으로 보인다!) 때로는 이교도들pagans이 비난을 받아야 할 때도 있다.(예: 19장의 에페소스의 폭동을 참고하라) 그때까지 바울로의 얘기를 들었던 충독들도 증언했듯이 바울로는 어떤 잘못도 저지르지 않았다. 그럼에도 폰티우스 필라투스Pontius Pilatus가 예수를 무죄로 선언한 뒤 사형에 처했던 것처럼, 로마 행정가들은 바울로가 무죄라는 것을 잘 알면서도 죄인처럼 대한다.

어떤 의미에서 루카에게는 새로 태동하는 그리스도교 교회의 중요한 대변인으로서 바울로가 그리스도교 운동 전체를 대표한다. 바울로는 그의 유대인 뿌리를 소중히 여기며 국가의 법을 철저히 준수한다. 그의 시련과 변호의 이야기는 그리스도교 운동의 초기에 벌어진 소동들이 그리스도교인들 때문이 아님을 보여준다. 그들은 토라나 제국의 통치자들의 판단, 무엇에 의해서든 모든 잘못으로부터 무죄였다.

결론: 저자와 문맥의 주제들

우리는 루카의 복음서-사도행전 두 권의 책을 실제로 누가 썼는지 알지 못하더라도(비록 우리가 편의상 그를 계속해서 "루카"라고 부르지만; 여록 5를 참고하라), 이야기의 독특한 강조점들을 고려해보면 저자와 그의 청중들에 대해 뭔가를 알게 된다.

루카-사도행전의 제1권인 루카의 복음서에 대해 우리가 살펴보았던 몇 가지로부터 시작을 하자. 예를 들어, 우리는 왜 루카의 복음서의 저자가 죽음을 앞에 둔 예수의 태도에 대한 마르코의 설명을 바꾸었는지 질문할 수 있다. 루카의 복음서의 예수는 신앙을 위한 이상적인 순교자로 묘사된다. 사도행전 전반에 걸쳐서 그리스도교 지도자들도 적대자들의 불합리한 요구에 고개를 숙이지 않고 대담하게 그들에 맞선다. 이런 이야기들은 세상의 적개심에 직면해 있던 루카의 복음서 독자들의 자신감과 용기를 북돋기 위한 것이었을 가능성이 있다.

왜 루카는 예수의 제자들이 살아 있는 동안에 종말이 오지 않을 것이라고 강조할까? 분명히 그것이 오지 않았기 때문에 그리고 아마도 예수의 제자들 중 많은 혹은 대부분의 제자들이 이미 죽었기 때문이기도 했을 것이다. 하지만 루카는 분명히 자신만의 생각이 있었다. 그리스도교 교회의 신성한 목적은 이방인들의 땅에 복음을 전파하는 것이었다. 물론 이것은 시간을 필요로 한다. 그렇다고 시간이 멈출 수는 없었다. 그러나 루카가 글을 쓰고 있을 무렵에는 복음이 이미 "땅 끝"까지 전파가 되었다. 왜냐하면 사도행전이 바울로에 의해 복음이 전해진 제국의 중심부, 로마에서 끝나기 때문이다. 그 외에 세상 끝 날까지 어떤 일이 더 이루어져야 하는가. 루카에게는 어쩌면 더 이상 아무것도 없을지 몰랐다. 루카와 그의 신도들은 자신들이 세상의 종말이 오기 전 마지막 세대라고 생각했을지도 모른다.

그러나 루카는 이에 대한 절대적인 확신이 없었기 때문에 독자들에게 그들의 궁극적인 관심은 미래가 아니라 현재에 있어야 한다고 강조한다. 그러므로 그들은 복음서의 예수의 메시지가 지니는 사회적 의미를(가난하고 억압받는 사람들을 도와) 실천하고 계속해서 사도행전의 복음을 세상에 전파해야 한다. 이 책의 저자는 세상의 종말이 늦춰지는 것이 그리스도교 메시지를 무효화하는 데 이용될 수 없다는 것을 강조하고자 한다. 저자가 생활하던 곳의 일부 비신자들이 예수가 세상을 심판하러 재림하지 않는 것을 그리스도교인들이 모두 잘못되었다는 확실한 증거로 주장하고 있었을 가능성이 높다. 이런 견해에 대하여 루카는 하느님이 당장 세상의 종말을 가져오는 것은 아니라고 강조한다. 그보다 더 중요한 것은, 종말의 지연과 상관없이, 하느님이 그리스도교 선교의 배후에 있었고 당시도 있다고 믿을 만한 충분한 이유가 있다는 것이다. 그렇지 않다면, 루카의 관점에서는 전 세계에서 벌어진 그리스도교 선교의 기적적인 성공을 설명할 수 없을 것이다. 신의 손이 이 선교의 배후에 있었고, 따라서 어떤 인간도 그것을 막을 수는 없었다.

마지막으로, 우리는 언뜻 보기에 서로 대립되는 것으로 보일 수 있는 루카의 두 가지 주제, 즉 그리스도교의 유대적 뿌리에 대한 강조와 이방 선교에 대한 그의 관심에 대해 살펴봐야 한다. 그리스도교인이 되기 위해 이방인들이 유대인이 될 필요가 없다는 글을 쓰면서 왜 루카는 예수가 유대인 경전에 정해진 의례를 지킨 것을 강조했을까? 대부분의 개종자들이 유대인이 아닌 이방인이었다면 왜 그는 그리스도교 자체가 유대교 성서에 예언이 되어 있었다고 강조했을까? 요컨대, 왜 루카는 점점 이방인들의 종교가 되어가는 그리스도교에 그렇게도 유대교의 맥락을 부여하려 했을까?

이 질문들에 대한 가능한 하나의 대답은, 그것들이 쓰이고 읽히는 세계에서, 우리의 그 책들 자체에 대한 탐구 바깥에 놓여 있다. 그리스도교가 유대교와 분리되어 별개의 종교가 된 2세기 후반까지도, 그리스도교의 지적 옹호자들인 '변증론자'들은 그리스도교는 새로운 것이 아니고 유대교 예언자들보다 오래되었다는 것, 곧 토라의 저자 모세만큼이나 오랜 것이라는 루카의 주장을 계속 이어갔다. 그들은 고대 세계의 대부분의 사람들(그들이 이교도, 유대인, 그리스도교인 누구이든)이 새로운 것이라면 사상, 철학, 종교 모두를 의

심스러워했기 때문에 이런 주장을 강조했다. 창의적인 아이디어와 신기술이 좋은 것으로 널리 인식되는 현대와는 달리 고대 세계에서는 오래된 것이 더 선호되고 존중되었다. 특히 그런 풍조는 종교에 관한 한 더욱 심했다. 만약 어떤 종교가 새로운 것이라면, 그것은 거의 진실일 수 없었다.

로마 세계의 그리스도교인들은 근본적인 문제에 직면했다. 모든 사람들은 예수가 티베리우스Tiberius 황제 때 폰티우스 필라투스에 의해서 십자가에 못 박혔다는 것을 알고 있었다. 심지어 2세기까지도 예수는 '최근'의 인물로 여겨졌다. 만약 새로운 사조가 무조건 의심의 대상이 된다면 예수에 기반을 둔 종교는 위험에 처하게 되었을 것이다. 이 문제에 대처하기 위해, 2세기 변증론자들은 이미 루카의 복음서와 (아마도 다른 이유로) 마태오의 복음서에 강조된 바와 같이 유대적인 뿌리에 호소했다. 이 후대의 저자들에 따르면, 그리스도교는 새로운 것이 아니라 오래된 것이었다. 그것은 예언자들에 의해 예언된 것이고 모세도 예

Box 17.8 사도행전

1. 사도행전은 루카가 쓴 두 권으로 된 책 중 두 번째 책이다. 첫 번째 책과 마찬가지로 이 책도 정체가 밝혀지지 않은 "테오필로스"에게 헌정되었다.
2. 이 책들의 저자는 전통적으로 바울로의 여행 동반자인 루카로 여겨져왔지만, 이것을 의심할 만한 이유가 있다.
3. 루카의 복음서처럼 이 책도 아마도 80–85년경에 쓰였을 것이다.
4. 이 책은 몇 가지 중요한 주제들을 드러낸다.
   a. 유대교에서 기원한, 그것의 완성으로서의 그리스도교 그리고 유대교와의 연속성.
   b. 자기 백성에 의해 배척당한 유대인 예언자로서의 예수 묘사.
   c. 그 결과 그리스도교는 유대인들에게서 이방인들로 옮겨 갔고 지리적으로도 신성한 도시 예루살렘에서 땅 끝으로 옮겨졌다.
   d. 유대인과 이방인 모두에게 동일하게 선포된 회개와 하느님의 용서를 통한 구원의 선언으로 이방인들은 구원을 받기 위해 유대교의 관행을 채택할 필요가 없다.
   e. 그리스도교 선교를 가능하게 하기 위한 종말의 지연.
   f. 신성한 의미(그리스도교는 구약성서의 성취를 위해 하느님으로부터 온 것)와 세상적 의미(그리스도교는 유대인의 관습이나 로마 제국 법을 전혀 위반하지 않았다) 모두에서 그리스도교의 정당성.
   g. 모든 문제에 뜻을 같이하고 모든 문제를 성령의 지도를 통해 해결하는 사도들이 인도하는 교회의 완전한 통합과 화합.
   h. 예수의 삶과 죽음에서부터 예수가 남긴 사도들의 삶과 사역에 이르기까지 그리스도교 역사의 전 과정을 궁극적으로 배후에서 이끄는 하느님의 손길.

언한 것이었다. 변증론자들이 지적했듯이, 모세는 위대한 그리스 철학자 플라톤보다 800년 먼저 그리고 가장 오래된 그리스 시인 호메로스와 헤시오도스보다 400년 전에 글을 썼다. 만약 예수가 유대 예언자들과 모세에 의해 예언되었다면 그가 세운 종교는 실로 오래된 것이다.

이교도가 많은 환경에 살고 있는 이방인이었던 루카가 그리스도교의 유대적인 뿌리를 강조하고 싶었던 것은 적어도 그러한 이유에서일 가능성이 있다. 예수 위에 세워진 종교는 유대교 경전의 완성으로서 오랜 기원을 가진 것이다. 그것은 사실 이스라엘의 하느님에 대한 진정한 신앙의 표현이다. 그의 백성들인 유대인들은 오랫동안 그의 말을 거역했고 지금까지 너무 자주 그것을 반복해왔다. 이제 그들은 하느님의 위대한 예언자, 곧 하느님의 친아들을 배척했고 그래서 그의 구원의 메시지가 이방 사람들에게 전해지게 된 것이다.

여록 5

루카-사도행전의 저자와 그의 독자들

루카-사도행전은 익명으로 작성되었지만, 저자의 정체를 밝히는 문제는 마태오와 마르코의 복음서보다 더 복잡하다. 그 이야기들은 저자에 관한 구체적인 단서를 제공하지 않기 때문이다. 루카-사도행전에도 단서들이 있을 수 있다. 그것들을 평가하려면 세 가지 상호 관련된 질문을 다루어야 한다. 루카-사도행전이 루카라는 사람에 의해 쓰인 증거는 무엇인가? 그 증거는 충분한 설득력이 있는가? 작가의 정체가 왜 중요한가?

우리가 연구한 다른 작가들은 삼인칭 시점에서 이야기를 하지만 루카-사도행전의 작가는 때때로 일인칭을 사용한다. 루카의 복음서에서는 일인칭이 사용되지 않지만(1:1-4는 예외) 사도행전에서는 바울로의 여정을 묘사하는 네 곳에서 일인칭이 등장한다.(16:10-17, 20:5-16, 21:1-18, 27:1-28:16) 이 구절들에서 저자는 "그들"(바울로와 그의 동료)이 무엇을 하고 있었는지가 아니라 "우리"가 무엇을 하고 있었는지에 대해 말한다.

적어도 많은 독자들에게는 이러한 구절들이 작가가 자신이 직접 경험한 사건들을 묘사하고 있다는 의미로 받아들여질 것이다. 이것이 중요한 한 가지 이유는 사도행전이 사도 바울로의 삶과 가르침에 대한 책으로서 지니는 역사적 가치 때문이다. 적어도 몇몇 학자들의 주장에 의하면, 만약 바울로의 동료 중 한 명이 이 책을 쓴 것이라면 거기에는 바울로의 말과 행동에 대한 정확한 묘사가 보존되어 있을 것이다. 하지만 학술적인 논쟁이 늘 그렇듯이 다른 입장을 취하는 학자들이 있다. 이들은 이러한 "우리"라는 구절에도 불구하고 사도행전의 저자가 바울로의 동료 중 한 명이 아니었으며, 설령 그렇다 하더라도 그의 설명이 반드시 정확한 것은 아니라고 주장한다.

각각의 견해에 대한 찬반양론을 논하기 전에 우리는 증거 자체를 좀 더 살펴볼 필요가 있다. 구체적으로, 어떻게 하면 사도행전에 나오는 "우리"라는 말에서 이 책들의 저자가 바울로의 여행 동반자인 루카라는 결론에 도달할 수 있다는 것일까? 대부분의 학자들은 이방 선교에 대한 강조, 그것도 그리스도교인이 되기 위해 이방인들이 유대인이 될 필요가 없다고 주장하는 선교는 작가 자신이 이방인이었음을 시사한다는 데 동의한다.(비록 유대인임에도 사도 바울로도 비슷한 생각을 가지고 있었지만.) 그렇다면 우리는 사도 바울로의 글에 나오는 이방 사람들을 알고 있을까? 바울로가 쓴 것으로 알려져 있는 콜로사이인들에게 보낸 편지에는 세 사람의 이방인이 언급되어 있는데 에파프라스, 데마스 그리고 사랑하는 의사인 루카가 그들이다. 우리는 그들이 이방인이라는 것을 안다. 왜냐하면 저자는 4장 11절에 "할례파"들의 이름을 언급하고 난 다음에 4장 14절에서 그들의 이름을 따로 언급하기 때문이다. 바울로가 필레몬에게 보낸 편지(23-24절)에는 이들 세 사람의 이름이 마르코, 아리스타르코스의 이름과 함께 다시 언급되어 있다. 이들 중 데마스는 다른 데서 어느 시점에 바울로를 떠난 것으로 언급되어 있다.(2티모 4:10) 따라서 그는 사도행전의 저자로서 유력한 후보는 될 수 없을 것이다. 에파프라스는 사도행전에는 전혀 언급되지 않는 공동체인 콜로사이 교회의 창시자로 알려져 있다. 만약 그가 저자였다면 그런 사실이 사도행전에 분명히 언급되었을 것이다. 남은 사람은 루카다. 의사였기에 그는 글을 쓸 줄 알았을 것이고 티모테오에게 보낸 둘째 편지 4장 11절에 바울로의 절친한 동료로 언급되기도 한다. 과연 이 이방인 의사가 신약성서에서 가장 긴 작품들을 쓴 사람일까?

오랫동안 학자들은 루카-사도행전 전체에서 사용된 어휘들에서 그것을 확증하는 증거를 찾을 수 있다고 확신했다. 언뜻 보기에는 두 책이 (신약의 다른 저술과 비교했을 때) 굉장히 많은 의학 용어들을 사용하는 것처럼 보여 저자가 의사라는 방증처럼 보인다. 하지만 그것은 사실이 아니다. 학자들이 실제로 두 책에 나온 의학 용어들과 동시대 다른 그리스 작가들의 작품에서 발견된 의학 용어들을 비교해보았을 때, 그들은 루카의 복음서가 다른 작품들보다 더 많이 그런 단어들을 사용하고 있지는 않다는 사실을 발견했다.

그렇다면, 반대 방향에서도 구체적인 주장이 만들어질 수 있을까? 이 책들의 저자가 바울로의 온유한 여행 동료인 루카가 아니라는 것을 확실하게 보여주는 증거가 있을까? 가장 먼저 지적해야 할 것은 "루카"를 언급하고 있는 세 구절들 중 두 구절은 바울로가 직접 쓴 것이 아니라고 널리 인정되는 책들에 나온다. 우리가 23장에서 보게 될 것처럼 대다수의 학자들은 바울로가 티모테오에게 보낸 둘째 편지를 썼다고 생각하지 않으며 콜로사이인들에게 보낸 편지가 그의 저술인지에 대해서도 뜨거운 논란이 벌어지고 있다. 이것은 바울로의 저서들 중에 루카에 대한 언급이 확실하게 나오는 곳은 단 한 군데, 필레몬에게 보낸 편지 24절뿐이고 그곳에서는 그가 이방인이나 의사라는 언급을 찾아볼 수 없다. 바울로의 편지에 등장하는 모든 사람들 중 그가 루카-사도행전을 썼다고 생각할 이유를 찾아볼 수 없는 것이다.

정확한 이름은 몰라도 바울로의 동료 중 한 명이 이 책들을 썼을까? 중요한 것은, 설사 그렇다 하더라도 그것이 이 책들의 역사적 정확성을 보장할 수는 없다는 것이다. 우리는 바울로의 동료로 알려진 이 사람이 얼마나 오랫동안 그와 함께 있었는지, 그가 그를 잘 알고 있었는지, 그를 잘 알고 있었다 하더라도 그가 바울로를 정확하고 공정하게 묘사했는지 알 길이 없다. 사실, 정확하고 공정하게 묘사했을 가능성은 없다. 왜냐하면 사도행전에서의 바울로의 묘사가 정확하고 공정했는지를 결정할 수 있는 한 가지 방법의 결과가 그렇지 않기 때문이다. 즉, 우리는 사도행전이 바울로에 대해 말하는 것과 바울로가 자신에 대해 말하는 것을 비교할 수 있다. 유감스럽게도, 그런 비교의 결과는 (본문 18장에서 볼 수 있듯이) 많은 중요한 차이점들을 보여주는데, 여기에는 바울로가 특정 시간에 어디에 있었는지, 누구와 있었는지와 같은 세부 사항들의 불일치와 바울로의 실제 가르침에 관한 더 폭넓은 불일치가 포함된다.

바울로의 동료 중 한 사람이 이 책을 썼다고 해도, 그가 바울로에 대해 쓴 것이 바울로가 스스로 자신에 대해 말했을 내용과 일치했을 것이라는 보장은 없다.

이것을 위해서 우리는 바울로의 편지를 살펴볼 필요가 있다. 하지만, 우리는 이 사도행전에서 "우리"라는 말이 나타나는 구절들에 대해 무엇을 말할 수 있을까? 이런 구절들의 한 가지 흥미로운 특징은 그들이 갑자기 나타났다가 사라진다는 것이다. 필자는 "그때 나는 필리피에서 바울로와 합류했고, 거기서부터 우리는 테살로니카로 출발했다"라는 식으로 말하지 않는다. 대신 사전 경고 없이 일인칭 대명사로 글을 쓰기 시작하고 비슷한 방식으로 글을 끝낸다. 그것이 처음 나타나는 16장 10-17절을 주의 깊게 읽으면서 한번 살펴보라. 어떤 사람들은 "우리"가 한 일이 갑자기 나타나는 이유는 저자가 필리피로 가기 직전 바울로와 합류했기 때문이라고 설명을 한다. 그렇다면 악령에 사로잡힌 노예 소녀가 그들을 쫓아다니기 시작한 때(17절)부터 바울로가 악령을 몰아낸 때(18절, 혹은 19절) 사이에 저자가 바울로의 곁을 떠났다고 설명해야 하는 것일까?

이렇게 "우리"라는 말이 나오는 구절들이 사도행전 저자의 개인적인 경험을 나타내는 것으로 설명하기 어렵다면, 그것들의 존재를 달리 설명할 수 있을까? 사실, 다른 여러 가지 설명들이 있지만, 여기서는 생각해 볼 만한 것 한 가지만을 언급하겠다. 그리스도교 문헌들을 통틀어 저자가 갑자기 일인칭 대명사('나'나 '우리')를 사용하는 경우들이 있다. 목격자가 쓰는 형식을 취해서 서술의 신빙성을 더하기 위해서이다.(예: 2베드 1:16-19; 1요한 1:1-4; 베드로의 복음서 26, 59-60; 베드로의 콥트어 묵시록 등) 이런 경우 저자는 자신이 목격자임을 따로 밝힐 필요도 없다. 일인칭 대명사를 사용함으로써 독자들은 저자가 서술하는 사건의 현장에 있었고 그래서 그가 그것의 사실성을 보장한다고 생각한다. 사도행전에 나오는 "우리"라는 주어를 포함하는 구절들도 이런 용법에 부합하는 것일까? 사도행전의 저자는 자신이 바울로의 여행에 동참했다고 독자들이 생각하기를 원했던 것일까? 만약 그게 사실이라면 그는 큰 성공을 거두었다. 오랜 세월 동안 독자들은 그가 바울로의 선교 여정의 동반자였다고 생각해 왔다.

18장

사도 바울로의 삶과 선교

사도 바울로는 초기 그리스도교에서 예수 다음으로 가장 중요한 인물이었다. 신약성서의 책 절반 가까이는 그가 저자라고 주장되고 있다.

이 장에서는 바울로의 삶과 글에 대해 연구한다. 특히 우리는 바울로가 무엇을 가르쳤는지, 그의 이름으로 쓰인 책들 중 어떤 것들이 실제로 그의 저작인지 등의 어려운 문제들을 다룰 것이다.

다음으로 사도행전(그가 주요 등장인물들 중 한 명이었던)과 그의 편지들로 재구성한 바울로의 생애에 대해 간략히 살펴볼 것이다. 그의 삶은 매우 흥미로웠다. 위대한 그리스도교 선교사이자 신학자가 되기 전, 바울로는 그리스도교 교회의 적이었다. 예수에 대한 바울로의 사상과 가르침이 그리스도교인들의 신앙에 큰 영향을 미쳤기 때문에 그가 예수를 따르기 위해 개종한 것은 그리스도교의 운명에 중요한 의미를 지닌다.

그리스도교 운동에서 사도apostle 바울로의 중요성은 그의 시대에는 널리 인식되지 않았다. 실제로 바울로는 그의 동시대 사람들 사이에서 매우 논란이 많았던 인물처럼 보인다. 그가 쓴 편지들을 보면 그가 적어도 친구들만큼이나 많은 적들을 가지고 있었던 것은 분명하다. 그럼에도 불구하고, 1세기부터 지금까지 그리스도교 역사를 통틀어 예수를 제외한다면 그가 가장 중요한 인물이라는 것을 모든 사람들이 인정하고 있다.

신약성서만 봐도 그렇다. 신약의 스물일곱 권 책 중 열세 권은 바울로가 쓴 것으로 알려져 있다. 히브리인들에게 보낸 편지는 그리스도교인들이 바울로가 그 책의 저자라고 믿게 된 후에 뒤늦게 정경으로 받아들여졌다. 또 다른 책인 사도행전은 바울로를 주인공으로 하여 초기 그리스도교의 역사를 스케치한다. 따라서 신약성서의 절반 이상인 스물일곱 권 중 열다섯 권이 바울로와 직간접적으로 관련이 있다.

그리스도교가 예루살렘에서 소수의 예수의 추종자들 사이에서 미약한 모임으로 시작된 이후 확산된 과정을 생각해보라. 2세기 초까지는 이 종교는 제국의 주요 도시 지역에 흩어져 있던 신앙 공동체들의 상호 연결된 네트워크로 성장했다. 바울로는 이 그리스도교 선교에서 중요한 역할을 했다. 물론 그 혼자서 그것을 달성한 것은 아니었다. 그 자신도 인정하듯이, 처음에 그는 그리스도교 교회의 전파를 폭력적이고 열성적으로 적대했다. 그러나 극적인 전환을 통해 그리스도교인이 된 바울로는 자신이 이전에 박해했던 신앙의 주요 대변인 중 하나가 되었고 그리스도교 초기 성장의 중요한 무대였던 시리아, 킬리키아, 소아시아, 마케도니아, 아카이아의 도시와 마을에서 복음gospel을 전했다.

바울로는 그리스도교의 지리적 확산에도 큰 기여를 했지만 그보다 훨씬 더 중요한 것은 그가 다양한 민족들에게 그리스도교를 확산시키는 데 기여했다는 점이다. 초기 그리스도교 시대의 누구보다도 바울로는 메시아messiah로서의 예수가 사람들의 죄를 위해 죽었고 부활했다는 신앙을 유대인으로 태어난 사람들에게만, 나아가 유대교로 개종한 이방인들에게만 전하는 것은 안 될 일이라고 강조했다. 그리스도가 가져온 구원은 유대인과 이방인 모두에게 동등하게 주어진 것이었다.

지금은 그리스도교인들 중 유대인은 극소수에 불과하고 그리스도교인이 되기 위해서는 유대교로 개종해야 한다고 주장하는 것은 말도 안 되는 일이지만, 오래 전에 바울로와 같은 사람들은 강력하게 그런 일이 터무니없음을 주장해야 했다. 바울로에게는 예수에 대한 신앙이 유대교 성서에 나오는 유대 하느님의 계획과 완전히 부합하기도 했지만, 그것은 유대인과 이방인Gentile을 막론하고 모든 사람을 위한 것이었다.

처음에 바울로는 아마도 이런 문제에서 소수파였을 것이다. 예수의 초기 추종자들 대부분은 유대인이었기에 하느님의 백성이 되기 위해서 꼭 유대인일 필요가 없다는 바울로의 주장은 그들에게 터무니없게 느껴졌을 것이다. 이들 초기 그리스도교인들은 예수가 유대교 율법의 완성, 성취로서 유대교의 메시아가 되기 위해 유대교 하느님에 의해 유대인들에게 보내졌다고 주장했다. 예수 자신도 유대인의 관습을 따르고, 유대인 제자들을 모으고 유대인의 율법Law을 해석했다. 그가 세운 종교는 유대적이었다. 예수를 따르려는 사람들은 먼저 유대인이어야 했다. 이것은 대부분의 초기 그리스도교인들에게는 꽤 명백해 보였다. 하지만 바울로에게는 그렇지 않았다. 사도 바울로가 설명하고 주창했던 그리스도교는 유대인과 이방인 모두에게 열려 있었으며, 예수가 이스라엘만이 아닌 온 세상의 구원을 위해 죽었다가 부활했다는 믿음에 뿌리를 두고 있었다.

바울로의 견해를 더 깊이 검토하기 전에 우리는 두 가지 예비 작업에 착수해야 한다. 첫째, 우리는 이러한 종류의 연구가 수반하는 방법론적 어려움을 탐구해야 한다. 둘째, 우리는 바울로가 남긴 글에서 추론할 수 있는 한에서 바울로 자신의 삶의 주요 측면들 중 일부를 살펴봄으로써 우리의 조사를 좀 더 넓은 맥락 가운데에 세워야 한다.

바울로 연구의 방법론적 어려움

우리들이 가진 자료들에 제한된다는 점에서 역사적

바울로의 삶과 가르침을 재구성하는 문제는 어떤 면에서는 역사적 예수의 삶과 가르침을 재구성하는 문제와 유사하다. 그러나 한 가지 중요한 차이가 있는데, 예수는 우리에게 글을 남기지 않았지만 바울로는 글을 남겼다는 점이다. 실제로 신약성서에 나오는 열세 개의 편지는 바울로가 저자로 되어 있다. 그러나 학자들은 그중 일부는 바울로에 의해 쓰인 것이 아니라 후대 그의 교회와 연관된 사람들이 그의 이름으로 쓴 것이라고 생각할 만한 타당한 이유가 있다고 생각한다.

바울로의 위서 문제

몇몇 고대 작가들이 자신의 글을 (바울로와 같은) 유명한 사람이 썼다고 세상에 내놓았다는 사실은 역사가들에게는 꽤 익숙한 것이다. 가명으로 쓴 글은 "위서pseudepigrapha"로 알려져 있다. 우리는 고대 세계의 이교도pagan, 유대인 그리고 그리스도교 작가들에 의해 만들어진 수많은 위서들을 알고 있다.(12장 참고) 실제로, 바울로에 의해 쓰인 것으로 알려진 이런 편지들은 2세기 이후에 확산되었다. 아직도 남아 있는 글들 중에는 코린토스인들에게 보낸 셋째 편지(Box 23.1 참고), 라오디케이아 교회에 보내는 편지(콜로 4:16 참고), 바울로와 유명한 철학자였던 세네카Seneca(Box 18.2 참고)가 주고받은 편지 등이 있

Box 18.1 바울로 서신들

논란의 여지가 없는 바울로 서신 (거의 확실)	제2바울로 서신 (위서일 수 있음)	목회 서신 (아마도 위서)
로마인들에게 보낸 편지	에페소스인들에게 보낸 편지	티모테오에게 보낸 첫째 편지
코린토스인들에게 보낸 첫째 편지	콜로사이인들에게 보낸 편지	티모테오에게 보낸 둘째 편지
코린토스인들에게 보낸 둘째 편지	테살로니카인들에게 보낸 둘째 편지	티투스에게 보낸 편지
갈라티아인들에게 보낸 편지		
필리피인들에게 보낸 편지		
테살로니카인들에게 보낸 첫째 편지		
필레몬에게 보낸 편지		

다. 흥미롭게도 우리는 2세기의 교부 테르툴리아누스에게서 바울로의 이름으로 글을 위조하던 그리스도교인을 현장에서 적발하고 그가 자신의 행위를 자백받았다는 이야기를 듣게 된다. 고대 작가들이 왜 다른 사람의 이름으로 문서를 위조했을지, 그에 대한 흥미로운 이유는 23장에서 다루기로 한다.

하지만, 신약성서에 들어간 몇몇 바울로의 편지들이 이런 종류의 위서적인pseudonymous 글이라는 것이 상상이나 되는가? 대부분의 학자들에게 이것은 상상의 문제가 아니라 거의 확실한 사실이다. 그들은 바울로가 썼다고 알려진 편지들을 세 가지 범주로 분류한다.(Box 18.1 바울로 서신들Pauline Corpus 참고) (뒤에 나오는 장들에서 대부분의 역사가들이 설득력이 있다고 생각하는 주장들을 소개하고 독자들이 스스로 그에 대해 판단을 내릴 수 있는 기회를 제공하겠다.)

먼저 세 개의 목회 서신Pastoral epistles이 있다. 이들은 바울로가 티모테오(티모테오에게 보낸 첫째, 둘째 편지)와 티투스 같은 목자pastor에게 쓴 것으로 알려진 편지들로, 바울로는 목회 동료들에게 어떻게 목회를 해야 할지에 대한 가르침을 제공하고 있다. 여러 가지 이유로 대부분의 성서 비평가들은 바울로가 이 편지들을 쓴 것이 아니라 그의 사후에 벌어진 상황을 그의 권위에 의지하여 해결하고자 했던 바울로의 교회 구성원 중 한 사람이 썼다고 생각한다. 살펴보게 되겠지만 이런 주장들은 글의 작문 스타일, 어휘, 신학이 바울로가 썼다고 합리적으로 확신할 수 있는 글들과 일치하는지 그리고 바울로 자신의 역사적 맥락이 그 글들이 다루는 문제들과 모순되지 않는지를 중심으로 전개된다.(23장 참고)

다음으로, 제2바울로 서신Deutro-Pauline epistles이라고 불리는 세 개의 편지, 에페소스인들에게 보낸 편지, 콜로사이인들에게 보낸 편지 그리고 테살로니카인들에게 보낸 둘째 편지가 있는데, 이 편지들은 바울로의 가르침에 영향을 많이 받은 후대의 작가(또는 후대의 작가들)인 "제2의 바울로"에 의해 쓰인 것으로 생각된다.('deutro'란 용어는 '제2의second'란 의미) 학자들은 이 책들의 저자의 정체에 대해 계속 토론하고 있다. 대부분의 학자들은 바울로가 에페소스인들에게

보낸 편지를 쓰지 않았고 어쩌면 콜로사이인들에게 보낸 편지도 쓰지 않았을 것이라고 생각하고 있다. 테살로니카인들에게 보낸 둘째 편지의 경우는 문제가 더 복잡하다.(23장 참고)

마지막으로, 사실상 모든 학자들이 바울로가 직접 쓴 글이라고 인정하는 일곱 개의 편지들이 있다. 로마인들에게 보낸 편지, 코린토스인들에게 보낸 첫째, 둘째 편지, 갈라티아인들에게 보낸 편지, 필리피인들에게 보낸 편지, 테살로니카인들에게 보낸 첫째 편지, 필레몬에게 보낸 편지가 그것들이다. 이 논란의 여지가 없는 서신들undisputed epistles은 글의 스타일, 어휘, 신학의 측면에서 유사하다. 또한 이들이 다루는 문제들은 바울로가 사도이자 선교사로 활동하던 서기 40-50년대 초기 그리스도교 운동에 충분히 놓일 수 있다.

바울로 편지들epistles을 이렇게 세 가지로 분류하는 의미는 명백할 것이다. 목회 서신과 제2바울로 서신들이 바울로 이후의 저자들에 의해 만들어졌다는 학자들의 말이 맞는다면 바울로의 그리스도교가 어떻게 발전했는지를 이해하기 위한 자료로서의 중요성에도 불구하고 이들 자료들은 바울로의 가르침에 대한 확실한 지침으로 이용될 수는 없다. 방법론적인 이유로 바울로에 대한 연구는 바울로가 썼다고 확신할 수 있는, 즉 논쟁의 여지가 없는 일곱 개의 편지들로 제한되어야 한다.

사도행전의 문제

루카가 바울로를 주요 주인공들 중 한 명으로 삼아 초대 교회의 역사에 대해 기록한 사도행전에 대해서는 어떻게 생각해야 할까? 루카의 이야기에 실린 바울로의 말과 행동을 역사적으로 정확한 것으로 받아들일 수 있을까?

이 문제에 대해서는 학자마다 다르게 대답할 것이다. 어떤 사람들은 조금의 의심도 없이 사도행전을 신뢰하고 어떤 사람들은 약간 주의를 해서 받아들여야 한다고 생각하며 어떤 이들은 그 글들을 대수롭지 않게 여긴다.(문학작품으로서의 중요성이 아니라 바울로가 말한 것과 행한 것을 확립해주는 역사적 신빙성에 관해서 대수롭잖게 여긴다는 뜻이다.) 나의 입장은 사도행전이 역사적인 바울로에 대해 알려주는 것은 루

카의 복음서가 역사적인 예수에 대해 말하는 것만큼 믿을 만하지 못하다는 것이다. 예를 들어, 언제 종말이 도래할 것인가에 대한 자신의 신학적 관점을 반영하기 위해 루카가 예수의 말을 수정하거나 예수의 수난과 관련된 몇몇 전승들을 비슷하게 바꾸었듯이 사도행전에 나온 바울로의 언행도 수정되었다. 따라서 사도행전은 루카가 바울로를 어떻게 이해했는지에 대해서는 많은 것을 알려줄 수 있지만 바울로 자신이 실제로 말하고 행한 것에 대해서는 별로 말해주는 것이 없다.

사도행전을 논하다가 나는 왜 내가 바울로의 여행 동료 중 한 명이 이 책을 썼다고 생각하지 않는지 이유를 설명했다. 설령 그의 여행 동료들 중 한 사람이 이 책을 썼더라도 우리는 바울로에 대한 묘사가 역사적으로 정확한지 살펴봐야 할 것이다. 목격자들도 나름대로의 관점을 가지고 있기 때문이다. 어쨌든 사도행전의 신뢰성을 평가함에 있어서 때때로 바울로와 루카가 같은 사건을 묘사하거나 같은 문제에 대한 바울로의 가르침을 보여준다는 사실은 참으로 다행스러운데, 그들의 서술이 기본적으로 일치하는지 확인할 수 있기 때문이다.

바울로의 인생사 사도행전에 나오는 일들을 바울로의 편지들과 비교할 수 있는 거의 모든 경우에 전기적인 세부 사실에 있어서 차이점이 나타난다. 물론 때때로 이러한 차이점들은 바울로가 특정 시점에 어디에 있었고 누구와 있었는지에 관한 사소한 의견 불일치를 수반하기도 한다. 한 예로 사도행전에는 바울로가 아테네에 갔을 때 티모테오와 실라스를 베로이아에 남겨 두고 떠났고(사도 17:10-15) 아테네를 떠나 코린토스에 도착하기까지 그들을 다시 만나지 않았다고 나와 있다. 하지만 테살로니카인들에게 보낸 첫째 편지에서 바울로가 같은 일련의 사건들에 대해 서술할 때는 그가 아테네에 혼자 있는 것이 아니라 티모테오와 함께 있었다는 것을 분명히 보여준다. 아테네에서 그는 티모테오를 테살로니카로 돌려보냈다.(1테살 3:1-3)

비록 이 불일치는 사소한 세부 사항과 관련이 있을 뿐이지만 사도행전의 역사적 신뢰성에 대해 일말의 진실을 보여준다. 사도행전의 어떤 이야기들은 바울로의 말과 일치하지만(그는 테살로니카에 교회를 세우고 아테네로 떠났다) 몇몇 세부 사항들에 대해서는 바울로의 진술과 일치하지 않는다.

다른 차이점들은 더 중요하다. 예를 들어, 바울로는 갈라티아인들에게 보내는 편지에서 예수를 환상 중에 만나 그를 믿게 된 후, 사도들과 상의하기 위해 예루살렘에 가지 않았다는 것을 분명히 한다.(갈라 1:15-18) 이것은 그에게 중요한 문제였는데, 그는 갈라티아인들에게 그의 복음의 메시지가 예루살렘에 있는 예수의 추종자들(원제자들과 그들 주변의 교회)에게서 온 것이 아니라 예수 자신에게서 직접 온 것임을 증명하고 싶었기 때문이다. 그의 요점은 자신이 예수에게서 받은 메시지를 훼손하지 않았다는 것, 그의 복음은 사람의 개입 없이 바로 하느님에게서 나왔다는 것이다. 물론, 사도행전도 바울로의 개종에 대한 그 나름의 이야기를 제공하지만 그곳에서는 바울로가 갈라티아인들에게 보낸 편지에서 하지 않았다고 주장하는 행동들을 한다. 그는 개종한 지 며칠 만에 바로 예루살렘으로 가서 사도들을 만난다.(사도 9:10-30)

물론 바울로 자신이 다른 사도들의 자문을 받은 적이 없기 때문에 그들로부터 자신의 복음을 받은 것이 아니라는 것을 보여주기 위해 행선지를 바꿨을 수도 있다. 그러나 그가 갈라티아인들에게 거짓을 말했다면 그가 그들에게 한 주장—"내가 여러분에게 써 보내는 이 말이 거짓말이 아니라는 것은 하느님이 알고 계십니다"—은 너무 뻔뻔한 기만이었을 것이다. 이 차이는 아마 루카에게서 비롯되었을 가능성이 더 높은데, 그는 자신의 생각을 그가 하는 이야기들에 얹어놓는 경우가 많았기 때문이다. 그에게 있어서는 모든 사도들이 통일된 시각을 가지고 있었기에 바울로도 예수의 원래 추종자들의 견해와 일치하는 입장에 서 있다는 것을 보여주는 것이 중요했다. 그러므로 그는 바울로가 예루살렘의 사도들과 상의하고 그들이 선포한 것과 같은 신앙을 가진 것으로 묘사한다.

사도행전에 대한 논의에서 보았듯이 루카는 바울로가 예수의 원래 사도들뿐만 아니라 유대교와 조화를 이루고 있는 모습을 묘사하고 있다. 이야기 내내 바울로는 유대 율법에 대한 그의 절대적인 준수를 유지한다. 분명히 그는 이방인들에게는 율법을 지킬 필요가 없다고 선언한다. 그들에게는 불필요한 부담이 될 것이기 때문이다. 그러나 그 자신은 모든 면에서 율법을 지키면서 끝까지 신실한 유대인으로 남는다. 바울로가 율법을 어긴 죄로 체포될 때 루카는 그의 죄가 날조되었다는 것을 보여주기 위해 이례적으로 애를 쓴다.(21-22장) 바울로 자신이 사도행전에서 변증을 위한 연설들을 할 때마다 반복해서 주장하듯이 그는 율법에 어긋나는 행동을 한 적이 없었다.(예: 28:17)

바울로의 글을 보면 그는 율법에 대해 극도로 복잡한 견해를 지니고 있다. 그러나 몇 가지 요점에 있어서는 꽤 명확하다. 첫째, 사도행전의 설명과는 대조적으로 바울로는 상황에 따라 유대 율법을 위반하는 것에 대해 아무런 거리낌이 없었던 것으로 보인다. 바울로의 말에 따르면 바울로는 그의 목적에 도움이 될 때는 "유대인처럼" 살 수 있었을 뿐만 아니라, 이방인을 개종시키기 위해서는 "이방인"처럼 살 수도 있었다.(1코린 9:21) 한번은 사도인 케파가 그렇게 하지 못한다고 비난을 하기도 했다.(갈라 2:11-14) 바울로는 율법을 이방인들에게 불필요한 부담으로만 여기지 않았고, 그들이 반드시 따를 필요는 없었지만 원한다면 선택할 수 있는 것으로 보았다. 바울로에게 이방 사람들이 율법을 따라야만 한다고 주장하는 것은 하느님에 대한 절대적이고 완전한 모욕으로 그의 복음의 메시지를 완전히 위반하는 것이었다. 그의 견해에 의하면, 율법이 요구하는 것을 행하는 것이 사람의 구원에 기여할 수 있다면, 그리스도의 죽음은 헛된 것이 되기 때문이다.(갈라 2:21, 5:4) 이것은 사도행전이 보여주는 바울로의 유화적인 모습과는 거의 일치하지 않는다.

바울로의 가르침 바울로가 사도행전에서 가르치는 것은 그가 편지들을 통해 가르치는 내용과 중요한 면에서 다르다. 여기서 중요한 예를 하나만 들어보겠다.

사도행전에 언급된 바울로의 복음주의적 설교 대부분은 유대인 청중들을 향한 것이다. 바울로의 선교 사명이 이방인들을 향한 것이라는 그의 반복된 주장을

Box 18.2 바울로의 삶을 보여주는 다른 자료들

1세기부터 중세까지 예수에 대한 전설적인 이야기가 많이 생겨났듯이 바울로와 다른 사도들의 위작들도 이때 많이 등장했다. 우리는 이 이야기들 중 가장 먼저 나온, 흥미로운 이야기들 중 하나인 『바울로와 테클라 행전』을 본문 22장에서 살펴볼 것이다.(Box 18.3도 참고) 거기에서 우리는 바울로가 결혼과 상관없이 모든 종류의 성관계를 폄하하는, 금욕 생활의 복음을 지지하는 사람으로 어떻게 그려지게 되었는지를 보게 될 것이다. 예수에 대한 외경들도 마찬가지였지만, 바울로에 대한 이러한 이야기들은 바울로라는 사람에 대해 그 이야기들이 우리에게 알려주는 것보다는 그것이 만들어진 시대의 그리스도교에 대해 그것이 알려주는 내용들이 더 중요하다. 3세기 그리스도교인에 의해 만들어진 유명한 철학자이자 네로 황제의 멘토였던 세네카와 바울로 사이에 오고 간 흥미로운 편지들도 마찬가지다. 두 사람이 모두 죽은 지 약 200년 후에 만들어진 이 열네 통의 편지는 그의 당대 가장 위대한 철학자들 중 한 사람에게 작가로서의 바울로가 인정받았다는 것을 보여주기 위한 의도를 가지고 있었다. '세네카'가 바울로에게 보낸 두 번째 편지에서 그는 바울로의 글에 특히 깊은 인상을 받았다며 그의 글을 황제에게 직접 알리고자 하는 열망을 표현하고 있다.

나는 당신의 편지 몇 통을 몇 개의 분류에 따라 확실한 순서로 정리했습니다. 또한 나는 황제에게 그것들을 읽어드리기로 결정했습니다. 만일 그분이 관심을 보이신다면 아마 당신도 그 자리에 참석하실 수 있을 것입니다. 그렇지 않으면, 이 일을 함께 검토할 수 있도록 날을 하루 잡겠습니다. 그리고 만약 그것이 안전하게 이루어질 수만 있다면, 나는 당신을 만나기 전에는 그분에게 이 글을 읽어드리지 않겠습니다. 그러면 당신은 당신이 간과되고 있지 않다는 것을 확신할 수 있을 것입니다. 안녕히 계십시오. 친애하는 바울로.

고려할 때 이상한 일처럼 보인다. 어쨌든, 그곳에서의 가장 큰 예외는 아테네의 아레오파고스에 있는 철학자들에게 바울로가 한 연설이다. 이 연설에서 바울로는 이교도들이 비록 무지해서 알지 못했지만 사실 유대교의 하느님이 이교도나 유대교, 모든 사람들의 신이라고 설명한다. 이교도들의 다신론polytheism에 대한 바울로의 이해는 여기에서 명확히 드러난다. 이교도들은 모든 것을 창조한 유일신이 있다는 것을 알지 못했기 때문에 그를 숭배하지 못한 것에 대해 그들의 책임을 물을 수 없다. 그 때문에 하느님도 지금까지 그들의 거짓된 종교를 묵인해 왔다. 그러나 예수가 왔고 그는 모든 백성에게 다가올 판결에 대비하여 회개하라고 촉구했다.(사도 17:23-31)

이런 시각은 바울로가 자신의 편지에서 주장하는 이교도의 우상숭배에 대한 견해와 극명하게 대비된다. 예를 들어 로마인들에게 보낸 편지에서 바울로는 우상숭배자들은 하느님에 대해 몰랐던 것이 아니라 그가 만든 것들을 보고 그의 존재와 힘을 알고 있었다고 주장한다. 바울로의 편지에서는 우상을 숭배하는 것은 하느님에 대한 고의적인 불순종을 의미한다. 이교도들은 하나뿐인 참된 하느님, 만물을 만든 분에 대한 지식을 거부하고 그들 자신의 자유의지를 통해 창조주보다는 창조물을 숭배해왔다. 하느님을 거부한 결과로 하느님은 분노로 그들을 벌했다.(로마 1:18-32)

사도행전과 로마인들에게 보낸 편지의 구절들은 여러 면에서 서로 대립하는 것으로 보인다. 이교도들은 신이 오직 한 분뿐이라는 것을 알고 있는가?(사도행전, 아니다. 로마인들에게 보낸 편지, 그렇다.) 그들은 무지한 것인가 아니면 불순종을 행한 것인가?(사도행전, 무지한 것이다. 로마인들에게 보낸 편지, 불순종을 행한 것이다.) 하느님은 그들의 잘못을 간과하실까?(사도행전, 눈감아주신다. 로마인들에게 보낸 편지, 벌하신다.)

일부 학자들은 두 구절들이 염두에 두고 있는 청중들을 고려함으로써 모순이 해소될 수 있다고 생각한다. 사도행전에서 바울로는 이교도들을 개종시키려 노력하고 있으며 그래서 그는 그들을 모욕적으로 대하고 싶어 하지 않는다. 반면에 로마인들에게 보낸 편지에서는 그는 이미 신앙을 받아들인 사람들을 대상으로 설교를 하고 있다. 그래서 그는 자신이 생각하는 대로 거리낌 없이 말을 한다. 분명 바울로는 사람들을 개종시키기 위해 자신이 믿는 것과 반대되는 말을 하거나 더 큰 이익을 사람들에게 가져오기 위해 선의의 거짓말을 할 수 있었다. 그러나 또 다른 설명은 사실 아레오파고스에서 행한 연설을 쓴 사람은 바울로가 아니라 루카라는 것이다. 그는 17장에서 우리가 본 것처럼 그가 쓴 기록에 나오는 모든 연설들의 저자이다. 이 설명은 왜 사도행전에 나오는 많은 연설들에서 바울로의 말이 베드로의 말처럼 들리고, 베드로의 말이 바울로처럼 들리는지 그 이유를 설명해준다.(사도행전 2장과 13장의 연설들을 비교해보라.) 아레오파고스 연설은 이교도 종교에 대한 바울로의 견해를 드러내기보다는 루카가 그 자리에 적절했으리라고 생각한 일종의 복음주의 연설이었을 수도 있다.

그럼 우리에게 무엇이 남게 될까? 사도행전에는 바울로의 생애와 그의 가르침의 본질에 관하여 바울로의 글과 일치하지 않는 부분이 많이 있는 것으로 보인다. 만일 그게 사실이라면 루카의 복음서가 역사적으로 정확한 예수에 관한 묘사로서 무비판적으로 받아들여질 수 없었듯 사도행전도 역사적으로 정확한 바울로에 대한 묘사로서 무비판적으로 받아들여질 수 없을 것이다. 그러나 바울로에 대한 역사적 이해를 얻기 위해 우리는 적어도 바울로 자신의 저술에 기초할 수 있다. 바울로가 저술한 다른 일곱 권의 신약성서의 책이 있기 때문이다. 그러므로 바울로와 그의 가르침에 대한 우리의 연구는 작자에 관하여 논란의 여지가 없는 바울로 편지들을 주로 이용할 것이다. 그러나 이러한 편지들의 사용에도 문제가 없는 것은 아니다.

바울로의 편지들의 상황적 성격

아마도 현대 신학에서 바울로의 편지들에 대한 가장 의미 있는 통찰은 그것들 모두가 '상황적'이라는 것이다. 바울로의 편지들은 정해진 주제에 관한 에세이나 신학의 중요한 쟁점들을 논의하는 체계적인 논문들이 아니다. 그것들은 특정한 개인과 공동체에 보내진 실제적인 편지들이다. 단 한 번의 경우를 제외하고, 바울로는 그가 세운 그리스도교 공동체에서 발생한 문제들을 다루기 위해 편지들을 썼다. 모든 경우에 그의 편지들은 그리스도의 사도로서 그가 다룰 수밖에 없다고 느꼈던 상황들을 맞아 쓰였다.

이 편지들은 상황에 의해 촉발된 특성 때문에 우리가 바울로에 대해, 그의 견해에 관해 알고 싶어 하는 모든 것들을 담고 있지는 않다. 자신이 세운 공동체에서 생긴 문제들을 다루고 있기 때문에 바울로에게 가장 중요한 사안들일지라도 목전의 문제에 얽히지 않은 그의 믿음과 관행, 관점들은 다루어지지 않았다. 수많은 학자들이 지적한 바와 같이 만일 바울로가 코린토스 교회 신도들이 성찬예식을 거행하는 방식에 이의를 제기하지 않았다면, 우리는 바울로가 성찬을 지지했다는 것(또는 그것에 대해 알았다는 것)조차 몰랐을 것이다.

바울로의 편지의 상황적 성격이 갖는 또 다른 의미는 우리가 그의 편지들에 역사적인 관점에서 접근하기를 원한다면 우리는 그 뒤에 놓여 있는 사건들에 대해 알아야 할 필요가 있다는 것이다. 이 책들은 각각 구체적인 역사적 배경, 즉 실생활의 맥락을 가지고 있다. 만약 우리가 맥락을 잘못 이해하거나 존재하지 않는 것처럼 가장한다면 우리는 책이 의미하는 바를 바꾸는 것이다. 이러한 이유로, 우리는 요한의 편지들(11장 참고)에 그랬던 것처럼 바울로 편지들에도 배경 분석적 방법contextual method을 적용할 것이다. 각각의 글에 대해 우리는 바울로가 그것을 쓰게 만든 역사적 상황이나, 적어도 그가 인지한 것으로 보이는 상황에 대한 단서를 찾는 것으로 시작할 것이다. 물론, 모든 경우에 있어서 우리는 바울로의 입장만 알고 있지만 배경 분석적 방법은 바울로가 상황을 해석하고 있던 것처럼 보이는 방식에 비추어 그의 글을 이해하는 데 도움을 줄 것이다. 그러나 우리는 그의 편지의 수신인들이 언제나 그의 상황 인식을 공유하고 있었다고 가정해서는 안 된다.

바울로의 삶

바울로의 편지는 주로 그의 삶에서 일어난 사건들이 아니라 그의 교회에서 일어난 문제들에 관한 것이다. 그러나 바울로는 그리스도의 진정한 사도로서 자신을 드러내려 했고 그래서 자신의 과거를 언급할 필요가 있었다. 갈라티아인들에게 보낸 편지 1장 11절-2장 14절과 필리피인들에게 보낸 편지 3장 4-10절과 같이 자신을 언급하는 글에서 바울로는 그의 과거를 세 단계로 나누었다. 그리스도에 대한 신앙을 얻기 이전의 바리사이파Pharisee로서의 삶, 개종의 경험 그 자체 그리고 사도로서의 활동이 그것이었다.

바리사이파 바울로

개종하기 전의 바울로에 관해 우리는 거의 확실히 말할 수 있는 것이 없다. 그는 자신이 유대인 부모에게서 태어난 유대인이며 바리사이파의 전통traditions을 따라 율법에 열심이었다고 말한다.(갈라 1:13-14; 필리 3:4-6) 그는 언제 태어났는지, 어디서 자랐는지, 어떤 교육을 받았는지 우리에게 말하지 않는다. 그러나 사도행전은 그에 관한 몇 가지 정보를 제공한다. 바울로는 소아시아 남동부의 킬리키아에 있는 그리스 도시 타르소스Tarsus(사도 21:39) 출신으로 예루살렘의 유명한 랍비 가말리엘(22:3) 밑에서 교육을 받았다고 한다. 바울로는 자신에 관해 어떤 주장도 하지 않기 때문에 루카가 그의 주인공의 학문적 배경을 부풀린 것은 아닌지 의심할 수도 있을 것이다. 타르소스에는 지금으로 치면 아이비리그 대학 같은 곳인 그리스 수사학 학교가 있었는데 사회적, 지적 엘리트들을 위한 유명한 고등교육기관이었다. 물론 예루살렘은 모든 유대인들의 삶의 중심지였고, 가말리엘은 가장 존경받는 랍비 중 하나였다.

바울로의 편지는 그가 얼마나 교육을 받았는지 거의 보여주지 않는다. 단순히 읽고 쓰는 능력으로 보자면 그는 대부분의 동시대인들보다 수준 높은 교육을 받았다는 것을 보여준다. 최근의 연구에 따르면 로마 제국 인구의 85-90퍼센트가 읽기나 쓰기, 둘 중 하나밖에 할 수 없었다고 한다. 게다가 바울로는 상당히 세련된 글을 쓰는데, 이것은 그가 적어도 그 당시 고등교육의 주안점이었던 수사학 훈련을 받았음을 보여준다. 말하자면 문학계의 최고 엘리트 중 한 사람이었다고는 할 수 없지만 그는 확실히 고등교육을 받았다. 그는 타르소스는 아닐지언정 타르소스 같은 장소에서 자랐을 가능성이 높다. 어쨌든, 바울로의 모국어는 거의 의심할 여지 없이 그리스어였고, 그가 팔레스티나에서 더 널리 사용되던 언어인 아람어를 말했는지는 알 수 없다. 이것은 아마도 루카가 바울로를 유대인 디아스포라Diaspora 출신이라고 한 것이 옳았다는 것을 나타낼 것이다.

비록 바울로가 예루살렘에서 공부했다는 말은 없지만 그는 분명히 어떤 공식적인 환경에서 유대교 성서를 폭넓게 연구했을 것이다. 그는 다양한 성서 구절을 암기해서 인용할 수 있었고 상당히 깊은 수준에서 그들의 의미를 묵상하고 숙고할 수 있었던 것으로 보인다. 그는 성서의 그리스어 번역본인 70인역Septuagint을 알고 있었다.(Box 4.3 참고) 그의 편지는 모두 그리스어를 사용하는 그리스도교인들에게 보내졌는데 그가 독자들의 편의를 위해 이런 식으로 글을 인용한 것인지, 아니면 그것이 그가 알고 있는 유일한 형태의 성서 텍스트였는지는 알기 어렵다. 즉, 그가 성서를 원래 그것이 쓰인 언어인 히브리어로 읽을 수 있었는지 여부는 알 수 없다.

확실한 것은 예수를 믿는 사람이 되기 전에 바울로는 열렬한 바리사이파였다는 것이다.(필리 3:5) 사실, 바울로의 편지는 70년에 예루살렘 신전이 파괴되기 전에 바리사이파 또는 바리사이파 출신이 쓴 글들 중에서 전해지는 유일한 글이다. 바울로는 자신이 "조상들의 전통"을 열심히 따랐다고 말한다.(갈라 1:14) 이것들은 보통 바울로가 어렸을 때에 전해지던 바리사이파의 "구전법"으로 알려져 있는데, 이 법칙들은 거의 2세기 후에 미슈나로 성문화되었다. 우리는 자신의 종교를 가장 엄격한 기준에 따라 이해하고 실천하는 데 전념하는 독실하고 지적인 한 유대인 젊은이의 모습을 그려볼 수 있다.

바리사이파로서 바울로의 종교는 하느님이 이스라엘에게 준 가장 큰 선물인 율법, 모세의 토라Torah를 주축으로 하고 있었을 것이며 그것들을 정확하고 철저하게 지키는 것이 종교 생활의 최종적인 목표였을 것이다. 후에 바울로는 그의 옛 시절을 돌이켜보며 자신이 율법이 요구하는 의에 관해서는 '무죄'였다고 주장할 수 있었다.(필리 3:6) 그가 무슨 뜻으로 그런 말을 했는지는 정확히 알기 어렵다. 하느님의 계명은 결코 하나도 어기지 않았다는 뜻이었을까? 이것은 그가

도판 18.1 현재 파리 루브르박물관에 전시되어 있는 5세기 상아 패널. 손에 두루마리를 들고 복음을 전하는 예수의 사도들 중 한 명의 모습.

다른 곳에서 주장한 바, 모든 율법의 세부 사항을 온전히 지킬 수 있는 사람은 아무도 없다는 발언(예: 로마 3:10-18)을 고려하면 맞지 않는 것 같다. 그는 율법 자체가 그것을 가르친다고 말한다.(3:19-20) 그렇다면 그 말은 그가 법을 지키기 위해 최선을 다했다는, 그래서 그에게 책임을 물을 수 없다는 뜻이었을까? 이 해석이 더 그럴듯해 보인다. 그러나 그는 또한 율법이 죄를 지은 자들을 위하여 희생을 바칠 수 있는 길을 마련해주었기 때문에 자신은 죄가 없는 자라고 말하는 것일 수도 있었다. 명백히 이러한 희생은 무심코 율법을 어긴 사람들이 하느님 앞에 바른 상태로 돌아가기 위한 방편으로 주어졌다. 바울로가 율법을 지키기 위해 최선을 다하고 (아마도 예루살렘 순례 시에) 그의 죄에 합당한 희생물을 바쳤다면 바울로는 율법이 요구하는 의에 관한 한 스스로를 '무죄'라고 생각했을 것이

다. 그런 경우에는 율법도 그를 탓할 수 없었다. 그는 율법이 요구하는 바를 다했기 때문이다.

율법 앞의 자신에 대한 바울로의 견해는 오랫동안 그의 해석자들을 당혹스럽게 했던 많은 문제들 중 하나에 불과하다. 그보다는 다소 덜 당혹스러운 것으로 헌신적인 바리사이파로서 그가 가지고 있었음에 틀림없는 세계관이 있다. 우리가 이미 알고 있는 바와 같이, 사두가이파Sadducees와 구별된 바리사이파의 두드러진 특징 중 하나는 미래의 부활resurrection에 대한 그들의 열렬한 기대였다. 1세기의 바리사이파 사람들은 에세네파와 같은 다른 집단들과 함께 유대 종말론자들apocalypticists이었던 것으로 보이는데, 그들은 세계에 신이 개입할 것과 신에 반대하는 악의 세력들의 파괴를 기대했다. 곧 닥칠 시대의 끝에 하느님은 그 백성을 위하여 인도자를 보내 땅 위에 하느님의 왕국을 세울 것이고 그때에는 죽은 사람들도 모두 부활하여 모든 사람들은 심판을 받을 것이다. 바울로는 그리스도교로 개종하기 전에 거의 확실히 이러한 생각들을 가지고 있었을 것이다.

이 고결한 바리사이파의 삶에 대해 또 무슨 말을 더할 수 있을까? 바울로가 자신의 전기적 진술을 위해 갈라티아인들에게 보낸 편지 1장과 필리피인들에게 보낸 편지 3장에서 강조한 측면은 그가 율법을 준수하고 열성적인 유대인으로서 예수의 추종자들을 박해했다는 것이다. 그는 복음을 따르기는커녕 교회를 파괴하며 그것에 격렬하게 반대했고 그것을 참된 유일신에 대한 헌신으로 이해했다.

바울로는 왜 그토록 예수의 추종자들을 적대하고 박해했을까? 유감스럽게도 바울로 자신은 우리에게 그 이유를 말하지 않지만 우리는 그가 그리스도교에 반대한 이유에 대해 몇 가지 지적인 추측을 할 수 있다. 우리는 이미 그리스도교가 예수를 메시아로 선언한 것이 대부분의 유대인들에게 얼마나 터무니없이 들렸을지를 알아보았다. 다양한 유대인들은 메시아가 어떤 존재일지에 대해 서로 다른 기대들을 가지고 있었다. 그는 이스라엘을 주권국가로 세울 전사 왕이거나, 하느님의 율법에 대한 권위 있는 해석을 통해 하느님의 백성을 다스릴 영감을 받은 성직자이거나, 악의 세력을 파괴하러 올 우주적 심판자일 수도 있었다. 이러한 모든 기대에는 영광스럽고 강력한 메시아가 등장한다. 반면 예수는 소수의 추종자들을 가진 떠돌이 설교자에 지나지 않았고 유대 지도자들의 미움을 산 후 로마에 의해 국가에 대한 선동 혐의로 처형된 존재였다. 그를 하느님의 메시아라고 부르는 것은 가장 신실한 유대인들에게는 신성모독이었다.

바울로에게는 예수가 처형당한 방식도 큰 의미가 있었던 것처럼 보인다. 예수는 십자가, 즉 나무 기둥에 못 박혀 죽었다. 성서에 정통한 바울로는 토라에 나오는 "나무에 달린 시체는 하느님께 저주를 받은 것이니"(신명 21:23, 갈라 3:13에서 인용)라는 말이 하느

Box 18.3 바울로는 어떻게 생겼을까?

살았을 때는 물론, 죽은 후 적어도 2세기 내에 만들어진 예수나 사도들의 초상화들은 존재하지 않는다. 그러나 『바울로와 테클라 행전』으로 알려진 문서에는 바울로의 용모에 대한 설명이 나온다.(22장 참고) 이것 역시 동시대의 출처에서 나온 것이 아니라 바울로가 세상을 떠난 지 100년 후에 기록되었으며 역사적으로 정확한 사실에 기초한 것 같지는 않다. 그러나 그것은 바울로를 전혀 잘생기고 멋진 인물로 그리지 않기 때문에 흥미롭다! 그는 "키가 작고 대머리에 안짱다리, 일자 눈썹,

상당히 큰 코를 가진 건강하고 은혜가 충만한 사람이다. 때로는 사람처럼 보이고, 때로는 천사처럼 보였다." 신체적 특징에 대한 고대의 묘사 방식에 따르면 이런 모습의 사람은 약하고, 관능적이며, 약간 게으르고, 아주 똑똑하지는 않고, 교활한 사람임을 시사한다. 하지만 저자는 바울로가 천사 같은 분위기를 풍겼다고 강조하는데, 아마도 바울로의 외모는 보잘것없지만 영적 능력은 초인적이었다는 것을 말하려는 것 같다.

님 앞에 예수가 어떤 위치에 있는지를 보여준다고 인식했다. 예수는 하느님의 은총을 누리는 그리스도이기는커녕 하느님의 저주를 받은, 하느님의 분노의 대상이었다. 바리사이파였던 바울로에게 그를 메시아라고 부르는 것은 아마도 신성모독이었을 것이다.

이 문제는 바울로가 그리스도교 교회를 박해할 충분한 근거가 되었을 것이다. 그가 어떻게 그것을 실행에 옮겼는지는 알 수 없다. 사도행전에 따르면, 그는 예루살렘의 대사제로부터 그리스도교인들을 체포하고 투옥하는 허가를 받았다고 한다. 바울로 자신은 그런 말을 한 적이 없었고 그가 그리스도교 신자로 방문하기 전에는 유대 교회의 사람들이 그를 본 적이 없다는 사실은 사도행전의 주장이 근거 없음을 보여주는 것처럼 보인다.(갈라 1:22 참고) 하지만 그가 유대교 박해자로서 그리스도교인들에게 무슨 짓을 했든 그리고 어떤 권위를 가지고 그렇게 했든 간에, 그는 분명히 약간의 악명을 얻었다. 그는 나중에 그리스도교 교회들 사이에서 자신이 철저한 원수로 여겨졌다는 것을 인정한다.(1:13, 23)

물론 이 모든 것은 교회의 가장 극렬한 박해자였던 그가 교회의 가장 위대한 지지자가 되었을 때 바뀌었다. 부활한 예수를 만난 것은 바울로의 삶의 전환점이었다. 사도행전과 바울로는 모두 이 일이 그가 비교적 젊었을 때 일어났다는 것을 넌지시 알려준다.

바울로의 개종과 그 함축

실제로 바울로의 '전향turn around'('개종convert'의 문자 그대로의 의미)이 무엇 때문이었는지 역사학자들이 평가하기는 어렵다. 사도행전과 바울로 둘 다 그의 개종을 신의 직접적 개입에 의한 것으로 보고 있으며, 이러한 초자연적인 행위는 본질적으로 역사가의 연구 영역 밖에 있다.(여록 4 참고) 물론 역사학자는 신성한 행위에 대한 어떤 사람의 묘사에 대해서는 말할 수 있다. 이런 식의 서술은 공공 기록의 문제이기 때문이다. 그래서 우리는 바울로가 자신의 개종 때 일어났다고 주장하는 내용으로 우리들의 논의를 제한하고 그가 그것의 중요성을 어떻게 이해했는지 고려해볼 것이다. 하지만 여기에도 문제가 있다. 예를 들어, 그런 문제들은 바울로 자신보다는 그의 삶을 소재로 한 삼

류 소설들처럼, 현대 독자들에게 널리 퍼져 있는 바울로에 대한 오해와 더 관련이 있기 때문에 쉽게 무시될 수 있다. 이런 이야기들에서, 그리스도교인이 되기 전의 바울로는 도저히 다 지킬 수 없는 일련의 하찮은 율법들까지 반드시 따라야 한다고 느끼며 죄책감에 시달리던 율법주의자였고 자신의 죄책감이 커지면 커질수록 어떤 대가를 치르더라도 율법은 지켜져야 한다고 더욱 통렬하게 주장하는 한편, 그리스도가 준다는 개인적인 자유를 경험하는 사람들을 증오하는 사람이다. 결국 바울로는 자신의 죄책감에 대한 해결은 자신의 노력을 통해서가 아니라 자신을 율법에서 구하기 위해 죽은 예수 그리스도 안에서 죄의 사함을 찾는 것임을 깨닫는다. 이런 이야기에서 바울로는 죄의 종교에서 사랑의 종교로 개종하고 예수의 충실한 추종자가 되어 죄에서의 해방이라는 기쁜 소식을 자신처럼 죄책감의 콤플렉스에 시달리는 사람들에게 가져다준다.

서점의 소설 코너에서 이런 이야기들이 발견되는 데에는 그만한 이유가 있다. 바울로는 그리스도교인이 된 후에야 하느님의 율법을 온전히 지키는 것이 거의 불가능하다는 것을 깨닫게 되었지만(로마 7:14-24 참고) 그리스도교인이 되기 전에 그 때문에 큰 죄책감을 경험했다는 말은 하지 않는다. 그리스도에 대한 신앙을 가지기 이전에, 오히려 그는 율법 앞에서 자신이 떳떳하다고 생각했다.(필리 3:4-6) 그는 자신이 지킬 수 없다는 것을 알고 있는 율법이 부담스러워서 개종한 것이 아니었다. 어떤 의미에서는, 대중들이 지니고 있던 바울로에 대한 이러한 생각은 바울로 자신보다는 일종의 암묵적인 반유대주의에 기인한다고 볼 수 있다. 즉 유대인들은 터무니없이 부담스러운 율법에 짓눌려 있고 그것을 잘 지키지도 않는다는 생각이 그것이다.

그렇다면, 바울로는 왜 개종했고, 그의 개종은 무엇을 의미했을까? 사도행전은 이 사건에 대한 상세한 설명, 아니 그보다는 세 가지 이야기들(사도 9, 22, 26장)을 전하는데 바울로의 글에서는 알 수 없는 자세한 내용들이 포함되어 있다.(그때 그는 "다마스쿠스로 가는 길"이었다는 것, 그가 "빛을 보고 눈이 멀었다"는 것 등) 그러나 이러한 이야기들을 서로 조정하기는 어렵다.(Box 18.4 참고) 바울로 본인이 직접 언급한 내

Box 18.4 다마스쿠스 도상의 바울로

사도행전에서는 바울로가 다마스쿠스로 가는 길에 개종한 사건을 세 차례에 걸쳐 서술하고 있다. 그 사건 자체는 9장 1–19절에 서술되어 있다. 바울로는 후에 적대적인 유대인들에게 붙잡힌 후 그들에게 그 일을 자세히 설명한다.(22:6–16) 그는 후에 26장 12–18절에서 다시 아그리파 왕에게 그 사건을 설명한다. 이러한 이야기들을 주의 깊게 비교하면 다음과 같은 좀 더 명백한 불일치들을 포함하여 여러 가지 불일치점들을 발견할 수 있다.

• 9장에서 예수가 바울로에게 나타날 때에, 바울로의 동료들은 "그 음성은 들었지만 아무것도 보이지 않았다"(9:7)고 한다. 그러나 바울로가 22장에서 이야기를 할 때는, 그는 그들이 "빛은 보았지만 나에게 말씀하신 분의 음성은 듣지 못하였다"(22:9)고 주장한다.

• 9장에서 바울로가 환상을 보고 땅에 쓰러진 동안 그의 동료들은 계속 서 있다.(7절) 그러나 26장에서는 그들도 모두 땅으로 쓰러진다.(26:14)

• 첫 번째 설명에서 바울로는 다마스쿠스로 가서 아나니아라는 예수의 제자로부터 지시를 받도록 명령을 받는다. 하지만 나중 이야기에서는 그는 아나니아한테로 보내지지 않고 예수 자신의 지시를 받는다.(26:16–18)

사소한 일처럼 보일 수도 있지만, 왜 이야기들이 서로 일치하지 않는 걸까? 일부 학자들은 다양한 버전의 이야기들이 있었는데 루카가 그중 세 개를 사도행전에 올렸다고 주장했다. 만약 이것이 사실이라면 우리는 어떤 것이 가장 정확한 이야기인지 알아내야 하는 문제에 직면한다. 다른 이들은 루카가 단 한 가지 이야기만 알고 있었지만 22장의 적대적인 군중 앞과 26장의 법정 재판에서처럼 그것이 말해지는 각각의 상황에 맞게 그것을 수정했다고 주장했다. 이러한 견해는 그럴듯해 보이지만 실제로 무슨 일이 일어났는지 알고 싶어 하는 역사학자에게도 문제가 된다. 만약 우리가 루카가 두 개의 이야기들을 수정했다고 생각할 수 있다면 그가 세 가지 모두를 수정했다고 생각하지 않을 근거가 있을까?

용들조차 문제가 있는데 그가 그 사건을 겪은 후 한참 뒤에야 기억에 의존해서 이야기를 하고 있고, 사건 이후의 삶의 경험들이 거기에 반영되었을 수도 있기 때문이다.

바울로의 개종에서 가장 먼저 주목해야 할 것은 그가 그것을 부활한 예수와의 만남에 의한 것으로 주장한다는 점이다. 코린토스인들에게 보낸 첫째 편지 15장 8–11절에서 그는 자신이 부활한 예수를 만난 마지막 사람이며, 그 사건이 그가 박해자에서 사도로 변화하는 경계가 되었다고 말한다. 그는 갈라티아인들에게 보낸 편지 1장 16절에서도 같은 사건을 언급하고 있는 것으로 보이는데, 그는 하느님이 미리 정해진 시점에 "당신의 아들을 이방인들에게 널리 알리게 하시려고 기꺼이 그 아들을 나에게 나타내 주셨습니다"라고 말한다. 하느님으로부터의 이 계시를 경험하고 난 후 그는 바로 그 자리에서 자신이 그리스도의 복음을 이방 사람들에게 전할 것이라고 확신하게 되었다.

그 순간 바울로가 무엇을 경험했든 간에 그는 그것을 예수 자신의 실제 모습이라고 해석했다. 예수의 십자가 죽음 이후 얼마나—몇 개월? 혹은 몇 년?—시간이 흐른 시점인지, 바울로가 예수를 어떻게 알아보았는지는 알 수 없지만, 그가 부활한 예수의 영광스러운 육체를 보았다고 믿었음은 의심의 여지가 없다. 실제로 나중에 살펴보게 되겠지만 그리스도교인들이 결국 육체적 부활을 경험하게 될 것이라고 그가 믿었던 이유 중 하나는 예수가 부활한 사실을 그가 '알고' 있었기 때문이다. 그에게 예수는 부활할 사람들 가운데서 '만물firstfruits'이었다.(1코린 15:20)

그렇다면, 이 경험이 바울로로 하여금 이방인들을 위한 종교를 지지하고 자신이 믿어온 유대교를 거부하도록 만들었을까? 이것은 완전히 반대되는 믿음 체계로의 전향이었을까? 부활한 예수를 본 것이 바울로에게는 정확히 어떤 의미였을까? 우리가 이미 알고 있는 바와 같이 바울로는 예수를 믿기 전에는 아마도 종말론적 유대인이었을 것이다. 우리가 이미 알고 있는 것에 비추어만 새로운 것을 이해할 수 있는 것이 사실이라면, 바울로가 유대 종말 사상에 기초한 그의 '옛' 세계관에 비추어 예수의 부활이라는 이 '새로운' 사건을 어떻게 이해했을지 우리는 물을 수 있다. 우리는 두 가지 관련된 문제들을 고려함으로써 이 물음에 접근할 수 있다. 부활한 사람과의 만남으로 인해 확실해졌을 바울로의 기존의 세계관의 측면들과 그 경험으로 인해 새로 바뀌게 되었을 그의 세계관의 측면들이 그것이다.

예수의 부활로 바울로가 확신하게 된 것 종말론자들은 하느님이 역사에 개입하여 악의 세력을 타도하고 그의 선한 통치권을 땅에 세울 것이며, 그때 죽은 자들을 일으켜 심판대에 세울 것이라고 주장했다. 만약 어떤 종말론적인 유대인이 하느님이 지금 누군가를 부활하게 했다고 믿게 된다면 어떤 결론을 내릴까? 그런 사람에게는 이미 세상의 끝이 시작된 것이 분명할 것이다.

바울로는 정확하게 이런 결론에 이르렀다. 나중에 더 자세히 보게 되겠지만, 그는 자신이 시간의 끝에 살고 있고 예수가 하늘에서 돌아올 때 살아 있을 것이라고 믿었다.(1테살 4:13-18, 1코린 15:51-57 참고) 그리하여 그는 수확 첫날을 마감하고 축하하는 이미지를 불러일으키며 예수를 "부활의 맏물firstfruits of resurrection"이라고 말한다. 다음 날, 노동자들은 밭에 가서 그들의 노동을 계속할 것이다. 다른 열매들도 곧 모두 추수될 것이라는 의미에서 예수는 부활의 첫 열매였다.

다른 농경적 비유들도 유대 종말론계에서는 흔했다. 시대의 끝은 마치 큰 수확 때와 같아서 열매를 거두어들이고 쭉정이는 없애버리게 될 것이다. 종말론적인 유대인이었던 바울로는 이미 시간의 끝에 신이 역사에 개입하여 신자들에게 상을 주고 죄인을 벌하고 이 세상을 괴롭히는 악의 세력, 죄와 죽음의 사악한 힘을 전복시킬 것이라고 믿었을 것이다. 예수의 부활은 이러한 견해를 확인시켜주었을 것이다. 왜냐하면 시간이 끝날 때 부활이 일어날 이유 중 하나는 죽음이 하느님의 원수이고, 그것이 파괴되면 더 이상 죽음이 없을 것이기 때문이다. 그러므로 죽은 사람들도 다시 살아날 것이다.

바울로에게 예수는 이미 살아났으며, 이는 하느님이 죽음의 힘을 물리치기 시작했다는 것을 의미한다. 예수가 죽었다고 해도 바울로가 보았듯 더 이상 죽어 있지 않다면, 예수는 하느님의 원수들 중 가장 두려운 적인 죽음을 정복했다는 것, 적어도 바울로는 그것만큼은 알고 있었다. 그러므로 악의 세력의 우주적인 파괴는 이미 시작되었다.

예수의 부활에 비추어 본 바울의 견해 재공식화 바울로의 일부 견해는 예수의 부활에 대한 그의 믿음에 의해 확인되었지만 다른 견해들은 재고되어야만 했다.

1. **예수에 대한 바울로의 생각** 물론 무엇보다도, 예수 자신에 대한 바울로의 생각이 바뀌었다. 하느님의 저주를 받은 존재(바울로의 원래 견해)가 아니라 죄와 죽음의 우주적 세력을 정복하기 위해 하느님이 죽은 자들 가운데서 일으킨 존재였으므로 예수는 하느님의 특별한 축복을 받은 사람임에 틀림없었다. 그러므로 정복자인 예수는 하느님이 주Lord로 임명한 메시아였다.(16장 참고) 게다가, 지금은 하늘에 있지만 자기가 시작한 일을 끝내기 위해 영광스럽게 돌아올 날을 기다리고 있다. 게다가 하느님이 예수를 하늘로 들어올렸기 때문에 어떤 의미에서(바울로는 그것을 알아내야 했다) 그는 신적인 존재가 되었다.(Box 18.5 참고) 예수는 진정한 하느님의 아들이었다.

일단 바울로가 예수가 죽음에서 살아났다고 믿게 되자 그는 예수의 십자가 처형을 비로소 이해하기 시작했을 것이다. 부활은 예수가 하느님의 특별한 은혜를 받았다는 것을 보여주었기 때문에 바울로는 그의 죽음이 어떻게 하느님의 계획에 의한 것이었는지 이해하기 위해 유대교 성서로 눈을 돌린 것으로 보인다. 물론 바울로는 하느님이 궁극적으로 신원해줄 의로운 자의 고통을 성서를 통해 알고 있었다. 예수는 하느님이 정당성을 회복시킨 존재였으므로 바울로에게는 그가 자기의 행위에 대한 벌로서가 아니라 남들을 위하여 고난을 받은 의로운 존재였음에 틀림없었다. 즉, 예수는 십자가의 죽음이라는 저주 아래 있었지만 그 저주는 의로운 예수에게 합당한 것이 아니었다. 그는 다른 사람들을 위해 그 저주를 담당했음에 틀림없다. 예수는 하느님의 의로운 종으로서, 다른 사람이 마땅히 받아야 할 벌을 대신 받아 십자가에 못 박혔다. 하지만 하느님은 그를 죽음에서 살려 그 충실한 행위를 정당화했다.

하느님은 예수를 살려 그의 죽음이 무의미하지 않고 의미가 있다는 것을 보여주었다. 그것은 다른 사람들의 죄에 대한 희생이었기 때문에 의미가 있었다.(Box 16.3 참고) 아니 그 이상, 그것은 사실 죄악의 우주적 힘을 정복한 죽음이었다. 바울로는 예수가 분명히 죽음을 정복했기 때문에 죄를 정복했다는 것을 "알고 있었다". 그렇지 않았다면 그는 죽은 채로 남아 있었을 것이다. 예수 안에서 하느님은 지금까지 이 세상을 지배하고 있던 악한 세력을 정복했다.

예수에 대한 이러한 새로운 믿음은 유대 율법을 중심으로 양육되고 그것에 헌신적인 강직한 유대 바리사이파 바울로에게 피할 수 없는 문제를 제기했다. 죄에서의 구원, 죄와 죽음의 정복이 예수를 통해 온다면 하느님이 그의 백성에게 내린 가장 큰 선물, 율법은 무슨 의미가 있는 것일까?

2. **바울로의 율법관** 그리스도에 대한 신앙을 지닌 바울로의 율법관은 매우 복잡하다. 몇몇 학자들은 바울로가 율법에 대해 말하는 다양한 내용들을 고려해볼 때, 그가 그것에 대해 완전히 일관된 견해를 가지고 있었던 것인지조차 의심하고 있다. 적어도 바울로는 율법만을 지킴으로써 사람이 하느님 앞에 바르게 설 수는 없고 오직 그리스도에 대한 신앙만이 그것을 가능하게 한다고 믿게 된 것이 분명해 보인다. 게다가 그는 이 관점이 율법에 반하는 것이 아니라, 아이러니하게도, 율법 그 자체가 정확히 가르치는 것이라고 주장한다.(로마 3:31) 우리가 보게 될 것처럼 그는 로마인들에게 보낸 편지에서 주로 이런 내용을 논한다.

개종 후 바울로는 유대 율법 자체는 분명히 좋은 것이기는 하지만(로마 7:12 참고) 나쁜 결과를 초래했다고 생각하기 시작한 것으로 보인다. 그러나 그에게는 율법 자체가 아니라 그것이 주어진 사람들이 문제였다.

바울로의 말에 따르자면 하느님의 선한 율법을 받은 사람들은 율법을 남용하게 되었다. 율법을 하느님과 언약을 맺은 백성으로서 행위의 지침으로 보기보다는 그것의 다양한 명령들을 지킴으로써 하느님의 은혜를 받을 수 있기라도 하다는 듯 율법을 하느님 앞에 바른 위상을 갖추기 위한 방편으로 지키기 시작했다.(예: 로마 4:4-5, 10:2-4) 바울로가 유대인들이 의도적으로 이런 식으로 율법을 사용했다고 생각했는지는 확실하지 않다. 게다가 바울로의 이러한 견해는 개종 이후에야 비로소 생기게 된 것 같다. 사실, 이런 견해는 고대 세계의 다른 유대인들의 글에서는 거의 찾아볼 수 없다.

어쨌든, 바울로에게는 유대인들이 율법을 이용하여 하느님 앞에 나름의 위상을 갖추려는 것은 율법의 오용이었다. 율법은 사람들을 하느님 앞에서 의롭게 하는 것이 아니라 모든 사람이 하느님 앞에서 멀어져 있음을 보여준다. "그러므로 율법을 지키는 것으로는 아무도 하느님과 올바른 관계를 가질 수 없습니다. 율법은 단지 무엇이 죄가 되는지를 알려줄 따름입니다."(로마 3:20)

바울로가 이 말로 무엇을 뜻하는지는 학자들 사이에서 논란이 되고 있다. 그는 분명히 하느님의 백성이 그의 의로운 요구를 지키지 못했다는 유대교 성서의 반복된 주장을 의식하고 있었다.(3:10-20) (바울로가 직접 언급하지는 않지만) 그는 토라가 인간의 죄를 처리하는 수단으로 제공한 희생 제도에 대해서도 생각하고 있었는지 모른다. 바울로의 정확한 논리가 무엇이었든 간에, 그리스도교인으로서 그는 율법이 한편으로는 하느님을 향한 인간의 죄악의 문제를 가리키지만 다른 한편으로는 그 죄악을 극복하는 데 필요한 힘을 제공하지 않는다고 믿게 된 것이 확실해 보인다.(왜 신이 명령한 희생이 죄를 극복하기에 충분하지 않은지에 대해서는 그는 말하지 않는다.) 그리스도교 종말론자인 바울로의 문제는 인간들이 하느님에 적대하는 세력, 특히 죄와 죽음의 우주적 힘에 노예가 되었지만 율법은 그것들로부터 인간들을 풀어줄 수 없다는 것이다. 사람들은 그저 하느님의 율법을 지키려는 노력을 새롭게 함으로써 죄로부터 해방될 수는 없다. 예수의 부활이 증명하듯이 그만이 홀로 죽음의 힘을 깨뜨렸기 때문에 그리스도만이 자유를 가져다줄 수 있는 것이다. 그러므로 그리스도는 또한 죄의 힘을 정복했다.

율법은 그것을 지키는 사람에게 하느님 앞에서 바른 위상을 줄 수 없다. 모든 사람은 죄악의 노예이기 때문에 그들은 모두 하느님으로부터 멀어져 있다. 죄를 이긴 존재만이 죄로부터 구원을 가져올 수 있다.

3. 유대인과 이방인에 대한 바울로의 견해 개종 이전에는 종말론적인 유대인이었던 바울로는 아마도 모든 사람들이 하느님에 적대하는 우주적인 세력의 노예가 되었기 때문에 시간이 끝날 때에는 하느님이 그의 백성 이스라엘뿐만 아니라 온 세상을 위하여 역사에 개입하리라고 믿었을 것이다. 즉 바울로는 모든 민족이 이교도 우상들에 대한 그들의 헛된 헌신에서 벗어나 이스라엘의 하느님만이 유일한 신이라는 것을 인정한 후 하느님을 숭배하러 온다고 말하는 유대교 성서를 잘 알고 있었을 것이다.(예를 들어, 이사 40-66장) 일단 율법보다는 예수의 부활이 하느님과 올바른 관계를 맺는 길이라고 판단한 그는 율법으로 개종하는 것이 아니라 그리스도로 개종하는 것을 통해 세상의 모든 사람들이 하느님의 백성이 될 수 있다고 믿게 되었다.

성서를 읽으면서 바울로는 하느님이 유대의 족장들과 한 차례 이상의 언약을 맺었다는 것을 깨달았다. 첫 번째 언약은 모세(출애 19-20 참고)가 아니라 유대인들의 조상 아브라함(창세 17 참고)과 맺은 것이었다. 하느님은 아브라함에게 그가 이스라엘만이 아니라 세상 모든 민족에게 복이 되게 하겠다고 약속했다.(12:3) 아브라함은 하느님의 약속을 믿었고 그것에 의해 하느님 앞에 설 권리, 바울로의 표현으로는 "의 righteousness"로 여겨짐을 받았다. 바울로가 보기에 이 약속은 나중에 모세에게 주어진 언약을 물려받은 유대

368

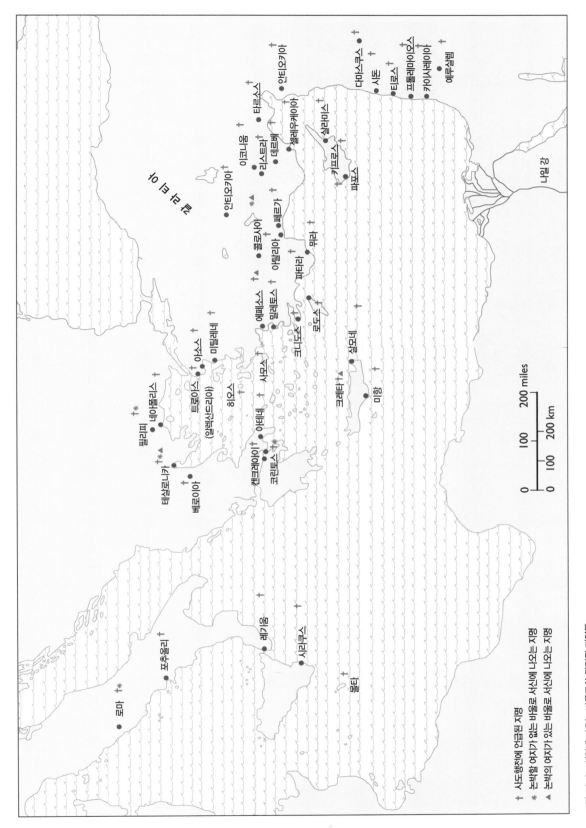

로마 †*

포추올리 †

레기움 †

시라쿠스 •

볼타 †

밀라 †

미항 †

그레타 †▲

살모네 †

무도스 †

파타라 †

무라 †

크니도스 †

밈레도스 •

에페소스 †

이탈리아 •

밀레가 •

콜로사이 †*▲

안티오키아 •

이코니움 †

안티오키아 †

리스트라 †

데르베 †

셀레우케이아 •

살라미스 †

카포스 •

파포스 •

시돈 †

티로스 †

프톨레마이오스 •

가이사리아 †

예루살렘 †

나일 강

밀레에 •

어소스 †

트로아스 †

네아폴리스 †*

필리피 •

(알렉산드리아)

히오스 †

사모스 †

아테네 †

겐크레이아 †

고린토스 †*▲

베로이아 •

테살로니가 †*▲

룰라티 ▲

크레타 †▲

에페소 (*▲)

† 사도행전에 언급된 지명

* 논박할 여지가 없는 바울로 서신에 나오는 지명

* 논박의 여지가 있는 바울로 서신에 나오는 지명

▲ 논박의 여지가 있는 바울로 서신에 나오는 지명

0   100   200 miles

0   100   200 km

도판 18.2 신약에 나오는 바울로와 관련된 지역들.

18장 사도 바울로의 삶과 선교 369

도판 18.3 4세기 그리스도교도 석관에 나오는 바울로의 체포 모습. 사도 행전에 따르면 바울로는 예루살렘에서 체포되어 여러 차례 재판을 받은 후 로마로 이송되었다고 한다.

인들뿐만 아니라 하느님이 예수 안에서 그의 약속을 이행했다고 믿는 이방인들에게도 이루어졌다. 다시 말해서 본래의 언약은 유대인들만이 아니라 모든 사람들을 위한 것이었고, 유대인들에게 특별히 주어졌던 모세의 율법 이전에 그것과 별개로 주어졌다. 그러므로 이방인들은 원래 언약의 상속자가 되기 위해 율법을 따를 필요가 없었다.

요컨대 바울로는 부활한 예수에 대한 경험을 바탕으로 유대인과 이방인, 모든 민족이 그리스도를 통해 하느님 앞에 올바르게 설 수 있다고 믿게 되었다. 예수의 죽음과 부활에 대한 신앙이 이런 위치에 도달할 수 있는 유일한 길이었다. 율법은 죄에 대한 지식을 가져다주지만 그것을 정복할 힘이 없기 때문에 대안이 아니었다. 그러나 그리스도는 죄를 정복하였기에 누구든지 그를 믿고 십자가에서 그가 감당한 것을 받아들이는 사람은 그의 승리에 동참할 것이다.

여기서는 바울로의 개종이 그리스도와 율법, 구원, 믿음, 유대인과 이방인의 관계에 대한 그의 신학에 어떤 영향을 미쳤는지를 간략히 살펴보았다. 이런 배경은 바울로의 편지들을 읽는 데 도움이 될 것이다. 대부분의 경우 그의 편지들은 이런 신학적인 내용들을 설명하기보다는 전제로 하고 있으며 몇몇 곳을 제외하고는 본격적인 신학적 글들이 아니다.

사도 바울로

개종 후 바울로는 아라비아와 다마스쿠스에서 몇 년을 보냈다.(갈라 1:17) 그가 거기서 무엇을 했는지는 우리에게 말하지 않는다. 예루살렘으로 잠시 여행을 다녀온 후, 그는 시리아와 킬리키아로 갔고, 마침내 안티오키아 교회에 관여하게 되었다. 그가 언제부터 서쪽으로 선교 활동을 시작해서 소아시아, 마케도니아, 아카이아에서 활동하게 되었는지는 알 수 없지만 남아 있는 그의 마지막 편지 중 하나에서 자신이 예루살렘에서 오늘날의 그리스 북쪽에 있는 일리리쿰까지 복음을 전파하는 데 적극적으로 관여했다고 주장한다.(로마 15:19)

바울로는 복음 전파자로서의 자신의 생애를 통틀어 스스로를 "이방 사람들에게 보내진 사도"로 생각했다. 유대 사람이 아닌 사람들에게 그리스도에 대한 신앙을 통한 구원의 복음을 전하도록 하느님이 자신을 임명했다는 뜻이었다. 바울로는 주로 이전에 그리스도교인이 존재하지 않았던 도시들에 그리스도교 공동체를 설립하는 일을 했다.(우리는 다음 장에서 그의 방법을 살펴볼 것이다.) 그가 설립한 새 교회에 얼마 동안 머물면서 기초적인 가르침을 준 후, 그는 다른 도시로 옮겨가서 처음부터 다시 일을 시작했다. 그의 뒤를 이어 다른 그리스도교 설교자들이 보통 도착하고는 했는데 이들은 때때로 바울로가 설교했던 것과 다른 복음을 제시하기도 했다. 바울로의 편지 중 일부는 그런 사람들에 대한 경고를 담고 있다. 게다가 신도들 내에서도 종종 문제가 발생했고 부도덕함, 내분, 바울로의 가르침에 대한 혼란, 또는 이 새로운 신앙에 반기를 드는 외부인들의 문제 등도 있었다. 바울로는 그러한 문제들을 알게 될 때마다 경고, 훈계, 격려, 지도, 또는 축하를 하기 위해 편지를 써 보냈다. 우리도 살펴보겠지만, 어

Box 18.6 바울로와 그의 선교

1. 바울로는 (다른 이들의 주장과 달리) 예수를 따르기 위해서 이방인들이 유대인이 될 필요가 없다고 주장한 그리스도교 이방 선교의 중심인물이었다.
2. 다음과 같은 이유들로 바울로의 삶과 가르침을 재구성하는 데는 어려움이 있다.
   a. 그의 이름으로 쓰인 편지들 중 일부는 아마도 위서들일 것이다.
   b. 그의 삶과 설교를 되짚어 보는 데 있어서 사도행전은 역사적으로 항상 신뢰할 수 있는 자료는 아니다.
   c. 그가 쓴 편지들은 때때로 그의 교회에서 발생한 특정한 상황들을 다루기 위해 쓴 것으로 그의 생각을 체계적으로 정리한 일반적인 논문이 아니었다.
3. 하느님이 예수를 죽은 자들 가운데서 살렸다는 환상을 보고 개종하기 전에는 바울로는 매우 신앙심이 깊은 바리사이파로서 그리스도교도들을 박해했다.
4. 예수의 부활에 대한 믿음은 바울로의 기본적인 종말론적 세계관을 확고하게 했다. 그는 하느님이 악의 우주적 힘을 전복시키기 위해 이미 역사에 개입하기 시작했다고 믿게 되었다.
5. 이러한 믿음은 예수(그의 죽음이 구원을 가져온 신적 존재), 유대 율법(사람이 하느님 앞에 바로 서는 데 중요하지 않다), 유대인과 이방인의 관계(하느님 앞에 평등)에 대한 그의 이해에 큰 영향을 미쳤다.
6. 이러한 확신에 도달한 바울로는 북쪽 지중해, 특히 소아시아, 마케도니아, 아카이아의 주요 도시 지역에서 이방인들에게 예수를 믿게 하기 위한 선교 활동을 시작했다.

떤 경우에는 그 자신이 문제가 되기도 했다.

우리가 가지고 있는 바울로의 편지들은 그의 편지들 중 일부에 불과할 것이다. 우리는 아마도 이런저런 이유로 인해 분실된 편지가 수십 통 더 있었다고 추측할 수 있다. 바울로는 코린토스인들에게 보낸 첫째 편지 5장 9절에서 그중 하나를 언급한다. 지금도 남아 있는 그가 쓴 편지들은 모두 신약성서에 포함되어 있다. 다음 장에서는 가장 초기에 쓰인 테살로니카인들에게 보낸 첫째 편지에 대한 비교적 상세한 연구부터 시작하여 그의 편지들을 살펴볼 것이다. 첫 번째 예에서 우리는 사도로서의 바울로의 행동 방식에 관한 정보를 찾아보고, (1) 바울로가 어떻게 교회를 세웠고 그곳을 떠난 후에는 어떻게 그곳과 소통했는지, (2) 사람들을 그리스도를 믿도록 개종시키기 위해 보낸 메시지와 그가 부재 시에 발생한 문제들을 해결하기 위해 보낸 메시지들의 성격을 알아보고, (3) 그가 세운 교회들의 실제 구성원들 그리고 교회들이 서로 그리고 그들 주위의 세계와 어떻게 상호작용했는지를 알아보겠다. 이렇게 해서 우리는 다음 장에서 코린토스인들에게 보낸 첫째 둘째 편지, 갈라티아인들에게 보낸 편지, 필리피인들에게 보낸 편지, 필레몬에게 보낸 편지, 이 다섯 편지들을 살펴보겠다. 거기서 우리는 바울로가 다루는 각 상황을 재구성하고 그가 인지하는 문제에 대한 그의 반응을 평가하기 위해 배경 분석적 방법을 적용할 것이다. 마지막으로, 바울로의 글 중 가장 영향력 있는 글인 로마인들에게 보낸 편지에 21장 한 장 전체가 할애될 것이다. 거기서 우리는 오늘날까지의 그리스도교 역사에서 가장 중요한 인물인 이 사도의 몇몇 중요한 사상을 더 탐구할 것이다.

19장

바울로와
그의 사도로서의 선교

사례로서의 테살로니카인들에게 보낸 첫째 편지

신약성서뿐만 아니라 초기 그리스도교의 전파에 바울로가 지니는 중요성을 고려할 때 그가 어떻게 일을 했는지, 어떻게 사람들을 개종시켰는지, 그들을 어디에서 만났는지, 그들에게 무슨 말을 했는지, 어떻게 설득했는지, 일단 개종하고 난 사람들에게는 어떻게 했는지 등을 살펴보는 것은 흥미로운 일일 것이다. 이번 장에서는 우리가 가지고 있는 가장 초기의 그리스도교 문헌(가장 오래된 복음서인 마르코의 복음서보다 최소한 15년 전에 쓰였다)인 바울로의 테살로니카인들에게 보낸 첫째 편지의 앞부분을 자세히 살펴봄으로써 바울로의 '행동 양식'에 초점을 맞추어 본다.

이 장에서는 바울로가 어떻게 테살로니카인들을 이교적인 믿음으로부터 그리스도에 대한 신앙으로 개종시켰는지 살펴보고 바울로가 떠난 후 교회에서 발생한 문제들에 대해서도 논하기로 한다. 바울로는 그런 일들에 대처하기 위해 편지를 써야만 했다.

특히 테살로니카인들 중 일부는 (아마도 바울로 때문에) 예수가 곧 돌아올 것이라고 믿게 되었다. 하지만 그런 일은 일어나지 않았고 그 때문에 혼란스러워하는 일부 테살로니카인에게 바울로는 겉으로 보이는 모습과는 달리 모든 것이 계획대로 진행되고 있음을 설명해야 했다.

테살로니카인들에게 보낸 첫째 편지는 바울로의 편지들에 대한 연구를 시작하기에 특히 좋은 출발점이다. 학자들은 거의 만장일치로 이 책이 그의 남아 있는 작품들 중 가장 처음에 쓰인 것이라고 생각하고 있는데, 그것은 또한 이 책이 신약성서 중 가장 오래된 책이며, 결과적으로 지금 남아 있는 어떤 종류의 그리스도교 문헌들 중에서도 가장 오래되었다는 것을 의미한다. 이 편지는 보통 서기 49년, 즉 예수가 죽고 나서 약 20년 후로 작성 시기가 추정된다. 그것은 바울로가 진정한 애정을 가지고 있던, 적어도 코린토스 교회 사람들이나 갈라티아인들과 비교할 때 큰 문제를 일으키지 않는 신도들에게 쓰였다. 바울로는 편지의 대부분을 주로 그들의 과거 관계에 대해 이야기하면서 신도들과의 우정의 유대를 새롭게 하는 데 할애한다. 그가 불과 얼마 전 그 공동체를 떠났기 때문에, 그들의 관계에 대한 기억은 여전히 생생하다.

편지라는 매체의 특성상 바울로가 어떻게 이 교회를 세웠는지, 이 교회를 구성하고 있는 사람들은 어땠는지 등에 관해 우리는 많은 것을 알 수 있다. 우리는 또한 그들의 개종에 따라 그들이 겪었던 어려움, 곧 그들의 공동체에서 일어났던 문제들 그리고 바울로가 이러한 문제들을 다루기 위해 택한 접근 방식에 대해서도 배울 수 있다. 확실히, 바울로는 우리에게 편지를 쓰는 것이 아니라 이미 그와 친하게 지내던 사람들에게 편지를 쓰고 있는 만큼 우리는 원하는 것들에 관해 많은 정보를 얻지 못한다. 그럼에도 불구하고, 그리스도교 선교가 어떻게 이루어졌고 그리스도교로 개종한 사람들이 그들의 세계에서 어떤 대접을 받았는지 아는 것에 관심이 있는 역사가들에게 테살로니카인들에게 보낸 첫째 편지는 충분한 생각거리를 제공한다.

그러므로 우리는 이 편지를 검토하여, 바울로가 이 편지를 쓴 직접적인 상황들(즉, 바울로가 이 편지를 쓴 이유)에 대해 알아보고 그것의 주요 주제를 밝힐 뿐만 아니라 이방인들Gentiles에 대한 바울로의 사도적 임무의 다양한 사회적, 역사적 측면에 대한 단서들을 찾을 것이다. 이런 종류의 사회-역사적 조사는 다른 바울로 편지들에 대한 우리 연구의 발판이 될 것이다.

테살로니카 교회의 설립

테살로니카는 로마 총독이 거주하던 마케도니아 지방의 수도이자 주요 항구도시였으며, 바울로가 그 지역에서 선교를 수행하기 위해 선택한 주요 지역들 중 하나였다. 이 선택은 바울로의 선교 전략과 일치하는 것으로 보인다. 우리가 알 수 있는 한 그는 일반적으로 잠재적 개종자들을 만날 수 있는 기회들을 많이 얻을 수 있는 비교적 큰 도시 지역에 머물기를 선택했다.

그렇다면, 바울로는 어떻게 사람들로 하여금 그리스도를 믿도록 만들었을까? 즉, 바울로와 같은 그리스도교 선교사가 이제까지 아무 연고도 없던 새로운 도시에 도착해서 어떻게 사람들을 개종시키기 위해 만나고 종교에 관한 이야기를 나누었을까? 테살로니카인들에게 보낸 첫째 편지는 바울로의 선교 전술, 즉 그의 사도로서의 행동 양식modus operandi에 관한 몇 가지 흥미로운 통찰을 제공한다.

바울로의 행동 양식

전혀 모르는 마을에 도착했을 때, 바울로는 그저 사람들로 붐비는 길모퉁이에 서서 사람들을 개종시키기 위해 그의 진실성과 카리스마 그리고 그의 메시지의 매력에 의지해 사람들에게 설교했을 것이라고 상상할지 모른다. 이런 식의 포교 활동의 전례를 그리스-로마 세계Greco-Roman world의 일부 철학자들에게서 찾을 수도 있지만 바울로가 이런 식으로 활동을 했다는 징후는 찾아볼 수 없다.

사도행전에서도 마찬가지다. 그곳에서 바울로는 항상 여행 중인 유대인으로서 언제나 환영받을 수 있는 지역 유대교 회당synagogue에 가서 새로운 사람들을 만나 그곳에서의 예배를 이용해 성서의 성취로서의 메시아messiah 예수에 대한 그의 믿음을 전할 기회를 얻고는 한다. 이 방법은 꽤 효과가 있었던 것으로 보이며 이런 방법을 통해 바울로는 테살로니카인들에게 전도를 해서 유대인들과 이스라엘 하느님을 섬기던 "경건한 이방인들" 사이에서 개종자를 얻었다고 사도행전은 말해준다.(사도 17:2-4) 루카는 가끔 이 후자의 집단을 "주님을 두려워하는 이들"이라고 부르는데, 이들은 유대 하느님을 숭배하려고 자신들의 우상숭배를 포기한 이방인들이었지만 남성일 경우 할례를 받지 않는 등, 토라Torah의 모든 측면을 지키지는 않았다. 사도행전에 따르면, 바울로는 테살로니카에서 3주 동안 많은 사람들을 개종시켰고, 그 후 그에 적대적인 유대인들에 의해 그곳에서 쫓겨났다.(17:2-10)

그러나 사도행전의 묘사는 테살로니카 선교에 관한 바울로의 회상과는 뚜렷한 대조를 보인다. 이상하게도 바울로는 그의 편지에서 유대교 회당에 대해 아무 말도 하지 않는다. 실제로 그는 그가 개종시킨 사람들이든 그곳에서 자신을 적대하던 사람들이든 어떤 유대인들의 존재에 대해서도 언급하지 않는다. 자신이 그리스도교를 받아들이게 만든 사람들은 "살아 계신 참 하느님"(즉, 예수를 통해 바울로가 계속 섬기던 유대인의 하느님; 1테살 1:9)을 섬기기 위해 죽은 우상숭배를 멈추도록 개종시킨 이교도들pagans이었다. 다시 말해서, 이 개종자들은 유대인도, "주님을 두려워하는 이들"도 아니었다. 그렇다면 사도행전 17장의 이야기는 어떻게 설명해야 할까? 루카는 바울로가 테살로니카에서 말씀을 전했다는 것에 대해 대략적으로 알고 있었지만 그가 어떻게 일을 했는지, 누구를 개종시켰는지에 대해서는 알지 못했기 때문일 것이다.

바울로가 길모퉁이에서 설교하거나 회당에서 전도를 하지 않았다면, 어떻게 사람들을 접촉하고 개종을 시켰을까? 바울로는 편지를 통해 자신과 동료들이 "하느님의 복음을 전하는 동안 누구에게도 폐를 끼치지 않으려고 밤낮으로" 어떻게 노동했는지를 자랑스럽게 회상하며 테살로니카인들과 보냈던 시간을 되새긴다.(2:9) 최근의 학자들은 바울로가 말 그대로 풀타임으로 일했으며 복음gospel을 선포하기 위해 사람들과 접촉하는 접점으로 그의 작업장을 이용했다는 것을 깨달았다. 바울로는 일을 하며 말씀을 전했다.

바울로가 그의 노동이 힘들었다는 것을 강조(2:9)한 것은 그의 일이 일종의 육체노동과 관련이 있다는 것을 보여준다. 사도행전에 따르면 그는 가죽 제품을 취급했다.(사도 18:3) 때때로 이것은 그가 천막 제작자였다는 의미로 해석되지만, 이 용어는 동물의 가죽과 관련된 많은 직업을 지칭할 수 있다. 바울로 자신은 그가 어떤 일을 했는지(아마 테살로니카인들은 알고 있었을 테지만) 정확히 알려주지 않는다. 그가 알려주는 것은 그가 혼자서만 일을 한 것이 아니라 티모테오와 실바누스라는 다른 두 사람과 함께 테살로니카에 갔다는 것이다. 세 사람은 모두, 분명히 같은 형태의 육체노동에 종사했고 접촉하는 사람들에게 그들의 신앙을 전파하면서 적극적으로 개종자들을 만들었다.

선교가 어떻게 이루어졌는지 생각해보기 전에 우리는 역사적 맥락을 검토해야 한다. 그리스-로마 종교

도판 19.1 고대의 석관에 묘사된 일하는 제화공과 끈 만드는 사람. 이들은 사도행전 18장 3절에 나오듯 가죽 공예를 했던 바울로와 같은 육체노동자들이었다.

에 대한 이전의 논의에서, 우리는 제국의 어떤 종교도 배타적이지 않았다는 것을 보았다. 즉, 어느 종교도 이미 어떤 신들을 숭배한다고 해서 다른 신들을 숭배하는 것이 부적절하다고 주장하지 않았다. 아마도 그들의 포용적 성격 때문인지 이 종교들 중 어느 종교도 선교를 하지는 않았고 자신들의 종교에만 참여하게 하기 위해 개종자를 찾지도 않았다. 그러므로 바울로와 그의 동료들이 사람들을 개종시키려 했을 때 그들은 그들 시대의 다른 종교들과는 다른 일을 하고 있었다.

반면, 몇몇 그리스-로마 철학philosophical 학파들은 그들을 대변하는 철학자들을 통해 이 세상을 바라보는 그들의 방식을 적극적으로 사람들에게 전하려 했다는 점에서 선교적이었다. 그들은 자신들의 철학적 관점만이 개인적인 행복을 가져다줄 수 있다며 사람들로 하여금 삶의 관념과 삶의 방식을 그들의 철학에 맞추도록 설득하려고 애썼다. 좀 더 구체적으로 말하자면, 스토아학파Stoics와 견유주의Cynic 철학자들은 사람들에게 세상의 것들에 대한 애착을 포기하고 그들 자신이 통제할 수 있는 삶의 측면들에 전적인 관심을 쏟으라고 촉구했다. 스토아학파는 재산, 건강, 직업, 연인과 같은 통제 밖의 문제에 몰입하는 사람들은 운의 변천을 통해 끊임없이 그들의 행복을 상실할 위험에 처해 있다고 주장했다. 만약 행복을 물질적인 것들이나 인간관계에 두었던 사람들에게서 그런 것들이 사라지거나 파괴된다면 어떻게 될까? 문제의 해결책은 여러분이 가진 것을 보호하기 위한 조치를 취하는 것이 아니다. 왜냐하면 그런 것은 사람들의 능력 밖에 있을 수 있기 때문이다. 대신 애정의 방향을 돌려서 그들이 결코 잃어버릴 수 없는 것들, 즉 마음대로 생각할 수 있는 자유, 명예, 의무감 같은 것들 위에 행복을 기초해야 한다. 이것들이 사람들의 개인적인 행복의 근저에 놓여야 하고, 가장 큰 관심의 대상이 되어야 한다.

철학을 전파하던 사람들은 제국 전역의 다양한 도시들에서 발견할 수 있었다. 옷, 집, 목욕 그리고 기타 사적인 생리 기능의 처리까지 모든 사회적 관습들을 저버림으로써 스토아학파의 철학을 극단적으로 따르던 견유학파 철학자들은(Box 15.3 참고) 사람들이 붐비는 공공장소에서 행인들에게 그들의 철학을 전했는데 그들을 받아들이지 않는 사람들에게 욕을 퍼부었고 구걸로 삶을 이어갔다.(모든 사회적 규범을 거부하는 그들로서는 생계를 위해 일한다는 생각이 불가능했다.) 사회적으로 존경받는 철학자들은 종종 부유한 가정의 지적, 정신적 필요를 충족시켜주는 대신 그들의 집에서 식객처럼 지내며 물질적인 필요를 해결했다. 몇몇 그리스-로마 철학자들은 물질과 편의의 노예가 되지 않기 위해서 그리고 자신들의 필요를 위해 남들에게 의지하지 않기 위해 생계를 위해 직접 일할 필요가 있다고 믿었다.

우리가 알 수 있는 한 이런 종류의 철학자를 로마 제국에서 찾아보기는 다소 어려웠지만 테살로니카의 사람들에게는 바울로와 그의 동료들이 그렇게 보였을지도 모른다. 그들은 특정한 세계관을 가진 선교사였고 다른 사람들이 자신들의 세계관을 받아들이도록

노력했다. 그들은 자신들을 스스로 부양하기 위해 열심히 일했고 다른 사람들로부터 돈을 받기를 거부했다.(예: 1테살 2:9)

아마도 그들의 선교는 이런 식으로 진행되었을 것이다. 바울로와 그의 두 동료들은 도시에 도착하면 우선 시내에 방을 하나 빌렸다. 인술라insula는 현대의 아파트에 해당하는 고대 건물로, 다른 인술라들과 빽빽이 밀접해 있었다. 1층에는 작은 가게들(식료품점, 도기상, 옷 가게, 신발 가게, 금속공, 판화가, 필경사 등)이 길가를 향해 들어서 있었고 그 위의 한두 층은 1층에서 일하는 사람들의 거처나 기타 임대료를 감당할 수 있는 다른 사람들의 거처 역할을 했다. 가게들은 상업의 장소일 뿐만 아니라, 고객, 친구 그리고 이웃들이 이야기를 나누기 위해 들르는 사회적 상호 교류의 장소이기도 했다. 따로 주말이 없었기에(유대인들은 물론 안식일에는 영업을 쉬었고, 다른 사람들도 특별한 종교 행사 때에는 문을 닫았다) 그런 가게들은 오늘날 대부분의 사업장들보다 훨씬 더 많은 사회적 교류가 이루어졌다. 도예가의 작업대, 옷 가게의 테이블 또는 신발 수선공의 벤치에서 새로운 사람들을 만나고 계획을 세우고, 새로운 아이디어들이 논의될 수도 있

도판 19.2 로마 근처 오스티아 시에 있는 인술라 유적.

도판 19.3 로마 인술라를 재구성한 모형으로 1층에는 가게들이 있고 그 위에 살림집들이 있다. 바울로도 테살로니카나 코린토스 같은 곳에서 선교 활동을 하면서 이런 곳에서 일하며 살았을 것이다.

었다.

바울로와 그의 동료들은 그들이 방문한 도시에 그리스도교인 가죽제품 공방처럼 작은 사업체를 설립했을까? 만약 그랬다면, 이것은 바울로가 초기에 테살로니카 교인들과 교류한 것에 대해 스스로 이야기한 내용의 상당 부분을 설명해줄 것이다. 그와 그의 동료들은 사람들에게 복음을 전하며 밤낮으로 힘들여 일했다.(2:9) 그 세계의 철학자들처럼 그들도 자신들의 가게에 들른 이들에게 그들의 삶을 바꾸고 그리스도교의 메시지를 고수할 것을 촉구하고 격려하고 호소했다.(2:12) 일부 스토아 철학자들이 그랬듯, 그들도 다른 사람들, 그들이 개종시킨 사람들에 의존하기보다는 그들 자신의 손으로 일하여 생계를 꾸렸다.(2:9-10)

바울로의 메시지

바울로는 분명 잠깐 들른 사람들에게 그의 신학의

무거운 주제를 토론할 수는 없었다. 이는 단순히 장소 때문이 아니라 만남의 특정한 상황 때문이었다. 바울로는 육체노동에 종사하고 있었지만, 평범한 '블루칼라' 노동자는 아니었다. 그는 고학력자였고, 그가 일하는 동안 만나는 대부분의 사람들보다 훨씬 더 학식이 있었으며, 그의 신학적 성찰은 일반인들을 혼란스럽게 하기에 충분했다. 게다가 가게에 들르는 대부분의 사람들은 거의 확실히 그리스-로마의 신들을 숭배하는 이교도들이었다. 그들은 많은 신들이 있다고 믿었고, 그들 모두 헌신과 숭배를 받을 만하다고 생각했다.

바울로는 어떻게 이런 사람들과 그의 복음을 이야기하기 시작했을까? 운 좋게도 바울로의 편지에는 이에 관한 암시가 있다. 테살로니카인들에게 보낸 첫째 편지 1장 9-10절에서 바울로는 그가 최근에 개종시킨 사람들에게 그가 처음에 가르쳤던 것을 상기시킨다. "우리가 여러분에게 갔을 때 여러분이 우리를 어떻게 받아들였으며 또 어떻게 우상을 버리고 하느님에게로 마음을 돌려서 살아 계신 참 하느님을 섬기게 되었는지는 오히려 그들이 말하고 있습니다. 또 죽은 자들 가운데서 다시 살아나신 하느님의 아들 예수께서 하늘로부터 다시 오실 날을 여러분이 고대하게 되었다는 것도 그들이 널리 전하고 있습니다. 그분은 장차 닥쳐올 하느님의 진노에서 우리를 건져내 주실 분입니다."

이것이 바울로가 잠재적 개종자들에게 선언한 핵심이었던 것으로 보인다. 그의 첫 번째 단계는 그들이 숭배했던 많은 신들이 '죽은' 신, '거짓' 신이며 "살아 계신 참 하느님"은 오직 한 분뿐이라는 것을 깨닫게 하는 것이었다. 즉 바울로는 예수에 대해 말하기 시작하기 전에 먼저 그의 선교 대상들에게 천지를 창조한 이스라엘의 유일신, 그의 백성을 택하여 그들을 통해 땅의 모든 민족을 축복하겠다고 약속한 하느님을 믿게 해야 했고, 따라서 바울로의 선언은 그 지역 종교에서 숭배되는 신들의 존재와 현실에 대한 논쟁으로 시작되었다.

우리는 바울로가 실제로 진정한 신은 오직 하나뿐이라고 어떻게 사람들을 설득했는지 알 길이 없다. 아마도 그는 유대교 성서에서 발견된 이야기나 기적을 행했다고 전해지는 예수의 사도들 이야기에서 하느님이 과거에 어떻게 자신을 증명했는지에 대한 이야기를 했을지도 모른다. 이들 개종자들은 적어도 이전에 유대교 신에 대해 들어본 적이 있을 가능성이 높기 때문에 바울로가 처음에 한 일은 그가 헌신을 받을 가치가 있는 유일한 신이며 그들의 신들은 힘이 없고 죽은 존재임을 그들에게 확신시키는 일이었을 것이다. 심지어 비유대계 사람들 사이에서도 궁극적으로 인간의 일을 통제하는 오직 한 분의 신이 있을지도 모른다는 생각이 점점 더 널리 퍼지고 있는 상황이었기 때문에 이러한 사람들 중 일부는 이미 유일신에 대한 믿음을 받아들일 마음이 있었을지도 모른다.(3장 참고) 만일 그랬다면 바울로는 그가 그들에게 선포하는 하느님이 바로 그분임을 확신시키기만 하면 되었다.

바울로의 선교 대상이 일단 유일신의 개념을 받아들이면 바울로는 계속해서 예수가 바로 이 하느님의 아들이라는 믿음을 그들에게 전했다. 다시 말하지만, 그가 이 견해를 어떻게 정교하게 설명했는지 알기는

어렵다. 그가 십자가에 못 박히기 전에 세상에서 행했던 예수의 사역을 서술하거나 그의 언행을 이야기한 것 같지는 않다. 그는 끊임없이 그의 테살로니카 교회 청중들에게 그가 가르친 것을 상기시키지만, 예수의 언행(아직 어떤 복음서들도 존재하지 않았다는 것을 상기하라; 22장 참고)에 대해서는 한마디도 하지 않는다. 그렇다면 그는 그들에게 무엇을 가르쳤을까?

편지의 뒷부분에서 우리는 개종자들의 신앙의 중심적 요소가 예수가 "그들을 위해서"(5:10) 죽었다는 믿음과 예수가 죽은 사람들로부터 부활했다는 믿음(4:14)임을 알게 된다. 이로부터 우리는 바울로가 예수를 하느님과 특별히 연관이 있는 존재로(1:10에서 그는 "그분의 아들"이라는 호칭을 사용한다) 그들을 하느님과 올바른 관계로 회복시키기 위해서는 예수의 죽음과 부활resurrection이 필요했다고 가르쳤음을 추측할 수 있다. 그러나 테살로니카인들에게 가장 중요했던 예수에 대한 믿음은 그가 곧 하늘에서 땅을 심판하러 돌아온다는 것이었다. 이 믿음에 대한 첫 번째 언급은 테살로니카인들에게 보낸 첫째 편지 1장 10절에 나오는데 여기서 바울로는 "또 죽은 자들 가운데서 다시 살아나신 하느님의 아들 예수께서 하늘로부터 다시 오실 날을 여러분이 고대하게 되었다는 것도 그들이 널리 전하고 있습니다. 그분은 장차 닥쳐올 하느님의 진노에서 우리를 건져내 주실 분입니다"라고 가르쳤음을 상기시킨다. 예수의 귀환에 대한 추가적인 언급은 편지의 모든 장(예: 2:19; 3:13; 4:13-18; 5:1-11 참고)에서 찾을 수 있다.

테살로니카 신도들은 예수가 곧 돌아오게 될 이유를 잘 알고 있었다. 이 점에 있어서 바울로는 분명했다. 예수는 그의 추종자들을 하느님의 진노에서 구하러 올 것이다. 다른 말로 하면, 바울로는 테살로니카의 회심자들에게 강력한 종말론적apocalyptic 메시지를 가르친 것이다. 이 세상을 창조하신 하느님이 심판하러 돌아오실 때에, 이 세상은 곧 종말을 고하고, 하느님의 편에 선 사람들은 구원을 받지만 그렇지 않은 사람들은 그분의 진노를 경험하게 될 것이다. 만물의 창조자이자 심판자인 하느님의 편에 서는 길은 세상의 죄 때문에 죽었다 부활한 하느님의 아들 예수를 믿는 것으로, 그분은 그를 믿는 사람들을 하느님의 임박한

분노에서 구원하기 위해 곧 돌아올 것이었다.

이것이 바울로의 설교의 반복되는 주제였던 것으로 보인다. 처음부터 끝까지 그것은 개종 전부터 유대 종말론자로서 바울로가 포용했던 것으로 보이는 세계관에 뿌리를 두고 있었다. 그러므로 그가 테살로니카인들에게 행한 설교는 그들이 시대의 종말, 신의 심판의 도래, 구원의 필요성 그리고 하느님을 믿는 사람들의 구원과 같은 기본적인 종말론적 관념을 받아들이도록 설득하는 것이었다. 이 점에서 바울로가 그의 편지 전반에 걸쳐 얼마나 많은 종말론적 이미지를 사용하는지 주목할 만하다. 예를 들어, 테살로니카인들에게 보낸 첫째 편지 5장 1-11절에서 바울로는 세상의 끝이 여자의 진통처럼, 밤도둑처럼 갑자기 올 것이라는 것을, 빛의 자녀는 탈출할 것이지만 어둠의 자녀는 그러지 못하리라는 것을, 신앙을 가진 사람들은 깨어 있고 정신을 차리고 있을 필요가 있다는 것을 보여준다. 이 모든 이미지들은 다른 유대 묵시 문헌에서도 찾아볼 수 있다. 게다가 편지 내내 등장하는 바울로의 많은 암시적인 말들은 유대 종말론적 틀 안에서만 의미가 있다. 하느님과 그의 백성의 큰 적인 사탄(2:18)의 언급, 시간의 끝에 있는 하느님의 백성들은 고통을 견뎌야 할 필요가 있다는 확언(3:3-4) 등이 그런 것들이다. 그러므로 간단한 말하자면, 바울로의 설교는 테살로니카의 이교도들을 예수가 세상의 종말을 위한 열쇠라고 믿는 유대 종말론자로 변화시키기 위한 것이었다.

도판 19.4 에페소스의 아르테미스 여신상. 그녀의 기괴할 정도로 많은 가슴은 풍요로운 삶을 주는 다산의 여신으로서의 역할을 강조한다. 그러나 바울로에게 그녀(다른 모든 이교도 신들과 함께)는 죽은 우상에 불과했다. (1테살 1:8-10 참고)

테살로니카 교회의 시작: 사회-역사적 관점

바울로는 어느 정도 선교에서 성공을 거두었다. 그와 그의 동료들이 얼마나 많은 사람들을 개종시켰는지는 알 수 없지만, 분명히 얼마의 사람들이 있었다. 여기서 우리는 사회사학자의 관점에서 이들 개종자 집단의 성질을 탐구할 것이다. 그들이 무엇을 믿게 되었는지보다는 그들이 누구이며 사회집단으로서 어떻게 기능했는지를 묻고자 한다.

테살로니카에서 바울로의 전도를 받아들인 이방인 개종자들이 어떤 사람들이었는지 가늠하기란 거의 불가능하다. 물론 상류계급에서 바울로의 설교에 이끌린 사람들도 있기는 했겠지만, 만약 그들이 바울로와 그의 동료들과 같은 육체노동자들과 스스럼없이 접촉하고 있었다면 그리고 선교사들에게 재정적인 지원을 제공하는 것이 그들에게 과도한 부담이었다면, 우리는 아마도 그들 대부분은 부유층과 사회적 엘리트들은 아니었을 것이라고 생각할 수 있을 것이다. 이런 묘사가 정확하다면, 테살로니카 그리스도교인들은 사회집단으로서 후에 바울로가 더 남쪽 코린토스에서 전도를 하게 될 사람들과 거의 비슷했을지도 모른다. 코린토스인들에게 보낸 첫째 편지 1장 26절에 의하면 그들은 대부분 교육을 제대로 받지도 않았고, 영향력이 있거나 상류 계층 출신들도 아니었다. 그렇지 않았다면 바울로가 "여러분 중에 많지 않고,"라고 말하지 않았을 것이다.

바울로에 의해 개종한 사람들이 정기적으로, 아마도 매주, 친교와 예배를 위해 함께 만나기 시작했을 가능성은 충분해 보인다. 바울로의 다른 편지들(예: 1코린 11:17-26; 16:1)에서 볼 수 있듯이 이것이 바울로의 교회가 설립되는 패턴이었던 것으로 보이는데, 그 때문에 그가 개별 교인이 아닌 "교회" 앞으로 편지를 보내기로 결정한 것은 타당하다 할 수 있을 것이다. 대부분의 역사가들은 이런 교회가 사저에서 열렸을 것이라고 생각하며, 이를 "가정 교회house church"(예: 필레몬에게 보낸 편지 2절 참고)라고 부른다. 우리는 2세기가 될 때까지는 그리스도교인들이 실제 교회 건물을 건설했다는 확실한 증거를 가지고 있지 않다.(Box 11.3 참고)

이런 종류의 집단에 속한 사람들은 사회 단위로서 특이한 응집력을 지녔던 것으로 보인다. 물론, 그리스-로마 세계에는 숭배와 친교를 위해 주기적으로 만나는 다른 종류의 사회집단들이 있었다. 우리는 특히 고대 상인 조직과 상조회에 대해 잘 알고 있다. 테살로니카의 교회도 대략 이러한 집단들 중 하나처럼 조직되었을 수 있다.(Box 19.1 참고) 반면에, 종교적인 목적이 모임의 가장 중심이었던 점을 고려할 때 그것은 유대교 회당과 조직적으로 유사했을지도 모른다. 물론 유대교 회당이 그리스도교 조직보다는 훨씬 더 컸을 것이다. 개종자들 중 어떤 이들은 그리스도교 회중의 지도자가 되었고 그들은 모임을 조직하고 기금을 분배하고 종교적인 문제에 대한 집단의 생각을 주도한 것으로 보인다.(5:12-13)

사회-역사적인 관점에서, 이러한 개종자들이 받아들인 새로운 종교의 어떤 특징들은 그 집단에 강한 유대를 제공했다. 우선, 그들은 스스로를 폐쇄적인 집단으로 이해한 것으로 보인다. 누구든지 불쑥 그들과 합류할 수 있는 것은 아니었으며 곧 다가올 종말론적 심판과 죽음에서 부활한 예수에 대한 신앙을 통해서만 구원을 얻을 수 있다는 바울로의 메시지를 받아들이는 사람만 공동체에 들어오도록 제한되었다. 테살로니카 교회는 이 가르침을 모두 받아들이고 있었고 그것이 그들을 다른 모든 사람들과 구별되게 만들었다.

이 특색은 외부인들에게도 분명히 알려져 있었다. 테살로니카인들에게 보낸 첫째 편지에서 바울로는 공동체가 외부인들로부터 겪은 박해에 대해 말한다. 악의적 반대를 무릅쓰고 복음을 선포한 사도apostle로서 바울로는 테살로니카에 도착하기 전에 필리피 시에서 우리에게 알려지지 않은 방식으로 고통을 겪었다.(1테살 2:1-2) 비록 바울로가 루카가 말한 세부 사항들을 확증하지는 않았지만 그의 진술은 루카가 사도행전 16장 19-40절에서 필리피 교회 설립에 대해 설명한 것과 일치한다. 어쨌든 그는 테살로니카의 개종자들에게 그들 역시 고난을 겪어야 할 것이라고 말한다.(1테살 3:3-4) 그는 왜 그들이 이것을 예상해야 하는지 말하지 않지만, 그것은 아마도 역사의 끝에 다다른 그즈음, 악의 힘이 발호하고 있다고 그가 생각하고 있었기 때문일 것이다.(2:18; 5:1-11 참고) 더욱이 그는 예수 이후, 초기 그리스도교 공동체가 항상 교회의 가시 같은 존재였던 비그리스도교 유대인들에게서 박해를 받았던 것처럼, 테살로니카 교인들도 이미 동포들로부터 박해를 경험했음을 암시하고 있다.(2:14-16)

고난을 같이 겪은 경험은 공통의 신념과 헌신에 의해 이미 묶인 사회집단을 다시 한 번 결속하는 데 도움이 될 수 있다. 즉, 대의를 위한 고난은 '진리에 따라 사는' 사람과 '오류 속에 사는' 사람을 구분하는 경계를 한층 더 분명하고 뚜렷하게 만든다. 테살로니카에 사는 그리스도교 신자들은 세계 전역에 걸쳐 비슷한 신자들의 집단과 서로 은밀하게 소통하고 있었다. 그래서 바울로는 테살로니카 교인들이 얼마나 복음을 잘 지키는지 마케도니아와 아카이아 지방의 그리스도교 공동체들이(1:7-9) 잘 알고 있으며 그들이 유대에 있는 공동체와도 연결되어 있다고 강조한다.

바울로는 왜 자신이 유대에 있는 교회들을 언급하는지 이유를 설명하지는 않지만 자신의 메시지가 새로운 종교를 나타내는 것이 아니라 유대인들의 종교가 이제 예수 안에서 완성되는 것임을 보여주기 위해서였을지도 모른다.(18장 참고) 바울로는 이 개종자들에게 유대인이 되어야 한다고 가르치지 않았지만, 그들이 지금 숭배하는 진정한 하느님은 이스라엘의 하느님이

Box 19.1 개인 결사에 대한 규칙

그리스도교인들의 가정 교회들은 외부인들에게는 그리스-로마 세계의 다른 종류의 자발적인 모임들voluntary associations처럼 보였을지도 모른다. 그런 사적으로 조직된 작은 모임들은 정기적으로 모임을 갖고 교제를 하며 함께 좋은 식사를 나누었고 종종 종교적인 숭배 예식을 치르기도 했다. 그들 중 많은 단체들은 회원들에게 적절한 장례를 제공하기 위한 것이었다.(개인들로서는 부담하기 어려운 비용을 제공받기 위한 일종의 보험이었다.) 그러한 집단의 사회적 활동은 때때로 단체의 후원자 역할을 했던 부유한 구성원들 중 한두 사람에 의해 자금이 지원되었다.

자발적인 단체들은 회원 가입에 대한 규칙을 가지고 있었는데, 그중 일부는 현존하는 글을 통해 내용을 살펴볼 수 있다. 이러한 단체들과 초기 그리스도교 공동체의 밀접한 연관성을 살펴보기 위해 신성한 신인神人 안티노우스의 신전에서 모임을 가지던 이탈리아 라누비움 상조회의 내규들을 살펴보자. 이 내규는 서기 136년에 만들어진 비문에서 가져왔다.(참고로, 1 세스테르스는 노동자의 하루 임금의 4분의 1 정도의 가치가 있는 동전이었다.)

입회를 희망하는 자는 입회비 100세스테르스, 포도주 한 단지, 월회비[2세스테르스]를 지급하는 것으로 만장일치로 의결되었다. (……) 우리 모임의 유급 회원이 사망할 때에는 300세스테르스를 지급하되 그중 50세스테르스는 장례비용으로 공제하여 화장터에서 참석한 사람들에게 배분하기로 한다. 장례 예식은 도보로 수행될 것이다. (……)

회원 명부의 순서에 따라 네 명씩 차례로 임명되는 회식의 주최자들은 각각 좋은 포도주 한 단지를 내놓아야 하며 회원 1인당 1세스테르스에 해당하는 빵과 네 마리의 정어리, 장소와 따뜻한 물을 서비스로 제공해야 한다.

회장직을 정직하게 역임한 회원이라면 임기 후에 존경의 표시로 모든 것을 1.5배 받도록 해서 다른 회장들도 직무를 제대로 수행함으로써 같은 대접을 받기를 희망하게 하도록 의결되었다.

또 어떤 회원이든 불평을 제기하거나 새로운 사업을 제안하고자 할 경우 정식 모임 때 그런 이야기를 꺼내고 연회일에는 평화롭고 기분 좋게 시간을 보내도록 하자고 투표로 결정되었다.

다른 회원에 대해 독설을 하거나 소란을 피우는 모든 회원은 12세스테르스의 벌금을 물어야 한다. 연회장에서 임원에게 욕설 또는 불손한 말을 한 회원은 20세스테르스의 과태료를 부과한다.

각 임원은 그의 임기 중 축제일에 향과 포도주로 숭배를 드리고 흰옷을 입은 채 다른 직무를 수행하며 디아나 여신과 신인 안티노우스의 생일에는 연회에 앞서 대중목욕탕에서 기름을 제공하기로 투표되었다.(나프탈리 루이스·마이어 라인홀드, 『로마 문명』 3판, 뉴욕: 컬럼비아대학출판부, 1990, 2, pp. 186-188)

며, 그분은 자신의 약속을 이행하기 위하여 세상의 죄를 대신해 죽을 메시아를 보냈다는 것을 가르쳤다. 바로 이 사람이 유대 하느님의 아들 예수인데, 그는 이제 곧 닥칠 분노에서 자기 백성을 구원하기 위해 돌아올 준비가 되어 있다고 했다.

따라서 테살로니카에 사는 신자들의 모임은 자신들이 훨씬 더 넓은 사회적, 역사적 신자들의 네트워크의 일부이며, 그 네트워크는 지리적으로 넓은 범위에 뻗어 있고 시간적으로도 오래전까지 미친다고 이해했다.

그들은 공통의 목적을 위해 함께 뭉친 형제자매였으며(1:4), 공통의 적에 대항하여 운명을 함께하는, 유대교의 성서에 기록된 바와 같이 모두 같은 하느님의 사람들로서의 공통된 역사를 지닌 다른 공동체들과 연결되어 있었다.

바울로의 권고와 지시는 그들이 공유하는 규칙, 지침, 믿음 그리고 관행으로 받아들여져 모임을 더욱 단단하게 한다. 그는 물론 그들의 공동체에서 발생한 상황에 대한 대응으로 그들에게 이런 지시들을 내린다.

바울로가 떠난 후의 테살로니카 교회

테살로니카인들에게 보낸 첫째 편지 3장 1절은 바울로와 그의 동료들이 테살로니카를 떠난 후, 아마도 다시 작업장을 차리기 위해 아테네로 갔음을 보여준다. 얼마 후 아직 어린 그 교회에 대해 불안감을 느꼈던 그들은 상황을 확인하고 필요하면 추가적인 지도와 지원을 제공하기 위해 티모테오를 돌려보낸다. 돌아온 티모테오가 그들과 다시 합류했을 때에(그들의 다음 목적지였던 아테네나 코린토스에서였을 것이다. 사도행전은 코린토스임을 나타내지만 바울로는 그에 대해 아무런 말도 하지 않는다.) 그는 자신이 보고 온 상황을 그들에게 설명했다.(3:6) 테살로니카인들에게 보낸 첫째 편지는 그에 대한 결과를 의미한다. 엄밀히 말하면 바울로, 실바누스, 티모테오(1:1)가 공동 집필한 작품이었지만 바울로가 쓴 글이라 봐야 할 것이다.(예: 2:18 참고)

티모테오가 동료들에게 다시 가져온 가장 확실한 정보는 테살로니카 신도들의 결속력이 여전히 강하고 그들이 바울로 일행이 그곳에서 행한 일에 대해 깊이 감사하고 있다는 것이었다. 이 매력적인 편지는, 특히 첫 세 장에서 두드러지기는 하지만, 거의 모든 페이지가 진심 어린 감사와 애정으로 넘쳐난다.

바울로의 편지들epistles은 일반적으로 대부분의 그리스-로마 편지들의 형식을 따르지만(11장 참고), 일반적으로 훨씬 더 길고 나름의 특성이 있다. 그의 편지들은 보통 보내는 사람과 받는 사람의 이름이 나오는 서두 부분으로 시작하고 그 뒤에 기도나 축복이 나오며("은총과 평화가 여러분께") 공동체의 성립에 대해 신에게 감사하는 표현으로 이어진다. 대부분의 바울로의 편지에서는 목전의 주요 업무가 다뤄지는 본문이 그다음으로 오고, 이어서 끝으로 교인들에 대한 훈계와 인사, 바울로의 향후 여행 계획에 대한 언급 그리고 마지막 축복과 작별 인사가 이어진다. 그러나 테살로니카인들에게 보낸 첫째 편지는 대부분의 내용이 감사하는 데에 쓰여진다.(1:2-3:13) 이 편지는, 예를 들어 갈라티아인들에게 보내는 질책의 편지와는 대조되는 것으로, 바울로가 기꺼운 마음으로 쓴 즐거운 편지다!

고대 그리스-로마에서 찾을 수 있는 테살로니카인들에게 보낸 첫째 편지와 가장 비슷한 글의 유형은 현대 학자들이 "우정의 편지"라고 부르는 편지들이다. 이것은 친분을 새롭게 하고 때로는 몇 가지 요청이나 훈계와 함께 안부를 묻기 위해 보내졌다. 바울로가 보낸 편지에도 티모테오에게서 전해 들은 소식을 토대로 한 몇 가지 요청과 훈계 내용이 담겨 있다. 그곳의 신도들은 바울로가 떠난 이후 큰 문제를 겪지는 않았지만 중요한 문제가 하나 생겼다. 바울로는 이를 해결하고 그 공동체가 계속 존속되는 데 중요한 다른 문제들을 다루기 위해 편지를 쓴다.

발생한 주요 문제를 고려하기 전에, 우리는 테살로니카 교회에서의 삶의 또 다른 측면인 박해를 살펴봐야 한다. 우리는 이 박해가 무엇을 수반했는지 정확히 알지 못한다. 우리는 테살로니카인들에게 보낸 첫째 편지가 쓰인 후 약 60년이 지나서 로마 지방 당국이 때때로 그리스도교 신자들을 단순히 그리스도교인이라는 이유만으로 기소했다는 것을 알고 있다.(26장 참고) 그러나 적어도 신약성서가 쓰인 기간 동안은 그리스도교를 불법화하는 정부의 정책이나 법이 존재하지 않았고 그리스도교에 대한 공식적인 반대는 아직 나타나지 않았다. 평화를 어지럽히지 않는 한 사람들은 그리스도교인이 되는 데 아무 문제가 없었다.

물론 그리스도교인들은 때때로 평화를 어지럽히기도 했고 그래서 보복을 당하기도 했다. 바울로는 자신도 선교를 하면서 세 차례 로마의 표준 형태 체벌인 채찍형에 처해진 적이 있음을 밝힌다.(2코린 11:25) 로마의 속주였던 마케도니아의 수도 테살로니카의 그리스도교인들이 그곳에 거주하던 총독에 의해 처벌을 받았다는 뜻일까?

후에, 그리스도교의 탄압은 민중의 선동으로 총독들에 의해 행해졌는데 그들은 이 새로운 종교가 로마 신들을 모욕할까 우려했다. 다른 비로마 종교들은 일반적으로 자신의 신봉자들이 국가 숭배 종교에 참여하는 것을 금하지 않았기 때문에 신들에게 모욕적이라고 여겨지지 않았다. 물론 유대인들은 일반적으로 그런 활동에 참여하지 않았지만, 그들의 전승이 아주 오래되었기 때문에 면제를 받았다.(기억하라, 고대 세계에서는 오래된 것들은 존경을 받았다.) 반면에 그리스

Box 19.2 그리스도교인에 대한 고발

바울로의 저술 당시 테살로니카 교회를 표적으로 구체적인 의혹이 제기됐음을 보여주는 확실한 증거는 없지만 다른 비밀결사들이 널리 의혹의 눈초리를 받고 있는 상황이었고, 따라서 일반적으로 그런 비밀결사들에게 적용될 수 있었던 비방들이 테살로니카 교회로도 향하고 있었다. 이런 비방자들의 논리는 단순했다. 비밀리에 또는 어둠을 틈타 은밀히 만나는 사람들이라면 그들은 뭔가 숨기고 있을 게 틀림없다는 것이다.

바울로는 그러한 혐의들을 알고 있었고 그래서 테살로니카 그리스도교인들이 그런 의혹의 눈길들을 피하기 위해 각별히 노력하기를 바랐을 수 있다. 성적인 방종을 금하고 외부인들에게 좋은 평판을 유지하라는 그의 가르침은 그러한 우려에서 나온 것일지도 모른다.

나중에 그리스도교인들에게 향했던 비난의 예로 2세기 중반에 가장 존경받는 학자 중 한 명이자 황제 마르쿠스 아우렐리우스Marcus Aurelius의 교사였던 프론토는 그리스도교인들에 대해 다음과 같은 비난을 남겼다.

> 그들은 비밀 표시와 기호로 서로를 알아본다. 전 세계 어디에서든 진정한 욕망의 종교의 실천으로 그들은 거의 만나자마자 사랑을 한다. 무차별적으로 서로를 남매라고 부름으로써 평범한 사통私通들마저 근친상간으로

변하게 한다. 또한 그들은 대사제와 사제의 성기를 숭배하고, 그들의 '아버지'와 성관계를 좋아하는 것으로 알려져 있으며, 그들이 새로 가입한 신도들에게 거치게 하는 입회식에 관한 이야기들은 끔찍하기 그지없다. 그들은 어린 아기에게 밀가루를 퍼붓는다. 부주의한 사람을 속이기 위해서다. 그러고 나서 그것을 새로 가입하려는 사람 앞에 놓고 때리라고 명령한다. 그들은 밀가루가 덮여 있기에 아무 의심 없이 아기에게 주먹질을 하고, 밀가루로 덮여 보이지 않는 아기는 상처를 입고 죽는다. 말하기도 몸서리쳐지지만 그들은 이 어린 아기의 피를 갈증이라도 채우려는 듯 핥아 먹는다. 그들은 아기의 사지를 나누어 먹고 이것으로 서로 약속을 맺는다. 이런 범죄에 연루됨으로써 그들은 서로 침묵을 맹세한다. 이것은 모든 신성모독들을 합친 것보다 더 끔찍한 의식이다. 특별한 날에 그들은 어린이, 자매, 어머니, 남녀노소 모두 함께 모여 잔치를 벌인다. 축제와 음주로 상기된 그들은 근친상간의 열정으로 불타오르기 시작한다. 그들은 줄로 등잔대에 묶인 개에게 먹이를 던져 등잔불을 넘어지게 만들고 그렇게 고의적으로 유도된 어둠 속에서 말할 수 없는 음란함으로 모두 닥치는 대로 근친상간의 죄를 범한다. (미누키우스 펠릭스, 『옥타비우스』 9:2–6)

도교는 전혀 오래되지 않았을뿐더러 그리스도교인들은 로마 신들 숭배하기를 거부했을 뿐만 아니라 그들의 신만이 진정한 신이며 다른 모든 신들은 악마라고 주장했다. 대부분의 경우 이러한 생각은 신들이 존재한다고 생각할 뿐만 아니라 그들이 자신들을 숭배하지 않는 사람들을 벌한다고 믿는 사람들에게 좋게 받아들여지지 않았다. 바울로가 활동을 한 지 몇십 년이 지난 후 재앙을 겪는 도시들은 때때로 그리스도교인들의 종교를 탓하며 비난하곤 했다. 그런 일들이 일어날 때는 그리스도교 신자들은 사람들의 주목을 끌지 않으려 노력했다.

테살로니카에서도 이런 일이 있었던 것일까? 군중의 선동에 의해 총독이 군대를 파견했을 가능성도 있

지만 바울로는 상황이 그렇게 심각하거나 극적이었음을 나타내는 아무 말도 하지 않는다. 그렇다면 그리스도교인들은 정부에 의해서가 아니라 다른 사람들(조직된 집단들)에 의해 적대되었을 수도 있다. 그들은 그리스도교가 자신들의 책임감에 모욕적이라고, 즉 평화와 번영과 가져다주는 신들에 대한 자신들의 의무 그리고 신들의 친절의 주요 수혜자이기도 한 국가에 대한 자신들의 의무를 저해한다고 생각했을 수 있다. 폐쇄적이고 비밀스러운 모임들이 최악의 상황을 불러오는 것은 흔히 있는 일이었는데, 테살로니카 교인들은 세상의 종말과 하늘로부터의 신성한 사람의 귀환에 대한 기이한 가르침과 그들의 선동적인 주장들(예를 들어, 다른 지역 종교들에 반대하는)로 인해 외부인들에

게 밉보였을 수도 있다. 이들 외부인들 중에는 그리스도교인들을 의심스러워할 만큼 그들에 대해 충분히 알고 있었지만 그리스도교인이 되고 싶지는 않았던 그들의 가족들과 이전 친구들도 포함될 수 있었다. 어쩌면 그들은 다른 방법으로 그리스도교인들을 비방하거나 능욕했을 것이다.(물리적 공격? 집이나 교회 벽에 낙서를 하는 것? 조직적인 시위?)

만약 이런 일들이 조금이라도 가능성이 있는 이야기들이었다면 바울로가 이 편지에서 왜 몇 가지의 다른 당부들을 하는지 이해할 수 있을 것이다. 그는 교인들에게 성적 방종을 멀리하라고 촉구함으로써 편지의 본문을(4:1-5:11) 시작한다. 그 말이 무엇을 의미하는지에 관해서는 학자들이 열띤 토론을 하고 있으며 신약성서 번역가들조차 그 말을 어떻게 영어로 번역해야 할지 동의할 수 없을 정도다. 이것은 특히 4장 4-6절에 해당된다. 바울로는 테살로니카 남자들에게 그들의 아내나 그들의 성기를 다룰 때 신중할 것을 촉구하고 있는 것일까? 어떤 의미가 맞든 바울로는 분명히 사회가 용인하는 방식으로 그들이 행동하기를 원한다. 바울로는 흔히 비열한 행위를 일삼는 것으로 의심받는 비밀결사들로 오해를 사지 않도록 테살로니카 그리스도교인들이 세상에 대해 그들의 이미지를 순수하게 유지하기를 바라고 있을지도 모른다.(Box 19.2 참고) 이미 그리스도교인들을 중상하기 위해 필요한 모든 근거를 가지고 있는 외부인들에게 어떤 추가적인 근거라도 더 줄 이유는 없기 때문이었다.

같은 논리가 4장 9-12절의 권고의 배경일 수 있다. 바울로는 신도들에게 사회에 파장을 일으키는 방식이 아닌 플라토닉한 방식으로 서로 사랑하고 좋은 시민("자신의 두 손으로 일하는")이 되라고 촉구한다. 이러한 훈계는 집단의 결속력을 증진시키는 동시에 외부의 사람들에게 인정할 만한 집단이라는 이미지를 투영하게 한다.

신도들의 주요 쟁점

4장 13절에서 바울로는 마침내 테살로니카 교인들이 제기한 하나의 심각한 문제를 다룬다. 바울로가 이들을 개종시키고 가르칠 때 그가 전한 메시지의 성격을 고려해보면 그것이 시간의 마지막에 일어날 사건과 관련된 것이었다는 것은 별로 놀랄 일이 못 된다. 바울로는 일찍이 테살로니카 사람들에게 세상의 종말이 임박했음을 그리고 그것에 준비되지 않은 사람들은 마치 출산의 고통을 겪는 임산부처럼 갑작스러운 고통을 당할 것임을 가르쳤다.(5:1-3 참고) 그는 그날이 곧 다가올 것이고 그들에게 거의 도달했으므로 준비를 갖추어야 한다고 경고했다. 그들이 방심하고 있을 때에 그날이 닥치지 않도록 깨어서 정신을 차리고 있어야 했다.(5:4-9) 그의 개종자들은 아마 그의 가르침을 마음에 새겼을 것이다. 그들은 다가올 신의 진노에서 그들을 구원하기 위해 예수가 돌아오기를 간절히 기다리고 있었다. 그러나 예수는 돌아오지 않았고 뭔가 석연찮은 일이 벌어졌다. 신도들 가운데서 몇 사람이 죽은 것이다.

이 죽음은 일부 생존자들을 혼란에 빠지게 만들었다. 테살로니카인들은 그들이 세상에서 사라지기 전에 종말이 올 것이라고 생각했다. 그들이 틀린 것일까? 더욱 걱정스러운 것은, 죽은 사람들은 예수가 돌아왔을 때 하늘의 왕국에 들어갈 기회를 놓치게 된 것일까?

바울로는 그들의 걱정에 대답하기 위해 글을 쓴다. 4장 14-17절의 그의 응답은 예수가 나타날 때 일어날 일에 비추어 희망을 갖고 위로를 받으라는 두 가지 권면으로 분류된다. 예수가 영광 중에 돌아오면 죽은 자들이 그를 가장 먼저 만날 것이다. 그다음에야 살아 있는 자들이 공중에서 "영원히 주님과 함께 하기 위해"(4:17; 이것은 일부 현대 복음주의 그리스도교인들이 휴거rapture에 대한 그들의 믿음의 근거로 사용하는 구절이다. 하지만 이런 말은 신약성서 어디에도 나오지 않는다.) 그들과 합류할 것이다. 즉, 단순히 시간의 끝에 심판을 위한 죽은 자들의 부활뿐만이 아니라, 죽은 자든 살아 있는 자든, 예수의 추종자들은 모두 신의 분노가 임하기 전에 이 세상에서 들려질 것이다. 테살로니카인들은 이 시나리오에 위안을 받아야 한다. 이미 죽은 사람도 하나도 잃을 것이 없었다. 오히려 그들은 시간이 끝날 무렵에 살아 있는 사람보다 먼저 주님 앞에 서게 될 것이다.

이 구절에 대해 두 가지 더 흥미로운 점이 있다. 첫째, 바울로는 이 종말론적인 드라마가 펼쳐질 때 그와 몇몇 테살로니카 교인들이 살아 있을 것이라고 예상하

Box 19.3 테살로니카 교인들의 당혹감

테살로니카인들에게 보낸 첫째 편지의 경우는 흥미로운 역사적 의문을 제기한다. 왜 테살로니카 그리스도교인들은 그들의 신도들 중 일부가 죽는다는 사실에 놀랐을까? 왜 그들은 예수가 돌아와서 죽은 사람들을 부활시키고 영원히 그와 함께 있게 하리라는 것을 알지 못했을까? 바울로가 부주의하게 그들에게 그 부분을 말하지 않은 것일까? 그렇다면 티모테오는 왜 그들의 질문에 대답할 수 없었을까? 왜 그는 적어도 몇 주 동안 테살로니카 사람들을 회의하도록 남겨둔 채 그 질문

의 답을 얻기 위해 바울로에게 돌아와야 했을까? 티모테오는 세상의 마지막에 무슨 일이 일어나는지 몰랐을까?

한 가지 가능성은 바울로가 테살로니카 사람들과 함께 있을 때 그의 견해는 아직 유동적이었을지도 모른다는 것이다. 예수가 돌아오기까지 얼마나 걸릴지 그 자신도 확신이 없었다면 그는 테살로니카 교인들은 물론 그의 가까운 동료인 실바누스나 티모테오와도 이 문제를 논의하지 않았을지도 모른다.

고 있다. 그는 "죽은 자들"과 "살아 있는 자들", "주님이 오실 때까지 남겨질 자들"(4장 15절, 특히 17절 참고)을 대조해 보여준다. 그는 자신의 말이 19세기 후에도 읽히고 연구되는 것은 말할 것도 없고 자신의 사후에 논의되리라는 것조차 전혀 모르는 것 같다. 그에게는 시간의 종말이 임박해 있었다.

둘째, 바울로의 시나리오는 세계가 "위"(하느님이 계신 곳으로 지금 예수도 그곳에 있다)와 "여기"(우리가 있는 곳) 그리고 "아래"(죽은 사람들이 있는 곳)로 구성된 3층 우주를 전제로 한다. 이 시나리오에 따르면, 예수는 우리와 함께 여기 있었고 죽어서 죽은 사람들의 자리로 내려갔지만 하느님은 예수를 그가 있는 곳으로 들어 올리셨다. 곧 그는 구름을 타고 (즉, 하늘 위 천국에서) 땅으로 내려와서 여기에 있는 사람과 하계에 있는 사람을 모두 살리고 그들을 구름으로 끌어 올려서 영원히 그와 함께 살게 할 것이다.

이 시나리오는 우주에 실제로 위아래가 존재했다고 생각했던 고대의 세계관에 바탕을 두고 있다. 이것은 작은 별 하나를 중심으로 형성된 태양계의 세 번째 행성으로서의 지구에 대한 현대적 이해와는 극명한 대조를 이루고 있다. 태양계의 중심인 태양은 우리 은하를 구성하는 수십억 개의 별들 중 하나일 뿐이고 우리의 은하는 다시 우주의 수십억 개의 은하들 중의 하나일 뿐이다. 다시 말해서 우주에는 위아래가 전혀 없고 우리들 머리 위의 '하늘이나 죽은 사람들이 거하는 하계'

가 없다는 것이다. 이것은 바울로의 세계 그리고 결과적으로 바울로의 세계관이 우리의 것과는 달랐음을 상기시켜준다.

결론: 사도 바울로

바울로가 자칭한 "이방인의 사도"라는 호칭은 빈말이 아니었던 것이 분명하다. 적어도 테살로니카에서 그의 개종자들은 모두 이교도들이었는데, 그는 일터에서 이교도들과 접촉을 하며 그들의 전통적인 숭배 행위를 버리고 세상의 창조자인 단 하나의 참된 신을 섬기도록 설득했다. 바울로와 그의 동료들은 그들의 메시지를 종말론적 용어로 표현했다. 세상의 창조자인 하느님은 동시에 그것의 심판자이며 그의 심판의 날이 임박했다. 그는 곧 그의 아들 예수를 보낼 텐데 그는 죽었다가 부활해서 하늘로 승천했고 곧 들이닥칠 진노에서 그의 추종자들을 구원할 것이다.

이 메시지를 받아들인 사람들은 회원들의 집 중 한 곳(또는 형편에 따라 여러 집)에서 정기적으로 만나는 사회단체, 교회를 형성했다. 그 집단의 구성원들은 다음과 같은 여러 가지 요인들에 의해 이례적으로 강한 결속력을 가지고 있었다. (1) 종말에 이른 역사의 흐름을 이해한 사람들로서 그들만이 가지고 있던 정보, (2) 그들이 서로에게 보여주었던 사랑과 지지, (3) 진리를

Box 19.4 테살로니카인들에게 보낸 편지

1. 테살로니카인들에게 보낸 편지는 바울로의 편지들 중 최초의 것으로 신약성서에서도 가장 처음으로 쓰인 책이며, 어떤 형태로든 현존하는 가장 초기의 그리스도교 기록이다.

2. 그것은 바울로가 그의 선교 활동을 어떻게 했는지에 대한 단서를 제공해준다.

   a. 그는 분명히 길모퉁이에서 설교하거나 전도 집회를 열지 않았으며, (사도행전의 묘사와 달리) 지역 회당에서 설교를 시작하지도 않았다.

   b. 대신 그는 마을에서 일을 시작했고 자신의 고객들에게 그리스도교의 메시지를 받아들이도록 전도했다.

   c. 사실상 그가 개종시킨 사람들은 거의 모두 이교도였다. 그는 이들에게 유대인들의 하느님만이 진정한 신이며, 예수는 그들의 죄를 위해 죽은 그의 아들이고, 하느님이 그를 죽은 사람들 가운데서 살렸고 심판을 위해 곧 다시 돌려보낼 것임을 확신시켜야 했다.

3. 이런 설교 활동이 바울로를 그리스−로마 세계에서 사람들을 가르치는 철학자처럼 보이게 했다.

4. 그가 개종시킨 사람들은 긴밀한 유대감을 지닌 공동체를 형성했고 정기적으로 함께 모여 예배를 드리며 자신들을 외부인들과 맞서는 집단으로 생각했다.

5. 바울로가 테살로니카 교회를 떠난 후 문제들이 생겼는데 특히 예수가 심판을 위해 돌아오기 전에 죽는 사람들의 운명에 관한 것이었다.

6. 바울로의 편지는 테살로니카 교인들에게 예수가 가져올 세상의 종말에 대한 희망을 잃지 말 것을 격려하고, 이미 죽은 사람들도 곧 다가올 종말의 왕국의 은혜를 놓치지 않았음을 확신시키며 이런저런 문제를 다룬다.

알지 못하는 외부인들의 박해 앞에서 그들이 공동으로 취한 대외적인 연대, (4) 그들의 삶을 함께 지배하던 규칙들. 더욱이, 그들은 자신들이 마케도니아와 아카이아 지방을 걸쳐서 유대까지 이르는, 비슷하게 조직된 단체들과 연대하고 있다는 것을 이해하고 있었다. 이 무리들은 이스라엘의 하느님에 대한 공동의 신앙과 공동의 헌신에서 하나였다. 이스라엘의 하느님은 이제 시간의 막바지에 예수를 통하여 유대 사람과 이방 사람 모두에게 약속한 것을 이루었다.

이 공동체에서 어려움이 발생했고, 바울로는 그것들을 해결하기 위해 편지를 썼다. 이 점에서 테살로니카 교회는 아마도 그가 지중해 전역의 주요 도시 지역에 세운 공동체들인 대부분의 바울로의 교회들과 같았는데, 각각의 교회는 사도의 개입과 충고가 필요한 문제들을 겪었다.

20장

바울로와 그의 교회들의 위기

코린토스인들에게 보낸 첫째·둘째 편지, 갈라티아인들에게 보낸 편지,
필리피인들에게 보낸 편지, 필레몬에게 보낸 편지

바울로가 저술한 책들을 연구할 때 흥미로운 점들 중 하나는 바울로의 편지들은 모두 각각 상이한 상황들을 다루기 위해 쓰였다는 것이다. 이 장에서는 그가 언급하는 교회들에서 어떤 문제가 발생했는지 그리고 그가 그것들을 어떻게 다루는지 알아보기 위해 그의 편지로 논쟁의 여지가 없는 다섯 개의 편지(코린토스인들에게 보낸 첫째·둘째 편지, 갈라티아인들에게 보낸 편지, 필리피인들에게 보낸 편지, 필레몬에게 보낸 편지)를 살펴본다. 스스로 그리스도교인이라고 생각하지만 바울로에게 저주받은 존재로 여겨진 거짓 교사부터 매춘부와 동침하면서도 왜 그것이 문제가 되는지 이해하지 못하는 그리스도교 신자들, 주인에게서 도망쳐 나온 후 다시 그에게 돌아가기를 원하지 않는 노예에 이르기까지 바울로가 직면한 문제들은 매우 다양하다.

바울로는 이 편지들에서 이러한 문제들과 많은 다른 문제들을 하나씩 다루어야만 했다. 이 글들을 살펴보면서, 우리는 바울로의 선언의 어떤 면들이 변함없이 유지되는지—예를 들어 그리스도가 곧 멸망할 죄 많은 세상을 위한 하느님의 구원이라는 그의 변함없는 확신 같은 것— 보게 될 것이다. 그러나 그의 메시지의 다른 측면들은 그가 해결하려고 노력하는 교회 내의 신학적, 실제적 문제들만큼이나 다양하다.

바울로가 쓴 열세 개의 신약성서 편지들은 대략 길이에 따라 배열되어 있는데, 가장 긴 편지(로마인들에게 보낸 편지)가 제일 앞에 나오고 가장 짧은 편지(필레몬에게 보낸 편지)가 마지막에 나온다. 우리가 이미 살펴본 것처럼, 이 배열은 편지들이 쓰인 실제 순서와 일치하지 않는다. 테살로니카인들에게 보낸 첫째 편지는 남아 있는 바울로의 가장 처음 편지이고 로마인들에게 보낸 편지는 가장 나중에 쓰인 편지이다. 그러나 다섯 개의 논쟁의 여지가 없는 바울로의 편지들 undisputed Pauline letters은 연대순이라고 주장할 수도 있다. 이러한 이유로, 우리는 각각의 남아 있는 편지들을 성서에 나오는 순서, 코린토스인들에게 보낸 첫째·둘째 편지, 갈라티아인들에게 보낸 편지, 필리피인들에게 보낸 편지, 필레몬에게 보낸 편지의 차례로 살펴볼 수 있다.

코린토스인들에게 보낸 첫째 편지

코린토스는 로마의 속주 아카이아의 수도로 테살로니카 남쪽에 있던 크고 번영한 도시였다. 오늘날 그리스의 북부와 남부를 나누는 지협 위에 위치하고 있었으며 걸어서 갈 수 있는 거리에 두 개의 주요 항구가 있는 무역과 통신의 주요 중심지였다. 이 도시는 기원전 146년에 로마에 의해 파괴되었지만, 1세기 후에 로마의 식민지로 재탄생되었다. 바울로의 시대에는, 그곳은 광범위한 종교와 철학 운동의 본거지인 국제적인 장소였다.

코린토스는 적어도 고대에도 '가정의 가치'를 소중히 여겼던 사람들 사이에서 오랫동안 좋지 않은 이미지를 지녀온 곳으로 가장 잘 기억될 것이다. 그것의 경제는 무역과 산업뿐만 아니라 부유한 사람들을 위한 상업화된 유흥에 기반을 두고 있었다. 그러나 코린토스가 비도덕적이었다는 평판이 전적으로 타당한 것인지는 확실하지 않다. 일부 현대 역사학자들은 코린토스의 이미지가 근처에 있던 경쟁 도시들 중 하나이자 고대 그리스의 지적 중심지인 아테네 시민들에 의해 의도적으로 더럽혀졌다고 말한다. "성적으로 문란한 삶을 산다"라는 뜻의 동사 "Corinthianize"를 만들어 사용한 사람이 아테네 희극 시인 아리스토파네스였다는 것은 시사하는 바가 있다. 어쨌든 오늘날 많은 사람들은 코린토스인들에게 보낸 첫째 편지를 통해서 그 도시에 대해 알고 있는데, 그 편지 역시 코린토스의 명예를 높이는 데는 별로 도움이 되지 않았다.

바울로가 편지를 보낸 신도들은 대인관계의 갈등과 윤리적 부조리와 관련된 문제들로 어려움을 겪고 있었다. 그의 편지는 교인들 중 일부가 서로 자신이 영적으로 우월하다며 다투거나 예배 중 황홀경에 빠지는 모습을 자랑 삼아 과시했음을 보여준다. 공동체의 다양한 구성원들은 예언을 말하고 아무도 (심지어 자신들도) 이해하지 못하는 언어로 말을 했고 이런 방언의 능력을 통해 자신들의 우월함을 증명하려 했다. 이런 경쟁적인 태도는 예배 밖에서도 뚜렷했고 어떤 사람들은 다른 사람들을 법정에 세울 만큼(구체적으로 무슨 이유에서였는지는 알 수 없다) 사이가 나빠졌다. 회중 구성원들의 이런 개인적인 행위는 바울로가 그들을 타락한 과거에서 그리스도의 교회로 이끌었을 때 그가 생각한 것이 아니었다. 그들의 정기적인 공동체 식사에서도 어떤 사람들은 배불리 음식을 먹고 술에 취했지만 늦게 도착한 사람들은 먹을 것이 없었다. 몇몇 신도들은 창녀들을 찾았지만 왜 이런 일이 문제가 되는지 알지 못했다. 그들 중 한 명은 계모와 동침하고 있었다. 이들이 바울로가 '코린토스에 있는 성도들 saints'(1코린 1:2)이라고 불렀던 회중이었다. 이런 사람들이 성도라고 불린다면 죄인들은 어떤 사람들이었을지 궁금할 정도다.

교회의 시작

바울로와 그의 동료 티모테오와 실바누스는 테살로니카를 떠나 코린토스에 이르러 다시 복음gospel을 전하기 시작했다.(2코린 1:19) 그들은 마케도니아의 수도에서 행했던 것처럼 시내에 있는 인술라insula에 가게를 차리고 그곳에 들르는 사람들과 이야기를 나누기 시작했을 것이다. 이번 경우에서는 사도행전이 몇 가지 확실한 증거를 제공한다. 루카는 바울로가 코린토스에서 같은 업종에 종사하는 아퀼라와 프리스킬라라는 이름의 유대인 부부와 접촉한 후 가죽 제품 가게에서 일했다고 말한다. 그들은 같은 직업과 같은 신앙을 지니고 있었다.

그러나 다른 측면에서 보면, 사도행전의 서술은 바울로 자신이 코린토스에서의 행적에 대해 말한 것과 대조적이다. 한 가지 예로 루카는 바울로가 주로 쫓겨날 때까지 유대교 회당synagogue에서 복음을 전했다고 말한다. 루카에 따르면 바울로는 회당을 나온 후에도 주로 유대인들을 개종시켰다.(사도 18:4-11) 하지만 바울로의 편지는 전혀 다른 느낌을 준다. 이방인들에게 보내진 사도apostle to the Gentiles라고 스스로 자

도판 20.1 기원전 1세기 벽화에 그려진 지팡이에 기대어 선 고대 철학자의 그림. 바울로 자신도 그의 시대의 많은 사람들에게 떠돌이 철학자로 보였을 것이다.

칭한 것을 생각해볼 때 그의 개종자들은 대부분 유대인이 아니었던 것으로 보인다. "아시다시피 여러분이 이교도였을 때에는 말도 하지 못하는 우상에게 매여서 우상이 하자는 대로 끌려다녔습니다."(1코린 12:2) 테살로니카에서처럼 여기에서도 바울로와 그의 동료들은 주로 이방인들에게, 충성을 하고 예배할 만한 신(이스라엘의 하느님)은 오직 한 분뿐이고 예수는 그의 아들이라는 것을 확신시키려 했다.

그가 스스로 그들에게 상기시켰듯 바울로가 개종시킨 사람들의 대다수는 분명히 하층계급 출신이었다. "형제 여러분, 여러분이 하느님의 부르심을 받았을 때의 일을 생각해 보십시오. 세속적인 견지에서 볼 때에 여러분 중에 지혜로운 사람(고등교육을 받은 사람들),

유력한 사람(영향력이 있는 사람들), 또는 가문이 좋은 사람(귀족계급)이 과연 몇이나 있었습니까?"(1코린 1:26) 그러나 최근의 학자들은 적어도 코린토스에서의 개종자들 중 일부는 교육을 잘 받은, 영향력이 있는 귀족계급이었을 것이라고 주장한다. 그렇지 않았다면 바울로가 그들 중 "많지 않다"는 표현을 사용하지 않았을 것이라는 것이다. 사실, 만약 우리가 그 공동체의 일부 구성원들이 상류층 출신이라고 가정한다면, 우리는 그들이 집단으로 경험했던 몇몇 문제들을 더 잘 이해할 수 있게 될 것이다. 예를 들어 그것은 공동 식사를 위해 모인 사람들 중 어떻게 일부 사람들이 일찍 와서 많은 음식과 좋은 술을 즐길 수 있었는지 설명해줄 것이다. 이들은 비교적 부유한 그리스도교인들이었고 오랜 시간 일할 필요가 없었던 사람들일 것이다. 늦게 와서 먹을 것이 거의 없었던 다른 사람들은 하루 종일 일을 해야 하는 가난한 사람들, 아마도 노예들이었을 것이다. 일부 상류층 그리스도교인들의 존재는 또한 바울로가 전적으로 복음을 전하는 일만 할 수 있도록 그를 재정적으로 후원하려는 사람들을 그가 거부하는 것에 사람들이 어리둥절해했던 모습을 설명해줄 것이다.(1코린 9:7-18; 특히 2코린 12:13 참고) 그리스-로마 세계에서 철학자가 생계를 유지하는 일반적인 방법 중 하나는 부유한 가정에 식객으로 받아들여져 거처와 숙식 그리고 다른 편의(후원 가정의 부의 정도에 따라 달랐다)를 제공받고 대신에 그들에게 지식을 제공하는 것이었다. 바울로는 이 중 어느 것도 원하지 않았는데 그에게는 그런 행위가 복음을 파는 일처럼 보였기 때문이었다. 그러나 일부 영향력 있는 신도들은 그의 태도를 이해할 수 없었고 심지어, 코린토스인들에게 보낸 둘째 편지에서 보이듯 불쾌하게 여겼다.

신도들의 다른 문제들 또한 구성원들의 다양한 사회경제적 수준과 관련이 있을 수 있었다. 고대의 상류층들이 비교적 고등교육을 받았을 것이라고 가정할 수 있다면 코린토스 교회 일부 사람들의 '지식'이 공동체의 하층계급의 사람들과 약간의 의견 차이를 가져왔을지도 모른다. 예를 들어, 어떤 구성원들은 이교도pagan 신들의 악마적 성격(아마도 하층민들의 견해일 수 있었을 것이다)으로 볼 때 우상에게 바쳐진 고기를 먹는 것은 당장 그들에게 큰 위험이라고 생각했을지도 모

른다. 반면 다른 구성원들은 그런 꺼림칙함을 근거 없는 미신(아마 더 높은 교육을 받은 사람들의 견해일 수도 있을 것이다)이라고 받아들였다. 이것은 바울로가 편지에서 다루는 주요한 문제들 중 하나이다.(1코린 8-10장)

그들이 코린토스에 머무르는 동안, 바울로와 그의 동료들은 상당한 수의 이교도들을 개종시킨 것으로 보인다.(십여 명?) 사도행전은 그들이 테살로니카에서 단 3주 동안을 보냈던 것과는 대조적으로 1년 반을 그곳에서 보냈다는 것을 보여준다. 바울로 자신은 그의 체류 기간에 대해 명확한 언급을 하지 않지만 그의 편지 곳곳에는 적어도 일부 코린토스의 그리스도교인들이 테살로니카에 있는 그리스도교도들보다 훨씬 더 정교하게 복음을 이해했다는 징후들이 있다. 바울로의 관점에서 볼 때, 상당히 초보적인 수준에서 복음을 이해한 테살로니카 교인들과는 달리 일부 코린토스 교인들은, 비록 복음에 대해 일부 잘못 이해하는 곳이 있었지만, 신앙에 대한 지식이 풍부해서 바울로의 복음을 출발점으로 삼아 매우 다른 방향으로 그들 자신의 견해를 발전시켰다.

바울로가 이 사람들에게 처음 전한 메시지에 대해 우리는 무엇을 알 수 있을까? 그는 분명히 단 한 분 참된 하느님을 경배하고 하늘에서 오실 그의 아들을 기다리라고 그들에게 가르쳤다. 그러나 우리가 보게 될 것처럼, 코린토스의 개종자들은 이 메시지의 두 번째 부분에 큰 관심을 기울이지 않았다. 바울로가 이 사람들에게 무엇을 가르쳤는지 정확히 알기는 어렵다. 그러나 바울로는 공적인 사역 중에 예수가 한 말과 행동에 대해서 별로 이야기를 하지 않은 것처럼 보인다.(뒤에서 우리는 바울로 자신이 실제로 예수의 사역에 대해 잘 알고 있었는지를 고려할 것이다.) 바울로의 편지들은 복음서가 만들어지기 훨씬 전에 쓰였다는 것을 기억하라. 그는 그리스도교인들은 이혼하지 말아야 한다거나(1코린 7:10-11) 설교자에게 보수를 제공해야 한다는 것(9:14), 예수가 성만찬 제도를 제정한 것(11:24-28) 등 예수의 말과 행동 몇 가지들을 간략하게 언급하지만 예수의 세례, 유혹, 형상의 변화, 그가 다가오는 하느님의 나라에 대해 설교를 한 것이나 악마에게 시험을 받은 것, 폰티우스 필라투스 앞에서 재

판을 받은 것 등에 대해서는 거의 언급하지 않았다. 이 모든 것들은 코린토스 교회 사람들이 겪었던 것으로 보이는 문제들에 직접적으로 영향을 미쳤을 만한 것들이다. 그는 단호하게 코린토스인들 가운데서 자신이 유일하게 "알고 있는" 것은 "예수 그리스도, 곧 십자가에 달리신 분"(1코린 2:2)뿐이라고 주장한다.

즉, 바울로의 주된 메시지는 예수가 십자가에 못 박힌 그리스도라는 것이었다. 하지만 바울로에 따르자면 코린토스인들, 아니 적어도 그들 중 상당수는 그것을 받아들이지 못하는 것 같았다. 우리는 곧 그 이유를 알게 될 것이다. 먼저, 우리는 그가 예수에 대해 무엇을 코린토스인들에게 가르쳤는지에 대한 바울로 자신의 간략한 기록을 자세히 살펴보겠다. 코린토스인들에게 보낸 첫째 편지 15장 1-2절에서, 그는 그의 개종자들에게 "형제 여러분, 전에 내가 전해 준 복음을 여러분의 마음속에 되새겨주려고 합니다. 이 복음은 여러분이 이미 받아들였고 또 여러분의 믿음의 기초가 되어 있습니다. 그러므로 여러분이 헛되이 믿는다면 몰라도 그렇지 않고 내가 전해 준 복음 그대로 굳게 지켜 나간다면 여러분은 이 복음으로 구원받게 될 것입니다"라고 상기시킨다. 그런 다음 그는 자신의 메시지를 요약한다. "나는 내가 전해 받은 가장 중요한 것을 여러분에게 전해 드렸습니다. 그것은 그리스도께서 성서에 기록된 대로 우리의 죄 때문에 죽으셨다는 것과 무덤에 묻히셨다는 것과 성서에 기록된 대로 사흘 만에 다시 살아나셨다는 것과 그 후 여러 사람에게 나타나셨다는 사실입니다. 그리스도께서는 먼저 케파에게 나타나신 뒤에 다시 열두 사도에게 나타나셨습니다."(15:3-5)

이렇게 바울로가 코린토스인들에게 전한 메시지에서 가장 중요한 것은 그리스도의 죽음과 부활 resurrection이었다. 예수는 유대 정경을 성취하기 위해 죽었고 그 증거는 그가 매장되었다는 것이다. 또한 하느님은 그를 죽은 자들 가운데서 살림으로써 성경의 말씀을 완성했다. 그것의 증거도 있다. 살아 있는 예수의 모습이 나중에 목격되었던 것이다. 테살로니카에서도 이와 비슷한 메시지를 전했는데, 두 가지 차이점, 하나는 메시지에, 다른 하나는 그것이 받아들여지는 방식에 있었다.

메시지 자체에 대해 말하자면, 우리는 테살로니카인들에게 보낸 첫째 편지에서 바울로가 자신의 메시지를 유대 종교와 직접 연결하고 있다는 미묘한 징후를 발견하지만 그는 결코 유대교 성서를 인용하거나 그가 메시지를 전하는 사람들이 개인적으로 유대교 성서를 잘 안다고 가정하지 않는다. 코린토스 신자들에게는 상황이 전혀 다르다. 처음부터 바울로는 예수의 죽음과 부활이 모두 성서에서 예견된 것이라고 그들에게 가르친다.(본문 18장 참고) 게다가 그는 이 편지 내내 그의 주장을 위해 성서의 권위에 호소한다. 그는 성서가 과거 유대인들을 위해서만 쓰인 것이 아니라, 그보다는 현재의 그리스도교인들을 위해 쓰였다는 것을 강조한다.(예: 1코린 9:9-10; 10:1-13) 하느님과 그의 백성들과의 모든 교류가 현재를 향해 이어져왔다는 사실을 일부 테살로니카 교인들이 알고 있었다면 코린토스 교회에서는 더 많은 사람들이 그것을 알고 있었다. 그리스도교 공동체는 하느님의 궁극적인 관심사이며, 항상 그러했다.

이것은 도취되기 쉬운 내용이다. 사실 바울로의 개종자들이 이 때문에 의기양양해졌다는 징후도 있다. 이것은 테살로니카 교인들과 코린토스 교인들 사이의 두 번째 차이에서 보인다. 전자는 하느님의 진노가 모든 적을 멸망시키기 전, 다시 돌아온 예수가 그리스도교도들을 세상에서 옮겨 갈 역사의 절정의 시작으로서 예수의 부활을 보았다. 반면 코린토스 교인들 중에는 예수의 부활을 보다 개인적으로, 즉 예수가 영광 중에 높임을 받은 의미로 해석한 사람들이 있는데, 이들은 예수의 승리에 참여한 사람들로서 그들 자신도 그의 높임을 같이 얻었다고 생각했다. 바울로의 지적에도 불구하고 일부(어쩌면 전체?) 코린토스 교인들은 부활하여 높임을 받은 예수의 몸의 일부로서 자신들이 이미 구원의 완전한 은혜를 누리기 시작했다고 믿게 되었다. 바울로는(그가 이 편지에서 말한 모든 것을 고려할 때 그의 말은 코린토스 교인들의 생각을 비꼬는 것으로 받아들여져야 한다) "여러분은 벌써 배가 불렀습니다. 벌써 부자가 되었습니다. 우리를 제쳐놓고 벌써 왕이 되었습니다. 여러분이 정말 왕이었으면 좋겠습니다. 여러분과 함께 우리도 한번 왕노릇을 해볼 수 있게 말입니다"(1코린 4:8)라고 말한다.

도판 20.2 예수가 십자가에 못 박힌 것을 시각적으로 가장 일찍 표현한 이미지 중 하나로, 바울로의 활동 시기로부터 350년 가까이 지나 만들어진 로마 성 사비나 교회의 사이프러스 패널 문에 있다. 초기 그리스도교인들은 십자가 처형 장면을 묘사하기를 꺼렸다.(1코린 2:2와 대조)

자신들은 이미 높임을 받은 위치에 있다는 코린토스 교인들의 생각은 바울로에게는 터무니없는 것이었다. 그의 견해에 따르면 세상의 종말이 오고 그리스도가 돌아올 때까지 악의 세력은 이 세상에 머물러 있을 것이었다. 그때까지 교인들의 삶은 십자가에 못 박힌 그리스도 자신이 겪은 고통에 비견되는 고통으로 가득 찬 투쟁일 것이다. 이미 자신들의 영원한 축복의 몫을 완전히 경험했다고 믿는 사람들은 교회에 엄청난 문제를 일으키고 복음의 진정한 의미를 잘못 해석하면서 자신들을 속이는 것이다.

이후의 공동체의 역사

바울로가 코린토스에 처음 머무는 동안 이 편지에

서 다루어진 문제들이 두드러지게 나타났다는 아무 정황도 성서에는 없다. 그와 그의 동료들은 코린토스 교인들을 남겨둔 채 그들의 복음을 선포하기 위해 다른 곳으로 떠났다. 바울로가 떠나고 나서 얼마 지나지 않아 아폴로라는 이름의 바울로의 지인이 코린토스에 와서 그곳의 그리스도교인들에게 바울로의 가르침에 더해 추가적인 가르침을 베풀었다. 사도행전에 따르면 아폴로는 능숙한 연설가였으며(사도 18:24-28), 바울로의 편지로 미루어 볼 때 회중 가운데 많은 사람들이 그를 따랐다.(1코린 1:12; 3:4-6)

우리는 바울로의 정확한 이동 경로를 알 수 없지만 그는 코린토스를 떠난 지 얼마 되지 않아 에페소스에 도착한 것이 분명하다. 역시 큰 도시 지역이었던 에페소스는 소아시아의 서부 지역에 있었다. 거기에서 바울로는 코린토스인들에게 보낸 첫째 편지를 썼다.(16:8 참고) 티모테오와 실바누스는 이미 그를 떠난 것으로 보인다. 그들의 이름은 편지에 나타나지 않고 소스테네라는 사람의 이름만 편지에 나오기 때문이다. 소스테네는 사도행전에서 바울로의 복음을 받아들인 코린토스의 유대 회당장으로 나온다. 바울로는 분명히 신도들에게 일어난 문제들을 다루기 위해 코린토스인들에게 보낸 첫째 편지를 썼다. 그는 두 가지 다른 출처, 즉 구두와 서면을 통해 이러한 문제에 대해 알게 되었다고 말한다.

서문prescript(1코린 1:1-3)과 감사의 인사가 끝나

도판 20.3 바울로는 교회에 있는 여성들에 대해 많은 이야기를 했다.(예: 1코린 11장 참고) 로마 세계의 일부 지역에서 여성들은 상당한 자유가 허용되었고, 부유한 사람들은 좋은 교육을 받았다. 필기도구와 책을 들고 있는 바울로 시대(50년경)의 이 상류층 고학력 젊은 여성은 헤르쿨라네움에서 발견된 프레스코화에 묘사되어 있다.

고, 편지의 시작 부분에서, 바울로는 "클로에 집안 사람들"로부터 신도들 간의 분쟁에 대해 들었다고 말한다.(1:11) 우리는 이 클로에가 누구였는지 모른다. 그 이름은 편지들이나 신약성서의 나머지 어디에도 나오지 않는다. 우리는 그것이 여성의 이름이라는 것, 그녀의 "사람들"이라는 말은 보통 그녀의 노예들 또는 그녀의 이전 노예들을 가리키는 말이라고 알고 있다. 아마도 사업을 위해 에페소스를 방문했다가 바울로를 만나 약간의 소식을 전했을지도 모른다. 노예들을 소유했고 자신의 사업을 경영하고 있었던 것으로 보아 클로에는 코린토스의 부유한 여성이었을 것이다. 그녀가 그리스도교 공동체의 일원이었는지 아닌지는 판단하기 어렵다. 어쨌든, 바울로에게 전해졌다는 내부 정보를 볼 때, 이름을 알 수 없는 그녀의 "사람들"은 아마도 활발히 활동을 한 신도들 중에 속했을 것이다.

그들이 가져온 소식은 좋지 않았다. 교회는 서로 다른 파벌들로 갈라져 각기 다른 지도자들을 내세우며 자신들의 영적 우월성을 과시했고 자신들만이 다른 유명한 권위자들(바울로, 케파, 아폴로, 또는 그리스도; 1:12)이 설명한 진정한 신앙을 대표한다고 주장했다. 때로는 일부 교인들이 의견을 달리하는 다른 교인들을 법정에 세울 정도로 갈등이 험악했다.(교회 내부 정치에 대한 이견이 아니라 민법 재판소가 결정할 수 있는 사안들이었을 것이다.) 게다가 분명히 그들 사이에는 부도덕이 만연해 있었다. 전적으로, 이것은 바울로가 상상했던 신자들의 행복한 공동체가 아니었고 특히 모범적인 테살로니카 교회와 대비되었다.

바울로의 다른 소식통으로부터의 소식도 똑같이 골칫거리였다. 그는 코린토스인들 몇몇으로부터 편지를 받은 것으로 보인다.(모든 사람들이 그에게 편지를 하지는 않았을 것이다. 앞으로 보게 되겠지만 모든 코린토스 교인들이 그에게 은혜의 빚을 지고 있다고는 생각하지 않았다.) 그들은 몇몇 중요한 문제들에 대해 서로 이견을 표명하며 바울로의 판단을 구했다.(예: 7:1 참고) 이 편지는 스테파나스, 포르투나투스, 아카이코스 등 세 명의 교회 신도들이 가지고 왔고, 그들은 바울로가 답장을 쓰는 동안 그와 함께 머물렀다.(16:15-18) 쟁점들은 꽤 중요한 문제들에 관한 것이었다. 한 가지 예를 들면 결혼한 부부들조차 성관계를 갖는 것은 옳지 않다고 가르치는 사람이 있었다.

바울로는 다양한 문제들과 안건들에 답하기 위해 코린토스인들에게 보낸 첫째 편지를 썼다. 그는 아주 명쾌히 대답을 하면서 각각의 문제를 차례대로 다룬다. 그러나 바울로의 관점에서 볼 때 한 가지 큰 문제가 이 모든 문제들의 배후에 있었다.

바울로의 대응: 본문의 열쇠로서의 결말

바울로의 생각은 편지의 결론에서 가장 확연히 드러난다. 당시의 수사학적 스타일대로 바울로는 글의 말미에 이전에 다루었던 것에 대한 열쇠를 제공한다. 앞서 우리는 바울로가 코린토스인들에게 보낸 첫째 편지 15장을 코린토스인들에게 그가 전한 복음의 내용, 즉 그리스도의 죽음과 부활의 메시지를 요약하는 것으로 시작하는 것을 보았다. 그리고 나서 바울로는 이 메시지의 의미를 제시한다. 때때로 이 장은 5-8절의 "증인"들을 인용함으로써 예수가 부활했다는 것을 증명하기 위한 시도로 오해를 받기도 한다. 사실 바울로는 코린토스인들에게 그들이 믿지 않는 것을 증명해 보여주려고 하는 것이 아니라 그들이 이미 알고 있는 어떤 것, 즉 예수가 육체적으로 부활했다는 사실을 상기시키고 있을 뿐이다.(1, 3절 참고)

바울로에게 있어서 예수의 부활한 육체는 우리 자신이 갇혀 있는 유한한 인간의 육체가 아니라 영화된 영적 육체였다. 하지만 그에 못지않게 중요한 것은 그것이 눈으로 알아볼 수 있는 실제 육체였다는 것이다.(15:5-8, 35-41) 바울로의 요점은, 예수의 높여진 존재는 그의 육체의 완전한 변화(15:42-49, 53-54)를 통한 것이었다는 점이다. 예수의 풀려난 영혼은 신성의 영역으로 올려진 일종의 천상의 존재 같은 것이 아니었다. 그는 육체적으로 부활했다.(Box 20.1 참고) 바울로가 이런 이야기를 하는 이유는 코린토스 교인들 중에는 죽었다가 다시 몸이 살아나는 것 같은 부활은 없다고 말하는 사람들이 있었기 때문이었다.(15:12)

바울로는 15장의 대부분을 할애하여, 코린토스 신자들이 복음의 메시지를 받아들일 때 믿게 되었듯이 그리스도가 육체적으로 부활했기 때문에 그리고 그렇게 "부활의 만물firstfruits of the resurrection"이 되었기 때문에 그리스도교도들이 죽었다가 영화된 죽지 않는

Box 20.1 사후 세계에서의 존재

일부 해석자들은 바울로와 그의 코린토스 교회의 일부 사람들이 부활에 대해 동의하지 않는다고 생각해왔다. 그들은 현재와 사후 세계 모두에서 인간 존재의 본질에 대해 근본적으로 달리 생각했기 때문이다. 죽음 이후의 상태에 대한 다양한 생각을 살펴보는 것도 유용할 수 있을 것이다.

육체를 떠난 존재 하나의 가능성은 사후에는 생명이 육체와 떨어진다는 것이다. 플라톤의 영향을 받은 그리스 사상의 일부 가닥에서 육체는 인간 존재의 골칫거리라고 생각되었는데 그 이유는 그것이 그 안에 깃들어 있는 영혼에 고통, 유한성 그리고 죽음을 가져다주기 때문이다. 이 사람들은 영혼이 무형의 존재가 아니라 우리가 몸이라고 부르는 거추장스러운 껍데기보다는 훨씬 정제된 어떤 "실질"이라고 생각했다. 육체라는 조악한 물질이 좀 더 고상한 영혼이라는 실질의 감옥이나 무덤이라는 생각을 표현하기 위해 사용되던 그리스 어구는 "sōma–sēma"였는데, 문자 그대로 "육체–무덤"이라는 뜻이었다. 그런 생각을 가진 사람들에게는 사후의 삶은 육체에 매몰되어 있던 영혼이 해방되는 것을 의미했다.

절멸 죽은 사람은 더 이상 존재하지 않는다는 생각이다. 이것은 그리스–로마 세계에서 인기 있는 개념이었던 것으로 보이며, 이것은 부재로 끝나게 되는 생명의 짧음을 한탄하는 당시의 많은 비문들에서 증명된다. 가장 널리 사용되는 라틴어 비문 중 하나는 너무 인기가 많아서 보통 N.F.N.S.N.C.란 약어로 쓰였는데 "I was not, I am not, I care not(나는 없었고 나는 존재하지 않고 나는 신경 쓰지 않는다)"이란 뜻이다.

육체적 부활 세 번째 가능성은 육체가 본래 악하거나 문제가 있는 것이 아니라 그저 악과 죽음의 파괴의 대상이 되었을 뿐이라는 것이다. 예를 들어 많은 유대인들에게 인간의 몸은 모든 것과 마찬가지로 하느님에 의해 창조되었고 본질적으로 선하다. 하느님이 창조한 것들은 그에 의해 회복될 것이다. 그러므로 육체는 궁극적으로 멸망하지 않고 사후세계에서 살게 될 것이다. 하지만 결국 사람의 몸이 부패하고 사라진다는 명백한 사실을 고려할 때 어떻게 이것이 가능할까? 이에 대한 대답은 하느님은 육체를 결코 악과 죽음을 겪지 않는 영적인 육체로, 병에 걸리지 않고 죽지 않는 새 육체로 변화시키리라는 것이다. 유대인 종말론자인 바울로는 인간 존재의 본질에 대한 이 세 번째 관점을 견지한 반면 코린토스에 있는 그의 반대자들은 지금까지 많은 그리스도교인들이 그런 것처럼 첫 번째 관점을 받아들인 것으로 보인다.

몸으로 부활하는 날, 즉 그들이 그리스도의 높여진 상태에 참여하게 되는 미래 부활이 있으리라는 것을 설명하고 있다.(15:12-23, 50-55) 그때에 그리스도교 신자들은 그들의 구원의 전적인 혜택을 누릴 것이다. 바울로에게는 아직 끝이 오지 않았다. 코린토스 교회 지도자들 가운데 "영적"인 몇몇 사람들의 주장에도 불구하고 바울로에 의하면 그리스도교인들은 아직 구원의 완전한 혜택을 누리지 못하고 있는 상태였다. 그들은 아직 천상의 상태로 높여지지 못했다. 선택된 사람들도 죄와 악의 세계에 살고 있으며 세상 끝 날이 올 때까지 그럴 것이다.

이 기본적인 메시지는 단지 15장뿐만 아니라 코린토스인들에게 보낸 첫째 편지 전체의 기저를 이룬다. 이 신도들이 겪는 모든 문제들은 종말 전 시대를 살아가는 그리스도교인들로서의 한계와 위험을 깨닫지 못한 데서 일어난 것이다. 바울로가 공격하는 첫 번째 문제(1-4장)는 영적으로 서로 우월하다고 주장하는 지도자들, 자신들이야말로 바울로, 케파, 아폴로 또는 그리스도의 가르침을 전적으로 따르는 사람들이라고 주장하는 지도자들(1:12)에 의해 야기된 교회 내부의 분열이다. 아마도 대부분의 사람들은 바울로가 논쟁을 하는 파벌들 중에서 자신과 같은 생각을 하는 편을 들

것이라고 생각할지도 모르지만 그는 (심지어 자신을 추종하는 편까지 포함하여) 모든 파벌들이 잘못되었다고 주장한다. 그들은 각 지도자들의 뛰어난 지혜와 초인적인 힘을 근거로 그들을 높였는데(1:18-25) 아마도 세례 행위를 통해서 이런 특징들이 다른 사람들에게로 옮겨질 수 있다고 생각했던 듯하다. 이름을 알 수 없는 이 지도자들은 한 가지 중요한 점에서는 의견을 같이한 것으로 보이는데, 즉 자신들의 지혜와 능력은 그리스도 안에서 높여진 삶의 특권과 혜택을 누릴 수 있도록 높여진 사람들의 우월한 지위를 보여준다는 주장이었다.

그러나 바울로에게는 지혜와 능력을 높이 평가하는 것은 복음을 근본적으로 오해하는 것이었다. 복음은 멋있고 매력적으로 보일 수도 있는 인간의 지혜와 능력에 관한 것이 아니었다. 아이러니하게도 하느님은 현명하고 힘 있어 보이는 사람들을 통해서가 아니라 어리석고 약해 보이는 것을 통해서 일한다. 십자가에 못 박힌 사람을 통해 세상을 구하려는 계획보다 더 어리석고 약한 것이 있었을까? 바울로의 복음에 따르면 그게 바로 하느님이 행한 일이고 그렇게 함으로써 인간의 힘과 지혜는 세상의 구원과 관련이 없다는 것을 보여주었다. 바울로는 계속해서 신도들과 자신이 일반적인 기준으로도 능력 있고 지혜롭지 못하다고 말한다.(1:26-2:5) 하느님은 인간의 방식으로 일하지 않는다.

바울로는 코린토스 교회에 여러 가지 문제들이 존재한다는 것 자체가 코린토스 교회 신자들이 높아지지 못했음을 보여준다고 지적한다. 예를 들어, 그 공동체의 "지혜롭고 능력 있는" 지도자들은 가장 기본적인 문제들조차 다룰 수 없었다. 그들은 한 남성이 계모와 동침하는 것이나(5:1-3) 어떤 이들이 창녀를 찾아가는 것(6:15-20), 공동체의 지혜로운 판단 대신 민간 법정에서 서로 송사를 하는 것(6:1-9)이 얼마나 부끄러운 일인지 인식하지 못했다. 더욱이, 어리석게도 자신들이 이미 높임을 받고 그리스도와 함께 통치하고 있다고 생각함으로써 그들은 자신들의 일상생활에 실제로 존재하는 위험을 깨닫지 못했다. 그들은 세상에 여전히 사악한 세력이 존재한다는 것을 보지 못하는데, 그것이 회중 가운데 들어오도록 내버려두면 신도

들을 오염시킬 것이다. 바울로의 주장들 중 가장 복잡한 것 하나를 예로 들자면, 예배 중에 여성들이 머리를 가리지 않으면, 신자들 전체를 오염시킬 수 있는 악한 천사들의 침입에 노출될 수 있다는 것을 그들은 알지 못한다.(11:10; 본문 24장 참고) 그들은 그리스도와 연합한 사람들이 창녀와 관계를 함으로써 회중 전체를 오염시킬 수 있다는 것도 깨닫지 못한다.(6:15-20)

게다가 바울로의 판단으로는 코린토스 교회 신자들의 자기 고양감은 이 죄로 뒤덮인 타락한 세상에서 서로를 어떻게 대해야 할지에 대해 궁극적으로 무관심하게 만들었다. 많은 사람들은 예배 중 다른 사람들을 이롭게 하기 위해서가 아니라 그들에게 칭찬받기 위해 예언과 방언을 하며 무절제한 도취적인 행위를 일삼았다.(12-14) 그들의 입장에서 볼 때, 그들은 자신들의 예배 행위를 그리스도 안에서 부활한 천상의 존재들에 속하게 된 표시로 이해했을지도 모른다. 하지만 바울로는 이러한 활동들이 다른 것을 드러내 보여준다고 믿는다. 그런 행동들을 하는 사람들은 성령이 서로에게 은혜를 베풀고 봉사할 수 있도록 그들에게 은사를 주었다는 것을 잊었다.(특히 12장) 성령이 줄 수 있는 모든 은사들을 받았지만 그리스도 안에서 형제자매를 사랑하지 못하는 사람은 여전히 완전한 빈곤 가운데 있는 것이다. 이것이 오늘날까지도 교회에서 행해지는 결혼식에서 가장 많이 인용되는 유명한 "사랑의 장"인 코린토스인들에게 보낸 첫째 편지 13장의 메시지이다. 그러나 이 구절은 추상적이거나 감정과 성적 열정이라는 현대적인 의미의 사랑에 관한 것이 아니다. 구체적으로 그것은 교회에서 영적인 은사를 어떻게 사용할지에 관한 것이다. 만약 그 은사들이 다른 사람들에게 혜택을 주는 데 사용되지 않는다면 그것들은 아무 소용이 없다.

그리스도교적 사랑이 이 악한 시대에서 윤리적인 행동으로 나타나야 한다는 바울로의 생각은 그가 이 편지에서 어떤 입장을 취하고 있는지 설명해준다. 한 가지 두드러진 예는 우상에게 바쳐진 고기에 대한 그의 생각이다. 대략적으로 그것에 얽힌 역사적 상황은 꽤 명확하다. 사람들은 이교도 사원에서 팔리던 고기들을 할인된 가격에 살 수 있었다. 그 이유는 분명치 않다. 아마도 그런 고기는 이미 신에게 제공되었기 때

도판 20.4 프리스킬라의 카타콤에 있는 주의 만찬을 기념하는 그림.(1코린 11:23-26 참고)

문에 한번 사용된 것으로 여겨졌을 것이다. 혹은 그것들은 어쩌면 이교도들의 축제에서 남겨진 것이었을지도 모른다. 어쨌든 코린토스 교회 신자들 중 일부(저학력, 하층민들?)는 그러한 고기를 먹는 것은 우상숭배에 참여하는 것과 같다고 생각했다. 그들은 어떤 조건에서도 그것들에 손을 대려 하지 않았을 것이다. 다른 사람들(고학력, 상류층?)의 경우 한 분 참된 하느님 외에는 다른 신들이 존재하지 않기 때문에 우상들은 존재하지 않고, 그러므로 그러한 고기를 먹는 것은 해가 되지 않으며 필요한 자원을 절약할 수 있는 길이라고 지적하며 우월한 지식을 자랑했다.

바울로는 다른 신들이 존재하지 않는다는 것에 동의하지만 이상하게도 우상에게 바쳐진 고기를 먹는 것이 적절하다고는 보지 않는다.(8-9장) 그의 논리는 그리스도교인이 그러한 고기를 먹는 것을 보는 사람들은 다른 신들이 존재한다고 생각하고서 그리스도교인들

을 따라 그런 고기들을 먹을 수도 있다는 것이다. 그들은 그들 자신이 옳지 않다고 생각하는 일을 하도록 용기를 얻을 것이고, 이것은 그들의 양심에 해를 끼칠 수 있다. 그러므로, 신자들은 비록 그 자체가 잘못이 아닌 일이라는 것을 알 때에도 자신들의 행동으로 인해 다른 사람들이 해를 입을 수 있다면 그것을 피하면서 다른 사람들을 돕기 위해 모든 노력을 해야 한다.(8:11-13)

궁극적으로, 이것은 종말론적 견해이다. 서로 사랑하고 사람들에게 가장 도움이 되는 방식으로 행동해야 하는 이유는 이 세상에 여전히 악이 만연하고 있다는 사실과 관련이 있다. 그리스도교도들은 아직 악이 지배하는 시대에 살고 있기 때문에, 그들은 아직 높임을 받지도 않았고, 그들의 우월한 지식이 허락하는 대로 모든 것을 자유롭게 할 수도 없다.

바울로의 종말론적 관념은 이 세상에서의 그의 전

체 인생관에 영향을 미치는 것 같다. 이 편지의 또 다른 예에서 바울로는 결혼한 커플들은 이미 자신들이 "결혼하지 않은" 천사가 된 것처럼 살지 말아야 한다고 주장한다.(다른 유명한 사람을 인용하자면 마르 12:25 참고) 성적 유혹은 이 시대에 아주 크며, 하느님의 눈으로 볼 때 결혼은 그것을 극복할 수 있는 정당한 방법이다. 따라서 부부들은 서로에게 부부로서의 권리(1코린 7:1-6)를 부여해야 한다. 그러나 그런 유혹을 견딜 수 있는 사람들, 즉 바울로 자신처럼 그런 '은사'를 가지고 있다고 말하는 사람들(7:7)은 애초에 결혼을 해서는 안 된다. 바울로가 보기에 그의 세대는 시대의 막바지에 살고 있으며 그리스도가 돌아오기 전에 많은 일을 해야만 한다. 결혼한 사람은 배우자를 위해 시간을 내야 하고 그들의 필요에 응해야 한다. 하지만 결혼하지 않은 사람들은 그리스도에 온전히 헌신할 수 있다.(7:25-38) 그러므로 독신으로 지내는 것이 낫지만 욕정을 견디지 못한다면(7:8-9) 그것에 삼켜지는 것보다는 결혼하는 것이 낫다.

요약: 바울로가 코린토스인들에게 전하는 복음

우리는 코린토스 교인들의 질문들, 그들이 겪고 있던 문제들이나 그에 대한 바울로의 반응을 깊이 탐구할 수는 없었지만, 바울로의 시각에서 큰 문제가 무엇이었는지 그리고 코린토스 교회 신도들 속에서 그것이 어떻게 다양한 방식으로 드러났는지 알게 되었다. 전

반적으로 바울로가 코린토스 교인들에게 전한 메시지는 그가 테살로니카 교인들에게 전한 메시지와 그리 다르지 않았다. 하느님이 이 세상을 심판할 때 예수는 곧 돌아올 것이었다. 그가 돌아올 때 그를 따르는 사람들은 영광스러운 구원을 경험할 것이다. 그러나 그때까지 신자들은 이 세상에서 살아야만 한다. 아무리 그들이 그것을 미리 현재의 공동체, 교회에서 맛볼 수 있다 하더라도 그들이 높임을 받는 것은 현재의 현실이 아닌 미래의 사건이었다.

코린토스 교회는 행복한 곳이 아니었던 것 같다. 바울로는 그리스도와 함께 높아진 지위를 누리자고 주장하면서도 내분을 일삼고 부도덕하고 추잡한 신도들의 행동을 용인하는 공동체를 보았다. 우리는 바울로의 분노와 불신을 느낄 수 있다. '이런 짓을 하는 당신들이 천상의 삶을 살고 있다고? 이런 당신들이?'라는 듯한 그의 걱정도 느껴진다. 이곳은 그의 선교 사역에서 주요한 교회였지만 그의 복음 메시지의 기본적인 의도에서 빗나가고 있었다. 그는 코린토스 교회 신도들을 친구로 대했지만(예: 편지의 서문과 말미 참고) 중요한 문제에 대해 그들 중 많은 사람들과 의견이 다르다는 것을 깨달았다. 앞으로 보게 되겠지만 그의 편지를 받은 후에도 그들의 상황은 별로 나아지지 않았다.

한눈에 보기

Box 20.2 코린토스인들에게 보낸 첫째 편지

1. 코린토스인들에게 보낸 첫째 편지는 로마령 아카이아 속주에 있던, 성적 타락으로 유명했던 도시 코린토스에 위치한 교회에서 쓰였다.
2. 바울로는 이교도들을 예수를 믿도록 개종시켜 교회를 세웠는데, 개종자들의 대부분은 가난하고 교육받지 못한 사람들이었지만, 상류층 출신들도 있었다. 그들 사이의 사회경제적인 차이점들이 그들의 문제점들 중 일부의 원인일 수 있었다.(예: 공동체의 식사에서 생기는 갈등들)
3. 바울로가 공동체를 떠난 후, 교회의 분열, 다양한 부도덕한 행위들, 예배의 문제 등이 발생했다.
4. 바울로는 편지에서 이 모든 문제들을 하나씩 다룬 뒤 마지막에 가장 큰 문제, 코린토스의 교인들이 미래에 육체적으로 이루어질 부활의 본질을 제대로 인식하지 못하는 것을 다룬다.
5. 육체의 부활에 대한 이해는 코린토스 교인들이 그동안 자신들의 육체를 어떻게 다루어야 할 것인가에 대한 생각에 영향을 미쳤다.

코린토스인들에게 보낸 둘째 편지

바울로가 코린토스인들에게 보낸 편지들이 매우 흥미로운 이유 중 하나는 일정 기간 동안에 걸쳐 바울로와 신도들의 관계를 추적할 수 있게 해주기 때문이다. (어쩌면 필리피 교회를 제외하고) 이들 외에는 바울로의 진짜 편지들 중 같은 공동체로 다른 시기에 보내진 바울로의 편지들을 찾아볼 수 없다. 바울로와 코린토스 교인들의 관계는 코린토스인들에게 보낸 첫째 편지의 저술 이후 일어난 사건들에 비추어 볼 때 계속 부침이 있었다. 코린토스인들에게 보낸 둘째 편지를 쓸 때는 그의 어투는 바뀌었지만 내용은 변하지 않았다.

편지의 통일성

바울로의 어조는 그의 두 번째 편지 안에서, 그것도 다소 심하게 바뀐다. 실제로 많은 학자들은 코린토스인들에게 보낸 둘째 편지가 언젠가 바울로가 앉아서 한 번에 써 내려간 편지가 아니라 다른 시기에 쓴 적어도 두 통의 편지를 '가위와 풀로' 합친 것이라고 확신하고 있다. 이 이론에 따르면, 아마도 코린토스 교회의 일원이었던 누군가가 나중에 이 편지들을 하나로 편집했다고 한다. 그 결과는 바울로가 세운 교회들 사이에서 더 널리 읽힐 수 있는 한 장의 긴 편지가 만들어진 것이다.

그 편지를 꼼꼼히 읽는 사람들은 갑자기 글의 어조가 10장에서 바뀐 후 끝까지 이어지는 것을 발견하고 놀랄지도 모른다. 1장에서 9장까지 바울로는 편지를 받는 회중들과 아주 가까운 사이처럼 보인다. 비록 그는 과거에 그들과의 관계가 원만치 않았다는 것을 인정하지만(특히 2코린 2:1-11, 7:5-12 참고) 그는 테살로니카 교인들에게 그랬던 것만큼 이들에 대해서도 기쁨이 넘쳐난다. 그는 얼마간 벌어진 일에 대해 알려준다. 얼마 전(코린토스인들에게 보낸 첫째 편지를 쓴 후에) 그는 코린토스를 두 번째로 방문했다.(첫 번째 방문은 코린토스인들을 개종시키기 위한 것이었다; 1:19) 우리는 알 수 없는 어떤 문제를 놓고 역시 우리로서는 알 수 없는 이유로 회중에 속한 누군가가 공개적으로 그를 모욕했고, 그는 굴욕감을 느끼며 그곳을 떠났다. 그는 자신이 분노한 상태로 그곳을 떠났

음을 알려준다. 그 후 곧 그는 자신에게도 심한 고통을 준 편지를 썼는데, 그 편지에서 그는 신도들의 행동과 생각을 심하게 비난하고 그들을 심판하기 위해 다시 방문하겠다고 협박한다. 하지만 코린토스인들에게 보낸 둘째 편지를 쓰기 바로 전(혹은 적어도 1-9장을 쓰기 전), 그의 고통스러운 편지를 들고 그들을 찾았던 티투스가 기쁜 편지를 가지고 돌아온다. 코린토스인들이 그들의 잘못된 판단과 행동을 뉘우치고, 바울로에게 고통을 안겨준 사람을 징계하고, 다시 한 번 바울로를 그리스도 안에서 그들의 영적인 아버지로서 삼겠다는 내용의 편지였다.(7:5-12)

그에 대한 바울로의 반응은 더 이상 흡족할 수 없었다. "그가 돌아온 것만도 우리에게 위로가 되었지만 여러분이 그를 위로해 주었다는 말을 듣고 우리는 더 큰 위로를 받았습니다."(7:7) 이 기쁜 소식 덕분에 바울로는 계속 고난을 겪으면서도 그들과의 관계가 회복된 것에 들떠 있다. "나는 여러분을 전적으로 믿으며 크게 자랑합니다. 우리는 온갖 고난을 겪으면서도 큰 위안을 받고 기쁨에 넘쳐 있습니다."(7:4) 바울로는 그들이 태도를 바꾼 것에 대해 감사하기 위해(1:15-2:4) 그리고 그가 변덕 때문에 여행 계획을 바꾼 것이 아님을 설명하기 위해 이 편지를 쓰고 있다. 그는 그저 다른 사람에게 더 이상의 고통을 주지 않기 위해 세 번째 방문을 삼가기로 했을 뿐이다.(2:1-2)

하지만 10장부터 13장에서는 모든 상황이 변한, 혹은 뒤집힌 것처럼 보인다. 바울로는 다시 자기편으로 돌아온 회중들로 인해 더 이상 기뻐하지 않는다. 그는 그들이 자신의 권위를 의심하고 자신의 인격을 헐뜯는 것에 대해 분개하고 있다.(10:2, 10-11) 그는 그들을 세 번째로 방문하여 그들을 치리하겠다고 위협하는데, 그때 그는 관용을 베풀지 않겠다고 한다.(13:1-2) 비꼬듯 그가 "특출하다는 사도들superapostles"이라고 부르는 신참자들에 대해서 그는 신도들에게 경고한다. 그는 이러한 큰 사도들이 기적적인 행위와 놀라운 표적을 행할 수 있다는 것을 인정하지만, 그럼에도 불구하고 그는 그들을 코린토스 교인들의 마음을 삼키기 위해(11:12-14) 온갖 무질서와 불복종으로 이끄는 사탄의 부하들인 거짓 사도들이라고 생각한다.(12:19-21)

바울로가 코린토스 교인들로 인해 넘치는 기쁨을 표하면서 동시에 그들에게 엄격한 처벌을 위협하는 일이 가능한 일일까? 이런 어조의 변화를 어떻게 설명할 수 있을까?

10-13장에서 바울로는 신도들을 심판하기 위해 세 번째 방문을 하겠다고 위협하는 반면, 1-9장에서는 더 이상의 그들에게 고통을 야기하고 싶지 않았기 때문에 방문을 취소했다고 한다. 실제로, 그는 더 이상 그들을 방문할 필요가 없게 되었다는 뜻을 넌지시 알린다. 신도들은 그의 분노와 고통으로 가득한 편지를 받았고 그것은 원하는 효과를 이끌어냈다. 그들은 자신들이 얼마나 바울로를 함부로 대했는지에 대해 슬퍼했고 다시 그와의 원래 관계를 회복했다.

편지의 두 부분 사이의 차이점을 근거로 많은 학자들은 10-13장이 바울로가 코린토스 교회에서 굴욕을 당한 후 그가 1-9장 사이에 감사함으로 언급한 그들과의 화해가 이루어지기 직전에 쓰인, 2장 4절에 언급된 "고통스러운" 편지의 일부라고 믿는다. 만약 그게 사실이라면 나중에 어느 편집자가 한 편지(두 번째로 쓰인 1-9장의 감사 편지)의 결말 부분을 없애고 다른 편지의 서문(먼저 쓰인 10-13장의 "고통스러운" 편지)을 없애서 두 편지들을 결합시켰을 것이다. 그렇게 함으로써 그 편집자는 비교적 오랜 기간에 걸쳐 바울로와 코린토스 신도들 간의 관계의 부침을 보여주는 관계를 담고 있는 하나의 긴 편지를 만들었을 것이다. 일부 학자들은 여기에서 한 발 더 나아가, 1장부터 9장까지의 바울로의 주장이 고르지 못한 점을 고려하면 두 장 이상의 편지들이 여기에 들어 있을 것이라고 주장한다.(Box 20.3 참고)

바울로와 코린토스 교회의 관계

우리는 바울로가 코린토스인들과 교류한 역사를 그의 방문과 편지들의 순서로 정리할 수 있다. 물론 우리가 가지고 있지 않은 많은 정보가 있지만, 우리가 코린토스인들에게 보낸 첫째 편지에서 얻을 수 있는 부분적인 정보들만 생각하면 대략 다음과 같이 정리를 할 수 있다.

바울로의 첫 방문 바울로와 실바누스, 티모테오는 처음 코린토스에 도착하여 일터를 차리고 복음을 전하여 여러 개종자들을 얻은 후 선교를 위해 다른 지역으로 떠나기 전에 그들에게 약간의 기초적인 가르침을 베푼다.(2코린 1:19)

바울로의 첫 번째 편지 지금은 전해지지 않지만 바울로는 분명히 코린토스 교도들에게 편지를 한 통 썼다. 그는 코린토스인들에게 보낸 첫째 편지 5장 9절에서 그것을 언급한다. 그것은 적어도 부분적으로나마 그 교회에서 발생했던 윤리적 문제들을 다룬 것으로 보인다.

코린토스 교도가 바울로에게 보낸 첫 편지 코린토스 교인들 중 일부는 바울로의 첫 편지에 대한 답장으로, 혹은 그것과는 무관한 윤리적 문제들, 예를 들어 그리스도교인들이 그들의 배우자와 성관계를 맺어야 하는가 같은 문제에 대해 묻기 위해 바울로에게 편지를 썼다.(1코린 7:1)

바울로의 두 번째 편지: 코린토스인들에게 보낸 첫째 편지 코린토스 교인들의 질의와 그가 "클로에 집안 사람들"로부터 들은 소식에 대한 응답으로 바울로는 에페소스에서 코린토스인들에게 보낸 첫째 편지를 썼다. 이 글에서 그는 마케도니아를 통해 남쪽으로 코린토스까지 여행할 계획을 밝혔고, 그곳에서 겨울을 보내고자 했다.(16:5-7) 그는 코린토스 교회의 신도들인 스테파나스와 그의 두 동료들을 통해 그 편지를 보냈다.(16:15-17)

바울로의 두 번째 방문 코린토스인들에게 보낸 둘째 편지 2장 1-4절에서 바울로는 "또 다른" 고통스러운 방문을 하고 싶지 않다는 뜻을 표한다. 이것은 그의 가장 최근의 방문이 고통스러웠음을 나타낸다. 이에 따르자면 코린토스인들에게 보낸 첫째 편지의 저술이 끝난 후 바울로는 두 번째로 코린토스에 방문하기로 한 약속을 이행한 것으로 보인다. 그러나 그때 그는 코린토스 교회 회중에게서 좋은 반응을 받지 못했다. 신도들 중 누군가가 사람들이 보는 앞에서 그에게 굴욕을 주는 어떤 행위를 했다.(2코린 2:5-11) 그는 그들을

처리하기 위해 다시 돌아올 것이라는 엄중한 협박과 함께 그곳을 떠난다.(13:2)

특출하다는 사도들의 도착 바울로가 떠나기 전이나 그가 떠난 직후 그리스도의 복음의 진정한 대변자라고 주장하는 다른 사도들이 코린토스에 도착했다. 이 "특출하다는 사도들"(바울로가 2코린 11:5에서 부르듯이)은 유대인의 혈통을 지닌 사람들이었고(11:22), 바울로가 가장 혐오스럽게 여기는 견해, 그리스도 안에서의 삶은 이미 높아진 영광스러운 존재라는 생각을 퍼뜨렸던 것으로 보인다. 이런 지극히 큰 사도들에게는 자신들의 삶은 이미 높아진 영광스러운 것이었다.

그것이 사도로서의 자격을 확증하는 놀라운 일들을 할 수 있는 이유였다. 분명히 그들과 바울로는 의견이 맞지 않았다. 어느 순간 공격은 개인을 향한 것이 되었다. 큰 사도들은 분명히 바울로의 능력과 카리스마의 부족을 비난했다.("바울로의 편지는 무게도 있고 단호하기도 하지만 막상 대해 보면 그는 약하기 짝이 없고 말하는 것도 별것이 아니다"; 10:10) 그에 대해 바울로는 그들이 그리스도의 사도라기보다는 사탄의 일꾼이라고 주장했다.(11:13-15) 바울로는 코린토스인들이 그의 반대자들의 주장을 받아들인다면 그의 복음의 메시지는 완전히 훼손될 것이라고 주장했다.(11:4)

Box 20.3 코린토스인들에게 보낸 둘째 편지의 분할

많은 신약성서학자들은 코린토스인들에게 보낸 둘째 편지가 두 통의 바울로의 편지들이 아닌 네다섯 통으로 구성되어 있으며 바울로가 설립한 교회들 사이에서 사용하기 위해 하나의 편지로 편집되었다고 믿는다. 대부분의 이런 "분할 이론"(한 편지를 여러 개의 편지들로 나누기 때문에 이런 이름이 붙었다)은 1장부터 9장까지가 하나의 편지가 아니라 여러 편지들로 이루어져 있다고 주장한다. 독자들이 직접 해당되는 부분을 읽고 다음 질문들에 답해보라.

- 8장은 시작되자마자 티투스가 방금 바울로에게 가져온 좋은 소식(코린토스 교인들의 화해적인 태도에 대한)으로부터 갑자기 이야기의 방향이 바뀌어 어려운 그리스도교인들을 위해 바울로가 티투스를 통해 연보를 보내기로 결정한 것으로 바뀌는 것처럼 보이지 않는가? 이 새로운 주제로 옮겨 가는 과정이 존재하지 않으며 8장 1절은 새로운 편지의 본문 시작처럼 보인다.
- 바울로가 8장에서 이미 말한 내용에 비추어 보면 9장 1절의 말이 이상하게 들리지 않는가? 그는 24절 동안 성도들을 돕기 위한 연보에 대해 이야기를 한 후 9장 1절부터 그것이 마치 새로운 주제인 것처럼 다시 연보에 대해 이야기하기 시작한다. 9장 역시 별

도의 편지에서 나온 것일까?

- 6장 14절-7장 1절의 문맥이 이상하게 보이지는 않는가? 바로 앞의 구절(6:13)과 뒷 구절(7:2)은 바울로가 코린토스 교인들에게 마음을 열도록 촉구하는 내용이다. 하지만 그 중간에 있는 구절은 전혀 그와는 관련이 없는 뜬금없는 내용이다. 그 구절은 그리스도교인들에게 비신자들과 사귀지 말라고 말한다. 게다가 그 구절에는 그의 글 어디에서도 찾아보기 어려운 특징들이 있다. 예를 들어, 그는 다른 어디에서도 악마를 "벨리아르"(15절)라고 부르지 않는다. 이 구절은 어떤 다른 서신(어쩌면 바울로가 쓰지 않은)에서 가져와 바울로가 코린토스 신자들에게 자신을 친절히 대해달라고 훈계하는 내용에 삽입된 것은 아닐까?

만약 이 세 가지 질문에 모두 그렇다고 대답했다면, 독자들은 적어도 다섯 통의 편지들이 코린토스인들에게 보낸 둘째 편지에 들어 있다고 주장하는 학자들의 의견에 동의하는 것이다. (1) 1:1-6:13; 7:2-16(회유문의 일부), (2) 6:14-7:1(바울로가 쓰지 않은 서신의 일부?), (3) 8:1-24(코린토스 교회에 보낸 연보를 부탁하는 서신), (4) 9:1-15(다른 교회에 보낸 연보를 부탁하는 서신?), (5) 10:1-13:13(고통스러운 편지의 일부)

바울로의 세 번째 편지(2코린 10-13장에 일부분이 수록되어 있는 "고통스러운" 편지) 두 번째 방문 후, 바울로는 편지를 써서 지극히 큰 사도들에 대한 공격을 시작했다. 그는 신앙인은 아직 그리스도가 현재 누리고 있는 영광스럽고 높여진 존재가 아니라고 계속 주장했다. 신도들은 하느님의 원수 사탄이 여전히 권세를 잡고 있는 악과 고통의 시대에 살고 있다. 그들의 힘과 지혜를 자랑하는 사람들은 끝이 아직 오지 않았다는 것, 하느님의 지혜가 어리석은 것처럼 보이는 시대에 그들이 살고 있다는 것을 이해하지 못한다. 특히 사도들은 이 시대에 고통을 겪는데, 그들은 이 세상을 지배하고 있는 우주적인 악의 세력에 대한 주요 반대자들이기 때문이다.(11:20-31) 사도들은 다가올 영광(12:1-4)을 얼핏 보았을지 모르지만 그들은 여전히 세상의 고통을 벗어날 수 없으며, 이 때문에 그들은 자신들의 공을 자랑할 수 없고, 그들이 성취할 수 있는 것을 위해서도 전적으로 하느님의 은혜에 의존할 수밖에 없다.(12:5-10) 이러한 기준에 비추어 볼 때, 지극히 큰 사도들은 사도들이라고 할 수조차 없었다. 바울로는 또한 이 편지를 통해 공개적으로 자신을 모욕했던 사람을 공격하고, 바울로 자신이 방문할 때는 절대 관용을 베풀지 않을 테니 그 전에 그들을 다스리라고 신도들에게 경고한다.(13:1-2)

이 편지의 일부, 주로 지극히 큰 사도들을 다룬 부분은 코린토스인들에게 보낸 둘째 편지 10-13장에서 발견된다. 그 편지는 바울로의 동료 티투스를 통해 보내졌고 애초에 바랐던 효과를 가져왔다. 코린토스인들은 바울로를 모욕한 자를 벌했고(2:5-11), 자신들이 그에게 준 고통을 뉘우치고, 그의 품으로 돌아갔다.(7:5-12) 한편 바울로도 그들을 다시 방문하려던 계획을 취소했다.(1:15-2:2)

바울로의 네 번째 편지(2코린 1-9장에 일부 나오는 "유화적인" 편지) 티투스로부터 좋은 소식을 들은 후 바울로는 코린토스 교인들의 마음의 변화에 대해 기쁨을 표현하기 위해 유화적인 편지를 썼다. 그는 또한 왜 그가 그들을 한 번 더 방문하지 않았는지, 그것은 그가 마음 내키는 대로 변덕스럽게 계획하고 취소하기 때문이 아니라는 것을 설명하고 싶었다.(1:15-2:4) 이 편지의 일부분은 (적어도 결론 부분이 생략된) 코린토스인들에게 보낸 둘째 편지 1-9장, 또는 1-7장(일부 학자들은 8-9장이 다른 편지의 일부이거나 심지어 다른 두 개의 편지들의 일부라고 생각한다)에서 발견된다.(Box 20.3)

편지의 가장 중요한 점들

누군가가 이 두(혹은 서너, 혹은 다섯) 편지를 우리가 코린토스인들에게 보낸 둘째 편지라고 부르는 한 권의 책으로 편집한 후에, 우리는 바울로와 이 신도들과의 관계를 놓치게 된다. 우리는 모든 문제가 해결되었는지, 아니면 어려운 사건들이 더 일어났는지, 혹은 코린토스 교인들이 바울로의 관점을 채택하고 외부인들이 들여온 관점을 거부하기로 결정했는지를 알 수 없다.

그러나 분명히 바울로가 코린토스인들에게 보낸 첫째 편지에서 전하려고 했던 기본적인 메시지는 우리가 지금 살펴보고 있는 편지들의 묶음에서 확연하다. 먼저 특출하다는 사도들이 주장하던 그들의 우월성에 대답하기 위해 쓰인 고통스러운 편지의 부분(10-13장)을 생각해보자. 바울로는 예를 들어, 자신이 그들보다 더 나은 기적을 행할 수 있다고 주장함으로써 그들과 같은 입장에서 그들을 공격하는 것이 아니라 그들이 스스로를 사도라고 여기는 바로 그 근거를 무시한다. 이는 그가 코린토스인들에게 보낸 첫째 편지 1-4장에서 분열을 일삼던 파벌의 지도자들을 대했던 방식을 연상케 하는데 그곳에서도 그는 지상의 지혜와 권력이 신성의 표적은 아니라고 주장했다. 그에게 있어서 어떤 사람이 사도의 자격이 있는가의 여부는 그가 행할 수 있는 놀라운 행위에 달려 있지 않았다. 진정한 사도들은 그리스도가 고난을 겪은 것처럼 그들도 고난을 겪을 것이다. 아직 종말이 오지 않았기에 화려하고 놀라운 행위에 의존하는 자들은 이 시대를 장악하는 우주적인 세력, 즉 사탄과 그의 비열한 종들(11:12-15)과 결탁했다는 의심을 받아야 할 것이다.

이것이 바로 이 편지에서 바울로가 자신이 그리스도의 사도로서 겪었던 것들(11:17-33)을 상세히 설명함으로써 애써 "나 자신에 관해서는 나의 약점밖에 자랑하지 않겠습니다"라고 하는 이유이다.(12:5) 허다하게 매를 맞고 항상 위험에 처하고 생명이 위태로운 지경에 처했던 일들은 자랑거리처럼 보이지 않을 수도 있지만, 바울로에게는 이것들이 그 자신 십자가에 못박히는 고통을 겪은 그리스도의 진정한 사도임을 보여주는 징표들이었다. 특히 바울로는 그 자신이 행한 어떤 일도 자랑할 수 없도록 하느님이 자신을 나약하게 했다고 주장한다. 그의 사역이 가져온 좋은 것은 따라서 하느님이 행한 것이다.(12:6-10) 지극히 큰 사도들은 그런 말을 할 수 없다.

바울로의 종말론적 메시지는 가장 강력한 표현으로 신도들이 아직 그리스도와 함께 영광에 참여하지 않았다는 것을 강조한다. 종말이 와서 그리스도를 따르는 이들이 불멸의 몸으로 부활하여 그와 함께 높임을 받을 때까지는 그들은 죄와 악의 세계에 살고 있으며, 자기들보다 더 강한 세력과 싸워야 한다. 이유는 알 수 없지만 코린토스 교회 신자들은 바울로의 이런 의견에 정확히 동의하게 되었다. 무엇이 그들의 마음을 바꾸었는지는 알 길이 없다. 반박하기에는 바울로(또는 그의 대리인 티투스)의 주장이 너무 설득력이 있었을까? 지극히 큰 사도들이 뭔가 다른 일로 신뢰를 잃었을까? 우리는 그 답을 결코 알 수 없을 것이다.

우리는 그들과의 화해 후에 바울로가 코린토스 교회가 마음을 돌이킨 데 대한 감사와 함께 그의 기본적인 종말론적 인생관을 다소 누그러뜨린 방식으로 표현한 편지를 한 통 더 썼다는 것을 안다. 그는 코린토스인들에게 보낸 둘째 편지 1-9장(또는 1-7장)에 나오는 이 편지를 통해 자신의 고통과 그것을 통해 드러나는 하느님의 은혜를 강조함으로써 글을 시작한다.(1:3-11) 이것은 어느 정도 전체 편지들의 메시지이기도 하다. 이 고통의 시대에 완전히 드러나지 않았음에도 불구하고 복음은 매우 귀중한 보물이다. 육체는 아직 영광을 받지 못했고 신도들은 높임을 받지 않았지만 그 결과, "하느님은 질그릇 같은 우리 속에 이 보화를 담아주셨다."(4:7) 신앙인 스스로도 신분이 낮고 육체도 보잘것없지만, 그들이 선포하는 복음 메시지는 시대를 위한 보화다. 나중에 바울로가 말하듯이, 신자는 천상의 영광스러운 몸(5:1-10)을 입기를 갈망하며 현세의 몸 안에서 고통스러워한다. 그러므로 현시대는 고통의 시대이며 더 나은 시대가 오기를 갈망하는 시대이다.

그러나 이러한 갈망과 함께 앞으로 그리스도를 통해 하느님과 화해한 사람들에게는 그들이 소망하는 영광이 현실이 될 것이라는 확신이 생긴다.(5:16-21) 이 미래의 현실이 도래하기까지는 이 세상의 삶은 고통과

Box 20.4 코린토스인들에게 보낸 둘째 편지

1. 코린토스인들에게 보낸 둘째 편지는 바울로의 편지 중 적어도 두 통(1-9장 및 10-13장), 혹은 어쩌면 네다섯 통 정도의 편지들을 포함하고 있는 것으로 보인다.
2. 후에 누군가가 이 다양한 편지들을 가져다가 하나로 편집했다.
3. 여기서 포함된 다양한 편지들을 통해 바울로와 이 공동체의 관계를 되짚어 볼 수 있다.
4. 바울로는 코린토스인들에게 보낸 첫째 편지를 쓴 후 코린토스를 다시 찾았다가 공개적인 수모를 당했다. 곧이어 다른 그리스도교 사도들이 도착하여 바울로가 반대했던 견해, 즉 하느님의 종말론적 행위를 기다리지 않고도 그리스도교도들은 이미 이 세상에서 구원의 완전한 은혜를 경험할 수 있다는 주장을 했다.
5. 바울로는 티투스라는 개인 사자를 통해 분노의 편지를 보냈다. 그 편지의 내용은 10-13장에 부분적으로 나와 있다.
6. 이 편지, 즉 티투스를 통해 보낸 편지는 원하는 효과를 얻었고, 코린토스 공동체는 마음을 바꿨다. 바울로가 코린토스 교회에 쓴 감사와 칭찬의 편지의 일부는 1-9장에서 볼 수 있다.
7. 코린토스인들에게 보낸 첫째 편지의 종말론적 주제들 중 많은 부분을 코린토스인들에게 보낸 둘째 편지를 구성하고 있는 편지들에서도 찾아볼 수 있다.

고난이다. 그러나 현시대의 고통은 진정한 신앙인의 희망을 더럽히기에는 역부족이다, 왜냐하면 "지금 잠시 동안 가벼운 고난을 겪고 있지만 그것은 한량없이 크고 영원한 영광을 우리에게 가져다줄 것"이기 때문이다.(4:17) 이것이 바울로가 무엇보다도 코린토스의 개종자들에게 전하고자 하는 종말론적 메시지이다.

갈라티아인들에게 보낸 편지

갈라티아인들에게 보낸 편지와 함께 우리는 바울로의 편지에서 지금까지 다루었던 것들과는 전혀 다른 일련의 문제들을 마주하게 된다. 이 서한의 통일성에 대해서는 의심의 여지가 없다. 그것은 한 번에 온전히

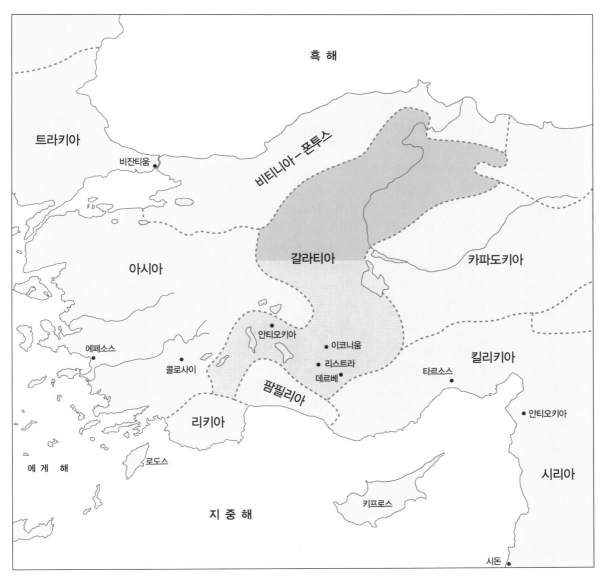

도판 20.5 소아시아의 로마 속주였던 갈라티아(오늘날의 튀르키예). 일부 역사가들은 바울로가 속주의 남부 지방의 교회들—사도행전에는 그의 선교활동 지역으로 나와 있지만 바울로 자신은 한 번도 언급하지 않았던 이코니움, 뤼스트라, 데르베 같은 지역들—에 갈라티아인들에게 보낸 편지를 썼다고 생각한다. 그러나 그가 실제로 그의 편지의 독자들을 "갈라티아인들"— 오직 북부 지방의 켈트족에게만 적용되는 이름—이라고 부르는 것을 볼 때 그는 이 편지를 사도행전의 저자가 알지 못한 교회들에 보낸 것으로 보인다.

쓰인 한 통의 편지이다. 그러나 편지가 다루는 문제 자체는 테살로니카 교인들과 코린토스 교인들 사이에서 일어났던 것들과는 전혀 달랐다. 간단히 말하면 다음과 같은 일이 벌어졌다. 바울로가 갈라티아 지역에서 수많은 이방인들을 그리스도교로 개종시킨 후 다른 선교사들이 그곳에 도착했는데 그들은 하느님 앞에 완전히 서려면 유대 율법의 일부를 따라야 한다고 교인들을 가르쳤다. 좀 더 구체적으로 말하자면 그들은 회중 남자들이 유대인의 할례 의식을 받아들여야만 한다고 주장했다.

바울로는 이런 주장에 격분했다. 이방 사람들에게 파송된 다른 사도들은 할례를 이교도 출신 그리스도교인들이 진정으로 원하지 않는 한 받을 이유가 없는 고통스러운 수술 정도로, 그저 불필요하게 여겼을 수 있지만 바울로에게 그것은 훨씬 더 심각한 문제였기 때문이다. 그에게는 할례를 받는 이방인들은 복음의 의미를 완전히, 절대적으로 오해하는 것이었다. 그가 보기에 이방 사람이 할례를 받는 것은 단순히 불필요한 행동이 아니라 하느님에게 무례를 행하는 것이며, 그리스도를 통하여 그가 베푼 칭의justification by faith를 거부하는 것이었다. 그런 일을 주장하는 사람은 복음을 왜곡하고(갈라 1:7), 하느님의 저주를 받게 된다.(1:8) 이 편지에 담긴 바울로의 분노는 처음부터 뚜렷하다. 그것은 그가 신도들 때문에 하느님에게 감사하는 것으로 시작하지 않는 유일한 편지이다.

편지의 배경과 목적

바울로는 편지를 "갈라티아의 여러 교회" 앞으로 보낸다.(1:2) 유감스럽게도, 우리는 구체적으로, 그 편지가 어디로 보내졌는지 알 수 없다. 로마 정복 이전 갈라티아는 소아시아의 북중부에 위치한 지역으로, 나중에 로마인들이 뤼스트라, 데르베, 이코니움, 피시디안 안티오키아 등 남부의 가장 인구가 많은 지역들과 연결시킨 인구 밀도가 낮은 지역이었다. 로마인들은 원래는 북쪽 지역을 가리키는 데만 사용되었던 갈라티아란 지명을 이 지역 전체를 칭하는 이름으로 사용했다.

바울로가 갈라티아의 교회를 말할 때에 그는 실제로 어디를 말하고 있는 것일까? 그가 기타 다른 곳들

이라고 말하는 아카이아와 마케도니아의 교회와 견줄 만한, 로마 온 지방에 있는 교회들을 말하는 것일까?(예: 1테살 1:7) 아니면 최북단에 있는 교회, 즉 남부 지역과는 달리 스스로를 갈라티아인(갈라 3:1 참고)이라고 지칭하는 사람들이 사는 지역의 교회들만을 가리키는 것일까? 문제는 사도행전에는 바울로가 남부 지방, 지금 방금 거론된 도시들에 교회를 세웠다고 나와 있어서 복잡하다. 그러나 바울로 자신은 갈라티아인들에게 보낸 편지나 그 밖의 다른 어떤 곳에서도 이 도시들에 대해 언급하지 않는다. 게다가 그는 자신이 다소 특이한 상황에서 갈라티아 교회를 세웠다고 주장한다. 그는 중병에 걸렸고 갈라티아인들(적어도 그들 중 일부에 의해)의 간호로 건강을 되찾았다. 이런 맥락에서 그는 그들에게 복음을 전파하고 그들을 개종시켰다.(4:13-17) 그는 사도행전에 기록된 것처럼 그 지방을 지나가면서 지역 유대교 회당에서 설교를 함으로써 그곳에 교회들을 세운 것 같지는 않다.

바울로가 어느 교회에 편지를 보냈는지는 알 수 없지만(그러나 도판 20.5를 보라) 새로 온 사람들이 바울로의 견해와 대립되는 복음을 설교하며 갈라티아인들의 마음을 얻은 것처럼 보인다.(1:6-9) 우리는 이 바울로의 적들이 실제로 어떤 내용을 전했는지 확실하게 알 수는 없다. 우리가 알고 있는 것은 바울로를 통한 설명뿐이어서 그가 그들의 주장을 정확히 알고, 이해한 상태로 그것을 제시했다는 보장은 없다. 그러나 이방인 출신 남성 신도들이 온전히 하느님 앞에 바로 서기 위해서는 할례를 받아야 한다는 주장을 바울로가 그들의 주된 논점으로 보는 것은 분명하다.(예: 5:2-6 참고) 바울로는 그의 반대자들의 그런 주장을 유대 율법을 따라야 구원을 얻을 수 있다는 뜻으로 해석한다. 이 메시지는 그의 관점에서는 전혀 받아들일 수 없는 것이었다. 그가 설파하는 복음에 따르면―그가 지적한 바와 같이, 갈라티아인들이 애초에 그리스도를 믿게 된 것은 그 복음에 의해서였다―사람은 유대 율법을 따름으로써가 아니라 그리스도를 신앙함으로써 "하느님과 의로운 관계를" 가지게 된다.(2:16) 바울로가 보기에, 새로 온 사람들의 메시지는 그의 메시지와 완전히 상반된다.

이 새로 온 사람들이 그 외에 또 무엇을 가르쳤을

까? 그들은 바울로의 견해뿐만 아니라 바울로가 그것을 선포할 권한에 대해서도 의문을 제기함으로써 바울로 본인에 대한 공세를 취했을 가능성이 있다. 바울로의 메시지의 첫 부분은 아마도 그 때문일 것이다. 바울로는 그가 자기보다 먼저 온 사도들(예수의 제자들)에게서 받은 복음의 메시지를 왜곡했다는 혐의를 강력히 부인한다. 왜냐하면 그의 메시지는 사실 이 사도들이나 어떤 인간에게서 온 것이 아니었고 직접적인 계시를 통해 하느님으로부터 온 것이었기 때문이다. 갈라티아 교회의 반대자들은 또 자신들의 메시지가 바울로의 메시지보다 성서에 더 맞는다고 주장했을 수도 있다. 그들은 유대교 성서가 할례를 언약의 표시로 묘사하고 있기 때문에 언약의 일원이 되고자 하는 사람은 먼저 할례를 받아야 한다고 주장했을 수도 있다.

기본적인 개요에서 바울로의 반대파의 메시지는 다른 초기 그리스도교인들이 선언한 것과 비슷하게 보인다. 그런 메시지들의 암묵적인 논리는 하느님은 일관된 분이므로 "규칙을 바꾸지 않는다"는 것이었을 수도 있다. 유대교 율법을 준 분이 바로 하느님이고 그가

유대교 성서의 성취로서 유대인들에게 예수를 메시아 messiah로 보냈다. 따라서 구원의 완전한 혜택을 누리려는 사람들은 남자라면 할례를 받고 남자든 여자든 율법을 실천함으로써 유대 민족에 동참해야 한다(Box 20.5 참고)고 주장했을지도 모른다.

학자들은 이런 메시지를 전달하는 사람들이 태어날 때부터 유대인이었을지, 유대교로 개종한 이방인이었을지를 놓고 논쟁을 벌인다. 갈라티아인들에게 보낸 편지 5장 12절은 후자를 암시하는 것처럼 보일 수도 있다. 바울로는 그들이 스스로 자신들에게 할례를 행할 때 칼이 미끄러지기를 바란다. 어느 경우든, 그들은 거의 확실히 다른 사람들에게 유대 율법의 일부 또는 전부를 지키도록 가르친 예수의 추종자들이었다. 바울로는 이런 관점이 그의 인격(그의 권위가 의심받고 있기 때문에)과 그의 메시지(그의 복음이 훼손되고 있기 때문에)에 모욕적이라고 생각한다.

바울로의 응답

바울로는 그의 편지의 서문에서부터 반대자들을 상

Box 20.5 갈라티아의 반대자들의 논리

갈라티아 교회 바울로의 반대파들은 그들의 주장을 위한 권위를 성서에서 찾았을 것이다. 바울로와 그의 반대파 모두 이방 사람들도 하느님이 유대 백성과 맺은 언약에 참여할 수 있다고 생각했다. 즉 이방인들 역시 세상을 창조하고 그의 백성을 선택한 유일신과 독특한 관계를 맺을 수 있었다. 그러나 성서는 하느님이 유대인들의 조상 아브라함과 처음 언약을 세울 때 그들이 무엇을 해야 할 것인지 명백히 지시했음을 보여준다.

하느님이 또 아브라함에게 말씀하셨다. "너는 내 계약을 지켜야 한다. 너뿐 아니라, 네 후손 대대로 지켜야 한다. 너희 남자들은 모두 할례를 받아라. 이것이 너와 네 후손과 나 사이에 세운 내 계약으로서 너희가 지켜야 할 일이다. 너희는 포경을 베어 할례를 베풀어야 한다. 이것이 나와 너희 사이에 세운 계약의 징표다. 대대로 너

희 모든 남자는 난 지 팔 일 만에 할례를 받아야 한다. 네 후손이 아닌, 네 집에서 난 씨종이나 외국인에게서 돈 주고 산 종이라도 할례를 받아야 한다. 그러면 내 계약이 영원한 계약으로서 너희 몸에 새겨질 것이다. 포경을 베어 할례를 받지 않은 남자는 내 계약을 깨뜨린 사람이니 겨레에게서 따돌림을 받게 되리라."

(창세 17:9–14)

바울로의 반대자들은 언약이 이제 그리스도를 믿는 모든 사람에게 열려 있지만, 하느님은 그 언약 자체의 규율을 없애지 않았다고, 그것은 "영원한" 언약, 즉 변하지 않을 언약이라고 주장했을지도 모른다. 그 언약에 속하기를 원하는 사람은 하느님이 처음부터 명령한 대로 할례를 받아야 한다고 주장했을 수도 있다.

대로 자신의 주장을 펴기 시작한다. 그는 "나는 사도직을 사람에게서나, 사람을 통해서 받은 것이 아니라 예수 그리스도와 그분을 죽은 자들 가운데서 다시 살리신 하느님 아버지께로부터 받았습니다"라고 자신을 소개한다.(1:1) 즉, 그는 사도 사명을 꿈꾸지도 않았고 다른 어떤 인간으로부터 그것을 받은 것도 아니며 하느님으로부터 직접 임명을 받았다는 것이다. 이러한 자기방어는 갈라티아인들이 그의 주장과 반대되는 메시지를 받아들였기 때문이며 그것은 편지의 본문으로 들어가면서 더 명확해진다. 바울로는 하느님에게 이 교회들이 세워진 것에 감사를 드리는 대신 그곳 사람들이 자신이 전한 복음과는 다른 복음을 받아들여 하느님을 버렸다는 질책으로 글을 시작한다.(1:6-9) "누구든지 여러분이 이미 받은 복음과 다른 것을 전하는 자가 있다면 그는 저주를 받아 마땅합니다."

편지의 서두에서 바울로는 이 다른 복음이 구체적으로 어떤 것인지 말하지 않는다. 외부인인 우리들은 어느 정도 후에야 그 내용을 알 수 있지만, 그는 분명히 갈라티아 교회의 사람들은 그가 무엇을 말하고 있는지 완벽하게 알고 있다고 생각한다. 바로 신학적인 반론을 전개하기보다는 그는 권위의 문제를 제기하며 반격에 나선다. 그의 메시지의 내용과는 별개로, 어떤 권위가 그것의 배후에 있는 것일까? 그가 자신의 복음 메시지를 만든 것일까? 아니면 다른 사람으로부터 메시지를 받은 다음 세부 사항들을 바꾸었을까? 바울로는 그의 메시지가 그리스도의 계시에서 직접 온 것이라고 주장한다. 그런 메시지에 만약 누군가가 동의하지 않는다면?

그의 주장을 명확히 하기 위해 바울로는 그의 초기 삶에 대한 자전적 묘사에 거의 두 장을 할애한다. 이런 접근 방식은 평소 자신의 과거 이야기를 꺼리는 바울로에게 익숙한 독자들에게는 이상하게 보일지 모르지만 이것은 그가 전하는 복음의 신뢰성이라는 당면한 문제와 관련이 있다. 그는 "형제 여러분, 내가 전한 복음은 사람이 만들어낸 것이 아니라는 것을 분명히 말해 둡니다. 이 복음은 내가 사람에게서 받은 것도 아니고 배운 것도 아닙니다. 예수 그리스도께서 직접 나에게 계시해 주신 것입니다"라고 주장한다.(1:11-12)

바울로는 자신의 주장을 증명하기 위해 교회의 박해자에서 복음의 전도자로 바뀐 자신의 변화를 다시금 이야기한다. 이러한 전환은 하느님의 직접적인 행위로 이루어졌는데, 하느님은 "당신의 아들을 이방인들에게 널리 알리게 하시려고 기꺼이 그 아들을 나에게 나타내 주셨다"고 그는 주장한다.(1:15-16) 그러므로 바울로가 일찍이 예수에 대해 생각했던 것과는 달리 그가 실제로 누구인지를 알게 된 것은 하느님에게서 직접 온 것이며 분명한 목적을 위해서였다. 그래서 바울로는 그 메시지를 갈라티아인들 같은 비유대인 이방 사람들에게 전할 수 있었다.

이 메시지는 예루살렘 사도들이나 기타 다른 그 누구에게서 받은 것도 아니었다. "그때 나는 어떤 사람과도 상의하지 않았고 또 나보다 먼저 사도가 된 사람들을 만나려고 예루살렘으로 가지도 않았습니다."(1:16-17; 사도 9:19-30과 대조하라) 바울로는 왜 이 점을 그렇게 강조했을까? 바울로가 예수의 초기 추종자들인 예루살렘의 사도들에게서 복음을 배운 후 그것을 수정했다고 반대파들이 주장하고 있었을지도 모른다. 그의 자전적 스케치는 그런 주장이 사실이 아니라는 것을 보여준다. "내가 여러분에게 써 보내는 이 말이 거짓말이 아니라는 것은 하느님이 알고 계십니다."(1:20) 혹은 그의 반대자들이 예루살렘 사도들을 그들 자신의 메시지의 원천으로 거론함으로써 자신들이 바울로에 대해 우월한 권한을 가지고 있다고 주장했을지도 모른다. 만약 그랬다면 그의 주장은 그의 상대의 메시지의 출처가 어디이건, 자신의 메시지는 하느님으로부터 직접 왔다는 것을 보여준다.

바울로는 예루살렘 사도들과 접촉한 사실을 부인하지 않는다. 그는 개종하고서 3년이 지난 다음(즉, 그의 생각이 확고해진 지 한참 후에) 15일 동안 케파를 방문했다고 인정한다. 그러나 왜 갔는지는 정확히 밝히지 않는다. 실제로 그가 사용했던 "방문하다"(갈라 1:18)라는 말은 '무언가를 배우러 갔다'거나 '어떤 정보를 전달하기 위해 갔다'는 의미일 수 있다. 그가 당시 예루살렘의 최고 사도였던 케파에게 자신이 하고 있는 일을 알리러 간 것일 수도 있다.

14년 후 바울로는 비슷한 이유로 더 많은 사도들을 만나 그의 선교 활동을 알렸다.(2:1-10) 이번이 그의 두 번째 예루살렘 여행이었고(사도행전의 기록으로는 세 번째이다), 그것은 이방인 선교의 결정적인 순간을 의미했다. 그의 글에서는 자신의 메시지가 잘못일 수도 있다고 생각하고 그의 복음 메시지의 정당성을 확인하고 싶어 두 번째로 예루살렘을 방문했다는 느낌 같은 것은 없다. (기억하라, 그는 자신의 메시지를 하느님으로부터 받았다고 주장했다.) 그 대신 바울로는 예루살렘의 사도들에게 가서 하느님 앞에 바로 서기 위해, 즉 칭의를 얻기 위해(2:1-5) 이방 사람들이 할례(약속의 표징)를 포함한 유대 율법을 따를 필요가 없다고 설득했다. 그는 지도자들을 사적으로 만나 자신의 견해를 설득했고(2:2), 다른 관점을 주장하는 사람들이 그곳에 함께 자리했지만 그들로부터 아무런 이의 제기도 받지 않고 자신의 뜻을 관철하는 데 성공했다.(2:7-10) 바울로는 자신과 의견을 달리하던 사람들을 "거짓 형제들"이라고 부르고(2:4) 그들이 갈라티아에 있는 그의 반대파의 선구자들이라고 생각한다.

바울로에게 있어 중요한 점은 예루살렘의 사도들이 회의에서 그의 적들에 동의하기보다는 그의 의견에 동의했다는 것이다. 이 사도들은 유대인들을 복음화하는 데 전념하고 있었지만(2:7-9) 이방인 개종자들이 할례를 받을 필요가 없다는 것을 용인했다. 대표적인 사례로, 바울로와 함께 회의에 참석했던 이방인

티투스는 반대파의 의견에 따라 할례를 강요당하지 않았다.(2:3-4) 바울로는 예루살렘 사도들의 동의를 얻음으로써 그들이 그의 사명에 전적으로 찬성하고 그것을 훼손하려 하지 않을 것이라고 확신할 수 있었다. 그의 표현대로, 그는 자신이 "지금 하고 있는 일이나 지금까지 해놓은 일이 허사가 되지 않았다는" 것을 알았다.(2:2)

바울로는 자신의 주장을 분명히 하기 위해 다른 자전적 사례 하나를 제시한다. 예루살렘 사도들과 만난 뒤에 그들 가운데 하나인 케파가 안티오키아에 있는 그와 함께 시간을 보내기 위해 그의 교회를 찾아왔다. 케파는 처음에는 바울로와 다른 유대인 출신 그리스도교인들, 이방인 신자들과 어울려 "식탁 교제"를 나누었다.(그는 이방인들과 함께 식사를 했다; 2:11-12) 그러나 예수의 동생인 사도 야고보가 보낸 사람들이 도착하자 케파는 이방인들과의 교제의 자리에서 물러났고 그것을 본 다른 유대교 출신 그리스도교인들도 그를 따랐다.(2:12-13) 바울로는 이를 보고 케파를 공개적으로 질책했다. 바울로의 견해에 따르면 케파는 이방인들에게 유대교 율법을 따르도록 강요하지 않기로 한 이전의 결정을 지키지 않았다.(2:14)

학자들은 이 갈등의 원인에 대해 서로 다른 의견을

당신의 생각은?

Box 20.6 왜 바울로는 율법에 대한 견해를 논박하기 위해 율법에 호소하는가?

갈라티아 사람들의 상황에 대한 바울로의 반응 중 가장 두드러진 것 중 하나는 그의 반대자들이 율법을 강조하는 것에 대해 반박하기 위해 율법 자체를 자세히 해석하고 있다는 것이다. 이러한 접근은 외부인들에게는 아이러니하게 보일 수도 있다. 바울로는 사람들이 하느님 앞에 바로 서는 데 있어서 율법이 어떤 역할도 하지 못한다는 것을 보여주기 위해 유대 율법을 인용하고 있는 것이다. 하지만 바울로에게 있어 이 논쟁은 완전히 합리적이다. 그는 사람들을 하느님 앞에 바르게 서게 하기 위해서 율법이 주어진 것이 아니라는 것을 성서 자체가 가르친다고 주장한다. 율법서의 제1권 창세기의 유대인의 조상 아브라함을 필두로 사람들은 신앙에 의

해 하느님에게 의로움을 인정받았다. 바울로에게는, 율법을 가진 유대 사람이건 그렇지 않은 이방 사람이건, 아브라함의 참된 자녀는 아브라함이 신앙을 가졌던 것처럼 신앙을 가진 자들이다.(갈라 3:6-9)

바울로는 유대교 성서를 해석하는 데 있어 자신도 꽤 능력이 있다는 것을 보여주기 위해 토라의 가르침을 그렇게 장황하게 인용했을 수도 있다. 그는 그리스도교로 개종하기 전에는 유대인으로 길러졌고 유대 전통에 대한 열의를 지니고 있었을 뿐만 아니라, 성서를 계속 연구하며 그것들을 해석하는 능력에서 (갈라티아에 있는 그의 반대자들을 포함해) 누구에게도 뒤지지 않았다.

가지고 있다. 케파와 그의 유대인 출신 그리스도교 동료들은 이방인들과 함께 식사를 한 것이 어떻든 음식에 관한 그들의 정결례kosher를 위반하도록 만들었다고 생각했을 것이다. 그들은 다른 신자들의 마음을 불편하게 하지 않는 한 그것이 용납될 수 있다고 생각했을지도 모르지만, 야고보가 보낸 사람들, 즉 아마도 계속 정결례를 지키고 있을 유대계 그리스도교인들이 도착하자 케파와 그의 동료들은 자신들이 누구와 함께 식사를 할지 결정해야 한다는 것을 깨달았다. 그들은 유대 형제자매들에게 상처를 주지 않기로 선택했고 그래서 그들과 함께 식사했다.

바울로에게 이것은 절대적인 모욕이었다. 그것은 하느님 앞에 유대인과 이방인의 구별이 있다는 것을 시사했고 그것은 예루살렘에서 사도들과 동의한 내용과는 달랐기 때문이다. 바울로에게는 유대인과 이방인은 하느님 앞에서 동등한 위치에 있었고 유대인의 우월성을 암시하는 어떠한 시도도 복음을 훼손하는 것이었다.

우리가 케파 쪽의 주장을 전혀 들을 수 없기 때문에 우리는 이 갈등의 결과를 알 수 없다. 그러나 그 사건에 대한 바울로의 설명은 이 편지가 궁극적으로 다루고 있는 문제, 즉 바울로의 복음 메시지와 유대 율법의 관계를 보여주기 때문에 중요하다.(갈라 2:15) 이 단계에서 바울로는 유대 율법은 사람들을 하느님 앞에 바로 서게 하는 것과 아무 상관도 없으며 결과적으로 갈라티아의 반대자들은 그의 권위를 의심하는 것뿐만 아니라 그의 복음을 왜곡하는 오류를 범하고 있다는 것을 보여주기 위해 이론적이고 성서적인 주장을 펼치기 시작한다. 이 주장들은 다소 복잡하기 때문에 여기서 몇 가지 중요한 사항들을 간단히 요약하겠다.

기본적인 문제는 무엇이었을까? 바울로는 갈라티아인들에게 보낸 편지 2장 15-21절에서 자신의 견해를 강력하게 표현하면서 주장을 시작한다. 자기 자신이 충실한 유대인이었음에도 하느님 앞에 바로 서는 것("칭의")은 유대 율법을 지키는 것이 아니라 그리스도에 대한 신앙(2:16)을 통해 온다는 것을 깨닫게 되었다. 율법을 통해 사람이 하느님 앞에 올바르게 될 수 있었

도판 20.6 하느님이 모세에게 율법을 주는 장면. 로렌초 지베르티가 만든 15세기 이탈리아 피렌체의 세례장 동문 패널. 이런 장면이나 출애굽기에 묘사된 것과는 달리 바울로는 신에게서 직접 율법을 받은 것이 아니라 천사 같은 매개자를 통해 받았다고 주장함으로써 율법의 신성한 성격과 중요성을 감소시켰다.(갈라 3:19)

다면 그리스도가 죽을 이유가 없었을 것이다.(2:21)

바울로에 따르면 이것이 율법을 이해하는 올바른 방법일 뿐만 아니라 율법 자체가 가르치는 메시지이기도 하다. 이제 그는 이 율법의 메시지를 이해하게 되었으니, "나는 이미 율법의 손에 죽어서 율법의 지배에서 벗어나 하느님을 위하여 살게 되었다"고 말할 수 있었다.(2:19) 이 말은 '율법 자체가 제공해준 율법을 올바르게 이해함으로써 하느님 앞에 바른 지위를 얻기 위한 방법으로서 율법을 포기했다'는 말로 다시 표현될 수 있다. 일단 율법이 하느님한테로 가는 길로서 버려지면 그 누구도 율법이 하느님 앞에 바로 서는 데 영향을 미치는 것처럼 행동해서는 안 되며, 바울로가 말한 비유를 사용하자면 "내가 전에 헐어버린 것을 다시 세운다면 나 자신이 범법자임을 증명하는 것"이었다.(2:18)

이 문제는 이교도 출신 갈라티아 그리스도교인들이 바울로가 반대하는 견해, 즉 율법을 행하는 일(특히 할례)이 하느님 앞에 서는 데 중요하다고 주장하기 시작했기 때문에 의미가 크다. 바울로는 분노하고 믿을 수 없었다. "갈라티아 사람들이여, 왜 그렇게 어리석습니까? 십자가에 달리신 예수 그리스도의 모습이 여러분의 눈앞에 생생하게 나타나 있는데 누가 여러분을 미혹시켰단 말입니까?"(3:1)

율법을 지키는 이방인들의 문제점은 무엇인가? 바울로는 신앙으로 사는 것이 아니라 율법으로 사는 사람들, 즉 율법을 지킴으로써 하느님 앞에 바르게 서려고 하는 사람들은 그들의 동기나 욕망에도 불구하고 하느님의 축복보다는 저주의 대상이 된다고 주장한다. 토라 Torah 자체도 율법책에 기록된 모든 것을 따르지 않는 자들을 저주한다.(3:10) 바울로는 왜 모든 사람이 자동적으로 이 저주를 받게 되는지 설명하지 않지만 그

Box 20.7 그냥 No라고 말하라: 바울로의 성적 금욕의 복음

바울로의 복음 메시지는 주로 예수의 죽음과 부활을 통해 사람이 어떻게 하느님과 바른 관계에 설 수 있는지에 대한 내용이었다. 그러나 후대의 그리스도교인들은 다른 것들이 구원에 그 못지않게, 혹은 더 중요하다고 생각하게 되었다. 특히 일부 그리스도교인들은 구원을 위해 정말 중요한 것은 이곳 땅에서의 삶보다는 위의 세상을 위해 사는 것이라고 생각하게 되었다. 이들 중 일부는 처음부터 사도 바울로가 이런 태도를 가르쳤다고 주장했다. 이 후기 그리스도교인들에 따르면, 영생을 얻는 방법은 육체의 세속적인 쾌락, 무엇보다도 성의 쾌락을 부정하는 것이었다. 바울로 사후 약 한 세기 뒤에 나타난 한 저자는 『바울로와 테클라 행전』으로 알려진(22장 참고) 바울로의 설교집을 통해서 마치 바울로가 이런 메시지를 전한 것처럼 설파했다. 이 책에서 바울로는 산상수훈의 형식을 이용하여 구원을 받으려면 성관계를 삼가야 한다고 가르친다.

　육신의 정절을 지킨 사람은 복이 있나니 그들은 하느님의 성전이 될 것이다.

자제하는 사람은 복이 있나니 하느님이 그들에게 말씀하실 것이다.

이 세상을 버린 사람은 복이 있나니 그들이 하느님을 기쁘게 할 것이다.

아내가 있지만 없는 것 같은 사람은 복이 있나니 그들이 하느님의 상속자가 될 것이다.

하느님의 사랑 때문에 이 세상의 껍데기를 떠난 사람은 복이 있나니 그들이 천사를 심판하고 아버지의 오른편에서 복을 받을 것이다.

처녀들로 죽는 자들은 복이 있나니 이들이 하느님을 기쁘게 하고, 그들의 정절에 대한 상을 잃지 않을 것이다. 아버지의 말씀이 그의 아들의 날에 그들을 위한 구원을 이루실 것이며 그들은 영원한 안식을 얻을 것이다.

만약 모든 사람이 이것이 정말로 바울로의 실제 설교라고 확신하게 된다면 그리스도교가 얼마나 다른 모습일지 상상해보라.

가 다른 곳에서 암시하는 것처럼 '율법에 기록된 모든 것을 순종'하는 사람이 아무도 없기 때문일 것이다.(로마 3:9-20 참고) 바울로는 이 문제를 명시적으로 언급하지는 않지만, 토라의 상당 부분은 무심코 율법을 어겼을 때 죄를 속죄하기 위해 유대인들, 심지어 대사제가 수행해야 하는 제의를 묘사하는 데 전념하고 있기 때문에 율법 자체가 자신의 논점을 보여준다고 생각할 수도 있었을 것이다. 율법에 있는 모든 것을 따르지 않으면 저주를 받아야 하는데, 율법 자체는 아무도 율법을 온전히 지키는 사람이 없다고 말한다. 따라서 율법을 지키려고 하는 모든 사람들은 율법 자체가 선포하는 저주 아래 있다.

더욱이 이 점은 아래의 구절에서 더 명확하게 표현되어 있는데, 성서는 사람이 신앙을 지녀야 생명을 찾을 것임을 말하고 있기 때문에 율법은 하느님 앞에 사람을 바로 세울 수 없다.(하바 2:4, 갈라 3:11 인용) 율법을 지키는 것은 하느님을 믿는 문제가 아니다. 그것은 무언가를 하는 문제이다. 만약 신앙이 생명에 이르는 길이라면 율법을 행하는 것은 요건을 충족시키지 못한다. (유대인만이 아니라) 모든 믿는 자들의 조상인 아브라함의 신앙과 같은 신앙만이 한 사람을 하느님 앞에 바르게 세울 것이다.

그렇다면 왜 하느님은 애초에 율법을 주었을까? 만일 율법을 실천하는 것이 사람을 하느님 앞에 바로 서게 하지 못하고, 율법이 결코 그런 의도를 지닌 것도 아니었다면, 도대체 왜 그것이 주어진 것일까 하는 의문이 생긴다.(갈라 3:19) 갈라티아인들에게 보낸 편지 3장 19-29절에 나오는 바울로의 답변은 오랜 기간 주석가들을 혼란에 빠뜨렸다. 아마도 율법이 주어진 이유는 하느님의 뜻을 알리고 하느님이 아브라함의 "후손들에게 복을 주겠다"(3:16)는 약속을 이행하러 오기까지 그들이 "벗어나지 않도록" 유대 민족에게 가르침과 지도를 베풀기 위해서라고 이해하는 것이 최선일 것이다. 축복의 성취는 아브라함의 자손이 된 그리스도 안에서 이루어질 것이다. 그는 약속에서 언급된 아브라함의 자손이었다.(3:16) 그러므로 율법은 그리스도가 도래할 때까지 '규율'을 지키는 역할을 했다. 그것은 (그리스어로) 파이도고고스paidogogos라고 불린

다. 즉, 아이들이 성숙할 때까지 좁지만 바른길을 걷도록 돕는 존재다. 하지만 율법은 결코 사람을 하느님 앞에 바르게 세우기 위한 것이 아니었다. 칭의는 행위가 아니라 신앙을 통해 얻을 수 있기 때문이다.

그렇다면 아브라함의 진정한 후손은 누구일까? 아브라함의 육체적인 자손이긴 하지만 신앙이 없는 유대인들보다는 신앙을 가진 유대인과 이방인들이 아브라함의 진정한 후손이라고 바울로는 생각한다. 이러한 시각은 특히 바울로가 4장 21-30절에 제시하는 이야기에서 뚜렷이 드러난다. 그것은 창세기 21장에 나오는 이야기의 독창적이고 흥미로운 해석이다.(바울로의 해석을 읽기 전에 먼저 그 이야기를 읽어보라.) 바울로의 견해에 의하면 하느님의 약속에 의해 태어난 아브라함의 아들 이삭은 그리스도교 교회(즉 하느님의 약속을 믿는 모든 사람)를, 그의 육신에서 태어난 아들 이스마엘은 그리스도를 믿지 않는 유대인을 나타낸다. 즉 그리스도를 신앙하는 사람들만이 하느님의 약속의 정당한 상속자이다. 반면에 신앙이 없는 유대인들은 노예로 태어난 존재들이다. 이스마엘의 어머니 하가르가 노예였다는 것에서 알 수 있는 사실이다. 그리스도를 믿지 않고 유대 율법에 복종하는 사람들은 노예의 멍에를 지는 것이다. 믿음을 가진 자는 결코 이 멍에를 지지 않을 것이다. 유대인이 아니라 그리스도교인(유대인이든 이방인이든)이 아브라함의 약속된 자녀다. 놀라운 해석이라 하지 않을 수 없다.

이런 가르침은 방종을 초래하지 않을까? 율법을 지키는 것과는 별개로 모든 사람들, 즉 유대인과 이방인들이 신앙을 통해서 하느님 앞에 옳게 여겨진다는 그의 가르침에서 일부 사람들이 발견할 수도 있는 문제를 다루며 바울로는 이 편지를 마친다. 방향을 지시하고 규율을 위해 하느님의 백성에게 율법이 주어졌지만 이방인 신자들은 그것을 지킬 필요가 없다면, 그들은 난잡하고 분별없는 행동에 빠지지 않을까?

바울로에게는 그보다 더 터무니없는 말은 있을 수 없다. 그의 사상에서 가장 큰 아이러니일지도 모르지만 바울로는 율법을 지켜야 할 의무가 없고, 따라서 할례를 받지 않아도 되는 이방 신자들은 전적으로 서로

를 사랑해야만 하며 그렇게 함으로써 율법을 성취한다고 주장한다. 바울로는 그리스도교도들은 서로에게 종이 되어야 한다고 말한다.(갈라 5:13) 왜냐하면 "모든 율법은 '네 이웃을 네 몸같이 사랑하라'는 한 계명으로 요약"되기 때문이다.(5:14)

그의 주장은 여러 가지 감질나는 질문을 제기한다. 먼저, 바울로가 어떻게 개종자들에게 율법을 따르지 말라고 말한 후(당신들은 할례를 받으면 안 된다) 다시 그들에게 율법을 지키라고 요구할 수 있는 것일까(율법을 온전히 이루려면 서로 사랑해야 한다)? 그의 글에 명백하게 드러나지는 않지만 바울로는 유대교 성서에 다양한 종류의 율법이 있다고 생각하는 것 같다.(8장에 있는, 마태오의 복음서와 관련하여 우리가 알게 된 것과 비교해보라.) 먼저 유대인들에게 특별히 적용되는 율법들이 있다. 할례와 음식에 관한 정결례들이 이에 포함될 것이다. 바울로는 이방인 개종자들에게 이런 율법을 지키지 말라고 주장한다. 그는 율법을 지키는 갈라티아인들에게 "율법을 지킴으로써 하느님과 올바른 관계를 맺으려는 여러분은 그리스도와 관계가 끊어졌고 은총에서 벗어났습니다"라고 질책한다.(5:4) 동시에, 그는 그의 개종자들에게 토라 전체를 요약하는 원칙을 지키라고 촉구한다. 이웃을 자신처럼 사랑하는 것이 그것이다. 분명 바울로는 어떤 율법들을(할례를 받는 것) 유대인 특유의 것으로 보았고, 다른 율법들은 모든 사람들에게 적용되는(네 이웃을 사랑하라) 것으로 보았다.

그러나 갈라티아인들에게 보낸 편지 3장은 아무도 모든 율법을 지킬 수 없다는 것을 암시하는 것 같다.(이웃을 사랑하라는 율법을 포함해서) 그렇다면 그는 어떻게 그리스도교인들에게 율법을 이루어야 한다고 주장할 수 있을까? 바울로는 그리스도를 믿음으로써 하느님의 영을 받은 자(3:1)는 율법이 명하는 일을 할 수 있는 능력을 성령이 부여한다고 믿는 것이 분명하다. 실제로 그들의 삶은 율법을 이행한 것처럼 열매를 맺을 것이고, 어떤 율법도 금하지 않는 열매를 맺을 것이다.(5:22-23) 반면 하느님의 영이 없는 사람, 즉 신자가 아닌 사람은 반드시 육체의 지배를 받으며, 천성적으로 율법과 하느님의 뜻에 어긋나는 활동을 한다.(5:16-21) 그런 사람들은 결코 하느님의 나라를 물려받지 못할 것이다.(5:21) 그러므로, 어쩌면 아이러니하게도, 할례를 받는 사람이 아니라 예수를 믿는 사람들이 하느님의 율법의 정당한 요구를 충족하는 사람들이다.

요약: 바울로와 율법

그리스도에 대한 신앙과 유대 율법의 관계는 바울로가 일생 동안 천착했던 문제이다. 실제로 그것은 그리스도의 사도로서 그가 다루어야 할 가장 핵심적인

Box 20.8 갈라티아인들에게 보낸 편지

1. 갈라티아인들에게 보낸 편지는 소아시아의 로마 속주 갈라티아에 있는 교회들 앞으로 쓰였다.

2. 바울로가 교회를 세우고 떠난 후 다른 선교사들이 도착하여 그가 전한 것과 다른 복음을 선포했다.

3. 이들 선교사들은 이방인들도 할례를 받고 하느님 앞에 온전해지기 위해서는 온전히 유대 율법을 지켜야 한다고 주장했다.

4. 바울로의 분노에 찬 편지는 자전적 스케치로 시작한다. 그를 통해 그는 자신의 복음이 인간의 어떤 행위가 아니라 그리스도의 비전을 통해 하느님으로부터 직접 나온 것임을 보여준다.

5. 이어 이방인들의 구원은 유대 율법을 지키는 것이 아니라 오직 그리스도를 신앙함으로써 얻을 수 있다고 강하게 주장한다. 율법의 준수가 필요하다고 생각하는 모든 이방인은 오해를 하고 있는 것으로 구원을 놓칠 수도 있다.

6. 율법에서 자유로운 복음이 방종한 행위로 이어지는 않는다는 윤리적 훈계로 바울로는 편지를 끝맺는다.

질문들 중 하나였는데, 왜냐하면 그는 그리스도의 존재가 율법의 완성이라고 가르치는 한편 외부인들이 보기에 유대인들을 유대인으로 만드는 율법의 측면들을 그리스도교 신자들은 행할 필요가 없다고 가르쳤기 때문이다. 그 질문은 바울로가 자신의 복음 때문에 다루어야 했던 더 큰 문제들—예를 들면, 하느님이 그리스도에 대한 믿음을 유일한 구원의 수단으로 삼음으로써 그의 백성 이스라엘을 저버렸는지 그리고 그 결과 항상 이스라엘의 하느님이 되겠다는 자신의 약속을 지키지 않음으로써 자신이 신의 없고 믿을 만하지 못한 존재임을 드러냈는지 등의 문제들—과 관련이 있기 때문에 계속적으로 중요했다. 이것들은 바울로가 로마인들에게 보낸 편지에서 복음에 대한 그의 견해를 좀 더 깊고 차분하게 설명하면서 탐구할 문제들 중 일부이다.(21장 참고)

필리피인들에게 보낸 편지

바울로는 테살로니카나 코린토스인들 때처럼 필리피인들과 자신이 과거에 지녔던 관계를 분명하게 알려주지 않기 때문에 우리들은 필리피의 그리스도교 공동체에 대해 잘 알지 못한다. 사도행전 16장에 몇 가지 정보가 제공되어 있지만 불행히도 바울로의 편지를 통해 확증될 수 있는 내용은 거의 없다. 예를 들어 바울로는 루카의 복음서에 등장하는 주요 인물들인 리디아와 필리피 감옥의 간수에 대해서는 아무 언급도 하지 않는다.

필리피 시는 테살로니카 북동부에 위치한 마케도니아 동쪽에 위치해 있었으며 이 지역을 통과하는 주요 무역로들 중 하나를 접하고 있었다. 바울로는 테살로니카인들에게 보낸 첫째 편지에서 테살로니카로 선교를 하러 가기 전에 필리피에서 수치스러운 대우를 받았다고 말한다.(1테살 2:1-2) 우리는 아마도 그가 처음 그 도시를 방문해서 그곳에 교회를 세웠을 때를 언급하고 있다고 생각해야 할 것이다. 그들의 거친 대우에 대해 생각해보면, 바울로와 그의 동료들은 그곳에서 많은 시간을 보내지는 않았을지도 모른다. 아마도 단지 몇몇 개종자들을 얻고, 그들에게 신앙의 기초를

전한 후 아직 형편이 좋을 때 도시를 떠났을 것이다.

개종자들에 대한 정보는 거의 주어지지 않는다. 우리는 필리피 교회도 아마 바울로가 세운 다른 교회들처럼 이스라엘의 하나뿐인 진정한 유일신을 숭배하고 그의 아들 예수의 귀환을 고대하도록 가르침을 받은 개종된 이교도들로 구성되었을 것이라고 추측할 수 있다. 이러한 가르침에 대한 언급은 편지 전체에서 찾을 수 있다.(예: 필리 1:6, 10-11; 2:5-11; 3:20-21) 그런데 바울로는 왜 이 편지를 썼을까? 이 질문에 대한 대답은 다소 복잡하다. 아니, 예를 들자면, 갈라티아인들에게 보낸 편지의 경우보다 더 복잡하다. 이 글의 여러 부분들은 서로 다른 상황을 전제로 하는 것처럼 보이기 때문이다. 코린토스인들에게 보낸 둘째 편지의 경우와 마찬가지로 필리피인들에게 보낸 편지도 두 개 이상의 편지로 이루어져 있을지 모른다.

편지의 통일성

필리피인들에게 보낸 편지의 처음 두 장은 바울로가 그의 개종자들에게 쓴 우정의 편지와 매우 흡사하게 보인다. 편지를 쓰게 된 계기는 상당히 명백하다.(특히 필리 2:25-30 참고) 필리피 사람들은 어떤 이유에서인지 공개되지 않은 이유로 그들의 충실한 멤버 중 한 명인 에파프로디토스를 바울로에게 보냈다. 바울로를 돕던 그가 병에 걸리자 그 소식을 들은 필리피 교회 사람들은 걱정을 하게 되었다. 필리피 교인들이 그 때문에 염려하고 있다는 것을 알게 된 에파프로디토스는 자신이 그들에게 걱정을 끼치게 된 것에 대해 괴로워한다. 다행히도 그의 건강이 회복되었고 그는 이제 필리피로 귀환할 준비가 되어 있었다. 바울로는 필리피 사람들에게 자신의 상황을 알리고 모든 것이 잘된 것에 대한 그의 기쁨을 표현하기 위해 이 편지를 썼다.

바울로는 감옥에서 편지를 보냈다.(필리 1:7) 우리는 그가 어디에 수감되었는지, 왜 수감되었는지 알지 못한다. 다만 그것이 그의 복음 전파와 관련이 있다는 점만 알고 있다. 그는 자신의 역경에 대해 언급하고 그것이 결국 잘된 일이었다고 신도들을 안심시키기 위해 편지를 썼다. 그가 감옥에 갇힌 결과 다른 사람들은 설교할 용기를 얻었다.(1:12-18) 바울로는 자신의 상황

을 이용하여 고난은 현재를 살아가는 그리스도교인들의 운명이라고 설명하는데(1:29-30), 이는 그가 코린토스 교회에 보낸 편지에서 선언한 것과 비교할 만한 메시지이다. 그는 필리피 교인들에게 (우정의 편지에서 흔히 볼 수 있듯이) 몇 마디 일반적인 권고의 말을 전한다. 마음을 합해 자신보다는 서로를 섬김으로써 그리스도의 모범을 따르라는 권고다.(2:1-11)

이 편지의 가장 두드러진 특징 중 하나는 이러한 일반적인 권고 다음에 나온다. 편지의 첫 두 장을 채웠던 다정하고 즐거운 어조가 3장의 앞부분에서 거의 아무런 예고도 없이 바뀐다. 실제로 이 책에 두 장이 더 남아 있는 것을 몰랐다면 이 편지는 2장에서 끝나는 것처럼 보일 정도다. 바울로는 자신의 처지를 설명하고, 훈계하고, 글의 목적을 진술한 후 "(끝으로) 내 형제 여러분, 주님께서 여러분에게 많은 기쁨을 주시기를 빕니다"라고 마지막 권유를 한다.(3:1) 왜 그는 "끝으로Finally"라고 말하고서도 주제를 완전히 바꾸어 두 장에 걸친 글을 계속 쓰는 것일까? 실제로 바로 뒤이어 나오는 말, "나는 여러분의 안전을 위하여 성가시게 생각하지 않고 같은 이야기를 되풀이하여 써 보냅니다"는 맥락상 이해하기도 어렵다. 어찌하여 기뻐하라는 그의 권고를 마음에 들어 하지 않는 사람이 있을 수 있을까? 바울로는 곧바로 아마도 필리피에 있는 그의 적들, 그가 "개", "악한들" 그리고 "형식적인 할례를 주장하는 자들"이라고 부르는 사람들에 대해 독설을 퍼붓기 시작한다.(3:2) 그리고 나서 그는 이 거짓 교사들의 주장과 구별되는 복음에 대한 자신의 생각을 변호한다.(3:3-11) 평화로운 우정의 편지가 이제 신랄한 경고의 편지로 바뀌었다.

게다가 그리스도교 공동체의 단합 문제는 이 장들에서 추가적인 반전을 보인다. 우리는 특히 에우오디아와 신티케라는 두 명의 여성이 서로 대립하며 공동체에서 무언가 소란을 일으켰다는 것을 알게 된다.(4:2-3) 바울로는 단합의 필요성을 더 이상 애매하게 말하지 않는다. 이제 그는 실제로 그 문제에 관련된 사람들의 실명을 언급한다. 특히 흥미로운 것은 에파프로디토스가 이 마지막 장에서 다시 언급된다는 것이다. 앞에 나온 내용을 모르는 사람이라면 그가 이미 바울로와 함께 오랜 기간 머물렀다는 것을 깨닫지 못한 채 그가 이제 막 도착했다고 생각할지도 모른다.(예: 4:18, "나는 여러분에게서 받을 것을 다 받았고 또 넘치도록 받았습니다. 나는 여러분이 에바프로디토스를 시켜 보낸 것을 받아서 넉넉하게 살고 있습니다. 여러분이 보낸 선물은 좋은 냄새를 풍기는 향기이며 하느님이 기꺼이 받아주실 제물입니다.") 어쨌든, 에파프로디토스가 왜 왔는지, 바울로가 왜 이 편지를 쓰고 있는

Box 20.10 바울로는 자살을 생각하고 있었을까?

고대에서의 자살과 순교를 논하는 흥미로운 책(『고귀한 죽음: 고대 그리스도교인과 유대인의 자살과 순교 A Noble Death』, 1992)에서 아서 드로지와 제임스 타보르는 자살은 '죄'라는 현대적 관념은 성서가 아니라 5세기의 성 아우구스티누스로부터 유래했다고 주장한다. 아우구스티누스 이전에는 자살은 이교도, 유대인, 그리스도교인들, 누구에 의해서도 비난받지 않았다. 오히려 어떤 상황에서는 그것이 옳고 숭고한 것이라고까지 주장되었다. 실제로, 몇몇 유명한 고전 작가들은 자살을 현재의 고통에 견주어 기쁘게 받아들여야 할 '이익'이라고 말했다. 예를 들어, 소포클레스의 연극 안티고네의 주인공은 다음과 같은 대사를 말한다. "만약 내가 내 명을 다하기 전에 죽는다면, 나는 그것을 이익으로 여긴다. 내 삶처럼 불행으로 가득 찬 사람에게는 죽음이 이익이기 때문이다." 그녀는 결국 스스로 목숨을 끊게 된다. 그래서 플라톤이 지은 『소크라테스의 변론』에서 소크라테스는 독배로 세상을 떠나기 전, "죽음의 상태는 두 가지 중 하나다. 사실상 무이거나, 아니면 영혼이 이곳으로부터 다른 곳으로 이동하는 것이거나. 그리고 그것이 꿈도 꾸지 않는 수면과 같은 무의식이라면 죽음은 놀라운 이득일 것이다"라고 말한다.

필리피인들에게 보낸 편지에서 바울로가 "나에게는 그리스도가 생의 전부입니다. 그리고 죽는 것도 나에게는 이득이 됩니다"라고 말하는 것은 놀랍다.(필리 1:21) 그는 자살을 고려하고 있는 것일까? (자살은 죄라는 이유로) 그가 그런 생각을 했을 리는 없었을 것이라는 성급한 결정을 내리기 전에, 고대 문헌에서 '인정된' 수많은 자결 사례가 있었다는 것을 기억할 필요가 있다. 이교도(예: 소크라테스), 유대인(예: 마카베오 문헌에서 논의된 순교자들), 그리스도교인(예: 초기 순교자들, 마르코의 복음서에서는 "자신의 목숨을 주었다", 요한의 복음서에서는 "자기 목숨을 버렸다"고 표현된 예수 자신의 희생) 더욱 중요한 것은, 바울로 자신이 필리피인들에게 보낸 편지에서 삶과 죽음의 가능성에 대해 어떻게 말하는지 알아봐야 한다. "그러나 내가 이 세상에 더 살아서 보람 있는 일을 할 수 있다면 과연 어느 쪽을 택해야 할지 모르겠습니다. 나는 그 둘 사이에 끼여 있으나 마음 같아서는 이 세상을 떠나서 그리스도와 함께 살고 싶습니다. 또 그 편이 훨씬 낫겠습니다. 그러나 여러분을 위해서는 내가 이 세상에 더 살아 있어야 하겠습니다."(1:22-24)

바울로는 자신이 선택할 수 있는 두 방안, 즉 그리스도와 함께하기 위해 떠날 것인지 아니면 그리스도교인들과 함께 지낼 것인지를 저울질하는 것 같다. 일부 주석자들은 바울로 자신이 재판에 회부될 때 본인을 위해서 적극적으로 변호를 할 것인지 여부를 결정한다는 뜻으로 해석했다. 그렇게 하지 않으면 사형에 처해질 것이라는 가정 아래 말이다. 그러나 바울로는 곧 있을 재판에 대해서는 아무 말도 하지 않으며 곧 필리피를 방문할 수 있을 것이라고 생각하는 것 같다.(2:24) 그리고 바울로가 자신의 변호뿐만 아니라 그의 선고도 통제할 수 있다고 생각하는 것은 너무 지나친 생각일 것이다. (그리고 그가 혹여 다른 누군가로 하여금 자신을 처형하게 만들 수 있다고 생각했다면, 그것도 스스로 자신에게 죽음을 가하는 또 다른 방법이 아닐까?)

그렇다면 바울로가 삶을 택해야 할지 아니면 죽음을 택해야 할지 생각하고 있을 때 그는 스스로 목숨을 끊음으로써 얻을 수 있는 진정한 이익을 생각하고 있던 것이 아닐까? 그리고 그가 죽음을 선택하지 않은 것은 그것이 죄이기 때문이 아니라 그리스도 안에서 그를 따르는 사람에게 아직 얼마간의 유익을 끼칠 수 있기 때문이 아니었을까?

지 이유가 이제 분명해졌다. 필리피 사람들은 에파프로디토스를 시켜 바울로에게 헌금을 보냈고, 바울로는 이에 감사 편지를 쓰고 있다.

그가 왜 그때 편지를 보내는지는 명확지 않다. 에파프로디토스가 바울로와 그렇게 오랫동안 함께 있었다면—즉 에파프로디토스가 중병에 걸리고 그로 인해 필리피 사람들이 걱정을 한다는 소식을 듣고 에파프로디토스가 속상해한 후 결국 회복을 하는 동안—왜 바울로는 이제야 그들에게 편지를 써서 선물을 잘 받았다고 말하는 것일까? 분명 그는 이 일이 있기 전에 그들과 연락을 하고 있었다.(에파프로디토스가 도착했다는 것, 그가 나중에 중병에 걸렸다는 소식을 그들은 들어 알고 있었다.)

학자들은 이렇게 문맥이 불일치하는 듯한 문제들에 대한 다양한 해석을 제공해왔다. 한 가지 해결책은 이곳에 각각 다른 시기, 다른 상황에서 쓰인 두세 개의 편지들이 함께 들어 있다는 것이다. 설명의 편의를 위해서 나는 두 개의 편지들이 묶여 있다고 가정하고 그런 주장이 어떻게 작용하는지를 설명하겠다.

바울로는 필리피 교회를 세운 후 다른 곳에서 사도로서의 직무를 계속 수행하기 위해 떠났다. 그가 이 편지를 썼을 때, 또는 일련의 편지들(로마인들에게 보낸 편지? 에페소스인들에게 보낸 편지?)을 썼을 때, 우리는 그가 정확히 어디에 있었는지 모른다. 분명한 것은 그가 감옥에 있었다는 것뿐이다. 필리피 사람들은 그가 곤경에 처했다는 것을 알게 되었고, 그들의 주요 멤버들 중 하나인 에파프로디토스를 통해 그에게 돈을 선물로 보냈다. 바울로는 감사하게 선물을 받았고(에파프로디토스로부터?) 그 공동체에 두 가지 주요 문제가 발생한 것을 알게 되었다. 몇몇 거짓 선생들이 유대교 율법을 지킬 필요성을 강조하기 시작했다는 것(3:3-6 참고) 그리고 공동체의 두 여성이 공개적으로 무언가에 대해 다투고 있다는 것이었다. 그는 3-4장에 일부 표시했듯이 선물에 대해 감사하며, 거짓 교사들에 대해 경고하고, 에우오디아와 신티케가 사이좋게 지낼 것을 촉구하는 편지를 보냈다.

바울로가 이 편지를 보낸 뒤에 에파프로디토스는 병이 났고 그것을 알게 된 필리피 사람들은 염려하게 되었다. 에파프로디토스는 그들이 자신 때문에 근심한다는 소식을 듣고 마음이 괴로웠지만 마침내 회복되었다. 분명 주고받던 의사소통의 과정에서 바울로는 필리피의 상황이 나아졌다는 것을 알게 되었다. 에파프로디토스가 여행할 수 있을 만큼 건강해졌을 때 바울로는 다시 편지를 보냈는데, 자신이 어떻게 지내고 있는지를 알리고 예수 안에서 합심하라는 권고를 담은 우정의 편지였다. 이 편지의 대부분의 내용은 현재 필리피인들에게 보낸 편지 1-2장에서 볼 수 있다. 이런 시나리오는 편지의 첫 번째 부분과 두 번째 부분 사이에 왜 그런 차이가 있는지 설명할 수 있다.

편지의 가장 중요한 강조점
바울로가 다른 편지들에서 다루었던 몇몇 이슈들은

여기에서도 다시 나타난다. 예를 들어, 테살로니카와 코린토스에 보내진 편지에서 우리는 바울로가 그리스도가 심판을 위해 돌아오기 전까지는 그리스도교도들은 고난을 겪어야 한다고 강조하는 것을 보았다. 이것은 그리스도의 십자가를 통해 악의 힘이 꺾이기 시작했지만 아직 끝이 오지는 않았다는 그의 종말론적 메시지의 일부이다. 아직까지는 하느님을 거역하는 우주적 세력의 지배가 계속되고 있으며 이에 맞서는 사람들은 악한 세력의 분노의 대상이 될 것이다. 그리스도교도는 필연적으로 고난을 당할 테지만 그리스도가 돌아오면 모든 것이 회복될 것이다. 이 메시지는 필리피인들에게 보낸 편지에서도 계속해서 나타나는데, 여기에서 바울로는 다시 자기 자신을 그리스도를 위해 고통받는 사람(예: 1:7, 17)으로 묘사하고 있으며, 고통받는 것은 그리스도교인의 소명이고(1:29), 그리스도가 돌아오면 모든 것이 바르게 회복될 것이라고 재차 강조한다.(3:20-21)

이 편지의 두 부분을 하나로 묶는 또 다른 모티프는 이 그리스도교인들이 서로 자기를 내어주는 사랑을 실천함으로써 단합을 유지할 필요가 있다는 것이다. 이 메시지는 4장의 에우오디아와 신티케 두 여성에게 싸움을 중단하라는 요청에서 가장 명백하게 표현되지만, 2장에서 더 길게 설명된다. 여기서 바울로는 학자들이 필리피인들에게 보낸 편지의 "그리스도 찬가"라고 불려온 구절에서 믿는 자들을 위한 그리스도의 행동을 설명한다.(2:6-11; Box 20.9 참고) 이것은 바울로의 모든 편지 중에서 가장 시적이고 사랑받는 부분 중 하나이다. 독자들은 오랫동안 이 글의 두드러진 운율, 균형 잡힌 리듬 그리고 고상한 견해를 주목해왔다. 거기에는 그리스도를 예배할 때 부르던 초기 찬송가의 모든 흔적들이 있는데 바울로는 이 글이 필리피 독자들에게 중요한 의미를 지니기 때문에 이를 온전히 모두 인용한다.(참고 요한의 복음서 서문; 본문 10장을 보라.) 비록 그 찬송의 많은 세부 사항들이 활발히 논의되고 있지만, 그것의 기본적인 메시지는 꽤 명확하다. 그리스도는 하느님과 동등하려 하기보다는 자신을 겸손하게 낮추고 인간이 되어 십자가에서 죽음으로 그에게 복종했다. 하느님은 이 겸손한 복종의 행위에 응답하여 창조물 가운데서 그리스도를 높여서 만물의 주가 되게 했다.

바울로는 이 찬송을 단순히 그리스도가 행한 일에 대한 강력하고 감동적인 표현이기에 인용한 것이 아니다. 오히려, 다른 사람들을 위해 자신을 낮춰야 할 그리스도교인들에게 그리스도의 겸손한 복종이 행동의 본보기가 되기 때문이다.(필리 2:1-4) 그리스도교도는 자기 자신의 유익을 찾고 자기 자신의 영광을 위해 일하기보다는 다른 사람의 유익과 영광을 위해 일해야 한다. 독자들은 이 장에서 그리스도만이 자기를 내어주는 희생적인 사랑의 유일한 예가 아니라는 것을 알게 될 것이다. 바울로 또한 자신의 필리피 교인들을 위해 자신을 기꺼이 희생할 수 있다고 주장하며(2:17), 그의 동료 티모테오도 자신의 이익보다는 다른 이들의 이익을 추구했고(2:19-24), 그들이 보낸 에파프로디토스도 다른 이들을 위해 자신의 모든 것을 위태롭게 했다고 주장한다.(2:25-31) 필리피 사람들은 자기희생적인 사랑을 통해 서로 화합하여 살면서 이러한 가치 있는 모범들을 본받아야 할 것이다.

우리는 이 훈계가 바람직한 결과를 가져왔는지 아닌지 아마 결코 알 수 없을 것이다. 이 편지(또는 이 일련의 편지들)가 끝난 후 우리는 필리피의 개종자들과 바울로의 관계에 대해 더 이상 듣지 못한다.

필레몬에게 보낸 편지

필레몬에게 보낸 편지는 신약성서에 숨겨져 있는 작은 보석이다. 보통의 그리스-로마 시대의 편지처럼 한 페이지의 길이로 이루어진 이 편지는 이론의 여지 없이 바울로가 쓴 편지이다. 이 편지는 교회에서 일어난 주요한 위기를 다루기보다는 도망친 노예 오네시모스와 주인 필레몬의 손에 달려 있는 그의 운명을 다룬 것이다.

편지의 배경과 목적

"그대의 집에 모이는 교회 여러분과 우리 자매 아피아와 우리 전우 아르키포스에게 이 편지를 씁니다"(필레 1:2)라고 세 사람과 한 교회를 필레몬에게 보낸 편지의 수신인으로 써놓았지만 바울로는 사실 편지의 본문에 "그대"라고 언급하는 단 한 사람(4-24절까지 계속 나온다)에게 글을 쓰고 있다. 수신인들 중 처음 나오는 이름이 필레몬이기에 편지의 수신인은 그가 분명하다. 마찬가지로, 발신인을 밝힐 때도 바울로는 '공동 저자'인 티모테오를 언급하기 전에 자신을 먼저 밝힌다.

필레몬이 누구인지에 대한 유일한 단서는 편지 자체에서 나온다. 우선, 그는 비교적 부유한 그리스도교인이었음에 틀림없다. 그는 교회(즉, 그리스도교인들의 사적인 모임)를 수용할 만큼 큰 자기 집을 가지고 있었고 노예들도 소유했다. 그는 재산도 지니고 있었을 것이다. 바울로는 오네시모스가 필레몬의 재산이나 그에게 맡겨진 자금 중 일부를 가지고 도망쳤을 수 있다고 생각하기 때문이다.(1:18) 필레몬은 콜로사이 교회의 지도자였다고 전해지고 있는데, 이는 23절에서 바울로가 에파프라스의 인사를 전하고 있기 때문이다. 콜로사이인들에게 보낸 편지 4장 12절에 따르면 에파프라스는 그 교회의 일원이었다.(비록 많은 학자들은 콜로사이인들에게 보낸 편지가 바울로에 의해 쓰였다는 주장을 의심하고 있지만)

필레몬이 어디에서 왔든, 바울로가 그에게 "그대가 지금만큼 된 것도 나의 덕인 것이 사실이지만 나는 그대에게서 그 값을 요구하려는 것은 아닙니다"(1:19)라고 일깨워준 것을 보면 그는 바울로에게 모종의 빚을 진 것 같다. (바울로는 그것에 대해 아무 말도 하지 않는다고 주장하지만 결국 자신이 하고 싶은 말을 다 한다.) 필레몬은 바울로가 개종시킨 사람들 중 한 명이었을 가능성이 커 보인다. 이 외에는 우리는 그 남자에 대해 많은 것을 알 수 없다. 우리는 바울로가 필레몬에게 보낸 편지를 감옥에서 썼다는 것을 알고 있다.(1:1) 우리는 그가 어디에 있는지, 왜 벌을 받고 있는지에 대해서는 모른다. 그러나 그는 석방을 기대하는 것처럼 보인다.(1:22) 감옥에 있는 동안 그는 필레몬의 도망친 노예 오네시모스를 만나 개종시켰다. 그가 10절에서 오네시모스를 "내 믿음의 아들"이라고 부르는데 그리스어로는 문자 그대로 "내가 그를 낳았다"라는 뜻으로 바울로가 코린토스인들에게 보낸 첫째 편지 4장 15절에서 그의 개종자를 지칭하기 위해 사용한 것과 같은 말이다. 이 편지에는 오네시모스가 주인의 물건

도판 20.7 노예들의 이름과 주소를 표시한 청동 목줄과 명패. 노예들은 종종 오늘날 개 꼬리표와 같은 신분증 조각을 착용하도록 강제되었는데 그곳에는 그들이 달아나다 잡히면 집으로 돌려보내라는 지시가 적혀 있었다. 사진에 나온 목줄은 로마에서 발견된 인골의 목에 감겨 있던 것으로 다음과 같은 내용이 기록되어 있다. "만약 붙잡히면 도망친 노예이므로 황궁의 장관 아포니카누스에게 돌려줄 것."

을 훔쳐 달아났다가 붙잡혀 수감됐는지(1:18) 또는 그가 주인의 친구인 바울로를 감옥으로 방문한 것인지, 이유가 명시되어 있지 않다. 하지만 전자의 가능성은 없어 보인다. 로마 제국처럼 광대한 나라에서, 바울로와 그가 개종시킨 사람의 노예가 에페소스와 같은 주요 도시의 중심지에 있는 감옥이든, 혹은 작은 시골 마을에 있는 감옥이든, 같은 장소에서 만나게 되는 일은 상상하기 어려운 일이었다. 하지만 오네시모스가 주인으로부터 도망친 것이라면 왜 그는 그의 주인의 친구 중 한 사람을 만나러 곧장 달려갔을까?

고대 로마의 노예 법에 대한 최근의 연구는 이 질문에 대한 해답을 줄 수 있을 것처럼 보인다. 주인의 노여움을 산 노예가 주인의 신임을 받는 지인들 중 한 사람에게 도망쳐 그의 개입과 보호를 간청하는 것이 당시에는 법적으로 인정되는 관행이었다. 주인의 지인은

Box 20.12 신약과 노예제도

필레몬에게 보낸 편지를 읽은 많은 사람들은 바울로가 필레몬에게 그의 노예 오네시모스를 풀어주라고 부탁하기 위해 편지를 썼다고 추측하기 쉽다. 노예제도는 과거나 지금이나 끔찍한 제도이므로 분명 바울로는 노예제를 폐지하기 위해 그가 할 수 있는 한 모든 힘을 다해 그것을 폐지하려 했을 것이다. 그렇지 않겠는가?

유감스럽게도 바울로의 편지를 아무리 자세히 들여다봐도 노예제도에 반대하거나 필레몬에게 노예를 풀어주라는 지시 같은 것은 찾을 수 없을 것이다. 그게 어떻게 가능한 일일까?

사실, 노예제도는 수많은 초기 그리스도교 본문에서 언급되었지만 — 신약성서 안에서는 몇 차례 언급되었다 — 결코 비난의 대상은 되지 않는다. 필레몬은 노예를 소유한 유일한 그리스도교인이 아니었고 우리가 아는 한, 노예를 소유하고 있던 다른 그리스도교인들도 노예를 해방하라는 권유를 받은 적이 없었다. 사도행전 12장 13절–16절에는 마르코의 어머니에게 노예 소녀 로다가 있었다는 사실이 나오는데 그녀는 마르코의 집안일을 돌봐야 했다. 콜로사이인들에게 보낸 편지 3장 22절–4장 1절과 에페소스인들에게 보낸 편지 6장 5–9절에서 노예들은 특별히 "모든 일"에 있어 주인에게 복종하라고 지시받는다. 노예의 주인들은 — 바울로가 그들을 언급하는 것으로 볼 때 그들도 그리스도교인들이었을 것이다 — 노예를 풀어주라는 지시가 아니라 그들을 공정하게 대우하라는 권고를 듣는다. 그리스도교인들이 노예를 소유하는 일은 신약 이외의 다른 그리스도교 문헌에서도 나타난다. 예를 들어, 디다케 Didache는(27장 참고) 노예들에게 그들의 주인이 "하느님을 대신하는 존재"(디다케 4:10–11)인 것처럼 복종하라고 가르친다!

어떻게 그리스도교인들이 노예를 소유하는 것과 같은 잔인한 제도를 허용할 뿐만 아니라 심지어 그것을 묵인하고 지지할 수 있었을까? 그들은 그것이 잘못이라는 것을 알지 못했을까? 왜 그들은 노예제도를 비난하지 않았을까? 그것에 대한 당신의 생각은?

일종의 공식적인 중재자 역할을 했는데, 그들은 오해나 심지어 부정행위를 통해 야기된 갈등을 완화시키려 했다. 여기에서는 부정행위가 문제였던 것 같다.

가능한 시나리오는 다음과 같다. 필레몬의 노예 오네시모스는 그의 주인(1:18)에게서 물건을 훔치거나 다른 종류의 금전적 손실을 야기하는 잘못을 저질렀다. 그는 자신이 저지른 행위의 결과에 직면하기보다는 그의 주인을 개종시켰던, 그에게 존경받는 권위자였던 사도 바울로에게로 도망친다. 바울로를 방문하면서 오네시모스 자신도 그리스도에 대한 신앙을 받아들였는데 이는 그가 주인의 집에 돌아갔을 때 도움이 되었을 것이다. 바울로는 이제 필레몬에게 오네시모스를 노예로서가 아니라 바울로에게 '유익했던' 그리고 이제는 필레몬에게도 '유익한' 그리스도 안에서 형제로 다시 받아줄 것을 촉구할 수 있었다.(1:16) 바울로는 여기서 언어유희를 하고 있다. 노예들에게는 종종 '행운'을 뜻하는 라틴어 포르투나투스나 '행복'을 의미하는 펠릭스 같은 이름들이 주어졌다. 오네시모스는 그리스어로 '유익한'이라는 의미였다.

바울로는 중재자로서 필레몬에게 이제 마음을 돌린 오네시모스를 처벌하지 말고 그가 어떤 빚을 끼쳤든 자신에게 비용을 청구하라고 말한다. 바울로는 필레몬이 그에게 진 (영적) 빚을 고려해(1:18-19) 오네시모스가 끼친 손해를 탕감해줄 것으로 확신하는 것처럼 보인다.

하지만 이게 바울로가 필레몬에게서 원하던 전부일까? 어떤 학자들은 바울로가 필레몬에게 오네시모스를 노예 신분에서 해방시켜주기를, 더 구체적으로 그가 선교에 참여하도록 그를 자유롭게 해주기를 원한다고 생각했다. 안타깝게도, 이에 대한 확답을 시사하는 텍스트는 거의 없다. 필레몬에게 "이제부터 그는 종으로서가 아니라 종 이상으로 곧 사랑하는 교우(형제)로서" 오네시모스를 받을 것을 촉구하는 16절도 그가 잘못을 저지른 노예에게 어떻게 행동을 할 것인지에 관한 것이다. 그것은 필레몬에게 오네시모스의 신분을 바꾸라고 말하지 않는다. (비유를 하나 들어보자: 만약 내가 평소에 알고 지내던 어느 여성에게 "나는 당신을 여자로서가 아니라 친구로서 사랑하겠습니다"라고 말한다 하더라도 나는 그녀의 성별을 부정하는 것은 아니다!) 노예제도에 대한 현대인들의 혐오가 주석가들로 하여금 바울로에게서 시대를 앞선 사람, 노예제도에 반대하는 사람의 모습을 찾게 만들었을 것이다.

바울로는 다른 것을 요구하고 있을지도 모른다. 그는 오네시모스가 자신에게 유익했다고 강조하며, 비록 그가 계속 그의 시중을 받기를 원할지라도 그의 주인의 허락 없이 그렇게 하고 싶지는 않다고 말한다.(1:12-14) 짧은 편지의 말미에 그는 필레몬에게 그가 자신에게 진 빚에 비추어 어떤 추가적인 도움을 제공해줄 것을 요청한다. 바울로는 정확히 무엇을 요구한 것일까? 바울로는 오네시모스의 해방에 대해서는 한마디도 하지 않지만 필레몬이 그를 돌려보내주기를 원하는 것 같다. 바울로는 필레몬에게 노예 오네시모스를 선물로 부탁하고 있는 것일까?

바울로의 사역에 대한 통찰

필레몬에게 보낸 바울로의 짧은 편지는 자신의 사도적 사역을 그가 어떻게 이해하고 있었는지에 대한 몇 가지 중요한 통찰을 우리에게 제공해줄 수 있다. 이 편지에서 주목해야 할 한 가지는 바울로와 그가 개종시킨 사람들과의 상호 관계이다. 그의 다른 편지들에서 그는 때때로 모든 것을 알고 강력한 권능을 지닌 사도처럼 보인다. 그는 그의 요구에 사람들이 따르기를 기대한다. 가령, 그의 종말론적 메시지를 그의 신도들이 어떻게 받아들여야 할지, 그들이 유대 율법을

어떻게 대해야 할지 등에 대해서 그는 단호하다. 그러나 다른 문제들에 대해서는 그는 요구를 하는 법이 없다. 지금의 예에서도 그는 필레몬이 차마 그의 부탁을 거절하는 것이 불가능할 정도로 자신의 의사를 표현하기는 하지만 그는 요구라기보다는 부탁을 하고 있다. 바울로는 자신의 사도적 권위를 내세우지 않는다고 주장하지만 실제로는 그렇게 하고 있는 것처럼 보인다.(1:17-19 참고; "그렇다고 나에게 빚을 진 덕분에 지금의 그대가 있다는 사실을 말하려는 것은 아닙니다.")

이 편지에서 얻을 수 있는 더 중요한 점은 그것이 다루고 있는 문제와 관련이 있다. 현대 독자들에게는 바울로가 이 사례에서 노예제도의 폐해를 근절하기 위해 노력하지 않았다는 사실이 충격으로 다가올 수도 있다. 바울로는 노예제도를 전반적으로 비난하지 않을 뿐만 아니라, 특히 그리스도교인들 사이에서도 노예제도의 관행을 비난하지 않는다. 그는 자기가 개종시킨 필레몬에게 그의 다른 모든 노예들을 풀어주라고 명하는 것은 고사하고 그리스도 안에서 그의 형제가 된 오네시모스조차 해방시키라고 명령하지 않았다. 바울로는 억압받는 사람들의 곤경에는 관심이 없었을까?

그의 편지를 통해 바울로는 자신이 살고 있던 세계의 사회적 불평등(현대의 관점에서)에 대해 별 관심을 보여주지 않는다. 유대인과 이방인, 노예와 자유인, 남자와 여자 등 모든 사람이 그리스도 안에서 평등하다는 그의 견해에도 불구하고(갈라 3:28) 분명히 바울로는 사회 전반에서 평등주의적 이상을 구현해야 할 필요성을 보지 못했다. 그는 노예는 노예로 남아야 하고, 남성은 여성을 계속 지배해야 하며, 그리스도교인 전체는 그것이 어떤 것이든 자신들이 처한 사회적 역할

Box 20.13 필레몬에게 보낸 편지

1. 바울로는 그가 회심시킨 도망 노예 오네시모스에 대해 감옥으로부터 그의 주인 필레몬에게 편지를 보냈다.
2. 이 편지는 오네시모스를 위해 바울로가 필레몬에게

그를 벌하지 말아달라고 부탁하는 편지다.
3. 바울로는 필레몬이 오네시모스를 그에게 주어 그를 돕게 하기를 원했을 수도 있다.

에 머물러야 한다고 주장했다.(특히 1코린 1:17-24 참고) 하지만 그것은 다소 근시안적인 태도가 아니었을까?

　오늘날 우리에게는 그것이 근시안적으로 보일지 모르지만, 바울로에게는 그것은 긴 시간에 바탕을 둔 태도였다. 왜냐하면 세상에서 살아가는 사람들의 처지에 대한 그의 관심의 부족은 우리가 알고 있는 세계의 역사는 하느님이 그것을 심판하러 올 때 파국을 맞을 것이라는 그의 생각과 관련이 있었기 때문이다. 곧 하느님의 진노가 악의 세력을 섬멸하고 더 이상 고통과 불의와 불평등이 없는 그의 나라가 도래할 것이다. 바울로가 추구한 평등은 사회 변화에 의해 얻어지는 것이 아니라 하느님이 이 악한 시대를 멸하고 땅에 그의 왕국을 세울 때에 얻어질 평등이었다. 바울로는 19세기가 지난 후에도 신자들이 그의 말을 곰곰이 되새기고 있으리라고는 생각지도 못했을 것이다.

21장

바울로의 복음서

로마인들에게 보낸 편지

바울로의 로마인들에게 보낸 편지는 그의 글들 중에서도 아주 독특하며 가장 중요하다고 할 만하다. 그것은 자신이 직접 설립하지 않은 교회로 보낸 바울로의 유일한 편지이며, 교회의 문제를 명시적으로 해결하려 하지 않는 유일한 편지이다. 바울로는 왜 그런 편지를 썼을까?

이 문제를 해결할 수 있다면 로마인들에게 보낸 편지에 대한 상당한 통찰력을 얻을 수 있을 것이다. 에스파냐로 선교 여행을 떠날 계획을 세우고 있을 때 바울로는 로마 교인들의 (정신적인? 물질적인?) 지지를 호소하기 위해 자신의 복음이 성공적임을 그들에게 보여주려 하고 있다. 바울로는 자신의 주장을 설득력 있게 하기 위해 유대인이든 이방인이든 모든 사람에게 구원을 가져다주는 하느님의 복음에 대한 자신의 이해를 자세히 설명해야 했다. 앞으로 살펴보겠지만, 바울로는 이 구원의 행위를 다양한 방식으로 이해하고 있다.

이번 장에서는 하느님과 유대인들, 유대인과 이방인의 관계에 대한 바울로의 이해를 포함, 그의 복음의 근본적 측면에 대한 더 큰 통찰력을 얻기 위해 이러한 방식들이 어떤 것인지 알아보고자 한다.

신약성서의 그 어떤 책도 바울로의 로마인들에게 보낸 편지보다 그리스도교 사상의 역사에 더 큰 영향을 미친 것은 없다. 교회 초기 수 세기 동안 가장 많이 인용된 그리스도교 문학작품 중 하나로, 로마인들에게 보낸 편지는 바울로의 편지 중 맨 앞에, 가장 긴 편지로서 정경에 자랑스럽게 자리한다. 로마인들에게 보낸 편지는 4세기 말 성 아우구스티누스의 개종에 중요한 역할을 했는데 그가 로마인들에게 보낸 편지에 대한 그의 이해를 바탕으로 쓴 글들은 중세에 걸쳐 많은 신학자들의 사상을 형성했다. 마르틴 루터, 필리프 멜란히톤, 장 칼뱅 등 개신교 지도자들은 사도들의 저술들 중에서 로마인들에게 보낸 편지가 그리스도교 교리를 가장 명확하게 표현했다고 생각했기에 그 책은 16세기 종교개혁 당시 개신교와 카톨릭 교단의 논쟁의 중심에 있었다. 로마인들에게 보낸 편지는 오늘날에도 많은 나라에서 많은 언어로 그리스도교 독자들에게 영향을 미치고 영감을 주고 있으며 그의 다른 모든 편지들과 마찬가지로 신학자들과 일반인 모두 그 의미에 대해 깊이 숙고하게 하고 있다.

그렇다면, 그토록 많은 성찰과 논란을 불러일으킨 이 책을 어떻게 이해해야 할까?

손쉬운 대답은 그것은 로마에 있는 그리스도교 신자들에게 바울로가 보낸 편지라는 것이다. 이 편지를 해석해야 하는 과제를 안고 있는 역사학자는 이 단순한 사실을 놓칠 정도로 그 편지가 지닌 역사적 의의에 압도당해서는 안 된다. 이것은 바울로가 특정한 교회에 쓴 편지였다. 그의 모든 편지와 마찬가지로, 이 편지도 이유가 있어서 쓰인 것이다.

편지의 배경과 목적

한 가지 중요한 점에서 로마인들에게 보내는 편지는 바울로의 다른 모든 편지들과는 다르다. 그것은 바울로가 한 번도 방문한 적이 없는 도시의, 바울로가 세우지 않은 교회 회중에게 쓴 것이다.(로마 1:10-15) 우리가 이미 알고 있는 바울로의 사도적 사명감에 비추어 볼 때 이 상황은 언뜻 이해가 되지 않는다. 바울로의 다른 편지들은 그가 그리스도를 믿도록 개종시킨 사람들 사이에서 일어난 문제들을 다루기 위해 쓰였다. 이 편지는 분명 여기에 해당되지 않는다.(Box 21.1 참고)

더 분명한 것은, 바울로는 로마 교회 안에서 벌어지고 있다고 그가 전해 들은 문제들을 해결하기 위해 글을 쓰는 것 같지는 않다는 점이다. 그보다는 그는 그가 전파하고 있는 그리스도교 복음gospel과 관련해 쓰고 있는 것으로 보인다. 이것은 1장부터 11장에서 분명하지만 12장부터 15장까지의 그의 권고도 로마에 있는 그리스도교인들만의 특정한 문제에 관한 것이 아닌 일반적인 것이다. 예를 들어, 어디에서도 그는 그들의 다툼을 알게 되었다거나 그에 대해 사도로서 조언을 하기 위해 글을 쓰고 있다는 뜻을 나타내지 않는다. 아마도 그는 단지 자신의 견해를 설명하고 그가 왜 그것을 지니고 있는지 설명하기를 원하는 것 같다. 하지만 왜 그는 한 번도 본 적이 없는 교회를 위해 그렇게 하기를 원했을까?

편지의 시작과 끝에 바울로가 편지를 쓰는 이유의 단서들이 있을지도 모른다. 서두에서 그는 그들과 복음을 나누기 위해 교회를 방문하고 싶다고 말한다.(1:10-15) 그것을 읽는 사람들은 바울로가 로마인들에게 자신이 무엇을 하려는지 미리 알려주어 그의 방문을 준비하게 하려 한다고 생각할지도 모른다. 그러나 편지 끝에는 더 충실한 의제가 드러난다. 글의 말미에서 바울로는 자신이 있는 곳—아마 아카이아(혹은 코린토스?)—에서 해야 할 일을 마쳤다고 말한다. 왜냐하면 16장 1절에 따르면 편지를 배달하는 포이베

는 코린토스에서 가까운 항구인 켄크레아이에 있는 교회의 집사이기 때문이다. 게다가 그는 서부 지역, 특히 에스파냐로 자신의 선교 사역을 확장하기를 열망하며, 도중에 로마를 방문하고 싶다고 말한다. "그러나 여러 해를 두고 여러분을 찾아가려고 별러온 나는 이제 이 지방에서 할 일을 다 끝냈기 때문에 에스파냐로 가는 길에 여러분을 만나 잠시나마 함께 지내면서 즐거움을 나누다가 여러분의 후원을 얻어 그곳으로 가게 되었으면 합니다."(15:23-24)

이러한 발언에 비추어 볼 때, 바울로는 단순히 로마 그리스도교인들을 만나는 것 이상의 것에 관심이 있는 것으로 보인다. 그는 분명히 그들이 그의 서쪽 지역 선교를 위해 도덕적이고 재정적인 지원을 해주기를 원한다. 아마도 그는 로마를 그 너머 지역들에 대한 그의 사역의 근거지로 사용하기를 원하고 있었을 것이다. 하지만 왜 그는 그들의 지지를 얻기 위해 자신의

Box 21.1 로마 교회의 시작

그리스도교 교회는 아마도 바울로가 편지를 보낸 날짜인 서기 57년 또는 58년에는 이미 로마에 세워져 있었지만 편지가 언제, 어떻게 처음 그곳에 도착했는지는 아무도 확실히 알지 못한다. 한 고대 전승에 따르면 사도 베드로가 약 15년 전에 로마에 교회를 세우고 최초의 주교(즉, 교황)가 되었다고 한다. 그러나 로마 교회의 구성원들이 쓴 것으로 알려진 가장 초기의 책들인 클레멘스의 첫째 편지, 헤르마스의 목자The Shepherd에는 베드로가 그곳에서 교회를 시작했다거나 최초의 주교가 된 것에 대한 아무런 언급도 없다. 게다가 로마 제국의 수도에 그리스도교인들이 있었다는 최초의 기록인 로마인들에게 보낸 편지는 그 지역 공동체의 스물여덟 명의 다양한 구성원들의 이름을 일일이 호명하며 인사하지만(로마 16) 그들 가운데 베드로는 존재하지 않는다. 일부 학자들은 바울로가 편지를 보내기 10년 전에 로마에 그리스도교가 존재했다는 증거가 로마 역사학자 수에토니우스의 저술에 나온다고 말한다. 수에토니우스는 클라우디우스 황제가 49년에 크레스투스(클라우디우스의 삶Life of Claudius 25)라는 사람이 선동한 폭동

때문에 유대인들을 로마에서 추방했다고 주장한다. 하지만 사실 수에토니우스는 '그리스도'를 둘러싼 갈등에서 폭동이 비롯되었다는 말을 하고 있는 것인지도 모른다.(사도 18:2 참고) 만약 그렇다면, 40년대 중반쯤에 유대 그리스도교인들이 그곳에서 활동을 하고 있었을 것이다. 반면, 수에토니우스는 그리스도나 그리스도교인을 지칭하는 것이 아니라 말 그대로 크레스투스라는 이름의 유대계 로마인을 지칭한 것일 수도 있다.

로마 그리스도교의 초창기 역사에 대해 우리가 말할 수 있는 한 가지는 적어도 50년대까지는 로마 교회가 대부분 이방인들로 이루어져 있었다는 것이다. 이는 바울로 자신이 상정하고 있는 바다.(Box 21.2 참고) 바울로는 개인적으로 그곳의 많은 그리스도교인들과 친분이 있었다.(16장의 인사말은 그 때문이다.) 그렇다면 대부분 이방인으로 이루어진 이 교회는 어떻게 시작되었을까? 대부분의 학자들은 해외에서 개종한 여행자들(예: 사도 2:8-12 참고)이나 이런저런 이유로 로마로 거처를 옮긴 그리스도교인들, 또는 다른 선교사에 의해 제국의 수도로 그리스도교가 전파되었다고 가정한다.

견해를 그렇게 길게 설명해야 했을까? 그들은 이미 그가 누구인지 —이방 사람들Gentiles에게 보내진 사도 apostle —알고 있다. 그들은 그가 필요한 어떤 도움도 기꺼이 제공하지 않았을까?

바울로의 장황한 담론은 로마인들이 그가 누구인지 잘 모르고 있었거나, 혹은 그에 대해 많은 것을 들었지만 그로 인해 그를 의심하고 있었다는 것을 암시한다. 만약 그렇다면, 혹은 적어도 바울로가 그렇다고 믿었다면, 그들의 의심은 아마도 편지 내내 바울로가 다루는 문제들, 이방인들과 유대인들이 하느님 앞에서 동등하다고 여겨질 수 있는지 그리고 그것이 사실이라면 하느님이 유대인들을 자신의 선민으로 만들겠다는 약속을 저버린 것인지, 바울로의 이방인들을 향한, 율법으로부터 자유로운 복음이 무법적이고 부도덕한 행동으로 이어질 것인지에 관해서였을 것이다.(갈라티아인들에게 보낸 편지 참고)

이 편지의 어조와 문체는 바울로가 자신을 지원해주기를 바라는 신도들에게 자신을 설명하기 위해 그것을 썼다는 견해를 뒷받침해준다. 로마인들에게 보낸 편지를 주의 깊게 읽으면 바울로가 신중하고 합리적인 주장을 통해 끊임없이 자신을 방어하고 자신의 견해를 정당화한다는 느낌을 받는다.(예: 3:8; 6:1, 15; 7:1) 게다가 그는 고대에 논증법diatribe이라고 알려진 수사학적인 방식을 따라 자신을 방어한다. 이것은 논지를 제시하고 가상의 상대에게 그것에 대해 가능한 이의를 제기하게 하고, 이러한 반대 의견에 대한 답을 제공하는 방식이다. 로마인들에게 보낸 편지에 나오는 다음과 같은 수사적인 질문과 답변을 고려해보라.

그러면 유대인의 나은 점이 무엇이며 할례의 이로운 점이 무엇이겠습니까? 과연 여러모로 많이 있습니다. 무엇보다도 하느님이 유대인들에게 당신의 말씀을 맡겨주셨다는 사실입니다. (3:1-2)
그러면 우리 유대인이 나은 점이 무엇입니까? 아무 것도 없습니다. 이미 내가 지적했듯이 유대인들이나 이방인들이나 다같이 죄에 사로잡혀 있는 사람들입니다. (3:9)
그러면 "은총을 풍성히 받기 위하여 계속해서 죄를 짓자"고 말할 수 있겠습니까? 절대로 그럴 수 없습니다. 죄에서는 이미 죽은 우리가 어떻게 여전히 죄 안에 살 수 있겠습니까?(6:1-2)

저자가 질문을 하고 답변을 하기 때문에 논증법은 자신이 분명히 알고 있는 것을 말하고 있고 자신이 항상 옳다는 것을 보여주는 데 효과적이다. 이런 스타일을 사용함으로써 바울로는 그의 가르침에 반하는 다른 사람들의 주장을 효과적으로 반박할 수 있었다.

바울로의 여행 계획에는 로마를 거쳐 에스파냐로 가는 것뿐만 아니라 그 전에 예루살렘을 방문하는 것도 포함되어 있다는 점에 유의해야 한다. 바울로는 마케도니아와 아카이아에 있는 그의 이방인 개종자들(15:25-27)로부터 가난한 유대 그리스도교인들을 위한 헌금을 모았지만 그것을 전달하기 위한 예루살렘 여행에 대해 불안해 보인다.(15:30-32) 그는 유대의 "믿지 않는 자들"(아마도 예수에 대한 그의 신앙을 우호적으로 받아들이지 않는 유대인들)을 드러나게 두려워하고 있으며, "성도"(아마도, 바울로가 전하는, 율법으로부터 자유로운 복음을 받아들이지 않는 유대계 그리스도교인들)들이 자신을 어떻게 대할지에 대해서도 걱정하고 있다. 일부 학자들은 로마인들에게 보낸 편지를 유대의 적대적인 청중들에게 그의 생각을 제시하기 위한 예행 연습이자 그 전에 그의 생각을 글로 정리하려는 시도라고 생각해왔다.

그런 주장들에도 귀담아들을 부분이 있겠지만 로마인들에게 보낸 편지는 전체적으로 바울로가 로마에서 그가 마주칠 것으로 예상하는 상황에 관해 쓴 글처럼 보인다. 그는 이 교회를 사역의 근거지로 삼고 싶어 하지만 어느 정도 반대를 예상하고 있다. 그는 자신이 전하는 복음의 진실을 이 신도들에게 설득하기 위해 편지를 쓰고 있다. 그의 복음은 유대인과 이방인이 하느님 앞에 평등하게 서 있다고 주장한다. 모두 똑같이 하느님으로부터 소외되어 있었지만 그리스도의 죽음과 부활을 통해서 하느님 앞에서 의롭게 여겨질 수 있게 되었다. 율법 자체가 이 신앙을 유일한 구원의 수단으로 증거하고 있으며, 그리스도를 통해서 주어지는 구원은 유대 율법을 지키는 것과는 별개로 주어진다. 사실, 그리스도가 이 율법의 목표이다. 무엇보다도 복음은 하느님이 유대인에게 한 약속을 되돌리지 않았으

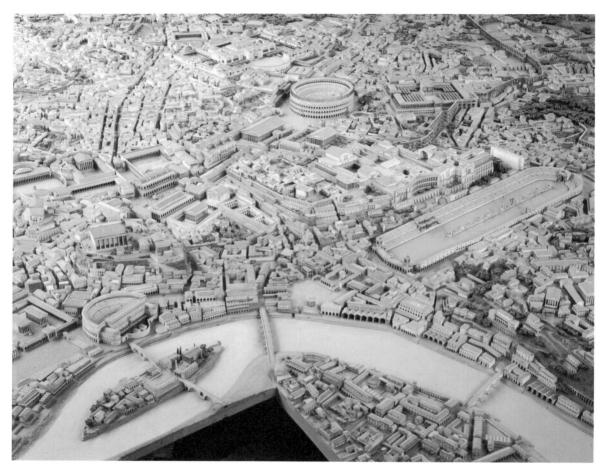

도판 21.1 대략적으로 재현한 신약 시대 로마 중심지의 모습.

며, 그들을 그의 백성으로서 거부하지 않았음을 보여준다. 그리스도 안에서 하느님의 모든 약속이 이루어졌다. 게다가 로마인들에게 보낸 편지는 이 복음이 도덕적 해이로 이어지지 않는다고 확신시킨다. 바울로 자신이 도덕적으로 타락한 사람이 아닐뿐더러 그의 개종자들에게 야만적이고 무법적인 활동을 하도록 권하지도 않는다.

로마인들에게 보낸 편지의 주제

바울로는 평소의 방식대로 자신의 이름을 밝히고 자신과 편지의 대상자들을 설명하는 서문과 함께 로마인들에게 보내는 그의 편지를 시작한다. 그는 그의 편지의 중심 관심사인 복음의 의미를 미리 설명한다.(1:1-7) 다음에는 로마 교회의 회중들에 대해 하느님에게 감사하는 말(1:8-15)이 뒤따른다. 그는 그들 회중과 복음을 나누기 위해 방문할 계획을 발표한다. 그리고 바울로는 그의 편지의 주제를 두 줄로 간략하게 서술한다. 학자들은 이 구절이 편지의 주제를 명백히 드러낸다고 생각해왔다. "나는 그 복음을 부끄럽게 여기지 않습니다. 복음은 먼저 유대인들에게, 그리고 이방인들에게까지 믿는 사람이면 누구에게나 구원을 가져다주시는 하느님의 능력입니다. 복음은 하느님이 인간을 당신과 올바른 관계에 놓는 길을 보여줍니다. 인간은 오직 신앙을 통해서 하느님과 올바른 관계를 가지게 됩니다."(1:16-17) 때로 그렇듯, 바울로는 이 두 구절을 통해 많은 것을 이야기하고 있다. 그의 편지를 전체적으로 이해하기 위해서 우리는 잠시 시간을 할애해 이 말들을 살펴보아야 한다.

1. **바울로는 복음을 부끄러워하지 않는다.** 바울로는 로마인들에게 그가 선포하는 복음의 메시지를 온전하고 정확하게 설명하기 위해 편지를 쓰고 있을지도 모른다. 아마도 그는 그들이 이미 부분적이고 부정확하게 들었을지도 모르는 자신의 복음을 의식했을 것이다. 그는 그들에게 이 메시지가 그에게 수치심을 주지 않는다고 확언함으로써 글을 시작한다.

2. **바울로의 복음은 하느님의 강력한 구원의 수단이다.** 바울로가 세상에 전하는 복음은 하느님의 강력한 구원의 행위를 나타내며 그것은 하느님이 파멸로 향하는 사람들을 구원하기 위해 택한 방법이다. 그것이 함축하고 있는 뜻은 분명하다. 이 복음 외에는 어떤 구원도 없을 것이다.

3. **이 구원은 신앙을 가진 자에게 온다.** 영어 명사 "faith"(그리스어 pistis)와 동사 "believe"(그리스어 pisteuein)는 같은 그리스어 어근을 가지고 있다. 바울로에게 신앙은 하느님의 구원의 행위를 신뢰함으로써 받아들이는 것을 말한다. 그것은 단순히 지적인 동의("당신이 옳다고 믿는다"에서처럼)를 지칭하는 것이 아니라 온전한 신념과 헌신을 내포하고 있다. 바울로는 이 편지를 통해 유대 율법을 지키는 것에 의해서가 아니라 하느님의 구원의 행위를 신앙으로써, 즉 그리스도의 죽음과 부활을 믿음으로써 하느님과 올바른 관계에 설 수 있게 된다고 주장할 것이다.

4. **구원은 유대인에게 먼저 오고 그다음에 그리스인에게 온다.** "그리스인"이라는 말을 바울로는 "이방인"이라는 의미로 사용한다. 복음서에 주어진 구원은

Box 21.2 바울로 교회의 유대인과 이방인들

예수가 부활한 직후의 초기 그리스도교인들, 즉 열한 명의 사도들(이스카리옷 유다를 제외하고)과 마리아 막달레나를 포함한 소수의 여성들은 모두 유대인들이었다. 이들은 자신들이 접촉한 다른 사람들 — 처음에는 모두 유대인들—에게 그리스도교를 전했다. 그러나 유대인으로 이루어진 교회는 결코 큰 성공을 거두지 못했다. 이후 자료에는 때때로 소규모 유대인 그리스도교 집단들에 대한 언급이 나오지만, 예루살렘에 있는 교회를 제외하고 이들은 초기 수 세기 동안 계속된 교회의 성장에 큰 역할을 하지 못했다. 유대인들로 이루어진 그리스도교는 거의 항상 경계선에 있었다.

아마도 1세기 후반경에는 유대인 교회는 변두리로 밀려나고 있었을 것이다. 우리는 바울로가 이방인들 사이에서 전도를 했고, 그의 선교만이 큰 성공을 거둔 복음주의 운동이라는 것을 살펴보았다. 바울로의 교회는 거의 전적으로 이교도 개종자들로 이루어져 있었다.(예: 1테살 1:9; 1코린 12:2)

그런 사정은 그의 교회들뿐만 아니었다. 그가 세우지 않은 공동체에 보낸, 현재까지 남아 있는 유일한 편지인 로마인들에게 보낸 편지에서 그는 그의 독자들을 "이방인들"(로마 1:13, 11:13)이라고 부른다. 나머지 편지를 보면 그리스도교 공동체에 일부 유대인들이 있기는 했지만 주류를 형성하고 있는 것은 이방인들이었다. 편지의 마지막에서 그는 스물여섯 사람들의 이름을 일일이 거명하며 인사를 하는데 그중 여섯을 "나의 친척of my race"— 즉, "유대인들"이라고 말한다.(16:7, 11, 21) 이것은 그들 중에 오직 여섯의 신원을 가리키는 것이므로, 혈통이나 기타 여러 가지 특징으로 그들은 눈에 띄는 존재였던 것으로 보인다. 나머지 스무 명은 아마도 이전에 이교도들이었을 것이다.

우리의 초기 그리스도교 저술들 대부분에서 다루어진 교회들도 거의 비슷한 사정이었을 것이다. 대부분의 신약성서 책들 — 복음서들 중 '가장 유대적'인 마태오의 복음서를 포함하여 — 은 그들만을 위해 쓰인 것은 아닐지언정 거의 이방인 청중들을 대상으로 쓰인 것으로 보이며, 대부분 이방인 저자들에 의해 쓰였을 것이다. 다소 놀라운 결과지만, 1세기 후반 무렵에는 교회가 아마도 주로 이교도 개종자들로 구성되어 있었을 것이다.

유대인과 이방인 모두에게 온다. 하느님은 유대 민족에게 아들을 보내어 유대교 성서를 완성한 유대인의 하느님이기 때문에 유대인들이 먼저 구원을 받았으나(바울로가 로마인들에게 보낸 편지와 기타 그의 모든 저술에서 말했듯) 구원은 이방인에게도 온다. 실제로 바울로가 이 편지에서 가장 중요하게 강조하는 것은 유대인들이 얻은 유익에도 불구하고(예를 들어 그들은 하느님의 약속이 주어진 성서를 가지고 있었다) 유대인과 이방인은 하느님 앞에서 동등한 위치에 있다는 것이다. 모두가 하느님에게 죄를 지었으며 오직 그리스도에 대한 신앙을 통해서만 하느님과의 관계를 바르게 할 수 있다.

5. **복음은 하느님의 의를 드러낸다.** 하느님이 자기 백성에게 특혜를 주지 않은 것이 옳은 일일까? 바울로의 복음은 하느님이 구원을 베푸는 방식에서 분명히 옳다고, 즉 유대인과 이방인 모두를 자신과 의롭게 만드는 방식에서 '의롭다'고 주장한다. 이것은 로마인들에게 보낸 편지의 중요한 주제다. 하느님은 그의 약속을 어기지 않았고 그의 백성인 유대인들을 거부하지도 않았다. 예수의 죽음과 부활은 이러한 약속의 이행이며, 예수에 대한 신앙은 먼저 유대인에게 주어졌고, 그들을 통해 온 세상에 주어졌다.

6. **성서는 복음을 선포한다.** 바울로는 성서 자체가 유대교 율법을 지키는 것이 아니라 완전한 신앙에 기초해서("신앙에서 신앙으로") 구원이 주어진다고 가르치기 때문에 하느님은 유대인과 모든 민족을 완전히 공정하고 의롭게 대한다고 주장한다. 바울로는 예언자 하바쿡을 인용하며, 하느님 앞에 바로 서는 것은 오직 신앙을 통해서만 온다는 것을 강조한다. "신앙을 통해서 하느님과 올바른 관계를 가지게 된 사람은 살 것이다", 다른 말로 표현하자면, "신앙으로 하느님에게 의롭다고 여겨진 사람은 생명을 얻을 것이다".

바울로는 자신의 복음 메시지가 스스로 지어낸 것이 아니라는 것을 강조하려 한다. 우리는 갈라티아인들에게 보낸 편지에서 그가 계시를 통해 복음을 받았

다고 주장하는 것을 보았다. 우리는 로마인들에게 보낸 편지(갈라티아인들에게 보낸 편지에서도 보았듯이)에서 바울로가 자신의 복음은 유대교 성서에 뿌리를 두고 있다고 생각하는 것을 보게 될 것이다. 전체적으로 보자면 로마인들에게 보낸 편지는 바울로의 구원의 복음, 즉 유대인이건 이방인이건 간에, 사람들이 어떻게 하느님 앞에 바르게 서게 되는지에 대한 그의 메시지가 이 신성한 책들에서 유래한다는 주장이다.

구원에 대한 바울로의 모델들

로마인들에게 보낸 편지를 한 절 한 절 설명하는 것보다는 이 편지에서 바울로가 그의 중심 주제인 복음에 대해 하고자 하는 말을 폭넓게 성찰하는 것이 우리에게 더 유용할 수 있다. (바울로는 예수의 언행을 기록한 복음서가 아니라 자신의 복음에 대해 말하고 있다는 것을 명심하라.) 바울로는 복음에 대해 여러 가지를 말하고 있는데 어떤 곳은 아주 혼란스러워서 바울로가 일관된 말을 하고 있는 것인지 쉽게 의심이 든다. 하지만 대부분의 경우(전체라고는 말 못 하겠다) 바울로는 일관성이 있고 논리 정연하다. 문제는 그가 하느님의 구원의 행위를 여러 가지 다양한 방법으로 논하지만 때로는 그가 어떤 식으로 생각하고 있는지를 명확하게 보여주지 않는다는 점이다. 즉 바울로는 하느님이 예수의 죽음과 부활을 통해 구원을 가져왔다는 것이 무엇을 의미하는지에 대한 다양한 이해 양식, 다양한 개념 모델들을 가지고 있다.

로마인들에게 보낸 편지에서 바울로가 그리스도의 죽음의 중요성을 이해하기 위해 사용하는 두 가지 주요 모델이 있다.(Box 21.4 참고) 나는 이것을 각각 사법적judical 모델, 참여주의자적participationist 모델이라고 부르겠다.(물론 이것은 바울로가 사용한 용어들은 아니다.) 바울로는 이것들이 상호 배타적이라고 생각하지 않는다. 아니, 그는 때때로 다양한 개념들을 하나의 진술에 결합시킨다. 그러나 소기의 목적을 위해 우리는 각 모델이 독립적으로 작동하는 방식을 보겠다. 두 모델 모두 인간이 어떤 식으로든 하느님으로부터 소외되어 있다는 것, 그리스도의 죽음과 부활이 어

Box 21.3 바울로의 구원의 두 길?

일부 현대 학자들은 바울로가 (1) 그 자신이 유대인들의 하느님을 계속 경배하면서도 (2) 유대 율법은 하느님 앞에서 자신이 바로 서는 것과 아무런 관계가 없다고 주장을 하는 것에 큰 혼동을 느끼고 있다. 모든 고대 유대인들은 하느님이 그의 백성들에게 율법을 준 이유는 그들과 밀접하고 언약적인 관계를 유지하기 위해서라고 주장했다. 어떻게 그 법을 저버린 사람—율법을 폐해야 한다고 주장하는 사람—이 하느님을 따른다고 주장할 수 있는 것일까?

최근 몇 년간 제안된 한 가지 흥미로운 해결책은 이방인들에게 보내진 사도로서 바울로가 스스로를 어떻게 이해했는지를 진지하게 받아들일 필요가 있다는 것이다. 이 견해에 따르면, 바울로의 편지는 유대인들(그리스도교인이든 비그리스도교인이든)이 아니라 예수의 이방인 추종자들에게 쓰였다. 유대 율법을 지키는 것과 하느님 앞에 바로 서는 것은 아무런 관계가 없다고 바울로가 주장한 것은 바로 이 사람들에게만 향한 메시지였다. 그런 사람들은 하느님과 언약의 관계를 맺기 위하여 유대인이 될 필요가 없었다. 그들은 그리스도의 죽음을 통해 이런 관계에 들어왔다. 그러나 이것은 유대인들이 율법을 저버려야 한다는 것을 의미하지 않으며 심지어 가장 급진적인 표현에 따르면 그들이 그리스도를 믿어야 한다는 것도 의미하지 않는다. 그들이 이미 하느님과 언약 관계에 서 있다면 왜 그리스도가 필요하겠는가? 요컨대 두 가지 구원의 길이 있었다. 유대 사람은 율법을 통해 구원을 받고, 이방 사람들에게는 그리스도를 통해 구원이 왔다. 그러나 바울로의 편지는 이방 사람에게만 보내졌으므로, 우리는 그 두 가지 방법 중 하나만 알게 된 것이다.

이것은 흥미롭고 매력적인 가설로, 때로는 뛰어난 학자들에 의해 주장되기도 한다. 그러나 바울로를 연구하는 다른 학자들은 이런 견해를 받아들이지 않는다. 아마도 가장 큰 이유는 바울로 자신이 유대인과 이방인인 모든 사람이 똑같이 하느님 앞에서 죄를 범했으며, 따라서 모든 사람들(자신이 유대인인 바울로를 포함해)은 율법을 지키는 것이 아니라 그리스도에 대한 신앙을 통해 동등하게 의롭게 된다고 주장하기 때문이다.(특히 로마 3:9, 20, 23–26; 갈라 2:15 참고)

떤 식으로든 그 문제를 해결한다는 것을 이해한다. 그러나 문제의 본질과 그리스도가 문제를 해결한 방식은 두 모델에서는 다르게 표현된다.

사법적 모델

바울로는 때때로 신에 관한 인간의 문제와 그 문제에 대한 신성한 해결책을 법적인 또는 사법적인 관점에서 이해한다. 그의 마음속에는 구원의 행위와 인간의 사법 절차 사이에 대략 유사한 점이 있는 것 같다. 그것이 작동하는 방법은, 간단히 말해서 다음과 같다.

하느님은 사람들(유대인만이 아니라 모든 사람들)이 따라야 할 법을 만든 국회의원이다. 하지만 모든 사람들이 이 법을 어겼다. 하느님은 또한 법을 어긴 사람들의 재판관이다. 하느님의 법을 어긴 죄에 대한 형벌은 죽음이며, 모든 사람은 기소된 대로 유죄로 드러났다. 이것이 인간의 문제이다. 바울로의 말로 하면 "모든 사람이 죄를 지었다"(즉 하느님의 율법을 어겼다; 로마 3:23 참고), 그리고 "죄의 대가는 죽음이다."(즉, 죄 지은 모든 사람들의 벌은 죽음이다; 6:23)

이 문제에 대한 신성한 해결책은 다시 사법적인 관점에서 생각된다. 예수는 사형선고를 받을 만한 죄를 짓지 않았다. 그는 다른 사람들의 죄값을 치르기 위해 죽는다. 하느님은 예수를 죽은 자 가운데서 살림으로써 죄값의 지불에 만족을 보인다.(3:23-24, 4:24-25) 인간들은 하느님이 그것을 받을 것을 믿기만 하면 그리스도가 그들의 빚을 갚은 것을 이용할 수 있다. 그것은 그들이 얻었거나 마땅히 받아야 할 보상이 아니다. 그것은 다른 누군가가 그들을 위하여 행한 행위이며 그들이 받아들이거나 거부할 수 있는 행위이다.(3:27-28; 4:4-5) 그것을 받아들이는 사람들은 다른 누군가가 그들에 대한 처벌을 감당했기 때문에 마치 그들이 '무죄'인 것처럼 취급된다.(비록 실제로는 그들이 완전

히 유죄이지만)

이것이 구원이 어떻게 작용하는지를 보여주는 사법적 모델인 셈이다. 문제는 죄인데, 그것은 하느님의 율법을 어긴 것으로 이해된다. 그것의 해결책은 그리스도의 죽음과 부활로서, 신앙으로 그것을 받아들여야 한다. 신앙을 가진 사람은 하느님 앞에 바른 위치로 회복된다. 이러한 사고방식을 바울로의 신앙에 의한 칭의론稱義論이라고 한다. 이 모델에서 유대 율법은 구원에 아무런 역할도 하지 않는다. 유죄판결을 받은 횡령범이 교통 법규들을 모두 지켰다고 항변함으로써 풀려날 수 없는 것처럼 법을 어겨 사형을 선고받은 사람이 다른 법령들을 지키는 것만으로 죄를 없앨 수는 없다. 하느님 앞에 바른 자세로 회복되는("의롭다"고 여겨지는) 유일한 길은 다른 이들의 죄값을 치르기 위한 예수의 죽음을 통해서뿐이다.

참여주의자적 모델

우리들 대부분은 어떻게 구원의 행위가 사법 절차와 유사한지 쉽게 이해할 수 있다. 하지만 참여주의자적 모델은 이해하기가 훨씬 더 어렵다. 이것은 부분적으로 우리 문화에서 더 이상 보편적이지 않은 사고방식을 포함하기 때문이다. 이 두 번째 모델에서 인간의 문제는 여전히 죄라고 불리고 죄는 여전히 죽음을 가져온다고 생각되며, 그리스도의 죽음과 부활은 여전히 문제를 해결하지만 죄와 죽음, 예수의 죽음과 부활은 모두 사법적 모델 아래에서 그들이 의미하던 것과는 다른 것을 의미한다.

로마인들에게 보낸 편지의 다음 구절들에서 "죄"라는 단어의 용법들을 생각해보자.

• 죄는 세상에 있다. (5:13)
• 죄가 사람을 지배한다. (5:21; 6:12)
• 사람들은 죄를 섬길 수 있다. (6:6)
• 사람들은 죄의 노예가 될 수 있다. (6:17)
• 사람들은 죄로 인해 죽을 수 있다. (6:11)
• 사람들은 죄로부터 해방될 수 있다. (6:18)

이 구절들에서 죄는 단순히 사람이 행하는 것, 신을 거스르는 불복종 행위, 그의 법을 어기는 것이 아니라는 게 꽤 명백하다. 그것은 그보다는 일종의 우주적인 힘이다. 그것은 사람들로 하여금 하느님으로부터 소외

되도록 강요하는 사악한 힘이다. 이 모델 아래서 인간들의 문제는 그들이 이 악마적인 힘의 노예가 되어 그것의 속박에서 벗어날 수 없다는 것이다.

죄의 힘은 또 다른 힘인 죽음의 힘과 관련이 있다. 참여주의자적 모델에서 죽음은 단순히 사람이 숨을 멈추었을 때 일어나는 것이 아니다. 그것은 사람들을 노예로 만들려는 우주적인 힘이다. 그 시도가 성공했을 때, 인간들은 완전히 신의 영역에서 제거당한다. 여기서도 상황은 절박하다. 모든 사람들은 죽음의 힘에 지배당한다. 그리고 그들이 스스로를 그것으로부터 해방시키기 위해 할 수 있는 일은 아무것도 없다.

사법적 모델에서처럼 해결은 하느님 자신에게서 나와야 하고, 예수의 죽음과 부활의 형태를 취한다. 만약 문제가 외적인 권력에 대한 노예화라면, 해결책은 해방이어야 한다. 그리스도의 죽음과 부활은 인류를 정복한 죄와 죽음의 힘으로부터 자유를 제공한다. 하지만, 이 해방이 어떻게 일어날까?

종말론자로서 바울로는 이 세상에 죄의 우주적인 세력이 존재한다는 것을 알고 있었지만, 그리스도의 죽음이 죄의 힘을 정복했다고 믿게 되었다. 그는 예수가 죽음에서 부활했다고 믿은 후에 이것을 믿게 되었다. 바울로에게 있어서, 예수의 부활은 의심할 여지 없이 예수가 더 이상, 악의 우주적 힘 중에서도 가장 두려운 죽음의 힘에 종속당하지 않는다는 것을 보여주었다. 예수는 부활을 통해 죽음을 정복했다. 그것은 예수가 그에 관련된 세력(악마와 그의 대리인인 죄)을 물리쳤다는 뜻이다. 게다가 예수의 승리는 다른 사람들의 구원을 가져올 수도 있다. 즉, 사람들은 그리스도의 승리에 참여할 수 있다(6:5-8): 이것이 내가 이 모델의 이름을 그렇게 명명한 이유다. 사람들은 그리스도와 함께 죽고 부활함으로써 이 승리에 참여한다. 바울로에 따르면, 이것은 사람들이 세례를 받을 때 일어난다고 한다.(6:3-4)

세례baptism는 초기부터 그리스도교인들 사이에서 행해졌던 의식이었다. 물론, 그리스도교인으로 태어나는 사람은 없었기에, 처음 그리스도교가 생겼을 때에는 유대교에서 또는 다른 종교들의 신도들이 그리스도교로 개종했다. 개종한 사람들은 세례 의식을 통해 교회의 회중이 되었다. 세례는 의식을 집전하는 사람이

도판 21.2 세례는 바울로의 교회에서 중요한 의식이었으며(로마 6:1-6 참고) 후세에도 계속 중요시되었다. 이 사진은 바울로 이후 약 2세기 뒤에 세워진, 현존하는 가장 오래된 교회(시리아의 두라 유로포스 교회)의 벽화로 세례식을 묘사하고 있다.

그 행위의 중요성을 나타내는 성서의 구절들을 말하는 동안 세례를 받는 사람이 몸을 물에 담그는 행위였다.(나중의 자료들은 물이 흐르는 곳이 세례의 장소로 선호되었다는 것을 암시한다.) 바울로에게 있어서 그 행위는 단순히 그것을 행하는 사람의 죄가 씻기거나 새로운 삶을 시작한다는 상징적인 진술 이상의 것이었다. 그에게 그 행위는 실제로 일어나는 어떤 일과 관련이 있었다. 그는 사람들이 세례를 받을 때 실제로 그리스도와 연합을 경험하고(물에 몸을 담금으로써; 특히 6:1-11 참고) 그가 죽음으로 가져온 승리에 참여한다고 생각했다.

바울로는 비록 세례를 받은 사람이 그리스도와 함께 '죽었다'고, 즉 죄의 힘에 대한 그리스도의 승리에 동참했다고 믿지만, 그가 아직 그리스도와 함께 '일으켜졌다'고, 즉 죽음의 힘에서 완전히 벗어났다고는 믿지 않은 것이 분명하다. 바울로는 사람들이, 심지어 신도들조차 계속 죽었기 때문에 아직 완전한 승리가 이루어지지 않았다는 것을 잘 알고 있었다. 그래서 그는 그리스도교도들이 그리스도와 함께 죽었지만, 그리스도와 함께 아직 일으켜 세워지지 않았다는 것을 힘들여 강조했다.(6:5, 8) 그리스도가 세상에 돌아오는 종말의 때에야 비로소 사람들은 부활할 것이다. (코린토스 교회의 가장 큰 문제는 어떤 사람들이 이미 자신들은 그리스도와 함께 일으켜 세워졌다고 믿었다는 것이었고, 이에 대해 바울로는 그것이 사실이 아니라고 주장해야만 했다는 것을 독자들은 기억할 것이다.) 그때까지 그리스도교인들은 분명히 더 이상 죄의 세력에 종노릇하지 않기 때문에 "새 생명"(6:4) 가운데 살고 있지만 그들의 구원은 아직 완성되지 않았다. 오직 종말의 때에야 비로소 그들은 "그리스도와 같이 다시 살아나서 또한 그분과 하나가 될 것"(6:5)이다.

두 모델의 비교와 대조

우리가 살펴본 두 가지 구원의 모델은 무언가를 이해하는 방법이다. 그것들은 그 자체가 목적이 아니다. '신앙에 의한 칭의'나 '그리스도와의 연합'이 바울로의 복음은 아니다. 이것들은 그의 복음에 대해 생각하는 방법이다. 그의 복음은 그리스도 안에서 이루어지는 하느님의 구원의 행위이다. 모델들은 그것이 어떻게 작용하는지를 개념화하는 방법이다.

구원의 작용 방식은 바울로가 어떤 모델을 염두에 두고 있느냐에 따라 달랐다. 두 가지 모두에서 문제는 '죄'이지만, 한 가지 모델에서는 죄는 사람이 저지르는 불복종 행위이고, 다른 모델에서는 사람을 노예로 만드는 우주적 힘이다. 두 모델 모두에서 해법은 그리스도의 죽음과 부활에 의해 제공되지만, 한 모델에서 그리스도의 죽음은 인간의 불복종으로 인한 형벌을 대신하고, 다른 한 모델에서는 죄의 우주적 힘을 깨뜨린다. 두 모델 모두에서 사람들은 그리스도의 죽음의 혜택을 받아야 하지만, 한 모델에서는 이것이 믿음, 즉 그리스도의 대속을 신뢰하고 받아들임을 통해 이루어지는 반면, 다른 모델에서는 승리에 대한 의례적인 참여인 세례를 통해 이루어진다.

로마인들에게 보낸 편지를 읽다 보면, 바울로가 이 두 모델을 깔끔하게 구별하지 않는다는 것을 알 수 있다. 비록 그가 1-4장에서는 사법적 모델을, 6-8장에서는 참여주의자적 모델을 더 일관성 있게 사용하지만 그는 결코 그것들을 서로 모순되는 것으로 생각하지 않으며, 자주 두 가지를 결합해서 사용한다. 예를 들어, 그는 누군가가 믿음도 없이 그리스도의 대속을 받아들이지 않으면서도 세례를 받을 수 있고 그렇게 그리스도의 죽음에 참여할 수 있다는 가능성 같은 것은 결코 생각하지도 않는 것 같다. 그 두 모델은 서로 조화롭게 어울린다. 그것들은 혼란스럽기보다는 연합되어 사용된다. 바울로의 논의에서 그 둘은 여러 지점에서 연결된다. 예를 들어, 바울로는 왜 모든 사람이 하느님 앞에서 유죄라고 주장할까? 왜냐하면 모든 사람이 죄, 즉, 범법 행위를 저질렀기 때문이다.(사법적 모델; 3:23) 왜 모두가 죄를 지은 것일까? 모든 사람이 죄의 세력의 노예가 되어 있기 때문이다.(참여주의자적 모델; 3:9) 왜 모든 사람이 죄의 세력에 노예가 되었을까? 아담이 불복종을 범했기 때문에(사법적 모델) 그것이 죄의 힘이 세상에 들어올 수 있게 했다.(참여주의자적 모델; 5:12)

이 두 모델이 바울로 자신의 생각에서 깔끔하게 서로 연결된다는 사실에도 불구하고, 독자들은 그의 편지, 특히 로마인들에게 보낸 편지를 읽을 때 그것들을 개념적으로 구별하는 것이 유용하다. 바울로가 어떤 구절에서든지 "죄"를 말하면, 그것이 무엇을 의미하는지 생각해보아야 한다. 그것은 위반 행위를 의미하는가, 아니면 우주적 세력을 의미하는가? 그리스도의 죽음과 부활의 영향을 언급할 때, 그는 대속을 생각하는 것일까 혹은 속박으로부터의 해방을 생각하는 것일까? 나는 또한 그리스도가 구원을 위해 한 일을 개념화하기 위해 바울로가 사용하는 모델은 이들뿐만이 아니라는 점도 지적해야 하겠다.(Box 21.5 참고) 그러나 그 두 모델들은 로마인들에게 보낸 편지 전체를 통틀어 가장 두드러지게 나타나는데, 이는 편지의 다음

Box 21.4 바울로의 구원의 모델

사법적 모델	참여주의자적 모델
죄 — 사형을 초래하는 인간의 불복종	죄 — 사람을 노예로 만드는 우주적 힘
예수의 죽음 — 죄의 형벌의 대속	예수의 죽음 — 죄의 힘에 대한 승리
전유 — 사법적 절차와는 별개로 믿음을 통한 대속의 수용	전유 — 세례를 통해 그리스도의 승리에 참여

각 부분의 개요에서 볼 수 있다.

바울로의 주장의 흐름

- **인간의 딜레마: 모든 사람은 하느님 앞에 죄인이다.**(1:18-3:20) 바울로의 복음은 독자들에게 상황이 이방인과 유대인 모두에게 얼마나 절박한지를 보여주기 위해, '먼저 나쁜 소식을 알려주고 이어서 좋은 소식을 알려주는' 방식을 따른다. 이방인들은 우상을 숭배하기 위해 단 하나의 참된 신인 하느님에 대한 지식을 버렸고, 그 결과 걷잡을 수 없는 부도덕함이 만연하게 되었다.(1:18-3:20) 유대인들은 율법과 할례라는 징표가 있어도 율법을 지키지 않는 죄를 저질러서 더 나을 것이 없었다.(2:1-29) 유대 사람과 이방 사람 모든 민족은 하느님에게 죄를 지었다.(사법적 모델; 3:1-8) 모든 사람이 죄에 사로잡혀 있기 때문이다.(참여주의자적 모델; 3:9) 유대인과 이방인이 하느님 앞에 똑같이 죄를 저질렀다는 이 견해는 유대교를 배척하지 않는다. 왜냐하면, 바울로에 따르면, 그런 깨우침은 유대교 성서 자체의 가르침이기 때문이다.(3:10-20)
- **신의 해결책: 그리스도의 죽음을 통한 구원.**(3:21-31) 유대교 율법은 죄에 대한 지식을 주지만 죄에 대한 해결책은 주지 않는다. 그 해법은 예수의 죽음을 통한 율법의 완성을 통해 오는데, 이는 타인의 죄를 갚기 위한 희생으로써 신앙으로 받아들여져야 한다. 유대 율법을 지키는 것은 신앙을 통한 구원에 기여하지 못하므로 유대인은 하느님 앞의 그들의 특별한 지위를 자랑할 근거가 없다. 유대인과 이방인은 대등한 입장에 있으며, 모든 사람들은 예수의 죽음에 대한 신앙을 통해 하느님과 올바른 관계에 들어간다.
- **복음의 메시지는 성서에 뿌리를 두고 있다.**(4:1-25) 유대인의 조상 아브라함은 율법을 지키는 것보다 신앙을 통해 하느님 앞에 바로 설 수 있다는 것을 보여준다. 그는 할례라는 징표(율법의 "일")를 받기 이전에 하느님의 약속을 믿음으로써 하

느님으로부터 의롭다고 인정을 받았다. 그의 진정한 후손은 하느님을 계속 신뢰하고 그분의 약속이 이루어질 것을 믿는 사람들로서 그것은 이제 예수의 죽음과 부활에서 이루어졌다.
- **그리스도의 죽음과 부활은 하느님한테 대항하는 세력으로부터의 자유를 가져다준다.**(5:1-8:39) 그리스도를 믿는 사람은 하느님과 바른 관계에 있게 되었고, 이 세상에 닥칠 하느님의 진노에서 구원받을 것이다.(5:1-11) 그리스도의 대응 인물인 아담의 불복종을 통해 세상에 들어왔지만 그리스도의 순종(5:12-21)에 의해 정복된 하느님의 원수, 죽음의 통치에서도 구원받을 것이다. 더욱이 그리스도의 죽음에서 그와 연합한 사람들은 죄를 이긴 그의 승리에 참여한다. 그러므로 그들은 그리스도 안에서 자신들의 위에 있는 새로운 힘, 곧 의의 신성한 힘을 섬길 수 있고 또 섬겨야 한다.(6:1-23) 사람이 그리스도와 연합하기 전에는 죄의 힘에 의해 하느님이 주신 선한 율법을 어길 수밖에 없었고, 그래서 율법은 구원보다는 정죄로 이어졌다.(7:1-25) 그러나 이제 죄에 종속되었던 부분, 곧 육신이 그리스도 안에서 사망케 되었으므로, 사람들은 더 이상 죄의 소욕에 복종하여 율법을 어길 필요가 없다.(8:1-17) 그리스도와 하나가 된 사람들은 결국 하느님이 이 타락한 세상을 다시 회복시킬 때(8:18-39) 완전한 구원을 경험할 것이다.
- **복음의 메시지는 하느님과 이스라엘과의 약속과 부합하며 하느님의 약속의 이행을 나타낸다.**(9:1-11:36) 바울로는 이제 편지의 표면 아래에 있는 주요 문제들을 다루고 있다. 만일 하느님의 구원이 유대인과 이방인에게 구별 없이 똑같이 온다는 그의 말이 사실이라면, 하느님은 이스라엘과의 약속을 무효화한 것이 아닐까?(9:6) 하지만 바울로에게는 믿음으로 이방인과 유대인을 모두 구원하겠다는 하느님의 결정은 그의 약속을 이행하는 것이며 유대교 성서 자체에서 알 수 있듯이 그가 항상 일하는 방식과도 일치한다. 하느님은 항상 사람들을 그들의 행동에 근거하지 않고 그의 의지에 근거하여 선택했다.(9:6-18) 실

제로 유대인 예언자들은, 하느님이 선택한 사람들에게 자비를 베풀며 까마득한 과거부터 자기 백성이 아닌 사람들(이방인)을 자신의 사람들로 만들기 위해 계획했지만 반면에 많은 유대인들은 버림 당할 것이라고 말했다.(9:19-29) 약속을 지키지 않은 것은 하느님이 아니라 그리스도를 받아들이지 않은 유대인들이다. 그들은 하느님이 자신 앞에 바로 서게 하기 위한 수단으로 그들에게 율법을 줬다고 생각했지만 율법 자체는 그리스도를 가리키고 있었다.(9:30-10:4) 그러므로 하느님 앞에 바로 서는 것은 전적으로 그리스도에 대한 신앙을 통해 이루어지지만 많은 유대인들은 그를 믿지 않았다.(10:5-21) 그러나 하느님은 신실하다. 그는 유대인들에게 한 약속을 지키며, 그들 중 남은 자들을 구원하고, 이방 사람들의 구원을 이용하여 그의 궁극적인 목적, 곧 온 이스라엘의 구원을 이끌어낸다. 그러므로 하느님의 백성에 더해진 이방인들은 유대인들에 대하여 자랑해서는 안 된다. 이스라엘은 여전히 하느님의 특별한 소명을 받은 백성이며 하느님은 다시 한 번 그들을 모두 신앙으로 이끌어줄 것이다.(11:1-36)

- *율법에서 자유로운 복음은 무법 행위로 이어지지 않는다.*(12:1-15:13) 그리스도를 믿는 사람들은 자신을 희생하여 다른 사람들을 사랑한다. 사실, 이것은 희생의 오래된 예배 행위를 완성시키는 새로운 예배 행위이다.(12:1-21) 그리스도의 신자들은 민간 당국에 복종하고(13:1-7), 다른 사람들을 자기 자신처럼 사랑함으로써 토라의 핵심 정신을 따르고(13:8-10), 다가오는 구원을 바라보면서 도덕적이고 정직한 삶을 영위하며, 다른 사람들을 불쾌하게 하는 평가나 행동을 삼가야 한다.(14:1-15:6) 다시 말해서 바울로의 율법에서 자유로운 복음은 무법적인 활동으로 이어지지 않을 것이다.

- *편지의 종결.*(15:14-16:27) 바울로는 글을 쓰는

Box 21.5 바울로의 다른 구원의 모델들

바울로는 비록 비유들이 구체적으로 어떻게 작용하는지 자세히 설명하지 않지만 사법적, 참여주의적 모델 외에도 그리스도 안에서 이루어지는 하느님의 구원의 행위를 개념화하는 다른 방법을 가지고 있다. 예를 들어, 다음의 모델들을 생각해보자.

- 때때로 바울로는 구원을 사이가 틀어졌던 두 사람의 화해에 비유한다. 중재자(그리스도)는 자신을 희생하여 둘 사이에 개입해서 관계를 회복시킨다.(예: 로마 5:10과 2코린 5:18-20 참고)
- 바울로는 흔히 구원을 구속 救贖으로 묘사하는데, 노예를 금으로 사는 것처럼 하느님이 그리스도의 피값을 통해 한 사람의 생명을 '사는' 것이다.(로마 3:24, 8:23) 그러나 바울로는 하느님이 누구로부터 그의 생명을 사는 것인지에 대해서는 설명하지 않는다.(우주적 세력? 악마? 죄악?)

- 바울로는 때때로 그리스도의 죽음을 유대교 신전에서 바쳐지는 희생 동물처럼, 하느님에게 속죄하기 위한 희생으로 묘사한다. 이 견해는 희생물의 피가 사람들의 죄를 '덮어준다'는 고대의 관점을 상징한다. 이 행위에 대한 전문 용어는 "속죄 贖罪"(로마 3:25)다.
- 바울로는 구원을, 위기나 빠져나올 길 없는 죽음처럼 물리적 위험에 직면한 사람을 자신의 목숨을 희생하며 구하는 영웅적인 행위에 비유하기도 한다.(로마 5:7-8 참고)

이 모델들은 상호 배타적이지 않다. 때때로 바울로는 같은 구절 내에서 그중 몇 가지를 같이 적용한다. 로마인들에게 보낸 편지 3장 21-26절을 생각해보라. 여기에서 바울로는 사법적, 참여주의적, 구속적, 희생적 모델을 동시에 사용한다!

Box 21.6 로마인들에게 보낸 편지

1. 바울로가 남긴 다른 편지들과 달리 로마인들에게 보낸 편지는 그가 설립, 아니 방문조차 한 적도 없는 교회 앞으로 쓰였다.
2. 그것은 바울로가 더 서쪽, 에스파냐 지역으로 선교 활동을 넓히는 데 필요한 로마 그리스도교인들의 지원을 확보하기 위해 쓰였다.
3. 그들의 지원을 받기 위해 바울로는 그의 복음 메시지에 대한 몇 가지 오해를 바로잡아야 했다. 그는 로마인들에게 보낸 편지를 통해 그리스도 안에서의 하느님의 구원 행위가 복음의 내용임을 설명하고 그것은 유대인과 이방인 모두에게 마찬가지이며 차이가 없다고 말한다.
4. 편지의 상당 부분은 하느님과 그의 선택받은 백성 이스라엘과의 지속적인 관계와, 구원에는 기여하지 않더라도 유대 율법이 지니는 역할을 이해하기 위한 복음의 의미를 다루고 있다.
5. 바울로는 그의 복음 메시지를 개념화하는 다음과 같은 다양한 방법들—모순보다는 보완적인 관계에 있는—을 가지고 있다.
   a. 구원의 행위를 법적인 관점에서 표현하는 사법적 모델.
   b. 구원의 행위를 그리스도와의 연합으로 표현하는 참여주의자적 모델.

이유(15:14-21)를 밝히고, 여행 계획을 논의하고(15:22-33), 많은 신도들에게 인사(16:1-27)를 보낸다. 하지만 바울로가 한 번도 방문하지 않은 신도들에게 쓴 것이라고 보기에는 의문이 들 정도로 많은 사람들에게 인사를 보내고 있기 때문에 어떤 학자들은 이 장이 편지에 원래 속해 있었는지에 의문을 제기한다. 이 장이 원래 이 편지의 일부였다면 바울로가 다른 맥락에서 알게 된 많은 사람들이 로마로 이주했거나 그곳을 방문하고 있다는 뜻일 것이다.

결론: 바울로와 로마인들에게 보낸 편지

우리는 에스파냐로 가는 길에 로마를 방문하리라는 바울로의 계획이 결실을 맺었는지 확실히 알 수 없다. 사도행전에 따르면, 바울로는 여행을 떠나기 전에 예루살렘에서 체포되었고 공교롭게도 황제 앞에서(사도 21-28장) 재판을 받기 위해 로마로 보내졌다. 사도행전의 저자는 바울로가 도착하기 전에 로마에 사는 그리스도교도들과 그 사이에 어떤 접촉이 있었는지 알지 못하는 것 같다. 사도행전에서 바울로가 가는 모든 곳에서 으레 그렇듯 그는 그리스도교 신자들이 아닌 비우호적인 유대 지도자들, 가택 연금 상태에 있는 그의 설교를 들으러 오는 모든 사람들과 함께 시간을 보내게 된다.(28:16-31) 나중에 바울로가 로마에서 결국 순교했음을 보여주는 전승들이 있다. 기원전 95년경에 쓰인 로마 교회 구성원 중 한 사람의 글은 네로Nero 통치 기간 동안 그리스도교인들이 겪은 폭압적인 박해를 묘사하면서 바울로의 죽음을 언급한다. 전통적으로 이 글은 로마의 주교인 클레멘스Clement가 썼다고 알려져 있는데 실제로 역사적인 기억을 보존하고 있을지도 모른다.(본문 27장 참고)

바울로가 서쪽 지역을 선교하는 데 성공했는지, 아니면 로마에 있는 그리스도교인들 사이에서 추종자들을 얻었는지 가늠할 수는 없지만, 우리는 그가 한 가지 측면에서는 성공했다고 확실히 말할 수 있다. 로마인들에게 보낸 편지는 전해지는 바울로의 글들 중에서 가장 논리적인 글이며 계속해서 학자들의 관심을 끌고 신자들에게 영감을 주는 편지이다. 그것은 가장 명확한 용어로 바울로 복음의 중요한 부분들, 즉 유대인과 이방인 모두에게 구원을 가져다주는 하느님의 권능을 보여준다.

포토에세이 3

바울로 시대의 도시와 길들

신약을 읽은 많은 사람들은 바울로를 위대한 편지의 저자이자 신학자, 주로 말과 교리에 관심을 가졌던 사도라고 생각한다. 그러나 역사적인 바울로는 그 이상의 존재였다. 무엇보다도 그는 주로 소아시아, 마케도니아 그리고 아카이아에 교회를 세우기 위해 한 도시에서 다음 도시로 옮겨 다녔던 열렬한 여행자였다. 바울로와 밀접한 관련이 있는 많은 장소들이 고고학자들에 의해 발굴된 지금은 그가 복음을 전하기 위해 들어갔던 주요 도시 지역이 어떤 모습이었을지 어느 정도 짐작할 수 있다. 이번 포토에세이에서는 바울로와 밀접한 관련이 있는 네 개의 도시에 살았던 사람들의 삶과 그들 그리고 바울로가 걸어 여행했을 길에 대해 많은 것을 말해주는 고고학적 발견물을 살펴볼 것이다.

에페소스

에페소스는 소아시아 서부 해안의 주요 도시였다. 바울로는 그곳에서 코린토스인들에게 보낸 첫째 편지를 쓰는 등 상당한 시간을 보냈다. 사도행전 18장에 따르면, 우상 제작자들은 그가 그들의 전통적인 (이교도) 종교들로부터 너무 많은 사람들을 개종시켜서 손해를 보게 만들었다며 폭동을 일으켰다. 폭도들은 마을의 큰 극장에 모여서 그리스도교인들을 비난하고, 도시에 매우 큰 신전을 가지고 있던 그들의 주신, 아르테미스 여신의 위대함을 선언했다.

도판 1 고고학자들은 오랫동안 에페소스에 관심을 가졌다. 사진은 아고라(중앙 시장)와 이집트 신 세라피스를 기리는 신전의 일부이다.

도판 2 아르테미스는 에페소스의 수호신이었다. 그곳에 있는 그녀의 웅장한 사원은 아직도 완전히 폐허로 남아 있다. 많은 기둥으로 이루어진 이 재건된 사원은 이스탄불에 있다.

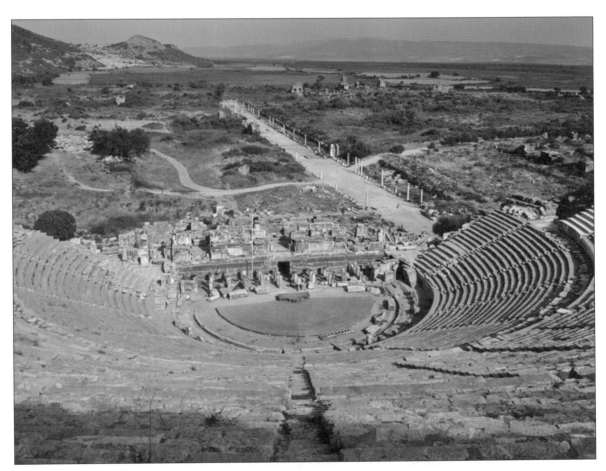

도판 3 사도행전 18장에 나오는 에페소스 사람들의 폭동의 배경이었던 이 대형 극장은 지금도 에페소스를 찾는 사람들의 주요 관광 명소가 되어 있다.

아테네

바울로가 선교 여행을 위해 방문했던 많은 도시들과 달리, 아테네는 오늘날에도 계속 번성을 누리고 있다. 바울로는 테살로니카인들에게 보낸 첫째 편지 3장 1절에서 그곳에서 보낸 시간을 간략히 언급하고 있다. 아테네에서 바울로가 관련된 가장 유명한 사건은 사도행전 17장에 나오는 스토아학파와 에피쿠로스학파 철학자들에게 행한 연설로서 아레오파고스(또는 마르스의 언덕)에서 행해졌는데 아테나 여신에게 봉헌된 웅장한 파르테논 신전이 서 있는 아크로폴리스에서도 눈에 들어오는 장소이다.

도판 4 파르테논 신전은 아직도 고대로부터 전해져오는 위대한 경이들 중 하나이다. 고대 그리스인들의 엄청난 부와 그들의 신들에 대한 헌신을 그 장엄한 유적에서 엿볼 수 있다.

도판 5 파르테논 신전의 경이와 극적으로 대조되는 작은 바위 언덕 아레오파고스에서 바울로가 그곳의 철학자들에게 설교를 함으로써 로마 그리스도교가 아주 가난하게 시작되었다. (사도 17장) 아이러니하게도, 바울로의 동시대인들에게는 매우 초라하고 볼품도 없던 그 신앙이 결국 그리스와 로마의 영광을 정복하게 된다.

도판 6 아레오파고스에서 행한 그의 유명한 연설에서 바울로는 아테네 사람들의 위대한 종교성과 그들의 많은 "숭배의 대상들"을 언급한다. 제국의 모든 주요 도시들과 마찬가지로, 아테네는 다양한 이교도 신들을 모시는 신전들로 가득했다. 비교적 온전하게 전해지는 가장 좋은 예들 중 하나는 니케의 신전으로, 그리스 전성기의 영광을 보여준다.

코린토스

코린토스는 바울로와 그의 선교에 가장 중요한 의미를 지닌다. 사도행전에 따르면, 그는 그곳에서 다른 두 그리스도교인 프리스킬라와 아퀼라 부부와 함께 텐트 제작을 업으로 삼고 동시에 선교를 하며 18개월을 보냈다. 사도행전에 따르면, 바울로는 그곳에서 아카이아 총독 갈리오(서기51-52년)에게 재판을 받았다. 나중에 바울로는 그가 다른 곳에 교회를 세우러 떠난 후 코린토스 교회에 발생한 많은 문제들을 해결하려고 몇 통의 편지를 써 보냈다.

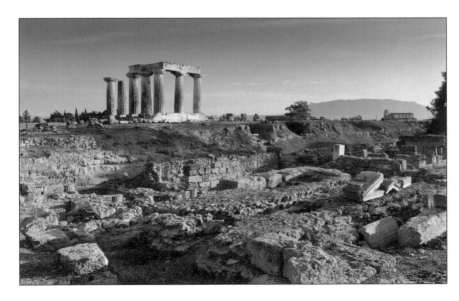

도판 7 코린토스는 이교도 신들에게 바친 수많은 신전들이 있는 대도시였다. 아직도 일부 구조물이 남아 있는 유적들이 웅장한 아폴로 신전 쪽을 바라보고 있다.

도판 8　만약 바울로가 코린토스에서 프리스킬라, 아퀼라 부부와 함께 가죽 제품 사업(텐트 제작?)을 했다면, 그는 아마도 상점을 빌려 사진에 보이는 것 같은 방에서 살았을 것이다. 사진은 거리를 향한 상점들의 유적이다.

도판 9　바울로는 코린토스에서 로마인들에게 편지를 썼고, 그 결론에서 코린토스 관리 에라스토스가 "도시의 재정관"(로마 16:23)이라고 언급하고 있다. 놀랍게도, 1929년 고고학자들은 코린토스에서 도시의 고위 관리 에라스토스의 이름을 새긴 비문을 발견했다. 비문은 1세기 중엽의 것으로 보인다. 그는 바울로가 로마인들에게 보낸 편지에서 언급한 그리스도교 개종자였을까?

로마

로마는 제국의 수도였을 뿐만 아니라 가장 크고, 가장 부유하며, 가장 화려하게 장식된 도시였다. 로마인들에게 보낸 편지에서 바울로는 로마에 가본 적은 없지만 로마 교회로 가서 "땅 끝", 즉 서쪽으로 가장 먼 지역인 에스파냐로 선교를 확장할 때에 그곳을 자신의 사역의 근거지로 삼을 계획이라고 말한다. 사도행전에 따르면, 바울로는 이 계획을 실천에 옮기지 못했고, 그

대신 체포되어 재판을 받고, 결국 로마로 보내져 황제 앞에서 재판을 받게 되었다고 한다. 사도행전은 바울로가 로마의 감옥에 갇힌 채 사법 절차를 기다리는 것으로 끝을 맺는다. 후대의 전설에 따르면, 바울로는 결국 64년 네로 황제의 통치 기간 동안 그곳에서 순교했다고 한다.

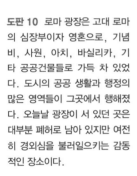

도판 10 로마 광장은 고대 로마의 심장부이자 영혼으로, 기념비, 사원, 아치, 바실리카, 기타 공공건물들로 가득 차 있었다. 도시의 공공 생활과 행정의 많은 영역들이 그곳에서 행해졌다. 오늘날 광장이 서 있던 곳은 대부분 폐허로 남아 있지만 여전히 경외심을 불러일으키는 감동적인 장소이다.

도판 11 평화의 제단(라틴어 Ara Pacis)은 카이사르 아우구스투스 시대에 중요한 신을 기리고 로마 종교의 이상을 널리 기념하기 위해 로마에 세워진 많은 기념물들 중 하나이다. 이 제단은 기원전 9년에 로마의 여신 팍스에게 봉헌되었다. 고고학자들에 의해 발견된 제단은 건축물의 아름다움을 드러내기 위해 20세기에 재건되었다.

로마의 길과 도로들

바울로는 많은 시간을 여행하며 보냈고, 대부분의 여행을 도보로 이동했다. 어떤 경우에는, 우리는 그가 어떤 길을 걸었는지도 확실히 알지 못한다. 예를 들어, 갈라티아인들에게 보낸 그의 편지에서도 그가 인구가 희박한 중부 튀르키예의 북부 지역에 교회를 세웠는지 아니면 남부 지역의 더 잘 알려진 도시들에 교회를 세웠는지 전혀 분명하지 않다. 바울로의 육로 이동 경로를 꽤 정확하게 추적할 수 있는 경우도 있다. 이러한 경우, 그는 민간 도보 여행자들을 위해서가 아니라 로마 군대의 이동과 교역을 위해 로마가 건설한 도로를 따라 이동했을 것이다. 여하튼 그 도로들은 공공이 이용할 수 있도록 개방되어 있었고, 바울로는 그런 도로들을 유용하게 사용한 것으로 보인다.

도판 12 로마 제국 전역의 도시들에는 카이사르 아우구스투스의 수많은 조각상들과 이미지들이 있었다. 그는 세계에서 가장 강력하고 부유한 사람이었을 뿐만 아니라 숭배받을 만한 신으로 여겨졌다. 로마의 조각상이 그의 영광스럽고 당당한 모습을 보여준다.

도판 13 타르소스 산맥의 유명한 킬리키아 문은 가장 넓은 곳이 19미터인 협곡이었다. 바울로는 타르소스에서 소아시아까지 북쪽으로 이동하기 위해 이곳을 통과해야 했을 것이다.

도판 14 바울로는 주로 로마인들이 군사적, 상업적 목적으로 건설한 길을 따라 그가 방문한 도시들을 도보로 이동했을 것이다. 바울로가 필리피에 왔을 때 걸었을 이 도로, 에그나티아 가도를 포함하여 많은 도로들이 오늘날에도 남아 있다.

도판 15 사도행전에 따르면, 바울로는 배를 타고 이탈리아 서안의 항구도시 푸테올리에 상륙했다. 그곳에서 그는 대부분의 여행을 아피아 가도를 따라 도보로 로마로 향했을 것이다. 고대 로마의 도로들 중에서도 가장 유명하다고 할 수 있는 아피아 가도는 푸테올리를 이탈리아의 남쪽, 동쪽과 연결했다. 사진은 오늘날의 아피아 가도 한 구간의 모습이다.

22장

전승들은 유실되는가?

예수, 야고보, 테우다스, 테클라와 관련해서 바라본 바울로

이 장은 초기 그리스도교 저술에 의해 제기된 가장 흥미롭고 중요한 질문들 중 하나를 다룬다. 바울로는 분명 구원에 대한 독특한 이해를 지니고 있었다. 그런 그의 견해는 예수의 가르침과 일치할까? 다른 말로 하자면, 예수와 바울로는 같은 종교를 대표할까?

그와 관련해 우리들이 다룰 여러 가지 관련된 사안들이 있다. 바울로는 예수가 무엇을 가르쳤는지, 무엇을 행했는지 실제로 알았을까? 바울로는 다른 저명한 그리스도교인들의 의견에 동의했을까? 예를 들어 야고보의 편지는 구원을 위해서는 신앙만이 아니라 선한 일을 해야 한다고 주장한다. 이런 의견은 바울로의 주장과 조화될 수 있을까? 게다가 후대 그리스도교인들은 때때로 자신들의 견해를 주장하기 위해 바울로의 권위에 호소했다. 그들의 그런 행위는 옳은 것이었을까?

예수는 하늘로부터 우주를 심판할 사람의 아들Son of Man이 곧 나타날 것에 대비하여 동료 유대인들에게 회개하고 하느님의 율법Law을 지키라고 촉구했다. 바울로는 구원이 유대 율법에서 떨어져 나왔다고 주장하며 예수의 재림에 대비하여 그의 죽음과 부활resurrection을 믿으라고 이방인들Gentiles에게 촉구했다. 예수와 바울로는 같은 종교에 속한 인물들이 맞을까?

복음서Gospels의 저자들은 하느님이 예수의 언행을 통해 이 세상에 구원을 가져다주었다고 주장했다. 사도 바울로도 구원에 대해서 썼지만, 예수의 언행에 대해서는 (죽음과 부활을 제외하면) 거의 아무 말도 하지 않았다. 복음서의 저자들과 바울로는 같은 종교에 속한 것일까?

바울로의 신도들 중 몇몇 사람들은 바울로 자신조차 터무니없다고 생각하는 자신들의 견해를 그가 지지해주었다고 주장했다.(1코린 1:12 참고) 그가 죽은 후, 마르키온주의자들Marcionites, 영지주의자Gnostics들 그리고 원정통파proto-orthodox 그리스도교인들은 모두 그의 글에서 나왔다고 주장하는 신앙들을 가지고 있었다. 바울로의 그리스도교 신앙이 여러 개가 있었던 것일까? 질문을 더 확대해보면, 첫 2세기 동안 그리스도교라고 불릴 수 있을 몇 가지 다양한 종교들이 있었을까? 우리는 초기 그리스도교가 아니라 초기 그리스도교들에 대해서 말해야 하는 것일까? 초기 그리스도교의 형태들 중 예수 자신이 주장하던 종교와 일치하는 것이 있었을까? 아니면, 어떤 시점에서, 혹은 여러 시점들에서, 전승들이 유실된 것일까?

난감하고 복잡한 질문들이지만 우리가 신약성서의 저술들을 역사적 관점에서 접근해야 할지 결정하기 위해 물어야 할 질문들이다. 초기 복음서, 예수의 가르침 그리고 논쟁의 여지가 없이 바울로가 쓴 글들을 모두 살펴본 지금, 우리는 한 걸음 물러나서 초기 그리스도교의 본질과 그 다양성에 대해 좀 더 폭넓은 관점에서 생각해볼 수 있는 단계에 도달했다. 이제 막 바울로에 대한 연구를 마쳤기에 우리는 바울로의 그리스도교 형태가 그 이전과 이후의 것들과 어떤 관련이 있는지를 평가하면서 그의 편지에 기초하여 그러한 질문들에 답해볼 수 있을 것이다.

이전의 것들과 관련해서 본 바울로

복음서가 나오기 이전에 지중해 전역의 그리스도교인들은 예수가 말하고, 행하고, 경험한 것들에 대한 이야기들을 하고 있었다. 바울로는 어떨까? 그도 이런 이야기들을 했을까?

바울로와 예수에 관한 전승

우리는 바울로의 교회 신도들이 세상에 머물던 예수에 대한 이야기를 했다는 것을 확신할 수 있다. 결국 사도행전의 저자도 이런 교회들 중 한 곳에 속해 있었고(바울로가 그의 이야기의 주인공이었으므로 우리는 적어도 그렇게 가정할 수 있다), 그는 복음서도 썼다.

그러나 루카는 바울로가 활동하던 때부터 약 30년 후에 글을 썼다. 예수에 대한 이런 전승들이 바울로의 교회에서 그가 활동하는 동안 사람들 사이에서 전해지고 있었을까? 바울로는 그가 개종시킨 사람들에게 이런 이야기들을 가르쳤을까? 아니, 그 자신 그런 이야기들을 알고 있었을까?

이러한 질문들은 충격으로 다가올 수도 있다. 이런 질문들은 신약성서를 읽어온 대부분의 사람들에게는 전혀 떠오르지 않았을 것이다. 하지만 초기 그리스도교를 연구하는 역사가들에게는 끝없는 호기심의 원천이다. 바울로는 역사적 예수, 즉 예수가 태어나서 죽을 때까지 말하고, 행하고, 체험한 것들에 대해 거의 아무 말도 하지 않는다. 독자들은 바울로의 편지를 다시 읽고 예수가 십자가에 못 박힐 때까지 예수의 삶에 대해 그가 말하는 모든 것을 열거해봄으로써 이것을 직접 확인할 수 있다. 놀랍게도 종이 한 장을 다 채우지 못할 것이다.

바울로는 예수의 삶에 관해 다음과 같은 정보를 제공한다. 그는 예수가 여자에게서 태어났다고 말한다.(갈라 4:4; 이것은 너무 당연한 말이어서 그다지 유익한 정보라 할 수 없다. 사람들이 궁금해한 것은 그 대안이 어떤 것이었을까였다!) 그는 다윗 왕의 계보에서 유대인으로 태어났다고 전해지며(로마 1:3) 형제들(1코린 9:5)이 있었는데, 그중 한 명은 야고보였다.(갈라 1:19) 그는 12제자를 두었으며(1코린 15:5) 유대 사람들 가운데서 사역을 했고(로마 15:8) 배신당하던 날 밤 제자들과 마지막 식사를 했다.(1코린 11:23. 이곳에서 바울로는 예수를 배신한 유다를 지칭하고 있지는 않다. 왜냐하면 이곳에서 사용된 그리스어는 문자 그대로 '넘겨주다'라는 뜻이고, 로마 4:25과 8:32에서처럼 예수를 죽음에 넘겨주는 하느님의 행위를 가리킨다.) 바울로는 예수가 이 마지막 만찬 때 한 말을 알고 있다.(1코린 11:23-25) 끝으로, 그는 예수가 십자가에 못 박혀 죽었다는 것을 안다.(2:2) 그는 물론 예수의 부활도 알고 있지만, 여기서 우리는 바울로가 예수의 생전의 행적에 관해 말한 내용에만 관심이 있다.

최후의 만찬 외에도, 그리스도교인들은 이혼해서는 안 된다거나(1코린 7:10; 마르 10:11-12) 설교자에게 삯을 지불해야 한다(1코린 9:14; 루카 10:7 참고)라는

취지의 말이 예수의 말을 언급한 것일 수도 있다. 예수가 한 말과 비슷한 말을 바울로가 한 경우들도 있다. 가령 그는 그리스도교인들은 세금을 내야 한다고 말하거나(로마 13:7; 마르 12:17 참고) 이웃을 자기 자신처럼 사랑함으로써 율법을 지켜야 한다(갈라 5:14; 마태 22:39-40 참고)고 말한다. 그러나 바울로는 예수 자신이 이러한 말을 했다는 것을 자신이 알고 있다는 표현을 하지 않는다.

물론 바울로는 예수의 중요성, 특히 그의 죽음과 부활의 중요성 그리고 곧 하늘에서 돌아올 그의 재림에 대해서는 많은 언급을 한다. 하지만 역사적 정보의 면에서 말을 하자면 내가 위에 열거한 것이 바울로의 편지에서 얻을 수 있는 예수에 관한 정보의 거의 전부이다. 우리는 예수의 출생이나 부모, 어린 시절에 대한 자세한 이야기나, 세례나 광야에서의 유혹이나, 다가오는 하느님의 나라에 대한 그의 가르침에 대해 바울로부터 아무것도 들을 수 없다. 바울로는 예수가 비유를 말하거나, 누군가를 치료하거나, 악마를 내쫓거나, 죽은 사람을 살렸다는 어떤 이야기도 하지 않는다. 우리는 예수의 영광스러운 모습으로의 변화나 예루살렘 입성이나, 그가 신전을 정화한 것, 산헤드린에 출두해 심문을 당한 것, 필라투스에게 재판을 받고 바라바를 택한 군중에게 버림받은 것, 조롱당하고, 채찍질당한 일 같은 것은 바울로의 글에서 전혀 알 수 없다. 예수와 관련된 전승들, 아니 역사적 예수 그 자체에 대해 알고 싶어 하는 역사학자는 바울로가 남긴 편지에서 별 도움을 받지 못할 것이다.

어째서 바울로는 예수의 언행을 회중들에게 상기시키지 않을까? 그는 그런 내용들이 중요하지 않다고 생각하는 것일까, 아니면 자신의 사역과는 무관하다고 판단한 것일까? 아니면 자신의 독자들은 이미 그런 내용들을 알고 있다고 추측한 것일까? 바울로가 그런 이야기들을 알고 있었던 것은 사실일까? 이 문제에 대한 여러분의 생각을 자극하기 위해 지난 수년간 학자들이 대답해온 세 가지 방향에 대해 알아보겠다.

첫 번째 방향 바울로는 예수에 대한 많은 전승들을 알고 있었지만, 그런 이야기들을 할 기회가 없었기 때문에 남아 있는 편지에는 그런 내용이 없다. 이것은 아

마도 바울로가 왜 예수의 삶의 사건들에 대해 거의 언급하지 않는지를 설명하는 가장 쉬운 방법일 것이다. 이 노선을 택하는 사람은 바울로가 분명히 다른 사도들을 알고 있었다는 것을 지적할 수 있다.(갈라 1-2장 참고) 사도들은 틀림없이 예수에 대한 이야기들을 그에게 들려줬을 것이다. 게다가 바울로가 교회들을 세울 때 죽은 자 가운데서 살아난 하느님의 아들이라고 그가 선포한 사람에 대한 이야기를 분명히 사람들에게 들려줬을 것이다. 바울로가 개종시킨 사람들은 예수가 정확히 누구였는지, 무슨 일을 했는지, 무엇을 가르쳤고 어떻게 죽었는지 질문을 던졌을 것이고, 그는 그들에게 틀림없이 대답을 해주었을 것이다. 이런 점을 고려하면 이런 전승들을 그의 편지들에서 언급하지 않은 것은 그의 청중들이 이미 그것들을 알고 있었기 때문일 것이다.

그러나 이 추론에서는 결함을 발견할 수도 있다. 바울로는 편지에서 많은 지면을 할애해 그가 함께 있었을 때 그들에게 가르쳤던 것을 상기시킨다. 만일 그가 역사적인 예수에 대해서도 가르쳤다면, 왜 그는 그들에게 그런 이야기들도 상기시키지 않을까? 게다가 비록 비교적 드물기는 하지만, 때때로 바울로는 그의 개종자들에게 행동 방침을 제시할 때 설득력을 얻기 위해 예수에 관한 전승들 중 하나를 사용한다. 예를 들어, 바울로가 찬성하지 않는 방식으로 코린토스인들이 성만찬을 기념하고 있을 때, 그는 그들에게 예수가 어떻게 그의 제자들에게 만찬을 베풀었는지 상기시켜주었다. 즉, 바울로는 필요할 때는 예수의 이야기를 인용하여 공동체 최고의 권위인 주 예수가 직접 자신의 견해를 지지하는 것처럼 사용하는 경향이 있었다.

바울로가 명백하게 예수에 관한 전승을 이런 식으로 사용하는 경향이 있었다면, 왜 좀 더 빈번히 그렇게 하지 않았을까? 바울로는 자신의 견해를 뒷받침하기 위해 예수에 대한 전승을 언급할 기회가 많았지만 거의 그러지 않았다. 그가 로마인들에게 세금을 내라고 말했을 때(로마 13:6-7) 왜 그는 "카이사르의 것은 카이사르에게 돌리고 하느님의 것은 하느님께 돌려라"라고 하지 않았을까? 율법을 완성하기 위해 서로 사랑해야 한다고 갈라티아인들에게 말했을 때(갈라 5:13-14), 예수 자신도 그렇게 말했다는 것을 왜 지적하지 않았을까? 그가 코린토스 교인들에게 현시대의 고통에 대해 말할 때(2코린 4:7-18, 11:23-29) 왜 예수가 당한 고난들의 세부 사항이나 십자가를 지고 자신을

Box 22.1 예수와 바울로의 유사점들

역사적 예수

유대인으로 태어나 성장했고 자신이 유대교의 진리와 유대인의 하느님을 벗어난 적이 없다고 주장했다.

종말론적 형태의 유대교를 주장했다.

그의 제자들의 생애 동안에 하늘로부터 사람의 아들이 와서 세상을 심판할 것이라고 생각했다.

하느님과의 바른 관계를 위해 율법을 철저히 지켜야 한다는 바리사이파들의 주장을 일축했다.

하느님을 믿어야 할 필요성을 가르쳤고 이웃 사랑을 율법의 완성이라고 생각했다.

사도 바울로

유대인으로 태어나 성장했고 자신이 유대교의 진리와 유대인의 하느님을 벗어난 적이 없다고 주장했다.

그리스도에 대한 종말론적 신앙을 주장했다.

자신의 생애 동안에 예수가 세상을 심판하러 하늘로부터 오리라고 생각했다.

하느님과의 바른 관계를 위해 율법의 관행들을 지켜야 할 필요성을 일축했다.

그리스도를 믿어야 할 필요성을 가르쳤고 이웃 사랑을 율법의 완성이라고 생각했다.

따르라는 예수의 부름을 상기시키지 않았을까? 바울로가 실제로 예수의 행적을 알고 있었다면 왜 그랬는지 설명하기가 어렵다.

두 번째 방향 바울로는 예수의 전승을 더 많이 알고 있었지만, 자신의 사역과 무관하다고 여겼다. 이 방향은 바로 이전의 것과 비슷하지만 한 가지 큰 차이가 있다. 여기에서 바울로는 예수의 말과 행동에 관한 많은 전승들을 알고 있었지만, 자신이 전하는 예수의 죽음과 부활의 메시지와는 무관하다고 생각했기 때문에 직접 또는 서면상으로 많이 언급하지는 않았다. 이런 입장에 대한 지지는 코린토스인들에게 보낸 첫째 편지 2장 2절과 같은 구절에서 찾을 수 있는데, 바울로는 그가 코린토스에 머무는 동안 자신에게 가장 중요한 것은 오직 "십자가에 달리신 그리스도"(1코린 15:3-5 참고)뿐이라고 주장한다. 즉, 예수의 생전 언행은 그의 메시지와는 별 상관이 없었다. 중요한 것은 예수가 십자가에서 죽었다는 것과 이것이 (그의 부활에서 증명되었듯) 인간들로 하여금 하느님 앞에 바로 설 수 있게 해주었다는 것이다.

이런 방향을 고려할 때, 예수의 언행이 바울로에게 틀림없이 중요했을 것이므로 이런 생각의 방향은 옳지 않다고 주장하는 것은 적절하지 않다. 이것은 그런 전승들이 바울로에게 중요해야만 했기 때문에 그것들이 바울로에게 중요했을 것이라고 말하는 것과 같다. 단순히 우리의 결론을 전제조건으로 삼기보다는 우리는 그것에 대한 증거를 제시해야 한다. 사실, 이 견해에는 적어도 한 가지 심각한 문제가 있다. 만약 바울로가 예수의 언행을 중요하게 여기지 않은 것이 사실이라면, 우리는 바울로가 왜 때때로 그의 신도들이 행해야 할 적절한 행동들을 제시하면서 예수의 언행에 호소하는지 설명할 수 없을 것이다.(예: 1코린에서만 해도 7:11, 9:14, 11:23-25 참고) 그러므로, 바울로에게 있어 예수의 죽음과 부활이 차지하는 중요성을 인정한다 하더라도, 바울로는 예수의 생애 말기의 사건들 이상의 가치가 있는 무엇인가를 그의 교회 신도들에게 가르쳤음에 틀림없다. 그가 그런 것들을 알고 있었다면 말이다.

세 번째 방향 바울로는 예수의 언행에 대해 많이 알

Box 22.2 예수와 바울로의 차이점들

역사적 예수	사도 바울로
다가오는 이 세상의 심판 날에 심판자는 사람의 아들이다.	다가오는 이 세상의 심판 날에 심판자는 예수다.
심판을 피하기 위해서는 예수가 해석한 대로 율법의 중요한 가르침들을 따라야 한다.	심판을 피하기 위해서는 죽었다가 부활한 예수를 믿어야 하고 율법의 준수에 의존하지 말아야 한다.
신앙은 하느님이 그의 (미래의) 왕국을 그의 백성에게 가져오리라고 믿는 것이다.	신앙은 (과거의) 죽었다가 살아난 예수를 믿는 것이다.
예수 자신의 중요성은 다가오는 세상의 종말을 선언하고 율법을 올바로 해석해주는 데 있다.	예수의 중요성은 죄를 위해 그가 십자가에 달려 죽었다가 부활한 데 있다.
세상의 종말은 그의 가르침을 받아들이고 그것을 자신들의 삶에서 실천하는 그의 추종자들의 삶에서 이미 시작되었다.	세상의 종말은 예수가 십자가에서 악의 세력을 꺾음으로써 시작되었다.

지 못했기 때문에 그에 대해 많이 언급하지 않았다는 주장이다. 이 생각에 따르면 예수의 삶은 바울로가 교회를 세우고 신도들의 문제를 다룰 때뿐만 아니라 개인적으로도 바울로에게 중요하지 않았다. 그는 예수의 말과 행동을 더 깊게 연구하지 않았고, 관심이 없었기 때문에 더 알아볼 생각도 하지 않았을 것이다.

이런 상황이 가능한 것이었을까? 바울로의 말에 따르면 예수는 그에게 직접 나타났다. 그러나 바울로는 예수가 그가 세상에서 말하고 행한 모든 일들을 바울로에게 전부 가르쳐주었다고는 말하지 않는다. 또한 바울로는 예수의 사도들 중 일부—예수의 형제 야고보와 예루살렘에 있는 그의 옛 제자 몇몇—를 알고 있었음이 분명하다. 그러나 그는 자신이 그들과 함께 보낸 시간이 얼마 되지 않는다는 것, 그들을 만나서 과거 예수의 언행보다는 앞으로의 이방인 선교에 대해 논의했음을 시사한다.(갈라 1~2장)

다른 사도들이 그에게 예수의 행적에 대해 뭔가를 말해주었을 수도 있다. 문제는, 그렇다면 바울로가 때때로 예수의 말을 자신의 견해를 뒷받침하기 위한 권위로 사용하지만 보통은 그렇게 하지 않는다는 것이다. 만일 그가 예수의 행적에 대해 더 많은 것을 알고 신도들에게 가르쳤다면 그리고 이러한 전승이 바울로의 복음과 개종자들의 신앙에 아주 중요한 것이었다면, 왜 그는 글에서 그런 예수의 행적들을 언급하거나 독자들에게 예수의 행적에 관해 자신이 가르쳤던 것들을 거의 상기시키지 않는 것일까? 이 문제는 독자들이 스스로 생각해볼 과제로 남겨두어야 할 것 같다.

바울로와 역사적 예수

종전의 문제(바울로가 예수에 관한 전승들을 더 많이 알고 있었다면, 왜 그것을 그의 편지에서 활용하지 않았을까)가 주로 추측의 문제였던 반면, 바울로와 예수, 두 사람이 대표하는 종교적 관점이 같은가, 비슷한가, 상이한가를 묻고 이에 대한 대답에 따라 두 사람의 관계에 대한 질문을 다른 방향으로 가져갈 수 있다. 물론 이 질문조차도 간단하지는 않다. 우리는 예수의 어떤 글도 가지고 있지 않기 때문에 역사적으로 항상 정확하지는 않은 예수 이후의 전승들에 근거하여 예수의 가르침을 재구성해야 한다. 게다가 비록 우리가 바울

로의 글들을 가지고 있지만, 이것들은 때때로 그의 생각을 체계적으로 표현하는 것이 아니라 그때그때 필요에 따라 쓴 편지들의 일부이다. 그럼에도 우리는 예수의 가르침을 확립하고 바울로의 견해를 조명하는 데 상당한 노력을 기울였기 때문에 두 사람을 비교할 수 있는 약간의 근거를 확보했다.

첫 번째로 먼저 강조해야 할 것을 아마도 사람들은 너무 쉽게 간과하고 있는 것 같다. 예수와 바울로는 1세기에 살았던 두 명의 유대인으로서 기본적인 많은 문제들에 의견의 일치를 보인다.(Box 22.1 참고) 예를 들어, 두 사람은 세상을 창조한 유일신, 그의 백성 이스라엘과 언약covenant을 맺었고 그리고 유대교 정경을 통해 자신의 뜻을 밝힌 하느님에 대한 믿음을 가지고 있었다. 게다가 그들은 둘 다 자신들이 세상의 끝에 살고 있고, 곧 하느님이 이 세상을 점령하고 있는 악의 세력을 타도하기 위해 하늘에서 우주적인 구원자를 보내 역사에 개입할 것이라고 생각한 종말론자들apocalypticists이었다.

이러한 근본적인 유사성에도 불구하고, 예수와 바울로는 여러 점에서 의견이 달랐다.(Box 22.2 참고) 첫째, 둘 다 하늘에서 곧 내려올 우주적 심판자를 기대했지만, 예수에게 있어서 이 신성한 존재의 모습은 예언자 다니엘이 기대한 사람의 아들이었고, 바울로에게는 예수 자신이었다. 예수와 바울로 모두 바리사이파Pharisees가 해석한 대로 토라Torah의 율법들을 엄격히 지켜도 심판 날에 구원을 받는 데 도움이 될 수 없다고 주장했지만, 무엇이 도움이 될 것인지에 대해서는 의견이 달랐다. 예수는 죄를 뉘우치고 이웃을 자기 자신처럼 사랑하고 온몸으로 하느님을 사랑함으로써 토라의 중심적인 가르침을 지키라고 명했다. 바울로는 율법을 아무리 잘 지켜도 하느님의 심판이 이를 때에는 도움이 되지 않는다고 주장했다. 그에게 있어 구원은 오직 그리스도의 죽음과 부활을 죄에서 구원하는 하느님의 행위로 믿는 사람들에게만 찾아오는 것이었다.

두 사람 모두 예수 자신이 그날에 구원받을 사람들에게 아주 중요한 의미가 있다는 것을 이해했지만, 예수는 자신의 종말에 대한 가르침과 회개의 예언자적 촉구, 성서에서 드러나는 하느님의 뜻에 대한 올바른

해석을 제공하는 것에 자신의 중요성이 있다고 생각한 것 같다. 그의 추종자들은 그의 가르침을 따르기 위해 모든 것을 포기한 사람들이다. 반면에, 바울로는 이런 것들은 거의 언급하지 않았다. 그에게 있어 궁극적으로 중요한 것은 예수의 희생적 죽음과 부활에 의한 하느님의 확증이었다. 구원을 받을 사람은 죽었다가 다시 살아난 그리스도를 온 존재로 믿는 사람들이다.

마지막으로, 예수와 바울로 둘 다 어떤 의미에서는 종말이 이미 시작되었다고 주장했지만, 종말이 어떻게 시작되었는지에 대해서는 의견이 달랐다. 예수에게는 하느님을 믿고 이웃을 사랑하는 삶을 살기 위해 모든 것을 버린 그의 추종자들의 공동체에서 세상의 종말이 시작되었고 바울로에게는 죄와 죽음의 세력에 대해 예수가 십자가에서 얻은 승리와 함께 시작되었다. 그리스도교도들은 그리스도가 재림하기 전에 세례를 받아 그리스도와 함께 죽고 성령을 받음으로써 이 승리에 참여할 수 있었다.

이러한 유사점들, 차이점들에 비추어 볼 때 예수와 바울로는 같은 종교에 속할까? 다시 한 번 나는 이 판단을 독자들에게 맡긴다.

그 후 일어난 일들에 비추어 본 바울로

이 시점까지 우리는 바울로와 그가 개종하기 이전 그리스도교의 일부 측면들과의 관계를 살펴보았다. 우리가 살펴보았던 다른 작가들, 예를 들어 몇 년 후에 나타날 복음서 작가들과 바울로의 관계를 살펴보는 것도 유익할 것이다. 여러분도 스스로 그러한 비교와 대비를 해봐야 한다. 예를 들어, 토라를 지켜야 하는가의 문제에 대해 바울로와 마태오를 비교해보라. 예수의 추종자들은 율법을 따라야만 하는가?

하지만 여기서 우리는 어떤 의미에서는 바울로가 시작한 전승과 그의 관계를 생각해볼 것이다. 예수가 결국 복음서들—서로 간에도 차이들이 있었고 예수가 말했던 것들과도 차이가 있던—로 종결된 전승을 시작했듯이 바울로도—일부 그리스도교인들은 영감을 얻지만 다른 그리스도교인들은 거부감을 느끼는—다양한 방식으로 발전한 바울로적 그리스도교 전승의 출발점에 있었다.

바울로와 야고보

신약성서의 야고보의 편지가 비난한 내용을 살펴보면 바울로적 그리스도교의 한 형태를 짐작할 수 있다. 야고보의 편지는 팔레스티나 이외의 지역에 살고 있던 "흩어져 사는 이스라엘 열두 부족"이라고 불리던 무명의 그리스도교인들에게 꽤 장황한 훈계를 하고 있다.(야고 1:1; 일부 학자들은 이 지칭이 유대계 그리스도교인들을 지칭한다고 생각하지만 다른 학자들은 "새로운 이스라엘 민족"으로서의 모든 그리스도교인들을 가리키는 상징이라고 생각한다.) 본문 27장에서 우리는 그 책의 저자의 정체성, 글의 성격 그리고 그 중요한 주제들에 대해 더 자세히 살펴보겠다. 지금은 야고보의 편지 2장 14-26절, 바울로가 선포한 복음서와 모순되기 때문에 성서에서도 상대적으로 덜 중요하게 여겨져야 한다고 마르틴 루터가 주장했던 부분에만 초점을 맞추겠다.

이 구절만 보자면 야고보와 바울로는 거의 같은 입장을 취하고 있다. 둘 다 신앙에 의한 칭의justification by faith를 논하고, 신앙과 행함 사이의 관계를 생각하며, 자신들의 주장의 근거로 구약의 인물인 아브라함을 인용한다. 그러나 그들이 말하는 요점은 다르다. 바울로는 "사람은 율법을 지키는 것과는 관계없이 신앙을 통해서 하느님과 올바른 관계를 맺는다"(로마 3:28)고 주장하고, 야고보는 "사람이 신앙만으로 하느님과 올바른 관계를 가지게 되는 것이 아니라 행동이 뒤따라야 한다"(야고 2:24)고 주장한다. 다른 관점을 가지고 있는 바울로와 야고보 둘 다 아브라함을 인용하여 자신의 주장에 설득력을 부여하려는 것은 이상하게 보인다. 바울로는 "만일 아브라함이 자기 공로로 하느님과 올바른 관계를 얻었다면 과연 자랑할 만도 합니다. 그러나 그는 하느님 앞에서 자랑할 것이 없었습니다. (……) 하느님은 이런 신앙을 보시고 아브라함을 올바른 사람으로 인정하셨습니다"(로마 4:2, 22)라고 주장한다. 반면, 야고보는 "우리 조상 아브라함은 자신의 행동으로 말미암아 하느님과 올바른 관계를 가지게 되었습니다"(2:21)라고 주장한다. 더 특이한 것은, 각 저자는 모두 창세기 15장 6절("그가 야훼를 믿으니,

야훼께서 이를 갸룩하게 여기시어")이 신앙과 행위의 관계에 대한 자신들의 해석을 지지하고 정당화해준다고 주장한다.(로마4:1-5; 갈라 3:6; 야고 2:23)

적어도 표면적으로는 바울로와 야고보가 근본적으로 서로 대립하고 있는 것으로 보인다. 바울로는 칭의를 받기 위해서는 그리스도에 대한 신앙만 있으면 된다고 주장하지만, 야고보는 신앙보다 더 많은 것이 필요하다고 주장한다. 바울로는 정당성을 위한 전제 조건으로 율법의 준행을 거부하고 야고보의 편지는 행위가 절대적으로 필요하다고 주장한다.

그럼에도 불구하고, 대부분의 현대 학자들은 야고보와 바울로의 의견 차이가 단지 피상적인 것에 불과하다고 생각하게 되었다. 왜냐하면 야고보와 바울로는 "신앙"과 "행위"를 같은 의미로 사용하는 것 같지 않기 때문이다. (만약 그들이 다른 방식으로 이 용어들을 사용한다면, 한 사람이 신앙만을 주장하고 다른 사람이 신앙과 행위 모두를 주장한다고 해서 서로 모순된다고 할 수는 없기 때문이다.) 바울로에게 "신앙"은 그리스도의 죽음을 신뢰하고 받아들임으로써 하느님과 올바른 관계를 맺는 것을 의미한다. 그에게 "행위"는 유대 율법, 즉 유대인을 이스라엘 백성(예: 할례, 안식일, 정결례 등)으로 특징짓는 율법의 양상이다. 반면에 야고보가 야고보의 편지 2장 14-26절에서 "신앙"을 말할 때, 그는 "어떤 주장에 대한 지적 동의"를 의미하는 것처럼 보인다. 예를 들어, 그는 "당신은 한 분이신 하느님을 믿고 있습니까? 그것은 좋은 일입니다. 그러나 악령들도 그렇게 믿고 무서워 떱니다"(야고 2:19)라고 말한다. 하지만 이 악마들은 이 믿음을 행동으로 옮기지는 않았다. 그들은 단지 그것을 인정했을 뿐이다. 야고보에 따르면, 이런 종류의 지적 인정은 누구도 의롭게 만들지 못하다. 물론 바울로도 이런 그의 주장에는 반대하지 않을 것이다. 그는 "신앙"이라는 용어를 그런 뜻으로 사용하지 않았기 때문이다.

게다가 야고보는 진정한 신앙을 가진 사람들은 "행동"이 있을 것이라고 주장하는데, 그 말은 배고픈 사람들을 먹이고 가난한 사람들을 돕는 것과 같은 '선행'을 의미하는 것으로 보인다.(야고 2:14-16) 그런 일을 하지 않는 사람들은 진정한 신앙을 갖고 있지 못하거나, 야고보의 말에 의하면 그들의 신앙은 "죽은 것"(2:17)

이다. 다시 말하지만, 이런 식으로 신앙이 다뤄질 때, 바울로는 이의를 제기하지 않을 것이다. 그 또한 신도들이 특정한 방식으로 행동하기를 기대한다.(갈라 5:16-26; 1코린 6:9-12 참고)

바울로와 야고보가 신앙과 행동을 말할 때 그들은 서로 다른 것을 언급하는 것처럼 보인다. 그러나 둘 다 신앙과 행동에 의한 칭의의 문제를 다루고, 둘 다 아브라함을 본보기로 삼아 그들의 주장에 무게를 신고, 둘 다 이 문제에 관해서 창세기 15장 6절을 인용하는 것은 분명 우연은 아닐 것이다. 어떻게 이런 일이 일어났을까?

우리는 야고보의 책이 언제 쓰였는지 정확히 모른다. 그러나 만약 그것이 1세기 말엽에 제작된 것이라면 신앙만으로 칭의를 얻을 수 있다는 주장에 강력하게 반대하는 시나리오를 상상하는 것은 어렵지 않다. 아마도 다음과 같은 일이 있었을지도 모른다. 바울로는 율법의 행위가 아니라 그리스도의 죽음을 신앙으로 받아들임으로써 칭의를 얻을 수 있다고 주장했었다. 이 시나리오에 의하면 바울로가 세상을 떠나자 그의 말은 그의 신도들 사이에서 "행동이 아닌 신앙"으로 일종의 캐치프레이즈가 되었다. 어떤 그리스도교도들은 이것을 행위가 아니라 신앙만이 중요하다고 받아들였다.(실제로 어떤 사람들은 바울로가 살아 있는 동안에도 이런 식으로 바울로를 이해했을 수도 있다; 로마 3:8 참고) 이런 소식은 다른 공동체에 살고 있는 작가에게 전해졌고 그는 이런 생각에 대해 크게 걱정을 하게 되었다. 그는 신도들에게 그들의 삶에서 신앙을 행동으로 옮기라는 일련의 긴 훈계를 담은 글을 썼다. 바울로의 말, 또는 다른 사람들이 바울로의 말이라고 주장하는 것에도 불구하고, 신앙은 진실한 것이 되기 위해서 행동으로 옮겨질 필요가 있었다. 아브라함 자신이 보여준 바와 같이 사람은 "신앙만으로 하느님과 올바른 관계를 가지게 되는 것이 아니라 행동이 뒤따라야 한다는 것"이었다.

바울로의 말은 그렇게 새로운 맥락에서 사용되면서 원래 그가 이방인들에게 그것을 선포할 때 지녔던 의미와는 별개의 독자적인 생명력을 얻게 되었다. 흥미롭게도 바울로의 메시지에 대한 왜곡은 신약성서 내에서도 분명히 문제로 인식되고 있었다.(2베드 3:16)

바울로와 테클라

2세기 초에 바울로의 가르침을 따른다고 주장하던 그리스도교인들 사이에서 유포되던 일련의 이야기들에서도 비슷한 일이 일어난 것 같다. 학자들은 바울로의 동료였던 티투스를 가짜 저자로 내세운, 성생활의 전적인 포기를 포함하는 엄격한 금욕 생활을 권장하던 편지의 존재를 알고 있었다. 바울로도 자신의 편지에서 복음을 위해 독신주의를 권하기도 했다. 가능하면 그리스도교인들은 결혼과 결혼 생활의 행복이라는 덧없는 쾌락을 삼가야 하다는 것이었다. 종말이 가까웠으므로 주께 그들의 삶을 온전히 드리는 것이 더 좋은 일이었다.(1코린 7) 하지만 바울로는 구원을 절대적인 금욕과 연결짓지는 않았다.

바울로가 기대했던 종말은 오지 않았지만 독신에 관한 그의 가르침은 살아남았고 자체로 생명력을 얻게

되었다. 초기 그리스도교 문학의 가장 흥미로운 작품들 중 일부로 바울로라는 인물을 중심으로, 신약성서에 포함된 그에 관한 유일한 작품인 사도행전의 형식을 빌려 만들어진 서사들이 있다. 외경의 이야기들 중에서 아마도 가장 잘 알려진 것은 바울로와 그의 여제자 테클라Tecla에 관련된 것들일 것이다. 이들 이야기에서 바울로는 철저한 금욕주의자로 묘사되고 있는데, 그는 자신들의 의사와는 상관없이 강요된 결혼의 괴로움과 가족제도를 가장한 억압적인 사회적 합의를 회피하고자 하는 사람들에게 금욕의 기쁨을 설교하는 사도로 나타난다.(Box 20.7과 본문 24장 참고) 당연하게도 바울로의 말을 마음에 새기는 사람들은 대부분의 경우 남편의 억압 밑에서 살게 될 운명의 여성들이었다. 테클라의 이야기는 이러한 이야기의 전형적인 사례다. 상류층 부자와 약혼했던 그녀는 바울로의 설교

도판 22.1 5세기의 상아 패널에 묘사된 모습. 탑 옆에 앉은 바울로가 그의 복음을 전하는 가운데 곧 그의 제자가 될 테클라가 열중해 듣고 있다.

를 듣고 약혼을 파기한다. 그녀는 사도를 따라 육신의 염려와 남편의 지배로부터 해방된 사람으로서의 자유를 누리기 위해 집을 떠난다. 그녀로부터 딱지를 맞은 약혼자는 당연히 분노한다.

그녀가 감행한 일은 2세기의 소설적 작품인 바울로와 테클라 행전Acts of Paul and Tecla에서 묘사된다. 약혼자와 (큰 지참금을 기대하고 있던) 그녀의 어머니는 공모하여 그녀를 고발하고 마지막에는 그녀의 처형을 시도한다. 그러나 그녀는 성적 정결을 지키기 위해 모든 것을 버린 사람들을 보호하는 하느님에 의해 기적적으로 구원을 받는다. 여러 차례의 모험에서, 이 신성한 보호와 테클라의 신실함이 시험대에 오른다. 하지만 매번 하느님은 그의 충실한 종들의 뜻을 굽히려는 사람들로부터 그들을 구원한다.

역사학자의 견해로 볼 때, 후세 사람들이 그의 것이라고 여기던 이런 주장들을 역사적인 바울로 자신이 인정했을까 하는 의문이 생길 수 있다. 사도가 그것을 어떻게 이해했건 간에 일부 학자들의 주장에 따르면 바울로와 테클라에 대한 이야기는 그리스도교 여성들 사이에서 큰 인기를 얻었는데, 그녀들은 개종함으로써 결혼과 강요된 복종으로부터 일정한 해방을 누렸다. 이런 해방은 바울로가 이방인들에게 직접 선포한 금욕적인 메시지에서 승인을 받은 것이었다.(본문 24장 참고)

바울로와 테우다스

거의 같은 시기에 바울로의 가르침의 다른 형태들도 유포되고 있었다. 이 버전들에서는 그의 주된 관심사는 단지 간접적으로만 성적 금욕과 관련이 있었다. 우리는 이미 2세기의 그리스도교도였던 마르키온이 선포한 바울로에 대해 언급했는데(1장 참고), 그의 견해는 테클라의 이야기에 나오는 의견들과 많은 점에서 달랐다. 그것들은 2세기 초, 테우다스Theudas라는 정체를 알 수 없는 인물에 의해 전해진 이야기들과도 달라 보인다. 우리가 이 사람에 대해 알고 있는 이유는 후대의 정통 그리스도교인들이 악명 높은 영지주의자 발렌티누스Valentinus의 스승으로 테우다스를 지목했기 때문이다. 발렌티누스는 본문 11장에서 설명했듯 그리스도교 영지주의 신학을 발전시켰다. 그는 자신이 교육을 받은 알렉산드리아에서 테우다스로부터 이 신학에 대한 지식을 얻었다고 주장했다. 테우다스는 바울로의 제자였다고 전해진다.

우리가 보아온 것처럼, 영지주의는 아무나 접근할 수 없는, 사실 일반 그리스도교인들도 알 수 없는 우주의 진리에 대한 비밀 지식이 있다고 주장했다.(11장 참고) 일부 영지주의 그리스도교인들은 바울로를 그들의 궁극적인 권위자로 주장했다. 바울로 자신도 일부 신자들에게 "나는 여러분에게 영적인 사람을 대할 때와 같이 말할 수가 없어서 육적인 사람, 곧 교인

Box 22.3 바울로의 이모저모

1. 바울로가 자신의 글에 소개한 것보다 역사적인 예수에 대해 더 많이 알았을지는 논쟁거리다.
2. 바울로와 예수는 1세기의 종말론적인 유대인들로서 몇 가지 기본적인 사항에 의견을 같이하는 것으로 보인다.
3. 예수는 구원을 받기 위해 모세의 율법에 있는 하느님의 뜻을 따를 필요가 있다고 강조했고, 바울로는 율법을 지키는 것은 결코 사람을 하느님 앞에 바르게 세울 수 없으며 오직 예수의 죽음과 부활만이 그렇게 할 수 있다고 주장했다.
4. 바울로와 (야고보 서간에 드러난) 야고보의 견해 차이는 두 사람의 생각이 서로 모순된다는 것을 보여주기 위해 종종 사용되어왔다. 그러나 이러한 차이점들은 사실 사소한 것일 수도 있다.
5. 테클라의 이야기를 전한 사람들이나 영지주의적인 견해를 지지하는 사람들 등 후대의 그리스도교인들은 그들의 주장에 권위를 부여하기 위해 바울로를 이용했다. 그러나 이 후기 바울로주의 그리스도교인들은 바울로가 실제로 한 말에는 동의하지 않았을지도 모른다.

으로서는 어린아이를 대하듯이 말할 수밖에 없었습니다"(1코린 3:1)라고 말하지 않았던가? 그는 영적인 사람과 그렇지 않은 사람을 구별하지 않았던가?(2:14-15) 그도 이 시대의 지배자들에게는 "숨겨진" 복음, "온전한" 사람들만을 위한 "비밀스럽고 숨겨진 지혜"를 언급하지 않았던가?(2:6-7) 영지주의자들이 바울로를 끌어들이는 것은 역사학자에게 이상하게 생각될 수 있는데, 그들은 천지를 창조한 유일신이라는 개념을 부정한 다신교도들이었기 때문이다. 그들은 또한 전형적으로 예수 그리스도가 신과 인간, 두 격을 지녔다고 주장했고, 그들은 인간의 육체(물질세계는 말할 것도 없고)는 부활 때 구원받지 못할 것이라고 주장했다. 그러나 그들은 자신들이 바울로의 전통에 서 있고 사도의 충실한 제자였던 테우다스를 통해 바울로로부터 자신들의 생각을 얻었다고 주장했다.

결론: 바울로적 그리스도교들

우리는 한 바퀴 원을 돌아 처음 우리가 출발했던 곳으로 돌아왔다. 예수의 말로 시작된 전승이든 바울로의 가르침으로 시작된 전승이든 우리는 초기 그리스도교 안에서 폭 넓은 다양성을 발견한다. 이러한 다양성으로 인해 일부 학자들은 초기 그리스도교보다는 초기 그리스도교들 그리고 바울로적 그리스도교보다는 바울로적 그리스도교들이라고 말하는 것을 선호한다. 우리는 이미 이러한 다양성의 상당 부분이 신약성서 내에서 발견될 수 있다는 것을 보았다. 이제 우리는 사도 바울로의 글이라고 주장되지만 학자들이 의심의 눈길을 보내고 있는 몇 가지 글을 검토하면서 이러한 다양성을 더 목격하게 될 것이다.

23장

사도 이후

제2바울로 서신과 목회 서신

신약성서 연구에서 가장 논란이 많은 주제 중 하나는 신약성서의 저자 문제이다. 우리는 다른 사람들의 이름을 사용해 책을 낸 수많은 고대 작가들, 즉 자신의 견해를 세상에 알리기 위해 유명한 사람들을 자처한 저자들을 알고 있다. 그러한 익명의 저자들이 만든 책들(위조된 저작들)로 신약성서가 만들어졌을 가능성이 있을까?

학자들은 바울로의 이름으로 쓰인 신약성서의 편지들 중 일부는 익명의 저자들에 의한 것이라고 생각할 만한 꽤 합리적인 근거들을 지니고 있다. 이 장에서는 문제의 여섯 편지들 — 에페소스인들에게 보낸 편지, 콜로사이인들에게 보낸 편지, 테살로니카인들에게 보낸 둘째 편지 등 제2바울로 서신과 티모테오에게 보낸 첫째 편지와 둘째 편지, 티투스에게 보낸 편지의 세 목회 서신들 — 의 주요 주제들뿐만 아니라 왜 비판적인 학자들이 이 책들을 바울로의 저작물이 아니라 그가 죽고 한참 지나 자신이 바울로라고 주장하는 후대의 저자들에 의해 저술된 것이라고 생각하는지 이유를 살펴보겠다.

그런데 왜 위서의 저자들은 그런 일을 한 것일까?

우리가 지금까지 살펴본 신약성서 중 익명의 저자가 쓴 것이라고 정당하게 불릴 수 있는 것은 하나밖에 없었다. 익명의 저자가 쓴 글, 전문용어를 사용하자면 '위서pseudepigraphon'(복수형 'psuedepigrapha')는 작가가 자신이 아닌 다른 사람이라고 주장하며 가명으로 쓴 책이다. 신약성서나 요한의 편지, 사도행전들 중 어느 것도 그런 주장을 하지 않는다. 우리가 본 것처럼, 이 책들은 모두 익명으로 쓰였고, 나중에야 마태오, 마르코, 루카 그리고 요한이라는 이름을 가진 사람들에게 귀속되었다. 야고보의 책은 저자가 자신의 이름을 밝혔기 때문에 다소 다른 범주에 속한다. 만약 저자가 자신이 예수의 동생 야고보라고 주장했다면, 우리는 그의 책도 정당하게 위서라고 부를 수 있을 것이다. 그러나 야고보는 고대에는 흔한 이름이었고, 우리가 27장에서 보게 되듯이, 이 야고보는 자신이 예수의 형제라고 주장하지 않는다. 그렇다면, 그의 책은 아마도 유명한 사람과 동명인 작가가 쓴 책으로 여겨져야 할 것이다.

그러나 우리는 신약성서 밖에서도 위서들의 예를 찾아볼 수 있다. 토마의 복음서, 베드로의 복음서, 가짜 바울로가 지은 코린토스인들에게 보낸 셋째 편지, 가짜 티투스에게 보낸 편지 같은 작품들이 그 예이다. 이런 종류의 책들이 신약성서의 정전canon에 포함될 가능성이 있었을까? 비판적인 학자들은 그렇다고 생각한다. 이러한 여섯 권 — 세 권의 제2바울로 서신들Deutro-Pauline epistles과 세 권의 목회 서신들Pastorals — 의 책들을 논하기 전에 나는 고대 세계에서 위작이 어떤 의미를 지녔는지에 대해 좀 더 이야기해보고자 한다.

고대 세계에서의 위작

현대 세계에는 두 가지 종류의 익명 작가들이 있다. 어떤 작가들은 단순히 그들의 정체를 비밀로 하기 위해 필명을 사용한다. 새뮤얼 클레멘스가 마크 트웨인, 마리안 에반스가 조지 엘리엇이란 가명을 사용해 글을 쓴 경우가 그렇다. 반면에 어떤 작가들은 기만적으로 유명한 사람의 이름을 사용한다. 예를 들어, 과거 히틀러의 일기장이 나타났을 때를 생각해보면 된다. 이것들은 제2차세계대전 동안 아돌프 히틀러가 써온 일기처럼 보이도록 위조되었다. 처음에는 위조범의 수법에 모든 사람들이 속았지만, 오래지 않아 전문가들은 이 책들이 진품이 아니라고 결론 내렸다. 그 책들은 그 후 역사적 호기심의 쓰레기 더미로 밀려났다.

그러므로, 현대 세계에서 '문서 위조'는 작가가 이런저런 이유로 자신이 유명인인 척 가짜 이름으로 쓰는 글이다. 가명을 사용한 이런 종류의 글쓰기는 고대 세계에서도 발견될 수 있다. 사실, 위조는 고대에는 비교적 흔하고 널리 알려진 관행이었다. 그때는 저작권

법도 없었고 문학적 소유권을 보장하기 위한 어떤 종류의 법률도 존재하지 않는 세상이었다. 작가들에게는 문학작품의 대량생산을 위한 수단도 없었고 그들의 책이 전 세계적으로 보급되거나 책의 훌륭한 작품성이 널리 알려질 것이라고 생각할 수도 없었다. 책은 한 번에 한 권씩 수작업으로 제작되었다. 새 사본은 헌책을 본으로 삼아 지루하고 힘들게 만들어졌고 천천히 산발적으로 퍼졌다. 도서관은 드물었고, 대부분의 사람들은 어차피 글을 읽을 수도 없었다. 보통 독서라는 행위는 누군가 다른 사람이 책을 읽어주는 것을 듣는 일을 의미했다.

우리는 고대인들의 기록으로부터 위조가 비교적 널리 퍼져 있었다는 것을 알 수 있다. 그리스와 로마 작가들은 그 관행에 대해 수많은 언급을 남겼으며 그에 대해 빈번히 경고를 하기도 했다. 일부 작가들은 심지어 자신의 이름으로 쓰인 위작들을 언급하기도 했다. 기원전 2세기의 한 유명한 작가인 로마의 의사 갈레누스는 그의 진짜 글들이 다른 사람들에 의해 위조된 글들과 어떻게 구별될 수 있는지를 설명하는 책을 쓰기

까지 했다. 때때로 위조범이 현장에서 붙잡히기도 했다. 하지만 보통 책을 읽는 사람들은 책의 문체와 내용에 근거하여 저자의 진위 여부를 판단해야 했다.

고대 작가들이 다른 사람의 이름으로 책을 쓴 데는 많은 동기들이 있었다. 일부 위서 작가들에게는 금전적 이윤이 목적이었다. 만약 새로 만들어진 도서관에서 오래된 책들을 수집하기 위해 원본을 비싼 가격으로 구입하겠다는 광고를 내면 엄청나게 놀라운 수의 '원본' 저작들(때로는 아무도 이전에는 들어보지 못했던)이 나타났을 것이다.

때때로 위서의 저자들은 그들의 개인적인 적들을 비방하기 위해 문서를 만들었다. 예를 들어, 디오티모스라는 이름의 철학자는 그의 숙적인 철학자 에피쿠로스를 공격하기 위해 50통의 외설적인 편지를 쓴 후 에피쿠로스의 이름을 서명하여 유포했다는 자료가 있다.

때때로 위서의 저자들은 다른 사람들을 공격하는 것이 아니라 그들 자신의 대의를 알리려 글을 썼다. 그리스의 한 사업가 알렉산드로스는 아보노테이쿠스에 신탁소를 세우고 싶어 했다. 그는 그곳을 아폴론 신이

Box 23.1 바울로가 코린토스인들에게 보낸 셋째 편지

우리는 이미 사도 바울로와 로마 철학자 세네카 사이에 오간 것으로 상정된 위조 서신에서 바울로를 저자로 표방하는 위작의 예를 보았다. 또 다른 예는 바울로가 코린토스 신자들 가운데에 생겨난 이단자들을 반대하기 위해 썼다는 세 번째 편지이다. 다음의 발췌문이 보여주듯이, 이 편지는 사실 바울로가 죽은 후 만들어진 것으로, 예수가 진짜 육체를 가지고 있지 않다는 가현설과 그의 어머니가 처녀로 예수를 낳은 것이 아니라 그를 입양했을 뿐이라는 견해를 포함, 2세기 중반의 원정통파 그리스도교인들이 이단으로 간주하던 견해를 공격하기 위한 것이었다. 이것들은 바울로 자신이 생전에 쓴 그의 진짜 편지들에서는 결코 명시적으로 다루지 않았던 문제들이다.

예수 그리스도의 포로 된 바울로가 코린토스에 있는

형제들에게 인사합니다. 내가 많은 고난을 겪고 있는 것으로 보아 악한 가르침이 아주 빨리 자리를 잡고 있다는 것은 확실합니다. 나의 주 예수 그리스도는 곧 오실 것입니다. 그는 그의 말을 거짓으로 바꾸는 사람들에게서 거부당했습니다. 나는 내 앞에 있던 사도들에게서 받은 것을 처음에 여러분에게 전했습니다. (……) 전능하신 하느님, 의로우시며 자기의 창조물을 거부하지 않으시는 이가 성령을, 성심껏 그를 믿는 갈릴래아 여인 마리아에게 보내셨습니다. 마리아는 성령을 자기 뱃속에 받아 예수를 낳았습니다. 그분으로 인해 이 세상 인간들을 장악했던 악한 세력이 그가 지배하고 있던 육체를 통해 정복되고 자신이 하느님이 아님을 알게 될 것입니다. 자기 자신의 육체로 예수 그리스도는 모든 육체를 구했습니다.(3코린 1:1-4, 12-14)

자신의 입을 통해 사람들의 질문에 대답을 하는 장소로 만들고자 했다. 알렉산드로스는 자신의 신탁을 그럴듯하게 보이기 위해 아폴론이 아보노테이쿠스를 자신의 뜻을 알리는 장소로 만들고자 한다는 내용의 글을 위조해서 몰래 마을 한곳에 묻은 후 나중에 사람들이 보는 가운데 그것을 파냈다. 그때부터 사람들은 아폴론 신이 신성한 아보노테이쿠스에서 알렉산드로스를 통해 말을 할 것이라고 믿게 되었고 알렉산드로스는 그 일로 많은 돈을 벌게 되었다.

위서의 작가들은 자신의 신성한 전승을 보완하기

위해 새로운 문서를 만들기도 했다. 예를 들어, 우리는 예수의 출생 전에 일어난 마리아와 요셉의 출처 불분명한 이야기들이 야고보의 이름으로 작성된 것을 알고 있다. 필립보와 토마의 이름을 사용해 예수가 부활한 후에 제자들에게 말한 것을 꾸며낸 것도 있다.

어쩌면 고대에 글을 위조한 가장 흔한 이유는 자신의 견해에 대한 반향을 듣기 위해서였을 것이다. 한 아마추어 철학자가 자신의 생각을 세상에 알리고 싶어 했다고 가정해보자. 부자가 되거나 유명해지고 싶어서가 아니라 세상이 자신의 생각을 꼭 들을 필요가 있다

Box 23.2 저자와 그들의 책들

모든 책에는 저자가 있지만 저자와 책의 관계는 저자가 그것에 어떻게 이름을 붙이느냐, 혹은 그 책에서 자신의 이름을 밝히느냐에 따라 달라질 수 있다. 예를 들면, 신약성서의 책들 중 몇 권은 자신의 이름을 밝히지 않은 사람들에 의해 쓰였다. 이것은 네 개의 복음서 모두에 해당된다. 저자가 아닌 다른 사람들이 나중에 마태오, 마르코, 루카, 요한의 복음서라고 이름을 붙여주기는 했지만 저자들은 결코 자신들의 이름을 책에서 언급하지 않는다. 그래서 엄밀히 말하자면, 이 책들의 저자는 '익명'으로 남아 있다.

초기 그리스도교의 (복음서를 포함한) 대부분의 익명의 책들은 후대의 작가나 필사가들에 의해 작가들의 이름을 부여받았다. 만약 후대의 전승이 이들 책들을 실제의 저자가 아닌 다른 사람들의 저작으로 돌린다 하더라도 그것은 저자들의 잘못이 아니다. 그들은 그저 자신들의 이름을 책에 서명하지 않았을 뿐이다. 그래서 그와 같은 책들 — 널리 알려진 인물들을 나중에 저자로 내세운 익명의 글들 — 은 잘못된 저자와 연관되는 경우들이 많다.

이런 책들은 '위서' 또는 '위경'과 구별될 필요가 있다. 위서에서 작가는, 내가 이 장에서 언급한 이유들을 들어 실제의 자신이 아닌 다른 사람을 책의 저자로 내세운다. 누군가 티모테오에게 보낸 첫째 편지를 쓰고 자신이 바울로라고 주장을 했더라도, 그 사람은 바울로가 아니었다. 고대 사람들(이교도들, 유대인들, 그리스도교

인들)은 이렇게 가짜 저자들을 내세우는 것을 기만적이라고 말했을 것이다. 그러한 책들은 종종 "거짓말"이라고 불렸다. 하지만 도대체 왜 그리스도교 작가들이 거짓말을 하려 했을까?(Box 23.8 참고)

책을 쓰고 자신의 이름을 표시했지만 그것이 흔한 이름이어서 나중에 독자들이 저자를 유명한 동명이인으로 추측하는 경우도 있다. 요한 묵시록이 바로 이런 경우일 것이다. 이제 곧 보게 되겠지만, 그 책은 요한이라는 사람에 의해 쓰였다. 하지만 그는 자신이 어떤 사람인지 우리에게 말하지 않았다. 현대 학자들은 초기 그리스도교의 가장 유명한 요한, 예수의 제자, 제베대오의 아들 요한이 이 책의 저자일 리가 없다는 주장을 펴고 있는데, 28장에서도 언급하겠지만 그들의 주장은 상당한 설득력이 있다. 그러나 후세의 그리스도교인들은 그 저자가 바로 그 요한이라고 생각했다. 이런 혼란스러운 정체성은 익명의 저자를 가진 책, 거짓 저자를 내세운 책, 위조된 책과는 다르다. 이것은 동명이인에 의한 혼선, 즉 실제 저자와 같은 이름을 가진 유명인이 책의 저자로 여겨지는 경우다.

마지막으로, 어떤 책들은 실제로 그것을 썼다고 주장하는 사람에 의해 쓰였다. 사도 바울로는 정말로 로마인들에게 보낸 편지를 썼다. 이런 종류의 책을 우리가 살펴보았던 다른 종류의 책들과 구별하기 위해 학자들은 때때로 그들이 정확한 저자의 이름을 사용하고 있다는 의미에서 "실명 저작orthonymous"이라고 부른다.

23장 사도 이후 **461**

고 생각했을 수도 있다. 만약 그가 자신의 이름으로 글을 쓴다면 아무도 그의 말을 읽을 만큼 흥미를 느끼거나 부담을 느끼지 않을 것이다. 하지만 그가 '플라톤'이라고 저자 이름을 사용한다면, 그것은 다른 얘기일 것이다.

그러므로 유명한 사람의 이름을 사용하여 글을 쓴 사람들이 반드시 나쁜 의도로 움직인 것은 아니다. 때때로 그들의 동기는 적어도 자신들의 생각으로는 눈처럼 순수했다.(Box 23.8 참고)

고대의 위서 저자들은 독자들에게 자신이 진짜 저자임을 확신시키기 위해 꽤 뻔하고 일반적인 기술을 사용했다. 우선, 자신이 누구라고 주장하는 것만으로도 고대와 현대의 대부분의 독자들에게는 큰 울림으로 다가온다. 책에 그 책이 위작이라는 뻔한 증거들이 있지 않은 한, 만약 "나, 모세가 너희들에게 이 글을 쓰나니"나 "나, 아브라함이 본 환상에 의하면"이나 "예수 그리스도의 사도 된 바울로가 에페소스 성도들에게 쓴 편지"라는 말로 어떤 책이 시작된다면 대부분의 독자들은 그 책이 주장하는 저자가 실제 저자라고 생각할 것이다. 위작의 작가는 그런 증거들을 책에서 찾을 수 없도록 하는 게 최선이었다. 위조범들은 으레 그들이 주장하는 작가의 문체를 모방하려고 노력했다. 물론, 어떤 위조범들은 다른 사람들보다 더 열심히 노력했고, 어떤 이들은 그것에 더 재능이 있었다. 그러한 모방은 사실 수사 훈련의 일환으로 고등교육기관에서 가르치는 예술이었다. 그곳의 상급생들은 과거의 위대한 웅변가의 스타일을 모방하여 정해진 주제로 연설문을 작성해야 했다.

위서의 저자들은 그들의 작품이 진짜 작가들에게서 나온 것처럼 보이게 하기 위해 그것을 그럴듯하게 보이도록 만드는 요소들, 즉 진술들을 추가했다. 예를 들어 진짜 저자에게 일어났을 만한 사건들에 대한 즉흥적인 언급, 수신자에게 보내는 개인적인 요청(진짜 저자가 아닌 사람이 왜 독자에게 그를 위해 무언가를 해달라고 요청하겠는가?) 또는 심지어 그 자신이 진짜 저자라는 강력한 주장 등이 그런 것들이다. 그런 언급들은 그들이 정말 그 작가라면 '너무 요란'을 떠는 것처럼 보이게 한다. 그들 중 가장 흥미로운 방식들 중 하나로 위작의 작가가 독자들에게 위작을 읽지 말

고 주장하는 것도 있었는데, 누가 그런 작가를 위조자라고 의심하겠는가? 4세기의 그리스도교 서적인 사도헌장Apostolic Constitutions에서 그런 흥미로운 예를 볼 수 있는데, 그것은 예수의 부활 이후 사도들apostles이 쓴 것으로 알려진 일련의 교회 지침들을 묶은 것이다. 이 책은 독자들에게 사도들이 썼다고 거짓으로 주장하는 책들을 읽지 말라고 태연히 충고한다!

이 마지막 책략은 고대 사람들이 위조에 대해 어떻게 생각을 했는지 우리에게 시사해주는 바가 있다. 어떤 현대 학자들은 그런 일이 너무 흔하게 이루어졌기에 아무도 그것에 비판적이지 않았다고 주장하고, 다른 학자들은 위조가 너무 뻔하게 이루어져서 모든 사람들이 그것을 알아볼 수 있었기에 그것을 단순히 문학적 허구로 받아들였다고 주장한다. 하지만 고대의 자료들은 두 가지 관점이 모두 틀렸다는 것을 암시한다. 사람들이 항상 그것들을 명확히 알아보지 못했기에 위조범들은 일반적으로 성공을 거두었지만 그들이 그것들을 위작으로 알아보았을 때 그들은 그냥 넘어가지 않았다. 흔한 일이었을지는 모르지만 위조는 거의 모든 고대 작가들에 의해 비난받았다.

적어도 어떤 특정한 고대의 상황에서는 다른 사람의 이름으로 문서를 작성하는 것이 용인되었다는 주장도 있다. 고대 철학의 학파들에서는 제자들이 글을 쓴 후 겸손을 보이기 위해 스승의 이름으로 서명을 했던 것으로 전해지고 있다. 제자들 자신들의 의견은 사실상 그들이 스승의 발치에서 배운 것의 연장선상에 불과하다는 생각에서 행해진 일이었다. 하지만 신약성서의 형성 시기에도 이러한 관행이 존재했다는 증거는 전혀 없다. 첫 4세기 동안, 이 관습을 언급한 작가는 단한 명(신플라톤주의자 이암블리쿠스)이었고, 그것도 800년 전에 살았던 피타고라스의 추종자들에 대해서 말할 때였다. 이것이 널리 퍼진 관행이었거나 신약 시대인 1세기에 그런 말을 들어본 사람이 있었다는 것을 시사하는 단서는 전혀 없다

때로는 개인 비서가 자신이 일하는 사람을 위해 그의 이름으로 편지를 쓰는 것이 용납될 수 있었고, 이것이 '위조'로 여겨지지 않았다는 주장도 있다. 이것은 왜 바울로의 편지들 중 일부가 바울로가 쓴 것처럼 보이지 않는지 설명할 수 있는 매력적인 아이디어이다.

그것들은 바울로가 직접 쓴 편지들이 아니라 바울로의 비서가 썼을 것이라고 설명할 수 있기 때문이다. 하지만 우리는 여기에서도 같은 상황에 처해 있다. 우리는 이런 일들이 고대 세계에서 흔한 관행이었다는 믿을 만한 증거를 가지고 있지 않다.(Box 23.3 참고)

고대 세계의 학자들은 현대 학자들이 하는 것과 거의 같은 방식으로 위조를 찾아냈다. 그들은 한 작품의 아이디어와 문체가 그 작가의 다른 작품들과 일치하는지 살펴보았고 명백히 시대착오적인 내용―예를 들면, 17세기 초의 미국에 살던 식민주의자가 "미합중국"을 언급하는 것 같은―이 텍스트에 나오는지를 살폈다. 이러한 종류의 논쟁은 3세기의 몇몇 그리스도교 학자들에 의해 사용되었는데 그들은 히브리인들에게 보낸 편지가 바울로에 의해 쓰인 것이 아니라는 것, 요한 묵시록의 저자가 제베대오의 아들 '요한'이 아니라는 것을 보여주고자 했다. 현대 학자들은 이러한 주장에 동의한다. 물론 이 책들 중 어느 것도 위작으로 간주될 수는 없다. 히브리인들에게 보낸 편지는 어디에서도 그것이 바울로에 의해 쓰였다고 주장하지 않으며, 요한 묵시록을 쓴 요한도 자신이 제베대오의 아들 '요한'이라고 주장하지 않는다. 그렇다면, 신약성서에는 위작이라고 간주될 수 있는 다른 책들이 있을까?

그 질문은 우리에게 용어 문제를 제기한다. 많은 학자들은 "위작"이라는 용어가 나쁜 의도를 암시하는 것 같아 신약성서의 글들에 사용하기를 꺼린다. 그러나 그 말을 그렇게 받아들일 필요는 없다. 위작은 그저 그 책이 표방하는 유명한 사람이 아닌 제삼자가 쓴 책을 지칭할 수 있다. 책들, 심지어 신약성서에 들어가지 못한 그리스도교 서적에 위작이라는 용어를 사용하는 것에 반대하는 학자가 거의 없다는 것은 놀라운 일이다. 이는 신약성서들의 위작 가능성을 논하지 않으려는 태도가 역사적 근거가 아니라 신앙(학자든 혹은 청중들이든)에 관련되어 근거하고 있다는 것을 암시하는데, 즉 정경에 포함된 책들은 특별한 지위를 부여받아야 한다는 신학적 판단을 나타낸다. 그러나 이 책들을 역사적인 관점에서 다루는 일을 주저할 이유는 없다.

물론, 쓸데없이 공격적이어서도 안 된다. 내가 "위작"이라는 용어를 사용할 때, 나는 경멸적인 의미로 그것을 사용하는 것이 아니다. 이 위작의 저자들은 자신들이 그런 일을 행한 타당한 이유를 가지고 있거나 적어도 자신들은 그렇다고 생각한 정직한 사람들이었을 것이다. 그러나 그들이 다른 유명한 사람들의 이름으로 글을 썼다면, 그들은 어쨌든 위작을 만든 것이다. 이것은 티투스가 쓴 것으로 주장되는 외경의 글만큼이나 티투스에게 보낸 것으로 여겨지는 신약성서의 책에도 해당된다.

이제 우리는 테살로니카인들에게 보낸 둘째 편지, 콜로사이인들에게 보낸 편지, 에페소스인들에게 보낸 편지 등 세 권의 제2바울로 서신과 티모테오에게 보낸 첫째 편지, 둘째 편지, 티투스에게 보낸 편지, 세 권의 목회 서신들에 대해 무엇을 말할 수 있을까? 이 편지들은 무엇에 관한 글일까? 바울로가 정말로 이 책들을 쓴 것일까?

제2바울로 서신들

테살로니카인들에게 보낸 둘째 편지

우리는 저자가 가장 의심스러운 편지로 테살로니카인들에게 보낸 둘째 편지부터 살펴볼 수 있다. 테살로니카인들에게 보낸 첫째 편지의 경우와 마찬가지로 "나 바울로와 실바누스와 티모테오는 하느님 우리 아버지와 주 예수 그리스도를 믿는 테살로니카 교회 여러분"(2테살 1:1)에게 이 편지를 쓴 것이라고 주장한다. 그 편지의 실제 저자가 누구였든 간에, 그 편지를 쓴 이유는 상당히 명백해 보인다. 이 책은 신앙 때문에 극심한 고난을 겪고 있는 그리스도교인들에게 쓰였다.(1:4-6) 우리는 이 고난이 어떤 성질의 것인지, 이들에 대한 정부의 공식적인 반대, 지역 주민들로부터의 적대감, 아니면 다른 어떤 것이었는지 알 수 없다. 다만 우리는 저자가 독자들에게 확신을 주기 위해 글을 썼다는 것만은 알 수 있다. 만약 그들이 신앙을 지킨다면 그리스도가 하늘에서 심판을 위해 돌아올 때 그들은 보상받을 것이다. 예수의 재림parousia 시에 그들을 반대하고 그들의 메시지를 거부한 사람들은 "영원히 멸망"의 벌을 받겠지만, 성도들은 그들의 영광스러운 보상을 받게 될 것이다.(1:7-12)

이 편지를 쓰게 된 두 번째 이유는 이 그리스도교

Box 23.3 비서 가설

테살로니카인들에게 보낸 둘째 편지, 콜로사이인들에게 보낸 편지, 에페소스인들에게 보낸 편지 그리고 목회 서신들과 같은 책들이 문제와 내용 면에서 바울로의 다른 글들과 판이하게 다른 이유는 바울로가 "비서"에게 글을 쓰게 했기 때문이라고 주장해온 학자들이 있다. 바울로가 무슨 말을 해야 할지에 대해 얼마간의 지시를 내리면 나머지 일을 비서가 알아서 했다는 것이다. 나도 대학원에서 그렇게 배웠고 오늘날에도 여전히 널리 퍼져 있는 견해다. 문제는 이에 대한 증거가 거의 없다는 점이다.

바울로가 비서를 고용했다는 증거가 없다는 뜻은 아니다. 그에게는 분명히 비서가 있었다. 로마인들에게 보낸 편지 16장 22절에는 "이 편지를 받아 쓰는 나 테르티우스도 주님의 이름으로 여러분에게 문안 드립니다"라는 구절이 있다. 테르티우스는 이 편지의 저자가 아니었다. 그는 바울로가 그의 편지를 받아 적게 한 필경 사였다. 따라서 우리는 바울로가 가끔 필경사나 비서를 고용했다는 것을 알고 있다. 그렇다면 때때로 이 사람들이 바울로와 다른 문제와 다른 내용으로 그런 편지들을 썼다는 가설이 뭐가 문제일까?

사실 우리는 고대 세계의 비서들에 대해 많은 것을 알고 있다. 그들이 고대 문헌에서 언급되고 논의되기 때문이기도 하고, 이집트 사막에서 살아남은 다른 고대 문서들에도 언급되기 때문이다. 그들이 언급된 모든 고대 저자들의 문헌과 그들이 쓴 수많은 편지들을 살펴보며 이들을 철저히 연구해온 학자들도 있다.

보통 비서들은 고용주가 한 단어씩 불러주는 대로 글을 받아 적었다. 드물게 그들은 문법에 맞게 편지를 수정하도록 요청받을 수도 있었다. 그리고 문맹자들 사이에서 법률 문서나 매우 짧은 편지(보통 100자 미만)를 작성하는 일을 하기도 했다. 하지만 우리가 가지고 있는 많은 자료의 어떤 곳에도 비서가 다른 사람의 이름으로 가치 있고 중요한 내용으로 가득 찬 긴 문서(예: 에페소스인들에게 보낸 편지 또는 티모테오에게 보낸 첫째 편지 같은)를 작성하라는 요청을 받았다는 증거는 없다. 고대 세계에서 그런 일, 즉 책을 쓴 다음에 다른 사람의 이름으로 서명하는 일을 한 사람은 그의 비서라고 해도 위조범으로 몰렸을 것이다.

그래서 '비서 가설'이 아무리 그럴듯하게 보일지라도, 그것이 옳다는 증거는 없다. 오히려 모든 증거가 정반대의 방향을 가리키고 있다. 비록 우리는 고대의 비서들이 다른 사람들의 지시에 따라 그들의 이름으로 긴 논문을 썼던 어떤 예들도 알지 못하지만, 저자가 자신이 아닌 다른 사람이라고 주장하며 책을 쓴 수많은(수백 건의) 사례들은 알고 있다.

공동체의 일부 구성원들이 이미 시간의 종말이 도래했다고 믿게 되었다는 것, 즉 심판의 날이 알 수 없는 미래가 아니라 바로 지금이라고 믿게 되었다는 것이다.(2:1-2) 이런 생각을 가진 사람들 중 일부는 공동체의 신도들의 예언을 통해 확신을 가지게 되었고, 더 흥미로운 것은 바울로가 쓴 것으로 알려진 편지를 통해서 한층 더 확신을 가지게 되었다는 것이다.(2:2) 자신이 진짜 바울로임을 자처한 테살로니카인들에게 보낸 둘째 편지의 저자는 독자들에게 속지 말라고 경고한다. 이전의 위작 작가가 무엇을 주장했든 간에 먼저 일어나야만 하는 사건들이 있었기에 아직 종말은 오지 않았다.(2:3)

저자는 이 사건들을 요한 묵시록에 나오는 것과 매우 흡사한 종말론적apocalyptic 시나리오들로 묘사하고 있다.(28장 참고) 그리스도가 다시 돌아오기 전에 일종의 적그리스도와 같은 인물이 세상에 나타날 것이다. 이 "무법자"는 궁극적으로 "멸망할 운명"이다.(2:3) 다른 모든 '신 또는 숭배의 대상'보다 자신을 높이는 그는 결국 예루살렘에 있는 하느님의 신전Temple에 자리를 잡고 자신이 "신으로 자처"(2:4)할 것이다. 저자는 독자들에게 그가 그들과 함께 있을 때 이 시나리오를 이미 충분히 알려줬다는 것을 상기시킨다.(2:5) 게다가 아직 아무도 이 거대한 적그리스도의 역할을 자처하지 않았기 때문에 그것은 분명히 아직 일어나지 않았다. 저자는 당분간 초자연적인 힘이 무법자를 제어하고 있지만 이 힘이 제거되면 그것은 자신의 모습을 드러내고 그리스도와 사탄이 이끄는 악의 세력의 마지막 대결을 시작할 것이라고 말한다.(2:6-12)

전체적으로 보면, 이 편지는 그리스도교 신도들에게 아직 종말이 다가오지 않았다는 것을 확실히 알리기 위해 쓰였다. '바울로'가 앞서 그들에게 충분히 지시했듯이(2:5) 그리스도는 이 종말론적 시나리오가 다 펼쳐지기 전까지는 돌아오지 않을 것이다.

우리는 책의 마지막 장에서 신도들의 문제가 단순히 그런 사건들이 언제 일어날지 알려주는 것으로 해결될 것이 아니라는 것을 발견한다. 이 교회의 일부 신도들은 종말이 임박했다는 사실을 확신한 나머지 일은 하지 않고 단지 그날이 오기만을 기다리고 있었다.(3:6-15) 그들의 그런 결정은 중대한 사회적 파장을 끼쳤는데 일을 계속하는 사람들은 일을 그만둔 사람들을 먹여 살려야 했고, 이런 종말론적 무위도식자들의 존재는 신도들 사이에 갈등을 불러일으켰다. 테살로니카인들에게 보낸 첫째 편지를 연상시키는 표현으로 저자는 자신과 동료들이 다른 사람들에게 부담을 주지 않고 스스로 일을 해서 생계를 이어갔던 것을 독자들에게 상기시키며(3:7-10) 그들 역시 그렇게 하라고 권면한다.(3:11-15)

문제는 이 작가가 실제로 바울로였냐는 것이다. 예를 들어 적어도 어떤 곳에서는, 테살로니카인들에게 보낸 첫째 편지의 서문과 매우 흡사한 서문이나, 바울로가 처음 테살로니카 사람들과 함께 있을 때에 겪었던 어려운 일들을 회상할 때처럼 정말 바울로가 쓴 글처럼 보이는 곳이 있다는 것을 인정해야만 한다. 그리고 고난의 필요성, 궁극적인 칭의에 대한 기대, 바울로 복음의 핵심에 있던 종말론적 희망 등, 많은 바울로의 주제들이 편지 전체에 걸쳐 드러나 있다

하지만 이러한 유사점들이 바울로가 편지를 썼다는 것을 의미할까? 역사학자의 입장에서 볼 때 이것의 문제는 바울로를 모방하기로 결심한 사람이라면 틀림없이 그처럼 글을 쓰려고 했을 것이라는 점이다. 바울로와 그를 모방하는 사람이 모두 바울로처럼 글을 쓸 수 있다면, 우리가 사도 자신의 글을 읽는 것인지 그가 세상을 떠난 후 나타난 그의 추종자의 글을 읽는 것인지 어떻게 알 수 있겠는가?

사실, 누가 어떤 일을 역사적으로 한 것인지 밝히기 위한 방법이 있다. 그것은 동전의 다른 면을 보는 것과 같은데, 즉 이 편지 중 바울로가 쓴 것처럼 보이지 않는 부분을 들여다보는 것이다. 이러한 특징들은 그 편지가 진짜인지 아니면 사도가 현장에서 사라진 후 바울로의 교회 교인들 중 한 사람이 쓴 것인지의 여부를 가장 잘 보여준다. 그러한 부정적인 증거가 유용한 이유는, 위작의 작가는 바울로를 모방하겠지만 바울로는 자신이 아닌 것처럼 글을 쓰지는 않을 것이기 때문이다. 그러므로 바울로가 이 편지를 썼는지, 혹은 다른 어떤 편지를 썼는지를 규명하는 데 가장 중요한 것은 바울로와의 차이점이다.

테살로니카인들에게 보낸 둘째 편지에 관해서 가장 흥미로운 문제는 이미 언급했던 내용이다. 작가는 비록 곧 종말이 올지라도 그것이 바로 다가오지는 않을 것이라고 독자들을 확신시키기 위해 편지를 쓴다. 그 전에 다른 일들이 먼저 일어나야 하기 때문이다. 아직 시간이 남아 있기 때문에 그들은 희망을 품은 채 계속 일을 해야 한다. 하지만 이런 주장은 첫 번째 편지에서 갑작스러운 멸망을 가져올 종말이(1테살 5:3, 6) 아무 사전 경고 없이 도적처럼 이를 것이므로(5:2) 방심하고 있을 때 예수가 재림하지 않도록 깨어 있으라고(5:3) 독자들에게 촉구한 사람의 말처럼 들리지는 않는다. 테살로니카인들에게 보낸 둘째 편지에 따르면 많은 사전 경고가 있을 것이다. 묶여 있는 무법자가 풀려날 것이고 그 적그리스도는 자신을 드러내고 스스로를 다른 모든 예배 대상보다 더 높이 올리고 예루살렘 신전에 자리를 잡은 후 자신이 하느님이라고 선포할 것이다. 그제야 그리스도가 돌아올 것이다. 어떻게 이런 주장이 한밤중에 몰래, 사람들이 전혀 예상하지 못할 때 도둑처럼 찾아오는 재림과 일치할 수 있을까?

저자가 테살로니카 교인들과 함께 있는 동안 이런 것들을 가르쳤다고 주장하는 점은 특히 흥미롭다.(2테살 2:5) 만약 그게 사실이라면 왜 그는 "죽은 사람들"에 대해 테살로니카 사람들이 질문을 했을 때 첫 편지에 언급했던 다가오는 사건에 대한 이런 지식—예를 들어, 종말이 임박하지 않았기 때문에 그 전에 죽는 사

람들도 물론 있을 것이라는—을 사용하지 않은 것일까? 테살로니카인들에게 보낸 첫째 편지에서 바울로는 "주의 날이 아직 오지 않았고, 먼저 무법자가 모습을 드러내야 한다"고 말하지 않는다. 실제로, 만약 테살로니카인들이 첫 번째 편지 당시에 이미 미래에 이런 일들이 있으리라고 충분히 알고 있었다면, 왜 그들이 자신들 중 일부가 죽는 것에 놀랐는지 우리들은 의아할 수도 있다.

마지막으로, 만약, 테살로니카인들에게 보낸 둘째 편지 2장 5절에 암시된 것처럼, 적그리스도의 등장이 실제로 바울로의 가르침의 중심 요소였다면, 그가 그것에 대해 다른 어떤 편지에서 한마디도 언급하지 않는 것은 매우 이상한 일이다. 이런 문제들은 바울로가 테살로니카 첫째 편지, 둘째 편지를 모두 썼다는 것을 믿기 어렵게 만든다. 두 번째 편지 중 가장 흥미로운 사실들 중 하나는 그것이 끝나는 방식이다. "바울로로부터. 이렇게 친필로 서명을 하며 여러분에게 문안합니다. 이 서명은 내 모든 편지를 가려내는 표입니다. 이것이 내 글씨입니다."(3:17) 이것은 갈라티아인들에게 보낸 편지에서처럼(갈라 6:11 참고) "바울로"가 필경사scribe에게 받아 적게 한 편지에 자신의 서명을 추가했다는 것을 의미한다. 특이한 것은 그가 비록 테살로니카인들에게 보낸 첫째 편지를 포함한 대부분의 다른 편지들을 이런 식으로 끝낸 것 같지는 않지만, 그가 이것을 그의 변함없는 관행이라고 주장한다는 것이다. 이 말은 바울로의 말이라고 설명하기 어렵지만 바울로의 위작가의 말이라고 생각하면 의미가 통한다. 그는 독자들에게 비록 그들이 이미 바울로의 이름으로 된 위조된 편지를 적어도 한 통은 받았지만(2테살 2:2) 이것은 위서가 아니라고 독자들을 확신시키고자 하는 것이다.

일부 학자들은 거기에서 한 걸음 더 나아가 바울로를 자처하는 위서의 저자가 독자들에게 가짜 편지—바울로의 이름을 사용하여 끝 날이 가까이 다가왔다고 주장하는—에 미혹되지 말라고 말할 때("우리가 이런 말을 편지에 써 보냈다고 떠들어 대는 사람이 있을지도 모릅니다"; 2테살 2:2) 그는 테살로니카인들에게 보낸 첫째 편지를 가리켰다고 주장한다. 즉 바울로가 스스로 가르친 가까운 종말의 메시지는 결국 실

현되지 않았고 그사이에 바울로를 비롯한 모든 사람이 죽었기 때문에 후대의 누군가가 독자들을 바울로의 메시지로부터 벗어나게 하고 싶어 했다는 것이다. 그 위서의 저자는 사실은 진짜 편지가 위조된 것이라고 주장하는 편지를 써서 사람들을 안심시켰다. 그것이 사실이건 아니건 어느 정도 확실해 보이는 것은 바울로 시대 이후의 누군가가 사람들이 종말을 간절히 기다리고 있는 상황에 개입해야 한다고 결정했다는 것이다.(3:6-12)

우리는 바울로가 아니면 누가 실제로 이 편지를 썼을지 모르고 그가 어느 시기에 살았을지에 대해서만 추측할 수 있을 뿐이다. 우리는 그가 바울로가 죽은 뒤, 아마도 1세기 말쯤에 바울로의 이름으로 편지를 쓰는 것이 실현 가능해졌을 때 그리고 우리가 아는 바로는, 더 유행하게 되었을 때를 작성 시기로 추정할 수 있다. 그 시기에 일부 그리스도교인들은 사회 안에서 점증하는 자신들에 대한 적대감에 직면하기 시작했으며, 그들 중 일부는 이러한 갈등 때문에 그리스도의 재림에 새삼 희망의 눈길을 돌리고 있었다.

따라서 저자는 바울로가 세운 교회 중 한 곳의 그리스도교인이었을 것이며, 그는 분명히 테살로니카인들에게 보낸 첫째 편지를 읽은 사람이었을 것이다.(서문의 양식이 비슷한 이유다.) 그는 자기 시대의 그리스도교인들이 직면하고 있는 문제들을 해결하기 위해 교회의 창시자이자 영웅인 바울로의 이름으로 글을 써서 사람들이 그의 말에 귀 기울이도록 만들었다. 그는 바울로의 이름을 사용해서 글을 쓰면서 독자들에게 신앙을 지키고 희망을 유지하되 가까운 장래에 시대의 종말이 올 것을 기대하지 말라고 촉구한다. 하느님의 종말 계획은 실행 중에 있지만 신자들은 그것에 너무 열중해 내일만 바라보고 오늘 해야 할 일들을 등한시해서는 안 된다. 그들은 심판 날까지 담대히 고난을 견뎌야 하며 그때에 그들의 갈망이 성취되고 그들의 고난이 정당화될 것임을 믿어야 한다.

콜로사이인들에게 보낸 편지

테살로니카인들에게 보낸 둘째 편지의 경우와 마찬가지로 학자들은 콜로사이인들에게 보낸 편지의 저자가 누구인지 계속 토론해왔지만 이곳에는 전혀 다

른 문제들이 있었다. 편지를 쓰게 된 이유는 자명하다. "바울로"는 복음을 전한 죄로 투옥되어 있다.(콜로 4:3) 그곳에서 그는 히에라폴리스와 라오디케이아에서 멀지 않은 서아시아 소도시의 작은 마을인 콜로사이 교회 소식을 들었다.(1:3) "바울로" 자신이 이 교회를 설립하지 않았지만 그의 동역자이자 동료로 이곳의 시민이었던 에파프라스가 설립한 교회였다.(1:7-8, 4:12) "바울로"가 콜로사이 교회에 대해 들은 소식은 분명치 않다. 한편으로 그는 에파프라스의 노력으로 그들이 개종하여 그리스도를 믿고 그의 복음에 전념한다는 것을 알고 크게 기뻐한다.(1:7-8) 반면, 그는 그들 가운데 그들을 다른 종류의 종교적인 경험으로 이끌려는 거짓 선생들이 있다는 것을 알게 되다.(2:4) 그는 그 상황을 다루기 위해 편지를 쓰고 있다.

이 편지의 저자는 그의 적들의 생각을 언급하지만 그에 대해 자세한 설명은 하지 않는다. 아마도 그는 그의 독자들이 이미 그가 무슨 말을 하고 있는지 충분히 알고 있다고 추측하는 것 같다. 그는 이 새로운 가르침을 "헛된 철학의 속임수"(2:8)라고 부르며 신자들이 이미 "영적인 할례"(2:11)를 받았다고 논박한다. 더구나 그는 그리스도가 십자가의 죽음을 통해 신도들이 유대 율법Law을 지켜야 할 필요를 없앴기 때문에 무엇을 먹고 어떤 특별한 날을 종교의 축제일로 지켜야 할지에 관한 규정을 따를 필요가 없다고 주장한다.(2:13-17) 이 구절들을 보면 갈라티아의 바울로의 적대자들처럼 콜로사이의 거짓 교사들도 유대교의 어떤 관습들을 옹호하고 있었던 것 같다. 그러나 그들은 또한 그들이 가지고 있는 특별한 환상을 근거로 "겸손한 체하거나 천사를 숭배"할 것을 주장했다.(2:18-19) 이것은 그들이 금욕적인 생활과 어쩌면 더 높은 존재에 대한 도취적인 숭배를 주장했다는 것을 암시한다.

학자들은 여러 해 동안 이 잘못된 가르침의 정확한 본질에 대해 토론해왔다. "바울로의" 반대자들은 분명히 특정한 종류의 유대 신비주의를 조장하고 있었는데, 그곳에서는 신도들이 천국의 황홀한 환영을 경험하도록 고무되었고 그를 통해 신성한 경계로 옮겨진 사람들은 신성한 기쁨과 능력으로 충만한 자신들을 발

견했다. 그러한 사람들은 보통 금욕적이었고 육체를 벗어나서 영적 기쁨을 누리려면 육체의 욕망을 피해야 한다고 권고했다. 만약 이 사람들이 유대인이었다면 그들은 그들의 금욕주의의 뿌리를 유대교 성서에서 찾았을지도 모른다. 아마도 그들은 추종자들에게 음식 정결례를 지키고 안식일을 준수하게 했을 것이고 남성의 경우에는 할례를 받으라고 요구했을 것이다.

이러한 견해에 대해 콜로사이인들에게 보낸 편지의 저자는 그리스도 자신이 신성의 완전한 표현이라고 주장한다. 그는 "보이지 않는 하느님의 형상이시며 만물에 앞서 태어나신 분"(1:15)이라고 그리스도를 설명한다. "하느님은 당신의 완전한 본질을 그리스도에게 기꺼이 주셨"(1:19)는데 그리스도교 신자들이 천사를 숭배할 이유는 없다. 실제로 다른 보이지 않는 존재들은 그리스도에 의해 창조되었고, 그리스도를 섬기도록 만들어졌다고 한다. "그것은 하늘과 땅에 있는 만물, 곧 보이는 것은 물론이고 왕권과 주권과 권세와 세력의 여러 천신들과 같은 보이지 않는 것까지도 모두 그분을 통해서 창조되었기 때문입니다. 만물은 그분을 통해서 그리고 그분을 위해서 창조되었습니다."(1:16) 게다가 그리스도만이 신앙인에게 주어지는 궁극적인 축복을 줄 수 있다. 모든 백성을 하느님과 화해시킨 사람은 그리스도이다.(1:21-22; 2:13-15) 그렇게 함으로써 그는 모든 "달갑지 않은 조항"(2:14)을 포함하는, 하느님과 인간을 멀어지게 하는, 율법을 포함한, 모든 것을 파괴했다. 그런 마당에, 율법을 준수하는 것으로 다시 돌아가는 것이 무슨 의미가 있을까? 이 작가에게는 그리스도가 그렇게 해야 할 필요성을 없애버렸고, 그리스도 안에 있는 사람들은 신성의 모든 혜택을 누릴 수 있다.(2:10, 14-19)

오직 그리스도를 통해서만 주어지는 이러한 혜택에는 이미 신자가 이를 수 있는 높여진 신분이 포함되어 있다. 이 저자는 그리스도에 대한 신앙을 통해 실제적이고 영적인 할례를 경험한 사람에게는 육체적 할례가 필요 없고(2:9-10) 그리스도와 함께 일으켜 세워진 사람에게는 황홀한 예배를 통해 천사를 섬길 필요가 없다고 주장한다.(2:12; 3:1-3) 그리스도 안에서 신성 그 자체를 완전히 체험한 신도들에게는, 경건하게 보이는 겉모습만을 주는 정결례는 필요도 없

다.(2:20-23) 그들이 들은 복음의 메시지에서 벗어나지 않는 한, 콜로사이인들이 그들의 신비로운 경험을 통해 추구해온 것들은 이미 그리스도 안에서 그들의 것이다.(2:23)

그러므로 콜로사이인들은 그리스도 안에서 다시 살아난 사람들로서 완전한 신성의 경험을 누릴 것이다.(3:1) 그러나 이것은 그들이 이 세상에서 그들의 육체적인 삶을 소홀히 한다거나 그들의 몸이 더 이상 중요하지 않은 것처럼 행동해도 좋다는 뜻은 아니다. 그들은 그리스도가 돌아올 때까지 이 세상에서 살아가야 한다. 이것은 도덕적이고 정직한 삶을 유지하는 것을 의미한다. 저자는 피해야 할 악덕(음행과 더러운 행위와 욕정과 못된 욕심과 탐욕 따위의 욕망; 3:5-11)과 포용해야 할 덕목(따뜻한 동정심과 친절한 마음과 겸손과 온유와 인내; 3:12-17)에 관한 많은 도덕적 권고를 한다. 또한, 그는 아내와 남편(3:18-19), 자녀와 어버이(3:20-21), 종과 주인(3:22-4:1) 등 신도들 내의 다양한 구성원들에게 충고를 한다.

이 편지는 몇몇 마지막 지시(4:2-6), 바울로와 그와 함께한 사람들이 콜로사이 교회에 보내는 인사(4:7-17) 그리고 그의 서명과 마지막 축복(4:18)으로 마무리된다. 그러나 이것이 실제의 바울로의 서명일까?

여러 가지 면에서 이 편지는 바울로가 직접 쓴 편지들과 매우 흡사하다. 바울로와 티모테오의 이름으로 쓰인 서문, 편지의 기본 구조, 편지를 끝맺는 방식, 게다가 편지 전체에서 드러나는 바울로의 메시지의 주제들—세상에서 고난을 당하는 의미, 대속물로서의 예수의 죽음, 신자들이 세례baptism를 받음으로써 예수의 죽음에 동참하는 것—등 수많은 것들이 바울로의 글처럼 보이도록 만든다. 이런 것들만 보면 아마 바울로가 편지를 썼을 것이라는 생각이 든다.

그러나 바울로가 이 편지의 저자라는 것에 대해 의문을 제기하는 데는 근거가 있다. 가장 설득력 있는 주장 중 하나는 그리스어 원문에 근거한 것인데, 콜로사이인들에게 보낸 편지의 문체가 바울로의 글에서 발견되는 문체와 현저하게 다르기 때문이다. 바울로는 짧고 간결한 문장으로 글을 쓰는 경향이 있는 반면, 콜로사이인들에게 보낸 편지의 저자는 복잡한 문체를 보인다. 그런 차이는 영어 번역에서는 쉽게 나타나지 않는데, 길고 복잡한 그리스 문장의 구조들을 이해하기 쉽도록 짧은 문장들로 나누어놓았기 때문이다. 예를 들어 콜로사이인들에게 보낸 편지 1장 3-8절은 그리스어로는 된 단 하나의 문장으로 이루어져 있다. 문제는 이것이 나쁘거나 받아들일 수 없는 그리스어라는 것이 아니라 바울로가 그것과는 다른 문체로 글을 썼다는 것이다.(찰스 디킨스와 윌리엄 포크너 모두 정확한

Box 23.4 바울로와 콜로사이인들에게 보낸 편지에서 신자들의 부활

만약 바울로가 콜로사이인들에게 보낸 편지를 썼다면 그리스도교인들의 부활의 시간과 의의에 대한 그의 견해가 바뀌었다고 생각해야 하는데 이곳에서는 신자들은 이미 "그리스도와 함께 다시 살아났기"(콜로 3:1) 때문이다. 그리스도교인들은 이미 부활한 존재로서의 축복을 누리게 되었다고 믿는 사람들에 대항하여 바울로가 코린토스인들에게 보낸 첫째 편지를 썼음을 기억하라.(1코린 15장 참고) 로마인들에게 보낸 편지 6장 5-8절과 콜로사이인들에게 보낸 편지 2장 12절의 동사 시제에서의 차이(이탤릭)도 또한 많은 것을 말해준다.

로마인들에게 보낸 편지 6장 5-8절

우리는 그리스도와 같이 죽어서 그분과 하나가 되었으니 그리스도와 같이 다시 살아나서 또한 그분과 하나가 될 *will* 것입니다. (……) 우리가 그리스도와 함께 죽었으니 또한 그리스도와 함께 살리라고 *will* 믿습니다.

콜로사이인들에게 보낸 편지 2장 12절

여러분은 그리스도의 할례, 곧 세례를 받음으로써 그리스도와 함께 묻혔고 또 그리스도와 함께 다시 살아났습니다. 그리스도를 죽은 자들 가운데서 다시 살리신 하느님의 능력을 믿었기 때문입니다.

영어를 썼지만 서로 다른 방식으로 썼다.) 이런 종류의 증거는 많은 언어학 전문가들로 하여금 바울로가 이 편지를 쓰지 않았다고 확신하게 만들었다.

여러 해 동안 많은 주석가들이 제기해온 질문은 그리스도교인들이 이미 높임을 받았는가의 여부다.

다른 주장들은 영어 텍스트만으로도 쉽게 그 정당성을 평가할 수 있다. 그중에서도 가장 놀라운 것은 여러분이 이미 생각하고 있는 것일지도 모른다. 이 저자는 그리스도교도들이 그리스도의 죽음뿐만 아니라 그의 부활resurrection에도 함께 참여했다고 믿는다. 그는 사실 이 점을 상당히 강조하고 있다. 신자들은 이미 구원의 완전한 혜택을 누릴 수 있도록 천상에서 그리스도와 함께 일으켜 세워졌다.(2:12; 3:1) 그러나 그리스도교도들은 세례를 받을 때에 그리스도와 함께 "죽었지만", 아직 그와 함께 세워지지는 않았다. 그들은 그

리스도가 돌아올 마지막 날에야 세워질 것이다.(Box 23.4 참고) 바울로는 로마인들에게 보낸 편지 6장에서 세례를 받은 사람이 그리스도와 함께 그의 죽음에 참여하는 것에 대해 설명하면서 분명히 그 점을 강조할 뿐만 아니라, 이미 부활을 경험했고 그래서 그리스도와 함께 세상을 다스린다고 주장하는 코린토스의 적들을 상대로도 이 점을 명확하게 주장했다.

그가 쓴 것이 분명한 편지들에서 바울로는 신도들이 아직 그리스도와 함께 부활을 경험하지 못했다고 단호하게 주장하지만 콜로사이인들에게 보낸 편지의 저자는 그들이 그리스도와 함께 부활했다고 역시 단호하게 주장한다. 바울로가 나중에 그 문제를 더 잘 이해하고 생각을 바꾸었거나(비록 그가 얼마나 강력하게 그 점을 주장했는지를 생각하면 그것은 있을 법하지 않지만), 다른 이단을 공격하기 위해서 의식적으로

과거 엿보기

Box 23.5 콜로사이인들에게 보낸 편지와 에페소스인들에게 보낸 편지의 '가정생활 규칙'

신약성서의 가장 완전한 '가정생활 규칙' 두 가지를 콜로사이인들에게 보낸 편지 3장 18절-4장 1절과 에페소스인들에게 보낸 편지 5장 21절-6장 9절(1베드 2:13-3:12 참고)에서 찾을 수 있다. 이 규칙들은 한 사람이 다른 사람에 대해 권력을 갖는 사회적 관계, 즉 (1) 아내와 남편, (2) 자녀와 아버지, (3) 노예와 주인의 관계에서의 상호적인 의무와 관련 있다. 이 두 편지 모두 바울로가 썼다고 주장하는 정황을 고려해볼 때, 바울로가 다른 곳에서는 절대로 그런 규칙을 제시하지 않는다는 사실이 흥미롭다. 그것은 그도 예수처럼, 시대의 종말이 임박했기 때문에 사회적 관계가 오래 지속될 것이라고 기대하지 않았기 때문이었을까?

학자들은 그리스도교 2세대들이 왜 이런 가정생활에서의 규칙을 강조하게 되었는지에 대해 논쟁을 계속하고 있다. 다음은 더 흥미로운 이론들 중 하나이다. (1) 종말이 곧 온다는 믿음이 희미해졌기 때문에 그들은 그들의 사회 속에서 서로 어떻게 계속 기능할 수 있는지에 대한 더 나은 규칙을 고안할 필요가 있었다. (2) 일부 그리스도교인들은 모든 사람들이 그리스도 안에서 동등한 지위를 가지고 있다고 주장했고(갈라 3:28 참고) 그들

은 급진적인 평등주의적 형태의 공동체를 촉구하기 시작했다. 그들에게는 공동체의 어느 누구도 다른 사람들보다 우선하지 않았다. 즉, 남녀노소와 주인 모두 동등한 위치에 있었다. 가정생활의 규칙은 이런 사고방식을 중단시키기 위한 것이었다. (3) 그리스도교인들은 바깥에 있는 사람들로부터 심한 박해를 경험하기 시작했다. 박해를 견딜 수 있는 더 응집력 있는 전선을 제공하기 위해 서로 더 강한 사회적 유대감을 형성할 필요가 있었다. (4) 그리스도교인들은 사회적으로 부적절한 행위를 행한다고 비난받았고(Box 19.2 참고) 그래서 자신들이 사회적으로 존경받을 만하며 급진적인 경향과 상관이 없다는 것을 세상에 보여줄 필요가 있었다.

물론 이러한 이론들은 상호 배타적이지는 않다. 실제 해답은 여러 이론들 또는 모든 이론들의 조합일 수 있을 것이다. 그러나 분명한 것은 각각의 설명은 그리스도교 교회가 이미 상당 기간 동안 존재했고 앞으로도 꽤 오랫동안 사회 속에서 존재해야 할 것을 기대하고 있는 입장에서 나왔다고 보는 것이 가장 타당하다는 것이다.

자신의 견해를 잘못 전하거나 앞서 자신이 말한 것을 잊어버렸는지도 모른다. 하지만 바울로는 세상을 떠날 때까지 신자들이 아직 그리스도와 함께 세워지지 않았다고 일관되게 주장했다는 것이 더욱 설득력이 있어 보인다. 그렇다면 그가 콜로사이 교인들에게 편지를 썼다는 것은 받아들이기 어렵다.

바울로가 편지를 쓰지 않았다면 누가 그 편지를 썼을까? 우리는 결코 알 수 없겠지만 저자는 바울로를 최고 권위자로 생각하는, 바울로가 설립한 교회 교인들 중 한 사람이었을 것이다. 이 사람은 아마도 자신의 공동체 안에서 생긴 문제를 다루기 위해 가상의 편지를 썼을 것이다. 이 알려지지 않은 저자는 필레몬에게 보낸 편지를 포함하여 한 가지 이상의 바울로의 다른 편지들을 알고 있었는데 그 이유는 두 편지의 인사말에 같은 이름들이 나타나기 때문이다. 이 다른 편지들을 모델로 삼아 그는 사도 바울로의 이름을 차용한 편지를 써서 유포시킴으로써 널리 퍼지기 시작한 잘못된 철학에 대해 권위 있는 비난을 퍼부었다.

에페소스인들에게 보낸 편지

테살로니카인들에게 보낸 둘째 편지와, 특히 콜로사이인들에게 보낸 편지의 저자가 바울로가 아니라는 주장에 많은 학자들이 동의하고 있지만 에페소스인들에게 보낸 편지의 경우는 그런 주장이 더욱 명확하다. 대다수의 성서 비평 학자들은 바울로가 이 편지를 쓰지 않았다고 확신하고 있다.

저자의 문제에 뛰어들기 전에 우리는 서한 뒤에 놓여 있는 표면적인 상황부터 살펴봐야 한다. 다른 바울로의 편지들과는 달리 에페소스인들에게 보낸 편지의 경우에는 편지를 쓴 이유를 판단하기가 매우 어렵다. 우리는 편지에서 "바울로"가 감옥에서 이방인 Gentile 그리스도교인들에게 편지를 썼다는 것을 알게 된다.(3:1) 그러나 편지가 어디로 어떤 이유로 발송되었는지에 대해서는 몇 가지 의문이 있다.

대부분의 영어 번역본에는 편지의 수신자가 "에페소스에 있는 성도들"(1:1)이라고 쓰여 있지만 "에페소스에 있는"이라는 말은 이 편지의 초기, 그중에서도 가장 완벽한 그리스어 필사본들manuscripts에서는 찾아볼 수 없다. 대부분의 텍스트 전문가들은 이 단어들이 원래 편지에는 없었지만 꽤 나중에 추가되었다고 생각한다. 그렇다면, 에페소스인들에게 보낸 편지는 바울로가 세운 수많은 교회들의 '신실한 성도들'에게 보내

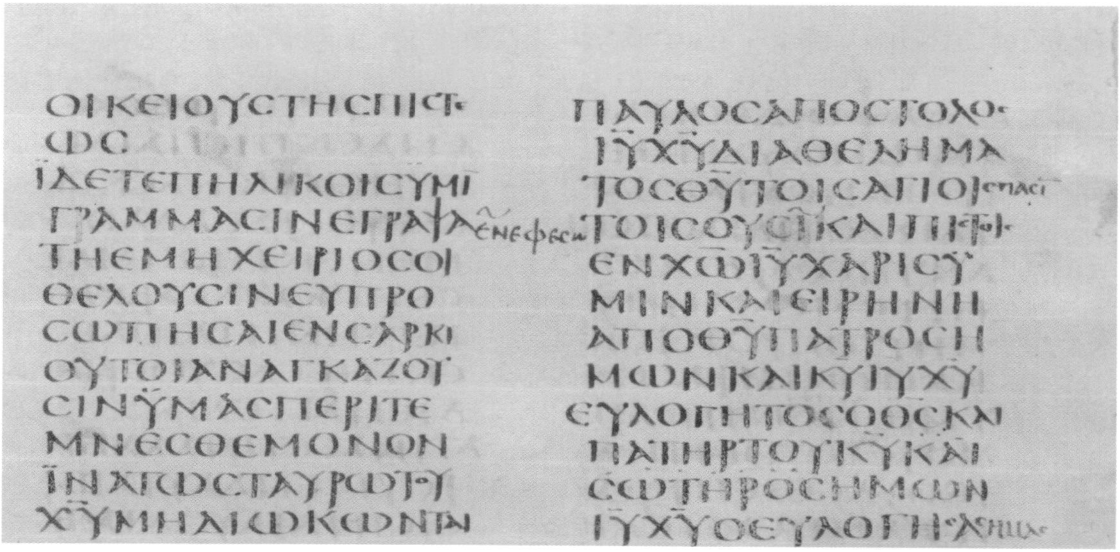

도판 23.1 가장 오래된 신약성서 사본인 코덱스 사이나이티크스의 에페소스인들에게 보낸 편지 첫 페이지. 첫 절이 여백에서 수정되어 있는 것에 주목하라. 이 편지는 원래 "성도들에게" 보내졌지만 나중에 필경사가 "에페소스에 있는"이라는 문구를 삽입해 수신자를 더 구체적으로 만들었다. 필경사들이 우리가 가지고 있는 원고들에 만들어놓은 이러한 변경에 대해서는 2장의 논의를 참고하라.

어진 회람 편지의 일종으로 쓰였을 뿐 특정한 지역의 성도들에게 보내지는 않았다는 뜻이 된다. 그런 편지는 에페소스 시를 포함하여 몇몇 장소들에서 복사되었을 것이다. 하지만 에페소스의 필경사는 "에페소스에 있는"이라는 글자를 덧붙여 이 편지를 그들에게 보낸 것으로 만들고자 한 것으로 보인다. 에페소스의 그리스도교인들은 이 편지를 읽었을 때 그것이 자신들에게 특별히 쓰인 것이라고 생각했을 것이다. 그 후, 이 편지의 사본과 "에페소스에 있는"이라는 말이 없는 다른 사본들이 다른 사람들에 의해 복사되었을 것이다. 이것은 왜 지금 남아 있는 에페소스인들에게 보낸 편지 원고들 중 일부는 "에페소스에 있는"이라는 말이 들어 있고 다른 것들은 그렇지 않은 지의 이유다.(우리는 그리스도교 필경사들이 어떻게 그리고 왜 그들의 텍스트를 바꾸었는지에 대해 본문 2장에서 살펴보았다.)

원래 이 편지는 특정한 신도들에게 보내진 것이 아니라, 예를 들자면 소아시아 전역의 많은 신도들에게 보내졌을지도 모른다. 에페소스인들에게 보낸 편지의 가장 큰 목적은 이방인 독자들에게 비록 그들이 이전에는 하느님과 그의 백성 이스라엘로부터 소외되었지만, 이제는 예수를 통해 하나—예수가 그들을 화해시켜 하나가 되고 그의 대속 사역을 통해 하느님과 하나가 됨(2:1-22)—가 되었다는 것을 상기시키는 것이다. 좀 더 구체적으로 말하면, 예수의 죽음은 이전에 유대인과 이방인을 갈라놓았던 장벽, 즉 유대 율법을 허물었고 그래서 두 집단은 완전히 동등하게 되었다. 유대인과 이방인은 율법에 의한 분열 없이 서로 조화롭게 살 수 있게 되었다.(2:11-18) 신도들은 그리스도와 함께 죽었을 뿐만 아니라, 천상의 존재로서의 혜택을 누릴 수 있도록 그리스도와 함께 세워졌다.(2:1-10) 그러므로 유대인과 이방인은 서로 그리고 하느님과 연합되었다. 이 복음의 '신비'는 처음 세대들에게는 감추어져 있었지만 이제 '바울로'를 통해 밝혀졌고 그를 통해 세상에 드러나게 되었다.(3:1-13)

편지의 후반부(4-6장)는 이러한 연합을 드러내는 방식으로 살라는 독려로 이루어진다. 그런 모습은 교회 생활(4:1-16), 사회생활(4:17-5:20), 동료 그리스도교인들과의 사회적 관계, 즉 아내와 남편, 자녀와 어버이, 종과 주인(5:21-6:9)의 관계에서 분명히 드러나

야 한다. 이 편지는 신도들의 삶을 방해하려는 악마의 힘에 대항하여 계속 싸우라는 권유(6:10-20), 바울로의 마무리 글과 축복으로 끝난다.(6:21-24)

우리는 여기에서 다시 한 번 중요한 질문을 던져야 한다. 이 편지는 정말 바울로가 보낸 것일까? 전체적으로 보자면, 에페소스인들에게 보낸 편지는 바울로가 쓴 것처럼 보일 수도 있다. 물론, 저자가 도덕적 부정이나 잘못된 가르침과 같은 특정한 문제를 다루지 않고 회람 편지로 썼을 가능성도 염두에 두어야 한다. 몇몇 학자들은 바울로가 그런 편지를 쓰지 않았을 것이라고 주장하지만 그것을 우리가 어떻게 알 수 있겠는가?

에페소스인들에게 보낸 편지에서의 진정한 어려움은 그것이 쓰인 이유나 광범위한 대상이 아니라 (테살로니카인들에게 보낸 둘째 편지와 콜로사이인들에게 보낸 편지와 마찬가지로) 저자가 말하는 내용과 방식에 있다. 콜로사이인들에게 보낸 편지의 문제는 바울로의 것이 아닌 것으로 보이지만, 에페소스인들에게 보낸 편지의 경우는 더욱 명백하다. 그리스어 원문으로 이 편지를 읽는 사람들은 바울로의 다른 글들에 비추어 봤을 때 이 편지에 사용된 믿을 수 없을 정도로 긴 문장들에 놀라지 않을 수 없다. 그리스어 원서에는 1장 3-14절(열두 절)의 도입부 인사말이 한 문장이다. 다시 말하지만, 이것은 나쁜 문장 스타일은 아니다. 다만 그것이 바울로의 스타일이 아니라는 것이다.

일부 학자들은 이 점을 설득력 있는 용어로 증명했다.(빅터 퍼니쉬의 「에페소스인들에게 보낸 편지에 관한 글」 참고; *The Anchor Bible Dictionary, Vol. 2.* pp. 535-542) 이 편지에는 약 100개의 완전한 문장이 있는데, 그중 아홉 개의 문장은 길이가 50단어 이상이다. 이것을 논쟁의 여지가 없이 바울로가 쓴 것으로 인정되는 다른 편지들과 대조해보라. 예를 들어, 필리피인들에게 보낸 편지와 갈라티아인들에게 보낸 편지는 에페소스인들에게 보낸 편지와 거의 길이가 같다. 필리피인들에게 보낸 편지는 102개의 문장이지만 그중 단 한 문장만 50단어가 넘고, 갈라티아인들에게 보낸 편지는 181개의 문장으로 이루어져 있지만 역시 한 문장만 50단어가 넘는다. 또는 바울로의 글로 의심의 여지가 없는 긴 편지들의 부분들을 생각해볼 수도

있다. 로마인들에게 보낸 편지의 첫 네 장에는 581개의 문장이 있고, 그중 세 개만 50개 이상의 단어로 이루어져 있다. 코린토스인들에게 보낸 첫째 편지의 첫 네 장은 621개의 문장이 있지만 단 한 문장만 50개 이상의 단어들을 가지고 있다. 즉 바울로는 간결한 문체로 글을 쓰는 경향이 있었다. 에페소스인들에게 보낸 편지의 저자는 그렇지 않다.

에페소스인들에게 보낸 편지의 내용과 함께 고려해볼 때 이러한 문체, 어휘의 차이는 바울로가 그 글을 쓰지 않았다는 것을 알려준다. 바울로가 아닌 다른 사람이 그의 편지를 모방했지만 그는 완전한 성공을 거두지 못했다. 에페소스인들에게 보낸 편지 내용을 살펴보기 위해, 우리는 이 책의 가장 중요한 주제이며 바울로가 쓴 것으로 논쟁의 여지가 없는 편지들 중 일부에서 제시되는 것과 비슷한 구절을 살펴볼 수 있다. 그러나 일단 우리가 겉모습을 지나치면 이러한 유사점들은 금방 사라진다.

에페소스인들에게 보낸 편지 2장 1-10절은 이방인 독자들이 이전의 삶으로부터 예수를 통해 구원으로 이른 개종을 논한다. 여기에는 여러 개의 중요한 바울로의 주제들이 있는데, 그리스도로 개종하기 이전 하느님과 분리되었던 상태를 "죽음"(에페 2:1-2)으로, 악마를 "허공을 다스리는 세력의 두목"(2:2)로 표현하고, 신의 은총으로 인해 행위가 아닌 신앙을 통해 구원을 받으며(2:8-9), 새로운 존재는 도덕적인 삶을 살게 된다(2:10)는 것 등이다. 분명 이것들은 바울로가 다룬 내용들이다.

하지만 우리가 본문을 좀 더 깊이 들여다보면 알 수 있듯이 여기에도 특이한 점들이 있다. 첫 번째 그리고 가장 뚜렷한 문제는 신자의 지위와 관련된 것인데, 이것은 콜로사이인들에게 보낸 편지에 나오는 것과 아주 유사하다. 바울로의 편지들(바울로의 편지로 의심 없이 인정할 수 있는 편지들)에서 그는 신자들의 부활이(영적 의미에서도) 아직 일어나지 않았다고 강하게 주장한다. 하지만 에페소스인들에게 보낸 편지의 저자는 "잘못을 저지르고 죽었던 우리를 그리스도와 함께 다시 살려주셨습니다. 여러분은 이렇듯 은총으로 구원을 받았습니다. 하느님은 우리를 그리스도 예수와 함께 살리셔서 하늘에서도 한자리에 앉게 해주셨습니다"(2:5-6)라고 선언한다. 신자들의 지위에 대한 이러한 견해는 콜로사이인들에게 보낸 편지의 견해보다 훨씬 더 신자들을 높인 것으로 그에 사용되는 말은 거의 그리스도에 관해 사용되는 말과 흡사할 정도다.

당신의 생각은?

Box 23.6 바울로와 에페소스인들에게 보낸 편지의 구원의 어휘

에페소스인들에게 보낸 편지와 논쟁의 여지가 없는 바울로의 서신들 사이의 미묘한 대조점들 중 하나는 구원을 묘사하기 위해 사용하는 언어의 차이다. 앞 장들에서 우리는 바울로의 구원에 대한 견해, 즉 사람들이 어떻게 하느님과 회복된 관계에 들어가게 되는지에 대한 그의 일반적인 견해에 대해 살펴보았다. 엄밀히 말하면, 바울로는 "구원"이라는 용어와 "구원하다"라는 동사를 미래의 의미에서만 사용한다. 바울로에게는 구원을 받는다는 것은 곧 돌아올 그리스도가 이 세상을 심판할 하느님의 진노에서 그의 추종자들을 구원할 때 일어날 일을 말한다.(예: 로마 5:9-10; 1코린 3:15; 5:5 참고) 오늘날 많은 사람들에게 이상하게 보일지 모르지만 여러분 자신도 언젠가 들어보았을 질문, "당신은 구원을 받았습니까?"라는 질문을 바울로가 받았더라면 그는 당황했을 것이다. 그의 대답은 "물론 그렇지 않다"였을 것이다. 그에게는 구원은 재림 때에 일어날 일이지 이미 일어난 일이 아니기 때문이다.

그러나 에페소스인들에게 보낸 편지 저자에게는 구원은 이미 일어난 일이다. 그리스도교도들이 이미 그리스도와 함께 일으켜 세워졌듯이, 그들은 또한 이미 구원을 받은 것이다. "여러분은 이렇듯 은총으로 구원을 받았습니다."(에페 2:5) 바울로가 이런 말을 할 수 있었을까? 그가 다른 곳에서 보통 말해온 방식을 고려할 때, 그럴 가능성은 아주 희박해 보인다.

하느님은 그 능력을 떨치시어 그리스도를 죽은 자들 가운데서 다시 살려 내시고 하늘나라에 불러 올리셔서 당신의 오른편에 앉히시고 권세와 세력과 능력과 주권의 여러 천신들을 지배하게 하시고 또 현세와 내세의 모든 권력자들 위에 올려 놓으셨습니다. 하느님은 만물을 그리스도의 발 아래 굴복시키셨으며 그분을 교회의 머리로 삼으셔서 모든 것을 지배하게 하셨습니다.(1:20-22)

에페소스인들에게 보낸 편지 2장에 따르면 신자들은 그리스도와 함께 하늘나라에 앉아 있다. 이미 자신들은 그리스도와 함께 높임을 받아서 그와 함께 다스리고 있다고 주장하는 코린토스 신자들을 호되게 나무랐던 사람이 이런 글을 쓸 수 있을까?

이 편지가 바울로의 다른 편지와 다른 또 다른 흥미로운 점은 에페소스인들에게 보낸 편지 2장 1-10절에서 저자가 "행위works"를 설명하는 방식이다. 바울로의 복음에서 이방인은 율법 행위들을 지킴으로써가 아니라 그리스도의 죽음에 대한 신앙을 통해 하느님 앞에 의롭게 여겨진다. 그러므로 바울로가 행위를 말할 때에 그는 유대인을 이스라엘 백성으로 구별되게 만드는 율법(예: 할례와 음식 정결례)을 행하는 것을 말한다. 그러나 에페소스인들은 유대 율법이 아닌 "선행"을 행한다는 의미로 사용한다.(2:8-10 참고) 흥미롭게

도, 22장에서 발견한 바와 같이 야고보의 편지의 저자는 하느님 앞에서 선한 행위 없이 신앙만으로 적절하다고 주장한 바울로 복음을 반박했다. 에페소스인들에게 보낸 편지의 저자는 바울로가 사용한 의미가 아닌 야고보의 편지에서의 의미로 "행위"를 이해하는 것으로 보인다.

"행위"라는 개념이 유대인들에게 지녔던 의미를 잃어버린 것처럼 이런 행위들에 치중했던 저자 자신의 예전 삶도 마찬가지이다. 바울로는 자신이 "율법을 지킴으로써 올바른 사람으로 인정을 받는다면 나는 조금도 흠이 없는 사람"(필리 3:6)이라고 말하며 자신이 젊었을 때 열성적인 바리사이파 동료들보다 더 철저하게 유대교 율법을 지켰던 것을 자랑스럽게 말했다. 바울로의 개종은 거칠고 난잡한 과거의 삶에서 고결하고 도덕적인 현재의 삶으로 바뀐 것이 아니다. 그것은 과거의 엄격한 신앙의 한 형태에서 다른 형태로 바뀐 것이다. 하지만 에페소스인들에게 보낸 편지의 저자는 어떨까? 분명히, 그는 바울로의 과거를 이런 식으로 생각하지 않았다. 왜냐하면 그에 따르면, 바울로는 "본능적인 욕망을 따라서 육정에 끌려 살았다."(에페 2:3) 바울로 자신이 가끔 죄의 율법의 영향을 받아왔고 하지 말았어야 했던 일들을 했다고 말한 것도 사실이지만(로마 7장) 그가 쓴 것이 분명한 편지들에서 드러나는 그의 탈선은 "탐욕"(로마 7:7-8) 정도였고 그가

Box 23.7 제2바울로 서신

1. 제2바울로 서신에는 테살로니카인들에게 보낸 둘째 편지, 에페소스, 콜로사이인들에게 보낸 편지가 포함된다. 성서 비평 학자들은 바울로가 정말로 이 책들을 썼을지에 대해 논쟁한다.

2. 테살로니카인들에게 보낸 둘째 편지는 어떤 면에서는 테살로니카인들에게 보낸 첫째 편지와 비슷하게 보이지만 이 책에 나온 종말에 대한 생각(이곳에서는 종말이 당장 온다고 생각하지 않는다)은 바울로의 것처럼 보이지 않는다.

3. 콜로사이 교인들은 유대 신비주의를 조장하는 한 무

리의 거짓 교사들에게 대응하고 있다. 문체와 신학, 특히 신자들의 부활에 대한 이해(그들은 부활이 이미 일어났다고 생각한다)에서 그들은 바울로와 상당히 달라 보인다.

4. 에페소스인들에게 보낸 편지는 교회 안에서 유대인과 이방인의 관계를 다룬 회람 편지로서 어휘와 문체, 신학이 바울로의 다른 글과 사뭇 다르게 보인다.

5. 이 편지들은 1세기 말에 세 명의 다른 작가들에 의해 쓰였을 가능성이 있다.

가끔 비난했던 이교도들의 거칠고 방탕한 생활 방식과는 관련이 없었다.(예: 로마 1:18-32) 그의 생활 방식에 관해 말하자면 바울로는 "흠 없는" 삶을 살았다. 에페소스인들에게 보낸 편지의 저자는 그렇게 말하지 않는다.

그렇다면 이 저자는 누구였고 왜 이 편지를 썼을까? 다시 한 번 우리의 역사적 호기심은 증거의 부족이란 벽에 부딪힌다. 분명히 저자는 바울로의 복음 이해를 추종하는 교회의 신도였지만 1세기 말경, 예를 들면 행위에 의존하지 않는 구원 같은 문제에 있어서 바울로 자신도 받아들일 수 없을 정도로 그의 복음이 다른 방향으로 나아가기 시작했을 때 살았을 것이다. 이 저자는 바울로의 이름으로 쓰인 다른 편지들도 읽어볼 수 있었을 것이다. 예를 들어 학자들은 오래전부터 에페소스인들에게 보낸 편지와 콜로사이인들에게 보낸 편지의 유사점들을 언급해왔는데, 여기에는 글의 도입부와 말미, 이미 그리스도와 함께 일으켜 세워졌다는 견해 그리고 아내와 남편, 자녀와 아버지, 노예와 주인에 대한 가르침 등이 포함된다.

그렇다면 아마도, 그가 알고 있는 교회들(아마도 소아시아의?)에서 이방인들과 유대인들 사이에 생긴 갈등을 우려한 저자가 자신이 이해한 바울로의 메시지의 핵심, 즉 그리스도가 유대인과 이방인의 화합 그리고 그들과 하느님의 화합을 가져왔으므로 그리스도교의 모든 구성원들은 하늘에서 제공된 화합을 받아들이고 장려함으로써 그리스도로 인해 주어진 그들의 새로운 지위에 맞게 살아야 한다는 것을 재차 확고히 하고자 했을 것이다.

도판 23.2 초기 그리스도교 시대에 가족들이 고인을 추모하기 위해 행하던 의례를 겸한 식사.(죽은 사람들은 그들의 추모일에 산 사람들과 함께 식사를 하는 것으로 생각되었다.) 목회 서신의 저자는 의심의 여지 없이 여자가 추모식을 진행하는 것을 못마땅하게 여겼을 것이다.

목회 서신들

지금까지 왜 학자들이 제2바울로 서신들의 저자에 대해 계속 논쟁하는지 살펴보았지만 티모테오에게 보낸 첫째 편지, 둘째 편지, 티투스에게 보낸 편지로 이루어진 목회 서신들의 경우에는 학자들 사이에 별 이견이 없다. 이 세 편지들은 학자들에 의해 바울로의 글이 아닌 것으로 널리 간주되고 있다. 바울로 편지의 저자를 논할 때 우리는 1세기나 2세기 그리스도교인들이 바울로의 이름으로 편지를 위작했을지를 묻는 것이 아님을 기억해야 한다. 우리는 일부 사람들이 그런 일을 했다는 것을 알고 있다. 테살로니카인들에게 보낸 둘째 편지는 가짜 저자를 내세워 만들어진 편지에 대해서 암시하고 있다.(2테살 2:2) 모든 사람들은 바울로의 이름으로 남아 있는 글들 중 일부가 위작이라는 것에 동의한다.(예를 들자면 바울로와 철학자 세네카 사이에 오고 간 편지, 바울로가 썼다고 주장되는 묵시록apocalypse 등이 그런 것들이다.) 우리가 묻고 있는 것은 바울로에 의해 쓰였다고 주장하는 어떤 한 문서가 과연 그런 주장을 입증할 수 있느냐 하는 것이다.

목회 서신들의 저자에 대한 문제를 다루기 전에, 우리는 그것들이 쓰인 표면적인 이유와 중요한 강조점들에 대해 묶음으로 그리고 개별 편지의 측면에서 주목해야 한다.(대부분의 학자들은 그것들이 모두 한 사람의 저술이라고 확신하고 있기 때문이다.) 이 편지들은 모두 바울로가 자신의 교회들을 이끌도록 임명한 사람들에게 보낸 것이라는 주장을 하는 까닭에 목회 서신이라는 카테고리로 묶인다. 바울로의 젊은 동역자인 티모테오는 에페소스에 있는 그리스도교인들 사이에서 목회를 하기 위해 떠났고, 또 다른 동역자인 티투스는 크레타 섬에 남았다. 이 편지들은 목회에 대한 조언, 즉 사도 바울로가 그가 임명한 지도자들에게 교인들을 어떻게 돌봐야 할지 알려주는 조언들을 담고 있다.

이 편지들은 각각 조금씩 다른 상황을 상정하고 있지만, 가장 중요한 문제들은 같다. 그 문제들은 (1) 신도들 사이에서 문제를 일으키고 있는 거짓 교사들, (2) 교회와 지도자들 사이의 편 가르기에 관련된 것이다. "바울로"는 그가 임명한 교회 지도자들에게 리더십을 보일 것, 모든 사람들이 선을 벗어나지 않도록 통제하고, 무엇보다도 자신의 가르침과 상충되는 생각을 펴뜨리는 사람들을 침묵시킬 것을 촉구한다.

티모테오에게 보낸 첫째 편지

티모테오에게 보낸 첫째 편지는 바울로와 티모테오가 마케도니아로 가는 길에 에페소스를 방문했는데(1티모 1:3) 바울로는 티모테오를 그곳에 남겨두기로 결정했다고 배경 설명을 한다. 그 이유는 티모테오로 하여금 거짓 교사들을 통제하고(1:3-11), 교회의 질서를 유지하고(2:1-15), 도덕적이고 올바른 지도자들을 임명하여 모든 일이 순조롭게 돌아가도록 하기 위해서다.(3:1-13) 편지의 대부분은 그리스도교인들의 생활과 사회적 상호작용에 관한 지침으로 구성되어 있는데, 예를 들어 그리스도교인들이 어떻게 기도해야 하는지, 노인들과 과부들 그리고 그들의 지도자들을 어떻게 대해야 하는지 그리고 그들이 피해야 할 것들, 즉 무의미한 금욕적인 생활 방식, 물질적인 부 그리고 진실을 훼손시키는 이단자들에 관한 것이다.

저자가 비난하는 잘못된 가르침의 본질을 파악하기는 다소 어렵다. 일부 신도들은 분명히 "꾸며낸 이야기나 끝없는 족보 이야기"(1:4)에 매료되었다. 이 구절은 그리스도교 영지주의Gnoticism의 다양한 지류들에 정통한 현대 주석가들에게 특히 주목을 받았다. 본문 11장에서 살펴본 대로 영지주의 그리스도교인들은 참된 유일신에게까지 신성한 존재들의 계보가 이어지는 정교한 신화를 발전시켰다는 것을 기억하라. 몇몇 영지주의의 분파들은 유대교에 깊이 뿌리박고 있었다. 유대 성서 자체, 특히 창세기 첫 장은 어떻게 세상과 그것을 지배하는 초자연적인 존재들이 존재하게 되었는지에 대해 무한한 추측을 가능하게 하는 원천이었다. 이와 관련하여 티모테오에게 보낸 첫째 편지 저자가 "율법교사"(1:7)가 되고 싶어 하는 사람들을 공격한다는 것은 주목할 만하다.

우리가 알고 있는 대부분의 영지주의 그룹들은 매우 금욕적이었다. 물질세계에서 벗어나기 원했던 그들은 자신들의 몸의 노예가 되지 않기 위해서 그것을 가혹하게 다루었고 성적 활동을 자제하며 따분한 식단을 고집했다. 티모테오에게 보낸 첫째 편지의 저자는 "결혼을 금하고 어떤 음식을 못 먹게"(4:3) 하는 거짓 교사들을 비난한다. 그는"속된 잡담을 피하고 거짓된 지식에서 나오는 반대 이론을 물리치라"는 마지막 권유로 편지를 마무리한다.(6:20) 이때 "지식"이라는 그리스어는 "gnosis"로 '영지'라는 뜻이다. 영지주의자였던 사람들은 일반인들은 물론 심지어 동료 그리스도교인들도 알지 못하는 것을 알고 있다고 주장했다. 그렇다면, 이 편지가 초기 형태의 그리스도교 영지주의에 반대하는 것이라고 가정하는 것은 전적으로 타당한 것 같다.

저자는 그의 반대자들의 견해를 정면으로 공격하지 않는다. 대신 티모테오에게 그들의 말에 주의를 기울이지 말고 가능하면 그들을 복종하게 만들 것을 촉구한다.(1:3) 나중에 보게 되겠지만, 저자가 교회 지도부에 내리는 많은 지시들은 이러한 반대자들에게 통일된 모습으로 맞서기 위해 교회를 조직화하려는 노력의 모습일 수 있다. 그들의 직무에 대해서는 자세히 기술되지 않았지만, 교회의 지도자로 임명될 감독들bishops과 집사들deacons이 갖추어야 할 자질이 곧 중심 주제가 된다. 이 저자는 오직 남성들만이 이 자리들을 차지할 수 있고, 그들은 공동체의 모범이 되어야 하며 교회 밖 세상에서 존경받을 수 있는 도덕적으로 정직하고 강한 성격을 가져야 한다고 주장한다.

교회의 탄탄한 조직은 거짓 교사들로 인한 문제를 해결하는 것뿐만 아니라 교회 공동체 자체의 내부 활동을 감시하는 데에도 중요하다. 특히 저자는 여성이 회중 가운데에서 수행해야 할 역할(역할이라고 할 만한 게 없었다. 특히 1티모 2:11-15 참고)과 "과부들"의 지위 및 활동에 대해 우려한다. 그녀들은 교회에 등록하고 경건한 행위들에 대한 대가로 물질적 지원을 제공받은 것으로 보인다.(5:4-16) 저자는 일반적으로 여성들, 특히 과부들이 문제를 일으키고 신뢰할 수 없는 존재들이라고 생각하고 있음에 분명하다.(예: 5:11-13, 본문 24장 참고)

티모테오에게 보낸 둘째 편지

목회 서신의 두 번째 편지는 다소 다른 상황을 상정하고 있다. 이 편지도 "바울로"가 티모테오에게 쓴 것이지만(2티모 1:1) 지금, "바울로"는 로마의 감옥에 있고(1:16-17; 1티모에서는 그가 어디에 있는지 설명하지 않는다) 그는 두 번째 재판 절차(첫 재판은 그리 유리하게 진행되지 않은 듯하다; 4:17)를 거친 후에 곧 사형에 처해질 것으로 예상된다.(4:6-8) 그는 티모테오에게 편지를 보내 그의 목회를 계속하고 거짓 교사들을 교회에서 몰아내도록 격려할 뿐만 아니라 가능한 빨리 그에게 와줄 것을 요청하고 있으며(4:21) 그 길에 자신의 개인 소지품들 중 일부도 가져달라고 부탁한다.(4:13)

이 편지에서 우리는 티모테오에 대해 더 많은 것을 알게 된다. 그는 어머니 에우니케와 할머니 로이스의 신앙심을 이어받은 3세대째 그리스도교인으로 묘사된다.(1:5) 그는 어린 시절부터 성서에 대해 훈련을 받았고(3:15), 성인이 되어서는 "바울로"의 동역자가 되어 소아시아 도시들에서의 선교 활동에 동참하기도 했다.(3:10-11) 그는 안수를 통해 그리스도교 사역에 목회를 하도록 임명받았다.(1:6; 4:1-5) 에페소스인들에게 보낸 편지 저자의 충실한 대리인으로서 티모테오는 쓸모없는 말과 타락한 생활을 통해 성도들을 오도하는 사람들을 제어하라는 책임을 부여받았다.(2:16-18, 23-26; 3:1-9; 4:3-5)

거짓 가르침이 어떤 것인지에 관한 증거는 티모테오에게 보낸 첫째 편지보다도 훨씬 적다. 거짓 교사들 중 두 명은 특히 "부활이 이미 일어났다"(2:18)고 주장한 것으로 알려졌는데, 이것은 우리가 살펴본 다른 바울로의 글들에서 익숙한 주장이다. 그러나 대부분 이 편지의 저자는 상대방이 실제로 무엇을 말했는지에 대한 구체적인 설명보다는 일반적인 비방으로 그들을 공격한다. 저자의 적들은 "이기주의에 흐르고 돈을 사랑하고 뽐내고 교만해지고 악담하고 부모에게 순종하지 않고 감사할 줄 모르고 경건하지 않고 무정하고 무자비하고 남을 비방하고 무절제하고 난폭하고 선을 좋아하지 않고 배신하고 앞뒤를 가리지 않고 자만으로 부풀어 있고 하느님보다 쾌락을 더 사랑하며 겉으로는 종교 생활을 하는 듯이 보이겠지만 종교의 힘을 부인"(3:2-5)하는 자들이라고 불린다.

그들은 이런 사람들, 아니 그 이상이었을지도 모르지만, 이 구절은 그들이 실제로 무엇을 가르치거나 옹호했는지에 대한 단서를 제공하지 않는다. 어쨌든 티

Box 23.8 왜 그리스도교인들은 위서를 썼을까?

초기 그리스도교인들은 진실을 말하는 것이 중요하다고 거듭 주장한다. 그렇다면 베드로의 둘째 편지나 티모테오에게 보낸 첫째 편지 등을 쓴 몇몇 그리스도교 작가들이 자신이 아닌 다른 사람들을 표방했다는 것, 이름이 알려지지 않은 작가들이 마치 자신들이 베드로나 바울로인 것처럼 주장하는 글들을 썼다는 것이 상상이나 되는가? 만약 그런 짓을 했다면 그들은 어떻게 그런 죄책감을 견뎌낼 수 있었을까? 그들은 어떻게 그들의 행동을 정당화할 수 있었을까?

사실, 고대 그리스도교에서는 거짓말에 대한 두 가지 관점이 있었다. 가장 큰 호응을 얻었던 관점은 극단적으로 비칠 수도 있을 것이다. 이것은 4-5세기의 유명한 교부 아우구스티누스와 관련된 것으로 그리스도교인은 어떤 상황에서도 절대 거짓말을 해서는 안 된다는 것이었다. 거짓말을 함으로써 사랑하는 사람이 영원한 지옥의 고통을 면하게 될지라도 거짓말을 해서는 안 된다는 것이 그의 주장이었다.

이에 동의하지 않는 많은 사람들이 있었다. 그들은 어떤 상황에서는 거짓말을 하는 것이 정당하다고 생각했다. 이 견해는 이교도 전통과 유대교 전통 모두에서 오랜 연원을 지니고 있었다.

예를 들어, 플라톤과 같은 그리스 철학자들은 때때로 거짓말을 하는 것이 옳은 일이라고 지적했다. 약을 먹지 않으면 죽을 딸에게 약을 먹이기 위해 거짓말하는 것은 아무 문제가 없는 일이다. 전쟁 중에 사기를 잃은 군대에게 증원군이 오고 있다고 장군이 거짓말하는 것은 얼마든지 용납될 수 있다.

마찬가지로 유대인들의 성서 창세기에는 아브라함이 자신의 목숨을 부지하기 위해 아내 사라를 자신의 누이라고 거짓말하는 모습이 나온다.(창세 12장) 만약 그가 거짓말을 하지 않았다면 죽임을 당했을 것이고, 그러면 이스라엘이라는 민족은 존재하지 않았을 것이다. 여호수아서에서는 창녀 라합이 이스라엘 밀정들을 구하기 위해 그들의 행방을 모른다고 거짓말을 했다.(여호 2장) 그녀가 그렇게 하지 않았다면 그들이 체포되었을 것이고 이스라엘은 약속의 땅을 결코 정복하지 못했을지도 모른다.

많은 그리스도교인들을 포함한 고대 세계의 많은 사람들은 거짓말을 하는 것이 더 큰 선을 가져올 경우 그것은 용납할 만하다고 생각했다. 초기 그리스도교 저자들은 모두 자신들의 주장이 대의를 위한 것이라고 확신했다. 그들 중 일부는 그런 진실을 전달하기 위해 자신의 신분에 대해 거짓말을 하는 것이 용인된다고 생각하지 않았을까? 비록 다른 사람들은 그들이 한 일을 비난할지라도, 그들은 순수한 동기를 지녔을 것이다.

모테오는 그의 온 힘을 다해 그들을 반대하고, 감옥에 갇힌 바울로를 로마에서 만날 때까지 바울로가 그에게 맡긴 사역을 계속해야 한다.

티투스에게 보낸 편지

티투스에게 보낸 편지는 티모테오에게 보낸 둘째 편지보다는 티모테오에게 보낸 첫째 편지에 훨씬 더 가깝다. 실제로, 이 편지는 교회 지도자들에 대한 자격의 목록과 신도들 간의 관계에 대한 도덕적 지침들이 정리되어 있는 티모테오에게 보낸 첫째 편지의 압축판처럼 보인다.

추정되는 상황은 "바울로"가 그의 신뢰하는 동역자 티투스를 크레타 섬에 그의 대리인으로 남겨두었다는 것이다.(티투스 1:4-5) 특히, 티투스는 모든 마을의 교회에서 장로들과 감독들을 임명해야 했다.(1:5-9) "바울로"는 티투스가 유대계 그리스도교 신자들에 의해 퍼지고 있는 잘못된 가르침을 바로잡게 하기 위해 글을 쓰고 있다. 잘못된 가르침은 신자들을 혼란스럽게 만드는 복잡한 '신화들'(1:10-16)과 '족보 이야기와 분쟁과 율법에 대한 다툼'(3:9)을 모두 포함하고 있는 것으로 보인다. 티모테오에게 보낸 첫째 편지에서처럼 그 거짓 가르침은 영지주의적 사변과 관련이 있을지 모른다. 바울로는 티투스에게 그들과 논쟁을 벌이기보다는 그들에게 자신들의 견해를 바꾸라고 두 번 경고

하고 그 후에는 그들을 그냥 무시하라고 촉구한다. "그대도 알다시피 이런 사람은 옳은 길을 이미 벗어나서 죄를 짓고 있기"(3:11) 때문이다. 말할 필요도 없이 비난을 받는 사람들은 생각이 달랐을 것이다.

이 편지의 상당 부분에는 나이 많은 남자들(2:2), 나이 많은 여자들(2:3), 젊은 여자들(2:4-5), 젊은 남자들(2:6-8) 및 종들(2:9-10)과 같은 다양한 사회집단에 대한 사도의 현명한 조언이 포함되어 있다. 편지 말미에 이르러 그의 조원은 구원받은 사람들은 새로운 삶에 어울리는 도덕적인 행동을 하라는 기본적인 훈계들을 포함하여 좀 더 보편적인 성격을 띤다.(3:1-7, 특히 5절) 이 편지는 몇 차례의 인사말과 함께 티투스에게 바울로가 겨울을 보낼 계획인 니코폴리스로 와달라는 부탁으로 끝난다.(3:12) 소아시아와 그 밖의 장소에도 이러한 이름의 도시가 몇 군데 있었지만 저자가 어느 곳을 언급하는지는 분명하지 않다.

목회 서신의 역사적 상황과 저자

대부분의 학자들은 세 편의 목회 서신 모두 같은 저자에 의해 쓰였다고 확신한다. 티모테오에게 보낸 첫째 편지와 티투스에게 보낸 편지의 경우는 의심할 여지가 거의 없다. 글을 쓰는 스타일, 주제 및 구체적인 내용이 모두 유사하다. 같은 사람에 의해 쓰이지 않았다면 우리는 두 편지 중 하나가 다른 편지의 모델로 사용되었다고 가정해야 할 테지만 그런 일이 있었을 것 같지는 않다. 티모테오에게 보낸 둘째 편지의 문제는 내용이 다르기 때문에 다소 복잡하다. 하지만 그럼에도 어휘와 문장 스타일은 다른 두 편지들과 상당히 일치한다. 티투스에게 보낸 편지의 인사말은 티모테오에게 보낸 첫째 편지와 일치한다. "참된 믿음의 아들 티모테오에게(아들같이 사랑하는 티모테오에게) 이 편지를 씁니다. (……) 하느님 아버지와 우리 주 그리스도 예수께서 은총과 자비와 평화를 그대에게 내려주시

도판 23.3 목회 서신의 저자와 그와 동시대의 많은 남성들이 여성들은 집 밖에서 일을 해서는 안 된다고 생각했지만 고대 로마 세계의 많은 여성들은 살아남기 위해 일해야 했다. 이런 사정은 가금류정육점에서 일하는 두 여성을 묘사한 이 장례식 기념물에서도 엿볼 수 있다.

기를 빕니다."(1티모 1:2; 2티모 1:2) 다른 어떤 바울로의 편지도 이와 같은 표현을 보여주지 않는다. 게다가 많은 동일한 우려들이 두 서한에서 중요하게 드러나 있는데 특히 교회 행정과 거짓 교사들의 퇴출에 관한 우려들이다.

그렇다면, 세 편지들 모두가 같은 저자에게서 나온 것이라고 가정하면, 그 저자가 과연 사도 바울로였을까? 이 질문에 대한 답을 추구하는 과정에서 우리는 이 편지들, 특히 그들이 전제하는 역사적 상황에 대해 많은 것을 배울 수 있다. 여기서 나는 대부분의 학자들이 반론을 제기할 수 없었던, 바울로가 그것들을 쓰지 않았다는 주장에 대해서 설명하겠다.

우선, 우리는 이 편지들 전반에 걸쳐 사용되는 특이한 어휘들을 살펴봐야 한다. 구체적인 증거들을 제시하기 전에 먼저 그것들의 중요성에 대해 설명해보자. 매주 토요일 밤 미사에 참석하고, 일주일에 한 번 고해성사를 하러 가며, 의도하지 않은 모든 죄에 대해 세 번의 성모송을 하도록 촉구하는 바울로의 편지를 누군가가 발견했다고 가정해보자. 그런 편지를 어떻게 생각해야 할까? 편지에 나오는 몇몇 단어들은 바울로가 죽고 나서 오랜 뒤에 생겨난 그리스도교 관행들과 믿음을 나타낸다.(예: 미사, 성모송) 다른 단어들은 바울로에 의해서도 사용되었지만 같은 방식으로 사용되지는 않았다.(예: 고해) 시간이 지남에 따라 모든 언어에서 많은 단어들이 새로운 의미를 부여받고 새로운 단어들이 만들어지는데, 이것이 오늘날 많은 사람들에게 셰익스피어의 영어가 이상하게 들리는 이유이며, 만약 우리가 사용하는 언어를 셰익스피어가 들었다면 그 역시 똑같은 생각을 했을 것이다. 이 편지들의 어휘만 보아도 사도 바울로가 그것을 쓰지 않았다는 것을 알 수 있는 것이다.

물론 목회 서신들에는 그렇게 모든 것을 드러내 보여주는 단어들은 없지만 바울로가 주로 사용하지 않던 단어들은 과도하게 많이 발견되는데, 그 대부분은 후기 그리스도교인들의 글에서 나타나는 것들이다. 이 책들의 그리스어 본문에 대한 정교한 연구는 다음과 같은 사실을 발견했다. 고유명칭 외에도 목회 서신들에서는 848개의 비非바울로적인 단어들이 발견되고 있다. 이 중 306개는 신약성서의 바울로가 쓴 글들

Pauline Corpus(심지어 제2바울로 서신을 포함해도) 어디에서도 찾아 볼 수 없다. 이것은 단어의 3분의 1 이상이 바울로가 사용하던 것이 아니라는 것을 의미한다. 놀랍게도, 이 비바울로적인 단어들의 3분의 2 이상이 2세기의 그리스도교 저자들에 의해 사용되고 있다. 그러므로 이 편지들에 나타난 어휘들은 우리가 바울로의 다른 편지들에서 볼 수 있는 것보다 더 이후에 발전된 것들로 보인다.

게다가 바울로가 자신의 편지에서 사용하는 몇몇 단어들은 목회 서신들에서는 다른 의미를 지닌다. 간략한 예로, 바울로가 말하는 '하느님 앞에 바르게 서는 것'은 이제 '도덕적인 개인이 되는 것'을 의미하고(티투스 1:8), 바울로가 구원을 받기 위해 그리스도의 죽음을 믿고 받아들이는 것을 가리키기 위해 사용했던 '신앙'이라는 용어는 이제 그리스도교를 구성하는 가르침의 총체를 가리킨다.(예: 1:13)

물론 어휘를 이용한 주장 자체가 결정적인 것은 결코 아니다. 모든 사람들은 다른 때에 다른 단어를 사용하며, 그리스도교에 관련한 어휘는 바울로의 시대가 지나면서 바뀌었을 것이다. 하지만, 이러한 차이점들의 중요성은 특히 그것들이 바울로가 무대에서 사라지고 난 다음에 쓰였음을 암시하는 편지들의 다른 특징들과 일치하기 때문에 우리의 눈길을 끈다. 우선, 편지들이 다루는 문제들의 본질을 살펴보자. 잘못된 가르침의 주요 형태가 그리스도교 영지주의였다면, 이러한 종류의 종교가 언제 역사적인 자료를 남겼는지 물을 수 있을 것이다. 사실, 우리가 이름을 알고 있는 최초의 그리스도교 영지주의자들은 2세기 초에서 중반 사이에 살았다. 분명 2세기 영지주의자들은 1세기 말경에 몇몇 선구자들이 있었을지도 모르지만, 그들이 바울로가 생존했을 당시에 엄격한 금욕적인 생활 방식을 요구하며 '신화와 끝없는 족보'를 이야기하고 있었거나 그리스도교 회중들을 괴롭혔다는 증거는 거의 없다. 심지어 코린토스의 바울로의 적들도 그 정도로 발전하지는 않았다.

더 중요한 것은 이러한 잘못된 가르침들이 목회 서신들에서 공격받는 방식인데, 저자의 기본 지향이 2세기 원정통파proto-orthodox 서클에서 전개되고 있는 것과 매우 흡사한 것으로 보이기 때문이다. 이전의 토

론에서 독자들은 널리 다양화된 그리스도교 운동들에서 어떻게 한 형태만이 지배적인 위치에 이르게 되었는지 궁금했을 것이다. 우리가 초기 그리스도교 내에서 보아온 모든 다양성으로부터 어떻게 로마 카톨릭 교회만이 부상했고 그것으로부터 오늘날의 동방정교와 개신교 교회가 파생된 것일까? 그 이야기는 흥미롭기는 하지만 너무 길어서 여기서 충분히 서술할 수는 없다. 여기서는 우리의 목적을 위해 내가 원정통파라고 불렀던 집단이 통일된 전선을 갖춤으로써 성공적으로 다른 집단들의 주장에 맞서고, 따라서 더 많은 개종자들을 끌어모으는 데 성공했다는 것만 말하면 충분하다. 그들이 취한 통일적인 전선은 (1) 종교의 진실을 보호하고 전달하는 엄격한 행정적 위계질서를 형성한 것(예를 들어, 결국 교황이란 지위를 만들어내서), (2) 진정한 그리스도교인들이라면 이러한 지도자들에 의해 장려된 일련의 교리를 자신들의 것으로 공언해야 한다고 주장한 것(그리스도교인들의 신경creed들), (3) 일련의 권위 있는 성서들book of Scripture('신약'성서; 1장 참고)을 이러한 영감을 받은 교리적인 진리의 전달자로서 주장한 것 등을 포함한다. 또는, 이 문제를 가장 간단하게 표현하자면, 원정통파는 성직자, 신조 그리고 정경의 타당성을 주장함으로써 다른 파들과의 갈등에서 승리했다.

이러한 형태의 권위는 바울로의 시대에는 존재하지 않았지만 목회 서신에서는 서서히 형성되고 있었다.

성직자

사도 바울로와의 오랜 편지 왕래 덕분에 우리는 코린토스 교회 내부에서 어떤 일들이 벌어지고 있었는지 좀 더 자세히 알고 있다. 이것은 문제가 많은 교회로 바울로가 개인적인 부도덕함이라고 여겼던 내적인 혼란이 만연한, 바울로가 잘못된 가르침이라고 여겼던 것들을 따르던 교회였다. 바울로는 어떻게 그런 문제들을 다루었을까, 아니, 그가 그런 문제들을 다루기로 결심했을 때 그는 교회의 누구에게 호소했을까? 독자들은 그가 교회 전체에 그의 충고를 따르라고 호소하는 편지를 썼던 것을 기억할 것이다. 왜 그는 교회를 책임지고 있는, 교회에 관한 결정을 내리며 잘 운영할 수 있는 장로와 감독에게 그런 염려들을 털어놓지 않

았을까? 이유는 간단하다. 그런 사람들이 그곳에 없었기 때문이다.

바울로의 교회들은 '카리스마적인' 공동체들'charismatic' communities이었다. 즉, 자신들에게 하느님의 성령이 주어졌고 그래서 서로에게 선생, 예언자, 전도자, 치유사, 자선가, 방언 해석자 등의 역할을 할 수 있는 "선물"(그리스어로 charismata)이 주어졌다고 믿는 사람들의 모임이었다. 모든 사람이 동등하게 성령의 은사를 받았기 때문에, 아무도 다른 누구에게 명령을 내릴 수 없었고 따라서 사도 바울로(그는 그곳에 없었다) 외에는 그들을 통솔할 누구도 존재하지 않았다. 바울로는 교회가 그런 모습이어야 한다고 생각했다.(1코린 12-14)

하지만 모든 사람이 성령에 이끌림을 받는다고 생각하지만 그들이 행해야 할 방향에 동의하지 못할 때는 어떻게 해야 할까? 그런 때에는 누가 어떤 사람의 가르침이 성령에 합치하는 것이고 다른 사람의 가르침은 그렇지 않다고 결정해야 할까? 교회의 기금이 어떻게 사용되어야 할지 누가 결정해야 할까? 도덕적으로 의심스러운 일에 연루된 형제나 자매를 누가 문책할 것인가? 종말이 곧 도래할 것이며 성령은 앞으로 천국에서 신자들이 어떻게 살 것인지에 대한 일종의 임시 안내자일 뿐이라고 믿었기 때문에 바울로는 처음에는 이러한 지역 교회에서의 지도력에 관한 문제가 시급하다고 생각하지 않았음이 분명하다. 하지만 종말은 도래하지 않고 신자들을 통솔할 사람 또는 집단이 없으면 어떤 일이 벌어질까? 아마도 코린토스 교회에서와 같이 꽤 혼란스러운 일들이 벌어질 것이다.

바울로적 공동체 내에서 생긴 일들은 이런 혼란에 대응하여 일어난 것으로 보인다. 시간이 지나면서, 바울로의 교회들에서 지도자들이 등장하여 신도들을 통제하기 시작하는 일종의 권위의 체계를 발전시켰다. 제한적이지만 이러한 발전은 바울로 사역의 말년에 시작되었는데, 예를 들어, 바울로는 필리피 교인들에게 보낸 편지에서 "감독들과 집사들"(1:1)을 그의 편지의 수령자들의 일부로 언급하고 있다. 그러나 바울로는 이 사람들에게 특별한 역할을 맡기지 않았으며 그가 다루는 문제들을 그들이 직접 다룰 수 있다고 생각하지도 않는다.

Box 23.9 이그나티우스의 교회 위계 구조

반박의 여지가 없는 바울로의 편지들에는 이그나티우스와 같은 후기 저자들의 작품에서 보이는 그리스도교 위계 구조, 즉 교회의 유일한 감독이 그의 신도들을 온전히 통솔하고 장로들과 집사들에게도 특별한 권위를 행사할 수 있는 영역들이 주어진 구조화된 계급 체계와 같은 것은 전혀 포함되어 있지 않다.(목회 서신 참고) 이그나티우스가 스미르나의 그리스도교인들에게 말한 바에 의하면 다음과 같다.

예수 그리스도가 성부 하느님을 따르듯이 여러분 모두가 감독을 따르고, 사도들을 따르듯이 장로들을 따르도록 하라. 하느님의 명령을 존중하는 것처럼 집사들을

존중하라. 감독 말고는 아무도 교회와 관련된 일을 결정하게 하지 못하게 하라. 성만찬은 감독이나 감독이 임명한 사람에 의해 행해지는 것만이 정당하다. 예수 그리스도가 있는 곳을 전체 교회가 있는 것처럼 생각하듯 감독이 있는 곳은 어디든 전 성도들이 있는 곳처럼 생각하라. 감독이 참석하지 않는 세례나 성찬을 거행하는 적절하지 않다. 하지만 감독이 인정하는 것이라면 그것은 하느님을 기쁘시게 할 것이다. (……) 감독을 공경하는 사람은 하느님이 영광을 베푸실 것이다. 무엇이든 감독이 모르게 일을 하는 사람을 악마를 섬기는 것이다.(이그나티우스 감독이 스미르나 교회에 보내는 편지 8–9)

그러나 바울로가 죽은 지 약 50년이 지난 후 이런 직분들은 원정통파 서클에서 상당히 다른 위상들을 지니게 되었다. 각 지역 교회들은 감독bishop이라고 불리는 지도자(그것의 그리스어인 episkopos는 문자 그대로 overseer[감독]이라는 의미이다; 필리 1:1 참고) 밑에 공동체의 영적인 필요를 담당하던 것으로 보이는 장로들(presbyter, '원로elder'를 뜻하는 그리스어), 공동체의 물질적 필요를 담당했던 집사들deacons의 명확한 지도체계를 갖추고 있었다. 예를 들어, 2세기 초 이그나티우스Ignatius의 글에서 우리는 소아시아에 있는 교회들이 한 명의 감독 아래 장로들과 집사들의 무리를 두고 있었음을 발견한다.(Box 23.9 참고, 더 자세한 것은 26장 참고) 무엇보다도 감독들은 이단적인 가르침을 뿌리뽑아야 할 책임이 있었다.

2세기 후반, 테르툴리아누스와 이레나이오스Irenaeus 같은 원정통파 저자들의 글을 살펴보면 우리는 "사도적 승계Apostolic Succession"라고 불리는 것의 존재를 분명히 확인할 수 있다. 이 저자들에 따르면, 사도들은 그리스도교의 각 주요 교회들에 단 한 명의 감독들을 세웠다. 이 감독들도 자신들의 후임을 직접 골라서 성직에 임명했고 그런 관행이 이들 저자들 당시까지 이어졌다. 이 저자들은 이 교회들의 감독들을

사도들의 정당한 후계자로 여겼다. 말할 필요도 없이, 그들 자신도 원정통파의 견해를 따르는 감독들이었다.

시간이 흐르면서, 교회의 위계 구조는 바울로에 의해 그리고 아마도 그와 같은 다른 선교사들이 세운, 느슨하게 조직되고 카리스마로 지도되는 교회로부터 차츰 성장을 이루어갔다. 이 발전의 선상에서 목회 서신은 어떤 위치에 서 있을까? 이 편지들에서 바울로는 안수를 통해 그가 임명한 공식 대리인들에게 교회의 통치에 적합한 감독들과 집사들을 임명하고 자신이 제공한 진정한 가르침을 전하라고 지시한다. 이 편지들에 나온 성직자들의 위계 구조는 우리가 바울로 편지들에서 발견하는 것과는 큰 차이가 있어 보이지만 우리가 2세기의 원정통파 저자들의 글에서 발견하는 것과는 밀접하게 일치한다.

신경

2, 3세기의 원정통파 그리스도교인들은 모든 진정한 신봉자들에 의해 받아들여질 일련의 교리를 만들 필요성을 느꼈다. 원정통파 성직자들의 경우처럼, 원정통파의 교리도 사도들로부터 유래한, 사도들이 만든 것이라고 널리 인정을 받았다. 4세기에 고안된 이러한 신앙의 천명들 중 가장 유명한 것은 오늘날 사도신경

Apostles' Creed으로 알려진 것이다.

이 원정통파의 신경은 역시 그리스도교 신자들이라고 주장하지만 자신들과는 다른 단체들이 주장하던 믿음은 거부하고 그들이 부정하던 믿음들은 옳다고 확인했다. 예를 들어 영지주의 그리스도교인들은 유일신이 아니라 많은 신들이 존재한다고 주장했고 진정한 신은 열등하고 사악한 신에 의해 창조된 물질세계와 어떠한 접촉도 하지 않는다고 주장했다. 이에 대응하여 원정통파의 신경은 "전능하사 천지를 만드신 하느님 아버지를 내가 믿사오며"라고 선언한다. 게다가 많은 영지주의자들은 예수와 그리스도가 분리된 존재라고 주장했다. 하지만 정통파 신경은 "그의 아들 우리 주 예수 그리스도를 믿사오니"라고 주장한다. 다른 그리스도교 단체들도 예수가 실제로 태어난 사람임을 부인하거나 그의 탄생이 특별하거나 그의 어머니가 처녀였다는 것을 부인했다. 이에 대한 응답으로, 정통파 신경은 그가 "성령으로 잉태하사 동정녀 마리아에게 나시고"라고 단언한다.

이러한 정통 교리를 고안하고 확정한 그리스도교인들은 그리스도교를 모든 신자들이 진실이라고 인정해야 할 생각들을 담고 있는 일련의 교리적인 선언들에 노력을 기울이는 종교로 묘사했다. 그들에게 "신앙"은 자신의 것으로 인정되어야 할 그리스도교의 가르침을 의미했다. 이것은 바울로가 사용한 "신앙"의 의미와는 다른 것으로, 바울로에게 "신앙"은 명제가 아

니라 관계적인 용어이며, 하느님과의 관계를 회복하기 위해 그리스도의 죽음을 믿고 받아들이는 것을 의미했다. 목회 서신에서 때로는 그저 "신앙the faith"이라고 지칭되기도 하는 "가르침", 즉 사도에 의해 전수되는 지식이 크게 중시되는 것은 이런 의미에서 의미심장하다.(1티모 1:10; 티투스 1:9, 13 참고) 즉, 이 편지들은 바울로의 사역의 결과로 생겨난 그리스도교의 한 형태를 나타내는 것처럼 보인다.

정경

나는 이미 1장에서 성서의 그리스도교 정경의 형성에 대해 이야기한 적이 있다. 우리는 2세기 말경에 이르러서야 그리스도교 책들의 특정한 모음collection을 지지하는 원정통파 저자들을 볼 수 있다. 그러나 정경을 향한 움직임은 교리와 실천에 관한 문제들에 있어 예수의 말과 사도들의 글을 권위 있게 인용한 작가들에게서 이미 좀 더 일찍 태동되었다. 이 말들은 단순히 좋은 조언의 일부로만 이해된 것이 아니고 그리스도교인들이 계속 존중하고 연구했던 유대교 성서들과 동등한 위치의 것으로 여겨지게 되었다.(2티모 3:16 참고)

목회 서신들이 만들어졌을 때 이미 이러한 일이 일어났다는 증거는 거의 없지만, 존재하는 얼마 안 되는 증거들은 호기심을 자극한다. 티모테오에게 보낸 첫째 편지는 예수의 말 옆에 토라의 한 구절을 인용한다.(1티모 5:18) 저자는 놀랍게도 이 두 말을 모두 성서

Scripture라고 부른다. 우리는 결국 원정통파 정경의 생성이라는 귀결로 이어질 길을 향해 가고 있는 것 같다.

결론: 바울로 후기 목회 서신들

목회 서신들에는 그것들이 사도 바울로의 죽음 이후 쓰인 것처럼 보이게 만드는 측면들이 있다. 곧 닥칠 종말론보다는 이 세상에서의 처신과 외부인들의 눈에 비칠 그리스도교인들의 모습에 대한 집착, 교회 지도자들이 독신으로 금욕적인 삶을 살기보다는 결혼을 해야 한다는 주장(바울로는 자신도 독신이었고 그가 개종을 시킨 사람들에게도 독신을 권유했다), 티모테오가 그의 어머니와 할머니를 잇는 3세대째 그리스도교인이라는 그들의 추정 그리고 저자의 관점에서 볼 때 통제 불능이 된 여성들을 침묵시키는 데 대한 그들의 관심(다음 장에서 더 살펴보기로 한다) 등이 그런 것들이다. 그러나 이 책들이 1세기 말이나 그 이후에 쓰였다고 생각되는 가장 설득력 있는 이유는 그것들의 어휘와 관심사가 바울로가 죽은 지 한두 세대 후 원정통파 그리스도교 신자들 사이에서 벌어진 일들을 반영하고 있기 때문이다. 이 그리스도교인들은 곧 임박한 세상의 종말보다는 앞으로 오랫동안 이곳에 있게 될 교회가 직면한 문제들에 대해 더 걱정했다. 이들의 교회는 더 엄격한 조직을 통해 스스로를 강화하고 시간이 지나면서 확산된 잘못된 가르침을 막아야 했다.

바울로의 권위를 인정하는 교회 내의 한 알려지지 않은 저자가 아마도 바울로의 사후 약 30-40년경에, 바울로를 따르는 그리스도교인들이라면 할 만한 일, 즉 그의 시대에 절박한 문제들을 다루기 위해 바울로의 이름으로 글을 쓰기 위해 펜을 들었다. 이 익명의 작가가 취한 입장은 의심할 바 없이 바울로의 것으로 인정되는 편지에서의 바울로의 입장이나 다른 바울로적인 그리스도교인들이 내세운 입장과도 달랐고 그것은 어쩌면 당연한 것이었다. 이러한 차이는 특히 영지주의나 교회에서의 여성의 참여 그리고 엄격한 금욕 생활 방식에 대한 저자의 공격에서 확연히 나타난다. 우리가 지금껏 살펴본 것처럼 목회 서신들의 저자는 이런 문제들에 있어 다른 그리스도교인들의 생각과 대립했다. 하지만 그들 모두 자신들의 견해를 내세우기 위해 바울로의 권위에 호소하기는 마찬가지였다.(2베드 3:15-16 참고)

사도 바울로가 남긴 교회는 그렇게 복잡하고 예측할 수 없는 방식으로 발전했다. 그 결과, 초기 그리스도교의 다른 모든 형태들과 마찬가지로 바울로적인 그리스도교는 놀라울 정도로 다양한 현상이었고 그것의 수많은 형태들은 몇 세기 후 원정통파가 주도권을 잡을 때까지는 통일되지 않았다.

24장

바울로의 여성 동역자들에서 목회자들에 의해 위협받는 여성들로

초기 그리스도교의 여성에 대한 억압

현대 그리스도교 교파에서 가장 뜨겁게 논의되고 있는 문제들 중 하나는 교회 내에서의 여성의 역할과 관련이 있다. 예를 들어, "여성이 사제 또는 성직자로 임명될 수 있는가?" 같은 문제들이다. 이 장에서는 이러한 논쟁들이 최근에 일어난 것이 아니라 그리스도교가 시작된 이래 진행되어왔다는 것을 보여준다. 여기서는 그런 논쟁들의 가장 초기의 형태들, 예수의 사역과 바울로의 교회들 그리고 바울로 이후의 그리스도교 공동체에서 여성이 어떤 역할들을 했는지 살펴본다.

오늘날에도 바울로는 이러한 논쟁에서 중요한 역할을 하는데, 그는 종종 "여성들에게 분수를 가르치려" 노력한 여성 혐오주의자로 여겨지기 때문이다. 그러나 우리가 알게 되겠지만, 이것은 아마도 사람들이 바울로를 오해한 것으로, 그는 여성들이 자신의 교회에서 권위를 지닐 수 있도록 허용했고 그들이 "그리스도 안에서" 남성들과 동등한 지위를 갖는다고 여겼다. 그의 이름으로 쓰인 익명의 편지들(특히 1티모)에서 증명되듯이, 그의 사후에 심지어 그의 교회들 내에서조차 여성에 대한 더 억압적인 정책들이 시행되었다.

여성들은 사도 바울로와 관련된 교회들을 포함하여 초기 그리스도교 교회에서 중요한 역할을 했다. 그들은 전도사, 목사, 교사 그리고 예언자로 활동했다. 어떤 이들은 부유해서 바울로에게 재정적 지원을 베풀었다. 다른 이들은 교회 전체의 후원자로서 신도들이 그들의 집에서 모임을 가지도록 해주었고 필요한 자원들을 공급해주었다. 몇몇 여성들은 선교 현장에서 바울로의 동역자들로 일했다. 그런데도 왜 오늘날 대부분의 사람들은 초기 그리스도교 지도자들이 모두 남자였다고 생각하는 것일까?

이 질문은 최근 몇 년 동안 많은 흥미로운 연구들을 이끌어냈다. 여기서 나는 이러한 연구들에서 드러난 설득력 있는 관점 중 하나를 제시하겠다. 여성들이 초기 그리스도교 교회에서 중요한 역할을 했음에도 불구하고, 1세기 말이 되면 여성들은 그들에게 지위나 권위가 따르는 자리를 주지 않으려는 사람들의 심각한 반대에 직면했다. 이런 반대는 그리스도교 여성들을 남성 권위에 복종하도록 압박하는 데 성공했고 그리스도교 초기 그들의 활동 기록조차 흐릿하게 만들었다.

바울로가 세운 교회의 여성들

목회 서신Pastoral epistles 같은 고대 그리스도교의 문헌에서 사람들이 흔히 받는 느낌과는 달리 여성은 교회에서 항상 침묵하는 존재는 아니었다. 바울로가 로마인들에게 보낸 편지를 생각해보라. 바울로는 많은 지인들과 인사를 주고받았다.(로마 16장) 비록 바울로가 여성들보다 남성들의 이름을 더 많이 호명했지만 교회의 여성들은 남성들보다 결코 열등한 존재들처럼 보이지 않는다. 바울로의 편지를 로마에 전하는 임무를 맡은 포이베는 켄크레아이 교회의 집사deacon였고 바울로의 재정적인 지원자였다.(16:1-2) 남편 아퀼라와 함께 바울로의 이방인 선교 사역에 함께했던 프리스킬라는 자신의 집에서 신도들의 모임을 가지고 있었다.(16:3-4; 그녀의 이름이 남편보다 먼저 나오는 것에 주목하라.) 로마인들과 함께 일하고 있는 바울로의 동역자 마리아도 있다.(16:6) 바울로가 그의 복음을 위한 "동지"라고 부르는 여성들인 트리파이나와 트리포사, 페르시스도 있었다.(16:6, 16:12) 그리고 율리아와 루푸스의 어머니, 네레우스의 여동생도 있는데, 이들은 모두 이 공동체에서 높은 인지도를 갖고 있던 것으로 보인다.(16:13, 16:15) 가장 인상적인 것은, 바울로가 "사도 중에 뛰어나다prominent(foremost) among the apostles"고 말한 여성 유니아가 있다는 것이다.(16:7) 사도 집단은 분명히 규모가 컸고 대부분의 사람들이 알고 있는 열두 명의 범위보다 더 포용적이었다.

다른 바울로의 편지들도 여성들이 그리스도교 교회 활동에 적극적으로 참여했다는 비슷한 느낌을 준다.

코린토스 교회에서 여성들은 영적인 은사들과 그것들을 사용할 권리를 가진 온전한 구성원들이다. 그들은 남성들과 함께 예배, 기도, 예언에 적극적으로 참여한다.(1코린 11:4-6) 필리피 교회에서 이름이 언급될 가치가 있는 유일한 신자들은 두 명의 여성, 에우오디아와 신티케뿐인데, 두 사람 사이의 불화는 그녀들의 공동체에서의 두드러진 위상 때문에 바울로를 근심하게 만든다.(필리 4:2) 사도행전에 따르면, 필리피 교회는 뤼디아의 개종으로부터 시작되었는데, 뤼디아의 가정은 그녀의 선례를 따라 모두 그리스도교를 받아들이게 되었다. 그녀는 바울로가 그녀를 처음 만났을 때 집안의 가장이었고 곧 그녀의 집에서 모임을 갖게 된 교회의 수장이 되었다.(사도 16:1-15)

신약 시대 이후에도 바울로와 연계된 교회들에서 여성들의 존재감은 계속해서 두드러졌다. 본문 22장에서 언급한 테클라Tecla와 관련된 이야기들은 그녀들에게 공감을 불러일으킨 것으로 보인다. 여기 성관계를 포기하고 가부장적 결혼, 즉 남편의 욕망과 명령을 따르도록 강요하는 법과 관습의 유대를 끊은 여성들에 대한 이야기들이 있었다. 바울로와 합류하면서 이 여성들은 복음을 위해 헌신하는 금욕적인 삶이 주는 자유를 경험하게 되었다. 이 이야기들은 바울로가 순결한 사람들이 왕국을 계승할 것이라고 선언하는 것으로 묘사하고 있으며 특히 여성들이 그의 그런 메시지에 끌리고 있었다.

이야기들 자체는 허구이지만 이 이야기들은 역사적 진실의 맹아를 지니고 있는 듯하다. 바울로의 교회와 연관된 여성들은 복음을 위해 결혼을 포기했고 그들의 공동체에서 중요한 위치를 차지하게 되었다. 나중에 바울로의 이름으로 쓰인 편지들이 그런 여자들을 언급하며 그녀들을 굴복시키려고 노력하는 것을 기억하라. 이 여성들 중 일부는 남편이 없는(이전에 결혼을 했든 안 했든) '과부'들이었다. 그러한 여성들은 돌아다니며 "속된 이야기old wives' tales"(1티모 4:7, 5:13)를 한다고 묘사되지만 아마도 그런 폄훼는 사도행전이나 바울로와 테클라 행전Acts of Paul and Tecla처럼 그녀들의 생활 방식과 관점을 정당화한 이야기들이었을 것이다. 심지어 그들을 반대하는 글에서도 교회에서 그녀들이 행하는 일들 때문에 중요한 존재들로 인정받고 있다.(1티모 5:3-16)

2세기 후반까지도 여성들이 교회에서 존경받는 지위를 누렸다는 다른 증거들도 있다. 이 증거들 중 일부는 자신들도 바울로를 따른다고 주장하는 영지주의Gnostic 그룹에게서 나왔는데 그들은 여성들을 자신들의 지도자와 대변인으로 임명했다. 다른 증거는 예언자prophet 몬타누스와 그의 두 여성 동료인 프리스카와 막시밀리아와 연관된 집단에서 나왔는데, 금욕적인 삶을 살기 위해 결혼을 포기한 그녀들은 이 시대의 종말이 임박했으며, 최후의 완성을 준비하기 위해 하느님이 그의 백성들에게 모든 육체의 열정을 포기할 것을 요구했다고 주장했다.

어떻게 여성들이 초기 그리스도교 운동에서 그렇게 높은 지위를 얻고 높은 권위를 갖게 되었을까? 질문에 답할 수 있는 한 가지 방법은 예수의 사역을 살펴봄으로써 여성들이 처음부터 세간의 이목을 끌었는지를 알아보는 것이다.

예수와 관련된 여성들

초기 그리스도교에서 활동했던 여성들에 대한 대부분의 연구는 예수와 여성들의 관계를 묘사한 전승들에 역사적 기준을 적용하는 데 있어서 철저하지 않았다. 하지만 우리들은 페미니즘이든 무엇이든 각자 지니고 있는 특정한 생각들 때문에 그런 전승들을 역사적인 것으로 받아들이는 함정에 빠져서는 안 된다. 나는 예수의 사역에 등장하는 여성들에 대해 비교적 확실한 지식을 얻기 위해서 연구의 초기 단계에서 확립된 역사적 기준(13장)을 적용함으로써 나의 고찰을 시작할 것이다.

우선, 우리는 예수가 여성들과 교류하고 공개적으로 그들에게 사역했다고 자신 있게 말할 수 있다. 확실히, 그의 가장 가까운 제자 열두 명은 남자들이었다.(1세기 유대 랍비로서는 당연한 일이었다.) 거의 모든 복음 전승의 주요 인물들이 남자인 것은 이러한 이유에서이다. 하지만 항상 그랬던 것은 아니다. 사실, 예수의 사역에서 여성의 중요성은 가장 초기의 전승들에서 여러 번 증명되었다. 예를 들어, 마르코의 복음서와

L 자료는 모두 예수가 여행할 때 여성들과 동행했다는 것을 보여주는데(마르 15:40-41; 루카 8:1-3), 이것은 토마의 복음서로도 증명되는 전승이다.(토마 114) 마르코의 복음서와 L 자료는 또한 여성들이 예수의 사역 기간 동안 재정적인 지원을 제공했으며 그의 후원자 역할을 했다는 것을 보여준다.(마르 15:40-41; 루카 8:1-3) 마르코와 요한의 복음서에서 예수는 그의 일행이 아닌 여성들과도 공개적인 대화와 논쟁을 했음을 보여준다.(마르 7:24-30; 요한 4:1-42) 두 복음서는 또한 독자적으로 예수가 그의 수난을 당하기에 앞서 그에게 향유를 부은 여성과의 만남도 기록한다.(마르 14:3-9; 요한 12:1-8) 마르코의 말에 따르면 이 여성은 나병 환자 시몬의 집에 살던 익명의 여인이었다. 요한의 복음서에는 그녀가 라자로와 마르타의 누이인

마리아였고 그녀 자신의 집에서 향유를 부었다고 기록되어 있다.

정경의 복음서 네 권 모두에서 여성들은 예수의 생애 마지막 한 주 동안 그와 동행했고 예수가 십자가에 못 박히는 현장에도 있었다고 전해진다.(마태 27:55; 마르 15:40-41; 루카 23:49; 요한 19:25) 마르코의 복음서의 가장 오래된 전승에 의하면 예수의 모든 남자 제자들은 도망쳤지만 그녀들은 끝까지 예수를 배반하지 않았다. 마지막으로 공관복음서, 요한의 복음서와 베드로의 복음서에서 예수의 시신이 더 이상 무덤에 없다고 첫 번째로 믿게 된 것은 분명히 여성 추종자들이었다.(마태 28:1-10; 마르 16:1-8; 루카 23:55-24:10; 요한 20:1-2; 베드 50-57) 이 여성들은 분명히 예수가 부활했다고 선언한 첫 번째 사람들

Box 24.1 마리아 막달레나

의심할 여지 없이 초기 그리스도교에서 가장 유명한 여성은 마리아 막달레나였는데, 그는 예수의 죽음과 부활의 증인으로 네 권의 정경 복음서들에 모두 언급되어 있다.(예: 마태 27:56, 61; 28:1; 마르 15:40-41, 47; 16:1; 루카 23:49, 55-56; 24:1-9; 요한 19:25; 20:1-2, 11-18) '막달레나'라는 별명은 그녀가 갈릴래아 호수 연안의 막달레나 출신이었음을 알려주며 신약성서에 나오는 다른 마리아(예: 예수의 어머니이자 야고보의 어머니, 마태 24:10 참고)와 구별하기 위해 사용되었다.

예수가 세상에서 보낸 마지막 일주일 동안 그녀는 그와 함께했고 예수가 십자가에 못 박히는 것과 그의 빈 무덤을 본 것 외에도, 우리는 루카의 복음서로부터 마리아 막달레나가 일곱 악령이 들렸다가 치유를 받았고 갈릴래아 지역에서 예수와 동행하며 그와 그의 제자들에게 생활비를 제공했다는 것을 알게 된다. 그 외에 신약성서에는 그녀에 대해 더 많은 것들이 언급되어 있지 않다. 물론 오늘날 대부분의 사람들은 신약성서 자체에 그런 설명이 없어도 그녀를 매춘부로 생각한다. (할리우드에서 성서 이야기를 영화로 만든다면 그들은 이 점을 크게 다루겠지만) 평판이 좋지 않은 인물로서의 그녀

의 묘사는 신약성서가 만들어진 후 거의 500년이 지나서야 보이기 시작했다. 그때부터 그녀는 루카의 복음서 7장 36-50절에서 예수에게 향유를 붓는 "죄 많은 여자"로 묘사되기 시작했다. 하지만, 루카 자신은 이런 사실을 말하지 않는다. 그가 마리아 막달레나를 언급하기 직전에 그 사건이 발생한 것을 고려하면 루카는 그녀에 대해 그런 사실들을 설명할 충분한 기회가 있었다.

다른 후대의 전승들도 신약성서에 나오는 마리아 막달레나의 모습을 기초로 한다. 특히 부활한 예수를 처음 본 사람이기 때문에 그녀는 예수와 특별히 가까운 사이였을 것이다. 따라서 몇몇 영지주의 복음서들은 예수가 부활한 후 구원을 가져올 진실에 대한 특별한 계시를 위해 그녀를 택했다고 말한다.(12장 「마리아의 복음서」를 참고하라.)

일부 텍스트는 더 나아가서, 두 사람이 이성 관계였다고 암시한다. 이것은 현대인들의 인기 있는 상상의 소재가 되었다.(영화 「그리스도 최후의 유혹」, 댄 브라운의 인기 소설 『다빈치 코드』 등이 그런 예들이다.) 그런 상상에는 근거가 있을까? 두 사람은 결혼을 했을까? 두 사람 사이에 자손이 있었을까? Box 15.6을 참고하라.

이었다.

독립적 입증의 기준criterion of independent attestation을 통과하지는 못하지만 예수와 여인들과의 접촉에 관한 다른 흥미로운 전승들도 있다. 여기에는 '여자가 처리해야 할' 집안일 대신 그의 가르침을 듣기로 결정한 마리아를 칭찬하는 예수의 이야기도 포함된다.(루카 10:38-42) 하지만 루카는 예수의 사역에서 특히 여성들의 중요성을 강조하는 것에 관심이 있는 것처럼 보이기 때문에(9장 참고) 이 전승을 역사적인 것으로 받아들이기는 어렵다. 사실, 예수와

여자들과의 관계에 대해 비유사성의 기준criterion of dissimilarity을 적용하는 것은 일반적으로 어렵다. 우리가 이미 봤듯이, 몇몇 초기 그리스도교인들은 교회에서 여성의 지위를 높이는 데 전념했다. 이와 같은 사람들이 그러한 전승들을 만들어냈을지도 모른다.

이러한 전승들의 맥락적 신뢰성contextual credibility에 대해서 말하자면, 고대 세계에서는 일반적으로 여성들이 남성들보다 열등하게 여겨졌던 것은 사실이지만 예외는 있었다. 예를 들어 에피쿠로스학파Epicurean와 견유학파cynics 같은 철학자들은 여성 평

도판 24.1 이교도 철학자 플로티누스의 옆에 여제자들이 서 있는 석관의 장면. 그리스-로마 철학 학파들 중 일부에서는 여성들이 평등한 위치에 있도록 허용되었다.

등을 옹호했다. 물론 예수가 활동했던 팔레스타인에는 에피쿠로스학파나 견유학파 같은 철학자들이 많지 않았고, 우리의 한정된 자료에 의하면 그쪽 지역에서는 일반적으로 여성들이 가정 밖에서 그리고 그들의 아버지나 남편의 권위를 벗어나 사회 활동에 참여할 수 있는 가능성이 훨씬 더 제한적이었다는 것을 암시한다. 그렇다면, 유대인 교사가 그러한 활동을 장려하고 옹호했다는 것이 믿을 만할까?

우리는 예수 당시 다른 유대 랍비들에게 여성 추종자들이 있었다는 확실한 증거는 없지만 바리사이파Pharisees가 헤로데 대왕Herod the Great 궁정의 권세 있는 여성들로부터 지원과 보호를 받았다는 것은 알고 있다. 그리고 앞에서 보았듯이, 부유한 유대 여성들이 때때로 시나고그synagogue의 후원자 역할을 했다는 확고한 비문 증거들이 남아 있다.(Box 4.6 참고) 유감스럽게도 우리가 가지고 있는 얼마 안 되는 자료는 아버지나 남편으로부터 독립할 수 있을 만큼 재산이나 지위가 없었던 낮은 계급의 여성들에 대해서는 알려주는 바가 거의 없다. 그러나 예수와 여성들과의 관계에 대한 전승을 믿을 만하게 만드는 것은 그의 종말론적apocalyptic 메시지가 주는 분명한 부담이다. 예수는 하느님이 역사에 개입해서 인간들의 운명의 역전을 가져올 것이라고 선언했다. 나중 된 자가 먼저 되고 먼저 된 자가 나중 되며 부자들은 가난해지고 가난한 사람들은 부자가 될 것이다. 지금 높임을 받는 자는 낮아지고 지금 낮은 자는 높임을 받게 될 것이다. 예수는 사회의 천민, 억압받는 자들과 어울렸는데 신의 왕국Kingdom of God이 이와 같은 사람들의 것이라는 자신의 선언을 실천했던 것으로 보인다. 만약 법을 만들고 사회를 운영하는 남자들에 의해 여자들이 일반적으로 열등하다고 여겨졌다면 예수가 그들과 자유롭게 어울렸을 가능성, 특히 그가 선포한 다가오는 왕국에 여인들이 흥미를 느꼈을 가능성은 충분하다.

오늘날 몇몇 학자들은 예수가 거기에 머물지 않고 급진적인 평등주의 사회를 설파했다고 주장했다. 이 관점에 따르면, 그는 남성과 여성이 절대적으로 평등하게 대우받는 사회를 만드는 것을 목표로 사회관계를 다스릴 새로운 규범들을 만듦으로써 사회를 개혁하기 시작했다고 한다. 그러나 이것은 우리에게 주어진 증거를 너무 과하게 잘못된 방향으로 끌고 가는 것일 수 있다. 우리가 보았듯이 예수가 양성의 관계는 고사하고 사회를 근본적으로 변화시키는 일에 관심이 있었다는 것을 시사하는 단서는 거의 없다. 그에게 있어 인간들의 사회는 그것의 모든 규범들과 함께 사람의 아들Son of Man이 하늘에서 세상을 심판하러 올 때 곧 종말을 맞을 것이었다. 예수는 새로운 사회, 평등한 공동체를 건설하기는커녕 그것이 파괴되고 신성하게 재창조되는 것에 대비하라고 사람들에게 일렀다.

하지만 예수가 사회혁명을 추구하지는 않았을지라도 당시로서는 그의 메시지가 혁명적인 의의를 지니고 있다고 보는 것이 옳을 것이다. 특히, 우리는 예수가 그의 추종자들에게 곧 올 사람의 아들을 기대하며 그의 왕국의 이상을 지금 즉시 실천하라고 촉구했다는 것을 잊어서는 안 된다. 이러한 이유로 예수의 설교 사역에 동행한 남녀들 사이에서는 사회를 개혁하기 위한 첫걸음으로서가 아니라 곧 다가올 새로운 세상에 대한 준비로 어떤 형태의 평등이 행해졌을지도 모른다.

예수가 살아 있을 때 그를 따랐던 여성들의 위치가 그의 사후에 교회 내 여성의 지위에 영향을 미쳤을 가능성이 있다. 이것은 우리가 가장 잘 알고 있는 초기 그리스도교 교회인 사도 바울로의 교회들에서 여성들이 중요한 역할을 수행한 것처럼 보였던 이유일 수 있다. 그러나 그것은 부분적인 답이다. 좀 더 완전한 그림을 위해서는 여성들이 바울로의 교회들에서 수행했던 역할뿐 아니라 바울로 자신은 여성들의 역할에 대해 어떻게 생각했는지도 고려해야 한다.

교회에서의 여성들에 대한 바울로의 이해

사도 바울로는 예수를 직접 만나보지도 못했고 아마도 예수의 여성 추종자들 중 누구도 알지 못했을 것이다. 더구나 바울로가 예수의 죽음과 부활에 관련해 선포한 많은 메시지들은 갈릴래아에서 제자들이 들었던 원래의 메시지와는 달랐다. 우선, 바울로는 예수의 십자가 죽음과 부활로 악의 세력이 패배했고 세상의 종말은 이미 시작됐다고 믿었다. 승리는 아직 완성을 이루지는 못했지만 최소한 발걸음은 떼놓은 상태였다.

이 승리는 새로운 시대의 완성은 아닐지언정 새로운 삶을 가져왔다. 이러한 이유로 세례를 받은 모든 사람들은 "새로운 피조물"이었다.(2코린 5:17) 새로운 피조물은 적어도 새로운 사회질서를 암시했다. "세례를 받아서baptized 그리스도 안으로 들어간 여러분은 모두 그리스도를 옷 입듯이 입었습니다. 유대인이나 그리이스인이나 종이나 자유인이나 남자나 여자나 아무런 차별이 없습니다. 그리스도 예수 안에서 여러분은 모두 한몸을 이루었기 때문입니다."(갈라 3:27-28)

그리스도 안에서 남성과 여성은 없다—이것은 남성과 여성이 본질적으로 다르다는 것이 공공연한 지식이었던 시대에는 급진적인 개념이었다. 하지만 이 생각은 바울로가 세운 교회들에 깊이 뿌리박고 있었다. 현대 학자들은 갈라티아인들에게 보낸 편지 3장 28절은 바울로가 개종자들에게 세례를 줄 때 했던 말임을 깨달았다. 바울로의 교회에 여성 지도자들이 있었던 것은 당연하다. 여성들은 이러한 말들을 마음에 새기고, 바깥세상의 생각이야 어떻든 자신들이 함께 예배를 드리던 남자들보다 조금도 뒤떨어지지 않는 존재임을 깨달을 수 있었을 것이다.

그러나 예수와 마찬가지로 바울로도 그의 신학적 확신을 기반으로 사회혁명을 추구하지는 않은 것 같다.(필레몬에 관한 우리의 논의를 회상하라.) 확실히, 그리스도 앞에서는 노예든 노예 주인이든 아무런 차이가 없었다. 교회에서 노예는 주인들과 다를 바 없이 대우받았다. 그러므로 신도들이 성찬을 즐기기 위해 모였을 때 어떤 사람들은 좋은 음식과 음료를 먹지만 다른 사람들은 먹을 것이 없는 것은 옳지 않았다. 그리스도 안에서는 평등이 있어야 했고 그것을 제대로 지키지 않으면 끔찍한 죄를 짓게 될 수도 있었다.(1코린 11:27-30) 그러나 바울로는 모든 그리스도교도 노예 주인들에게 그리스도교를 믿든 그렇지 않든 그의 노예들을 석방하라고 자극하거나 요구하지 않았다. 반대로, '시간이 얼마 남지 않았기 때문에' 모든 사람들은 그들이 현재 처해 있는 역할에 만족하고 그것들을 바꾸려고 하지 말아야 했다.(1코린 7:17-24)

이런 태도는 바울로의 여성관에 어떤 영향을 미쳤을까? 그리스도 안에서의 평등에 대한 그의 견해와 부합되든 그렇지 않든, 바울로는 남성과 여성 사이에 차

도판 24.2 프리실라의 카타콤에 있는 기도하는 그리스도교 여신도의 그림.

이가 존재한다고 주장했다. 그런 차이를 근절하는 것은 부자연스럽고 잘못된 것이었다. 이러한 태도는 코린토스 교회의 여성들이 교회에서 기도하고 예언할 때 머리덮개를 계속 착용해야 한다는 바울로의 주장에서 가장 뚜렷이 드러난다.(11:3-16) 바울로의 주장들 중 많은 세부 사항들은 이해하기 어려워서 성서학자들 사이에서 끝없는 논쟁의 원천이 되어왔다. 예를 들어, 그가 여성들은 권한의 표지를 그 머리 위에 두어야 한다고 말했을 때, 그는 베일을 의미한 것일까, 아니면 긴 머리를 의미한 것일까? 왜 이 권한의 표지를 그 머리 위에 두는 것이 천사들에게 영향을 미친다는 것일까? 그들은 선한 천사일까, 나쁜 천사일까? 그러한 애매모호함에도 불구하고, 바울로의 주장으로 보아 여성들은 남성과 함께 교회 활동에 공공연히 참여할 수 있었고 실제로도 참여했지만, 그들은 남성으로서가 아니라 여성으로서 참여해야 했다. 남자는 짧은 머리가 자연스럽고 여자는 긴 머리가 자연스럽기 때문에(적어도 바울로에게는 그랬다) 스스로를 남성처럼 보이게 한 여

자들은 자연스럽지 않은 방식으로 행동하는 것이고 따라서 신의 뜻에 반하는 행동이었다.

그러므로 바울로에게 있어서, 비록 남성과 여성이 그리스도 안에서 평등하다고 할지라도 이러한 평등은 아직 완전한 사회적 현실이 되지는 않았다. 우리는 예수의 재림으로 새로운 시대가 도래하기 전에는 그런 일이 이루어지지 못할 것이라고 생각할지도 모른다. 다시 말해 그리스도교인들은 아직 영원에 이르는 영광스러운 부활을 경험하지 못했기 때문에, 주인과 노예 사이만큼이나 남성과 여성도 완전한 사회적 평등을 얻지 못했다. 이 시대를 사는 동안, 남성과 여성은 그들의 '자연적인' 사회적 역할을 계속 받아들여야 했고, "남자의 머리는 그리스도이고 아내의 머리는 남편이며 그리스도의 머리는 하느님이라는 사실을" 받아들여야 했다.(1코린 11:3)

바울로 이후의 여성들

교회에서의 여성들에 대한 바울로의 태도는 일관성이 없거나 최소한 모호한 인상을 줄 수 있다. 여성들은 사제, 예언자, 심지어 사도로서 그의 교회에서 활동할 수 있었지만, 그들은 여성으로서의 사회적 지위를 유지해야 했고 남자처럼 보이면 안 되었다. 이 명백한 모순은 매우 흥미로운 역사적 결과로 이어졌다. 나중에 교회에서 여성의 역할에 대한 논쟁이 정점에 다다랐을 때, 양측은 자신들의 견해를 지지하기 위해 모두 사도 바울로의 권위에 호소할 수 있었다. 한쪽은 교회에서 남녀의 완전한 평등을 촉구하는 사람들이었다. 그런 사람들은 결혼과 성행위를 포기하고 금욕 생활을 하며 교회에서 남성 신도들을 가르친 테클라와 같은 여성 동료들의 이야기를 했다. 다른 쪽에는 남자들에게 완전히 복종할 것을 여성들에게 촉구하던 사람들이 있었다. 이런 사람들은 바울로가 결혼을 강요하고, 금욕을 비웃고, 여성들이 가르치는 것을 금지한 사도라고 묘사함으로써 테클라와 다른 여성 지도자들의 이야기에 맞설 수 있었다.

이 논쟁의 어느 쪽에 선 사람들이 정경에 편입된 책들을 만들었을까? 이 관점에서 목회 서신들의 내용을 다시 생각해보라. 이 편지들은 바울로가 그의 두 남자 동역자들인 티모테오와 티투스에게 쓴 것으로 전해지고 있는데, 그는 그들에게 여성들의 문제를 포함, 교회의 문제들을 처리하라고 촉구한다. 이들 사제들은 남성 지도자들(감독, 장로, 집사)을 임명해야 했는데, 그들은 모두 결혼을 한 사람들이어야 했으며(예: 1티모 3:2-5, 12) 부인을 포함하여 가정을 잘 다스리는 사람들(3:4)이어야 했다. 그들은 결혼을 금하고 금욕 생활을 촉구하는 사람들을 공개적으로 비난하는 사람들이어야 했다.(4:3) 그들은 교회에서 여성들을 침묵시켜야 했다. 여성들은 수다나 떨고 다니면 안 되었고 특히 교회에서 가르칠 수 없었다.(4:7) 그들은 조용하고 순종적이어야 했고 정절을 지켜야 했으며 구원을 누리기를 원하는 사람들은 아기를 낳아야 했다.(2:11-15)

목회 서신들은 바울로와 테클라 행전에 서술된 견해와 극명한 대조를 이룬다. 이 편지들이 그런 견해들에 맞서기 위해 쓰였다는 일부의 주장이 사실일까? 그것이 사실이든 아니든 이 편지들은 바울로와 그의 복음에 충실한 여성들이 행해야 할 역할에 대해서 꽤 명확하다. 가장 유명한(악명 높은) 진술은 신약성서 티모테오에게 보낸 첫째 편지 2장 11-15절에서 찾을 수 있다. 율법서Law에서 하느님이 직접 보여준 것처럼 여성은 열등하게 태어났기 때문에 남성을 가르쳐서는 안 된다. 신은 남자를 위해 하와를 두 번째로 창조했다. 그러므로 하와의 후손인 여자들은 남자들을 가르치고 그들에게 군림해서는 안 된다. 게다가 이 저자에 따르면, 모든 사람들은 여성이 교사 역할을 할 때 어떤 일이 일어나는지 알고 있다. 그녀는 악마에게 쉽게 속아서 남자를 엉뚱한 곳으로 이끈다. 그래서 여성들은 집에 머물면서 여성들에게 적절한 덕목들을 지키고 남편을 위해 아이를 낳으며 현숙함을 유지해야 한다. 주로 이 구절들을 이유로 현대 비평가들은 종종 사도 바울로의 여성 혐오적 견해를 힐뜯는다. 하지만 그런 주장의 문제는 바울로가 목회 서신들을 쓰지 않았다는 데 있다.

하지만 바울로는 그가 쓴 것으로 반론의 여지가 없는 편지인 코린토스인들에게 보낸 첫째 편지 14장 34-35절에서 거친 어조로 비슷한 말을 하는 것처럼 보인다. 실제로 이 구절은 티모테오에게 보낸 첫째 편지 2장 11-15절의 구절과 매우 유사한데, 다른 곳에서 바울로가 주장하던 것과는 너무 달라서 많은 학자들은 이 구절도 바울로가 쓰지 않은 것이라 확신하고 있다. 목회 서신의 주장이 바울로의 견해와 일치하는 것처럼 만들고자 했던 필사가들이 나중에 이 구절들을 코린토스인들에게 보낸 첫째 편지에 삽입했다는 것이다. 두 곳의 구절들을 나란히 배치해보면 유사점이 명백하게 드러난다.(Box 24.2 참고)

두 구절 모두 여성은 교회에서 침묵을 지키고 남성을 가르치지 말아야 한다고 강조한다. 이것은 (예를 들면 아담과 하와의 이야기를 통해) 율법이 주장하는 입장이다. 여성들은 가정에서 남편의 권위 아래 자신들의 자리를 지켜야 한다.

물론 바울로가 현재 코린토스인들에게 보낸 첫째 편지에 나오는 이 구절을 직접 썼을 가능성이 전혀 없는 것은 아니지만, 학자들이 오랫동안 지적했듯이 바울로는 다른 글들에서는 자신의 교회 내의 여성 지도자들에 대해 침묵하라는 어떤 암시도 보내지 않는다. 그는 켄크레아이의 여성 사제, 코린토스의 여성 예언자들 그리고 로마의 여성 사도에게 인사를 보낸다. 훨씬 더 중요한 것은, 그가 이미 코린토스인들에게 보낸 첫째 편지에서, 예를 들어 기도나 예언처럼 고대에는 거의 항상 큰 소리로 행해졌던 활동들을 여성들도 교회에서 해도 좋다고 시사했다는 것이다. 11장에서는 여자들이 말하는 것을 허용하고 14장에서는 허용하지 않는 일이 가능한 것일까?

코린토스인들에게 보낸 첫째 편지 14장 34-35절의 여성들에게 비우호적인 언사가 문맥의 흐름을 방해한다는 것은 흥미롭다. 34절 이전에 그는 예언에 대해 이야기해왔고 그것은 36절에 다시 이어진다. 그렇다면, 34-35절은 코린토스인들에게 보낸 첫째 편지의 본문의 일부가 아니라 이후에 필경사가 난외에 첨가한 문

Box 24.2 티모테오에게 보낸 첫째 편지 2장 11-15절과 코린토스인들에게 보낸 첫째 편지 14장 34-35절 사이의 유사점

여성은 순종적이어야 한다고 주장하는 코린토스인들에게 보낸 첫째 편지 14장 34절-35절이 목회 서신의 (익명의) 저자 또는 목회 서신을 읽고 여성에 대한 편견에 동의하는 사람에 의해 코린토스인들에게 보낸 첫째 편지에 삽입되었을 가능성이 있을까? 티모테오에게 보낸 첫째 편지의 한 구절과 비교해보면서 유사성을 고려해보자.

1티모 2:11-15

여자는 조용히 또 온전히 순종하는 자세로 배워야 한다.

여자가 남을 가르치거나 남자를 다스리는 것을 허락하지 않으니 여자는 조용해야 한다.

사실 아담이 먼저 빚어졌고 그다음에 하와가 빚어졌다. 그리고 아담이 속은 것이 아니라 여자가 속아 넘어가서 죄를 지었다.

그러나 여자가 자식을 낳아 기르면서, 신앙과 사랑과 거룩함을 지니고 정숙하게 살아가면 구원을 받을 것이다.

1코린 14:34-35

여자들은 교회 안에서 잠자코 있어야 한다.

그들에게는 말하는 것이 허락되어 있지 않으니 율법에서도 말하듯이 여자들은 순종해야 한다.

배우고 싶은 것이 있으면 집에서 남편에게 물어보라. 여자가 교회에서 말하는 것은 부끄러운 일이다.

장들일지도 모른다. 그 구절이 어떻게 본문에 실리게 되었든 그것은 바울로가 쓴 것이 아니라 목회 서신의 저자의 여성관에 공감하는 누군가가 나중에 쓴 것으로 보인다.

바울로의 교회들에서는 남성과 여성 사이에 절대적인 평등이 존재하지 않았을지도 모른다. 여성들은 기도하고 예언할 때 머리를 가려야 했는데, 이것은 여성으로서 그들이 여전히 남성에게 종속된 존재라는 것을 보여준다. 그러나 예수의 사역에서 분명히 나타났던 평등을 향한 움직임이 있었다. 게다가 바울로가 독신을 선택했다는 것은 평등을 향한 운동을 촉진하는 데 도움이 되었을지도 모른다. 바울로를 본받는 여성들은 집에서 그녀들의 종교 생활에 권위자 역할을 하려는 남편을 두지 않았을 것이다. 사실, 우리는 2세기와 그 이후의 그런 여성들에 대해 알고 있다─고대 결혼 생활의 제한보다는 독신 생활의 자유를 택했던 금욕적 여인들 말이다.

고대의 성 이데올로기

바울로의 교회들은 결국 목회 서신의 여성관으로 옮겨 갔다. 그들은 여성들이 교회에서 할 수 있는 역할을 제한했고 그리스도교인들은 결혼해야 한다고 주장했으며 여성들을 가정과 교회 모든 곳에서 남편의 명령에 복종하게 만들었다. 이러한 움직임을 단순히 남성 우월주의 탓으로 돌리기 쉽겠지만 사실 문제는 좀 더 복잡했다. 특히, 우리는 고대 로마 시대에서 남성의 우월성이 무엇을 의미했는지 생각해볼 필요가 있다. 대부분의 고대인들은 현대 서구 세계에 살고 있는 우리에게는 꽤 이질적인 측면에서 양성 관계에 대해 생각했기 때문이다.

현대인들은 일반적으로 남성과 여성을 동전의 양면과 같이 서로에게 연관된 두 종류의 다른 인간들로 여긴다. 우리는 때때로 "나의 더 나은 반쪽" 또는 "인류의 나머지 반"이라는 말을 입에 올린다. 그러나 고대에는 대부분의 사람들이 남성과 여성을 종류만 다른 것이 아니라 완성의 정도에 있어서도 다르다고 생각했다. 그들에게는 인류는 단일 연속체의 선상에 있었다.

어떤 인간은 그 연속체를 따라 더 완전히 발달되고 완전한 표본이었다. 여성들은 생물학적 이유로 하위에 있었다. 그들은 자궁에서 부분적으로만 형성된 '남성'들로서 태어날 때부터 제대로 발달되지 않았거나 불완전했다. 그들은 음경이 자라지 않았고, 폐가 완전히 발달하지 않았고, 나머지 신체도 완전한 가능성까지 충분히 발달하지 못했다는 점에서 진정한 남성들과 달랐다. 그러므로 본질적으로, 여성들은 약한 성이었다.

양성에 대한 이러한 생물학적 이해는 사회적으로 중대한 영향을 미쳤다. 고대 로마 사회는 개인의 힘을 인식함에 있어서 우리보다 다소 솔직했다. 그들은 강하고 지배적인 사람들을 공개적으로 존중했다. 사실, 남성들이 가장 소중히 여겼던 미덕은 다른 사람들보다 자신의 우선 순위를 인정받는 "명예"였는데, 이는 주로 신체적, 경제적, 정치적 지배적 우위를 성취할 수 있는 능력을 통해 확립되었다. 다른 덕목들은 자신의 우월성이 위태로운 지경에 처했을 때 용기와 "남성다움"을 보임으로써 그리고 우월성을 행사할 때 자제력과 절제를 보임으로써 우월성을 표현하는 것과 관련이 있었다.

로마 사회에서, "약한" 사람들은 더 강한 사람들에게 복종해야 했고, 여성들은 본질적으로 남성들보다 약했다. 자연은 일종의 권력 서열을 설정했는데 불완전하고 완전한 발달을 이루지 못한 존재인 여자보다 남성들이 우위에 있었고, 여자는 남성들에게 순종해야 했다. 이러한 지배와 복종의 개념은 모든 종류의 관계, 특히 성적인 관계와 가정 내의 관계에서 그대로 드러났다.

로마 세계의 대부분의 사람들은 여성들이 남성들에 의해 성적으로 지배되어야 한다고 생각한 것 같다. 이런 견해는 우리에게는 너무 투박하게 들릴 수도 있는 용어로 표현되었다. 즉 남성은 삽입을 하도록 만들어졌고 여성은 삽입을 당하도록 만들어졌다는 것이다. 성적으로 삽입을 당하는 것은 나약함과 굴종의 표시였다. 이런 이유로 성인 남성들 사이의 동성 관계는 사람들의 눈총을 받았는데, 사람들이 동성의 결합에 대해 느끼는 자연적인 혐오감 때문이 아니라─고대 세계에서는 성인 남성들이 소년들, 즉 그들보다 열세인 섹스 파트너들을 두는 것이 흔했다─한 남성이 삽입을 당

도판 24.3 70년경 만들어진, 로마 광장에 있는 베스타 여신의 시중을 드는 처녀. 로마 사회에서 가장 저명한 여성들에 속했던 여섯 명의 성녀들은 로마의 신성한 난로를 지켰고 그 외에 다른 특별한 특권과 책임을 부여받은 여사제들이었다.

하는, 그러므로 종속되는 관계에 있다는 것을 의미했기 때문이다. 지배를 당한다는 것은 권력에 대한 자신의 권리를 잃는 것이었고, 따라서 남성의 주요 덕목인 명예를 잃는 것이었다.

반면에 여성의 덕목들은 그들 자신의 영향권에서 비롯된다. 남성의 덕목이 광장, 사업장, 군대 등 세력 관계의 공공 영역들과 관련이 있는 반면 여성은 집안의 가정 영역과 관련이 있다. 확실히 여성들은 매우 활동적이고 과로를 하며 책임과 의무의 과중한 짐을 지지만, 이것들은 거의 언제나 옷 만들기, 음식 준비, 출산, 자녀 교육, 개인 재정 관리 등 가정과 관련되어 있었다. 남편들이 공적인 일에 신경을 쓰는 동안 부유한

아내들도 가족, 노예, 고용인들에 대한 관리인 역할을 해야 하는 등 상당한 가사의 부담을 짊어지고 있었다.

여성의 미덕들의 가정적 특성으로 인해 그녀는 일반적으로 세간의 이목에서 벗어나 있었다. 적어도 이것이 여성들을 위한 도덕적인 에세이를 쓴 로마 남성들이 여성들에게 촉구한 것이다. 그들은 공개 토론에서 말해서는 안 되었고 남편에 대해 권위를 행사할 수도 없었으며 다른 남자들과 성관계를 맺어서도 안 되었다. 이것은 한 남자가 다른 남자의 아내를 지배함으로써 그녀의 남편의 권력과 명예에 의문을 제기하는 것이기 때문이다.

이러한 이유로 여성들이 남성들에게 어떠한 권력이나 권위를 행사하려는 것은 '자연스럽지 못한' 것으로 생각되었다. 신약성서 시대에 로마 세계에서는 여성들이 어느 정도 권위를 얻게 되는 일들이 점점 더 빈번하게 발생했는데, 그런 여인들은 종종 분수를 모르고, 제대로 된 여성들의 덕목을 지키지 못하며, 지나치게 성적으로 적극적이라고 근거 없는 비난을 받았다.

성 이데올로기와 바울로적 교회들

로마 세계의 성 이데올로기에 대한 우리의 이론적 논의, 즉 그 시대 사람들이 정신적, 사회적으로 양성 간의 차이를 구성하는 방식에 대한 논의는 바울로적 교회들이 점차 여성들을 억압하게 된 것에 대한 배경을 제공해준다. 초기 그리스도교 사회에는 여성 신도들이 남성 신도들에 비해 불균형적일 정도로 많았다. 2세기의 그리스도교 반대론자들은 이것을 끊임없이 물고 늘어졌다. 그들은 과도한 수의 여성 신도들의 존재가 흠이라고 보았지만 놀라운 것은 그리스도교는 그런 수적 불균형을 부인하지 않았다는 것이다. 바울로가 세운 공동체를 포함해 초기 그리스도교 공동체가 유대교 회당이나 지역 상인협회들처럼 사람들의 이목을 끄는 공적인 제도로 시작되지 않았다는 사실을 생각하면 여성 신도들이 많았던 것은 놀라운 일이 아니다. 바울로는 그리스도교로 개종한 사람들이 개인 가정에서 모임을 가지는 가정 교회들을 설립했다.(Box 11.3 참고) 로마 세계에서는 가정에 관한 문제들은 주

Box 24.3 신약성서 필사본 전승 속의 여성들

신약성서의 글들에 기록된 것처럼 초기 그리스도교의 다수 교회들에서 여성이 두드러진 역할을 했음에도 후에는 여성 지도자들이 권좌에서 몰려나고 여성들의 목소리가 억압됐다. 여성들에 대한 점차적인 억압의 움직임은 나중에 만들어진 신약성서 사본들, 종종 여성이 교회의 지도자로서 권위를 행사할 수 있다는 이전의 견해에 동의하지 않은 필사가들이 만든 사본들에서 현저하다. 그들은 여성들을 긍정적인 시각에서 묘사한 구절들을 많이 바꿨다.

우리는 이미 바울로 자신이 여성들도 교회에서 공개적으로 말할 수 있고, 실제로 그렇게 했다는 것을 분명히 한 후 바로 다음 구절인 코린토스인들에게 보낸 첫째 편지 14장 34절–37절(1티모 2:11–15을 본뜬 구절; Box 24.2 참고)에서 여성들에게 침묵을 지키라는, 아마도 후에 삽입된 것으로 보이는 명령을 내리는 데에서 이런 현상의 예를 이미 보았다. 다른 예들로는 다음과 같은 구절들이 있다.

• 사도행전 17장 4절—원문은 바울로의 개종자 가운데 있었던 "출중한 여인들"을 언급했지만, 일부 필사가들은 본문을 바꿔서 그런 개종자들을 "출중한 남성들의 아내들"로 바꿔 남성들에게 스포트라이트를 돌렸다.

• 사도행전 18장—이 장에서 바울로는 프리스킬라(여성)와 아퀼라(남성)를 코린토스 교회의 출중한 그리스도교인 부부라고 여러 차례 말한다. 그러나 필사가들은 종종 아퀼라와 프리스킬라(예: 26절)로 이름의 순서를 바꿔서 여성을 부수적인 역할에 앉혔다. 어떤 경우에는 그녀의 이름을 아예 생략하고 남편만 언급하기도 했다.(예: 18절)

• 콜로사이인들에게 보낸 편지 4장 15절—원래 저자는 님파("님파와 그녀의 집 안에 있는 교회")라는 이름의 여인의 집에서의 교회 모임을 이야기했는데, 한 필사가가 그녀의 이름을 남자 이름인 님파스로 바꾸고 그녀의 집이 아닌 그의 집에서 모임을 가진 것으로 바꾸었다.

• 로마인들에게 보낸 편지 16장 7절—원래 원문에서 바울로는 안드로니코스(남자)와 유니아(여자)에게 안부를 전하는데, 그는 그들을 "사도에게 유명히 여김을 받고 또한 나보다 먼저 그리스도 안에 있는" 사람들이라고 칭한다.(그럼으로써 유니아를 중요한 사도로 인정한다.) 그러나 일부 필사가들은 본문을 약간 바꿔서 바울로가 안드로니코스와 유니아를 자신의 "친족"으로 맞고 난 후 "사도들 가운데 으뜸가는 자들"에게 인사를 한다. 이제 유니아의 사도적 지위는 찾아볼 수 없다!

이러한 종류의 변경들은 전승 전반에 걸쳐 일어난다. 그것들은 후기 그리스도교의 필사가들이 초대 교회에서 여성들이 누렸던 높은 위상을 못마땅하게 여겼다는 것을 보여준다.

로 여성들에 의해 처리되었다. 물론, 남편은 재정에서부터 가정 종교에 이르기까지 모든 것에 대한 궁극적인 권한을 가지고 있는 집안의 가장이었지만, 집은 공공이 아닌 사적인 공간이었기 때문에 대부분의 남성들은 그들의 아내들이 비교적 자유로이 마음대로 일을 처리할 수 있도록 허락했다. 만약 바울로의 교회들이 사저, 즉 여성들이 어느 정도 관할권을 가지고 있는 공간에서 모임을 가졌다면 여성들이 종종 그의 교회에서 권위를 행사한 것은 별로 이상한 일이 아니다. 그렇게 그녀들의 개입 가능성이 높아진 것이 아마도 많은 여성들이 애초에 그리스도교에 끌리게 된 이유 중 하나일 것이다.

그렇다면 왜 여성의 역할이 점차 축소되었을까? 개별 교회들의 규모가 커지면서 더 많은 남성들이 참여하게 되었고 교회 내 활동들이 보다 공적인 분위기를 띠게 된 것이 이유일 수도 있다. 고대 성 이데올로기에 물든 사람들은 개종할 때 그들의 생각을 가지고 와 교회에 주입했다. 이러한 견해들은 그들이 가진 정체성의 일부분이었기에 의심할 여지 없이 자연스럽고 옳은 견해로 받아들여졌다. 그리고 그런 생각들은 항상 그리스도교의 다른 근거를 통해 정당화될 수 있었다. 예를 들어, 그들이 물려받은 유대교 성서는 여성들의 권리를 거부하는 것을 정당화하는 데 사용될 수 있었다. 유대교 성서는 그 자체가 고대 세계의 산물이었고, 비록 다른 방식이기는 하지만 로마 세계만큼이나 굴종의 이데올로기를 주장했던 이스라엘 세계에 뿌리를 두고 있었다.

고조되는 긴장감의 결과로, 일부 바울로주의자들은—그들 중 많은 이들이 여성들이었다—그들의 문화에 지배적이었던 양성 관계에 대한 관점이 "그리스도 안에" 있는 사람들에게는 더 이상 적절하지 않다고 주장하기 시작했다. 사방에서 그들에게 가해지는 사회적 압력에 대응하여 이들은 결혼을 하지 않고 성적인 금욕과 함께 그들에게 가하는 제약으로부터의 자유를 주장했다. 게다가 그리스도에 의해 모든 형태의 악으로부터 해방되었기 때문에 자신들은 더 이상 공개적으로 할 수 있는 일에서 제한을 받지 않고, 남자들만큼 가르치고 권위를 행사할 수 있는 권리와 능력을 가지고 있다고 주장했다.

유감스럽게도 그들의 견해는 결코 완전히 현실에 뿌리내리지 못했다. 사실 그들의 생각은 어떤 면에서 보면 스스로를 파괴할 씨앗을 품고 있었는지도 모른다. 이 독신주의 그리스도교인들은 아이들이 없었기에 그들의 견해를 따르는 다음 세대의 신자들을 길러낼 수 없었을 것이다. 시간이 지나면서 애초에 평등의식을 낳았던 종말론적 희망이 줄어들면서 사람들이 확고하게 지녀왔던 성 이데올로기가 바뀌게 될 가능성은 거의 없어 보였다.

교회에서 여성들이 권위를 행사할 권리를 옹호하는 사람들은 남성들에게서뿐만 아니라 거의 모든 방향에서 반대에 부딪히게 되었다. 오늘날도 마찬가지이지만 고대의 여성들은 남성들만큼이나 무엇이 옳고 그르고, 자연스럽고 부자연스럽고, 적절하고 부적절한지 결정하는 그들의 문화에 의해 구속받았다. 문화적 현상 유지를 지지하는 사람들은 교회에서 여성들이 더 높은 지위에 있어야 한다고 주장하는 사람들뿐만 아니라 바울로와 예수 자신과도 근본적으로 다른 방향으로 바울로의 메시지를 받아들였다. 종말론적인 열정은 줄어들기 시작했고(목회 서신에서 얼마나 그것이 잠잠해졌는지 주목하라) 교회의 규모와 힘은 커져갔다. 계층과 구조, 공적인 임무, 공적인 목소리 그리고 공적인 관계에 대한 관심과 함께 교회는 점점 더 공공의 차원으로

Box 24.4 초기 그리스도교의 여성들

1. 여성들은 예수의 사역에 적극적으로 참여했다.
2. 예수는 분명히 여성을 위한 사회개혁을 주장하지 않았지만, 억압받는 자들을 위한 미래의 왕국에 대한 그의 메시지는 자신들이 이 세상에서 이류 시민의 취급을 당하고 있다고 느끼는 여성들에게 매력적이었을지도 모른다.
3. 바울로의 교회에서 여성들은 선교사이자 지도자로서 중요한 역할을 맡았고, 바울로는 그리스도 안에서 남성과 여성의 차별이 없어졌다고 주장했다.
4. 그러나 바울로는 여성을 위한 사회개혁을 주장하지는 않았다. 대신에 그는 남성과 여성이 그들의 독특한 성 역할을 유지해야 한다고 주장했다.
5. 여성의 역할에 대한 바울로의 애매한 입장은 그의 사후, 여성 평등을 주장하는 교인들과 여성의 남성에 대한 예속을 주장하는 교인들의 분열로 나타나게 되었다. 결국 후자의 관점이 주류 그리스도교의 지배적인 사상이 되었다.
6. 초기 그리스도교 공동체에서 여성들이 더 두드러진 역할을 누렸을 수도 있는데, 이는 교회가 여성들의 영향권인 가정에서 모임을 가졌기 때문이다. 그러나 교회들이 더 공개적인 영역으로 옮겨가면서 남성들이 좀 더 주도권을 지니게 되었고 여성들의 영향력을 제거하게 된 것으로 보인다.

자리를 잡아갔다. 다시 말해서 교회는 오랜 세월 세상에 존재하도록 자리 잡았고, 사회의 억압적인 제약으로부터 여성들에게 상대적인 자유를 제공했던 종말론적인 메시지는 공동체의 삶에서 그녀들의 중요한 역할을 인정해달라고 교회 권력자들에게 호소했던 이들과 함께 뒷전으로 밀려났다.

여성들은 교회에서 할 수 있는 일에 제한을 받게 되었다. 여성들은 더 이상 전도하거나 가르치거나 권위를 행사할 수 없게 되었다. 이것들은 남성들만 할 수 있는 공적인 활동이 되었다. 여성들은 그들에게 '자연스러운' 일, 즉 정숙하게 집에 머물면서 남편에게 전적으로 순종하며 아이들을 낳고, 더 약하고 덜 완벽한 인류의 일원으로서의 역할을 다해야 했다. 로마의 양성 관계에 관한 이데올로기는 그리스도교에 수용되었고 바울로의 종말론적 비전이 지녔던 사회적 함의는 바울로의 교회에서 주변으로 밀려난 사람들 사이에서만 존재하다 사라졌는데 그런 주변인들, 여인들의 이야기는 성서를 통해서가 아닌 우연한 발견에 의해서 지금까지 전해져왔다.

25장

그리스도교인들과 유대인들

히브리인들에게 보낸 편지, 바르나바의 편지, 그리고 후기 반유대적 문헌들이 장은 서양 문명의 역사에 있어서 통렬한 질문들 중 하나를 다룬다. 한 유대교 종파—그것의 창시자가 그의 추종자들에게 유대 율법을 풀어 설명했던—가 어떻게 한 세기도 안 되어 노골적으로 반유대적인 종교가 되었을까? 어떻게 그리스도교가 유대인 예수로부터 반유대적인 교회로 수십 년 만에 바뀐 것일까?

우리는 새로운 그리스도교 신앙과 유대교의 관계를 명시적으로 다룬 초기 그리스도교 저작들 중 두 가지—신약성서의 히브리인들에게 보낸 편지와 외경 바르나바의 편지—를 살펴봄으로써 이 문제를 고려해볼 것이다. 이 두 권의 책은 그리스도교와 유대교에 대해 서로 다른 결론에 도달하지만 어떻게 초기 그리스도교인들이 유대인의 뿌리에서 떨어져 나와 유대인과 그들의 종교에 대해 적의에 찬 그리스도교 신학을 형성하게 되었는지를 보여주는 데 있어 중요하다.

지금껏 우리는 복음서, 사도행전, 바울로가 쓴 것으로 알려진 편지들을 살펴보았으므로 이제 신약성서의 남은 책들, 즉 공동 편지들Catholic Epistles과 요한 묵시록을 살펴볼 수 있게 되었다. "공동"이라는 용어는 현대 독자들에게 혼란을 줄지도 모른다. 이 책들은 로마 카톨릭 신자들에 의해서만, 혹은 그들을 위해서만 쓰인 것이 아니다. 여기에서 "카톨릭catholic"은 "보편적인" 또는 "일반적인"이라는 의미이며, 이 책들은 때로 "일반 편지"라고도 불린다. 특정한 신도들의 특정한 문제들을 다룬 것으로 생각되어온 바울로의 편지들과는 대조적으로 이 편지들은 시대가 지나면서 모든 곳의 그리스도교인들이 경험해온 보편적인 문제들을 다룬 것으로 간주되어왔다.

그러나 엄밀히 말하면 "일반 편지"는 일반적인 문제를 다루는 편지만은 아니다. 우리는 이 중 세 개의 편지들(요한의 첫째, 둘째, 셋째 편지)이 특정 공동체의 특정 문제들을 다루고 있는 것을 이미 확인했다. 게다가 그중 하나인 요한의 첫째 편지는 실은 편지조차 아니었다. 이 책들을 연구하기 위한 성과 있는 방법 중 하나는 그것들이 쓰인 기간 동안 일반적으로 그리스도교인들이 경험하게 되었던 문제들을 이런 책들이 어떻게 다루는지 살펴보기 보기 위해 좀 더 폭넓은 역사적 맥락에 그들을 위치시키는 것이다. 이러한 문제들 중 많은 것들이 이미 우리 연구에서 드러났다. 그것들은 (1) 초기 그리스도교인들과 비그리스도교 유대인들과의 관계, (2) 초기 그리스도교인들과 적대적인 이교도들pagans과의 관계, (3) 초기 그리스도교인들 중 빗나가는 구성원들의 문제 그리고 (4) 초기 그리스도교인들과 우주cosmos의 역사 그 자체와의 관계들을 포함한다. 여기에서는 이러한 관계들 중 첫 번째 관계를 살펴보고 나머지는 26-28장에서 다루기로 한다.

예수와 그의 초기 제자들이 유대인이었고 신약성서의 저자들은 모두 그리스도교가 유대교에서 비롯되었다고 이해하고 있었지만 시간이 지나면서 예수를 믿는 유대인들과 이방인 신자들 사이에 갈등이 일어났다. 유대계 그리스도교인들이 이방인들Gentiles을 그들의 새로운 신앙으로 개종시키며 이방인 신자들은 유대교 관습과 관행을 따르지 않아도 이스라엘에 주어진 약속의 계승자가 될 수 있다고 주장하면서 긴장이 고조되었다. 이에 따른 사회적 갈등은 새로 떠오르는 그리스도교 공동체에 신학적인 어려움을 야기했다. 만약 이방인들이 그리스도교인이 되기 위해 유대인이 될 필요가 없다면, 그들은 (그리고 교회 내의 유대인 출신 그리스도교 형제자매들은) 유대교와 자신들이 어떤 관계에 있다고 이해했을까?

초기 그리스도교의 글들에서 이러한 문제들이 어떻게 해결되었는지 살펴보기 전에, 우리는 초기 그리스도교인들이 어떻게 자신들을 유대교와 구별되는 사회적 집단으로 이해하고 있었는지에 관한 보다 일반적인 문제를 검토해야 한다. 현대 사회학 용어를 사용하자면, 이것은 그리스도교의 "자기 정의self-definition"의 문제와 관련된다.

초기 그리스도교인들의 자기 정의

자기 정의란 어떤 개인들의 집단이 자신을 구별되는 집단으로 이해하는 과정이다. 우리 각자는 여러 사회집단에 속해 있다. 우리는 가족의 일원, 대학이나 전문학교의 학생, 주나 국가의 국민, 교회, 유대교 회당 또는 기타 종교 단체의 일원, 기타 다른 학술, 종교 또는 시민 단체의 회원일 수 있다. 이런 각각의 소셜 네트워크는 회원들의 공통점, 그들과 외부인들과의 차이점에 관련해 스스로를 이해하고 정의하는 방식들을 가지고 있다. 내부자들과 외부인들 간의 이러한 경계들이 한 그룹의 자기 정의의 일부이다.

어떤 사회집단들은 잘 정의된 경계들을 가지고 있고, 어떤 사회집단들은 꽤 느슨한 경계들을 가지고 있다. 예를 들어, 엄격한 근본주의 성서를 가진 교회의 신도들은 누가 신앙 공동체 안에 있고 누가 밖에 있는지 매우 확고하게 알 수 있다. 이 교회에 소속되기 위해서는 사람들은 특정한 믿음(예를 들면, 성서를 무류한 하느님의 말씀으로 믿고 그리스도의 재림을 믿는 것)을 확고히 지녀야 하고 반드시 특정한 행위(예를 들면, 이 특정한 교회에서 세례를 받고 일요일에 두 번, 수요일 저녁에 한 번 예배에 참석하는 것)에 참여해야 한다. 그런 일을 하는 사람들은 "구원받은 사람들"(내부인들)에 속하고 그렇지 않은 사람들은 "길을 잃은 사람들"(외부인들)에 속한다.

이러한 엄격한 자기 정의의 형태는 진보적인 장로교회의 그것과 뚜렷한 대조를 이룬다. 예를 들어, 진보적인 장로교회의 교인들은 왜 자신들이 그리스도교인인지, 일반적으로 장로교인이라는 것이 무슨 의미인지 알고 있겠지만, 자신들만이 신의 선택을 받았다거나 자신들 중의 몇 사람이 길 건너 감리교회로 가는 것을 되돌릴 수 없는 비극이며 용서할 수 없는 죄가 될 것이라고는 전혀 생각하지 않는다.

모든 사회집단은 그것의 구성원이 되는 것이 무엇을 의미하는지 그리고 그 집단에 속한 것이 어떻게 한 사람을 외부인들로부터 구별되게 만드는지를 설정함으로써 자신들을 정의한다. 이런 사정은 인간 사회가 존재하는 한 변함이 없었다. 그리스도교 초기에 한 무

Box 25.1 그리스도교인과 유대인에 관한 상반된 견해

2세기 중반 그리스도교인들 사이에서는 유대교에 대한 다양한 이해들이 있었다.(1장 참고) 한 극단에는 에비온파Ebonites와 같은 유대계 그리스도교인 양자론자들adoptionists이 있었는데 그들은 이스라엘의 신을 유일한 신으로 숭배하고 예수를 그의 아들로 숭배했다. 이 그리스도교인들은 할례, 안식일 준수 그리고 유대인의 음식 정결례와 같은 모든 율법의 세부 사항들을 지키기 위해 노력했다. 다른 한 극단에는 마르키온Marcion이 있었는데 그는 유대 신은 열등한 신이고, 예수는 이 신과 관계가 있는 것이 아니라 더 높은 진정한 신을 대표했으며, 유대 율법은 유대인들을 향한 속박의 한 형태지만 그리스도교인들에게는 절대 그렇지 않다고 주장했다.

물론 이러한 이질적인 견해들은 2세기 중반에 갑자기 불쑥 나타난 것이 아니다. 각각의 견해는 오랜 역사를 가지고 있었다. 유대계 그리스도교인 양자론자들은 복음서에서 자신들의 견해를 발견했다고 주장했는데, 그것은 마태오의 복음서 5장 17~20절의 내용, 즉 예수가 그의 추종자들은 서기관과 바리사이파들보다 율법을 더 잘 지켜야 한다고 말한 내용과 매우 유사했다. 마르키온은 갈라티아 사람들에게 할례를 받지 말라고 촉구한 바울로의 글에서 자신의 견해를 발견했다고 주장했다. 만약 그들이 할례를 받는다면 그들은 전체 율법을 따라야 할 의무가 있기 때문이다.(갈라 5:2~3)

이 차이점들은 흥미로운 가설적인 질문을 제기한다. 마태오와 바울로를 소환해서 예수를 믿는 사람들이 유대 율법을 따라야 하는지에 대해 공동의 입장을 밝히는 문서를 만들도록 지시했다고 가정해보자. 그들은 합의를 이끌어낼 수 있었을까?

리의 유대인들이 메시아messiah가 그들에게 왔고, 그가 죽었다가 살아났으며, 그를 믿음으로써 하느님 앞에 올바르게 설 수 있다고 믿는 점에서 그들 자신이 다른 유대인들(그리고 기타 모든 사람들)과 다르다는 것을 이해했을 때도 마찬가지였다. 이러한 믿음들은 그 집단을 특징짓고 그것을 다른 모든 사회집단들과 구별하는 데 도움을 주었다. 하지만 그 집단이 점점 더 엄격하게 자신을 규정하기 시작하고 그것의 외부에 있는 사람들이 그들의 신념과 행동에 대해 적대적이 되면서(10장에서 우리가 요한 공동체에 대해 논했던 것을 기억하라) 결국 격렬한 갈등이 나타났다. 그들이 사람들에게 개종을 요구하고, 세례와 같은 독특한 입문 의식을 행하고, 성찬식과 같은 주기적인 의식들을 지키고, 집단의 모든 구성원들이 고백해야 할 독특한 일련의 믿음들을 고안하고 외부에 남아 있는 사람들을 정죄하자 그들에 반대하는 사람들이 생겨났고 이런 사회의 움직임에 대면한 그리스도교는 더욱 안으로 움츠러들었다.

그리스도교가 성장해감에 따라 그리스도교는 그것이 출현한 유대 세계뿐만 아니라 그리스도교가 침입해 들어가 많은 개종자를 끌어모으기 시작한 다신론적 세계와 관련해서도 스스로를 정의해야만 했다. 때때로 자기 정의의 이러한 다양한 측면들은 서로를 강화시킨다. 관련된 많은 문제들 중 하나만 지적해보자. 우리가 살펴보았듯이 그리스 로마 시대에는 유대인들이 다소 이례적 존재들이었다. 우선, (1) 그들은 오직 하나의 신, 즉 이스라엘의 신을 숭배해야 한다고 주장했고, (2) 그들은 율법의 일부로서 이 신이 명령한 고대의 관행들, 즉 남성의 할례, 안식일 준수 및 식단 제한들과 같은 것들을 지켜왔다. 로마 사회에서 모든 사람들은 국가 신들의 숭배cult에 참여해야 했지만 유대인들은 고대부터 그러한 행위들에 참여를 금지했던 관습을 가진 오랜 민족이었기 때문에 그로부터 면제되었다.

그 후에 그리스도교인들이 나타났는데, 그들 대부분은 이교도들 출신이었으므로 외부인들에게는 그들이 유대인처럼 보이지 않았다. 그들은 안식일에도 일하고 돼지고기를 먹었으며 남자들은 할례를 받지 않았다. 그러나 그들은 자신들이 유대인의 하느님만을 숭배한다고 주장했다. 사실 그들은 자신들이 하느님의 새로운 민족이라고 주장했다. 그들은 국가 신들을 숭배하기를 거부했지만 그들에게는 유대인들의 전통—그들 대부분이 지키지 않는 것처럼 보였던 할례나 음식 정결례 등—외에는 내세울 만한 조상들의 전통이 없었다. 만약, 제국의 도시들에서 지진이나 기근, 전염병 등 재난이 발생한다면, 그래서 신들이 그들을 섬기지 않는 사람들에게 분노한 것이라는 주장이 제기된다면, 유대인들처럼 내세울 조상들의 전통도 없던 그리스도교인들이 비난을 받을 수밖에 없었다.

거의 모든 사람들이 새로운 종교는 진실할 수 없고 배타적인 종교는 국가에 의해 보호받을 수 없다고 생각하는 세상에서, 그리스도교인들은 자신들을 지키기 위해 자신들의 종교가 최근에 생긴 것이 아니라 고대 이스라엘의 저자들이었던 모세와 예언자들만큼이나 오랜, 존경받을 만한 것임을 설명해야 했다. 이러한 자기 정의의 행위는 적어도 어느 정도 홍보 목적으로, 즉 정치적 이익을 위해 행해졌다. 만약 그리스도교인들이 이스라엘에게 주어진 약속의 진정한 계승자라면 그들은 박해를 면할 수 있었다.

하지만 자기방어의 필요성은 그리스도교인들이 유대교와의 관계에서 집단 정체성을 발전시킨 하나의 측면일 뿐이다. 그리스도교인들이 개종한 사람들에게 그들이 받아들인 새로운 신앙의 몇 가지 기본적인 내용을 설명해주어야 하는 것과 같은 다른, 좀 더 내부적인 측면들도 있었다. 옛날 유대인들을 자신의 백성으로 선택했던 하느님이 어떻게 지금 다른 사람들, 즉 그리스도교인들을 선택한 것일까? 예수를 믿지 않는 유대인들과 예수를 믿는 사람들은 어떤 관계일까? 그리고 유대교 성서와 그들은 어떤 관계에 있는 것일까?

우리는 이미 다양한 그리스도교인들이 이 질문들에 대해 다양한 방식으로 대답한 것을 보았다. 에비온파와 마르키온의 생각은 물론 마태오, 루카, 사도행전, 갈라티아인들에게 보낸 편지, 에페소스인들에게 보낸 편지에 대한 우리의 논의를 상기해보라(Box 25.1 참고) 우리가 초기 그리스도교인들이 쓴 다른 두 글, 즉 성서에 실린 히브리인들에게 보낸 편지와 성서에 실리지 못한 바르나바의 편지Epistle of Barnabas로 눈을 돌리면 그들 사이의 차이는 더욱 분명해진다.

연속성과 우월성: 히브리인들에게 보낸 편지

히브리인들에게 보낸 편지는 유대 율법을 부분적이고 불완전하며 사람들을 하느님 앞에 바로 서게 할 수 없다고 묘사하고 있다. 히브리인들에게 보낸 편지에 의하면 구약성서 예언자들도 구약의 불완전함을 인식했는데, 그들은 구약이 할 수 없었던 일을 이루기 위해 하느님이 새로운 언약을 세울 것이라고 예언했다. 이 새로운 서약은 모세의 법에서 예견되었고 예수의 사역에 이르러서야 비로소 실현되었다. 예전의 약속은 이제 사라졌고 신자들은 새로운 약속에 집중해야 한다.

책, 저자 및 청중

히브리인들에게 보낸 편지에는 보통 '편지'라는 딱지가 붙지만, 이것은 아주 적절하지는 않다. 비록 그 책이 편지의 종결부(히브 13:20-25)를 가지고 있지만, 편지의 서문은 없다. 저자는 자신이나 그의 편지의 대상자들을 밝히지 않으며, 그들을 위한 기도, 축복, 감사도 하지 않는다. 게다가 저자는 그의 글을 편지가 아니라 "권고의 말"(13:22)이라고 표현한다. 이것은 책의 내용을 적절히 요약한 것으로 대부분의 학자들은 이 때문에 이것이 원래 설교자가 신도들에게 설교를 한 것이라고 생각하게 되었다. 저자는 소리 내어 읽을 수 있도록 글을 쓴 것일 수도 있고, 또는 아마도 자신이 설교한 것을 적어놓았을 수도 있다. 만약 히브리인들에게 보낸 편지가 원래 설교였다면 마지막에 나오는 축도, 권면, 여행 계획, 마지막 인사 그리고 작별 인사(13:20-25)는 저자에 의해, 또는 그것이 보내진 다른 공동체의 누군가가 책을 읽은 후 덧붙여놓은 것일 수 있다. 티모테오가 마지막에 언급되었다는 사실은 특히 흥미롭다.(13:23) 우리는 이것을 보고 바울로가 이 설교를 썼다고 추론해야 할까?

그 책은 바울로가 썼다고 명시적으로 주장하지 않으며 신약성서처럼 익명으로 되어 있다. 하지만 3세기와 4세기의 그리스도교인들이 바울로가 책의 저자라고 확신하게 된 후 성서에 포함되었다. 거의 모든 현대의 학자들은 바울로가 히브리인들에게 보낸 편지를 쓰지 않았다는 데 동의한다. 우선 글의 스타일이 바울로의 글과 다르며 거기에서 다루고 있는 주요 주제들(구약시대의 대사제직과 유대의 희생제물 제도 등)은 바울로가 강조는커녕 거의 언급하지도 않았던 것들이다. 게다가 이 글의 저자가 "신앙"(11:1)과 같은 중요한 용어를 이해하는 방식은 바울로의 글에서 발견되는 것과 현저하게 다르다. 그래서 누가 이 책을 썼는지 말하기는 어렵다. 오랜 세월 동안 바르나바, 아폴로스, 프리스킬라와 같은 초기 그리스도교 명사들을 포함한 많은 사람들이 저자로 제안되었다. 어쩌면 3세기의 유명한 그리스도교 학자인 알렉산드리아의 오리게네스Origen의 주장, "누가 그것을 썼는지는 신만이 안다"가 정답일 것이다.

우리는 그 책의 독자들에 대해 더 많은 정보를 얻을 수 있는 위치에 있다. 그들은 순교에까지 이르지는 않았지만(12:4) 투옥과 재산 몰수(10:32-34) 등 신앙 때문에 심각한 박해를 받은 그리스도교인들이라고 추정된다. 고대부터 이 책의 제목은 '히브리인들에게 보낸 편지'였지만, 이 박해받은 그리스도교인들이 유대인이었는지 아니면 이방인이었는지에 대해서는 확실히 알 수 없다. 저자는 처음 그들이 그리스도교인들로 받아들여졌을 때 받았던 지시를 상기시키며 하느님에 대한 신앙, 죽은 이의 부활에 대한 믿음 그리고 영원한 심판(6:1-2)과 같은 문제들을 언급한다. 만약 그들이 그리스도교로 개종한 유대인들이었다면 그들은 그런 것들에 대해 이미 잘 알고 있었을 것이다. 아마도 그들은, 아마도 앞서 언급한 것과 비슷한 이유들, 즉 그리스도교 신앙 때문에 지역 관리들이 인정해줄 수 있는 유대인의 뿌리도 없었지만 국가 신들을 숭배하는 것을 거부하여 박해를 겪은 이방인 개종자들이었을 가능성이 더 높아 보인다.

저자는 그들에게 그리스도교가 유대교보다 우월하다는 것을 보여주기 위해 글을 쓰고 있다. 아마도 그는 청중들이, 박해를 피하기 위해, 그리스도교에서 유대교로 개종하려는 유혹을 느낄까봐 걱정하고 있었을지도 모른다. 유대교를 위해 예수를 버린다는 것은 그가 판단하기에 심각한 실수일 것이다. 그렇게 하는 것은 구원 그 자체보다는 하느님의 구원의 예표를 선택하고, 그리스도 안에서의 완벽하고 완전한 약속의 성취보다는 유대교 정경의 흠 있고 불완전한 종교를 택하는 것이다. 이 저자에게 그리스도는, 그들의 성스러운 글에 이미 나와 있는 것처럼 유대 종교의 연속선상에 있다. 그러나 그는 모든 면에서 그 종교보다 우월하다. 게다가 그만이 줄 수 있는 구원을 거부하는 사람들은 하느님의 진노에 처해질지도 모른다.

설교의 가장 중요한 주제: 그리스도의 우월성

그리스도와 그가 가져다주는 구원의 우월성은 설교 전반에 걸쳐 계속 후렴처럼 들려온다. 저자가 강조하는 다음과 같은 점들을 고려해보라.

그리스도는 예언자들보다 우월하다(1:1–3) 예전에는 유대인 예언자들이 하느님의 대변자였지만 지금은 하느님이 자신의 완벽한 형상인 자신의 아들을 통해 말한다.

그리스도는 천사보다 우월하다(1:4–11; 2:5–18) 구약성서에 언급된 천사들은 하느님의 전령들로서 탁월하지만 그리스도는 하느님의 천상의 보좌 옆 권능의 자리에 오른 바로 그 아들이다. 천사는 구원받을 예정인 사람들을 위한 일꾼이지만, 그리스도는 그의 고통을 통해 실제로 이 구원을 가져온 하느님의 아들이다.

그리스도는 모세보다 우월하다(3:1–6) 모세는 "하느님의 집"에서 종이었지만, 예수는 그 집의 아들이다.

그리스도는 여호수아보다 우월하다(4:1–11) 여호수아는 약속의 땅이 정복된 후 이스라엘 국민에게 평화를 주었지만, 성서에 나타나 있듯이 이스라엘 백성들은 하느님에게 순종하지 않았기 때문에 그 평화를 완전히

Box 25.2 히브리인들에게 보낸 편지에 나타나는 그리스도에 대한 다양한 견해

우리는 2세기 언제쯤에 그리스도교인들이 예수가 신인지 인간인지 아니면 둘 다인지에 대해 논쟁하기 시작했다는 것을 알고 있다. 히브리인들에게 보낸 편지와 같은 책은 그런 토론에서 모든 사람들에 의해 자신들의 주장을 지지하는 근거로 사용될 수 있었다. 그곳에는 신약성서 어디보다도 더 그리스도를 높이는 것처럼 보이는 구절들이 있다. 독자들은 신약성서의 어떤 곳에서도 예수가 명시적으로 "하느님"이라고 불리는 경우가 드물다는 것을 알 것이다. 그러나 히브리인들에게 보낸 편지 1장 8절은 하느님이 그의 아들을 "하느님"이라고 부르며 말하는 시편을 인용한다. "그러나 아들에 관해서는 이렇게 말씀하셨습니다. '당신은 하느님이십니다. 당신의 왕권은 영원무궁하시며 당신이 잡으신 지팡이는 정의의 지팡이입니다.'"

이것은 그리스도 자신이 하느님이라는 명백한 진술이 아닐까? 한 가지 어려움은 이 구절의 그리스어가 다른 방식으로 번역될 수 있다는 것이다. 예를 들어, "그러나 아들에 대해서 하느님은 '하느님은 영원토록 너의 보좌이다'라고 말씀하셨습니다"라고 번역될 수도 있다.

한편 히브리인들에게 보낸 편지의 다른 구절들은 예수가 완전한 육체와 피를 가진 사람이라는 것을 보여주기 위해 후기 그리스도교 논쟁에서 반대편에 의해 사용되기도 했다. 가장 눈에 띄는 구절 중 하나는 5장 7절인데, 여기에서는 예수가 하느님("당신을 죽음에서 구할 수 있는 분")한테 자신을 죽음으로부터 구원해달라고 간청하며 "큰소리와 눈물로 기도하고 간구"하며 죽었고, 그가 고통을 통해 '복종'을 배웠다는 것을 보여준다. 이것은 몇몇 복음서들(예를 들면 루카의 복음서와 요한의 복음서)에 나오는 침착하고 확신에 찬 예수의 모습은 아니다. 여기에서 예수는 거의 발버둥 치고 소리를 지르며 십자가로 끌려가는 것처럼 보인다.

물론, 다른 2, 3세기 그리스도교인들은 히브리인들에게 보낸 편지에 있는 이런 두 종류의 구절들이 어떤 방식으로든 논리적으로 조화되어야 한다고 주장할 수도 있었다. 예를 들어, 예수는 평범한 인간으로 시작했지만 신성함으로 높여졌다고 주장하거나(필리 2:6–10) 또는 예수가 인간이면서 동시에 하느님이었다고 주장하는 것이다.

히브리인들에게 보낸 편지 저자 자신이 이러한 논쟁에 어떻게 반응했을지, 혹은 자신이 쓴 것으로 보이는 서로 다른 견해들을 어떻게 조화시켰을지, 유감스럽게도 우리는 결코 알 수 없을 것이다.

누릴 수 없었다. 그리스도는 더 완벽한 평화를 가져온다.

그리스도는 유대 사제보다 우월하다(4:14-5:10; 7:1-29) 유대 고위 사제들처럼 예수는 하느님 앞에서 중재자가 필요한 인간의 약점을 몸소 알고 있었지만, 고위 사제들과는 달리 그는 죄가 없고 백성을 대표하기 전에 자신을 위해 희생물을 바칠 필요가 없었다. 그는 레위의 조상인 아브라함이 그의 재화의 10분의 1을 지불하며 예우했던 불가사의한 인물인 멜키체덱Melchizedek(시편 110:4)의 계통을 잇는 사제로 성서에 약속된 존재이기 때문에 레위 자손 사제들보다 우월하다. 이러한 이유로 그의 조상에 의해 대표되었던 레위 자신은 멜키체덱과 그의 자손보다 열등하고 종속적이었다. 만약 레위파 성직자들이 하느님의 백성을 완벽하게 만들 수 있었다면 하느님은 멜키체덱 계통의 사제를 세상으로 보내겠다고 약속하지 않아도 되었을 것이다. 게다가 그리스도는 이들 다른 사제들보다 우월한데, 왜냐하면 그들은 수적으로 많지만 그는 혼자이고 그래서 그들처럼 희생을 반복하지 않고 단 한 번의 희생이면 되었기 때문이다.

그리스도는 우월한 언약의 일꾼이다(8:1-13) 하느님은 성서에서 새로운 언약을 가져오기로 약속했다.(예레 31:31-34) 이것은 유대인들과 맺은 오래된 언약이 시대에 뒤떨어지고 불완전하다는 것을 보여준다. 그리스도는 이 새로운 언약의 일꾼이다.

그리스도는 더 우월한 성막의 일꾼이다(히브 9:1-28) 유대인의 제물이 바쳐진 지상 성막tabernacle은 하늘의 모델에 따라 지어졌다. 유대 사제들과는 달리, 그리스도는 이 세상에 있는 복제품에서 사역을 하지 않아도 되었다. 그는 그의 제물을 하늘의 진짜 성소에, 하느님 앞에 직접 가져다 놓았다.

그리스도는 탁월한 희생제물이 되었다(10:1-18) 예수의 희생은 유대교 성직자들이 해마다 바쳐야 했던 희생과는 달리 완벽했다. 그의 죽음은 죄의 완전한 용서를 가져왔다. 그러므로 더 이상 희생을 바칠 필요가 없어졌다.

저자의 증명 방법

마태오의 복음서의 저자와 마찬가지로 히브리인들에게 보낸 편지의 저자도 유대교 성서에 기초해 예수를 이해했다. 이것은 유대 종교가 제공하는 어떤 것보다도 예수가 우월하다는 그의 주장을 생각하면 다소 역설적으로 보일 수 있다. 하지만 우리가 이미 봤듯이, 히브리인들에게 보낸 편지의 저자는 그가 알고 있는 유대교가 불충분하고 시대에 뒤떨어진 것이라는 것을 보여주기 위해 유대교 성서를 사용한 유일한 그리스도교 작가는 아니었다. 예를 들어, 사도 바울로도 유대교의 율법 자체가 율법과 상관없이 신앙만으로 칭의justification of faith를 받을 수 있다는 자신의 교리를 가르쳐준다고 주장했다. 히브리인들에게 보낸 편지의 저자는 다른 방향을 택하고 있다. 그는 성서가 이전에 일어났던 모든 것을 능가할 미래의 하느님의 행위를 예표했다고 주장한다. 마태오와 비슷하게 그는 이 예표를 두 가지 방식으로 개념화하는데, 그것은 실현되어야 할 예언prophecy으로서 그리고 현실로 이루어져야 할 예표로서다.

예언의 성취 히브리인들에게 보낸 편지의 저자는 하느님이 유대 종교를 대체할 새롭고 더 나은 무언가를 계획했다는 것을 보여주기 위해 여러 번 유대 성서의 예언을 사용한다. 이 새로운 것은 물론 유대교와 연속선상에 있을 것이다. 그렇지 않다면 저자가 유대 성서를 인용할 이유도 없을 것이다. 그 새로운 것은 어쨌든 그것이 대체할 것보다 더 우월할 것이다. 저자의 의도는 그가 구약성서를 가장 길게 인용한 곳(예레 31:31-34)에서 명백히 드러난다.

만일 사람들이 첫 계약을 흠없이 이행했더라면 또 다른 계약이 필요하지 않았을 것입니다. 그러나 하느님은 그들을 탓하시면서 이렇게 말씀하셨습니다. "내가 이스라엘 집안들과 유다 집안들과 더불어 새 계약을 맺을 날이 올 것이다. (……) 그들이 내 계약을 지키지 않았으니 나도 그들을 돌보지 않았다." 이것은 주님의 말씀이다. (히브 8:7-9)

그는 세 구절 더 이어지는 인용문을 "하느님이 새 계약이라는 말씀을 하심으로써 첫 계약은 낡은 것이 되었습니다. 낡아지고 오래된 것은 곧 사라지게 마련입니다"(8:13)라는 말로 끝맺는다. 다시 말해서 성서는 그것에 명시된 오래된 종교를 무효로 만들 새로운 언약을 하느님이 세울 것이라고 예언했다. 저자의 판단으로는, 이제 그리스도 안에서 성서의 예언이 실현되었다.

그림자-현실 히브리인들에게 보낸 편지 저자는 또한 실체가 예표보다 우월한 것처럼 그리스도가 유대인들의 종교보다 우월하다고 이해한다. 그는 이런 주장을 명확히 하기 위해 두 가지 사례를 든다. 구약의 성막(8:5)과 율법 그 자체(10:1)가 그것들이다. 그것들은 모두 현실의 그림자에 불과했다. 다른 경우에는 그는 명시적인 언급 없이 이 견해를 상정하는 것으로 보인다.(9:23-24; 13:10-13)

학자들은 "그림자"와 "현실"이라는 용어가 거의 500년 전에 플라톤Plato에 의해 만들어진 철학적 은유라는 것을 알고 있었다. 플라톤은 현실로 보이는 것은 종종 더 큰 현실의 그림자에 불과하다고 주장했다. 예를 들어, 육체적 쾌락은 모두 우월한 선으로 보인다. 그렇지 않다면 왜 그렇게 많은 사람들이 쾌락을 기를 쓰고 추구하겠는가? 일부 사람들은 평생을 그것들에 바칠 정도다. 그러나 본질적으로는 즐거움 그 자체는 겉모습일 뿐이다. 숙취, 구치소 그리고 갱생시설을 생각해보라. 플라톤에게 진정한 선은 육체적 쾌락의 바깥 어딘가에 위치해 있다. 육체적 쾌락은 그 자체가 현실의 그림자에 불과하다.

플라톤의 이 생각에 대한 가장 유명한 묘사는 그의 영향력 있는 대화록인 『국가론』 제7권에 나오는 동굴의 우화이다. 그곳에서 소크라테스는 많은 사람들이 그들의 눈앞에 놓여 있는 것 외에는 아무것도 볼 수 없는 방식으로 바닥에 묶여 있는 동굴이 있다고 가정해보자고 말한다. 이 죄수들은 항상 이렇게 살아왔기 때문에 그들이 동굴에 있다거나 세상에는 그들이 볼 수 있는 다른 것들이 있다는 것을 알지 못한다. 그들 뒤로 좀 떨어진 곳에 그들이 알지 못하는 낮은 벽이 있고 그 너머로 큰불이 타오르고 있다. 낮은 벽과 불 사이에는 식물과 동물 그리고 인간 모양의 꼭두각시를 들고 다니는 사람들이 있다. 불빛은 죄수들의 눈앞에 있는 동굴 벽에 이 물체들의 그림자를 투사한다. 죄수들은 그림자만 볼 수 있고, 인형을 들고 다니는 사람들의 목소리가 그들 앞 벽에 반향되는 것을 그림자들의 말소리라고 생각한다. 이 그림자들은 그들이 경험하는 유일한 현상이기에 그들은 그림자를 현실, 완전한 현실로 받아들인다. 그들에게는 이들 그림자들이 식물, 동물 그리고 인간들이다.

만약 이 사슬에 묶인 사람들 중 한 명이 사슬을 풀고 일어나 주위를 둘러본다면 무슨 일이 일어날까?, 소크라테스는 묻는다. 그는 틀림없이 밝은 불빛에 앞이 안 보일 것이다. 공포에 질려 다시 한 번 사슬에 묶이기를 애원할지도 모른다. 하지만 만약 이 사람의 눈이 불빛에 익숙해져 벽에 비친 이미지가 실제로 인형들의 그림자라는 것을 알 수 있게 된다면, 그는 자신의 감각이 얼마나 완전히 속아왔는지를 깨닫게 될 것이다. 그가 현실이라고 받아들인 것은 사실 그림자일 뿐이다.

그러고 나서 이 사람이 동굴을 떠나 태양빛 속으로 들어갔다고 가정해보자. 비슷한 일련의 사건들이 틀림없이 일어날 것이다. 우선 그는 빛에 눈이 멀었을 것이다. 눈이 빛에 익숙해지고 나서야 인형도 진짜가 아니라 실제 식물, 동물, 사람의 불완전한 모습이라는 것을 알게 될 것이다. 이런 깨달음을 얻은 사람이라면 동굴로 돌아와 벽에 드리워진 그림자를 보며 여생을 보내지는 않을 것이다. 일단 현실을 경험하면 다시 이전으로 돌아갈 수 없다.

히브리인들에게 보낸 편지의 저자에게 그리스도는 유대교 성서에 나타나 있던 예표의 현실이다. 그래서 예수는 유대교가 가지고 있는 어떤 것보다도 뛰어나다. 그러나 저자는 단지 중립적인 청중에게 자신의 관점을 제시하고자 하는 것이 아니다. 그는 그리스도교인들에게 글을 쓰고 있으며, 그의 궁극적인 목표는 아주 분명하다. 그는 독자들이 한번 예수라는 현실을 경험하면 그림자를 제공하는 유대교로 되돌아갈 수 없다는 것을 그들에게 납득시키고자 한다.

저자의 저술 목표

히브리인들에게 보낸 편지의 저자는 그의 글 내내

도판 25.1 중세 시대에 만들어진 멜키체덱과 아브라함의 모습. 히브리인들에게 보낸 편지는 창세기 14장에 나오는, 유대인의 조상 아브라함이 그의 재산의 10분의 1을 바친 신비스러운 인물인 멜키체덱이 다름 아닌 예수였다는 것을 보여준다.

독자들에게 그리스도에 대한 헌신에서 벗어나지 말 것을 거듭 촉구한다. 이러한 권고들 중 많은 것들은 그리스도가 유대교 성서의 그림자에 가려진 현실이라는 생각에 바탕을 두고 있다. 구약성서에는 신을 거역한 사람들의 수많은 이야기가 포함되어 있다. 일반적으로,

불복종에 대한 처벌은 황야에서 썩어가는 시체로 남겨지는 등 좋은 모습이 아니었다. 하느님의 불완전하고 온전하지 못한 계시를 무시한 사람들에게 이런 일이 일어났다면, 그의 완벽하고 온전한 계시를 거부하는 자들에게는 어떤 끔찍한 운명이 기다리고 있을까?

만약 하느님의 종을 무시하는 것이 나쁜 행위라면, 그의 아들을 거부하는 사람들의 행위는? 이 논쟁의 논리는 쉽게 설명될 수 있다. 만약 내 아이가 성냥을 가지고 노는 것을 보고 화가 났다면, 아이가 집에 불을 질렀을 때 내가 어떻게 반응할지 생각해보라.

첫 번째 권고는 히브리인들에게 보낸 편지 2장 1-4절에서 찾아볼 수 있다. "천사를 통해 선언된 메시지가 유효하고 모든 위반이나 불복종이 정당한 처벌을 받는다면, 우리가 그렇게 큰 구원(그리스도에 의해 주어진)을 소홀히 할 때 어떻게 벌을 면할 수 있을까?" 3장 7-18절에도 비슷한 권고가 나타난다. 하느님의 종인 모세의 말을 듣지 않는 사람들이 광야에서 멸망을 당했다면 하느님의 아들 예수를 거역하는 사람들에게 무슨 일이 일어날지 상상해보라.

때때로 이러한 경고는 6장 1-6절의 말처럼 무섭고 위협적이다. 저자는 "한번 빛을 받은" 후에 "배반하고 떨어져 나간" 사람들, 즉 한번 성령에 참예한 후에 믿음을 떠난 사람들에게 구원의 희망은 없다고 주장한다. 저자의 의견으로는, 그러한 사람들은 "하느님의 아들을 다시 제 손으로 십자가에 못박아 욕을 보이는 것"(6:6)이다. 10장에서도 마찬가지다. "우리가 가르침을 받아서 진리를 깨닫고도 짐짓 죄를 짓는다면 다시는 우리 죄를 용서받기 위해서 드릴 수 있는 제물이 없고 다만 심판과 반역자들을 삼켜 버릴 맹렬한 불을 두려운 마음으로 기다리는 길밖에 없습니다. (……) 살아 계신 하느님의 심판의 손에 떨어지는 것은 얼마나 무서운 일입니까?"(10:26-31)

왜 저자는 신도들에게 그런 엄중한 경고를 할까? 분명히 그들 중 몇몇이 공동체를 벗어나려 했기 때문일 것이다. 저자는 이들이 어디로 가는지 구체적으로 밝히지 않지만 그가 비그리스도교 유대교에 대한 그리스도의 우월성을 강조하는 것을 보면 의심의 여지가 없다. 그는 그리스도교인들이 유대교 회당에 참여하기 위해 그리스도를 떠날까 두려워하며 그들을 막기 위해 모든 노력을 다하고 있는 것이다.

저자의 주장의 핵심은 그의 편지의 독자들이 교회에 남아야 하느님이 약속하신 구원을 계승할 수 있다는 것이다. 그래서 그는 그들에게 권고한다. "그러므로 여러분은 신념을 버리지 마십시오. 그 신념에는 큰 상이 붙어 있습니다. 여러분이 하느님의 뜻을 행하고 하느님이 약속해 주신 것을 받으려면 인내가 필요합니다."(10:35-36) 성서는 "나를 믿는 올바른 사람은 신앙으로 살리라"(하바 2:4, 히브 10:38)라고도 말한다. 이 저자에게는 신앙으로 산다는 것은 하바쿡 2장 4절(로마 1:17, 갈라 3:11)을 인용하여 신앙을 정의한 바울로의 의미와는 다른 것으로 보인다. 히브리인들에게 보낸 편지 저자에게 신앙은 죄로 인한 예수의 죽음과 부활을 신뢰하는 것이 아니라 하느님이 약속한 것을 행하리라는 확신을 의미한다. 좀 더 시적으로 표현하자면, "신앙은 우리가 바라는 것들을 보증해 주고 볼 수 없는 것들을 확증해 줍니다."(11:1)

히브리인들에게 보낸 편지 11장은 유대 성서에 나오는 신앙인들 즉, 그들이 아직 경험하지 못한 것에 대한 그들의 확신에 따라 살고 행동했던 사람들의 행위들을 묘사한다. 예수도 이렇게 행동했다.(12:1-2) 그의 추종자들은 그를 본받을 필요가 있다. 비록 그들이 고난받더라도(예수가 고난을 당한 것처럼) 그들은 미래에 상을 받기 위해 하느님의 약속에 충실할 필요가 있다. 이 책은 서로를 사랑하고, 성적 방종을 삼가고 공동체의 지도자들에게 복종하고 잘못된 가르침, 특히 유대교 율법을 따르라는 가르침들을 삼가라는 권유로 끝을 맺는다.(13:1-18)

히브리인들에게 보낸 편지와 자기 정의의 문제

이 책의 저자와 독자들은 어떤 사회적 맥락에 처해 있었을까? 비록 전체 사정을 알지는 못하지만, 우리는 꽤 그럴듯한 그림을 그릴 수 있다. 우리가 알고 있듯이 처음부터 그리스도교의 메시지는 종말론적인 개념과 밀접하게 연관되어 있었고, 악의 세력이 더욱 발호하고 있지만 하느님은 곧 그의 백성을 위해 역사에 개입해서 그들의 고통에 의미를 부여할 것이다. 하지만 시간이 지나도 종말이 오지 않자 일부 신자들은 이 종말론적 메시지에 대한 신뢰를 포기했다. 우리는 그런 사람들에게 무슨 일이 일어났는지 자세히 알 수 없다. 그들 중 몇몇은 예전에 자신들이 섬기던 신들에게로 돌아갔을 수도 있고 일부는 구세주로서의 그리스도에 대한 신앙을 버린 채 이스라엘의 유일신에 대한 신앙을 유지하며 '하느님을 두려워하는 이방인'으로서 지역 회당에 참여했을 수도 있다. 저자는 그와 같은 유대교로의 개종(혹은 복귀)이 그의 공동체에 속한 사람들 사이에서 일어날까 봐 두려워하는 것 같다.

우리는 히브리인들에게 보낸 편지 저자의 공동체가 어디에 위치해 있었는지 혹은 그가 언제 살았는지 모른다. 그가 13장 24절에서 "이탈리아에서 온 사람들"의 인사를 전할 때 그가 '지금 이탈리아에서 살고 있는 사람들'을 의미하는 것인지 '이탈리아 출신이지만 지금 우리와 함께 사는 사람들'을 의미한 것인지 알 수 없다. 어떤 학자들은 그가 끊임없이 제사를 지내는 사제들을 언급한 것으로 보아 그가 글을 쓸 때 그 예루살렘 신전Temple이 남아 있었고 따라서 틀림없이 그 책이 서기 70년 이전에 쓰였을 것이라고 생각해왔다. 다른 사람들은 나중에 등장한 유대 작가들도 신전이 사라진 지 한참 후에도 현재 시제로 신전에 대해 언급했고 이 책에 나오는 유대교 제물의 희생 방식에 대한 거의 모든 언급은 1세기의 관행이 아닌 구약성서의 서술에서 나온 것이라고 지적했다. 게다가 책에 나오는 공동체의 역사에 대한 몇 가지 명시적인 언급은 아마도 1세기 마지막 25년을 가리킬 것이다. 이때의 그리스도교인들은 일찍이 박해를 받았지만 당시에는 약간의 무사안일주의와 신앙의 변절을 경험하고 있었다.

그가 언제 글을 썼건, 이 히브리인들에게 보낸 편지를 쓴 익명의 저자는 그의 그리스도교 공동체를 위한 적절한 경계를 세우는 것, 즉, 그리스도교의 자기 정의 문제에 관심을 갖게 되었다. 비록 그의 공동체가 대부분 개종한 다신교 신자들로 이루어져 있지만, 그들은 그들 스스로를 이스라엘 전통의 진정한 계승자로 이해했다.(혹은 저자는 그들이 스스로를 그렇게 이해해야 한다고 생각했다.) 당연히 그들은 이러한 전통을 자신들의 것이라 주장하는 다른 집단들, 특히 비그리스도교 유대인들과 갈등을 빚고 있었다. 우리가 이 장의 뒷부분에서 논의하겠지만, 이 시기에는 그리스도교인이 아닌 유대인이 그리스도교인보다 훨씬 많았으므로, 유대인이 아닌 사람들이 유대인인 자신들의 종교를 더 잘 이해한다고 주장하는 것은 터무니없다고 생각되었다.

그럼에도 불구하고 그리스도교 신자인 히브리인들에게 보낸 편지의 저자는 그가 유대인이든 아니든 간에 그리스도가 구약성서의 계시를 성취했고 그리스도의 추종자들이야말로 진정한 하느님의 백성이라고 주장했다. 유대인이든 이방인이든 그리스도교 신앙 밖에 있는 사람들은 모세가 지지한 종교의 계승자라고 정당하게 주장할 수 없었다. 왜냐하면 그 종교는 다가올 일을 고대했기 때문이다. 그것은 하느님이 예언자들에게 약속한 구원의 예표였을 뿐이며, 구원은 하느님의 아들, 메시아 예수를 통해 이루어졌다. 이런 의미에서 그리스도교는 비그리스도교 유대교와 일직선상에 있었지만 궁극적으로는 그것보다 더 우월했고 그리스도교인들은 구원의 그림자를 구원 자체보다 선호하려는 유

Box 25.3 히브리인들에게 보낸 편지

1. 히브리인들에게 보낸 편지는 비록 바울로가 그것을 썼다고 생각했던 그리스도교인들에 의해 정경에 포함되었지만 저자 미상의 책이다. 현대 비평 학자들은 바울로가 그 책을 쓰지 않았다는 데 의견을 같이한다.
2. 그 책은 아마도 1세기 말쯤에 쓰였을 것이다.
3. 흔히 "편지"라고 불리지만, 사실 그것은 사도행전에 나오는 것들을 제외하면 가장 초기의 그리스도교 설교로 보인다.
4. 그것은 박해를 겪은 그리스도교인들을 위해 쓰였다.

"히브리인들에게"라는 책의 제목에도 불구하고 독자들은 이방인들로 보인다.
5. 저자의 목적은 독자들이 유대교로 개종하지 않도록 설득하는 것이다.
6. 이 목표를 이루기 위해 그는 그리스도와 그에 대한 신앙이 유대교가 제공할 수 있는 어떤 것보다 우월하다고 강조한다.
7. 저자는 구약성서와 그것이 제시하는 종교는 그리스도라는 실체의 예표일 뿐이라고 주장한다.

혹에 굴복하면 안 되었다. 그리스도교 신앙에서 벗어난 사람들은 정말 "살아 계신 하느님의 심판의 손에 떨어지는 것이 얼마나 무서운 일"(10:31)이라는 것을 몸소 알게 될 것이다.

불연속성 및 우월성: 바르나바의 편지

유대교를 처음부터 거짓 종교로 묘사한 이른바 바르나바의 편지에는 다소 다른 시각이 나온다. 이 편지의 저자에 따르면, 유대인들은 하느님과의 언약이 맺어지자마자 그것을 어겼다고 한다. 그들은 하느님의 백성이었던 적도 없고 그들 자신의 성서를 이해한 적도 없었다. 사실, 구약은 그리스도교인들의 책이고 항상 그래왔다.

바르나바의 편지는 서두에 인사말만 들어 있을 뿐 저자나 받는 사람의 이름이 없음에도 옛날부터 편지라고 불려왔다. 이 책을 처음 언급한 2, 3세기 그리스도교인들은 이 책이 바울로의 동역자 바르나바(사도 11-15 참고)에 의해 쓰였다고 주장했지만, 그들은 그저 추측으로 그런 말을 했을 것이다. 어쩌면 그들은 책의 중요성을 높이기 위해 사도 바울로의 동역자였던 바르나바의 이름을 사용했을지도 모른다. 이 책을 제일 먼저 언급했던 알렉산드리아의 클레멘스는 4세기 이집트의 다른 그리스도교 작가들과 마찬가지로 이 책을 신약성서에 포함시켰다. 그러나 대부분의 학자들은 이 책의 저작 연대를 실제 바르나바가 죽은 후 한참 시간이 지난 다음이라고 본다. 본문 자체의 여러 사실들은 책의 저작 시기를 서기 130년경으로 추정하게 만든다. 예를 들어, 이 책은 70년(바르 16:3)에 일어난 예루살렘 신전의 파괴를 언급하고 있으며, 그것이 곧 다시 지어질 가능성을 언급하고 있다.(16:4) 그런 가능성은 2세기 초반 수십 년 동안 매우 활발하게 논의되었지만 하드리아누스 황제가 신전의 유적 위에 로마 신전을 지으면서 사라졌다.

알렉산드리아 시에서 바르나바의 편지가 지녔던 인기에 비추어 볼 때, 많은 학자들은 그 책이 그곳에서 쓰였다고 생각한다. 알렉산드리아는 많은 유대인들이 살고 있었고 후에 제국에서 가장 많은 그리스도교 교회들이 자리 잡게 되었다. 두 그룹 사이의 관계는 때때로 긴장감이 돌았고 때로는 일촉즉발의 상황에 이르기까지 했다. 흥미로운 것은, 알렉산드리아에는 우화적인 방법으로 성서를 해석했던 유대인들이 있었다는 것이다. 그들 중 가장 유명한 사람 중 하나는 1세기 철학자 필론Philo이었는데 그의 해석 방법은, 역시 대부분 알렉산드리아 출신이었던 2세기 영지주의자들에 의해 사용된 것과 비슷했다. 바르나바의 편지의 저자 또한 그가 누구였든 간에 본문을 문자 그대로가 아닌 다른 의미로 해석하는 우화적 방식을 사용하지만, 필론처럼 유대교를 지지하기 위해서가 아니라 그것을 공격하기 위해서였다. 바르나바(이 책에서는 계속 이 명칭을 사용하기로 한다)는 유대인에 의해 항상 잘못 해석되었던 구약성서가 사실 그리스도교를 위한 책이라고 이해했다. 어리석게도 그들의 종교가 하느님으로부터 주어진 것이라고 생각한 유대인들은 사악한 천사에 현혹되어 구약성서의 율법을 그리스도와 그가 세울 종교에 대한 비유적인 예표가 아니라 문자 그대로 받아들였다고 주장한다.(9:5)

바르나바는 구약성서의 일부, 특히 이스라엘 자손들의 반복되는 불복종 행위를 설명하는 부분들만 문자

도판 25.2 "함락된 유대"라는 문구와 함께 티투스가 유대를 정복한 것을 기념하는 베스파시아누스 황제의 동전. 예루살렘의 몰락은 유대-그리스도교 관계의 전개에 중요한 사건이었다.

그대로의 사실로 여겼다. 예를 들어 모세가 십계명을 받고 시나이 산에서 내려왔을 때, 산 아래에서 이스라엘 자손들이 우상숭배를 하며 부도덕한 행위들을 하는 것을 보고 두 개의 율법판을 산산조각 낸 것은 말 그대로 사실이었다는 것이다. 이 행위는 불복종하고 비도덕적인 유대인에 의해 하느님의 언약이 깨졌다는 것을 보여주었다. 한 번 깨진 그 언약은 결코 갱신될 수 없었다.(4:6-8)

바르나바의 편지의 저자에 따르면 유대인들은 모세에게 주어진 법의 비유적인 의미를 이해하지 못했다. 바르나바는 유대인들이 문자 그대로 이해하는 율법의 '진정한' 의미를 거듭해서 해석해주면서 그의 대부분의 에너지를 이 기본적인 요점을 설명하는 데 썼

다. 예를 들어 하느님이 안식일을 기리고 거룩하게 지키라고 말했을 때, 7일째에 일을 하지 말라는 뜻은 아니었다. 바르나바는 불경스러운 사람들인 유대인들이 그날을 거룩히 지킬 수는 없다고 주장한다. 그에 의하면 하느님은 세상을 만드는 데 6일을 보내고 7일째에 쉬었던 자신의 창조 행위를 언급하고 있었다. 성서 자체에서 증언하듯이, "주님께는 하루가 천 년 같고 천 년이 하루 같다."(2베드 3:8; 시편 90:4) 6일 동안의 창조는 하느님이 세상에 적극적으로 참여한 6천 년의 기간을 의미하며, 그다음 안식을 위한 7일째는 마침내 죄를 끝내고 세상에 평화를 가져올 날이다. 그러므로 안식일을 거룩하게 지키라는 지시는 일을 삼가라는 명령으로 해석되어서는 안 된다. 이는 하느님의 천

Box 25.4 6천 년 및 그 이후

바르나바는 세계가 6천 년 동안 지속될 것이라고 주장한 기록된 최초의 그리스도교인이었다. 그의 전제를 인정한다면 그의 논리는 완벽하다. 하느님이 천지를 창조하는 데 "6일"이 걸렸다는 주장과 "주님께는 하루가 천 년 같고 천 년이 하루 같습니다"(2베드 3:8)라는 말이 모두 성서에 있기 때문이다. 하느님의 창조는 6천 년 동안 지속되었고 그 후 일곱 번째 날, 천년 지복의 기간이 온다는 것이다. 이러한 추론은 중세 시대 전 기간에 걸쳐 흔하게 들을 수 있었다.

하지만 언제 6천 년이 시작되어 언제 끝나는지 어떻게 정확한 시간을 알 수 있을까? 많은 영어권 그리스도교인들은 그 문제의 해답을 17세기 아일랜드의 유명한 대주교인 제임스 어셔로부터 제공받았다. 어셔는 폭넓은 지식을 갖춘 학자였다. 그는 바빌로니아와 로마 역사 같은 다른 고대 자료들과 함께 성서의 계보에 실린 연대들을 사용하여 세상은 기원전 4004년 10월 23일 정오에 만들어졌다고 주장했다. 이 연대기는 서양 그리스도교권 전역에서 지배적이 되었다. 그것은 킹 제임스 성서에 인쇄되었고 오늘날 진화론을 받아들이지 않는 그리스도교인들에 의해 계속 믿어지고 있다.

그런데 왜 대주교 어셔는 우수리는 떼내고 간단하게 기원전 4000년 8월 말 오후의 어느 때라고 시간을 정하

지 않았을까? 왜냐하면 그는 (예수의 탄생을 기준으로 기원전과 기원후로 시대를 나누는) 현대 달력의 발명가인 디오니시우스 엑시구스 Dionysius Exiguus라는 6세기 수도사가 저지른 실수를 분명히 알고 있었기 때문이었다. 0이라는 개념이 6세기에는 아직 수학적으로 확립되어 있지 않았기 때문에 0으로 시대를 시작하지 않는 실수를 저지른 데다 기원 전후를 가르는 예수의 탄생일도 잘못 계산했다. 마태오의 복음서와 루카의 복음서에 나오는 것처럼 헤로데 왕의 통치 기간 동안 예수가 아기였다면, 그는 늦어도 헤로데가 죽은 해인 기원전 4년까지는 태어났을 것이다. 물론, 이것은 계속해서 A.D.(anno domini: 주님의 해年의 라틴어)와 B.C.(Before Christ)를 사용하는 사람들에게 문제를 야기한다. 왜냐하면, 우리가 사용하는 달력에 따르자면 예수는 실제로 자신이 태어나기 4년 전에 태어났기 때문이다. 그리고 세상이 만들어진 지 정확히 4천 년 후에 예수가 태어났다고 생각한 어셔에게는 창조의 시기가 기원전 4004년으로 물러나야 한다는 것을 의미했다.

하지만, 더 큰 문제는 만약 세상이 정확히 6천 년 동안 존재해야 하고 만약 어셔의 연대기가 정확했다면, 이미 1997년 10월 23일 정오에 세상의 종말이 왔어야 했다는 것이다! 하지만 세상은 계속 존재하고 있다.

년 왕국Kingdom이 앞으로 도래할 미래의 종말에 관한 지시이다.(Box 25.4 참고) 그제야 "그날"을 거룩하게 지킬 수 있는 완전히 거룩한 사람들이 존재할 것이다.(15:1-8)

유대인들이 구약성서의 음식 정결례를 문자 그대로 받아들이는 것 또한 잘못된 것이다. 하느님은 그의 백성들이 토라에 금지된 대로 돼지고기, 토끼, 하이에나를 먹지 말라는 것을 의미하지 않았다. 돼지고기를 먹지 말라는 명령은 배고플 때는 요란하게 꿀꿀거리지만 배부르면 침묵을 지키는 돼지처럼 살지 말라는 것, 즉 어려움이 닥칠 때에는 큰 소리로 하느님에게 탄원을 하지만 그렇지 않을 때는 하느님을 무시하는 삶을 살지 말라는 뜻이다.(10:3) 토끼를 먹지 않는 것은 해마다 성욕이 커지고 성 파트너의 수를 늘려 마구 번식을 하며 심지어 근친상간까지 저지르는 야생동물처럼 살지 않는 것을 의미한다. 마찬가지로, 하이에나를 먹지 않는 것은 매년 성별을 바꾸는 문란한 동물처럼 남성과 여성을 번갈아가며 방탕한 삶을 살지 않는 것을 의미한다.(10:7)

바르나바에게 하느님의 율법은 윤리적인 행동을 이끌기 위한 것이다. 문자 그대로 받아들여지면 큰 오해를 불러일으킬 수 있었다. 이 규칙은 가장 독특한 유대교 율법인 할례법에도 적용된다. 신은 자신의 백성들이 말 그대로 그들의 사내아이들의 포피를 잘라내는 것을 원하지 않았다. 아브라함에게 주어진 할례의 표시는 그것과는 전혀 달랐다. 그것은 예수의 십자가를 통해 세상에 구원이 주어질 것이라는 표시였다. 이 해석을 정당화하기 위해 바르나바는 성서에 할례에 대한 첫 번째 설명이 나오는 곳, 아브라함이 침략한 왕들에게 포로로 잡힌 조카 롯(창세 14)을 구하기 위해 318명의 종들을 광야로 데려간 사례를 지적한다. 전쟁에 나가기 전에 아브라함은 가족 구성원 318명에게 할례를 받게 한다. 바르나바에게 중요한 것은 318이라는 숫자인데, 그는 고대 유대의 "게마트리아gematria"라고 알려진 해석 방법을 사용하여 이 불가사의한 숫자를 설명한다.

게마트리아는 단어들의 숫자값(각 숫자들을 더한 값)에 비추어 그것들을 해석하는 방식이었다.(Box 25.5 참고) 철자하기 위해 로마자를 사용하지만 수를 표기하기 위해서는 아라비아 숫자를 사용하는 영어와는 달리 고대 언어에서는 알파벳이 숫자를 표시하는 이중의 의무를 수행했다. 그것은 우리가 가끔 사용하는 로마숫자와 비슷한데, 예를 들어, I는 1을 나타내고 V는 5를 나타내며 X는 10을 나타내는 식이다. 고대 그

Box 25.5 초기 그리스도교의 게마트리아

게마트리아(數祕學)의 가능성은 거의 무한해 보인다. 그리스어나 히브리어로 된 모든 글자들의 배열이 총계로 더해지기 때문에, 다양한 단어들이 숫자 합계에 의해 서로 관련될 수 있다. 예를 들어, 2세기 한 영지주의 집단은 "비둘기"를 뜻하는 그리스 단어의 글자들의 값이 801인데 이것은 그리스 문자, 알파의 값(1)과 오메가(800)를 합친 값과 같다는 것을 지적한 후, 하늘에서 예수에게 "비둘기" 모양으로 내려온 하느님의 영이 사실 신성의 한 요소인 "알파와 오메가"(묵시 1: 18)로서 예수가 그의 사역을 수행하도록 힘을 실어주기 위해 그에게 온 것이라고 주장했다. 말할 필요도 없이 다른 그리스도교인들은 그런 말을 믿지 않았다.

일부 그리스도교 필경사들은 축약어를 만들기 위해 글자들의 숫자 값을 사용했다. 몇몇 고대 그리스 텍스트에서 "아멘"이라는 단어로 기도를 끝내는 대신 어떤 필경사들은 99의 값을 나타내는 두 개의 그리스 문자를 썼는데, 이것은 아멘의 글자들을 더함으로써 얻은 수치로서 촌음의 시간과 약간의 잉크를 절약할 수 있었을 것이다.

초기 그리스도교 문헌에서 게마트리아의 사용은 중요하다. 특히 요한 묵시록의 저자가 적그리스도의 숫자가 666이라고 주장할 때 그가 무엇을 의미했을지 우리는 그것으로부터 도움을 얻을 것이다.(28장 참고)

리스어와 고대 히브리어의 경우 모든 문자는 숫자값을 가지고 있었다.(그리스어로 알파는 1, 베타는 2, 감마는 3을 의미했다.) 이러한 이유로 이 언어들로 쓰인 모든 단어들은 숫자값에 상응하는 것을 가지고 있었다. 반대로, 모든 숫자들도 일련의 문자들로 표현되었다.

자기 집에서 훈련된 사람 318명에게 아브라함이 할례를 행한 것을 설명하면서 바르나바는 318이란 수가 그리스어로 타우(T), 이오타(I) 그리고 에타(H)로 표현된다고 지적한다. 그는 할례가 그리스도교의 예표임을 분명히 보여주기 때문에 이 숫자는 의미가 있다고 주장한다. 타우는 십자가 모양이고, 이오타와 에타는 그리스어로 "예수"(IHΣΟΥΣ)라는 이름의 첫 두 글자이기 때문이다.(9:1-8) 따라서 진정한 할례는 문자 그대로 포피를 자르는 것이 아니라 그것은 예수의 십자가이며, 문자 그대로 할례를 받는 것이 아니라 십자가를 따르는 것이 한 사람을 하느님의 백성의 일원으로 만든다는 의미인 것이다. 바르나바에 따르면 이 교리는 할례의 아버지인 아브라함의 이야기를 통해 유대교 성서 본문에서 발견된다. 바르나바는 독자들에게 그것이 자신에게서 들을 수 있는 가장 큰 교훈이라고 장담한다.(9:9)

이 매혹적인 초기 그리스도교의 글은 삶의 "두 갈래 길Two Ways" 즉 도덕적으로 올바른 "빛"의 길과 도덕적으로 타락한 "어둠"의 길을 설명함으로써 끝을 맺는다. 모든 사람들은 이 둘 중 한 길을 선택해야 한다고 주장하는 저자는 각 길에 관련된 도덕적인 행동들과 부도덕한 행위들을 보여준다.

결론적으로 바르나바의 편지에 표현된 그리스도교의 자기 정의는 어떤 것일까? 엄밀히 말하면 이곳에서는 그리스도교인들은 역사적인 유대교와 연속선상에 있지 않다. 유대교는 자신들의 성서를 이해하지 못하는 사람들이 따르는 잘못된 종교이다. 유대인에 대한 이러한 가혹한 비난은 자신들을 하느님의 약속의 유일한 진정한 상속자라고 주장하는 그리스도교인들을 그들로부터 떼어놓는다. 성서는 그리스도교인들의 것이고 유대인들은 성서에 대한 아무 권리도 없다. 반면에 하느님의 사람들로서 그리스도교인들의 뿌리는 모세와 예언자들만큼 오래되었다. 그리스도교인들이 유대인들처럼 세상과 구별되지 않는 것처럼 보일 수도 있지만, 그것은 단지 유대인들이 그들 자신의 종교를 잘못 해석했기 때문이다. 참된 종교는 그리스도의 십자가를 받아들이고 하느님의 언약 공동체인 그리스도교 교회의 일원으로 도덕적으로 올바른 삶을 사는 것을 의미한다.

결론: 그리스도교 반유대주의의 출현

현대인들에게 바르나바의 편지의 반유대 정서는 거의 선동처럼 들린다. 우리가 역사를 통해 알고 있듯이

Box 25.6 바르나바의 편지

1. 외경인 바르나바의 편지는 사실 편지가 아니라 특정 그리스도교 관점에서 쓰인 유대교의 실체에 대한 논문이다.

2. 이 편지는 바울로의 여행 동반자인 바르나바가 썼다고 알려졌지만 130년경에 제작되었기 때문에 그가 이 책의 저자일 수는 없다.

3. 이 편지는 한때 유대인 거주자들이 많았으며 결국 그리스도교의 중요한 중심지가 된 이집트의 알렉산드리아에서 쓰였을지도 모른다.

4. 이 편지의 저자는 유대교는 거짓된 종교이며, 유대인들은 자신들의 율법을 제대로 이해한 적이 없고, 시나이 산에서 모세가 하느님과 언약을 맺자마자 유대인들이 이를 파기했으므로 그들은 하느님과 진정한 언약을 맺은 적이 없다고 주장한다.

5. 이 저자는 모세의 율법은 문자 그대로가 아니라 상징적으로 해석되어야 한다고 주장한다. 구약성서 전체가 사실 유대교의 책이라기보다는 그리스도교의 책이다.

유대인의 종교에 대한 그러한 공격은 유대인들에 대한 증오 범죄로 이어졌으며, 그중 일부는 상상할 수 없을 정도로 끔찍했다. 오늘날 그와 같은 선동적인 견해를 주창하는 사람은 누구든지 마땅히 대중의 비난과 견책의 대상이 될 것이다.

그러나 바르나바의 편지를 그것이 쓰인 당시의 맥락에서 이해하는 것은 중요하다. 우리는 바르나바가 언제 어디서 글을 썼는지 정확히 알지 못하지만, 130년 전후 알렉산드리아에서 쓰였다는 것이 가장 합리적인 추측일 수 있다. 어쨌든, 그리스도교인으로서 바르나바는 그의 시대 로마 제국 내의 대부분의 사람들은 들어보지도 못한, 극소수의 사람들로 이루어진 주변 종파의 대변인이었다고 해도 과언이 아니다.

고대의 인구를 추정하는 일은 매우 어렵지만 최선의 추측을 하자면 2세기 초 로마 제국의 인구는 약 6천 만 명으로 추산되며, 그중 유대인들은 전체 인구의 약 7퍼센트를 차지하고 있었다. 그리스도교인들은 인구의 1퍼센트도 채 되지 않았을 것이다. 앞서 살펴본 바와 같이, 초기 그리스도교 교회에는 남성보다 여성이 더 많았을 것이며 남성과 여성을 막론하고 대부분의 그리스도교인들은 하층민 출신이었을 것이다. 이 시대의 어떤 그리스도교인이든 로마 사회의 상류층 출신이었다는 것을 암시하는 자료는 존재하지 않는다. 이 기간 동안 교회는 개인의 집에서 모임을 계속했고 도시 지역에서는 아마도 많은 수의 작은 교회들이 도시 전체에 퍼져 있었을 것이다. 교회 건물은 그 후로도 한 세기 이상이 지난 후에야 지어지기 시작했다.

이러한 기본적인 인구통계학적 관점에서 보자면 그리스도교는 중앙집권적 기반과 정치적 영향력을 가진 대규모의 통합된 운동이 아니었다. 그것은 지리멸렬한, 자금도 부족하고 대중들에 대한 입지나 신뢰도 없는 운동이었다. 그리스도교에 대해 들어본 대부분의 사람들은 그것을 받아들일 수 없었고 결과적으로 때때로 지역 그리스도교 공동체를 박해했다. 이것은 유대교와 극명한 대조를 이루었는데 유대교는 신도들의 수가 훨씬 많았을 뿐만 아니라 눈에 띄는 공적인 구조를 가지고 폭넓은 대중의 인정을 받았으며 신도들 중에는 때로는 황제까지 포함하여 제국의 최고 권력자들에게 의견을 표할 수 있는 관료들도 있었다.

그리스도교가 어떻게 이 세상에 자신의 존재를 정당화할 수 있었을까? 유대교의 하느님을 섬기는 사람들은 십자가에 못 박힌 범죄자인 예수를 메시아로 믿지 않았고, 그 사회에 사는 사람들은 그리스도교인들이 유대인들의 하느님을 자신들도 섬긴다고 주장하면서도 유대인들이 조상들로부터 물려받은 행위들은 실천하지 않는다는 것을 알 수 있었다. 만약 그 종교가 잘못된 일련의 믿음과 행동을 한다는 이유로 유대교 지도자들로부터 인정을 받을 수 없었다면, 그래서 로마 정부로부터 보호를 받을 수 없었다면 그리스도교 교회는 무엇에 의지했을까?

그들의 신앙이 근거가 없다거나 잘못되지 않았다고 확신하는 그리스도교인들은 그들을 거부하고 박해하는 사람들에게 반격을 가했다. 글을 쓸 줄 알고 거침없이 의견을 말하는 사람들이 점점 더 많이 그리스도교 신앙으로 개종하면서 유대인들을 공격하는 글들이 빈번하게 쓰이기 시작했다. 이런 문헌의 작가들은 이스라엘에 주어진 하느님의 약속이 예수를 따르는 사람들의 것이라 주장하려 했다. 이런 기본적인 입장은 마태오와 바울로 그리고 히브리인들에게 보낸 편지 저자에 의해 매우 다른 방식으로 받아들여졌다. 유대계 그리스도교 양자론들도 이런 입장이었지만 그들은 유대인 성서를 계속 사용했고 할례, 안식일 준수 그리고 음식 정결례와 같은 유대교 관행들을 계속 따랐다.(1장 참고) 그러나 2세기 초에 이르자 일부 그리스도교 작가들은 자신들을 반대하는 사람들에 대해 거짓 종교의 신봉자로 묘사하기 시작했다. 이 그리스도교인들은 구약성서 자체와의 연속성을 주장하면서도 그들의 종교는 유대교와 어떤 진정한 연속성도 가지고 있지 않다고 주장했다. 간단히 말하자면 이것이 바르나바의 입장이었다.

2세기 후반, 뛰어난 지식인들이 그리스도교 신앙으로 개종했는데, 로마의 유스티누스Justin 같은 철학자들이나 북아프리카의 테르툴리아누스Tertullian와 같은 수사학적으로 뛰어난 작가들이었다. 이 지식인들은 자신들의 문학적 기량을 이교도의 비난으로부터 그리스도교를 보호하고 그것의 우월성을 인정하지 않는 유대인들을 공격하기 위해 사용했다. 비록 그들이 발전시킨 주장들이 현대인들의 귀에는 어설프게 들릴지 모르지만 이전 사람들보다 고도로 훈련된 이 작가들은 종종 뛰어난 수사법을 사용했다. 예를 들어, 유스티누스와 테르툴리아누스는 할례가 유대인들을 다른 모든 민족과 구별하기 위한 표시로 주어졌다는 것을 인정했다. 하지만 유스티누스에게 할례는 그들을 박해하기 위해 구분할 때 사용하는 것이었고, 테르툴리아누스에게는 누가 신성한 도시에 들어갈 수 없는지를 보여주는 것이었다. (기원전 132-135년에 일어난 제2차 유대인 폭동 이후 로마인들은 유대인들이 예루살렘에 거주하는 것을 불법으로 만들었다.)

다른 작가들은 비난의 수위를 훨씬 더 높이 올렸다. 2세기의 인물이었던 사르디스의 멜리톤Melito은 가장 뛰어난 설교를 남긴 것으로 알려졌다.(Box 25.7 참고) 그의 설교는 출애굽기에 나오는 유월절Passover을 비유적으로 해석한 것이었다. 그는 예수를 자신의 백성들에 의해 거부당하고 살해된 진정한 유월절 양으로 보았다. 아니, 예수는 그 이상의 존재로서 자신이 하느님이었다. 그렇게 생각하면 이스라엘은 자신들의 하느님을 죽이는 죄를 저질렀다. 그리스도를 계속 거부하는 유대인들은 이 가증스러운 행동을 멈추지 않는 것이다. 그리스도교가 출현하기 전에는 인류 역사의 무대에 나타나지 않았던 유대인들에 대한 증오가 멜리톤과 함께 시작되었다.

우리는 아직 이 증오에 대해 뭔가 조치를 취해야 할 시점에 있지는 않다. 그러한 선동적인 단어들은 로마 제국 내에서 상대적으로 알려지지 않은 미미하고 힘없는 소수집단의 설교자의 글로 존재할 때와 그것이 권세와 권력이 있는 사람들에 의해 마음속에 받아들여질 때, 상당히 다른 의미를 띠게 된다. 멜리톤과 그의 전임자들에게는 유대인들에 대한 그러한 반대는 그리스도교를 인정하지 않는 세상에 그리스도교의 존재를 정당화하려는 시도를 의미했다. 이 그리스도교인들은 그들의 생존권이 그들이 유래한 종교의 부족함에 달려 있다고 믿었다. 만약 대다수의 유대인들이 옳다면, 그

Box 25.7 멜리톤의 유월절 설교

사르디스의 멜리톤Melito of Sardis은 190년경에 사망했으므로 예수의 죽음에 유대인들이 맡은 역할을 혹독히 비난했던 그의 연설은 아마 2세기 중반쯤에 쓰였을 것이다. 그것은 그리스도교인이 유대인들에게 신을 살해한 죄를 둘러씌운 첫 사례이다. 이런 비난은 수 세기에 걸쳐 유대인에 대한 증오 범죄들을 정당화하기 위해 사용되어왔다. 부분적으로, 이 비난의 뛰어난 수사학적 유창함은 듣는 사람들의 가슴에 격정적인 반응을 불러일으켰다. 비록 끔찍하기는 하지만 마음을 사로잡는 멜리톤의 수사를 한번 읽어보자.

> 이 사람은 살해당했다. 어디에서? 예루살렘 한복판에서. 왜? 그가 그들의 다리를 낫게 하고, 나병 환자를 치료하고, 그들의 눈을 빛으로 인도하고, 죽은 사람을 살렸기 때문이었다. 이러한 이유로 그는 고난을 당했다. (72장)
>
> 이스라엘이여, 너는 왜 이런 알 수 없는 불의를 저질

렀는가. 너는 너를 존중했던 사람을 모욕했다. 너는 너를 존경했던 사람을 멸시했다. 너는 너를 공개적으로 인정한 사람을 부정했다. 너는 너를 자신의 것이라고 선언한 사람을 네게서 끊어냈다. 너는 너를 살게 한 사람을 죽였다. 이스라엘아, 너는 왜 이런 짓을 했는가? (73장)

> 그는 고난을 받아야 했지만, 그러나 네가 그럴 필요는 없었다. 그는 모욕을 당해야 했지만 네가 그럴 필요는 없었다. 그는 십자가에 못 박혀야 했지만 네가, 네 오른손으로 그렇게 할 필요는 없었다. 오, 이스라엘이여! (75-76장)

> 그러므로, 그 때문에, 그를 위해, 땅이 요동하는 사람에 대해 듣고 떨지어다. 우주에 땅을 매단 분의 목이 매달렸고, 하늘을 궁창에 고정한 분이 찔림을 당했고, 만물을 굳게 고정한 분이 나무에 굳게 고정되었다. 주님이 모욕을 당하셨고, 하느님이 살해당하셨으며, 이스라엘 왕이 이스라엘의 손에 의해 파멸되셨다…… (95-96장)

리스도교인들이 틀렸을 터였다.

이러한 그리스도교인들의 반격이 그리스도교 신자들을 제외한 다른 사람들에게 설득력이 있었을지는 의심스럽다. 그런 반격들은 이미 그리스도교 신앙을 가진 사람들에게 사용되기 위한 설교였다. 그러나 몇백 년이 지난 후 자신들보다 훨씬 거대한 적들에게 퍼붓던 이러한 통렬한 비난은 높은 지위와 권력을 지닌 사람들이 상대적으로 무방비 상태인 소수집단에 대해 확신을 가지고 퍼붓는 공격이 되었다.

초기 교회의 반유대적인 글들과는 상관없이 그리스도교는 제국의 지배적인 종교가 되었다. 그런 변화는 하루아침에 일어나지 않았다. 4세기 초까지, 그리스도교인들은 여전히 제국 인구의 10퍼센트에도 채 미치지 못했다. 하지만 로마 황제 콘스탄티누스가 개종하여 그리스도교인이 되는 역사적인 사건이 벌어졌고 그때부터 모든 것이 바뀌었다. 콘스탄티누스는 교회에 대한 공식적인 박해를 종식시켰을 뿐만 아니라(개종하기 얼마 전인 313년의 일이다) 특별한 혜택들도 제공했다. 그는 넓은 땅, 웅장한 건물 그리고 상당한 수익을 교회들에 제공했고, 로마와 다른 곳에서도 교회의 지도자들을 후원했으며, 325년에 니케아 공의회를 소집, 그리스도교의 정통 교리를 확립하는 등 그리스도론Christology과 교회 행정의 중요한 문제에 적극적으로 관여했다.

그리스도교인이 되는 것은 용인되었을 뿐만 아니라 유행이 되었고 심지어 일부 사회에서는 권장되었다. 4세기 말까지 그리스도교는 제국의 공식 종교가 되었고, 전체 인구의 절반 정도인 약 3천 만 명의 사람들이 그리스도교 신자로서 믿음을 공언했다. 이 역사적인 격변은 유대인-그리스도교인 관계에 지대한 영향을 미쳤다. 2세기 초만 해도 그리스도교인들은 가끔 혁명적이고 선동적인 글을 만들어내는 소외된 집단이었다. 하지만 4세기 말이 되자 형세가 뒤집혔고, 그 역전은 복수를 불러왔다. 보잘것없고 힘없는 소수집단의 방어적 태도로 시작된 것이 로마 관료 조직의 저명한 인사들이 공유하는 견해가 되었다. 로마 제국은 공식적으로 유대인에 대한 박해를 적극적으로 요구하거나 조장하지는 않았지만 많은 경우 그리스도교를 믿는 통치자들은 이를 외면하거나 사적으로 묵인했다. 유대교 회당은 불에 타고 재산은 몰수되었으며, 유대인들은 공개적으로 조롱당하고 때로는 폭도들에게 시달렸다. 그런 시대적인 흐름을 이끈 것은 그리스도교인들이었는데, 그들은 신앙 선배들의 자기방어적인 수사법을 문자 그대로 받아들여 유대인들에게서 생존권까지 박탈하려 했다.

그런 결과는 역사의 비극적인 역설들 중 하나이다. 비록 그리스도교의 창시자가 유대교 회당에서 예배를 드리고 유대교 신자들을 자신의 제자들로 뽑았던 유대인이었음에도, 제자들에게 유대인들을 그들 자신처럼 사랑하라고 가르쳤음에도, 그리고 비록 그가 세상을 떠난 후 그를 따르던 무리들이 신학을 발전시키고 윤리의 체계를 세우고 유대교에 뿌리를 둔 기본적인 세계관을 계속 지닌 채 하느님이 유대 민족에게 주었다고 믿었던 성서에 비추어 자신들을 이해했음에도—이 모든 것에도 불구하고, 이후의 그리스도교의 역사는 때로는 유대인들에 대한 폭력적인 반대까지 포함해, 유대교 뿌리에서 벗어나는 길을 걸어왔다. 세상에서 자신들을 정의하려는 노력의 일환으로 그리스도교인들은 유대인들의 역사, 종교 그리고 유대인들과의 관계조차 부인하게 되었다. 그런 부인의 비극적인 결과들은 오늘날까지도 우리에게 남아 있다.

여록 6

디지털 성서

파피루스 두루마리에서 양피지, 구텐베르크의 인쇄기 그리고 마지막으로 디지털 시대에 이르기까지, 글을 쓰고 읽는 기술은 신약성서의 전파와 해석에 중요한 역할을 해왔다. 인쇄된 책이 아닌 디지털 스크린으로 읽고 이해하는 방식이 우리에게 어떤 영향을 미치는지 우리는 아직도 알아가고 있다. 그리스도교 전통과 서양 문화 전반에서 성서만큼 특별한 위치를 차지하고 있는 다른 책은 없기 때문에, 이것은 성서에도 엄연히 적용된다. 사실, 그리스어로 '책biblion'을 뜻하는 단어가 '성서Bible'의 어근이다.

다양한 기술들이 독서에 영향을 미친다. 예를 들어, 그리스도교의 발흥에 배경이 되었던 그리스-로마 세계에서는 주로 도시에 사는 인구의 10퍼센트 정도만이 읽고 쓸 줄 알았다. 사도 바울로가 교회에 보낸 편지들은(대부분 파피루스에 쓰여 있었을 것이다) 누군가 큰 소리로 그 안의 내용을 사람들에게 읽어주어야 했을 것이다. 더 많은 청중들이 그것을 읽을 수 있도록 유포하기 위해서 필사가가 그것을 손으로 복사해야 했을 것이다.(2장 참고) 코덱스(양쪽에 글이 있는 페이지들을 제본하여 묶은 책)가 등장하면서 성서의 모든 기록들은 한 권으로 모일 수 있었다. 하지만 이것은 아주 많은 돈과 시간이 들어가는 일이었다. 4세기에 콘스탄티누스 황제는 그렇게 만들어진 50권의 성서 사본들을 여러 중요한 교회들에 배포했다. 그럼에도 불구하고 텍스트의 표준적인 형태는 없었고 이후 1천 년이 지나도록 그런 것은 존재하지 않았다. 15세기 후반, 구텐베르크가 활자 인쇄기를 발명했을 때에야 동일한 성서 본문의 정확한 사본들을 수만 부씩 인쇄하는 일이 가능해졌다. 성서의 다양한 판본들(그중에서도 라틴어 불가타 성서, 독일어 및 영어판 등)이 계속 등장하여 본문을 표준화하는 것을 여전히 어렵게 만들었지만 그럼에도 불구하고 인쇄기가 발명되기 전의 상황에 비하면 엄청난 개선이 이루어진 것이었고 그로 인해 읽기와 출판이 폭발적으로 증가했다.

컴퓨터가 가져온 디지털 시대는 성서 읽기에 역동적인 상황을 가져왔다. 2007년에 소개된 두 가지 기술은 디지털 성서에 큰 변화를 일으켰다. 다양한 애플리케이션들을 사용할 수 있는 아이폰과 킨들 리더가 그것들이다. 가장 널리 사용되어온 성서 애플리케이션은 3억 번 이상 다운로드 된 무료 프로그램인 유버전YouVersion이었다. 몇 번의 손가락 동작만으로 독자들은 1,100개 이상의 언어로 번역된 1,700판본 이상의 성서 본문들을 사용할 수 있다. 킨들 리더는 더 큰 화면에서 편하게 디지털 책을 읽을 수 있는 혁신을 가져왔다. 수천 권의 책들을 저장하는 것도 가능하다.

오늘날 이용 가능한 디지털 성서 기술은 텍스트를 다른 형태로 변형시킬 수 있다. 사용자는 화면에서 텍스트를 읽거나 들을 수 있고, 성서의 이야기를 담은 비디오 만화를 보거나, 성서 공부를 스트리밍 할 수 있다. 디지털 성서는 사용하기 편리하고, 휴대하고 다니며 다양한 형태로 이용할 수 있다는 것이 증명되었으며, 동시에 성서에 대한 더 학문적이고 더 신앙적인 연구를 할 수 있는 관문을 제공했다. 그래서 성서는 트위터, 페이스북, 인스타그램 또는 수천 개의 블로그 등 모든 종류의 소셜 미디어에서 정기적으로 이루어지는 토론과 성찰의 원천이 되었다.

그러나 이 새로운 기술로 인해 성서 독서의 한계들도 발생하는데, 그중 세 가지가 두드러진다. 단편화, 표면화 그리고 어수선함이 그것들이다. 첫째, 디지털 성서는 특정한 형태와 형식을 가진 연속적인 전체로서의 텍스트(창세기에서 시작하여 요한 묵시록으로 끝나는)보다는 한 번에 한 페이지 분량의 텍스트를 제시한다. 읽고 있는 책이 다른 책들과 관련하여 어디에 위치하는지는 고사하고 문헌적인 맥락조차도 파악하기 어렵다. 이것은 성서 전체를 매우 단편적으로 이해하는 결과를 초래할 수 있다. 둘째, 독서를 하는 동안 눈의 움직임을 연구한 과학자들은 사람들이 디지털 화면에서 텍스트를 볼 때는 훑어보는 경향이 있어서 인쇄된 텍스트를 읽는 사람들만큼 천천히 더 많은 내용을 습득하며 깊게 읽지 못하는 경향이 있다는 것을 알게 되었다. 셋째, 특히 스마트폰에서 디지털 성서는 다양한 프로그램 및 애플리케이션들과 경쟁하게 된다. 전화, 문자 메시지, 알람, 또는 우리를 항상 어수선하게 만드는 다른 장치, 기능들로 방해를 받으며 독서에 집중하기란 어렵다.

반면, 디지털 성서는 여러 번역본을 빠르게 비교할 수 있다는 장점이 있다. 더 높은 학문적 수준에서, 원어로 연구하는 학자들은 이제 고대 필사본의 디지털 버전들에 접근할 수 있다. 이것은 성서의 가장 초기 버전들을 그들의 가장 오래된 형태들로 비교하는 것을 용이하게 만든다. 따라서 디지털 인문학은 어떤 원본 텍스트의 인위적이고 합성된 텍스트를 만드는 데 초점을 맞추기보다는 다양한 시대와 장소에서 만들어진 다양한 버전들의 성서 본문들을 검토하고 분석할 수 있는 가능성을 열어놓았다. 일부 학자들은 이것이 성서 본문을 불안정하게 만들어 유일하고 온전한 성서보다는 통일성이 없어 보이게 할 것이라고 우려한다. 다른 사람들은 성서의 안정성과 통일성은 실제로 본문에 내재되어 있는 것이 아니라 (학자들과 다른 독자들에 의해) 외부에서 부과된 것이라고 주장한다.

디지털 성서는 쉽게 사라지지 않을 것이다. 인쇄된 성서가 매년 가장 많이 팔리는 책이기는 하지만, 디지털 성서의 인기와 사용은 계속 증가할 것으로 보인다. 새로운 디지털 기술의 등장이 유대교와 그리스도교 성서에 대한 우리의 이해와 사용에 어떤 영향을 미칠지는 시간이 말해줄 것이다.

26 장

그리스도교인들과 이교도들

베드로의 첫째 편지, 이그나티우스의 편지들, 폴뤼카르포스의 순교, 후기 변증 문학 초기 그리스도교인들이 받았던 박해에 대해 많은 사람들이 오해하고 있는데, 아마도 그리스도교인들을 지하 묘지에 숨은 채 물고기 상징을 은밀히 그려 보이며 서로를 알아보아야만 했던 불법 종교단체로 묘사한 오래전 영화들이 그것에 큰 기여를 했을 것이다. 이번 장에서는 로마 제국 내 그리스도교 교회들이 차지했던 법적 지위와 당시 사람들의 교회에 대한 인식을 통해 초기 그리스도교가 처했던 실제 역사적 상황과 박해 상황을 살펴본다. 사실, 그리스도교는 처음에는 결코 불법적인 단체가 아니었다. 그리스도교인들이 박해를 받게 된 이유는 그들이 선동가, 신성모독적인 행위를 일삼아 평화를 교란하는 사람들로 인식되었기 때문이다.

그리스도교인들에 대한 군중의 반응과 공식적인 박해를 논한 후, 우리는 세 개의 초기 그리스도교 저작들을 살펴볼 것이다. (1) 신약성서에 포함된 다른 어떤 책들보다 그리스도교인의 고난 문제에 초점을 맞추고 있는 베드로의 첫째 편지, (2) 안티오키아의 이그나티우스 감독이 로마로 압송되던 길에 쓴 편지들 그리고 (3) 신앙 때문에 처형되는 그리스도교인의 모습을 최초로 완전히 묘사한 폴뤼카르포스의 순교 이야기가 그것들이다.

초기 그리스도교인들의 지속적인 관심사 중 하나는 비그리스도교 유대인들과의 관계 설정을 어떻게 해야 하는가였다. 때로 이 두 그룹 사이의 긴장된 관계는 확연한 갈등으로 이어지기도 했다. 어떤 면에서 그런 갈등은 그리스도교인들과 유대인들의 관계를 넘어섰다. 그리스도교인들이 유대교의 품을 떠나자, 그들은 일반적으로 새로운 종교운동을 존중하지 않았던 이교적 pagan 사회, 자신들에 대한 숭배cult를 게을리 하는 것에 분노해 신들이 벌을 내리지 않을까 두려워하던 이교도들의 공격을 받게 되었다. 이 장에서는 로마 제국의 그리스도교인들과 이교도들 사이에 발생한 긴장감에 초점을 맞추어 초기 그리스도교가 겪어야 했던 다른 형태의 갈등을 살펴보기로 한다.

초기 그리스도교인들이 당했던 박해

아마도 너무 많이 만들어진 허접한 할리우드 영화들의 영향이겠지만 많은 사람들은 로마 제국에서 그리스도교인으로 산다는 것이 어떤 것이었는지를 완전히 잘못 알고 있다. 예를 들어, 다음과 같은 장면들을 사람들은 상상하고 있을 것이다. 로마 지도층들에게는 태풍처럼 세상에 들이닥치는 그리스도교 운동이 가장 긴급하고 중요한 문제였으며 그들은 수단과 방법을 가리지 않고 이를 저지하려 했다. 그들은 그리스도교에

반격하기 위해 대규모의 폭력적 박해를 시작했으며 로마의 황제와 원로원은 그리스도교를 불법이라고 선언하고 군대와 법정을 최대한 이용하여 그것을 억압하려 했다. 그 결과, 그리스도교인들은 사회에서 숨어 카타콤에서 비밀리에 모임을 가졌고 은밀히 대화를 나누었으며 공공장소에서는 물고기 상징과 같은 비밀 표지를 통해 서로를 알아보았다.

로마 제국의 그리스도교에 대한 이러한 상상은 시시한 각본을 만드는 데 도움이 될지는 모르지만 역사적 시각에서는 아주 유해하다. 사실, 그리스도교는 로마 제국 첫 100년 동안은 사회에 거의 영향을 미치지 않았던 것으로 보인다. 역사나 철학 논문, 여행서, 소설 작품, 사적인 편지나 공공 비문, 법률 문서나 개인적 기록 등 지금까지 남아 있는 문서들 중 어떤 것에서도 예수나 그리스도교에 관한 언급을 찾아볼 수 없다. 이것은 모든 사람들이 마음에 담아두거나 로마 당국에 공포를 불러일으켰던 종교는 아니었다.

나는 아무도 그리스도교에 대해 들어본 적이 없었다고 말하려는 것이 아니다. 사람들은 분명히 그것에 대해 들어봤을 것이고, 그들 중 많은 사람들은 그것에 대해 호의적이지 않았을 것이다. 우리가 잘 알고 있듯이 적어도 1세기 황제들 중 한 명도 그중 하나였다. 그러나 그 종교는 제국의 통치자나 그 부하들에게 큰 관심사가 되지 못했다. 1세기 후반의 그리스도교는 작고 하찮은 골칫거리였고, 길들여야 할 호랑이가 아니라

손바닥으로 찰싹 때려야 할 모기였다

그리스도교는 제국 전체에 걸친 공식적 박해를 받지 않았다. 대중의 상상과는 달리, 로마 제국에는 그리스도교를 억압하기 위한 법이 없었고 바울로 시대 이후 거의 2세기까지 그리스도교인에 대한 박해는 없었다. 250년이 되어서야 한 황제가 이 종교를 금지하고 대규모 박해를 촉구했지만 그때조차도 그 규모가 얼마나 컸는지에 대해서는 의문이 있다. 어쨌든, 첫 1세기 동안 그리스도교인들은 지하로 내몰리지 않았고 당국을 피해 로마 지하묘지에 숨어 몰래 의사소통을 하도록 강요받지도 않았다.

그리스도교인들의 법적 지위

그리스도교인들은 제국의 다른 모든 사람들과 같은 권리와 책임을 가지고 있었다. 새로운 대상을 숭배하기 시작하는 것은 불법이 아니었다. 그것은 헬레니즘-로마 시대 전반에 걸쳐 자주 벌어지는 일이었다. 그리스도교인들은 그들이 선택한 어떤 신이든 숭배할 권리가 있었다. 심지어 유대교 신까지도. 로마 당국은 이 신을 숭배하는 그리스도교인들이 유대인으로서 살고 행동하는지 따위는 신경 쓰지 않았다. 그리스도교인들이 예수를 신이라고 믿고 선포하는 것은 분명히 어떤 위법도 아니었다. 이미 살펴보았듯, 대부분의 사람들은 신이 인간의 형태로, 때로는 위대한 철학자나 강력한 통치자로 지구에 올 수 있다고 믿었다. 어떤 사람들은 황제가 신이라고 생각했다. 한 사람을 추가로 더 신성시한다고 해서 그것이 신성모독이나 사악한 행위는 아니었다.

게다가 그리스도교인들은 그들의 신앙을 다른 사람들에게 전달하고, 개인들의 집에서 함께 모이고, 그들만의 독특한 종교적 행위들에 참여하고, 그들의 신성한 성서를 읽을 수 있는 법적 권리가 있었다. 그렇다면 왜 바울로와 같은 그리스도교인들은 때때로 감옥에 갇히고, 체벌을 받고, 재판을 받게 되었을까? 만약 그들이 법을 어기지 않았다면, 왜 그리스도교인들은 범죄에 대해 유죄 판결을 받고 고문과 투옥을 당했을까? 그 질문에 답하기 위해, 우리는 먼저 로마의 법체계를 알아봐야 한다.

로마 민법은 매우 정교하고 미묘한 의미들을 다루

고 있었다. 실제로, 그것은 오늘날 유럽과 북미 국가의 민법 제도의 기초를 제공했다. 재산권, 계약상의 의무, 금융 부채, 혼인 관계에 대한 논쟁들이 모두 로마 입법자들에 의해 신중하고 정확한 세부 사항까지 고려되었다. 반면에 로마 형법은 전혀 다른 문제였다. 범죄 행위가 엄격하게 규정되지 않았고 처벌도 법으로 규정되지 않았다. 사실 이상하게 보이겠지만 로마 황제와 로마 원로원 둘 다 모든 지방의 주민들에게까지 구속력이 있는 형사 법안을 통과시키지 않았다.

지방들은 원로원이나 황제가 임명한 총독들에 의해 통치되었다. 이 총독들은 토착민들을 통치할 수 있다고 판단된 제국의 최고위층 관리, 원로원 의원 그리고 귀족들로부터 뽑혔다. 그들은 평화를 유지하는 것과 세금을 징수하는 일, 두 가지 주요한 책임이 있었다. 총독들은 자신들이 걷은 세금의 일부를 가질 수 있었기 때문에 이 문제들에 대해 약간의 이해관계를 가지고 있었다. 그들은 자신들의 목적을 달성하기 위한 거의 절대적인 권력을 부여받았다. 지방 당국의 직무를 돕기 위해, 원로원은 종종 통치 규칙을 제안하는 법안을 통과시키곤 했다. 하지만 이것들은 연방법이라기보다는 공식적인 조언에 가까웠다. 어떤 상황에서든 지방관은 공공질서를 유지하고 세금 징수를 극대화하기 위해 필요한 모든 수단을 동원하여 발생하는 문제들을 처리해야 했다.

필요한 모든 수단을 동원할 수 있다는 것은 총독들에게 생살여탈권이 주어졌다는 의미였다. 로마의 행정적 관점에서 보자면 폰티우스 필라투스Pontius Pilatus가 예수를 공공의 골칫거리로 생각한 것은 전적으로 타당했다. 필라투스와 같은 사람들은 필요한 경우 이런 사건들을 공정하게 그리고 엄중하게 다루어야 했다.

로마 제국 초기에 다양한 지역에서 그리스도교도들에 의해 야기된 사소한 마찰들과 그에 따른 박해에 관해 이야기를 하자면, 비록 그리스도교가 엄격한 의미에서 불법은 아니었지만, 사도행전의 기록에서 볼 수 있듯 그리스도교인들 스스로가 종종 사회적으로 혼란을 야기하는 행동에 연루되었고 처벌을 받을 수 있었다. 총독은 자신의 최선의 판단에 따라 그런 소동을 일으킨 당사자들을 처벌하는 등 상황을 해결해야 했다.

평화의 교란자로서의 그리스도교인

그리스도교인들은 어떤 종류의 공공질서 문란을 일으켰을까? 그리스도교의 초기 자료들로부터 우리는 그리스도교인들이 자신들의 신앙 공동체를 외부에 닫혀 있는 자급자족적 집단으로 여겼다는 것을 알게 된다. 사람들은 교회를 다니기 위해 예전의 관계들을 떠나야 했다. 이전의 종교, 필요하다면 그들 자신의 가족들까지 포기했다. 그리스도교인들은 예수 자신이 그의 추종자들이 가정생활을 포기하기를 원했다고 주장했

다. 역사적 관점에서 예수가 실제로 그런 말을 했는지 아는 것은 어렵지만, 그런 주장들은 후에 그의 이름을 내세운 교회들의 현실을 분명히 반영하고 있었다.

내가 세상에 평화를 주러 온 줄로 생각하지 마라. 평화가 아니라 칼을 주러 왔다. 나는 아들은 아버지와 맞서고 딸은 어머니와, 며느리는 시어머니와 서로 맞서게 하려고 왔다. 집안 식구가 바로 자기 원수다. 아버지나 어머니를 나보다 더 사랑하는 사람은 내 사

Box 26.1 그리스도교에 의한 가정 파탄: 페르페투아의 사례

초기 그리스도교인들은 자신들의 종교를 고수하는 것이 가정생활에 지장을 줄 수 있다는 사실을 인식했고, 때로는 그것을 기뻐하기도 했다. 그들 중 많은 사람들에게 교회는 그들의 생물학적 가족을 대신하는 새로운 가족이었다. 2세기 말 페르페투아와 그녀의 여성 노예 펠리키타스의 재판과 처형에 관한 이야기만큼 그리스도교가 지녔던 파괴적인 가능성을 분명히 볼 수 있는 곳은 없다. 이 이야기의 첫 부분은 사실 페르페투아가 감옥에 있을 때 북아프리카 로마 원형경기장의 야수들 사이에서 처형될 때를 기다리며 쓴 개인의 일기에서 유래한다.

페르페투아는 가족에게 맡긴 어린 아들이 있다고 말한다. 이 이야기의 가장 강력하고 애처로운 장면들 중 하나에서, 그녀의 아버지는 순교자의 죽음을 죽고자 하는 그녀의 분별없는 결의가 사랑하는 사람들에게 야기하고 있는 고통을 생각해달라고 애원한다.

아버지는 불안감에 지쳐 내게로 오셨다. 그는 내게 신앙을 버리게 할 수 있을까 해서 찾아왔다. "내 딸아, 내 백발을 불쌍히 여겨다오. 네 아비라고 불릴 자격이 있다면 나를 가엾게 여겨다오. (……) 오빠들을, 엄마와 이모를, 네가 없으면 살지 못할 네 아들을 생각해다오. 용기는 잠시 제쳐두고, 우리를 파멸시키지 말아다오. 네가 어떤 고통을 당해도 우리 중 누구도 자유롭게 말할 수 없단다." (……) 나는 아버지의 백발을 보고 슬퍼했다. 나는 그를 위로했다. "그 처형대 위에서 하느님의 어떤

뜻이 일어나든지 (……)" 아버지는 슬픔에 잠겨 나를 떠났다.

또 다른 날 (……) 엄청난 수의 사람들이 모였다. 우리는 심문대에 오른다. 나머지는 심문을 받고 자백했다. 그러자 그들이 내게 왔고, 아버지는 즉시 내 아들과 함께 나타나 나를 계단에서 끌어내며, 애원하는 어조로 "네 애를 불쌍히 여겨다오"라고 말했다. 행정관 procurator인 힐리아누스는 말했다. "네 아버지의 백발을 딱하게 여겨라, 아직 아기인 네 아이도. 황제의 안녕을 위해 희생을 바치기만 하면 돼." 나는 "그렇게 하지 않을 거예요"라고 대답했다. 힐리아누스는 "너는 그리스도교인가?"라고 물었다. 그래서 나는 "나는 그리스도교인입니다"라고 대답했다.

그리고 아버지가 나를 신앙을 저버리게 하려고 거기서 계시다가 힐리아누스로부터 내쫓으라는 명령에 의해 막대기로 얻어맞으셨다. 그러고 나서 행정관은 우리 모두에게 판결을 내렸고, 우리를 야수들에게 던지라는 선고를 내렸고 우리는 명랑하게 지하감옥으로 내려갔다.(「페르페투아와 펠리키타스의 수난」 2)

페르페투아와 며칠 전에 아이를 낳은 그녀의 노예 펠리키타스는 그리스도교인임을 고백한 죄로 야수들에게 던져졌다. 그 사건에 대한 상세하고 잔인한 이야기는 목격자에 의해 기록되어서 '페르페투아와 펠리키타스의 수난'이라고 불리는 순교자 열전의 마지막 부분에 나온다.

람이 될 자격이 없고 아들이나 딸을 나보다 더 사랑하는 사람도 내 사람이 될 자격이 없다. (마태 10:34-37)

그리스도교인이 된 사람들이 신앙에 전념하기 위해 가족들을 버리면서 가정들은 혼란에 빠졌다. 그리스도교 교회는 스스로를 개종자들의 새로운 가족으로 자처했다. 신자들은 서로를 형제자매라고 불렀고, 그들에게는 신앙의 "아버지"와 "어머니"가 있었으며, 최종적으로는 하느님이 모든 사람들의 아버지였다.

새로운 신앙의 가족이 진짜 가족을 대체한다는 것은 약혼자를 떠나 바울로를 따르며 정절을 지키는 삶을 살기로 선택했던 모범적인 개종자 테클라Thecla의 얘기 같은 곳에서도 분명히 드러난다.(Box 26.1 참고) 이 종교적 가정은 그리스도교 개종자들에게 삶의 새로운 가능성을 열어주었지만, 외부인들에게는 그것의 영향이 때때로 거슬리고 파괴적이었다. 짐작하겠지만 개종자들에 의해 버려진 부모와 연인들은 큰 배신감을 느꼈을 것이다. 적어도 외경 행전들Apocryphal Acts의 이야기들을 보면 그들은 때때로 그리스도교인들에 대한 불리한 여론을 조장하고 총독이 그에 대해 조처를 내리기를 원했다.

초기 그리스도교 공동체들은 다른 이유로도 의심과 불신의 대상이었던 것으로 보인다. 우리가 이미 알고 있듯이, 이들 공동체들은 외부인과 소통이 단절되어 있었다. 폐쇄적인 공동체는 항상 의심을 받기 마련이다. 그들은 무엇을 숨기려고 할까? 사람들은 의심의 눈길을 던진다. 그리스도교인들의 활동에 관한 말이 밖으로 새어 나왔을 때, 그것은 다른 사람들의 두려움을 더욱 증폭시켰다. 그리스도교인들은 종종 해가 진 후나 동트기 전에 그들의 형제자매들과 만나 의식적인 키스를 포함한 "사랑의 만찬(주의 만찬을 그들은 그렇게 불렀다)"을 연다고 알려졌고, 이 식사 때 그들은 하느님의 아들의 시체와 피를 먹고 마신다는 루머가 퍼지기 시작했다. 독자들이 아무리 최악의 상황을 상상한다 하더라도 그것은 크게 현실에서 벗어나지 않았을 것이다. 그리스도교인들은 그들의 비열한 행위를 세상에서 감추기 위해 어둠을 틈타 만나는 것으로 여겨졌다. 그들은 거침없는 성행위(열정적인 평화의 키스는

시작에 불과했다)를 벌였고, "형제자매"들이 공동으로 근친상간을 저질렀으며, 무엇보다도, 그들은 유아 살해와 의식적인 식인 행위('아들'을 먹는 행위)를 저지른다는 소문에 휩싸였다.

이러한 혐의들은 우리에게 우스꽝스럽게 들릴 수 있지만, 그리스도교 작가들이 반복적으로 그런 이야기들로부터 자신들을 방어해야만 했다는 사실에서 입증되듯이, 2세기의 비그리스도교인들은 이런 주장들을 널리 믿었다.(Box 19.2 참고) 비슷한 혐의는 고대의 다른 집단들에도 적용되었다. 분명히 인기 없는 집단들을 비방하는 흔한 방법 중 하나는 그들이 어둠을 틈타 활동을 하고 아기들을 잡아먹는다고 주장하는 것이었다.

이러한 문제들을 더욱 악화시킨 것은 그리스도교인들이 지역 종교 제전에 참여하기를 거부했고, 더군다나 로마의 신들을 기리는 국가 종교에 참여하기를 거부했다는 사실이다. 이런 행위는 반역죄로 받아들여졌다. 국가 신들은 로마 사회를 지키는 신들로, 황제라는 대리인을 통해 제국에 평화와 번영을 가져다주었으며, 황제 자신도 그리스도교가 가장 성공적인 지방에서 신성시되기도 했다. 현대적 측면에서 볼 때, 로마의 신들을 숭배하지 않았던 것은 종교적인 주장만큼이나 정치적인 주장이었다. 우리가 이미 살펴봤듯이, 고대 세계 사람들은 종교와 정치를 별개의 범주로 구분하지 않았기 때문이다. 그들에게 국가 신들을 냉대하는 것은 국가를 거부하는 것이었다.

초기 그리스도교인들은 주로 소요를 일으켰다는 이유로 공격을 받았다. 이것은 사도행전에 있는 이야기들과 예수의 추종자들이 때때로 폭도들의 공격의 대상이 되었다는 바울로의 편지의 내용이 일관적으로 증언하는 사실이다.(예: 사도 7:54-60; 13:48-51; 14:19-21, 21:27-36; 1테살 2:13-16) 막대기로 세 번 맞았다는 바울로의 언급으로 알 수 있듯이 때때로 그들은 로마 정무관magistratus의 명령에 의해 공식적인 처벌을 받았다.(2코린 11:25; 사도 16:22 참고) 외부인들은 분명히 예수의 추종자들을, 처음에 그들이 예상했을지도 모르는 도덕적이고 정직한 시민이 아닌, 공공의 골칫거리로 여겼다.

초기 그리스도교도들에 대해 대중이 지녔던 부정

적 이미지는 2세기 초 이교도 작가들이 그들에게 퍼부은 신랄한 주장들 때문일 것이다.(Box 13.1 참고) 예를 들어, 로마의 역사학자 타키투스Tacitus는 그리스도교를 "유해한 미신"이라며, 네로Nero가 그리스도교인들을 로마 대화재의 희생양으로 삼을 수 있었던 것도 그들의 "인류에 대한 증오심"(『연대기』 15) 때문이었다고 주장했다. 비슷한 시기에, 역사가 수에토니우스Suetonius는 그리스도교인들을 "독창적이고 해로운 미신을 고수하는 사람들"(네로의 삶Life of Nero, 16)이라고 묘사했다. 비티니아 폰투스의 로마 총독 소 플리니우스우스Pliny the Younger는 그리스도교인들을 타락된 미신의 "완고하고 정신 나간" 추종자들로 간주했고 그들이 공동체 식사 때 평범한 음식을 먹는다는 것을 알고는 놀라움을 표하기도 했다. 아마도 그들에게 식인 풍습이 있다고 의심했기 때문이었을 것이다.(트라야누스 황제에게 보낸 편지 10) 이후 황제 마르쿠스 아우렐리우스Marcus Aurelius와 같은 작가들은 그리스도교인들을 잘못된 방향으로 가는 완고한 사람들로 여겼다.(『명상록』 11, 3) 풍자 작가 루키아누스는 그리스도교인들을 비이성적이고 잘 속는 멍청이들로 묘사했다.(『페레그리누스의 죽음』, 11-13)

공식 박해

그리스도교인에 대한 이러한 광범위한 반감이 그리스도교인에 대한 로마 정부의 초기 조치의 근저에 있었다. 첫 번째 본격적인 박해는 네로 치하에서 벌어졌던 것으로 보인다. 네로의 적들이 도시의 상당 부분을 초토화시킨 화재에 대해 그를 비난하자 그는 로마에 있는 그리스도교인들을 희생양으로 삼기로 결심했다. 타키투스에 따르면, 네로는 그리스도교인들을 공개적으로 처형했고 그들 중 일부는 동물 가죽을 입혀 굶주린 개들에게 잡아먹히게 했으며 다른 이들은 몸에 역청칠을 한 후 불을 붙여 그의 정원을 밝혔다. 타키투스는 그리스도교인들에 대한 대중의 전반적인 혐오감 때문에 네로가 그들을 그렇게 대할 수 있었다고 말한다. 하지만 네로는 로마 바깥의 그리스도교인들에 대한 박해는 명하지 않았고, 더 중요한 것은 그가 그리스도교인이라는 이유로 로마 그리스도교인들을 처벌하지 않았다는 것이다. 그는 그들이 방화죄를 저질렀다고 비

난했다.(분명 그리스도교인들은 화재와 무관했다.) 그렇게 그리스도교인들은 실제로 범죄를 저질렀다는 비난을 받았다.

네로는 선례를 만들었을지도 모른다. 이미 사람들이 의심과 증오의 눈길로 바라보던 그리스도교인들은 점점 더 공공의 문제로 인식되었고 지방의 총독들은 황제가 그리스도교인들에게 보이는 경멸감을 눈치챘을 것이다. 문제는 시간이 지나며 그리스도교인들이 점점 더 많아지고 공공연하게 국가 신들의 경배를 거부하면서 가중되었다. 우리가 어느 정도 자신 있게 말할 수 있는 것은 이런 사정이 공식적인 박해의 두 번째 사건에서 더욱 분명해졌다는 것이다. 112년, 소 플리니우스우스는 그의 관할 지역에 있는 그리스도교인들에 대한 고소가 빗발치자 그들을 재판에 넘겼다. 그 후, 그는 트라야누스Trajan 황제에게 자신이 그 상황을 제대로 처리한 것인지 알아보기 위해 편지를 썼다. 이 편지는 아직도 남아 있는데, 소 플리니우스우스는 자신이 그리스도교인으로 의심되는 사람들을 체포하고 황제와 국가 신들의 이미지에 향과 포도주를 바치게 함으로써 국가에 대한 충성심을 증명하도록 강요했다고 황제에게 말한다. 그는 거부한 사람들을 처형했다.

소 플리니우스우스는 이 사람들이 그리스도교 신을 숭배했기 때문이 처형한 것이 아니라—그들은 자유롭게 그렇게 할 수 있었다—로마 제국을 지켜주는 신들에게 경배하기를 거부했기 때문에 처형했다. 소 플리니우스우스는 로마 신들을 기꺼이 경배하는 한 이전에 그리스도교인이었던 것으로 의심되는 사람들도 처벌하지 않았다. 이것은 그리스도교도인 것이 범죄가 아니었음을 보여준다.(왜냐하면 범죄는 그 행위를 그만둔 후에도 처벌을 받기 때문이다.) 국가 신들에 대한 경배를 단호히 거부하는 것이 범죄였다. 소 플리니우스는 그리스도교인들의 종교가 국가 신들을 경배하는 것을 막았다고 알고 있었던 것 같다. 이 때문에 그리스도교인이라고 주장하는 사람은 자동적으로 기소 대상이 되었다.

아직 남아 있는 서면 답변을 통해 트라야누스는 소 플리니우스우스의 조처에 전폭적인 지지를 보냈고, 다른 로마 지방의 총독들도 그런 반응을 마음에 새겼을 것으로 보인다. 그리스도교인들은 추적당하지는 않았

Box 26.2 트라야누스 황제에게 보내진 플리니우스우스의 편지

다음은 로마 관리 플리니우스가 트라야누스 황제에게 보낸 편지에서 발췌한 것으로 그리스도교인들에 대한 사법 절차를 기술한 최초의 이교도 저술이다. 로마 속주의 총독이었던 플리니우스우스는 2세기 초에 그리스도교인들을 재판에 회부했다.

그리스도교도으로서 제 앞에 끌려온 자들의 경우에 저는 다음과 같은 절차를 따라왔습니다. 저는 그들에게 그리스도교인이냐고 물었습니다. 그들이 그렇다고 인정하면 처형을 당할 것이라고 협박하면서 두 번, 세 번 다시 물었습니다. 끝까지 주장을 굽히지 않는 자들은 사형에 처하도록 했습니다. 그들이 무엇을 주장하든 그것과 상관없이 그들의 고집과 완강함만으로도 어쨌든 벌을 받아야 한다고 저는 확신했기 때문입니다. 일부 다른 미치광이들 중에는 로마 시민들이 있었기에 저는 그들을 로마로 돌려보내도록 조치했습니다.

나중에 (……) 더 많은 사례들이 나타났습니다. 누가 만들었는지는 모르지만 많은 사람들의 이름이 담긴 문서가 나왔습니다. 자신들이 그리스도교도가 아니라고 부인하고 저를 따라 신들의 이름을 부르는 자들, 신상들과 함께 모셔 오라고 제가 명령한 당신의 동상에 향과 포도주로 경배하는 자들, 그리스도를 저주하는 자들(진정한 그리스도교도들은 이런 짓들을 할 수 없다고 들었습니다)은 풀어주었습니다.

제보자에 의해 이름이 드러난 후 자신들이 그리스도교도라고 말했지만 곧 그것을 부인하는 사람들도 있었습니다. 그들은 자신들이 그리스도교인이었지만 3년 전, 혹은 그보다 더 전에, 개중에는 20년 전에 충성을 버렸다는 사람들이 있었습니다. 이들은 당신의 동상과 신들의 형상을 숭배하고 그리스도를 모독했습니다. 그러나 그들은 자신들의 죄와 과오는 정해진 날에 새벽에 모여서 하느님인 그리스도에게 찬송가를 부르고, 어떤 죄를 짓기 위해서가 아니라 절도나 간음 행위를 피하고, 약속을 어기지 않고, 누가 돈을 요구하면 저금해두었던 돈을 주겠다는 서약을 한 것이라고 합니다. 이 의식들이 끝나면 그들은 헤어졌고 다시 모여 평범한 식사를 같이 했다고 합니다. 하지만 그들은 제가 내린 칙령—당신의 지시에 따라 제가 비밀결사를 금지했던—에 따라 이런 일들을 중단했다고 말했습니다. 그래서 집사deaconess라고 불리는 두 여종들을 고문해서라도 진실을 확인하는 것이 필요하다고 생각했습니다. 제가 발견한 것은 천하고 근거 없는 미신뿐이었습니다.(소 플리니우스 편지 전집Pliny the Younger: Complete Letters)

고—트라야누스는 그런 행위를 분명히 금했다—익명을 통한 고소는 일반적으로 허용되지 않았지만, 공동체 내에서 어려움이 발생하고 그리스도교인들이 비난받아야 한다고 생각될 때는 비록 짧은 시간 동안이라도 박해가 일어났다. 그리스도교인들의 존재가 널리 알려지면서 사람들은 그들이 (1) 공동체의 정상적인 사회생활에 참여하지 않았다는 점에서 반사회적이고, (2) 국가의 신들을 섬기지 않는다는 점에서 신성모독을 행하며, (3) 신들이 그러한 사람들이 살고 있는 공동체에 우호적이지 않으리라는 점에서 위험하다고 생각했다. 2세기 말이 되자 그리스도교 변증론자apologist(문자 그대로의 뜻은 신앙을 '방어하는 사람') 테르툴리아누스Tertullian는 신들의 분노로 인류에 가해진 모든 재앙의 근원이 그리스도교인들이라는 널리 퍼진 생각에 대응해야 했다.

그들은 그리스도교인들이 모든 공공의 재앙과 사람들이 겪는 모든 고통의 원인이라고 생각한다. 티베르 강이 성곽만큼 높이 솟아오르거나 나일강의 수위가 농사에 충분치 않거나 비가 내리지 않거나 지진이 나거나 기근이나 역병이 돌면 그들은 바로 "그리스도교인들을 모두 사자 입으로 쳐넣어라!"라고 외친다.(『변증』40)

물론 그리스도교인들은 모든 면에서 그들이 맞닥뜨린 증오를 이해하고 대처할 수 있는 방법을 생각해야 했다. 다시 말해, 그리스도교인들이 세상으로부터 맞닥뜨린 반대는 그리스도교인들로 하여금 그것들에 대항해 자신들을 정의하도록 몰아갔다. 사회학자들은 어떤 사회집단이 특히 강력하고 위협적인 적에 직면했을 때 종종 더 강한 연대와 내적 결속을 이룬다는 것을 오랫동안 인식해왔다. 가장 일반적인 용어로 말하자면, 다양한 초기 그리스도교 공동체가 맞닥뜨린 반대와 박해가 서로에 대한 구성원들의 헌신을 강화시켰다. 그

들의 적들을 함께 맞을 수밖에 없었기 때문이다. 그들은 또한 왜 신의 은총의 백성인 자신들이 그렇게 극심하고 잔인한 고난을 겪어야 하는지를 신학적으로 스스로에게 설명해야만 했다.

이 문제들은 많은 초기 그리스도교 저술에서 다뤄지고 있으며, 그중 일부는 우리도 이미 살펴봤다. 이 장에서는 1세기 말부터 2세기 중반까지 이러한 맥락에서 만들어진 몇 가지 추가 문서들—베드로의 첫째

Box 26.3 그리스도교의 확산

많은 사람들이 상상하는 것과는 달리, 그리스도교 교회는 초창기에 꽤 느리게 성장했다. 1세기 말, 로마 제국의 총 인구 6천만 명 중 그리스도교인은 0.2퍼센트도 안 되는 1만 명 이내였을 것이다. 하지만 그들은 꾸준한 성장을 보였는데 최근 연구에 따르면, 그것은 대규모 복음 운동과 개종 때문이 아니라 개인적 인간관계망을 통해 달성된 것이었다. 개종한 사람들은 가족, 친구, 동료들에게 자신이 받아들인 새로운 종교의 이점에 대해 설명했을 것이고, 그런 설명을 들은 사람들 중 일부는 개종했을 것이다. 10년마다 30-35퍼센트의 성장률을 보인 그리스도교는(모르몬교의 성장세보다 약간 낮은 성장률이다) 3세기 말까지는 300만 명으로 늘었다. 312년 콘스탄티누스 황제가 개종했을 때 신도들의 수는 급증했고 4세기 말 무렵에는 제국 인구의 절반이 스스로를 그리스도교인이라 불렀다.(Box 26.9 참고)

초창기에 무엇이 사람들로 하여금 자신들의 종교를 버리고 그리스도교를 받아들이게 만들었을까? 이전의 연구들에서는 오래된 신들이 더 이상 숭배할 가치가 없다는 정신적 '공허'가 제국에 널리 퍼져 있던 때 마침 그리스도교가 적절한 순간에 현장에 도착했기 때문이라는 주장이 우세했다. 그러나 고고학적 증거는 이교도의 종교들이 약세를 보이기는커녕 2세기와 3세기에 번성했다는 것을 보여준다.

일부 학자들은 다소 역설적이게도 그리스도교의 성장을 이끈 것은 바로 그리스도교에 대한 이교도들의 반감 때문이었다고 주장한다. 모든 것을 포용하는 이교도 종교들과는 달리—어느 이교도들의 종교도 자신들만이

'진리'를 가지고 있다고 가지고 있다고 주장하지 않았다—그리스도교는 자신들만이 옳고 유일하게 올바른 종교라고 주장했고 그리스도교 신자들은 그것을 증명하기 위해 기꺼이 목숨을 바쳤다. 이 주장에 따르면 신앙에 대한 그러한 흔들리지 않는 열정은 개종할 가능성이 있는 사람들에게 매력적으로 다가왔다.

다른 학자들은 그리스도교 교회가 사회적으로 소외된 사람들에게 절실한 인간관계망을 제공했다고 지적한다. 지역 그리스도교 공동체들은 적어도 매주 한 번 한자리에 모였고 모든 구성원들을 대가족의 일원으로 생각하며 서로의 필요를 돌보고, 예배를 드리고, 사회적 행사를 함께 즐겼다. 이 모든 것이 친밀한 사회적 모임을 찾아볼 수 없던 세상에서는 사람들에게 매력적으로 다가왔다.

이런 설명들도 어느 정도 사실일지는 모르지만 우리들이 가지고 있는 그리스도교 자료들은 한결같이 이방인들이 그리스도교 신앙을 받아들인 것은 그리스도교인들이 행한 놀라운 기적들 때문이라고 주장하는 점이 흥미롭다.

그리스도교인들은 그들의 기도를 통해 사람들이 병에서 치유되고, 악령에서 놓여났으며 심지어 죽은 사람들도 살아났다고 주장한다. 시간이 지나면서 점점 더 많은 사람들이 이런 주장을 사실로 믿게 되었다면 교회는 계속 성장할 수 있었을 것이다. 그리스도교가 성장을 거듭할수록 다른 종교들은 위축되었고 결국 사라졌다.(Box 26.9 참고)

편지, 이그나티우스의 편지들, 폴뤼카르포스의 순교 등―을 검토해보겠다. 우연하게도 이 문서들은 거의 같은 시기에 소 플리니우스우스가 그곳의 그리스도교인을 자신이 어떻게 박해했는지 묘사했던 지역인 소아시아와 이런저런 방식으로 관련되어 있다. 우리는 이 글들을 살펴봄으로써 그리스도교인들이 그들을 둘러쌌던 적대적인 세계에서 자신들을 어떻게 보았는지에 대해 더 많은 통찰을 얻을 수 있을 것이다.

적대적인 세계의 그리스도교인:
베드로의 첫째 편지

베드로의 첫째 편지는 소아시아의 몇몇 지방, 즉 "폰토스와 갈라티아와 카파도키아와 아시아와 비티니아"(1베드 1:1)의 흩어진 나그네 같은 신자들에게 사도 베드로의 이름으로 쓰인 일종의 회람 편지circular letter이다. 시몬 베드로 자신이 실제로 이 편지를 썼는지에 대한 질문을 고려하기 전에, 우리는 편지를 받은 사람들과 그들의 상황에 대해 알아볼 필요가 있다.

편지의 수신인들

저자는 독자들을 "나그네들exiles", "이방인들aliens"(1:1, 2:11)이라고 부른다. 대부분의 학자들은 이것이 진정한 고향은 하늘이고 당분간 이 세상에서 살아가는 그리스도교인들에 대한 비유적인 의미라고 이해해왔다. 독자들이 "잠시" 나그네로 있을(1:17) 뿐이고 하늘의 소명에 진정으로 충실해야 한다(1:13)고 저자가 쓴 구절들은 이런 해석을 뒷받침한다.

그러나 다른 학자들은 수신인들이 실제로 그들이 살고 있던 공동체에서 새로운 공동체들로 옮겨 왔지만 아직 완전히 그곳에 통합되지 않은 사람들이라고 주장한다. 로마 세계에서 그러한 "거주 이방인들resident aliens"은 사회의 변두리에 있었고, 법적인 권리의 면에서 노예들보다는 나았지만 원래부터 그곳에 살고 있던 토박이 시민들보다는 못한 삶을 살고 있었다. 지금도 흔히 있는 일이지만 오랜 기간 함께 살아온 사람들의 긴밀한 공동체 안으로 들어가는 외부인들은 틀림없이 소외감을 느꼈을 것이다.

베드로의 첫째 편지의 수신인들에 대한 이 두 가지 주장들 중 어느 것이 맞는 것일까? 한편으로는 거주 이방인이나 이방인들이 초기 그리스도교인들이 세운 새 교회의 신도들로 영입하기에 가장 이상적이었을 것이다. 베드로의 첫째 편지는 그런 사람들에게 보낸 편지였을지도 모른다. 사회의 변두리에 있던 그들은 이전에는 누릴 수 없던 따뜻한 친목과 가족의 유대를 새로운 신앙 공동체에서 느꼈다. 게다가 이 새로운 공동체는 단지 비슷한 생각을 가진 사람들의 사회적 모임이 아니었다. 그것은 "하느님의 집"(4:17)이었다.

하지만 베드로의 첫째 편지의 저자가 그가 편지를 보낸 교회에 거주 이방인들만 있었다고 생각했다는 것은 믿기 조금 어렵다. 마찬가지로, 사회적으로 냉대를 받던 사람들만이 그의 편지에 관심이 있는 유일한 그리스도교인들은 아니었을 것이다. 그렇다면 이 편지의 수신인들을 글자 그대로의 의미로 받아들이지 않는 편이 가장 좋을 것이다. 그의 편지의 수신인들 중 많은 사람들이 거주 이방인이었을 수도 있지만, 분명 모두가 거주 이방인이 아니었던 것은 분명하다.

우리가 비교적 확실하게 말할 수 있는 것은 그들이 이방인이든 아니든 간에 그들은 고난을 겪고 있는 그리스도교 신자들이었고, 이 편지의 저자는 그들에게 어떻게 그것에 대처해야 하는지 알려주려 하고 있다는 것이다. "고난suffering"이라는 단어는 신약성서의 다른 어떤 책보다도 이 짧은 편지에서 더 많이 나타나며, 루카의 복음서와 사도행전을 합친 것보다도 더 많이 나타난다. 고난을 어떻게 다루어야 하는지에 대해 작가가 직접적으로 이야기하지 않는 곳에서도 그는 간접적으로 그것에 대해 말하고 있는 것처럼 보인다. 예를 들어, 그는 편지 내내 독자들에게 도덕적인 삶을 살 것을 촉구함으로써 그들이 잘못한 것이 없고 아무에게도 해를 끼치지 않는다는 것을 외부인들이 알 수 있게 하라고 한다. 그들은 순종적인 노예, 순종적인 아내 그리고 부드러운 남편이 되어야 하며 모든 통치적 권위에 복종하고 황제의 헌신적인 신하가 되어야 한다. 이것들은 단순히 도덕적 조언이 아니다. 그들을 의심스러워하는 당국의 박해를 피하고 부당하게 그들을 학대하는 사람들을 부끄럽게 하기 위한 지침이기도 하다.

박해의 맥락

문자 그대로 거주 이방인들은 사회 전반에서 따돌림을 받는다고 느끼는 것에 익숙했을 것이다. 그리스도교 공동체에 들어온 후 이런 감정들은 어느 정도 누그러졌을 것이다. 그들은 "하느님의 집"(4:17)에서 그들 자신의 집을 찾았을 것이다. 그러나 이 새로운 가족에 합류하는 것은 그들에게 부정적인 측면도 있었는데 그들 공동체가 야기한 반대 여론에 노출되어야 했다.

우리는 소 플리니우스우스 총독 재임 시 비티니아폰투스에서 그리스도교인에 대한 박해가 대중적인 차원에서 일어난 것을 보았다. 베드로의 첫째 편지도 그리스도교인들이 "이방인들은 여러분이 이제 자기네와 함께 방탕에 휩쓸리지 않는다고 해서 괴이하게 생각하며"(4:4) 예전 동료들과 친구들이 주로 박해를 시작했다고 말한다. 다시 말해, 그리스도교 개종자들은 이전

에 아울러 지내던 사람들에게 큰 충격을 주었다. 그들에게 버림을 받았다고 비난하는 예전 친구들(그리고 배우자)의 항의가 폭동이나 행정당국의 개입이 필요할 지경에 이르렀을 수도 있다. 그래서 작가는 "시련의 불길이 여러분 가운데 일어나더라도 그것은 여러분을 시험하려는 것이니 무슨 큰일이나 생긴 것처럼 놀라지 마십시오"(4:12)라고 이야기한다.

저자의 응답

핍박은 종종 사회적 집단을 함께 묶는 유대를 공고히 하는 기능을 하며 그 집단의 구성원들로 하여금 그들이 고난을 '함께' 겪고 있다는 것을 깨닫게 함으로써 더 큰 결속감과 소속감을 준다. 비록 베드로의 첫째 편지의 저자는 현대 사회학 이론은 알지 못했겠지만 그가 편지를 보낸 공동체가 경험하고 있는 고난의 사회

Box 26.4 이교도들과의 전설적인 대결

그리스도교 복음이 로마 전역에 퍼지면서 그리스도교 선교사와 이교도 적대자들 사이의 대립을 묘사한 수많은 전설적인 기록들이 등장했다. 이런 이야기들에서 그리스도교인들의 기적은 이교도 신들의 힘을 압도한다. "요한행전"이라고 불리는 한 위경에 나오는 이야기다. 에페소스의 위대한 여신 아르테미스의 신전으로 간 요한은 그녀의 탄생일을 축하하는 수많은 이교도 무리들과 일종의 영적 결투를 신청한다. 그는 자신을 죽이도록 아르테미스에게 기도를 하라고 그들에게 도전한다. 만약 그녀가 그렇게 할 수 없다는 것이 증명되면, 요한은 그들을 죽여달라고 그의 신에게 기도할 것이다. 그곳에 있던 사람들은 이미 요한이 공개적으로 기적을 통해 죽은 자들을 살렸다는 것을 알고 있었기 때문에, 그러지 말라고 울부짖는다.

요한은 그들에게 개종을 권하고 하느님에게 그곳의 이방 신을 내쫓기를 기도한다. 그러자 즉시 아르테미스의 제단이 갈라지고, 모든 제물들이 땅에 떨어지며, 그것이 무엇이든 간에 신전의 영광이 부서지고 일곱 우상이 무너진다. 신전의 절반이 쓰러지고, 지붕이 내려앉고, 아르테미스의 사제가 붕괴되는 건물에 깔려 죽임을 당한

다. 그리스도교인들의 하느님은 분명히 그곳의 가장 위대한 신보다 더 강력하다.

즉시 이교도 무리들은 그리스도교 이야기에 으레 나오는 반응을 보인다. 그들은 "요한의 신이시여, 신은 오직 한 분이십니다. 우리를 불쌍히 여기소서. 당신만이 신이십니다. 이제 우리는 당신의 기적적인 행위를 보았으니 당신을 믿겠습니다"라고 외친다.

독자들은 사람들이 무엇을 믿어야 하는지에 대한 정확한 가르침도 없이 어떻게 그렇게 갑자기 개종을 할 수 있는지 궁금할지도 모른다. 하지만 사람들은 더 강력한 신을 숭배하기로 선택한다. 요한이 군중을 권고하자 그의 말은 더 강력한 효과를 나타낸다. 백성들은 아르테미스의 신전에 남아 있는 것을 부수려고 달려들며 외친다. "요한의 신만이 진정한 신이시라는 것을 알기에 그리고 그가 자비를 베푸셨기에 우리는 그를 경배한다. 우리는 우리의 신들이 헛되게 세워졌다는 것을 보았다."

개종 이야기의 대미를 장식하기 위해 무너지는 신전 안에서 죽었던 이교도 사제가 죽은 사람들 가운데서 살아나 예수를 믿게 된다.

적 의미를 분명히 잘 알고 있었다. 그의 목표 중 하나는 이러한 공동체들을 유지하는 것, 즉 외부로부터의 압력이 높아짐에 따라 구성원들이 공동체를 떠나는 것을 막는 것이었다.

그는 독자들에게 그들이 하느님의 집에 들어왔을 때 특권을 얻었다고 끊임없이 상기시킨다. 그들은 특별히 하느님에 의해 선택되었고, 그들은 "성령으로 거룩해졌으며" 그들에게는 "그분의 피가 뿌려졌다."(1:2) 그들은 새로운 탄생을 통해 이 새로운 가정에 들어왔고(1:3, 23), 현재 그들은 아버지 하느님의 자녀이며(1:14, 17) 흠도 티도 없는 어린 양 같은 그리스도의 보배로운 피로 구속되었다.(1:19) 그들은 선택된 사람들로서, 다른 세상과 구별되고, 하느님에게만 속한다.(2:9) 참으로, 그들은 하느님의 신령한 집으로 세워졌고, 그의 신전이며, 그에게 제물이 바쳐지는 곳이다. 동시에 그들은 이러한 제물을 바치는 거룩한 사제들이다.(2:4-9) 분명히 이 신자들은 신 앞에서 특별하고 세상에 유일한 존재들이다. 사실, 그들은 너무 구별되는 존재들이어서 고통받는 면도 있다. 외부인들은 왜 하느님의 집에 거하는 사람들이 그렇게 달리 행동하는지 이해할 수 없다. 그래서 그들은 그들이 이해하지 못하는 것을 맹공격한다.(4:3-5) 이 점에서 그들은 하느님의 우주적인 적인 사탄에 의해 조종을 당한다.(5:8)

그리스도교인들은 고난받을 것을 예상해야 하고 고난받을 때 놀라지 말아야 한다.(4:12) 그리스도가 고난을 받았듯이 그를 따르는 사람들도 고난을 겪어야 하기 때문이다.(4:13) 그러나 그들은 잘못된 일을 해서 고난받는 것이 아니라 옳은 일을 함으로써만 고난받아야 한다. 그러므로 그들은 도덕적이고 올바른 삶을 살아야 한다.(3:14-17; 4:14-15) 게다가 그들이 이런 식으로 고난을 받을 때, 그들은 자신들이 누구인지 그리고 자신들이 무엇을 의미하는지 설명함으로써 스스로를 방어할 준비를 해야 한다. "여러분의 마음 속에 그리스도를 주님으로 우러러 모시고 여러분이 간직하고 있는 희망에 대해서 설명을 듣고 싶어하는 사람들에게는 언제라도 답변할 수 있도록 준비해 두십시오. 그러나 답변을 할 때에는 부드러운 태도로 조심스럽게 해야 합니다."(3:15-16) 그리스도교인들은

이렇게 방어를 함으로써 적들을 부끄럽게 만들 것이다.(3:17)

베드로의 첫째 편지의 저자는 그리스도교 공동체에 연대를 형성하는 것뿐만 아니라 아마도 가장 우선적으로 고난을 종식시키는 것에 관심을 쏟고 있다. 그가 독자들에게 "이방인들 사이에서 행실을 단정하게 하십시오. 그러면 여러분더러 악을 행하는 자라고 욕하던 그들도 여러분의 아름다운 행위를 보고 하느님이 찾아오시는 그날에 그분을 찬양하게 될 것입니다"(2:11)라고 촉구하는 것은 바로 이 때문이다. 도덕적 행동을 하라는 그의 지시는 회의적인 사람들의 마음을 얻기 위한 것으로 보인다.(3:1) 그리스도교 공동체가 반사회적으로 여겨지던 세상에서 신도들은 "인간이 세운 모든 제도에 복종하십시오. 그것이 주님을 위하는 것입니다. 황제는 주권자이니 그에게 복종하고 총독은 황제의 임명을 받은 사람으로서 악인을 처벌하고 선인을 표창하는 사람이니 그에게도 복종해야 합니다. 선한 일을 하여 어리석은 자들의 무지한 입을 막는 것이 하느님의 뜻입니다."(2:13-15)

고난을 받으면서도 변치 않는 사람들을 위한 궁극적인 보상은 곧 다가올 구원이 될 것이다.(1:1-3, 9) 이 저자는 초기 그리스도교 공동체의 종말론적 희망을 버리지 않았다. 그는 하느님이 곧 신도들의 고난을 끝낼 것이라고 확신하며 그것을 포용한다.(4:17; 5:10) 이 저자는 대체 누구였을까?

베드로의 첫째 편지의 저자

이 책은 예수의 제자인 베드로가 제국의 수도에서 글을 썼다고 암시한다. 저자는 편지의 말미에서 자신이 "바빌론"(5:13)에서 글을 썼다고 말하는데 그것은 로마를 가리키는 은어로서 하느님을 적대했던 사악한 제국의 중심지를 가리켰다.(묵시 17:5; 18:2 참고) 베드로는 전통적으로 초대 감독bishop으로서 로마와 관련지어져왔다.(Box 21.1 참고)

하지만 많은 학자들은 베드로가 이 편지의 저자라는 주장을 의심한다. 사실상 우리가 제자인 베드로에 대해 확실하게 알 수 있는 것은 그가 갈릴래아 출신의 어부로(마르 1:16) 문맹으로 알려져 있었다는 것이다.(사도 4:13) 그의 모국어는 아람어였다. 하지만 이

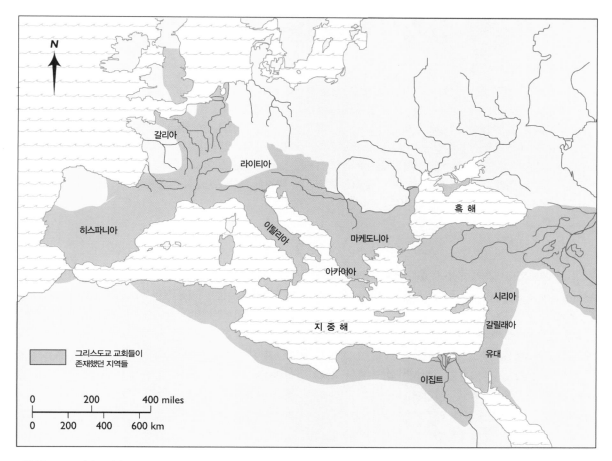

도판 26.1 300년경 무렵의 그리스도교 분포도.

편지는 세련된 그리스어를 구사하며 그리스어로 번역된 구약성서에 통달한 그리스도교도가 일정한 수준의 그리스적 수사를 동원해 쓴 것이다. 물론 베드로가 예수의 부활 이후 그리스어를 배우고, 그리스어 구약성서를 마스터한 후 뛰어난 작가가 되어 로마로 거처를 옮긴 후 편지를 썼다고 주장할 수도 있겠지만 대부분의 학자들은 이것을 현실성 없는 이야기라고 생각한다.

어떤 사람들은 실제로는 베드로의 첫째 편지 5장 12절에 나오는 실바누스가 이 편지의 저자라고 주장했다. 분명히 가능한 이야기이긴 하지만, 그렇다면 왜 실바누스를 이 편지의 저자가 아니라 베드로의 말을 받아 적은 사람으로 표시한 것일까? 다른 사람들은 실바누스가 베드로가 지시한 대로 편지를 받아 썼지만 그가 베드로의 거친 표현들을 좀 더 미적으로 만족스

럽고 수사적으로 설득력 있는 그리스어로 다듬었다고 생각해왔다. 그렇다 하더라도, 실바누스를 실제 저자로 생각하지 않는 한 여전히 베드로의 첫째 편지의 상세한 구약성서 해석이나 대부분의 주장을 설명하기는 어렵다.

나는 신약성서에 실린 책들 말고도 베드로의 이름으로 쓰였다고 주장되는 수많은 위서들이 있다는 것을 지적해야겠다. 예를 들면, 우리가 이미 살펴본 베드로의 복음서Gospel of Peter 외에도 베드로가 썼다고 주장하는 세 편의 묵시록(그중의 하나는 28장에서 다룬다), 여러 개의 베드로 "행전Acts"이 있다. 게다가 우리가 살펴보게 되겠지만, 학자들은 신약성서 안에 들어있는 베드로의 둘째 편지도 사실상 익명의 저자가 쓴 것이라고 생각한다. 전체적으로 볼 때, 베드로의 첫째 편지도 후세의 작가들이 자신의 견해에 권위를 부여하

Box 26.5 베드로의 첫째 편지

1. 베드로의 첫째 편지는 예수와 가까웠던 제자 시몬 베드로가 썼다고 주장한다. 현대 학자들은 이 구절을 의심할 만한 이유들을 제시해왔다.
2. 그것은 1세기 말경에 살았던 어느 그리스도교인에 의해 베드로의 이름으로 쓰였을지도 모른다. 만약 그게 사실이라면, 그것은 베드로가 썼다고 알려진 초기 그리스도교의 여러 위서들 중 하나이다.
3. 이 책은 박해를 겪고 있던 소아시아의 그리스도교인들을 위한 책이다.
4. 이 책은 고난받는 그들을 격려하고, 왜 그런 일이 벌어지는지 설명하며, 고난 가운데서도 하느님에게 충실한 모습을 보여 그들이 당하는 부당한 학대에 대한 영원한 보상을 받도록 격려하기 위해 쓰였다.

기 위해 예수와 가장 가까웠던 제자의 이름을 사용한 위서psuedepigraphy의 또 다른 예로 보는 것이 가장 좋을 것이다.

베드로의 첫째 편지의 작가가 언제, 어디서 누구에게 글을 쓴 것인지 말하기는 어렵다. 만약 그 편지가 서문에 나와 있듯이 정말로 소아시아와 연관된 것이라면, 그것은 아마도 박해가 시작되고 있지만 각 교회마다 유일한 감독이 교회를 관장하는 조직 체계가 아직 발달하지 않았던 1세기 말쯤으로 저작 시기를 잡아야 할 것이다. 이 서한에는 소아시아 교회들이 "장로들"(5:1-4)의 집단에 의해 통치되는 것으로 보이지만 교회의 위계가 존재한다는 흔적은 보이지 않는다. 이 지역에 교회의 위계제가 명백히 존재했다는 것은 2세기 초 특히 이그나티우스Ignatius의 편지들에서 볼 수 있다.

사형선고에 처해진 그리스도교인들: 이그나티우스의 편지들

안티오키아의 이그나티우스의 편지들은 특이한 역사적 배경 때문에 현존하는 가장 흥미로운 초기 그리스도교 저술들 중 하나이다. 그것들은 110년경 이그나티우스가 로마로 압송되어 가는 도중에 그에게 사람들을 보냈던 소아시아의 몇몇 교회들로 보내진 편지였다. 그리스도교 신앙 때문에 국가에 대한 반역죄로 재판을 받고 야수들의 우리에 던져지도록 판결을 받은 그는 로마 병사들의 호위 아래 사형지로 여행 중이었다. 그러나 이그나티우스는 다가오는 순교martyrdom를 두려워하기는커녕 기쁘게 그것을 받아들였다. 그는 그리스도를 위해 갈기갈기 몸이 찢기고 야수들에게 게걸스럽게 먹힐 기회를 고대했다. 이그나티우스는 좋게 말하자면 신기한 인물이었다. 어떤 현대 독자들은 그를 이상적인 그리스도교 순교자로 생각하지만 어떤 독자들은 병리학의 연구 사례로 보고 있다.

역사적 배경

우리는 이그나티우스의 편지로부터 추측할 수 있는 것 외에는 그에 대해 아는 바가 거의 없다. 우리는 그가 제국의 가장 오래되고 가장 큰 교회 중 하나인 시리아의 안티오키아 교회의 감독이었다는 것을 알 수 있다. 그는 분명히 교육을 받은 사람이었고 세속적인 그리스 문학을 안다는 증거를 보여주었다.(예: 로마인들에게 보낸 이그나티우스의 편지 4:1) 이그나티우스는 상류층 출신의 학식이 높은 개종자로서 안티오키아의 그리스도교 사회에 진출하여 결국 감독의 자리에 올랐을 수도 있다.

이그나티우스는 혼란 상태인 교회를 남겨두고 떠난 것으로 보인다. 아마도 교회 권력을 둘러싼 다툼이었을 내부 갈등이 있었고, 그 문제가 최근에 해결되었다는 것을 그는 글에서 암시한다. 분명 이그나티우스가 지지했던 쪽이 이겼던 것으로 보인다. 일부 학자들은 이그나티우스 자신이 갈등의 원인이었다고 추정했다. 그가 교회를 떠나기 전에 이미 감독으로서의 그의 권위가 다른 사람들로부터 도전받았을지도 모른다.

우리는 이그나티우스가 로마에서 박해받는 동안 정확히 무슨 일이 일어났는지 모른다. 그는 시리아 교회의 몇몇 다른 신도들이 자신보다 먼저 처형을 받으러 갔다는 것을 암시한다.(10:2) 지역 사람들의 항의가 안티오키아의 그리스도교 지도자들의 체포로 이어졌다고 보는 것이 타당할 것이다. 그러한 상황은 이그나티우스가 소아시아를 통과하던 길 바로 북쪽에 있는 소 플리니우스우스 치하의 비티니아 폰투스에서 비슷한 시기에 일어났던 일들과 별로 다르지 않았을 것이다.

이그나티우스는 시리아에서 로마로 가는 육로를 가로질러 가는 동안 병사들과 동행했는데, 그는 이 군인들을 친절하게 대하면 더 잔인한 행동을 하는 야생 표범 열 마리에 비유했다.(5:1) 그의 여정에 대한 소식은

그가 지나가는 길의 지역 교회들에 먼저 도착한 듯한데, 그가 유숙하는 몇몇 장소들에 아마도 물자를 공급하기 위해서 교회 사람들이 찾아왔기 때문이다. 그에게 쏟아진 온정에 답하기 위해서 이그나티우스는 트랄레스, 마그네시아, 에페소스, 필라델피아, 스미르나의 교회들에 편지를 썼다. 그는 또한 이 교회들 중 한 곳인 스미르나의 감독 폴뤼카르포스Polycarp에게 별도의 편지를 썼는데, 우리는 곧 그와 로마인들에게 보낸 이그나티우스 편지를 다시 다룰 것이다. 이들 편지들은 매우 특이한 상황에 처한 사람에 의해 서둘러 쓰인 것이 분명해 보인다. 여러 주제들이 글 전체에 걸쳐 반복된다.

중요한 주제들

교회의 단결 이그나티우스는 전 세계 그리스도교 공

도판 26.2 북아프리카의 한 빌라의 모자이크, 사자가 사람을 공격하는 모습을 보여준다. 박해 기간 동안 그리스도교인들은 때때로 경기장에서 야수들에 의해 순교당했다

동체가 단합해야 한다고 주장한다. 우리가 계속 지켜본 초기 그리스도교의 광범위한 다양성을 고려할 때 정통파 주교가 이런 관심을 가진다는 것은 전혀 놀라운 일이 아닐 것이다. 실제로, 안티오키아에 있는 이그나티우스 자신의 교회조차 내부적으로 분열된 것으로 보이는데, 주교로서의 이그나티오스의 권위를 둘러싼, 혹은 그가 떠난 뒤 후계자의 임명과 관련해 벌어진 일이었던 것 같다. 다른 출처로부터 우리는 그곳에 영지주의적 그리스도교인들과 양자론적 관점을 가진 유대계 그리스도교인들도 있었다는 것을 알 수 있다. 이 다양한 무리들은 마을의 일부 가정 교회들을 장악하고 자신들의 '후보들'을 교회 감독으로 내세우려 했을지도 모른다. 만약 그렇다면, 공동체 내부 투쟁은 지도자들 사이의 광범위하게 다른 신학적인 관점들 때문이었

을지도 모른다.

교회의 순결 만약 이그나티우스 자신이 안티오키아 교회에서 신학적인 논쟁을 경험했다면, 이것은 그가 소아시아의 교회들에게 사도들에 의해 주어진 '순수' 교리를 유지하고, 그것에서 벗어나 이단적인 생각들을 받아들여서는 안 된다는 주장을 펼치게 된 이유를 설명해준다.

이그나티우스는 특히 그가 예수에 관해 거짓이라고 여겼던 것을 가르치던 다양한 그리스도론적 이단들과 다투었다. 우리는 이미 이그나티우스 이전에 살던 많은 신약성서 저자들이 예수에 대해 서로 다른 견해를 가지고 있다는 것을 살펴보았다. 이러한 차이점들은 시간이 지남에 따라 확대되었고, 일부 그리스도

Box 26.6 그리스도교 순교에 대한 대안적 견해

남아 있는 대부분의 그리스도교 문서들은 순교를 긍정적으로 보고 있으며, 그리스도교인들에게 신앙을 위해 기꺼이 죽음을 향해 나아가고 인간이 고안해낸 모든 고문을 견뎌낼 것을 촉구한다. 그렇게 함으로써 그리스도교인들은 그들의 주 예수의 고난을 모방할 수 있을 것이다.

하지만 모두가 이런 주장에 동의한 것은 아니다. 우리는 소 플리니우스의 편지와 몇몇 그리스도교 저자들의 글을 통해 박해 시기에 그리스도교 신도들 층에서 대규모 이탈이 있었다는 것을 알 수 있다. 사실, 이 저자들 중 한 명인 테르툴리아누스는 순교에 반대하는 그리스도교 영지주의적 집단을 구체적으로 공격한다. 이들은 동료 그리스도교인들에게 신앙을 위해 죽는 어리석은 짓을 하지 말라고 설득하려 했다. 그들은 그리스도가 그의 추종자들이 죽음을 피하게 하려고 죽었다고 주장했다. 그들에게는, 순교의 필요성을 받아들이는 사람은 예수의 죽음 자체로 구원받기에 충분하다는 것을 부인하는 것이었다.(테르툴리아누스, 『전갈의 침』 1) 그들은 그리스도교 신자들에게 하느님은 중심을 보기 때문에 마음만 배교를 하지 않으면 된다며, 불타는 제단에 향을 한 움큼 던지는 정도의 행위만 요구하는 국가의

신들에 대한 제사에 참여하라고 촉구한 것 같다.

만약 순교에 대한 경쟁적인 견해들이 있었다면 왜 남아 있는 대부분의 글들은 한쪽 입장만 보여주고 있는 것일까? 순교를 둘러싼 논쟁에서 승리한 원정통파 그리스도교인들은 기꺼이 순교를 해야 한다는 주장을 펼쳤는데, 이는 그들이 받아들인 다른 신학적 입장과 밀접한 관련이 있기 때문이었다. 특히, 그리스도교인들의 육체적 고통은 그리스도 자신의 죽음의 현실성을 부각시키는 역할을 했는데, 이것은 2, 3세기 가현설과 영지주의를 둘러싼 논쟁에서 매우 중요한 의미를 지녔다. 순교의 미덕과 그리스도의 죽음의 현실성 사이의 연관성은 이미 이그나티우스의 글에 명확히 드러나 있다.

그리스도께서 우리가 구원받을 수 있도록 우리를 위해 이 모든 것들을 겪으셨다. 그리고 그가 죽음에서 부활하셨을 때 일부 불신자들이 말하는 것처럼 고통스러워 보인 것이 아니라 진정으로 고통을 받으셨다. (……) 이런 일들을 주님께서 겉모습으로만 행하셨다면 나도 겉모습에만 얽매일 것이다. 그런데도 왜 나는 나를 죽음에, 불에, 칼에, 야수들에게 내맡겼을까? (이그나티우스 감독이 스미르나 교회에 보내는 편지 2, 4)

교 지도자들은 그들 중 자신들만이 옳다고 선언하게 되었다. 누가 옳고 그른지를 둘러싼 이런 논쟁에서 일부는 예수를 하느님이 선택한 인간으로 봐야 하지만 그 자신은 신성하지 않다고 주장했다. 다른 사람들은 예수가 사실 신이고 육체와 피를 가진 인간이 아니라고 주장했다. 이그나티우스를 포함한 또 다른 이들은 이 두 견해가 주장한 것들은 맞지만 그들이 부정한 것들은 틀렸다고 주장했다. 즉 이들에게 예수는 사람이기도 하고 신이기도 했다. 이그나티우스의 이 결론은 아마도 다소 역설적으로 들릴 것이다. 그리스도는 "육체를 지녔지만 영적이며, 태어났지만 스스로 영원히 존재하고 참사람의 몸을 입으셨고 죽음의 한가운데에 있는 진정한 삶이시고 하느님으로부터 나셨지만 마리아에게서도 나셨고 처음에는 고통을 겪으셨지만 곧 그것을 넘어서셨다."(에페소스인들에게 보낸 이그나티우스의 편지 7:2)

이그나티우스에게 교회의 순결은 기본적인 신앙 고백에 달려 있었다. 누구든 그것을 거부하는 사람은 교회에 들어올 수 없었다. 하지만 전 세계 그리스도교인들이 계속해서 그것에 찬성할 것이라고 누가 장담할 수 있겠는가? 교회의 순수성은 누가 책임을 져야 하는가? 그에 대한 이그나티우스의 해답은 모든 그리스도교 공동체를 이끌 단 한 명의 주교, 교회가 가야만 할 길로 그것을 인도하는 지도자였다.

교회의 지도부 심지어 목회 서신들Pastoral epistles보다도 이그나티우스의 편지는 교리와 실천의 모든 문제에서 교회 체계의 중요성을 강조하고 주교가 지상에서 하느님의 대리인이며 그의 통치가 법이라고 주장한다.(Box 23.9) 주교의 허락 없이는 그 누구도 교회 활동을 할 수 없으며 아무도 주교의 권위를 부정할 수 없다. 이그나티우스의 말이다. "주교가 알지 못하는 일은 절대로 행해서는 안 된다."(트랄레스인들에게 보낸 이그나티우스의 편지 2:2), "성부 하느님의 권위를 존중하는 만큼 주교를 존중해야 한다."(마그네시아인들에게 보낸 이그나티우스의 편지 3:1), "주교를 주님 자신처럼 여겨야 한다."(에페소스인들에게 보낸 편지 6:1) 자신과 의견이 같은 교회의 지도자들이 하느님으로부터 전권을 위임받았다고 주장하는 것보다 혼란에 질서를 부여하는 데 좋은 방법은 없을 것이다.

이그나티우스와 그리스도교 박해

어떤 면에서 이그나티우스가 쓴 가장 흥미로운 글은 로마인들에게 보낸 편지로 곧 있을 그의 순교를 명시적으로 다루고 있다. 우리는 이그나티우스가 그의 신앙을 온전히 지키면서도 목숨을 보전할 수 있는 길을 찾고 싶었을 것이라고 생각할 수도 있겠지만 그는 기꺼이, 간절히 죽음을 맞이한다. 그는 로마 교회 교인들에게 개입하지 말라고, 영광스러운 순교를 함으로써 그는 진정한 그리스도의 제자가 될 것이라고, 그리스도 자신의 수난을 모방함으로써 그는 "하느님께 갈 수" 있을 것이라고 알리는 편지를 쓴다.

이그나티우스는 로마 신도들에게 "제발 가까이 제단이 있을 때 자신이 하느님께 제물로 바쳐지는 것을

Box 26.7 이그나티우스의 편지

1. 안티오키아의 주교인 이그나티우스가 쓴 일곱 통의 편지가 남아 있다.
2. 110년경에 쓰인 그들 대부분의 편지들은 이그나티우스가 경비병들에 의해 로마로 호송되는 동안 소아시아 교회들 앞으로 쓰였다.
3. 그 편지들은 그리스도교인들에게 교회 안에서 단합하고, 이단의 가르침을 멀리하며 각 교회의 감독에 복종할 것을 촉구한다.
4. 이그나티우스의 글들 중 로마인들에게 보낸 편지는 독특하다. 자신은 야수들에게 찢기고 먹혀서 순교자가 되기를 원한다며 이그나티우스는 로마의 그리스도교인들에게 자신을 위해 개입하지 말 것을 부탁한다.

허락해달라"(로마인들에게 보낸 이그나티우스의 편지 1:2)고 부탁한다. 그는 자신이 고통을 피할 수 있도록 기도를 부탁한 것이 아니라 기꺼이 그것을 껴안을 수 있게 해달라고 기도를 부탁한다. "내가 순교에 대해 말할 뿐만 아니라 정말로 그것을 원하도록 내가 영혼과 육체의 힘을 가질 수 있게 기도해주십시오." 무엇보다도, 그는 로마 교회 신도들이 자신의 재판 절차에 개입하는 것을 원하지 않는다. "나는 여러분들에게 간청합니다. 적절치 않은 친절일랑 베풀지 말아주십시오. 내가 야수들의 밥이 되게 해주십시오―그게 내가 하느님께 갈 수 있는 길입니다. 나는 하느님의 밀입니다. 야수들의 이에 갈리어 그리스도를 위한 순전한 빵이 되겠습니다. 나는 야수들을 구슬려 그들이 내 무덤이 되기를, 내 몸의 한 조각도 남기지 않기를 원합니다."(4:1-2) 죽음에 대한 이러한 열망은 일부 현대 독자들에게는 병적인 것으로까지 보일 수도 있을 것이다.

> 나를 기다리고 있는 야수들에게서 나는 얼마나 기쁨을 느끼게 될까! 나는 그들이 나를 빨리 해치웠으면 좋겠다. 때때로 그들이 그러는 것처럼 두려움으로 주춤거리지 않고 단번에 나를 잡아먹도록 구슬릴 것이다. 그래도 만약 그들이 주저한다면, 나는 그들을 강요할 것이다.(……) 보이는 것이든 보이지 않는 것이든 아무것도 내가 예수 그리스도로 가는 것을 방해하지 않기를. 화형이든, 십자가이든, 야수들과 싸우는 것이든, 뼈가 부러지고, 팔다리가 으스러지고, 온몸이 부서지고, 악마의 다른 잔인한 고문을 받더라도―예수 그리스도를 뵙게만 해주기를.(5:2-3)

그렇지만 우리가 이그나티우스를 현실과 동떨어진 광인으로 치부하는 것은 옳지 않을 것이다. 그는 현실을 등진 사람이 아니었다. 다만 그의 현실은 대부분의 다른 사람들이 보지 못하는 것이었다. 이그나티우스의 현실(그의 관점에서)은 이 세상에 속하지 않은 왕국, 그가 진심으로 얻고 싶어 했던 왕국이었다. 이 세상의 왕국은 그에게 아무런 의미가 없었고 그것은 분명히 악의 힘에 의해 지배되고 있었다. 그들이 최악의 행동을 하도록―몸을 죽이게―함으로써 이러한 세상

의 힘들에 대한 속박에서 벗어나 영혼을 자유롭게 할 수 있었다. 그는 이 세상을 벗어남으로써 하느님에게 도달할 것이라고 믿었다. 따라서 이그나티우스는 그리스도교인들에게 진정한 신앙을 가진 사람으로 인정받는―이 세상에 존재하지 않는 왕국을 위해서 기꺼이 그들의 몸에 대한 끔찍한 학대를 겪었기 때문에―그리스도교 순교자들로 알려진 첫 번째 사람 중 한 명이었다.(그러나 Box 26.6 참고)

비록 이후의 그리스도교 소식통들은 이그나티우스가 로마 원형경기장에서 순교했다는 것을 알려주지만 이그나티우스로서는 그 편지가 끝이었다. 죽음 앞에 선 순교자의 실제 모습을 보기 위해서 우리는 다른 곳으로 눈을 돌려야 하지만 멀리 갈 필요는 없다. 그리스도교 순교자의 모습을 처음으로 온전히 설명한 글이 마침 이그나티우스가 로마로 가는 길에 편지를 썼던 스미르나 교회의 감독 폴뤼카르포스에 관한 것이었기 때문이다.

법정에 선 그리스도교인들: 폴뤼카르포스의 순교

폴뤼카르포스가 이그나티우스와 친구가 되었을 때 그는 비교적 젊은 나이였던 것으로 보인다. 그는 이그나티우스가 순교하고 나서 약 45년 후인 156년경에 순교했다. 폴뤼카르포스가 재판정에서 자신은 86년간 예수를 섬겼다고 주장했기 때문에(폴뤼카르포스의 순교The Martyrdom of Polycarp 9:3) 당시 그의 나이를 가늠하는 것은 다소 어렵다. 만약 그가 매우 어린 나이에 그리스도교인이 되었다면, 그는 아마도 대략 60에서 65년경에 태어났을 것이다.

폴뤼카르포스의 처형과 그것이 벌어지기까지의 사정들은 스미르나에 있는 그의 교회 교인들 중의 한 사람이 소아시아 프리기아주의 필로멜리움에 있는 교회로 보낸 편지에 기록되어 있다. 비록 이 '순교자 열전'이 목격자의 관찰에서 나온 것이라 할지라도 이것이 그 늙은 주교에게 일어난 일에 대한 객관적인 보고서로 받아들여질 수는 없다.(어떤 역사적인 기록이라 하더라도 그것을 만든 사람의 주관적인 생각이 담겨 있

도판 26.3 많은 로마인들은 로마의 신들이 그들의 군사적, 정치적 성공을 가져온다고 믿었다. 이 은화는 로마 여신이 승리 후 기념물로 만들어진 군인의 이미지에 왕관을 씌우는 것을 보여준다.

기 때문이다.) 최근의 연구는 이 편지가 아마도 나중에 (3세기 초?) 단순히 목격자라고 주장하는 사람에 의해 쓰여졌다는 것을 밝혀냈다. 예를 들어, 이 기록의 저자는 폴뤼카르포스의 순교가 "복음에 부합함을"(1:1), 즉 초기 그리스도교 전승에서 묘사된 예수의 순교와 유사함을 보이기 위해 상당히 기술적인 노력을 기울였다. 예를 들면 폴뤼카르포스는 자신이 어떻게 죽을지 미리 알고 있었고(5:2), 동료에게 배신당했으며(6:2) 체포 담당 관리의 이름은 헤로데였다.(6:2) 그는 도망치기를 거부하고 대신 하느님의 뜻이 이루어지길 기도하며(7:1), 당나귀를 타고 도시로 들어간다.(8:1) 그를 심판하는 로마 법정은 그를 석방시키려 하지만 군중들, 특히 폴뤼카르포스의 죽음을 요구하는 유대인들이 반대한다.(9-13)

이러한 문학적인 조정 외에도, 이야기에는 전설적인 일화들이 첨부되어 있는데 특히 폴뤼카르포스의 처형에 관한 묘사가 그렇다. 로마 총독은 폴뤼카르포스를 화형에 처한다. 하지만 사형 집행자들이 그의 주위에 불을 질렀지만 그는 불길에 영향을 받지 않았고 불길은 그의 주위에 공간을 형성한다. 그의 피부는 타는 냄새를 내지 않고 구워지는 빵 같은 모습을 띠며 귀한

향신료의 향기를 풍긴다. 그의 적들은 이 기적을 보고 처형자에게 칼로 그를 찌르라고 명령하지만, 찔린 상처에서 엄청난 양의 피가 쏟아져 나와 뜨거운 불길을 꺼버렸다. 나중에 그 이야기를 베낀 필경사는 비둘기(성령을 뜻하는 것이었을까?)가 폴뤼카르포스의 옆구리에 난 칼로 찔린 상처에서 날아 나왔다는 더 기적적인 세부 사항을 덧붙였다. 폴뤼카르포스는 그렇게 죽었고 신은 그가 살았을 때만큼이나 죽은 후에도 보상을 해주었다.

이 책에는 분명히 허구적인 내용이 담겨 있지만, 아주 흥미로운 역사적 특징들도 몇 가지 있다. 예를 들어, 우리는 폴뤼카르포스가 저지른 유일한 범죄는 국가 신들의 숭배를 거부하는 그리스도교인들의 편을 들었다는 것이었다는 점을 알 수 있다. 사형선고를 면하기 위해서는 단지 "카이사르의 행운으로 맹세"하고 "무신론자들", 즉 그들의 신들을 인정하지 않았으므로 이교도들의 눈에는 "무신론자들"로 여겨진 그리스도교인들을 저주하기만 하면 되었다. 폴뤼카르포스는 그리스도와 그리스도교인들을 부인하는 것을 거부했고 그래서 지방관이 그를 처형할 수밖에 없도록 만들었다.

왜 폴뤼카르포스는 무자비하고 잔인한 죽음을 피하기 위해서 잠시라도 그의 그리스도교 신앙을 거부하지 않았을까? 우리는 폴뤼카르포스 본인이 이 문제에 대해 어떻게 생각했는지 결코 알 수 없을 것이다. 왜냐하면 그는 우리에게 말할 기회가 없었기 때문이다. 하지만 이 책의 저자는 답을 제공한다. 그의 대답은 신앙을 위해 고통받는 것에 대해 많은 그리스도교인들이 어떻게 생각하는지를 보여준다.(그러나 Box 26.6 참고) 그리스도교인들이 대담하게 임했던 "모든 순교들(그런 죽음을 맞이한 사람들은 폴뤼카르포스와 이그나티우스만이 아니었다)"에 대해 이야기하면서 그 익명의 저자는 순교자들은 세상의 고난을 경멸했고, 한 시간 정도의 시간으로 영원한 삶을 얻은 것이라고 말한다. 그들에게는 그런 비인간적인 고문의 불길이 차갑게 느껴졌다. 그들의 눈앞에는 영원히 꺼지지 않는 불에서 탈출하는 길이 있었기 때문이다.(2:2-3)

이 저자에 따르면 그리스도교 순교자들은 현재의 고통보다는 미래의 영광을 생각하며 현재의 고통을 후

Box 26.8 폴뤼카르포스의 순교

1. 이것은 스미르나의 그리스도교인들이 86세의 나이로 156년에 순교한 그들의 주교 폴뤼카르포스의 죽음을 묘사하기 위해 쓴 기록이다.
2. 그것은 아마도 한참 후인 3세기 초에 자신이 독자들에게 순교의 목격자라고 여겨지기를 원했던 한 저자에 의해 쓰였다.

3. 이 이야기는 폴뤼카르포스의 죽음이 복음서에 기술된 예수의 죽음과 비슷했음을 보여준다.
4. 이 이야기는 신앙을 지키면 영원한 보상을 받을 것이라는 것을 알고 박해를 견디도록 그리스도교인들을 격려하기 위한 의도도 지니고 있다.

세의 환희와 기꺼이 바꾸었다. 게다가 그들은 이 약속의 이면을 인식하고 있었다. 즉 지금의 고통을 피하기 위해 그리스도교 신앙에서 물러난다는 것은 훗날, 앞으로 다가올 삶에서 영원한 고통을 받는다는 것을 의미했다. 확실히 한 시간 동안 고통을 경험하는 것이 영겁의 시간 동안 지옥의 잔인한 고문을 받는 것보다 더 나았다.

고통에 대한 이러한 견해는 우리에게 몇몇 그리스도교인들의 생각이 어떤 방향을 향하고 있었는지에 대해 흥미로운 것을 알려줄 수 있다. 우리가 본 것처럼, 그리스도교인들은 처음부터 미래를 바라보았다. 그들 대부분에게 그것은 그리스도가 가져올 미래, 그의 재림의 때였다. 하지만 재림이 곧 도래하지 않자 많은 그리스도교인들은 이 세상의 구원에 대한 생각을 접고 이 세상으로부터 자신이 어떻게 구원받을지에 대해 생각하기 시작했다. 그들에게 현재의 삶은 이야기의 끝이 아니었다. 사실 그것은 시작에 불과했다. 이 생명이 끝난 후에는 영원이 기다리고 있었기에 아무도 지금의 이 유한한 인간 존재의 매력과 즐거움이 다가올 세상의 진정한 행복을 방해하도록 내버려둘 수 없었다. 그 진정한 행복은 하느님과 그의 그리스도에 충실한 사람들에게 주어질 것이다.

방어에 나선 그리스도교인들: 후기의 변증 문학

우리는 사도행전과 베드로의 첫째 편지를 살펴보면서 그리스도교인이 아닌 이웃과 적대적인 통치자들에 의해 핍박을 받았던 그리스도교인들이 그들의 믿음과 행동을 옹호하거나 변호해야만 하리라는 것을 깨달았다. 2세기에 제국 전체에 전파되면서 그리스도교는 하층민들뿐만 아니라 부유하고, 권력 있고, 고등교육을 받은 계급으로부터도 개종자들을 끌어모으게 되었다. 2세기의 지적인 그리스도교인들은 하층민들과 마찬가지로 신앙심 때문에 박해를 받았다. 그들 중 일부는 그리스도교에 대한 지적 방어를 위해, 예를 들어 황제에게 그리스도교 박해를 끝낼 것을 촉구하는 공개서한을 쓰는 등 문학적인 능력을 사용했다. 로마의 유스티누스Justin, 북아프리카의 테르툴리아누스, 알렉산드리아의 오리게네스Origen와 같은 작가들을 포함한 이러한 그리스도교 사상가들 중 일부는 지금까지도 잘 알려져 있다.(25장 참고) 신약성서의 서론인 이 책에서 이 후기 변증 문학에 상당한 시간을 할애할 수는 없지만, 적어도 2세기의 그리스도교 사상가들이 그들을 향한 세상의 비난에 대항하기 위해 그들의 생각을 새로운 방향으로 발전시키면서 어떻게 신약성서 저자들(예를 들자면 베드로의 첫째 편지의 저자)의 선례를 따랐는지 알 수 있다.

그리스도교 변증론자들은 그리스도교인들의 신앙이 제국의 다른 종교들에서 발견된 그 어떤 것들보다도 우월하며 그리스도교인들이 부도덕하고 무신론자들이라는 비난은 전혀 근거가 없다고 주장했다. 그리스도교의 우월성을 보여주기 위해 변증론자들은 만약 하느님의 손길이 배후에 없었다면 그리스도교가 그렇게 빨리 그리고 널리 퍼졌을 리가 없다고 주장했다. 그들은 그리스도교인들 개개인이 하느님의 힘의 뒷받침이 없었더라면 죽음 앞에서 그러한 초인적인 용기를 보여줄 수 없을 것이라고 주장했다. 그들은 만약 그리

Box 26.9 그리스도교의 성장률

1996년, 종교 사회학자 로드니 스타크는 그리스도교가 얼마나 빨리 성장해야 예수의 죽음 직후 얼마 안 되었던 추종자 모임이 300년 후에는 수백만 명의 종교가 될 수 있었는지를 알아보기 위한 첫 번째 진지한 시도를 했다. 그의 놀라운 결론은 이러한 성장을 위해 신의 기적이나 심지어 한 번에 수천 명이 개종하는 대규모 복음주의 집회가 필요하지 않다는 것이었다. 필요한 것은 꾸준하고 이해할 만한 수준의 전도율이었다.(로드니 스타크, 『그리스도교의 발흥 The Rise of Christianity』, 샌프란시스코: 하퍼, 1996)

스타크의 수치와 성장률은 최근에 약간 조정되었지만, 기본적인 전제는 여전히 유효한 듯하다. 그리스도교는 로마 세계를 장악하기 위해 처음 3세기 동안 10년마다 30-35퍼센트씩만 성장하면 충분했다. 만약 첫해에 100명의 그리스도교인이 있었다면, 그들은 다음 10년 동안 30명에서 35명의 사람들, 매해로 치면 3명 정도를 개종시키면 됐다.

이 기본 원칙을 따르자면 그리스도교 역사의 다양한 주요 지점들의 그리스도교인들의 숫자를 다음과 같이 추정할 수 있다.(바트 어만, 『그리스도교의 승리 The Triumph of Christianity』, 뉴욕: 사이먼 앤드 슈스터, 2018):

30년	20명
60년	1,000–1,500명
100년	7,000–10,000명
150년	30,000–40,000명
200년	140,000–160,000명
250년	600,000–700,000명
300년	2,500,000–3,500,000명
312년	3,500,000–4,000,000명
400년	25,000,000–35,000,000명

이 숫자들은 흥미롭고 생각해볼 만한 가치가 있다. 예를 들어, 바울로가 그의 편지를 썼을 때 아마도 세상에는 1,500명도 안 되는 그리스도교인들이 있었을 것이다. 이는 제국 인구(보통 6천만 명으로 추산)의 0.0025퍼센트에 불과하다. 신약성서 서적의 대부분이 쓰인 1세기 말엽에는 제국의 0.02퍼센트, 1만 명 미만의 그리스도교인들이 존재했다.

하지만 결국 그런 증가율로 그리스도교인들은 로마를 점령했다.

스도 자신이 신성하지 않고 그가 세운 종교가 이스라엘 전승들의 진정한 의미를 드러내는 것이 아니었다면 유대교 성서에서 수백 년 전에 예언된 것을 그가 그렇게 기적적으로 성취했을 리가 없다고 주장했다. 사실, 변증론자들은 그들의 종교가 플라톤(모세로부터 800년 이후의 인물)으로부터 유래하는 철학적 전통보다, 심지어 호메로스(모세로부터 400년 이후의 인물)에게 의존하는 종교적 전통보다도 더 오래되었기 때문에 우월하다고 주장한다.

변증론자들은 제국의 다른 종교들이 그리스도교의 중요한 많은 믿음들을 차용했다는 사실에서 그리스도교가 얼마나 오래된 종교인지 알 수 있다고 주장했다. 최고의 신을 믿는 것, 인간인 그의 아들을 믿는 것, 하느님의 아들의 처녀로부터의 탄생, 그의 기적들, 죽음에서 부활하고 천국에 오르는 것, 이 모든 것들은 그리스 신화에도 유사한 내용들이 있다. 그렇다면 왜 그리스도교인들은 다른 종교들도 동일하게 받아들인 믿음에 대해서 벌을 받아야 하는가? 특히 가장 오래된 그리스 신화들(왜냐하면 이런 내용들이 이미 모세의 글에 나오므로)보다도 오래된 그리스도교가 이러한 믿음들의 원천임에도?

마지막으로 변증론자들은 비록 이방인들이 이 오래된 종교가 제공하는 진리에 반대하고 진정한 하느님의 지식을 거부하기로 결정하더라도 최소한 이 종교를 내버려두는 예의는 갖춰야 한다고 주장했다. 그리스도교인들은 박해받을 만한 일을 하지 않았다. 변증론자들은 그리스도교인들이 로마의 권위를 무시했다거나 그들이 노골적으로 비도덕적이라는 비난은 터무니없고 근거가 없다고 주장했다. 오히려 그리스도교인들은 사회가 썩어 무너지는 것을 막는 "세상의 소금"이었다. 그들은 선량한 시민이었고 국가에 충성했다. 그들은 충실한 아내, 남편 그리고 노예들이었다. 그들은 처벌보다는 감사를 받을 자격이 있는 공동체의 도덕적이고 올바른 구성원들이었다. 게다가 이 종교를 탄압하려는 모든 시도들이 비참하게 실패했기 때문에, 그리스도교인들을 평화롭게 내버려두는 것이 당국에 최선일 것이라고 이 변증자들은 주장했다. 그리스도교인들이 박해받고 순교를 할수록 새로운 개종자들이 밀려 들어와 그들의 수를 더했다. 테르툴리아누스의 말을 인용하자면, "순교자의 피는 교회의 씨앗이다."(『변증』 50)

이 그리스도교 변증론자들의 주장은 결국 그들이 얻은 승리에 뿌리를 둔 서구 세계에 살고 있는 대부분의 우리들에게는 아주 타당하게 들릴지도 모른다. 그러나 당시의 대부분의 이교도들에게 이러한 그리스도교인들의 논쟁은 전혀 적절치 않게 보였을 것이다. 로마 제국의 이교도들이 다양성을 받아들이지 못해서가 아니다. 우리가 본 바와 같이, 하류층 출신이든 상류층 출신이든 이교도 종교와 그 신봉자들은 대단히 관대했다. 하지만 역설적이게도 그리스도교인들 스스로가 너무나 완고하고 편협하다고 세상에 인식되었기 때문에 많은 사람들은 그들을 용납하지 못했다. 다른 종교를 믿는 사람들과 달리 많은 그리스도교인들은 자신들만이 유일한 길을 알고 있다고 주장했다. 그들은 이 진리를 받아들이는 사람들은 신의 축복을 받을 것이고, 진리를 거부하는 사람들은 영원한 벌을 받을 위험을 무릅쓰는 것이며, 결국 신자들은 보상을 받을 테지만 불신자들은 저주를 받을 것이라고 선언했다. 많은 그리스도교인들, 특히 그리스도교에서 지배적인 세력이 된 원정통파 그리스도교인들은 자신들의 신이 유일한 신이며 그를 거부하는 사람들은 누구나 그런 선택의 결과를 영원히 겪을 것이라고 믿었다.

따라서 이 그리스도교인들은 비그리스도교인들에게 자신들의 신앙에 관한 한 서로 공존하자고 부탁했지만 정작 그들의 신앙은 그것을 받아들이지 않는 모든 이들이 지옥의 불길에 던져진다고 주장했다. 대부분의 이교도들은 이런 종류의 편협함을 참을 수 없었다.

기존의 틀에서 벗어난다는 이유로 자신들의 종교를 박해함으로써 정부가 종교 문제에 얽매여서는 안 된다는 이 변증론자들의 요구는 정교분리에 대한 헌법적 보장이 있는 미국인들에게는 타당해 보일 수도 있다. 그러나 고대인들에게는 그러한 분리는 전례도 없고 말도 안 되는 일이었다. 신들은 국가를 위대하게 만들었고 그에 대한 보답으로 국가는 신들을 기렸다. 따지고 보면 신들은 많은 것을 요구하지 않았다. 제단에 향을 바치는 것과 같은 간단한 행동으로 그들의 이름에 걸맞은 존경과 명예를 표하면 되었다. 그러한 제물을 거부하는 사람들은 분명히 완고하고 위험했다. 신들이 그렇게 적은 것을 요구함에도 응하지 않기에 완고했고 신들은 자신들의 종교를 의도적으로 등한시하는 사람들 또는 그들이 사는 지역사회에 벌을 내렸기 때문에 위험했다. 신들은 관대했지만 그것도 어느 정도까지였고 한번 기분이 상하면 그들은 어떻게 응징해야 하는지 잘 알고 있었다. 그런 의미에서 국가가 신에 대한 예배를 장려하지 않는 것, 신에 대한 예배를 강요하지 않는 것은 사회적 자살과 마찬가지로 받아들여졌을 것이다.

이런 이교도들의 견해가 틀렸음을 보여주는 것이 그리스도교 변증론자들의 임무였다. 흥미로운 점은, 그들은 조금의 성공도 거두지 못했다는 것이다. 콘스탄티누스의 개종 후, 종교에서 손을 떼라는 변증론자들의 충고를 국가는 받아들이지 않았다. 그리스도교 황제들은 이전의 이교도 황제들만큼이나 열렬히 종교를 장려했지만, 이제는 로마의 신들을 위해 국가의 힘을 이용하기보다는 그리스도교의 하느님에 대한 예배를 진작하는 데 그것을 사용했다. 계몽주의 시대에 이르러서야 유럽 사상가들은 교회와 국가의 분리가 양쪽 모두에게 이로울 것이라고 생각하게 되었다. 그리고 이 새로운 아이디어가 공공의 영역에 들어가 미국 헌법의 중심축이 되었을 때 비로소 종교와 정치는 서양 문명 역사상 처음으로 두 개의 분리된 실체로 여겨지게 되었다.

27장

그리스도교인들과 그리스도교인들

야고보의 편지, 디다케, 폴뤼카르포스의 편지, 클레멘스의 첫째 편지, 유다의 편지, 베드로의 둘째 편지 여러분이 가장 많이 다투는 사람들은 가족, 친구, 연인 등 보통 자신과 가장 가까운 사람들일 것이다. 종교 공동체에서도 마찬가지이다. 신도들은 다른 종교의 사람들(예: 불교 신자)과 의견 차이를 보일 수도 있지만 보통은 같은 종교의 구성원들(예: 개신교와 카톨릭, 근본주의자와 자유주의자, 또는 수니파와 시아파) 사이에 더 많은 의견 불일치와 열띤 의견 충돌이 생긴다.

고대 세계에서도 마찬가지였다. 초기 그리스도교 공동체 내의 갈등은 빈번했고, 특히 그들 사이에 존재했던 폭넓은 다양성 때문에 때로는 꽤 격렬했다. 이 장에서는 신약성서 세 편(야고보의 편지와 베드로의 둘째 편지, 유다의 편지)과 비슷한 시기에 쓰인 세 편(디다케, 폴뤼카르포스의 편지, 클레멘스의 첫째 편지), 이렇게 여섯 편의 글을 통해 당시의 다양한 갈등의 영역들을 살펴본다.

그리스도교인들의 내분에는 수많은 신학적·실천적 쟁점들이 연관되어 있었음을 우리들은 알게 될 것이다. 많은 사람들은 결국 이야기의 한 면, 즉 최후에 승리를 거둔 쪽이 후세에 전하기 위해 선택한 글들만을 접하기 때문에 이런 사실들을 결코 알지 못했다.

일반 서신들general epistles의 일반적인 문제를 검토하면서 지금까지 우리는 초기 그리스도교인들이 직면했던 두 가지 사회적 갈등 분야, 즉 비그리스도교 유대인과 이교도와 관련된 분야를 탐구해왔다. 우리는 이러한 갈등이 그리스도교의 외부적인 측면에만 영향을 미친 것이 아니라 특정한 내부 역학과도 깊은 관련이 있었다는 것을 살펴봤다. 예를 들어, 그리스도교에 대한 유대인들의 반대는 그리스도교인들이 그들이 유래한 종교와 그것을 계속 믿고 있는 사람들에 대해서 그들 자신을 이해하려고 노력하게 만들었고 자신들을 스스로 정의하도록 만들었다. 모든 그리스도교인들이 그렇게 만들어진 자기 정의에 동의한 것은 아니다. 이교도들의 반대 또한 그리스도교인들이 자신들의 대중적 이미지에 관심을 가지도록 만들었다. 교회 지도자들은 그들의 동기와 행동을 의심하는 사람들로부터 오히려 존경을 받을 수 있도록 자신들의 공동체가 높은 윤리적 규범을 유지할 것을 촉구했다. 다시 말하지만, 모든 그리스도교인들이 이러한 윤리적 규범이 동반하는 것들에 동의한 것은 아니었다.

이제 우리는 이러한 외부적인 갈등으로부터 그리스도교 공동체들 내부에서 펼쳐지던 논쟁으로 시선을 돌린다. 이 문제들은 일반 서신들에만 영향을 미친 것이 아니다. 우리는 이미 우리가 검토한 다른 글들에서 그리스도교 내부 갈등의 수많은 예를 보았다. 바울로가 갈라티아의 유대교화된Judaizing 그리스도교인들 또는 코린토스의 "큰 사도들supersapostles"과 벌였던 갈등과 잘못된 가르침에 대처하기 위해 쓰인 목회 서신들, 분리주의자들secessionists을 공격한 요한의 편지들이 그런 예들이다. 사실, 대부분의 초기 그리스도교 저자들은 밖에서 만났던 것만큼이나 많은 적을 교회 안에서 만난 것으로 보인다.

그리스도교가 첫 2세기 동안 놀라울 정도로 다양했기 때문에 적지 않은 내부 갈등이 일어났다. 이 종교운동의 초창기부터, 나름 진리를 가지고 있다고 주장하던 신자들은 역시 그리스도교인이라고 주장하는 사람들 중에서 다른 관점을 발전시키거나 다른 종류의 생활 방식을 장려하는 가장 열정적인 적들을 만났다. 우리가 이미 보았듯이, 이러한 갈등에서 승리한 그리스도교의 한 기본 형태는 그 후 스스로를 '정통'이라고 선언했고, 현대 그리스도교의 주요 형태인 카톨릭, 개신교, 동방 정교회는 모두 이것에 그 뿌리를 대고 있다. 정경canon이 된 스물일곱 편의 고대 그리스도교 글들의 모음 자체가 이 승리로 인한 유산들 중 하나이다. 그러나 우리가 이 연구에서 살펴보는 기간 동안에는 어떤 정경 신약성서도 만들어지지 않았고 그리스도교인들은 무엇을 믿고 어떻게 살아야 하는지에 관한 가장 기본적인 질문들에서조차도 결코 의견이 일치하지 않았다.

우리는 신약성서의 몇몇 일반 편지들뿐만 아니라 거의 같은 시기로부터 전해져오는 다른 초기 그리스도교 저술들에서도 일부 갈등들이 벌어지고 있는 것을 볼 수 있다. 이 장에서는 이러한 글들 중 일부를 글들의 작성 시기(이런 글들의 정확한 작성 시기를 확인하는 것은 거의 불가능하다)보다는 책들의 내용을 중심으로 다룰 것이다. 초기 그리스도교 운동의 주요 내부 갈등은 도덕, 리더십 그리고 교리에 관한 것이었다. 물론 이 세 분야가 상호 배타적인 것은 아니었다. 즉, 많은 초기 그리스도교인들은 나쁜 지도자들이 비도덕적인 행위를 조장하는 잘못된 가르침을 도입했다고 믿었다. 우리는 이미 목회 서신들Pastoral epistles과 이그나티우스Ignatius의 편지에 이런 생각들이 반영되어 있는 것을 보았다. 우리가 살펴보려고 하는 책들인 야고보의 편지, 디다케Didache('12사도의 가르침'이 원래의 제목이다), 폴뤼카르포스의 필리피인들에게 보낸 편지, 클레멘스의 첫째 편지, 유다의 편지 그리고 베드로의 둘째 편지도 대략 이들과 같은 시기에 만들어진 책들이다.

야고보의 편지

우리가 이번 장에서 검토할 모든 글들 중에서, 야고보는 그리스도교 공동체에 침입하는 부패한 지도자나 잘못된 가르침에 대해 가장 관심이 없어 보인다.(그러나 야고 3:1-3 참고) 그럼에도 불구하고 편지의 일부는 저자가 알게 된 일부 그리스도교인들의 잘못된 주장에 대한 글로 보인다. 특히, 우리가 22장에서 이미 보았듯이 일부 그리스도교인들은 율법과 관계없이 신앙으로 의로움을 얻는다justification by faith는 바울로의 교리를 사람들의 행위와는 상관없이 그들이 무엇을 믿는지만 중요하다는, 바울로의 생각과는 다른 주장으로 받아들였을 수 있다. 야고보는 이에 반대하는 입장으로, 진정한 신앙은 항상 삶에서, 특히 가난하고 억압받는 사람들을 대하는 방식에서 드러날 것이라고 주장한다. 그는 "여러분은 사람이 신앙만으로 하느님과의 올바른 관계를 가지게 되는 것이 아니라 행동이 뒤따라야 한다는 것을 알아 두십시오"(2:24), 왜냐하면 "영

혼이 없는 몸이 죽은 것과 마찬가지로 행동이 없는 신앙도 죽은 신앙"(2:26)이기 때문이라고 주장한다.

이 책은 "우리 주님이신 영광의 예수 그리스도를 신앙하는" 이들에 대한 일련의 윤리적 훈계로 구성되어 있으며 부분적으로 편지의 형식을 갖추고 있다. 서문에는 작자의 이름과 인사가 나온다. 하지만 편지로서의 결론이 없으며, 이 '편지'가 무엇 때문에 쓰였는지에 대한 어떠한 암시도 없다. 편지는 "우리 주님이신 영광의 예수 그리스도를 신앙하는"(2:1) 이들에 대한 좋은 조언들의 모음이다.

그 책의 저자의 정체에 대해서는 약간의 의문이 있다. 그는 자신의 이름을 야고보라고 했지만, 어떤 야고보인지는 우리에게 알려주지 않았다. 야고보는 고대 세계에서 매우 흔한 이름이었다. 그리고 대부분의 사람들은 성을 가지고 있지 않았기 때문에, 같은 이름을 가진 다른 사람들은 보통 어떤 방식으로든 식별되어야 했다. 신약성서에 나오는 모든 마리아들은 예수의 어머니 마리아, 마리아 막달레나, 베타니아의 마리아 등 다른 방식으로 불린다. 야고보라는 이름도 마찬가지다. 우리는 제베대오의 아들 야고보와 알패오의 아들 야고보, 유다의 아버지 야고보와 예수의 형제 야고보와 같은 이름들을 알고 있다.

그럼 어느 야고보가 이 편지를 썼다는 것일까? 일부 독자들은 그가 자신에 대해 더 이상 밝히지 않기 때문에 자신에 대한 소개가 새삼 필요 없을 정도로 독자들에게 잘 알려진 인물일 것이라고 생각했다. 이런 견해의 문제는 그가 자신이 살고 있는 단 하나의 공동체가 아니라, 로마 세계 곳곳에 흩어져 있는 모든 "열두 부족"(야고 1:1)에게 편지를 쓰고 있다는 점이다. 하지만 바로 이런 이유로, 즉 자신을 특정한 야고보라고 밝히지 않음으로써 그는 자신이 가장 유명한 야고보, 예수의 형제인 야고보임을 주장하는 것이라고 널리 생각되고 있다. 그가 바로 '그' 야고보군!

만약 그가 실제로 그 야고보라고 주장을 하고 있다면, 편지의 많은 부분이 이해가 된다. 우리가 본 바와 같이 이 책은 사람이 아무것도 하지 않아도 신앙만으로 하느님 앞에 의롭게 여겨질 수 있다는 생각에 반대하는 내용을 담고 있다.(22장 참고) 그가 공격하고 있는 견해는 바울로와 관련된 것이다.(그것이 정말 바울

로의 견해를 정확하게 표현하는 것이냐는 별개의 문제다.) 에비온파(1장 참고)와 같은 초기 그리스도교 집단에서는 예수 사후 예루살렘 교회의 지도자, 예수의 친동생 야고보가 바울로의 가장 큰 적수로 여겨졌다. 그래서 이 책은 예수의 형제라고 주장하는 누군가가 바울로의 이름으로 유포되던 견해들을 반대하기 위해 쓴 것으로 보인다.

그러나 저자는 예수의 형제 야고보가 아니었던 것이 거의 확실하다. 시몬 베드로처럼 실제 야고보는 갈릴래아 시골 출신의 아람어를 구사하는 하층민 소작농으로, 읽고 쓰기를 배우기 위해 학교에 간 적이 없었을 것이고 뛰어난 수사적 표현의 그리스어로 쓰인 이 글과는 관련이 없었을 것이다. 이 책은 아마도 그의 이름을 빌린 위서일 것이다.

어쨌든 야고보가 쓴 이 편지는 그의 독자들에게 보내는 권유들로 가득하며, 이러한 강력한 도덕적 가르침들은 예수의 가르침의 전승들traditions을(비록 직접 그의 말을 인용하지는 않지만) 반영하는 것처럼 보인다. 예를 들어, 신자들은 "맹세하지 않아야 한다는 것입니다. 하늘이나 땅이나 그 밖에 무엇을 두고도 맹세하지 마십시오. 다만 '예' 할 것은 '예'라고만 하고 '아니오' 할 것은 '아니오'라고만 하십시오"(야고 5:12; 마태 5:33-37); "'네 이웃을 네 몸같이 사랑하라'는 최고의 법을 지킨다면 잘하는 일"(야고 2:8; 마태 22:39-40); "이번에는 부자들에게도 한 마디 하겠습니다. 당신들에게 닥쳐 올 비참한 일들을 생각하고 울며 통곡하십시오"(야고 5:1-6; 마태19:23-24 참고) 등이 그런 구절들이다. 그러나 이 책의 가장 주목할 만한 특징 중 하나는 예수가 거의 언급되지 않는다는 것이다. 1장 1절, 서간 첫머리와 위에서 인용한 2장 1절 외에는 예수는 전혀 모습을 드러내지 않는다. 더욱 흥미로운 것은 이 두 구절을 제외하면 이 책에는 특이하게 그리스도교 사상이라 할 만한 것이 거의 없다는 점이다. 이곳의 다양한 윤리적 명령들은 그리스도교인이 아닌 유대인들의 글들에서도 비슷한 내용들을 찾아볼 수 있고 모든 윤리적 행동들의 예는 예수의 삶이나 그의 사도들의 활동보다는 히브리 성서에 나오는 인물들(아브라함 2:21; 라합 2:25, 욥 5:11; 엘리야 5:17)로부터 이끌어내고 있다. 심지어 편지의 수신인인 공동체조차도 유대인들로 가장되어 있다―그들은 "흩어져 사는 이스라엘 열두 부족"으로 묘사되고 그들의 집회 장소는 문자 그대로 "회당synagogue"(2:2)으로 불린다.

이러한 이유로 일부 학자들은 야고보의 편지가 겉모습만 그리스도교적인 일종의 유대교 지혜서book of wisdom(잠언book of Proverbs과 비슷하지만 짧은 경구는 적다)라고 주장해왔다. 이 주장에 따르면 야고보의 편지의 저자가 유대인의 글에 예수에 대한 언급을 두어 개 추가해 그리스도교화했다는 것이다.

그러나 모든 사람이 이런 주장을 받아들이는 것은 아니다. 예를 들어, 많은 학자들은 야고보의 편지의 많은 훈계들이 마태오의 복음서의 산상수훈Sermon on the Mount과 아주 유사하다는 것을 발견했다. 게다가 책의 일부의 내용은 예수의 다른 가르침과 밀접하게 관련되어 있다.(야고 4:13-15의 내용을 루카 12:16-21에 나오는 예수의 어리석은 부자 이야기와 비교해 보라.) 그렇다면 어떻게 이러한 훈계들의 전체적인 성질, 즉, 대부분의 훈계가 뚜렷하게 그리스도교적이지 않고, 예수에 대한 오래된 전승과 매우 유사하다는 것을 설명할 수 있을까? 이것은 아마도 저자가 유대인의 지혜 문학이나 예수가 가르친 전승 등 다양한 글들에서 찾아볼 수 있는 중요한 윤리적 훈계들을 모아서 자신이 글을 보내는 그리스도교 공동체에 적용했기 때문일 것이다.

야고보는 신앙을 가진 사람들은 그들이 사는 모습에서 신앙을 나타낼 필요가 있다고 강조한다.(야고 1:22-27; 2:14-26) 반복되는 다른 주제들로는 "혀"(즉, 자신들의 말. 1:26, 3:1-12)를 다스릴 필요성, 부의 위험(1:9-11; 4:13-17; 5:1-6), 고난 속에서도 인내할 필요성(1:2-8, 12-16; 5:7-11) 등이 포함된다. 그러나 저자는 우리가 개인의 윤리라고 부를 수 있는 것에만 관심이 있는 것은 아니다. 책의 마지막 부분에서 그는 독자들에게 기도하고, 찬송하고, 병자에게 기름을 바르고, 죄를 고백하고, 신앙에서 벗어난 사람들을 회복시키는 것(5:13-16)에 대해 조언을 하면서 교회 내의 공공 활동에 대해서도 이야기한다.

디다케

거짓 교사들과 부정한 지도자들이 그들 중에 있다는 생각은 12사도의 디다케Didache of the Twelve Apostles('디다케'는 '가르침'이란 뜻)로 알려진 2세기 초의 책에서 더 두드러진다. 이 책은 19세기 말 콘스탄티노플의 수도원 도서관에서 발견되기 전까지는 사실상 알려지지 않았다. 발견된 이래 이 책은 초기 그리스도교 공동체 내의 삶에 대한 우리의 이해에 엄청난 영향을 끼쳤다. 무엇보다도, 그것은 (1) 초기 그리스도교인들이 세례와 성체 의식을 어떻게 실천했는지, (2) 초기 그리스도교인들의 기도의 종류, (3) 그들이 금식하던 날들, (4) 음식과 거처를 제공받고 그리스도교 공동체의 정신적 필요를 충족시켜주던 순회 그리스도교 사도들apostles, 예언자들prophets 그리고 선생들의 존재를 알려준다.

이 책의 처음 6장에서는 우리가 바르나바의 편지에서 이미 본 "두 갈래 길Two Ways"의 교리에 따라 구성된 일련의 윤리적 훈계들을 제시한다. 하지만, 여기서는 두 가지 길이 "빛과 어둠의 길"보다는, "생사의 길"이라고 불린다. 바르나바의 편지와의 광범위한 유사성 때문에 대부분의 학자들은 이 부분이 다양한 그리스도교 작가들이 널리 이용할 수 있었던 이전의 자료에서 나온 것이라고 생각하게 되었다.

많은 면에서, "삶의 길"은 "죽음의 길"보다 더 흥미롭다. 저자는 5장, 단 한 장에서 다루어진 죽음의 길보다 훨씬 더 많은 지면(디다케 1-4장)을 그것에 할애하고 있다. 많은 도덕적 권고는 야고보의 편지를 연상시킨다. 그리스도교인의 말은 행동으로 뒷받침되어야 한다(디다케 2:5; 야고 2:14-26 참고); 질투와 분노는 살인으로 이어지기 때문에 피해야 한다(디다케 3:2; 야고 4:1-2 참고); 신도들은 지위 높고 권력이 있는 자들보다 겸손하고 올바른 사람들과 어울려야 한다(디다케 3:8; 야고 2:5-7 참고); 그리스도교인들은 정실에 치우치거나 가난한 사람들에게 등을 돌리지 말아야 한다(디다케 4:3; 야고 2:1-4 참고); 그 대신 서로 유무상통하여야 한다.(디다케 4:8; 야고 2:14-16 참고)

죽음의 길은 훨씬 더 간결하게 묘사된다. 그것은 "살해, 간통, 음욕, 사통, 도적질, 우상숭배, (……) 기만, 교만, 악의, 완고함, 탐욕, 더러운 대화, 시기, 뻔뻔함, 오만 등"(디다케 5:1)을 포함한다. 그런 권고들은 그리스-로마 세계의 다른 도덕론자들도 이러한 활동과 태도를 피해야 한다는 데 동의했다는 점에서 독보적으로 그리스도교적인 것은 아니었다. 결과적으로 일부 학자들은 이 두 가지 길의 개념이 궁극적으로 비그리스도교 유대인 집단들에서 비롯된 것이라고 주장해왔다. 하지만 이 자료를 그들의 글에 포함시킨 다양한 작가들은 모두 그리스도교인이었다.(바르나바, 디다케, 기타 여러 명의 다른 저자들) 게다가 야고보의 편지가 마태오의 복음서의 산상수훈과 많은 유사점을 가지고 있는 것처럼, 디다케도─적을 위해 기도하고, 다른 쪽 뺨을 돌려주고, 더 멀리 같이 길을 가주는 것 등 오히려 더 많다─마찬가지다.

"두 갈래 길의 가르침"과는 달리, 디다케의 두 번째 부분은 이전의 자료들에서 나온 것으로 보이지 않으며 익명의 작가 자신의 글일 수도 있다. 그것은 다양한 교회 활동들에 관해 내려진 지시들인 일종의 "교회 명령"들이다. 예를 들어 그리스도교인들은 필요한 경우 따뜻한 물에서 세례를 받는 것도 허용되지만, 가능하면 차가운 흐르는 물(즉, 야외 하천)에서 세례를 행해야 한다. 만약 이 방법들 중 어느 것도 가능하지 않다면, "아버지, 아들 그리고 성령의 이름으로"(디다케 7장) 세례를 받는 사람의 머리 위에 물을 세 번 부어야 한다.

그리스도교인들은 매주 수요일과 금요일 두 번 금식을 해야 한다.(8:1) 월요일과 목요일은 "위선자들", 즉, 아마도 그리스도교인이 아닌 유대인들이 금식을 하는 날이기 때문이다.(마태 6:16-18 참고) 그들은 또한 "위선자들처럼" 기도해서는 안 되지만, 주의 기도를 하루에 세 번 반복해야 한다.(8:2-3; Box 27.1 참고) 그들이 성체 성사를 기념할 때, 그들은 먼저 저자가 제공하는 기도로 잔을 축복하고 그러고 나서 또 다른 정해진 기도로 빵을 축복하고 뗀다.(9:1-4) 초기 그리스도교인들의 전형적인 관습은 최후의 만찬에서 예수가 먼저 빵을 나누어 주고 그다음에 잔을 나누어 주었던 것이었기에(마르 14:22-25) 이런 식으로 잔으로 시작하고 빵으로 끝내는 순서로 주의 만찬을 기념하는 방식은 학자들을 오랫동안 혼란스럽게 해왔다.

디다케는 그리스도교 공동체를 섬기기 위해 마을에 도착한 방랑 사도들, 선생들, 예언자들을 어떻게 대우해야 하는지에 관한 자세한 지시를 내린다.(디다케 11-13장) 이 세 가지 범주의 사람은 중복되는 것으로 보인다. 오로지 경제적 이익을 위해 여행 설교자가 된 사기꾼들이 있었기 때문에 문제가 발생했다. 이 때문에 저자는 순회 예언자는 신앙 공동체의 부담으로 이틀 이상 숙식을 할 수 없고, 하느님의 말씀을 전하면서 돈을 요구하면 가짜로 간주하라고 말한다. 게다가 이 문서에 표현된 "교리"(11:1-2, 10)에 동의하지 않거나 그들이 설교하는 대로 실천하지 않는 순회 예언자들은 거짓 일꾼으로 거절해야 한다.

디다케는 말미에 공동체에 정착하기로 결정한 순회 예언자들에 관해 지시한다. 진정한 예언자들은 마치 그들이 공동체의 대사제인 것처럼 최고의 예우를 받고 공동체의 포도주, 수확물, 가축의 "만물"(13:1-3)을 대접받아야 한다. 또한, 그리스도교 공동체는 교회 업무를 운영할 감독들bishops과 집사들deacons을 신도들 중에서 선출해야 한다.(15:1-2)

이 책의 마지막 장은 일종의 종말론적apocalyptic 담론을 제공하는데, 이는 "하늘에서 구름을 타고 오실 주님"(16:7)이 가져올 세상의 종말을 준비하라는 충고이다. 앞의 내용과의 연결이 긴밀하지 않은 것으로 보아 나중에 디다케에 첨부되었을 수 있다.

디다케의 앞부분(1-15장)은 언제 쓰인 것일까? 그 문서의 존재를 알게 된 이후 학자들은 그 문제에 대해 토론해왔다. 이 논쟁의 일부는 책의 통일성에 대한 문제 즉, 이 책의 다양한 부분들이 여러 시대와 장소들에서 만들어졌고 나중에 누군가에 의해 합쳐진 것이 아닐까에 관한 문제다. 최근의 학자들은 한 명의 저자가 재량껏 사용할 수 있는 이전의 자료들을 사용해 그 책을 만들었다고 생각하는 경향이 있다. 그것의 저작 시기는 서기 100년경까지 거슬러 올라갈 수 있다. 그 이유는 이 책이 2세기의 원정통파proto-orthodox 공동체와는 달리 아직 고도로 체계화되지 않은 그리스도교 공동체를 상정하고 있기 때문이다. 게다가 저자는 산상수훈에서 구현된 것들과 같은 초기 그리스도교 전승들을 폭넓게 알고 있으며, 그의 공동체는 마태오의 공동체와 비슷하게 당대의 종교로서의 유대교는 거부했지만 유대교에 대해 널리 퍼졌던 견해를 지니고 있었던 것으로 보인다.(마태 23장의 "위선자들"에 대한 언급이 그런 예이다.) 그렇다면 이 문서는 다양한 그리스

도판 27.1 디다케의 콥트어 사본의 첫 페이지.

Box 27.1 주의 기도의 발전

주의 기도는 마르코의 복음서나 요한의 복음서에서 찾아볼 수 없다. 루카의 복음서에 나오는 것은 현존하는 주의 기도 중 가장 오래된 형태인 것으로 보이며, 아마도 Q 자료에 처음으로 나온 형태일 것이다. 마태오의 복음서는 몇몇 간구를 추가함으로써 주의 기도를 확대한다. 디다케의 많은 흥미로운 특징들 중 하나는 그것에 주의 기도가 포함되어 있지만 정경의 복음서들에서 볼 수 있는 것과는 약간 다른 형태라는 점이다. 흥미롭게도, 현존하는 세 가지 버전 중에서는 디다케의 주의 기도가 오늘날 대부분의 그리스도교인들에게 친숙한 주의 기도의 형태에 가장 가깝다.

루카의 복음서(Q)와 마태오의 복음서의 주의 기도를 비교해보자.

루카의 복음서 11장 2-4절

아버지, 온 세상이 아버지를 하느님으로 받들게 하시며
아버지의 나라가 오게 하소서.
날마다 우리에게 필요한 양식을 주시고
우리가 우리에게 잘못한 이를 용서하오니 우리의 죄를 용서하시고
우리를 유혹에 빠지지 않게 하소서.

마태오의 복음서 6장 9-13절

하늘에 계신 우리 아버지, 온 세상이 아버지를 하느님으로 받들게 하시며
아버지의 나라가 오게 하시며
아버지의 뜻이 하늘에서와 같이 땅에서도 이루어지게 하소서.
오늘 우리에게 필요한 양식을 주시고
우리가 우리에게 잘못한 이를 용서하듯이 우리의 잘못을 용서하시고
우리를 유혹에 빠지지 않게 하시고 악에서 구하소서.

디다케의 주의 기도는 마태오의 복음서의 주의 기도와 거의 일치하지만 "나라와 권세와 영광이 영원토록 아버지의 것입니다. 아멘"이라는 결론이 붙어 있다. 나중에 마태오의 복음서를 베낀 필사가들도 비슷한 결말을 지었지만 우리에게 익숙한 결론을 만들기 위해 몇 단어를 더 추가했다.

도교 전승들, 어쩌면 마태오의 복음서 자체도 유포되던 시기, 즉, 1세기 중엽 이후 언제쯤에 만들어졌을 것이다. 동시에 원정통파 교회들이 공고한 구조를 발달시켰던 2세기 중반 이전의 저술일 것이다.

저자가 편지를 보내는 회중들의 내적 삶에 관해 말하자면, 그들은 엄격한 윤리 규약을 만들고 가장 중요한 초기 그리스도교 성례들과 의식들(세례, 성찬, 기도문, 금식일들)을 확립하는 과정에 있는 것으로 보인다. 그들은 또한 순회하던 그리스도교 "권위자들"의 이점과 문제점 모두를 경험하고 있다. 그들 중 일부는 신앙 공동체에 유용한 지침을 제공했지만 불순하게 그들을 이용해 먹는 부류들도 있었다. 목회 서신을 살펴보면서 우리는 이와 같은 카리스마적 공동체들charismatic communities이 어떻게 성직 계급, 신경들 그리고 정경적 권위들을 확립함으로써 그들의 문제를 해결하게 되었는지 보았다. 지역 감독들과 집사들의 임명, 특정 견해들에 대한 순응의 요구 그리고 일찍이 산상수훈에 포함되었던 인정받은 전승들에 대한 헌신에서 보이듯이 디다케 공동체도 이러한 방향으로 나아가고 있었다.

필리피인들에게 보내는 폴뤼카르포스의 편지

도덕성과 교회 구조의 문제점은 우리가 아는 저자들이 쓴, 그것이 쓰인 때의 역사적 상황이 좀 더 분명했던 글들에서도 분명히 드러난다. 이것은 이그나티우스의 친구인 스미르나 감독 폴뤼카르포스Polycarp가 필리피 교회에 보낸 편지로, 그도 이그나티우스처럼 자신의 신앙을 위해 순교했다.(26장) 독자들은 폴뤼카

르포스 자신이 순교하기 약 45년 전인 기원전 110년경에 이그나티우스로부터 편지를 받았다는 것을 기억할 것이다. 그가 이 편지를 받은 직후, 그는 필리피 교인들에게 편지를 썼는데, 이것은 여러 가지 문제에 대한 그들의 질의에 대한 응답이었다.(필리피인들에게 보내는 폴뤼카르포스의 편지 3:1)

필리피 사람들이 요청한 것 중 하나는 "이그나티우스가 우리(스미르나에 있는)에게 보낸 편지들 그리고 우리가 가져야 할 다른 편지들"(13:2)의 사본이었다. 폴뤼카르포스는 이 요청에 응하여 자신의 편지를 일종의 소개로 서두에 첨부하여 필리피 교회에 그들이 요구한 편지들을 보냈다. 거기에는 이그나티우스가 트로아스에서 스미르나 교인들과 그들의 감독에게 쓴 두 통의 편지 그리고 그가 실제로 이전에 스미르나에 머무는 동안 썼던 편지들, 즉 에페소스, 마그네시아, 트랄레스 사람들 그리고 로마인들에 보낸 편지들이 포함되었을 것이다. 하지만 거기에 이그나티우스가 필라델피아 사람들에게 보낸 편지(트로아스에서 쓰인), 기타 그의 다른 글들이 포함되어 있을지는 우리는 아마 결코 알 수 없을 것이다.

폴뤼카르포스는 이그나티우스와 필리피 교회 교인들 모두 그나 혹은 그의 대리인 중 한 사람이 시리아의 안티오키아 교회에 편지를 가져다 달라고 요청했다고 말한다.(13:1) 그곳은 이그나티우스가 체포되기 전에 감독으로 있던 교회였고 최근에 누가 교회를 통제할 것인가를 두고 상당한 내부의 진통을 겪었으며, 거기에는 상당히 이질적인 교리를 가진 사람들이 관련되었던 것 같다. 그 투쟁은 이그나티우스의 입장에서 보자면 성공적으로 끝났다. 그와 비슷한 견해를 가진 지도자들을 가진 교회들은 안티오키아에 대표단을 보내 그들의 지지를 보여주도록 요청받았다. 폴뤼카르포스는 기회가 된다면 그곳에 직접 가보겠다고 공언한다.(13:1)

학자들이 폴뤼카르포스의 편지를 이해하는 데 있어 겪는 어려움 중 하나는 그의 편지의 작성 시기에 관한 것이다. 그의 편지의 일부는 이그나티우스가 로마로 가는 길에 막 그 지역을 통과했다는 것을 암시한다. 폴뤼카르포스는 필리피 사람들에게 그에 대해 들은 소식이 있는지 물어본다.(13:2) 하지만 편지의 앞부분에서

폴뤼카르포스는 이그나티우스가 이미 순교로 죽었다는 것을 알고 있는 것 같다. 일부 학자들은 이러한 이유로 편지 13-14장이 폴뤼카르포스가 이그나티우스를 만나 본 직후인 기원후 110년경에 쓰였지만, 앞의 장들은 약 25년 후 필리피 교회에서 문제가 생겼을 때 쓰인 것이라고 주장했다. 바울로가 필리피 교인들에게 보낸 편지와 마찬가지로 폴뤼카르포스의 편지도 널리 그리스도교 공동체에서 회람하기 위한 버전을 만들기 위해 나중에 더 긴 편지로 편집이 되었다는 것이다.

학자들은 이 점에 관련해서 의견이 엇갈린다. 대다수는 폴뤼카르포스가 편지 9장에서 이그나티우스를 순교자라고 언급했을 때, 그가 자신의 친구가 로마에 도착하면 무슨 일이 일어날지 암시하고 있을 뿐이라고 생각하는 것 같다. 만약 그렇다면, 그 편지는 여러 통의 편지들을 이어 붙인 것이 아니라 꽤 이른 2세기 초에 한 번에 쓰인 것일 수 있다.

어쨌든, 그것이 110년경에 쓰였든 아니면 그 후에 쓰였든, 폴뤼카르포스는 필리피 교회가 겪고 있던 심각한 내부 문제들, 장로들elders 가운데 한 사람의 윤리적 부정행위와 거짓 교사들의 문제들을 다루기 위해 이 편지를 썼다는 것이 분명하다. 거짓 교사들에 대한 문제는 다소 파악하기 어렵지만, 아마도 외부에서 그들에게 들어온 일부 교인들이 일종의 가현론적인 그리스도론docetic Christology을 요한의 편지와 거의 같은 시기에 선포하기 시작한 것으로 보인다. 이그나티우스도 자신의 편지에서 비슷한 문제에 대처해야 했다. 적어도 이 정도의 내용은 폴뤼카르포스가 "사탄의 맏아들"이라고 부르던 사람을 공격하는 것에서 추론할 수 있다. 그의 제자이며 원정통파 교부 이레나이오스의 증언에 따르면 "사탄의 맏아들"이란 표현은 폴뤼카르포스가 나중에 가현론자였던 마르키온Marcion에 대해서만 전적으로 사용했다. 폴뤼카르포스가 필리피인들에게 보낸 편지에서 공격한 사람은 육체의 부활을 부정하고 "예수 그리스도가 육체로 오셨음도 고백하지 않는 적그리스도"였다.(7:1)

다소 모호한 것은 아내와 함께 교회 자금을 횡령했다가 현행범으로 붙잡힌 바 있는 발렌스라는 장로의 윤리적 위법 행위와 관련된 문제이다. 필리피 사람들은 폴뤼카르포스에게 그 문제에 대한 조언을 요청했고

그는 기꺼이 그것에 응했다. 그는 그 사건이 그들에게 세속적인 것을 갈망하지 말라는 교훈이 되어야 한다고 말한다. 죄를 저지른 부부에 대해서는, 폴뤼카르포스는 그들이 회개하고 교회의 은혜로 돌아오도록 허용하라고 충고한다. 뉘우치지 않는 거짓 교사들은 그렇게 친절하게 대우받지 못한다.

이러한 구체적인 문제들을 제외하면 폴뤼카르포스의 편지는 주로 일반적인 도덕적 권유들로 구성되어 있다. 필리피 교회 신자들은 서로 사랑하고 서로를 위해 기도해야 하며 가능한 한 자선을 베풀어야 한다, 아내들은 남편을 사랑하고 하느님을 두려워하도록 아이들을 양육해야 하며 과부는 몸가짐을 조심하고 기도에 전념해야 한다, 집사들은 도덕적이고 정직해야 하며 젊은이들은 육체의 열정을 피해야 한다. 많은 독자들은 이 지침들이 다소 식상하거나 최소한 창의적이지 못하다고 생각하게 되었다. 사실, 폴뤼카르포스는 거의 모든 자신의 편지를 다른 초기 그리스도교 권위자들의 말을 인용하거나 거론하는 데 사용한다. 그는 자신의 견해를 세우기보다는 초기 전승들의 모음집을 만들어냈다.

그러나 이러한 상황은 초기 그리스도교를 연구하는 역사학자들에게 상당히 흥미롭다. 영어로 번역하면 약 5쪽에 불과한 이 짧은 편지에는 다른 저자들을 인용하고 거론하는 곳이 100개가 훨씬 넘는다. 게다가 이 중 약 10퍼센트만이 폴뤼카르포스 본인도 잘 모른다고 솔직하게 고백하는 유대교 성서의 책에서 뽑은 것이다.(12:1) 하지만 그는 자신이 바울로의 편지들을 안다고 주장한다.(3:2; 11:2-3) 그리고 실제로 그의 인용구들 중 많은 수가 목회 서신과 히브리인들에게 보낸 편지를 포함하여 사도 바울로가 쓴 것으로 여겨진 편지들에서 인용된 것들이다. 폴뤼카르포스는 공관복음서, 사도행전 그리고 베드로의 첫째 편지에 포함된 전승들에 대해 상당한 지식을 보여준다.(Box 27.2 참고)

요약해서 말하자면, 그가 2세기 초에 글을 썼다는 사실에도 불구하고 폴뤼카르포스는 정확하게 2세기 후반, 3세기의 원정통파 저자들이 다루게 될 공동체의 내부적인 갈등과 후에 모든 교회에서 지배적이게 될 그들의 입장을 보여준다. 그는 (교회 돈을 훔치다 잡힌 장로와 관련해서) 올바른 교회 지도계급의 정립을 촉

Box 27.2 폴뤼카르포스와 초기 그리스도교 전승

폴뤼카르포스가 얼마나 그리스도교 전승에 깊이 빠져 있었는지 알아보기 위해서, 그가 필리피인들에게 보낸 편지의 다섯 번째 장에 나오는 다음 구절을 읽어보자. 괄호 안에 폴뤼카르포스 이전의 초기 그리스도교 글들의 출전을 표시해 넣었다.

하느님이 조롱당하지 않으심을 알기에(갈라 6:7) 우리는 그의 계명과 영광에 합당하게 걸어야 한다.(필리 1:27) 마찬가지로, 집사들도 하느님과 그리스도의 종으로서 그의 의 앞에 흠이 없게 하라. 그들은 비방하거나, 일구이언을 하거나(1티모 3:8), 돈을 탐하지(3:3) 말고, 모든 일에 절제하고, 불쌍히 여기고, 조심하고, 만인의 종이 된(마르 9:35) 주님의 진리대로 행보하라. 우리가 현세에서 그를 기쁘게 하면, 우리를 죽음에서 살리겠다

고 그가 약속했듯이(요한 5:21) 우리는 다가오는 세상을 유업으로 받을 것이다. 그리고 우리가 그에게 합당하게 행동한다면 우리는 그와 함께 다스릴 것이다.(2티모 2:12) (……) 왜냐하면 이 세상의 욕망은 영혼을 거스르므로(1베드 2:11) 그것들로부터 단절되는 것은 좋은 일이기 때문이다. 성적으로 비도덕적이거나 남색하는 사람들은 하느님의 나라를 물려받지 못한다.(1코린 6:9-10)

반 페이지도 안 되는 글에 폴뤼카르포스는 신약성서의 일부가 된 여덟 권의 다양한 책에 나오는 문구들을 반복해서 사용하고 있다. 여기에서 보이듯 2세기 초 무렵에는 이전의 글들이 이미 정통파 교회 지도자들의 생각과 관점의 틀을 형성하기 시작한 것으로 보인다.

구하고, (가현론과 관련해서) 교리적으로 순수한 신경 creed을 채택할 것을 주장하며, 초기 그리스도교 전승과 글들을 교회 생활의 권위 있는 지침서로 사용한다.

클레멘스의 첫째 편지

교회의 지도층에 대한 우려는 클레멘스의 첫째 편지로 알려진 편지에서 훨씬 더 중요한 주제가 되었다. 이 편지는 코린토스 교회의 분열 문제를 해결하기 위해 쓰였다. 2세기 이래 이 편지는 로마 교회의 세 번째 감독으로 여겨지는 클레멘스Clement라는 사람에 의해 쓰였다고 알려져왔다. 그러나 이 편지 자체에는 클레멘스에 대한 언급이 없다. 이 편지는 로마에서 유배 생활을 하는 하느님의 교회가 코린토스에서 유배 생활을 하고 있는 하느님의 교회에 보내기 위해 쓰였다고 주장하고 있다.(1클레 1:1) 다시 말해서, 그것은 로마 그리스도교 공동체가 코린토스 교회에 보낸 편지였다. 일종의 위원회의 주최로 이 편지를 편찬한 것은 아닌 것으로 보이므로, 이 편지의 실제 저자는 로마 교회의 지도자였다고 보는 것이 맞을 것이다.

우리가 이 장에서 살펴보고 있는 대부분의 다른 책들과는 달리, 클레멘스의 첫째 편지는 그것의 집필 시기에 관해 몇 가지 구체적인 단서를 제공한다. 저자는 코린토스 교회를 "오래된"(47:6) 교회라고 표현하면서도 각 지역에 아직도 사도들이 친히 뽑은 교회 지도자들이 있다고 주장한다.(44장) 이러한 말들을 종합하면 저자가 1세기 말경에 살고 있었다는 것을 알 수 있다. 그것에 대한 증거는 베드로와 바울로의 순교에 대해 저자가 일찍이 "우리 시대"(5장; 그들은 일반적으로 네로Nero 치하에서 처형당한 것으로 알려졌다) 도시에서 벌어진 일이라고 묘사하는 것 그리고 어떤 사람들은 "어려서부터 노년에 이르기까지" 충실한 교인이었다는 그의 지적에서 찾아볼 수 있다(63장). 많은 학자들은 이러한 언급들을 근거로 교회가 이미 정립되었지만 사도들의 기억이 남아 있는 세대인 95년 또는 96년경 글이 쓰였으리라고 추정한다.

후에 코린토스에 살던 디오니시우스라는 이름의 정통파 그리스도교 저자는 클레멘스의 첫째 편지가 170년경에 코린토스 교회에서 성서로 사용되었다고 말한다. 게다가 이 책이 때때로 일부 지역의 교회들에서 "신약"성서의 일부로 여겨졌음을 암시하는 증거들도 있다. 모든 것을 종합해보면 이 책은 1세기 말경에 쓰였고, 코린토스에서 (적어도 그곳의 일부 신자들에게) 즉각적인 성공을 거두었으며 점차 그리스도교 세계의 다른 지역으로 인기리에 퍼져갔던 것으로 보인다.

저자(편의상 계속 클레멘스로 부른다)는 코린토스 교회에서 "가증스럽고 불경스러운 분열"이 벌어지고 있음을 알게 됐다.(1:1) 교회의 장로들이 그들의 자리에서 강제로 쫓겨났고 다른 사람들이 그들의 자리를 차지했다.(3:2-4) 우리는 쿠데타가 어떻게 일어났는지, 즉 (1) 실제로 폭력 행위가 있었는지(군부나 민간 정부가 아닌 교회 지도부의 문제였기에 그러한 일이 있었을 법하지는 않다), (2) 지도자들을 뽑는 선거에서 이전의 지도부가 패배한 것인지, (3) 카리스마 있는 인물들이 등장해서 회중들의 마음을 얻고 그를 통해 사실상 권력을 차지한 것인지, (4) 기타 다른 이유에서였는지 정확히 알 수 없다. 분명한 것은 로마 교회는 코린토스 교회의 상황을 불안하게 느꼈고, 바울로 자신이 약 40년 전에 했던 것처럼 상황을 바로잡기 위해 그들을 향한 비교적 긴 편지를 썼다는 것이다.

이 편지에는 새로운 지도자들이 누구였는지 혹은 그들이 무엇을 주장했는지에 대한 구체적인 정보가 나와 있지 않다. 예를 들어, 우리는 그들이 클레멘스가 지지할 수 없는 신학적 입장을 취하고 있었는지, 그저 클레멘스가 좋아하지도, 존경하지도 않는 사람들이었는지, 아니면 로마 밖에서 그런 일이 일어날 수 있다면 자신들에게도 그런 일들이 닥칠 수 있다는 두려움 때문에 별 이유 없이 로마 교회의 그리스도교 지도자들이 코린토스 교회 지도부의 교체를 반대한 것인지 우리는 알지 못한다. 실제 역사적 상황이 어떻든 간에 클레멘스의 첫째 편지는 교회 통치에 대한 기본 지침을 확고히 명시하고 있는데, 이 지침에는 신성한 권위가 깃들어 있고 신성한 성서의 말씀이 그것을 뒷받침하고 있었다. 그것의 취지는 그리스도교 교회의 지도자들은 사도들에 의해 임명되었고, 사도들은 그리스도에 의해 선택되었으며, 그리스도는 하느님으로부터 보내졌다.

Box 27.3 불사조와 코린토스 교회의 문제들

사도 바울로가 코린토스인들에게 보낸 첫째 편지 1장에서 다루었던 많은 문제들, 즉 (1) 신도들의 분열(3, 42-44장), (2) 일부 회원의 교만과 거들먹거리는 태도(13-23장) 그리고 아마도 (3) 공공연하게 벌어지던 부도덕한 행위들(30장)이 클레멘스의 첫째 편지에서도 되풀이된다. 그러나 이것들이 실제로 그 교회에서 반복되었던 문제인지 아니면 클레멘스의 첫째 편지의 저자 자신이 잘 알고 있었고 때로는 인용했던(1클레 47) 코린토스인들에게 보낸 첫째 편지의 영향 탓인지에 대해서는 논란의 여지가 있다.

특히 흥미로운 것은 바울로 당시와 마찬가지로 코린토스 교회에는 여전히 죽은 자들이 장래에 부활하리라는 것을 부정하는 신도들이 있는 것으로 보인다는 것이다. 저자는 이 문제를 직접적으로, 하지만 바울로와는 매우 다른 방식으로 다룬다. 그에게 미래의 부활의 확실성은 자연의 진행 과정 그 자체로 증명된다. 낮과 밤이 서로를 따라오듯, 죽음 다음에는 삶이 올 것이다.(24장) (하지만 이러한 추론은 죽음에서 부활한 사람들이 다시 죽어야 한다는 것은 다루지 않는다.)

가장 흥미로운 것은, 작가가 500년을 산다고 알려진 새 피닉스의 전설에서 부활의 증거를 발견했다는 점이다.(25장) 불사조는 죽을 무렵 자신의 무덤을 만들고 그 안에 기어 들어가 죽는다. 그러나 그것의 썩어 들어가는 살에서 벌레가 태어나게 되고, 날개가 생긴 벌레는 전생에 살았던 이집트의 신전으로 돌아가 다시 한 번 탄생, 삶, 죽음, 부활의 순환을 시작한다. 클레멘스의 첫째 편지의 저자는 영원한 삶을 살아가는 새의 존재를 통해 신이 부활한 삶에 관한 '그의 약속의 위대함'을 드러낸다고 주장한다

그러므로 이 지도자들을 축출하는 사람은 신에 대해 반역을 꾀하는 것(42-44장)이라는 주장이었다.

클레멘스의 첫째 편지는 나중에 2세기 신학 논쟁에서 중요한 역할을 하게 된 "사도적 승계apostolic succession"라는 개념이 나타난 가장 최초의 문서들 중 하나다. 우리는 이미 원정통파 그리스도교인들이 그들의 회중들이 신학적인 일탈을 하지 못하도록 통제하기 위한 방법으로 교회 위계를 사용했다는 것을 살펴보았지만, 그것은 원정통파 감독들, 장로들 그리고 집사들의 지위가 안정적일 때만 효과적이었다. 만약 교회 지도자들이, 오늘날 정치계에서 일어나는 것처럼, 상당한 정도로 자주 바뀐다면 안정적인 의제와 통일된 관점—이것은 원정통파 그리스도교인들이 그들의 믿음의 형태와 관행을 전 그리스도교계에 걸쳐 지배적인 것으로 확립하고자 할 때 반드시 필요하다—을 지니기 어려웠을 것이다.

그러나 이것은 클레멘스의 첫째 편지의 저자가 코린토스 교회의 지도자들의 위치를 차지한 사람들을 비난하기 위해 사용한 주장은 아니다. 그보다는, 그는 하느님의 백성들의 역사 내내, 질투와 다툼은 항상 의인들에 반대하는 죄인들에 의해 조장되어왔다는 것을 성서를 이용해 주장한다. 그는 카인과 아벨로부터 자신의 날까지 내내 질투와 경쟁의 예를 들면서 코린토스 교회 지도자들의 위치를 "찬탈한 자들"의 행위를 비난한다. 그는 또한 예언자들의 말을 이용하여 하느님은 하느님이 선택한 사람들 위로 자신들을 높이는 사람들을 반대한다는 것을 보여주었다. 게다가 이 저자는 유대교 성서에서만 글을 인용한 것이 아니라 예수의 가르침과 그의 사도들의 글들도 당시의 상황에 적용한다.(예: 12, 46장) 그에게는 이것들이 구약성서만큼이나 권위가 있었다. 곧 독보적인 그리스도교 권위들—결국, 그리스도교의 글들—이 모든 신앙과 실천의 문제에 대한 궁극적인 중재자 역할을 하게 된다.

그의 편지가 끝날 무렵, 클레멘스는 리더십 위기에 대처하기 위한 실질적인 조언을 제공한다. 코린토스 교회에서 일어난 일은 수치스러운 일이며, 그것에 책임이 있는 사람들은 회개하고 빼앗은 자리들을 전 주인들에게 돌려주어야 한다.

한두 명의 개인 때문에 오랜 코린토스 교회가 장로들

에 대항하여 반란을 일으킨다고 소문이 나는 것은 극도로 수치스러운 일로서 그리스도교 안에서 자라온 당신들에게 걸맞지 않은 일이다. (47:6)

파벌을 만든 책임이 있는 사람들은 장로들에게 복종해야 한다. 겸손하게 자신을 낮추고 견책을 받아 회개해야 한다. 복종하는 법을 배워야 하고, 교만한 자랑을 그만두고, 오만한 말을 삼가야 한다. 뛰어나게 보이고 그리스도의 희망에서 제외되는 것보다 그리스도의 무리에서 하찮지만 칭찬받을 만한 자리를 갖는 것이 더 낫기 때문이다. (57:1-2)

우리는 코린토스 교회 신자들에게 보낸 이 편지가 얼마나 잘 받아들여졌는지 확실히 알 수 없다. 의심할 여지 없이 코린토스 교회의 이전 지도자들(로마 교회 지도자들의 친구?)은 두 팔 벌려 환영했지만, 그들의 권위를 빼앗은 사람들은 상당히 당황스러웠을 것이다. 그들이 교회의 통제권을 포기했을 수도 있지만 그렇게 했더라도 내분이 당장 끝나지는 않았을 수도 있다. 분명한 것은 로마 교회의 입장이 더욱 널리 알려지고 인정을 받게 되었다는 것이다. 즉, 교회의 지도자들은 하느님에게서 지위를 받은 것으로 생각되었고 그들을 반대하는 것은 곧 하느님을 반대하는 것이었다.

많은 학자들은 이러한 견해가 로마 교회 내에서 처음 진작되었다는 것에 주목하고 있는데 그곳의 감독은 시간이 지나면서 모든 그리스도교 세계Christendom 내에서 특별한 지위를 차지하게 되었다. 이곳 클레멘스의 첫째 편지에서는 로마 교회의 지도자들이 자신들의 회중뿐만 아니라 멀리 위치한 교회들의 회중에도 영향력을 행사하고 있음을 보여준다. 이러한 로마 교회의 영향력은 시간이 지남에 따라 점점 더 피부로 느껴지게 되었고 결국에는 로마 교회의 감독이 모든 감독들의 아버지이자 그리스도교 교회 전체의 지도자로 여겨지게 되었다. 3, 4세기에 정통으로 자리매김한 그리스도교의 형태가 로마에서 나왔고 보편 교회가 로마 카톨릭교회로 알려지게 된 것, 그 교회의 감독인 교황이 전 세계 교회의 수장을 맡게 된 것도 우연이 아닐 것이다.

유다의 편지

교회의 지도층에 대한 이러한 우려는 훨씬 짧은 또 다른 편지에서 다른 방식으로 다뤄지고 있다. 이 편지는 신약성서에 수록되는 영광을 누렸는데 아마도 그 책의 저자가 자신을 초기 그리스도교계에서 높은 위상을 지니고 있는 인물이라고 주장했기 때문이었을 것이다. 이 한 페이지 분량의 편지를 쓴 사람은 자신을 "야고보의 형제"(유다 1:1)인 유다라고 밝힌다. 예수의 친형제 중 두 명이 유다와 야고보라는 이름을 가지고 있었다는(마르 6:3) 널리 알려진 초기 전승이 있었다. 이 책의 저자는 자신이 예루살렘 교회의 위대한 지도자이자 예수의 혈족이었던 사람이라고 주장하는 것처럼 보인다.

편지 자체는 이 주장을 받아들여야 할 이유를 거의 제시하지 않고 있으며 따라서 많은 비평 학자들은 이것이 초기 그리스도교의 또 다른 위작pseudepigraphy의 예라고 생각한다. 예수의 형제 유다는 아람어를 사용하는 하층 농민이었을 것이다. 사실, 우리는 2세기의 자료로부터 유다의 가족이 사회적 위상을 지니지 못한, 그래서 교육을 잘 받지 못한 사람들이었으리라는 것을 알게 된다. 그의 손자들도 교육을 받지 못한 농민들로 알려져 있었다. 하지만 이 책의 저자는 뛰어난 그리스어 교육을 받았고 광범위한 유대의 외경들에 정통한 사람이었다. 예를 들어, 그는 모세의 시신을 둘러싸고 천사와 악마가 다툰 유실된 외경의 내용을 인용하고 있으며(유다 1:9), 에녹 1서의 내용을 성서로 인용한다.(1:14) 따라서 이 책의 저자가 예수의 친동생일 가능성은 없어 보인다.

이 책은 그리스도교 공동체를 침범한 거짓 교사들에 관한 것이다.

사랑하는 여러분, 본래 나는 우리가 함께 받은 구원에 관해서 여러분에게 편지를 써 보내려고 여러 가지로 애쓰던 참에 이제 여러분에게 간곡한 권고의 편지를 쓸 필요가 생겼습니다. 그것은 성도들에게 한번 결정적으로 전해진 그 신앙을 지키기 위해서 여러분이 힘써 싸우라는 것입니다. 하느님을 배반한 몇 사람이 몰래 여러분 가운데 끼어 들어왔습니다. 그자들은 우리 하느님의 은총을 남용해서 방종한 생활을 하고 또 우리의 오직 한 분이신 지배자시며 주님이신 예수 그리스도를 부인하는 자들로서 이미 오래전에 단죄를 받았습니다. (1:3-4)

그리스도교 지도자들이 왜 그리스도를 부정했다고 생각되었는지 알 수 없지만, 저자의 입장에서 보면, 그리스도교를 그 자신과 크게 다른 방식으로 이해하는 사람은 누구나 이 혐의를 받을 수 있었다. 우리는 요한의 첫째 편지에서 비슷한 상황을 본 적이 있다. 또한, 요한 공동체의 분리주의자들이 그들의 잘못된 믿음 때문에 부도덕하고 불법적인 행동을 했다고 생각되었듯이, 유다의 편지의 반대자들도 그들의 방탕하고 비뚤어진 생활 방식으로 인해 주로 비난을 받았다. 그들은 "이성이 없는 짐승들처럼"(1:10), "불경건한 행위"(1:15)를 저지르며, "언제나 투덜대고 불평을 털어"(1:16)놓는다. 저자는 그들을 이집트에서 탈출한 후 불신의 방탕한 행위(간음과 우상숭배)를 즐긴 이스라엘의 자손들과 "음란에 흐르고 비정상적인 욕욕에 빠진"(1:5-7) 소돔과 고모라 주민들에 비유한다.

역사학자들의 입장에서는 반대자들이 실제로 무엇을 주장했는지, 즉 무엇을 가르쳤는지, 어떻게 살았는지 저자가 절대 말해주지 않는 것이 안타깝기만 하다. 편지 대부분은 욕과 비난으로 가득 차 있다. 저자의 적은 "바람에 밀려 다니기만 하며 비 한 방울도 내리지 못하는 구름과 같고 가을이 되어도 열매 하나도 없이 뿌리째 뽑혀 아주 죽어버린 나무와 같으며 자기들의 부끄러운 행실을 거품처럼 뿜어 올리는 거친 바다 물결"(1:12-13)이다.

그러나 저자가 자신의 공동체가 "성령을 따라 살지 않고 본능적인 욕정을 좇아서 살면서 분열을 일으키는"(1:19) 이들에 의해 위험에 처했다고 느끼고 있는 것은 분명하다. 이 거짓 교사들은 하느님을 반대하고 그의 백성을 타락시키는 자들에게 무슨 일이 일어나는지 깨달을 필요가 있다. 과거에 하느님의 백성들 사이에서 소란을 피우고 부도덕을 조장했던 자들은 하느님의 심판을 받았다. 악행을 저지른 자들은 소돔과 고모라의 주민들처럼 "영원한 불의 형벌을 받아서"(1:7) 본보기가 되지 않도록 경고의 말을 듣고 회개해야 한다.

우리는 그 익명의 저자가 언제 글을 썼는지 정확히 알지 못한다. 대부분의 현대 학자들은 1세기 말경으로 그 시기를 추정하고 있다. 하지만 우리는 이 책이 몇 년 후 그리스도교인들 사이에서 부도덕한 행동을 조장하는 거짓 교사들에 대해 비슷한 독설을 퍼붓는 또 다른 익명의 저자에 의해 자료로 사용됐다는 것을 알고 있다. 이 저자는 사도 베드로의 이름하에 아마도 신약성서에서 가장 마지막에 쓰였을 책인 베드로의 둘째 편지를 썼다.

베드로의 둘째 편지

여러 가지 이유로 신약성서의 다른 어떤 위작들보다 베드로의 둘째 편지의 저자에 대한 논쟁이 적다. 비평 학자들 대다수는 이 책을 쓴 사람이 예수의 제자 시몬 베드로가 아니라는 데 동의한다. 베드로의 첫째 편지의 경우와 마찬가지로 이 책의 저자는 아람어를 쓰는 유대인 농민이 아니라 비교적 세련되고 유식한, 그리스어를 사용하던 그리스도교인이었다. 동시에 이 책의 문체는 베드로의 첫째 편지의 문체와 너무 달라서 언어학자들은 만약 시몬 베드로가 베드로의 첫째 편지를 쓴 게 사실이라면 그가 이 책을 쓸 수는 없었을 것이라고 생각하고 있다. 중요한 것은, 이 편지의 주요 부분이 유다의 편지에서 넘어왔다는 것이다. 만약 유다의 편지가 1세기 말엽에 쓰였다면 베드로의 둘째 편지는 그것보다 작성 시기가 늦어야만 한다. 그러므로 네로 황제 때인 64년경에 로마에서 순교한 것이 분명한 예수의 제자 베드로가 그 책을 썼을 리는 없다.(앞서 살펴본 클레멘스의 첫째 편지 참고)

그렇다면 이 편지는 우리가 본문 12장에서 고려한 베드로의 복음서와 28장에서 검토할 베드로의 묵시록이 포함된, 베드로의 이름으로 쓰인 수많은 위작들에 포함되어야 할 것이다. 이 편지가 처음 3세기 동안 베드로의 것으로 널리 받아들여지지 않았다거나 심지어 존재조차 알려져 있지 않았다는 것은 놀라운 일이다. 서기 220년경까지 이 책은 어디에서도 언급된 적이 없었고, 그 이후 적어도 한 세기 동안 널리 유포되지도 않았던 것으로 보인다. 4세기의 정통파 교부들은 자신

Box 27.4 베드로, 훈제 참치 그리고 날아다니는 이단자

사도 베드로와 관련된 위작들 가운데에서도 베드로가 이단 마술사 시몬 마구스Simon Magus(사도 8:14–24 참고)와 다양한 대결을 펼치는 모습을 상세히 기록한 묵시론적인 문서인 베드로 행전Acts of Peter만큼 흥미로운 것은 없을 것이다. 그 이야기는 베드로가 하느님의 힘을 통해 마술사를 능가하는 과정을 보여준다. 베드로가 죽은 참치 한 마리를 다시 살려냄으로써 그의 메시지의 신성한 권위를 증명하는 재미있는 이야기를 한번 읽어보자:

　돌아서서 창문에 걸려 있는 훈제 참치를 본 베드로는 그것을 들고 사람들에게 말했다. "만약 당신들이 지금 이것이 물에서 헤엄치는 것을 본다면, 내가 전도하는 그분을 믿을 수 있겠습니까?" 그들은 모두 한목소리로 "우리는 당신의 말을 믿겠소!"라고 말했다. 마침 근처에 있던 물고기 연못으로 다가간 그는 "저들이 믿지 않으려는 예수 그리스도의 이름으로 명하노니," (그는 참치에게 말했다) "이들이 보는 앞에서 살아서 헤엄을 쳐라!"

그가 참치를 연못에 던지자 그것은 살아나서 헤엄치기 시작했다. 사람들은 물고기가 헤엄치는 것을 보았다. 베드로는 사람들이 그것을 망상이라 말하지 못하도록 잠시 동안만이 아니라 계속 헤엄치도록 했고 사방에서 모여든 사람들은 그 참치가 살아 있는 물고기가 된 것을 보았다. 몇몇 사람들은 그 물고기에게 빵 조각을 던졌고, 그 참치는 모든 것을 먹어치웠다. 이것을 본 많은 사람들은 베드로를 따라 주를 믿었다.(베드로 행전 5)

이단 마술사와 하느님의 사람 사이의 최후의 대결에서 마술사 시몬은 공중으로 뛰어올라 로마의 신전과 언덕 위를 새처럼 날아다닌다. 베드로는 하느님에게 공중을 날고 있는 그를 칠 것을 부탁하고 하느님은 그에 동의한다. 예상치 못한 불시착을 해야 했던 마술사는 땅으로 추락해 다리가 세 군데 부러진다. 그들의 눈앞에서 벌어진 일을 보고 군중은 악한 마술사를 돌로 쳐죽이기 위해 몰려든다. 그렇게 진정한 하느님의 사도는 그의 적, 이단의 전파자를 이겨낸다.

이 베드로라는 이 책 저자의 주장을 받아들였고, 잘못된 가르침을 조장하는 자들을 반대하려는 그들의 목적에 도움이 되었기 때문에 이 책을 정경에 포함시켰다.

저자는 자신이 다름 아닌 예수의 제자라고 주장하는 데 너무 지나치게 심혈을 기울인다. 그는 자신을 "예수 그리스도의 종이며 사도인 나 시몬 베드로"(2베드 1:1)라고 밝히는 것을 시작으로 변화산에서 자신이 예수와 겪은 개인적 경험을 설명한다. 그는 그곳에서 예수의 신적인 영광을 직접 보았으며 그가 하느님의 아들이라는 하늘에서의 음성을 들었다고 주장한다.(1:17; 베드로의 묵시록의 저자도 '기억'에 의지해서 이 사건을 기록한다.) 그는 독자들에게 그가 이 모든 것들을 그곳에서 보았다고 장담한다. "우리는 그 거룩한 산에서 그분과 함께 있었으므로 하늘에서 들려오는 그 음성을 직접 들었습니다."(1:18) 왜 이런 식으로 그는 자신의 경력을 과시하는 걸까? 자신은 예수를 직접 알기 때문에 그를 이해하기 위해 '공교히 만든 이

야기'를 고안할 필요가 없다(1:16)는 점을 독자들에게 설득하기 위해서일 것이다.

이런 이야기들은 저자의 적들에 대해 무언가를 말해주고 있을지도 모른다. 그들은 자신들의 '비정통적' 관점을 뒷받침하기 위해 자신들의 창조적 신화들과 계보들을 사용하던 초기 영지주의자들Gnostics일 수도 있다. 왜냐하면 저자는 성서를 특이하게 해석하기를 좋아하는―원정통파 교부들에 따르면 이것은 전형적인 영지주의자들의 행동이었다―사람들을 공격하기 때문이다. "예언은 인간의 생각에서 나온 것이 아니라 사람들이 성령에 이끌려서 하느님으로부터 말씀을 받아 전한 것입니다."(1:21) 게다가 저자의 적들은 사도 바울로의 글을 자주 끌어들여 사용하고 있었는데 분명 당시 바울로의 글들은 묶여서 사람들 사이에서 읽히고 있었으며 심지어 '성서'로까지 간주되고 있었다. 이것은 베드로의 둘째 편지가 사도 바울로가 죽은 지 오랜 후에 쓰인 편지라는 또 하나의 증거이다. 앞서 살펴본

바와 같이 영지주의자들은 그들의 견해에 대한 권위의 원천으로 바울로를 인용하기를 특별히 좋아했다.

> 바울로는 어느 편지에서나 이런 말을 하고 있습니다. 그러나 그중에는 이해하기 어려운 대목이 더러 있어서 무식하고 마음이 들떠 있는 사람들이 성서의 다른 부분들을 곡해하듯이 그것을 곡해함으로써 스스로 파멸을 불러들이고 있습니다.(3:16)

유감스럽게도, 베드로의 둘째 편지의 저자는 그의 반대자들의 주장을 제시하지 않고 단지 그들을 향해 비난을 퍼붓기 시작한다. 그의 공격의 많은 부분은 단순히 유다의 편지에서 차용한 것이다. 그는 그의 반대자들을 노골적으로 부도덕한 짓들을 하는 "거짓 예언자들"(2:1)이라고 여긴다. "그들의 눈에는 음욕이 가득하고 끊임없이 죄만 지으며 (……) 그들은 허무맹랑하게 큰소리를 치며 그릇된 생활을 하는 자들로부터 가까스로 빠져나온 사람들을 육체의 방탕한 정욕으로 유혹합니다."(2:14, 18) 외부인도 아니고 그리스도교 공동체의 일원이었던 이들은, 저자의 판단에 따르면, 길을 벗어나 스스로를 파멸로 몰고 갔다.

그들이 올바른 길을 알았다가도 자기들이 받은 거룩한 계명을 저버린다면 차라리 올바른 길을 알지 못했던 편이 더 나을 것입니다. "개는 제가 토한 것을 도로 먹는다" "돼지는 몸을 씻겨주어도 다시 진창에 뒹군다"라는 속담이 그들에게 그대로 들어맞았습니다.(2:21-22)

그리스도교의 적대자들에 대한 또 다른 정보는 그들은 세상의 종말이 임박했다는 전통적인 종말론을 비웃는다는 것이다. 저자는 예언자들과 예수가 사도들을 통해 "곧 마지막 시대에 자기들의 욕정을 따라 사는 자들이 나타나서 여러분을 조롱하며 '그리스도가 다시 온다는 약속은 어떻게 되었는가? 그 약속을 기다리던 선배들도 죽었고 모든 것이 창조 이래 조금도 달라진 것이 없지 않으냐?'고 말할 것"(3:3-4)이라고 예언했다고 한다.

저자는 종말은 반드시 다가올 것이라고 말한다. 세상은 한때 물에 의해 파괴되었지만 지금의 세상은 멸망의 날에 불살라질 것이라고 한다. 인간적인 눈으로만 시간을 재는 자들에게는 종말이 더디게 다가오는 것처럼 보일 것이다. 그러나 하느님에게는 "하루가 천 년 같고 천 년이 하루 같습니다."(3:8) 즉, 끝이 아직 6천 년이나 남았다 하더라도 그때는 여전히 '곧' 올 수 있다.

저자는 모든 사람이 회개하고·진리로 돌아설 수 있도록 충분한 시간을 주기 위해 종말이 늦춰졌다고 강조한다. 그러나 심판의 날은 반드시 오게 되어 있고, 심판의 날은 "도둑같이"(3:10) 다가올 것이다. 마지막 날의 확실성은 사람들로 하여금 "거룩하고 경건한 생활을 하면서 하느님의 심판날을 기다릴 뿐 아니라 그 날이 속히 오도록 힘써야" 할 것이다. 왜냐하면 "그날이 오면 하늘은 불타 없어지고 원소는 타서 녹아 버릴 것"(3:11-12)이기 때문이다.

결론: 초기 그리스도교 공동체 내 갈등

1세기 말에서 2세기 초까지 쓰인 그리스도교의 글들을 통해 신약성서 말기의 그리스도교 상황에 대해 어느 정도 짐작할 수 있다. 이 시기의 그리스도교 공동체들은 결코 통일되어 있지 않았다. 서로 다른 그리스도교 지도자들과 교사들이 다양한 신앙들을 선포하고 있었고, 그들 중 다수는 서로 심각하게 대립하고 있었다. 그리스도교인들은 그리스도교 공동체 내부와 사회 전반에 걸쳐 어떻게 처신해야 하는지에 대해서도 의견이 달랐다. 일부 그리스도교인들은 거칠고 비도덕적인 활동을 하면서 교회 내에서도 그러한 일들을 장려하고 있는 것처럼 보였다.

그 시대의 역사가로서 우리는 거의 모든 이야기의 한 면만을 보고 있다는 것을 기억해야 한다. 글들에서 공격받고 있는 '부도덕하고 부패한 이단자들heretics'도 분명 그들 나름대로 할 말이 있었을 것이다. 나그함마디 문서의 '영지주의적인' 저술들에서 볼 수 있듯이, 그들은 자신들의 견해를 옹호하고 그들의 반대자들인 원정통주의자들을 공격했다. 유감스럽게도 그리스도교와 다른 관점들을 지지하는 사람들이 쓴 글들은 결국 투쟁에서 승리한 편에 의해 거의 모두 파괴되었다. 보통은 고대 세계 이래로 승자의 글들만이 살아남는다.

그들 중 일부는 사도라고 주장되었던, 후에 신약성서에 편입된 책들의 저자들은 자신들의 신앙과 지도자 그리고 윤리 체계를 전파했다. 이 작가들은 모든 점에서 서로 완전히 동의하지는 않았을지 모르지만 후에 그들의 책이 신성한 정경으로 편입된 후 서로에 비추어 읽고 해석되면서 대부분의 차이점들이 완화되었다. 이 정경을 만드는 데 가장 큰 역할을 했던 원정통파proto-orthodox 그리스도교인들은 예수와 그의 사도들로 연원이 거슬러 올라갈 수 있는 교회 구조를 지지했다. 이단들과의 갈등을 통해 이들 1세기 후반과 2세기 초의 신자들은 다양한 그리스도교 집단들이 외부로부터 그리고 다른 그리스도교 집단들로부터도 신도들을 모으기 위해 노력하면서 2세기와 3세기에 걸쳐 격렬하게 전개될 정통성 투쟁의 발판을 마련했다.

28장

그리스도교인들과 우주

요한 묵시록, 헤르마스의 목자, 베드로 묵시록

일부 사람들에게 신약성서에서 가장 흥미롭지만 당혹스러운 글은 세상의 종말에 일어날 대격변을 생생하면서도 매우 상징적인 용어로 묘사한 요한 묵시록이다. 이 책이 쓰인 이후 모든 세대에 걸쳐 그리스도교인들은 묵시록에 생생히 묘사된 대재앙이 자신들의 시대에 일어날 것이라고 주장해왔다. 지금까지 그들의 예상은 모두 빗나갔다.

이 장에서는 요한 묵시록에 대해 다른 접근법을 취한다. 즉, 요한 묵시록의 예언이 언제 일어날지에 관심을 두는 것이 아니라 그 책을 역사적 맥락 안에서, 즉 고대 세계의 그리스도교인들과 유대인들이 쓴 묵시록 중 하나로 이해하고자 하는 것이다. 그것을 그 자체의 역사적 맥락에 위치시킴으로써 우리는 그 책에 담긴, 세상의 억압 아래 고통받는 사람들을 위한 희망의 메시지를 더 잘 이해할 수 있을 것이다.

이 장은 그리스도교인들이 거의 동시에 쓴 비슷한 두 권의 책을 살펴보면서 마무리된다. 일부 초기 그리스도교인들이 성서에 포함시켜야 한다고 생각했던 헤르마스의 목자, 역시 일부 사람들이 정경에 포함시켜야 한다고 생각했던 베드로 묵시록이 그것이다. 특히 저자를 알 수 없는 후자는 현존하는 최초의 천국과 지옥 안내서이다.

도입: 세상의 종말과 요한의 계시

세상의 종말이 다가왔다. 예수가 그렇게 선포했고, 몇 년 후에 사도 바울로도 그렇게 선포했다. 우리가 알고 있는 대부분의 초기 그리스도교인들은 세상의 종말을 선포했다. 시간의 끝이 도래했고 하느님이 역사 속으로 개입하려 하고 있다. 그리스도는 곧 하늘에서 땅을 심판하러 돌아올 것이며, 사람들은 회개하고 그의 재림을 준비해야 했다.

시간이 지나면서 일부 그리스도교들에게는 이 메시지가 매력을 잃었다. 기다리던 종말이 오지 않았기 때문에 그리스도교인들은 그것을 주장하던 이전의 전승을 재평가하거나 심지어 거부해야만 했다. 우리는 이미 초기 그리스도교 작가들 사이에서 그러한 재평가가 이루어지고 있었다는 것을 관찰했다. 예를 들어, 우리는 루카의 복음서에서는 제자들의 생애 동안에는 사람의 아들Son of Man이 재림하지 않을 것이라고 예수의 예언이 바뀌어 있는 것을 살펴보았다. 또한 요한의 복음서와 토마의 복음서 같은 후기 복음서들에서는 예수가 다가오는 하느님의 왕국Kingdom of God에 대해 어떤 우화도 말하지 않는 것을 보았다. 우리는 또한 코린토스에 있는 그리스도교도들 사이에서 예수의 재림과 죽은 자들의 부활에 대한 뜨거운 토론이 벌어졌고, 일부 신도들은 구원의 신성한 계획이 이미 완성되었으며 그들이 이미 구원의 모든 혜택을 경험하고 있다고 주장했다는 것을 살펴보았다. 베드로의 둘째 편지의 저자가 공격한 그리스도교인들은 예수가 곧 심판을 위해 하늘에서 돌아올 것이라는 생각을 조롱하기까지 했다.

시간이 지나도 자신들의 희망이 실현되지 않았지만 많은 그리스도교인들은 믿음을 굳건히 지켰다. 그것은 예수가 세상을 떠난 지 20년이 지나서 사도 바울로가 선포한 메시지의 핵심이었고, 바울로가 죽은 지 15년이 지난 후 마르코의 복음서가 선포한 메시지의 핵심이었으며, 마르코의 복음서가 나온 지 15년이 지나 마태오의 복음서가 선포한 메시지, 마태오의 복음서 이후 30여 년이 지나 선포된 베드로의 둘째 편지와 디다케의 핵심이었다.

1세기 말엽에 살았던 요한이라는 예언자prophet는 다가오는 종말에 대한 뜨거운 확신을 지니고 있었다. 요한은 장엄하고 경외심을 불러일으키는 세상의 종말에 대한 이야기를 쓴 그리스도교 선견자였는데, 이 이야기는 지난 1,900년 동안 예수의 귀환을 계속 기다려온 사람들 사이에서 끝없는 추측과 논쟁을 불러일으켰다. 유대인이나 그리스도교 작가로서 세상의 종말을 묘사한 사람은 요한만이 아니다. 실제로 그가 쓴 종류의 책들은 세계의 현실에 의미를 부여할 수 있는 하늘의 진리를 찾는 사람들에게 꽤 인기가 있었다. 하지만 어떤 다른 초기 묵시록도 요한 묵시록Book of Revelation만큼 인기를 얻지 못했다. 실제로 요한 묵시록은 오늘날에도 많은 그리스도교인들에게 여전히 앞

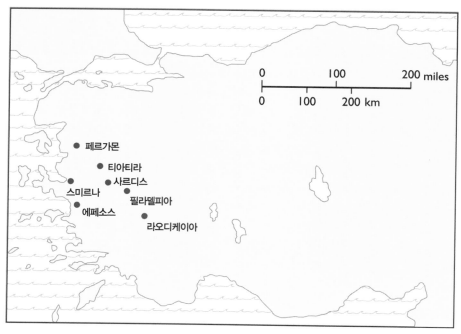

도판 28.1 요한 묵시록 2-3장에 언급된 소아시아의 일곱 교회들.

(지도 레이블) 페르가몬 · 티아티라 · 사르디스 · 스미르나 · 필라델피아 · 에페소스 · 라오디케이아

(지도 축척) 0 100 200 miles / 0 100 200 km

으로 전개될 사건들, 세계의 역사가 갑자기 끝나게 될 때의 청사진으로 계속 사용되고 있다.

요한 묵시록의 내용과 구조

책의 제목은 "이 책은 예수 그리스도께서 계시하신 일들을 기록한 책입니다. 하느님이 곧 일어날 일들을 당신의 종들에게 보이시려고 그리스도에게 계시하셨고 그리스도께서는 당신의 천사를 당신의 종 요한에게 보내어 알려주셨습니다"(묵시 1:1)라는 책의 첫 줄에서 따왔다. 계시, 또는 묵시("apocalypse"는 "베일을 걷음", "드러냄"이라는 의미의 그리스어에서 유래한 단어)는 시간의 종말에 관한 것이다. 그것은 하느님이 예수와 그의 천사를 통해 "당신의 종 요한"(1:1)에게 준 것이다. 저자는 소아시아 일곱 개 교회 그리스도 교인들로 알려진 그의 독자들에게 잘 알려진 인물로 보인다.(1:11) 그는 일곱 개의 황금 등잔대 가운데를 걷는 "사람의 아들같이 생긴 분"(1:12-20), 고귀한 그리스도와의 특별한 만남을 묘사하면서 그의 환영 같은 경험을 이야기하기 시작한다.

그리스도는 요한에게 "그러므로 너는 네가 이미 본 것과 지금 일어나고 있는 일들과 앞으로 일어날 일들을 기록하여라"라고 지시한다. 즉, 그는 (1) 방금 그가 보았던 그리스도의 환상("네가 본 것")을 서술하고, (2) 그가 살던 시대의 교회들의 현재 상황("지금 일어나는 일")을 묘사하고, (3) 시간의 끝, 종말에 대한 그의 환상("장차 일어날 일")을 기록할 것이다. 첫 번째 과제는 1장에서 완료된다. 두 번째는 2-3장에서 다루어진다. 그리스도는 소아시아의 일곱 교회 각각에 보내는 짧은 편지들을 요한에게 받아쓰게 하면서 그들의 상황을 설명하고 특정한 행동을 촉구한다. 이 교회들은 박해, 잘못된 가르침 그리고 무관심 같은 어려움을 겪고 있었다. 그리스도는 옳은 일을 한 자에게는 상을 약속하며 칭찬하지만, 떨어져 나간 자들에게는 심판하겠다고 위협하며 질책한다.

세 번째 과제는 시간의 끝에 이르기까지 미래 역사의 방향에 대한 하늘로부터의 비전을 기록한 4-22장에서 완료된다. 간략하게 서술하자면 다음과 같은 내용이다. 예언자는 하늘에 있는 문을 통해 하늘로 올려진다. 그곳에는 스물네 명의 "장로들"과 네 마리 "생물들"(동물들의 모양을 한 천사 같은 존재들; 묵시 4장)

에게 영원히 경배되고 찬양받는 하느님의 왕좌가 있다. 왕좌에 오른 인물의 손에는 일곱 개의 도장으로 봉인된 두루마리가 있는데, 봉인된 두루마리는 합당한 사람 이외에는 펼 수 없다. 이 두루마리는 땅의 미래를 기록하고, 예언자는 아무도 땅의 봉인을 풀 수 없는 것을 보고 눈물을 흘리지만 한 장로는 그에게 그것을 열 수 있는 사람이 있다고 알려준다. 그는 왕좌 옆에 "살해된 것처럼 보이는 어린 양"(5:6)을 본다. 어린 양은 물론 그리스도이다.

양은 하느님의 손에서 두루마리를 받아 스물네 명의 장로와 네 생명체의 찬사와 찬미 속에 그 봉인을 뜯기 시작한다.(5장) 각 봉인을 뗄 때마다 전쟁, 기아, 죽음이라는 큰 재앙들이 지구를 덮친다. 여섯 번째 봉인에서 정점을 이루는 우주적인 재앙이 일어난다. 태양은 검게 변하고 달은 피로 붉게 변하고 별은 하늘에서 떨어지고 하늘은 사라진다. 누군가는 우리가 모든 것의 종말, 우주의 파괴에 도달했다고 생각할지도 모른다. 하지만 우린 아직 6장에 있을 뿐이다.

일곱 번째 봉인의 개봉 후에 잠시 고요가 찾아오고 각각 재난이 뒤따르는 일곱 명의 천사가 나팔을 들고 나타난다. 차례로 나팔을 불 때마다 땅과 바다와 하늘에 재해가 일어나고, 무서운 짐승이 출현하여 사람들을 고문하고 상하게 하며 재앙이 만연하고 말할 수 없는 고통이 세상을 덮친다.(8-9장) 일곱 번째 나팔은 끝의 시작이다.(11:15) 적그리스도와 그의 거짓 예언자들이 땅에 오고(12-13장), 각각 하느님의 진노가 담긴 그릇을 들고 있는 일곱 명의 천사가 더 나타난다. 천사들이 각자의 그릇을 땅에 쏟아붓자 혐오스러운 질병, 불행의 만연 그리고 죽음의 파괴와 고통이 더 뒤따른다.(15-16장)

그 끝은 궁극적으로 신자들의 박해의 주역이었던 거대한 바빌론의 탕녀의 파괴와 함께 온다.(17장) 그 도시의 붕괴에 땅의 사람들은 울부짖고 몸부림을 치지만 하늘은 크게 기뻐한다.(18-19장) 이 도시의 패배는 그리스도가 그의 천국 군대와 함께 그에 대항하는 적그리스도의 세력과 싸우는 마지막 우주적인 전쟁으로 이어진다.(19:11-21) 그리스도는 큰 승리를 거둔다. 하느님의 원수들은 완전히 무너지고, 적그리스도와 거짓 예언자들은 불타는 유황의 호수에 던져져 영원히 고통받게 된다.

사탄 자신은 무저갱에 갇히고 그리스도와 그의 성도들은 천 년 동안 이 땅에서 통치한다. 그 후, 악마가 잠깐 나타나 몇몇 나라들을 타락하게 만들지만 그다음에는 모든 사람이 죽음에서 살아나고 각자의 행위에 대한 보상을 받는 최종 심판이 다가온다. 그리스도의 편에 섰던 사람들은 영원한 왕국으로 인도되고 악마와 그의 적그리스도와 동맹을 맺은 자들은 불의 호수에서 영원한 고통을 받기 위해 끌려간다. 마침내 하데스와 죽음 그 자체처럼 악마 자신도 호수에 던져진다.(20장)

그다음에 예언자는 하느님이 그의 백성을 위해 창조한 새로운 하늘과 새로운 땅에 대한 비전을 보게 된다. 진주로 만든 성문과 금으로 포장된 거리가 있는 새로운 예루살렘이 하늘에서 내려온다. 이곳은 그리스도가 영원토록 다스리는 아름다운 유토피아이며, 두려움과 어두움, 아픔과 고통, 악과 죽음이 없는 곳이며, 선과 의가 영원히 거할 곳이다.(21-22장) 예언자는 자신의 비전이 진실이며 곧 실현될 것임을 강조하며 책을 마친다.

역사적 관점에서 본 묵시록

대부분의 현대 독자들에게 요한 묵시록은 신비롭고 기이하게 보인다. 우리가 읽은 다른 어떤 책과도 다르다. 부분적으로는 이것이 이 책에 대한 우리의 지속적인 관심을 설명한다. 이 책은 너무나 이상하고 비현실적이어서 이 책의 묘사들을 단순히 꾸며진 것으로만 치부할 수 없다. 묵시록의 초자연적인 느낌은 그것의 초자연적인 성격을 증명하는 것처럼 보인다.

그러나 이 책에 접근하는 역사학자는 다소 다른 시각으로 이 책을 본다. 비록 이 책이 우리들 대부분이 읽은 유일한 책이기는 하지만 고대 세계에서 쓰인 이런 종류의 유일한 책은 아니었기 때문이다. 사실 많은 다른 묵시록들이 고대 유대인들과 그리스도교인들에 의해 만들어졌다. 그런 작품들 또한 하늘에서 일어나는 일들을 비현실적으로 묘사하고, 우리 세계의 역사를 침범하는 초자연적인 사건들과 초월적인 현실에 대

도판 28.2 코모딜라의 카타콤에서 나온, 그리스도를 알파와 오메가(묵시 21:6; 22:13)로 그린 그림.

한 기이한 묘사들을 제공하며 하느님이 천사들을 통해 인간 예언자에게 준 시간의 종말에 대한 심오한 상징적인 환영들을 보여준다. 이런 신비롭고 불가사의한 이야기들은 그것들이 사실이고 곧 일어날 것이라는 단호한 주장들로 가득하다.

이런 다른 묵시록들 중 일부는 아직도 남아 있어 뚜렷한 문학 장르genre를 이루고 있다. 그러므로 많은 묵시록들 중의 하나였던 요한 묵시록은 고대 세계의 유대인과 그리스도교인들 사이에서 널리 알려진 많은 문학적인 관습들을 따랐다. 이 고대 텍스트를 이해하고자 하는 역사학자는 관련 문헌의 맥락에 이것을 배치하고, 그 중요한 특징들을 그것이 속한 장르의 문학적 관례에 비추어 설명해야 할 것이다.

묵시록적 세계관과 묵시록의 장르

묵시록들은 종말론적 의제를 전달하기 위해 작성되었다. 여기서 먼저 용어들을 명확히 하는 것이 중요하다. 토론하는 동안 나는 고대 유대교와 그리스도교의 세계관을 언급하기 위해 "묵시 사상(종말론) apocalypticism"이라는 용어를 사용해왔다. 이 세계관은 현실에는 선과 악의 두 가지 근본적인 요소가 있고, 이 세상의 모든 것은 둘 중 어느 쪽(하느님 대 악마, 천사 대 사탄, 생명 대 죽음 등등; 본문 15장 참고)에든 속해 있다. 이러한 이원론적 관점은 인류 역사에 적용되었다. 현시대는 악마와 그의 힘에 의해 지배되는 악한 때로 보였고, 앞으로 다가올 시대는 신이 지배하는 선한 시기로 보였다. 이 견해에 따르면, 이런 시대들 사이에는 신이 그의 왕국을 들여오기 위해 악의 힘을 파괴하는 대파국이 일어날 것이다. 그때에는 살아 있든 죽었든 모든 존재들은 심판을 받을 것이다. 이 심판의 날은 임박했다.

"묵시 사상"이라는 용어는 이러한 세계관을 가리키는 반면, "묵시록"은 그것을 구체화한 문학의 한 장르를 가리킨다. 유대교 또는 그리스도교 묵시록을 쓴 모든 사람은 분명히 종말론자였다. 그러나 그 반대는 사실이 아니다. 즉, 모든 종말론자들이 묵시록을 쓴 것은 아니다. 그러므로 세례자 요한, 예수, 바울로, 세 명의 주목할 만한 예를 들자면 그들 중 누구도 하늘의 실상에 대한 상세한 모습을 기록으로 남기지 않았다. 우리가 아는 바로는, 그렇게 한 최초의 유대인 종말론자는 다니엘서Daniel(기원전 165년경)의 저자로, 그 책의 후반부에는 몇 개의 짧은 종말론들이 포함되어 있다. 나중에 쓰인 다른 종말론들로는 정경에 들어가지 않은 유대 저작들인 에녹1서, 바룩2서, 에즈라4서와 우리가 이 장 뒷부분에서 탐구할 중요한 그리스도교 묵시록인 헤르마스의 목자The Shepherd와 베드로 묵시록Apocalypse of Peter이 있다.

이 묵시록들은 중요한 면에서 차이가 있다. 이들의 가장 뚜렷한 차이점은 그 종말론적 드라마가 유대인에 의해 쓰였는지 그리스도교인에 의해 쓰였는지와 관련이 있다. 예수가 미래의 열쇠인지 여부에 따라 드라마가 다르게 전개되기 때문이다. 그러나 이 책들의 공통점 중 하나는 이 책이 현실이었든 그렇게 느꼈든 간에 고뇌와 고난의 시기에 쓰였다는 것이다. 대체로, 묵시록은 현재의 질서와 그것을 유지하는 힘에 항의하는 책이었다. 이 힘들은 하느님의 길과 사람들에게 적대적인 것으로 보였다. 이 책들은 모두 하느님의 백성들이 겪는 고난에도 불구하고 하느님이 궁극적으로 모든 것을 통제하고 곧 그들을 위하여 역사에 개입할 것임을 보여준다. 즉, 이런 작품들의 중요한 목적 중 하나는 악의 세력에 의해 고통을 당하고 있는 사람들이 신앙을 지키도록 격려하는 것이다. 그들의 고통은 헛되지 않고 오래 계속되지 않을 것이다. 오래지 않아 하느님이 악의 힘을 멸하고 그에게 충실한 자들을 높일 영광스러운 역사의 클라이맥스에서 그들이 옳았다는 것이 증명될 것이다.

장르로서의 묵시록: 일반적인 설명

이 메시지를 전달하는 다양한 유대인과 그리스도교인들의 묵시록들은 많은 문학적인 특징을 공유한다. 이 책들은 모두 고도의 상징적 비전이나 꿈을 허락받은 예언자들의 일인칭 서술이다. 그 환상들은 보통 중재자 역할을 하는 천상의 존재에 의해 해석된다. 대부분의 경우 환상은 하늘의 관점에서 현실, 즉 삶의 궁극적인 의미와 세상 역사의 미래 방향과 같은 현실을 설명해준다. 이런 이야기들은 항상 이 세상의 고통스러운 삶의 존재에서 하늘의 영광스러운 삶 또는 현재의 고난과 고통에서 미래의 신원伸冤과 행복으로 옮겨 가는 승리의 움직임을 구현한다.

고대 묵시록에는 크게 두 가지 종류가 있다. 하지만 이 둘은 상호 배타적이지는 않다. 요한 묵시록에는 각각의 측면이 다 있다. 다른 묵시록들은 대부분 다음의

Box 28.1 지하 문학으로서의 묵시록?

요한 묵시록의 일부 독자들은 그것의 신비한 상징들이 그것이 '지하' 문학이었음을 암시한다고 해석했다. 이 해석에 따르면 이 책의 상징적인 언어는 통치권자들이 자신들이 공격받고 있다는 것을 깨닫지 못하도록 하기 위해 사용되었다.

이런 시각에도 일말의 진실이 있을 수 있지만 로마 행정관이 주말을 그리스도교 서적을 보며 지냈을지는 의문이다. 요한 묵시록에서든 다른 묵시록에서든 상징의 주요 기능은 다른 곳, 즉 그것이 다루고 있는 소재 자체의 성격에 있다는 것이 더 그럴듯해 보인다. 사실 천상의 비밀들은 직설적이거나 진부한 표현, 경험적 증거의 대상이 될 수 없다. 그들의 신비함과 화려함은 사실상 천상의 더 차원 높은 현실의 초자연적이고 기이한 상징으로 전달되어야 한다.

둘 중 한 종류이기 쉽다.

1. *천국 여행*. 예언자는 천국에 올라가 천사의 안내로 천국을 둘러보게 되고, 천국에서 지상과 관련된 상징들과 사건들을 보게 된다. 이러한 묵시록에 내포된 생각은 지상에서의 삶은 하늘에서의 삶을 직접적으로 반영한다는 것이다. 즉, 그것은 천상의 현실(25장에서 다루었던 플라톤의 그림자를 참고하라)이 지상에 비추인 그림자와 같다.
2. *역사적인 스케치*. 예언자는 미래의 역사에 대한 상징적인 환상을 보게 된다. 예를 들어, 하느님의 백성들을 지배하게 될 다양한 왕국을 나타내는 괴수들이 바다에서 일어나 세상을 아수라장으로 만들 수도 있다.(다니 7장 참고) 그들이 상징하는 바

는 하늘의 중재자가 예언자에게 설명해주고 다시 독자들에게 전달된다.

장르로서의 묵시록: 구체적인 문학적 특징들

광범위한 차이들에도 불구하고, 지금도 전해지는 묵시록들은 일반적으로 구체적인 문학적인 특징을 공유한다. 그중 가장 일반적인 것은 다음과 같다.

가명의 사용 거의 모든 고대 묵시록들은 과거의 유명한 종교적 인물들의 이름을 가명으로 사용하여 쓰였다.(요한 묵시록은 드문 예외이다.) 지금도 전해지는 유대 묵시록들 중에는 모세, 아브라함, 에녹 그리고 심지어 아담에 의해 쓰였다고 주장되는 것들도 있다. 예언자 이사야와 사도 베드로, 바울로, 토마가 작성한 것

Box 28.2 초기 교회의 요한 묵시록의 저자

그리스도교 지도자들이 예수의 제자인 제베대오의 아들 요한이 그 책을 썼다고 생각한 까닭에 요한 묵시록이 신약성서에 포함되기는 했지만 그런 생각에 노골적으로 반대한 사람들도 있었다. 가장 유명한 반대자는 3세기 중엽 알렉산드리아(이집트)의 주교 디오니시우스였는데, 이 책에 대한 그의 발언은 놀랍도록 현대적인 느낌을 준다. 디오니시우스는 제4복음서의 작가인 제자 요한이 그 책을 쓴 것이 아니라는 것을 보여주기 위해 저자의 자신에 대한 소개와 그리스어 문체를 지적했다. 그의 결론은? 요한의 복음서와 요한 묵시록이 만들어졌을 때 소아시아에서 활동했던 요한이라는 이름의 초기 그리스도교 지도자가 두 사람 있었을 것이다. 다음의 인용구는 4세기 교회 역사가 에우세비우스 Eusebius가 디오니시우스의 글에서 가져온 것이다.(교회사 *Ecclesiastical History* 7.25)

　이것(즉 요한 묵시록)을 쓴 사람은 스스로를 요한이라 부르는데 우리는 그를 믿어야 한다. 그러나 그가 어떤 요한이었는지는 명확하지 않다. 복음서에서처럼 주님께서 사랑하신 제자라고 자신을 부르지도 않고, 예수의 가슴에 기대거나 주님을 직접 보고 들은 야고보의 형

제라고도 말하지 않기 때문이다. 하지만 그가 이런 진술을 사용할 수 있는 사람이었다면 분명히 그는 자신을 이런 식으로 묘사했을 것이다. (……) 그러므로 나는 사람들이 에페소스에 요한의 두 개의 무덤이 있다고 말하듯이 소아시아 그리스도교인들 사이에는 또 다른 요한이 틀림없이 살고 있었을 것이라고 생각한다.

　구절 자체가 한편으로는 요한의 복음서와 서신들 그리고 다른 한편으로는 요한 묵시록의 차이를 구분하는 데 도움이 된다. 처음 두 종류의 글들은 오류 없는 그리스어로 쓰였을 뿐만 아니라 어휘, 논리, 의미의 일관성에 있어 뛰어난 수준을 보인다. 그것들에서 어떤 문법적 결함, 상스럽고 저속한 표현은 찾아볼 수 없다. (……) 나는 요한 묵시록을 쓴 다른 저자가 계시를 받았다는 것을 부정하지 않는다. 하지만 나는 그가 언어나 문체 모두에서 정확한 그리스어를 쓰지 않는다는 것은 확실하게 말할 수 있다. 그는 야만적인 표현을 사용하며 때로는 문법적 오류도 범한다. (……) 나는 그를 비난하기 위해 이 말을 하는 것이 아니라(전혀 그렇지 않다!) 단순히 두 종류의 책이 전혀 비슷하지 않다는 것을 보여주기 위해 말하는 것뿐이다.

Box 28.3 불바다에서의 죄인들의 멸망

그리스도교인들은 최후의 심판에서 어떤 사람들은 영원한 천국에서의 삶을 부여받겠지만 다른 이들은 영원한 고통에 처해질 것이라고 믿어왔다. 요한 묵시록과 그곳에 나오는 "불바다"는 이런 생각을 보여준다고 한다.

그게 사실일까? 묵시록은 불바다를 죄인들의 최종적인 귀착지로 지목한 것일까? 하지만 책의 대부분이 상징적이라면 왜 우리는 불바다를 문자 그대로 받아들여야 할까? 사실 요한 묵시록의 마지막 심판에 대한 설명은 그 책의 저자가 죄인들이 영원히 고통받는다기보다는 존재에서 사라질 것임을 암시하는 것일 수도 있다.

요한 묵시록 20장 11절–15절에 나오는 죽은 자들에 대한 심판에 의하면 "크고 흰 옥좌"가 설치되고 죽은 자들은 대소를 막론하고 모두 그 앞에 불려와 자신들의 삶을 설명하게 된다. "생명의 책"에 이름이 기록되어 있지 않은 사람(즉, 보상을 받을 운명이 아닌 사람)은 유죄

판결을 받고 "불바다에 던져진다." 그러고 나서 죽음과 음부 자체도 연못에 던져진다. 저자는 "이 불바다가 둘째 죽음입니다"(20:14)라고 말한다.

"죽음"이나 "음부"가 생명체처럼 영원히 벌을 받기 위해 불바다에 던져진다는 것은 분명 말이 안 된다. 이것은 생명의 창조자인 하느님을 반대하는 모든 것의 궁극적인 파괴를 묘사하고 있다. 죽음은 그의 적이고 그것은 죽은 자들의 영역인 음부와 함께 영원히 파괴될 것이다. 불바다는 죽은 인간을 포함한 모든 죽은 자들의 마지막 소멸이기 때문에 "둘째 죽음"이라고 불린다. 하지만 만약 죽음과 음부의 목적지가 그렇게 상징적이라면, 즉 더 이상 죽음이 없을 것이라는 의미라면, 죄인들의 목적지도 마찬가지가 아닐까? 그들도 죽음처럼, 그저 소멸되어, 더 이상 존재하지 않게 된다는 의미가 아닐까?

한번 생각해볼 가치가 있다.

으로 알려진 그리스도교적 묵시록도 있다.

묵시록 작가들이 가명 뒤에 자신의 신분을 숨긴 특별한 이유가 있었을까? 우리는 사람들이 가명 pseudonymity을 사용함으로써 자신들의 글에 권위를 부여하고 그렇게 독자들의 관심을 끌어 그들에게 저자 자신의 견해를 밝힐 수 있었다는 것을 이미 살펴보았다. 이런 권위는 지상 생활의 비극과 고통을 설명해주는 천상의 현실을 묘사할 때 특별히 중요했을 것이다. 그러한 초월적 진리의 환상은 분명히 누구에게나 주어지는 것이 아니기 때문이다. 따라서 묵시록의 저자들이 종교적 경건함과 하느님에 대한 헌신으로 유명했던 과거의 유명 인사를 자처한 것은 어쩌면 당연하다. 하느님은 오직 이런 사람들에게만 인간 존재의 신비를 풀 수 있는 궁극적인 진리를 드러낼 것이다.

역사적 스케치를 보여주는 유형의 묵시록들은 가명을 사용하는 것이 특히 의미가 있었다. 저자가 먼 과거에 살고 있었던 것처럼 가장함으로써 그는 미래를 '예측'할 수 있었다. 전형적인 책략은 한 고대 예언자의 이름으로 그의 시대에 곧 일어날 일들을 예언하는 것

이었다. 그는 먼 과거로부터 글을 쓰고 있다고 주장했기 때문에, 당연히 사람들은 그의 말을 의심하지 않는다. 하지만 이러한 미래의 사건들은 이미 일어났던 사건들이므로 예언자의 예언은 모두 옳았다고 여겨진다. 그러므로 아직 일어나지 않은 미래에 대한 그의 예언도 옳을 것이다!

이런 기법을 사용한 것으로 알려진 최초의 묵시록이 유대교 성서에 포함되었다. 기원전 6세기 바빌로니아 포로 시절에 한 현자가 쓴 것으로 전해진 다니엘서 The Book of Daniel는 실제로는 약 400년 후 마카베오 반란과 관련된 고난의 시기 동안 쓰인 것으로 거의 모든 성서 비판 학자들이 동의하고 있다. 그렇게 생각하면 '다니엘'이 페르시아와 그리스의 부상을 예측할 수 있었던 것은 당연하며, 유대인의 봉기 무렵에 일어날 사건들은 더욱 정확하게 묘사할 수 있었을 것이다. 이 '예언들'의 저자가 이 사건들이 일어난 후에 살았기 때문이다.

묵시록 작가들이 가명으로 글을 써서 사람들을 잘못된 길로 이끌려 한 것인지 분명하지 않기 때문에 우

리는 아마도 이런 종류의 문학적 장치에 대해 도덕적 판단을 내려서는 안 될 것이다. 그것들은 끔찍한 고통을 겪고 있는 이들에게 위로와 희망을 주려는 의도였을 수도 있다.

기괴한 상징적인 환상들 묵시록이 천상의 모습이나 미래의 사건들을 직설적이고 쉽게 이해할 수 있는 용어로 설명하는 경우는 드물다. 대신 그것들은 신비롭고 상징적인 표현을 즐긴다. 미래는 지상에 나타나는 거칠고 기이한 짐승들로 그려진다. 환상적인 광경, 기이한 이미지, 이상한 형상, 신비로운 사건들이 등장한다. 그 상징들은 종종 독자들뿐만 아니라 예언자 자신까지도 혼란스럽게 하는데, 그는 때때로 천사 등의 중재자에게 그가 본 것에 대한 해석을 해달라고 압박한다. 때로는 설명 자체가 신비롭고 다양한 해석의 대상이 되기도 한다.

폭력적인 반복 묵시록은 종종 폭력적인 반복을 통해 천국의 신비를 전한다. 이 말은 이러한 텍스트에는 항상 폭력이 반복된다는 뜻이 아니라(종종 그럴 때도 있다), 반복 자체가 서사의 문자적 의미를 방해한다는 점에서 폭력적이라는 뜻이다. 즉, 묵시록의 저자들은 진술의 효과를 얻기 위해 무수히 반복함으로써 자신의 주장을 강조할 때가 많다. 예를 들자면, 요한 묵시록이 미래의 시련들에 대해 설명하는 것을 문자 그대로 받아들인다면 시간의 순서대로 그것들을 늘어놓을 방법이 없다. 우리가 이미 본 것처럼 여섯 번째 봉인이 깨지면 해, 달, 별들이 파괴된다. 분명 이것이 끝일 것이다. 그런 상태에서는 어떤 생명체도 존재할 수 없다. 하지만 삶은 계속되고 우리는 천상의 빛이 찬란하게 비추고 있는 이 땅에서 고난의 새로운 시대로 들어간다.

묵시록의 서술은 나선형이다. 그것이 묘사하는 재앙들은 한 사건이 끝나면 다른 사건이 연이어 일어나는 것처럼 일직선적으로 묘사할 수 없다. 이런 반복의 장점 중 하나는 저자가 신비적인 의미를 가진 것으로 알려진 중요한 숫자들을 사용할 수 있게 된다는 것이다. 예를 들어 요한 묵시록에는 하늘에서 보낸 일곱 가지 재앙의 세 가지 세트가 있는데, 3은 충만과 완벽을 상징하고 7은 신성함을 상징한다. 7에서 1이 부족한 6은 그래서 불완전함을 뜻한다.(후술할 짐승의 수 666 참고)

승리주의 운동 묵시록은 본래 고통과 절망을 겪는 이들에게 희망을 주기 위해 고안된 것이다. 결국 신이 승리할 것이라는 희망의 메시지를 전하기 위한 것이다. 현재의 고통은 극심하고, 앞으로 다가올 고통은 더욱 극심할 것이지만 궁극적으로 신은 악을 이겨내고 그의 백성이 정당했음을 증명해줄 것이다.

동기 부여 기능 이 책들은 독자들에게 신앙을 충실히 지키며, 희망을 버리지 말 것을 권한다. 고대 유대교와 그리스도교의 묵시록은 미래에 어떤 일들이 벌어질지 정확히 알려주기 위해 쓰인 것이라기보다는 그들의 믿음이 느슨해지고 고난 중에 희망을 잃을 위기에 처한 사람들에게 동기를 제공하기 위해 쓰인 것이라는 점을 강조하고 싶다. 그들이 제공하는 희망은 결국 하느님이 세상을 지배하고 자신에게 충실한 자에게 상을 내릴 것이라는 믿음에 뿌리를 두고 있었다.

도판 28.3 도미티아누스 황제의 아들이 지구에 앉아 일곱 개의 별에 손을 뻗는 모습을 보여주는 로마 동전에는 "신성한 카이사르에게"라는 문구가 새겨져 있다. 신의 아들이자 땅의 지배자인 그리스도의 손에 일곱 개의 별이 쥐여져 있는 요한 묵시록에서 발견되는 환상과의 유사점에 주목하라.(예: 묵시 1:12-16) 흥미롭게도 요한 묵시록은 이 동전이 주조되었던 도미티아누스 시대에 쓰였다.

역사적 맥락에서의 요한 묵시록

요한 묵시록은 가명을 사용한 것으로 보이지 않는다는 점에서 종말론 중에서도 사실상 특이하다. 저자는 과거의 유명 인사를 자처하지 않고 단순히 자신을 요한이라고만 부른다.

2, 3세기의 일부 그리스도교인들은 이 요한이 다름 아닌 예수의 제자이며 제베대오의 아들이라고 주장했다. 다른 이들은 이 생각을 거부했고 그 결과 이 책을 신약성서 정경canon에 넣기를 거부했다. (만약 저자가 자신이 그 요한이라고 주장했다면, 이 책은 우리가 곧 살펴보게 될 이유들 때문에 아마도 위작으로 간주되어야 할 것이다.) 신약성서의 아이러니 중 하나는 요한이라는 사람이 썼다고 주장하지 않는 네 번째 복음서는 요한의 복음서라고 부르는 반면, 요한이라는 사람이 썼다고 주장하는 묵시록은 그의 이름으로 불리지 않는다는 점이다. 어쨌든 나는 요한의 복음서를 쓴 사람이 누구였든 그가 이 책을 쓰지 않았다고 주저 없이 말할 수 있다. 우선, 신학적 강조점의 차이가 아주 뚜렷하다. 요한의 복음서에서는 (공관복음서들이 사람의 아들이 곧 오리라는 것을 천명하는 것과는 대조적으로) 시대

의 종말에 대한 관심이 사실상 존재하지 않는다. 하지만 요한 묵시록은 거의 모든 관심을 종말에 부여한다. 그보다 더 중요한 것은 초기 그리스도교의 언어학자들도 인정했듯이 이 두 책의 문체가 전혀 다르다는 점이다. 요한 묵시록의 저자는 주로 셈어, 아마도 아람어로 글을 썼으며 그리스어는 제2외국어로 알고 있었다는 자세한 연구 결과가 나왔다. 그의 그리스어는 어딘가 서툴고 때로는 문법이 맞지 않는다. 요한의 복음서는 그렇지 않으며 전혀 다른 문체로, 따라서 다른 저자에 의해 쓰였다.(Box 28.2 참고)

우리는 이미 네 번째 복음서가 아마도 제베대오의 아들 요한에 의해 쓰이지 않았으리라는 이유를 살펴보았다. 그렇다면 요한 묵시록은 어떨까? 예수의 제자 요한이 이 책을 썼다면 책의 특정 부분들을 설명하기가 힘들다. 예를 들어, 저자는 가끔 "사도"들을 언급하지만, 결코 자신이 사도 중 하나임을 언급하지 않는다.(예: 묵시 21:14) 더 흥미로운 것은, 예언자가 어느 순간 하느님의 보좌 주변에서 스물네 명의 장로들을 본다는 것이다.(4장) 대부분의 해석가들은 그들이 열두 명의 유대인 족장들과 열두 명의 예수의 사도들을 대표한다고 생각한다.(21:12, 14 참고) 물론 그들 중

에는 제베대오의 두 아들도 있을 것이다. 하지만 저자는 자신을 보고 있다는 어떤 표시도 하지 않는다! 그런 이유로 이 책은 소아시아의 몇몇 교회에 알려진 요한이라는 이름의 다른 그리스도교 예언자가 쓴 것으로 보인다.

그가 이 책을 언제 썼는지 정확히 알기는 어렵다. 현대 학자들은 저작 날짜를 정확히 파악하기 위해 일부 환상들의 세부 사항을 자세히 살펴보았다. 예를 들어, 17장의 바빌론의 짐승은 로마 시를 상징하는 것으로 보이는데, 머리에는 일곱 개의 뿔이 달려 있다고 한다. 이것은 일곱 명의 '왕'을 나타내며, 명백히 로마의 통치자들을 의미한다.(17:9) "그중의 다섯은 이미 넘어졌고 여섯째는 아직 살아 있으며 마지막 하나는 아직 나타나지 않았다."(17:10) 이것은 아마도 6대 로마 통치자의 통치 기간 동안 이 환상이 쓰였다는 것을 의미할 것이다. 하지만 독재자 율리우스 카이사르와 그의 양자인 초대 황제 카이사르 아우구스투스, 두 사람 중 누구부터 로마 통치자들의 수를 세어야 할까? 그리고 이 환상은 책의 전체 기간을 의미하는가, 아니면 단순히 이 부분만 나타내는 것인가?

이 모든 단서들을 상세히 조사한 결과, 대부분의 조사자들은 이 책의 일부가 네로Nero에 의해 그리스도교인들이 박해를 받고 난 직후인 60년대에 쓰인 것으로 보고 있다. 율리우스 카이사르부터 지배자들의 머릿수를 센다면 네로가 로마의 여섯 번째 통치자일 것이다. 그는 또한 저자의 주요 적들 중 하나였다. 하지만 이 책에는 도미티아누스Domitian 황제가 다스리던 95년경까지 책이 완성되지 않았음을 암시하는 단서들도 있다. 예를 들어, '바빌론'이라는 암호(예: 14:8; 16:9; 18:2)는 70년에 예루살렘이 파괴된 후(에즈라4서 3; 바룩2서 10) 유대인들이 하느님의 주요 적인 로마를 뜻하는 말로 사용하기 시작했다.

이 책의 사회적 맥락에 대한 질문은 상대적으로 어렵지 않다. 저자는 2-3장에서 소아시아 그리스도교 교회들의 상황을 설명한다. 그들은 박해를 받고 있고, 거짓 스승들이 그들 가운데 활동하고 있으며, 많은 신도들이 신앙에 대한 열정을 잃었다. 아마도 도래하지 않고 미루어지는 세상의 종말과 그리스도교인인 그들에게 가해지는 고난 때문일 것이다. 많은 신도들은 순교

martyrdom를 당하고 있었고(묵시 6:5) 저자가 독자들로 상정하고 글을 쓰고 있는 그리스도교 공동체는 부유하고 권력 있는 사람들을 싫어하는 가난한 계층이었을 것이다.(18:11-20) 특히 요한은 하느님의 백성들의 탄압과 고통에 책임이 있는 당시의 정치 제도, 특히 로마 정부에 분노를 표출한다. 그의 견해에 따르면 그 정부는 살아남지 못할 것이다. 왜냐하면 신은 곧 그것을 파괴할 것이기 때문이다.

한마디로 이 저자가 경험한 그리스도교는 억압받고 박해받는 종교였다. 실제로 해석가들은 오래전부터 요한은 그리스도교를 전파하기 위해 고국을 떠나 파트모스 섬에 있는 동안 책을 썼다고 주장해왔다.(1:9를 보라) 그가 살던 세계의 교회들은 경제적 수탈로 고통받았고 그리스도교인들은 순교했지만, 하느님은 모든 것을 곧 끝낼 것이었다.

일반적으로 요한 묵시록은 묵시록에 대한 기본적인 설명에 들어맞는다. 그것은 한 예언자가 직접 겪은 경험담을 쓴 것인데, 그는 지상의 현실을 설명하는 기이하고 신비로운 환상으로 가득한 하늘의 환상을 천사들의 중개로 보게 된다. 이 책의 성격은 예언자가 제1장에서 설명한 고귀한 그리스도의 웅장한 환상에 나타나 있다. 여기에서 그리스도는 "사람의 아들의 모습을 한이"로 나타나고(다니 7:13-14 참고; 이곳의 "사람의 아들"은 세상을 심판할 우주적 재판관을 의미한다) 일곱 개의 황금 등잔대 사이를(그는 소아시아의 일곱 교회들 가운데 있다; 묵시 1:20) 거닐고 있고 손에는 일곱 별들을 들고 있다.(즉, 그 자신은 이들 교회의 수호자이며 교회의 운명이라고 주장한다; 1:20) 그의 외모는 상징적이다. 무엇보다도 그는 왕이며(발끝까지 내려오는 긴 옷을 입고 가슴에는 금띠를 두르고; 1:13), 오래전부터 존재하는 분이며(그분의 머리와 머리털은 양털같이 또는 눈같이 희었으며; 1:14), 우주적 재판관이다.(눈은 불꽃 같았고; 1:14) 그는 장려壯麗하고(발은 풀무불에 단 놋쇠 같았으며; 1:15), 전능하며(음성은 큰 물 소리 같다; 1:15), 강력하고(입에서는 날카로운 쌍날칼이 나왔고; 1:16) 모든 존재들을 완전히 압도한다.(얼굴은 대낮의 태양처럼 빛났다; 1:16) 이런 환상을 접한 예언자는 죽은 것처럼 쓰러지는데, 그런 반응은 이해할 만하다. 그러나 그리스도는 그를 일

Box 28.5 요한 묵시록의 미래적 해석

오늘날 요한 묵시록을 해석하는 가장 인기 있는 방법 중 하나는 그것의 상징적인 환상들을 우리 시대에 일어날 일들에 대한 문자 그대로의 설명으로 읽는 것이다. 그러나 이러한 접근 방식에는 문제가 있다. 한편으로는 인류 역사의 전 과정이 우리 시대에 절정에 달했다는 해석이 지나치게 자아도취적인 것은 아닌지 의심해야 한다. 그러나 더 큰 문제는 이 접근법이 해석을 꿰어 맞추기 위해 필연적으로 텍스트의 특정 특징들을 무시한다는 것이다.

묵시록 9장에서 지상에 대혼란을 일으키기 위해 바닥 없는 구덩이에서 연기를 뚫고 나오는 "메뚜기들"에 대한 해석을 생각해보자. 예언자는 이 무서운 생물들의 모습을 다음과 같이 묘사한다.

> 그 메뚜기들의 모양은 전투 준비가 갖추어진 말 같았으며 머리에는 금관 같은 것을 썼고 얼굴은 사람의 얼굴과 같았습니다. 그것들의 머리털은 여자의 머리털 같았고 이빨은 사자의 이빨과 같았습니다. 그리고 쇠로 만든 가슴 방패와 같은 것으로 가슴을 쌌고 그것들의 날개 소리는 전쟁터로 달려가는 수많은 전투 마차 소리 같았습니다. 그것들은 전갈의 꼬리와 같은 꼬리를 가졌으며 그 꼬리에는 가시가 돋혀 있었습니다. 그것들은 그 꼬리로 다섯 달 동안 사람들을 해칠 수 있는 권한이 있었습니다. (묵시 9:7-10)

한 가지 미래적 해석에 따르면, 이 메뚜기들은 전장의 연기를 뚫고 날아다니는 현대식 공격 헬리콥터이다. 현대전이 등장하기 몇 세기 전에 살았던 예언자는 이 기계들이 실제로 무엇인지 알 길이 없었다. 그래서 그는 할 수 있는 한 최선을 다해 설명을 했다. 그들은 메뚜기처럼 날지만 거대한 전갈 모양을 하고 있다. 꼭대기에 달린 로터는 왕관처럼 보이고, 앞 유리를 통해 밖을 내다보는 조종사들 때문에 사람의 얼굴을 하고 있는 것처럼 보이며 멀리서 보면 머리카락처럼 보이는 위장을 했다. 앞에는 사나운 이빨이 그려져 있고, 강철로 만들어졌기에 철제 가슴판이 있는 것처럼 보이고, 회전 날개는 전장으로 달려드는 전차 소리처럼 들린다. 꼬리에는 전갈의 침처럼 기관총을 달고 있다.

정말 그럴듯하지 않은가? 예언자는 미래를 엿보고 이해할 수 없는 것을 보았다. 하지만 우리는 그의 예언이 실현될 시대에 살고 있기 때문에, 그가 본 것들을 충분히 이해한다.

문제는 이 구절의 가장 중요한 내용 중 일부를 간과하고 있기 때문에 이런 해석을 받아들이기 어렵다는 것이다. 예를 들어, 이 메뚜기들이 실제로 무엇을 하고 있는지 고려해보라. 본문은 그것들이 풀이나 나무는 해치지 않고 사람만 해칠 수 있다고 상당히 강조한다. 더 중요한 것은 그것들이 5개월 동안 사람을 고문할 수 있는 권한을 부여받았지만 죽이지 않는다는 것이다.(9:4-5) 메뚜기 떼의 습격을 받은 자들은 죽기를 간절히 원하지만 그렇게 할 수 없을 것이다.(9:6) 이 메뚜기들은 어떤 것도 파괴할 수 없다고 명시되어 있기 때문에 대량 살상용으로 설계된 현대식 전쟁 도구라고 볼 수는 없다.

이 책의 환상을 임박한 미래에 일어날 사건을 말 그대로 묘사한 것으로 받아들이는 거의 모든 해석에서도 같은 문제가 발생한다. 이러한 접근법은 텍스트의 세부 사항을 설명할 수 없다. 즉, 텍스트 자체를 충분히 심각하게 받아들이지 않는다. 따라서 본문을 세상의 미래에 벌어질 일들을 문자 그대로 묘사하는 것이 아니라 악에 시달리는 세상에 대한 신의 궁극적인 주권을 은유적으로 표현한 것으로 해석하는 것이 더 타당할 것이다.

으켜 세우며 그의 비전의 메시지와 앞으로 도래할 진실을 전하라고 명한다. 이 책의 다른 많은 특징들도 이 책이 속한 장르, 묵시록에 딱 들어맞는다.

기괴한 상징 요한의 환상들의 상징적인 성격은 명백하다. 때때로 그 자신도 자신이 보는 것을 이해하지 못해서 천사의 설명이 필요하다.(예: 17:7) 그러나 그가 말하는 모든 것이 신비에 싸여 있는 것은 아니다. 구약성서(예: "사람의 모습을 한 이"의 이미지)나 고대 문화에서 흔한 이미지(예: 눈은 불꽃 같았고)에 대해 충분히 알고 있는 사람들에게는 그곳의 많은 상징들을 이해하기가 어렵지 않을 것이다. 다른 상징들에 대한 설명은 본문에 암시되어 있다. 이것들은 이 책의 가장 흥미로운 특징들 중 하나다. 몇 가지 두드러진 사례들을 통해 역사적 해석의 과정을 알아보자.

바빌론의 대탕녀 요한 묵시록 17장에서 예언자는 "세상의 왕들이 그 여자와 더불어 놀아났고"(17:2)라고 하며 탕녀를 보기 위해 황야로 옮겨진다. 그는 "진홍색 짐승을 탄 여자 하나를 보았는데 그 짐승의 몸에는 하느님을 모독하는 이름들이 가득히 적혀 있다."(17:3) 이 여성은 고운 옷과 보석으로 장식된 옷을 입고 손에 "자기 음행에서 비롯된 흉측하고 더러운 것들이 가득히 담긴 금잔을"(17:4) 들고 있다. 그녀의 이마에 "대바빌론"이라는 이름이 쓰여 있다. 그녀는 "성도들의 피와 예수 때문에 순교한 사람들의 피에 취해 있다."(17:6)

놀라운 환상이다. 다행히 예언자와 동행한 천사는 우리가 주요 포인트들을 비교적 쉽게 해석할 수 있도록 충분히 설명을 해준다.(그럼에도 일부 세부 사항은 여전히 다소 혼란스럽다.) 여자가 타고 앉아 있는 짐승이 막 바다없는 구덩이로 내려가려 한다.(17:8) 우리는 20장 2절에서 사탄이 구덩이에 던져질 것이라는 것을 알게 된다. 따라서 이 여자는 그녀가 누구든지 악마의 조력을 받는 것처럼 보인다.(이것은 잘 지켜봐야 할 중요한 내용이다. 요한 묵시록은 때때로 주의 깊은 독자들에게 자신의 상징을 해석해주기 때문이다.) 그 여자는 누구일까? 그녀가 타고 있는 짐승은 일곱 개의 머리를 가졌고, 우리는 이것들이 일곱 개의 산이라고 듣게 된다.(17:9) 예언자가 글을 쓰고 있던 세상에 대해 잘 알고 있는 사람들에게는 이것만으로도 충분한 단서가 될 것이다. 그렇지 않은 사람들을 위해 천사가 18절에서 더 명확히 설명을 한다. "네가 본 그 여자는 세상 임금들을 다스리는 큰 도시를 가리키는 것이다."

그 환상의 의미는 이제 상당히 투명해졌다. 요한의 시대에 세계를 지배했던 "위대한 도시"는 분명 로마였고 그곳은 흔히 "일곱 개의 언덕에 지어진 도시"라고 불렸다.(짐승이 일곱 머리를 가지고 있는 이유다) 환상에서 악마의 도움을 직접 받던 이 도시는 나라들을

타락시키고(땅의 왕들과 통정하는 탕녀), 땅의 백성들을 착취하며(그녀는 훌륭한 옷과 보석으로 치장하고 있다) 그리스도교인들을 박해했다.(그녀는 순교자들의 피에 취해 있다.) 왜 그 탕녀를 바빌론이라고 부르는 것일까? 유다를 초토화하고 예루살렘을 무너뜨리고 기원전 587년 예루살렘 신전을 파괴한 바빌로니아가 하느님의 원수로 묘사되는 구약성서의 내용을 아는 사람들에게 이 상징의 의미는 더 이상 분명할 수 없을 것이다. 즉, 요한 묵시록에서 "바빌론"은 하느님에 반하는 도시 로마를 가리키는 암호다. 옛 바빌로니아처럼 로마도 멸망할 것이다.(18:1-24) 사실, 이것이 전체 책의 중요한 요점이다.

짐승의 숫자, 666 이 책의 앞부분에는 우리가 방금 관찰한 짐승과 매우 유사한 또 다른 짐승에 대한 설명이 나와 있다. 13장에 따르면, 이 다른 짐승은 바다에서 나오며 열 개의 뿔과 많은 머리를 가지고 있다. 그것의 머리 중 하나는 치명상을 입지만 치유된다. 전 세계가 용(즉, 악마; 12:9)의 힘을 받은 이 짐승을 따른다. 짐승은 성도를 상대로 전쟁을 일으켜 그들을 정복한다.(13:7) 그것은 세상 모든 국가를 지배하며(13:7-8) 경제적으로 그들을 착취하고(13:17) 숭배를 요구한다.(13:15) 저자는 "영리한" 자들에게 주어지는 마지막 식별 부호를 묘사함으로써 하느님의 절대적 원수에 대한 그의 묘사를 마무리 짓는다. 야수의 숫자는 666이다.(13:18)

주석가들은 오랫동안 이 숫자에 대해 수많은 설명을 제공해왔다.(아마 666개보다도 많을 것이다) 그들 대부분은 그 짐승이 마침내 그들 자신들의 날에 나타났다는 것을 보여주려 애써왔다. 물론 그런 해석이 추측으로만 제시되는 경우는 드물고 거의 항상 그들만의 특별한 정보를 가지고 있다고 자신 있게 주장한다. 예를 들어, 지난 수십 년 동안 그리스도교 목사들, 텔레비전 전도자들 그리고 작가들은 아돌프 히틀러, 무솔리니, 전 국무장관 헨리 키신저, 교황 바오로 6세, 사담 후세인처럼 흥미롭고 다양한 후보들을 짐승으로 제시해왔다!

그러나 이 책의 저자는 20세기가 아닌 자신의 때를 생각하며 글을 쓰고 있었고, 무엇인가 마음속에 구체

적인 생각을 가지고 있었을지도 모른다.(Box 28.5 참고) 바르나바의 편지와 관련하여 게마트리아gematria라고 알려진 고대 해석 기술을 앞에서 살펴봤다. 고대 숫자 체계에서는 알파벳을 사용하여 숫자를 썼고, 따라서 어떤 글자의 조합도 숫자의 합계를 낼 수 있었다. 게마트리아에 정통한 사람이라면 저자가 짐승의 수가 666이라고 말한 것이 무슨 뜻인지 이해했을 것이다. 그는 이것이 그 짐승 이름의 숫자값임을 나타내고 있었다. 이 문제에 있어서 흥미로운 점은 요한 묵시록의 고대 그리스 필사본들 중 일부는 짐승에게 다른 숫자를 부여하고 있다는 것이다. 그런 문서들에서는 666이 아니라 616이 짐승의 숫자다.

우리는 이 모든 것을 어떻게 이해해야 할까? 그 짐승은 세상을 지배하고 백성들을 착취하며 성도를 죽이는 하느님의 원수로 묘사된다. 17장의 짐승과 유사하다는 점을 고려할 때 그것을 로마 제국의 또 다른 모습이라고 가정해도 그렇게 동떨어진 해석은 아닐 것이다. 만약 그렇다면, 아마도 머리들은 제국의 통치자들일 텐데 그들 중 일부는 (일부 황제들처럼) 숭배받기를 요구한다. 이 머리들 중 하나는 치명상을 입었지만 그 후 치유되었다는 것은 무슨 뜻일까? 역사가들은 오랫동안 시빌의 신탁들Sibylline Oracles이라고 불리는 고대 유대 서적들을 알고 있었는데, 그것은 로마 황제

도판 28.4 기원전 71년에 주조된 동전. 일곱 개의 언덕 위에 자리 잡고 있는 로마 시의 모습을 보여준다.(묵시 17:9 참고)

중 가장 미움을 받았던 황제 중 하나인 카이사르 네로가 명부冥府에서 돌아와 세상을 아수라장으로 만들 것이라고 예언했다. 이러한 통념은 짐승의 수와 관련이 있을 수 있다. 네로는 로마 시에 불을 질렀다면서 무자비하고 부당하게 그리스도교인들을 박해한 그리스도교인들의 숙적이었음을 기억하라. 그렇다면 그가 요한

Box 28.6 요한 묵시록

1. 요한 묵시록은 하느님이 세상에 종말을 가져오고 그의 백성들을 위해 새로운 천국과 새 땅을 창조할 때 어떤 일이 일어날지에 대한 예언자의 환상을 서술하고 있다.
2. 이 책은 역사적 맥락 안에서 이해하자면 고대 유대교와 그리스도교의 묵시록들 중 하나이다.
3. 대부분의 다른 묵시록들과는 달리 이 책은 익명으로 쓰이지 않았다. 이 책은 요한이라는 그리스도교 예언자에 의해 쓰였지만 제베대오의 아들 요한은 아니었다.
4. 다른 묵시록들과 마찬가지로 이 책에도 기이한 상징적 환상들(저자는 종종 그 의미들을 넌지시 암시한다), 행위들의 투박한 반복, 참화로부터 승리로의 이동들로 가득하다.
5. 이 책은 하느님이 결국 승리하고 모든 잘못을 바로잡을 것이기 때문에 그리스도교도들은 고통을 겪을 때도 희망을 버리지 않아야 한다고 고무하기 위한 것이다.
6. 책의 일부분은 60년대 초 네로 황제(적그리스도교도 666으로 보인다) 때 쓰였지만, 도미티아누스 황제(95년경) 때 지금의 형태를 갖췄을 것이다.

묵시록 13장에 묘사된 짐승이었을까?

흥미롭게도, "카이사르 네로Caesar Nero"라는 이름이 히브리 문자로 표기("Nero"는 "Neron"이 된다)될 때, 그 숫자값의 합계는 666이다. 더욱 흥미로운 점은, 그의 이름은 마지막 알파벳 n 없이 다른 방식으로 표기("Nero")될 수도 있는데, 그때의 히브리 문자 숫자값은 616이 된다.

요한 묵시록의 저자는 히틀러나 무솔리니, 사담 후세인 또는 현대의 그 누구도 언급하지 않는다. 그의 적은 로마와 그곳의 황제들이었다. 세상의 다른 나라들을 점령하고, 그곳의 주민들을 착취하고, 하느님의 백성들을 탄압한 것은 로마였고, 로마 황제들은 자신들에 대한 숭배를 강요했고 그리스도교인들을 박해하고 때로는 사형에 처하기도 했다. 이 책은 새로운 하늘과 새로운 땅의 왕국에서 그의 성도들에게 상을 주기 전에(20-22장) 하느님이 이 황제와 그의 제국을 어떻게 타도할 것인가에 대한 이야기이다.(특히 18-19장)

폭력적인 반복 요한 묵시록은 폭력적인 반복을 사용하는 문학적 관습을 사용한다. 이 책의 예들을 시간의 종말이 다가올 때 일어날 사건들의 선형적이고 시간적인 묘사로 받아들이는 것은 불가능하다. 6장에서 우주는 무너져 내리지만 고통과 괴로움은 다음 13장 동안 계속된다! 작가는 마지막 때의 고난을 더욱 가중시키고 증폭시켜 얼마나 끔찍한 일이 벌어질지 보여주는 데 효과적인 글을 썼다.

승리주의적 운동 요한 묵시록의 이야기는 비극을 통해 승리로, 절망에서 희망으로 옮겨 간다. 이야기의 근본 요점은 상황이 얼마나 끔찍해지든 간에 신이 궁극적으로 모든 것을 통제하고 있다는 확신을 주는 것이다. 현재의 고통은 하느님의 계획의 일부이며, 그는 그의 백성들의 적을 파괴함으로써 그의 백성들의 정당함을 입증할 것이다. 그 후 그는 더 이상 고통, 괴로움, 죽음, 박해나 착취, 질병, 기아, 전쟁이 없는 새로운 왕국을 이 땅에 세울 것이다. 오직 그리스도와 신자들의 왕국만이 있을 것이다.

임박성 저자는 글의 시작과 끝에서 자신이 기록한 사건들이 곧 일어날 것이라고 강조한다.(1:1, 3, 22:6, 10, 12, 20) 이러한 강조는 그의 독자들이 현재 상당한 고난을 겪고 있다는 것을 시사할 수도 있다. 그는 그들에게 종말이 오기 훨씬 전에 고통을 그리 오래 겪지 않아도 될 것이고 잘못된 모든 것을 바로잡기 위해 하느님이 역사에 개입할 것이라는 희망을 주기 위해 글을 쓰고 있다.

격려와 훈계 궁극적으로 요한 묵시록은 희망에 관한 책이다. 어떤 점에서는 저자가 예언하는 사건들이나 그것들의 도래보다, 겉으로 보이는 모습은 어떻든 신이 이 세상의 주권자이며 그가 곧 자신의 백성들의 고통을 멈추게 할 것이라는 그의 메시지가 더 중요하다. 이것은 핍박받고 약한 이들을 격려하기 위한 메시지이기도 하지만, 현재의 괴로움 때문에 그리스도교를 버리고 싶은 유혹을 느끼는 이들을 훈계하기 위한 것이기도 하다. 요한은 신앙을 떠난 사람들은 엄중한 심판, 실로 영원한 고통을 겪게 될 것이라고 강조한다. 종말이 가까이 왔으므로 신자들은 굴복하지 말고 신념을 지키고 희망을 버리지 말아야 한다. 믿음이 없는 자들에게는 무서운 심판이, 믿음을 지킨 이들에게는 영원한 보상이 주어질 것이다.

헤르마스의 목자

우리는 이미 초기 그리스도교 묵시록들이 세상에서 벌어지고 있는 일들을 이해할 수 있게 해주는 천상의 비밀을 밝히기 위해 다양한 수단을 사용했다는 것을 살펴보았다. 예를 들어, 우리가 지금 간단히 살펴볼 두 책에는 모두 미래의 역사에 대한 상세한 예언들이 포함되어 있지 않다.

첫 번째 책은 헤르마스라는 그리스도교인이 쓴 목자The Shepherd이다. 요한 묵시록에서처럼 이 책도 가명을 사용하지 않는다는 점에서 묵시록 중에서는 특이한 존재이다. 헤르마스는 2세기 전반 로마에서 살았던 그리스도교인으로, 그의 형은 감독이었다. 그의 책은 전 세계의 그리스도교인들에게 호평을 받았고, 심지어 가장 오래된 신약성서 필사본 중 한 권에 포함되기도

Box 28.7 헤르마스의 목자와 무라토리 정경

헤르마스의 목자가 사도가 아닌 사람에 의해 '최근에' 쓰였다는 이유로 이를 무시한 익명의 저자의 글은 학자들의 지속적인 관심의 대상이 되고 있다. 그가 쓴 글의 남아 있는 파편에서 그는 자신이 그리스도교 성서의 일부로 간주하는 책들에 대해 간략히 논한다. 불행하게도 그 글은 앞부분이 사라진 문장의 중간에서 시작되고, 이어서 "복음서의 세 번째 책은 루카에 의한(……)"이라는 말이 이어진다. 분명히, 그는 막 마태오의 복음서와 마르코의 복음서를 언급했을 것이다. 그는 계속해서 루카의 복음서 요한의 복음서, 바울로 서신들 그리고 그가 정경으로 받아들인 다른 책들을 묘사한다. 그의 글은 시작과 마찬가지로 문장 중간에서 끝난다.

그 글 조각은 18세기에 이탈리아 밀라노의 한 도서관에서 무라토리라는 학자에 의해 발견되었다. 그 때문에 그것은 무라토리 단편Muratorian Fragment으로 알려졌다. 8세기에 한 미숙하고 극도로 부주의한 라틴어 필사가가 형편없는 문법으로 옮겨놓은 그 글의 원본이 언제 어디서 만들어졌을지에 대해 학자들은 논쟁한다. 대부분의 학자들은 그것이 2세기 후반 로마, 또는 로마 주위에서 쓰였을 것으로 생각한다. 그 문서의 원래 언어는 아마도 그리스어였을 것이다.

무라토리 단편에서 언급한 정경에는 히브리인들에게 보낸 편지, 야고보의 복음서, 베드로의 첫째, 둘째 편지, 요한의 셋째 편지는 포함되지 않지만, 현재 신약성서에 포함된 다른 모든 책들은 정경으로 인정하고 있다. 흥미롭게도, 그것은 또한 솔로몬의 지혜서Wisdom of Solomon와 다소 망설이는 태도로 베드로 묵시록Apocalypse of Peter을 정경에 받아들인다. 마지막으로 저자는 마르키온의 추종자들이 바울로의 이름으로 꾸며낸 위작이라며 두 권의 책을 노골적으로 비난한다. 라오디케이아 사람들에게 보내는 서신과 알렉산드리아인들에게 보내는 편지가 그것들이다. 저자는 이것들은 카톨릭교회에 의해 받아들여져서는 안 되는데 그 이유는 "담즙이 꿀과 섞이는 것은 맞지 않기 때문"이라고 선언한다.

이 글은 초기 그리스도교 역사가들에게 큰 관심거리가 되고 있는데, 이는 확정된 정경의 모습이 어렴풋이 나타나기 시작한 시기의 그리스도교 역사를 보여주기 때문이다.

했다. 그러나 결국 2세기의 한 익명의 저자가 그 책에 내린 판결이 받아들여지게 되었다. 그는 목자가 비교적 최근에 쓰였고(즉, 충분히 오래되지 않았고) 저자가 사도가 아닌, 로마 교회에 알려진 사람에 불과하기 때문에 성서로 읽어서는 안 된다고 주장했다.(Box 28.7 참고)

이 책의 이름은 헤르마스에게 목동의 모습으로 나타난 천사 같은 중재자의 이름에서 따왔다. 이곳에는 특히 자신을 그리스도교 교회의 의인화라고 자처하는 다른 천사 같은 존재들도 있다. 이 다양한 인물들은 헤르마스에게 환상과 명령들과 우화를 전달하고 헤르마스는 자신이 보고 듣는 것에 대한 해석을 요청한다. 그와 동행하는 천사들은 보통, 때로는 마지못해, 이에 동의한다.

이 책은 다섯 가지 환상, 열두 가지 명령 그리고 열 가지 비유로 나뉜다. 환상과 우화들은 불가사의하고 상징적이다. 그것들은 보통 세상에 사는 그리스도교인들에게 영적인 의미를 갖는 것으로 설명된다. 명령들은 직접적인 권고로 구성되어 해석하기가 어렵지 않은데 진리를 말하고, 사람들에게 물질적인 도움을 베풀고, 모든 사람들에게 선을 베풀고 성적 부도덕, 술 취함, 탐욕, 위선, 악의 등을 피하라는 내용들로 구성되어 있다.

책에 나오는 명령들뿐만이 아니라 책 전체가 윤리적 관심에 집중한다. 주요 이슈는 세례를 받은 후 죄악에 빠진 그리스도교인들과 관련되어 있다. 초기 그리스도교인들은 개종과 세례baptism 후에 다시 죄의 삶에 빠진 사람들은 구원을 받을 수 없다고 주장했지만(히브 6:4-6) 이 책은 두 번째 회개가 가능하다고 주장한다. 그러나 세례를 받고 죄로 돌아가는 사람은 회개할 기회가 단 한 번밖에 더 남아 있지 않다. 만약 두 번째 기회가 낭비된다면 그에게는 아무 남은 희망이 없다.

이 두 번째 회개의 허락은 특별히 묵시록적 메시지처럼 보이지는 않겠지만, 그것이 사람들을 하느님의 종말론적 심판을 피할 수 있게 해주기에 그것은 묵시록적이다. 게다가 이 책에는 묵시록의 다른 특징들이 많이 포함되어 있다.

1. *일인칭 서술.* 작가는 자신의 개인사와 자신에게 일어났던 사건들에 대해 말한다.
2. *중재적 계시.* 그는 독자들에게 소통해야 할 진실들을 알려주는 환상을 경험한다. 이러한 환상은 천사 같은 중개자들을 통해 주어지며 보통 그들에 의해서 해석된다.
3. *초월적 현실.* 이 환상들은 헤르마스에게 '지상' 교리들에 대한 '천국'의 근거를 제공한다. 교회와 교회의 경험은 임의로 벌어지는 인류 역사의 사건들이 아니다. 그것들은 신성한 현실에 뿌리를 두고 있으며 더 높은 힘에 의해 이끌려진다. 이 이야기에서 하느님은 교회를 위한 그의 계획을 실현하기 위해 막후에서 일한다.
4. *상징적 환상들.* 헤르마스가 묘사하는 환상들과 우화들은 명백히 상징적이며 종종 다른 유대인들과 그리스도교의 묵시록에서 발견되는 다른 환상들과 관련이 있다. 두 가지 예를 들자면 탑과 괴물의 환상들이 있다.

   탑. 그의 세 번째 환상에서 헤르마스는 여섯 명의 젊은이가 바다에 탑을 세우고 있는 것을 보게 되는데, 이들은 수만 명의 다른 젊은이들의 도움을 받는다. 그들은 탑의 건설을 위해 다양한 돌을 사용한다. 어떤 돌들은 딱 알맞지만, 어떤 돌들은 썩었고, 어떤 돌들은 금이 가고, 어떤 돌들은 도저히 크기가 맞지 않는다. 사용할 수 있는 돌들은 서로 합쳐져서 탑으로 쌓아지고 다른 것들은 버려진다. 천사가 이 모든 것이 무엇을 의미하는지 설명해준다. 탑은 교회다. 그것은 세례의 물을 통해 존재하기 때문에 바다에 세워진다. 인부들은 탑을 건설하는 성스러운 천사들인데, 그들 중 여섯

명은 다른 천사들보다 더 강력하다. 돌들은 교회를 구성하는 사람들을 나타낸다. 서로 완벽하게 조화를 이루는 돌들은 사도, 감독, 선생, 집사들이다. 다른 쓸모 있는 돌들은 죽을 때까지 하느님한테 충성했던 그리스도교인들이고 썩거나 금이 가거나 잘못된 모양의 돌들은 비록 전에는 잠재적인 가치가 있는 돌들이었지만(즉, 한때는 그리스도교인이라고 주장하기도 했을 테지만) 하느님의 탑의 일부가 될 수 없는 사람들을 나타낸다. 여기에는 신앙에서 위선적이었거나 진실을 버린 사람들이 포함될 것이다.

환상은 사회적 현실을 그려 보이는데 그것은 궁극적으로 도덕을 가리킨다. 위선이나 안일함 때문에 교회에서 쫓겨난 사람들은 탑이 완성되기 전에 회개하라고 촉구를 받는데, 일단 탑이 완성되면 하느님의 백성들 사이에 끼어들 자리가 없게 되기 때문이다.

괴물. 또 다른 중요한 환상에서 헤르마스는 영적인 현실을 상징하는 기괴한 짐승과의 만남을 묘사한다. 헤르마스는 길을 가다가 입으로부터 불타는 메뚜기 떼를 뿜어내는 거대한 괴수를 만나는데 그것은 도시를 파괴할 수 있을 만큼 강력한 힘으로 그에게 달려든다. 죽을 정도로 놀란 헤르마스는 도움을 청하는 기도를 드리지만 야수를 그냥 지나치라는 응답을 듣는다. 그가 옆을 지나는 동안 괴물은 온순하게 누워서 혀를 날름거릴 뿐 아무 짓도 하지 않는다. 우리는 그 짐승이 앞으로 닥칠 큰 박해를 나타낸다고 듣는다. 이는 순결하고 흠잡을 데 없는 마음으로 하느님한테 의지하지 않는 모든 사람을 짓밟을 것이다.

5. *격려와 훈계.* 요한 묵시록처럼 헤르마스의 목자는 궁극적으로 독자들을 격려하고 훈계하는 것을 목표로 한다. 세례 후 다시 죄의 삶에 빠진 사람들은 회개하고 신앙의 삶으로 돌아서라고 촉구받는다. 그들은 두 번째 기회를 얻을 것이다. 그러나 죄인에 대한 하느님의 인내심이 무한한 것은 아님을 모든 신도들은 알아야 한다. 교회의 탑이 완성되는 심판의 날이 올 것이며 하느님의 선한 은혜 바깥에 있는 사람들은 하느님의 진노의 위력을 경험

할 것이다.

베드로 묵시록

우리가 마지막으로 살펴볼 묵시록은 예수의 제자 베드로의 이름으로 쓰인 것으로 저자가 직접 지옥의 고통과 천국의 황홀함을 목격하고 쓴 것이라고 주장한다. 이미 살펴보았듯이 베드로의 이름으로 쓰인 초기 그리스도교 위작들pseudepigrapha은 상당수 있는데, 그들 중 한두 개는 신약성서에 포함되었다. 사실 우리는 그리스도교 묵시록들 중에서만 그가 썼다고 주장하는 세 권의 책들을 알고 있다. 하나는 아랍어 번역본으로만 보존되어 있고, 또 하나는 나그함마디 문서Nag Hammadi library의 콥트어 저술들 가운데서 발견되었으며, 세 번째는 1887년 베드로의 복음서와 함께 한 그리스도교 수도사의 무덤에서 발견되었지만 그것의 존재는 역사가들에게 이미 수 세기 전부터 알려져 있었다. 우리가 마지막으로 살펴볼 책은 2, 3세기 일부 교회에서 정경으로 받아들여졌던 묵시록이다.(Box 28.7 참고) 이 책이 결국 정경에서 제외된 후에도 그것은 그리스도교 사상에 계속 영향을 끼쳤다. 우리가 아는 바로는, 이 글은 지옥과 천국을 통과하는 여행을 묘사한 최초의 그리스도교 문서이며, 궁극적으로는 서양 문명의 위대한 고전들 중 하나인 단테의 『신곡』을 포함한 많은 후속작들에게 영향을 끼친 이야기이다.

이 책은 올리브 산 위에 있던 베드로와 다른 제자들이 예수의 "묵시론적 담론"을 듣는 것으로 시작된다.(마르 13장 참고) 베드로는 다가올 심판에 대해 묻는다. 예수는 마지막 심판의 불길에 의해 세상이 파괴될 때 일어날 무서운 사건들과 지옥을 향한 사람들을 기다리고 있는 끔찍한 일들을 자세히 설명하고 천국으로 향하는 자들의 영원한 축복을 간단히(아마도 덜 흥미진진해서) 묘사한다.

예수가 실제로 베드로를 천국과 지옥으로 데려간 것인지 아니면 베드로가 실제로 그것들을 보고 있는 것처럼 느낄 정도로 생생하게 묘사를 한 것인지에 대해서는 애매한 부분이 있다. 그러나 각각의 장소로 향하는 사람들이 당할 일에 대해서는 모호함이 없다. 저주받은 자들의 끔찍한 처벌은 그들의 범죄에 맞게 만들어진다. 신성모독죄를 저지른 자들은 꺼지지 않는 불 위에 혀로 매달려 영원히 구워진다. 간통죄를 저지른 사람은 생식기로 공중에 매달리고 살인을 저지른 사람들은 독사들과 벌레들이 득실거리는 협곡에 던져져 영원히 고통받는다. 우상숭배자들은 흉측한 악마들에게 쫓기어 높은 절벽에서 떨어지는 일을 영원히 반복한다.

영원한 고통을 당하는 죄인들 중에는 외도를 한 사람, 부모의 말을 거역한 사람, 은혜를 베풀었지만 의롭게 살려고 노력하지 않은 사람, 돈을 빌려주고 복리이자를 요구한 사람 등이 포함된다. 반면에 축복받은 사람은 그리스도를 따르고 하느님의 계명을 지킨 사람들이다. 이들은 영원한 왕국으로 가서 천국의 행복한 삶을 누리게 될 것이다. 이 책은 아마도 그가 본 다른 환상들의 정당성을 입증하기 위해서인 듯, 베드로가 변화산에서 본 것을 직접 묘사하는 것으로 끝난다.(2베드 1:17-18 참고)

지옥과 천상의 현실에 대한 이 생생한 묘사의 궁극적인 메시지는 꽤 분명하다. 죄로 인한 영원한 고통을 피할 수 있는 방법은 오직 한 가지뿐이다. 그리스도를 믿고 올바른 도덕적 삶을 영위하는 자만이 그리스도의 영원한 왕국으로 들어갈 수 있다. 다른 모든 사람들은 말할 수 없는 영원한 고통을 당하도록 하느님의 저주를 받을 것이다. 이 메시지는 의심할 여지 없이 그리스도교 독자들에게 상당한 영향을 미쳤다. 그것은 예수와 가장 가까운 제자였던 '베드로'가 쓴 책이 아닌가? 게다가 이 메시지는 그리스도교 선교에서도 필수적인 요소가 되었는데, 이교도들과 유대인들이 거짓된 삶의 방식에서 벗어나 유일한 참된 하느님을 숭배하며 그의 진리를 받아들이면 상을 얻지만 그렇지 않으면 영원한 벌을 받는다고 선포함으로써 하느님을 경배할 동기를 부여했다.

용어 사전

Adoptionism(양자론): 예수는 신성한 존재가 아니라 세례를 받을 때 하느님의 아들로 입양된 살과 피를 나눈 인간이라는 주장.

Aeons(아이온): 영지주의 신화에 나오는 신성한 존재. 유일하고 인간으로서는 알 수 없는 하느님의 자손.

Alexander the Great(알렉산드로스 대왕): 마케도니아(기원전 356-323년)의 위대한 군사 지도자로 그의 군대는 동부 지중해의 상당 부분을 정복했다. 그는 정복한 땅에 그리스 문화(헬레니즘)을 확산시켰다.

Antiochus Epiphanes(안티오코스 에피파네스): 팔레스티나의 유대인들에게 그리스 문화를 받아들이도록 강요하려 했던 시리아 군주. 그로 인해 기원전 167년 마카베오 반란이 일어났다.

Antitheses(반대명제): '반대 진술'이란 뜻으로 산상수훈(마태 5:21-48)에서 예수가 말한 여섯 가지 발언을 가리키는 기술적인 용어로 사용되었다. 예수는 유대인들의 율법을 먼저 말하고("―리라 하였다는 것을 너희가 들었으나") 자신만의 해석을 제공한다("나는 너희에게 이르노니……").

Apocalypse(계시록, 묵시록): 보통 익명인 저자가 천사 등의 중재자를 통해 주어지거나 해석된 상징적인 꿈이나 환영을 쓴 문학 장르로 지상의 현실을 이해할 수 있는 천상의 신비를 알려준다.

Apocalypticism(종말론): 많은 고대 유대인들과 그리스도교인들이 가지고 있던 세계관으로 현재의 시대는 악의 힘에 의해 통제되지만, 신이 그의 왕국을 들여오기 위해 역사에 개입하면 결국 파괴될 것이라고 주장했는데, 이 일이 곧 임박했다고 여겨졌다.

Apocrypha(아포크리파): 외경. 그리스어로 '숨겨진 것들'이라는 뜻이며, 유대교 또는 그리스도교 정경들의 밖에 있는 책들. 유대인 외경은 마카베오 상하, 에스라 4서 등, 70인역에는 있지만 히브리 정경에는 없는 책들로 구성되어 있다.

Apollonius(아폴로니우스): 1세기의 이교도 철학자이자 성인. 기적을 행하고 영감이 넘치는 신성한 가르침을 베풀었다고 전해지며 그의 추종자들 중 일부는 그를 신의 아들이라고 믿었다.

Apology(변증): '방어'라는 뜻의 그리스 단어로부터 유래. 자신의 신앙, 실천에 대한 합리적인 설명과 정당화를 뜻한다.

Apostle(사도): '보내진'을 의미하는 그리스 단어에서 유래. 일반적으로 임무를 수행하도록 위임받은 사람을 의미한다. 초기 그리스도교에서는 이 용어는 그리스도를 대신하는 사람들로 이해되었던 신앙의 특별한 사절들을 지칭하기 위해 사용되었다. 'Disciple(제자)' 항목 참고.

Apostolic Fathers(속사도 續使徒): 전통적으로 사도들의 추종자라고 여겨졌던 2세기의 원정통파 그리스도교인들이 쓴 정경에 포함되지 않은 글들. 이 글들 중 일부는 일부 초기 교회에서 성서로 여겨졌다.

Apostolic Succession(사도적 승계): 큰 교회들의 지도자들은 사도들의 후계자들에 의해 임명되었으므로 그들의 권위가 예수가 손수 선택한 제자들에게까지 거슬러 올라갈 수 있다는 원정통파의 주장.

Asclepius(아스클레피오스): 치유의 능력이 있다고 믿어졌던 그리스 신.

Associations, Voluntary(자발적 연합): 그리스-로마 세계에서는 사회적 관심사를 공유하고 함께 식사를 즐기며 사업을 위해 주기적으로 만나는 사적으로 조직된 소규모 집단들이 있었다. 가장 잘 알려진 두 가지 유형으로는 상인 협회와 상조회가 있었다.

Athanasius(아타나시우스): 4세기 이집트 알렉산드리아에 있던 큰 교회의 주교이자 영향력 있는 교부로 현재의 순서로 스물일곱 권의 신약성서의 책들을 나열한 최초의 교회 저술가였다.

Atonement(속죄): 죄로 인해 정죄된 사람이 어떻게 희생을 통해 하느님 앞에 바르게 서게 설 수 있는지를 보여주는 교리. 전통적인 그리스도교 가르침에서는 그리스도의 죽음을 통해 속죄를 얻는다.

Augur(아우구르): '전조들auspices을 해석해' 신들의 뜻을 알렸던 로마의 이교도 사제들.

Auspicy(조점): 특별히 임명된 신관들이 새들의 비행이나 먹이를 먹는 패턴을 관찰함으로써 신의 뜻을 찾는 점의 형태. 'Divination(점)' 항목 참고.

Autograph(원본): '글 그 자체'라는 뜻의 그리스어에서 유래. 문학 텍스트의 원본 원고.

Baptism(세례): 그리스어로 '담그다'라는 뜻의 bpatizo에서 유래. 물속에서 세례를 행한 그리스도교는 처음에는 입문 의식(그리스도교 공동체에 가입할 때 행한 의식)으로 물에서 세례를 베푼 것으로 보인다. 이는 아마도 세례 요한이 다가오는 세상의 종말과 신의 왕국의 도래에 대비하기 위해 유대인들과 예수에게 세례를 베풀었던 것에서 유래했을 것이다. (유대인들의 정결 의식은 필요할 때마다 반복되었다. 요한의 세례는 후에 그리스도교인들의 경우처럼 단 한 번 행해진 것으로 보인다.) 나중에 그리스도교인들은 이 의식에 다른 의미를 부여했다. 예를 들어 사도 바울로는 이 의식을 그리스도와 함께 죄에 죽는 신비로운 행위로 보았다. 'Participationist Model(참여주의자적 모델)' 항목 참고.

B.C.E./C.E.: 각각 "공통 시대 이전"과 "공통 시대"의 약자로, 그리스도교적 시대 구분 B.C.("before Christ", 그리스도 이전)와 A.D.("anno domini", "주님의 해"를 뜻하는 라틴어)의 정확한 등가물.

Beatitudes(팔복): 말 그대로 '축복blessings'이라는 뜻의 라틴어. 예수의 산상수훈의 팔복은 이 말로 시작된다(예: "마음이 가난한 사람은 행복하다Blessed are the poor in spirit." 마태 5:3–12)

Beloved Disciple(사랑받은 제자): 요한의 복음서에서 '예수가 사랑한 제자'의 별명으로, '수난 서사'에서 두드러진 역할을 하지만 결코 이름이 밝혀지지는 않았다. 오래된 전승은 그를 제베대오의 아들 요한이라고 보고, 그가 요한의 복음서를 썼다고 주장한다.

Biography(Greco-Roman)(그리스–로마 전기): 개인의 삶에 대한 이야기로 구성되는 문학 장르로서 교육, 촉구, 선전을 목적으로, 보통 시간 순서에 따라 다양한 하위 장르들(명언, 연설, 일화, 갈등 같은)을 통해 주인공의 성격을 보여준다.

Bishop(감독): 그리스어 'episkopos'의 번역어로, 문자 그대로 '감독'이라는 의미. 교회 역사 초기에 감독들은 공동체의 삶을 감독하는 지도자였다.

Caiaphas(카야파): 예수가 십자가형을 받을 당시 유대 대사제.

Canon(정경): '자' 또는 '직선인 모서리'를 뜻하는 그리스 단어에서 유래. 인정된 텍스트들의 모음을 의미한다. 그러므로 신약 정경은 그리스도교인들이 권위 있는 것으로 받아들이는 책들의 모음이다.

Catholic: '보편적' 또는 '일반적'을 의미하는 그리스 단어에서 유래. 신약성서 중 야고보의 편지, 베드로의 첫째, 둘째 편지, 요한의 첫째, 둘째, 셋째 편지, 유다의 편지 그리고 히브리인들에게 보낸 편지를 바울로의 편지들과 구별하기 위해("Catholic" epistles: 일반 편지) 사용한다.

Charismatic Communities(카리스마적 공동체): 임명된 지도자가 아니라 성령에 의해 이끌리는 공동체로서 성령은 각각의 구성원들에게 공동체가 집단으로서 기능하는 데 유용한 특별한 선물(그리스어: 카리스마)을 부여했다. 바울로에 따르면(1코린 12-14 참고), 그 선물들(카리스마타)에는 가르침, 설교, 치유, 예언, 방언, 방언의 해석 등과 같은 능력들이 포함되어 있었다.

Chief Priests(고위 사제들): 예루살렘 유대 신전 사제들의 지도자들. 대부분은 산헤드린(Sanhedrin, 회당)의 적극적인 멤버였을 것이며, 그들의 최고 지도자는 대사제high priest였다.

Christ(그리스도): 'Messiah(메시아)' 항목 참고.

Christology(그리스도론): 그리스도의 본성에 대한 모든 가르침. 'Adoptionism(양자론)', 'Docetism(가현설)' 항목 참고.

Clement of Rome(클레멘스 1세): 로마 교회 초기의 감독들 중 한 명(95년경)으로 외경인 클레멘스의 첫째 편지1 Clement의 저자.

Comparative Method(비교 분석법): (그것들이 살펴보고자 하는 문헌의 자료로 사용되었는지 여부와 상관없이) 다른 관련 문헌들의 유사성과 차이점에 주목하여 문헌을 연구하는 방법.

Constantine(콘스탄티누스 1세): 로마 황제들 중 최초로 그리스도교로 개종한 4세기 초 로마 황제. 콘스탄티누스의 개종은 그리스도교를 박해받는 소수의 종교에서 제국 전체에 걸친 강력한 주류 종교로 바꾸면서 그리스도교의 확산에 매우 중요한 역할을 했다.

Contextual Method(맥락[배경] 분석법): 문헌의 사회적, 역사적 맥락, 배경을 파악한 후 그것을 이용하여 문헌의 의미를 설명하려는 방법.

Cosmos(코스모스): '세계'를 뜻하는 그리스어.

Covenant(언약): 합의에 이른 두 사회 또는 정당 간의 합의 또는 조약. 고대 유대인들과 관련해서는 하느님에 대한 그들의 헌신과 율법을 지키는 대가로 하느님이 유대인들을 선택한 민족으로 보호하고 보존하기로 한 계약을 가리킴.

Criterion of Contextual Credibility(맥락 신뢰의 기준): 역사적으로 신뢰할 수 있는 자료를 확립하기 위해 학자들이 흔히 사용하는 기준 중 하나. 이 기준에 의해 역사적 예수와 관련해서 만약 예수의 언행이 그가 살았던 1세기 팔레스티나 상황에 신뢰할 수 있을 정도로 들어맞지 않는다면, 그것은 진실로 간주될 수 없다는 것이다.

Criterion of Dissimilarity(비유사성의 기준): 역사적으로 신뢰할 수 있는 자료를 확정하기 위해 학자들이 공통적으로 사용하는 기준 중 하나로, 이 기준은 예수의 언행이 초기 그리스도교인들의 의제와 일치하지 않거나 어긋나는 경우, 진실한 것일 가능성이 더 높다고 주장한다.

Criterion of Independent Attestation(독립적인 입증의 기준): 역사적으로 신뢰할 수 있는 자료를 확립하기 위해 학자들이 흔히 사용하는 기준들 중 하나로, 역사적 예수의 언행이 하나 이상의 출처에 의해 독립적으로 증명될 경우 진실일 가능성이 더 높다고 주장한다.

Cult(컬트): '신들에 대한 경배'라는 뜻의 라틴어 구절 'cultus deorum'의 줄임말로, 일반적으로 경배의 종교적 행위들을 지칭한다. 이교도 종교들에서는 보통 희생과 기도의 행위들을 포함한다.

Cynics(견유학파): 청중들에게 모든 사회적 관습으로부터 해방됨으로써 진정한 자유를 찾으라고 거리에서 열변을 토하던 그리스-로마 시대의 철학자들. 삶의 어떤 안락함도 구하지 않고 '자연에 따라' 살던 그들의 철학에 반대하던 사람들은 그들을 "개"(그리스어로 cynes)라고 불렀다.

Daimonia(다이모니아): 그리스-로마 시대의 신성한 존재들의 범주. 다이모니아는 신들보다 덜 강력하지만 인간들보다 훨씬 더 강력하고 인간의 삶에 영향을 줄 수 있다고 여겨졌다.

Day of Atonement(속죄일): 히브리어로 욤 키푸르Yom Kippur. 1년 중 하루 대사제가 신전에 있는 지성소에 들어가는 것이 허락된 날로, 먼저 동물을 희생하여 자신의 죄를 속죄하고, 그다음에 또 다른 동물을 희생하여 이스라엘 백성의 죄를 속죄하는 날이다.

Deacon(집사): '섬기는, 봉사하는 사람'이라는 뜻의 그리스어. 초대 교회에서 집사는 공동체의 물질적 필요(예: 구호품 배분을 통해)를 돌볼 책임이 부여된 그리스도교 지도자였다.

Dead Sea Scrolls(사해 사본): 사해의 북서쪽 연안 몇몇 동굴들에서 발견된 고대 유대인들의 글들로, 종말론적 사고방식을 가진 에세네파가 만든 것으로 여겨지고 있다. 그들은 마카베오 시대부터 서기 66-70년의 유대 전쟁까지 수도원 같은 공동체에서 생활했다. 'Essenes(에세네파)', 'Qumran(쿰란)' 항목 참고.

Deutero-Pauline Epistles(제2바울로 서신): 학자들이 바울로가 쓴 편지인지 아닌지 논쟁을 벌이고 있기 때문에 바울로의 서신들 중에서 '2차Deutero'적인 위치에 있는 에페소스인들에게 보낸 편지, 콜로사이인들에게 보낸 편지, 테살로니카인들에게 보낸 둘째 편지를 가리킨다.

Diaspora(디아스포라): '분산'을 뜻하는 그리스어로 기원전 6세기 바빌로니아에 정복된 이후 팔레스티나 지역의 유대인들이 지중해의 다른 지역으로 퍼져간 것을 가리키는 용어.

Diatessaron(디아테사론): 2세기 중엽 시리아 그리스도교인 타티아노스가 네 개의 복음서를 하나의 긴 이야기로 합쳐 만든 '조화복음서'이다.("디아테사론"은 문자 그대로 "네 개를 통하여"라는 뜻이다. 여기서는 네 개의 이야기들로 이루어진 하나의 긴 이야기를 의미한다.)

Diatribe(디아트리베): 사도 바울로를 포함한 그리스와 로마 작가들이 사용하던 수사적 기법으로, 자신들이 성공적으로 대답할 수 있는 질문을 상상 속의 논적들이 자신들에게 질문하게 함으로써 자신들의 주장을 진전시키는 데 사용한다.(예를 들어, 바울로는 로마인들에게 보낸 편지에서 이 기법을 사용한다.)

Disciple(제자): '가르침을 받은' 추종자.(사절로 '보내진' 자인 사도apostles와는 반대다.)

Divination(점): 신의 뜻을 확인하기 위한 모든 활동의 총칭. 'Auspicy(조점)', 'Extispicy(간점)' 항목 참고.

Docetism(가현설): '—보이다'라는 뜻의 그리스 단어에서 나온 말로 예수는 인간이 아니었고 겉모습만 그렇게 보였다는 주장.

Domitian(도미티아누스): 81-96년 재위했던 로마 황제. 대부분의 학자들은 그의 치하에서 요한 묵시록이 쓰였고 그 책의 내용이 로마 제국에 대한 공격이라고 믿는다.

Ebionites(에비온파): 유대인의 관습과 유대인의 예배 형태를 유지했던 2세기 입양론자들.

Egyptian, The(이집트인): 요세푸스가 언급한 1세기 종말론적 유대인 예언자. 예루살렘 성벽의 파괴를 예언했다고 한다.

Elder(장로): 'Presbyter(장로)' 항목 참고.

Epicureans(에피쿠로스 학파): 그리스 철학자 에피쿠로스의 고대 추종자들은 신들은 인간의 삶에 대한 관심에서 벗어나 있으며 그래서 두려워하거나 달랠 필요가 없다고 주장했다. 그들에 의하면 행복은 마음이 맞는 사람들과 평화로운 조화를 이루고 일상생활의 소박한 즐거움을 누리는 데서 오는 것이다.

Epistle(편지): 사적인 편지의 다른 지칭. 일부 학자들은 'epistles'을 개인적인 수신자가 아니라 널리 대중들을 위한 서신 형태의 문학으로서 개인 간의 통신을 위한 비문학적인 형태의 편지들과 구분하기도 한다. 그러나 'epistles'과 편지 사이의 이러한 구분은 오늘날 널리 받아들여지지 않고 그저 동의어로 사용되는 경향이 있다.

Equestrian(기사 계급): 부유한 귀족들로 구성된 고대 로마의 두 번째로 높은 사회경제적 계층(원로원 의원 아래 계급).

Eschatology(종말론): 말 그대로 '말세의 연구'를 뜻한다. 한 사람의 삶의 끝이나 혹은 세상의 끝에 어떤 일이 일어날지 설명하는 것을 가리키는 전문 용어.

Essenes(에세네파): 마카베오 시대에 시작된 종말론적이고 금욕적인 유대 종파. 사해 사본들을 만들었다고 여겨진다.

Eusebius(에우세비우스): 4세기 초에 활동했던, 교회사의 아버지라고 알려진 인물로 열 권짜리 책 『그리스도교 교회사』를 통해서 예수의 시대부터 자신의 시대(콘스탄티누스 집권 초기)까지 그리스도교의 초기 시대를 광범위하게 기록한 최초의 인물이다. 에우세비우스는 교회의 첫 3세기 동안의 많은 사건들과 작가들에 관한 중요한 정보의 원천이다.

Extispicy(간점): 그리스와 로마 종교에서 점을 치는 방법으로 특별히 임명된 사제(haruspex; 창자 점쟁이. 제물로 바친 짐승의 창자로 점을 침)가 신들에게 바친 동물들이 제대로 받아들여졌는지를 알아보기 위해 희생된 동물의 내장을 조사하던 일.

Farewell Discourse(고별 담론): 예수가 요한의 복음서 13-16장(때로는 17장의 예수의 기도까지 포함한다고 생각됨)에서 전하는 마지막 담론. 고별 담론은 예수가 체포되기 전에 제자들에게 했던 마지막 두 가지 다른 담론을 합친 것일지도 모른다.

Firstfruits of the Resurrection(부활의 맏물): 사도 바울로가 예수를 죽은 사람들 가운데서 가장 먼저 부활한 존재라고 언급할 때 사용한 말. 이는 추수 첫날이 끝날 무렵에 나머지 작물들도 다음 날 추수할 것을 기대하며 벌이는 축제에 관한 이미지로서 만약 예수가 "맏물"이라면, 나머지 부활들(즉, 다른 모든 사람들의 부활들)도 곧 일어날 것이다.

Four-Source Hypothesis(4자료설): 마태오의 복음서, 마르코의 복음서, 루카의 복음서 뒤에 네 가지 자료가 있다고 주장하는 '공관복음서 문제'에 대한 해결책. (1) 마르코의 복음서가 마태오의 복음서와 루카의 복음서 상당 부분의 자료였다; (2) Q 자료가 마태오의 복음서와 루카의 복음서에 공통으로 나오는 말들의 자료였다; (3) 마태오의 복음서에만 나오는 자료들은 M 자료에서 나왔다; (4) 루카의 복음서에만 나오는 자료는 L 자료에서 나왔다.

Fourth Philosophy(제4철학): 요세푸스가 이름을 밝히지 않고 언급한 유대인 집단. 약속된 땅Promised Land의 외세 지배에 대해 폭력적으로 반대했다. 'Sicarii(시카리)', 'Zealots(열심당)' 항목 참고.

Fulfillment Citations(구약 성취 인용구): 예수가 경험하거나 행한 어떤 것이 히브리 예언자가 구약성서에서 말한 것을 "성취한" 것이라고 진술할 때 마태오가 사용한 문학적 장치이다.

Gematria(게마트리아): 알파벳의 숫자값에 기초해서 단어를 해석하는 유대식 방법(그리스어와 히브리어 모두 각각의 알파벳은 숫자의 역할도 한다).

General History(보편사): 한 민족의 역사에서 중요한 사건들을 추적하여 한 민족의 품성이 어떻게 형성되었는지를 보여주는 고대 문학 장르. 이 장르의 예로는 요세푸스의 『유대 고대지』와 사도행전이 있다.

Genius(수호천사): 남자의 수호령(여자의 수호령은 "유노Juno"라고 불림).

Genre(장르): 특정한 문학적 특징을 가진 문학. 예를 들면, 현대 세계에는 단편소설, 장편소설 그리고 리머릭 시(각각 독특한 특징을 가진다), 고대 세계에는 전기, 서사시, 보편사, 기타 많은 다른 장르들이 있다. 신약성서의 주요 장르로는 복음서(종교 전기와 가장 유사), 행전(보편사와 가장 유사), 서신, 묵시록 등이 있다.

Genre Criticism(장르 비평): 텍스트의 장르가 역사적 맥락에서 어떻게 기능하는지 묻고, 그것의 문학적인 특성에 비추어 그것의 역사적 의미(즉, 초기 독자들이 그 의미를 어떻게 이해했는지를 알아보는 것)를 탐구함으로써 문학적인 텍스트를 연구하는 방법.

Gentile(이방인): 유대인이 아닌 사람들을 지칭하는 유대어.

Gnosticism(영지주의): 그리스도교 관련 고대 종교 집단. 이 사악한 물질세계에 갇혀 있는 신성한 요소들은 그들이 누구인지 그리고 그들이 어떻게 이곳에서 탈출할 수 있는지에 대한 영지(gnosis, '지식'을 뜻하는 그리스어)를 얻어야만 이곳에서 풀려날 수 있다고 주장했다. 영지는 신성한 세계로부터의 사절이 가져온다고 생각되었다. 'Sethians(세트파)', 'Valentinians(발렌티누스파)' 항목 참고.

Golden Rule(황금률): 마태오의 복음서 산상수훈에 나오는, "남에게서 바라는 대로 남에게 해주어라"는 예수의 말. 유사한 가르침을 예수 이전과 이후의 다양한 이교도 및 유대교 윤리 교사들에게서 찾아볼 수 있다.

gospel(복음): 이 말이 대문자로 시작되지 않을 때는 책이 아니라 그리스도의 구원에 대한 '좋은 소식'(그리스어 euaggelion에서 유래)을 선포하는 것을 말한다(예: 바울로의 복음은 그가 사용한 책이 아니라 그의 메시지이다).

Gospel(복음서): 이 단어가 대문자로 시작될 때는 문학 장르로서 예수 그리스도의 언행이 담겨 있는 에피소드(예: 루카의 복음서 또는 베드로의 복음서)를 포함, 그가 가져온 "좋은 소식"을 기록한 것이다.

Gospel Harmony(조화 복음서): 타티아누스의 『디아테사론』처럼 여러 복음서들을 취해서 그것들을 더 길고 완전한 하나의 복음서로 결합하려는 문학적인 시도.

Greco-Roman World(그리스–로마 세계): 알렉산드로스 대왕 때부터 콘스탄티누스 황제까지 대략 기원전 300년–서기 300년 기간에 해당하는 지중해 주변 지역들과 문화.(Box 3.2 참고)

Hanina ben Dosa(하니나 벤 도사): 예수에 버금가는 기적을 행한 것으로 유명한 1세기의 유명한 갈릴래아 지역의 랍비.

Haruspex(창자 점쟁이): 간점extispicy을 위해 특별히 훈련된 로마 종교의 사제.

Hasmoneans(하스몬 왕조): 기원전 167년 시리아에 대한 반란을 일으켜 기원전 63년 로마가 이스라엘을 정복하기 전까지 이스라엘을 지배했던 유대인 사제 가문인 마카베오의 다른 이름이다.

Hellenization(헬레니즘화): 알렉산드로스 대왕의 정복에서 시작된 그리스어와 그리스 문화 (헬레니즘)의 전 지중해 지역으로의 확산을 가리킨다.

Heracleon(헤라클레온): 170년경에 살았던 영지주의자로, 요한의 복음서에 대한 해설을 썼는데 이는 성서의 어느 부분에 대해서든 그리스도교인이 쓴 최초의 주석으로 알려져 있다.

Heresy(이단): "선택"을 뜻하는 그리스어에서 유래한 것으로 권력을 잡은 사람들이 일탈적이라고 여기는 세계관이나 믿음의 체계. 'Orthodoxy(정통)' 항목 참고.

Herod Antipas(헤로데 안티파스): 헤로데 대왕의 아들, 4-39년까지 갈릴래아를 다스렸다. 루카의 복음서(그리고 베드로의 복음서)에 따르면 세례 요한을 처형하고 예수의 재판에 관여했다.

Herodians(헤로데당): 마르코의 복음서에 따르면 헤로데의 가문과 밀접한 연관이 있는 유대인 지도자들로 로마의 부역자들로 생각되었다고 한다.

Herod the Great(헤로데 대왕): 기원전 40년-기원전 4년까지 갈릴래아, 사마리아, 유대(그러므로 "유대인의 왕"이라 불렸다) 전체의 통치자였다. 마태오의 복음서에 의하면 자신의 치하에서 태어난 아기 예수를 없애기 위해 베들레헴의 모든 남자 아기들을 죽인 것으로 알려져 있다.

High Priest(대사제): 70년 이전, 유대 왕이 없었을 때, 예루살렘 신전의 운영과 그 사제들을 관장했던 유대교의 최고 권위자. 'Sadducees(사두가이파)', 'Sanhedrin(산헤드린)' 항목 참고.

Historiography(역사학): 역사적 사건의 문학적 재구성, 역사의 기록, 역사적 서술의 연구와 분석.

Holy of Holies(지성소): 예루살렘에 있는 유대 신전의 가장 안쪽. 완전히 비어 있었지만 하느님이 그곳에 임재하신다고 믿어졌다. 속죄일에 제사장이 백성들의 죄를 대속하기 위한 희생물을 바치기 위해 출입하는 것 외에는 아무도 이 방에 들어갈 수 없었다.

Honi the "Circle-Drawer"("원 그리는 사람" 호니): 기원전 1세기 갈릴래아 사람. 예수와 비슷한 기적을 행한 것으로 알려져 있다.

House Churches(가정 교회): 수 세기 동안 그리스도교 공동체는 예배를 위해 특별히 지어진 건물이 아닌 개인 주택에서 모임을 가졌다. 통상 교회의 지도자였던 사람의 집인 경우가 많았다. 예배, 가르침, 친교 그리고 세례와 성찬과 같은 성례식을 거행하기 위해 모임을 가지던 그런 공동체들은 가정 교회로 알려져 있다.

Ialdabaoth(이알다바오트): 영지주의 문헌에 나오는 창조주 하느님의 이름(즉, 데미우르고스).

"I Am" Sayings("나는 ─이다" 주장들): 요한의 복음서에만 나오는, 예수가 자신의 정체를 드러내는 발언들. 어떤 경우에는 은유적으로("나는 생명의 빵이다." "나는 세상의 빛이다" "나는 길이요 진리요 생명이다"), 어떤 경우에는 그저 "내가 그다"(출애3에 나오는 하느님의 이름일 수 있다)라고 말한다.(요한 8:58; "나는 아브라함이 태어나기 전부터 있었다.")

Ignatius(이그나티우스): 이그나티우스는 2세기 초 시리아 안티오키아 교회의 감독이었다. 그는 그리스도교 활동 때문에 로마 당국에 의해 체포되었고 원형경기장에서 야수들에게 던져지도록 로마로 압송되었다. 순교를 하기 위한 여정에서 그는 일곱 통의 편지를 썼는데, 그 편지들은 아직도 남아 있다. 이 편지들은 사도적 교부들의 글에 포함되어 있다.

Insula(인술라): 1층은 상가와 사업장으로, 위층은 주거지로 사용되었던 고대 주상 복합 건물이다. 사도 바울로는 전도를 위해 방문한 다양한 장소들에서 이런 곳에 자신의 가죽 공방을 차리고 머물렀다.

Irenaeus(이레나이오스): 2세기의 유명한 원시정통과 교부이자 '이단 사냥꾼'. 그가 180년경에 쓴 5권짜리 책 『이단 논박』은 영지주의와 기타 '이단' 집단들에 관한 주요 정보원이다.

Isis(이시스): 이집트 여신. 로마 세계 전역 밀의종교密儀宗敎에서 숭배되었다.

Jesus, Son of Ananias(아나니아의 아들 예수): 팔레스티나에 살았던 유대인으로 요세푸스의 기록에 의하면 나사렛의 예수처럼 다가오는 세상의 종말을 설파하던 종말론자였다. 그의 혁명적인 주장 때문에 체포되어 기소되었지만 그로 인해 처형을 당하지는 않았다. 66-70년에 일어난 1차 유대 전쟁 동안 포위되어 있던 예루살렘에서 뜻하지 않게 죽음을 맞았다.

Johannine Community(요한 공동체): 요한의 복음서와 요한 서신을 쓴 그리스도교 공동체. 우리는 그 공동체가 어디에 위치했었는지 모르지만 사회-역사적 방법을 사용하여 그것의 역사의 일부를 재구성할 수 있다.

Josephu(요세푸스): 로마 황제 베스파시아누스에 의해 궁정 역사가로 임명된 1세기 유대인 역사학자. 1세기 팔레스티나의 삶에 대한 정보를 얻기 위한 주요 자료인 『유대 전기』와 『유대 고대지』를 남겼다.

Judaizer(유대주의자): 하느님 앞에 올바로 서기 위해서는 율법 전체(혹은 일부라도)를 지켜야 한다고 주장하는 그리스도교인(갈라티아인들에게 보낸 편지에 나오는 바울로의 반대자들의 주장).

Judas Maccabeus(유다 마카베오): 마카베오 반란을 주도한 유대인 애국자. 'Hasmoneans(하스몬 왕조)' 항목 참고.

Judicial Model(사법적 모델): 바울로가 그리스도의 죽음과 구원의 관계를 이해하거나 개념화한 두 가지 주요한 방법 중 하나. 이 모델에 따르면 구원은 예수의 죽음이 대속물로 받아들여져 죄악을 범한 인간을 변호사이자 재판장인 하느님이 '무죄'로 취급하는 법적 결정. 'Participationist Model(참여주의자적 모델)' 항목 참고.

Justification by Faith(신앙에 의한 칭의): 바울로의 편지에서 발견된 교리. 사람들은 유대 율법에 규정된 일을 함으로써가 아니라 그리스도의 죽음의 효과를 믿음으로써 하느님과 바른 관계에 있게 된다(=의롭게 된다).

Justin Martyr(순교자 유스티노스): 초기 '변증론자들' 중 한 명. 2세기 중반 로마에 살았다.

Kingdom of God(하느님의 왕국): 예수의 가르침에서 하느님의 왕국(혹은 하느님의 통치)은 현재 세상을 그리고 하느님의 백성을 장악하고 있는 사악한 왕국들을 대체하기 위해 이 땅에 올 실제의 왕국을 가리키는 것으로 보인다. 이곳은 진리와 평화, 정의가 회복된 유토피아 왕국으로 하느님이 기름 부은 자(즉, 메시아)에 의해 통치될 것이다.

L(L 자료): 지금은 존재하지 않지만 마태오의 복음서나 마르코의 복음서에는 나오지 않고 루카의 복음서에만 나오는 전승의 원천인 문서. 'Four-Source Hypothesis(4자료설)' 항목 참고.

Lares(라레스): 로마 세계의 모든 가정에서 일반적으로 숭배되었던 가정의 신들. 집과 그곳의 거주자들을 보호한다고 생각되었으며 종종 가문의 조상들의 영혼과 동일시되었다.

M(M 자료): 지금은 존재하지 않지만 마르코의 복음서나 루카의 복음서에는 나오지 않고 마태오의 복음서에만 나오는 전승의 원천인 문서. 'Four-Source Hypothesis(4자료설)' 항목 참고.

Maccabean Revolt(마카베오 반란): 기원전 167년부터 시작된 시리아인과 그들의 왕 안티오코스 에피파네스에 대한 유대인들의 봉기는 헬레니즘 문화의 강요와 할례와 같은 유대인들의 관습을 금지한 것에 대한 항의에서 비롯되었다. 'Hasmoneans(하스몬 왕조)' 항목 참고.

Magic(마법): 정의하기 어렵기로 유명한 용어. '마법'은 보통 사회 전반이나 그것이 속한 공동체에 의해서도 승인되지 않은 종교적 행위를 말한다. 때때로 마법은 사회에서 무시되는 활동과 말들을 포함하는 종교의 '어두운 면'이라고 일컬어진다.

Manuscript(필사본): 손으로 쓴 문서의 사본.

Marcion(마르키온): 2세기 그리스도교 학자이자 전도사로 바울로의 글에서 찾았다고 주장한 가현설적 그리스도론과 두 신―즉 유대인의 가혹한 법리주의적 하느님과 예수의 자비롭고 사랑이 넘치는 하느님―에 대한 믿음으로 후에 이단자로 낙인찍혔다.

Marcus Aurelius(마르쿠스 아우렐리우스): 로마 황제(161-180년). 스토아학파 철학과 관련된 저술들로 가장 잘 알려져 있지만 그리스도교 사료에서는 그리스도교에 대해 가장 폭력적인 박해를 자행했던 통치자로 알려져 있다.

Markan Priority(마르코의 복음서 우선설): 마르코의 복음서가 공관복음서들 중 최초로 기록된 성서이고 마태오의 복음서와 루카의 복음서의 자료가 되었다는 견해.

Melito of Sardis(사르디스의 멜리톤): 소아시아 출신의 2세기 그리스도교 지도자로 부활절 설교 중 출애굽기 이야기를 하며 유대인들에게 독설을 퍼부었다.

Messiah(메시아): '기름 부음 받은 사람'을 뜻하는 히브리어. 그리스어로 "Christos"로 번역되어 현재의 그리스도가 되었다. 1세기 유대인들은 "기름 부음 받은 사람"을 다윗과 같은 미래의 전사 왕, 하늘에서 올 우주적 구원자, 권위 있는 사제, 모세와 같은 하느님의 강력한 대변인 등으로 다양하게 해석하며 그 등장을 기대했다.

Messianic Secret(메시아 비밀): 마르코의 복음서의 흥미로운 문학적 특징 중 하나를 가리키는 이 용어는 자신이 메시아라는 것이 세상에 보여졌음에도 불구하고 예수가 자신의 정체를 숨기려 했던 것을 말한다(예를 들어, 예수는 자신을 알아보는 사람들을 침묵시키고 그의 기적을 세상에 알리지 말라고 한다).

Mishnah(미슈나): 자신들을 바리사이파의 후예라고 생각하던 유대 랍비 세대들에 의해 전해진 구전 전승 모음을 약 200년경 기록으로 옮긴 것. 'Talmud(탈무드)' 항목 참고.

Mithras(미트라스): 로마 전역의 밀의종교 집단에서 숭배된 페르시아의 신.

Monotheism(일신교): 오직 하나의 신만이 존재한다는 믿음(때로는 다른 신들이 존재한다는 것을 인정하지만 오직 한 신만을 숭배해야 한다고 주장하는 단일신주의henotheism와 구별된다).

Muratorian Fragment(무라토리 단편): 18세기에 발견된 단편으로 발견자인 이탈리아인 무라토리의 이름을 따서 명명되었다. 라틴어로 된 이 책은 저자가 정경으로 간주하는 그리스도교 서적들의 목록을 포함하고 있다. 이 책은 2세기 후반 로마 주변에서 제작된 것으로 여겨진다.

Mystery Cults(밀의종교): 신자들 개개인의 현세와 내세의 욕구에 초점을 맞추었던 그리스-로마 종교 집단. 그들의 입회 의식과 종교적 관행이 외부인들에게는 비밀인 것들을 알게 되는 것을 포함했기 때문에 붙여진 이름이다.

Nag Hammadi(나그함마디): 1945년 토마의 복음서를 비롯한 영지주의 글들이 발견된 이집트 남부의 마을.

Nero(네로): 로마 황제(54-68년까지 통치). 그의 치세 때 베드로와 바울로가 순교한 것으로 전해진다. 그는 로마의 대부분을 불태운 화재를 핑계로 그리스도교를 박해했다(로마 역사학자 타키투스는 네로가 화재의 주범이라고 언급했다).

Novel(소설): 고대 문학 장르. 그리스와 로마 세계의 소설들은 보통 연인들의 비극적인 이별과 그들이 재결합을 시도하면서 겪는 다양한 사건들을 다룬 가공의 이야기들이다. 소설에는 일반적으로 여행, 난파, 해적, 강도, 노예화, 박해 등의 이야기가 포함되어 있는데 일부 학자들은 사도행전이 고대 소설과 아주 비슷하다고 주장해왔다.

Octavian(옥타비아누스): 최초의 로마 황제(기원전 27-서기 14년). 옥타비아누스는 율리우스 카이사르의 조카이자 양아들이었고 장기간의 유혈 내전을 겪은 후 로마의 통일을 가져온 위대한 장군이었다. 그의 통치 초기에 옥타비아누스는 '가장 존경받는 황제'를 의미하는 'Caesar Augustus'라는 이름을 사용했다.

Oracle(오라클): 신관 혹은 신녀들을 통해, 전달된 사람들의 질문에 대해 신들이 응답을 주는 신성한 장소. 보통 신관과 신녀들은 도취 상태에서 일을 수행했다. 이 용어는 신들의 답변 자체를 지칭할 수도 있다.

Origen(오리게네스): 이집트의 3세기 초 알렉산드리아 출신의 그리스도교 철학자이자 신학자로 가장 유명한 그리스도교 변증론들 중 하나를 썼다.

Orthodoxy(정통): 문자 그대로 '올바른 의견'을 의미하는 그리스어. 권력자들 대다수가 옳다고 인정하는 세계관이나 일련의 신념. 'Heresy(이단)' 항목 참고.

Paganism(이교): 그리스-로마 세계의 다신교들. 그리스도교를 제외한 고대 지중해 종교들을 모두 지칭한다.

Papyrus(파피루스): 나일강 주변에서 주로 자라는 갈대와 비슷한 식물로 고대에는 그것의 줄기를 이용하여 글씨를 쓸 수 있는 표면을 만들었다.

Parousia(재림): 그리스어로 '임재' 또는 '도래'를 뜻하는 말로, 예수의 재림을 가리키는 말.

Participationist Model(참여주의자적 모델): 바울로가 그리스도의 죽음과 구원의 관계를 이해하거나 개념화한 두 가지 주요한 방법 중 하나. 이 모델은 죄악이 사람들을 노예로 만드는 우주적 힘이라고 이해했고, 인간의 구원은 세례를 통해 그리스도의 죽음에 참여함으로써 얻어질 수 있었다. 'Judicial Model(사법적 모델)' 항목 참고.

Passion(수난): '고난'을 뜻하는 그리스어 단어. 예수가 십자가에 못 박히기 전까지 그의 마지막 날들에 관한 전승을 가리키는 용어로 사용되고 있다.(이 말에서 나온 게 "수난 서사Passion narrative")

Passover(유월절): 로마 시대에 가장 중요하고 널리 기념되었던 유대인들의 연례 축제로서, 이집트로부터의 탈출을 기념한다.

Pastoral Epistles(목회 서신): 바울로가 티모테오와 티투스에게 목회에 대한 충고를 하기 위해 썼다는 신약성서의 서신들.

Pauline Corpus(바울로 서신): 바울로가 썼다고 주장되는 신약성서의 모든 편지들, 즉 제2바울로 서신, 목회 서신 등도 포함된다.

Penates(가신): 집안의 식량 창고와 식료품들을 보호하는 것으로 알려진 집안의 신들. 로마 전역에 걸쳐서 숭배되었다.

Pentateuch(모세 오경): "다섯 두루마리"라는 의미의 그리스어. 토라 또는 모세의 율법으로도 알려진 히브리 성서의 첫 다섯 권을 가리킴.

Pentecost(오순절): 50을 뜻하는 그리스어(pentakosia)에서 유래한 말로 유월절 축제 후 50일째 되는 농업 관련 축제일.

Perpetua(페르페투아): 북아프리카 카르타고의 상류층 그리스도교 여성. 203년에 노예 펠리키타스와 함께 야수들에게 던져져 순교했다. 페르페투아가 쓴 것으로 전해진 일기를 포함, 그들의 순교에 관한 이야기들이 전해진다.

Pesher(페셔): 고대 유대인의 성서 해석 방식. 사해 두루마리의 주석에서 흔히 사용되었는데, 한 텍스트가 당시의 사람이나 사건들에서 어떻게 성취되었는지 설명했다.

Pharisees(바리사이파): 마카베오 시대에 형성된 것으로 보이는 유대교 종파로서 토라에 명시된 정결례를 엄격히 준수했다. 'Mishnah(미슈나)' 항목 참고.

Philo(필론): 1세기 알렉산드리아 이집트에 살았던 유명한 유대인 철학자로 유대교 성서가 그리스 철학의 통찰과 완전히 부합한다고 보고 그에 따라 유대교 성서를 해석하려 했다.

Philosophy(철학): 신약의 로마 세계에서 철학(말 그대로 '지혜의 사랑'을 의미)은 올바른 행동과 올바른 사고를 통해 개인의 행복을 증진시키기 위해 세상과 그 안의 인간의 위치를 이해하려는 시도였다. 당시 선도적인 철학 학파들로는 에피쿠로스파, 플라톤주의, 스토아학파 그리고 견유학파가 있었다.

Plato(플라톤): 기원전 4세기의 유명한 그리스 철학자. 그의 사상—물질과 정신의 영역 사이의 긴장을 포함하여—은 교회 초기 수 세기 동안 그리스도교 사상가들에게 영향을 미쳤다.

Pliny the Younger(소 플리니우스우스): 기원전 2세기 초에 비티니아-폰투스 속주를 통치했던 로마 귀족으로 트라야누스 황제와의 서신 교환에 이교도 자료로는 최초로 그리스도교에 대한 언급을 남겼다.

Plutarch(플루타르코스): 2세기(46–120년)의 유명한 철학자, 역사가, 전기 작가로 특히 도덕 철학과 유명한 그리스, 로마인들에 대해 쓴 전기들로 잘 알려져 있다.

Polycarp(폴뤼카르포스): 2세기 전반 스미르나의 감독이자 초기 원정통파 지도자 중 가장 유명한 인물의 하나이다. 이그나티우스가 그에게 쓴 편지 외에도 그가 필리피 교회에 쓴 편지와 155년경 스미르나에 있는 경기장에서 그가 순교한 것에 대한 목격담이 남아 있다.

Polytheism(다신교): 많은 신들이 있다는 믿음으로 모든 고대 이교도 종교들의 중심이 되는 생각이었다.

Pontius Pilate(폰티우스 필라투스): 26-36년까지 유대 총독을 역임했으며 예수의 십자가 처형을 명령한 로마 귀족.

Presbyter(장로): '원로'를 의미하는 그리스 단어. 이 용어는 나이 든 남성들뿐만 아니라 영적인 분야를 관장하는 교회의 지도자들에게도 적용되었고, 최종적으로 수석 장로는 '감독자(Overseer, 즉 주교bishop)'로 알려지게 되었다.

Prescript(편지의 서문): 일반적으로 편지를 보내는 사람 및 수신인의 이름, 인사말 그리고 종종 기도나 건강을 기원하는 말을 포함하는 편지의 공식적인 서문.

Prophe(예언자): 고대 이스라엘 종교에서 예언자는 하느님의 말씀을 백성에게 전하는 사람이었고, 후에는 하느님의 말씀을 문학적 서술로 표현한 작가(이사야와 예레미야 같은 예언자들)를 일컫는 용어가 되었다. 현재의 그리스도교에서는 공동체의 예배에서, 때로는 황홀한 상태에서 하느님의 메시지를 말하는 사람들이다.

Proto-orthodox Christianity(원정통파 그리스도교): 2세기와 3세기의 일부 그리스도교인들(교부들을 포함하여)이 지지한 그리스도교의 한 형태로 4세기 이후 에비온파와 마르키온주의자 그리고 영지주의자들 같은 집단에 반대하여 주도권을 장악한 후 자신들의 교리를 '정통'이라고 선언했다.

Pseudepigrapha(위서, 위작): 그리스어에서 온 것으로 '허위 글'을 의미하며 흔히 고대에 쓰인, 정경에 포함되지 못한 유대교와 그리스도교 문헌들로 이들 중 다수는 가명으로 쓰였다.

Pseudonymity(가명, 익명으로 글쓰기): 가명으로 글을 쓰는 관습은 고대부터 이교도, 유대교, 그리스도교의 많은 글들에서 뚜렷하게 나타난다.

Q(Q 자료): 독일어 '자료'라는 의미의 'Quelle'에서 나온 말. 주로 마태오의 복음서와 루카의 복음서가 공유하는 어록 자료로 문서는 더 이상 존재하지 않지만 마태오의 복음서와 루카의 복음서를 기반으로 재구성할 수 있다.

Qumran(쿰란): 1946년에 사해 두루마리가 발견된 사해의 북서쪽 연안. 분명 두루마리를 그들의 장서의 일부로 사용하던 에세네파의 고향일 것이다.

Redaction criticism(편집 비평): 저자들이 자신의 기득권과 관심을 고려하여 어떻게 자료를 수정(즉, 편집)하거나 변경했는지를 연구하는 것.

Resident Aliens(거주 이방인): 로마 제국에서 원래 고향이 아닌 곳, 시민으로서의 혜택을 받지 못하는 곳에 영주하던 사람들.

Resurrection(부활): 원래 종말론적 유대교 내에서 생긴 이 교리는 현 세상이 끝날 때 이미 죽은 사람들이 심판을 받기 위해 다시 살아날 것이라고 주장했다. 초기 그리스도교인들은 예수가 살아났다고 믿었고, 따라서 세상의 종말이 이미 시작되었다고 결론지었다('Firstfruits of the Resurrection[부활의 만물]' 참고). 그리스도교 종말론에서는 부활한 후에 받게 될 보상과 처벌이 그리스도와의 관계, 즉 그를 믿느냐, 안 믿느냐에 달려 있다고 믿었다.

Rhetoric(수사학): 설득의 기술. 그리스-로마 세계에서 수사학은 주장을 구성하고 분석하는 훈련이었고 고등교육의 주요 과목이었다.

Roman Empire(로마 제국): 기원전 27년 카이사르 아우구스투스를 시작으로 로마가 정복하고 로마 황제가 통치한 모든 땅. 그 이전에는 로마는 원로원이 통치하는 공화국이었다.(Box 3.3 참고)

Sadducees(사두가이파): 사원 종교와 그것을 관장했던 유대 사제들과 연관된 유대 당파. 주로 유대의 귀족으로 구성되었고 당파의 지도자인 대사제는 최고위 유대 지방 관리이자 로마 총독과의 연락책 역할을 수행했다.

Samaritans(사마리아인): 갈릴래아와 유대 사이에 위치한 사마리아 지역 주민들. 일부 유대인들은 그들이 신약 시대 이전 수세기 전에 이교도 민족들과 통혼을 했다는 이유로 그들을 배교자와 혼혈로 여겼다.

Sanhedrin(산헤드린): 대사제가 주재하는 유대인 지도자 협의회. 종교와 정책 문제에 대해 자문 역할을 했다.

Scribes, Christian(그리스도교 필사가들): 신성한 경전의 복사본을 만들던 교육받은 그리스도교인들.

Scribes, Jewish(유대 서기관들): 고도의 교육을 받은 그리스-로마 시대의 유대 율법 전문가들(아마도 복사본 담당자).

Scriptio Continua(연속 문자): 단어를 구분하기 위한 띄어쓰기를 하지 않았던 고대의 글쓰기 방식.

Secessionists(분리주의자): 요한의 첫째 편지의 저자에 따르면, 요한 공동체의 구성원들은 자신들만의 공동체를 형성하고 그들의 공동체를 세상으로부터 '분리했다.'(즉 떠났다) 요한의 첫째 편지는 이들을 가현론을 받아들여서 그리스도가 온전한 인간임을 인정하지 않는 "적그리스도"라고 부른다.

Self-definition(자기 정의): 사회과학에서 사용되는 용어로서 한 사회집단이 자신들을 한 집단으로 묶고 외부인들과 구별하기 위해 신념, 의례, 관행, 세계관, 경험 등을 공유하는 것.

Seneca(세네카): 기원전 1세기 후반의 가장 위대한 로마 철학자. 네로가 어렸을 때 가정교사였고 후에 사도 바울로와 장기간 서신 왕래를 한 것으로 여겨졌다.

Sepphoris(세포리스): 예수의 고향 나사렛에서 4마일밖에 떨어지지 않은 갈릴래아의 두 그리스풍 도시 중 하나. 학자들은 예수가 세포리스 문화의 영향을 받았는지, 실제로 그곳에 갔는지에 대해 논쟁을 벌이고 있다.

Septuagint(70인역): 히브리 성서를 그리스어로 번역한 것. 70명(라틴어로 septuaginta)의 유대 학자들이 만들었다는 전승 때문에 그런 이름이 붙여졌다.

Sermon on the Mount(산상 수훈): 마태오의 복음서 5-7장에

서만 발견되는데, 예수의 가장 잘 알려진 많은 명언들(마태오의 복음서에 나온 형태의 팔복, 반대 명제들, 주의 기도 등)이 들어 있다.

Sethians(세트파): 2세기와 3세기 자료들을 통해 알려진 저명한 영지주의 집단으로, 어떻게 개인들의 영혼이 이 세상에 갇히게 되었는지 그리고 어떻게 영지를 얻음으로써 그들이 이곳을 탈출할 수 있을지를 설명하기 위해 신령한 영역과 물질세계의 탄생에 대한 복잡한 신화를 들려주었다. 'Gnosticism(영지주의)', 'Valentinians(발렌티누스파)' 항목 참고.

Sicarii(시카리): 라틴어로 '단검을 지닌 사람'이라는 뜻. 로마인과 협력한 것으로 생각되는 유대인 귀족들을 암살하던 1세기 유대인들의 집단. 'Fourth Philosophy(제4철학)' 항목 참고.

Signs Source(표징 자료): 현재 남아 있지 않지만 많은 학자들은 이 자료가 제4복음에서 예수의 사역을 보여주는 자료들 중 하나로 사용되었다고 여겨왔다. 예수의 기적적인 행적에 관한 많은 이야기들을 담고 있는 것으로 추정된다.

Simon Magus(시몬 마구스): 사도행전 8장에 처음 나오는 신비한 인물(여기에서는 시몬이라고만 나옴)로 마법을 부릴 수 있었고(그래서 마구스라는 별명을 가지고 있었음) 추종자들을 얻기 위해 사도들과 경쟁했다고 여겨진다. 후대의 그리스도교인들은 시몬 마구스가 사도들로부터 개종자들을 빼앗아 오기 위해서 마법을 부림으로써 사람들에게 자신의 힘을 과시했다고 주장했다. 외경 텍스트인 베드로 행전은 베드로와 시몬 마구스 사이에 벌어진 일련의 대결에 대해 서술하고 있다(물론 베드로가 이긴다). 2세기부터 그리스도교 이단 사냥꾼들은 시몬 마구스가 최초의 영지주의자라고 주장했다.

Socio-historical Method(사회-역사적 방법): 원문 뒤에 놓여 있는 공동체의 사회사를 재구성하기 위해 문학 텍스트를 연구하는 방법.

Songs of the Suffering Servant(고난받는 종의 노래): 이사야서 40-55장에 나오는 네 편의 시 또는 노래. 예언자가 하느님의 백성을 위해 고난받는 '주의 종'에 대해 말하는 내용이다. 유대인 주석가들은 대개 그가 바빌론으로 추방된 유대인들을 지칭하는 것으로 이해했지만 후대의 그리스도교인들은 고통받는 메시아인 예수를 지칭한다고 주장했다("메시아"라는 용어는 이 구절들에서는 사용되지 않는다).

Son of God(하느님의 아들): 대부분의 그리스-로마 세계에서 이 명칭은 신에게 태어난 사람으로서 기적적인 행위를 하거나 초인적인 가르침을 전할 수 있었다. 유대인들 사이에서는 고대 유대 왕들을 포함, 이스라엘의 하느님과 특별한 관계에 서도록 선택된 사람들을 가리켰다.

Son of Man(사람의 아들): 현대 학자들 사이에서 그 의미를 둘러싸고 논쟁이 벌어지고 있는 용어. 몇몇 고대 종말론 문헌에서는 말세에 하늘에서 보내질 우주적 심판관을 지칭하기 위해 사용되었다.

Sophia(소피아): 영지주의 신화에서, 신성한 영역에서 떨어진 마지막 여성 아이온으로, 그녀가 갇히게 되는 물질세계를 창조한 데미우르고스(이알다바오트)의 탄생을 초래했다.

Stoics(스토아학파): 사람들에게 세상이 돌아가는 방식을 이해하고 그것에 따라 살 것을 촉구한 그리스-로마 시대 철학자들. 자신 밖의 어떤 것도 내면의 행복에 영향을 미치게 해서는 안 된다고 주장했다.

Suetonius(수에토니우스): 여러 권으로 이루어진 로마 황제들의 전기인 『열두 명의 카이사르』를 쓴 것으로 유명한 2세기 초의 로마 역사가.

Superapostles(큰 사도들): 코린토스인들에게 보낸 첫째 편지 2장에 나오는 수사적으로 능숙하고 놀라운 행위들을 할 수 있었던 바울로의 반대파들. 자신들의 놀라운 능력은 바울로가 아니라 자신들이 그리스도의 진정한 대표자임을 증명한다고 주장했다.

Superstition(미신): 고대 세계에서는 고등교육을 받은 상류층에게 미신은 신에 대한 지나친 두려움, 신들의 기분을 상하게 하지 않으려고 과하게 세심한 태도를 취하는 것으로 이해되었다.

Synagogue(회당): 유대인의 예배와 기도 장소. '함께 데려와진'이라는 뜻의 그리스어에서 유래한 명칭.

Synoptic Gospels(공관복음서): 마태오의 복음서, 마르코의 복음서, 루카의 복음서의 이야기들은 많은 부분이 서로 중첩해서 나란히 놓아두고 '함께 들여다볼 수 있다'("공관共觀"이라는 단어의 의미).

Synoptic Problem(공관복음서 문제): 세 공관복음서의 유사점과 차이점을 설명하는 문제. 'Markan Priority(마르코의 복음서 우선설)', 'Q(Q 자료)' 항목 참고.

Tacitus(타키투스): 2세기 초의 로마 역사가. 여러 권으로 이루어진 『로마 연대기』를 통해 로마의 시작부터 그의 시대까지 로마 역사에 대한 상당한 정보를 제공했다.

Talmud(탈무드): "미슈나"와 "게마라"라고 불리는, 미슈나에 나중에 붙여진 주석으로 구성된 고대 유대 전승 모음집. 탈무드는 두 가지가 있는데 하나는 5세기 초 팔레스티나에서 만들어졌고 다른 하나는 아마도 1세기 후 바빌론에서 만들어졌다. 바빌론에서 만들어진 탈무드가 일반적으로 더 권위 있는 것으로 여겨진다.

Tarsus(타르소스): 사도행전에 의하면 사도 바울로의 고향이었던 소아시아(오늘날의 튀르키예)의 도시. 이 도시는 로마 제국의 위대한 철학 중심지 중 하나로 알려져 있어 일부 학자들은 루카가 바울로의 위상을 높이기 위해 그 둘을 연관시킨 것이 아닌가 의심하고 있다.

Temple(신전): 이교도 사회에서 신전은 하나 이상의 신성한 존재에게 정해진 종교적 절차에 따라 희생물이 바쳐질 수 있는 신성한 장소였다. 유대교에는 오직 하나의 정당한 신전이 있었는데, 예루살렘에 있던 신전은 거룩한 성소와 하느님의 지상 임재의 장소인 지성소가 있는 복합 건물이었다.

Tertullian(테르툴리아누스): 2세기 후반과 3세기 초에 활동했던 탁월하고 신랄한 그리스도교 작가. 북아프리카 출신으로 라틴어로 글을 쓴 가장 잘 알려진 초기 그리스도교 변증가들 중 한 명이다.

Textual Criticism(본문 비평): 남아 있는 원고를 바탕으로 원래의 원문을 밝히려는 학문.

Thecla(테클라): 바울로의 (전설적인) 여제자로, 그녀의 모험은 2세기의 소설 같은 작품인『바울로와 테클라 행전』에 서술되어 있다.

Thematic Method(주제 연구 방법): 저자가 가장 강조하는 것들을 이해하기 위해 텍스트의 중요한 사상이나 주제를 찾아내고 본문에서 그것들이 어떻게 전개되는지를 살펴보며 연구하는 방법.

Theophilus(테오필로스): '루카'가 쓴 루카의 복음서와 사도행전 두 권 모두의 수신인. 학자들은 테오필로스가 로마의 고위 관리였을지, 혹은 상징적인 이름이었을지에 대해 논쟁한다. 문자 그대로는 '하느님이 사랑하는 자' 또는 '하느님을 사랑하는 자'를 의미한다. 상징적인 이름이었다면 테오필로스는 저자가 그의 편지의 대상으로 의도한 그리스도교인 개인들이나 공동체를 지칭했을 것이다.

Theudas(테우다스): (1) 요세푸스가 언급한 1세기 유대 종말론적 예언자. 그는 요르단 강이 갈라지는 것과 선택된 사람들에 의해 약속된 땅의 수복을 예언했다. (2) 초기 영지주의 그리스도교인으로, 바울로의 제자이자 발렌티누스의 스승으로 알려져 있다.

Thucydides(투키디데스): 기원전 5세기 아테네의 역사가로, 아테네와 스파르타 사이에서 27여 년간 벌어진 펠로폰네소스 전쟁 기록으로 유명하다. 그 이후의 다른 그리스 역사학자들도 마찬가지지만 투키디데스의 기록에는 많은 연설들이 포함되어 있는데, 그가 상황에 맞춰 작성한 것들이었다(신약의 사도행전에 나오는 설교들 참고).

Tiberius(티베리우스): 카이사르 아우구스투스의 뒤를 이은 두 번째 로마 황제(14-37년 통치). 예수가 폰티우스 필라투스에 의해 십자가에 못 박힌 것은 그가 재위에 있을 때였다.

Torah(토라): '지도' 또는 '방향'을 뜻하는 히브리어 단어지만, 보통 '법'이라고 번역된다. 전문 용어로서는 모세에게 주어진 하느님의 율법 또는 모세가 썼다고 여겨지는 유대교 성서의 첫 다섯 권인 창세기, 출애굽기, 레위기, 민수기, 신명기를 가리킨다.

Tradition(전승): 한 사람에게서 다른 사람에게 전해져 내려오는 모든 교리, 생각, 관행 또는 관습.

Trajan(트라야누스): 98-117년까지 통치한 로마 황제, 소 플리니우스와의 서신으로 알려져 있다.

Two Ways(두 갈래 길): 디다케와 바르나바 서신에서 발견된 교리로서 사람들은 삶(또는 빛)의 길과 죽음(또는 어둠)의 길, 두 가지 중에서 하나를 선택해야 한다는 것.

Undisputed Pauline Epistles(논쟁의 여지가 없는 바울로 서신): 로마인들에게 보낸 편지, 코린토스인들에게 보낸 첫째, 둘째 편지, 필리피인들에게 보낸 편지, 테살로니카인들에게 보낸 첫째 편지, 필레몬에게 보낸 편지―대부분의 학자들이 바울로가 썼다고 인정하는 편지들. 'Deutero-Pauline Epistles(제2바울로 서신)', 'Pastoral Epistles(목회 서신)' 항목 참고.

Valentinians(발렌티누스파): 2, 3세기 영지주의자들로, 발렌티누스의 가르침과 세트파의 신화와 비견되는 일련의 신화들을 믿었지만 원정통파의 믿음을 더욱 따랐고 교회에서 일반 그리스도교인들과 구별하기 어려운 신앙생활을 했다. 'Gnosticism(영지주의)', 'Sethians(세트파)', 'Valentinus(발렌티누스)' 항목 참고.

Valentinus(발렌티누스): 자신의 지적 계보가 스승 테우다스를 통해 사도 바울로까지 이어진다고 주장한 2세기 영지주의 그리스도교인.

Vicarious Suffering(대속): 어떤 사람을 대신하여, 혹은 그를 위해 다른 사람이 고난을 당하는 것.

"We" Passages("우리" 구절): 사도행전에 나오는 네 군데 구절로 바울로와 그의 동료들이 하는 일을 삼인칭(그들) 주어로 설명하다가 갑자기 "우리"라는 주어로 바꾸어 설명한다. 일부 학자들은 이것이 루카의 복음서, 사도행전의 저자가 바울로의 선교 여행 동반자였다는 증거라고 생각하지만 다른 학자들은 이 구절들을 루카의 복음서, 사도행전의 저자가 (마르코의 복음서나 Q 자료를 자신의 복음을 위해 이용했듯이) 다른 여행기를 자신의 글의 자료로 삼았다는 증거로 받아들인다.

Zealots(열심당): 66-70년 로마에 대항하여 반란이 벌어지는 동안 예루살렘으로 도망간 갈릴래아 유대인들의 집단으로, 그들은 예루살렘을 지배한 귀족 체제를 전복시켰고 최후까지 폭력적인 저항을 벌였다. 'Fourth Philosophy(제4철학)' 항목 참고.

참고 문헌

Aland, Kurt, and Barbara Aland. *The Text of the New Testament: An Introduction to the Critical Editions and to the Theory and Practice of Modern Textual Criticism.* 2nd rev. ed. Translated by Erroll F. Rhodes. Grand Rapids, MI: Eerdmans, 2007.

Allison, Dale C. *Jesus of Nazareth: Millenarian Prophet.* Minneapolis, MN: Fortress, 1998.

―――――. *The New Moses: A Matthew Typology.* Minneapolis, MN: Fortress, 1993.

―――――. *The Jesus Tradition in Q.* Harrisburg, PA: Trinity Press International, 1997.

Ashton, John. *Understanding the Fourth Gospel,* 2nd ed. New York: Oxford University Press, 2007.

Aslan, Reza. *Zealot: The Life and Times of Jesus of Nazareth.* New York: Random House, 2013.

Aune, David. *The New Testament in Its Literary Environment.* Philadelphia: Westminster, 1987.

Bailey, Randall C., Tat-siong Benny Liew, and Fernando F. Segovia, eds. *They Were All Together in One Place? Toward Minority Biblical Criticism.* Atlanta, GA: Society of Biblical Literature, 2009.

Baron, Naomi. *Words Onscreen: The Fate of Reading in a Digital World.* New York: Oxford University Press, 2015.

Barrett, C. K., ed. *The New Testament Background: Selected Documents.* Rev. and expanded ed. San Francisco: HarperOne, 1995.

Batten, Alicia J. *What Are They Saying About the Letter of James?* New York: Paulist Press, 2009.

Bauckham, Richard. *Jude and the Relatives of Jesus in the Early Church.* Edinburgh, Scotland: T & T Clark, 1990.

Bauer, Walter. *Orthodoxy and Heresy in Earliest Christianity.* Trans. Robert Kraft et al. Ed. Robert Kraft and Gerhard Krodel. Philadelphia: Fortress, 1971.

Beard, Mary, John North, and Simon Price. *Religions of Rome.* Vol. 2, *A Sourcebook.* Cambridge: Cambridge University Press, 1998.

Beard, Mary, John North, and Simon Price. *Religions of Rome.* Vol. 1, *A History.* Cambridge: Cambridge University Press, 1998.

Beker, Adam, and Annette Yoshiko Reed. *The Ways That Never Parted: Jews and Christians in Late Antiquity and the Early Middle Ages.* Minneapolis, MN: Fortress Press, 2007.

Beker, J. Christiaan. *Paul the Apostle: The Triumph of God in Life and Thought.* Philadelphia: Fortress, 1980.

―――――. *The Heirs of Paul: Paul's Legacy in the New Testament and in the Church Today.* Philadelphia, PA: Fortress, 1991.

Bousset, Wilhelm. *Kurios Christos: A History of the Belief in Christ from the Beginnings of Christianity to Irenaeus.* Translated by John E. Steely. New York: Abingdon, 1970.

Boyarin, Daniel. *Borderlines: The Partition of Judeo-Christianity.* Philadelphia: University of Pennsylvania Press, 2006.

Brakke, David. *The Gnostics: Myth, Ritual, and Diversity in Early Christianity.* Cambridge, MA: Harvard University Press, 2010.

Brooten, Bernadette J. *Women Leaders in the Ancient Synagogue: Inscriptional Evidence and Background Issues.* Chico, CA: Scholars Press, 1982.

Brown, Raymond. *The Birth of the Messiah: A Commentary on the Infancy Narratives in Matthew and Luke.* Updated ed. Garden City, NY: Doubleday, 1999.

_____. *The Community of the Beloved Disciple.* New York: Paulist, 1979.

_____. *The Death of the Messiah: From Gethsemane to the Grave.* 2 vols. London: Doubleday, 1994.

_____. *An Introduction to New Testament Christology.* New York: Paulist Press, 1994.

Bruce, F. F. *Apostle of the Heart Set Free.* Grand Rapids, MI: Eerdmans, 1977.

Buell, Denise Kimber. *Why This New Race: Ethnic Reasoning in Early Christianity.* New York: Columbia University Press, 2005.

Burke, Tony. *Secret Scriptures Revealed: A New Introduction to the Christian Apocrypha.* Grand Rapids, MI: Eerdmans, 2013.

Burke, Tony and Brent Landau. *New Testament Apocrypha: More Non-Canonical Scriptures.* Grand Rapids, MI: Eerdmans, 2016.

Burridge, Richard. *What Are the Gospels? A Comparison with Greco-Roman Biography,* 2nd ed. Grand Rapids, MI: Eerdmans, 2004.

Cadbury, H. J. *The Making of Luke-Acts.* 2nd ed. London: SPCK, 1968.

Carroll, John T. *Jesus and the Gospels.* Louisville, KY: Westminster John Knox, 2016.

Carter, Warren. *What Are They Saying About Matthew's Sermon on the Mount?* New York: Paulist, 1994.

Cartlidge, David R., and David L. Dungan, eds. *Documents and Images for the Study of the Gospels,* 3rd ed. Minneapolis: Fortress, 2015.

Charlesworth, James H., ed. *The Old Testament Pseudepigrapha.* 2 vols. Garden City, NY: Doubleday, 1983, 1985.

Chester, Andrew, and Ralph Martin. *The Theology of the Letters of James, Peter, and Jude.* Cambridge: Cambridge University Press, 1994.

Clivaz, Claire, ed. *Digital Humanities in Biblical, Early Jewish, and Early Christian Studies.* Leiden, Netherlands: E. J. Brill, 2013.

Cobb, L. Stephanie. *Dying to Be Men: Gender and Language in Early Christian Martyr Texts.* New York: Columbia University Press, 2008.

_____. *Divine Deliverance: Pain and Painlessness in Early Christian Martyr Texts.* Berkeley: University of California Press, 2016.

Cohen, Shaye. *From the Maccabees to the Mishnah,* 3rd ed. Philadelphia: Westminster Press, 2014.

Collins, Adela Yarbro. *Crisis and Catharsis: The Power of the Apocalypse.* Philadelphia, PA: Westminster, 1984.

Collins, John. *The Apocalyptic Imagination: An Introduction to the Matrix of Christianity,* 2nd ed. New York: Crossroad, 1998.

Collins, John J., and Daniel C. Harlow. *The Eerdmans Dictionary of Early Judaism.* Grand Rapids, MI: Eerdmans, 2010.

Collins, John J., ed. *Apocalypse: The Morphology of a Genre.* In *Semeia,* vol. 14. Missoula, MT: Scholars Press, 1979.

Collins, John J., Stephen Stein, and Bernard McGinn. *The Encyclopedia of Apocalypticism.* Vol. 1, *The Origins of Apocalypticism in Judaism and Christianity.* New York: Continuum, 1998.

Cone, James. *God of the Oppressed,* rev. ed. Maryknoll, NY: Orbis, 1997.

Conzelmann, Hans. *The Theology of St. Luke.* New York: Harper & Row, 1960.

Crenshaw, Kimberle et al., eds. *Critical Race Theory: The Key Writings That Formed the Movement.* New York: New Press, 1995.

Crossan, John Dominic. *Four Other Gospels: Shadows on the Contours of the Canon.* Minneapolis, MN: Winston Press, 1987.

_____. *Jesus: A Revolutionary Biography.* San Francisco: HarperSanFrancisco, 1994.

_____. *The Historical Jesus: The Life of a Mediterranean Jewish Peasant.* San Francisco: Harper San Francisco, 1991.

Culpepper, Alan. *The Anatomy of the Fourth Gospel: A Study in Literary Design.* Philadelphia: Fortress, 1983.

Davies, Stevan. *The Revolt of the Widows: The Social World of the Apocryphal Acts.* Carbondale: Southern Illinois University Press, 1980.

DeConick, April. *The Thirteenth Apostle: What the Gospel of Judas Really Says.* London: Continuum, 2007.

Delgado, Richard, and Jean Stefancic, eds. *Critical Race Theory: The Cutting Edge,* 2nd ed. Philadelphia, PA: Temple University Press, 2000.

Denzy Lewis, Nicola. I*ntroduction to "Gnosticism": Ancient Voices, Christian Worlds.* New York: Oxford University Press, 2013.

Dibelius, Martin. *From Tradition to Gospel.* Translated by B. L. Woolf. New York: Scribner, 1934.

Donelson, L. R. *Pseudepigraphy and Ethical Argument in the Pastoral Epistles.* Tubingen, Germany: Mohr/Siebeck, 1986.

Donfried, Karl P., ed. *The Romans Debate,* 2nd ed. Peabody, MA: Hendrikson, 1991.

Dunn, James D. G. *Christology in the Making: A New Testament Inquiry into the Origins of the Doctrine of the Incarnation,* 2nd ed. Philadelphia: Westminster, 1996.

_____. *Unity and Diversity in the New Testament: An Inquiry into the Character of Earliest Christianity,* 3rd ed. London: SCM Press, 2006.

_____. *The Theology of Paul the Apostle.* Grand Rapids, MI: Eerdmans, 1998.

Edwards, Richard A. *Matthew's Story of Jesus.* Philadelphia: Fortress, 1985.

Ehrman, Bart D. *Did Jesus Exist? The Historical Argument for Jesus of Nazareth.* San Francisco: HarperOne, 2012.

_____. *Forged: Writing in the Name of God— Why the Biblical Authors Are Not Who We Think They Are.* San Francisco: Harper One, 2010.

_____. *How Jesus Became God: The Exaltation of a Jewish Preacher from Galilee.* San Francisco: HarperOne, 2014.

_____. *Jesus: Apocalyptic Prophet of the New Millennium.* New York: Oxford University Press, 1999.

_____. *Jesus Before the Gospels: How the Earliest Christians Remembered, Changed, and Invented their Stories of the Savior* (San Francisco: Harper One, 2016).

_____. *Lost Christianities: The Battles for Scripture and the Faiths We Never Knew.* New York: Oxford University Press, 2003.

_____. *Lost Scriptures: Books That Did Not Make It into the New Testament.* New York: Oxford University Press, 2003.

_____. *Misquoting Jesus: The Story Behind Who Changed the Bible and Why.* San Francisco: Harper San-Francisco, 2005.

_____. *The Lost Gospel of Judas Iscariot: A New Look at Betrayer and Betrayed.* New York: Oxford University Press, 2006.

_____. *The New Testament and Other Early Christian Writings,* 2nd ed. New York: Oxford, 2003.

_____. *The Orthodox Corruption of Scripture: The Effect of Early Christological Controversies on the Text of the New Testament.* 2nd ed. New York: Oxford University Press, 2011.

_____. *The Triumph of Christianity: How a Forbidden Religion Swept the World.* New York: Simon & Schuster, 2017.

Ehrman, Bart D., and Michael W. Holmes. *The Text of the New Testament in Contemporary Research: Essays on the Status Questionis,* 2nd ed. Leiden, Netherlands: Brill, 2013.

Ehrman, Bart D., and Zlatko Plese, eds. *The Other Gospels: Accounts of Jesus from Outside the New Testament.* New York: Oxford University Press, 2014.

Elliott, J. H. *A Home for the Homeless: A Sociological Exegesis of 1 Peter, Its Situation, and Strategy.* Philadelphia, PA: Fortress, 1981.

Elliott, J. K. *The Apocryphal Jesus: Legends of the Early Church.* New York: Oxford University Press, 1996.

_____. *The Apocryphal New Testament: A Collection of Apocryphal Christian Literature in an English Translation.* Oxford: Clarendon, 1993.

Elliott, Neil, and Mark Reasoner. *Documents and Images for the Study of Paul.* Minneapolis, MN: Fortress Press, 2011.

Esler, Philip F. *Community and Gospel in Luke-Acts: The Social and Political Motivations of Lucan Theology.* Cambridge: Cambridge University Press, 1987.

Farmer, William. *The Synoptic Problem: A Critical Analysis.* New York: Macmillan, 1964.

Foster, Paul, ed. *The Non-canonical Gospels.* London: T&T Clark, 2007.

Fredriksen, Paula. *From Jesus to Christ: The Origins of the New Testament Images of Jesus,* 2nd ed. New Haven, CT: Yale University Press, 2000.

Fredriksen, Paula. *Jesus of Nazareth, King of the Jews: A Jewish Life and the Emergence of Christianity.* New York: Knopf, 1999.

Frend, W. H. C. *Martyrdom and Persecution in the Early Church.* Oxford: Blackwell, 1965.

Furnish, Victor Paul. *Jesus According to Paul.* Cambridge: Cambridge University Press, 1993.

Gager, John G. *Reinventing Paul.* New York: Oxford University Press, 2000.

———. *The Origins of Anti-Semitism.* Oxford: Oxford University Press, 1983.

Gamble, Harry. *The New Testament Canon: Its Making and Meaning.* Philadelphia: Fortress, 1985.

Gaston, Lloyd. *Paul and the Torah.* Vancouver: University of British Columbia Press, 1987.

Gerhardsson, Birger. *Manuscript and Memory: Oral Tradition and Written Transmission in Rabbinic Judaism and Early Christianity.* Rev. ed. Grand Rapids, MI: Eerdmans, 1998.

Goodacre, Mark. *The Case Against Q: Studies in Markan Priority and the Synoptic Problem.* Harrisburg, PA: Trinity Press International, 2002.

———. *The Synoptic Problem: A Way Through the Maze.* London: Sheffield Academic Press, 2001.

———. *Thomas and the Gospels.* Grand Rapids, MI: Eerdmans, 2012.

Gowler, David. *What Are They Saying about the Historical Jesus?* Mahwah, NJ: Paulist Press, 2007.

Green, Joel et al., eds. *Dictionary of Jesus and the Gospels,* 2nd ed. Downers Grove, IL: Intervarsity Press, 2013.

Green, Joel. *Methods for Luke.* New York: Cambridge University Press, 2011.

Guest, Deryn et al., eds. *The Queer Bible Commentary.* London: SCM Press, 2006.

Gutierrez, Gustavo. *A Theology of Liberation: History, Politics, and Salvation.* Maryknoll, NY: Orbis, 1971.

Harding, Mark. *What Are They Saying about the Pastoral Epistles?* Mahwah, NJ: Paulist Press, 2001.

Harnack, Adolph von. *Marcion: The Gospel of the Alien God.* Trans. John E. Steely and Lyle D. Bierma. Durham, NC: Labyrinth Press, 1990.

Harrill, Albert. *Paul the Apostle: His Life and Legacy in Their Roman Context.* Cambridge: Cambridge University Press, 2012.

Harrington, Daniel. *What Are They Saying About Mark?* New York: Paulist Press, 2005.

———. *What Are They Saying About the Letter to the Hebrews?* New York: Paulist Press, 2005.

Harris, William V. *Ancient Literacy.* Cambridge, MA: Harvard University Press, 1989.

Harrison, P. N. *The Problem of the Pastoral Epistles.* Oxford: Humphrey Milford, 1921.

Hawthorne, Gerald, and Ralph Martin. *Dictionary of Paul and His Letters.* Downers Grove, IL: Intervarsity, 1993.

Hengel, Martin. *Acts and the History of Earliest Christianity.* Translated by J. Bowden. Philadelphia: Fortress, 1980.

———. *Between Jesus and Paul: Studies in the Earliest History of Christianity.* Translated by J. Bowden. Philadelphia: Fortress, 1983.

Hezser, Catherine. *Jewish Literacy in Roman Palestine.* Tubingen, Germany: Mohr Siebeck, 2001.

Hock, Ronald. *The Social Context of Paul's Ministry: Tentmaking and Apostleship.* Philadelphia: Fortress, 1980.

Hooker, Morna Dorothy. *Paul: A Short Introduction.* Oxford: Oneworld, 2003.

———. *The Message of Mark.* London: Epworth, 1983.

Hornsby, Teresa, and Ken Stone, eds. *Bible Trouble: Queer Reading at the Boundaries of Biblical Scholarship.* Atlanta, GA: Society of Biblical Literature, 2011.

Horsley, Richard A. *Jesus and the Spiral of Violence: Popular Jewish Resistance in Roman Palestine.* Minneapolis, MN: Fortress, 1993.

Horsley, Richard A., and John S. Hanson. *Bandits, Prophets, and Messiahs: Popular Movements at the Time of Jesus.* Minneapolis, MN: Winston Press, 1985.

Howatson, M. C., ed. *Oxford Companion to Classical Literature,* 3rd ed. Oxford: Oxford University Press, 2011.

Hull, Robert. *The Story of the New Testament Text: Movers, Materials, Motives, Methods, and Models.* Atlanta, GA: Society of Biblical Literature, 2010.

Hultgren, Arland J. *The Rise of Normative Christianity.* Minneapolis, MN: Fortress, 1994.

Hurtado, Larry. *Lord Jesus Christ: Devotion to Jesus in Earliest Christianity.* Grand Rapids, MI: Eerdmans, 2003.

_____. *One God, One Lord: Early Christian Devotion and Ancient Jewish Monotheism,* 2nd ed. London: T&T Clark, 2005.

Jefford, Clayton N. *Reading the Apostolic Fathers: A Student's Introduction,* 2nd ed. Grand Rapids, MI: Baker Book House, 2012.

Juel, Donald. *Luke-Acts: The Promise of History.* Atlanta, GA: John Knox, 1983.

Kasser, Rodolphe, Marvin Meyer, and Gragor Wurst, eds. *The Gospel of Judas.* Washington, DC: National Geographic Society, 2006.

Keck, Leander E., and J. Louis Martyn, eds. *Studies in Luke-Acts.* Nashville, TN: Abingdon, 1966.

King, Karen. *What Is Gnosticism?* Cambridge, MA: Harvard University Press, 2003.

Kingsbury, Jack D. *The Christology of Mark's Gospel.* Philadelphia: Fortress, 1983.

Klauck, Hans-Josef. *Ancient Letters and the New Testament.* Waco TX: Baylor University Press, 2006.

Klijn, A. F. J. *Jewish-Christian Gospel Tradition.* Leiden, Netherlands: E. J. Brill, 1992.

Kloppenborg, John S. Q, *The Earliest Gospel: An Introduction to the Original Stories and Sayings of Jesus.* Louisville, KY: Westminster John Knox Press, 2008.

Koester, Craig. *The Word of Life: A Theology of John's Gospel.* Grand Rapids, MI: Eerdmans, 2008.

Kraemer, Ross. *Her Share of the Blessings: Women's Religions Among Pagans, Jews, and Christians in the Greco-Roman World.* New York: Oxford University Press, 1992.

_____. *Women's Religions in the Greco-Roman World.* New York: Oxford, 2004.

Kraemer, Ross, and Mary Rose D'Angelo, eds. *Women and Christian Origins.* New York: Oxford University Press, 1999.

Kysar, Robert. *John the Maverick Gospel,* 3rd ed. Louisville, KY: Westminster John Knox, 2007.

Lane Fox, Robin. *Pagans and Christians.* New York: Alfred A. Knopf, 1987.

Lane, Eugene, and Ramsey MacMullen, eds. *Paganism and Christianity: 100–425 C.E.: A Sourcebook.* Philadelphia: Fortress, 1992.

Layton, Bentley. *The Gnostic Scriptures: A New Translation with Annotations.* Garden City, NY: Doubleday, 1987.

Lefkowitz, Mary R., and Maureen B. Fant, eds. *Women's Lives in Greece and Rome: A Source Book in Translation,* 3rd ed. Baltimore, MD: Johns Hopkins University Press, 2005.

Levine, Amy-Jill. *The Misunderstood Jew: The Church and the Scandal of the Jewish Jesus.* San Francisco: Harper-One, 2006.

Levine, Amy-Jill, ed. *Feminist Companion to the New Testament and Early Christian Writings.* Sheffield, UK: Sheffield University Press; New York/London: Continuum; Cleveland, OH: Pilgrim Press, 2010 [ongoing series].

Lieu, J. M. *The Theology of the Johannine Epistles.* Cambridge: Cambridge University Press, 1991.

Lincoln, Andrew, and A. J. M. Wedderburn. *The Theology of the Later Pauline Letters.* Cambridge: Cambridge University Press, 1993.

Lindars, Barnabas. *The Theology of the Letter to the Hebrews.* Cambridge: Cambridge University Press, 1991.

MacDonald, Dennis. *The Legend and the Apostle: The Battle for Paul in Story and Canon.* Philadelphia, PA: Westminster, 1983.

MacDonald, M. Y. *The Pauline Churches: A Socio-historical Study of Institutionalization in the Pauline and Deutero-Pauline Writings.* Cambridge: Cambridge University Press, 1988.

Macmullen, Ramsey. *Christianizing the Roman Empire A.D. 100–400.* New Haven, CT: Yale University Press, 1984.

_____. *Paganism in the Roman Empire.* New Haven, CT: Yale University Press, 1981.

Maddox, R. *The Purpose of Luke-Acts.* Edinburgh, Scotland: T & T Clark, 1982.

Magness, Jodi. *Stone and Dung, Oil and Spit: Jewish Daily Life in the Time of Jesus.* Grand Rapids, MI: Eerdmans, 2011.

Malherbe, Abraham. *Paul and the Thessalonians: The Philosophic Tradition of Pastoral Care.* Philadelphia: Fortress, 1987.

Marjanen, Antti, and Petri Luomanen. *A Companion to Second-Century Christian "Heretics."* Leiden, Netherlands: Brill, 2008.

Martin, Dale B. *Sex and the Single Savior: Gender and Sexuality in Biblical Interpretation.* Louisville, KY: Westminster/John Knox Press, 2006.

Martyn, J. Louis. *History and Theology in the Fourth Gospel,* 3rd ed. Nashville, TN: Abingdon, 2003.

McIver, Robert K. *Memory, Jesus, and the Synoptic Gospels.* Atlanta: Society of Biblical Literature, 2011.

McKnight, Edgar V. *What Is Form Criticism?* Philadelphia: Fortress, 1969.

Meeks, Wayne. *The First Urban Christians. The Social World of the Apostle Paul,* 2nd ed. New Haven, CT: Yale University Press, 2003.

Meeks, Wayne, and John Fitzgerald. *The Writings of St. Paul: Annotated Texts, Reception, and Criticism,* 2nd ed. New York: Norton, 2007.

Meier, John. *A Marginal Jew: Rethinking the Historical Jesus.* Vols. 1 – 4. New York: Doubleday, 1991 – 2009.

Metzger, Bruce M. *Breaking the Code: Understanding the Book of Revelation.* Nashville, TN: Abingdon, 1993.

_____. *The Canon of the New Testament: Its Origin, Development and Significance.* Oxford: Clarendon Press, 1987.

Metzger, Bruce M., and Bart D. Ehrman. *The Text of the New Testament: Its Transmission, Corruption, and Restoration.* 4th ed. New York: Oxford University Press, 2005.

Meyer, Marvin, ed. *The Ancient Mysteries: A Sourcebook of Sacred Texts.* Philadelphia: University of Pennsylvania Press, 1999.

Meyer, Marvin, ed. *The Nag Hammadi Scriptures.* San Francisco: HarperOne, 2009.

Moss, Candida R. *The Myth of Persecution: How Early Christians Invented a Story of Martyrdom.* San Francisco: HarperOne, 2013.

Musurillo, H., ed. *The Acts of the Christian Martyrs.* Oxford: Clarendon, 1972.

Newsom, Carol A., and Sharon H. Ringe, eds. *The Women's Bible Commentary,* 2nd expanded ed. Louisville, KY: Westminster/John Knox Press, 1998.

Nickle, Keith. *The Synoptic Gospels: Conflict and Consensus.* Rev. and expanded ed. Louisville, KY: Westminster John Knox, 2001.

Ong, W. J. *Orality and Literacy.* 3rd ed. New York: Routledge, 2013.

Osiek, Carolyn. *The Rich and the Poor in The Shepherd of Hermas.* Washington, DC: Catholic Biblical Association of America, 1979.

Osiek, Carolyn, and Margaret MacDonald. *A Woman's Place: House Churches in Earliest Christianity.* Minneapolis, MN: Fortress Press, 2006.

Overman, J. A. *Matthew's Gospel and Formative Judaism: The Social World of the Matthean Community.* Minneapolis, MN: Fortress, 1991.

Pagels, Elaine. *The Gnostic Gospels.* New York: Random House, 1976.

_____. *The Gnostic Paul: Gnostic Exegesis of the Pauline Letters.* Philadelphia, PA: Fortress, 1975.

Parker, David. *The Living Text of the Gospels.* Cambridge: Cambridge University Press, 1997.

Parsons, Mikeal Carl, and Richard I. Pervo. *Rethinking the Unity of Luke and Acts.* Minneapolis, MN: Fortress, 1993.

Perkins, Judith. *The Suffering Self: Pain and Narrative Representation in the Early Christian Era.* London: Routledge, 1995.

Perrin, Norman. *Rediscovering the Teachings of Jesus.* New York: Harper & Row, 1967.

Pervo, Richard. *The Making of Paul: Constructions of the Apostle in Early Christianity.* Minneapolis, MN: Fortress, 2010.

_____. *The Mystery of Acts: Unraveling Its Story.* Santa Rosa, CA: Polebridge Press, 2008.

Pilch, J. *What Are They Saying About the Book of Revelation?* New York: Paulist Press, 1978.

Pippin, Tina. *Death and Desire: The Rhetoric of Gender in the Apocalypse of John.* Louisville, KY: Westminster/John Knox, 1992.

Pomeroy, Sarah. *Goddesses, Whores, Wives, and Slaves: Women in Classical Antiquity.* New York: Schocken, 1975.

Powell, Mark Allan. *Fortress Introduction to the Gospels,* 2nd ed. Minneapolis, MN: Fortress Press, 2018.

————. *Jesus as a Figure in History: How Modern Historians View the Man from Galilee,* 2nd ed. Louisville, KY: Westminster John Knox, 2013.

————. *Methods for Matthew.* New York: Cambridge University Press, 2009.

————. *What Are They Saying About Acts?* New York: Paulist, 1991.

Reardon, B. P., ed. *Collected Ancient Greek Novels,* 2nd ed. Berkeley: University of California Press, 2008.

Reed, Jonathan. *Archaeology and the Galilean Jesus: A Re-examination of the Evidence.* Harrisburg, PA: Trinity Press International, 2000.

Rives, James. *Religion in the Roman Empire.* Maldon, MA: Blackwell, 2007.

Roetzel, Calvin. *The Letters of Paul: Conversations in Context,* 6th ed. Louisville, KY: Westminster John Knox, 2015.

Rowland, Christopher. *The Open Heaven: A Study of Apocalyptic in Judaism and Early Christianity.* New York: Crossroad, 1982.

Rowland, Christopher, and Mark Corner. *Liberating Exegesis: The Challenge of Liberation Theology to Biblical Studies.* Louisville, KY: Westminster/John Knox Press, 1989.

Ruether, Rosemary. *Faith and Fratricide: The Theological Roots of Anti-Semitism.* New York: Seabury, 1974.

Sanders, E. P. *Judaism Practice and Belief, 63 B.C.E.–66 C.E.* Philadelphia: Trinity Press International, 1992.

————. *Paul and Palestinian Judaism.* Philadelphia: Fortress, 1977.

————. *The Historical Figure of Jesus.* London: Penguin, 1993.

Sanders, E. P., and Margaret Davies. *Studying the Synoptic Gospels.* Philadelphia: Trinity Press International, 1989.

Sanders, Jack T. *Schismatics, Sectarians, Dissidents, Deviants: The First One Hundred Years of Jewish-Christian Relations.* Valley Forge, PA: Trinity Press International, 1993.

Sandmel, Samuel. *Anti-Semitism in the New Testament?* Philadelphia, PA: Fortress, 1978.

Schurer, Emil. *The History of the Jewish People in the Age of Jesus Christ,* rev. ed. Edited by Geza Vermes and Fergus Millar. Edinburgh, Scotland: T & T Clark, 1973.

Schussler Fiorenza, Elisabeth. *In Memory of Her: A Feminist Theological Reconstruction of Christian Origins,* 2nd ed. New York: Crossroad, 1996.

————. *Wisdom Ways: Introducing Feminist Biblical Interpretation.* Maryknoll, NY: Orbis Books, 2001.
2007.

Schweitzer, Albert. *Quest of the Historical Jesus.* Translated by W. Montgomery. New York: Macmillan, 1968.

Segal, Alan. *Paul the Convert: The Apostolate and Apostasy of Saul the Pharisee.* New Haven, CT: Yale University Press, 1990.

Senior, Donald. *What Are They Saying About Matthew?* Rev. and expanded ed. New York: Paulist Press, 1996.

Setzer, Claudia J. *Jewish Responses to Early Christians.* Philadelphia, PA: Fortress, 1994.

Shelton, Jo-Ann, ed. *As the Romans Did: A Source Book in Roman Social History,* 2nd ed. New York: Oxford University Press, 1998.

Siker, Jeffrey S. *Liquid Scripture: The Bible in the Digital World.* Minneapolis, MN: Fortress Press, 2017.

Siker, Jeffrey S., ed. *Homosexuality in the Church: Both Sides of the Debate.* Louisville, KY: Westminster/John Knox Press, 1994.

Sloyan, Gerard S. *What Are They Saying About John?,* rev. ed. New York: Paulist, 2006.

Smith, D. Moody. *John Among the Gospels: The Relationship in Twentieth-Century Research,* 2nd ed. Minneapolis, MN: Fortress, 2001.

————. *The Theology of John.* Cambridge: Cambridge University Press, 2001.

Sobrino, Jon. *Jesus the Liberator: A Historical-Theological View.* Maryknoll, NY: Orbis, 1993.

Stein, Robert. *The Synoptic Problem: An Introduction.* Grand Rapids, MI: Baker Book House, 1987.

Streeter, B. H. *The Four Gospels.* London: Macmillan, 1924.

Talbert, Charles. *What Is a Gospel? The Genre of the Canonical Gospels.* Philadelphia: Fortress, 1977.

Tamez, Elsa, ed. *The Bible of the Oppressed.* Maryknoll, NY: Orbis, 1982.

Tatum, W. Barnes. *In Quest of Jesus: A Guidebook.* Rev. and enlarged ed. Nashville, TN: Abingdon, 1999.

Tolbert, Mary Ann. *Sowing the Gospel: Mark's World in Literary-Historical Perspective.* Minneapolis, MN: Fortress Press, 1989.

Torjesen, Karen Jo. *When Women Were Priests: Women's Leadership in the Early Church and the Scandal of Their Subordination in the Rise of Christianity.* San Francisco: HarperCollins, 1993.

Tuckett, Christopher, ed. *The Messianic Secret.* Philadelphia: Fortress, 1983.

Vanderkam, James C. *An Introduction to Early Judaism.* Grand Rapids, MI: Eerdmans, 2001.

_____. *The Dead Sea Scrolls Today,* 2nd ed. Grand Rapids, MI: Eerdmans, 2010.

Vansina, Jan. *Oral Tradition as History.* Madison, WI: University of Wisconsin Press, 1985.

Vermes, Geza. *Jesus the Jew: A Historian's Reading of the Gospels.* New York: Macmillan, 1973.

Vermes, Geza, ed. *The Complete Dead Sea Scrolls in English.* Rev. ed. New York: Penguin Books, 2011.

Viviano, Benedict. *What Are They Saying About Q?.* New York: Paulist Press, 2013.

Warrior, Valerie. *Roman Religion: A Sourcebook.* Newburyport, MA: Focus Publishing, 2001.

Wedderburn, A. J. M. *The Reasons for Romans.* Edinburgh, Scotland: T & T Clark, 2004.

Wenham, David. *Paul: Follower of Jesus or Founder of Christianity?* Grand Rapids, MI: Eerdmans, 1995.

Wilken, Robert. *The Christians as the Romans Saw Them,* 2nd ed. New Haven, CT: Yale University Press, 2003.

Williams, Michael A. *Rethinking "Gnosticism": An Argument for Dismantling a Dubious Category.* Princeton, NJ: Princeton University Press, 1996.

Wire, Antoinette Clark. *The Corinthian Women Prophets: A Reconstruction Through Paul's Rhetoric.* Minneapolis, MN: Fortress, 1990.

Wrede, William. *The Messianic Secret.* Translated by J. C. G. Greig. Cambridge, England: Clarke, 1971.

Wright, N. T. *Jesus and the Victory of God.* Minneapolis, MN: Fortress, 1996.

_____. *Paul in Fresh Perspective.* Minneapolis, MN: Fortress Press, 2005.

Young, Frances. *The Theology of the Pastoral Epistles.* Cambridge: Cambridge University Press, 1994.

옮긴이 | 오세원

총신대 신학과를 중퇴하고 고려대 철학과를 졸업했다. 공군 통역장교로 복무했고 윌리엄 앤드 메리 대학에서 MBA를 취득했다. 현재 유엔 산하 녹색기후기금(GCF)에 근무하고 있다. 옮긴 책으로 『지적인 여성을 위한 사회주의 자본주의 안내서』, 『제임스 서버』, 『랭스턴 휴즈』, 『뜻밖의 회심』, 『청춘을 위한 기독교 변증』, 『시인들의 고군분투 생활기』, 『펭씨네 가족』, 『당신 없는 일주일』 등이 있다.

신약성서

초판 1쇄 발행 2024년 1월 10일

지은이 바트 어만
옮긴이 오세원

펴낸곳 서커스출판상회
주소 경기도 파주시 광인사길 68 202-1호(문발동)
전화번호 031-946-1666
전자우편 rigolo@hanmail.net
출판등록 2015년 1월 2일(제2015-000002호)

ISBN 979-11-87295-81-5 03230